법한ᄌᆞ뎐

해제_박형익

해제를 쓴 박형익은 프랑스 폴 발레리 대학교 언어학과에서 언어학 학사와 석사 과정을 마치고 파리 7대학교 언어학과에서『'주다' 동사 구문의 어휘 문법』으로 언어학 박사 학위를 받았다.

1988년부터 현재까지 경기대학교 국어국문학과에 교수로 재직하고 있다. 한국사전학회 회장(2009~2010)과 한국어학회 회장(2013~2014)을 역임하였다.

『한국어-프랑스어 상용 동사 사전』(1987, Université de Paris 7, CNRS, LADL),『한국의 사전과 사전학』(2004, 월인),『신어 사전의 분석』(2005, 한국문화사),『심의린 편찬 보통학교 조선어사전』(2005, 태학사),『언문 쥬히 보통문즈집』(2007, 박이정),『한국 어문 규정의 이해』(2008, 공저, 태학사),『한국 자전의 역사』(2012, 역락),『사전론』(2014, 공역, 부키),『한국 자전의 해제와 목록』(2016, 역락) 등 사전학 관련 저서와 다수의 논문을 발표하였다.

법한즈뎐

초판 1쇄 인쇄 2016년 10월 1일
초판 1쇄 발행 2016년 10월 9일

편 찬 르 장드르
소장처 내포교회사연구소 김정환
해 제 박형익
펴낸이 이대현
편 집 최용환

인지 붙이는 곳

펴낸곳 도서출판 역락
주소 서울시 서초구 동광로 46길 6-6 문창빌딩 2층
전화 02-3409-2058, 2060
팩스 02-3409-2059
등록 1999년 4월 19일 제303-2002-000014호
이메일 youkrack@hanmail.net
역락 블로그 http://blog.naver.com/youkrack3888

값 100,000원
ISBN 979-11-5686-662-6 93710

* 파본은 구입처에서 교환해 드립니다.

이 도서의 국립중앙도서관 출판예정도서목록(CIP)은 서지정보유통지원시스템 홈페이지(http://seoji.nl.go.kr)와 국가자료공동목록시스템(http://www.nl.go.kr/kolisnet)에서 이용하실 수 있습니다.(CIP제어번호: CIP2016023791)

내포교회사연구소 자료집 Ⅲ

법한ᄌᆞ뎐

르 장드르 편찬 · 박형익 해제

역락

간행사

『법한ᄌᆞ뎐』을 처음 만난 날은 2010년 6월 10일 대전가톨릭대학교 서봉세(Gilbert Poncet) 신부님의 연구실에서였다. 평소 프랑스 관련 자료들을 챙겨주시는 서봉세 신부님이 내게 이 사전을 보여주시며 입수 경위를 말씀해주셨다.

파리외방전교회 선교사 르 장드르(Louis Le Gendre, 1866~1928) 신부님이 편찬한 이 사전은 그때까지 세상에 알려지지 않았었다. 그런데 갑자기 존재가 드러난 계기는 대전에 사시는 안상천 선생님의 기증 덕분이다. 선생님은 1979~1980년경 대전 원동의 헌책방에서 우연히 이 사전을 보시고 국문학 연구를 위해 구입하셨다. 그 뒤 줄곧 소장하고 계시다가 관련 기관에서 소장하는 편이 낫겠다고 판단하여 2010년 천주교 대전교구에 기증하셨다.

대전교구장 유흥식 주교님의 배려로 2010년 12월 2일 『법한ᄌᆞ뎐』이 우리 내포교회사연구소로 이관되었다. 사전이란 본래 모든 이와 소통하기 위한 책이니 어떻게 공개해야 할지 고민하였다. 먼저 르 장드르 신부님이 쓰신 서문을 서봉세 신부님의 도움을 받아 판독하고 번역하여 우리 연구소 홈페이지에 올렸다. 이어 2011년 컴퓨터 파일로 만들고, 전자책의 형태로 만들어보기도 하였다. 결국 종이책이 좋겠다는 판단이 섰지만 비용이 만만치 않았고, 무엇보다 권위 있는 해제를 써줄 만한 분을 찾기도 어려웠다. 이런저런 이유로 미뤄지다가 몇 년이 지난 2015년 12월 경기대학교 국어국문학과 박형익 교수님을 만나게 되어 오늘 이 사전이 세상에 나오게 되었다.

르 장드르 신부님은 널리 알려진 분이 아니다. 1866년 프랑스에서 태어나 신부가 되었고, 파리외방전교회 선교사를 지원하여 1891년 25살의 나이로 한국에 입국하였다. 황해도, 개성, 부산 등에서 본당 신부 생활을 하였고, 말년에는 건강이 좋지 않아 주로 저술 활동을 하시다가 1928년 62세로 여정을 마치신 분이다. 그분의 일생 중 특이한 경력은 1898년부터 병인박해(1866년) 순교자들의 시복을 위한 조사위원으로 활동했다는 점이다. 그 과정에서 르 장드르 신부님이 너무 엄격한 기준으로 시복 대상자들을 심사하였기 때문에 관계자들의 불만이 제기되어 자리에서 물러나야만 했다. 그러나 이러한 엄격함이 『법한ᄌᆞ뎐』이 탄생하는 원동력이었다. 그분은 선배 선교사들이 이룩해놓은 이전의 성과들을 계승하면서도, 선배들이 오류인줄 모르고 계속 반복해 온 수많은 단어와 어휘들을 바로잡았다. 나아가 근대 전환기에 한국에 새로 유입된 지식과 문물들도 반영하여 새로운 사전으로 확장하였다.

『법한ᄌᆞ뎐』은 프랑스어와 한국어 연구는 물론 여러 관련 분야의 연구에 유용하게 활용할 수 있는 자료이다. 르 장드르 신부님은 개성에서 몇 년의 작업 끝에 1912년 사전을 완성했는데 이

시기는 대한제국에서 일본강점기로 넘어가는 전환기여서 새로운 문물들이 한국으로 들어오는 시점이었다. 따라서 르 장드르 신부님이 서문에서 밝히고 있듯이 과학과 의학 등 기존에 없던 전문용어들을 한국어로 옮겨야 했고, 이전에는 중국어에 기초한 한자어를 사용하였으나 그즈음에는 일본어에 기초한 한자어로 대치되고 있었기에 그 변화도 사전에 담아야 했다. 'Corée(한국)'이란 표제항을 보면, "1910년 이전 15년 동안 '한국', '대한국'이라 하였으나 '조선'이란 옛 이름으로 환원되었다."로 설명한 것만 보아도 그 변화가 얼마나 급격하게 진행되었는지 알 수 있다. 이러한 점들은 『법한ᄌᆞ뎐』이 이 시기의 여러 분야에서 접근이 가능함을 보여주기에 앞으로 많은 분들이 관심을 가져 더 깊이 있고 다양한 연구들이 나올 수 있기를 기대한다.

그간 알려지지 않았던 사전이 세상에 모습을 드러내는 데에는 몇몇 분들의 배려와 노고가 있었다. 우선 『법한ᄌᆞ뎐』의 기증자이신 안상천 선생님께 특별한 감사를 드린다. 40년 가까이 소중히 간직하시던 원본을 공익을 위해 천주교 대전교구에 기증해주셨기에 오늘이 있게 되었다. 기증받은 소중한 사전을 우리 내포교회사연구소로 이관해주신 대전교구장 유흥식 주교님과 사전의 전반을 파악하고 서문을 판독하여 주신 대전가톨릭대학교 서봉세 신부님께도 감사를 드린다. 그리고 사전의 해제를 써주시고 출판되도록 힘써 주신 경기대학교 박형익 교수님과 그 제안을 기꺼이 수락해주신 역락 이대현 대표님께도 감사를 드린다. 구슬이 서 말이라도 꿰어야 보배라는데 교수님과 출판사 덕분으로 소중한 구슬이 잘 꿰어져 보배로 거듭나게 되었다. 모든 분들께 감사하고 감사할 따름이다.

르 장드르 신부님의 탄생 150주년이 되는 2016년

한국 순교자들을 기리는 9월 어느 날에

내포교회사연구소

김정환 신부

▌차례

『법한ᄌᆞ뎐』

(르 장드르, 1912) 해제

머리말

『법한즈뎐』은 르 장드르(Louis Le Gendre, 1862~1928)[1] 신부가 한국에 머물면서 1893년에 착수하여 1912년에 완성한 필사본 프랑스어-한국어 사전이다.

이 필사본 사전은 안타깝게도 아직까지 세상에 알려지지 않은 채 유일본으로 전해지고 있다. 그래서 프랑스어학이나 한국어학을 전공하는 언어학자뿐만 아니라 사전학 전공자 그리고 종교학, 기독교 선교학, 사회학, 근대 문학, 역사학 등의 연구자에게 도움을 주기 위해 이 사전을 영인하고 해제를 붙여 제공하고자 한다.

무엇보다 우선 연구자들에게 소중한 자료를 제공할 수 있도록 이 사전을 구입하여 기증해주신 안상천(세바스티아노) 선생님과 서봉세(Gilbert Poncet; 질베르 퐁세) 신부님 또 『법한즈뎐』 영인본 제작과 해제에 관한 필자의 의견을 수락해주신 내포교회사연구소의 김정환 신부님께 감사를 드린다.

이 필사본 『법한즈뎐』은 대전시 동구 대동에 주소를 둔 안상천 선생께서 1979년에서 1980년경 무렵 대전 원동의 어느 헌책방에서 구입한 것인데, 당시 대동 본당의 신자였던 그는 2010년 6월 천주교 대전교구에 이 사전을 기증하였다. 교구장 유흥식 주교는 이 사전을 파리외방전교회 선교사이자 대전가톨릭대학 교수인 서봉세 신부에게 내용을 검토하도록 제안하였다. 서봉세 신부는 2010년 6월 10일에 이 사전의 본문 앞에 있는 프랑스어로 적은 서문과 일러두기에 해당하는 부분을 판독하는 작업을 마쳤다. 그리고 서봉세 신부는 사전 원본을 내포교회사연구소 김정환 신부에게 넘겨주었다. 그리하여 2011년 3월 19일 내포교회사연구소에서 사전 전체의 내용을 전문 사진가가 촬영하여 제작한 피디에프 파일과 『법한즈뎐』 원본을 내포교회사연구소에서 현재 소장하게 되었다. 충청남도 당진시 우강면 솔뫼로 132에 위치하고 있는 내포교회사연구소의 홈페이지(http://www.djhistory.org/)에서는 서문을 번역하고 역주한 파일과 『법한즈뎐』을 찍은 사진 4장을 찾아볼 수 있다.

르 장드르 신부는 이 필사본 사전의 본문 앞에 13쪽의 분량으로 이루어진 서문과 일러두기에 해당하는 부분을 1912년 7월 19일에 송도에서 썼는데, 보통 저자가 서문의 끝에 날짜와 장소를 기록한 다음에 출판사로 원고를 넘기므로 이때를 이 필사본 사전을 완성한 시기로 추정할 수 있다.

이 필사본 사전의 크기는 가로 19.1센티미터, 세로 30센티미터이다. 겉표지는 3밀리미터 두께의 종이로 만들어진 하드커버로 장정되어 있다. 10장 내외의 고급 종이 공책의 묶음 28개 정도의 분량으로 왼쪽에 실로 묶어 좌철의 형태로 제본되어 있는데, 책등은 많이 파손된 상태이다.

르 장드르 신부의 『법한즈뎐』(1912)는 페롱(Féron, S., 1827~1903) 신부의 *Dictionnaire Français-Coréen*(프

1) La Fontaine(라 퐁텐), Le Havre(르 아브르), Charles Le Gendre(샬를 르 장드르) 등처럼 프랑스어에서는 보통명사가 인명이나 지명으로 쓰이는 경우 'La(라)' 또는 'Le(르)'를 명사 앞에 놓아 둘을 구분한다. 여기에서는 '르장드르'라고 붙여 쓰지 않고 '르 장드르'로 띄어 썼다.

랑스어-한국어 사전)을 저본으로 삼고, 『한불ᄌᆞ뎐』(리델, 1880)과 『한영ᄌᆞ뎐』(게일, 1897(초판), 1911(재판)) 등을 참고하여 페롱 신부의 사전 내용을 수정하고 보완한 것이다.

『법한ᄌᆞ뎐』(1912)의 본문은 모두 1,464쪽으로 서문 13쪽을 합쳐 모두 1,477쪽의 분량으로 이루어져 있다. 그런데 아쉽게도 마지막 1,463쪽과 1,464쪽이 떨어져나가 표제항 'y'의 항목 일부와 나머지 표제항 그리고 Z부에 속하는 전체 내용을 찾아볼 수 없다.[2)]

여기에서는 우선 르 장드르 신부의 생애에 관하여 간략하게 살펴본 다음 『법한ᄌᆞ뎐』(1912)의 구조적 특징을 설명하고자 한다. 그리하여 파리외방전교회 서울선교부에 소속되었던 프랑스 신부들이 만든 이중어 사전 가운데 페롱 신부의 프랑스어-한국어 사전과 비교하면서 그 가치를 밝혀 보고자 한다.

1. 르 장드르 신부의 생애

『파리외방전교회 선교사 약전』(최세구(Jézégou, R.) 지음, 최종철(하상 바오르) 번역, 2011)[3)]에 소개되어 있는 르 장르드 신부의 약전에 따라 르 장드르 신부의 생애를 간략하게 소개하고자 한다.

르 장드르(LE GENDRE, Luis Gabriel Ambrois; 루도비코) 신부는 1866년 12월 13일 프랑스의 영불 해협 부근에 있는 쿠탕스(Coutance) 교구의 뒤세(Ducey)에서 태어났다. 르 장드르 신부의 한국 이름은 최창근(崔昌根)으로, 세례명은 루도비코이다.

그는 1884년 10월 쿠탕스 신학교에 입학하였으며, 1889년 6월 29일 교구 사제로 서품을 받았다. 그는 1890년 9월 12일 파리외방전교회에 입회하였으며, 조선 대목구로의 파견이 결정됨으로써 1891년 10월 29일에 조선의 경성에 입국하였다. 그는 1892년 원산항 근처 눈다리에 파견되어 샤르즈뵈프(Chargeboeuf, J. M. E.; 송덕망) 신부 곁에 머물렀다. 그러다가 그는 1893년 황해도 수안군 대오면 덕골에 파견되었고, 이해부터 페롱 신부의 프랑스어-한국어 사전을 필사하면서 내용을 수정하고 보완하여 1912년에 필사본 『법한ᄌᆞ뎐』을 송도(개성)에서 완성하였다.

1895년 가을에 평양 근교에 정착하면서 집 한 채를 사서 작은 성당으로 개축하여 선교 활동을

2) 1,462쪽은 표제항 'y'로 끝나고, 본문 상단의 왼쪽에 적혀 있는 'wagon-zèle'를 통해 마지막 표제항이 'zèle'로 끝나는 것으로 표시하였지만 실제로 표제항 'y'의 항목 내용이 모두 제시되지 않고 일부만 기술되어 있다. 따라서 르 장드르 신부가 저본으로 삼은 페롱 신부의 사전을 참고하여 어느 정도의 분량이 빠졌는지를 추정할 수밖에 없다. 리샤르(Richard, P. E.) 신부가 필사한 페롱 신부의 프랑스어-한국어 사전의 마지막 325쪽에는 W부와 X부는 없으며, Y부에는 'Y'와 'Yeux' 2개의 표제항과 Z부에는 'zèle' 등 9개의 표제항이 수록되어 있다. 그리고 끝에는 '9592 mots' 즉 9,592개의 단어를 등재하였다는 기록과 함께 1869년 3월 26일 금요일 저녁 2시 30분에 필사를 마쳤다는 문장과 리샤르 신부의 서명이 있다. 이 부분의 분량은 날짜, 서명 등의 부분을 뺀다면 대략 『법한ᄌᆞ뎐』(1912)의 1쪽으로는 부족하고 2쪽이면 지면이 남는다. 르 장드르 신부도 리샤르 신부처럼 끝에 날짜, 장소, 서명을 적었다고 계산해도 2쪽이면 충분하다. 만약 11개의 표제항보다 훨씬 더 많은 표제항을 첨가하였다면 2쪽의 분량으로 충분하지 않겠지만 이럴 경우가 발생하는 것은 거의 없을 것으로 생각한다. 따라서 『법한ᄌᆞ뎐』의 본문은 1,464쪽이라고 추정해도 무리는 없을 것이다.

3) 최세구 신부는 2007년 7월에 86편의 약전을 완성하였다.

펼쳤다. 그는 1898년에는 황해도 은율에서 지냈으며, 그 이후 1898년 7월 경성으로 와서 1886년 병인박해 때의 순교자들의 시복 자료를 조사하였다. 그는 1902년부터 1909년까지 부산 본당의 6대 주임 신부로 선교 활동을 하였으며, 1909년에 송도(개성) 본당 주임 신부로 부임하여 1919년 5월까지 머물렀다. 그는 1918년 8월에 이질에 걸려 고생하다가 1919년 5월 프랑스로 귀국하였다. 2년이 지난 1921년 10월에 그는 조선으로 다시 돌아와 경성 주교관에 머물면서 출판물의 수정 작업을 하였고, 신학생용 라틴어-한국어 사전의 편찬 작업을 1926년 2월까지 하였으나 눈병으로 'I'에서 중단하였다. 이 라틴어-한국어 사전 원고의 소장처나 현전 여부는 미상이다. 그는 1928년 4월 21일에 심장 질환으로 서울 대목구에서 사망하여 4월 23일 용산 성직자 묘지에 안장되었다.

르 장드르 신부는 공소 회장이나 전교 회장들의 소임에 관한 지침서인 『회장직분(Directoire pour les catéchistes)』(1923), 가톨릭 교리서인 『천주교 요리 문답』(1925) 등의 저서를 남겼다.

2. 『법한ᄌᆞ뎐』의 구조적 특징

르 장드르 신부는 서문에서 페롱 신부의 *Dictionnaire Français-Coréen*(1868년 또는 1869년)[4]의 내용을 수정하고 보완하기 위하여 『한불ᄌᆞ뎐』(리델, 1880)과 『한영ᄌᆞ뎐』(게일, 1897/1911)의 내용과 상세하게 비교하는 작업을 한 다음 신학교의 카드[5]와 대조하는 작업을 거쳤다고 설명하였다. 따라서 『법한ᄌᆞ뎐』(1912)는 페롱 신부의 프랑스어-한국어 사전 *Dictionnaire Français-Coréen*을 저본으로 삼아 『한불ᄌᆞ뎐』(리델, 1880)과 『한영ᄌᆞ뎐』(게일, 1897/1911) 등을 참고하여 제작했음을 알 수 있다.

이러한 작업 방식은 이전에 프랑스 신부들이 만든 사전에서는 찾아볼 수 없는 것으로 요즘 사전을 편찬할 때에도 흔히 사용하는 방식이다.

아무튼 르 장드르 신부는 자신이 프랑스어-한국어 사전을 만든 것처럼 자신의 『법한ᄌᆞ뎐』(1912)의 내용을 수정하고 보완하는 작업을 거친다면 가치가 있는 사전이 될 것으로 믿었다.

여기에서는 『법한ᄌᆞ뎐』의 서문과 일러두기에 해당하는 내용과 거시 구조의 특징을 먼저 살펴본 다음 미시 구조의 특징을 설명하고 한다.

---

4) 1868년 5월 이후부터 1869년 2월 이전 사이의 어느 시점에 완성한 것으로 알려진 페롱 신부의 사전은 완성한 이후에 다른 신부들이 필사한 여러 종류의 이본이 있어 르 장드르 신부가 어떤 필사본 이본을 활용하였는지 정확하게 알 수 없다. 게다가 소장처가 알려진 이본들도 열람하기가 어려운 실정이다. 다만 현재로선 르 장드르 신부가 『법한ᄌᆞ뎐』 제작을 착수한 1893년 이전에 만들어진 현전하는 필사본으로 리샤르(Richard, P. E.) 신부가 1869년 3월 26일에 완성한 필사본 페롱 신부의 사전 *Dictionnaire Français-Coréen*(Féron, S.)을 들 수 있을 뿐이다. 서문이 없는 이 사전은 현재 한국교회사연구소에 소장되어 있는데, 한국교회사연구소에서 강이연의 해제를 붙여 2004년 7월 5일에 영인본을 발행하였다.

5) 어떤 신학교인지, 어떤 카드인지 구체적으로 확인할 수가 없다.

2.1. 서문과 일러두기

르 장드르 신부는 보통 사전의 서문(préface)이나 일러두기(comment utiliser le dictionnaire)에 해당하는 부분을 'Il compilait, compilait, compilait(그는 편찬하고, 편찬하고, 편찬했다)'라는 제목을 붙여 6부분으로 내용을 구분하여 사전의 본문 앞에 붙여놓았다.[6)]

1912년 7월 19일 송도에서 프랑스어로 쓴 이 글에서 그는 사전 원고의 집필 과정과 방법, 대역어 정보의 기술 원칙과 표제항의 선정 방법, 동사 표제항과 활용형의 처리 문제, 상태 동사(예: être bon, aimable : 됴타(됴하, 됴흔))과 상태 동사에 '-하다'가 붙은 동작 동사(예: aimer : 됴하하다)로의 번역, 동사의 주어 선택 제약에 따른 번역에 관하여 설명하였다. 아래에서 이 내용을 구체적으로 살펴보기로 하자.

(1) 『법한ᄌᆞ뎐』(1912)는 여전히 페롱 신부의 사전인가?

르 장드르 신부는 페롱 신부가 만든 프랑스어-한국어 사전 '*Dictionnaire Français-Coréen*'을 필사하면서 그 내용을 교정하고 수정하고 또 보완하였으므로 자신이 만든 사전 『법한ᄌᆞ뎐』(1912)는 여전히 페롱 신부의 사전이라고 서문에서 표현했다. 그는 페롱 신부의 사전을 저본으로 삼아 다른 사전과 카드를 참고하여 페롱 사전의 다른 필사본 이본과는 구분되는 자신의 사전을 만들었음에도 불구하고 겸손하고 순수하게 『법한ᄌᆞ뎐』(1912)는 여전히 페롱 신부의 사전이라고 말하였다. 과연 이 표현은 적절한 것인지 페롱 신부의 프랑스어-한국어 사전과 『법한ᄌᆞ뎐』(1912)를 비교해보도록 하자.

페롱 신부가 직접 만든 필사본 프랑스어-한국어 사전 *Dictionnaire Français-Coréen*의 원본은 소장처 미상이거나 현전하지 않고, 다른 신부들이 베껴 쓴 몇몇 이본들이 한국교회사연구소, 영남교회사연구소, 프랑스 파리외방전교회 등에 소장되어 있으나 열람하기 어려운 상황이다.[7)] 게다

---

6) 서문에 해당하는 부분은 내포교회사연구소의 홈페이지에서 그 내용을 찾아볼 수 있다.

7) 페롱 신부가 만든 필사본 프랑스어-한국어 사전인 '*Dictionnaire Français-Coréen*'은 소장처를 모르거나 현전하지 않아 찾아볼 수 없고, 몇몇 신부들이 베껴 쓴 이본만 남아 있다. 이 이본들의 내용을 구체적으로 비교한 논의는 아직까지 이루어진 적이 없기 때문에 이본들의 성격과 상호 관계 등을 정확하게 알 수는 없다. 즉 페롱 신부가 직접 필사하여 만든 원본 사전을 보고 내용을 그대로 가감하지 않고 베꼈는지, 아니면 틀린 부분을 고치거나 새로운 내용을 첨가하였는지, 어떤 사전이 어떤 사전을 보고 베꼈는지 정확하게 확인할 수가 없는 상태이다. 다만 몇몇 필사본의 계통만 파악하고 있을 뿐이다(강이연, 2004: xii). 게다가 르 장드르 신부의 『법한ᄌᆞ뎐』처럼 페롱 신부의 사전을 저본으로 하여 내용을 수정하고 보완하였는지, 또 어느 정도의 수정과 보완이 이루어졌는지 확인할 수가 없다. 현재 알려진 페롱 신부의 사전 이본으로는 다음과 같은 것이 있는 것으로 알려져 있는데 각 이본의 정확한 책명도 일일이 확인할 수 없어 ③에서처럼 '*Dictionnaire Français-Coréen*'로 통일하여 표시하였다. ① 1868-05-00~1869-02-00 이전 사이. *Dictionnaire Français-Coréen*, Féron, S.. 〈페롱 신부 필사본. 최초의 필사본 프랑스어-한국어 학습 사전. 소장처 미상 또는 현전하지 않음〉 ② 1869-02-07. *Dictionnaire Français-Coréen*, Féron, S.. 〈블랑(Blanc, G. M. J.) 신부 필사본. 소장처 미상〉 ③ 1869-03-26. *Dictionnaire Français-Coréen*, Féron, S.. 〈리샤르(Richard, P. E.) 신부 필사본. 325쪽. 10,328개의 표제항을 수록하였다. 한국교회사연구소 소장. 2004년 한국교회사연구소에서 영인본을 발행하였다. 강이연 해제〉 ④ 1898-06-17. *Dictionnaire Français-Coréen*, Féron, S..

가 르 장드르 신부가 저본으로 삼은 페롱 신부의 사전이 어떤 이본인지 확인할 수도 없다. 다만 그가 사용한 페롱 사전의 이본은 판독하기 매우 어려운 필체로 적은 오류가 많은 원고였음을 『법한ᄌᆞ뎐』(1912)의 서문에서 밝히고 있을 뿐이다.

따라서 여기에서는 편의상 1869년 3월 26일에 리샤르(Richard, P. E.) 신부가 필사 작업을 완성한 것을 한국교회사연구소에서 2004년 7월 5일에 영인하여 발행한 페롱 신부의 프랑스어-한국어 사전을 선택하여 『법한ᄌᆞ뎐』(1912)와 비교해 보기로 하자.

이 두 사전은 질적으로나 양적으로 모두 큰 차이가 난다. 페롱 신부의 사전은 크기가 가로 20.6센티미터, 세로 25.6센티미터이고, 『법한ᄌᆞ뎐』(1912)는 가로 19센티미터, 세로 30센티미터이다. 따라서 그 외형적인 크기가 별로 차이가 나지 않고, 후자가 전자보다 세로는 1.6센티미터 작고, 가로는 4.4.센티미터 크다. 그렇지만 분량은 전자가 1면 2단으로 나누어 325쪽에 10,328개(강이연, 2004 : viii)의 표제항을 수록한데 비하여, 후자는 1면을 단으로 나누지 않고 전면을 사용하였는데, 서문 13쪽을 합하여 모두 1,477쪽에 약 13,686개[8])의 표제항을 등재하였다. 따라서 이 두 사전에서 선정한 표제항의 숫자는 약 3,358개 정도의 차이가 나는데 전자의 글자 크기가 후자보다 더 작은 것을 감안하더라도 사전 분량은 후자가 전자보다 많으므로 후자는 전자보다 표제항의 수가 많을 뿐만 아니라 표제항의 미시 구조 즉 항목 내용을 보다 충실하게 기술하였다는 사실을 쉽게 짐작할 수 있다.

실제로 두 사전의 표제항 'a'에서 'abolir'까지의 일부 내용을 인용하여 비교해보기로 하자.

① 리샤르 신부가 필사한 페롱 신부의 프랑스어-한국어 사전 *Dictionnaire Français-Coréen*(1869) 1쪽 처음부터 3쪽 일부 즉 표제항 'Abolir'까지에 A, Abaisser, Abessement, Abandon, Abandonner, Abandonné, S'abandonner, Abasourdi, Abasourdir, Abatardi, Abatardir, Abat-jour, Abattement, Abattis, Abattre, Abattu, Abat-vent, Abbaye, Abbé, Abcès, Abdiquer, Abeille, Abhoc et abhac, Abêtir, Abhorré, Abhorrer, Abîme, Abîmé, Abîmer, Abject, Abjection, Abjurer, Ablatif, Abnégation, Aboiement, Abois, Abolir 등 37개의 표제항이 선정되어 있다.

② 『법한ᄌᆞ뎐』(1912) 15쪽 처음부터 20쪽 끝까지에는 a, abaissement, abaisser, abajoue, abandon, abandonner, abandonné, abandonner s'~, abaque, abasourdi, abasourdir, abatardi, abatardir, abat-jour, abattement, abattis, abattoir, abattre, abattu, abat-vent, abbaye, abbé, abcès, abdiquer, abdomen, abeille, aberration, abêtir, ab hoc & ab hac, abhorrer, abhorré, abîme, abîmé, abîmer, abject, abjection, abjuration, abjurer, ablatif, abnégation, aboiement, abois,

---

〈부이용(Bouillon, C.) 신부 필사본. 571쪽. ③을 저본으로 한 필사본. 절두산순교성지박물관 소장〉 ⑤ 0000-00-00. *Dictionnaire Français-Coréen*, Féron, S.. 〈드브레드(Devred, E. A. J.) 신부 필사. 494쪽. 블랑 주교의 필사본인 ②를 저본으로 삼은 사전. 한국교회사연구소 소장〉 ⑥ 0000-00-00. *Dictionnaire Français-Coréen*, Féron, S.. 〈마라발(Maraval, J.) 신부 필사본. ③을 저본으로 하였다. 영남교회사연구소 소장〉 ⑦ 0000-00-00. *Dictionnaire Français-Coréen*, Féron, S.. 〈필사자 확인 못함. 프랑스의 파리외방전교회 소장〉

8) 낙장 2쪽의 표제항을 합치면 13,700개 정도 될 것이다.

abolir 43개가 표제항으로 선정되어 있다.

Dictionnaire Français-Coréen(1869)에서는 표제항의 처음 글자(두문자)를 대문자로 표시하여 구분하였지만, 『법한ᄌᆞ뎐』(1912)에서는 표제항을 소문자로 적고 그것에 밑줄을 그어 놓았다. 두 사전에서 표제항을 표시하는 방법이 다른 사실을 확인할 수 있다.

『법한ᄌᆞ뎐』(1912)에서는 *Dictionnaire Français-Coréen*(1869)에서 잘못 배열한 표제항의 순서를 바르게 고쳐 'abaissement'을 'abaisser'의 앞에 놓았으며, 'abêtir'와 'ab hoc & ab hac'의 순서도 바르게 고쳐 배열하였다.

그리고 *Dictionnaire Français-Coréen*(1869)에서는 선정하지 않은 표제항 'abajoue(협낭), abaque(슈판, 쥬판), abattoir(육간, 도수쟝, 도우쟝), abdomen(복부, 비), aberration(슈차), abjuration(폐기)' 6개가 『법한ᄌᆞ뎐』(1912)에는 새롭게 선정되어 있다.

르 장드르 신부는 표제항을 많이 추가하였다고 했는데, 특히 페롱 신부의 사전에는 없는 과학 분야의 용어뿐만 아니라 일상어와 그리고 새로운 사상과 사물을 나타내는 어휘들을 새롭게 표제항으로 선정하였다고 설명하였다. 이와 같은 사실은 위의 새롭게 첨가한 표제항에서 그 예를 찾아볼 수 있다. 즉 'abajoue(협낭)'은 동물학 용어이고, 'abdomen(복부, 비)'는 동물학과 해부학에서 사용하는 용어이고, 'aberration(슈차)'는 광학 용어이다. 이 표제항들은 과학 분야의 용어로 새롭게 첨가한 것이다. 또 일상어인 'abattoir(육간, 도수쟝, 도우쟝)'과 새로운 사상을 나타내는 'abjuration(폐기)'와 새로운 사물을 나타내는 'abaque(슈판, 쥬판)'도 새롭게 표제항으로 선정한 예이다. 이밖에도 *Dictionnaire Français-Coréen*(1869)에서는 아예 W부와 X부를 설정하지 않았지만 『법한ᄌᆞ뎐』(1912)에서는 1,462쪽에 W부를 설정하고 wagon(차), water-closer(뒤간), watt, wattman(뎐긔슈), wharf(션창), Wladivostok(하슈하, 회삼위) 6개를 표제항으로 선정하였고, 또 X부에 속하는 표제항 'xénophobe(빅외ᄉᆞ생)'을 새롭게 선정한 경우도 찾아볼 수 있다.

한편 『법한ᄌᆞ뎐』(1912)에서 페롱 신부의 사전보다 항목 정보를 더 구체적으로 기술한 경우도 찾아볼 수 있다. 표제항 'abandon'의 항목 정보를 아래에 인용하여 비교해보자.

③ Abaissement ᄂᆞ치움이, 낫기. _humiliation, avilissement 비쳔홈이, 비쳔ᄒᆞ기.

〈*Dictionnaire Français-Coréen*(1869: 1)〉

④ abaissement 낫기, 낫치움이. _humiliation, avilissement 비쳔ᄒᆞ기, 비쳔홈이.

〈『법한ᄌᆞ뎐』(1912: 16)〉

③과 ④는 대역어의 순서가 바뀌었고, 'ᄂᆞ치움이'와 '낫치움이'로 다르게 표기된 것을 제외하고

는 그 내용이 동일하다. 이 경우는 기술한 내용이 거의 같다고 볼 수 있는데, 표제항 'abatardir 변케ᄒᆞ다'처럼 기술한 내용 전체가 두 사전에서 완전히 동일한 경우도 있다.

아래의 ⑤와 ⑥에서 『법한ᄌᆞ뎐』(1912)의 표제항 'abandon'은 페롱 신부의 프랑스어-한국어 사전의 내용을 그대로 베껴 쓴 다음 '_ de droits, de liens 포기 =ᄒᆞ다'부터 끝까지 새로운 내용을 첨가한 사실을 확인할 수 있다.

⑤ Abandon ᄇᆞ림이, ᄇᆞ리기. -laisser à l'abandon ᄇᆞ려두다. -faire l'abandon, d'un droit, d'un lieu 내여ᄇᆞ려두다. 〈*Dictionnaire Français-Coréen*(1869: 1)〉

⑥ abandon ᄇᆞ림이, ᄇᆞ리기. laisser à- l'abandon ᄇᆞ려두다. faire l'abandon, d'un droit, d'un lieu 내여ᄇᆞ려두다. _ de droits, de liens 포기 =ᄒᆞ다. l'abandonnateur est 포기쟈, et 위부 =ᄒᆞ다. l'abandonnataire 포기승쟈. 〈『법한ᄌᆞ뎐』(1912: 17)〉

『법한ᄌᆞ뎐』(1912)에서 페롱 신부의 사전에 기술된 항목 정보의 일부를 생략한 경우를 찾아볼 수 있다. 예를 들면, 표제항 'A'는 페롱 신부의 프랑스어-한국어 사전에서는 3개의 다의어로 처리하였는데, 『법한ᄌᆞ뎐』(1912)에서는 첫 번째 의미를 기술한 부분 'Première voyelle de la langue Coréenne(한국어의 첫 번째 모음)' 이하 부분을 삭제하고, 두 번째 의미인 'signe du datif se rend par la terminaison 의게(어미에 의해 나타내어지는 여격 표지)'부터 제시하였다.

게다가 프랑스어-한국어 사전의 본문에 포함될 내용이 아님에도 불구하고 리샤르 신부가 베껴 쓴 페롱 신부의 프랑스어-한국어 사전에는 표제항 'Bruit(소리, 소리)'에 '아삭아삭하다, 아작아작하다, 아지직아지직, 웅셩웅셩ᄒᆞ다, 홀작홀작ᄒᆞ다, ᄭᅩᆯ골ᄒᆞ다, 종알종알ᄒᆞ다' 등과 같은 한국어 의성어 340개를 하위 표제항으로 선정하여 '아, 어, 오, 우, 으, ㅎ, ㄱ, ㅋ, ㅁ, ㄴ, ㅂ, ㅍ, ㅅ, ㄷ, ㅌ, ㅈ, ㅊ'의 순서로 배열한 다음 프랑스어로 뜻풀이를 하거나 대역어를 제시하였다.[9] 『법한ᄌᆞ뎐』(1912)에서는 이 표제항들을 모두 삭제하였다. 그런데 이 부분에 관한 설명은 서문에서 찾아볼 수 없기 때문에 르 장드르 신부가 이 부분을 직접 삭제한 것인지 이 부분이 없는 페롱 신부의 프랑스어-한국어 사전을 보고 그대로 따라 베꼈는지는 확인할 수는 없다.

결국 ①과 ②를 비교하여 『법한ᄌᆞ뎐』(1912)에서는 페롱 신부의 프랑스어-한국어 사전에는 등재되어 있지 않은 새로운 표제항을 첨가한 사실을 확인할 수 있다. 이렇게 새로운 표제항과 그 대역

---

9) 'bruit(소리, 소리)'의 하위 표제항으로 볼 수 있는 이것들은 대부분 소리와 관련이 있는 의성어로 보고 이렇게 처리한 것으로 보여지는데, '바슬바슬, 바스스ᄒᆞ다, 부스스ᄒᆞ다, 부슬부슬' 등 몇몇 의태어 표제항도 찾아볼 수 있다. 의성어와 의태어를 정확하게 구분하지 못해 일어난 것으로 보이므로 여기에서는 의성어로 부르기로 한다. 이것에 관한 구체적인 논의가 필요하다. 아무튼 이 표제항들은 부록으로 처리하거나 한국어-프랑스어 사전에 수록되어야 할 내용으로 프랑스어-한국어 사전 본문에는 수록할 것은 아니다. 한국교회사연구소에 소장되어 있는 드브레드 신부가 베껴 쓴 페롱 신부의 사전에는 36개만 표제항으로 선정하고 백지 상태의 5쪽 여백을 남겨 두었다. 게다가 36개의 표제항과 340개의 표제항도 일치하지 않지만 이 36개를 제외한 나머지 부분은 대부분 같다고 한다(강이연, 2004: x-xii). 이 두 이본과 다른 이본들의 차이점과 공통점 등은 보다 구체적으로 논의되어야 할 것이다.

어를 제시한 부분은 페롱 신부의 프랑스어-한국어 사전에서는 찾아볼 수 없는 내용이다. 그런데 ④에서처럼 대부분 같은 내용을 기술한 경우나 완전히 동일한 내용을 기술한 경우도 있으며, 또 ⑥처럼 페롱 신부의 프랑스어-한국어 사전의 항목 정보에 새로운 내용을 첨가한 경우도 있다. 그리고 페롱 신부의 프랑스어-한국어 사전에 기술된 항목의 일부 정보를 빼거나, 한글로 표기한 의성어 표제항을 완전히 삭제하기도 하였다. 따라서 『법한ᄌᆞ뎐』(1912)는 페롱 신부의 프랑스어-한국어 사전의 내용을 가감하고 수정한 사전임을 확인할 수 있으며, 새롭게 선정한 표제항과 내용을 완전히 삭제한 경우를 제외하고 나머지 내용을 비교하면 『법한ᄌᆞ뎐』(1912)는 페롱 신부의 프랑스어-한국어 사전을 저본으로 삼아 만든 사전임이 확실히 드러난다.

결론적으로 『법한ᄌᆞ뎐』(1912)는 여전히 페롱 신부의 사전이라고 표현한 르 장드르 신부의 생각에 우리는 동의할 수 있다. 그러나 『법한ᄌᆞ뎐』(1912)는 몇몇 신부들이 페롱 신부의 프랑스어-한국어 사전을 단순하게 베낀 것과는 전혀 차원이 다른 개정 증보판의 성격을 지닌 한 단계 더 발전한 사전이며, 또 대부분의 사전 편찬 작업이 아무 것도 없는 백지 상태에서 무엇을 창조해내는 것은 아니고 기존의 발행된 사전 등을 활용하여 진행된다는 점을 감안하여 『법한ᄌᆞ뎐』(1912)를 평가해야 할 것이다.[10)]

(2) 르 장드르 신부는 페롱 신부의 프랑스어-한국어 사전 '*Dictionnaire Français-Coréen*'을 어떻게 평가하고 활용하였는가?

르 장드르 신부는 페롱 신부의 프랑스어-한국어 사전을 비방하는 사람들도 있다는 사실을 알고 있었다. 그러나 그는 페롱 신부가 자신의 첫 필사본 프랑스어-한국어 사전 '*Dictionnaire Français-Coréen*'의 내용을 수정하고 보완할 수 없었던 당시 상황[11)]을 고려한다면 새로운 시도로 제작된 페롱 신부의 프랑스어-한국어 사전은 대단한 가치를 지니고 있다고 평가하였다.

그는 페롱 신부의 프랑스어-한국어 사전은 『한불ᄌᆞ뎐』(파리외방전교회 서울선교부, 1880)보다 훨씬 앞서 만들어진 것으로 『한불ᄌᆞ뎐』(1880)의 집필자들도 가지고 있었다고 믿었다. 그리고 그는 『한불ᄌᆞ뎐』(1880)을 집필한 신부들은 페롱 신부보다 당시 사정을 잘 알고 있었다고 짐작하고, 이 두 사전을 처음으로 비교할 때에 페롱 신부의 사전에는 표제항으로 선정되어 있으나 『한불ᄌᆞ뎐』(1880)에는 수록되어 있지 않은 표제항을 삭제하려고 표시해두었다. 그러나 그는 삭제하려고 표시해 둔 표제항들을 『한영ᄌᆞ뎐』(게일, 1897/1911)에서나 다른 책에서도 발견하였고, 또 일상적인 대화

10) 페롱 신부의 사전을 베낀 이본들의 종류와 성격 그리고 상호 관계를 이해하기 위한 작업이 이루어져야 할 것이다. 그리고 이 이본들과 『법한ᄌᆞ뎐』(1912)를 비교하는 작업도 이루어져야 할 것이다. 만약 이런 작업이 이루어진다면 『법한ᄌᆞ뎐』(1912)가 한국 이중어 사전의 편찬 역사에서 차지하는 위상을 정확하게 규명할 수 있을 것이다.

11) 페롱 신부는 1866년 10월 병인박해를 피해 중국으로 피신했으며, 1868년 덕산 굴종 사건을 일으킨 독일인 오페르트가 배를 타고 조선을 입국했을 때에 그 배의 안내자로 동승하였다. 이 사건으로 페롱 신부는 프랑스로 송환되었다.

에서도 들었기 때문에 다시 복원하였다고 설명하였다.

그런데 르 장드르 신부의 이러한 설명에 우리는 쉽게 동의하기가 어렵다. 그 이유는 다음과 같다. 첫째, 리델(Ridel, Felix-Clair; 이복명, 1830~1884) 신부는 『한불ᄌᆞ뎐』의 초고를 1868년에 완성하였고, 최종 원고는 1873년 11월에 완성하였다. 이 최종 원고는 파리외방전교회 서울선교부의 이름으로 발행된 활자본 『한불ᄌᆞ뎐』(1880)의 내용과 대부분 동일한 것으로 알려져 있다. 그리고 페롱 신부가 직접 필사한 프랑스어-한국어 사전 '*Dictionnaire Français-Coréen*'은 1868년 4월에서부터 1869년 2월 사이에 집필이 완료되었다. 『한불ᄌᆞ뎐』의 초고와 페롱 신부의 사전이 완성된 시기는 비슷하다. 따라서 이 두 사전의 상호 관계를 단순하게 설명하기는 어려울 뿐만 아니라 페롱 신부의 사전이 『한불ᄌᆞ뎐』(1880)에 영향을 주었다는 주장을 제기하기도 그리 간단하지는 않다. 만약 비슷한 시기에 만들어진 『한불ᄌᆞ뎐』의 초고본과 페롱 신부가 만든 사전을 비교할 수 있다면 이 두 사전의 관계를 정확하게 확인할 수 있을 것인데, 불행하게도 이 두 사전은 현재 찾아볼 수 없다.[12] 둘째, 르 장드르 신부가 가지고 있었던 페롱 신부의 사전은 페롱 신부가 직접 필사하여 만든 사전이 아니고 다른 신부가 필사한 사전임을 자신이 쓴 서문에서 밝히고 있다. 따라서 르 장드르 신부의 두 사전에 관한 위의 설명은 객관적이지 못하고, 두 사전에 수록된 표제항을 비교하여 표제항을 선정한 방법도 그리 합리적이지 않았음을 확인할 수 있다.

그는 페롱의 사전에 많은 오류가 있음을 지적하면서 특히 대역어가 없는 경우에 비슷한 대역어를 제시하는 것은 중대한 오류로 인식하여 이러한 처리 방법은 받아들이지 않았다. 그는 이렇게 비슷한 대역어로 처리한 경우는 『한불ᄌᆞ뎐』(1880)에서도 찾아볼 수 있다고 비판하였다.

그가 사용한 페롱의 프랑스어-한국어 사전은 읽어보기 어려운 필체로 적은 오류가 많은 것이었는데, 여러 신부들이 페롱의 사전을 베껴 씀으로써 내용이 동일하지 않은 문제가 발생했음을 알고 있었다. 그는 자신이 1893년 페롱의 사전을 처음으로 필사하기 시작했을 때에 한국어 초보 학습자인 신부들은 페롱 사전의 오류를 그대로 따르거나 또는 그들 자신도 사전 내용을 잘못 읽거나 한글을 잘못 적어 또 다른 오류를 추가함으로써 페롱의 사전은 점차 내용이 다른 필사본 사전으로 바뀐 상황이었다고 회상하였다.

그리고 그는 한국어 학습에 입문한 기간이 짧은 초학자 신부들이 조선에 입국하면 매번 페롱 신부의 사전을 베껴 사용하였는데, 오독과 오류가 반복되어 페롱 신부의 사전은 내용이 변한 새로운 이본으로 만들어졌다는 당시의 상황을 술회하였다. 그리하여 그는 페롱 사전의 내용을 수정하는 작업을 즐기자고 생각하기에 이르렀다.

그는 페롱 신부의 사전을 저본으로 삼아 필사하면서 『한불ᄌᆞ뎐』(1880)과 『한영ᄌᆞ뎐』(게일, 1897/1911)

---

12) 리델 신부의 사전 초고를 볼 수 없는 현재의 상황에서 『한불ᄌᆞ뎐』(1880)과 페롱 신부의 프랑스어-한국어 사전을 구체적으로 비교하는 논의라도 이루어져야 할 것이다.

의 내용과 비교하고 주석을 달면서 자신의 사전 필사 작업을 수년 동안 진행하였다고 한다. 그는 이렇게 사전의 내용을 비교하여 확인한 내용을 바탕으로 페롱의 프랑스어-한국어 사전을 수정하고 첨가하고 또 자신이 적은 주석 작업을 마친 다음 마지막으로 신학교의 카드들과 대조 작업을 하였으며,[13] 자신이 작성한 원고를 다시 깨끗하게 필사하여 마침내 『법한ᄌᆞ뎐』을 1912년 7월 19일에 완성하였다고 한다.

이상과 같은 설명에서 우리는 그가 사전 원고의 집필 방법과 과정을 비교적 상세하게 밝히고 있음을 알 수 있다. 다만 페롱 사전, 『한불ᄌᆞ뎐』(1880), 『한영ᄌᆞ뎐』(게일, 1897/1911), 신학교 카드 등 4개의 자료를 비교한 결과에 관한 구체적인 설명이 없는 것과 신학교 카드에 관한 내용이 소략한 점은 아쉽다고 말할 수밖에 없다. 이러한 두 사항은 사전 제작자이면서 동시에 사전 사용자이기도 한 한국어 학습자인 선교사가 아닌 사전학자나 사전을 편찬하는 실무자 등 전문가의 관점에서 본다면 그의 사전 원고의 집필 과정이나 방법을 설명한 내용보다 훨씬 더 중요하게 여길 것이다.

(3) 새로운 표제항은 어떻게 선정하고 대역하였는가?

앞에서 우리는 『법한ᄌᆞ뎐』(1912)에는 페롱 신부의 프랑스어-한국어 사전에는 수록되어 있지 않은 새로운 표제항이 첨가되어 있음을 지적했다. 여기에서는 르 장드르 신부가 전문용어에 관하여 설명한 내용을 소개하도록 한다.

르 장드르 신부는 페롱 신부의 사전에서는 찾아볼 수 없는 과학 분야에서 사용하는 전문용어와 일상어 그리고 새로운 사상과 사물을 나타내는 어휘를 표제항으로 선정하였다. 그런데 그는 전문용어의 경우 각 분야마다 어느 정도 만족할 만한 수준으로 충분하게 골고루 수록하지는 않았다. 어떤 분야의 전문용어는 충분히 만족할 만한 정도로 표제항으로 수록하였지만, 어떤 분야는 초보적인 수준에 사용하는 전문용어만 표제항으로 선정한 경우도 있다. 즉 각 분야마다 일정한 기준에 따라 표제항을 균등하게 선택한 것은 아니다. 게다가 그 자신이 전혀 모르는 과학 분야도 있어 자신이 수집할 수 있는 범위 안에서 제한적으로 전문용어를 찾아 표제항으로 등재하였다. 또 그는 일본식 약국과 일용품을 파는 상점에서 거의 모든 유럽 약품과 물품을 찾아볼 수 있게 되었으므로 이 제품들의 명칭을 수집하여 표제항으로 선정하였다. 이 명칭들 가운데 보통 명사와 전문용어로 사용하는 경우도 다수 있는데, 자신이 둘 다 잘 알고 있을 경우에는 하나의 표제항에 두 개의 대역어를 제시하였다.

그리고 그는 외래어로 대역어를 제시하는 것을 거부했다. 예를 들면, 표제항 'parasol'의 대역어로 '파라솔'을 제시하지 않고 '우산'을 제시하였다. 따라서 대역어는 한자로 표기할 수 있는 한국

13) 그는 마지막으로 신학교의 카드들과 대조 작업을 했다고 했는데, 어느 신학교를 가리키는지 알 수 없으며, 카드는 어떤 것이며, 그것의 소장처도 확인할 수 없다.

한자어나 일본 한자어로 제시하고자 하였으므로 특히 과학 분야의 전문용어의 대역어는 모두 그렇게 처리하였다.

그러나 그는 한국식으로 발음하는 아주 특별한 유럽의 몇몇 전문용어 표제항의 경우는 예외적으로 어쩔 수 없이 그대로 따를 수밖에 없어 싫지만 외래어처럼 표기하여 제시하였다고 밝혔다.

그는 중국 한자어는 1897년 이전에는 근대 과학의 전문용어로 지배적으로 사용되었으나 1912년 당시에는 사라졌다고 할 수 있고, 일본어 한자어가 자연스럽게 강요되고 있다고 생각하여 일본 한자어를 대역어로 제시하였다. 지명의 경우에도 동일한 방법으로 제시하였는데, 한자로 표기할 수 없는 고유 지명도 마찬가지로 한자어 대역어를 제시하려고 시도하였다.

그는 이런 전문용어의 대역어들은 일상적인 대화에서는 사용하지 않을 것이지만 몇몇 사람들에게만 유용할 것이며, 프랑스 선교사가 한국 대학생들을 대응할 때에 필요하다고 생각하였다. 그의 이러한 태도에서 한국에 선교하러 입국한 프랑스 신부들을 위한 표현 사전인 프랑스어-한국어 사전의 필요성을 고려하여 전문용어를 표제항으로 선정한 것을 엿볼 수 있다.

(4) 프랑스어 표제항을 어떻게 한국어로 번역할 것인가?

르 장드르 신부는 페롱 신부의 사전에서 제시한 비슷한 대역어를 피하고 가능한 한 적합한 대역어만을 제시하려고 노력했다. 그는 페롱 신부의 사전에서 비슷한 대역어로 번역한 경우는 삭제하고 빈칸으로 남겨둔 다음 나중에 적합한 한국어 대역어를 찾을 경우 그 빈칸을 채우는 방식을 선택하였다. 달리 말하면 그는 한국어 대역어의 의미에 확신을 갖는 경우에만 표제항의 대역어로 선택하여 제시하고자 하였다. 그런데 동물학, 식물학, 광물학 같은 자연과학의 전문용어의 경우에는 그 자신이 직접 의미를 검증할 수 없었기 때문에 전문가의 도움을 얻어 해결하였다.

한편 그는 한국어 동사는 활용을 통해 동사의 원래 의미에 다른 보조적 의미를 추가하므로(예: 가니, 가니까, 가서, 간다, 갈까 등) 프랑스어에서는 그에 해당하는 동사에 다른 의미를 나타내는 단어를 보태야 한다고 하였다. 게다가 프랑스어의 많은 명사, 형용사, 부사가 한국어에서는 동사이거나 동사의 활용형이므로(예를 들면, 프랑스어 형용사 'abasourdi'는 한국어 자동사 '혼나다'의 활용형 '혼난'의 등가어이다.) 동사는 한국어에서 중요한 부분이라고 그는 설명하였다.

또 그는 한국어의 많은 추상명사는 '-함'이나 '-하기'의 형태로 나타나는 부정법(infinitif)인데(예: accroissement 더홈이, 더ᄒᆞ기), 더 구체적인 의미는 그것에 해당하는 프랑스어 동사에서 찾아야 하며(예: accroître), '-이'나 '-히', '-하게'가 붙은 부사의 경우에도 마찬가지라고 지적하였다. 그러나 실제로 『법한ᄌᆞ뎐』(1912)에서는 '-함'대신 이 '-함이(예: abjection 쳔홈이; absolution 죄샤홈이)' 또는 '-음이(예: abandon ᄇᆞ림이, ᄇᆞ라기; absence 업기, 업슴이)'가 붙은 형태를 '-하기'가 결합한 형태와 함께 제시하였다. 그런데 이러한 제시 방법은 프랑스어 표제항의 등가어를 정확하게 제시하는 방법은 아니고 임시 방편으로 사용할 수 있는 하나의 방편일 뿐이다. 예를 들면, 『법한ᄌᆞ뎐』(1912)에서 프랑스어 표제항 'accroissement'의 한국어 대역어로 '더홈이, 더ᄒᆞ기'를 제시하였는데, 이 둘 대신에 '증가, 증대, 첨부' 등을 제시할 수 있다. 다만 이 세 한자어들이 사전 원고를 작성할 당시에 사용되었는지 또는 언제부터 사용되었는지 확인해야 하는 문제는 남아 있다.

그리고 그는 한국어의 많은 품질 형용사는 실제로는 동사인데, 프랑스어의 형용사를 문자 그대로 대역한 과거분사 '-한'이 이 경우에 해당된다고 설명하였다. 그래서 다른 동사처럼 과거분사와 미래 관계 분사를 아래의 예처럼 '-하다(-여, -한)'로 표시하였고, 다만 프랑스어가 '-한'과 '-한' 이외의 다른 형태로 대역이 가능한 경우에는 예외로 처리하였다.

Abatardi[14] 변ᄒᆞᆫ 〈*Dictionnaire Français-Coréen*(1869: 2)〉
abatardi 변ᄒᆞ다. 〈『법한ᄌᆞ뎐』(1912: 18)〉

Abject 쳔ᄒᆞᆫ, 비쳔ᄒᆞᆫ. 〈*Dictionnaire Français-Coréen*(1869: 2)〉
abject 쳔ᄒᆞ다, 비쳔ᄒᆞ다. 〈『법한ᄌᆞ뎐』(1912: 20)〉

Abominable 흉악ᄒᆞᆫ, 흉ᄒᆞᆫ. 〈*Dictionnaire Français-Coréen*(1869: 2)〉
abominable 흉ᄒᆞ다, 흉악ᄒᆞ다, 가증ᄒᆞ다, 가증스럽다(러워, 온). 〈『법한ᄌᆞ뎐』(1912: 20)〉

이상과 같이 결국 『법한ᄌᆞ뎐』(1912)에서는 페롱 신부의 사전과는 다른 방법으로 한국어 대역어를 제시하게 되었다. 용언은 활용형 대신에 원형을 표제항을 선정하였는데, 다음과 같은 예를 찾아볼 수 있다.

Abattu, renversé 쓸허진, 넘허진, etc. 슬니다. 〈*Dictionnaire Français-Coréen*(1869: 2)〉
abattu, renversé 쓸허지다, 넘허지다, etc. 쓸니다. 〈『법한ᄌᆞ뎐』(1912: 19)〉

Abaisser ᄂᆞ초다, ᄂᆞ치우다, ᄂᆞ리우다. 〈*Dictionnaire Français-Coréen*(1869: 1)〉
abaisser ᄂᆞᆽ초다(아, 촌), ᄂᆞᆽ치우다(워, 운), ᄂᆞ리우다(워, 운). 〈『법한ᄌᆞ뎐』(1912: 16)〉

이러한 처리 방법은 페롱 신부의 사전과는 다르며, 실제로 이렇게 처리한 사전은 찾아보기 어렵다. 『법한ᄌᆞ뎐』(1912)에서 적용한 이 방법은 외국어로서 한국어를 학습하는 초보자는 이해하기가 어려울 뿐만 아니라 사용하기에 편리하지도 않다.

『한불ᄌᆞ뎐』(1880)에서와 마찬가지로 한국어-프랑스어 사전에서는 동사의 관형사형인 '변한, 천

14) 'abâtardi' 올바른 철자인데, 두 사전 모두 'â' 대신에 'a'로 표기했다. 보통 프랑스어-한국어 사전에는 이런 과거 분사의 형태는 주표제항으로 선정하지 않는다.

한, 흉악한, 쓰러진'을 표제항으로 수록하지 않고, '변하다, 천하다, 흉악하다, 쓰러지다'를 표제항으로 선정한다. 『법한ᄌᆞ뎐』(1912)에서는 이해 사전인 『한불ᄌᆞ뎐』(1880)과 『한영ᄌᆞ뎐』(게일, 1897)의 표제항 처리 방식을 그대로 적용한 것처럼 보인다. 르 장드르 신부는 표현 사전과 이해 사전에서 표제항의 선정 방식이 다르다는 사실을 모르고 있을 것이다. 특히 한국어 초급 학습자인 프랑스 신부들을 위한 학습 사전을 만들려고 의도했다면 그 가능성은 더 커진다.

(5) 한국어와 프랑스어의 문법 비교

한편 그는 대부분의 한국어 동작 동사는 상태 동사의 형태를 취할 수 있는데, 이것은 프랑스어 형용사 가운데 '-able'가 붙은 것과 유사하게 호응한다고 설명하였다(예: aimer, aimable). 그리고 그는 이런 형태는 3단계로 구분하면서, 프랑스어 동사 'manger(먹다)'를 예로 들었다.

먹다(먹어, 먹은): manger, on a
먹을, 먹는: (chose) qu'on peut manger, qu'on mange, (chose) comestible
먹을만하다: (chose) mangeable, bonne à manger
먹음직하다, 먹음칙스럽다: chose très bonne à manger

또 상태 동사도 과거 분사의 형태에 '-하다'를 붙여 동작 동사를 얻을 수 있다고 설명하면서 다음과 같은 예를 제시하였다.

됴타(됴하, 됴흔) être bon, aimable. 됴하하다 aimer.
무셥다(무셔운, 무셔온) être effrayant, à craindre. 무셔워하다 craindre.

그러나 이것은 상태 동사의 과거 분사의 형태가 아닌 어간 '됴-'와 '무셥'에 동사 연결 어미 '-아/어'가 붙은 형태에 '-하다'가 결합된 형태이다.

마지막으로 그는 아래와 같은 예를 들면서 한국어에서 추상명사는 동작 동사의 주어가 될 수 없으며, 동사 '죽이다(tuer)'는 의지를 가진 지능적인 주어를 요구한다는 분포적 특질을 설명하였다.

Son imprudence l'a tué(그의 경솔함이 그를 죽였다.).
Le chagrin l'a tué(슬픔이 그를 죽였다.).
La ruine l'a tué(파산이 그를 죽였다.).
Le poison l'a tué(독이 그를 죽였다.).

이상과 같이 그는 마치 한국어-프랑스어 사전을 편찬하는 것처럼 한국어의 문법적 특징을 제시하고 거기에 대응하거나 대응할 수 있는 프랑스어의 문법적 특징을 설명하였다. 그리고 외국어를 학습할 때에 사전만으로는 부족하여 문법을 이해해야 하는 점을 드러낸 것이다.

『법한ᄌᆞ뎐』(1912)는 프랑스어-한국어 사전이므로 프랑스어 동사나 형용사를 어떻게 한국어로 번역하여 대역어로 제시할 것인가를 설명하는 것이 올바른 방법이다. 이러한 태도는 마치 한국어 의성어를 표제항으로 선정하여 프랑스어로 뜻풀이를 한 페롱 신부의 사전과 같이 이 사전이 한국어를 학습하려는 프랑스 신부들이 사용할 때를 염두에 둔 것으로 볼 수 있다. 실제로 페롱 신부의 프랑스어-한국어 사전은 프랑스 신부들이 한국에 도착하여 한국어를 배울 때에 사용했던 것이다.

2.2. 거시 구조의 특징

『법한ᄌᆞ뎐』(1912)에서 채택한 표제항의 선정 방법과 종류, 그리고 표기 등에 관한 문제는 앞에서 이미 언급하였으므로 여기에서는 몇 가지 특징적인 사항을 리샤르 신부가 베껴 쓴 페롱 신부의 프랑스어-한국어 사전과 비교하면서 정리하도록 한다.

(1) 표제항의 표기

『법한ᄌᆞ뎐』(1912)에서는 표제항의 첫 글자를 대문자로 적었다. 그리고 표제항은 파란색 잉크로 적고 밑줄을 그어 놓았다. 표제항 이외의 나머지 항목 부분은 검은색 잉크로 적었다. 그런데 페롱 신부의 프랑스어-한국어 사전에서는 표제항의 첫 글자만 대문자로 적어 놓았다. 표제항과 항목을 구분하는 이러한 잉크 색의 사용은 표제항의 수나 상위 표제항(상위 올림말, 주표제항)이나 하위 표제항(하위 올림말, 부표제항)의 처리 결과를 확인시켜 주는 중요한 단서가 된다. 요즘 출판되는 대부분의 사전에서는 표제항을 진하게 인쇄하여 항목과 구별하게 한다.[15]

(2) 표제항의 수와 선정 방법

『법한ᄌᆞ뎐』(1912)에서 선정한 표제항의 수는 13,686개인데,[16] 페롱 신부의 프랑스어-한국어 사전에는 10,328개의 표제항이 수록되어 있다(강이연, 2004: viii). 『법한ᄌᆞ뎐』(1912)에는 페롱 신부의 프랑스어-한국어 사전보다 약 3,358개의 표제항이 더 많이 수록되었다.

표제항의 이러한 수치는 하위 표제항에 해당하는 것들은 헤아리지 않고 계산한 것이다. 두 사전에는 상위 표제항과 하위 표제항의 배열을 쉽게 구분할 수 있도록 배열하지 않고, 항목 정보로

---

15) 프랑스어 단일어 사전인 *Petit Robert*(Rey, A. & J. Rey-Debove, 1982)에는 표제항 전체가 대문자로 표기되어 있고 진하게 인쇄되어 있는데, 국내에서 발행된 대부분의 프랑스어-한국어 사전에는 소문자로 표기된 표제항이 진하게 인쇄되어 있다.

16) 내포교회사연구소에서 제공한 수치이다.

제시하고 있기 때문에 하위 표제항으로 볼 수 있는 것들을 별도로 가려내어 계산하는 것이 쉽지 않기 때문이다.

아무튼 앞에서 살펴본 것과 같이 새롭게 첨가한 표제항에는 전문용어뿐만 아니라 일상어도 포함되어 있고, 또 페롱 신부의 프랑스어-한국어 사전에 수록되어 있는 표제항을 삭제하거나 수정한 경우도 있다. 몇 가지 예를 찾아보면 다음과 같다.

① 두 표제항을 하나의 표제항으로 처리한 경우

Accompagner ou se faire accompagner → accompagner
Adresser, S'adresser → adresser

② 하나의 표제항을 두 표제항으로 나눈 경우

S'absenter → affbsenter S'-
S'affaisser → affisser S'affaisser

③ 표제항을 다르게 표기한 경우

Amarante → amaranthe
Accompagnement en musique → accompagement musical

④ 표제항을 삭제한 경우

Affabilité, Affadi, Extermintateur, S'abriter, aisément(쉽게), alégan cheval(고라마), s'aliener les esprits(의 를 상하다, 인심을 일타), alerier(나도밤나무), amabilité(아람다옴이, 아람담기) 등

⑤ 표제항을 첨가한 경우

Abstraction, abstrait, accabler, accagnarder, accessoire, accidenté, accointance, accolade, accommodement, accordéon, accoutrement, accreité, acétique(초산), acteur, adjectif, aërolithe(운석), aëroplane(비힝션, 비힝긔), afrique(아비리가), agenr, agnostieisme(불가시의), agronomie(농학), albâtre(셕화셕고, 빅옥), allemange(덕국, 독일국, 이리만), alligator(악어), Corée 등

(3) 표제항의 배열

『법한ᄌᆞ뎐』(1912)에서는 분할 배열이나 통합 배열의 구분을 하지 않았으며, 동의어 처리를 한 경우에도 어깨번호로 표시하지 않았다.

페롱 신부의 사전에서 배열한 표제항의 순서를 바르게 수정하거나(예: absolu와 absolument 등) 바르게 배열된 것을 틀리게 배열한 경우(예: accompagner와 accompagnement; alliance와 alliage 등), 그리고 두 사전 모두 표제항을 잘못 배열한 경우도 있다.[17)]

페롱 신부의 사전에서는 표제항 'Bruit(소릭, 소리)'의 바로 밑에 짧은 설명을 덧붙이고, '아, 어,

오, 우, 으, ㅎ, ㄱ, ㅋ, ㅁ, ㄴ, ㅂ, ㅍ, ㅅ, ㄷ, ㅌ, ㅈ, ㅊ' 부를 설정하여 40쪽 후반부터 44쪽 일부에 한국어 의성어 표제항을 배열하였다. 이 부분은 한국어-프랑스 사전에 해당하는 부분인데, 한국어 학습자를 위하여 '소리'와 관련된 한국어 의성어들을 한자리에 모아 프랑스어로 뜻풀이를 해놓았다. 또 이 단어들은 한국어의 특징으로 들 수 있는 의성어로서 프랑스어에 해당하는 단어가 없는 경우 프랑스어로 뜻풀이한 부분을 표제항으로 선정하기가 어색하므로 이런 방식으로 처리한 것으로 보여진다. 실제로는 한국어-프랑스어 사전의 표제항인데, 프랑스어-한국어 사전의 부록으로 처리할 내용이다. 그런데 『법한ᄌᆞ뎐』(1912)에서는 이것처럼 처리하지 않고, 프랑스어로만 뜻풀이를 한 표제항 'Harmoie imitative'에 '아귀아귀(먹다), 아삭아삭/아작아작, 아지직아지직하다, 아스랑아스랑, 아작아작, 아드득아드득, …중략…, 철셕철셕, 출랑출랑' 등을 712쪽부터 720쪽에 걸쳐 배열해놓았다. 그런 다음에 표제항 'Brûlant(쓰겁다(거운, 온))'을 배열하였다.

또 페롱 신부의 프랑스어-한국어 사전에는 표제항 'numéral' 바로 아래에 208쪽부터 209쪽에 걸쳐 한국어 'ᄒᆞᆫ(un), ᄒᆞᆫ휘, ᄒᆞᆫ오리, ᄒᆞᆫ환, ᄒᆞᆫ개, ᄒᆞᆫ갓, ᄒᆞᆫ가마,…중략…, 초, ᄒᆞᆫ축' 등을 배열해 놓고, 프랑스어로 뜻풀이해 놓았다. 이 단어들은 대문자로 표기하지 않았다. 그런데 『법한ᄌᆞ뎐』(1912)에서는 표제항 'numéral' 다음에 'ᄒᆞᆫ'을 삭제한 형태로 한국어 단위성 의존명사 '마리, 매, 님, 벌, 바리, 분, 명, 판, 필, 단, 졉, 죽, 짝' 등 37개를 985쪽부터 986쪽에 걸쳐 배열해 놓았다. 이 단어들은 파란색 잉크로 표시하지도 않고, 밑줄도 없으므로 독립된 표제항으로 설정하지는 않았다.

이렇게 두 사전이 한국어 의성어와 단위성 의존명사를 서로 다른 방법으로 처리한 것은 『법한ᄌᆞ뎐』(1912)에서 처음으로 시도한 것인지 아니면 르 장드르 신부가 참조한 페롱 신부의 사전 이본에서 처리한 것을 그대로 따라 한 것인지는 확인할 수 없다.

한편 의성어 표제항 'affleurer(나불나불ᄒᆞ다, 나붓나붓ᄒᆞ다)', 'dent(웅얼거리다)', 'extravaguer' 등은 이곳에 포함되어 있지 않고 별도의 독립된 표제항으로 배열하였다. 그리고 표제항 'mesurer'에는 이렇게 처리하지 않았다. 다른 의존명사, 수사, 등의 이렇게 처리하지 않았다.

(4) 표제항의 종류

표제항은 대부분 단어로 이루어져 있는데, 연어나 구를 선정한 경우도 있다.

> accouplement des animaux(흐레), acceuillir un hôte(더졉ᄒᆞ다), acquitter ses debtes(갑다), acre au quât(썰썰ᄒᆞ다, 싀금ᄒᆞ다), active armée(현역군), aimant minéral(ᄌᆞ셕), arriere boutique(뒤방), exterme écolier(통학생) 등

17) 페롱 신부의 사전을 베껴 쓴 리샤르 신부의 이본을 영인하여 한국교회사연구소에서 발행한 이본에는 25쪽과 26쪽이 28쪽과 29쪽 사이에 잘못 배치되어 있다. 원래 이렇게 되어 있거나 제본할 때에 잘못 처리한 것이다.

2.3. 미시 구조의 특징

『법한ᄌᆞ뎐』(1912)의 미시 구조의 특징을 살펴볼 수 있는 항목 정보의 기술 방법은 다음과 같이 정리할 수 있다.

(1) 프랑스어로 뜻풀이를 기술하고 한국어 대역어를 제시한 경우

a Signe du datif se serend par la terminaison 의게, que souvent on remplace par ᄭᅴ, forme qui semble plus respectueuse. Faire l'aumeme aux pauvres 가난ᄒᆞᆫ 사ᄅᆞᆷ의게 시샤ᄒᆞ다. Demander a Dieu 텬쥬ᄭᅴ 빌다. 〈『법한ᄌᆞ뎐』(1912: 15)〉

(2) 한국어 대역어를 제시한 경우

abaque 슈판, 쥬판 〈『법한ᄌᆞ뎐』(1912: 18)〉
acetate de · · · · 초산 · · · · 〈『법한ᄌᆞ뎐』(1912: 34)〉
acétique 초산 醋酸 〈『법한ᄌᆞ뎐』(1912: 34)〉

페롱 신부의 프랑스어-한국어 사전에서는 용언의 활용형을 대역어로 제시했는데, 『법한ᄌᆞ뎐』(1912)에서는 용언의 원형을 제시한 다음 활용 어미를 괄호 속에 넣어 표시하였다. 예를 들면 다음과 같다.

adhérent 뭇은, 붓흔. 〈*Dictionnaire Français-Coréen*(1869: 6)〉
adhérent 뭇다(어, 은), 붓다(허, 흔). 〈『법한ᄌᆞ뎐』(1912: 39)〉

두 사전에는 하나의 대역어를 제시한 경우도 있고 둘 이상의 대역어를 나열한 경우도 있다.

charment ᄆᆡ우됴흔, 샹품, 아ᄅᆞᆷ다온. 〈*Dictionnaire Français-Coréen*(1869: 52)〉
charmant 아름답다(다와, 온), ᄌᆞ미롭다(로와, 온), ᄆᆡ우죠타(하, 흔) 〈『법한ᄌᆞ뎐』(1912: 247)〉

(3) '='를 사용한 경우

achat 흥졍, =ᄒᆞ다. 〈『법한ᄌᆞ뎐』(1912: 35)〉
addition 가, =ᄒᆞ다, =합산, 가법. 〈『법한ᄌᆞ뎐』(1912: 39)〉

앞에 나온 단어와 동일한 형태가 올 경우에 '='로 표시하였다. 즉 위의 'achat'에서 '=ᄒᆞ다'는 '흥졍ᄒᆞ다'를 나타낸다. 그리고 'addition'에서 '=ᄒᆞ다'는 '가ᄒᆞ다'를 나타내고, '=합산'은 '가합산'을 가

리킨다.

(4) 페롱 신부의 프랑스어-한국어 사전과 마찬가지로 『법한ᄌᆞ뎐』(1912)에는 대역어를 제시하지 않은 표제항도 찾아볼 수 있다. 즉 표제항만 적어놓고 항목 정보를 기술하지 않은 경우도 있다(예: abreuvoir, accabler, accoutrement, accrediter, achoppement, acrobate, adéquat 등).

(5) 페롱 신부의 프랑스어-한국어 사전에는 번호를 매겨 다의어 처리를 한 경우가 있는데(예: A), 『법한ᄌᆞ뎐』(1912)에는 번호를 사용하지 않고 문단을 바꾸어 다의어로 처리한 예를 찾아볼 수 있다(예: a). 그리고 『법한ᄌᆞ뎐』(1912)에는 동형어 처리를 한 경우가 아주 드물게 있는데, 어깨번호는 표시하지 않았다(예: arrière).

(6) 『법한ᄌᆞ뎐』(1912)에는 페롱 신부의 프랑스어-한국어 사전에서와 같이 뜻풀이나 대역어를 제시하지 않고 찾아가라는 약어(v)를 사용하였다(예: abroger v. abolir).

(7) 『법한ᄌᆞ뎐』(1912)에는 페롱 신부의 프랑스어-한국어 사전처럼 '-홈이, -ᄒᆞ기, -ᄒᆞᆫ것' 등을 붙인 명사형 대역어를 제시하였다. 다음과 같은 예를 찾아볼 수 있다.

adhésion(합홈이, 합ᄒᆞ기/뭇슴이, 무슴이), adoration(흠슝ᄒᆞ기, 흠숭홈이), Blancheur(희기, 힘이, -흰빗), assemblage(결합ᄒᆞ기, 결합ᄒᆞᆫ것) 등

(8) 『법한ᄌᆞ뎐』(1912)에는 페롱 신부의 프랑스어-한국어 사전의 항목 정보를 보완한 경우도 찾아볼 수 있다(예: Bateau, Capitaine, Chaque, Chène(참나무), Cyclope(일목인), Tout, Vent 등).

(9) 페롱 신부의 프랑스어-한국어 사전에는 그림이 없지만 『법한ᄌᆞ뎐』(1912)에는 그림이 있다(예: Charpente(집지목), Levier(지레)).

(10) 『법한ᄌᆞ뎐』(1912)에는 페롱 신부의 프랑스어-한국어 사전처럼 'en agregation'을 표시하기 위하여 약어 'en agg'를 사용하였다(예: abricot 살구, en agg 힝).

맺음말

프랑스어-한국어 사전과 한국어-프랑스어 사전

자신들의 신앙을 한국 사람에게 선교하기 위해서는 이해 사전인 한국어-프랑스어 사전보다는 표현 사전인 프랑스어-한국어 사전이 편리하다고 생각한 프랑스 신부들은 페롱 신부가 만든 프랑스어-한국어 사전을 보고 베끼면서 한국어를 습득했다. 이렇게 프랑스어-한국어 사전을 만들거나 베끼거나 증보한 프랑스 신부로는 페롱 신부(1857년 입국)와 리샤르(입국하지 못함), 블랑(Blanc, G. M. J., 1876년 입국), 마라발(1885년 입국), 르 장드르(1891년 입국), 부이용(1893년 입국), 드브레드(1900년 입국) 신부 등이 있었다.

반면에 자신들의 신앙을 한국 사람에게 선교하기 위해서는 표현 사전인 프랑스어-한국어 사전보다는 이해 사전인 한국어-프랑스어 사전을 만들면서 한국어를 습득한 프랑스 신부로는 베르뇌(1856년 입국), 리델(1861년 입국), 뮈텔(1880년 입국), 코스트(1885년 입국) 신부 등이 있었다.

19세기 중반 비슷한 시기에 페롱과 리델 신부를 축으로 프랑스 신부들은 이렇게 양분되어 사전을 만들면서 한국어를 학습하였는데, 몇 가지 의문을 품게 된다. 왜 이해 사전과 표현 사전의 편찬 작업이 별도로 진행되었는지 그 이유를 이해하기가 쉽지 않다. 프랑스어-한국어 사전과 한국어-프랑스어 사전의 편찬 작업이 파리외방전교회 서울 선교사단에서 공동으로 이루어지지 않고 별도로 나누어져 진행되었을까? 왜 한국어-프랑스어 사전은 인쇄본으로 간행되었고, 프랑스어-한국어 사전은 필사본으로만 전해지는가? 단순한 시도로 별생각 없이 시작한 작업일 수도 있으나 사전을 편찬한 신부들의 이해와 표현의 차이에 따른 사고 방식, 성격, 신앙 생활 그리고 인적 관계 등에 관한 문제까지도 살펴볼 필요가 있다.

『한불ᄌᆞ뎐』(1880)과 『영한ᄌᆞ뎐』(게일, 1897/1911)의 선택

『한불ᄌᆞ뎐』(1880)의 구조는 한글로 표기한 표제항, 로마자로 표기한 주격 형태와 활용형, 한자로 표기한 한자어, 프랑스어 등가 개념을 나타내는 번역 등가어(대역어, 대당어(counterpart)),[18] 용례, 관련어의 순서로 이루어져 있다. 이 사전에는 많은 기독교 용어들이 표제항으로 선정되어 있는데, 「영한ᄌᆞ뎐」(언더우드, 1890), 「영한ᄌᆞ뎐」(게일, 1897/1911), 「조선어사전」(조선총독부, 1920)에 큰 영향을 끼쳤다.

「영한ᄌᆞ뎐」(언더우드, 1890)은 「한불ᄌᆞ뎐」(1880)과 동일한 방법으로 표제항을 배열하였다. 이 사전은 「한불ᄌᆞ뎐」(1880)의 내용을 참고하여 집필하였는데, 이 사전을 편찬함으로써 프랑스 천주교

18) 두 언어 사전의 표제항의 등가어는 번역 등가어와 설명 등가어(기술 등가어)로 나눌 수 있다.

선교사들의 선도한 한국의 종교 영역(또는 정치 영역까지 포함하여)을 미국 기독교 선교사들이 주도하게 되는 변화를 촉진시키게 되었다.

그러나 르 장드르 신부는 영어-한국어 사전뿐만 아니라 한국어-영어 사전을 포함하고 있는 『영한ᄌᆞ뎐』(언더우드, 1890)이 아닌 『영한ᄌᆞ뎐』(게일, 1897/1911) 사전을 이용한 이유는 무엇인가?

사전의 편찬 시기는 프랑스어-한국어 사전보다 한국어-프랑스 사전이 더 빠르다. 이 둘을 합한 형태의 사전 예를 들면 언더우드의 한국어-영어 사전과 영어-한국어 사전을 펴낸 것처럼 만들지 못한 것은 여전히 아쉬움으로 남는다.

일반적으로 외국어를 학습할 때에 이해 사전을 먼저 사용하게 된다. 프랑스 신부의 입장에서는 프랑스어-한국어 사전 즉 표현 사전이 아닌 한국어-프랑스 사전 즉 이해 사전을 먼저 사용하는 것이 외국어 학습 사전으로서 더 효율적인 방법이며, 보편적인 방법이다. 만약 르 장드르 신부가 이해 사전과 표현 사전의 효능을 보다 진지하게 따져보았더라면 그의 사전은 '법한ᄌᆞ뎐'이 아닌 '한법ᄌᆞ뎐'이었을 것이다

『법한ᄌᆞ뎐』(1912)의 위상

르 장드르 신부가 저본으로 삼은 페롱 신부의 필사본 프랑스어-조선어 사전이 완성된 시기부터 『법한ᄌᆞ뎐』(르 장드르, 1912)가 완성되기 이전까지 국내에서는 조선인이 간행된 어휘 학습서, 어휘집, 사전 등으로는 『국한회화』(1895), 『유몽천자』(1903), 『초목필지』(1903), 『음운첩고』(1903), 『아학편』(1906), 『초학요선』(1907), 『진리변독삼ᄌᆞ경』(1907), 『국한문신옥편』(정익로, 1908), 『언문』(지석영, 1909), 『자전석요』(지석영, 1909), 『대한민보』(1909~1910) 등이 있다.

그리고 이 시기에 외국인 선교사 등이 만든 어휘집이나 사전으로는 『프랑스어-조선어 사전』(페롱, 1868년 5월~1869년 2월 이전), 『노한사전』(푸칠로, 1874), 『한불ᄌᆞ뎐』(파리외방전교회, 1880), 『한영ᄌᆞ뎐』(언드우드, 1890), 『영한사전』(스코트, 1891), 『나한 소사전』(다블뤼, 1891), 『한영ᄌᆞ뎐』(게일, 1897/1911), 『영한사전』(핫지, 1898), 『법한ᄌᆞ뎐(알레베크, 1901) 등이 있다.

이러한 상황을 감안하여 『법한ᄌᆞ뎐』(르 장드르, 1912)의 위상을 밝혀야 할 것이다. 페롱 신부의 사전을 베낀 이본들뿐만 아니라 『한불ᄌᆞ뎐』(1880), 『법한ᄌᆞ뎐』(알레베크, 1901), 『한영ᄌᆞ뎐』(언더우드, 1890), 『영한ᄌᆞ뎐』(스콧, 1891), 『한영ᄌᆞ뎐』(게일, 1897, 1911) 등과 『법한ᄌᆞ뎐』(1912)의 구체적인 비교 연구가 필요하다. 이러한 비교 논의의 결과를 바탕으로 19세기부터 20세기 초반 사이에 한국에서 이루어진 외국인 선교사들의 이중어 사전의 편찬 역사를 정확하게 기술할 수 있을 것이다. 그리하여 『법한ᄌᆞ뎐』(르 장드르, 1912)가 프랑스어-한국어 사전 편찬사에서 차지하는 위상과 『프랑스어-한국어 사전』(페롱, 1868년 5월~1869년 2월 이전)의 필사 이본들에서 차지하는 위상은 무엇인지

를 구체적으로 밝혀야 할 것이다. 이러한 작업은 이 글의 범위를 벗어나므로 여기에서는 아래와 같은 짧은 글로 마무리하고자 한다.

르 장드르 신부는 만약에 다른 신부가 자신이 사전을 만든 방법과 동일하게 프랑스어-한국어 사전을 만든다면, 그리고 지속적으로 여러 세대를 거쳐 이런 작업이 이루어진다면 가치가 있는 사전이 만들어질 것으로 예측하였다. 그의 『법한ᄌᆞ뎐』이 완성된 1912년 7월 이전에는 물론이고 그 이후에도 그의 제안처럼 프랑스 신부들이 만든 프랑스어-한국어 사전은 찾아보기 어렵다. 따라서 『법한ᄌᆞ뎐』(1912)는 현전하는 페롱 신부의 사전의 내용에 보완과 수정 작업을 거친 증보판으로 볼 수 있다.

참고 논저

강이연, 2003, 해제, *Dictionnaire Français-Coréen*, 페롱(Féron, S.) 편, 리샤르(Richard, P. E.) 필사, 서울: 한국교회사연구소. v-xiii.

강이연, 2004, 19세기 후반 조선에 파견된 파리외방전교회 선교사들의 『불한사전(*Dictionnaire Français-Coréen*)』 연구, 『교회사연구』 22, 한국교회사연구소. 173-211.

강이연, 2005, 최초의 한국어 연구: 한-불, 불-한 사전들과 한국어 문법서, 『프랑스학연구』 31, 프랑스학회. 1-28.

김정환, 2015, 『뮈텔 일기 연구』, 당진: 내포교회사연구소.

박형익, 2004, 『한국의 사전과 사전학』, 서울: 월인.

박형익, 2012, 『한국 자전의 역사』, 서울: 역락.

박형익, 2014, 1945년 이전 한국의 중국어 학습서와 사전의 서지 조사, 『한국어학』 65, 한국어학회. 43-68.

박형익, 2015ㄱ, 근대 태동기(1864~1883)의 한글 자료 목록, 『근대서지』 11, 근대서지학회. 57-89.

박형익, 2015ㄴ, 근대 전기(1883~1894)의 한글 자료 목록, 『근대서지』 12, 근대서지학회. 79-133.

박형익, 2016, 『한국 자전의 해제와 목록』, 서울: 역락.

박형익 외 옮김, 2014, 『사전론』, 서울: 부키.

이은령 외, 2013, 『한불자전 연구』, 서울: 소명.

페롱 편, 리샤르 필사, 2003, *Dictionnaire Français-Coréen*, 서울: 한국교회사연구소.

허재영, 2011, 국어사에서 근대 계몽기의 설정과 사전 편찬의 필요성, 『한국사전학』 17, 한국사전학회. 267-288.

『법한ᄌᆞ뎐』

Essai de Vocabulaire Français-Coréen

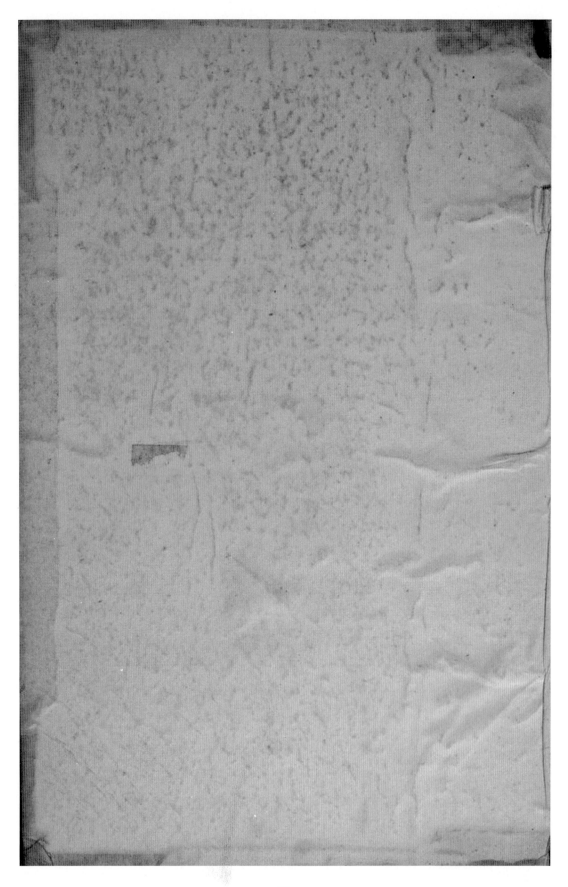

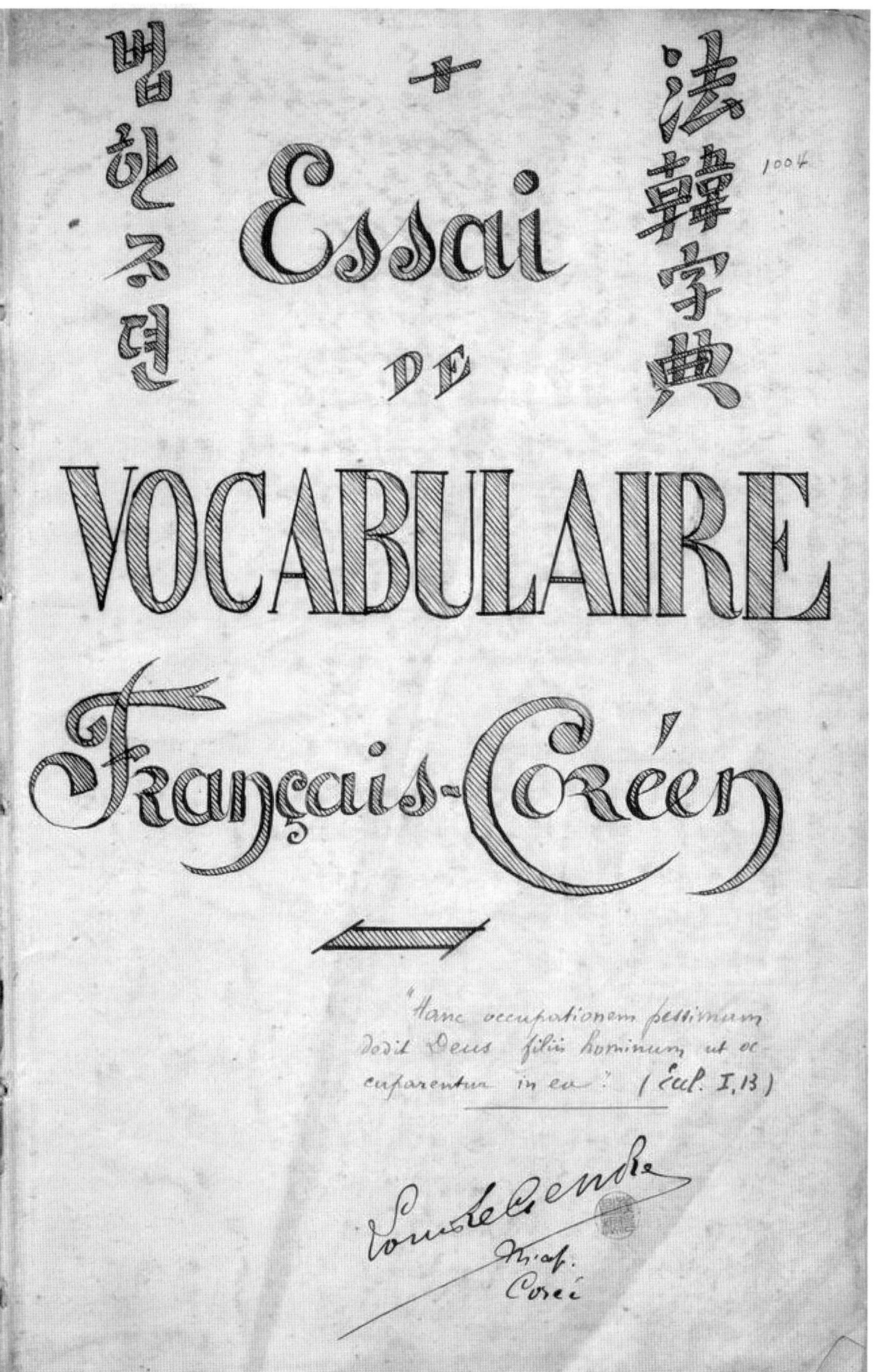

법한ᄌᆞ뎐

法韓字典

1004

Essai de Vocabulaire Français-Coréen

"Hanc occupationem pessimam dedit Deus filiis hominum ut occuparentur in ea" (Eccl. I, 13)

Louis Legendre
Miss.
Corée

Louis LE GENDRE
MISS. APOS.
CORÉE

"Il compilait, compilait, compilait"

"Cuique suum": Ce travail est, comme tout le Dictionnaire du P. Féron. Sans doute, selon la formule classique, il a été revu, corrigé & augmenté; mais il reste le Dictionnaire du P. Féron.

J'en connais à qui cela fera hausser les épaules, car le Dictionnaire du P. Féron a surtout des détracteurs. Je n'ai jamais partagé leur avis. Outre que "dans le pays des aveugles les borgnes sont rois", et que le Dictionnaire du P. Féron est le seul ouvrage de cette espèce que nous ayons, pour le juger il faut tenir compte du temps & des circonstances où il a été composé. Il faut tenir compte aussi que, dans l'idée du P. Féron, c'était plutôt un essai, un travail de premier jet que quelque chose de définitif. On sait comment & pourquoi il n'a pas pu le retoucher.

2/

Quand on connaît tout cela, on est forcé de se dire que, subjectivement, son ouvrage est de grande valeur. J'ajoute qu'objectivement il est loin d'être aussi nul qu'on veut bien le dire, et qu'il a été jugé à travers bien des préventions. J'en ai eu une preuve typique. Le travail du P. Féron est antérieur de beaucoup à la rédaction de notre Dictionnaire Coréen-français; il était entre les mains de ceux qui travaillaient à ce dernier ouvrage. J'en avais conclu que s'ils avaient écarté une partie considérable du vocabulaire coréen du P. Féron c'était en connaissance de cause; et, dans le premier collationnement que je fis entre les deux Dictionnaires, je marquai comme "à supprimer" tous les mots du P. Féron que je ne retrouvais pas dans notre Dictionnaire coréen-français. Or j'ai dû les rétablir en très forte majorité les ayant retrouvés soit dans Gale, soit au cours de mes lectures, soit, pour un petit nombre que je n'ai retrouvés imprimés nulle part, pour les avoir entendus en conversation assez fréquemment pour qu'il ne me restât aucun doute sur leur légitimité.

Je ne prétends pas cependant que le texte de Féron soit parfait. Bien loin de là !. Il a des défauts et des défauts graves, dont l'un — peut-être le plus fréquent — est d'avoir donné des traductions "à peu près" quand le mot propre faisait défaut. Cela eût été sans doute corrigé dans la suite par Féron lui même ; mais c'est son travail de premier jet qui nous est parvenu. — J'ajouterai qu'il ne faudrait pas éplucher beaucoup pour faire le même reproche à notre Dictionnaire coréen-français.

D'ailleurs le Dictionnaire de Féron était manuscrit, d'une écriture très difficile à lire. Il a été recopié nombre de fois, et presque toujours par des missionnaires nouveaux qui, abordant à peine l'étude de la langue respectaient scrupuleusement les fautes même grossières de l'exemplaire qu'ils avaient sous les yeux, en ajoutaient d'autres par distraction ; et souvent, par leur manière plus que fantaisiste d'écrire le coréen, induisaient ceux qui, à leur tour, les copiaient, à faire des fautes de lecture souvent énormes, parfois tout à fait inattendues — voire désopilantes — qui passaient dans la copie nouvelle.

C'est dans ces conditions que moi-même, en 1893, je copiai pour la première fois le Dictionnaire de Féron. L'exemplaire mis à ma disposition était très fautif. A ses fautes, j'en ajoutai, de mon cru, de plus nombreuses encore, si bien que, lorsque je voulus me servir de l'instrument ainsi fabriqué, je constatai qu'il ne servait pas à grand chose.

Ce fut alors qu'il me vint à l'idée de "m'amuser" à le corriger. Je le collationnai d'abord mot pour mot avec notre Dictionnaire,

4

plus tard avec Gale — 1re plus 2e Edition. En dehors de cela je faisais les corrections ou annotations que me suggéraient mes conversations ou mes lectures.

Parfois poussé activement, plus souvent continué seulement aux heures d'ennui, d'autres fois abandonné, puis repris, ce travail se poursuivit plusieurs années sans autre but que de tuer le temps, sans aucune intention d'arriver à "quelque chose" sans même l'idée que cela put jamais donner un résultat.

J'avais cependant fini par m'intéresser à ce travail & par le systématiser. Aussi quand, après avoir revu mon Dictionnaire par tous les bouts et dans tous les sens, je ne trouvai plus avec quoi le collationner, je me trouvai tout drôle: je n'avais plus avec quoi tuer le temps. Et ce fut uniquement pour trouver encore avec quoi tuer le temps que me vint la première idée de recopier mon Dictionnaire, devenu même pour moi d'une lecture difficile, criblé qu'il était d'une foule de corrections, d'additions & d'annotations où la calligraphie n'avait rien à voir. Avant ce dernier travail de recopiage, j'ai fait une dernière collation avec les fiches du Séminaire... et me voici.

Mais le fait que je recopie ce Dictionnaire ne veut pas dire que — même à mon idée — il vaille le travail que demande cette copie; — encore moins qu'il soit définitif. Je le

5

recopié pour le motif sus-indiqué surtout) — avec l'idée aussi que les notes que j'ai réunies pourront être utiles plus tard pour un nouveau travail, et qu'elles ne peuvent l'être que recopiées : l'original n'en étant lisible que pour moi, et encore tout juste.

Et si cette copie tombe entre les mains d'un confrère ayant du goût pour ce genre de travail, & qu'il fasse sur elle la même chose que j'ai faite sur celle de Féron ... & ainsi de suite, dans un certain nombre de générations on finira peut-être par avoir quelque chose qui vaille !

×

× ×

J'ai cherché d'abord à éviter le défaut que je reproche au D. Féron : les traductions par "à peu près". J'ai supprimé impitoyablement tout ce qui m'a paru tel, ne voulant mettre que des traductions adéquates — autant que le génie si différent des deux langues me le permettait. J'ai préféré laisser nombre de places en blanc, — quitte à les remplir si j'ai l'occasion de rencontrer tel ou tel mot vainement cherché jusqu'ici ; ou plutôt c'est surtout dans ce but que j'ai laissé les places en blanc au lieu de les remplir par une circonlocution, ce qui souvent aurait été facile.

Quitte aussi à laisser nombre de places

6/

en blanc; je n'ai admis que les vocables coréens dont j'étais sûr de la signification. Exception est faite pourtant pour les sciences naturelles: zoologie, botanique & minéralogie. J'ai fait de mon mieux pour en soigner & en vérifier le vocabulaire; mais comme je ne suis pas de la partie, j'ai dû m'en rapporter à mes auteurs.

J'ai allongé beaucoup le vocabulaire français. Celui du P. Féron, nul pour la partie scientifique — & pour causes — était parfois insuffisant pour la conversation courante. J'ai dû aussi me préoccuper d'une foule d'idées & de choses nouvelles parfaitement inconnues des contemporains coréens du P. Féron. — Quant à la partie à proprement dire scientifique de mon vocabulaire, elle est, malheureusement très peu équilibrée. Il y a certaines sciences pour lesquelles j'ai pu réunir une terminologie presque complète, d'autres pour lesquelles je n'ai qu'un vocabulaire rudimentaire, d'autres pour lesquelles je n'ai rien du tout. Je donne ce que j'ai pu recueillir.

Par la force des choses, ce vocabulaire est tout en chinois, d'autant que j'ai rejeté tous les européanismes. De plus qu'aucune autre terminologie technique il n'est de mise dans la conversation courante. mais il peut être utile à plusieurs, et il est bon de l'avoir sous la main pour faire face à l'occasion à MM. les étudiants. Le premier soin d'iceux est de se bourrer de mots;

et leur première fierté de parler un jargon que leurs voisins non-étudiants ne puissent pas comprendre. Comme toute vérité n'est pas bonne à dire, je ne compléterai pas ma pensée et n'ajouterai pas qu'ils ne le comprennent pas eux-mêmes. Et si le missionnaire reste coi, tout étourdi par ce déballage de mots à tournure scientifique, ces Messieurs le regarderont du haut de leur casquette comme s'ils étaient perchés sur le paratonnerre de la Tour Eiffel. Si, au contraire il leur rend avec usure la monnaie de leur pièce, quelque solidement que ladite casquette soit vissée sur leur occiput, ils sont de taille à la tirer pour saluer.

Il y a, ou plutôt il y avait, en Corée deux terminologies scientifiques modernes assez sensiblement différentes : l'une d'origine chinoise prédominait il y a une quinzaine d'années : elle a, maintenant, on peut dire, disparu. L'autre est d'origine japonaise et s'impose naturellement. C'est celle que j'ai indiquée.

Et maintenant que, dans les pharmacies et drogueries japonaises on trouve à peu près tous les remèdes et produits européens, j'ai donné ce que j'ai pu recueillir des noms de ces substances. Pour ne pas m'attirer le "Ne sutor ultra crepidam", j'ai évité ailleurs toute incursion sur le territoire des caractères chinois. Pour les noms des remèdes, au contraire, j'ai indiqué autant que j'ai

8/

je leur nom en caractères chinois, parce que, faute de cette indication on s'exposerait à des méprises qui pourraient être graves. En Corée, comme en France, beaucoup de ces substances, d'usage plus répandu, ou antérieur à leur classification chimique, ont un double nom : un nom scientifique et un nom vulgaire. J'ai donné les deux quand je les ai connus tous deux. — Pour un certain nombre de cas, malgré mon aversion pour les noms européens écorchés à la coréenne, j'ai dû y avoir recours pour cette partie plus spéciale de ma nomenclature : « Faute de grives, on mange des merles ».

J'aurais voulu faire un travail identique pour les noms propres géographiques non-idéographiques, c'est à dire pour ceux qui forcément ne sont que d'une adaptation plus ou moins quelconque du mot de la langue originaire. J'avais même commencé une liste que j'ai dû renoncer à poursuivre. Ce vocabulaire n'est pas fixé. Il varie d'un volume à l'autre, parfois même d'une page à l'autre dans le même volume. — Je n'ai donné, parmi ceux que j'avais recueillis que quelques noms qu'il m'a paru plus utile de savoir.

*

* *

Le Verbe est la pièce maîtresse de la langue Coréenne, non seulement parce que, avec ses multiples flexions, il ajoute à son sens propre une foule de sens accessoires et de nuances que le français rend par autant de mots distincts; mais aussi parce que un grand nombre de mots qui, en français, sont des substantifs, des adjectifs ou des adverbes, sont, en coréen, ou un verbe complet ou une modalité du verbe.

Ainsi nombre de substantifs abstraits, — pour ne pas dire presque tous — sont, en Coréen des infinitifs de la forme en ᄒᆞᆷ이 ou de la forme en ᄒᆞ기 (1). Pour ces substantifs j'indique toujours quelque infinitif les traduisant littéralement; mais, pour plus de détails, il faudra se reporter au verbe français correspondant.

Même chose à dire pour les adverbes de manière en 이 ou 히, ou de la forme ᄒᆞ게.

Beaucoup d'adjectifs qualificatifs sont, en coréen, des vrais verbes. C'est le participe relatif passé ᄒᆞᆫ qui traduit littéralement le qualificatif français; mais comme, en Coréen, ces adjectifs sont des vrais verbes avec leurs temps & se conjuguent, j'indique, comme pour les autres

---

(1) Quand j'aurai à indiquer une forme verbale, je l'indiquerai sur le paradigme de ᄒᆞ다 pour la rendre plus facile à comprendre & à retrouver à la fin du Dictionnaire coréen-français.

10/

verbes l'infinitif présent, le participe verbal passé, & le participe relatif futur ᄒᆞ다 (여, ᄒᆞᆯ) = sauf le cas où, par exception, le français répond à une autre forme que la forme en ᄒᆞᆯ.

×

× ×

Un très grand nombre de verbes actifs sont susceptibles de prendre une forme qui en fait de vrais verbes adjectifs — répondant par similitude aux adjectifs français en "able" formés de verbes actifs : aimer, aimable —. Cette forme a pour ainsi dire trois degrés, le premier constitué par le participe relatif futur ou même le participe présent, les deux autres par des modifications particulières.

Ainsi : de 먹다 (어, 은), manger, on a :
먹을 ou 먹는 (chose) qu'on peut manger, qu'on mange, (chose) comestible ;
먹을만ᄒᆞ다 (chose) mangeable, bonne à manger ;
먹음즉ᄒᆞ다 & sa forme différente 먹음즉스럽다, chose très bonne à manger.

Là aussi je donne à l'adjectif français sa traduction ; mais pour plus de références, il faut recourir au verbe français correspondant.

×

× ×

Les verbes qualificatifs ont aussi leur forme active, que l'on obtient en ajoutant

ᄒᆞ다 au participe verbal passé. Ainsi :
됴타 (하, 흔) être bon, aimable 됴하ᄒᆞ다 : aimer,
무셥다 (셔워, 온) être effrayant, à craindre
무셔워ᄒᆞ다 craindre.

Mais là il y a une remarque à faire : c'est que, pour ces verbes qualificatifs susceptibles de prendre une forme active, il ne faut, en coréen, les employer à cette forme que lorsqu'il est nécessaire de préciser le sens actif. Dans tous les autres cas, il vaut mieux modifier la tournure de la phrase & employer ces verbes au sens purement qualificatif.

×

× ×

La même remarque est à faire pour un grand nombre de verbes actifs ; mais pour une autre raison. Un personnage de Labiche étudiant la grammaire française disait : " Ces participes ! Quel sale caractère ils ont ! Tantôt ils s'accordent ; tantôt ils ne s'accordent pas ! Allez donc vous y reconnaître ! " S'il eût eu à étudier la grammaire coréenne, il eut laissé en paix les participes relativement peu exigeants & s'en fût pris aux verbes actifs lesquels sont très susceptibles sur le choix de leurs sujets.

Ainsi aucun mot abstrait ne peut être, en Coréen, sujet d'un verbe actif. — J'ignore s'il y a des exceptions à l'absolu de cette règle, mais, pour ce qui regarde le style parlé, j'ai vainement cherché. – Essayez par exemple de traduire en coréen, avec le verbe "tuer" à l'actif ces phrases qui paraissent si naturelles en français : son imprudence l'a tué ; ... le chagrin l'a tué ; ... la mine l'a tué.

En dehors de cette prohibition générale des termes abstraits, chaque verbe actif a ses exigences particulières. A l'un il faudra que le sujet ne soit pas une matière inerte. Ainsi : le poison l'a tué est, en coréen intraduisible avec tuer à l'actif. Il faudra, comme sujet à ces verbes quelque chose doué d'une force vive propre – comme un être vivant, – ou supposé telle, comme le feu, le vent, l'eau courante, un choc en mouvement. D'autres seront plus exigeants encore et voudront des sujets "intelligents", doués plus ou moins de volonté : des animaux ou des hommes. 죽이다, par exemple me semble bien rentrer dans cette dernière catégorie.

Bien malin qui pourrait donner une règle générale. Il n'y en a pas d'autre que le principe philosophique : "Nihil est in actu quod non sit in agente" ; ou plutôt sa contrepartie ; ce qui revient à dire qu'il faut savoir tout ce que contient l'idée exprimée par le verbe coréen pour savoir quel sujet peut lui convenir. Or la "compréhension" du mot français & le mot coréen même correspondant sont loin d'être identiques. J'ai pris pour exemple le verbe 죽이다, tuer. A première vue cette traduction semble bien adéquate. Il n'en est rien. 죽이다 est, pour le choix de son sujet, beaucoup plus difficile que le mot français tuer, parce qu'il dit plus que lui. Et cependant, un brave enfant coréen, pour dire que ses parents sont morts, qu'il les a perdus, dira sans sourciller 부모를 죽엿다. En pareil cas, un fils français ne dira jamais qu'il a tué ses parents.

"Allez donc vous y reconnaître" répéterait le personnage de Labiche. Pour mon compte, j'en tire cette conclusion plus consolante, c'est que, quelque fastidieux que soit le travail de copiste que je commence, coréennement parlant, il ne me tuera pas .... avec un verbe actif.

Syong Do
à l'ombre de l'arbre aux 40 écus
19 Juillet 1912.

Louis Legendre

A

A — signe du datif se rend par la terminaison 의게 que souvent on remplace par ᄭᅦ, forme qui semble plus respectueuse. Faire l'aumône aux pauvres 가난ᄒᆞᆫ 사ᄅᆞᆷ의게 시샤ᄒᆞ다. Demander à Dieu. 텬쥬ᄭᅦ 빌다.

La terminaison régulière du datif en 의게 est souvent remplacée par une des formes postpositives : 더러, ᄃᆞ려, 안테 ou 안ᄐᆡ. Dites à cet homme 그 사ᄅᆞᆷ ᄃᆞ려, ou 그 사ᄅᆞᆷ의게 닐너라. — 더러 et ᄃᆞ려 ne s'emploient que pour la personne à qui l'on parle, et non pour celle que l'on entend. Ainsi :

on ne les emploierait pas dans la phrase suivante : Je l'ai entendu dire au catéchiste ; on dirait 회쟝 안테 드럿다.

A, indiquant le lieu ou le temps se rend par le locatif en 에. Il est à la maison 집에 잇다. Il y a une tache à votre habit 네 옷시 때 뭇엇다. A midi 오시에, 낫될때에 ; à minuit 밤즁에.

S'il y a mouvement, on remplace le locatif par l'instrumental 로, 으로. Allons à la montagne 산으로 가자. On pourrait dire aussi 산에. Souvent même, pour les noms de lieu, on se sert du simple radical : Aller à Seoul 셔울 올나가다.

A, pour avertir d'un danger, se rend par ... 이야 ajouté au nom du danger. Au feu ! 불이야 ; Au tigre ! 범이야 !

Abaissement. 낫기. 낫치움이 - humiliation, avilissement 비쳔호기, 비쳔홈이 ..

Abaisser 낫초다 (아,촌), 낫치우다 (워,운), 나리우다 (워,운). - Abaisser, dans le sens moral, humilier 즁그를 낫초다. S- pour regarder (ou plutôt regarder en bas) 나려보다, 나려다보다. — l'influence ou l'orgueil d'un homme 사ᄅᆞᆷ을누르다 (눌너, 누른) (lit. comprimer).

Abajoue *협낭

Abandon 부림이, 부리기. Laisser à l'abandon 부려두다. Faire abandon d'un droit, d'un bien 내여부려두다. — de droits, de biens *포기 = ᄒᆞ다 *주위ᄒᆞ=ᄒᆞ다 L'abandonnateur est *포기쟈, et l'abandonnataire *포기승쟈

Abandonner. 부리다, 져부리다, 부려두다, 내여부리다, 내여던지다, 손혀부리다, *도레ᄒᆞ다. — un incorrigible 그져부리다, ou, en terme plus savants 치지도외ᄒᆞ다

Abandonné 부린 st.. être — de ses amis 친구의게부린사ᄅᆞᆷ되다. Maladie — le médecin 살부림 ou 싱도업ᄂᆞᆫ병 (maladie qui ne laisse plus espoir de vivre).

Abandonner s'— — à la volonté de Dieu 주리를텬쥬세맛기다; — au gré des vents 바람부ᄂᆞᆫ대로이리져리ᄯᅥ단니다; — à la conduite de - 식히ᄂᆞᆫ대로ᄆᆞᆫᄒᆞ다; — à toutes sortes de crimes & d'infamies 온갓흉ᄒᆞᆫ일에침혹ᄒᆞ다; — à l'oisiveté; à la paresse 한가히셰월을보내다, ou simplement 한가ᄒᆞ다; — aux pleurs, aux gémissements 부르지지다,

빙칠 대곡ᄒᆞ다; —(femme) 곡허락ᄒᆞ다, 곡주다, 곡 버려주다.

Abaque *슈판, *쥬판

Abourdi 혼나다, 혼쓰다, ~~[illegible]~~, 갑벅ᄒᆞ다.

Abasourdir 혼나게ᄒᆞ다 etc.

Abatardi 변ᄒᆞ다

Abatardir 변케ᄒᆞ다. S. — 변ᄒᆞ다

Abat-jour — de lampe 불울이, — de fenêtre, espèce de store 바울, 발 — en avant-toit *차양

Abattement manque de forces 힘진ᄒᆞ기 ou ᄒᆞ께 — au moral *락심ᄒᆞ다

Abattis d'arbres 숫ᄒᆞ게 쓸허진 나무 ou 턱턱쓸허진나무. En remplaçant le substantif 나무, on peut employer ces mots pour toutes espèces d'objets renversés à terre.

Abattoir *육간, *도수장, *도우장

Abattre v. act. 치다, 쓸허치다, 넘희치다, 넘어터리다, 업드러치다, 업드리다; — en démolissant 끈허드리다, 끈희치다, 헐다 (허, 헌)

Les terminaisons 드리다, 터리다 & 치다 donnent à une foule de verbes le sens de battre, abattre, renverser, détruire. La terminaison 지다 donne ces sens au passif.

— un forêt 우런, 베히다, *벌목ᄒᆞ다.

— la fête 꼭 베히다, 활슈ᄒᆞ다 ; — des fruits 실과를 드러ᄯᅥ다 (ᄯᅥ, ᄯᅥᆫ) ; — l'orgueil V. abaisser ; — affaiblir, réprimer 누르다 (눌너, 누른). Se laisser — à la tristesse 근심에 눌니다. Se laisser —, perdre courage *락심ᄒᆞ다 ; *실망ᄒᆞ다. = S'—, se renverser 쓸허지다, 넘허지다, 엎허지다, 엎드러지다.

Abattu, renversé 쓸허졋다, 넘허지다 etc. 쓸니다. — de fatigue ou de maladie *퇴진ᄒᆞ다, *쇠약ᄒᆞ다, *쇠ᄒᆞ다 — de tristesse 근심에 눌니다 ; — manquer de courage *락심ᄒᆞ다

Abat-vent *차양

Abbaye *고슈원, *대슈원, *슈ᄉᆞ원, *슈도원

Abbé *회장, *고슈원회장, *원장, *대슈원장

*슈ᄉᆞ원장, *슈도원장
abbesse *슈녀원장
abbé (bonzes etc) *슈지

Abcès *종긔 ; 부ᄉᆞ럼. L'abcès est mûr 종긔곪앗다 (곪다, 곪마ᄂᆞ니, 곪은). L'abcès mûrit 종긔곪마간다. Il est crevé .. 터졋다. Percer un — *파종ᄒᆞ다

Abdiquer : en faveur d'un autre *전위ᄒᆞ다 (transmettre la dignité) — (simplement) *하직ᄒᆞ다, *사직ᄒᆞ다

Pour un roi, on dirait *양위ᄒᆞ다

Abdomen *복부, 빈

Abeille 벌 se dit de toutes les mouches de ce genre ; — domestique, à miel ᄎᆞᆷ벌. La reine *쟝슈, *쟝봉

Aberration
— optique *슈차 ; — opt. sphérique *구생슈차

Abêtir 흐리우다 (워, 운). — S.— *실혼ᄒᆞ다, 어릿잡이되다, 흐려지다.

Ab hoc & ab hâc 뒤숭숭, 함부루, 마고, 실업시.

Abhorrer 슬희여ᄒᆞ다, 슬희다, 뮈워ᄒᆞ다, 뮈워못견ᄃᆡᆫ다, 즘거러워ᄒᆞ다.

Abhorré 뮙다, (뮈워, 운), 즘거럽다 (러워, 온)

Abîme 깁흔굴헝, 굴헝텅.

Abîmé. Être —, absorbé, plongé dans 잠기다. — endommagé 샹ᄒᆞ다.

Abîmer, endommager 샹ᄒᆞ다. — S.— se plonger, s'absorber dans *잠착ᄒᆞ다, *골치ᄒᆞ다, *존심ᄒᆞ다 *잠심ᄒᆞ다. ne se disent que de l'esprit.

Abject *천ᄒᆞ다, *비쳔ᄒᆞ다.

Abjection *쳔ᄒᆞ기 = ᄒᆞᆷ이, *비쳔ᄒᆞ기 dans l.— 비쳔ᄒᆞᆫ가온ᄃᆡ

Abjuration *폐기=ᄒᆞ다

Abjurer 쓴허ᄇᆞ리다, 맹셰ᄒᆞ야쓴허ᄇᆞ리다, *ᄇᆡ반ᄒᆞ다.

Ablatif *탈격, *종좌, *각위.

Abnégation Faire abnégation de soi même 졔몸을ᄉᆡᆼ각아니ᄒᆞ다 ....도라보지아니ᄒᆞ다. Vivre dans l.—, dans le renoncement au monde *탈셰ᄒᆞ다, *탈쇽ᄒᆞ다.

Aboiement. 개줏ᄂᆞᆫ소리, 개우ᄂᆞᆫ소리

Abois Être aux — ᄆᆞᆨ되다, 할슈업시되다, *쳔졍업다; Réduire aux — ᄆᆞᆨ되게ᄒᆞ다, 슈작못ᄒᆞ게ᄒᆞ다

Abolir 업시ᄒᆞ다, *폐ᄒᆞ다, *폐지ᄒᆞ다

Abominable *흉호다, *흉악호다, *가증호다, 가증스럽다 (러워, 온)
Abomination 흉혼일 — Avoir en — v. abhorrer.
Abondamment 만히, 미우, *풍셩히, 급직이
Abondant 만다 etc. v. abonder.
Abonder 만다(하, 흔), *풍셩호다, 급직호다, 그득호다, 수두다(두, 든), 숱호다, 슈다호다, 흔셩호다, *번셩호다, *번연호다, 넘드러지다, 소담스럽다 (러워, 온), *쟁호다, 듁호다, *호번호다, *오복슈호다 = 만발호다 se dit de herbe, fruits, fleurs (en pleine saison); — pour les mouches & insectes 쇠다 (grouiller) — en bon propre sens 고집호다, 고집히로 만호다; — dans le sens d'un autre 놈을 사두가다.
Abonner s. — (journal) *구독호다
Abord approche, accès

abonné (d'un journal) *독자.

Être d'un — difficile (pour les barques) 대히기 어렵다; — de au moral pour un homme
D. —, tout d' — (en premier lieu, avant) 몬져, 빈몬져 · Allez d' — (c. a. d. en avant 앏셔가거라, 몬져가거라.
De prime — 몬져, 빈처음에, 쳔득.
Aborder au port, à la rive 다타 (하, 흔) De matelots qui font — la

*도착호다

Aboucher – Abutir

barque, on dit 다히다 = 다다 le 다 à proprement parler de la barque.

S. – (deux vaisseaux qui se choquent en route). 부듸치다, 다닷치다, 다질니다. — qqun pour lui parler 붓들다 & 붓드다 (드러, 든), 말붓치다, 가셔 인ᄉᆞᄒᆞ고 말ᄒᆞ다.

Aborder S. – 샹의ᄒᆞ다. Faire S. – 샹의식히다.

Abouter 니다

Aboutir 다ᄒᆞ다, 굿치다, 되다; = 긋나다 au sens neutre & 긋내다 au sens actif. — (un furoncle) 곪다 (어 & 아, 곰), 곪다 (곪아 & 니, 은) — Cela n'aboutira à rien 아모것도아니되겟다. Cela n'a pas abouti 헛되여 되엿다 V. réussir. — Les tenants & les aboutissants d'une affaire 연유, 물리, 눈게 (d'où 눈게보다, épier). V. circonstance.

Aboyer 즛다 (즈져, 즈즌)

Abrégé d'un livre 초. Le faire 초ᄒᆞ야 내다. —, adjectif 간단ᄒᆞ다, 경단ᄒᆞ다.

Abréger 초ᄒᆞ다, 조리다, 경단케ᄒᆞ다; — être clair & bref 간단케ᄒᆞ다, 간단ᄒᆞ게 말ᄒᆞ다, 간단ᄒᆞ다; — la vie 촉슈ᄒᆞ다, 단슈ᄒᆞ다.

Abreuver donner à boire 물먹이다 ... 술 si c'est du vin; — la terre (par arrosage ou autrement) 물주다 (spécialement par irrigation) 물잡아너다 (허,흔). S. — 물깍다 (어,은)

Abreuvoir

Abréviation *축리법.

Abri Petite chaumière provisoire 막. Se mettre à l'abri de... *피ᄒᆞ다 en agg. *피 — ... de la guerre *피란ᄒᆞ다 ... de la pluie — (en se mettant sous un abri) 비롤피ᄒᆞ다, (en organisant un abri) 비롤막다 (아.은); ... du soleil 히볏가리우다 (워,운)

Abricot 살구, en agg. *힝. Noyau d. — *힝인 — séchés pour la médecine *오미

Abricotier 살구나무

Abriter 덥다 (허,흔), 덥허주다; — S. — 몸감초다 (아 & 어,촌).

Abroger V. abolir.

Abrupt *험ᄒᆞ다. (Pente) — 가파르다 (팔나, 파른) Chemin — *험로, 거츨만흔길 être — 거츨다 & 거츠다 (츠러, 츤), *험악ᄒᆞ다.

Abruti 넉일다(허,흔), ~~넉설ᄒᆞ다~~, *혼미ᄒᆞ다

Abrutir un enfant en le grondant ou le battant trop 혹지르다 (질너, 지른), 예긔르주다 (즐너, 즈론), 넉일게ᄒᆞ다. S. — 넉일다 (허,흔), 흐려지다, 정신일다 (허,흔).

Absence — Abuser
24

Absence 업기, 업슴이 (업다) — (d'une réunion) *불참, *결석
Absent 업다 (섰,순), *출타호다, *출입호다 = *불참호다,
Absenter 1° *출입호다 (litt. sortir et rentrer); — *출타호다 (aller ailleurs)
Il ne sort pas une seule fois — de chez lui 호번도 출입 아니 호엿다.
Absinthe *쑥, *애쑥 (Ce n'est pas la vraie) — Abside *원식지방
Absolu — Avoir un pouvoir absolu (agir à sa volonté) 오로지호다, 전조히호다, mieux *전권호다 — V. Gouvernement. — Commandement —, formel *엄명.
— en science & philosophie (opposé à relatif) *절디, par exemple: mouvement — *절디운동; — température — *절디온도, dilatation — *절디팽창 — zéro absolu *절디령
Absolument 할수호고, 불가불, 아조, ... 소롱 (surtout avec les négatifs). — =, complètement 죄 = au sens de impulsif absolu, en agg. 최 = en science, philosophie... *절디뎍
Absolution 죄샤호이 — sacramentelle (formule) *샤죄경
Absorbé Être — 잠기다, *반호다, *혹호다, *침혹호다 — par une occupation 일에 반호다 ... *골독호다, & surtout 골꿀호다, 골골호다
Absorber 삼키다, 먹다, (어,은)
Absoudre — en confession 죄를샤호다, 샤죄경 념호다 — Être absous 죄샤홈을 엇다 (어,은) ou 닙다 (어,은)
— un accusé en justice *빅탈호다,

*빅탈칙히다. Être absous *빅탈호다.

Absoute *샤도, *샤도례졀.

Abstème 술못먹눈, 술맛을몰ᄋ로다 (몰나, ᄋ론) = *과긱뎐대취호다 (hom- me que la seule vue d'un champ de thé enivre).

Abstenir s'— 아니ᄉᆞ다 (써, 쓴). — d'un acte 아니호다; — d'une chose dont on avait l'habitude, v.g. de vin 술춤다 (아.은), 술ᄉᆞᆫ다 (히, 흔); — de sortir *츌입폐호다, 츌입아니호다.

Abstinence 아니쓰이 &c. v. abstenir.
재계 chrétienne *지 La petite, *쇼지 est le simple maigre; la grande *대지 est le jeune.

*샤샹. Abstraction *츄샹; — métaphysique *형기면샹츄샹 — Faire — *츄샹호다, *츄츌호다, *츄취호다

*츄샹뎍, *리론뎍 Abstrait en adj. *츄샹. Terme — *츄샹어, Nombre — *무 *무긔졍슈

실업다
오젼스럽다 (passif)
오젼부리다 (actif)
Absurde 샹업다, 즁업다, 어둭업다, 망녕스럽다 (러워, 온) — (en philosophie) *무리, *불도리, *불합리.

Absurdité V. absurde. — en parole 샹업는말, 즁업는말

Abus *폐단, *악졍, 그룻혼일; — habituels *악습; 됩쓸풍속

Abuser User mal d'une chose 그룻쓰다 (써, 쓴), *오용호다; — de sa force pour pressurer le peuple *횡악호다

힝악질ᄒᆞ다 ; — de l'autorité (religion), gouverner selon son caprice* 롱권ᄒᆞ다 — de la confiance d'un ami 의를일타(허,은)*, 박신박의ᄒᆞ다 (ni foi ni loi); — du vin 술과히먹다, 꼭생ᄒᆞ게술먹다 — (abuser dans le sens de user trop de se rend par 과히 avec le verbe convenable); — de la simplicité, tromper 넘기다 ; — d'une femme *겁탈ᄒᆞ다.

en agg. 과 *과식ᄒᆞ다, — de manger, *과음ᄒᆞ다, — de boire etc etc.

Abusif. 법답지아니ᄒᆞ다, 법답찬타

Abusivement 법답지안케

Acabit 청, 가지, 나름. Gens de même — 곳흔무리

Acacia L'acacia vulgaire, qui du reste n'est pas un acacia mais un Robinier (Robinia pseudo acacia), n'a pas de nom en Coréen. On appelle les acacias importés 아가시아나무, 니셰아가시아. Mais il y a en Corée plusieurs espèces du genre acacia : v.g. le 싸리나무, le 담쌀이, le 쥐엽나무. L'acacia mimosa est le 자귀나무

*형극화 En fait il y a l'acacia en Corée : il devient un grand arbre mais les épines et les cosses sont plus longues que l'acacia commun

Académie* 학ᄉᆞ회, 학관. — péripatéticienne *한림원.

Acariâtre 사오납다 (나와,온), 어렵다 (려워,온), 서비ᄉᆞᆫ타 (하,혼), 거셰다 (여,센), 상다롭다 (로와,온), 심술사오납다.

심술쟁이

Accablant 견딜슈업ᄂᆞᆫ. L'expression française : C'est — se traduit par 말아니라, 말못된다 etc.

Accablé être — 당홀슈 업시되다 ; 견될슈 업다, 부지홀슈 업다, 부지못한다 — sous un fardeau, — sous les misères 눌니다 — On emploie souvent l'expression proverbiale *익마 복즁일다 la charge est lourde et le cheval faible — pour un accablement soit physique, soit moral.

Accabler

Accagnarder s' —, rester toujours assis sans rien faire 안즌방의노릇한다 (faire le paralytique), 한가히 지내다

Accaparer *도역한다, en agg. *도 — v.g. — le riz *도곡한다, — le tabac *도초한다

Accéder arriver *럼[illegible]한다 ; — consentir à une demande *허락한다

Accélérer *[illegible]촉한다, *독촉한다

Accent intonation de langage *즁고저 c'est à dire haut et bas, 청탁 clair et obscur (v.g. 어 est 청 dans 벗, cédre et 탁 dans 벗, ami), 쟝셩, long, *단셩 bref *입셩 est le son des consonnes finales ou 밧침, et la voyelle où elle se trouve est toujours 쟝셩. = Accent tonique *양유 lire en observant les accents *즁고저 잇게 보다. — — prononciation 음, 발소리 ; — provincial 토소리 ; mais ce mot, ainsi

Accélération (de mouvement — en physique —) *가속 ; de mouvement *가속도 Mouvement accéléré *가속운동 (le contraire, — retard *감속)

accent (prononciation) ~~[illegible]~~ *어도 ; — (écriture) *발음표

que *방어, *방언 désigne plutôt les mots patois que la prononciation vicieuse.

— grammatical *뎜

Accentuer v. accent. – Pour les sens métaphoriques du mot v. les synonymes.

Accepter recevoir 받다 (아,은), – une demande, une condition *허락하다

Acception de personnes. La faire 편들다 *편벽되다. Ne pas en faire 공번되게하다, 고로게하다 le dernier vient probablement de 고르다 ou 고루다 (골나, 고른) être plan, juste, semblable. — d'un mot (sens spécial) *주의.

Accès, abord

— de fièvre 직; — de colère, d'ivresse, de folie 열. Dans un accès de colère 분열에, 분한결에, 분한김에

Avoir – dans une maison, y fréquenter 집에 드니다.

Accessible homme —, affable *인후롭다 (로와,온) = *인주하다 (Missionnaires). bien — 단닐만하다, 갈만하다. — (aux burgeus) 다힐만하다.

Accessoire (subst) *부속, *부속물 = Vg. – de bicyclette 조힝거부속

Accident événement plus ou moins fâcheux *탈, *변, *색한일, *색한소ᄅᆡᆼ ou simplement 일 – S'il n'y a pas d'– 일이 업스면, 별일 업스면. Sans – 무ᄉᆞ히, 별고업시, 연고업시

— arriver 탈나다 (나,난) – Éprouver

un accident fâcheux 변 맛나다 (나, 난)
le 변 est un accident fâcheux ou étrange. — en logique *우연, *우유성, *의부톄
Accidenté Pour un voyage, une histoire — on dirait 별일 만타, 별일 만히 맛낫다 etc. — Terrain —*불평지다 — fich. *요텰 불평치다.
Accidentellement 혹시, 뜻밧긔, 의외에. = Par malheur 불힝히.
Acclamation *박장대소
Acclamer. *박장대소하다
Acclimater s'— (homme) 슈토를 닉이다, = 챵즈 밧고다 ou *환장하다 (litt. changer de boyaux).
Accointance 샹관, *샹친
Accolade baiser 친구=하다 ; — signe graphique *대괄호, *괄션
Accoler 붓치다, 맛초다 (아, 촌)
Accommodant *관후하다, 너그럽다 (러워 온), *활달하다, *유순하다.
Accommodement
— après une dispute *슈화=하다
Accommoder. 숣이다, *예비하다, *슈쟝하다 ; — une affaire, un procès *변명하다, 숣여주다 = *안비하다 ; — des personnes brouillées 화목 붓치다, *화목식히다, *화위하다, *화히하다, *화회하다
s'— au temps 세를 잡다 (아. 은), — à l'humeur des autres 남의 뜻을 쌀

오다, 놈의 ᄆ옵을 맛초다 (아.촐) V. arranger, convenir. 놈의 비위 맛초다.

Accompagner 더불다 (불러,불), 다리다 si la personne accompagnée est égale ou inférieure; *모시다, ou 뫼시다 si elle est supérieure. 조차가다, 조차오다 suivre – 조 좃다 (조차,촌) peu usité seul en ce sens; *동힝하다 faire route ensemble.

Accompagnement musical 아오름이, 아오르기 de 아오르다 (올너,오른) – *화답하다; mais c'est plutôt chanter (ou réciter) en choeur qu'accompagner.

Accompli *극진하다, 더할슈업다 homme – *젼쳔젼게하다

Accomplir 다하다, 맛치다 (쳐,촌) 맛내다, 맛초다 (와,촌), 일우다 (워,운) – s'– 되다 Ce mot s'emploie à tout propos dans le sens de "devenir, se faire". Être en train de s'– 되여가다.

Accord, convention *언약, *약됴, – bonne entente *화목; être d'– tomber d'– sur qque chose *합의하다, *흡합하다. Être d'– (avoir la même idée – 얼니다 (너,넌) la même projet) 마음에흡합하다 – être en bonne intelligence *화합하다, *화목하다.

Accordéon *손풍금
Accorder, conceder une chose deman-dée *허락하다, *허급하다, *윤허하다. = — un différend. V. Accomoder. — (un instrument) 고르다 (골나, 고른). = s'—, s'ajuster 맞다 (마져, 즌), 합하다, 합당하다; —, être du même avis 의합하다, 합의하다; — (concorde) *화목하다.
Accoster qqun 붓들다 (어, 든), 인승하고 말하다, 말붓치다.
Accoter 벗희다, 벗티다, 기되다, qui veulent dire aussi s'—.
Accouchée 산모, exagé. 산. Vieille — *로산
Accouchement 회산 = 하다; 희복 = 하다. — heureux, facile 순산 = 하다; — difficile 역산.
Accoucher 회산하다, 몸풀다 (어, 푼)
Accoucheur *산과, 산파의, *회산구원자
Accouder s'— 기되다 (여, 된)
Accoudoir 기되는상
Accoupler des objets 싹치오다 (치와, 온), 쌍맛다다 (다려, 다린); — des animaux (mettre ensemble un mâle & une femelle) 흐웅새다, 암슈시다. s'— (animaux) 흐르다 & 흐륵다 (흘너, 흐른 & 흐룬) = 흐례하다 se dit du mâle (parfois 흐례엇다); 흐례밧다 se dit de la femelle. Faire s'— 흐례식히다. Les oiseaux s'— au printemps 봄에 시가 쌍쌍이 단닌다 (vont par paires).

Accouplement des animaux 흐레. = 흐다 = 밧나. 흐르다 (흐러, 흔)

Accourcir 자르다 (잘너 & 나, 자른) est à la fois actif et neutre : accourcir & être court. = S. – 잘너지다, 잘나지다; – (en se contractant) 옥으러지다. – (en se recourbant) 굽으러지다.

Accourir 밧비오다 (와, 온) – venir vite. = On peut joindre à 오다 tous les verbes qui signifient courir.

Accoutrement

Accoutumé 습관되다, 버릇되다. = – à une chose, à un travail 닉다 (어, 은). Être peu (ou point) – à une chose 서투르다 (툴너, 투른), 설다 (어, 선).

Accoutumance 기릇이. 기릇이나다 être tellement habitué (à qq ch) qu'on n'y fait plus attention.

Accoutumer un autre à faire quelque chose 닉여주다, S. – 닉이다. 습관닉이다, 힉습ᄒᆞ다, 혹습ᄒᆞ다. 숙습ᄒᆞ다.

Accrédité, délegué 대표, 대리, 대표자, 대리자, 대리인, 관리인

Accréditer

Accroc, déchirure. Faire un – 걸거되다 (여, 된). 찌여지다, 찌여지다. = Sans –, sans difficulté 사각업시.

Accrocher 걸다 (어, 건), 매달다 (아, 단). Être –, suspendu 걸니다, 달니다, 매달니다 (passif & réfléchi). Être – (arrêté) 것치다, 걸니다

Accroire Faire – 밋게ᄒᆞ다. – En faire

— 흐리다, 속이다; = 암죽 먹이다 (faire manger de la bouillie).

Accroissement 더홈이, 더홈기 .... le qui cause l. — 더ᄒᆞᄂᆞᆫ것; — & déclin c.à.d. changement, instabilité *영쇠

Accroître 더으다 (더어, 더은); 더ᄒᆞ다 (act. & refl.); — sa fortune 치부모ᄒᆞ다 (모화, 혼).

Accroupir s'— 조그리다, 조그리고안ᄯᅡ (안져 ou 자, 즌); s'— (le chien sur leur derrière) 즉그리다.

Accueil *디졉=ᄒᆞ다 Faire bon — 흔근히 디졉ᄒᆞ다; Faire mauvais — *악디ᄒᆞ다.

Accueillir un hôte 디졉ᄒᆞ다; — les plaintes *원졍을 듯다 (드러, 드른), 원졍을 밧다 (아, 은); — une demande *허락ᄒᆞ다.

Acculé être assis sur son derrière (animal) 즉그리다. = Être — (à l'impuissance) 운즉못ᄒᆞ게되다; *진퇴유곡잇다 ou 되다: impossible soit d'avancer soit de reculer.

Acculer qqun

s'— contre 기ᄃᆡ다

Accumulateur élect. *원력류

Accumuler ᄊᆞㅎ다 (ᄊᆞ하, ᄊᆞ흔), 모ᄒᆞ다 (모화, 혼).

Accusatif *디격; *목위

Accusation indication du délit reproché *죄목; — indication du coupable *지목; — fausse *무함

Accusateur (en privé) *고자, 발쇠군 qui signifient mouchard. — public (procureur du gouvt.) *검ᄉᆞ, *검ᄉᆞ관 — devant un tribunal *원고인; 원척

Accusé *죄슈
— de réception *령슈증; — à la poste *빅달표 mais c'est l'avis de distribution "aknowledge of delivery" et non proprement un accusé de réception.)

Dans la terminologie actuelle, 죄슈 veut dire emprisonné — Comme accusé, il vaut dire surtout accusé principal = Accusé, même au criminel se dit ordinairement *피고인, defendeur.

Accuser en justice *청쇼ᄒᆞ다, et d'une façon général 관가에 청ᄒᆞ다 (se plaindre au tribunal). — Imputer qq ch. à qqun *지목ᄒᆞ다, *변박ᄒᆞ다 — gouvern. l'instrumental, ex. 이단으로 변박ᄒᆞ다 accuser de superstition; — faussement *무함ᄒᆞ다, — 남이 세우다 se dit surtout quand on rejette sur un seul une faute commune. Être — 지목 받다 (아, 은), 남이쓰다 (써, 쓴). Être — faussement 무함에 지목ᄒᆞ다.

*변박, *변착 —, reprocher en face.

S'— *고ᄒᆞ다, *고죄ᄒᆞ다, 제죄를 드러내다.

Acerbe au goût 셟다 (어, 은); — au moral, dur 독ᄒᆞ다.

Acétate de ... *초산 ....

Acétique *초산 醋酸

Achalandé 흥정군 만타, 단골 만타

Acharner s'— Être acharné 십하다, 잡고 하다, 한속하다 usité surtout dans la forme 한속하고 ou 한속하야 suivies du verbe exprimant l'action à laquelle on s'acharne.

Achat *흥졍 = 하다

Ache (plante) 미나리

Achée (ver) *디룡

Acheminement 길

Acheminer s'— 길 써나다, *발힝하다 pour indiquer le départ; — (direction) 힝하야 가다. L'affaire s'— bien 일이 잘 된다, 일이 잘 되여 간다.

Acheter 사다 (사, 산 & 사셔, 사순) - Dans certains contraire on dit 팔다 (아, 판) (vendre) pour les céréales; 밧다 (아, 은) (recevoir) pour le sel, le vin, l'eau de vie, 밧고다 (아, 곤) (échanger) pour la toile &.

Acheteur 흥졍군

Achevé 다된

Achever 다하다, 깟치다 (깟쳐, 친), 완셩하다 일우다 (워, 운) = 진하다 (act. & neut.) V. accomplir. s'— 되여가다, 깟쳐가다

On dira souvent 필역하다 (cesser le travail).

Achoppement.

Acide 싀다

— en chimie *산류; en oxy 산 = 산 seul désigne les acides à l'oxygène en ...ique les acides en "eux" sont précédés de 아 亞

아....산. Les acides à l'hydrogène, acides hydro....iques 수소산

Acidité 신맛

Acidule 싀큼ᄒᆞ다; — & peu agréable 시큼지근ᄒᆞ다

Acier 강ᄒᆞᆫ쇠; *강철. Les Coréens ignorent la différence technique entre le fer & l'acier. Pour dire qu'un fer est dur, rêche, cassant (c.à.d. a les caractéristiques de l'acier), ils emploient le verbe ᄲᅵᆸ다 (ᄲᅵ와, 온)

Acolythe (ordre mineur) *시자, *시종

Acompte

Aconit 조 (aconitum napellum) —; 금근초, 텬웅 (aconitum Fischeri); = Graine d'— (aconitum variegatum) *부조

Acoustique *음향학

Acqueduc *슈도

Acquéreur

Acquérir 쟁반ᄒᆞ다, 잭반ᄒᆞ다, = 엇다; — par achat 사다 (사, 산).

Acquiescer *허락ᄒᆞ다

Acquit (d'une dette etc.) *령슈표

Acquitter les dettes 갑다 (하, 흔); se dit aussi pour acquitter une dette de reconnaissance: 은혜를 갑다; — (un accusé) 빅탈셕히다, *셕방ᄒᆞ다

Acquit Par manière d'— *경홀이, *만홀이, 부실히, 되는대로, 아모라케, 덤벙 덤벙, 될둥말둥, 하부루, 하보로

Acquitter V. plus haut. S'— d'une dette 갑다 (아,은); 보환하다; S'— de son devoir 본분을 다하다, 본분을 채오다 (와,온)

Acre au goût 시떨시떨하다, 시큼하다, 떫다 (어,은) Fumée — 독한 연긔

Acrobate

Acte V. action. —(en philos.)— opposé à puissance *현동; — premier *데일현동 — second *데이현동; — humain *인현동. = formule — des — de foi, esp. espérance & de charité *신망애삼덕송; — de contrition *회죄경, le même abrégé (plus employé) *소회죄경. Faire ces — V. réciter, produire. = billet, écrit le nom général est *문서

*동작, *발동, *작동

acte formel *경, *경문, *송

Acte — (division d'une pièce de théâtre) *장 — (une scène de …) *회)

Acteur de théât. 남소당, 남소당패 (vieux système); — nouveau système *역자

노름 받치

Actrice 녀소당

Actif alerte 약바르다 (발나, 바른), 천재다; empressé à l'ouvrage 걸싸다 (싸, 싼), 걸싸스럽다 (러워,온); — laborieux 부즈런하다 — Poison — 독한 약; Dette — (créance) 빗준것, 빗받을것

*근하다;

Action *항실, *항위, 일, 노릇; — mauvaise ou vile 즛, 잭난. Les actions (surtout les belles) des anciens 녯사룸의 항젹; Action de Grâce après la communion *셩톄후송. Rendre des — de grâce V. Remercier. = — d'une société financière *고본, — titre *고본표. Valeur ou prix d'une — *고본전

Actionnaire *고본쥬

actionner un appareil, ren ressort 부치다.

— qqun en justice … 글고 쇼지ᄒᆞ다, …

글어 정ᄒᆞ다 ou autres formules équivalentes

(글다(어, 근) tirer)

Active armée — *현 역 군

Activement 부즈런히

Activer le feu 불 피우다 (워, 운), 불 픠다 (여, 된) — un ouvrage en pressant les travailleurs *죄촉ᄒᆞ다; *독촉ᄒᆞ다.

Activité 부즈런ᄒᆞᆷ이 = ᄒᆞ기; — promptitude 약바르기, 약바름이; — du feu *망열ᄒᆞᆷ이 = ᄒᆞ기; — du poison 독ᄒᆞᆷ이, ᄒᆞ기 V. actif.

Actuel présent 지금 잇ᄂᆞᆫ — Péché — *본죄; Grâce — *격외성총.

— opposé à virtuel *현재

Actuellement 지금, 즉금; = *현재, *현재네

Actuer *현재ᄒᆞ게ᄒᆞ다

Acuité

Acuponcture 침; la donner 침주다

Adage 넷말, 속말, *속담, *속언, *[illegible]존언, *격언.

Adapter 맛초다 (아, 촌), 맛게ᄒᆞ다; = s'— (aux choses) 맛다 (마저, 마즌); *합당ᄒᆞ다. Qui s'— parfaitement 넝낙 — 쏙 맛다 업다, *여합부절 일다 s'— bord à bord 니 맛다 (마저, 즌). Ne pas — 틀니다, 니 틀니다.

Addition *가 = ᄒᆞ다 = 합산, *가법
Aden (port) 아단
Adepte *달인 ; —(d'une religion,) *신도자, *교도.
Adequat
Adhérent 깃다 (어,은), 붓다 (허,흔) Le — à un même parti *동심
Adhérer 붓다 (허,흔), 붓치이다 ; = 깃다 (어,은), 븟들다 ← 썩드다 (드러,든) se disent ordinairement de qque chose de salissant. = —, donner son adhésion *합ᄒᆞ다, *합의ᄒᆞ다, *동심ᄒᆞ다, *동심 합력 ᄒᆞ다
Adhésion 합ᄒᆞᆷ이 v. adhérer force d'— *응취력
Adieu *니별인ᄉᆞ, 하직인ᄉᆞ, 하직. dire —, faire ses — 하직ᄒᆞ다, 하직 빗다 (빗러, 흔)
Adjacent *련ᄒᆞ다, 붓다 (허,흔)
Adjectif *형용ᄉᆞ
Adjoindre

adjoint (à un dignitaire) *부관

À défaut du mot propre qu'on ne connaît pas, on prend le verbe qui désigne l'action principale en y ajoutant 더엇어 (ayant obtenu en plus) pour —; & 더주어 (ayant donné en plus) pour —; ou autres formules équivalentes.
V. g. — un ouvrier à d'autres qui ne suffisent pas 일군 더엇어주다
Pour le roi qui — un mandarin à un autre pour une affaire difficile

on dit 더내다, en mettant devant ce verbe le nom de la dignité dont il s'agit.

S. — à qqun ou s. — quelqu'un *동 .... ᄒᆞ다. V.g. s. — pour la route *동힝ᄒᆞ다, — pour le commerce *동ᄉᆞᄒᆞ다. On emploie aussi le mot 붓들다 (어,든), saisir ou 부르다 (불너,부른) appeler. Si vous ne pouvez réussir seul, adjoignez vous Paul 혼ᄌᆞ 못 ᄒᆞᆯ터이면 바오로를 붓들고 (ou 불너셔) ᄒᆞᆫ가지로 ᄒᆞ여라

Adjoint au maire *조역; —, chef —, vice-directeur *부ᄉᆞ긱관

Adjudant; 부관, *하부관; — major de régiment *련ᄃᆡ부관; — de bataillon *대ᄃᆡ부관; =, sous-officier: de l'armée coréenne avant 1907 *정교; — de l'armée japonaise *특무조장

Adjudicataire

Adjudication de travaux *공매 = ᄒᆞ다

— vente aux enchères 경매 = ᄒᆞ다

Adjuger

Adjurer

Admettre, accorder *허락ᄒᆞ다; — une excuse 핑계ᄒᆞᆫ 말을 듯다 (드러,든); — un objet chez soi 집에 두다. Pour une personne, on dirait aussi *허입ᄒᆞ다,

드니기를 허락ᄒᆞ다; — aux dignités 벼슬 식히다; — dans une société, une conférence 회에 드리다.

Administrateur 쥬지, 쥬관ᄒᆞᄂᆞᆫ 사ᄅᆞᆷ = — des biens 지부원 = (d'une affaire) 승부관

Administrer 다ᄉᆞ리다, 가유 아다 가유 알다 (알아, 안), 보살피다, 쟝관ᄒᆞ다, 쥬관ᄒᆞ다 =

Admirable 묘ᄒᆞ다, 긔묘ᄒᆞ다, 긔이ᄒᆞ다, 신긔ᄒᆞ다, 신긔롭다 (로와, 온) 신통ᄒᆞ다, 신령ᄒᆞ다, 신묘ᄒᆞ다, 아름ᄒᆞ다, 구성지다.

Admirablement 긔묘히, 긔묘ᄒᆞ게 etc.

Admirer 긔묘히 etc 녁이다, 즁히 녁이다 구경하다

Admissible : suivant le sens d'admettre.
— Raison, excuse — 드를만ᄒᆞ다, 핏을만ᄒᆞ다. Le prétexte n'est pas — 그가지 핑계 못 쓰겟다; — à une société 드릴만ᄒᆞ다, — d'une façon plus ou moins générale 쓸만ᄒᆞ다, 할만ᄒᆞ다.

Admonition 훈계, 경계

Adolescent 쇼년, 쳥년; — jeune homme non marié 총각 오히. Si on lui doit le respect, on l'appellera 도령 ou 도령님.

Adonner S'— à qque chose 일삼아ᄒᆞ다, 힘 위 쳐즌ᄒᆞ다, S'— à l'étude 공부ᄒᆞ다, 학습ᄒᆞ다, S'— à la vertu

Pouvoir administratif 힝정권
Administration (chose) 졍리
Administration (personnel) 관리

Admiration 경복, 경탄

쳥년

덕을 닥다 (아,은), *슈덕ᄒᆞ다 ; – au trait de la perfection 붉을 ou 힝실을 닥논 공부ᄒᆞ다 ; – aux vices* 방탕ᄒᆞ다, 악에 ᄲᅡ지다.

–(à un vice, à qqch de mal ou d'exagéré) 반ᄒᆞ다 ; *복ᄒᆞ다, *침혹ᄒᆞ다

Adopter un fils 아ᄃᆞᆯ삼다 (아,은) ; si l'adopté est du même nom, 양조ᄒᆞ다, 양조삼다, sinon 슈양조ᄒᆞ다 ou 삼다. – choisir, soit un objet, soit une manière de faire 삼다. – Adopter pour 삼다 avec l'instrumental, v.g. – (qqun) pour fils 아ᄃᆞᆯ노 삼다. = – les coutumes étrangères 타국풍속을 닉이다, 타국풍속 힝습ᄒᆞ다.

Adoptif fils – *양조, *슈양조, Père – *양부, *슈양부 ; – Mère – *양모, *슈양모. Fils du premier lit d'une veuve plus ou moins adopté par le mari actuel *의조 (*의녀 pour les filles). (Le 의조 appelle *의부 le second mari de sa mère). – Frères & soeurs – *의남ᄆᆡ

Adorable *흠숑ᄒᆞᆯ

Adorateur 흠숑ᄒᆞᄂᆞᆫ쟈, 공경ᄒᆞᄂᆞᆫ쟈, 셤기ᄂᆞᆫ쟈, 밧드러 셤기ᄂᆞᆫ쟈

Adoration 흠숑ᄒᆞ기, –ᄒᆞᆷ이 etc.

Adorer *흠숑ᄒᆞ다 (mot chrét.), *죠빅ᄒᆞ다 (saluer avec respect – s'emploie pour l'adoration & les visites au St Sacrement) *공경ᄒᆞ다, 셤기다, 밧들다 (드러, 든)

밧드러셤기다. Mais à part *흠숭ᄒᆞ다 qui ne se dit que pour Dieu, tous ces mots veulent dire honorer & servir. On pourrait les appliquer (& on les applique) au roi, aux parents, au mari.

Adosser s. — 등디다, 비스듬ᄒᆞ야셔다 si on est debout 안샤 (안져,즌) si l'on est assis. Ville — à une montagne 산에 달닌읍니 (suspendue à la montagne), 산을 지고잇ᄂᆞᆫ읍 (portant la montagne sur son dos).

Adoucir 달게ᄒᆞ다 (달다(아,단) doux). — une personne en colère 달내다(여, 낸) La chaleur —*회셔ᄒᆞ다. L'hiver s. —*싱츈ᄒᆞ다 (le printemps naît). Pour d'autres chose on dirait simplement 덜ᄒᆞ다, diminuer. Un animal méchant s. — 욤ᄒᆞ야지다 (욤ᄒᆞ다, être doux, tranquille).

Adresse, habileté 직죠, 직간, 재긔, — de mains 손직죠 / — rusé 간ᄉᆞ외; — de lettre 거쥬셩명 (nom & demeure). On dit ordinairement 비봉에쓸것 (ce qu'il faut mettre sur l'enveloppe), ou simplement 비봉. Mettre l. — 비봉쓰다. = —, supplique: — au trône 샹쥬 =ᄒᆞ다

*거쥬셩명 — lieu d'habitation (indépendamment du nom) *쥬소

Adresser, envoyer 보내다; s. — (à qqun en parlant) *되ᄒᆞ다, 되ᄒᆞ야말

ᄒᆞ다, *퇴면ᄒᆞ다, *행ᄒᆞ다, 행ᄒᆞ야 말ᄒᆞ다,
... 보고 말ᄒᆞ다.

Adroit *날렵ᄒᆞ다, *민쳡ᄒᆞ다; = très –; 용ᄒᆞ다,
재조잇다, – de sa main 손재죠잇다 & œuvre intellectuelle
– d'une adresse acquise par l'habitude 닉숙ᄒᆞ다; – *련숙ᄒᆞ다 fin, rusé 공교ᄒᆞ다, ᄭᅬ잇다; *간사ᄒᆞ다, ᄭᅬ만타

Adroitement 재죠잇게, 닉숙히, etc.

Aduler 아당ᄒᆞ다

Adulte *장셩ᄒᆞ다. Pour les adultes, on dit souvent 어룬 quoique ce mot désigne toutes & seulement les personnes mariées quel que soit leur âge. *쳥년쟈

Adultère *간음, *사음. Homme – (amant d'une femme mariée) *간부; femme – *음부. Faire un – 사음ᄒᆞ다, 사음범ᄒᆞ다, 간부질ᄒᆞ다. *간녀

Adventistes (secte protestante) *재림교

Adverbe *부ᄉᆞ, *샹ᄉᆞ

Adversaire 쳑, surtout dans un procès. plus souvent *뎍슈 qui veut dire aussi émule, – *원슈 ennemi – en agg. *뎍 v.g. les – (les ennemis, l'armée ennemie) *뎍군, *뎍국군ᄉᆞ.

adverse contraire 거ᄉᆞ리다
La partie – (d'un procès) 쳑

Adversité *곤경, *역경, 거ᄉᆞ리는것. = *고난
y tomber 역경을 보다 ou 맛나다

Advertence
sans – 모로고 ou 모로게. *무심히

Aérer — des objets, les mettre à l'air 바람쐬다 *쇠다, 바람쐬게하다 = 바뤼다 (여, 된) est plutôt exposer au soleil. — une chambre 문 열고 통긔하다.

Aérolithe 운셕

Aéronaute 경긔구승

Aéroplane 비행션, 비행긔. Le monoplan est *단엽 비행긔, le biplan *복엽 비행긔.

Aérostat *긔션, *풍륜거

Affable *인후롭다 (로와, 온), *인증하다, *량션하다, *량슌하다, 어질다 (지러, 진) 어지다 (져, 진), *유슌하다

슬거워지다 Affa... s. — *닉개하야지다, 슬슬하야 지다

Affaiblir s. — 쇠하야지다, 쇠로하야 지다, 지치다, *손긔하다, *긔력하야지다. Être — 긔운 삭기다, 긔운 패하다.

— (act.) 긔운삭다 (아, 은).

Affaire 일, *사졍. Loisir que laissent les — 일틈 ; = — action, oeuvre 노릇, 일. Se charger d'une — 일 담당하다. Faire son — de... 일 삼다. Être à la tête d'... — 일 보슬되다, 일 쟝관하다.

—, cause, procès *송사, en agg. *송 : — civile *민송 (*민사소송) — criminelle *형사, *형사소송

Affaires (administration des —) *사무. D'où : *사무관 fonctionnaire ; — *사무소 bureau d'une administration, 사무보다 être de service.

Papiers d'affaires (catégorie postale) *업무용셔류

Cest votre — 네볼일 일다. Ce n'est pas mon — 내게 샹관 업다.

Affairé être — *분주ᄒᆞ다, *ᄉᆞ번ᄒᆞ다, — se mêler de tout, faire l'important 덥쳐거ᄒᆡ다

Affaisser s. — 눌니다; — comme la terre qui se tasse ᄭᅥ지다.

Affamé 주리다, 굶다 (어,은), 빈곱ᄒᆞ다 (곱하은)

Affamer 굶기다.

Affecter se rend par la terminaison 톄ᄒᆞ다 jointe au participe. — la noblesse 놉흔톄ᄒᆞ다; — la science 아는톄ᄒᆞ다; — d'ignorer 모르는톄ᄒᆞ다. Quelquefois 톄ᄒᆞ다 se joint à un substantif — la noblesse 량반톄ᄒᆞ다. = —, destiner à se rend par 위ᄒᆞ야 (pour), 쓸것 (chose devant servir à) ou autres tournures analogues, ou encore par une aggregation de mots: v.g. 뫼답 Rizière affectée à l'entretien d'un tombeau. = s. —, être affecté (inquiet, chagriné) 걱졍ᄒᆞ다. — être — par (sensible à l'action de) ᄐᆞ다, (ᄐᆞ,ᄐᆞᆫ)

Affection, amitié *졍, *ᄋᆡ졍; 인졍 n'avoir pas d' — *무졍ᄒᆞ다; — des autres (estime obtenue) *인심. La gagner 인심을엇다 (어,은), *득인심ᄒᆞ다; la perdre 인심을일타 (허,흔), *실인심ᄒᆞ다. = — maladie 병

Affectionner ᄉᆞ랑ᄒᆞ다, 됴하ᄒᆞ다, 괴이다, 귀히ᄒᆞ다, 귀히넉이다.

Affectueux *의졍ᄒᆞ다.
Affectueusement * 의졍잇게
Affermer donner à ferme 세로주다, 작인주다 (작인 fermier), —, prendre à ferme 볏치다, *병작ᄒᆞ다.
Affermir 굿게ᄒᆞ다, 튼튼ᄒᆞ게ᄒᆞ다, 실ᄒᆞ게ᄒᆞ다, 견고케ᄒᆞ다. S'— mêmes mots en changeant ᄒᆞ다 en 되다, ᄒᆞ야지다. S'— devenir ferme 굿어지다, etc. v. ferme.
Affiche 방; — superstitieuse *부작; — pour ornement *부벽; — en bois *패
Afficher au sens littéral 방 et 붓치다. Pour le 패, comme on les fiche ordinairement en terre, on dit 곳다 (저고 자, 진 & 준) — si on le clouait, on dirait 박다 (아, 은). = — les sentiments vrais 드러내다; — faux ... 톄ᄒᆞ다 V. affecter.
Affidé à une société *회우; — à un complot
— dans le sens de fidèle, homme digne de confiance 밋을 (밋다), 밋부다 (밋버, 븐) = — en mauvais sens *자긱; — pour voler la place dans l'enceinte des examens *선졉군.
Affilé, couteau ou autre outil 니ᄒᆞ다, 날셰우다, 날가다 ou 갑다 (가와, 가온) 날셔다 (셔, 션)
Affiler 갈다 (아, 간), 날갈다, 날셰우다.

48/ Affilier à une société 회에들니다, 회에드리다; S. — 회에들다 (어,든), *회입하다.
Affiner 단련하다, 돌의다.
Affinité, propension, ressemblance 서로생박하다, 서로갓갑다 (가,와,온) (proche); — chimique *화합력; — relation de parenté par mariage 사돈산; — avec les frères & soeurs (ou cousins & cousines) de l'autre partie 남비산 = 되다; — avec le père du mari *부녀산; — avec la mère de la femme 모녀산; — entre belle mère & bru *고부산

*인연

Affirmer 일뎡하다 veut dire être sûr & affirmer (en certaines contrées c'est une affirmation très catégorique, presque un serment). 일뎡 그러타하다 : (dire : c'est certainement ainsi). = — montrer, faire connaître 드러내다.

affirmation *확언
단언하다

Affleurer (liquide dans un vase) 나볼나볼하다, 나붓나붓하다; — jusqu'à déborder 가장자리런하다, 가적하다. = — (v.g. la peau – un coup) 것도다 (도라,돈).
Affliction — chose affligeante 고로옴, *환란; — peine ressentie 슬픈 모음. être dans l. — 설웁다 (설워,온), 고롭다 (로와,로온). = 고롭다 se dit aussi les choses qui causent l'affliction,

qui sont à charge. Dans l. — 슬픈중에, 환란가온대. Prendre part à l. — d'un autre .... 서로 셟다.

Affligé au sens absolu 셟다 (워, 운), 셟다 (셜워, 운), 애돏다 (아, 은), 슬프다(슬퍼, 픈), 셥셥호다, 답답호다. Etre — de 셜워호다, 슬퍼호다.

Affligeant 고롭다 (로와, 온), *애통호다, 삭막호다, *원통호다,

Affliger 고롭게호다, 고로움을 속히다 ou simplement 고롭다 ; 걱정식히다.

Affluence 만키, 만흠이 etc.

Affluent *지류, *쥬류

북적거리다 Affluer *몰셩호다, 만타(하, 흔), 금직호다

Affoler 졍신 잃게호다, 혼나게호다, s'— 졍신잃다 (어, 흔); 넉잃다, 혼나다.

Affranchir un esclave *속호다, *속량호다, *속신호다 / — d'une contribution personnelle 번세다 (여, 세인), 번세여주다 / s'— *속호다 ; s'— de, se libérer de 벗셔나다, 벗다 (벗셔, 슨)

Affre

Affréter un navire

— louer pour son compte personnel (pour voyage seul) 독션 사다.

Affreux *흉호다, *흉악호다.

Affront 욕, 능욕 le faire ... 호다; le subir ... 밧다 (아, 은), 닙다(어, 은) ou 당호다

Affût pour guetter 줄 être à l'affût 엿보다

— de canon* 포가 ; — sur roues (canon de campagne)* 포차

Affronter le danger … 무릅쓰다 (써, 쓴), 무릅써 하다. mais ce n'est pas la même idée qu'en français. C'est plutôt "ne pas ménager".

Afin de, — que … 써, 하여곰 ; mais ces conjonctions ne se rencontrent guère que dans les livres. En conversation on emploiera qqf. 위하야 (gouvern. l'accus.) & encore c'est plutôt du style écrit ; on a recours aussi au futur infinitif en 게 v.g. Afin que les hommes puissent échapper 사름들 밧게. Mais ordinairement on emploie les diverses formes verbales qui traduisent "pour" : 하러, 하려고 etc. V. pour.

Afrique 아비리가

Agaçant 셩가새다, 셩가스럽다 (러워, 운). 안타깝다 (까와, 온) = 시그럽다. & 싀그럽다 (A Syong to ces deux mots sont considérés comme injurieux. Noter 늦그럽다, 늑그럽다). — personne, surtout enfant 즈즐하다

Agacer, taquiner 지근대다, 지근지근하다, 걸다 (어, 건), 거우다 (우러, 운), 저얄되다, 보치다, 덧내다, 들복다 (가, 근), 갹자거리다, 셩가시다 =, 셩가새다 (act. & n.) Pour les autres verbes neutres, v. agaçant. = Être agacé 셩가시다, 시그러워하다 ; — Avoir les dents — 시곱다 (아, 은). Avoir la tête, les oreilles le nerf — 솟다(어, 손). v.g. 거러솟다, 귀솟다, 살솟다.

Agaric ~~[illegible]~~ 버섯 (champignon en général) — précédé du nom de l'arbre sur lequel il pousse. — du chêne 춤나무 버섯.

Agathe * 마노석,

Age 나, 나히, *년세 Quel âge as-tu? 몇살이냐, 몇살먹엇느냐, 나히언마냐, 년세언마냐 — A un supérieur * 춘츄 Du même âge * 동갑 L'âge de l'enfance 어려실때, 어려실적(에). Dès le bas — 어려서브터. Homme dans la force de l'âge * 장년. Pour les jeunes gens (15 à 20 ans) on dit * 장성하다, 장성해야지다.

Agé avancé en — 나히만타, en agg. *로; — de … …살먹은, 살된 ou simplement 된 pour les gens relativement vieux v.g. — de 5 ans 다솟살먹은, 다솟살된, — de 60, de 70 륙십된, 칠십된 Pour le boeuf on dit dans certains endroits: 하릅, 이둡, 스릅, 나습, 여습, 칠흡, 조롱흡, 구흡 Au-delà on ne compte plus & on dit simplement 묵은쇼.

Agence * 회사; — qui traite les affaires d'une autre compagnie * 티리뎜, — bureau 스무쇼.

— bureau secondaire d'une Cie * 지뎜

Agencer 숨이다

Agenda

Agenouiller s. — 숨다(수러, 순), 수러

안ᄉ다(안자 ou 져, 즌), 긔룸 쓸다; — le buste droit 쟁구게 ᄒ다, 놉흔 쟁구게 ᄒ다

Agent

— de qqun (s'occupant de ses affaires, agissant en son nom) 대리, 대표자, 관리인; — de police 순ᄉ.

Agglomérer

Agglutiner s'— 엉긔다

Aggraver 더으다(더어, 더은), 더ᄒ게 ᄒ다; s'— 더ᄒ다, 더덧치다, 덧거치다.

Agile 날내다, 새ᄇ르다(새발나, 새ᄇ른), 팔팔ᄒ다, 열싸다(싸, 싼)

Agiotage

Agilité les corps glorieux 신속, 경쾌.

Agir ᄒ다, 일ᄒ다. Manière d'— 힝실; 힝어ᄉ (actions, paroles, pensées). — en homme 사ᄅᄆ의노릇ᄒ다. = Le remède — 약효험 잇다. De quoi s'— t-il 무슨일이냐. Il s'agit là de ma vie 내목숨이거게 달녓다.

— à un sens donné (bien ou mal, mais surtout mal) 굴다 ou 구다, (구러, 군)

Agité être — 요동ᄒ다, 흔들니다, 덥버이다, 너덜거리다. Sauf 흔들니다 les autres ne le disent que des hommes, 요동ᄒ다 surtout au moral, les autres au physique. La mer est — 물결친다. Avoir l'esprit —, troublé 번뇌ᄒ다.

Agiter secouer 흔들다(어, 든), 놀니다; — au moral 요동ᄒ다; — comme par feu 놀니다; — en rond 두루다(둘너

격동ᄒ다, 선동ᄒ다

두론), 두루하다 ; s'— 윤족하다, 꼼 윤족이다, = 덕버이다, 너털거리다 ; s'— violemment, par colère 꼼부림하다. s'—, être —, être sans repos 좌불안석하다

Agneau 앵, 고앵 = agnus dei (encore) 천주고양

Agnosticisme 불가지의론, 불가지주의

Agonie 림종 être à l'— 림종되다. = 림종하다 veut dire mourir & 림종되엿다 Il est mort.

림종갓갑다 (가와, 가온)

Agrafe 고, 걸쇠

Agrafer 걸다 (어, 건)

Agrandir 늘우다 (늘워, 운), 느리다 ; s'— 는다 (느러, 는), 느러지다. être — 늘히다

Agréable 맛잇다, 재미잇다, 조케롭다 (로와, 온), — à voir 맵시잇다, 귀성지다, 아릿답다 (다와, 다온) ; — (personne) 귀인성스럽다 (러워, 온), 귀성스럽다 ; — (événement) 경수롭다 (로와, 온) ; — (relativement, conforme aux désirs) 여의하다, 합의하다 ; — (paysage & aussi nouvelle) 시원하다 / 헌거롭다 (로와, 온).

아릿답다

Agréablement 조케롭게 etc.

Agréer aimer 됴하하다 ; — (une excuse, une explication, on dit simplement écouter 듯다 (드러, 든) — une demande 허락하다

Agréger (à une société 회에드리다, s'— (de) 회에들다 (어, 든), 회입하다

Agrément plaisir 맵시, 재미, 조케,

맵시 est surtout élégance

— consentement *허락 = 하다

Agrès de bateau *천즙불, 빈연쟁, *천생즙길, *천생구즙길 ; — de gymnastique *운동제구, 운동긔 ; 톄조긔계.

Agresseur 사유를 시작하는 ; *선공쟈

Agricole en agg. *농

Agriculteur *농군, 농사군, *농부

Agriculture *농사. Le temps de l'— *농시, 농시대, 농사때.

Agronomie *농학.

Aguerri *단련하다, 닉다 (어, 은)

Aguerrir 닉히다, — les soldats V. exercer.

S'— à qque chose 닉이다, 닉히다

Aguets être aux — 살펴보다, *고시하다, 사면으로고시하다. (*고시하다, regarder de tous cotés.)

Ah exclamation 외고, 압불사, 하 etc.

Aheurter 억세다 — Au moral 고집내다

Ahuri

Aide action d'aider 도음이, 도으기 ; — secours 바라지 ; — de pour un travail *조역, *슈종 ; — ouvrier qui en aide un autre comme manœuvre 조역군, *슈종군, 격군. Pour les hommes qui s'entr'aident 일동모

— mutuelle que se prêtent les agriculteurs (en Normandie : corvée) 품아시 *조군, *보조군, 보조

Aide de Camp officier d'ordonnance *전령수, *부관 ; — de du chef de l'État *시종부관

Aider 돕다 (도아, 도온), 도아주다, 붓드

러주다, 거드다 & 거들다 (드러, 든); — à un travail manuel 봉죡드다 (러, 든), 슈죵부다. V. aide; — à soulever un fardeau 맛드다 & 맛들다 (드러, 든); — la mémoire, l'intelligence, souffler 쑤쇠다 (여, 쇤), 쑤시다 (셔, 신). — d'à un supérieur 대개 졸구통치다. S. — mutuellement 동력 다, 합력 다, 병력 다; — S. — soi même 힘쓰다 (써, 쓴). Ne pouvoir S. — de ses membres 꿈꿋쓰다. Être aidé 힘닙다 (어, 은).

Aïeul. grand père 조부, Aïeule 조모; les aïeux 조상

Aigle 슈리, 독슈리

Aigre 싀다, 시다

Aigredoux 싀고 달다 (아, 단)

Aigrement Reprendre — 독한 말노 쑤짓다 (지저, 즌)

Aigremoine 룡아초

Aigrette oiseau 빅로, 희오라비, 징경이; — de vaigle ch. V. panache.

—, plume formant — sur la tête des oiseaux 도가머리

Aigreur 신맛; — d'estomac (rapports aigres) 신트림; — de fruits non murs 떫은 맛 (떫다, 어).

Aigrelet 싀큼 다, 싀큼싀큼 다, 시큼시큼 다

Aigremoine 룡아초

Aigrir 신맛드다 (러, 든), — quelqu'un (le froisser) 노염 생 다. Les esprits s'aigrissent de plus en plus 노염 더욱 생 다.

Aigu, aiguisé 니 다; — terminé

Aiguille — Air
56/

en pointe 뾰족ᄒᆞ다
Aiguille à coudre 바늘 ; grosse — (D.) 돗바늘 ; — de chignon de femmes 빈혀 ; = — de chemin de fer *전철긔

— des montres, horloge *침. la petite, celle de heures *시침 ; la grande, celle des minutes *각침.

Aiguillée 실, 실ᄒᆞᆫ바람, 실바람
Aiguillon 살
Aiguillonner
Aiguiser 갈다 (어 × 아, 갈), 날세우다 (dont le sens est 날서다) — refaire le fil à la forge 벼리다 . = — l'appétit 비위를 열니다, 비위 당긔다

Pierre à — 숫돌

Ail 마늘
Aile des oiseaux 날긔, 견지, 쭉지, — de bâtiments (ou plutôt corps différents) 집취 / — d'une armée *익
Battre des — v. battre.
Aileron 견지굿, 쭉지굿
Ailleurs 다ᄅᆞᆫ데, 새로데. D. — (indiquant un lieu) 다ᄅᆞᆫ데셔. D. — (en outre) " 그외에, 그밧긔, 그뿐아니라
Aimable ᄉᆞ랑ᄒᆞᆯ, ᄉᆞ랑ᄒᆞ얌즉ᄒᆞ다, ᄉᆞ랑스럽다.
Aimant minéral *조쳑 ; les Coréens disent plus volontiers *지남쳑 (pierre qui indique le sud) ; — fer *지남쳘, 지남쇠.

— métal *조쳘

Aimanter 조긔 올니다, 조긔 붓치다
Aimer une personne 이ᄭᅩᄒᆞ다, ᄉᆞ모ᄒᆞ다 = ᄉᆞ랑ᄒᆞ다, 괴이다 qui se disent

aussi pour les choses. —, prendre plaisir à 됴하ᄒᆞ다, 즐거워ᄒᆞ다, 즐기다 (av. l'instrumental). — même 더됴하ᄒᆞ다 & la formule [illegible] préférable 깃븜에 낫다 (나하, 흔). Se faire — 깃븜을 엇다 (어, 은), 인심을 엇다, *득인심ᄒᆞ다.

Aine 자ᇰ앏이 est le pli de l. —, 녑구레 l'espace latéral entre les côtes et les hanches.

Le gonflement des glandes de l'aine se dit 가래톳 (서다)

Aîné 맛 s. — (entre frères) 벋새. S'ils ne sont que trois le second se dit *즁새 ou 작은형. S'ils sont plus nombreux, on dit 둘ᄌᆡ형, 세ᄌᆡ형, etc. Frère — pour les garçons, Sœur — pour les filles 형. Frère — pour une fille 올아비, 올아버지. Sœur — pour un garçon 누님, 누의님, 누님 = Fils — 맛아돌, *쟝ᄌᆞ. Branche — *쟝파, 큰집, 맛집

Aînesse 맛위

Ainsi 이모양, 이대로, 그대로, 이러케, 이러트시, 이대지, — la telle quantité 그만치. Pour — dire (presque) 십히ᄒᆞ다 qui s'ajoute à l'infinitif du verbe: Il était pour — dire mort & il est revenu 죽다십히ᄒᆞ고 살앗다. = —, c'est pourquoi 이러므로. Être — 이러ᄒᆞ다, 그러ᄒᆞ다, 그러ᄒᆞ다.

그처럼

그만침, 그마콤

Air (que l'on respire) *공긔, 바람,

Air – Aisé
58

*긔운. En l. – 공듕에. Prendre l. – & faire prendre l. – 쇠다 & 쉬다, 바람쇠다. Aller en l. – 헛발ᄒᆞ다, 빈발ᄒᆞ다, expression qui veulent dire aussi mentir. = – apparence, manière, façon d'agir 모양, *긔쇡, *긔슈, *긔ᄉᆡᆼ, *티도; = (모양 seul se dirait des choses). – le visage *안쇡; – la santé *화쇡, *화긔. Avoir l. – malade 희약쓱ᄒᆞ다, Avoir bon – 됴하뵈다, 모양됴타; Avoir l. – bon 후덕ᄒᆞᆫ 긔쇡이 외모에 드러나다, 착ᄒᆞ야뵈다, 인ᄌᆞᄒᆞ야뵈다. Et, pour les autres qualificatifs, le verbe voulu sous la forme ᄒᆞ야뵈다. Avoir l. – méchant, taquin, fourbe 앙ᄉᆡᆼ스럽다 (러워, 온) (앙ᄒᆞ다 méchant). Avoir l. – de, ressembler un peu à – 비슷ᄒᆞ다, 비슷비슷ᄒᆞ다.

– de musique 노래; – de par opposition à paroles *곡조, *곡됴, *가곡. Le 타령 est un récitatif.

Airain 놋 (composition indigène); 동; en agg. *유. Rouille d' – (vert de gris) *쳥녹 V. cuivre.

Aire nid d'aigle 독쉬의집; – pour battre les céréales 마당, 뜰. Battre sur l. – 마당질ᄒᆞ다, *타작ᄒᆞ다; – (en géom.), surface *면젹

Aisance facilité 쉽기 (쉽다). Avec – 쉽게 = ᄒᆞ다. Vivre dans l. – 살기

되다, 살기걱정 업다. On dit souvent simplement 견듸다 (supporter).

Aisances lieux d'— 뒤ㅅ간, 측간, 재간. — de femme 내측. 변소

Aise Etre à l'— (assez riche) 견듸다, 호화롭다 (로와,온); Etre à l'— en paix, sans souci *편안ᄒᆞ다, *편ᄒᆞ다. Le mal-être à l'— (ne pas se troubler) ᄆᆞ음노타(놔, 흔) — De tirer ses habits de dessus 뫼탈ᄒᆞ다. Mettre à l'— (un homme timide) 눅이다, 눅여주다; et pour lui 눅다 (어, 은); 눅어지다 (se déraidir, se dégeler). Chercher ses — 편을 앗기다.

— joie, plaisir. De chose qui donne du plaisir on dit 즐겁다 (거워, 온), 깃겁다 (거워, 온), 깃브다 et 깃부다 (깃버, 분), 반갑다 (가와, 온). Par conséquent pour être bien aise, tous ces verbes sous la forme ᄒᆞ여ᄒᆞ다: 즐거워ᄒᆞ다 etc.. *쾌ᄒᆞ다, *상쾌ᄒᆞ다, *쾌쾌ᄒᆞ다 assez peu usités — Et pour les autres il vaut mieux ordinairement les laisser au neutre: Ex: J'en suis bien aise 깃부다, 반갑다 litt. c'est agréable, réjouissant. — Souvent on emploie le mot 싀훤ᄒᆞ다 qui proprement se dit d'un vent frais.

Aisé 쉽다, *편ᄒᆞ다, 어렵지 안타 …
—, dans l'aisance, assez riche 살기걱정 업다, 살기 어렵지 안타, 족히살다,

넉넉호다, 오붓호다.

Aisselle 겨드랑이 . Mauvaise odeur de – 암내 = 나다

Ajourner 미루다 (뤄, 룬). 밀외다, 밀다 (어, 민). 흘리다 = – au delà du terme fixé 퇴한호다

Ajournement (d'une assemblée) *도제회

Ajouter 더호다 ; – en donnant 더주다, 더내다. En joignant à 더 (en plus) le verbe voulu, on a les différentes acceptions du verbe ajouter. – à (v.g. à une somme déjà réunie) 보태다.

Ajustement

Ajuster avec un arc, un fusil, etc 겨누다 (어, 눈), 견양보다, 견양호다, 다림보다 ; – avec un fil à plomb 다림보다 ; – des pièces qui se rapportent 갖초다 (아, 촌), 맞초다 (아, 촌), 맞기다, 맞게호다 ; – paroles 삶이다. – S'–, bien cadrer 맞다 (마져, 준), S'– très bien 알맞다 = 젹당호다. ce dernier indique qque chose de trop juste.

Alambic 고리, 고으리

Alarmant 놀납다 (나와, 나온), 걱졍되다.

Alarme crainte 겁, 걱졍 . Prendre l'– 놀나다 ; La donner 놀내다 ; = – militaire *경급, *경보

Alarmer 놀내다, 놀나게호다. Être – 놀나다 Chose qui – 놀납다 (나와, 온)

Albâtre *설화석고 ; *백옥

Albinos *빅동이
Album
Albumine *단빅, *단빅질
Albuminurie *단빅뇨
Alcali *회류
Alcaloïde *소회류
Alchimie *련금, *련금술, *화류술.
Alchimiste *련금자, *화류자
Alcool eau de vie *쇼쥬; — proprement dit *쥬졍; — absolu *닉슈쥬졍; — spécific *젹류쥬졍
-*화쥬
Alcoolomètre *쥬졍계
Alcôve
Aléatoire
Alène 송곳, 비곳
Alentour 두루. les — d'une ville 읍닉두루잇ᄂᆞᆫ것
Alérier 나도박나식, 나두밤나깍
Alerte (subst.) , — (milit.) *경급, *경보
Alerte (adj.), vif, prompt 선재다, 재바르다 (빨나, 바른), 악바르다, 악다(어, 은), 촐촐ᄒᆞ다, 거둔거둔ᄒᆞ다.
Alevin
Algèbre *되슈, *되슈학
Algue 나불작이. Chaque espèce a son nom. Ainsi, parmi les algues comestibles, on distingue: 메역, 다스마, 김, ou 틔의, 우무가시, 우무가사리. 우무가시 est employé par les plâtriers japonais.
-*회리, *회발 *회초

Aliéné fou 미치다 *광, 미친광이
Aliéner un bien, le vendre 팔다 (아,판), 팔아먹다 (어,은); s. — les esprits 의를 상ᄒᆞ다, 인심을 일타 (허,흔), *실인심ᄒᆞ다, 사ᄅᆞᆷ을 도라안게ᄒᆞ다. Homme qui est — tout le monde 돌닌사ᄅᆞᆷ (돌니다, laisser à l'écart).
Aliéniste
Alignement
Aligner 줄바르게ᄒᆞ다, 나란ᄒᆞ다, 나란이ᄒᆞ다, 나란이두다 (어,둔), 일ᄌᆞ로ᄒᆞ다. Être — 바ᄅᆞ다 (발나, 바ᄅᆞᆫ), 줄바ᄅᆞ다, 가즉ᄒᆞ다, 가직ᄒᆞ다; — de front (troupe) 나란이서다 (서,선) si elle est au repos; — 나란이가다 en marche.
Aliment *음식, *량식, 먹을것
Alimenter 기ᄅᆞ다 (길너,기ᄅᆞᆫ), 먹이다. — le feu 불기ᄅᆞ다.
Alimentaire Pension — *식록
Alinéa
Alité Être —, couché 눕다 (누워 & 누어, 누은), 누어잇다; — par la maladie, ne pas pouvoir se lever 나지못ᄒᆞ다 (나다 se lever) 닐어나지못ᄒᆞ다, & les expressions chinoises *긔거못ᄒᆞ다, *긔동못ᄒᆞ다, *긔발못ᄒᆞ다. Malade alité depuis longtemps, grabataire *병폐인 (병폐ᄒᆞ다)
Alizé Vent — *무이풍.
Allaiter 졋먹이다.
Allants & venants ᄃᆞᆫ니ᄂᆞᆫ사ᄅᆞᆷ

Alléché être — 잇글니다 ; — par l'odeur 내 맡쉬 맛ㄷ보다
Allécher *유인하다, 후리다.
Allège
allée 길
Alléger 짐 셔이다, 짐 감하다, 짐 감하야 주다 ; = 가바얍게하다 ; — donner pour ... — la pauvreté de qqun *구조 = 하다 ; = — la peine, la souffrance *위로하다, *위로되다.
Allégorie *비유, *우언
Allégorique sens —
Allégre, content *화창하다, *활발하다, — vif, agile 초리롭다 (로와, 온), *초급하다,
Allégresse en agg. *락, — 즐거온 모음, *화창 *활발
*일이만 Allemagne 덕국, 이리만, *독일국.
Alléguer un témoignage 잡다 (아, 은) (prendre) ; — un prétexte *핑계 = 하다, *칭탁하다
Aller 가다 (가, 간) ; — à pied 것다 (거러, 거른), 거러가다, *도보하다 ; — à cheval 말 타다, 말 타고가다 ; — et venir 도니다, 드나들다 (어, 든), 넘나드다 (러, 든) 헤매다 ; — et venir (faire les cent pas) 왓다갓다하다, 갓다왓다하다 ; — et venir (sortir de chez soi et y rentrer *내왕하다, *출입하다 = *거래하다 qui se dit aussi pour les lettres missives. — En style honorifique, pour "aller" on dit *행초하다, quand

Aller de telle ou telle manière 거름하다, 거름치다 avec un mot approprié. — à reculons 뒤거름치다 — de côté (comme les crabes) 녑거름치다.

Aller

64/

même le voyageur serait seul (행차 est à proprement parler l'équipage, le cortège). = —, machine. D'une façon générale on emploie le mot qui correspond le mieux au mouvement de la machine. Ainsi pour le moulin coréen, on dit 방아찟는다: le pilon frappe — (Pour dire qu'il est arrêté 놀다 (아.논) = Pour les choses qui tournent on dirait 도라가다; mais on dit plus souvent simplement 가다 pour presque toutes les machines. Ne pas —, être arrêté 긋치다, 놀다 (아.논), 죽다 (어.운) (Mourir — on dit au passé 죽엇다).

= — à, vers se rend par l'instrumental (qqf. le locatif) suivi de 가다 ou d'un verbe équivalent. Souvent on laisse le mot au radical. Aller à Taikou 대구로가다 ou 대구가다.

= — en, v.g. — en palanquin 순교타고가다, 또교타고가다; — en chemin de fer 긔차로가다, 긔차타고가다, 텰도로가다.

= — par, passer par — se rend par l'instrumental (ou le radical seul) — par Koa tchyen 과쳔으로가다, 과쳔지나가다, 과쳔으로지나가다 qqf. on emploie une combinaison de l'instrumental et de l'allatif: 으로서 J'irai à Kim tchyen par Taikou —:

s'en —, se retirer 물너가다.

aller à ... (fréquenter: école, église, maison ...) 단니다, 돈기다, 됭기다. =

대구로셔 김천으로 가겟다.

Laisser — aller se traduit suivant le sens. Laisser — un prisonnier (le laisser fuir) 내여주다, 내여노타; — (le renvoyer absous) 방송하다 — 내여주다. Laissez-moi — 말니지마라, 붓잡지마라 etc. V. Laisser. — se laisser — à sa passion 사욕에 빠지다, 사욕에 잡기다.

= — (se porter). — bien 잘잇다, 잘 지내다; — mal (V. Maladie, Indisposé). — plus mal 병이 더하다; — mieux 병이 덜하다 ou mieux 낫다 (나하, 한); 낫다 (나아, 은)

On dit souvent 병돌니다 "la maladie se retourne", surtout pour dire que le danger est passé.

= — (affaires) — bien 잘되다 ou simplement 되다. Les choses vont bien 일이 잘된다, 일이된다, 일이되여 간다. Les choses vont mal 일이 잘 못 된다 — très mal 말아니라, 말아니된다, 말못된다.

— Dans le sens de devenir, prendre telle ou telle tournure 되다.

— en, suivi du participe présent se rend par la forme 하여지다, 하여가다. Aller en vieillissant 늙어지다, 늙어가다.

— être près de, être en train de se rend par la même forme 하여지다, 하여가다. Cf. par 하려하다. Il va mourir 죽어간다 (il est proche de sa fin) 죽으려 한다 (litt. il veut mourir). On dira aussi 죽게되엿다: il est réduit à mourir). Comme on allait faire ᄒᆞ려ᄒᆞᆯᄯᅢ에, ᄒᆞ죠ᄒᆞᆯᄯᅢ에, ᄒᆞ려ᄒᆞᆯᄯᅢ에, ᄒᆞᆯ즈음에, ᄒᆞ려ᄒᆞᆯ즈음에 etc.. Comme il — mourir 죽어가ᄂᆞᆫᄯᅢ에, 림죵ᄯᅢ에, 림죵되여가ᄂᆞᆫᄯᅢ에 etc.

= —, tendre, conduire 가다, 향ᄒᆞ다. Le chemin qui — à la ville 읍ᄂᆡ로가ᄂᆞᆫ길, 읍향ᄒᆞ야가ᄂᆞᆫ길

= s'en — (partir) 가다, ᄯᅥ나다, 나가다, ᄯᅥ나가다 ; s'en — (disparaître) 업서지다 ou un mot plus ou moins spécial à chaque chose. S'en — en fumée, en poussière, s'en — d'usure 삭다(어 ᄯᅡ, 은), 삭아가다

Voici maintenant qques expressions courantes où entre le verbe aller et qui sont difficiles à classer :

Cela va sans dire 말아니ᄒᆞ여도졀노알기쉽다 ; *블어가지 (chose connue sans parole.) = C'est un homme qui ira loin ... (en bien) 잘될사ᄅᆞᆷ, 흥ᄒᆞᆯ사ᄅᆞᆷ (*흥ᄒᆞ다, prospérer), 진취셩잇ᄂᆞᆫ사ᄅᆞᆷ (*진취셩, disposition, "étoffe"); id. .. (en mal) 싹그른사ᄅᆞᆷ (mauvaise graine), 큰굿ᄒᆞᆯ놈 (굿 sabbat des sorciers). Homme fait pour aller loin (soit en bien, soit en mal) 셩되신사ᄅᆞᆷ, (homme serré entre le 셩 réussite et le *되 faillite). On dit aussi ds le même sens 흥되신

---

aller, courir, convenir 맛다, (마져, 즌), 알맛다.

Ne pas aller, ne pas aller bien, ne pas aller comme il faut ... "clocher" 거북하다, 갑붓하다(버,분) Chose faite pour — avec une autre 짝, 마즌짝.

*동맹 **Alliance**, — entre deux peuples, traité; *언약, *결약, *약조 Faire — 화친하다, — pour combattre *합세하다, *병력하다, *합력하다. Violer une — 언약배반하다. = — par mariage V. Affinité.

Alliage 섞은것. = *합금, *합성금

Royaume — *동맹국. Armées — *련합군. **Allié**, royaume — 합세한나라. V. Alliance, Affinité.

Allier deux choses ensemble (mêler) 섞다 (어, 은); — (joindre) 맞추다 (아, 춘) 맞게하다, 합하게하다; s'— (s'adapter) 맞다 (마져, 즌), *합하다. Ne pas s'—, ne pouvoir s'— *불합하다.

Alligator *악어

Allocation

Allocution *논설

allongé (objet plus long que large) 길숨하다, 길쑥길쑥하다, 기름하다, 가름하다. = l'opposé est 짤막하다 **Allonger** la 길게하다; — en liant bout à bout 잇다 (니어, 니은); — en tirant 당긔다, 나리다; — les jambes, les bras... 버리다, 느리다, 펴다 (펴, 펀), 벗다 (어, 은); — la langue 혀내다 (여, 낸), 혀내밀다 (어, 민). s'— 느다 (느러, 는), 느러가다.

Allumer (du feu). Il y a plusieurs mots: 붓치다 (coller) est le plus général. Une

s'emploie pas cependant pour la lumière: bougie, lampe; on dit alors (불) 혀다 ou 켜다 (켜, 켠). Pour le feu dans un poêle, dans la cheminée, on dit (불) 때다, mais ceci "faire du feu" autant qu'allumer. 불 퓌우다 (퓌워, 퓐) ou 불퓌다 (여, 퓐) allumer, mais surtout entretenir le feu. 불 지ᄅᆞ다 ou 지르다 (질너, 지른) allumer, mettre le feu surtout pour détruire = — la colère, la guerre 니르혀다, 니르키다 qui se disent parfois pour un incendie: s'— 니르나다, 니러나다.

— (v.g. une bougie — surtout à une allumette) 불당긔다.

Allumette *셕류황, *셕냥 = *얼화 (mot nouveau)

Allure *거동, 것ᄂᆞᆫ모양, 거름; — pour le cheval 거름거리 se dit surtout de l'amble.

Allusion *풍자, *희학, *소화, *빗지, *은어, *빙ᄌᆞᆫ

Voici qques expressions. En parlant ainsi je fais allusion à Paul 그 말ᄒᆞᆯ 때 바오로를 ᄉᆡᆼ각ᄒᆞᆫ다 ou ᄉᆡᆼ각ᄒᆞ고 말ᄒᆞᆫ다, ᄆᆞ음에 바오로를 두고 그리 말ᄒᆞᆫ다, 그리ᄒᆞ기는 바오로의 말일다. Pour dire parler ~~par~~ allusion, on emploie souvent la locution proverbiale 건넌 술막 욕짓다: blâmer l'auberge d'en face 건넌 술막 욕짓듯 ᄒᆞᆫ다; faire comme si on blâmait l'auberge d'en face. Blâmer ainsi qqun indirectement

En parlant ainsi je ne fais allusion individuellement à personne 누구를 지목ᄒᆞ야 말ᄒᆞᆫ거시 아니라.

en adressant les reproches à un autre : 빗걸다 (어, 건), 빗되다, 빗거러 말ᄒᆞ다. V. indirectement.

Alluvion *복ᄉ Produit par — 내살다

Almanach *칙력, *력셔

Aloës *노회, *로회; *침향

Aloi

Alors en ce temps 그ᄯᆡ에, *이에 — voilà ainsi, dans ce cas, 그러면.

Alose 준치, *시어.

Alouette 종ᄃᆞ리, 종달새, *빅럴.

Alourdir 무겁게ᄒᆞ다 (V. lourd, pesant) avoir le corps — v.g. à la suite d'une fatigue, d'un excès 몸 무겁다 (거워, 온)

Aloyau de boeuf 심육, 심살 — le 밧심육 est l'— ; l'안심육 le filet.

Alphabet *반졀; — européen, *졍노; tableau *졍노표

Altérable 변ᄒᆞ기 쉽다

Altérant

Altération *변리 *변쳔, *변동

Altercation 다톰이 (다토다, 아, 톤), 시비=ᄒᆞ다, 입시름=ᄒᆞ다.

Altérer *변작ᄒᆞ다, —, l'— être — *변ᄒᆞ다, *변리ᄒᆞ다 ; = — causer la soif 조갈나게ᄒᆞ다, 조갈증나게ᄒᆞ다. Ne — 목마르다 (말너, ㅁ나, 마른), et dans le cas de soif excessive, fiévreuse, 조갈나다, 조갈증나다.

Alternative

Être dans 1. — 두ㅅ이에 잇다, 두가온대에 잇다 ou 되다

Alternativement 밧고아가면, 번갈아 .. Réciter — 음을 밧다 (아, 든)

Alterner 밧고다 (아, 온), 서로 밧고다, = 번갈다 (아, 갈) — De celui qui cesse on dit 번나다 ou *출번하다; de celui qui le remplace 번들다, 번드다 (드러, 든); *입번하다.

Altesse *대감 a à peu près ce sens. On le dit cependant jusqu'à des officiers qu'on ne traiterait pas même d'"Excellence" en France.

Altier *오쇠하다, 교만다, *호하다

Altitude 놉기, Techn. *고도

Aluminium *경금.

Alun *빅반 白礬; — calciné *고빅반 枯白礬

Alvéole (d'une façon général) 집; — des abeilles 벌의집 / — de gencives 니박힌자리

Amadou 깃, 깃시, 부쇠깃

Amadouer 달내다 (여, 낸)

Amaigri *쇠하다, 지치다, 파리하다; Terre amaigrie 토박한 땅

Amaigrir 1. — 지치다, 기날나가다

Amalgame

Amalgamer

Amande en général 알맹이

Amant *의부, — d'une femme mariée

*간부. Prendre un — 외부 ~간부 붓치다.

Amarante fl. 맨다름이

Amarre 줄, 바.

Amarrer 매다 (여, 맨), 잡아매다.

Amas 무덕이, *노젹; — de bois 나무 그리; — de pierres (superst) sur le chemin, surtout aux col *션앙당

Amasser 모호다 (모화, 혼), 싸다 (싸, 싼) 싸다 (싸하, 흔), 모도다 (아, 돈); — pour l'avenir 벌녀두다, *저축하다. S'— se être — 모히다, 싸히다, 모도히다, *노젹하다; = 괴다 en parlant de l'eau qui ne s'écoule pas, — du vin qui se forme par la fermentation & qui s'amasse au fond du vase.

Amateur 됴하하는 ..

Amazone

Ambages

Ambassade mission *스절, — maison *공스관

*외스 Ambassadeur *스신, *흠차대신, = *공스 précédé du nom du pays qui l'envoie: v.g. — français 법공스. Pour le ~~nom de~~ pays auquel il est accrédité *쥬 suivi du nom de ce pays *쥬아법공스 Ambassadeur français en Russie, — on pourrait dire aussi 아국쥬차하는 법공스. = les anciens — Coréens en Chine *스신, le premier *상스, le second *부스, — les ambassadeurs Chinois en Corée *흠차

Ambiant

Ambidextre

Ambigu *미결ᄒᆞ다, 의심되다, 일뎡ᄒᆞᆯ수 업다, 량ᄉᆡᆨ으로갈니다, 의심간에잇다.

Ambitieux 탐ᄂᆡ다(ᄒᆞ.ᄂᆞᆫ), 욕심ᄂᆡ다, 눈놉다(ᄒᆞ.ᄂᆞᆫ)

Ambition *탐, *욕심. —(de la gloire) *명예심, *공명심.

Ambitionner désirer *원ᄒᆞ다, *희망ᄒᆞ다; — trop ou des choses qu'on ne devrait pas — 욕심내다, *탐ᄒᆞ다, — plus que sa condition ne permet 분수에 지나다.

Ambon *강경ᄃᆡ

Ambroisie *션식, *신션식

Ambre *밀화, *호박.

Ambulance milit. en campagne *야전병원

Ambulant 두루ᄃᆞᆫ니다. Marchand — *보샹, 부젹쟝ᄉᆞ, 돌파리쟝ᄉᆞ. Les potiers et qques autres disent *도부ᄒᆞ다, 도부가다. Médecin — 돌ᄑᆞ리의원

Ame 넉, *혼, *령혼 = 넉 désigne d'après la théorie païenne une ou plusieurs âmes inférieures et qui descendent en terre avec le corps. — Ce mot n'est pas employé en philosophie spiritualiste. — végétative *ᄉᆡᆼ혼, — sensitive *각혼 — intelligente, spirituelle *령혼. — 넉 quoique non employé seul se retrouve dans de nombreuses expressions, v.g. 넉일타, perdre la tramontane. Une grande — [illegible] 큰사ᄅᆞᆷ. Si c'est dans le sens de courageux, on dira 간큰사ᄅᆞᆷ (grand foie). — vile *쳔혼

나온. Le — du Purgatoire ˚련홀, ˚련옥 ˚령홀. — hommes, habitants, têtes, (numéral) ˚인명: Combien y a-t-il d' — (v.g. dans telle ville) 인명 슈가 몃치냐. L. — d'un parti, le chef , d. en mauvaise part ˚괴슈

Amélioration 낫기, 나흠이 ...

Améliorer 더 됴케 ᄒᆞ다, 낫게 ᄒᆞ다.. S. — 낫다 (나하, 흔), 나하가다.

Aménager

Amende ˚벌금, ˚벌젼, — comme rançon ˚속. Payer l. — 벌금 or 벌젼 물다 (어, 는), 속 밧치다. — honorable la faire ˚조복ᄒᆞ다, ˚조파ᄒᆞ다. On dit plus souvent simplement 빌다 (어, 빈.)

Mettre à l. — 벌쓰다.

Amendement terme parlementaire ˚긔의. Le proposer ˚긔의ᄒᆞ다

˚긔뎡

Amender (act) corriger 곳치다. — (neutre) & S. — ˚회두ᄒᆞ다, 힝실을 곳치다. 낫다 (나하, 흔), 나하가다.

Amener 다리고 오다, 더불고 오다. S. la personne — est un supérieur 뫼시고 오다; = 걸어 오다, 걸고 오다 ne se disent que pour les animaux ou pour un homme qu'on amènerait de force.

Aménité

Amenuiser 가늘게 ᄒᆞ다, — en rognant sur les côtés 다듬다 (어, 은), — et allonger en frottant 훑다 (하, 흔).

Amer au goût 쓰다(써,쓴) - Un peu — 쌉쌀하다; — parole, reproche 독하다
Amèrement 독하게. Regretter — 원통하다, 슬퍼 원통하다, 미워 원통하다.
Amérique 아메리카. Etats Unis d'— 미국; 합중국
Amertume 쓴맛, — dans la parole 독한이 — chagrin 큰고로움=큰걱정 plutôt souci mais s'emploie aussi dans le sens de chagrin.
Améthyste 자석영; 청영, 자옥
Ameublement 세간, 집세간
Ameuter
Ami 붕우, 벗, 친구 Etre — avec qqun 친하다. Vivre en bons — 됴케지내다
Amiable. terminer à l'— 화회하다 = 됴케지내다. S'accorder à l'— après un différend 순화하다
Amiante brute 석면, — tissé 화단; 불회복
Amical
Amicalement
Amict 개독보, 개독포
Amidon 풀; — vrai 뎐분
Amincir V. Amenuiser.
Amiral 해군대장; Vice — 해군중장; contre — 해군소장
—, Vieux système coréen, 수군도독, 수군대도독, 수군대장
Amirauté

Amitié *의 ; = *교의 peu usité. Il y a entre eux beaucoup d'amitié 서로 의가 도타. On dira plus souvent 서로 친하다, 서로 비우친하다. Faire beaucoup d'— 화하게 ou 비우도케되졉하다.

Ammoniaque liquide *류동 流動

Amnésie

Voici comment on peut rendre la chose :
— auditive : 남의 음을 덩각하나 무슨 뜻인지쉬 못지 못하다 ; — visuelle 병이 잇서 서 글자를 보아도 무슨 글즈인지 긔억치 못하다.

Amnistie *대사 ; — générale *통개옥분

Amnistier

Amoindrir 주리다, 조리다, *감하다 ; — l'autorité ou l'influence de qqun 누르다 (눌너, 누른).

Amollir 불니다, 녹이다. S'— 불너가다. V. s'énerver. Être —, mou, flexible 무르다 (불너. 무른), 눅다 (어, 은)

Amonceler 가리다, 싸다 (싸, 싼), 싸타 (싸하, 흔)

Amont *상류

Amorce pour un piège, un hameçon 밋기 ; — de fusil (coréen — poudre de bassinet) 귀약, — (européen) *조리황. — des vices 사욕의 유감

Amorcer une ligne, un piège 밋기노타 (하. 흔) ; — un fusil 조리황 노타.

Amortir — An, année
76/

Amortir un coup 것잡다 (아.의); Item
—것도다 (도다.돈) — Au fig. l'âge
— les passions 나히 받흐니면 욕심 이주러간
다 (les passions diminuent).
Amour *익정, *익욕, 스랑ᄒᆞᄂᆞᆫ정,
스랑ᄒᆞᄂᆞᆫ ᄆᆞᄋᆞᆷ; — sensible, naturel
*육정; — deshonnête *음정, *음욕
Amour propre
Amphibie *슈륙ᄒᆡᆼ셔, *슈륙병힝물,
Amphibologie *언쪽이석비, *일언이의
Amphithéâtre pour le jeu *원형극장
Amphitryon
Amphore 양병
Ample 널다 (어.넌), 너르다 (널너.너른),
넓다 (어.은)
Amplement 널니, 널게, 너르게 se disent
au propre et au figuré; 후ᄒᆞ게 et 후히
quand — veut dire libéralement (후ᄒᆞ
다 être libéral). — Donner — (plus qu'il
ne serait nécessaire) 후ᄒᆞ게 주다
Ampleur 넓기, 너르기, 너르이
Amplifier 보태다 (여.탠), 불다 (어.분)
Ampoule . se lever en — 불잡히다.
부릇다 (릇터.튼), 부릇흐다 (릇허.흔), 부르키다.
Amputer 베히다, 각다 (가.근), *절단ᄒᆞ다
Amulette *부작 qui est une formule écrite. = *호부, *부록, 굿사지물
Amusant 희미잇다
Amusement 작난
Amuser v. act. 놀니다, 작난식히다,

— par des contes 니약이로 밤갑게호다, — s'— 놀다 & 보다 (노러 & 와, 논), 잭난호다 s'— à 잭난삼아 ....호다; s'—, (passer le temps) à ... 세월보니다, 'ᄉᆞ일호다; s'— être oisif 'ᄒᆞᆫ가호다, ᄒᆞᆫ가히 세월보니다. ... 놀다 (어, 논).

Amusette ᄉᆞ일걸이, 잭난갋가유, 잭난걸이

Amygdale 목젓; 후혀; '편도션.

An, Année 희, '년, '세, 셜, 살, ce dernier mot ne s'employant que pour les années d'âge: Agé de 10 — 열살백은. Encore est-il très familier: on ne le dit qu'aux enfants. Aux autres on dit '년세, & aux supérieurs '츈츄.

Le premier jour de l'— 셜날, 셜명일, 세벽일. Le passer (ou plutôt entrer dans la nouvelle année) '과세호다.

'정조 Le premier jour de l'an (première dizaine environ) '정초

Qui est de l'année 희엣, 희것. Pour les récoltes on dit plus souvent 새 (nouveau) & pour ce qui n'est pas de l'— 묵다 (어, 은)

Cette année-ci 올, 올희; 금년. Cette année-là 그희. L'année dernière '젹년, '샹년, '작년, 거년, 지나간희. L'année d'avant (il y a deux ans) 그러긔 & 그럭게, '직작년. Il y a trois ans 그그럭게. En remontant plus haut, on compte les années par leur nombre. = L'année prochaine '릭년, '명년. L'année suivante, c.a.d. dans

An, année — Ancien

78/

2 ans +후년 ; +지~~[?]~~년 (병), +후병년. L'année d'après, l'année qui suit celle dont on parle 이듬ᄒᆡ, 그이듬ᄒᆡ. Dans trois — 후후년 peu employé. Au lieu on dit 3년후, 오년후 ou autres formules équivalentes. — Noter que ordinairement parlant les Coréens comptent les années au changement d'une année à l'autre. Un enfant né le dernier mois d'une année aura 2 ans dès le premier mois de l'année suivante. De même pour les événements. Quand il faut préciser une année complète de 12 mois, une année révolue, il faut dire 돌 qui veut dire aussi anniversaire. Ainsi enfant âgé d'un an (12 mois) 돌된 ᄋᆞᄒᆡ ; — de plus d'un an 돌지난 ᄋᆞᄒᆡ ... de 3 ans (complets) 세돌된 ᄋᆞᄒᆡ. Ce mot 돌 s'emploie aussi pour les événements.

Tous les — ᄒᆡ마다, +매년에 — Provision, vivres pour un an 일년 량식, 일년 먹을것. Un an et plus (mais moins de deux) ᄒᆡ포 = 돌포 s'employant dans ce sens pour toutes les divisions du temps : ᄒᆞᆫ돌포, ᄒᆞᆫᄒᆡ포. Il y a dix ans que... 십년 젼에, Être chargé d'années 나히 만타 (하, ᄒᆞᆫ).

Anabaptiste *지체교인
Anachorète *독슈, *고슈
Anachronisme *년월착오
Anagramme
Anagogie *선통, *선비, *령통. Analogie 비슷비슷ᄒᆞ기 = 흡이 etc.
au sens philosophique *류ᄉᆞ, *류셔, *생ᄉᆞ, *생류,
Analogue 대개곳다 (하.ᄋᆞᆫ), 비슷ᄒᆞ다, *류츄로
비ᄉᆞ름ᄒᆞ다, 비슷비슷ᄒᆞ다, 비슷비슷ᄒᆞ다.
Analyse *분회, *분셕, *회셕, — chimique
*화학분셕, — quantitative *명량분셕
— grammatical ; —
logique
Analyser
*송림금, "pine apple" Ananas *봉리 Les Coréens disent plus souvent *목과, appellation impropre. — 목과 est le coing.
Anarchie dans un royaume 나라기결
방ᄒᆞ다, 법업다. — au sens strict *무정
— (doctrine) *무정부주의; 허무주의. 부 Anarchiste *무정부당
Anathématiser 사이다, *저주ᄒᆞ다.
— excommunier *기절ᄒᆞ다, 기절식히다
Anathème ; excommunication *기절
Anatomie *회부, *회부학
Ancêtre *조상, *렬조
Anche
Anchois 기절치 (?)
Ancien qui existait autrefois 녯, 녯
적, en agg. *고. Les anciens 녯적사
고인돌 veut dire pierre dressée, pierre levée. (고인 part. de 고이다. 롬, *고인 ~~dont le nom de 고인~~ 돌 donné aux espèces de dolmens si fréquents dans certaines contrées. — qui dure

Anciennement — Anguleux

80/

depuis longtemps 오래다 (여.랜), *녕구호다. objets — (antiquités) *고물

Anciennement 녯적에

Ancienneté

Ancrage 빅셧노ᄃᆡ = 빅다히노ᄃᆡ surtout endroit où les barques se mettent à sec, = *션창 jetée

Ancre 닷 (nom. 닷치). — Jeter l. — 닷주다, 닷노타 (하.흔) — Lever l. — 닷감다 (아.은)

Andouiller 스슴의 샐

Ane 나귀 ; — de Chine 당나귀. Pas d.— (ff) *관동화 *≡ 랭슈집병

Anéantir 업시ᄒᆞ다, 삭치다, *ᄆᆡ결ᄒᆞ다, *쇼멸ᄒᆞ다. "tenir un gâteau dans chaque main" est une expression équivalente à "l'âne de Buridan".

Anecdote 니약이, *긔담

Anémie *부족증, *부족병 ; *빈혈, *빈혈증

Anémomètre *풍력계.

Anémone 할미꼿, *호고초

Ânerie 미련ᄒᆞ이 ou 미련ᄒᆞᆫ것

Ânesse 암나귀

Anesthésique *미약, *몽혼약, *마취제 Anévrisme *혈낭.

Anfractueux 첩첩ᄒᆞ다, 두뫼ᄉᆞᆫ다

Anfractuosité creux 구녕, — de montagne *산협, 산두뫼, 두뫼

Ange *텬신, *텬ᄉᆞ ; — gardien *호슈텬신, ≡ — du dernier choeur *결ᄉᆞ자

Angélique plante

Angelus *삼종경,

Angine *인후병, *후통증

Angle noms vulgaires : — rentrant 구역, 구석 ; — sortant 귀, 모, 모통이

Ang — de tous côtés 스귀 (serait p.ê une corruption de 가, bord) ; — formé par le coin de la bouche 아귀 (peu usité) 입아귀

— formé par le pouce et l'index 아귀, 손아귀 très usité et entre dans nombre d'expressions 손아귀 세다 : avoir bonne poigne (au propre et au figuré) ; 손아귀 부드러(물너, 부드) n'avoir pas de poigne (id.).

Techniquement, l'angle est *각 : — facial *안면각 ; — visuel *시각

Voici maintenant le nom de la plupart des — définis en géométrie :

— convexe *철각 ; — rentrant *요각 ; — droit *직각 ; — aigu *예각 ; — obtus *둔각 ; — complémentaire *여각, — supplémentaire *보각 ; — opposés par le sommet *되뎡각 (*뎡 étant le sommet de l'angle) ; — interne *내각 ; — externe *외각 ; — alternes internes *내조각 ; — alternes externes *외조각 ; — correspondants *동위각 ; = — au centre *즁심각 ; — inscrit *내졉각 — polyèdre *다면각, et suivant le nombre des plans qui le forment *이면각 ; 삼면각 etc.

Angleterre *영국, 영길리

Anglicanisme *영국감독교

Angoisse 근심 =하다, *노심초스 = 하다

Anguille *쟝어, 뱀쟝어. Il y a — sous roche 독에 쥐 잇다. V. craindre

Angulaire

Anguleux

Aniline

Animal 즘승, 즘싱; 금슈 *츅싱 Les mots ne comprennent pas le poisson, pour lequel on dit 물고기, 물즘승. — qui marche ou rampe (ni oiseau ni poisson) 길즘승. — sauvage 산즘승; — domestique 집즘승. Les six animaux domestiques (cheval, boeuf, mouton, poule, chien, porc) *륙츅. Être abruti (ou féroce) comme un — 금슈 굿다 (하.흔).

Le règne — *동물; — la zoologie *동물학

Animalcule 버레, 버러지

Animalité

Animation *활긔

Animé vivant 살다 (어 & 아, 산) — — excité, enflammé 노염 북 밧치다, se dit surtout de la colère 불이 북 밧치다. Ils sont tellement — l'un contre l'autre qu'il sera difficile de les réconcilier 서로 노염이 과히 샹 호야셔 화목 붓치기 어렵겟다.

Animer Donner la vie 싱명을 붓치다; — exciter, encourager 도도다 (아, 돈), 도드다 (어, 든), 도도아주다, *부츅호다, 진긔케호다, *충동호다. Un certain nombre de ces expressions s'emploient surtout pour exciter au mal. S'—, s'exciter soi-même *분발호다, *분력호다, *진긔호다.

Animosité *분=호다, 분한 마음.

Anis *회향 ; — ordinaire *소회향 ; — étoilé* 팔각회향 ; *대회향

Ankylose

Annale *사력 ; *내력 ; *력대 ; *력사 ; — officielles *사긔

Annaliste officiel *사관

Anneau en général (cercle fermé) 고리 — pour le doigt, bague 가락지 ; — de fer de porte, de chaîne etc 걸쇠, 걸쇠 고리 — passé au nez des bœufs 굽두레, 곳두레, 코뚜레 ; — à l'oreille des porcs 귀두레 = — (de Saturne) *환 ; = — du pêcheur (sceau du Pape) 교화황 옥새 (*옥새 sceau impérial - chinois).

— bague 반지

Anneau de serre-tête 관자

Année v. an.

Annexe

Annexé être — 붓치이다 ; id. — (royaume) comme colonie ou royaume tributaire *속하다 ; simplement annexé *합병하다

Annexer 붓치다 ; id. — 잡다 (아,은)

Anniversaire 돌 qui veut dire aussi année complète, révolue. — de la naissance *생일 ; — d'une mort *긔일 le premier après la mort se dit *소상, le second *대상. Chez les chrétiens on dit souvent simplement *련도 (prières pour les morts parce qu'on les récite ce jour là). — Le 60e anniversaire de la naissance *환갑 ; *회갑 ; *화갑. Le 61e 진갑.

Annonce *긔별 ; – réclame de marchand 광고

Annoncer *보하다, *긔별하다, 알니다, 알게하다 – Pour annoncer à un supérieur on dit souvent simplement 엿하다. = – le – (visiteur) *거리하다, *보거리하다

Faire connaître, communiquer *통지하다, *통긔하다

Annonciation de la Ste Vierge *성보령보

Annoter

Annuel . Plante – *당년초, *일년초

Annuellement 해마다, *매년에

Annuité *년금

Annulaire doigt *무명지, 무명지가락

Annuler V. abolir

Anoblir régulièrement, en conférant une dignité noble 벼슬식히다. = irrégulièrement 냥반 끈ㅎ다 (러, 폰) (fabriquer un noble).

Anodin *진통제

Anomalie *천칙부제.

Anon 나귀삭기, 나귀삭기

Anonner en lisant, en récitant 더듬거리다, 더듬더듬 보다. le – 더듬더듬 (Ce mot exprime l'idée de tâtonner comme un aveugle).

Anonyme lettre, écrit – *무명서, *무명서. Garder l' – *무명하다

Anormal, extraordinaire; *비상하다, 비범하다 ; = qui par suite paraît louche), *수상하다

Anse, d'un vase, poignée 손잡이, 쪽잘지, = circulaire en fer 걸쇠, 걸쇠 – petit golfe 배석, 석, *도로.

Antagoniste *뎍슈
Antécédent 몬져 것, 젼것; – au sens judiciaire *젼ᄉ, *젼힝실; – en logique *젼데, *젼데ᄉ; – d'un rapport (arithmétique), – d'un syllogisme *젼항, *젼건.
Anteyne
Antérieur précédent 몬져……잇ᄂᆞᆫ; en agg *젼; – déjà ancien 녯, 녜젹 (것). La partie antérieure 압, 내리. Les événement – 젼일, 그젼일 = 압일 qu'on dit aussi parfois des événement postérieurs à venir.

anthologie *시본쳔

Anthracite *무연탄
Anthrax
Anthropologie 인류학; 인죵학

Anthropomorphisme *신인동형셜 *신인동형론

Anthropophage *식인육쟈.
Antichambre *젼쳥
Anticipation
Anticiper
Antidote *히독약; *히독제, 히독ᄒᆞᄂᆞᆫ약 (히독ᄒᆞ다 annuler le poison).
Antilogarithme 디디슈
Antilope *령양
Antilogie *모슌
Antimoine 액괴 (?)
Antipathie 불합 = ᄒᆞ이 pour les hommes surtout; 안쇽, = 것도다 (라. 도) se dit les hommes et les choses.

*불샹투

Antiphrase *반화조소

Antipode 상반위치; 디구뒤면

Antinomie 모슌
Antipape 위교화황, 가교화황
Antipendium 휘건, 휘장
Antiquailles 고물
Antiquaire 고물학자, 호고물자
Antique 녯, 녯젹, en agg. 고
Antiquité 녯젹, 녯새; — de toute — 만고, 고금 (autrefois & maintenant); —, chose antique 고물.
Antiseptique, remède, drogue — 쇼독지, 쇼독졔, 방부지, 재복졔.
Antithèse 반대론
Anus 밋구녕, 똥구녕. Ces mots sont grossiers. 항문, 분문, 생문
Anxiété 근심, 걱정 … 답답훈정.
Mettre dans l'— 걱정식히다.
Anxieux 근심ᄒᆞ다, 걱정ᄒᆞ다, etc.
Aorte 대동믹.
Apaiser 안유ᄒᆞ다, 달내다 (여, 낸), 안졍ᄒᆞ다 (ᄒᆞ, 훈); — Dieu 텬쥬를 감동케 ᄒᆞ다 (감동ᄒᆞ다, être ému, avoir pitié); — les passions 사욕을 금지ᄒᆞ다; — la querelles 싸홈을 쉬더리다, 화목을 붓치다; — la colère 분독리ᄒᆞ다; — la soif 히갈ᄒᆞ다. = s'— 춤다 (아, 은)
Apathie 부츙심, 무졍
Apathique 무드다 (뭐너, 뭐른)
Apercevoir 보다 (아, 본). Chose qui s'— à peine dans le lointain 어른어른ᄒᆞ다,

희게 하다. - S'— de 찌닷다 (다터, 다돈), 아라내다, se si l'on a cherché (plus ou moins) 아라치다. - S'— de, savoir, connaître pour la première fois 비로소 알다 (아, 온).

Aperçu 대개, 대략. Donner un — 대개를 의론하다, 대개 벌너주다

Apéritif

A peu près 대개. 대략

Aphorisme *속담, *격언, *규언.

Aphrodisiaque *춘약, *유양과, — pour l'homme *보신약, *보양약 (*보신=하다, *보양하다); pour la femme *보음약 = l. 음 étant supposé contraire au 양, *보음약 est un anti-aphrodisiaque pour l'homme.

Aphte 혀바늘 (??)

Apiculteur

Apitoyer 감동케 하다, s'— 감동하다, 안슬프다 (퍼슨)

Aplani 반반하다.

Aplanir 반반케 하다. 편이게 하다, — en frottant, en rabotant 밀다 (어, 민), — (un terrain) 닥다 (아, 온), s'— 반반하여지다.

Aplatir 누르다 (눌너, 누른). être — 눌니다. s'— 눌너지다, 눌니지다 mirour qu'on est —, ou qu'on s'— de soi même.

Aplomb être d'— 옷다 (어, 온), 옷옷하다, — D'— 옷옷히. avoir de l'—, de l'assurance > 사작 바르다 (발나, 바른).

Apocalypse *묵조긔 les protestants disent *묵시

Apocryphe, douteux 의심스럽다, 의혹 적다 (어,은); —(écrits) "위조하다, en agg. "위. Écrits — "위경, "위서, = 위조된서, pour les titres de propriété; Évangile — 위복음. Auteur — "위작자

Apodictique. "명확하다, "필연하다, "명확덕, "필연덕

Apogée Être à son —, au point le plus important, le plus difficile (chose et homme) 극하다. Être à l'— de la puissance, des grandeurs "극성하다, 흔창되다, 흔창일다; de la richesse 부귀가오롯되다. "극던, "고즉

Apologétique (science) "호교신학

Apologie de la conduite "발명=하다, "설명하다; — d'une doctrine 변파=하다, — de la religion "호교

Apologue "비유

Apoplexie "졸중풍. Mourir d' — 졸중풍으로죽다. On dit plus souvent "졸스하다 (mourir subitement) — et parfois 긔겁하야죽다 (mourir de peur).

Apostasie "배교하다

Apostat "배교인, "배교한사룸

Aposter 두다 (어,둔), 보내다, qqf. 식히다 avec un contexte précisant le sens.

Apostolique qui vient des apôtres 종도로좃차오다 (와,온), en agg. "종도.

Apostoliquement 종도처럼

Apostume "종긔, 부스름

Apostropher

Apothéose au sens propre, élévation au rang de dieux faite par l'Empereur de Chine '봉ᄒᆞ다. = — louange

Apothicaire '약생, '약쟝ᄉᆞ = 약국ᄒᆞ는사ᄅᆞᆷ — Boutique d'— 약국

Les protestants disent 'ᄉᆞ도

Apôtre au sens catholique '종도. = au sens plus large, "propagateur '젼파쟈

Apparaître 뵈다, 보이다, 나타나다. — Pour une apparition plus ou moins merveilleuse '발현ᄒᆞ다 ; 현출ᄒᆞ다.

Apparat pompe.
Faire à grands — 크게 지내다.

Appareil à faire qqu chose 틀; — préparatif '배셜 = ᄒᆞ다. Mettre l'— sur une blessure
약 붓치다 est communément employé; mais c'est : appliquer un remède.

Appareiller joindre les choses pareilles ᄒᆞᆫ 쌍 ou ᄒᆞᆫ 쌍 치오다 (치와, 온) ou ... 붓ᄃᆞ다 (려, 둔) ne se dit que pour l'appareillage par paires

Apparemment 보기에 (à la vue) - On emploie différentes autres formes du verbe 보다 : 보매, 보즉 etc. = —, Vraisemblablement. V. ce mot.

Apparence extérieure '외양, '모양, '외면, 겉면, = '톄도 peu usité. Exagg. '톄, belle — '볍지. Chose qui manque d'—, qu'il ne faut pas juger sur l'—

*꼿불견일다 Chose ou homme dont l'apparence est trompeuse *니외부동 = 하다, *표리부동, 안밧다르다(달아, 다른). N'avoir que l'apparence de la fortune ou de la puissance *소존형되다 (*소존형 Chose brulé qui garde encore sa forme). = —, signe extérieur *긔슈, 긔틀, *긔미, *근젹; = — motif vraisemblable *리

Apparenté Être bien —, avoir une famille puissante 울도타(하, 혼), 울세다(어, 센), 울빤타(하, 혼) C'est une métaphore prise de la haie 울 qui entoure la maison. = — avoir une famille nombreuse *번족하다

Apparier V. accoupler

Appariteur *조슈, 규찰인하는사룸

Apparition 뵈는것, 나타나는것, 발현혼것

Appartement 방; *실 nst. en agg.: v.g. 침실, —, chambre à coucher.

Appartenir se rend par le verbe 잇다 & plus souvent par 일다. Cela m'appartient 내거실다. Ce champ — à Paul 이밧 발로 밧이라

— à: (être relié à... v.g. congrégation) *련락하다, *결합하다

Appât pour l'hameçon 밋기; — pour piège 밥, 밋이

Appas

— en mauvaise part 샤특혼빗, 샤특혼모양

Appauvrir 빙하게하다, 세간빙하게하다. S'—, devenir pauvre 가난하야지다

Appeau pour le faisan 우레. Les sereins

우레 켜다, 우레 불다 (어, 분)

Appel (nominal) des soldats, des étudiants etc. *뎜고 = 하다, *뎜호 = 하다. Si l'on veut spécifier qu'il est nominal *지명 뎜고 = 하다, *호명 하다. Liste d'— *호명긔. Manquer à l'— 뎜고에 빠지다

Plainte, ou — en justice *쳥치, *고소 = 하다. Cour d'— *공소원, *공소재판소. Faire — (à un tribunal supérieur) *공소 = 하다. L'appelant est dit *공소인; lettre d'— *공소쟝

Autrefois, faire appel du mandarin au gouverneur *의송하다.

Appeler 부르다 (불너, 부른); — faire venir quelqu'un secrètement 켜내다. Comment vous appelez-vous? 네 셩이, 네 본명이, 네 일홈이 무엇시냐. Être —, nommé, désigné sous tel nom 닐코르다 (코러, 코른), 닐컷다 (코러, 코른)
— en justice soit pour la première fois, soit après un premier jugement V. Appel.

— Faire venir *청하다

Appendice 달닌것; — à un travail, à un livre *부록, *보쳠 = 하다

Appendre act. 달아매다 (여, 맨), 걸다 (어, 건); neut. 달니다, 걸다

Appentis 달개집, 부섭방, 가개, 가개집, 차양 qui est plutôt un avant-toit.

Appesantir 무겁게 하다. S'— 무거워지다. S'— sur un sujet, le traiter longuement 길게 말하다

Appétissant 긋득세ᄒᆞ다, 구슈ᄒᆞ다, 고소ᄒᆞ다 (고소ᄒᆞ다 se dit surtout d'un goût d'huile douce); = 비위 당긔다, 먹음즉ᄒᆞ다. Très — 탐스럽다 (러워, 온).

Appétit pour les aliments *식셩; mais 식셩 a un sens un peu différent. Ainsi 식셩 됴타 veut moins dire: Avoir bon appétit que "n'être pas difficile sur la nourriture". Le contraire est 식셩 사오납다. = — pour les animaux 먹셩 (se dit aussi de l'homme). Manger avec — 달게 먹다, *감식ᄒᆞ다, 먹쇠잘ᄒᆞ다

— propension à, désir *졍, *욕, — naturel *ᄌᆞ연욕, — sensitif *감각욕 — sensible (amour sensible) *육졍

*시욕 입맛 *구미 qui répondent au mot français "trouver du goût à manger".

Applaudir battre les mains 손벽치다, 박슈ᄒᆞ다. Les Coréens applaudissent plus volontiers en se frappant les cuisses. — , acclamer *박장대쇼ᄒᆞ다. S'— voir avec satisfaction 쟝그러워ᄒᆞ다 (쟝그럽다), 됴하ᄒᆞ다. S'— de 스ᄉᆞ로 됴하ᄒᆞ다.

Applaudissement *박슈례

Application de l'intelligence, de la volonté 졍셩 흄이, ᄒᆞ기 = — des écoliers *근만 (diligence & négligence). Note de — 근만뎜, Resumé de ces notes *근만됴

Appliqué science appliquée *응용 mi-
si le nom de la science.
Appliquer 붙치다, — un enduit, une
chose que l'on colle 바르다 (발너, 바른).
S'— 힘쓰다 (써, 쓴), 감오쓰다, 3당3영들
다; 힘쓸 ᄒᆞ다; — *전*과렴 ᄒᆞ다.
S'— à bien faire 섀ᄇᆞ르다 (불너, ᄇᆞ른),
섀ᄇᆞ다 (ᄇᆞ러, ᄇᆞᆫ).
Appoint
Ce qui manque pour compléter l'unité
monétaire ou un compte rond 우수리,
우수돈, ᄌᆞ도리.
Appointement *록, *료, 삯, 월급
Appontement
Apport
Apporter 가져오다 (와, 온)
Apposer 두다 (어, 둔); — la signature
슈결 두다, 슈결쓰다; — un cachet 인치다
Appréciation
Apprécier supputer la quantité, la valeur
어림 ᄒᆞ다, 겨작 ᄒᆞ다, 혜아리다, 어림
잡다 (아, 은), 분수를잡다 (분수, condition); — connaître ou reconnaître le
mérite 알다 (아, 안). Ne pas — 모로
다 (몰나, 모ᄅᆞᆫ) c.-à-d. savoir ou ignorer.
— estimer 녁이다 avec un adverbe
approprié, v.g. 즁히 녁이다. — aimer
됴하 ᄒᆞ다
Appréhender saisir 잡다 (아, 은), 붓잡다,

부들다 (어,든) ; — craindre, redouter 두리다, 걱정ᄒᆞ다, = 두려워 ᄒᆞ다, 꺽셔워ᄒᆞ다, les verbes neutres 두렵다, 꺽셥다. Pour un commencement d'appréhension. v.g. un homme seul, la nuit 셝억셝억ᄒᆞ다 (n'être pas à l'aise).

Appréhension °근심, 걱정, 겁

Apprendre — par l'étude 빅호다 (화, 홀) — par coeur en récitant tout haut 붉다 (어,은) ; — par ouï dire 듯다 (드러, 른) ; — par l'exercice 닉히다 (le passif en 닉이다, le neutre 닉다 (어,은) ; — autrement 알다 (아,은).

— par coeur en écoutant seulement (ceux qui ne savent pas lire) 구전으로 빅호다.

= enseigner 그르치다. Ne s'emploierait pas pour — la nouvelle. Qui t'a appris cela 누구안틔 그말 드럿나냐 — 뉘가 그리ᄒᆞ더냐 & autres formules

Apprentissage

Appris — par l'étude &. V. Apprendre. Homme bien — °례모, °례모, °례례 … 잇다, 렮치 안다 (하,는), 인ᄉᆞ잇다. Mal — 례모 업다, 례모 모로다 (볼나 모론), 인ᄉᆞ업다, 인ᄉᆞ모로다, 버룻업다. L'injure 홀의ᄌᆞ식 traduit cette [illegible] : (fils de veuve, & qui par conséquent a été mal éduqué).

Apprenti °뎨ᄌᆞ pour un métier intellectuel. — N'être qu'un — °향소ᄒᆞ다, 서투루다 (룰너, 두룬).

Apprêts préparatifs ˚예비, ˚배뎡, ˚비셜, ˚구쳐 peu usité

Apprêter ᄎᆞ리다, ˚예비ᄒᆞ다, = ˚비셜ᄒᆞ다. 장만ᄒᆞ다 ajoutent à l'idée de préparer celle de se procurer ce qu'il faut. = —, orner ᄭᅮᆷ이다. S'—, se préparer ˚예비ᄒᆞ다, — se disposer à faire ᄒᆞ려ᄒᆞ다, ᄒᆞᆯ나ᄒᆞ다. Lorsqu'on s'apprêtait à faire ᄒᆞ랴고 ᄒᆞᆯᄌᆞ음에

Apprivoiser 길드리다, s'— 길들다 (드러, 든)

Approbation — officielle 허가

Approchant (adverbe) 대개, 갓가이, etc. selon le sens. V. environ, à peu près.

~~Approch~~

Approcher (v. act.) 갓갑게ᄒᆞ다. On dira plus souvent 갓가히 두다, 가져오다 ou autre verbe. S'— 갓가이오다 ou 가다. — être proche 갓갑다 (가와, 온). — avoir des rapports, de la ressemblance 비ᄉᆞᆺᄒᆞ다, 비슷ᄒᆞ다, ˚방불ᄒᆞ다, ˚근ᄉᆞᄒᆞ다, ˚흡ᄉᆞᄒᆞ다.

Approfondir v. g. un puits 깁게ᄒᆞ다, 깁게파다 et mieux 더깁게ᄒᆞ다 etc. — une pensée, une réflexion 깁히 ᄉᆡᆼ각ᄒᆞ다, 낙히ᄉᆡᆼ각ᄒᆞ다, — en méditant ˚궁구ᄒᆞ다, ˚궁리ᄒᆞ다, — une cause, la rechercher exactement ˚최근ᄒᆞ다 (arrachez la racine).

Approprier

S.—

Approuver trouver bon 됴하다, — louer 기리다. — (autoritativement) un livre &c. un écrit 표뎡하다, 감쥰하다, 비쥰하다, 쥰허하다. — Au civil le mot employé est 허가하다

Approvisionner s'.— 쟝만하다, 쟉만하다, 미리쟝만하다, 져츅하다

S.— de riz 쌀빌니다, 빌녀두다, (빌니다, mettre en reserve).

Approximation 대개, 어림 = 하다 ou 잡다(아,은), 짐쟉 = 하다

Approximativement 대개, 가량

Appui pilier ou étai 벗텅이, 벗침기둥, 동발이 / — moral, refuge 의탁, 의지할데 ; — (milit.) point d'— 지탕뎌

Appuyer avec un étai 벗치다, 기대다 ; S.— 기대다 ; — avec la main 집다(허,흔), 붓잡다(아,은) (suivi) avec comme complément direct la chose sur laquelle on s'appuie. S.— au moral 의탁하다. S.— (sur qqun), compter sur lui 의지하다, 의탁하다 .. S.— sur un bâton 집힝이 집다(허,흔).

— (milit.) : — (une troupe) 됴졔합하다

Apre au goût 떫다(어,은), 털털하다. Chemin — 험한길, 험로 / — (réprimande, parole) 독하다, être — au gain 리만보다, 리만칭칙하다.

Après 후에, 다음에, 뒤의, 슈헤, souvent 만에 qui veut dire aussi pendant. Qui vient —, qui vient en second lieu 뒤근, 다음, en agg. 후, 차, 초, 지초

d'— voir selon.

Après demain 모레, 후명일

Après midi 오후

A propos

Apte 쓸만흔, 홀만흔. — à tell ou tell chose se rend par le verbe exprimant l'action à faire sous la forme 홀만흐다.

Aptitude 소납

Aquarium vase 어항; — bassin; 앵어못

Aquatique se rend par 물 (par 슈 avec les mots chinois), mis devant le nom de l'animal ou de la chose —.

Aqueduc 슈도

Aqueux 물만흔, 묽다 et 붉다 (어, 은), pour le riz (& choses semblables) v. aqueux 질다 (어, 진)

Aquilin nez — 미석 리코

Aquilon 북풍

Arabie

Arable

Arachide 낙화싱

Araignée 검의, grosse — 왕검의; toile d'— 검의줄

Aratoire instrument — 농긔, 농ㅅ긔계

Arbalète 도뢰궁.

Arbitrage *중지, *중재지판 = 하다
Arbitraire
Arbitrairement 임의대로, Inu mpi. 처분대로
Arbitre maitre souverain 주장, 주지
mot que les chrétiens emploient de préférence
pour Dieu. Souverain – 대주재, =, –
Juge 판단하는 사람. Tiers
arbitre *중지하는사
Libre arbitre 자주장

Arborigène *원거인
*본토지인

Arbre 나무, 남기, en agg. *목. Jeune
– (de l'année) 회목, vieil *고목, – fruitier *과목, 실과나무
– de couche *주축

Arbousier * 앵기수
son fruit, 앵기과

Arbrisseau
Arbuste
Arc 활. le tirer 활쏘다 (와,쏜)
Arcade *홍예, 횡예 Les mots qui veulent
dire Arc en ciel s'emploient pour les
– en plein cintre : 홍예석 porte en
plein cintre, 홍예문, pont de

Arc, arcade, en archi-
tecture *홍예. Construire
en arc 홍예틀다 (어,튼).

Arcage
Arc boutant étai 벗다리, 벗텅이.
– proprement dit 홍예돌기둥
Arc en Ciel 무지개, 홍예 (peu usité)
Archange *대천신 – les 8e choeur 천신지주
Arche – de pont : (en plein cintre) 홍예.
Pour les autres, on dit simplement 간. –
– Caisse 궤
Archéologie *고길학, *고고학

Archetype, *원본, *원보법, *원고.

Archer 활량
Archevêque 대쥬교
Archipel 군도
Architecte *건축공ㅅ, *건축ㅅ, *편슈 se disent autant l'entrepreneur de travaux que l'architect. De même *도편슈, quoique le mot se rapproche davantage du sens de —.

*조영학

Architecture 건축술, 건축학, *건축법
Archives officielles 스긔, — privées *분쳑, *문쳑 = actuellement *긔록. Bureau des — *긔록국. Lieu où on garde les — *긔록소, *문고
Archiviste 스긔직히ᄂᆞᆫ고직이.
Ardemment 근졀이
Ardent (désir) 근졀ᄒᆞ다, — (feu) 괄다 (아, 괄) *밍렬ᄒᆞ다, 이글이글ᄒᆞ다. Homme — (violent) 속ᄭᅡ ᄅᆞ다 (ᄲᆞᆯ나, ᄲᅡ른), ᄂᆞ요ᄉᆞ럽다 (러워, 운), *쳥화ᄒᆞ다, 급ᄒᆞ다; — (au travail) 부즈런ᄒᆞ다; — au jeu, au plaisir, v.g. un jeune homme 호협ᄒᆞ다. On les appelle 협긱

— de dévotion, d'amitié, de volonté *열심

Ardeur 열화 = 밍렬ᄒᆞ기 : 힘이 etc. — du soleil 히볏 s'exposer (exposé) à l'— du soleil 히볏쵀다, — à l'— d'un feu vif 불쇠이다. = — de la fièvre 열긔; — au plaisir 협긔; — de caractère (homme vif, alerte, hardi) *호긔 (d'où 호긔롭다 (로와, 운)), 예긔, 활발 = ᄒᆞ다

ardoise — Arquer
100/

= 열화ᄀᆞᆺ다 (하.는) semblable au feu se dit d'un homme violent.

Ardoise *청석, *반석 = 너화, 너화, 너화장 sont les ardoises préparées pour toiture. — à écrire *석반 ; — à encre *연석, 벼루

Ardu *험ᄒᆞ다. Chemin — *험로

Aréomètre *부칭

arête de poisson 가싀 (épine) ; — en géométrie *릉 ; — (en architecture) — de voûte

Argent métal *은 ; —, monnaie 돈, *전 ; — comptant *즉전, ᄆᆞᆺ돈. Lingot d'— *은까대

Argenter 은 올니다, *도은ᄒᆞ다.

Argenterie *은긔. Boutique d'— 은방

Argentine (République) *은국

Argile *뎜토, 진흙. Vase d'— *옹긔, 질그릇

argile 황토

Argument *론증 ; — ad hominem *되슈론법

Argumentation *의론, *립론, *변론, *론법

Argot (langage spécial, vg. des 부샹, & 탈슈 등) 변. Parler — 변쓰다

Aride 마ᄅᆞ다 (말나, 마ᄅᆞᆫ) (sec). Terrain — (sablonneux) 석비레 ᄯᅡᆼ (석비레 pierre qui s'effrite).

— publique *변론석

Aristocratie (gouvernement) *귀족졍치

Arithmétique *산학, *산술, *슈법, *산법

Armateur consignataire de bateau *션주

Armature

armée *진, *군. — de terre *륙군, — de mer *해군. Les deux *륙해군.

Armée *병긔, *군긔, *군물.
Armement *군긔; — d'un navire, agrès *션샹구즙물, *션샹즙물, *션쟝
Armer un homme *병긔 ou *군긔 =주다.
— une place
Armistice *휴젼
Armoire 쟝. — à habits 의쟝, 의거리
Armoise 쑥 En agg. *애 Feuille d. — *애엽. Décoction d. — *애탕
Armoiries *빌
Armure 갑옷 (cuirasse); 갑쥬
Aromate *향,
Aromatiser 향넛다 (너허, 흔)
Arôme 향내, 내., 향긔.
Aronde Assemblage en queue d'— 도갑
Arpent Les mesures agraires coréennes sont — ou plutôt étaient: le 되지기 (où l'on peut semer un 되 de riz), le 말지기 ou 마지기 = 10 되; le 셤지기 = 20 마지기 — Ailleurs on comptait plus souvent par journée de labour: 하로갈이, 이틀가리 .... Ailleurs encore on comptait les sillon (supposés de longueur déterminée) ex. cent sillons 빅일앙, 300 삼빅일앙
*척량 Arpentage *측량; — science *측량법.
Arpenter 지다 (여, 진), *측량하다
Arpenteur *측량긔수
Arquer 굽으러더지다. s'—, se courber

굽다(어, 은), 트다(러, 튼), 휘다(여, 휜), 굽어지다, 굽으러지다, 꼽으러지다. — Jambe arquée 곰채다리

Arrache-pied D'— 곳, 잡고. Travailler d'— 힘껏 하다.

Arracher ce qui est enfoncé ou planté 뽑다(어*아, 은), 쌕다(여, 쌘), 뒤다; — (une plante à racines – tubercule, navet) 캐다, — (une plante) jusqu'à la racine *치근하다, —, détacher avec effort 새다, (어, 샌), — (un secret, un aveu par adresse ou importunité) 귀다, 귀여 낫다(부러, 툰), 귀여 알다(아, 아른); = —, extorquer par violence 쌔다(서, 순), 쌔앗다(서, 순), *탈취하다, *역탈하다, *강탈하다, *강취하다.

Arrangement ordre, disposition *초례. — apprêts *예비 = 하다, *비령 = 하다, *구처 = 하다. = — après une dispute *소화 = 하다

Arranger, disposer, orner 숣이다, 추리다. Mettre en ordre 추리다, *준비하다, *구처하다 = *비령 = 하다, *안녕 = 하다 les deux se disent d'un arrangement officiel. A— bien le qqun, s'— bien ensemble 뜻이 서로 합하다. — bien qqun, faire son affaire 비위 맞추다. — *쥬션하다

Arrestation — Mandat d'— 비즈, 배지

Arrêt interruption

— de juge *대소, *결안, *판단

Arrêté (d'une autorité)

— de compte

Arrêter v. act. Retenir, saisir 잡다 (아,은), 붓잡다 (아,은), 붓들다 (어,든); — empêcher de faire 말니다; — amuser, empêcher de partir 멈추다 (어,춘), 머므루다 (믈너,므룬); — faire cesser v.g. une hémorragie, la diarrhée etc. 막다 (아,은), & si la chose dépend de la volonté 춤다 (아,은) v.g. — les larmes 우름춤다, — la colère 분을춤다. = — le débordement de la licence 봄쏠 풍쇽을 막다, *악습 금지하다

—, décider, régler, *뎡하다, *결단하다, *판단하다. C'est chose — 결단낫다. (Ce mot se dit aussi d'un malheur définitif, irréparable).

— v. n. & refl. — S'—, tarder 머믈다 (어,믄), 머므다 (러,믄), 머므루다 (믈너,믄 & 므룬), 머추다 (어,춘), 멈추다 (어,춘); S'— (en route, qques jours) 묵다 (어,은). S'—, cesser 긋치다, 그만두다 (어,둔), 말다 (아,말 & 마논); S'— cesser de marcher & fonctionner v.g. montre 죽다 (어,은); S'— de faire, cesser par satiété ou fatigue 되나다. Être — retenu par une affaire ou un obstacle, 걸니다, 걸니이다; Être —, accroché 것치다. C'est assez, arrêtez! 그만두어라.

144/

Arrhes *상신전, *약조전 = *도약금 employé aussi : & surtout pour la pénalité à payer "post factum" à celui qui l'exécute pas un contrat.

Arrière 뒤. En — 뒤에, 뒤로. Vent d' — 뒤바람, 꽁지 바람; tomber en — 자빠지다. Rester en — (traînard) 쳐러지다, 처지다.

avoir le vent — 바람지고가다. vent debout 바람안고가다

Arriéré — dette 묵은빗, 구채

Arrière boutique 뒤방

Arrière bouche

Arrière garde *후위, *후진

Arrière goût 뒷입맛

Arrière neveu arrière petit fils *증손, la génération suivante *현손; — fils du *증손; la génération suivante *중증손 = arrière-neveux : les descendants futurs *후손, *후손즈

Arrière pensée 속, 모욕 속

Arrière petit-fils *증손; arrière petite fille *증손녀

Arrière saison 느진 (늦다, 느저, 진 tardif) suivi du nom de la saison.

Arrière train de voiture

— d'animal *둔부

Arriver *림하다, 밋다 (처, 친), 오다 (와, 온), 밋처오다, 다닷다 (다러, 른) = 밋다 & sa corruption 밋치다 ont souvent le sens d'arriver à temps. — Dans le sens d'atteindre 밋다, 니르다 (르러, 른), ce dernier surtout dans les livres. Faire —, faire joindre 대히다, au neutre

*도챡하다 (n'est employé pour les trains de chemin de fer).

맛다 (다 하, 훈). —, se produire 되다. Qu'est-il arrivé? 무슨일이되엿느냐

Arrogamment avec orgueil 교만ᄒᆞ게, 교만히; avec irrévérence 거만히.

Arrogance *교만, *오만

Arrogant orgueilleux *교만ᄒᆞ다, *교샤ᄒᆞ다, = 제3딈 먹다 (어. 은) (empiéter) d'où 제경군; — irrespectueux *거만ᄒᆞ다.

Arroger s'— *범람ᄒᆞ다, 참남ᄒᆞ다, (참월ᄒᆞ다?)

Arrondi 둥글다 (러, 근), 둥글다 (어, 군), 동골다 (어 x아, 곤), 둥긋둥긋ᄒᆞ다, 동구스름ᄒᆞ다.

Arrondir 둥굴게ᄒᆞ다, 둥글니다, s'— 둥굴어지다.

Arrondissement

Arroser 물주다 (어, 준), 뿔색리다. — v.g. du tabac en soufflant de l'eau avec la bouche 뿔쎾다 (어, 은); — par irrigation, comme les rizières 물다히다, 물넛다 (너 허. 흔)

Arsenal *군긔고, *공챵, — d'artillerie *모병공챵 = 군긔고 est l'arsenal contenant les armes; 공챵 — au sens d'atelier de fabrication ou de réparation.

N.B. on dit 공창 pour les ateliers gouvernementaux et 공장 pour les ateliers privés

Arsénic *비상 on dit ordinairement 비상: — brut *생신셕, *ᄒᆡᆼ신셕; — de Chine, que l'on mange *당비샹, *당신셕

Arsénique acide — *비산 砒酸

acide arsénieux *아비산 亞砒酸

Art *법, *술, *술업, *예, *예술; Arts mécaniques *슈예; — libéraux *문예, beaux — *미술; — d'agrément *유예, *유기, *기예; — & métiers *미술기예. — de la médecine *의술; — mauvais (magie) *잡술, *사술.

Artère 피색, 피줄 qui peuvent se dire aussi des veines. — proprement dite *동맥 par oppo. à *정맥 (veine) — *발혈관

Artichaut *박엽치

Article de phrase, phrase entière ou même groupe de phrase *귀절, 마데, 마듸, 마듸 / *귀절 pouvant se dire // — comme division d'un livre; — d'un traité 여조; — de foi 신덕도리, — de la mort 림종시 = — grammatical *관사 — de journal *긔서 l. — de fond *론설 *졸조 — d'un livre, 됴목

Articulation 마듸, 마데, en agg. *절 désignent plutôt chacune des parties articulées. L'articulation serait 옹도리, *골절, *뼈구절 오금

Articulé

Articuler les mots, prononcer distinctement (말) 녹녹히 하다, 분명이 하다, 력력이 하다, 조세히 하다.

Artifice ruse, tromperie 꾀, 계교, 간사흔계교, 흐림, 흐림셔 Feu

fi— 낙화, 인화, 불노리.

Artificiel fait de main d'homme (opposé à naturel) 인조, 인공, 인위

Artificieusement 쇠외 잇게, 간사히

Artificieux 쇠외 만타 (하.흔) 간사ᄒᆞ다, 간교ᄒᆞ다

Artillerie *포병 v. canon.

Artilleur *포병 ; — à cheval *기마 포병. Pour l'artilleur, le canonnier individuellement, le pop. dit *포슈.

Artisan 쟁인. S'exprime aussi par la terminaison 쟁 ou 쟁이 ajouté au nom du métier ou plutôt de l'objet travaillé : 갓쟁이 — qui fait les chapeaux, chapelier.

Artiste *예술자. — peintre *화공, *화ᄉᆞ, *화가

Artistique

Ascendant parents v. ancêtres — — influence morale Avoir de l'ascendant (sur qqun) On tourne ordinairement la phrase en disant : (le qqun) écoute bien, suit bien, les paroles ou conseils 말 잘 듯다 (드러, 든). Pour traduire directement le français il y a *일기ᄒᆞ다 (être très nécessaire), et les expressions populaires 쉬다 (porter sous l'aisselle), 차다 (porter pendu à la ceinture qui se disent surtout d'un inférieur (ou employé) qui fait ce qu'il veut de son supérieur.

Ascenseur '승강긔
Ascension de N. S. '예슈승텬
Ascite '고창자;'슈긔자,'뇌셰자.
Ascétisme '계욕슈의지싱활 = 금욕쥬의
Aséité '즈립
Asie 아셰아
Asile '의지홀 뒤; — pour se réfugier '의탁
'피신홀 뒤; — pendant la guerre — '피란쳐
'피란 뒤, 피란곳. Donner — (à
qqun par compassion) 붓쏫다 (쳐,즌),
붓치다, 붓쳐주다. Trouver —
(chez qqun) (남의게) 붓치이다, 붓
쏫치다, 붓치여잇다.
Aspect 보기 (↓보다), '모양, '외양,
'외모, '형상
Asperge 빌이, 빌. L'orthographe = '룡슈최
serait peut être 별
Asperger 빌색리다
Aspérité
Aspersion
Asphalte '토력청, '력청.
Asphodèle '슈션 '슈션화
Asphyxiant
Asphyxie
Asphyxié être — 긔막히다 (긔막혀
죽다), '긔졀ᄒᆞ다
Aspic '복샤, '칠촌샤.
Aspirant aux grades littéraires, candi-
dat aux examens '과큰; —, dans un

— religieuse *슈녀지원자 ordre religieux *지원자 ; — de marine (de 1re classe) *히군쇼위, — (de 2e cl.) *히군쇼위후보싱, 히군쇼위후보자 = *후보싱 & *후보자 rendent l'idée française d'aspirant — à un grade.
Pompe —

Aspiration dans la respiration 흡, 들숨, — désir, tendance v. ce mot.

Aspirer l'air 드러쉬다 (여, 쉰) ; — à, désirer *탐호다, 죄다, 브라다 (라, 란), *도모호다, 욕심내다 & les différentes forme verbale 호려호다, 호고져호다, 호고져보다 etc.

Assa foetida *아위

Assaillant

Assaillir 달녀들다 (드러, 든)

Assainir

Assaisonnement de mets *간, *약념

Assaisonner 간넛타 (너허, 흔), 약념넛타, 간맛게호다

Assassin *살인, *강도, *살인강도.

Assassinat *살인. Il y a eu un — (à tel endroit) 살인낫다 (나다, 나, 난).

Assassiner *살인호다, 죽이다.

Assaut d'un fort. donner l'— *공격호다. Faire —, rivaliser 겨르다, 겨루다 (걸워, 운), 겨룸호다, — de politesse 서로 읍양호다

Assemblage 결합호기, 결합호것;

— les pièces et morceaux comme tout fait, qqfois le 보젼 : 부이, 조각부이. Habit qui n'est qu'un — de morceaux 조각부이 혼옷

Assemblée, réunion, troupe 떼, 꼿거지, 꼿거리, qqf. 각디 ; — société *회, — délibérante 회의

Assembler réunir soit les hommes soit les choses 모도다 (아, 돈), 모호다 (화, 혼) ; — les pièces d'un ouvrage de menuiserie 맛초다 (아, 촌) et pour certaines choses assez nombreuses : portes, cuirs, etc. 쌔다 (쌔, 쌘) — (tisser). — s. — 모히다 = 쐬다 (여, 쐰) se dit surtout des insectes, mouches, etc. — les hommes, les groupes *모집 호다.

Asséner

Assentiment *허락 = 호다

Asseoir s. — 앉다 (안자 ou 저, 준) — en ayant le corps droit 안저 서다 (서, 션) = *좌뎡 호다 est officiel et se dit d'un roi sur son trône, d'un juge qui siège. — Faire — 안치다.

Assermenté 밍세 호다

Assertion *발언, 확언.

Asservir v. act. 승복 ou *항복 = 밧다 (아, 은), qui se dit des ennemis vaincus qui se soumettent. Être — *항복 호다, s. — *순종 호다, être — dominé par ses inférieurs 고지듣다

(드러, 든), 과히 밋다 (에, 은), 밀 질 듯다 Ces mots veulent dire "croire". C'est le contexte et le ton qui donneront le sens. = S'— à sa passion 사욕에 항복하다, 사욕에 잠기다.

Asservissement

Assez 넉넉히 (넉넉하다), 족히 (족하다) —, largement assez 족히 ; — et pas trop. dans la juste mesure 알맛다 (맛자, 즌), 알맛게 et la formule verbale 할만콤 : Manger assez et pas trop 먹을만콤 먹다 ; — opposé à peu 죠곳 et 자곳 v.g. 자곳 잇다 il y en a assez, c.a.d. pas mal, beaucoup ; 자곳 만다 ils sont assez nombreux ; 자곳 오리다 il y a assez longtemps. = C'est —, assez ! 그만, 그만 두어라 (그만 cela seulement).

assez, dans le sens (très indéterminé) de ni trop, ni trop peu 웬만치, 웬만콤 (웬만하다). = dans le sens de très suffisamment 어지간히 (어지간하다).

Assidu 근하다, 근히하다, 부즈런하다. On n'emploierait pas ces mots pour une chose intermittente. Être — tous les jours à la Ste Messe 날마다 싸지지안코, 미사참례하다.

Assiduité

Assidument 쉿치지안게, 근히, 부즈런히 .. 싸지지안게

Assiéger une ville 에우다 (에워, 운), 둘너 에우다 (c.a.d. entourer).

*공원하다, *공경하다
*공위하다

112/

Assiette (vaisselle) 졉시
— d'une construction, d'une place forte 터 : — état d'esprit. Conserver toujours son esprit dans la même — 홍상 평화 ᄒᆞ다. : N'être pas dans son — ordinaire 마음이 요란ᄒᆞ다, 마음이 요동 ᄒᆞ다.
Assignation
Assigner en justice —
Celui qui assigne* 앙도인
Celui qui est assigné* 앙슈인
— déterminer la part, le lot, la tâche de chacun* 뎡ᄒᆞ다, 분뵈ᄒᆞ다, 네복ᄒᆞ야주다. plus spécialement pour les lots d'un partage* 분리ᄒᆞ다, & pour un travail 분뵈ᄒᆞ야식히다.
Assimilation (comparaison)* 생생 — des aliments* 동화. Faculté d'—* 동화력
Assimiler 굿게ᄒᆞ다; 굿게녁이다; 비ᄒᆞ다. =동화ᄒᆞ다 / =소화ᄒᆞ다
Assise d'une construction, rang de pierres* 층례, 계. Mettre par assises 계계히두다 (어,둔) ou 노타 (하,흔)
Assistance présence, participation à une cérémonie, à une réunion* 참례= ᄒᆞ다; — ensemble des personnes présentes 회중; — secours 바라지 & l'infinitif des verbes 도라보다, 구제ᄒᆞ다, &c.
— pour un travail
*조력
— des pauvres (— publique)* 빈민구죠; — (privée)* 활협. 활인ᄒᆞ다.
Celui qui donne — 활인
Assister en participant, v.g. à la Ste Messe, à un festin etc.* 참례ᄒᆞ다

Prêtre assistant (dans un office pontifical) = 시종학덕

— en simple spectateur 구경ᄒᆞ다 = 치둑다, 츠르다 & 츠둑다 (출워, 운) ses peu usités peuvent se dire dans les deux cas. = —, secourir 도라보다 (아, 본), 도아주다 (어, 준), 구졔ᄒᆞ다, 거드다 (러, 든), 거드러주다.

Association 회, — pour une entreprise d'argent 계, 계회 & — de méchants, de rebelles 당, 악당 ou simplement 몹쓸무리 = Entrer dans une — 입회ᄒᆞ다. s'en retirer 파회ᄒᆞ다, 파계ᄒᆞ다. = — d'idées 련상, 소상지련결

(× 고ᄂᆞᆫ 념련졀

Associé d'une confrérie, d'un club etc 회우, — de commerce 동ᄉᆞ

Associer s'—, entrer dans une association 입회ᄒᆞ다, 회에 들다 (어, 든), 계에 들다, — former une association 모호다 (화, 혼), 회를 일우다 (워, 운), 계를 모호다, 계를 일우다. — pour la révolte, le brigandage 형군작당ᄒᆞ다

Assoler

Assombrir

싀그럽다 (러워, 운)

Assommant pénible, ennuyeux 고롭다 (로와, 운), 귀찬타 (하, 혼), 셩가시다

Assommer ᄯᅡ려죽이다. Être — 마저죽다 (어, 운) (맛다 recevoir des coups) — par ordre du mandarin 쟝폐ᄒᆞ다.

Assommoir piège pour les animaux 덧,

— matrice 봉동이, 봉치
Assomption de la Ste Vierge '셩모봉소승텬, '셩모승텬
Assortiment
Assortir à un autre objet 맛게 ᄒᆞ다. — deux objets pour en faire une paire ᄒᆞᆫ 쌍 ou ᄒᆞᆫ 거리 ᄆᆡᆫ드다 (러,ᄅᆞᆫ). Être — 맛다 (마져,즌), ᄒᆞᆫ 쌍 되다, ᄒᆞᆫ 거리 되다. V. paire, couple.
Assoupir s'—, être assoupi 졸다 (아,존), 조으다 (러,은) souvent employé sous la forme 졸니다, 조읍니다; = 자불다 (어,운) (provinc.). = — au figuré 줄다 (어,준) diminuer. Les passions sont — par l'âge 나히 만ᄒᆞ면 욕심이 준다, ou 줄어진다.
Assoupissement
Assouplir 부드럽게 ᄒᆞ다, 유ᄒᆞ게ᄒᆞ다, 눅히다, 녹히다, 녹여주다. s'— 부드러워지다 (부드럽다,-러워,운 être souple), 유ᄒᆞ야지다, 녹다(어,은), 눅어지다.
Assourdir 귀 샹ᄒᆞ다
Assourdissant 징징ᄒᆞ다 bruit du tam tam, de cris confus.
Assouvir 슬컷 ..... ᄒᆞ다 (슬컷 donne l'idée de satiété). — sa faim 슬컷 먹다 (어,은), 배부르게 먹다; — sa colère '셜치ᄒᆞ다, '셜ᄒᆞᆫᄒᆞ다; — les passions ᄉᆞ욕을 ᄎᆡ오다 (와,온).

Assujettir fixer solidement — si c'est avec de lien 견고케 매다 (여,맨), 단단이 매다, — si c'est en clouant ou en enfonçant, 단단이 박다 (아,은). = — un ennemi: 황복; 항복 ou 승복 = 밧다 (아,온) s. — 황복 호다, 승복 호다; = aggun qu'on devrait dominer. Se dit ironiquement "bien obéir" 순명 잘 호다.

Assujettissant

Assujettissement On dit d'une fonction qui demande beaucoup d' — 불츄 호다, 일졍 불츄 호다, 불츄 호야 쉴슈 업다, 놀 ㅅ이 업다, 겨를 업다

Assumer une responsabilité 담당 호다

Assurance — sang froid 담; — certitude V. ce mot. — Sommeil. — V. assurer = contre tel ou tel risque 보험; — incendie 화재 보험, — maritime — 히샹 보험; — sur la vie 싱명 보험. Compagnie d' — 보험 회사; Montant de l' — 보험 가; taux de l' — 보험 료; 보험 셰 Agent d'une Cie d'assurance 보험 영업 자, 보험 계약 자; Police d' — 보험 계약, 보험 증서. = L'assuré 보험 자

Assurer affirmer 일뎡 호다, 일뎡 그러타 호다, 일뎡 노타 Cette dernière forme bizarre est employée là où le mot 일뎡 a presque la valeur d'un serment.

— (contre tel risque) 보험 호다 (V. Assurance)

— fixer solidement 단단ᄒᆞ게ᄒᆞ다, — se rendre sûr 의심 풀다 (어,풀), "회복ᄒᆞ다; s. — de la personne tenir rigoureusement en prison "엄슈ᄒᆞ다, 옥에 ᄭᅡᆨ가 두다 (어,둔)
Astérie "희연 / 산호해방
Asthme "히소 = ᄒᆞ다, 천ᄇᆡᆨ. Asthmatique 천ᄇᆡᆨ쟁
Astérisque "성뎜, "성표.
Astre 별, 성 ne comprennent ni le soleil ni la lune. Tous les — "일월성신 (soleil, lune, étoile)
Astreindre V. contraindre, s. — à s'obliger à 담당ᄒᆞ다, 본직삼다 (아,은) "작칙삼다
Astringent drogue — "슈렴졔, "슈렴지, — contractant ᄭᅵᆺᄇᆡᆨ는 goût — 셟다 (어,은).
Astrologie "성학, "졈성학
Astrologue "성학가, "성학ᄉᆞ
Astronomie "텬문, "텬문학, de même 성학
Astronome "텬문학자
Astuce 소괴, 계교, 간사ᄒᆞᆫ이
Astucieux "간사ᄒᆞ다, 꾀ᄆᆞᆫ타 (하,은)
Astucieusement 간사ᄒᆞ게
Atavisme "격세유젼, "간혈유젼
Atelier 일간, ᄃᆡᆨ = "공쟝. = — public (du gouvernement) "공창
Atelle bois à brûler 장작
Atermoyer 밀우다 (우어,운), 밀외다.
Athée "무신자, 무신론자

Athéisme *무신론, 무신설
Athlete 장사; *력사; = *강병.
Atlantique Océan – *대서양
Atlas *지도책
Atmosphère 공중, 공기 Pression atmosphérique, *기압
Atôme 티끌, 석끌 = *분자, *미진, 원조 *원자
Atomique poids – *원조량
Atomisme *원조론, 원조설
Atour 고은옷, *금의
Atrabilaire
Atre 아궁이, 부억의 아궁이, 고굴
Atroce 몹쓸, *흉하다, *독하다, 모질다 (~~지러관~~)(져러, 진) 아모질다
Atrocement 몹시, 흉하게, 독히
Atrocité 모질기, 흉하기 etc.
Atrophier
Attabler 1° – 생박다 (아, 은) Pour "recevoir la table" et non, se mettre à table. Rigoureusement ce dernier se dirait 상에 안사다 (안저, 즌).
Attachant 법시 잇다, 져미 잇다, 조미 잇다, 조미롭다 (로와, 운). Enfant – 귀인 성스럽다.
Attache des habits 옷고름; – du chapeau 갓끈; – des animaux 바 v. corde, lien. J'ai de l' – ou de l'attachement pour cela 내 마음이 거긔 붓헛다 (붓다 être collé) – un lien de 마음 on dit souvent 간 forie. Homme qui a de l' – à ses idées 고집 한다

Attaché lié 매이다, (pas de 매다(여, 맨); — avec des clous 박은 (박다, 아); — avec de la colle 붓다 (허, 흘); — d'affection v. attache. = Mon sort est attaché au vôtre 내 싱슈가 네싱슈에 달녓다 (달니다 être suspendu) = Au lieu de 싱슈 vie ou mort, on peut mettre 목숨 respiration, 싱명 vie, etc. = Être — par les liens du sang 혼골육 되다, ou 일다, 친쳑 되다 (친 parents du même nom, 쳑 parents de nom différent, d'où 친쳑 toute la parenté); tenir les yeux — sur.. 이윽히 보다 (regarder longuement). En termes populaires 뚤러지게 ou 뚤러지도록 보다 (percer du regard); 젼나도록, 닳나도록 보다 (regarder à s'en user). Être — à ses devoirs 본분에 굿다 (어, 은) (solide, ferme). Être — à la droite raison 의리에 굿세다, 의리에 강명 호다; Être — au gain 리만 보다 (아, 본), 리만 싱각 호다; Être — à ses idées 고집 호다, 굿세다; — Être — (à tel particulier) 아모 편 되다, ...편에 붓치이다 ou 붓치여 잇다. Il sert — à moi, je ne puis m'en débarasser 내게 붓쳣신즉 on 붓헛신즉, ou 붓헛신즉 쎌슈가 업다. = — au service de 매인 사룸.

— suspendu 달니다

빨그럼이 보다, regarder fixement.

= — militaire (d'ambassade) *공ᄉᆞ관부륙군무관 ; — naval (id.) *공ᄉᆞ관부해군무관

Attacher en liant 미다 & 매다 (여, 맨), 빗다 (빗겨, 즌), 동히다, 빗그러매다; — pour un animal, un paquet 얽다 (어 & 아, 은), 얽어매다. V. lier; — avec des clous 박다 (아, 은); — avec de la colle 붓치다. = S'— uniquement à son devoir 제본분밧게아모것도모로다. La nature nous attache dès la naissance à nos parents 나면서브터 부모를 향ᄒᆞᄂᆞᆫ거시 본셩일다. — son affection — son coeur (ou son foie) ᄆᆞᄋᆞᆷ을 붓치다, 간붓치다. S'— à quelqu'un, chercher auprès de lui aide ou protection — ou refuge 붓치이다, 붓치여 잇다, 붓쏫치다. De celui qui donne aide on dit 붓쏫다 (쏫처, 즌), 붓치다, 붓처주다. S'—, appliquer ses forces, son esprit à ᄆᆞᄋᆞᆷ 쓰다 (써, 쓴), 힘쓰다, *용심ᄒᆞ다. S'— à l'étude des lettres 글에 용심ᄒᆞ다. = S'—, (comme une plante grimpante) 얽히다, 감기다

Attaque militaire *공격. Troupe d'— *공격대; Point d'— *공격목뎍

Attaquer *겁졉ᄒᆞ다, 건더리다, 건더르다 (더러, 른) précédé de 몬져 pour indiquer que l'on commence 션손거다 ou 걸다 (거러, 건), 션실기도하다; = 달녀들다 (여, 든); — à la guerre *공격하다, *공견하다. = —(animaux) se jeter sur sa proie 달녀들다.

Atteindre arriver à 밋다 (밋처, 친), 도닷다 (다러, 다른), — de la main pouvoir toucher un objet éloigné 닿히다, 밋처다히다, 손되다 (여, 된). — en parlant de l'eau ou autre chose qui arrive à une hauteur donnée 치이다. — qque chose, le prendre, le cueillir 슬어내다, 드러내다.

atteindre au but 득달한다

Atteler à une voiture 수레메우다, (메워, 운) — au joug 멍에메우다.

Attenant

Attendant en — 그사이에, 그동안에

Attendre 기다리다 (려, 린). Attends un peu 조곰기다려라, 조곰참아라, 조곰잇다가... Vous vous faites bien attendre 웨그리더되나냐 (더되다, 여, 된 retarder, lambiner, être en retard). — avec impatience, anxiété *고대하다. — de jour en jour 날마다기다리다, 오늘될가내일될가기다리다. s'— à, espérer 바라다 (라, 란). = à quoi on ne s'attendait pas 뜻밧긔 lorsqu'on s'y attendait le moins 홀연이, 뜻밧게, 의외에 v. soudainement.

Attendri devenu tendre 불니다 passif de rendre 무르다 (불니, 무른) qu'on peut aussi employer. — touché de compassion *감동하다

act. au sens moral 감동케하다

Attendrir au sens physique 불니다. s'— 불니가다, 불니지다, — au moral, émouvoir 감동케하다. Se laisser —, s'— *감동하다.

Attendrissant 불생하다

Attendrissement

Attendu que ... 인하야. En egard à — 의로하여곰 (de la livre). En conversation se rend par la forme verbale indiquant la cause 하니까, 한즉, 한고로, etc.

Attendu (d'un jugement).

Attentat

Salle d'attente *대합소 *대합실

Attente Etre dans l'— 기다리다, 부라다 (라, 랄), *힝망하다. Ces deux derniers se disent surtout — mais pas uniquement — de l'attente d'évènements heureux. Il — que la reine 망하기만 부라다, 망홀새나 부라고잇다. Selon l'— 뜻되로; Contre l'— 뜻밧게, 의외에

Attenter dans le sens d'essayer se rend par la formule verbale 하려하다, 홀나하다, etc. = — à l'autorité du roi *역적하다, 역적질하다, — à la vie (de qqun) 죽이러 ᄒᆞ다. — à l'honneur d'une femme 겁탈ᄒᆞ려 ᄒᆞ다; et si l'effet suivit 겁탈ᄒᆞ다.

Attentif qui prête attention
— sur ses gardes ᄉᆞᄉᆞ럽다 (러워, 운), 삼가다 (가, 간).

Attention "용심, "조심, "조심 =ᄒᆞ다
Chose qui attire l'— (qui a un signe) "유표ᄒᆞ다. Regarder avec — ᄉᆞᆯ펴 보다. Faire bien —; prendre garde "조심ᄒᆞ다, "조심ᄒᆞ다, 삼가다 (가, 간).

Faire — à qqun, avoir pour lui de la considération 알아주다.

Attentivement 조셰히, 조심ᄒᆞ야, 셰밀히 ("셰밀ᄒᆞ다 très menu).

Atténuer v. act. Diminuer une dette, une punition "감ᄒᆞ다. Le verbe actif ne peut avoir comme sujet qu'un être intelligent. Autrement il faut changer la tournure de la phrase et l'employer au neutre car il veut dire aussi être moindre, être atténué.
Voici une autre tournure: Il l'a fait dans l'ivresse, cela atténue sa faute 술김에 ᄒᆞ엿시니 죄가 덜ᄒᆞ다.

Atterrer v. act.
Être — "실ᄉᆡᆨᄒᆞ다, "락심ᄒᆞ다, "경황ᄒᆞ다

Atterrir barque 대다 (히, 흔). La faire — 대히다; — passager "상륙ᄒᆞ다

Atterrissement alluvion "복ᄉᆞ

Attestation

Attester

Attiédir 1. — 식다 (어,은). 식어지다 = 랭ᄒᆞ야지다. Le dernier ne se dit qu'au moral.

Attirail

Attirer 잡아 당긔다 (여,긘), 잡아 ᄃᆞ리다, 잇그다 (러,은), ᄃᆞᆼ긔다 (그어,그은) 당긔다 = *유인ᄒᆞ다 se dit au moral et surtout en mal. L'aimant — le fer 지남셕이 쇠를 ᄃᆞ린다. — On s'attire un malheur 화를 ᄌᆞ쳥ᄒᆞ다, 화를 ᄌᆞ하내다, 화를 스ᄉᆞ로 부르다 (불너, 부른). Il s'est — par sa faute 제 ᄌᆞ하로 되엿다, 제 ᄯᅩᆺᄉᆞ로 되엿다, *ᄌᆞ작지얼일다. (V. croc en jambe.). — les regards (par sa beauté) 눈에 들다 (어,든) (entrer dans les yeux). — l'attention de tout le monde ᄉᆞ방에 일홈나다. — qqun à son sentiment 합의ᄒᆞ게ᄒᆞ다, 감동케ᄒᆞ다, 감화케ᄒᆞ다; — à son parti 제편으로 당긔다. Un malheur en — un autre *설상가상일다 (gelée sur la neige). Le péché — la colère de Dieu 죄가 텬쥬의 의로ᄅᆞᆯ 부른다.

S'—, dans le sens ci dessus ᄌᆞ쳥ᄒᆞ다, ᄌᆞ하내다 ne se dit que de malheur, de la honte etc. S'— l'estime 인심을 얻다 (어,은), 득인심ᄒᆞ다 = de tout le monde 칭찬 아니ᄒᆞᄂᆞᆫ이 업다.

Attiser le feu 불ᄉᆞ릐우다 (워, 운), 불살오다 (살와, 온); — avec un soufflet 풀무질ᄒᆞ다. — la colère 분노를 격ᄒᆞ다.

Attisoir

Attitré

Attitude 모양; 거동

Attouchement 만지기, 만짐이, 손대기 etc. v. Toucher.

Attraction au sens physique 인력. La loi de l. — 인력법. — capillaire 세관인력; — moléculaire 분ᄌᆞ인력 — action d'intéresser, d'amuser 재미롭다

Attrait — de la chose 맛, 재미, 자미 — subjectif, goût pour 욕심, 정 — La patrie a plus d'attrait que les autres pays 본고향이 다른 ᄃᆡ보다 낫다

Attraper tromper 속이다. être — 속다 (아, 은); — saisir, prendre 잡다 (아, 은), 붓잡다, 붓들다 (드러, 든) — Attraper froid 촉랭ᄒᆞ다

Attrayant 재미롭다 (로와, 온).

Attribuer donner 주다; — donner en distribuant 난화주다, 분ᄇᆡᄒᆞ다, 분배ᄒᆞ야주다. s. — prendre 가지다. s. — le mérite des autres 남의 공을 제공으로 삼다 (아, 은).

Attribut emblème 긔호; — en gram. & logique 픔ᄉᆞ, 속ᄉᆞ

Attribution

Attristant, Attrister v. affliger.

Attrition *하득통회
Attroupement *집합
Attrouper 모호다 (화, 호) s'- 모호다, 모히다.
Aubaine
Aube de prêtre *박쟝의 & mieng *쟝박의 — du jour 새벽, 밝새.
Aubépine 아가외 나모.
Auberge 술막, 술집, 쥬막 — où on loge à cheval 마방 (en fr: l'écurie).

au sens d'hôtellerie *직쥬 = *려관, 려각 *려숙, *려숙관.

Aubergine 가지.
Aubergiste 술막 쥬인 si c'est une femme *쥬모.
Aubier *박변, *박목질, *박목질
Aucun avec négation 호나도 ... 아니
Aucunement avec une négation 소통 (dito).
Audace 담, 대담, *담긔
Audacieux 겁 업다, 담 만타 (하, 흔) = 긔탄업다 Ce dernier ne s'emploie guère qu'en mauvaise part, dans le sens d'effronté. = 간크다 (커, 큰) (grand foie)

대담하다

Audacieusement 꾸룹써, 겁 업시, 긔탄 업시
Au Delà d'une montagne 넘어; — d'une rivière 건너; — Je ne sais rien — 그 밧긔 모로다.
Au Dessous 밋희, 아래 v. dessous
Etc — de sa tâche, de son emploi 본분에 or 직분에 부족호다.

Au dessus V. dessus.

Audience de l'Empereur qui donne — on dit 알견 =ᄒᆞᄃᆞ. De celui qui y est admis 폐현 =ᄒᆞᄃᆞ; — de haut personnage 면알, — en général 면회. — le tribunal 법뎡, 공뎡. = tenir — s'occuper les affaires 공ᄉᆞ보다 qui ne se dit que des affaires publiques; — ᄉᆞ무보다 qui se dit par ex. des affaires d'une Cie commerciale (& aussi des affaires publiques). *x* 뵈알 =ᄒᆞᄃᆞ Salle d. — (un particulier, salon de réception) *응접실

Auditeur *쳥문자.

Auditoire *쳥중

Auge 구유, 통

Augmentation — de prix *증가

Augmenter 더ᄒᆞ다 (act. & n.); 더으다 (더어, 은) (act), — 보태다 (act); — 낫잡다 (아, 은) act; — dans le sens d'élargir, à l'act. 늘이다, 느르다 & 늘우다 (늘워, 운), pass. 늘히다. — neutre 느다, (러, 는), 연혁ᄒᆞ다.

Augure signe *젼됴 = Bon — 길샹, 길셔, 길됴 mauvais — 흉됴 (propos.). Sentence de l'augure *졈ᄉᆞ

Augurer (magie) 졈, 괘ᄒᆞ다, 졈복ᄒᆞ다; = 미리알다; 알아채다

Auguste *지존ᄒᆞ다, 지존지귀ᄒᆞ다, 지극히놉다 (하, 흔) = En coréen 귀 aurait ce sens, mais on le prodigue par politesse à tout ce qui touche la personne à qui l'on parle.

Aujourd'hui 오늘, 오늘날, 금일

Aumône *외금, *시사 = 하다. — spirituelle *신외금, — corporelle *형외금. Donner en — 외금으로주다. Demander l'— 빌다(어, 빈). Vivre d'— 빌어먹다(어, 은).

Aune arbre 오리나무, *적양, — blanc 산오리나무, — du Japon 물오리나무.

Auparavant 미리, 몬저, 전에, 그전에.

Au plus tôt, au plus vite 어서, 쉬, 밧비 etc. V. vite.

Auprès 갓가히 (갓갑다, 가와, 온 être proche), 녑헤 (녑 côté), 겻히 (겻 côté), — d'ici 예갓가히, 예근처에 (근처 lieu voisin)

Auréole *어광, *광명.

Auriculaire doigt — 샛기손가락

Témoin —

Aurifère

Auscultation *텽진법. l'instrument employé (stéthoscope) *텽홍그

En fait, on dit ordinairement 진찰, examen.

Aurore *새벽, 밝새 d'où l'expression 밝새도록 jusqu'à l'aurore, c.a.d. toute la nuit. A l'— 새벽에, 닭울새에 (au chant du coq).

aurore boréale *극광

Aussi 도. Moi — 나도 Toi et moi — 나도너도, —, de plus, en outre 또, 그외에; — de cette façon 그리 : Itur aussi agé que vous l'êtes 나희 그리 ᄯᅡᆫ코 .... — marquant le comparatif 그리, 그ᄯᅡᆫ치, 그와 ᄀᆞᆺ치 c.à.d. de cette façon; autant que cela; comme cela. Mais, le génie de la langue coréenne demande souvent que l'on modifie un peu la tournure de phrase française où aussi est employé comme comparatif. Voici qques exemples: Personne n'est aussi misérable que lui 그ᄯᅡᆫ치 불샹ᄒᆞᆯ 사ᄅᆞᆷ 업다 & mieux 뎌 불샹ᄒᆞᆫ 사ᄅᆞᆷ 업다 : il n'y a pas plus malheureux = Il est aussi laid que méchant 보기도 도찬고 ᄆᆞ음도 도찬다 — 안밧긔 다 흉ᄒᆞ다 (le dehors le dedans tout mauvais; 모양과 ᄀᆞᆺ치 ᄆᆞ음이도 흉ᄒᆞ다.

Aussi signifiant la cause se rend par les différentes formes <u>causatives</u> du verbe. Il ne fait rien, aussi il meurt de faim 아모것도 아니ᄒᆞ는ᄃᆡ 굶는다, 놀기만 ᄒᆞ니까 굶는다. Allez vous en: aussi bien vous n'avez rien à faire ici 너는 여긔 쓸ᄃᆡ 업스니 나가거라, — 너 여긔 요긴치 아니ᄒᆞᆫ즉 나가거라 — 너 여긔 요긴치 안타 가거라. Il s'en est allé: aussi bien il n'avait rien à faire 일ᄒᆞᆯ것 업서서 나갓다, 일ᄒᆞᆯ 것 업기에 나갓다.

Je le ferai aussi bien que vous (ou que lui) 나도 ᄒᆞ겟다, - 나도 ᄒᆞᆯ만ᄒᆞ다. - Aussi longtemps que se rend par ᄉᆞ이에, ᄉᆞ이에, 동안에 joints comme terminaison au participe verbal - futur, présent ou passé suivant le sens: ᄒᆞᆯ, ᄒᆞᄂᆞᆫ, ᄒᆞᆫ. Aussi longtemps que vous aimerez le péché, Dieu ne vous le pardonnera pas 죄를 사랑ᄒᆞᆯ ᄉᆞ이에, 사랑ᄒᆞᆯ 동안에, 사랑ᄒᆞᄂᆞᆫ 동안에, 사랑ᄒᆞᄂᆞᆫ ᄉᆞ이에 ... 텬쥬 용서아니ᄒᆞ시겟다. On peut aussi tourner par: Si vous aimez .... 죄를 사랑ᄒᆞ면 텬쥬ᄭᅴ셔 용서 아니ᄒᆞ시겟다. Gardez ce livre aussi longtemps que vous en aurez besoin pour le lire 이 ᄎᆡᆨ을 볼ᄭᆞ지 ou 볼ᄭᆞᆫᄒᆞ게 두어라.

Aussi longtemps suivi d'un verbe négatif se tourne par avant que ... jusqu'à ce que en mettant le verbe au positif. Aussi longtemps que vous n'aurez pas payé vos dettes, vous ne pourrez pas rétablir la concorde 빗갑기젼에 ou 빗갑도록 화목ᄒᆞᆯ수업다.

Aussitôt 즉시, 곳 v. Tôt.

— que. On tourne "aussitôt après". Je vous enverrai ce livre — que je l'aurai lu ᄎᆡᆨ 본 후에 즉시 보내겟다. Souvent "après" se sous-entend: — qu'il eut entendu cela, il est parti 그

ᄲᆞᆯ 놋고 ᄉᆞᆺ 서 낫다. La forme conditionnelle — parfois renforcée de ᄒᆞᆫ번 (une fois) ou ᄲᅮᆫ (seulement) est souvent employée : Aussitôt que je le saurai, je vous le ferai savoir 알거든 ou 알기ᄲᅮᆫ ᄒᆞ거든 즉시 긔별ᄒᆞ마.

Austère 엄ᄒᆞ다. Mener une vie — 몸을 엄히 닥다 (아, 은), *슈졀ᄒᆞ다, *극고ᄒᆞ다.

Austérité 엄ᄒᆞ기, 엄ᄒᆞᆷ이. Les — de la pénitence *극긔.

Austral 남편에 잇는. En agg. *남

Australie 오대리아, *대양쥬, *호쥬.

Autant, de même que, autant que ᄀᆞᆺ치. Je m'en réjouis autant que vous 너와 ᄀᆞᆺ치 나도 즐거워ᄒᆞᆫ다. — toutes les fois qu'il se peut se rend par le verbe ᄀᆞᆺ다 (하, ᄒᆞᆫ) être semblable. Voici qques autres formes employées. Cela vaut tout autant ᄭᅡ치, 일반, ᄭᅡ치 일반, ᄭᅡ치 ᄒᆞᆫ가지, ᄀᆞᆺ다 ; 20 fois — 스무 ᄇᆡ 갑 ?c — que cela 이ᄭᅡ치, 그와 ᄀᆞᆺ치. Je suis — que vous 네나 내나 ᄀᆞᆺ다, 너나 나나 ᄀᆞᆺ다. — que l'on peut 힘ᄃᆡ로, 호슈 잇ᄂᆞᆫ ᄃᆡ로, 힘ᄭᆞ지. Il a autant de richesses que de puissance 재물도 ᄆᆞᆫ코 힘도 ᄆᆞᆫ타. Il en aura — qu'il en voudra 엇고 시븐ᄃᆡ로 ou 원ᄃᆡ로 엇겟다.

— qu'il y en a 잇ᄂᆞᆫ되로. Ita — d'amis que vous d'ennemis 그친구수가 내원수의 수가 ᄀᆞᆺ다 C'est la traduction littérale. On dira plutôt 그친구가 만코 ᄂᆡ 원수 만타. — d'hommes — de sentiments 각사ᄅᆞᆷ 각성픔, 십인십ᄉᆡᆨ =

— avec le verbe valoir exprimé ou sous entendu v.g. Autant ne pas lire que lire sans comprendre 뜻 모ᄅᆞ고 ᄎᆡᆨ보면 = 아니보기와 ᄀᆞᆺ다, … 아니보기에셔 나흘것 업다, … 아니보기와 다ᄅᆞᆷ 업다, … 아니보기와 일반, … 보나 안보나 ᄀᆞᆺ다.

Malgré sa ruine, il est orgueilleux autant que jamais 망ᄒᆞ엿시나 교만은 그저 잇다. Ita — d'esprit qu'on puisse en avoir 져조더ᄒᆞᆯ슈 업다. — que possible ᄒᆞᆯ슈잇ᄂᆞᆫ되로 C'est fait, ou — vaut ᄒᆞᆫ줄노 아라라. C'est toujours autant de fait 그것만이라도 …. C'est toujours — de peine d'épargnée 그만이라도 힘 덜 들겟다. — de fois que vous ferez cela ᄒᆞᆯ때마다.

Ce cheval en a — qu'il peut porter 이 ᄆᆞᆯ이 실을만큼 실엇다.

D. — que, parceque v. ce mot. — D. — plus — V. plus.

*졔단 Autel *졔ᄃᆡ, table d. — *졔ᄃᆡ상;

Auteur — Autrepart

132

Devant d' — *제대압 ; de l'antipendium *휘쟝 ; nappe d' — *제대포 ; Canon d' — *경패. Pierre d' —, pierre sacrée *성석

Auteur principe, premier cause 근원. — d'une race *시조, — d'un livre 칙 지은사룸, *저술자, 저술훈사룸, *편즙인 *, 편즙자 ; — d'une entre-prise 창개훈사룸, 시작훈사룸 — les deux derniers, surtout compilateur.

진실하다 Authentique 춤되다, 바롤니(발너 바른), *정확, *진정, *진본. — authenticité *정확, *진정. = authenticité ou non authenticité 진위

Autocrate *독지군쥬. — au fig., tyran 압제가

Autographe 손슈쓴, *친필, *조필서

Autocopiste *등셔반

autobiographie *조젼

Automate 절노 유작이는 ; en agg. *조동

Automatisme *조동, — psychologique 무식 조동

Automobile voiture *조동차, *조동거

Automne 가을. En agg 츄. Vent d' — *츄풍 ; Récoltes d' — *츄슈

Autonomie *조치, *조쥬권.

Autopsie *히부

Autorisation *권, *허락 — permission 관면 ←——→ 허가, 인가

Autoriser *허락ᄒᆞ다, 권을주다, 권을 붓치다 — permettre par exception *관면ᄒᆞ다

Autorité *권, *권병, *권세, 힘 crédibilité 미쁨이

~~Autobiographie 조젼~~

Autour subst. oiseau

Autour adv. 두루

Autre 다른, 다롤다 (달나, 다른)

Qui —, autrui 남. Devenir un — homme

Aut

새사롭되다. L'un vaut l'–. (C'est bonnet blanc et blanc bonnet) 슈지오지 죠흥 : c'est corbeau mâle ou corbeau femelle. 그놈이그놈이오 그놈이그놈이라, 그놈이그놈이다. L'un l'–, mutuellement 서로, 피ᄎᆞ, 피ᄎᆞ서로, – en agg. *샹; – Ainsi : *샹ᄆᆡᆫ나다 se voir mutuellement, se rencontrer l'un l'–. 샹관업다, 서로샹관업다 n'avoir pas à s'occuper l'un de l'autre.

L'un ou l'– 둘 즁에ᄒᆞ나 en ajoutant 나 à la désignation de chaque individu ou de chaque chose : Pierre ou Paul, l'un ou l'autre 베드로나 바로나 둘즁에ᄒᆞ나. L'un et l'– 둘다. Ni l'un ni l'autre 이것도 말고 뎌것도 말고; 둘다 말고; 이것도 슬코 뎌것도 슬타. L'un après l'–, à la file ᄒᆞ나식, 니어 (닛다, 니어, 니은 se succéder), 각각.

A la place d'un – 남 대신으로. – Le –, le reste 남은, 그남아

Ne faire – chose que dormir 자기 ᄲᅮᆫᄒᆞ다.

<u>Autrefois</u> 젼에, 녯, 녯젹에, 이젼에, 그젼에, 이왕, 이왕에.

<u>Autrement</u> 달니, 다ᄅᆞ게, 샌법되로, 다ᄅᆞᆫ법되로; – alioquin 그러치아니ᄒᆞ면

<u>Autrepart</u> ᄯᅡᆫ되에, 다ᄅᆞᆫ되에; – D'un

134/

un autre moment 딴 때에, 다른 때에, 후에.

Autriche 오대리국, 오디리, '오국

Autruche '타됴

Autrui 남

Auvent 가가, 가리, 가리집. Ce sont les — ou abris des marchands sur la place. — appuyé à une maison 날개집

Etablir un — 날개 내다.

Auxiliaire magg. 보조, 帮助

Armée — '보조군, Corps — '보조대
Gendarme — '보조원
Evêque — '보조주교
Verbe — '조동사

Aval '하류

Avalanche 사태, 눈사태

Avaler 삼키다, 삼켜다, 넘기다

Avance du toit 쳐마, toit détaché 차양; — prise en chemin 볼쳐간길; d'—, à l'— 미리, 볼쳐, 지레

— milit. marche en avant '전진 =하다

Avancé en âge 나희 만타 (하.흔), Le travail est — 일이 벌서 만히 되엿다. (Enfant) — (Jeune homme) — (qui se croit apte à faire comme un homme mûr) 잿갑스럽다 (러워,온) Etre trop — pour reculer 나아니홀수 업다 (et mieux 업시되다); 각박 홀 수업다 (각박하다 se désister); 죽뢴 재세 avec le verbe 일다 (죽뢴지세 être lancé sur une pente raide).

—, grand pour son âge '숙성하다.

Avancer marcher en avant 나아가다, 나아오다, 앞흐로가다. Très souvent

on dit simplement 가다, 오다. — en âge 나히만하지다. La saison — 시절는저간다 (늣다, 느려, 즌). — la mort (mourir vite) 지레죽다; — la mort d'un autre 지레죽이다. = — faire des progrès 청호다, 청호야가다, 나아가다.

Avanie 욕, 횡악질, 공연혼욕

Avant subst. 압 (히), — prép. (position) 압헤, (temps) 보져, 미전져, 전에, — profondément 깁히, 깁게; — loin 멀니. Marcher en — 압헤 or 압헤져가다. En —! (commandement militaire) 압흐로.

On dit même 압셔다 (셔, 션): se tenir — ou marcher — en avant.

— tout 보져, 먼보져 si c'est au sens littéral. — que de rien faire 무엇호기전에) = — tout dans le sens de surtout 부디. Bien — dans la nuit 아우늣게, 깁흔밤에 - Aller plus — (en s'éloignant) 더멀니가다; (en descendant) 더깁히가다 id. si on creuse 더깁히파다. Les choses sont allées si avant qu'ils sont complètement brouillés (se tournent le dos) 일이엇더케되엿는지 셔로도라안졋다, ou ... 쳐로등졋다.

Avantage 유익, 리익, 리, 효험, 쓸디, 됴흔것 – Tirer avantage de 쓰다 (써, 쓴). Parler à l'— de quelqu'un, en parler en bien 증찬한다. Parler

à son propre avantage – se vanter soi même 자랑ᄒᆞ다.
Avantager
Avantageux '유익ᄒᆞ다, 리롭다 (로와, 운) : – & commode 편리ᄒᆞ다
Avant-bras 팔ᄉᆞ다시
Avant coureur
Avant-Dernier 쇼리 둘지, 뒤로 둘지, & pour les choses superposées 끗둘지
Avant-garde '션진, '젼진, '션졍, '젼두, '션봉
Avant-goût
Avant hier 그져씌
Avant-postes milit. '젼쇼
Avant propos '서
Avant-toit s'il fait corps avec le toit 쳠아; sinon 차양
Avant veille 그그젼날
Avare '인쉭ᄒᆞ다, '닌ᄒᆞ다, '갈닌ᄒᆞ다, 앗기다, 곰바란ᄒᆞ다 & 숢바르다 (발나, 바른), 근쳔스럽다 (러워, 운)
– substantif 쏩쏩쟁이
간린 Avarice '갈닌; 인쉭
Avarie '손상 . – en mer 회손 (회손)
Avarier s'– '변ᄒᆞ다, '상ᄒᆞ다
Avec ᄒᆞᆫ가지로, 더부러, 더브러, –ᄒᆞ고; 세리 . ᄒᆞᆫ가지로 demand ordinairement la conjonction "et" 와 ou 과 : – moi 나와 ᄒᆞᆫ가지로; – lui 그사ᄅᆞᆷ과 ᄒᆞᆫ가지로; = 더부러 & 더브러 (de 더불다 -부러, 불 ac-

compagnon) regissent l'instrumental : — moi 날노더부러. 시러 dans le sens d'avec ne s'emploie que pour "avec plusieurs" et fréquemment par — ex 그사룸들시러 돈니지마라. Il correspond en français plutôt à "entre" qu'à "avec". Entre nous 우리들시러.

— devant le nom de la chose dont on se sert se rend par l'instrumental. 칼노 avec un couteau, 돌노 avec des pierres. — — tout cela, c. à d. quoi qu'il en soit 거러나, 그랴도, 엇더 흐던지 &c.

Avec, au sens de y compris 셔쳐 (de 셔다, 셔, 션) : donner 100원 d'une bicyclette avec les accessoires 즁횡거 부쇽을셔쳐 빅원으로싸다.

Aveindre 그러내다, 드러내다.

Avelinier 개암, 개금 = 나무

Avenant 어지다 (져, 진), 어질다 (지러, 진), 후덕ᄒᆞ다, 얌젼ᄒᆞ다. A l'— 되는대로. Dans le sens de pareil : et tout le reste à l'— 남은것도그모양, 그대로.

Avènement au trône 등극, 즉위ᄒᆞ다

Avenir 훗일, 뒤일, 압일 — but où l'on tend 긔루. A l'— 이압헤, 이압희, 압흐로, 이뒤에, 이후에 - Noter qu'on emploie parfois 뒤일 pour désigner les choses passées.

Avent le temps qui précède Noël 쳠례시 Premier Dimanche de l'— 쳠례쳣쥬일

Aventure

Rencontrer une — 일ᄆᆡᆺ나다, 일나다, 별것

빗나다, 별것 당하다
Roman d'—
Se faire dire la bonne — 복술하다, '문복하다 La dire = par l'inspection du visage 상보다, '관상하다; — en se servant de petits bâtonnets 뎜치다
Dans ce cas le sorcier se dit 뎜쟝이
Si d'— 혹시 = d'l.—

Aventuré

Aventurer

Aventurier en mauvaise part 잡놈, 잡될놈, 난봉, 부회비, 부회자비, 잭난군

Aventureux qui aime les aventures, les dangers 겁 업다. — dangereux '위태하다

Avenue

Avéré '결단하다, '일뎡하다, '확실하다

Avers face d'une monnaie, d'un feuillet '전면

Averse 쇼나기

A verse 붓는다시

Aversion 뮈온 모음, 미워한 모음, Avoir '혐의 = 하다 de l'— 뮈워하다, 슬희여하다. Qui inspire l'— 밉다 (뮈워, 온 or 운) '역증, '염증,

Averti Un homme — en vaut deux

Avertir 알게하다, 날녀주다; 긔별하다 — faire connaître 통지하다
— un inférieur 알외다 (여, 윈) = — réprimander '경계하다, 훈계하다, — sous main '밀통하다, de la roi 밀계하다 (밀계 dépêche secrète).

= – Réclame 광고

Avertissement annonce 긔별; — conseil, réprimande 경계, 훈계; — d'un livre 셔 V. avis.

Aveu V. avouer.

Aveugle 쇼경, 눈먼사룸, (d. 머다, 러, 먼 toujours dit des yeux & qui veut dire aussi voir peu, voir mal) – Devenir — 쇼경되다, 눈머러지다, 눈머다 소경질다. = — faisant le métier de sorcier 판슈, — qui a les yeux clairs 청명과이

a l. —, (n'importe comment) 아보리쇼경

Aveuglé

Aveuglement sans retenue 긔탄업시, – sans souci de rien ni du danger 부즙쓰. –(au sens littéral) 쇼경처럼.

Aveugler au sens littéral 눈멀니다 – en bandant les yeux ou autrement 눈막다, 눈가리우다, — (une ouverture) 막다

Avide 탐만다 (하,혼), 게걸스럽다. — de 탐하다, en agg. 탐

Aviation 비행술

Avidement

Ecouter 청홰호야듯다, boire — (물 ou 술) 켜다 (켜, 켠); manger — 버럭버럭먹다, 더럭더럭먹다, 어귀어귀먹다.

Avidité 탐, 욕심

Avili 낫다 (나져,존); 쳔호다, 비쳔호다

Avilir 나초다 (아,촌), d. — 쳔호야지다,

140/

– D° par manque de tenue ou de conduite 신체를상하다 (아,은), 쳔혼노릇 하다.

Avilissant

Avilissement

Aviné

Aviron *노

Avis nouvelle donnée *긔별 =하다. — D'un décès *통부, *부고 =보내다 *통부하다, — pensée, sentiment 뜻, 보오, les — différents 각사름 각뵈 온, *십인십색. Donner son —, dire son sentiment 졔의향대로 ou 졔소견대로 말하다 *의향 et *소견 voulant dire — surtout dans le sens de jugement, le dessein. := —, monition, réprimande *훈계, *징계

Donner — (de) *통지하다, *호긔하다, 알니다 Avis écrit *통지셔 D° (ou public) *고시

Avisé prévenu, au courant de ... 알다 (아,은), savoir; — adroit, ingénieux 지각잇다. 직재잇다, 의수잇다, *지수하다, 똑똑하다, 약다 (어,은), *민첩하다, *총명하다, 슬겁다 (거워,온), 슬긔롭다 (로와,온).

Aviser Donner avis *통지하다, *통긔하다, 알니다 =– prendre tel ou tel moyen dans une occurrence donnée *변통하다. l. — de (Reconnaître connaître) 알다 – l. — de, trouver 내다 l. — d'une ruse 계교를내다.

Aviver l. feu 불리우다, 불니러키다,

Avocat *변호자, *변호사, *변호=하다

Avoine 귀리, 귀유리, 구유리, 귀이리, *구맥.

Avoir subst. contraire de Doit (dans les comptes) *입. Inscrire à l. — 입잡다

— verbe, dans le sens de posséder 잇다

par d'équivalents adéquats en Coréen. Le mot qui s'en rapproche le plus serait peut-être 가지다, prendre, porter, avoir sur soi, avoir avec soi. Et de fait on l'emploie assez souvent là où le français porte le mot avoir. Il y a d'autres mots plus ou moins proches: 얻다 (어, 은) obtenir, 잡다 (아, 은) saisir et autres que l'usage seul peut faire connaître. Mais presque toujours, on tourne par le verbe "être". J'ai un cheval 내게 말 잇다 ou s'il n'y a pas d'équivoque possible 말 ᄒᆞ나 잇다. Qqf. même on sous-entend le sujet du verbe être. Quelqu'un qui a un peu de bien 잇ᄂᆞᆫ 사ᄅᆞᆷ pour 돈 ou 재물 잇ᄂᆞᆫ 사ᄅᆞᆷ. Un homme qui n'a rien 업ᄂᆞᆫ 사ᄅᆞᆷ.

Voici qques tournures usuelles: Je n'ai que faire de cela (cela m'est inutile) 내게 쓸ᄃᆡ 업다, 내게 요긴치 안타 (cela ne me regarde pas) 내게 상관 업다, 알 ᄇᆞᆯ 것 업다. A qui en avez-vous 누구를 보고 그리ᄒᆞᄂᆞ냐. Il y a deux ans qu'il est mort 죽은지가 두ᄒᆡ 되엿다. Avoir de quoi, être riche 형셰ᄒᆞ다. — faim, soif, peur etc. V. ces mots.

— telle ou telle qualité, tel ou tel défaut se rend par un verbe neutre

112/

qualificatif spécial pour chaque cas : ex : Avoir des manières polies, agréables 얌전 하다, 싹으럽하다. A défaut d'un verbe de ce genre, on fait suivre de 잇다 le nom de la qualité ou du défaut. Un homme qui a de l'esprit 재간 잇는 사름. D'autre fois on emploiera le verbe 부리다, surtout avec les noms de défauts. Ce mot dit plus que 잇다. Ainsi 교부리다 veut dire non seulement avoir de l'orgueil, mais en montrer (dans la circonstance dont on parle).

Il y en a se rend par 잇다, il n'y en a pas par 업다.

Avoisiner 갓갑다 (가와, 가온)

Avorté Fruit —, ridé, vg. une noix 빈탕 se dit aussi des hommes qui n'ont que l'extérieur.

Avortement 낙태, 상태

Avorter 지이다 (지혀), 낙태하다, 상태하다, — entreprise 잘못되다, 틀니다, 실슈하다, 실슈되다. 랑패되다 expression proverbiale. Le 랑 et le 패 sont deux animaux fabuleux n'ayant chacun de membres que sur un côté du corps. Réunis ils peuvent voler et marcher. Si un accident les sépare, ils ne sont plus bons à rien.

Faire — (un foetus) 낙틱 식히다. — Faire avorter une affaire 랑패 식히다, 막히다, 잘못되게 하다. = En parlant de fruits ou graines qui avortent, on dit 깨죽다 (어, 은)

Avorton, mal né 바삭이, 울둑이, 복쳘이, 깨죽은 사름 (tous termes populaires). — de graines 죽졍이. V. rabougri, chétif.

Avouable

Avouer 고하다, 직초하다, 직고하다, 조복하다. S'— vaincu 항복하다, 승복하다, souvent 빌다 (어, 빌, demander s.e. grâce); — par surprise ce qu'on devait ou voulait cacher 토셜하다 (vomir une parole)

Axe 곧드람, — d'une roue 굴통, — techniq. 시축, — de révolution 회젼축, — optique 광학축

Cheville servant d'— 사복

Axiome proverbe 속담, — dans les sciences, proposition évidente par elle-même 공리, 원리

Axonge 되야지기름

Azalée 진달뇌, 두견화 (fleur au coucou), 영산홍 — g^{de} espèce 왜텰쭉

철쭉꽃

Azote 질소

Azotique 초산

acide —

Azotate 초산염, — de.... 초산....

Azimuth ˣ방위, ˣ방위각.
Azur 푸른빗
Azyme 누룩업ᄂᆞᆫ (떡, 빈떡).

Babil. Babillage 짓거리ᄂᆞᆫ소리
Babillard 말 만타 (하, 흔)
Babiller 짓거리다, comme les oiseaux qui piaillent 짹자거리다, — tout bas 속살속살 ᄒᆞ다, 속살거리다, 줏골줏골 ᄒᆞ다
Babine
Babiole 허탄ᄒᆞᆫ = (일, 것, 물건 etc.), 쇼쇼ᄒᆞ다; 대수롭지 안타 (대수롭다 important) — objet 노리리
Babord ᄇᆡ 왼 깃, — avant ᄇᆡ 앞, — arrière ᄇᆡᆺ뒤
Bac 거로, 배, — plat pour les chevaux 너벅, 너벅션 — l'endroit du fleuve où il y a un bac 나로. D'où pour le bac on dit 나로배.
Baccalauréat Pas d'équivalent exact.

Les anciens grades littéraires coréens étaient 초시 qu'on traduisait (peu à peu près) bachelier, 진사 licencié, 급제 docteur. Pour le docteur on disait aussi 대과 (grand grade). Le candidat aux grades 과유권. Passer les examens 과거 보다. Des titres pareils existaient pour les grades militaires : on les faisait précéder de 호반 : 호반초시, 호반진사, 호반급제. De plus il y avait pour les simples archers un grade dont le titulaire était dit 선달.

Maintenant il n'y a guère que l'examen de fin d'études différent pour chaque stade & pour chaque branche de l'instruction, & dit 졸업. On dit 졸업 맛다 (터 or 타, 든) pour passer avec succès cet examen & recevoir son titre. Le titre même se dit 졸업장, 졸업증서 (Diplôme) — le gradué 졸업생, la cérémonie de collation du grade 졸업식

Bacchanale 굿

Bâche

Bacille 세균, 미균

Bâcler

Bactérie 세균, 미균

Bactériologie 세균학, 미균학

Badaud 구경군. A Séoul on appelle 시골뚝이 les — ou plutôt les nigauds de province.

146

Badauder 구경ᄒᆞ다, 구경ᄃᆞ니다, = 기웃기웃보다 ; 넘셩넘셩보다

Badigeon 칠

Badigeonner 칠ᄒᆞ다

Badin

Badine 회초리, 회츄리

Badinage, Badinerie *긔롱, *회롱

Badiner *긔롱=ᄒᆞ다, *희롱ᄒᆞ다.

Bafouer *하시ᄒᆞ다, *팔시ᄒᆞ다, (comme traiter avec mépris), 뇌꼴ᄒᆞ다 se moquer.

Bâfrer 버력버력먹다 (어, 은), 어긔어긔먹다, 쳐든질ᄒᆞ다, 쳐먹다

Bagage 짐, Bagage de voyage *행구 – de chemin de fer les – à main sont dits = le bagage [illegible]

*수하물 ; *수하물 Plier – 짐거늣다, 짐싸다, = 세간싸다 ou 거늣다 s'il s'agit d'un déménagement ; 세간 étant le mobilier.

Bagatelle 쇼쇼ᄒᆞᆫ것, 쇼쇼ᄒᆞᆫ물건.
Une pareille – 그곳치것

Bagne 증역

Bague 가락지, 반지, *지환

Baguette 막대, 막대이 = 작대이 qui se dit aussi des batons de porteurs de 짐게 = 왼대이. = – pour corriger les enfants 매채, 종아리채 ; = – de tambour 북방망이 북채 ; – de fusil *삭장

Bahut – ᄅᆞᆼ 두지.

Baie crique, petit golfe *포, *항
— fruit de certains arbres 열리.
Baigner un autre 목욕 감기다. Se —
*목욕 하다, 목욕 감다, 감다(아.은), = province. 멱 감다. = — seulement le torse
목물 하다

1에 멱 감다

Baignoire *목욕통
Bail *좌다계약 (pour la terre).
Baillement 합흠

시지개 en le baillement accompagné d' "étirement" s'étirer en baillant: 시지개 켜다

Bailler 합흠 하다; —, s'ouvrir 떡나다
Baillon 함우, 함오, 함의
Baillonner 함우를 물니다, 함우를 입에 노타 (하.흔). Être — 함우를 물다 (어.믄)
Bain Action de se baigner 목욕, 멱.
— lieu où l'on se baigne 목욕터. — Maison de bain chaud 탕가, 탕집 / — salle de —
목실. Bain de siége 뒤물=하다. —
thermaux *온정 = 하다 (*온정 chaude eaux thermales).

— ou plutôt douche sur le dos 목물.
Bain chaud *탕.
Four coréen à bain de vapeur — ou plutôt à bain de sueur *한증
la maison 한증막

Baïonnette *총검.
Baiser 친구 하다. 입 맞초다 (아.촌).
Baisser v. act. 누리우다 (워.운) (ou plutôt mettre, déposer à bas ou plus bas) —
누리다, 낫초다 & 나초다 (아.촌), 나치우다. — la tête 고리 숙이다. Tête baissée (sans souci du danger) 무릅서,
— les yeux 눈을 누리 쓰다 (드러,른);
— la voix 목소리 근게 하지 못 하다, 구만히 말 하다 = 말 낫초다 voudrait

dire : employer la formule moins honorifique. – Les eaux baissent (inondation, fleuve) 불빠지다, id. (marée) 불혀다. Le jour – 어두어지다. Un malade – 흩흩긔핍되다 (긔핍 perte de forces) – 망앵되다 (망앵 maladie mortelle). Une maison, un homme puissant – (perdre son crédit, sa puissance, sa fortune) 망하야가다. Les forces d'un malade, d'un vieillard – 보솔하다. L'esprit – 보솔하다, 정신흐려가다.

– v. n. 나려지다, 나리우다, 나리우다.

Baladin 광대

Balafre 헙, 헙진것, 흔적

Balai 뷔; – de plumes de faisan 쟝복뷔 Plante à – 담싸리

Balance 저울, 총; – chinoise 당총, – japonaise 왜총. Les balances usitées en Corée sont toutes des romaines. Le fléau est dit 저울새, le plateau 저울판, le curseur 저울추, la graduation 저울눈.

Balancer, faire aller et venir une chose suspendue 흔들다 et 흔드다 (드러, 든) Se – 흔들니다. Se – sur une planche (jeu des jeunes filles coréennes) 널쒸다 (여, 쒼); – avec une escarpolette 그늬쒸다, 츄천 = 하다. Se –, – le corps en marchant, en étudiant

쓰덕이다, 쓰덕쓰덕하다. —, hésiter 방쳐리다, — à croire, hésiter à croire *호의하다 ; — un compte, établir la balance 닌쳐 생고하다, — comme les arbres au vent 이리뒤척 뎌리뒤척 하다.

Balancier d'une horloge *츄

Balançoire 그늬, 츄쳔

Balayer 쓸다 (어, 쓴), 비로 쓸다, 뷔질 하다, 쓰레질하다.

Balayure 쓰레, 쓰럭이, 쓰레북덕이, 담싹이, 탑삭이. Plateau pour la recueillir 쓰레 박기, 쓰레판

Balbutier

Balcon 누새루

Baldaquin *쟝, *뎐붕, — qui couvre le cercueil dans les enterrements *앙쟝. le mot se dit aussi d'un ciel de lit, de la partie supérieure d'une moustiquaire

Baleine 고래 . Fanons de — 경슈

Balise , — sur un écueil *쵸됴

Balise *홍초

Baliste *노포

Balivernes 잔소리, 잔말 = 하다

Ballast de navire —

Ballast de chemin empierré, de ligne de chemin de fer 작알

Balle — de fusil 텰알, 대텰, 텰알, *텰환, — de riz ou autres graines 겨 et non séparé des débris de paille 거울, 겨불, — ou ballon pour jouer *공, 긔구 = *공긔구 se dit des — creuses.

— de marchandise V. Ballot.
Ballon aérostat 긔쳔, 풍륜거, 풍거, 경긔구 / — de jeu 공, 긔구, 공긔구
Ballonner
Ballot 뭉텅이, 꿍치, 수럭이
Ballotter 흔들니다, 흔들흔들ᄒᆞ다.
Balourdise 미련ᄒᆞᆫ것 (ou 말), 효런 말
Balsamine 봉션화
Balustrade 난간
Bambin 아기, 어린ᄋᆞᄒᆡ, 어린것, 어린놈
Bambou 대, 죽 Plantation de — 대밧 — 대 désigne surtout le — coupé. Pour le — sur pied on dit mieux 대나무
Ban
Banal / — à l'usage de la communauté 공 (en agg.).
Banane 어듥, 감쵸
Bananier 파초
Banc siège 교의, / — de sable 톨
Bancal avec les pieds en dehors 곰채다리
— en dedans
Bandage de toile etc. 오리. 오락이
Bande troupe 셰, 무리, 당, 패. — d'étoffe 오리, 오락이. — de pour entourer les pieds en guise de chaussettes 감발, 발싸기
Bandeau / — de tête (serre tête) en crin 망건 / de en toile, — de deuil 포망

Bandelette 고름

Bander lier avec une bande 싸매다. — les yeux 눈을가리우다(워,온); — un arc (y mettre la corde) 활얹다, (le tirer fortement) 활당기다 (여,긴). le — l'esprit (par l'inquiétude) 노심하다, 심너하다, 노심초사하다.

Banderole 긔

Bandit 강도, 화적, 도적, 불한, 불한당

Bandoulière Porter en —

Banni être — 귀향가다, 뎡비ᄂ비소하다

Bannière 긔

Bannir 귀향보내다, 뎡비하다

Bannissement 귀향, 뎡비

Banlieue 끈밖. dans la — 성밖긔, 본밖긔.

Banque Vieux système. Faire la — (prêter de l'argent) 월수하다, 일수하다, 빗주다, 빗노히하다, 최급하다; (faire le change d'une place sur l'autre) 환전하다. = Nouveau système: — 은힝; — nationale 국립은힝. Maison, bureau de — 은힝소. Chèque sur une — 은힝표, 은표; — Billet de — (papier monnaie) 지전, 지표.

Banqueroute Faire —

거뢴하다 파산하다, 츌판하다, 판나다, 판둘다, 빗치다 tout cela veut dire être

ruiné & n'a pas en soi le sens de "manquer à ses engagements" qu'implique le français banqueroute. Le mot *산불 = 나다 s'en rapprocherait davantage; mais il se dit non du banqueroutier, mais de ses créanciers ou plutôt de leurs créances qui deviennent "irrécouvrables".
— (ou ruiné) complet *패가망신하다. = Populairement on dit d'un homme qui fait — 저녁 두번 먹다: souper 2 fois (avant de s'enfuir la nuit). comme on dirait en français: "Mettre la clef sous la porte".

Banqueroutier

Banquet 잔치, *연, *연향 — officiel *연회 . Salle de — *연회실; 연석실 — 연석

Banquier vieux système *채쥬, *견쥬; — nouveau système *은행쥬인

Banquise 어름판

Baptême *셩세 . Le recevoir *령세하다 — privé, ondoiement *셰, *대셰 . Pour le — les protestants disent *셰례 — par immersion *침례 — de désir *화셰; — de sang *혈셰 . = nom de — *본명, 령셰본명

Baptiser 셰주다, 셰붓치다 . Être — *령셰하다, *슈셰하다.

Baptistère *셩셰소, *셩셰당

Baptiste Dans le sens de baptiseur 셰자, *부셰자 St-Jean — 요안셰자; dans le sens de partisan du baptême par immersion (secte protestante) *침례교인

Baquet 통

Barayoin

Baragouiner par ignorance 말 엇트록게 하다, — par mauvaise prononciation 어눌하다 parce qu'on parle trop vite 말볼마하오 어눌하다.

Baraque de marchand 가가, 가리, autre 막

Baraquement de soldats 참사 … 군막

Baratte

Baratter

Barbare étranger 오랑캐, 되놈; — non civilisé 야만, 야인 (peuple, homme du désert). 독살스럽다 (러워, 온); — cruel 독하다, 모질다 (어, 진), 사오납다 (나와, 온)

Barbarement 사오납게, 독히, 독하게, 모질게, 몹시

Barbarie 만풍, coutume sauvage

Barbouis 날근지번피

Barbe 염, 슈염, 나룻, 나롯; — de fine (favoris) 구레나룻, — Dépi 슈염

Barbier 리발장이. la boutique 리발소

Barbifier 슈염 갂다 (아, 은), 슈염 밀다.

Barbon 낫된노인, 못생긴노인

Barboter 헤집다 (어, 은) — 수쉬다 qui a surtout le sens de farfouiller dans un trou.

Barbouillage

Barbouiller 칠하다. — Dicenore 떡칠하다.

Barbu 슈염 만다 (하, 흔), 슈염장이 - popul. 텁석색이, si la barbe est hérissée 털북숭이

쓰 말불다 pousser devant soi sa parole.

* 이격
* 야만

Blé sans barbe (ou plutôt a barbe très courte) 중밀: blé bonze.

Barguigner

Bardane ˊ우방

Baril 장군, 통

Barillet

Barioler 오색칠하다, 오색으로 삭이다.
Être — 아롱아롱하다

Baromètre ˊ기츰 (balance pour l'atmosphère). C'est le vrai nom. Mais à cause de l'usage du — dans la prévision du temps, on le dénomme aussi — et plus souvent ˊ풍우표 K ˊ풍우침 s'il est à cadran.

Baron ˊ남작. Baronne ˊ남작부인

Barrage de rivière 보. Faire un — 보를막다(아,은), 보 막히다.

Barque. 배, ˊ선
v. Bateau

Barre 봉둥이, 몽뎅이, — de fer 쇠봉둥이; — de gouvernail 창나무; — pour fermer une porte 빗장; — dans une rivière, un détroit 목.

Barreau d'un grillage 살. Fenêtre à — 살창.

Barrer une porte, la fermer à la barre 빗장지르다(질너, 지른), 빗장 설다(어,설), — un écrit, l'effacer 흐리우다, — la vue 가리우다. Un objet qui — la vue en face de soi s'dit 관혁 박이 (관혁 etc).

Barricade ˊ치책, ˊ거책

Barricader une porte 문을 벗희다(여, 흰), 문 벗희다.

Barrette

Barrière porte à claire voie 사리문, 살문 = haie 울타리

Barrique 장군, 통

Bas adj. peu élevé 낫다 (나저, 즌), 놋다 (노
즈, 즌), — peu profond 엿다 (허, 흔), l'eau
est — 물 엿다. D'une maison — on dit
aussi 집 엿다; — vil, abject 쳔ᄒᆞ다, 비
쳔ᄒᆞ다, 상, 상스럽다 (러워, 온). Une
action — 쳔ᄒᆞᆫ 노룻. Un terme —, grossier 상말, 상소리. Avoir de — sentiments de soi-même 주긔를 쳔ᄒᆞ게 녁
이다: De — extraction 지톄 업다,
가문 낫다 (나즈, 즌) = 가문 나즌 집 ᄉ사룸.
De — qualité 상. Etre à — prix 싸
다, 헐ᄒᆞ다. — — prix, bon marché 헐가
≡ —, subst. — le —, la partie inférieure 밋, 아래, en agg. 하. Au — de
la montagne 산아래, 산 밋헤. Bons
en — 빈 아래. Le village d'en — 아래
동니. Le bas de la province (la partie
la plus éloignée de la capitale) 하도.
Le — de l'eau (marée basse) 감, 그유.
≡ —, adverbe Ici —, c.à.d. dans ce
monde 이 세상에. Là — à portée de
la vue 뎌긔, sinon 거긔. Parler —, à
voix basse 가만히 말ᄒᆞ다, 수군수군 말
ᄒᆞ다. Le malade est bien — 병자가
거의 죽게 되엿다. Tracer de haut en
— 나리긋다 (그어, 그은). Jeter — (un
fardeau, des habits) 벗다 (벗어, 벗슨),
벗어 ᄇᆞ리다, jeter — un adversaire
(력슈를) 나려 드리다, 넘허터리다, 넘희

156

치다. Descendre à — de son cheval 하마하다, 발ᄂᆞ리다, 말긔ᄂᆞ리다.

Basane

Basane 글다 (어, 근)

Basalte 용화셕

Bascule pour peser.

Jouer à la — 널뛰다. Le jeu 널뛰여

Basculer

Bas chausses 보션; — double 겹보션, — ouatés 솜보션 — européen 양보션, parfois 양말 구두보션. Mettre ses — 보션 신다 (어은, indic. prés. 신는다) les tirer 보션벗다 (벗서, 슨), 보션 벗다. On dit même souvent 발 벗다 spécialement quand on se déchausse pour passer un ruisseau.

Base 밋동, 밋자리, — d'un pilier 쥬츄, 바탕 — pierre qui sert de — aux colonnes de maison 쥬츄돌, 지츄돌, — fondement moral 근본, 근원, — partie inférieure v. Bas.

— en géométrie 뎌 rarement employé seul; en géom. plane 뎌션 (ligne de base); en géom. dans l'espace 뎌면 (plan ou face de —) = — en chimie 염긔, — d'opération (milit.) 칙원, 작젼근거 — trigonométrique 긔션

Base

Bas-fond 놀 얏흔 ᄃᆡ, — de sable 돌, 여울 ou 여흘 désignent un endroit où l'eau est basse et le courant rapide.

Basilic, serpent
- plante 시향화初

Basilique 셩뎐 ; — majeure 대셩뎐 ; — mineure 쇼셩뎐
Basque d'habit 옷자락, 옷즈락
Bas-relief 양각 indique le sculpture en relief par opposition à 음각, sculptures en creux. - Fait en bas relief 도도러지게 삭인
Basse en musique
Bas - cour
Bassement 쳔히, 쳔ᄒᆞ게, 비쳔ᄒᆞ게. Flatter — 아당ᄒᆞ다, 아쳠ᄒᆞ다
Bassesse action basse 쳔ᄒᆞᆫ 노릇 ; — de condition, d'état 쳔ᄒᆞ기, 비쳔ᄒᆞᆷ이.
Bassin le cuivre à bords verticaux 방물 ; de plus petit 반병두리 ; — à bords horizontals 대야 ; — de terre cuite 질대야, 질박이, 옹박이 ; — de bois 함지, 함지박 ; — à écrivure pour nettoyer le riz 니함박 = — pièce d'eau 못, 웅덩이 = — de balance 저울판
Bassiner une plaie 씻다 (씻어, 씨슨).
Bassinet de fusil à pierre ou à mèche 총귀 d'où la poudre fine qu'on y met se dit 귀약, et le bassinet (par extension de phrase) 귀약통. La lumière percée entre le — et le canon 귀약불.
Bassinoire
Bastingage 난간
Bastion
Bastonnade 매질, 빈질 La donner 빈질ᄒᆞ다.

— sur les mollets 종아리 *치다, 달초 ᄒᆞ다, — sur le devant des jambes 정강 = 치다; — sur les fesses 볼기치다
Une volée (30 coups) 한 치; un coup 한 리
Recevoir la — 맛다 (마저 ㄴ자, 즌), 매 맛다.

Bas-ventre 아랫배 - la partie inférieure du — 두덩. Pour les hommes (vivi) on dit plus souvent 불두덩, et presque partout 불부덩, ce qui est une faute

Bât 질마, 길마, 기르마 Le mettre 질마 얹다 (져, 즌), 질마 지우다 (워, 운).

Bataille 싸홈; — rangée 모봉 = ᄒᆞ다, *졉젼 = ᄒᆞ다. Champ de — *젼쟝, 젼댱

Batailler 싸호다 (화, 훈), — de parole 시비ᄒᆞ다, 다토다 (토와, 툰), 입시름ᄒᆞ다

Bataillon troupe 군대, — comme unité de troupes *대디. Dire 대디쟝 chef de bataillon, 대디부관 adjudant major de bataillon. Le grade de commandant se dit *소좌

Bâtard fils de concubine reconnue 셔즈 en agg. *셔. — fils de fille (ni mariée ni concubine reconnue) 오리즈식

Batardeau 보

Bateau 비, en agg. *션, — de commerce 샹션, — de guerre 병션, — 군함 = *함 pareil réservé aux bateaux de guerre à voiles 풍션, 돗법 션, — à vapeur 륜션, 화륜션 — à hélice 암륜션, — à roues 기룡륜션; — sous marin

*잡슈졍 ; — école (de guerre) *련습함, — (de commerce) *련습션 ; — de sauvetage *구조션. Pour les différentes catégories de bateaux de guerre, V. ~~[illegible]~~ Vaisseau.

Batelet 거로

Bateleur 광대

Batelier 수공, 비사공

Bâter 질마 얹다 (져, 즌), 질마 지우다 (워, 운)

Batifoler 희롱하다.

Bâtiment

*건츅하다

Bâtir 짓다 (지어, 지은) — sur le sable (fig.). 헛짓 씻다 (어, 은) — Homme mal — 못 삼기다, 못 되다, = 박삭이.

Bâtisse

—, comme genre européen *지화장 (bâton civilisé).

Bâton pour s'appuyer 지팡이, 집(힝)이 s'y appuyer 집다 (허, 흔) ; — morceau de bois rond et long 막대, 막닥이 ; — de portefaix 작닥이, 촉작닥이 ; — pour battre, verges 매채, plus gros 매대쟝, — plus gros, planche à voleurs *곤쟝, 저노곤 ; — triangulaire pour frapper le devant des jambes *삼모쟝. Un coup 한 도 ou 한 대. Une volée (30 coups) 한 치. Frapper du — 매로 치다, 매질하다. En être frappé 매를 맞다 (마져, 즌). = Mettre des — dans les roues (empêcher une affaire d'aller

Celui qui en met 방방이군

bien) 방방이 드다 (러, 든) de 방방이

est le battoir rond qui sert à polir le linge.
Bâtonnet pour manger 져, 져가락, — pour se torcher 뒤나무, 칠목, — pour jouer (jeu rappelant le dé, & le jeu de l'oie) 늇. Y jouer 늇노다 (러ㄹ다, 논).
Battage les céréals 마당질, 타작 - le faire ... =하다, — à la pipe sur un billot, une pierre 태질=하다. le billot 리생, la pierre 태돌
Battant de cloche 방울혹쇠, 종혹쇠, 종방울, — la porte 샥. Porte à deux — 두쌱닌, à un — 호쌱닌
Batterie rixe 극다. se battre 극다 하다. Bruit pour batterie 극다 징쟁. = — de cuisine 부엌 세간 = — électrique 뎐긔 통, — galvanique 뎐 지 = *축뎐지 — d'artillerie (unité) 포병 중대, — de réunion de pièces placées 포대, — flottante 부포대 ; — de navire 포좌.
Battoir de blé, de riz etc 마당질군, 타작군.
Battoir pour battre le linge qu'on lave 방치; la pierre 방치돌; — pour lustrer le linge 방망이. Battre le linge pour le lustrer 다듬다, 다듬이 질하다. La pierre sur laquelle on le bat 다듬이돌. La planche d° 다듬이판
Batteuse Machine à battre
Battre 치다, 다리다, 두드리다, (극다하다 — qqun) ; = les céréals V. Battage. — qqun beaucoup, — tant & plus 잔다하다.

— le briquet 부쇠치다, — le fer 쇠롤두다리다, 쇠롤낙이다; — des oeufs 닭의알치다, 닭의알 켯다 (켜어, 켜운); — de la colle, lit. amidon (pour écraser les grumeaux) (풀) 리다 (어 x 여, 린); — monnaie (au propre) 돈 것다 (저어, 운); *쥬젼호다; — de (au figuré) 벅다 (어, 은), 벅다 (어, 븐); — des mains 손바닥치다, 손벽치다, *박슈호다; — la mesure (musique) 손장단 = 치다 = le flots — le rivage 물결이 바위에 부듸친다 (부듸치다, 부딋다 (듸쳐, 친) heurter, frapper contre). — les ailes 날리치다. Du coq qui — des ailes avant de chanter on dit qu'il frappe son perchoir 홰친다; — des ailes (coq autour de la poule) 닭후린다. Le pouls — 뛰뒤다 (sauter); le coeur — violemment 보은, 펄떡 된다. — la campagne pour chasser 몰다 (어, 본). Ceux qui la battent ainsi 몰이군. — la campagne (en parlant) 쓸말 호다, 쓸데 업는 말호다; — l'eau (pour chasser le poisson vers les filets) 넉더듬이 호다. Ne — plus que d'une aile 빙호야가다, 기우러져가다, etc... popul. 쪽지부러진 두름이되다 (grue à l'aile cassée). = — ses ennemis, vaincre 이긔다 (여, 긘); *승젼호다. ≡ Se battre 싸호다 (화, 홀). — *극타호다 qui ne se dit que pour un bataille acharnée...

손뼉치다
— le tambour 북치다
북 방방이질호다.

(On dit aussi 북방망이 질호다: (le coeur) bat le tambour)

ticuliers. Faire se —, exciter une rixe 싸홈을식히다, 싸홈을도도다(아,돈)

Battu Etre —, recevoir des coups 맞다(마저,즌), 얻맞다, 치이다; — vaincu 지다 — par la tempête (en mer) 물결에치이다; Avoir les oreilles — de ... 귀가솔도록듯다(드러,른), 귀져리게듯다, 귀압흐게듯다. V. Rebattu. Chemin — 대로, 큰길, 사롬은히돈니는길. Chemin peu — 쇼로, 작은길, 사롬드물게돈니는길.

Battue 몰이

Baudes 나귀

Baudrier 견티, 검티.

Bauge

Baume 발사미향

Bavard qui parle beaucoup 말만타; — qui ne sait pas garder un secret 입가바얍다(야워,온), 말돕지못ㅎ다, 입전줍지못ㅎ다. Popul. un grand parleur se dit 바람갑이, 입이쑥시부리; sa bouche est un bec d'oiseau piaillard. 입바르다(발나,바른) (바람갑이, moulin à vent (jouet))

Bavardage parole inutile ou fausse 잔말, 잔소리 — médisances 말질, 시비.

Bavarder 식슈거리다, 슷석이다, 짓거리다, 작조여리다, 말쑥쑥ㅎ다, 말쑥쑥ㅎ다; — Parler là où il ne faudrait pas, dire des choses qu'il faudrait taire 말춤지못ㅎ다/le au second sens 누설ㅎ다; — faire les commérages 말질ㅎ다, 시비ㅎ다; — grossir la chose 언거번거ㅎ다.

Bave 춤
Baver 춤흘니다, 눗칙흘니다
Bavelet Espèce de capuce de femmes pour l'hiver 천의
Bavette 춤밧기, 턱밧기, 목거리
Bavure
Bazar ˈ만물방, ˈ만물뎜, = ˈ잡화뎜, Tenir un — ˈ잡화ᄒᆞ다. Teneur de — ˈ잡화상
'전물쟝
Béant 환ᄒᆞ다. Avoir la gueule — 아가리버리다. Regarder bouche — (litt. salement en dit 입 on 아가리버리고보다; mais mieux 졍신업시보다, 넉노코일그럿이보다. Un trou — 환이뚤녀진구녕
Béat
Béatification ˈ시복식
Béatifier 유복쟈품에올니다, ˈ시복식힝ᄒᆞ다
Béatitude 진복. La huit — 진복팔단
Beau Le mot le plus employé est 됴타 (하, 흔) qui veut dire bon et aussi beau. Pour préciser l'idée de beauté on dira 보기됴타. Voici d'autres mots 곱다 (아, 은), 아룸답다 (다와, 운), 아리답다; — bien fait, fait avec art ˈ요밀ᄒᆞ다, 요밀요밀ᄒᆞ다; très beau 훌늉ᄒᆞ다
빕시잇다 (빕시. élégance).
Vous avez — faire 아모리ᄒᆞ야도; comme de plus belle 더욱. Tout beau! (ne vous fâchez pas, n'allez pas vite) 춤아라.

가만이 잇거라, 가만잇거라. S'échapper belle (홀) 번ᄒᆞ다가 겨우 면ᄒᆞ다 v.g. s'il s'agit d'un danger de mort 죽을 번ᄒᆞ다가 겨우 면ᄒᆞᄒᆞ다, ... 겨우 살다.

Beaucoup 퍽우 (avec la chose qui le nombre 만히), 대단이, 쟝히, 큼직이, 흠ᄲᅥᆨ, 흠ᄲᅥᆨ, 퍽으나 (avec un verbe neutre affectif 퍽 ou 톡), 잘ᄯᅮᆨ. Il y en a — (en grand nombre) 만타(하,흔). Il a plu — 비 만히 왓다, 큰비 왓다. Avec les phrases négatives on emploie souvent 언마, 그리. Ce dernier qu'on pourrait traduire "tant que cela" s'emploie aussi avec les phrases interrogatives; son synonyme 그디지. Je ne m'inquiète pas beaucoup 걱졍 ... 그리 아니ᄒᆞᆫ다, 그디지 아니ᄒᆞᆫ다, 언마 아니ᄒᆞᆫ다, 과히 아니ᄒᆞᆫ다. S'en falloir de — 월소히 틀니다. 월소히 a le sens d'entièrement. Il est plus grand de — 활ᄯᅡᆨ, 훨ᄶᅥᆨ 더 크다

Beau-fils v. gendre. — Fils d'un premier lit 의ᄌᆞ pour le fils que la femme a eu d'un premier mari, 전실 아ᄃᆞᆯ pour celui que le mari a eu d'une première femme. — familièrement 덕바지ᄌᆞ식

Beau-frère frère aîné du mari 시형, frère cadet du mari 시동싱, — frère de la femme 쳐남. Mari de la sœur (pour un homme) 민부, (pour une femme)

형 ou 동형의 남편. — maris de deux sœurs ou de deux cousines 동서. S'il s'agit de maris de cousines, on ajoute le nombre des degrés: 사촌 동서, 육촌 동서.

Beaupère père de la femme 장인, — du mari 시부, 시아비; — 2e mari de la mère 의부

Beauté 아름다옴이, 곱기, 고은빗 etc. v. Beau. — En agg. 색 a souvent ce sens. de la plus grande — 일색 ou 절색 (일다) Une —, une belle femme 미색.

Beaux arts 미술

Bébé petit enfant 어린아희, 아기

Bec 부리, 입, 주동이

Bécasse 반도되시, 물둙

Bec de corbin les chrétiens disent 북주집게

Bec de lièvre 어청이, 청보, 결순, 석보

Bêche 삽, 가래 — grande 화가래

Bêche de mer 회삼, 회서

Bêcher 가래질ᄒᆞ다, 파다, 가래로파다.

Becqueter 쫍다 (쪼아, 쪼은), 쏫다 (쏘아, 쏘은) — le passif 쏘이다 veut dire être rudoyé, agacé, tourmenté.

Bedaine

Bedonnant homme — 비부죽이 (popul.)

Beffroi 종각, 종루

Bégayer 어눌ᄒᆞ다, 시말굿다 (어, 운), 입쓰다 (써, 쓴) Ces mots indiquent un défaut de bonne prononciation, mais pas précisé-

Peut-être aussi: 대죽계, 소죽계: poule de bambou — (2 espèces: petite et grande).

ment le bégaiement qui du reste n'existe guère en Corée. — comme un petit enfant 징졀징졀ᄒᆞ다; — comme un écolier qui ne sait pas sa leçon 더듬거리다, 더듬더듬ᄒᆞ다. — une excuse 핑계ᄒᆞ랴고 더듬거리다, ... 서슴거리다, ... 서슴ᄒᆞ다.

Beignet

Bêler

Bélette 족져비, — familier, considéré comme génie protecteur de la maison 업족져비, 복족져비. — noire 쳥서. Sa peau 쳥셔피, son poil 쳥셔모

Belgique 비국, 비리시국

Bélier 슈양, 년양

Bélière

Belladone

Belle de nuit (fl.) 분쏫 (fleur à fard. Le fard est tiré des graines). Belle de jour (liseron) 뫼쏫

Belle-fille bru 며느리, 즈부; — fille d'un premier lit de la femme 의녀, 의붓ᄯᆞᆯ; — du mari 젼실ᄯᆞᆯ

Bellement 곱게, 드케; — c.à.d. doucement 가만이

Belle-mère Mère de la femme 쟝모, 빙모, — du mari 싀어머니, 싀모, — 2e femme du père 계모

Belle-soeur soeur du mari 싀누의; — soeur de la femme = aînée 쳐형, — cadette 쳐제; — femme du frère aîné

"형슈 ; — du frère cadet "뎨슈 ; — du cousin "종슈 ; — femme du frère de la femme "쳐남의 헥 . 쳐남의집 . — Les femmes de deux frères sont entre elles "동세, — de deux cousins ᄉᆞ촌동세 . Les femmes appellent 올아비덕 leur — femme de leur frère aîné, et 올계 la femme de leur frère cadet.

Belles En faire de — ~~#~~ 고마온 ou 고마올 일ᄒᆞ다 (고맙다 digne de remerciement).

Belles lettres

Belligérant en agg. "파젼 . Nation — "파젼국 . Droits des — "파젼권리

Belliqueux "호승ᄒᆞ다.

Belvedère "졍ᄌᆞ ; "견듸, "별견듸

Benedicité "반젼츅복

Ben...

Bénédiction déprécative sur les personnes ou les choses "강복 = ᄒᆞ다 ; — consécrative sur les objets "반샤 = ᄒᆞ다, "츅셩 ᄒᆞ다. Pour une eglise si on veut distinguer, on dit "츅별 = ᄒᆞ다 pour la bénédiction, et "츅셩 = ᄒᆞ다 pour la consécration.

"반샤 est l'application des indulgences.

Benéfice "리, "리익, 리밧은것

Bénéficier 리보다

Benêt 미련ᄒᆞ다

Bénignité

Benin "슌ᄒᆞ다

Bénir déprécativement "강복ᄒᆞ다 ; —,

168/

*축별하다.
consacrer 축성하다; — indulgencier
*반샤하다, 샤노타(하.흔); = — louer
*찬숑하다

Bénit 축성하다 etc. En agg. 셩. Eau —
*셩수; objet — *셩물.

Benitier 셩슈그릇, 셩슈긔

Benjoin *안식향 安息香

Benzine *안식유 安息油

Béquille 나무다리

Bercail 양의우리

Berceau lit d'enfant ; — de
verdure 졍즈나무

Bercer . le — d'illu-
sions 헛부라다 (라.란), 헛기드리다.
En — un autre 헛부람으로 속이다

Berge d'un fleuve 강가

Berger *목동

Bergerie 양의우리

Bergeronnette 할미새

Beri beri *학슬풍, 각긔

Berlue Avoir la — 졍신혼미하다.
— de ne pas bien voir, mi de
travers 눈이어둡다 (두우니, 두운). loc.
la — 네눈이릐눈이냐 (tes yeux sont-
ils de cors aux pieds?)

Berne Mettre un drapeau en — 반긔
달다 (아.은) (half masted) L'expression complète est *반긔도레하다.
Pavillon en — *반긔

Berner 속이다

Besace 자로, 자루, *젼티

Besogne 일. Avoir beaucoup de — 분쥬ᄒᆞ다.
Besogneux 살기 어렵다 (려워, 운), ou simplement 어렵다.
Besoin ce qui manque 없기, 없는것, 부족ᄒᆞᆫ것. Avoir besoin de se rend souvent par le verbe 요긴ᄒᆞ다 être nécessaire, ou ᄒᆞ여야 쓰겟다. Il y a aussi le verbe assez peu employé 아쉽다 (쉬워, 쉬운) qui se dit de ce dont on a — & qui manque. 아쉬운거시 잇섯ᄂᆞ냐 "Numquid aliquid defuit vobis?" — Qu'est-il besoin de en dire davantage 더 말ᄒᆞᆯ것 업다. Au — 요긴ᄒᆞ면, 요긴ᄒᆞ거든.
Besoins naturels. le grand 대변, — le petit 쇼변, 쇼마. Les éprouver (오좀 ou 똥) 마렵다 (려워, 운) — Les satisfaire 보다. Pour le petit 쇼변 보다, 쇼마 보다, 오좀 누다 (어, 눈), pour le grand 뒤보다, 대변 보다, 똥 누다.
Bestial 즘슈 ᄀᆞᆺ다 (하, ᄒᆞᆫ)
Bestialement 즘승처럼, 즘슈 ᄀᆞᆺ치
Bestialité Au sens théologique 즘셩. — la plus fréquente (avec les poules) 계간.
Bestiole 버레, 벌거지
Bêta 둔ᄒᆞᆫ 놈, 미련ᄒᆞᆫ 놈.
Bétail 잡즘승 = 륙축 les six animaux domestiques: cheval, bœuf, poule, chien, porc, brebis; = 우마 bœuf & chevaux, 우양 bœuf & brebis, 우마계견 bœuf, chevaux, poules & chiens.

170/

Bête animal 즘승; 금슈, — sauvage 맹슈 *축싱
산즘승 = adject. sot, stupide, 미련ᄒᆞ다, 둔미ᄒᆞ다, 우둔ᄒᆞ다, 둔ᄒᆞ다, 질박ᄒᆞ다, = 흐리다, 병신스럽다(러워, 온)

Bétel 빈낭

Bêtement 미련ᄒᆞ게

Bêtise 지각 업ᄉᆞ이, 지각업ᄂᆞᆫ일, 미련ᄒᆞ기, 미련ᄒᆞᆫ것 etc.

Betoine 곽향

Béton

Bette *산호최

Betterave 근디

Beugler 울다(어, 운) se dit du cri de presque tous les animaux

Beurre *황유

Bévue *실슈 = ᄒᆞ다, — en parole 말실슈

Bezoard pierre qui se forme dans le coeur du boeuf (parfois dans la poche) et supposée douée de propriétés médicinales 우황 — du chien *구황

Biais en — 비슥이. de —, de travers 빗드로, 엇게, = 빗그로 qui signifie presque toujours "dans le sens qu'il ne faudrait pas". être de — 빗드러지다, 갓틀지다, 빗틀지다 엇다(어셔, 슨), 긔나다, 빗그다(러, 근) 빗그러지다.

Biaiser aller en — 빗그로가다, 빗그러지다; — en parlant, ne pas parler franchement 빗그러말ᄒᆞ다, 에돌너말ᄒᆞ다; — en agissant 에돌너ᄒᆞ다 (에두르다 - 돌너, 두룬) tourner).

Bibelot 노리개, *패물.
Biberon
Bible 聖 — 셩경, *셩서
Bibliothèque chambre 책방 ; — meuble *책장
Biblique Commission — (à Rome) *셩경위원회, *셩서위원회
Bicarbonate de soude pour eau gazeuse *중탄산조달 重炭酸曹達
Biche 암사슴, 하놀소
Bicoque 막
Bicyclette *ᄌᆞ힝거, *ᄌᆞ젼거. — à moteur *ᄌᆞ동ᄌᆞ젼거.
Bidet
Bidon
Bielle
Bien (subst.), opp. à mal 됴흔것, en agg. *션. Le — et le mal *션악, 됴코그른것, 됴코궂은것. La source de tout — 만션의 샘이 ~근본 ou 근원. Le souverain — *지션 ; = avantage 리, 리익, 유익, Se se rend aussi souvent du verbe 됴타 (하, 흔). Ce sera un grand — 긔우됴켓다. = service rendu : Faire du — à 은혜를 뵈다 (뵈여, 뵌), 은혜 베플다 et 베프다 (프러, 픈), 은혜를 베퍼주다, 은혜를 닙히다. En parlant d'un supérieur très élevé, on dit 은혜를 ᄂᆞ리우다 (우어, 운), 은혜를 드리우다. Recevoir du — 은혜를 닙다 (어, 은). = —, richesses 돈, 재물 etc.

*시혜ᄒᆞ다, *은혜ᄒᆞ다

Bien - Bien

172

= — (adverbe). contraire de mal 잘, 됴케. Se porter — 잘잇다; Etre — sans maladie, ni soucis ni accidents. 잘잇다, 잘지내다, 평안이지내다, 무ᄉᆞᄒᆞ다, 무탈ᄒᆞ다, honorif. 안녕ᄒᆞ다, 안녕이지내다. Etre — avec quelqu'un 됴케지내다. 화합ᄒᆞ다, 친ᄒᆞ다. Agir — (avec quelqu'un) 됴케ᄒᆞ다. Traiter — 잘디졉ᄒᆞ다. A cet — ici 여긔 됴타. Vous ferez — de ... ᄒᆞ면됴켓다. Je le sais — 나도안다. Je sais — que (explétif) 과연. Ne pas aller très —, très — (malade, affaire) 시원시원치못ᄒᆞ다. Homme — (de bonne tenue) 얌젼ᄒᆞ다. Que ce soit — ou mal 됴턴지 언잔턴지, 됴흐나 언잔흐나. Voyez si c'est — ou mal 됴흔지 언잔흔지보아라. Pensez — à ce que vous avez à faire 엇더케 ᄒᆞᆯ넌지 ᄌᆞ셰히 ᄉᆡᆼ각ᄒᆞ여라.

— signifiant beaucoup. V. ce mot. J'ai — mangé 밥잘먹엇다. Cet homme a — bu 술만히먹엇다. – Bien des gens 만흔사ᄅᆞᆷ; — des gens savent 아ᄂᆞᆫ사ᄅᆞᆷ만타.

— servant de liaison ne se traduit pas s'il est purement explétif, sinon on exprime — ordinairement par une forme verbale appropriée — la nuance qu'il implique. Je le ferais —, mais... ᄒᆞ겟다마는, ᄒᆞ지마는, ᄒᆞ렷마는, ᄒᆞ려니와. J'en ai —, mais pas pour vous 잇다마는 너 줄 것 업다, 잇스나 너 줄 것 업다.

—, approbatif 올타 ; pour les enfants qu'on encourage 긔특ᄒᆞ다 ; — approbatif ironique 올타 잘ᄒᆞ엿다 ; 됴타.

Joint à un terme de comparaison — a toujours le sens de beaucoup et se traduit comme ce mot. Il y a — plus loin 얼마 더 멀다. Il est — plus grand 훨셕 더 크다.

— dubitatif. Il y a — un mois ᄒᆞᆫ 달포나 되엿다. Il est — midi ᄒᆞᆫ나졀 다 된 듯ᄒᆞ다, ᄒᆞᆫ나졀 기운 듯ᄒᆞ다.

— affirmatif. Je l'ai fait ; eh bien qu'avez vous à y voir ᄒᆞ엿소냐. ᄒᆞ여도, ᄒᆞ야도, etc. 내게 샹관이 무엇시냐. — que se traduit comme quoique. V. ce mot.

Bien fortune 돈, 직물 = 셰간 pour les biens meubles, 뎐답 pour les — au soleil (champs et rizières). — meubles 동산 ; — immeubles 부동산. Les — de la terre (production) 오곡백과 (cinq céréales et cent espèces de fruits), et opposés aux biens surnaturels 셰샹 직물. Avoir de grands — 직물 만타, 형셰 됴타. Avoir quelque bien 견듸다, 견딜 만ᄒᆞ다.

Bien aimé – Billet
174/

Homme qui a qque – 견되는사룸, 잇는사룸 (bien, sujet de 잇다, restant inexprimé), 어렵지아니훈사룸.

Bien aimé 근절이ᄉ랑ᄒ다 = 귀ᄒ다 (précieux) est le mot le plus employé pour les enfants.

Bien disant 말잘ᄒ다, 호변ᄒ다.
Homme – 호변긱; 변ᄉ

Bien être 평안ᄒ다, 편안ᄒ다, 편ᄒ다, 잉편ᄒ다 sous forme ᄒ기, 홈이

Bienfaisance 인현지심, 어리지심, 조선지심. = 조선

Bienfaisant 후ᄒ다, 인ᄌ ᄒ다, 인후롭다 (로와, 운) Société de – 조선회

Bienfait 은혜, très honorif. 덕퇵. – en ogg: 은 – spirituel: 신은.
Grâce aux – de … 덕퇵으로. – 은혜 veut dire en soi grâce, faveur, bienfait notable. Mais par politesse on le dit même d'un – de peu d'importance reçu. Représente un petit – (un service) 신세. Accorder un – 은혜를베플다 (어, 픈), le recevoir 은혜를닙다 (어, 은) – en marquer sa reconnaissance 은혜를갑다 (하, 흔). 보은ᄒ다.

Bien fait 곱다 (고아 k 고와, 고은), 잘삼기다.

Bienfaiteur 은인

Bienfonds 뎐답, 부동산

Bienheureux 복되다. Les – en sens chrétien, ceux qui sont béatifiés 진복쟈, 유복쟈

Bienséance 례모, 톄모, 톄통, 톄면,

*태례 . Y manquer (accidentellement)
*실태ᄒᆞ다 . [illegible] manquer (habituellement)
*닉례ᄒᆞ다 .

Bienséant 당ᄒᆞ다, 맛당ᄒᆞ다, 례답다 (다와, 온), 례보답다.

Bientôt 슈이, 슈히, 오래지아니ᄒᆞ야 ...

Bienveillance 인의, avec — 인졍잇게

Bienveillant 인ᄌᆞᄒᆞ다, 인의롭다 (로와, 온) 인후롭다, se dit souvent 슌ᄒᆞ다 pour un supérieur —, [illegible] 하휼ᄒᆞ다 se dit d'une bienveillance miséricordieuse.

Bienvenu
Soyez le — 보기반갑다 (가와, 가온), 인졔잘왓다

Bière *ᄆᆡᆨ쥬, 보리술 "비쥬".

Biffer 흐리우다 (워, 운)

Bifurcation 갈니, — de routes 가룬길

Bifurquer 갈니다

Bigamie *유쳐취쳐

Bigarré 아롱아롱ᄒᆞ다

Bigarrure

Bijou 노리ᄀᆡ, 구슬, *뵈물

Bilan

Bile 담, 쓸기

Billard le jeu *구놀 ; — la table 구놀ᄃᆡ

se [illegible] aussi *당구, — 당구ᄃᆡ

Bille 콩

Billet au sens général *표, 표지 — de dépôt, de change (vieux système) 어음. Ordinairement il n'est pas nominatif, et par suite répond à un billet de banque.

on l'appelle aussi *유지 (contracté de 어음지)

Billet — Blaireau
176/

Le billet est à talon 엇쪽, lequel est séparé du billet proprement dit 속쪽 par une coupure irrégulière en zigzag. Le rapprochement des deux parties permet la vérification. = — de banque (nouv. système) 지표, 지화, 지권, 지므레 = 지권 (papier monnaie) est le plus employé.
— de 5 yen 오원 쌔리지권. — de bateau 션표, — de chemin de fer 차표, techn. 하물표
— de bagage 짐표, = — d'entrée 입 .... 권, 입 .... 표 en mettant au milieu le nom de l'endroit où l'on peut entrer v.g. : — de quai (— d'entrée de la gare) 입장표.
— lettre 노던지.

Billevesée

Billon monnaie de cuivre 동젼 — Petite monnaie 사슬돈, 작은돈, 잔젼.

Billot — de bois 나무도마, —, oreilles de bois 복칠, — pour battre la pâte 안반, — pour hacher la viande 도마, 도막

Biner les plantes 븟도두다 (어, 둔) 븟주다 (어, 준)

Binome (algèbre) 이항식

Biologie 싱물학

Biographie 젼긔. On dit le plus souvent 언힝 (paroles & actions).

Birmanie 면뎐국

Bis Pour les maisons, les numêmes bis sont précédés de "가

Bisaïeul "증조, "증조부. La femme "증조모

Bisbille 시비, "불목

Bisorne 헙 하다

Biscuit

Bise 찬 바람, "유풍.

Biscau Etre en — 엇다 (어져, 슨), 기우듬하다. Tailler en — 엇게 깍다, 엇깍다 (아. 은), "엇버히다, 기우듬하게 깍다.

Bismuth "창연 蒼鉛.

Bissac "견대

Bissectrice d'un angle "평분선.

Bistouri

Bistre

Bitume "석뇌유, "아력청,

Bivouac "군막 le plus propre "로영.

Bivouaquer

Bizard

Bizarre "이상하다, "별하다, 익살스럽다 (러워, 운). Homme — caractère singulier "별골, 별각장이, 별난장이. Etre —, faire (à un moment donné) des bizarreries 익살 부리다.

Blague pochette 지갑, 쌈지; — à tabac 담배 쌈지; — incontinence de langage 군소리, — parole fausse (ou inutile) 잔말, 잔소리, "허황지설, "황당지설

Raconter des —, des gasconnades 헐헐거리다

Blaireau animal 너구리, 삣오리, 오

술이, 부역, 부역이 . – pour exportateur
솔, 븨

Blâmable

Blâmer 나무라다 (라, 란), 식 꾸짓다 (지저, 지즌), 식지름 하다, 식즁하다. – (par mauvaise volonté, chercher à –, "chercher des poux dans la tête") 착잡다; = – une chose 허물을 잡다 (아, 은), 허물노잡다. Etre blamé 식지름 듯다 (드러, 른) ... 착잡이다

Blanc adj. 희다 (여, 흰), 세다 (어, 센), 희셥다. En agg. 백. Cheveux – 백발, 센머리 = – nouvellement lavé (linge, habits) 새 (neuf). = – substantif. – D'oeil ou d'oeuf 흰즈; – de ailes (de poulet) 견지살; – (maladie de plante) 백납 = 오르다 (올나, 오른); – fard 분; – but pour tirer 관혁, 쇼표, 표, 관역.
Passer une nuit – 밤새우다 (워, 운)

Blanc bec 입에서 젓내나는놈. 백면셔싱

Blanchâtre 희여스름하다, 뵈엿다, 부옛다 (부애, 부연) 뵈웃뵈웃하다. –, qui, de loin, paraît 새야다 (새야, 얀) blanc 희게보이는.

Blanchement 희게. En fait on prononce 하야게 Est-ce un autre mot?

Blancheur 희기, 흼이 -- 흰빗

Blanchir. Rendre blanc 희이다 (idem mot), 희게하다. – (de la cire – ou autre chose) par exposition au soleil 바래다, 발애다 ; — de la toile écrue 누이다, 뇌이다, 마젼ᄒᆞ다. — du linge, laver 빨다 (아, 빤), 빨내ᄒᆞ다, 셰답ᄒᆞ다. Linge à laver 빨내가음. Devenir blanc, — 희여지다. Pour les cheveux et la barbe 셰다, 셰여지다. Tête complètement blanchie 희게 셴 머리

Blanchissage 빨내, 마젼, 셰답

Blanchisserie 빨내집, 마젼집

Blanchisseur 마젼장이

Blaser le — 맛일타 (허, 흔). Être — 맛모로다 (몰나, 모론).

Blasphème 셜독ᄒᆞᄂᆞᆫ 말, 텬쥬를거ᄉᆞ려 셜독ᄒᆞᄂᆞᆫ 말, *참람ᄒᆞᆫ 말.

Blasphémer *셜독ᄒᆞ다, et, avec un contexte suffisant *훼방ᄒᆞ다, *비방ᄒᆞ다, 원망ᄒᆞ다.

— les lieux d'usurper des droits ou des attributs de Dieu (ou d'un supérieur) *참람ᄒᆞ다.

Blatte de cuisine (cancrelat) 박쥐, 강쥐

Blé 밀 ; — de Turquie (maïs) 옥슈슈, 강랑 ; — noir, sarrasin 모밀. Le — et l'orge *맥 ; le — et le sarrasin *모맥

Blême V. pâle

Blêmir V. pâlir

Blessant v.g. parole — 남 욕 지르ᄂᆞᆫ 말, 독ᄒᆞᆫ 말

Blesser *샹ᄒᆞ다, *샹해보다 (와, 온), *해ᄒᆞ다. Être — *샹ᄒᆞ다, 해닙다 (어, 은) = 닷치다 et 닷치이다 se — au physique, surtout par un choc. — Le — (d'une chose),

= enfonçant 사지르다 (러, 른)
= le cœur 마음을 사지르다

s. ou affecter 곡갈다 (가와. 온)

Blessure *상처

Blet

Bleu 푸르다 (르러, 프ㄹ른) en ayg. *청 — foncé *녹 = noter que 푸르다, 청 & 녹 se disent aussi bien du vert que du bleu, les coréens distinguant mal ces deux couleurs. — pâle, — de Prusse *회회청, *남색 (couleur produite par la plante 남).

Bleuâtre 푸르스름하다, *아청ᄒᆞ다

Bleuir 푸르러지다.

Blindage *철갑

Blinder 철갑 닙히다

Bloc 덩어리, 덩이. en — 흔덩이로, 흔덩어리 처럼,

Blocus

Blond 누르다 (르러, 누른)

Bloquer 막다 (아, 은), 길막다. Être — 막이다.

Blottir

Blouse

Blouser 속이다 se — 속다 (어ㄹ아, 은)

Bluette étincelle 불쏫, 불샹, 불티

Bluteau Blutoir 체

Bluter 체질ᄒᆞ다, 체로밧다 (아, 은), 체로치다

Boa *거ᄉᆞ, *어망,

Bobêche

풀것 Bobine baguette sur laquelle on dévide le fil 발뎌, 결뎌; — de fil 석리. Fil en — 도리실

Bobo

Bocage 숩풀, 숩

Bocal 항, 항아리 — à poissons 어항

Boeuf 쇼, en agg. 우. Viande de — 쇼고기, 우육, 황유, 황육

— musqué 샤우

Bogue 밤숑이 (de chataigne)

Boire 마시다. On se sert plus ordinairement de 먹다 qui veut dire manger (honorif. 잡숩다 (숩어,숩), 잡수시다, 자시다). — à longs traits 켜다 ou 혀다 (혀,현). Ce mot se dit surtout des bestiaux. La terre — l'eau 땅이물드리쌀다 (sucer). Verser à — (술 ou 물) 붓다 (부어,은). Faire —, donner à — 마시우다, 먹이다. Exciter à — 술권ᄒᆞ다. Chanson à — 권쥬가. Papier qui — 먹번치ᄂᆞᆫ도희. Le papier — 먹 ou 먹물번치다 (s'étendre). Le vin est tiré, il faut le — 잣박흘슈업다 (잣박ᄒᆞ다 le dissiper), — Si vous sent mis par maladresse dans un mauvais cas 출호이쟈 빈호이지 : cela vient de toi, cela te retourne; 잣쌔ᄀᆞ려 출 밧길다 : c'est cracher en l'air quand on est couché sur le dos. = Se met par le même sens que le français. — (substant) 마실것

Oroir le boeuf (à une articulation) (살) 실니다 au lieu de 살, on emploie comme sujet le nom du membre v.g. 발실니다

(plus souvent 먹번지다)

Bois 나무, 남기, en agg.ᵗ 목. Menu — à brûler 섭. Gros —, bûches 장작, 장작나무; — en brindilles pour allumer le feu 쏘시리. Faire du — 나무하다. Il verra de quel — je me chauffe 내 소분을 알겟다. — de litᵗ 평상. = Bois (de cerf, chevreuil, etc.) 뿔

—, forêt 숩, 슈플; 산림; 원림. Souvent simplement 밧 (champ), 대밧 bois de bambous, 솔밧 — de pins.

Boisé 나무만타 (하.흔), 나무흔하다

Boiser semer, planter les arbres 식목하다

Boiserie, cloison en planches 널빈지, 판댕.

Boisseau 말

Boisselier Pour les vases faits au tour d'une seule pièce de bois 가리쟁이, 가리박쟁이 (가리박 nom de ce vase en bois, 가리 nom de l'outil employé). Pour les vases faits de morceaux réunis par des cercles, on dit 소목 qui veut dire menuisier.

Boisson 마실것

Boite assez grande 궤. Plus petite 갑, — (v.g. de montre) boitier, 껍지 (coquille) 함, 합, 철합, 혈합. Chaque espèce a plus ou moins son nom propre.

— à musique 주기합 악, 주탄금

Boiter 뎌다, 져다 & 졀다 (져러, 젼). 졀쪽졀쪽하다, 졋둑졋둑하다, 비드럭비드럭가다, 자축자축하다, 자초거리다.

Boiteux 져는사롬, 다리져는사롬, 건림

Bolchevisme
"과격주의, "사회주의.

절쭉다리, 절쭉발이, 쭉다리

Boîtier "함, "철함 = 사긔지 (litt. coquille).

Bol 사발

Bolide 류화

Bombance Faire — (habituellement) 음식치례 ㅎ다, 잘 먹다 (어, 은), — (accidentellement) 범의 차반으로 먹다 (manger comme un tigre). — 두레 먹다.

Bombarder "포격 ㅎ다.

Bombe "귀화포, "포렬탄, "포탄

Bombé 둥그다 (레, 근), 둥굿다 (구러, 군), 둥구스럼 ㅎ다, 둥드러지다.

Bon 됴다 (하, 흔), 번번 ㅎ다 qui s'emploie surtout au négatif 변변챤다 (하, 흔) les mots suivants ne se disent que des personnes: 챡 ㅎ다, 어질다 (어, 진), = 의젓 ㅎ다 se dit surtout des enfants. Un — vieillard 됴흔 노인. Un homme —, simple, pas méchant 슌 ㅎ 사롬 (슌 ㅎ다). Si on disait "슌인 ou 슌민 cela voudrait dire: un homme comme au temps de "슌 (âge d'or). — Homme — et capable 북던 ㅎ다. Un — ouvrier 일 잘 ㅎ 는 사롬

— à manger 먹기 됴타, 먹을 만 ㅎ다. Herbe — à manger, comestible 먹 는 나물. Plante — en médecine 약 풀, 약 ㅎ 는 풀. Bon pour (telle maladie) 병에 쓰다. = Les animaux connaissent ce qui leur est — ou mauvais 즘승들

병에 효험 잇다.

184

들어제의 됴코해ᄒᆞᄂᆞᆫ거ᄉᆞᆯ다 안다. Le – moment pour 마ᄶᅡᆼᄒᆞᆫ ᄯᅢ; Une – occasion 됴ᄒᆞᆫ 긔회. Travailler une – partie de la nuit 밤오리도록 ou 밝ᄂᆞᆫ도록 일ᄒᆞ다. Frapper un – coup ᄯᅡᆨ 다리다, ᄯᅡᆨ치다, se dit sur un homme ou un animal 욕ᄒᆞ게 치다, 엽ᄒᆞ게 치다. J'ai attendu une – heure ᄒᆞᆫ시남아, ᄒᆞᆫ시남짓ᄒᆞ게 기다렷다. Etes vous assez – pour le croire 눈치 업시 그리 밋ᄂᆞ냐, 속모르고 밋기 만ᄒᆞᄂᆞ냐.

— Substantif 됴키, 됴ᄒᆞᆫ것, 됴ᄒᆞᆫ일. Se agg. 션. Souvent 'le bon' ne se traduit pas: Le bon de l'affaire est qu'il croit que je ne connais pas ses sentiments 그중에 나 제 속 모로ᄂᆞᆫ줄노 안다.

— pris adverbialement. C'est – 올타 (하, 흔). A quoi –? 무삼 ᄡᅳᆯᄃᆡ 잇겟ᄂᆞ냐. Ce serait –, mais... 됴타마ᄂᆞᆫ, 됴흐렷마ᄂᆞᆫ etc. C'eût été bon si... 됴흘것... 됴흘거ᄉᆞᆯ, 됴흘번ᄒᆞ엿다.

Il y a du – (il y a surplus) 슈잇다. 슈낫다 (나다)

Bonace

Bonasse 눈치업다, 석부엉이

Bonbon

Bond 쒸여, – 쒸기. Par petits – (v. g. à cloche pieds) 쒸여 쒸여. Par sauts et par – 쒸여 – 가다.

Bonde d'un étang 슈문; – de baril 마긔

Bonder

Bondir 뛰다 (여, 뛴) — faire des mouvements désordonnés, v.g. par colère 곤두박질하다, — aller par bonds (petits animaux) 깡동깡동 뛰다 (gros animaux) 껑둥껑둥 뛰다 : 펄펄 뛰다. — sur sa proie 달녀들다 (어, 든). — de surprise, de crainte 깜짝 놀나다, 스스로쳐 놀나다 peu usité. — Chose (dégoûtante) qui fait — le coeur 아니곱다 (고아, 운)

Bonheur *복. Par — 다행이, 요행이 les verbes 다행하다, *요행하다. Avoir du — 복잇다. v. chance. Porte — V. Félicité.

Bonhomie *순하기. 순후이

Boni *리, 리익

Bonifier

Boniment 구롤셜 (discours)

Bonjour V. salut. Souhaiter le — *인사하다.

Bonnet de noble en crin 관, — ouvert par le haut 통관, tissé simplement (comme un crible) 체설관, — à mailles nouées 매지관, — de mandarin à ailes, servant aussi pour les noces 사모, 사모관. — de fonctionnaires, de dignitaires 탕건; — de deuil 건, 두건, 감투; — de bonze en ficelle 노감투; — fourré pour l'hiver 휘항, 아얌, 남바회 — les — européens à forme flasque sont indistinctement dits 감투.

Bon sens *생식 manquer de — 어림업다

Bonsoir

Bonté 됴흠기, 됴흠이, 됴흔것 qui se disent des personnes et des choses. — Pour les personnes seulement 착하기, 착흠이, 착흔일은 etc. V. Bon.

Bonze 중, 중놈. En agg. 승

Bonzerie 졀. En agg. 亽

Bonzesse 녀중, 녀승, 즁년

Borax 붕사, 분사 硼砂 Acide borique 붕산

Borborygme avoir des — 빅슬다 (허, 흔)

Bord d'un objet 가, 션 — d'un fleuve 강가. — s'adaptant à autre chose v.g. — d'une porte, d'un tiroir 니. Le — s'adaptant bien (sans vide) 니맛다 (마, 져, 즌); — extérieur 시울, 가슭, 시욹 — d'un habit 옷자락 — de la mer 히변

Bordage le navire 구랑

Border ; — (un habit) 션두루다. Etre — 션둘니다.

Bordure 션, 시울

Boréal en agg. 북. Aurore —

Borgne 흔눈 병신, 흔눈 메다 (러, 연) 흔눈 굿다 (구져, 즌). En termes populaires: 외디, 외눈 놈이, 일목장군 = 보롬보기 (qui ne voit que 15 jours dans un mois) Au pays des aveugles, les — sont rois 무호동중리 작호: dans un village où il n'y a pas de tigres, les chats sauvages les remplacent.

Borne pour servir de repère : en bois 묘목, en pierre 묘석 ; — pour indiquer la distance (sculpté en forme humaine) 장승 ; — monument commémoratif 비, — en bois 목비, en pierre 비석, 돌비, en fer 텰비 = —, limite 한, 디경, 그지.

Borne frontière 경계석. Les — de deux royaumes 두나라의 경다.

— sans — 한업다, 한량업다, 그지업다, 극한하다.

Borné peu intelligent 둔하다, 용렬하다; = — limité. La vue est — par une montagne 산이 막혓다. La Corée est — au nord par la Chine 조션 나라 북편이 청국에다 닷다 (toucher) — On pourrait dire 년하여잇다 (년하다 être attaché, se succéder), et quand il n'y a entre deux ni mer, ni fleuve 년륙하다

Bosquet 숩, 슈풀, 숩경

Bosse

Bossu 곱스둥이, 곱둥이 사름, 곱츄. Cheval — 곱패말 — 등곱울이, 등곱장이

Bossué 시뫽 비여지다

Bot pied —, tourné en dehors 밧장다리
— tourné en dedans 안장다리

Botanique 화초학, 본초학, 식물학

Botaniste 식물학스, 식물학자

Botte d'herbes, de paille 뭇, 단. Plusieurs — liées ensemble 동. Une —, une charge de bois 나무동. = —, chaussures officielles des dignitaires coréens 슈혜즈, 목화
— européennes

Faire dans sa — 동싸다

Botteler

Botter se — 신다 (어,은). Cela me — 내게 도타 (하,혼).

188/

Bottier à l'européenne 구두장이

Bottine

Bouc 슈염소 . odeur de — 노린내

Boucayer

Bouche 입 . — pour les animaux 아가리, 주둥이; en compos. *구 . Ouvrir la bouche 입 (ou 아가리) 버리다, la fermer 입 다믈다(어,믄) 입 다믈다 . La fermer à un autre par une réponse vive 말막음 하다. — L'eau en vient à la — 배의 당기다, 춤 삼키다 . Provisions de — *식물, *량식, 먹을 것 . — à nourrir *식구 est la traduction littérale; — *소솔, *가속 (habitant de la maison). — Mauvaise odeur de la — 노치 한 내

— ouverture (sg. pour l'eau) *부리; *구

Bouché 막히다 . Presque — 색색하다.
— peu intelligent *둔하다, *아둔하다, *용렬하다. *둔박하다, *둔총하다.

속막히다 dans le négatif 속막히지 아니하다 veut dire intelligent.

Bouchée 먹음

Boucher Verbe. 막다(아,은) pas 막이다 ni 막히다 ; — un trou, le combler 메우다 (워,운)

Boucher subst. tueur de boeuf *백정이, 백정놈 . —, marchand de viande (ne tuant pas) *육직이.

Boucherie boutique d'un boucher *육간; *육고, 푸주 . — Carnage v. ce mot.

Bouchon 막애 , 막이, 마개 désignent tout ce qui sert à boucher ... même le couvercle d'un vase, la vanne d'une porte d'eau.

— de paille pour caler des objets dans une caisse 매께.

Boucle 고, 고리, 고레. — d'oreilles 귀엿골, 귀에고리.

Boucler (neutre) 고슬고슬하다. Cheveux — 고슈머리. —(actif) — la porte 문걸다

Bouclier 방패

Bouddha 부텨, 불

Bouddhisme 불도

홍싧내다, 싫소돌니다 Bouder -싀루룽하다, 부루퉁하다, 삐차다(차, 찬)

Boudeur

S'en aller en os de boudin 와지부지하다 Boudin 순대, 피순대

Boue 흙, 진흙. Enduire de — 흙바르다 (발나, 바른), 흙칠하다. Taché de — 흙뭇다(어, 은)

Crépir avec de la boue 벽칠하다.

Bouée 부용; — signal 경션부, 부표 — de sauvetage 구명부용

Boueux (v. g. un chemin) 질다(어, 진); —, taché de boue 흙뭇다(어, 은).

Bouffée bouchée 먹은. — se dit aussi de — de tabac. Tirer une — 한번을 섈다(아, 섈). On dit des — de chaleur qui s'élèvent l'été en produisant des vapeurs 김이 훅훅 오른다. Le vent souffle en — chaudes 바람 훅훅하다, 바람 훅근훅근 분다.

Bouffer manger gloutonnement. V. Bâfrer — se gonfler

Bouffette 술

Bouffi v. enflé

Bouffon 앨굿다, 앨강굿다 (구저, 진), = 실업손사람, 끼친광이; —, comédien

어릿광이, 광대

Bouffonnerie en actions 광대노릇, 재담, — en paroles 상스러운 니야기. — paroles indécentes [+]음담, [+]음담패설.

Bouge

Bougeoir 촛대, 초대

Bouger 움족이다, 옴족이다, 꿈 움족이다, 구물거리다, — plus ou moins en désordre: 덤벙이다. — Être réduit à ne plus bouger 옴족 못하게 되다. Si vous bougez seulement (si vous fournissez le plus léger prétexte) 까딱 하면 ...

Bougie 초; — de cire 밀초, — de suif 육초, — de stéarine 양초 (bougie européenne) Beaucoup disent par erreur 백랍초 croyant les bougies faites avec la cire végétale.

—, mesure de quantité pour la lumière [+]촉력

Bougonner 성 을 노타 (하, 흔)

Bouillant 끌타 (허, 흔). D'où l'eau — 끌는 물 = 끌흔 물 ou l'eau bouillie. Caractère — 급흔 성품, 불 굿흔 성질.

Bouillie (de riz ou autre céréale alimentaire) préparée à la manière ordinaire 밥; — proprement dite 죽 — de riz plus claire pour les malades 미음; — ordinairement de sarrasin ou de 녹두 se mangeant froide 묵 (Pour celle de 녹두 on dit souvent 청포). — de farine (colle) 풀.

Bouillir v. n. 끌타 (허, 흔). Faire — (un liquide) 끌리다, de qque chose dans

— à gros bouillons 솟고라지다

un liquide) 삶기다 (아, 은), 삶다 (살마, 살믄)
faire — avec réduction 졸이다, 나리다.
Bouilloire 쥭쳔조, pour le thé 차관
Bouillon 국, 국물; — consommé 곰국, 곰, 탕; 킹 V. potage. — Ce que l'on fait bouillir pour avoir du bon — 국가음, 국걸이.
Bouillonnement
— de colère 분김, 분결
Bouillonner (eau) 솟고라지다. Pour la mer — 놀호다. Une cascade — 물나리질니다. Commencer à bouillir — (eau, liquide) 북시시호다, 부지지호다. — bouillir à gros bouillon 펄펄끌다. L'esprit, le sang — 노옴이 들썽 들썽호다.
Bouillotte 탕관. 물탕관.
Boulanger 떡두호는사롬
Boulangerie 떡득점
Boule 넝이, 뭉치, 뭉이, 덩어리; — à jouer 공, 공긔. — de neige (fleur) 불도화
Bouleau (blanc ou commun) 자작나무 박달나무 (Betula Schmidti)
Boulet 철환, 철알. — plein par opposition à obus 실탄.
Boulette 덩이, 수젹이, 뭉텅이. En app. 환 qui se dit des pillules. Boulettes de viande 환즈, 환즈부빈. Bouillon où il y a de ça — 환즈탕; — de pâte 만두. Bouillon aux — de pâte 만두국
Bouleversement 뒤허졈이, 각산홈이 etc.

Bouillotte 탕관. 물탕관. = 쥭쳔조

유담로

놋으리
Le vrai nom de la boule de neige (fleur) serait 복슈국: hortensia arborescent.

Bouleverser renverser 분허치다 ; – mettre sens dessus dessous 뒤집히다 . – mettre en désordre 뒤집히다 . 헤여치다 (séparer). Se –, être – 분허지다, 헤여지다, 뒤집다(어,은) = *각산하다 (aller chacun de son côté) se dit surtout du bouleversement causé par la guerre. Se –, être en révolution *번복하다.
Avoir l'esprit – 정신 일다(허,흔), 넉일다.

– être en désordre 뒤숭숭하다.

Boulon

Boulonner

나사못 1각우리

Bouquet 꽃상이

Bourbe 흙, 진흙 . –, vase au fond de l'eau 리흙

Bourbeux eau – 흐린물 흙탕물 prise comme remède *황도수 . Il y entra de la m.... .

Bourbier 술헝이, 진흙구덩이

Bourbillon 엉어리, 종기의근, 응어리

Bourbouilles 스딕 스듸, *열화

Bourde

Bourdaine 버리슨나무 = l'écorce prise en décoction chaude est excellent dérivatif contre tout malaise de la tête, de l'estomac, Prendre et très chaud et ne manger qu'une après au plus tôt

Bourdon (insecte) 바다리, 말벌

Bourdonnement 윙윙소리, 우우소리. Avoir le – d'oreille, 귀가 윙윙하다, 귀벅벅하다

Bourg, Bourgade 동네, 마을

Bourgeois *읍인

Bourgeon 싹, 목 (oeil)

Bourgeonner 싹나다, 목나다

Bourrasque

Bourre, étoupe, vieille filasse 귀복 ; — pour empêcher le vent de passer 솔 악 ; — de cartouche 빡위.
Bourreau 빡난이, 회광이, 챡도장이
Bourrée 나븍단
Bourreler
Être — de remords
Bourrelet 언덕 . En — 두드러지게 ;= — de papier autour des fenêtres 둘지, 분둘지.
Bourrer 닥다 (아,은)
Bourriche 광주리
Bourrique
Bourru 셜셜ᄒᆞ다, 험상ᄒᆞ다, 험상스럽다 (러워,온)
Bourse 쥬머니 ; — du corporal 셩낭 ; Bourses (anat.) 신랑, 불알쥬머니 ;= — de commerce 취인소
Boursier
Boursoufler se — 붓다 (부어,은), 부증나다.
Boursouflure 부증
Bousculer 헤치다, 헤집다 (어,은) qui veulent dire surtout écarter. — Se — 가래앍질ᄒᆞ다, 가드락질ᄒᆞ다
Bouse 우분, 쇼의똥
Bousier insecte 당낭, 쇼똥벌네
Boussole 나경, 걸령고, 걸퉁거, 지남거, 죠침판, — marine portant la rose des vents fixée à l'aiguille 라침반 = Au lieu de tous ces mots savants, on dit surtout 지남텰, 지남쇠 . fer qui indique le sud.

Bout — Brahma

194/

Bout d'un objet 끗, 끗치, 고독배기, 긋트배기, 끗타리. Pour certaines choses 꼭지 v.g. 젖꼭지 — des mamelles, tétin. Bout au — 맨끗헤. Être mis à — 막되다, 견정업다 (견정 route devant) C'est dans les deux cas être mis à — dans le sens d'être réduit à quia. = Venir à — d'un travail 끗내다, 뒤갈망하다 (갈망하다 réussir). Venir à — d'un homme, le dompter 엇히. 잡죄다 (여, 죈) 엇히다 잡다 (아, 은), 다잡고 고르치다 mais ces expressions 잡죄다 encourager, avertir, 다잡다 commander avec force indiquent plutôt les moyens pour venir à — que la réussite. 압복하다 désigne la victoire. Pousser la patience à — 못견듸게하다, 셩내도록 지근대다, 분을도도다 (아, 돈) Pousser bien 뎐휴를진노케하다. Être poussé à — 참을수업다, 참을수업시 되다 = D'un — à l'autre 시작브터 끗신지. Lire un livre d'un — à l'autre 최 내쳐보다. = — Réciter du — des lèvres 입다라외오다 (와, 온) = Vent de — 맛바름, 압치바름. = — (de fil, de corde) 오락이. — (pour le temps) 만, 후. Au — de 3 jours 사흘만에, 사흘후에

Boutade

Boutargue oeufs de poisson salé 난젓

Boute en train) — beau parleur 호변리

Boute-feu ; — homme brouillon 쌈숩군, 싸홈을 붓치는 사룸, 싸홈을 도도는 사룸, 도분ᄒᆞ는사룸 (도분ᄒᆞ다, exciter la colère).

Bouteille 병. Grande — (ou plutôt amphore) 앵병

Boutique 뎐, 젼, 뎐, 방, 시졍 = auvent 가가, 가리. Tenir — 뎐 보다, 방보다

Boutiquier 쟝ᄉᆞ = 시졍, 시졍앗치 peu usité

Boutoir

Bouton d'habit 단초; — de fleur 쏫샐, 봉올이, 봉울이 v. Bourgeon; — sur le corps 뾰로지, 벽스럼; les boutons de chaleur 쌈쌔.

Bouton d'or fleur 자라풀, 자라초, *차거초

Boutonner 단초를 씌다 (씌여, 씐)

Boutonnière 단초구녕 - Si c'est une boucle 단초고

Bouture Planter par — 졀지 심으다 (심어, 심은), 가지 석거 심으다, et simpl.t 석거심으다.

Bouvreuil

Boxe art *권법; *권투, *격투

Boxer

Boxeur Les — de Chine (1900) *권비, *[illegible], 의화당.

Boyau 창주, *내복, *내장, 뷔알

Boycotter 동밍졀교 = ᄒᆞ다

Bracelet 손목고리, *환목, *수환

Braconner

Brahma *파라분

Boycottage *비매동맹 — (refus de fréquenter) *동맹졀교

Boy scout *소년군

Brahmanisme — Brasero
196/

Brahmanisme ˙파라문교
Brailler 왁자ᄒᆞ다, 시더들다 시더드다(러, 든)
Braire 울다(어, 운).
Braise allumé 숫불 ; — éteinte
Braiser
Brancard de voiture 채 ; — pour porter, 들것. 마조잡이 ; — d'ambulance ˙담가 ; ˙담가.
Branchage 나무가지.
Branche d'arbre 가지, 야지, — menue 회초리 ; — sèche (pour le feu) 고섭 ; = — (de fleuve, de chaine de montagne, etc.) 줄기 ; = — d'une famille ˙파, ˙지파, 본. — ainée 맛파, ˙쟝파, ˙젹손, ˙종손. On dit très souvent 큰집. = — cadette ˙지손 ˙지파 — anglais "Branch", succursale ˙지, ˙지소, ˙지졈
Branchies ˙싀 ; ˙어싀
Brandir 들다(어, 든)
Brandon de feu 불상. — de discorde. V. Discorde. — Boute-feu.
Branler v. n. 흔들다(어, 든) (~~factif~~ factif 흔들니다) (흔들다 a souvent le sens actif & 흔들니다 le sens passif), 근덕이다, 흔덕이다, 흔들흔들ᄒᆞ다. Les dents — 니가 흔들닌다, 니가흔들흔들ᄒᆞ다
Braquer (une arme etc.) ˙견양ᄒᆞ다, ˙견양보다. Ainsi les yeux — sur 두러지게 보다, 닯나도록보다, 눈빠지게보다.
Bras ᄑᆞᆯ, ᄑᆞᆯ다시, ᄑᆞᆯ쑥, — de mer, la rivière ˙파류, 물갈니 ; — d'autre chose 줄기.

Croiser les — dans les manches 팔장시다, 팔장지르다 (질너,지른), 팔짱끼다 (끼어,끼인). Croiser les — par derrière 뒤짐지다. Avoir bien des affaires sur les bras 일 만다 하다, 분주하다, 다사하다, 수번하다, 일 많다. Recevoir à — ouverts 반갑게 대접하다; 반가와 대접하다. Gros comme le — (au sens littéral) 팔 만큼 굵다 (어,은), 팔다 시 굵다 (하,흔). N'avoir que ses — pour vivre 벌어 먹다 (어,은), 벌어야 먹다. = Porter entre ses — 안다 (아,은), 품다 (어,은) le dernier ajoute l'idée de "serrer" entre ses bras. Y être porté 안기다, 품기다. Mourir entre les — de ses parents 부모 품에 죽다, 부모 슬하에 죽다 (aux genoux). Il est mort entre les — de ses enfants 조식들이 림죵식혓다, 조식 압희 림죵하엿다. Hors de ces cas on dit seulement de celui qui assiste un mourant 림죵보다. = Arracher (un enfant) des — de ses parents 부모의 품에 세다 (어,세), 부모 품에 잇는 우히를 억탈하다. Se mettre un ennemi sur les — 원슈를 매다 (여,맨). Se jeter entre les — 품에 달녀드다 (러,른) (ne se dit que des enfants). — dans le sens de chercher protection auprès de, on dit 의탁하다, 의지하다. ≡ — de chaise à porteur 친

Braser

Brasero 화로

Brasier feu ardent 괄불 (괄다)
Bras le corps à —
Brassard 팔거리
Brasse — en longueur 발, 파. Mesurer à la — 발다 (발따ㅅ이, 븐), — en circonférence 아람, 아름. Arbre qui a au moins une — le tour 아름들이나무. —, à la nage
Brassée 아람, 아름, 아름드리
Brasser (du vin, — le remuer) (술) 빗다 (져, 슨). Chaque opération a son nom! Réparer le levain 빗호야노타, le faire fermenter 괴다 (여, 괸) — Ajouter le riz 우덥기하다. Mêler le tout ensemble, brasser 빗다.
Brassière veste d'enfant 져구리
Bravache *방안왈쟈 : qui crie ... dans une chambre.
Bravade 샹소리
Brave *용밍호다, 억세다 (여, 센), *독호다, *지독호다. *당돌호다, *용감호다, = 즐기차다 veut moins dire fort. Un — *대장부. — soldat *용병, 강병. Faire le — 큰듯거리다.
Braver qqun
— un danger. On dit simplement *당돌호다 ou autres mots voulant dire être brave, — ou bien 무릅쓰다 (써, 쓴). — la mort 죽기를 무릅쓰다
Bravo 올타, 됴타.

Bravoure 용맹 = *대담 surtout dans le sens de sangfroid.

Brebis *양, 암양. C'est la — confiée au loup 범의 아가리에 날고길 (viande crue dans la gueule du tigre).

Brèche à un couteau ou chose du même genre 니 빠진것 (dent tombée). — à un mur 담 터진것, 담 터진 데. — à la réputation *흠, 하주

Bredouille

Bredouiller 어눌하다, 말굿다 (어, 은) = 혀굿다, 혀둔하다 la langue n'est pas souple. Tous ces verbes sont neutres et n'admettent pas de régime direct. — une excuse 핑계하라고 더듬거리다. V. Bégayer.

— (du Pape) *칙서

Bref 자르다 (잘너, 자른). Prononcer une syllabe — 자르게 부르다. Être — (dans ses discours) 간단하게 말하다, 간단하다. — adv. en un mot 도모지

Breloque 노리리, *퇴불

Brésil *파서국

Bretelle de pantalon ; — de fusil *부혁 ; — pour porter les fardeaux 질빵

Brevet d'une dignité 교지. Pour les grades littéraires, le — de 진사 était dit *백패, celui de 급데 : *홍패. Pour les grades littéraires actuels *졸업장, *졸업증서. = — industriel (au sens de l'anglais "Patent", impliquant le droit exclusif de vente *전매권,

Bréviaire – Briser

200/

*쳔매특허 – Office où on le délivre *쳔매국. Avoir le monopole d'une chose en vertu de ce brevet *쳔매ᄒᆞ다.

Bréviaire *경본, Le réciter 경본보다.

Bribe 부스럭이, 바스락이

Bricole

Bride, Bridon 굴레, 굴네. C'est proprement la partie qui enveloppe la tête du cheval. Les rênes se disent 곳비 & l'extrémité que tient le 마부 conducteur 견마. – 2e bride mise par dessus un autre, v.g. bride européenne par dessus une bride coréenne 덧굴네. Lâcher la – à ses passions *방탕ᄒᆞ다.

Brider un cheval 굴네씌우다 (워, 씌운); – qqun, le tenir ferme 얽이노타, 얽이치ᄒᆞ다 (얽이 = collier). 굴네씌우다 se dit quand on – qqun en lui confiant un emploi qui le force à se tenir. = Yeux bridés 거젹눈.

Brièvement 잘간, 빙긋, 빙긋빙긋, 잘박ᄒᆞ게, 잘박잘박ᄒᆞ다. Parler – 간단ᄒᆞ다, 간단ᄒᆞ게 말ᄒᆞ다.

Brigade de satellites 도ᄃᆡ. Leur chef, ou brigadier 힝슈. = – (armée, 2 régiments) *려단. Chef de – (office) *려단장; Général de – (grade) de l'armée coréenne avant 1907 *육군참장, – de l'armée japonaise *육군쇼장

Brigadier de cavalerie & gendarmerie *오장
Brigand *강도, *불한당, *화적
Brigue
Briguer
Brillant (subst.) le brillant d'une étoffe, du vernis etc *윤 = 나다
Briller 훌난하다, 빛나다, *환하다, *윤택하다, 윤나다, 광나다, 번득이다, 번적이다, 번적번적하다. — au soleil 어른어른하다. v. scintiller, éclat.
Brimade
Brin 티, 부스럭이, 낫 Un — de paille 집 한낫
Bri dille de bois 섭
Brio
Brioche
Brique 벽돌
Briquette de charbon
Briquet 부쇠. le battre 부쇠치다.
Brisants écueil *여, *암석
Brisé en géométrie *절. ligne — *절션, surface — *절면
Briser 부수다 (어, 순), 쇠치다, 쇠터리다, 부스러지다, 부쇠러지다, 부스리다, 부러지르다 (질너, 지른), 분지르다 (질너, 지른), 부루치다, 부수치다, 부러터리다, 부러치다, 욱으러셔지다, 욱그지르다 (질너, 지른) — plus ou moins en miettes 쳐롯다 (로려, 른), 작파하다, 바으다 (바아, 은), 바으치다, — rompre (un objet long) 석다 (거, 근) — se — ou être —

부서지다, 리여지다, 부러지다 etc. – Être – (objet long) 꺽기다, d'où 꺽긴길 route qui fait un détour brusque, route – (Brisée en géomètre). Se –, être – en éclats 터지다. Être –, se – (fil, corde etc) 끈허지다, 끈지다. (à l'actif 끈다 (허, 흔), 끈흔 터지다, 끈치다). Être – complètement, perdu 방장나다.

Brise – de printemps 춘풍, – marine regulière, – des côtes 반일풍

Brisure

Broc

Brocanteur 잡화장수, 잡화상 – la boutique 잡화뎐, – s'il vend aussi du vieux 신구잡화상 = 신구잡화뎐

Broche pour rôtir la viande – ou plutôt brochette (ord. en bois) pour enfiler de morceaux de viande cuite 꼿치, 꼿창이; – le rouet 불레가락, 가락꼿치; – d'égreneuse à coton 씨아가락.

Brocher Faire négligemment 덤벙덤벙하다, 되는되로하다, 아모러케나하다; – la soie 분듯이 비단 싸다. – soie – 분듯이, 분듯이 비단 – un livre.

Brochet

Brochette de viande 고기꼿 창이

Brochure

Broder 슈노타 수놓타 (노하, 흔) – une histoire 발불다 (어, 분)

Broderie *슈, 슈노이
Bromure de .... *츄화 .... 臭化
Bronche
Broncher heurter un obstacle 것칫다, — pour le pied à faux 헛집다 (허, 흔), 헛밟다 (아, 흔); — manquer de tomber 것구러질번하다, 넘어질번하다.
Bronchite
Bronze *황동. Monnaie de — *동젼.
Bronzer
Brosse 사즈, 사지, 솔
Brosser 솔질하다, 솔노닥다 (아, 은), 쓸다 (어, 쓴), 사즈질하다.
Brosseur ordonnance d'officier *쟝교종졸
Brou
Brouet 죽
Brouette *슈차, 손수레. — officielle, chaise à une roue les grands dignitaires militaires *쵸연, *됴연
Brouillard 안긔. Il fait du — 안긔끼다, 안긔 끼었다 (끼다 envelopper), 안긔 둘넛다 (두르다 entourer). Le — se dissipe 안긔 쉰다 (쉬다, 여, 쉰) = — malsain *장긔
Brouiller 어즈러이다; — une affaire 희짓다 (저어, 은); — (un liquide) 흐리우다 (워, 운) qui se dit aussi pour — l'esprit. — des amis 불목식히다. Se —, devenir trouble 흐려지다, 흐려가다, 흐리다. Être — (fil, ficelle, cheveux) 얽히다. Avoir l'esprit —

내간붓치다, 반간노타

la vue — 정신흐리다. (— par la fatigue) 횡흥하다, 어득어득하다, 아늑아늑하다, 정신어즈럽다 (러워, 운). Être — avec qqun 의가상하다, 의가틀니다. 불목하다.

Brouillon premier jet d'un travail, d'une lettre 초. Le faire 초잡다 (아, 은) = —, homme remuant 뒤려혼놈, 괴뒤혼놈, 심술군, 부정군, 호수쟈, 게정군 (게정벽다 – 어 – 은 importuner, chercher querelle).

Broussailles 덤불, 나무덤불

Brouter 뜻어먹다 (어, 은)

Broutilles 나무부스럭이

Broyer 작말하다, 빠다 (러, 빤), 으스럭드리다 (pas. 으스러지다), 빨다 & 까다 (까라, 깐), 부수다 (어, 순), 부수치다, 부스러치다, 부스러터리다, 바아다. Être — 부서지다

Bru 며느리, 조부. Petite fille qu'on élève comme future — 밋며느리

Brucelle 족집개

Brugnon *승도 (pêche "bonze", c.a.d. glabre)

Bruine gelée blanche 서리; — brouillard épais, 가랑비, 이슬비.

Bruire 바삭바삭하다, 버석버석하다, 버스럭버스럭하다, 와삭와삭하다, 앗작앗작하다 se dit de la paille, des feuilles sèches froissées.

Bruit 소래. Faire du — 야단하다,

야단치다, 세들다 & 세드다 (드러, 든) = *요란ᄒᆞ다 qui s'emploie sans sujet : il y a du bruit ! On fait du — ; — comme les enfants, être bruyant 짓거리다, 짓걸거리다, 짓걸짓걸ᄒᆞ다. Le — court que 말, 쇼문, qq. 소리 … 낫다 ou 들닌다. Faire du — (événement) 쇼문 크게 나다, 쇼문 번셩ᄒᆞ다, *파다ᄒᆞ다. 야단ᄒᆞ다

Brûlant 뜨겁다 (거워, 운)

Brûlé 타다 (타, 탄). Odeur de — 탄내. Odeur & goût de — *화독내, 불내. Être — par le soleil (terre & plante) 타도록 마르다 (말나 & 말너, 마른), 슬다 (허, 흔), 볏헤 세히다 = 세히다 se dit aussi d'un coup de soleil sur la chair. Être — de soif 갈증나다. Conserver sa forme quoique — *쇼존셩ᄒᆞ다 (terme de droguerie).

Brûle parfum *향로.

— devant le tombeau : ↔ (Is les tombeaux riches, pierre sculptée en forme de lanterne) *향셕.

Brûle pourpoint

Brûler v. act. 불태오다 (와, 온), 세다 (여, 센), 태우다 (워, 운), 타히다 ; — pour détruire 살다 (어, ㅅ아, 산), 살오다 (와, 온), 불ᄉᆞ로다 (로아, 로ᄂᆞᆫ). = 불지르다 (질너, 른) qui veut dire mettre le feu. — du bois 나무 ᄐᆞ히다, — du charbon 숫불 퓌다 (여, 퓐) & 퓌우다 (워, 운) ; — de l'encens, les parfums 불향ᄒᆞ다, 향불 퓌다. — vif 살와 죽이다. — un mort (incinération) *화장ᄒᆞ다. —, cautériser au fer rouge 지지다 (frire).

= — v. n. ; —, être en feu ᄒᆞ다 (ᄒᆞ, ᄒᆞᆫ), 불ᄂᆞ다; — de désir 조히다; — de passion 셩화ᄒᆞ다, — de colère 대로ᄒᆞ다. Se — au feu 데히다. — Être dans le feu sans —, sans le consumer 불에 쵞노치봇ᄒᆞ다 (쵞노ᄒᆞ다 souffrir de); 불에 샹치아니ᄒᆞ다.

Brûlure 데힌자리

Brume 안긔 v. Brouillard.

Brun 검웃ᄒᆞ다, 검으스럼ᄒᆞ다. Tacheté de — 검웃검웃ᄒᆞ다

Brune La —, le soir 어스럼. À la — 어스럼에, 어슬어슬ᄒᆞᆯ때에

Brusque ; — (de caractère) 급ᄒᆞ다, 조급ᄒᆞ다. Détour — d'un chemin 길 썩건ᄃᆡ

Brusquement avec vivacité 급ᄒᆞ게; — subitement 갑작; — sans ménagement 불슌히. Frapper — 둑치다, 엽흐게치다. Piquer — 쑥 ou 쏙 지르다 (질너, 지른)

Brusquer

Brusquerie 급ᄒᆞᆫ셩품, 불슌ᄒᆞᆫ모양

Brut non travaillé 싱 — Poids — 합계중량.

Brutal 우ᄒᆞ다, 우악ᄒᆞ다, 셜픠다

Brutaliser 악되ᄒᆞ다

Brutalité 우악ᄒᆞᆷ이 etc.

Brute bête 금슈. C'est une vraie — 금슈굿다 (하, 흔) 금슈와 다ᄅᆞᆷ이 업다.

Bruyant 왁자ᄒᆞ다, 우쳥우셩ᄒᆞ다, 들네다, 요란ᄒᆞ다. V. Bruit.

Bruyamment Parler — 서들다 ≠ 서드다 (드러, 든), 왁자하다. Ailleurs — se rend par une onomatopée imitative. (V. Harmonie).

Bruyère

Bubon

Bubonique Peste — 흑수병.

Bûche de bois 나무덩이, 나무도막. — à bruler 장작

Bûcher (subst) — Endroit où on met le bois à bruler 나무간. — pour incinérer le cadavre 화장불

Bûcher (v. act.) 깎다 (아, 은), 서다 (어, 은), 패다.

Bûcheron 나무군

Bûchette 지적갑이, 독그밥

Budget calcule d'avance 예산안

Buée 김

Buffet

Buffle 불소 ?? (le mot en tous cas veut dire rhinocéros). = Corne de — 흑각 (corne noire). = le dict. jap. traduit — par 수우 ce qui est bien 불소; mais il semble bien que pour le Coréen 불소 désigne un animal amphibie. — Or il ne connaissent pas le rhinocéros.

Buis 회양목, 고양목, 고양나무.

Buisson 덤불, 가시덤불.

Buissonneux 덤불 만타 (하, 혼)

Bulbe

Bulle d'air, de savon, etc. 방울. —

(du Pape) ˚대칙셔
Bulletin 잡지
Bureau meuble pour écrire 칙상; — Cabinet de travail (privé) 칙방, ˚난방; — de fonctionnaire (où il traite les affaires) ˚ᄉᆞ무소, ˚국. — de poste ˚우톄국 id. (secondaire) ˚우톄소; — de télégraphe ˚뎐보국, 뎐신국 — de téléphone ˚뎐어국. Bureau d'un journal ˚신문사 = d'un commerçant, ou d'un homme privé ˚ᄉᆞ무실 en usg. souvent 소 cy. 경찰소, — de police
Burette 병; — pour la Messe 쥬슈병
Burin 각도
Buriner 삭이다
Burlesque 우숩다 (수워, 운) V. risible. D'une manière — 우숩게
Buse 슈리개, 솔개, 솔개미
Buste 웃동. Pour une statue, un portrait en buste, on dit souvent ˚반신 (moitié du corps).
But Fin que l'on se propose ˚의향, ˚뎡향, 목뎍. Avoir pour —, aspirer à ˚도모ᄒᆞ다, ˚뎡향ᄒᆞ다, ˚향방ᄒᆞ다. Arriver à son — ˚합의ᄒᆞ다 (peu usité). Sans — 향방업시, 뎡향업시, 별타령으로, souvent 그저. = pour tirer, cible ˚관혁 atteindre le — 관혁 ᄭᅢ다 (ᄭᅢ여, 온). De — en blanc ᄯᅡ고, 샹업시, 규구업시, 규모업시. = — D'un voyage ˚목뎍디
Buter 걸니다, 거치다. D'où l'expression 거츰업는길 Route sans obstacle. 거츰업다 se dit aussi pour cy. d'un enfant qui ré-

cuve sans hésiter.

Butin de soldats, de satellites .... de voleurs 잡인 물건, ˙분도물, ˙략탈물; Faire du — ˙략탈하다, ˙노략하다.

Butiner

Butor lourdaud 복둥이; — brutal 긔숙곳다 v. Brute.

Butte éminence 언덕, — colline ˙야산. — autour de laquelle tourne la route 모퉁이, 모롱이. Si la route passe dessus 언덕 & autour 고리 = Être en — à ˙과혁되다 (être une cible); mais ce mot est peu employé. On dit plus souvent par exemple: Être en — à la médisance 시비구력이되다 (구력 est une espèce de panier). Être en butte à toute espèce de souffrance 고생구력이되다, 고생쥰치되다, 고생바탕되다.

Butter les plantes 붓주다 (어,준), 붓도두다 (어,돈). v. Biner.

Buvable 마실만하다. Ce n'est pas — 먹을수업다, 못먹겟다.

Buvard (papier) ˙압지, ˙먹지, ˙흡먹지

Buvette 술막; 쥬가

Buveur, ivrogne, sac à vin 술구력이, 술쥬치, 술자로 = ˙과주하다. On appelle 큰술 (grand vin) un —, c'est à dire un homme qui peut boire beaucoup sans s'enivrer.

Çà — Cacheter
210/

Çà pour appeler, attirer l'attention. On emploie les diverses formes impératives du v. 여보다 inusité aux autres modes: 여보시오, 여보오, 여보, 여보게 etc — , adverbe 여긔, 이리 selon le sens. Viens — ! 이리오너라. De —, de la 이리저리. Courir — et là sans but 헤지르다 (질너, 지른), 이리로저리로가다, 울신갈신하다: = — pour "cela" V. ce mot.

Cabale 도당, 학, 길. La —, le parti des Kim 김, 가의 도당, 김가의 길

Cabaler = 불의 를 꾀 로 롤 하다 (comploter des injustices).

Cabaleur 호소자, 흉계군.

Cabane 막, — plus ou moins enfoncée en terre 움, 움막.

Cabaret 술집, 술막, 주막, 주가.

Cabaretier 술막주인. Une cabaretière dit vulg. 주모.

Cabestan

Cabine

Cabinet 방, — de travail, bureau 본방 (maintenant) 소무실 (où l'on traite les affaires)

Cabinet de consultation d'un médecin (P.ᵗ – d'examen) 진찰소 — d'aisance 뒤간, 치간, — d'affaire 수각소 = — réunion d'instruments, de spécimens, — de physique, de chimie etc. "실 précédé d'une spécification appropriée. = — (ministère) 내각

Cable 줄, 바. — télégraphique "해뎌뎐션.

Cabosse

Cabotage

Câbrer se — (un cheval) 니러셔다 (셔, 션) — résister en face 맛셔다 (셔, 션)

Cabrioler 쒸다 (여, 쒼), 쒸노다 (러, 논) — faire des cabrioles 괴덕부리다.

Cache 숨은곳

Cache cache jeu 숨박숨질 = 하다

Cache nez 목거리

Cacher 감초다 (어 오아, 촌), 감초아두다 (어, 둔), 감촉하다, 숨기다, = 움치다 (qui par extension a souvent le sens de dérober). Se — 숨다 (어, 은), " pour éviter la rencontre " 피하다. Se — de qqun (en faisant qque chose) 남볼니하다, 남모르게하다, = 은근히하다. Se tenir — 숨다, 숨어잇다; être — (chose) 감초이다. Se — la figure 얼골가리우다 (워, 운). (덥다, cacher en couvrant)

Cachet "인, "도셔, "도쟝 "독셔. On dit parfois 보룬 (signe) – 인 se dit surtout d'un cachet officiel de dignitaire. — à chaud "화인, "각인. Appliquer un — 인치다, 도쟝치다 etc.

Cacheter une lettre, la fermer 봉하다, 비

Cachet pour prendre les remèdes "교갑 (c'est plutôt une ampoule en colle)

A défaut de cachet, on marque l'empreinte du bout de l'index – (comme quoi Bertillon n'a rien inventé) Cela se dit 손도쟝 (지쟝) = D'autre fois, les femmes surtout dessinent les contours de leur main. Cela se dit 수쟝 = 찔다 (허, 흔)

212/

봉하다. Les Coréens disent facilement 것봉쓰다 parce qu'ils écrivent un ou deux caractères sur le pli en guise de cachet.

Cachette 숨은곳. En — 가마나이, 몬근이, 남몰니, 남모로게 En — la Pierre 베두룩 몰니, 베두룩모로게.

Cachot "옥

Cachottier

Cacophonie "악성

Cactus "패왕수, "선인장

Cadastre arpentage & évaluation 토지 측량, "토디장량 ; —, régistre "토디디장 ; communément "디장 (copie du — "디장등본)

Cadastrer "토디측량=하다, "토디장량하다

Cadeau "선물, "생급 v. Don.

Cadavre "시톄, 송장 (eau qui en découle + remède !!) 츄리, "시슈

Cadenas 잠울쇠.

Cadenasser 잠으다, (잠아, 은), 잠그다 (잠거, 잠근).

Cadence

Cadet Frère puîné 동생, 제시, 아오 v. Frère. = — au sens anglais, élève officier, aspirant à être sous lieutenant "륙군쇼위후보생. Dans la marine "히군쇼위후보생 (correspond à aspirant de marine de 2 cl.).

Cadran ; — solaire "일영, "일영표, "얼구

Cadre v.g. d'un tableau 변죽, — (dans l'armée) "간부

Cadrer S'ajuster 마자다 (마져, 즌), 알마자다,

적당하다, 넓넙하다, 맛곳다 (234, 2호). Faire — 맛기다. Ne pas — 틀니다, 어긔다, 어긔여지다, 어긋나다, 어근버근하다. Les esprits ne — pas ensemble 의가틀니다.

Caduc 로약하다. Vieillard très — 파파로인, 호호한로인, 다된로인 = 등친만 남은 로인 = 송장가음 (matière à cadavre). Mal —, épilepsie 질알, 간질

Cafard cauterelat 박쥐, 강쥐

Café 가픠, 가뎨, 가뎨차

Cafetière 가뎨그릇, 차관

Cage d'oiseau 새우리, = —, charpente. Maison qui n'a encore que la — de faite 소리만 맛춘 집 (소리 les 4 angles), 상량만한집 (상량하다 mettre la poutre faitière), 토역아니한집 (토역 ouvrage de terre, crépi, etc).

Cahier 척. Un — de papier, une main de papier (numéral) 죠희 한권.

Cahin caha

Cahot secousse , — inégalités de la route 길것친데

Cahoter se heurter aux obstacles 것치다, 돌에 것치다. Être — (vg. de la voiture), être secoué 흔들니다

Cahute 막, 움막

Caille oiseau 모초리새, 모착이, 모촌착이, 뫼촌착이, 모차착이.

Cailler se 엉긔다 (여, 긘).

214/

Caillot 덩이 : — de sang 피덩이
Caillou 돌, 돌멩이, 돌맹이, cailloux (rg. pour mettre sur les routes) 작알. — à feu 차돌, 부싯돌
Caisse 궤, 상자 ; 농, — en bois 목농, 나무궤 = — d'épargne 저금관리소, de postale 우체저금.
Caissier
Caisson (milit) 탄약고 ; — sur roues 탄약차.
Cajoler 홀이다, 아당하다, 아첨하다, 추다 (어, 춘), = 남의 눈을 낫솟다 (저 ㅅ자, 전 ㅅ준) - litt. pécher le coeur à la ligne = 교언영색하다 : dire de belles paroles & faire de jolies manières. V. courtiser.
Cajolerie
Cal 덕경이. le former en — 덕다 (거, 근), 덕기다

Caladion 토란이 genre comestible, CALADIUM ESCULENTUM syn. taro

Calamités 재앙, 재화, 앙화, 환란
Calcaire pierre à chaux 회돌, 석회석, 탄산석회
Calciné en chimie 고 - la vieille droguerie coréenne dit 소존성 = 하다. les objets —, c. à d. brûlés mais gardant leur forme.
Calciner Pour la chaux 굽다 (구어, 운)
Calcul pierre (maladie) 석림, = —, computation 계, 마련 = 산술 est le — proprement dit. Principes de —, règles, 산식, Signes employés dans le — 산묘 ;= — intégral 적분, 적분학

석림 est la maladie. le calcul est 적분

Calculer supputer 헤아리다 ; — faire

un compte, une opération de calcul 혜다, 세다, 혜여보다, = *산하다 (mot nouveau). = avec l'abaque ou la baromètre 혜 두다 (어, 둔), 산 두다, 산 노하 (하, 혼); — à la plume (ou crayon) *필산하다; — de mémoire, de tête *암산하다, *심산하다 = *계산하다 comprend tous les genres

슈노타, souvent même 노타 (au sens ext. 슈).

Cale de navire 빈밋바닥, 밋창; — à mettre sous un meuble 동받이, 괴이; — en bois 괴이목, en pierre 괴이돌

Calebasse 박. Moitié de — séchée & vidée employée comme vase 박아지

Caleçon 속바지, 속것, 단속것; 홑의, 고의 — de bain 빌고의

Calembour 겹말 (mot à deux sens)

Calendrier *력서, *칠력 = perpétuel *백중력, *천세력; — chrétien, — de fête *첨례표, *첨표; = — solaire (grégorien) *양력, — lunaire *음력.

Calepin *슈첩.

Caler un meuble 괴이다, 괴읩괴이다, 괴읩, 박치다; — un manche d'outil 보읩하다, 보첩하다.

Calfat instrument pour calfater 읽이

Calfater 박다 (아, 은) avec un contenu de ref-friant; 박박다 (아, 은), 설식박다 (설식 est l'étoupe).

Calfeutrer 박박다 (아, 은)

Calibre

Calibrer

216/

Calicot cotonnade européenne *광스,
*당복, *양복
Calice pour la Messe *셩작 / — de fleurs
*화톄, *화토.
Califourchon
Calin
Caliner (enfant) 웅응ᄒᆞ다, 어리양ᄒᆞ다
Calinerie
Calleux 덕다(거,근) - *Main — 손헑ᄒᆞ다
Callosité 덕겅이, 덕졍이 V. Cal.
Calligraphe *명필.
Calmant remède *진통제.
Calme subst. - paix 안연ᄒᆞ기 = ᄒᆞᆷ이,
ᄃᆞᆫ안ᄒᆞ기, = ᄒᆞᆷ이 / —, sang froid 넉살
en avoir 넉살도다 (하, 혼)
—, adject. en paix *안연ᄒᆞ다, ᄃᆞᆫ안ᄒᆞ다,
안연이 잇다, ᄃᆞᆫ안이 잇다 / — sans remuer
가만이 잇다

Sur —, maître de soi
*태연ᄒᆞ다. - avec
- 태연히

Calmer *안유ᄒᆞ다, 안연케ᄒᆞ다 / —
un homme en colère, un enfant qui pleure
달내다(여,닌), 안츄르다 (러,른) = 재
우다 (워,운) ne se dit que pour un enfant.
se — . (homme en colère) ᄎᆞᆷ다 (아,ᄋᆞᆫ)
분노를 붓잡다 (아,은) / se — (bruits,
rumeurs, tumulte) 갉으러지다 / se —
(vent) 자다 (dormir).

—(mer .. colère, etc)
가라앉다.(져,진)

Calomel *감응. (chlorure de mercure), *경분.
Calomniateur 무함군, 무함ᄒᆞᄂᆞᆫ사ᄅᆞᆷ
Calomnie *식함, *망증 = ᄒᆞ다. = —

'참소, '알소

devant une autorité, un supérieur *참소. Se laver d'une — *발명ᄒᆞ다. Rétracter une — 발명ᄒᆞ야주다, 죄를벗겨주다. Être mis à mort par suite d'une — ᄋᆡᄆᆡ이죽다 (mourir innocent).

— devant un magistrat, ou un supérieur *정소ᄒᆞ다. *알소ᄒᆞ다.

Calomnier 헛색리다, *무함ᄒᆞ다, *방증ᄒᆞ다, *참소ᄒᆞ다. = 무함을 잡다 (아,은), ᄋᆡᄆᆡ이 잡다, ᄋᆡᄆᆡᄒᆞᆫ 사ᄅᆞᆷ을 잡다. Être — 무함을 당ᄒᆞ다, 무함에 잡히다.

Calorimètre *열량계

Calorifère

Calorique *온소.

Calotte 감투

Calquer *형생ᄒᆞ다

Calumet 담비대

Calvaire 갈와리아산

Camail 웃옷

Camarade *동모, *동류 — [illegible] de collège, *동접, *동관; — ami 친구, 벗.

Cambodge *진랍국

Cambrer se —

Cambrioler

Caméléon *변색룡

Camélia *동백, 차꽃, *산다

Camelote

Camériste

Camion 수레.

Camisole 져구리 (cf. de gilet), 젹삼 (chemise)

Camomille *감국화.

Camp *진, *진영; — retranché sur la montagne *산성

Campagnard '촌인, '촌킨, — lourdaud 싀골둑이
Campagne par opposition à ville '촌, par op. po. à capitale 싀골. Battre la — v. Battre.
— (militaire de guerre) '젼역, '젼징.
De — ou en — (milit.), ex. agg. '야젼
v.g. Canon de — '야젼포, Poste militaire de campagne '야젼우편, Ambulance de — '야젼병원.
Campanule '길경, 도라지쏫, 길경키
Campêche bois de — '단목, 다목
Campement '진.
Camper
Camphre '편뢰, '룡뇌, '빙뇌, '쟝노, '쟝뇌
Camphrier 녹나무
Canada 감나대
Canaille 쳔혼놈, 쳔류혼놈, '쳔인 '잡인 잡놈, '악당, '부뢰자비.
Canal d'irrigation 보, 볼보, — de navigation 빌골, — souterrain 은구. artificiel, — de navigation '운하
Canard 오리; — domestique 집오리; — sauvage 산오리, 들오리, 빌오리, 쟝복이, 쟝북이
Cancan '쇼셜, '소셜, '허망지셜, '허황지셜.
Cancer '창, '감창 au nez '죽비창, 룸병, — à la bouche '구감창; — aux parties sexuelles, — syphilitique '하감창. Il semble bien du reste que les Coréens emploient le 창 seulement pour les maladies d'origine syphilitique.
Cancrelat 강귀, 박회, 박귀
Candélabre 촛대, 초새
Candeur
Candi sucre — '빙당

— à une place, à un état qqcque *지원자, *후보자.

Candidat aux examens *과군; — à un grade quelconque, aux élection *후보자, 후보생.

*순후하다

Candide *순박하다, — sincère 고지식하다

Canevas à broder

— d'une composition littéraire *날때, *날안.

Cangue 칼; — pour la route 항쇄칼

Canicule *복, *삼복. On l'appelle ainsi parce qu'elle se divise en trois périodes de 10 jours chacune: *초복, *중복, *말복. On l'appelle aussi *유경 du nom du caractère affecté aux premiers jours de chaque période.

Canif 되는칼 (couteau pour le cors)

Canine dent — 송곳니. Faim — 계걸, 계걸증. Avoir 계걸 들다 (어, 은), 계걸증나다.

Canne roseau 대. — à pêche 낙시대. — bâton 집항이, 집항이. — de genre européen 기화걸 (bâton civilisé).

Cannelle 계수나무, *관계, — la branche *계지, la moelle *계심, l'écorce 계피.

Canneler

Cannelure

Caniveau *수도

Cannibale *식인육자

Canon bouche à feu 대완고, 대완구, *대포, en agg. *포. — de campagne *야전포, — de montagne *산포, — de siège *대괴포, — de forteresse *수성포, — automatique *기관포, *기계포, — rayé *시됴포 = — de fusil 살, en agg. *혈, d'où *단혈포, *외혈포, fusil

Le numéral des canons (bouches à feu) est *문

260/

simple à un coup, 쌍혈도 fusil double, 六혈도 pistolet à 6 coups, revolver.

= —, décision, règle ecclésiastique *뎡률, *셩회법; — d'un concile *협의회 뎡률.

= —, liste, catalogue *록, *뎐; — des saints *셩인록; — des écritures *뎡확혼경뎐, *뎡확혼경록; ou simplement *경뎐, *경록

= — d'autel, carton des prières *경패;

— de la messe *미사졀결

Canonnier *포슈, *포졸

Canonnière *포함.

Canonisation *시셩식, *녈셩식

Canonniser 셩인들에 올니다, 녈입셩품식하다, 시셩식힝하다. être — 셩인들에오르다 (올나, 오른), 녈입셩품하다.

Canonner v.n. 대완구노타 (하, 흔), 대완구질하다, 대포노타. v.a. = *포격하다. voir Bombarder — V. act.

Canot 거루; *종션. Dans le port, — qui fait la navette entre le quai & les bateaux 삼방, 삼방. C'est le mot "sang pang"

Cantharide *반묘, 청가뢰

Cantique *셩가.

Canton *방, *면. Chef de — *면쟝

Cantonnement, logement des troupes chez l'habitant *사영. Billet de — *사영권

Cantonner

Cantonnier 길감독

Canule

Caoutchouc *인도고 (gomme de l'Inde). Vulgairement *부대소 ; 부소대 (chose) ni petite ni grande — puisqu'elle s'étire. = "곰우" (gum)

Cap *회각, *갑, *단

Capable homme —, intelligent, habile 부던 하다, 재조잇다, 슈잇다 = *능하다. — de tout (en bonne part) 능대능소하다 (qui peut faire les choses petites ou grandes) = — se rend ordinairement par la forme 흘만하다.

très — 용하다.

Capacité, intelligence *의량, 재각, 재치, 재조 ; — (d'un vase) 드리. La — de ce vase est de 10 boisseaux 이그릇 열말드리라. 드리 paraît ne s'employer que précédé de l'indication de la quantité.

*용적
mesure de —
*용량

Cape Capeline de femme 천의. Rire sous cape 속으로웃다 (우서, 슨), 은근히웃다.

Capharnaüm *잡놀고.

Capillaire en agg. *모세관. Tube — *모세관 ; attraction — *모세관인력.

Capitaine chef d'une armée, d'une troupe *장슈 ; — de brigands 도적의괴슈, 화적의두목 ; — de bateau marchand *선장, — de bateau de guerre *함장.

= — (grade) — (Vieux système coréen) *빅부장 ; — (armée coréenne avant 1907) *정위, *육군정위, — (armée jap.) *대위, *육군대위 = marine : — de vaisseau *해군대좌 ; — de frégate *해군중좌 ; — de corvette *해군소좌.

Capital (subst.) d'un prêt, d'une dette 본전, — engagé dans un commerce 밋천.
Capital (adj.). Se rend en coréen par des substantifs 웃유, 대리, 즁쟝. On dit souvent aussi 뎨일 (premier). Point — d'une affaire 일고동.
Capitale ville 서울, 경셩, 도셩, 국도, 슈부 en agg. 경. — de province 감영 ajouté au nom de la ville. En — de la province 경향
Capitaliser
Capitaliste
Capitation impôt de — Anciennement 번, maintenant 인셰, 인수셰
Capiteux vin, tabac 독하다.
Capitonner
Capituler 항복하다. Pour une place forte on dit 리셩하다 : ouvrir la place.
Capon 겁빠다 (바,흔), 겁구럭이
Caporal vieux système — de soldats 십쟝, — de satellites 힝수, 항수, — de policiers 도비쟝. = nouveau système : — (armée coréenne avant 1907) 하사, — (armée japonaise) 오쟝.
Capote 외투
Caprice 변덕, 변스, 도셥.
Capricieux 변덕스럽다 (러워, 온), 도셥하다, 도셥스럽다 (러워, 온), 반복하다, 쥬의 업다, 용심 업다, — inégal 넙나드다 Un — 변덕구럭이

(려, 든) =. 반복소인, 변덕구렁이
Capsule enveloppe 함 ; — de fusil europé-
en °조리황
Captieux 후리다 (qui trouble, obscurcit (l'esprit)
°외식하다 (hypocrite).
Captif °슈금하다, 가도이다, 가쳐이다. Être
emmené captif 잡혀가다. Id. à la guerre
사로잡이다. Emmener — 잡아가다, 사로
°싱금하다 잡다 (아, 은). Tenir — °슈금하다, °나쳐하다,
°나슈하다, & ordinairement 가도다 & 가두
다 (아, 돈 & 둔), 가도아두다 (여, 둔).
Captiver prendre, arrêter 잡다 (아, 은). Avoir
le coeur — 뇌 잇, 숏치다. Être — par une affaire 일에걸니다, 일에헤여날수업다, 일
에 버쳐날수업다 = par les affaires °분주하다,
°골몰하다. Tous ces mots veulent plutôt dire
être absorbé, empêtré, surchargé. — le coeur,
le séduire 후리다, 호리다. Se —, restreindre,
à une chose 담당하다, 본직삼다 (아, 은).
Captivité au sens actif 가둠이, 가도기, 슈
금하기 ; au sens passif 가도임이, 슈금됨이
Capture action de capturer
— ce qu'on a capturé : homme 잡인사룸, 사
로잡인 사룸, — chose 잡인물건 v. Butin.
Capturer 잡다 (아, 은) se dit des hommes &
les animaux. Pour le poisson on dit aussi
잡이하다.
Capuchon 휘항
Capucine °홍련화, °한련화, 한련쏫

Caquet babil. — tenir en bec — 짤짤다 (하,흔), — commérage 시비, 짤질. Rabattre le — 무안케하다, 무안주다 (어,준). Avoir le — rabattu *무언하다 (sans parole), *무안하다 (couvert de confusion), 무안받다 (아,은), 욕보다.

*유구무언하다 : Avoir une bouche, mais pas de parole (à en faire sortir).

Caqueter 짓거리다.

Car conj. v. parceque, puisque.

Carabin *의학생.

Carabine *기총, *마총.

Caracoler

Caractère d'écriture *자, 글자, — d'imprimerie (mobile) *활자, *줌자. = —, tempérament moral *성, *성미, *성식, *성품, *성격, *인격, *인물, *인품, *기질, 본성 — les païens disent *천성. Avoir du —, de l'énergie 어귀차다 (차,찬), 어귀세다 — jusqu'à l'opiniâtreté 고집하다, 고집빠다 (하,흔), 억척스럽다 (러워,운). Avoir bon — *순하다. Avoir mauvais — 결딱이사오납다 (나와,운), 사나롭다 (로와,운) (결딱이, — semble se prendre plus souvent en mal). = — signe, marque, 보람, *표, —, dignité *등품 = — sacramentel (caché) *인호

id. être mauvais coucheur 성술이사오납다.

Un mauvais —, une mauvaise tête (surtout enfants ou jeunes gens) 악바리, 악보.

Caractériser

Caractéristique *특성, *본령.

Carafe 병, 물병.

Carapace

Caravane *일행, — officielle *행차.

Carbonate de .... *탄산 ... 炭酸
Carbone *탄소 炭素
Carbonique acide — *탄산 炭酸
Carboniser
Carbure
Carcan 칼 v. Cangue.
Carcasse squelette *해골. Ce n'est qu'une — 뼈샐 이라.— de maison v. Cage.
Carder
Cardinal (subst.) - prélat *홍의쥬교, 홍의쥬교(?)
Cardinal (adj.) Nombre —
Les 4 points — *ᄉᆞ변, *ᄉᆞ방, ᄉᆞ코퀸, *동셔남북. Les 4 vertus — *ᄉᆞ츄덕, *지의용졀 ᄉᆞ츄덕
Carême *봉직, *ᄉᆞ십일봉직, 봉직새
Carène
Caressant qui cherche à plaire, même à séduire 갈인스럽다 (러워,온)
Caresse
Caresser 어루만지다, 어로만지다, 알진거리다, 달내다 (여,닌).
Cargaison 비직.
Carguer (une voile) 지우다.
Caricature
Carie *궤창, — des os *골궤찬, *북골쳐
Carier se — 삭다 (어ㄴ아,은), 석다 (어,은)
Carillon
Carillonner
Carmin en agg. *홍

Carnage ˙학살, ˙륙살. Faire un grand — ˙륙살 = 하다, ˙학살 하다 et aussi le plutôt neutre 어육 만드다 (러,든) — ˙어육 chair de poisson. Ne pas échapper au — ˙지어지앙 면치 못하다.

Carnassier, Carnivore en agg. ˙육식

Carnation couleur du visage ˙안색, ˙긔색

Carnet ˙슈첩

Carotide

Carotte ˙당근

Carpe ˙붕어, ˙니어, 발강이

Carquois ˙젼통, ˙뎐통

Carré agg. 소모지다. — (subst.) (géométrie) ˙뎡스각형, ˙뎡방형, ˙졍방형, ˙뎡방형. — (arithmétique), puissance 2 ˙뎡방, ˙이방승, ˙뎡방승, 방 Nombre — ˙뎡방수. Racine — ˙방근, ˙이방근.

Carreau de vitre 유리쟝 = maladie ˙복학

Carrefour de route 길 갈난데, 길거리, 길목, — de 3 routes 삼거리, 보습곳이길 (Route en fer de charrue), — de 4 routes 스거리, — de 5 오거리 etc. 가른길

Carrement parler — 말 딱 잘르다 (잘너, 자른), 바로 말하다, 쏙쏙히 말하다; (agg) — 바로. Placer, poser — c.a.d. bien à plat 반듯하게 두다

Carrer se —, (faire l'important) 큰 톄하다, 놉흔 톄하다. se (prendre ses aises) V. aises.

Carrière de pierre 돌구덩이, 돌내는 구

덩이; — pour les courses de chevaux *경마당 (on peut employer ce mot pour figurer la vie humaine). — profession

Carrosse *승용차

Carrure

Carte d'jouer 투전. Y jouer 투전하다, 투전노다 (라.논) = — de visite 명함, 명함지. — de géographie *디도 de céleste *텬문도; — postale *엽서, *엽서지. = Perdre la — 정신 노타 (하.논), 정신 잃다 (허.논), 혼나다, 넋 잃다. Donner — blanche 임의로 하게 두다.
— (de restaurant) *헌입표, — (à payer &) *서부

*화투

Carte postale avec reponse payée *왕복엽서. — Carte cachetée, carte-lettre *봉함엽서.
Carte postale illustrée *회화엽서; — (commémorative) *기렴엽서

Cartilage 오도독 뼈, *연골

Carton *복지 le coréen dit *마분지 (papier de crottin) quoique le 마분지 vrai soit un papier ~~coréen~~ chinois à coller sur les murs comme première couche.

Cartouche de fusil 탄알, 탄약통

Cartouchière de soldat *탄약합

Cas Dans le cas de ce que 혹시 avec le conditionnel. — En ce — 그러면. En tout — 엇더케 되던지, 무슨 일 되던지. Voilà le —, c'est juste le — 꼭 그러다. Certains cas rare 그런 일 드물다, 그런 일 흔하다 (흔하다 nombreux).

Faire — de 귀히 넉이다, 중히 넉이다.
Qui ne vaut pas qu'on en fasse — 쓸 데 업지아

229

니ᄒᆞᆫ다 (대ᄉᆞ롭다 important). Ne pas faire — de 얄온데아니ᄒᆞᆫ다, 예ᄉᆞ로이 알다, 예ᄉᆞ로 여넉이다, 예ᄉᆞ로 알다 (예ᄉᆞ chose vulgaire, 예ᄉᆞ롭다 -로와,-온, commun, ordinaire, vulgaire) = — grammatical 긔ᄅᆞ토, c. à. d. terminaison.

Casaque . Tourner —

Cascade *폭포슈, *폭포

Case petite cabane 막 ; — de damier 간 — à mettre un objet déterminé 집.

Casemate *궁고

Caser

Caserne *병영, *영소, *군영

Casier 간, 집 v. Case.

Casque 투구, 투고, 두

Casquette 관, 갓투, — d'étudiant 보곤. Primitivement 보공 veut dire le fond du chapeau coréen.

Casse-cou

Casse-noix

Casser V. Briser, rompre. — un dignitaire, un employé *사직ᄒᆞ다, *면관ᄒᆞ다 ou 쉬히다, *면본관ᄒᆞ다, *파직ᄒᆞ다. Être cassé *면본관ᄒᆞ다, *파직ᄒᆞ다, 갈니다. Le mot qui indique en soi une simple permutation s'entend ordinairement de la révocation. — factif ou 갈다 (아,온). = Être — de vieillesse 쇠약ᄒᆞ다, 노약ᄒᆞ다 ; — de fatigue 진력ᄒᆞ다. Voix — 내ᄲᅡ진 소ᄅᆡ.

Casserole 남비, 새옹

Cassette *함, *합, *통

Casseur d'assiettes : homme à caractère vif 조급하다, homme qui fait le brave 굴두거리다
Cassolette à brûler les parfums 향로.
Cassonade 흑사당.
Cassure 어지러진것, 상한것, 상한데.
Castagnette
Caste 등, 등. = 계급
Castor 해리, 산달
Castrer 불알 치다, 불알 빼어내다, 불치다, 불 바르다 (발나, 바른), 불까다 (까, 깐)
Casuel éventuel 격외, 뜻밧긔
Cataclysme
Catacombe 디하동혈, 디하묘소.
Catafalque
Catalepsie 지동병
Catalogue liste 목록, 데목, 명박 ; — de livres 서목, — de marchand 광고칙
*부약 Cataplasme 석례. le mettre 석질하다 les Coréens disent plus souvent 약붓치다, et nomment le — 붓치는 약.
Cataracte cascade 폭포, 폭포슈 ; — de l'oeil 빅니장
Catastrophe 대변
Catéchiser 훈회하다, 도리를 벡혀주다, 도리 그르치다
Catéchisme livre 문답, 도리문답.
Catéchiste 회장.
Catéchumène 선님교우 devenir — 입교하다
Catégorie 류. — d'Aristote 범주, d'où

230/

*범쥬우셩, accident catégorique.

Catégorique

Catégoriquement 밝히, 밝이, 명백이, 쇽쇽히

Catharre

Cathédrale 쥬교의 셩당, *대셩당

Catholique au sens original 공번되다, en agg. 공. l'Eglise – *공교회, *텬쥬교회 les protestants disent *로마교회; les catholiques simplement *셩교회 un – 텬쥬교 하는 사람, *텬쥬교인. On dit ordinairement, quand il n'y a pas à faire la distinction avec les hérétiques *교우, *교인, *교민. Vieux – (secte) *구공교도.

Cauchemar *흉몽, *악몽 avoir un – 가위눌니다, *몽압하다.

Causalité *원유, *원인작용. Le principe de – *원인결과지도리, *인과리, *인과률

Cause *연고, en agg. 고, 가닭, 가돈, *소연, 새분. à – de vous 널노인하야, 널노말미암아 dans le livre; – en conversation 네 것으로, 네일노, 너 가돈에. Sans – 그져, 연고업시, 공연이 (공연하다).

= – en langage philosophique *원인. – premier *데일원인; – second *데이원인; – efficiente *긔셩원인; – instrumentale *긔계원인; 긔계뎍원인, – finale *결국원인 d'où *결국학 ou *결국론. théorie des – finales (théodicée).

= —, procès *송ᄉᆞ, en agg. ᄉᆞ. — civile *민ᄉᆞ, *민ᄉᆞ쇼숑; — criminelle *형ᄉᆞ, *형ᄉᆞ쇼숑.

Causer être cause de. V. act.
On emploie souvent le verbe *인연ᄒᆞ다, 빙연ᄒᆞ다, mais il sont neutres & signifient être causé. Il faut changer la tournure de la phrase française. — Dans le courant de la conversation, on emploie surtout les diverses formes dites "causatives" du verbe ᄒᆞᄂᆞᆫ고로, ᄒᆞᆫ고로, ᄒᆞ니ᄭᆞ etc. mais elles aussi sont neutres, & signifient, plus ou moins avec les nuances, "parce que"

Causer v. n. parler 말ᄒᆞ다, 슈작ᄒᆞ다, 니아기ᄒᆞ다.

Causerie *슈작, *니아기

Causeur 니아기군, 말만타(하, 흔)

Caustique (subst.) *부식제, *부식.

Caustique (adj.) 독ᄒᆞ다, 밉다 (미와, 미온)
Parole — 독ᄒᆞᆫ말, 남업신녁이ᄂᆞᆫ말.

—(adj.), en agg. *가셩
Soude — 가셩소다. Sulfure de 결면 … 결면소다.

Cautérisation 슈.

Cautériser 슈노타(하, 흔), 슈질ᄒᆞ다; — au fer rouge 지지다 (지어). — avec de l'armoise sèche qu'on brûle à l'endroit voulu 쑥으로 ᄯᅳ다 (ᄯᅥ, ᄯᅳᆫ).

Caution *보. donner — 보를주다

Cautionnement *보 Valeur donnée en — 보증금

Cautionner répondre pour *안담ᄒᆞ다, 담당ᄒᆞ다. Se porter caution pour *보인ᄒᆞ다,

232/

"보슈하다," 봉슈하다. L'homme qui cautionne se dit 보인

Cavalier "긔마직, "마상직; —Thal "마병, 긔병.

Cavalièrement

Cave 움, "나고; — naturelle, caverne "굴.

Caverne "굴. Grande —, gouffre "니함

Cavité 구넝.

Ce, Cet pour les objet rapprochés 이 — plus éloignés 뎌, — encore plus éloignés 그. 그 se dit aussi pour designer ce dont on vient de parler. 요, 됴, 고 ont le même sens mais sont méprisants. = Ce qu'il y a de mieux 뎨일 됴흔것. A ce que j'entends 드르니, 드르매, 드른즉 ... A ce que je crois 내 소견대로, 내 성각에. Est-ce moi que vous cherchez 나를 찻느냐. Ce n'est pas que je me défie de vous 너를 아니 밋는거 시아니라. C'est pourquoi 그연고로, 그런고로, 그일노인하야

Céans 여긔

Ceci 이것, 뎌것, 그것 V. ce.

Cecité

Céder a la violence 지다, 붓겨디다, 낫당하다 — le mot suivant donne l'idée de —, se reconnaitre vaincu "항복하다, "황복하다, "승복하다, — — faiblir (au moral) 굴복하다. — sous le faix 놀니다. = — commencer à suivre le mouvement pour veut lui imprimer, v.g. pointe qu'on arrache, pierre qu'on veut déplacer 뒤넙놓다 (répondu); On dit parfois 빨득다 (드러, 든) (obéir), mais le sens est différent. Cela se dirait v.g. pour une pointe qui jusqu'à la fin s'enfoncerait bien.

참죽나무 (Cedrela Chinensis) Cèdre , — de Virginie (à crayon) *연필향나무

Cédule *문서, 슈표, 쇼지 etc. suivant le sens.

* 한벅숄, * 박핫혹. * 곤숄복, 앗복.

Ceindre 쓰다 (어, 쓴), 쓰우다 (워, 운), 누록다 (놀너, 누른) = porter à la ceinture (épée, etc.) 놓다

Ceinture 띄, en agg. 뒤, 허리띄. — en corne, le mandarin 각뒤, 각띄, — en cuir 혁뒤.

Cela cette chose 이것, 뎌것, 그것 V. Ce. Comme — 그모양, 이모양, 그리. Faites comme cela 그리하여라, 이러케하여라. — étant 그러면, 그러케되면, 그럴진디 etc. C'est — 올타, 그러타.

Célèbre *유명하다, 일홈나다

Célébrer qqun, le louer 찬송하다, 기리다. — faire solennellement 지니다 (여, 낸).

Céler cacher 숨기다

Célérité

Céleste en agg. 텬

* 독신 친활 Célibat Garder le — 슈졍 = 하다

Célibataire *졍남 (homme)

Cellier 광, 고방, 고

Cellule 방. — d'abeille 벌의집, 술기.

Celluloïd *인조상아

Cellulose *세포막질

334/

Celui. Celui-ci (personne) 이사ᄅᆞᆷ, (chose) 이것이 ; — -là (personne) 그사ᄅᆞᆷ, (chose) 그것시 — qui, — que se rendent par le participe présent, passé ou futur ᄒᆞᄂᆞᆫ. ᄒᆞᆫ. ᄒᆞᆯ suivis de 사ᄅᆞᆷ ou de 이 s'il s'agit de personnes, de 것 ou de 놈 pour les animaux, de 것 pour les choses. Dans la conversation, on n'emploie guère ces tournures que comme sujet du verbe ; qqf. cependant comme régime direct ou indirect.

Celui dont je parle 내 말ᄒᆞᄂᆞᆫ 사ᄅᆞᆷ.

Cénacle

Cendre 재

Cendrier 재터리

Cène de N. S. ; —, cérémonie protestante "례배 qui se dit de toute cérémonie du culte. La cène proprement dite "만찬. "셩만찬, 셩찬.

Censeur

Censure pour les livres "검열

Censurer blâmer 나무라다, "비방ᄒᆞ다

Cent 백 ; deux — "이백 etc.

Centaine 백 — dans un sens indéfini on fait précéder le nombre de 한 : deux — 한 이백 ; = —, cent et plus, on ajoute 여 . Trois — 삼백여.

Le vieux mot coréen pour dire cent était 온. Il est non seulement inusité, mais oublié.

Centenaire . Vieillard — 백세된 로인

Centaurée "석룡담

Centième nombre ordinal "뎨백, 백재. = —, partitif, — partie "백분지일, 백에 ᄒᆞ나 . Quinze — 백분지십오

Centime, unité monétaire française 션 (仙) — le franc se dit 법 (法)

Cent pieds venimeux 지네 (en médecine *오공); — puant 노래기; — à longue pattes 그리마.
Central
Centre 가온대. En géométrie *중심, 심
Centripète force — *구심력
Centrifuge force — *원심력
Centuple (le) 백배, 백갑절
Centurion *백부장
Cep de vigne 포도줄기, 포도덩불
Cependant, néanmoins 그러나, 그래도, 그러나도; — pendant ce temps 그새에.
Ceps fers 착고, 고랑들.
Céramique
Cérat 밀기름.
Cercle en géométrie *원. Dans le langage usuel on dit 동그른것. En — 동글게 동글게 (동글다, 둥글다). —, anneau plus ou moins large 고리; — de tamis 체바퀴; — de barrique 테 — h ornement 띄 ceinture; — de bois pour passer au nez du boeuf 코뚜레; — d'osier pour accrocher une barrière 굴넝이 = —, réunion, club *도회청. = — vicieux (en logique) *론녁결취
Cercler un baril, une cuve 메우다, 테메우다 (워, 원), 테매다 (아, 여, 맨)
Cercueil 널, *관, *관곽. Mettre le corps dans le — *입관하다. Descendre

236/ le — dans la forme *하관ᄒᆞ다.

Céréales *곡. Les cinq — *오곡 : riz, blé, orge, pois (& haricots) — Pour le cinquième on n'est pas d'accord : les uns désignent le gros millet, les autres le sorgho.

Cérémonial subst. V. le suivant. — adj. *례답ᄒᆞ다

-의식 Cérémonies *례, *례법, *례의, *례절. Maître de — au palais *례빈관, *찬례, *찬례경 ; — à un enterrement (prévôt) *호상, mais, par politesse on donne ce titre à tous les invités ; — à un mariage, femme esclave qui fait faire aux époux la salutation réciproque rituelle *하님 ; — accompagnateur de chacun des époux *후행

Cérémonieux *과겸ᄒᆞ다 (trop humble)

Cerf 사슴, en agg. *녹. Peau de — *녹피 ; sang de — *녹혈. Corne de — 사슴의 ᄲᅳᆯ. On distingue la corne arrachée à la bonne saison (été) et dite *녹용, et la vieille desséchée *녹각 qu'on appelle *락각 si elle est tombée d'elle-même, et *상각 si elle a été arrachée à un cerf tué.

Cerfeuil *초활련

Cerf-volant 연

Cerise 벗, — amère 가벗. Petite — rouge et queue courte *잉도

Cerisier 벗나무, *잉도나무

Cérémonie, chose faite avec apparat. — en agg. *식 v.g. — du couronnement *면관식 ; ordination (cérémonie d'—) *서품식. — la faire = *거행ᄒᆞ다 (se dit surtout de celui qui préside, mais aussi de ceux qui ont une part active à la —. Y assister *참례ᄒᆞ다.

— Répétition de — (v.g. avant un enterrement) 습의

Cerne

Cerner 두루에우다 (워, 운), 두루싸다.

Certain '일뎡하다, '뎡하다, '젹실하다, 의심 업다. — personnes 엇던사룸; — fois 엇던때.

Certainement '일뎡, '일뎡히, '뎡녕이, '필경, '필시. Très — 결단코.

Certes v. certainement. — plus ou moins emphatique se rend par la forme suivante 하고말고, 하니까니 etc. V.g. Est-ce beau? — oui! le supérieur dira 도타마다, 됴코 말고 — entre égaux 됴흐니까니 — à un supérieur 됴키룰 엇지하오리

아보랴

Certificat *증명셔, '증셔. = '표

Certifier affirmer '뎡하다, = '증명하다.

Certitude '확신 (subj.) (philo.) = — (objective) '뎍실, '확뎡

Cerumen des oreilles 귀여지

Céruse 분. Blanc de — '연빅

'대뇌 Cerveau 골. Sans — v. Écervelé

Cervelet *소뇌

Cervelle 골

Cesse sans — 쟝샹, 항샹, 늘, 일싱, 잡고, 내내, 그칠새 업시, 한업시, 한뎡업시.

줄고지

Cesser 긋치다, 그만두다 (어, 둔), 말다 (아, 말 ㄴ마는), 파하다, 폐하다. Pour la pluie, la diarrhée & qques autres choses 멋다 (써져, 즌), 써츠다 (어, 츤), 써류하다. Pour le vent 자다 (자, 잔) (dormir). Faire — 그치게하다 etc. — Cessez! 아서라

238)

그 기ᄂᆞᆫ 드어라.

Cession abandon de droits, de biens *도기=ᄒᆞ다 ; *위부=ᄒᆞ다, *이부=ᄒᆞ다

Cessionnaire qui donne *도기자, — qui reçoit *도기승자

C'est à dire ds les livres 풀어 날ᄅᆞ기면

Cet V. Ce

Cétacé [illegible]

Ceylan *ᄉᆞᄌᆞ국

Chacal 늑개, 늑대.

Chacun 각, 각사ᄅᆞᆷ이. — en particulier — à part, — pour son compte 제각기, 제각금 각각. donner — son avis 각각 말ᄒᆞ다

Chagrin 슯흠이, 슯흔 ᄆᆞᄋᆞᆷ. On dit souvent 걱정 qui proprement veut dire souci. *근심 Avoir du — 슯흐다 K 슬프다 (슬퍼, 슬픈) 섧다 (워, 운), *근심ᄒᆞ다, *비참ᄒᆞ다, 걱정ᄒᆞ다. Avoir beaucoup de — *뫼통ᄒᆞ다, ᄆᆞᄋᆞᆷ에 읇흐다 (읇하, 흔), 큰걱정ᄒᆞ다. Avoir l'air — 아둥거리다 qui veut dire aussi être de mauvaise humeur

Chagrinant 귀찬다 (차, 흔), 애ᄎᆡᄒᆞ다 = 고롭다

Chagriner le — 제ᄆᆞᄋᆞᆷ을 상ᄒᆞ다, ᄆᆞᄋᆞᆷ상ᄒᆞ다 le — de .. ordinairement on dit 걱정ᄒᆞ다, qqf. ᄒᆞ다. — qqun 애먹이다, ᄆᆞᄋᆞᆷ을 상ᄒᆞ다, ᄆᆞᄋᆞᆷ을 지르다 (질너, 지른), 섧게ᄒᆞ다. Être — *비분ᄒᆞ다 뫼씨우다 (워, 운).

Chainage en arpentage *련쇄법.

Chaine 사슬, — de montagnes *산ᄆᆡᆨ, 산줄 = 산줄기 serait très rameau. — d'arpenteur *측량련쇄 ; — d'un tis. *측량련 de 날. = Faire la — (pour se passer qqch.) 나뷔질ᄒᆞ다

Chainer en arpentage ˚련쇄ᄒᆞ다
Chaînon 마듸, 마딕, 마디. Ce mot qui veut dire articulation ne s'emploie pas seul. On dit 사슬 한 마듸
Chair vivante 살; — à manger 고기, en aggrég. ˚육; — desséchée (conservée) ˚포육; — séparée des os ˚뎡육; — de boeuf 쇼고기, ˚황육, — d'animal mort de maladie ˚진육. — et os, c'est à dire proche parent ˚혈골육. = —, mot chrétien, opposé à esprit: affection naturelle ˚육정, affection charnelle, vénérienne ˚육정 = — de poule (au figuré) 쇼름.
Chaire à prêcher . — siège officiel, trône ˚보좌. Pour la — du Pape on dit ˚옥탑. D'où l'expression "ex cathedra" se dit 옥탑에서. = —, place de professeur ˚교슈.
Chaise pour s'asseoir 걸상, 교의, 교좌. — à porteurs ˚교, 교ᄌᆞ, ˚승교, — couverte 보교, 가마, — mandarinale ˚쟝독교, à 4, à 8 porteurs ˚ᄉᆞ인교, ˚팔인교. — portée par un seul cheval 벽년, par deux chevaux 쌍가마, ˚쌍교 ... — à une roue (dignitaires militaires) ˚초헌, ˚축헌. Les porteurs de — ˚교군. On dit plus souvent quoique improprement 교군군. Chevaux porteurs de — 교마.
Chaland bateau, allège.
˚흥정군 ↔ Chaland acheteur ˚고직, — habituel 단골

Châle

Chaleur 더위, en agg. 서. La — tombe (fin de l'été) 더위 붙러가다, 회서하다. Attrapper un coup de — 더위 먹다 (어, 은). — naturelle 온긔; — pour les hommes 양긔, pour les femmes 음긔. — de l'estomac 비위불; — intérieure 심화. —, ardeur activité 호긔, voir le verbe 호긔롭다 (로와, 온). Homme qui a de la — 걸걸하다; Homme qui dispute avec — 시비 ᄣᆞ다 (하, 흔). = Être en — (femelles) 암내내다, (여, 낸), 암창내다, 암치내다.

Chaloupe 종선

Chalumeau de paille 빨대, — pour le feu 화취; 취화관

Chamailler se — 시비하다, 다토다 (아, 톤), 겻거니 틀거니하다

Chamarrer

Chambranle 설쥬, 셜긔, 긴셜긔

Chambellan 시종 = 하다, — auprès du roi ou d'un prince 근시 = 하다

Chambre 방. Cf. 99f. 구들 qui proprement est le dallage de la chambre. — de réception, salon 사랑; 사랑방; — des femmes 안방; — des hôtes, — à donner 킥방; — à coucher 자는방, 침방, 침소; 숙소; — les esclaves 힝낭, 힝낭방 (en Hpyeng an to 마구간); — de derrière 건넌방 de 2e. d'une — où on va en traver- — × maintenant 응접실.

sent la cour ou la cuisine. — bien bas (plus près du foyer) 아뢰방, — bien haut 웃방. — Pot de — 요강 = — planchiée 마루방, 마루방, 마루 (qui est propr. le plancher). = — noire (d'un appareil photographique) 암상, — noire, laboratoire 음실 = — de commerce 상법회의소, — les députés 중의원, — des pairs 귀족원. = — apostolique 궁내부.

Chameau 약대, 낙타

Chamois

Champ 밭, en ag. 뎐. — & rizière, — cultivable, propriétés 뎐답; — abandonné, — en jachère 묵은밭. — de bataille 전장. Maison de —, maison de campagne 막 = —, matière, sujet 바탕, 거리, 가음. = Sur le — 즉시, 립각에, 립력에, 즉각에. A tout bout de — 늘, 장, 새로, 새새로, 새새다. V. Toujours.

Champignon 버섯

식근 Chance bonne ou mauvaise 수, 수박, 운수, bonne — 수, 복, 복수 = 길하다, en agg. 길 se dit des choses qui portent bonne — & les événements heureux. = 흉하다 en agg. 흉 s'emploie dans le sens contraire. = Manquer par le —, éprouver des malheurs 궂기다 = —, occasion, moyen de succès 셈, 시귀시. la chercher 셈시보다

k. aucun pain : "fatum"
수 사오날다 (바오.오)

242/ Dans la conversation ordinaire, par — la vie '다힝히 (다힝ᄒᆞ다); par mal —, '불힝히 (불힝ᄒᆞ다).

Chanceler v. n. 흔들니다, 흔들흔들ᄒᆞ다. 근들되다, 근들거리다. 근들근들ᄒᆞ다, 근드레ᄇᆞᆨ드레ᄒᆞ다. — sur ses jambes 비틀비틀ᄒᆞ다, 비쳑비쳑ᄒᆞ다, 넘어질듯넘어질듯ᄒᆞ다; — dans la résolution 홀눗ᄇᆞᆯ듯ᄒᆞ다, ᄒᆞ논둥마논둥ᄒᆞ다.

Chancelant peu solide 홀게늣다 (늣저, 즌) (avoir les jointures lâches). — Le vil amas de hommes.

Chancelier '셔긔. — le consulat '령ᄉᆞ관셔긔.

Chancellerie '셔긔관. — apostolique '교화황옥쇠인ᄎᆞ쇼 — (옥쇠 est l'anneau du Pêcheur) sceau. est '옥ᄉᆞ.

Chanceux 복잇다, 복되다, '길ᄒᆞ다 = 다힝ᄒᆞ다.

Chancre '창, '감창 v. Cancer. = — des arbres 혹.

Chandelier 촛ᄃᆡ, 초ᄃᆡ

Chandelle 초, — de suif '육초, — de cire 밀초, — de cire végétale '백납초, — de stéarine '양초 (— européenne).

Change d'argent '환젼 = ᄒᆞ다. S'il s'agit seulement de changer une monnaie en une autre on dit 밧고다, et dans ce cas le taux du change se dit 가계. Lettre de — '환젼표, '환표, '위톄권, '위톄슈형.

Changé Différent de ce qu'on était 변ᄒᆞ다, — échangé 밧고이다, de fonctionnaire 갈니다; — par la métempsychose 환ᄉᆡᆼᄒᆞ다.

Changeant 변ᄒᆞ기쉽다(쉬워,운), 번복ᄒᆞ다. V. capricieux. = Couleur — suivant les reflets du soleil 어른어른ᄒᆞ다.

Changement 변ᄒᆞ기, 변ᄒᆞᆷ이 …. Être sans — 가감업다: il n'y a ni plus ni moins. Se dit surtout des maladies.

Changer v.a. — une chose pour une autre 밧고다(아,온), 갈다(아,간). —, donner en changement, — au profit d'un autre 갈아주다; — de demeure 이사ᄒᆞ다, 옮다 ou plutôt 옮다,(올마,믄), 올마가다 (factitif 옮기다). — de habits 옷갈아닙다(어,은); — de nom (de famille) 변성ᄒᆞ다, — de (de nom propre) 변명ᄒᆞ다, 일홈갈다, 일홈곳치다; — de couleur 변ᄉᆡᆨᄒᆞ다, = — les fonctionnaires, les employés 갈마드리다, 갈다(아,간) Être — 갈마보다(러,든), 갈니다 = de l'argent 돈밧고다(아,온), et dans le sens de faire de la petite monnaie 거스리다 = — une chose avec une autre, mettre l'une pour l'autre 비걸다(어,건); — une chose de place 옮기다, 옮기다. = —, v.n. 변ᄒᆞ다, 변화ᄒᆞ다, en agg. 변, qqf. 화ᄒᆞᆯ 아리. — de figure 변형ᄒᆞ다, 환형ᄒᆞ다. — d'avis 변ᄋᆡᆼ, 변ᄒᆞ다 (ordinairement en en mauvaise part.

Chanson 노릐, 타령, en agg. 가. Chanson à boire 권쥬가. — le montagnard쟈 타령 = 가사, 시조 autre espèce de —.

Chanoine 쥬교슈야 쥬교좌시종신부

Chant 노릐, 창, en agg. 가. — national 국가; — patriotique 의국가; — de triomphe 개가. = — (des travailleurs pour faire les mouvements ensemble) 헌소릐 = — (bruissant) 소릐.

Chantage

Chanter 노릐ᄒᆞ다, 노릐브ᄅᆞ다 (블너, 브론), 노릐읇다 (허, 흔) 창ᄒᆞ다. Pour les enfants, — en étudiant, en récitant 읇다 (허, 흔)

Chanteur 가긱, 창부; = Chanteuse (de profession = prostituée) 창기, 창녀.

Chantier

Chantonner 고노릐ᄒᆞ다,

Chanvre 삼, 열. Toile de — 뵈 = Chanvre blanc 어져귀

Chaos 혼돈셰계, 혼돈텬디 (혼돈ᄒᆞ다). = 개벽 qui est le commencement du monde & en sera la fin. = Voici, du reste le résumé de la cosmogénie coréenne: Au commencement il y avait 홍몽 ?? chaos ?? lequel engendra 무극, la force primitive non déterminée — lequel engendra 태극 plénitude, — qui engendra 음양, ombre & lumière, principe femel. & principe mâl, d'où vinrent les 소상 4 forces, 4 points cardinaux, d'où vinrent 팔괘, 8 éléments: ☰ ciel, ☱ fleuve, ☳ tonnerre, ☷ terre, ☵ eau, ☶ 홍몽셰계.

feu, ☴ vent, ☶ montagne. — Le 개벽 commence à 유양. Le 태극 dont la figure allégorique est ☯, est l'emblème national de Corée. Sur le drapeau national récent, on y a ajouté 4 des 팔괘

Chape 창의, cappa magna 대창의

Chapeau 갓, en agg. 립 qui sert de numéral pour les chapeaux. Voici les principales espèces : chapeau ordinaire 갓 ; — de jeune marié (en paille blanche) 초립 ; — des valets, esclaves, employés de bas étage — en feutre 벙거지, — en bambou blanc 되랑이, 패랭이 ; — d'été des paysans (très grand, en paille) 삿갓. — de deuil complet 상립, 방립, 방갓, de deuil du royaume (de la forme du chapeau ordinaire, mais blanc) 백립 = — européen 갓, 양갓, "사보".

Mettre son — 갓 쓰다 (써, 쓴) — le tirer 갓 벗다 (벗어, 슨).

Chapelet 묵쥬 = — des bonzes 념쥬, 백팔념쥬 (de 108 grains).

Chapelier 갓장이. Son atelier 갓방. Le 갓장이 ne fait que les 갓 & les 백립. Pour chaque autre espèce de chapeau ou de coiffure il y a pour le fabricant un nom spécial; v.g. 탕건장, 탕건방 pour les fabricants de bonnets en crin.

Chapelle proprement dite 셩당, 미사방, — lieu de réunion des chrétiens (là où le Père ne réside pas) 강당, 공소, 공소방, 공소집 = 강당 n'est pas usité partout.

246/

Chapiteau 기둥상토

Chapitre d'un livre 편, 장. — en comptabilité *부

Chaque 각, avec le nom chinois *매 se met tout avant le nom. = 마다 se met après & a plutot le sens de tous individuellement. — se rend aussi par la répétition du nom. — homme 각사람, — maison 각집, 집마다, 집집이. — jour 날마다, *매일, 날날이; — année *해마다, *매년. A — instant 늘, 쟝, 새마다, 새로, 새새로. — chose (toute espèce de chose) 온갓.

Chaquefois *매번에, 번번이, 번마다, *세엥; *매차에

Char 수레, 달구지, 구러비, 구루마 ; *차

Charade 슈슈걱기, 슈슈석기.

Charançon *박충,

Charbon — de bois 숫, en agg. *탄. — de terre *석탄 — d'anthracite *무연탄. Four a — 숫가마. = — pestilentiel, furoncle 습호경 — de céréales 상, 불이 되웅이. Blé charbonneux 되웅빌

Charcutier

Charcuterie

Chardon *질러, *게

Chardonneret *황작, 황작새, *금작

Charge fardeau que l'on porte 짐, = 시름 ne se dit pas des — portées par les hommes. Porter une — 짐 지다, 짐 질머지다 pour les hommes; — pour les animaux, voitures, bateaux 짐 실다, 짐 싣다 (시러, 시론). Déposer sa — 짐 벗다 (벗셔, 손) = — de famille, vieux parents & alliés à soutenir 더늙. Pour les membres de la famille normale on dit simplement "식구 (bouches à nourrir). = Être à charge, pénible, 짐되다, "부중하다, 고롭다(로와,운). = Une — de poudre 화약 한 방 = —, devoir, office "직분, "직임, "본직, "소임, "본업; — emploi public (noble) 벼슬, (non noble) "구실.

Chargé Être — ; pour les hommes 지다, 걸머지다; — pour les animaux, barques, voitures 실다 & 싯다 (시러, 른); — pour les objets composant la charge 실니다. = — de crimes 악에 붓치다; — d'une affaire 일 맛다 (허 & 터, 흔 & 든)

— être — de (avoir juridiction — & responsabilité) "총지하다 = "총지 et surtout la responsabilité.

Charger mettre sur (짐) 실다 (시러, 른), 실니다, 언시다 (저, 즌) (act. pass. & factitif) — (un fusil) 약 쳐오다 (와, 온), "취약하다, — (d'une affaire, d'une chose quelconque) 맛기다, 담당을 세우다; — d'un crime. V. Imputer. = Se —, prendre sur son dos 짊다 (어, 은), 지다, 짊지다. Se — d'une affaire, d'un dépôt 맛다 (허 & 터, 흔 & 든), 담이쓰다 (써, 쓴). Je m'en — 내 담당 얼다, 담당하겟다.

Chariot 수레, 달구지. En agg. "거, "차

Charitable "인 즈하다, "인 의하다, 인 후 롭다 (로와, 온), 인 어롭다.

Charité "인덕, — faite aux pauvres, aumône "의금.

*조선

Charmant 아람 답다 (다와, 온), 즈미롭다 (로와, 온), 텐우 묘다 (하, 흔). (enfant) —

248/
어엿부다 (엿버, 븐), 엣부다 (엣버, 븐), 앙증하다,
연연하다, 연연어곱다(고아, 은).

Charme 아람다옴이, 곱기 etc. v. Charmant.
— arbre 서나무 (carpinus laxiflora).

Charmer v. plaire. — la vue 눈에들다
(어, 든), — l'esprit 맘에들다. = —, séduire 후리다, 호리다.

Charnel, impudique *음란하다, *사특
하다. Affection — *유정 = *육정 rend
bien affection — de le sens d'affection naturelle.

*색정, *색심, affection (ou désir) impure.

Charnier

Charnière 돌저귀 = *장석 comprend
toutes les ferrures d'un meuble.

Charrue

Charogne 썩은것.

Charpente d'une maison 집지목.
Voici les principales pièces d'une charpente
coréenne

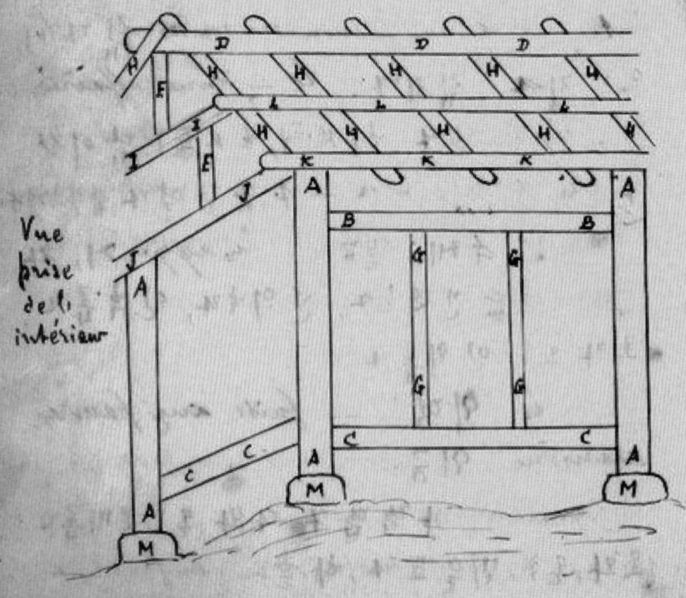

AA, 기둥 ; = II, JJ, 보장 ; = KK, 도리 ; = LL
중도리 ; = BB, 연방 ; = CC 중방 ; =
DD, 마루, 대마루, 들보 ; = GG 셜리, 분셜리 ;
= HH 셜가릐, 혓가래 . = EE 대공
La pièce de bois qui forme le bas de la porte
se dit 분턱, 분아래턱, l'embrasure 문꼴.
Si le haut de la porte est constitué par une
pièce de bois autre que le 연방, cette pièce
de bois se dit 웃턱, 분웃턱
M.M.M, pierres mises à la base de colonnes
se disent 주취돌, 지취돌

Charpenter

Charpentier 대목 복슈, 지위, 주이

Charpie

Charretier *차부

Charette 수레, 달구지, 구루마, *거, *차

Charrier 수레에 싯다 (시러, 시론), 싯고가다.
La rivière — des glaçons 어름장이 나려간다.

Charron 수레장이

Charrue 쟁기, 보습. Manche de
charrue 탑지 ; 탑손

Charte

Chas d'une aiguille 바늘구녕, 바늘구력

Châsse *합.

Chasse 산양 ; — au faucon 매산양. Aller à la — 산양가다, 산양하라가다.

Chasser. Venari 산양하다, 산양질하다 ;
— expulser 쫏다 (차, 찬), 내여쫏다, 내치다,
— en maltraitant de parole seulement *구축하다,

250/ *구박ᄒᆞ다; — avec les voies de fait 벌치다, 내리쫓다. — devant soi 몰다 & 모다 (몰라, 몬) — Être chassé — selon le sens 쫓기다, 내여쫓기다, 벌치이다, 몰니다.

Chasseur *포슈, 산양군. Les — employés comme soldat en temps de trouble *포슈 (le mot veut dire artilleur, canonnier de l'armée japonaise). —, troupes légères (armée jap.) *쳡병; *경병; — à pied *경보병; — à cheval ~~*경긔병~~ 경긔병.

Chassie 눈곱.

Châssis 틀. Ceux affectant plus ou moins la forme du caractère 井 sont dits 귀틀.

Chaste 조촐ᄒᆞ다, *결졍ᄒᆞ다, *졍결ᄒᆞ다

Chastement 조촐히, 졍결히

Chasteté *졍덕; *결덕 = *슈졍; 결졍; = *결노 Garder la — *슈졍ᄒᆞ다.

Chasuble *졔의

Chat 괴, 괴앙이, 고양; — sauvage 삵, 살가지.

Châtaigne 밤. Son enveloppe épineuse, — la bogue 밤송이. = — d'eau, macre 마름.

Châtaignier 밤나무 (Castanea sativa, var. pubinervis)

Châtain

Château — fort *셩; 진; — royal 대궐. En dehors de cela, — n'a pas d'équivalent en Coréen. On dit *퇴, 퇴 pour la maison d'un noble (ou d'un homme qu'on respecte), fût-elle une masure, & 집 pour la maison d'un roturier & pour sa propre maison, fait un château. = Chateaux en Espagne *몽상.

Chat-huant 부엉이-

Châtier 벌하다 -

Chatière Le mot littéral serait 괴구녕. En fait on dit 개구녕, le Coréen faisant ou laissant des ouvertures pour leur chien - sans penser aux chats assez rares chez eux.

Châtiment 벌. — prompt *급벌, *급화, — supposé miraculeux *현벌.

Chaton d'une bague

— de saule

Chatouiller v. act. 간지리다, v. n. 간지럽다 (러워, 운), 간질간질하다, 간실간실하다

Chatouilleux au physique 간지롬잘타다 (contract. pour 간지러옴잘타다); 간지롬봅시타다, — au moral 노룰잘타다

Châtrer V. Castrer. Cheval — *부랄바

Chaud temps 덥다 (더워, 더운); —. (choses) 뜨겁다 (거워, 운), 뜨근뜨근하다, 더웁다 (더워, 운). Jour — d'hiver 날푹하다. Avoir le sang —, être vif 급하다, 성품급하다. Pleurer à — larmes 슯히 울다 (어, 운). au plus — de l'affaire 한장될때에

Chaudière de cuisine 솟, 가마; — de machine *긔관 汽罐 (긔관 機關 voulant dire machine). — de locomotive *긔거긔관, ou simplement *긔관.

Chaudron 솥
Chaudronnier 솥장이 — qui raccomode le chaudron 솥썜장이 - 썜장 voulant dire raccomodeur en général.
Chauffage appareil de —
bois de — 섈나무 - 화목 peu usité.
Chauffer 새다, 새이다; — du fer au rouge 닭우다 (워.운) 섹우다 (워.운) — une chambre. on dit 'y faire du feu' 불새다. se — 쐬다, 불쐬다, 불쏘이다. se — la main 손쐬다. se — au soleil 히볏쐬다.
Chaufferette
Chauffeur de machine 화부.
Chaume 집. Paille préparée pour toiture 니엉. Maison couverte en — 초가, 초가집.
Chaumière 집, 막 = 초가, 초가집.
Chausse V. bas, chaussette. — pour filtrer le vin 술견디
Chaussée 방, 언덕, = 방축 qui se dit de la — & de l'étang qu'elle ferme. Petite — pour retenir l'eau dans chaque rizière 드렁, 논드렁, 둑, 논둑, 갈개. Faire une — 언막다 (아.은) Plusieurs distinguent & appellent 언덕 une chaussée (ou une élévation) naturelle, & 언둑 une — faite de main d'homme.
Chausse-pied
Chausser se — soi même 신다 (어.은), avec comme régime direct la chaussure qu'on met; — 신발 호다. — (un autre)

신기다, 신어주다 ; —(des plantes) 흘치다, 북도도다, 북도도다, 북주다

— européen 구두 보션

Chaussette 보션 V. bas. Espèce de — russe, bande pour entourer les pieds 감발 =하다

Chausson

En soi 마름 est la châtaigne d'eau — dont la forme rappelle une chausse-trappe.

Chaussetrappe fer à 4 pointes 마름, 마름쇠

Chaussure 신, 신발.

Chauve 머리 빠진 사름, 대머리

Chauve souris 박쥐.

Chauvin

Chaux *회, — vive *강회, — éteinte *셕회. Pierre à — 회돌. Faire la — 회굽다 (구어, 구은); Four à — 회가마.

Carbonate de — *현정셕 玄精石

Chavirer v. n. 엎허지다, 엎드러지다, 엎치다. Au sens actif, on dirait 엎다 (허, 흔), 엎허드리다, 엎드러드리다.

Chef 웃듬, *쟝슈 =*괴슈 usité en mauvaise part; 선머리. Très souvent on dit simplement 어룬. — charpentier ou — maçon *도편슈. Commandant en — *군뒤스령관 V. commandant, général, etc. — d'oeuvre 졀보ᄒᆞᆫ것 *(졀보ᄒᆞ다, admirable).

Chélidoine *빅굴초

Chefou *연티.

Chemin 길, en agg. *로. Grand — *대로, petit —, sentier *소로 = 소솔ᄒᆞ다 se dit d'un — difficile à reconnaître; — rude *험로. Perdre son — 길일다 (허, 흔). Se tromper de — 길잘못들다 (어, 든), demander son —

길넛다 (넛러, 넌), 길넛러보다. Indiquer le — 길그르치다 Le mettre en — 길셔나다, 발힝하다. Faire du — 길가다. Rebrousser — 도라가다, 도라오다. Détourner du droit — 길그릇되게 하다, = 외도로가게 하다, 그릇되게 하다, ces deux derniers au figuré seulement. = — de fer 텰로, 텰도. Aller en — de fer 텰로로가다, 긔차로가다, 긔차타다 (긔차 est proprement la locomotive) Billet de — de fer 긔차표, 차표. Indicateur de — de fer 긔차 발착 시간표 = 칙

Cheminée 고골, 고굴 v. âtre, foyer. —, conduit de — 굴똑, 굴둑.

Cheminer 가다, 길가다.

Chemise 젹삼.

Chenal 뱃골.

Chenapan 방군, 방골, 잡놈, 부뢰지배

Chêne 춤나무; 진목. Voici quelques variétés: 춤나무 ou 참나무 — à feuilles dentelées, quercus serrata; 조리참나무 Chêne de Thunberg, quercus dentata; 석갈참나무 Chêne de Mongolie, 갈참나무 Quercus variabilis; 붉가시나무 Quercus acuta; 북가리 Quercus canescens; 굴밤나무 Chêne porte glands; 가시나무 Quercus vibrageana = 가나무 autre espèce rabougrie. — liège 굴피나무, 황경, 황벽. Faire le — planté (se tenir sur la tête les pieds en l'air) 불가나무 서다 (서, 션).

석가나무 Quercus macrocarpa.

Chènevis 삼씨, 열씨
Chènevotte tiges de chanvre séchées 삼대.
Chenil 개우리
Chenille *충이, terminaison qui ajoutée à un autre mot indique l'espèce de chenille. V. g. — du pin *송충이, — jaune *황충이 — du chêne à poils venimeux 누리. Très souvent, pour les — en général, on dit 버레, 벌거리 (insectes).
Chenu blanc de vieillesse 셰다, 머리셰다
Cheptel
Chèque, ancien système *어음, 어음표. (le talon 암쪽, le chèque 슈쪽). — nouveau système *은힝슈표, 은힝표, *은표, *환젼표, *외톄슈형 sont les noms génériques d'un — d'une banque sur l'autre. — un compte courant *쇼졀슈; k. réglé à vue *당좌쇼졀슈.

슈형

Cher aimé 사랑ᄒᆞ다; précieux ou regardé comme tel 귀ᄒᆞ다; — opposé de bon marché 비싸다 (싸, 싼). Acheter — 비싸게사다. Le riz est — 쌀귀ᄒᆞ다 (est rare & par conséquent cher).
Chercher une chose perdue 구ᄒᆞ다, 더듬다 (어, 은) & ordinairement 찻다 (차저, 차, 차즌) qui le plus souvent veut dire chercher & trouver, mais pas toujours, v. g. 아모리차자도 못엇엇다: j'ai eu beau —, je n'ai pas trouvé. Va — 가차저오너라 = 가오너라,

On dit même 아모리차자도못차잣다

개오너라 sont des provincialismes. Va — Pierre 베드로 불너오너라. 베드로 청ᄒᆞ여라 = — la vie, mendier 비러먹다. — les poux 니잡다(아,은), — querelle V. attaquer.

Chère qualité de la nourriture *식품. Faire bonne — (une fois en passant) 잘 먹다(어, 은) — (habituellement) 앨부리다, 음식사치ᄒᆞ다; Faire maigre — 박히 먹다; *박식ᄒᆞ다. D'un malheureux qui ne mange pas habituellement à sa faim et qui par occasion fait chère-lie; on dira qu'il fait un repas de tigre 범의 차반으로 먹다 (차반, prix).

Chèrement 귀ᄒᆞ게, 비싸게 suivant le sens.

Chéri (enfant) — 귀ᄒᆞ다.

Chérir ᄉᆞ랑ᄒᆞ다. —, caresser V. ce mot.

Chérubin *지; 지텬신.

Chert…

Chétif 미ᄒᆞ다, 박ᄒᆞ다, = 잘다(아,잔) employé surtout en parlant de soi 잔명을 보존ᄒᆞ다 conserver sa chétive vie. = 잔챵이, homme —, petit. (C'est un terme de mépris : avorton.)

Cheval 말, en agg. 마. — de selle *긔마; — de Chine *호마; — de Quelpaert *졔마; — du roi *사복마; — de poste *역마, *발마, 파발마. — entier *상마; — hongre *부랑마; — méchant, indompté *상사마; — ombrageux *징마. Monter à — 말ᄐᆞ다. Aller à — 말ᄐᆞ고 가다; A —

°마상에 Jouer au — (enfant à — sur le dos d'un autre) 말놈질하다.

— vapeur °마력

Chevalet — de torture, 형틀, °형구 — de guitare 빗

Chevalier °각수 C'est le nom de Samourai.

chevalerie °협리, °의협심, °각수도

Chevelu

Chevelure 머리 V. cheveu. en agg. °발

Chevet

Cheveu 머리, 머리털, 머리칼 머리카락. en agg. °발. — en tresses (enfants) 뜨던 발; — noués en toupet (hom. mes mariés) 상투; — roulés autour de la tête (femmes) 방치머리, 곡두머리; — en chignon sur le cou (femmes) 낭곤, 쪽진 머리, 쪽독각시; faux — 생머리. Par contre, une tête où on n'a pas ajouté de postiches se dit 쪽등머리. Petits — au-dessus de l'oreille qui s'échappent du 망건: 자분치. La corne pour les remettre en place 살쩍, 살쩍머리. — frisés 고슈머리, 고두머리. Couper ses — 머리깍다 (가, 근); °단발하다, °삭발하다. Laisser croître 머리기르다, (길너, 기른). Les raser au sommet de la tête (sous le sang-htou) 빡호치다. = Chose tirée par les — (figure) 외껍에일

Rouler ses cheveux ainsi: (les samourai sur le derrière) 머리엿따 (엿거, 진).

°양발하다

Cheville clou en bois 못, 나무못; — qui sert d'axe 사북 (v.g. d'un éventail). = — du pied 복숭아뼈, °과골

소맥이

Cheviller 못박다 (가, 근) - Être — 못 ou 못으로 박이다

Chèvre 염소. On dit souvent 양, mouton.

Chèvre-feuille "긊은화, "긊은꽃

Chevreuil 노루, 노로, 고란이

Chevron 혓가릐, 셧가래, 셜가래, 셕가래

Chevroter

Chevrotine

Chez se rend par "à la maison" le : 집에 ou 택에. La préposition 안테 répond à l'"apud" du latin & a un sens plus large que "chez". 사룸안테 가다 aller trouver un homme, soit chez lui; soit ailleurs.

Chicane 시비

Chicaneur, Chicanier 시비군

Chicaner 시비하다, 다토다 (아, 톤). — pour peu de chose 대슈롭지안한 일노 다토다 (대슈롭다, important.)

Chiche choses & hommes 박하다; —, hommes 앗기다, 손박하다, 쉮쉬스럽다 (러워, 온), 쉮바람하다, 쉮바르다 (발나, 바른), 쉮바롭다.

Chichement 박히. Vivre — 박히 살다, 박의박식하다 (habits chiches, nourriture chiche). Le contraire est "호의호식, "토식관의

Chicot d'arbre tombé 나무스도럭이! — de dent 니쐴이.

Chicorée 고매쵸

Chien 개, en agg. 구. Petit — 강아지, Peau de — "구피; de en tapis 잘냥 qui se dit aussi de fourrure analogue, v.g. d'un tapis en peau de chien. Chair de — 개고기, "구장. Bouillon de — "구장국 =

— de fusil 방아쇠 = Leurs — ne chassent pas ensemble 서로 의가 틀녓다, 서로의가 토친다. — d'un jeu de quilles 진날개 사괸이 (carence de chien ou jour heureux). = — de mer 바다개, 회구 C'est le phoque.

Chiendent 바랑이; 벅고; 고비초

Chier 똥누다 (어, 눈), 뒤보다 (아, 본), 뒤번보다, — involontairement, — au lit, — dans les chausses 똥싸다 (싸, 싼).

Chiffon 헌겁, 헌것, 나부랑이, — de papier 휴지

Chiffonner 구긔다 (여, 긘)

Chiffre Les vieux lettrés n'en avaient pas & se servaient des caractères écrivant le nombre. — (nouveau système) 수즈 = On peut regarder comme — les symboles dont se servaient qqu marchands — surtout en Hpyeng ando, & qu'il appelaient 호산 chiffres ou calcul étranger. Les voici de 1 à 9: 〡, 〢, 〣, 〤, 〥, 〦, 〧, 〨, 〩. Pour former des nombres avec ces symboles on suivait les mêmes règles que pour les nombres écrits en chiffres arabes, sauf que le zéro n'existant pas, on le remplaçait par un espace vide, ce qui n'était pas toujours clair. Aussi, depuis qu'on connait le zéro, on l'a introduit sous sa forme européenne 0 dans ce vieux système qui tend à disparaître maintenant qu'on connait les chiffres arabes.

— 부호 — —, langage secret, conventionnel 암호,

260/
Chignon les hommes 상토, 상투; – des femmes 낭ᄒᆞ, ᄶᅩᆨ – le plus ou moins à l'européenne 둘네머리 (v. Cheveux). Faire un –, … 치다
Chimère animal fabuleux *룡, 긔린; – […] *ᄉᆞ두 양신룡ᄭᅩ리 괴물 (monstre à tête de lion, corps de mouton, queue de dragon).
vaine imagination 헛ᄉᆡᆼ각, 빈ᄉᆡᆼ각, 몽연ᄒᆞᆫᄉᆡᆼ각
Chimérique 헛, 빈다, 몽연ᄒᆞ다
Chimie science *화학, – inorganique *무긔화학, – organique *유긔화학, – industrielle *공업화학, – minérale *광물화학, – appliqué *응용화학.
Chine *즁국; *즁원 Royaume du milieu. Sous le dernier Empereur *쳥 (淸), le nom officiel était *쳥국. Maintenant, avec la jeune République, c'est *즁화국; *즁화민국; Ça changera encore. = Pour les vieux Coréens, la – est toujours *대국, grand royaume, Royaume suzerain.
Chinois subst. 즁국사ᄅᆞᆷ, 쳥국사ᄅᆞᆷ; 쳥인. – adj. s'exprime par le mot *당, quelquefois par *호 mis devant le mot. Objet chinois (venant de Chine) *당물. Cheval – *호마 = Expression – *된즁.
Chiquenaude donner une – 퇴기다, 퇴김 놓이다, 퇴김 주다.
Chiromancie 손금 – 보다 (lire les lignes de la main). *슈상술
Chirurgie *외과 = – science *외과의법. *슈'변복괘
Chirurgien *외과의
Chlore *염소 鹽素

Chloroforme
Chlorose
Chlorure *염화 .... v. g. — d'or *염화금 鹽化金
Chlorhydrique acide — (non vulg.) 염강슈 鹽强水 , — (non technique) 염화슈소산 鹽化水素酸.
Choc
Chœur, v. Eglise *신부쳐소. On dit plus souvent *졔대간. Le 9 — des anges *뎐신구품, et pour dire l'ensemble des anges *구품뎐신, — de musique
Chanter en — *병창하다
Choisi V. Choisir = *배벽하다 se dit d'un objet —, c. à d. de qualité supérieure.
Choir 써러지다.
Choisir 가리다, 가려내다 (여, 낸), 가리다 (여, 린), 쌔다 (쌔, 쌘), 고르다 (골너 & 나, 고른), 골나내다, *간택하다, *간션하다, *택출하다. — soit une personne, soit un objet, ... soit une ligne de conduite 삼다 (아, 은).
en ag. 택 ↔ 삼다, (아, 은) 갈히다.
Choix 가리기, 가림이 etc. — inusités comme substantif. — Voici qques expression : à votre — 네즈쟝대로 (à votre liberté), 네쇼견대로 (au supérieur 쳐분대로) — (à votre avis, à votre idée) — 네속고시분대로 (comme vous voudrez). Donner le — 고르게하다, 골나가게하다. Sans — 분별업시, 까고, 함부로. Avec — 찬찬히 (lentement), 됴별히 (avec soin), 죠심하게 (avec précaution). Le — des mots 말분별. Faire — de ses expression 말분별하야쓰다.

Choléra 괴질, 쥐병, 쥐통, *호렬자
Cholérine *곽난.
Chômer 일아니하다, 놀다(노라,논), — un jour de fête religieuse *파공하다, *파공직희다. Fête — *파공첨례, *파공일, 파공날. — le matin seulement *반일파공하다 = — au civil : jour — *공일, — l'après midi seulement (v.g. samedi) *반공일.
Chopper contre une pierre 돌에 것치다.
Choquant 언짠다(하,는), 됴찬다(하,는) Parole — 격에 틀니는 말 (격, convenances). On dit souvent 입에 담지 못할 말 (parole qu'on ne devrait pas mettre dans sa bouche). D'un homme qui use d'expressions —, on dit 아가리질하다, litt. gueuler.
Choquer en sens propre 부딋다(되져,진) 마조치다, 부듸치다. Etre — heurté 부듸치이다, 마조치이다. = —, offenser V. ce mot. Se — ou être — de qq ch. 됴하아니하다, 언짠케넉이다, 노여워하다. D'une chose qui — on dit 노엽다 (여워,운). Choquer ✝ se — mutuellement 마닥치다.
Chose 물건, 것 = — affaire 일, 사정, en agg. 물 *소. Toutes —, toutes espèces de — *만물, *만족, 만사. C'est une — grave 큰일이라. Vilaine — 됴찬훈일. Quelque — (interrogatif ou non) 무엇, 무엇시. Quelque — qu'il arrive 무엇시되던지. J'aurais su qu'il ferait quelque — 무엇홀줄노알앗더니. Si peu de — que ce soit 얼마

Faire deux choses à la fois 두길보다, 두길마보다.

력면지, 얼마나, 얼만큼, C'est une — à faire 홀거셜다.

<u>Chou</u> 배추, 배채, 배츄. Racine de — 배추의 밋동; Coeur de — 배추의 속, … 속대

<u>Choucas</u> 갈가마귀.

<u>Chouette</u> 부엉이.

<u>Choyer</u> 앗기다. Se — 제 몸 앗기다

<u>Chrême</u> St — *견진성유.

<u>Chrémeau</u> voile de Baptême *두포.

<u>Chrétien</u> au sens large, qqun qui croit au Christ *그리스도인, *그리스도교민. — catholique *텬쥬교인. On dit ordinairement *교우, *교민, *봉교인 sans spécifier de quelle religion. Aussi ces mots pourraient s'employer pour les sectateurs d'autres religions .. même païennes. Se faire — 성교에 들다(어,둔), 입교하다. Être — *봉교하다, *성교하다, 성교봉행하다.

<u>Chrétiennement</u> 성교의규구대로, 성교의 법대로. Vivre — 성교착실히하다, 성교잘하다, 성교법잘직희다, *슈계하다, 슈계잘하다. (슈계 pratique des commandements)

<u>Christ</u> N.S. 그리스도. — effigie *고상

<u>Christianisme</u> *그리스도교. On pourrait dire 예수교 si ce nom n'avait été adopté comme leur nom propre par les protestants. = — au sens de catholicisme *성교, *텬쥬교.

<u>Chrôme</u> *격로모 格魯母

<u>Chronique</u> (subst). *일긔, *긔력, *력ᄉᆞ, *ᄉᆞ력, — de famille, surtout généalogique *력디

— (adj.) . Malade — *본병, 긴병 (길다)
Chronologie *년디, *년긔, *년디긔, *년 *년표
디슐 . Table chronologique *년디표 Chronomètre, *측시긔 . .
Chrysalide 번데, 번듸, 번덕이 le ver
surtout de la — du ver à soie.
Chrysanthème *국화
Chut 가만잇거라, 말마라, 줌줌고잇거라
Chute v. tomber; — d'eau v. Cascade.
— d'un royaume, d'un grand, 망ᄒᆞ기, 망홈이
Ci pour ici 여긔, 여게 . Cette année
— *금년, 올 plus ~~usité~~ 올희 . De —, de là
이리뎌리 ; comme — comme ça 그렁그렁,
그렁뎌렁, 그렁뎌렁 . Ci-dessus 이웃헤 . Ci-
dessous 이아레 . Dans le livre là où en français
on dirait ci-dessous, en coréen on dit "à gauche"
좌에, 이좌에 à cause de la disposition ver-
ticale des lignes d'écriture. Un par —, un par
là 오다ᄒᆞ나 가다ᄒᆞ나, 듬은듬은, 듬셩듬셩.
Ci-joint
Cible 관혁, *표적, *쇼표, *표, 관역
Ciboire *셩톄합, *봉셩톄합.
Ciboule 파.
Ciboulette 졸.
Cicatrice 헌, 흔적, 앏흔자최, 앎은자리
(앎을다 se cicatriser, se fermer)
Cicatriser 아믈게ᄒᆞ다 . Se — 아믈다 (므러,
믄), 앎그다 (앎거, 믄), *합창ᄒᆞ다.
Cicerone
Ciel 하ᄂᆞᆯ, *텬 . —, paradis 텬당, 텬국.

ds le même sens les païens disent "텬샹. Lever les yeux au — "향텬하다. Monter au — 하늘에 오르다 (올나, 오른), "승텬하다. Le —, l'air, l'atmosphère "공중. Les oiseaux du — 공중에 날니는 새. La voûte du — 하늘. À la face du — 백쥬에 (c'est une espèce de serment). Un beau — (ds le sens de climat) 불한불열ᄒᆞᆫ 방, 한열고른 방 (pays ni trop chaud ni trop froid). — de lit, de moustiquaire, etc. "앙쟝, "텬봉.

Cierge 초.

Cigale ᄆᆡ얌이, .. 드르람이 est une autre espèce

"려송연 Cigare européen ᄭᆞᆫ담ᄇᆡ; — coréen se fumant dans la pipe "화봉초. = Porte — ᄭᆞᆫ담ᄇᆡ 물ᄲᅮ리

지궐년 Cigarette 궐년초, 궐년, 권연. Papier à — 권연지. Porte — 권연 물ᄲᅮ리

Cigogne 황새 (héron?); "야학, "션학, "교쳥,

Ciguë aquatique "야노라복 — Ciguë "군젼; — (sans péril) "독근초; — vireuse "슈독초

Cil 눈섭, 속눈섭

Cilice "고복, "고의 (ne pas confondre avec 고의 culottes).

Ciller 눈감죽감죽하다; — devant une lumière trop vive 눈부시여 감죽감죽하다.

Cime 솟낙이, ᄭᅳᆺ낙이; — en pointe 봉, 봉오리

"양회 (chaux européenne) est d'usage courant au sens de ciment. — Ciment "석회, "석분회, "경회 mais cela veut dire aussi mortier à la chaux.

Cimenter "경회하다. Le mot employé seul se dit spécialement de la maçonnerie des fondations

sépulture. Lorsqu'on ne cimente (à la chaux) que le dessus du cercueil, on dit "탄회ᄒᆞ다.
—, affermir 견고케ᄒᆞ다.

Cimetière "산쇼, "산소 = — maintenant "뫼디. — commun 공동뫼디. — pour inhumation "비장디, 비장터. = le lieu de crémation 화장터.

Cinabre "단사, 쥬사, — cristallisé "경면쥬사

Cinématique "운동학.

Cinématographe "활동샤진긔계, le mot: "활동샤진. Montrer un — 활동샤진놀니다

Cingler (un vaisseau) partir 서너가다; — vers "향ᄒᆞ다, 향ᄒᆞ야가다. Être — par les branches dans un bois 휘휘리에 닷치다 ou 닷치이다

Cinq 다섯, "오. — ans 다섯히, 오년. le — du mois 초다ᄉᆡ, "초오일

Cinquantaine environ 50 쉰아문. un peu plus de 50 "오십여, 쉰남아

Cinquante 쉰, "오십

Cinquième nombre ordinal 다섯재, "데오, — fraction "오분지일.

Cintre "횡예 V. Arcade. Construire en — 횡예틀다 (어, 튼).

Cirage 신약, 구두약, 칠.

Circoncision "할손례.

Circonférence 동그람이, "쥬회 — 두레 qui sert surtout de numéral pour les objets ronds & plats, 에룰 qui est le bord de la circonférence. = tech. géom. "원쥬, "쥬뎐 Les Coréens divisaient la — en 12 "궁 de 30°

Circonlocution Faire des —, parler par détour 에두르다 (둘너, 두룬),

parler par — 에둘너발 ᄒᆞ다
Circonspect *도심ᄒᆞ다, *듀밀ᄒᆞ다, 삼가다 (가,간)
Circonspection *도심.
Circonstance *연유, 소리, *즁체. les — tout mauvaises (ne sont pas favorables pour tel ou tel projet) 즁체굿다 (굿져, 굿ᄌᆞᆫ)
*경우, *소세 *ᄉᆞ정, *경형, *정상
Circonvenir 속이다, *작간ᄒᆞ다, *농간ᄒᆞ다
Circonvoisin, 두루 갓갑다 (가와, 온), 사면으로 갓갑다
Circonvolution
Circuit
Circulaire, rond, 동글다 (어, 근) 동그ᄅᆞ다;
lettre — *통문, 돌님편지, 사발통문 (souvent en mauvais sens)
Circulation 두루 단님이, 두루단니기
Circuler 단니다, 두루단니다, *출입ᄒᆞ다.
Cire 밀, — végétale (déposée par certains insectes sur les branches d'arbres) *백납
— à cacheter *봉랍 *쥬랍 (rouge)
Cirer au propre 밀칠ᄒᆞ다. — des souliers 신칠ᄒᆞ다, 신액칠ᄒᆞ다 On dit plus souvent 신닥다 (가, 근). nettoyer.
Cisaille
Ciseau 끌, 노죄 ✕ 논죄 (provinc.)
Ciseaux 가ᄉᆡ, 가외.
Ciseler 삭이다, 사기다
Ciselure en creux 음각 / en relief *양각.
Citation *인증 (d'auteur)
Citadelle *성, *성곽
Citadin *읍인, 읍니사ᄅᆞᆷ
Citer en justice *정ᄒᆞ다, 걸어서 정ᄒᆞ다 (걸다 traîner); — un auteur *인증ᄒᆞ다
Citérieur 이편작.

Citerne 우물.
Citoyen '인민, '민, '빅셩
Citrique acide — '구연산 枸櫞酸
Citron 유ᄌᆞ.
Citronnier 유ᄌᆞ나무.
Citrouille 호박.
Civière 것, 들것.
Civil poli 례모잇다, 례모롭다(로와, 온) 례모답다(다와, 다온), 례바르다(발나, 바른) Guerre — '졍란, '민란. Habits — (par opp. à uniforme) '도령복. Officier en — '도령복순검. On les appelle plus souvent '별순검. — affaires, procès — (par opp. à affaires criminelles) '민ᄉᆞ.
Civilisation '긔화 '문명
Civiliser qqun 인ᄉᆞ를 ᄀᆞᄅᆞ치다, ᄒᆡᆼ실을 ᄀᆞᄅᆞ치다; — un pays 긔화식히다. Pays — 긔화ᄒᆞᆫ나라, 문명ᄒᆞᆫ나라.
Civilité '례모, '톄례.
Clabauder 시비ᄒᆞ다, ᄒᆞᆼ상시비ᄒᆞ다 = '쳥설ᄒᆞ다.
Claie 발, 바올; — pour haies 바ᄌᆞ, 국바ᄌᆞ le bât, 바ᄌᆞ est la — croisée; 느개바ᄌᆞ... non croisée
Clair 밝다(아, 은); — limpide 맑다(아, 은), — évident '명백ᄒᆞ다, '분명ᄒᆞ다, '통찰ᄒᆞ다; — facile à voir, à comprendre 쇼연ᄒᆞ다, 쇽쇽ᄒᆞ다; — peu épais (liquides bouillies, colle) '멀숙ᄒᆞ다; — semé 드믈다(어, 믄), 셩긔다(여, 긘), 드믄드믄ᄒᆞ다, 셩긧셩긧ᄒᆞ다, fig. — semé 오다 ᄒᆞ나가다 ᄒᆞ나; = 셩긔다 se dit aussi des
Clair de lune 달빗, '월광
묽다(어, 은), 질다(어, 진)

tissu —, c.a.d. peu serré. Briser une affaire au — *최근하다 (arracher la racine), 톡실 딸딸하다 (voir le profit ou la perte). On dit plus souvent 살아보다, *사실하다.

Clairement 붉히, 명백히, 분명히 = distinctement 조셰히, 셕셕히.

Claire voie 살창. Porte à — 살문

Clairière .

Clairon 나발. —, soldat 나발슈

Clairsemé 드믈다. V. Clair. Le contraire est 빽빽하다, et 쳐불다 mais ce dernier paraît un provincialisme de Ky. S. T.

Clairvoyance 지각, 눈치.

Clairvoyant 눈치잇다, 지각잇다

Clameur 왁자흔소리. Pousser des — 왁자하다 qui veut dire aussi au neutre retentir de —. On dit par hyperbole 하놀쇠지는소리, 하놀문허지는소리 ou 문허지는듯흔소리, 당이버러지는듯흔소리, et plus chinoisement *텬붕지탁지셩 : bruit du ciel qui s'écroule et de la terre qui s'ouvre.

Clan *셩. Les 4 — coréens *스셩

Clandestin *은근하다, *은밀하다, 스스롭다 (로와.온), en agg. *밀. Prostitution — *밀매음. Avoir un commerce — (adultère ou fornication) *사통하다.

en agg. 秘 *암

Clapoter 조로록조로록하다, 출낭출낭하다

Claque donner une — (sur la joue) 새뺨치다, 귀썍치다.

270/

Claquer — en parlant de dents (de froid ou de peur) 니셜다 (어,썬), 니셜니다. — de la langue en signe de désapprobation 혀 츠다 (츠,츤) ; — au manche 위퇴위퇴하다. Faire — son fouet (ou sautu) *증금하다, 과 쟁하다.

Clarifier 맑히다 — (un liquide) 가라안치다 (faire déposer) — Se — 맑아지다 Se (un liquide) 가라안다 (저,즌).

Clarinette

Clarté *광채 ; — du soleil 희볏 ; — de la lune 달빗 ; — du feu, de la lumière 빗 ; — d'un métal poli 빗, 윤 ; — de la vue (force des yeux) *안력.

빗 ne se dit que de soleil non voilé. — la clarté du soleil par jour nuageux = en dehors des rayons directs 희빗.

Classe ordre, rang *등, *등, *층급 ; — pour étudier (local) 글방, *서지, *서당, *학당, maintenant *교장 *강당 ; — division des élèves, *반. Faire la — 선생질하다. Pour faire la — (action), on dit souvent 강밧다 (아,은), faire l'examen. — au chemin de fer, en bateau *등.

Classement 추례 — classification *부분, *분류

Classer, mettre en ordre 초리다, 갓초다, 곳초다 (아,촌).

Classique livre — chinois *경, *경서.

Fournitures — *학교용물

Clause 섯, 됴복, 작뎡혼것

Clavicule *쇄골

Clavier

Clayon

Clef de serrure 열쇠, —, manette de robinet, etc. *흡슈, — anglaise (pour boulon) . Mettre la — sous la porte (partir sans payer ses dettes) 져녁 두번 내다.

Clématite

Clément 너그럽다 (져허,온), *인즈하다.

Clepsydre horloge d'eau *루, *누슈, *낙누

Clerc de notaire, d'administration *셔리

Clergé *성직즁. Un clerc : *성직자

Cliché d'imprimerie *연판, de photographie *흥판

Client d'un grand *문인, *문객, — de ministre en faveur *셰직, 츄셰하는사름, — d'un marchand, d'un magasin 단골 (le mot est mutuel & se dit aussi du fournisseur habituel).

Cligner de l'oeil 눈슴젹이다, 눈슴젹거리다, 삼작이다, 슴젹거리다, 슴젹슴젹하다.

Clignotter 눈슴젹슴젹하다.

Climat 슈토 *긔후 voir 긔후학 Climatologie

Clin d'oeil court instant. *슌식. En un — 슌식간에, 삽시간에, 별안간에. Le dernier veut dire aussi à l'improviste = —, signe fait de l'oeil 눈치 le faire 눈치하다, 눈즛하다. Le comprendre 눈치보다

Clinquant

Clique 당, *악당, 무리. Mauvaise — 악당

Cliquetis 닥독닥독하다.

Cloche *죵, sonner une — 죵을치다.

Grosse — (à Seoul & dans certaines villes) *죵, 인경

272

On le sonnait le soir pour avertir de rentrer chez soi et qu'on fermait les portes de la ville. On disait alors 인경치다 (인 hommes; 경 avertir). Le matin, lorsque la clepsydre du palais était à sa fin, on sonnait de nouveau pour annoncer l'ouverture des portes. On disait alors 파루치다 (파 fin; 루 clepsydre). = Ces coutumes sont passées. Quand maintenant on sonne cette cloche pour une cause quelconque (v.g. pour un incendie), on dit toujours 인경 치다.

= – à plongeur *줌슈긔, *영긔줄.

Cloche pied Aller à – 개금좃다 (조처, 조촌), 앙금조다 (아,존), 앙금조아 단니다, 가치거름질ᄒᆞ다.

Clocher subst. *종각, *종루

Clocher verbe v. Boiter; –, ne pas aller bien: chose où qque chose cloche 들니다, 거북ᄒᆞ다.

Clocheton

Clochette 방울.

Cloison 벽, ᄉᆡ이벽; – de bois 판장; – de terre 벽, 벽장.

Cloisonné

Clopin clopant v. Boiter. D'une affaire qui va – on dit 흐지부지ᄒᆞ다.

Cloporte 쥐며느리

Clore fermer 막다 (아,은) – une porte, la fermer 닷다 (아,은), 닷치다; – des comptes

눈쉐를 닥다 (아, 은), — une affaire 일을 긋치다; — les yeux 눈 감다 (아, 은). La porte ne clôt pas bien 날 버근하다; — clôt bien ...스침 없다 (il n'y a pas de trou). A nuit — 어두온 밤에. Bouche close! surtout! 복 퇴 말 마라, 복 퇴 말 하지 마라, 누설 치마라.

Clos

Clôture de haie, de branchage 울, 울타리, — de planche *판장; — en pierre ou en terre battue 담; — en treillis 바주; — en claire voie 살장.

Clou 못, 쇠못, *철뎡. On dit souvent 못 아귀 (pointe du clou); — à large tête *광두뎡; — de fer à cheval *마텰, 다갈. — de souliers 증 = —, bouton, furoncle 멍울, 종긔, 샌조지, 부스름이; — sous l'aisselle *익하종. Avoir des — 헐다 (어, 헌) se dit surtout de la tête: 머리 헐었다. = — de girofle *뎡향

— de soulier européen à tête plate; 빈되증.

*종 *종처 헌되

Cloué 못 박이다, 못 박히다, 못 으로 박이다. — sur son travail 일에 잡기다.

Clouer 박다 (아, 은), 못 ou 못으로 박다. On dit souvent 못 주다, 못 아귀 주다, 못아귀 쏘다 (와, 쏜).

Clovisse (coquillage) 보시조리

Clown 광되.

*관조 ↔ Clystère 속복욕. Le prendre: 속복욕하다, 오장 씻다 (씨서, 슨). Le donner 속복욕 하여 주다, 오장 씻겨 주다.

Club *도회 텽; *구락부

Coactif pouvoir — *강졔권, *억졔권

Coadjuteur *부, *보좌 g. Évêque — *부쥬교, *보조쥬교.

Coaguler Se — 엉긔다, Faire — 엉긔게하다

Coaliser Se — *합의하다, *합력하다, *련합하다. Armée — *련합군

Coaltar *석탄타. Huile de — *석탄타유 ⟺ En fait, on dit "고르다르", "고르딸"

Coasser 울다 (어, 운).

Cobaye

Cocasse 이불스럽다 (러워, 러운), 익살스럽다, = 익살부리다 (en actes).
Chose ou homme — *이불.

Cocarde

Coche entaille 엔조국, 어연조국

Cocher *차부.

Cochère Porte — *평대문 (porte sans seuil)
소슬대문

Cochon 되아지, 돗 — en agg. *졔

Coco 야자

Cocon 곳치, 누에곳치, 고치.

Cocotier 야자나무

Code *법뎐. Le — civil coréen se nomme *대뎐통편 = — criminel *형법대뎐, — militaire *륙군법뎐. = — de correspondance *부호, — chiffré ou secret *뎐신암어집, 뎐신암호집.
Maintenant : — civil *민법 ; — criminel *형법 ; = — de procédure *소송법, suivant le cas *민사소송법 au civil, et 형사소송법 au criminel.

Codification *법뎐편찬

Cœur anatomique 념통 qui ne se dit jamais au moral ; — au moral 마음, *심.
Avoir mal au —, soulever le — 아니꼽다
(꼬아, 꼬은) V. nausée. Le cœur bat 마음 뛴다.
Avoir le — enflammé de colère 마음에 불

ᄒᆞ다, 블ᄒᆞᆫ ᄆᆞᄋᆞᆷ을 억의지 못ᄒᆞ다. Faire le bon — 즐겨ᄒᆞ다, 감심ᄒᆞ야ᄒᆞ다. Faire à contre — 슬희여ᄒᆞ다, 마지못ᄒᆞ야ᄒᆞ다, 강잉ᄒᆞ야ᄒᆞ다. Faire sans —, sans attention, sans réflexion 무심ᄒᆞ야ᄒᆞ다, 무심히ᄒᆞ다. Ne faire qu'un — & qu'une âme — 합의ᄒᆞ다, 합심ᄒᆞ다, ᄒᆞᆫ ᄆᆞᄋᆞᆷ 되다. Avoir qque chose sur le — 기심ᄒᆞ다, ᄆᆞᄋᆞᆷ에 걸니다, ᄆᆞᄋᆞᆷ 또ᄒᆞᆫ치못ᄒᆞ다. Avoir ou garder un sentiment de le — 둡다 (어,은), ᄆᆞᄋᆞᆷ에 둡다 ou ᄆᆞᄋᆞᆷ을 둡다 en mettant devant le sentiment en question. V. Garder au — de la haine 미워ᄒᆞᄂᆞᆫ ᄆᆞᄋᆞᆷ을 둡다. Décharger ou ouvrir son — ᄆᆞᄋᆞᆷ을 풀다 (어,운) qui se dit aussi pour quitter un ressentiment qu'on avait sur le —. Le — se soulage ᄆᆞᄋᆞᆷ 풀니다. Homme de grand — ᄆᆞᄋᆞᆷ 큰 사ᄅᆞᆷ, 활달ᄒᆞᆫ 사ᄅᆞᆷ ou mieux 활슈ᄒᆞᆫ 사ᄅᆞᆷ. Si c'est dans le sens d'homme courageux, on dira plus souvent 간 큰 사ᄅᆞᆷ (homme au grand foie - le coréen disant souvent foie là où nous disons cœur - au moral). Qui a un grand — 대장부 En homme de — 활발ᄒᆞ게, 활슈히. Qui a bon — 인졍잇다. Qui a mauvais — 인졍업다, 인심 됴치 안타, 박졍ᄒᆞ다, 야ᄡᆞᆯ치다, 야ᄡᆞᆯ스럽다 (러워,운). Perdre —, perdre courage 낙심ᄒᆞ다, 실망ᄒᆞ다 V. courage. Homme sans —, lâche 소장부, 졸장부, 죨놈, 죨것 = Attacher son

Parler à — ouvert 속뵈다, 속주다.

coeur aux biens de la terre 세블에것보치다. Avoir à —, prendre à — 열심으로ᄒᆞ다, 열심내다. Ce qu'on a le plus à — 대복쇼관. De tout son — 전심으로. = Percer le — (faire de la peine) 낭심생ᄒᆞ다, 낭심지르다 (질너, 지른) Gagner le — 인심을엇다 (어, 은), 낭심을엇다, Avoir le — gagné 허심ᄒᆞ다, 낭심을허락ᄒᆞ다. Ami de — 심복, 심복의친구. Le — me dit que... 내심즁에, ...내심각에, 내낭심에, 내쇼견에..... Avoir le coeur gros 섧다 (허, 은), 설다 (어, 운), 셜워ᄒᆞ다. Réciter par — 외오다 (와, 온), 외다 (아, 왼), 입으로외오다 (si on veut dire réciter tout bas, ou en soi même 낭심으로외오다). Apprendre par — 빅호다 (화, 혼), 붉다 (어, 은) = Le —, l'intérieur de qq chose 속, 가온데, 즁. qq. f. 심. Le — du bois 나무고리앙. Le — d'un chou 빈치속, 빈치속디, 빈치고리앙, 빈치고깅이

Coffre 궤, — fort 텰궤, 금고; — à grain 누지, 뒤주.

Cognée 독긔.

Cogner 두다리다. Se — à heurter 부딋다 (딋쳐, 친), 부듸치다, 부도디리다. Se — la tête aux murs, se tourmenter 과념ᄒᆞ다, 걱졍과ᄒᆞ다, 걱졍과히ᄒᆞ다.

Cohabiter 동거ᄒᆞ다. = époux 합방ᄒᆞ다

Cohésion force de — 응쥐력

Cohorte 사데, 데, 각리

Cohue foule bruyante 왁자ᄒᆞᆫ무리. Être rin.

mis en — 붘ㅎ거리다

Coi. Demeurer coi, être à quia *유구무언

Coiffer le — 쓰다 (써, 쓴) précédé du nom de la coiffure. = Être — de quelqu'un 사ᄅᆞᆷ의게 싸지다, 혼사ᄅᆞᆷᄭᆞᆫ 끼다 (여, 읜). Il en est — (d'un homme ou d'une chose) 그 사ᄅᆞᆷ이 저게 쏙 붙엇다 (붙다, 터, 튼 être collé). — Ste Catherine (porter longtemps fille) *과년ᄒᆞ다.

Coiffeur. *젼발관, *젼발쟝이. La boutique *젼발소 = *리발관, *리발쟝이, 난발쟝이, perruquier.

Vêtement & coiffure (habit "habillé") *의관.

Coiffure 갓, 관, 탕건 etc. selon l'espèce. En général: 쓰ᄂᆞᆫ것, 머리에 쓰ᄂᆞᆫ것.

Coin angle concave 구역, 구석; angle convexe 모. Au — de la porte 문 녑헤, 문 갓가히, 문 협헤. — pour fendre le bois (etc.) 쐐, 보라, 쇠악기; — de bois ou de fer 뎍밤; — en métal des meubles 검열 쟝식 (ferrure formant crampon).

Coïncidence

Coïncider

Coing 목과, 모과 — Cognassier 목과나무, 모과나무

Le mot médical (très courant d'ailleurs) 색쓰다 (써, 쓴), *봉색ᄒᆞ다 = s'il y a une "irrégularité" ou un excès quelconque *범색ᄒᆞ다. = Bons ces mots très convenables. — Je ne vois pas indiquer les autres. Excès se dit *과색ᄒᆞ다.

Coït *동품 = ᄒᆞ다, *샹관 = ᄒᆞ다. Le — légitime des époux se dit *뎡색. 교합

Col d'habit 옷깃, 깃. Bordure du — 동졍. — passage élevé entre deux montagnes (ou p. par dessus une montagne) 고기.

Coléoptère *갑충류

Colère (subst.) *노, 분노, 노염, 골, 분ᄒᆞᆫ ᄆᆞ음. Se mettre en — 분내다, 분노ᄒᆞ다, 골내다, *노ᄒᆞ다,

노여워하다 (de 노엽다 = qualif. peu usité), 골나다. Se mettre dans une grande — 대로하다. La perte — (v.g. de Dieu) se dit 의로. Accès de — 분결. Se laisser emporter par la — 분한 마음을 이기지 못하다. Bouillonner de — 분이북받치다. Retenir sa — 노를 참다(아.은). 분노를 참다. Apaiser, dissiper sa — 분독리하다.
= — (adj.) qui se fâche facilement 노엽타다, 노여움타다, 노엽잘타다 = 뇌여하다 serait plutôt "susceptible."

Colimaçon de rivière 우렁이, de terre, limace 달팽이 = 소고등 est une espèce de bigorneau. Le 소라 est assez joli coquillage de mer en forme de colimaçon gros plus que le poing.

Colique = 복통.

Colin-maillard, jeu 가막잡기.

Colis On dit ordinairement 짐. — Un chemin de fer 하물, et les — de mar. 승하물. — — postal 소포, 소포우편.

Collatéral La parenté — s'exprime par le nombre des degrés: 삼촌 oncle, 사촌 cousin germain etc. — Pour plus de précision, pour indiquer la parenté — par le père on met 친 devant le nombre de degrés: 친삼촌, 친사촌. La parenté — par la mère s'indique par les mêmes mots précédés de 외: 외삼촌, 외사촌 ..

Collation d'écrits: 교합, 교정; =

— léger repas *요긔 peu usité sinon pour la — du soir les jours de jeûne. 겻누리, 겻두리.

Collationner une copie 준ᄒᆞ다, des écrits *교졍ᄒᆞ다, *교합ᄒᆞ다; — faire son petit repas
ᄉᆞ이먹다, *요긔ᄒᆞ다, 겻누리ᄒᆞ다, 입다시다, 겻두리먹다.

Colle 풀; — de poisson 부레, 부레풀; — forte (de cuir de boeuf) 아교, 아교풀, 가풀; — de farine 풀; — de farine de blé 밀풀. La faire 풀쑤다 (어, 운) — Pinceau à — (très large) 귀얄.

Collé 붙다 (터, 튼)

Collecte *슈렴=ᄒᆞ다; 츄렴ᄒᆞ다

Collecteur d'impôt. Autrefois *몽헌, *면임. Ce sont maintenant le *면장 & le *리장 qui font l'office.

Collection d'objets *수집 précédé du nom d'objet v.g. *우표수집 — [illegible] — (de plantes, animaux) *채집

Collectionner

Collectivement ᄒᆞᆫ가지로. En corps *동. Agir — *일동ᄒᆞ다, *동력ᄒᆞ다, *합력ᄒᆞ다.

Collège *학당, *학교 = —, établissement d'instruction secondaire *중학교.

Collègue *동관.

Coller au sens neutre 붙다 (터, 튼) — au sens actif 붙이다, 풀노붙이다; — du papier 됴희 바르다 (발너, 바른) — de nos les murs 되벽ᄒᆞ다, 도벽ᄒᆞ다; — plusieurs doubles ensemble pour obtenir une espèce de carton 복ᄒᆞ다, *벽졉ᄒᆞ다.

Être collé (à un examen) *락방ᄒᆞ다. = Coller *락방식히다.

Collet V. Col. Rendre au — 덜미잡다 (어, 은)

280/

(덜미 est la nuque). — pour prendre les animaux 올감이. (nœud coulant.)

Collier ornement 목고리; 항쇄 — d'animaux 올보. On dit aussi 올감이 attacher par le — 옭아매다. Mettre un — 올보노타 (하.흔) qui se dit dans le sens de forcer qqun à faire qq chose.

목거리, cravate ou chose semblable; cache-nez pourrait peut-être se dire pour le — souple.

Collimation ligne de — 시축

Colline 산, 야산, 언덕, 구릉

Collision

Colloque 본납, 슈작 — 니야기, 담화

Collusion

Collyre 안약.

Colombe 비둘이, en gg. 합. — blanche 백합, 흰비둘이.

Colombier 비둘의집.

Colon 식민.

Colonel de l'armée coréenne avant 1907 륙군졍령, le lieutenant — était 륙군부령 = — de l'armée japonaise 륙군대좌, le lieutenant — 륙군중좌 = On dit aussi 영장 pour —, et 련디장 pour l'officier faisant fonctions de —, c.à.d. commandant un régiment.

Colonie Au sens de royaume tributaire 속국. Au sens d'endroit où l'on envoie des colons 식민디, 이민디.

Coloniser 식민호다, 이민호다

Colonnade

척골
Colonne 기동 ; — vertébrale 등골 ; — ou stèle commémorative 비 ; en bois 목비, — en fer 철비, en pierre 비석 = —, formation d'une troupe en — 총대 ; — serrée 빌집 총대.

Coloquinte 야호라

Colorer déguiser ; 됨게하다, 숨이다. se — (prendre une couleur) 빗되다 précédé de la désignation de la couleur v.g. 붉은빗되다 se — en rouge.

Colorier 치석칠하다. Image — 치본, 화본

Coloris 빗, 석.

크다랏타(다래, 란)

Colossal 크다(커, 큰), 장대하다. Statue — 미럭.

Colosse homme 장군.

Colporter

Colporteur 등짐장스, 들장스, 돌님장스. sont les marchands —. les — proprement dits (groupés en association) : il y en a 2 espèces : les 부상 et les 보상.

Colza

Coma

— à la guerre 전징
Combat spirituel 신전 =하다

Combat 싸홈이, 싸호기, — surtout en paroles 다톰이, 다토기, — de paroles seulement 입시룸.

Combattre 싸호다 (화, 혼) = 다토다 (와, 온) qui se dit pour les rivalités, les disputes ; = 결우다 (워, 운), 겨룸하다 qui est surtout rivaliser ; — de paroles seulement 입시룸하다. — ses passions 스욕을 억제하다. les vents — 바람이 맛분다 (불다 et 부다, 부러, 분)

—, résister à, repousser 디뎍하다. se dira pour — l'ennemi, — les passions &c.
= à la guerre 싸호다, 접징하다 &c
교전하다, 결전하다

282/

Combien 몃, 몃치 uniquement pour les choses qui se comptent 얼마, 얼마 pour les autres. — 얼마 employé même pour les choses qui se comptent, pour l'argent en particulier: — me donnerez vous? 돈 얼마나 주겟나냐. — est le prix? 갑시 얼마냐.

Combinaison , — chimique *화합. Dans le sens de corps composé *화합물.

Combiner unir

— un projet *마련하다, 혜아리다.

Comble (subst.) — d'une maison, d'une montagne, 꼭닥이. — apogée *극뎜. Être au — de ses vœux 더 원홀것 업다, 더 원홀슈 업다. = —, adj. [illegible] 가득하다; = — (adverbe) 잔득, 가득히, 가득하게, 넘게, 더홀수업시, 더홀슈업게, de fond en — ?아게

Combler un trou, le remplir 메우다 (워, 운), 메오다 (와, 온), 메이다; — remplir 채오다 (와, 온); — les vœux 소원 채오다, — la mesure de ses crimes 죄악이 관영하다 (관영 est le comble du crime, de la méchanceté). — de bienfaits 측량홀슈 업는 은혜를 베플다 (어, 푼). Se voir comblé ... 닙다 (어, 은) (au lieu de 베플다)

Combustible (subst.) 불 쓸것, 쓸것; — adjectif)

Comédie 산듸, 산듸. — par oppos. à tragédie *희극.

Comédien baladin 산듸도감, 산듸도감놈, 광듸, 솟듸쟝 ; — enfant *쇽동.
Comestible (subst.) *식물, *쟝식 ; = — adj. 먹을, 먹는, 먹을만하다
Comète *미셩, *혜셩, *살별, *살셩. On dit très souvent *별셩 : étoile extraordinaire.
Comique 우숩다 (수워, 운).
Comité *회-, les membres, *위원
Commandant d'armée *대쟝 — le Coréen dit volontiers *쟝슈 — (*쟝슈 veut dire hercule), le commandant devant être le plus robuste de toute l'armée. = Maintenant on dit encore *대쟝, mais surtout *수령관 ; — en chef *수령쟝관 ; — d'armée *군디수령관 ; — d'une place *요히수령관 = *(수령관 désigne l'office indépendamment du grade, aussi il se dira du — d'un poste) — (grade) de l'armée japonaise *륙군쇼좌 ; de l'armée coréenne avant 1907 *륙군참령 = — d'un navire de guerre (officier) *함쟝, — d'un navire de commerce *션쟝.

— d'une unité militaire (office) *쟝 ajouté au nom de la unité : *즁듸쟝, — de compagnie.

Commande, commission *주문, commandement militaire (acte de commander) 시령호령 (?)

주문, 註文, est le mot employé pour les commandes (par lettre) de marchandises.

Commandement *명, *령, *명령, *계명 ; — sévère *엄명 ; — à haute voix *호령 = 하다 C'est le mot qu'on emploie pour les — militaires. Les 10 — *텬쥬십계.

Commandements de l'église (les) *셩교소규.

Commander donner un ordre 명하다, 식히다, 식이다 ; — une armée (la diriger)

Comme — Comment

284/

군ᄉᆞ를거ᄂᆞ리다, — une troupe ᄉᆞ령ᄒᆞ다; =
— faire une commande à un marchand 주
문ᄒᆞ다 (par écrit); autrement 식히다, 식이다
qui peut se dire même d'une commande écrite.

Comme (conj). Dans le sens de lorsque
devant un verbe, se rend par la terminaison
ᄃᆡ로. — Je pense 내소견ᄃᆡ로; — il convient 맛당ᄒᆞᆫᄃᆡ로, 맛당ᄒᆞ게. Devant un
nom, —, exprimant la similitude 쳐럼,
쳐름, 쳐로, ᄀᆞᆺ치, ᄭᆞ치, ᄭᆞᆺ치. Je le respecte
— mon père 내부모쳐럼 위ᄒᆞᆫ다. Je m'en
sers — du mien 내것과ᄀᆞᆺ치 쓴다; —
exprimant la similitude, devant un verbe
se rend par les terminaisons 드시, ᄯᅳᆺᄒᆞ게, cette
dernière exprimant une similitude moins
absolue. La pluie tombe — si on la versait (à verse) 비가붓ᄂᆞᆫ드시 온다. Il se
repose — s'il n'avait rien à faire 일ᄒᆞᆯ것
업ᄂᆞᆫ드시논다. — avec les verbes: estimer
—, regarder — (ou autres synonymes) se rend
par l'instrumental. Je le regarde — un
vaurien 괴악ᄒᆞᆫ놈으로안다. Je le regarde
— mon père 내부모로안다; — devant un
verbe (ou un adjectif), signifiant autant
que ᄀᆞᆺ치, ᄭᆞ큼 ? —, signifiant lorsque
se dit. Comme j'allais 가다가, 갈ᄯᅢ
에, 가ᄂᆞᆫ쳐 = C'est tout —, tout semblable ᄭᆞᆺ치ᄒᆞᆫ가지, ᄭᆞᆺ치일반 = Être,
aller — devant, — toujours 여젼ᄒᆞ다.

En agg. *긔렴

Commémoratif Monument — 의친묘, *긔렴묘. Cérémonie — 긔렴식. V. Mémorial. — Colonne ou stèle commémorative 비. V. colonne.

Commémoration des morts *츄소이방.

Commençant 시작ᄒᆞᆫ, — écolier qui commence ses études *초학ᄒᆞᆫ.

*복ᄂᆞᆫ시

— d'une lettre, formule de politesse du — *조련재 두전. Les supprimer *제례ᄒᆞᆫ다.

Commencement *시작, *시초, 비로솜, 비로소, 첫머리, *근본. — la fin; au — à la fin *시말; — du monde *개벽. Depuis le — du monde *개벽이래. Au — 비로소. Tout au — ᄆᆡᆫ 본ᄌᆡ, ᄆᆡᆫ 쳐음에, 시작ᄒᆞᆯ ᄯᆡ에; — d'un livre 첫머리. Le — du mois *초생 = 초 en agg. a le sens de —.

Commencer 시작ᄒᆞ다, 비로소ᄒᆞ다, 비롯다; — une institution, une œuvre, une maison de commerce *설시ᄒᆞ다.

Un — *동거인.

Commensal a été ordinairement habiter ensemble *동거ᄒᆞ다. Dans le sens de manger à la même table *겸상ᄒᆞ다, 겸상ᄒᆞ야 먹다 = l'expression *동정식ᄒᆞ다 (manger de la même chaudière) sert pour indiquer une grande familiarité.

Commensurable nombre — *전수
Quantité —

N'importe comment 아모러커나, 아모커나, 아모러케, 아모러ᄒᆞ든지 (à l'aveuglette).

Comment, interrogatif ou non 엇더케 (어드러케), 엇지. — allez-vous 엇더ᄒᆞ냐 (très familier) 그ᄉᆞ이 엇더ᄒᆞ시오 (très poli). Je ne sais ce qu'il faudrait

286/

faire 엇더게 홀지 모로겟다. Je ne sais — je ferai 엇더게 홀넌지 모론다. Indiquez moi — faire 엇더게 홀지 그룹쳐 주시오, 호눈 법을 그룹쳐 주시오 .. On ne sait trop — 엇지 엇지

Commentaire 풀님, 주, 줌, *주셕, *주히, *의히, *셕의.

Commentateur *주셕자, *주히자 etc

Commenter 풀다(어,풀), 주내다.

Commérage 말질, 시비, 잡담, 시비잡담, Faire des — =호다, 왜장 벗다(어,은), 왜장 부리다.

Commerçant 장스호눈 사룸, 장스군, 장스.

Commerce le marchandise 장스, *민매 =호다, en agg. *상 v.g. bateau de — *상션; = —, fréquentation *상관, *결련, Avoir — avec 통호다. Entretenir un — de lettres 편지 왕복호다, 서간 왕복호다. Avoir un — criminel: 상관호다 se prend dans ce sens. Si le — est secret *사통호다. Autrement, pour l'homme on dit 계집질호다, pour la femme 서방질호다 (ces deux mots sont vulgaires, sinon grossiers), pour les deux 사음호다, 사음을 벗호다. *외입호다. Le méretricial se dit *힐창호다, *매음호다.

Avoir — avec les dieux 귀신 부리다, 귀신 통호다.

Commère femme bavarde 시비 만다(하, 흔), 말 만다, 말질 잘 호다, = *억구 (mauvaise langue) — Tout cela peut se dire d'un homme ... & parfois ils le maintient aussi bien que les femmes.

Commettre (une faute) 범ᄒᆞ다, 짓다 (지어, 지은), 엇다 (어, 은) = 범죄ᄒᆞ다 ; —, confier 맛기다 ; — charger de 식히다, 식이다.

Comminatoire

Commis de le commerce 거슈, 거슈군. Commis voyageur 발품ᄑᆞᆫ눈자

Commis de un magasin 스환 — (autrefois), employé 차인

Commissariat de police 경부쳥 ; 경찰소

Commissaire royal envoyé pour faire une enquête secrète en province 어ᄉᆞ, 안핵ᄉᆞ (vieux système). = — de police 경부관, 경찰관 ; = — de la marine 쥬계관 ; — d'un bateau, à bord 승무장.

à Séoul 경부쳥 désigne le quartier général de la police : commissariat central. — Le — de police est dit 경찰서, 경찰소, 쥬뎌쇼, 반츌쇼. A quoi correspondent ces diverses spécifications ????
De même, commissaire de police : chef d'un bureau de police : 경부, 경부쟝 ; = au dessus 경시 = au dessus encore (ayant juridiction v.g. sur une province) 경무부쟝

Commission pouvoir donné 위임 ; — ordre à exécuter, — à faire auprès de qqun de la part d'un autre 심부름, 심부롬. Faire la — 심부름ᄒᆞ다, 심부름가다, id., au marché 흥졍ᄒᆞ다 ; + salaire donné au commissionnaire entremetteur 구문, 구젼.

Commissionnaire 심부름군, 스환 ; — pour acheter 흥졍군.

Commode subst., meuble 냥ᄉᆞ ; = — adj. chose 슈편ᄒᆞ다, 편ᄒᆞ다 ; —, facile à faire 쉽다 (쉬워, 온), homme —, d'humeur — 슌ᄒᆞ다, 량슌ᄒᆞ다.

— & avantageux 편리ᄒᆞ다

Commodément 편ᄒᆞ게, 슈편ᄒᆞ게.

Commodité 잉편 ... — 슈편ᄒᆞᆫ되로 v. Aise. Lieu bien fourni de — de la vie 도방쳐 (lieu fréquenté & commerçant).

288/

— lieux d'aisance 뒤간.

Commun qui appartient à plusieurs, universel, répandu partout 공번되다, en agg. *공. La vie commune (d'un monastère, c. à d. l'usage en — de tout) *공용. = 동 en agg. veut aussi dire —, mais dans un sens plus restreint *동ᄒᆞ다 agir en —, faire le commerce en —. = —, abondant 흔ᄒᆞ다, 만ᄒᆞ다(하.흔), —, ordinaire 례ᄉᆞ, 예ᄉᆞ, 례ᄉᆞ롭다, 예ᄉᆞ롭다 (로와, 온), *범샹ᄒᆞ다, en agg. *범, les hommes du —, le — des hommes 예ᄉᆞ사ᄅᆞᆷ, *범인. = —, médiocre, au dessous de l'ordinaire 변변치 아니ᄒᆞ다 = Voici qques autres expressions: le sens —, la droite raison *의리. Un bruit fort — 소문에 돌니ᄂᆞᆫ 말, 소문에 돌니ᄂᆞᆫ 소리. Je n'ai rien de — avec lui 서로 샹관 업다, 서로 계관 업다, 서로 알ᄂᆞᆫ것 업다. 공동 sens — *상식

Communauté *회

Commune 동네

Communément 일톄, 보통 (qu'on peut mettre à l'instrumental), 흔히, 통용, 범샹히, 예ᄉᆞ로히, 예ᄉᆞ, 예ᄉᆞ롭게.

Communier 셩톄를 령ᄒᆞ다, *령셩톄ᄒᆞ다

Communion sacramentelle *령셩톄. — des saints 셩인이 서로 통공ᄒᆞ다.. Etre en — d'idées, de sentiments *합의ᄒᆞ다.

Communication 통ᄒᆞ기, 샹통ᄒᆞ기 = 통이

Communiquer '통하다, *상통하다. C'est — mutuellement. Route qui — avec une autre 통하는길. = — une nouvelle *통지하다, 알너주다, 알외다 (여, 왼); — une affaire 알외다, au supérieur 품하다.

'통지하다

Communisme *공산쥬의; *지산공유.

Communiste '공산당.

Commutation inférieure *감형

Compact 되다 (여, 된), 빅빅하다

Compagne '동모; — épouse V. ce mot.

Compagnie Réunion d'homme 사세, 무리, — de satellites 드패. Etre de — 작반하다. Aller de — 동행하다, Faire de — 동일하다, *동숙하다. Fréquenter les mauvaises — 몹쓸무리를사괴다 (여, 괸), 몹쓸곳에 구울다 (구울다 & 구으다 (러, 은) rouler), 악한벗을상종하다. Prendre, avoir en sa — 더불다 (부러, 분). En — de ... 더부러 V. avec.

—, association *회, *회샤, en agg. *샤, v. g. — commerciale *상샤 = le nom sous lequel est connue la — dite *상호 (nom commercial). L'office central *본뎜, les branches (Branch office) *지뎜; les agences, (c. a). les maisons où les affaires de la — sont traitées par un négociant indépendant ou par une autre — *대리뎜.

= —, armée, unité de troupes *중대.

... & compagnie, et cetera, après un nom ou une suite de noms (surtout de personne, mais parfois de chose) se rend par 섞근 (conversation) mis au bout du dernier nom qq. répété, v. g. a. l'avant dernier & au dernier noms — 섞근 est une corruption de 섞거 (섞다, 거, 근) être mêlé

Compagnon *동모, — de route *동행군

Comparable 비할만하다.

Comparaison *비교. Les termes de la — sont dits *비교할. Sans — 비홀데업시. En — de 보다, 보덤, v. comparatif.

Comparaître

Comparatif *비교급, — de supériorité *상급비교; — d'infériorité *하급비교; — d'égalité *동급비교, *등등비교. Pour former le —, on intervertit presque toujours les termes de la phrase française. Le premier (c.à.d. le second de la phrase française) est, pour les comparatifs de supériorité & d'infériorité suivi de 보다 ou 보덤, ou bien mis à l'ablatif en 에서. Le qualificatif est précédé de 더: plus, ou de 덜: moins. Avec les mots 보다 & 보덤, le 더 de supériorité peut se supprimer. La maison de Pierre est plus grande que celle de Paul 박로집 보덤 베드로집이 더크다 ou simplement 크다. Le — d'égalité se rend par 굿다 (하, 혼) être semblable. = Le — est beaucoup moins fréquent en Coréen qu'en français. Notamment, on ne l'emploie pas pour des objets trop disproportionnés. Ainsi pour traduire la phrase française: le boeuf est plus grand que la grenouille, on dira qu'ils ne sont pas à comparer 기고리와 쇼와 비홀것 아니라. Un vieux lettré dira 기고리와 쇼와 대샹부동 (sont à l'opposé l'un de l'autre). On ne le comprendra peut-être pas;

L'expression *대샹부동 est d'usage assez courant.

mais qu'importe ?

Comparativement à 보다, 보닥, 보덕.

Comparer 비기다, "비ᄒᆞ다, "비교ᄒᆞ다, 되ᄒᆞ다, 대ᄒᆞ다, 견조ᄒᆞ다, ou plutôt 견조다(아,존), 견주다(어,준).

Compartiment 간, — de wagon "실

Comparution — Mandat de — "호출장.

Les étudiants disent "곰바스"

Compas pour dessiner "랑각리, — de marine "조쳑, "라침판.

Compassion au sens étymologique 동고 ᄒᆞᆷ이 —, — pitié 불샹ᄒᆞᆫ ᄆᆞᄋᆞᆷ, "ᄌᆞ비. Avoir compassion de — 불샹히 넉이다, 가련이 넉이다, 측연이 ᄒᆞ다, "의련ᄒᆞ다, 측연이 넉이다. Digne de — "불샹ᄒᆞ다, "가련ᄒᆞ다, etc. — V. Misérable. — La — de la Ste Vierge "셩모통고.

Compatible 겸ᄒᆞᆯ만ᄒᆞ다, 합ᄒᆞᆯ만ᄒᆞ다, 결합ᄒᆞᆯ만ᄒᆞ다.

Compatir 안슬프다 (슬퍼,픈), parfois 안스럽다 (러워,운), 안스러워ᄒᆞ다, "통휼졍ᄒᆞ다, "통ᄉᆞ졍ᄒᆞ다. V. Compassion

Compatissant "인ᄌᆞᄒᆞ다, "ᄌᆞ비ᄒᆞ다.

Compatriote 동향지인, 동향사ᄅᆞᆷ. 동포

Compensation

Compenser 갑다(하,는), "보환ᄒᆞ다

Compère

Compétence droit de décider "권한 — capacité "능력

Cela n'est pas de ma — 내게 샹관업다,

아불일아닐다.

Compétent autorité – *권한

homme – (suffisamment habile)

Dans la conversation ordinaire, on dit dans ce dernier sens 볼만하다, 훌만하다, 맛당하다 & autres expressions équivalentes.

Compétiteur *뎍슈. Compétition *경칭

Compiler *편찬하다

Complaire 남의을됴케하다. Se – à 됴하하다

Complaisance affabilité 유슌하기 = 홈이; 랭슌하기 = 홈이; – (illégitime) d'un juge, d'une autorité *스졍

Complaisant affable 너볼가지, 유슌하다, *랭슌하다. Vil – *간인 (간 implique l'idée de trompeur). Vil – du roi *간신

Complément 격, *보부족 – en grammaire *뎡ᄉ

Complémentaire = Géom. Angle – *~~보각~~ 여각 (보각 est l'angle supplémentaire)

Complet 온젼하다, en agg. 젼; 굿다(그자, 잔), *구비하다.

Complètement 온젼이, 잔득, 깊이아게 아조, 죄, 소통. 모조리; pour les choses qui se comptent 낫낫치: un à un, jusqu'au dernier.

Compléter 치오다 (와, 온), 온젼케하다, *보부족하다 – 맛자하다 a plutôt le sens de terminer.

Complexe *복잡, *분잡 en agg. 복 = Nombre – *계동수.

*안식, *육식

Complexion *긔력, 몸긔운; de faible —
약하다, 긔운약하다. De bonne — 긔운됴타.
(하, 흔). On dit souvent *일병하다 : qui n'est
jamais malade.

Complication *갈등

*공모자, *련루자

Complice *간범 =하다. Être — *동범하다,
범으다 (러, 은)... *간셥하다. Complicité *공범, *동범, *동모

Compliment louange 기림; formule de
politesse *인사; — de congratulation *경축;
— de condoléances, de deuil *됴상, 됴문 =하다
Faire les — de bonne année *세배인사하다,
세배드리다.

Complimenter louer 기리다; — congratuler *경축하다 V. compliment. — par un
serviteur, envoyer — *젼갈하다. Au messager, on dit 젼갈하라가다

Compliqué au sens propre *호번하다, 번
다하다, 번잡하다; — difficile 어렵다
(려워, 온).

Complot *음모, en agg. *모. On dit plus souvent
공논 (délibération en commun) avec un
contexte suffisant. — contre l'État
역모. Le faire 역모하다, *모반하다.

Componction *통회

Comporter le — 하다, 힝실하다, 노릇하다.
— en homme 사룸의 힝실하다, 사룸노릇
하다; — en brave 대쟝부노릇하다. V.
Conduite. = Se — être en tel ou tel état
잇다, 지내다.

Composé être — *겸하다. Ce mot signifie embrasser, contenir, être uni avec. Dans le sens de — il ne s'emploiera jamais seul, et on se servira le plus souvent d'une autre tournure. De quels ingrédients est — ce remède 그약에 무슨 지료 들엇나냐 = — par opposition à simple *복합, — chimique *화합물, — (de parties) *합성물.. Mot — (gramm.) *련합어.

Composer de diverses parties: mêler 섞다 (거, 근), 섞거하다; — un livre 책을 만드다 (러 ㅅ 라, 만든), 책을 짓다 (지어, 지은), *저술하다, *저술하다; — un remède 약을 짓다 (지어, 은) = — son extérieur 슈렴하다 = —, en termes d'imprimerie 식주하다.

Compositeur d'imprimerie *식주인, *인쇄인

Composition Mélange 섞근것, *잡물, — chimique *화합물. — (écrite) proprement *문제 On dit souvent simplement 글. La faire = 짓다 (지어, 은), 만드다 (러, 든) = — caractère. Être de bonne — 너그럽다 (러운, 온), *혹하다. Être de mauvaise — (habituellement) 손다롭다 (로와, 온) & accidentellement, être de mauvaise humeur 조증내다, 역정내다.

Compote *야물, — de fruits *경과

Compréhensible 알아드를만하다, 알만하다

Comprendre pénétrer le sens *통달하다

Y compris 셕셔 (셕이다) La maison, y compris les valeurs qu'elle renferme vaut 300 ꝑ 집과 보물을 셕셔 삼 백원 된다

겸ᄒᆞ야 s'emploie aussi dans ce sens.

알아 듯다 (드러, 든), 셕 듯다 (드러, 든). Ne pas — 알아 듯지 못ᄒᆞ다. Faire — 셕이 우치다 qui veut dire aussi comprendre enfin. = — embrasser, contenir 셕다, *포함ᄒᆞ다, *겸ᄒᆞ다.

Compresse

Comprimer 누르다 (눌너, 누른), 업누르다. Se — 눌니다. — de la main 쥐다 (여, 쥔)

Compris contenu dedans 속에 들다 (어, 든) Y — 겸ᄒᆞ야 — 99 ꝑ 아올노, plus souvent 셕셔.

Compromettre v. act. 위티ᄒᆞᆫ 디경에 두다 & autres formules équivalentes. Se — par sa faute *ᄌᆞ취지화ᄒᆞ다, 화를 ᄌᆞ취ᄒᆞ다, 화를 부르다 (불너, 부른), 화를 사다 (사, 산 acheter)

Compromis (subst.)

Comptabilité *회계; tenue de compte *부긔

Comptable *회계계.

Comptant argent — ᄣᅳᆫ 돈, ᄣᅳᆫ 볏, 직전

argent — (disponible) *현금

Compte nombre *슈. Le — y est: 올타 (바흔), ᄣᅡ다 (져 ㅅ자, 즌). Tout — fait 보도, 도보지. Le — de nos jours 사ᄅᆞᆷ의 슈요장단. —, calcul ᄒᆡᆼ, *계산; — (d'argent) *회계, *출납. Livre de — 회계칙, *하긔, 회계부, 분셔칙 = *일긔 est le — journal. Porter en — 하긔에 올니다, *치부ᄒᆞ다. Régler les — 분셔를 닥다 = — courant *교호계산, *당좌감뎡. = Donner un à — sur une dette 흘녀 갑다, ᄎᆞᆷ추 갑다, Recevoir un à — 흘녀 밧다.

*장부

= —, supputation dans le sens moral ᄒᆡᆼ,

296/

마련 . se rendre — à soi même 마련하다, 혜아리다 . Prendre à son —, prendre sur soi 담당하다 . Je le prends à mon — 내 담당이 되겠다 . Rendre — de sa conduite, de qqu chose 고하다 . Rendre — (d'une affaire) au supérieur : 품하다, 품달하다, 엿줍다 (주어, 준) . Id par écrit 보고하다, 상보하다 (le 보고 est un rapport bref, le 상보 un rapport circonstancié) — Mais dans le cas ordinaire on dit simplement 홍리하다, 홍리하다 알외다 , exposer . — Rendre — de son administration : (mandarin au gouverneur) 보장하다, (au roi) 장계하다 . — Demander — (d'une affaire, de la conduite) on dit enquêter, interroger 사실하다, 사핵하다, 핵실하다 .

= —, avantage . Trouver son — à . 니익보다 (아, 본) . Ne pas le trouver 해보다 . Il n'a pas trouvé son — à cela 속앗다, 잘속앗다 (속다, 아, 은 se tromper, être trompé) .

= —, prix . Acheter à bon —, bon marché 헐하게 사다, 헐가로 사다 .

= —, estime . Tenir — de 중히넉이다, 알은톄하다 . Ne pas tenir — 알은톄 아니하다 , 경천이넉이다 (mépriser), 심상히 넉이다 (regarder comme sans importance) .

Pour une personne on dira souvent 알아주다 ; au négatif 알아주지아니하다 .

A ce — 그러면 , 그러케되면 , 그럴터

이 11연, 그런족 etc. — A bout de —, après tout ᄇᆨ ᄉᆞᆷ일이 되던지, 엇더케 되던지.

Compte gouttes *뎜악긔

Compter 혜다 (여, 혠), 셰다 (여, 셴), 혜ᄋᆞ다, 쳬여보다. Machine à —, abaque *슈판. — sur ses doigts *슈ᄇᆡᆨ구구ᄒᆞ다, 손곱아셰다 (곱다, 아.은), 손곱아보다.

Compter sur 밋다 (어, 은). On ne peut — sur rien 밋을것업다. Homme sur qui on peut compter 실ᄒᆞᆫ사ᄅᆞᆷ, 밋블잇ᄂᆞᆫ사ᄅᆞᆷ, 의심업ᄂᆞᆫ사ᄅᆞᆷ. Homme sur qui on ne peut — (léger) 들ᄅᆡ, *허황ᄒᆞ다 Ⅰ; (peu probe) 밋을수업ᄂᆞᆫ사ᄅᆞᆷ, — *실신ᄒᆞ다, 밋블업다 (허, 흔).

= —, estimer 녁이다 avec un adverbe approprié. — pour rien 심상히 녁이다, 경쳔이 녁이다, 쳔히 녁이다.

= — se proposer. On emploie les diverses formes ᄒᆞ랴ᄒᆞ다, ᄒᆞᆯ나ᄒᆞ다, ᄒᆞᆯ나고ᄒᆞ다.

= — croire 알다. Je comptais que vous viendriez 올줄노 밋엇더니, 올줄노 알앗더니.

Compte rendu *보고, *상보 = ᄒᆞ다

Compteur ; — d'électricité *뎐력계 ; — de gaz *혜, 들긔 ; — de tours *회젼계

Compulser

Comte *ᄇᆡᆨ쟉 ; Comtesse *ᄇᆡᆨ쟉부인 ; Vi— *ᄌᆞ쟉

Concasser 부셔치다, 부셔ᄃᆞ리다

Concave 웁욱ᄒᆞ다, 우묵ᄒᆞ다.

298

Concentrer un liquide, le réduire 조리다. Concéder 허락하다.
En chimie & pharmacie, concentré, fort, se
dit *강, *농. — les troupes *집합=하다; =
— ses sentiments ne pas les manifester 품다
(어, 은), 머금다 (어, 은).
Concentrique *동심.
Concept *의상, *개념 qui veut dire aussi idée générale.
Conception D'un foetus *시잉꼬티.
Concerner 상관되다. Cela me — 내 볼일
있다, 나 볼 거 있다. Cela ne me — pas 내게
상관 없다, 나 알 것 없다.
Concert musique *풍류, 가전풍류; =
*거상. Donner un — *거상하다 =—, union. Agir de — 혼갈같이 하다, *합의하다,
*동심 협력하다, 서드다 (러, 든)
Concerter 마련하다, *의론하다; *공론하다.
Concession 허락 흔이=하기, 허락한 것.
— (étrangère, — settlement *거류지. Les
Coréens disent ordinairement *관: 왜관 — japonaise.
Concevoir (une mère)* 잉태하다, *슈태하다,
배다; = — comprendre V. ce mot. J'ai conçu un doute 의심 낫다 (나다 naître). —
du dégoût 슬증나다; — de la haine 미워
하는 님을 두다, 미워하는 님을 품다 (어, 은)

Pour l'enfant conçu on emploie le verbe 서다, 섰, 섯 au lieu et au temps de 잇다 (être). Il y a un enfant 으뢰 섯다.

Concierge 남직이
Concile *츄교공회의; — général *총
회의; — œcuménique *만국공회의
Concilier
— arranger par voie de conciliation 일도

계하다, 일됴계하야주다. Se — l'estime, l'affection 인심엇다 (어,은); *득인심하다.

Concis *간략하다, *간단하다, = 간단하게 말하다

Concitoyen 동향사룸, 일방사룸.

Conclave

Conclure finir 다하다, 맛치다, 긋치다; — déterminer, fixer *결단하다. —, tirer une conclusion *증험하다, 증험하야 엇다 (어,은). On dit souvent 세놋다 (노러,흔), comprendre, reconnaître, s'apercevoir de. — Être conclu, fini 맛다 (처,즌), 숫나다, 다되다; — fixé *결단하다. C'est une chose — 결단낫다.

Conclusion *증험, *결론; *결국, *종결.

Concombre 외, 물외

Concordance d'effet et de cours *증험; — (biblique) : le sens d'accord des textes, de réunion des textes différents sous certain ordre *셔부합; — dans le sens de simple réunion de textes *슈뎐. Ainsi 복음셔부합 est une concordance des Evangiles; *셩조셩경 (ou 셩셔) 슈뎐 est un "thesaurus biblicus".

Concordat *셩약하다. 화친조약.

Concorde bon accord *화목, 화친, 화의. Pour la — entre époux, on dit souvent *금슬 (harpe et guitare) — 금슬됴타.

Concorder 맛다 (저 or 자, 즌); *합당하다

Concourant En géom. les lignes — (non parallèles) sont dites *회합선; les plans — *회합면.

Concourir se disputer un prix, etc. 겨우다 (겨워, 운), 겨룸하다, 힘다토다 (아,톤).

300/

— agir conformément *합ᄒᆞ다, *합력ᄒᆞ다, *결합ᄒᆞ다 ; 합의ᄒᆞ다. Plusieurs causes — à produire ce résultat 여러가지일이 겸ᄒᆞ여셔 일이그리되엿다.

Concours de peuple 사ᄅᆞᆷ 빡히모힌것, — pour les grades littéraires *과거 Y prendre part 과거보다, 과거ᄲᅡᆫ다 C'est le vieux système. Maintenant, pour les examens on dit *시험. Par un — de circonstances 여러가지일겸ᄒᆞ야 … 여러가지연고겸ᄒᆞ야. — (lutte) – littéraire ou autre, *경징

Concret *형변하 et — opp. à métaphysique ; —*구톄 (substance concrète). Nombre — *유명슈 au — *구톄뎍

Concubine 쳡, 작은집, 별방. Prendre, choisir une — *작쳡ᄒᆞ다

Concupiscence *사욕, *욕심, *욕정

Concurrence 합다톰이 ; *동의

Concurrent 적슈.

Concussion *역탈ᄒᆞ다 enlever de force : *탐사, *탐잠 qui à proprement parler veulent dire avidité s'emploient pour —, surtout le dernier. = *협잡.

Concussionnaire *협잡군

Condamnation *결안. La présenter à la sanction du roi *초긔ᄒᆞ다. L'approuver (le roi) 비답ᄒᆞ다. Signer sa propre — *결안다짐ᄒᆞ다, v. pour une — à mort *고복다짐ᄒᆞ다.

Condamné

Condamner *결안ᄒᆞ다, — dans un procès

civil 저우다 (워,운), 저외주다. — à *쳐하다, — aux travaux forcés *쳐역하다; — à mort 참 *형에 쳐하다 = 사형집힝하다 — 사형선고당하엿다 il est condamné à mort
사형집힝당하엿다 il a été (étranglé, guillotiné), il est condamné

Condensateur de machine *긔샹

Condenser le — 엉긔다 (여, 긘).

Condescendance 너그러움이, 너그럽기

Condescendant 너그럽다 (러워, 온), *유순하다, *후하다, *관슌하다.

Condescendre

Condiment *약념.

Condisciple *동모, 글동모, *동학, *동졉.. être — *동졉하다.

Condition état, position *소체, *형세, 다위, *분수; —, naissance (noblesse) *디톄, 디벌, *반벌. être de bonne — *디톄됴타 (하, 흔), *형세하다. être de basse — 디톄낫다 (나저 ㅂ자, 존). Un homme de même — que moi 날곳흔사름, 나와곳치디톄잇는 사름. Pour la — dans le sens de noblesse on dit souvent *량반톄 ou même simplement *량반. De —, de noblesse insuffisante 량반부죡하다. = s'élever au dessus de sa — (s'enorgueillir) 분수에지나다.
= — (à réaliser)

— d'un contrat 작뎡혼것. les fixer *작뎡하다.

A — que se rend par les formes conditionnelles, quelquefois par le mot 다만 qui indique la restriction. Je vous donne ces sapèques

302/

à condition que vous soigniez mes tombeaux
내 외벌초 ᄒᆞ면 이 뎐답을 준다, 이 뎐답을
네게 준다 다만 내 외 벌초 ᄒᆞ여라. Ces phrases coréennes n'ont pas la même force que le
français.

Conditionnel (adj.)
(subst.), mode du verbe : *가셜법.
Le conditionnel précédé de "si" se rend par
les formes ᄒᆞ면, ᄒᆞ거든, ᄒᆞ엿시면, ᄒᆞ엿거든,
ᄒᆞ겟시면, ᄒᆞ겟거든.

Conditionnellement

Condoléance
Presenter ses — (pour un deuil) *됴샹 ᄒᆞ다,
*됴문 ᄒᆞ다; id. (pour une maladie) 병문
ᄒᆞ다 (demander les nouvelles).

Condonation faire — *탕감 ᄒᆞ다, *탕
쳑 ᄒᆞ다 — id. partielle *감 ᄒᆞ다, 감 ᄒᆞ야
주다. — abandon de droits *도기 ᄒᆞ다 | *탕감 ᄒᆞ다

Conducteur qui montre le chemin
인도 ᄒᆞᄂᆞᆫ 사ᄅᆞᆷ, 길 인도 ᄒᆞᄂᆞᆫ 사ᄅᆞᆷ; — qui va
devant 압잡이; — qui vient au devant par
honneur et pour montrer la route *령졉
군, 마중군; — d'une affaire *두목, 쥬쟝
ᄒᆞᄂᆞᆫ 사ᄅᆞᆷ, 쥬관 ᄒᆞᄂᆞᆫ 사ᄅᆞᆷ; — d'un cheval *마부; — d'une voiture *차부; —
d'une locomotive (mécanicien) *긔관슈,
*긔관슈; — d'un train (chef de train)
*차쟝, — d'un tramway *젼거슈; —
d'un moteur *운거슈 = le tarang 감

역, *감역관, *감독.
— en physique: Corps —, bon — *량도톄, *션도톄, corps mauvais — *불량도톄; *박도톄.
Conduire, diriger *인도ᄒᆞ다, 길ᄇᆞ래다.
— en accompagnant ᄃᆞ리다, 더불다(더브러, 분); — par honneur 모시다, 뫼시다, *경송ᄒᆞ다, *배힝ᄒᆞ다. = 잇글다(그러, 근) [illegible] d'un animal qu'on mène à la longe, d'un homme qu'on — de force; 몰다(모라, 몬) d'un animal ou d'une voiture qu'on (pousse) — devant soi. = — une armée 군ᄉᆞ를거ᄂᆞ리다, 군ᄉᆞ를몰다(모라, 몬), 군ᄉᆞ모라가다. Se — ..힝실ᄒᆞ다 *힝동ᄒᆞ다. Se — (soit absolument, soit envers qqun) 구을다(으러, 은), 굴다 ㄹ구다(구러, 군) (se prend surtout en mal). Le bien — 힝셰잘ᄒᆞ다. Bien — sa maison 셰ᄂᆞ간사리잘ᄒᆞ다. — une affaire, la diriger 일쥬션ᄒᆞ다, 일다ᄉᆞ리다.
Conduit d'eau *슈분통; 슈도. *슈분통 se dira surtout d'un — partant de la vanne (슈분) d'un réservoir.
Conduite Manière de se comporter *힝셰, *힝실; *힝동, *힝ᄉᆞ. Homme de bonne — 의인, [illegible], 착ᄒᆞᆫ사ᄅᆞᆷ, 힝실됴ᄒᆞᆫ사ᄅᆞᆷ. Avoir sous sa — 거ᄂᆞ리다.

거동 — plutôt au sens de "tenue".
*행동거지
*행지거동

Cône *원츄; — droit *직원츄; — oblique *사원츄; — tronqué *졀두원츄
Confectionner ᄒᆞ다, 문ᄃᆞ다(ᄃᆞ러, ᄃᆞᆫ),

빵그다 (러, 른), 빵거다 (러, 건), 짓다 (지어, 은).

Confédération

Confédéré 동맹ᄒᆞ다. Royaume – *동맹국.

Conférence, réunion délibérative *회의 (la délibération seule *협의, 뭐반 := – (rencontre avec qqun, pour délibérer) 맛나다, = –, discours 연셜, *론셜.

Conférer délibérer *공론ᄒᆞ다, *의론ᄒᆞ다, – faire une conférence, un discours *론셜ᄒᆞ다, *연셜ᄒᆞ다, *강론ᄒᆞ다. = – une charge, une dignité 식히다, 식이다.

Confesser avouer [illegible]ᄒᆞ다, 직고ᄒᆞ다, = *고빅ᄒᆞ다 –, entendre les confessions 고해보다 (아, 볼), 고해밧다 (아, 은), 고해주다 (어, 준). Se – 고해보다, 고해ᄒᆞ다, 고명ᄒᆞ다 on dit souvent 일보다 = – la foi 셩교를 증거ᄒᆞ다.

Confesseur qui entend les confession 고해밧ᄂᆞᆫ신부., – de la foi 셩교증거ᄒᆞᆫ사ᄅᆞᆷ; Saint – 텬쥬를 증거ᄒᆞᆫ셩인, 증셩인.

Confession 고해, 고명. = 고해 se dit de la – comme sacrement; 고명 de la confession proprement dite, de l'accusation de ses fautes. – générale *춍고해, *춍고명, – sacrilège *모고해; – volontaire (et publique) (des protestants) *자복 = ᄒᆞ다

Confessionnal *고해쟝 = *고해소, = *고해실.

Confiance 밋븜, 밋븜 se dit surtout de la – qu'on inspire. en agg. (en ce sens) *신, *신임, 信任 La perdre 밋븜 일타 (허, 흔), *실신ᄒᆞ다.

— que l'on a 고지. Avoir — 밋다 (어, 은); Croire avec — 고지밋다, 고지듯다 (드러, 론) 곳이밋다. Etre digne de — 밋브다 (밋버, 븐), 밋을만ᄒᆞ다, *실ᄒᆞ다, 실답다 (다와, 온).

Confidence *신임, 信任

Confident *지긔지인, *지긔지우

Confidentiellement

Confier une chose en dépôt 맛기다. (de celui à qui on la confie on dit 맛다 (터ᄂᆞ다, 든), —, recommander *부탁ᄒᆞ다; — un secret *밀통ᄒᆞ다 qui se dit plus souvent dans le sens d'avertir en secret. Se — à 밋다 (어, 은)

Configuration *모양, *외모, 밧것모양

Confiner toucher, être voisin 닷다 (다하, 흔), 다히다, *대다, *년ᄒᆞ다; — reléguer (v. Reléguer); — en prison pour la vie 극슈 산ᄒᆞ다 (러, 흔); en exil & prison pour la vie *가극ᄒᆞ다. Se — dans sa maison *폐출입ᄒᆞ다, *출입폐ᄒᆞ다.

Confins

Confire

Confirmation sacrement *견진, *견진셩ᄉᆞ. — ratification *확뎡, *시인

Confirmer donner le sacrement de confirmation 견진주다; — rendre plus ferme, plus solide 굿게ᄒᆞ다, 견고케ᄒᆞ다; — ratifier *시인 = ᄒᆞ다, *인가ᄒᆞ다

Confiscation

Confisquer le bien d'un condamné 젹몰ᄒᆞ다, *젹몰ᄒᆞ다.

306/

– les biens d'un ~~créancier~~ débiteur *슈가ᄒᆞ다 (se dit surtout pour les ~~créanciers~~ débiteurs du gouvernement) – qd. fait maintenant *집항ᄒᆞ다. = – (v.g. à l'ouane) *속공ᄒᆞ다, *건불ᄒᆞ다 ; – & vendre *건불작젼ᄒᆞ다.

Confiture *졍과. *졀과

Conflit, Dispute 시비, 싸홈 ; – de juridiction, d'attribution (etc) *충돌, *할력

Confluent *합슈 = ᄒᆞ다, *합류 = ᄒᆞ다 = –, lieu du – 합슈ᄒᆞᄂᆞᆫ ᄃᆡ, *합류쇼.

Confondre mêler sans discernement 어즈러이다, 어즈러이ᄒᆞ다, – ne pas discerner 분별치못ᄒᆞ다. de (à la vue) 얼뵈다. = –, couvrir de confusion 붓그럽게ᄒᆞ다, 무안주다, 무안케ᄒᆞ다, 방신식히다, = – qqun, lui fermer la bouche 긔구못ᄒᆞ게ᄒᆞ다, 발못ᄒᆞ게ᄒᆞ다, 벙긋못ᄒᆞ게ᄒᆞ다 (벙긋벙긋 mouvement de la bouche).

Confondu mêlé en désordre 어즈럽다 (러워, 온), *혼잡ᄒᆞ다, ᄆᆡ고 섯기다, 갈산ᄒᆞ다 v. désordre. –, convaincu v. Confondre ; – couvert de honte 낫일타 (허, 흔), *방신ᄒᆞ다, 방천되다, *무안ᄒᆞ다 – d. dans un sens atténué 어렵다 (러워, 온).

Être – (d'une discussion) l'expression usuelle est *유구무언 : "je n'ai rien à répondre (quoique j'aie une bouche)".

Conformation *모양, *외양 *외모 – on dit souvent 삼긴모양

Conforme dans le sens de semblable 굿다

(하, 훈). Ds le sens de bien s'adapter (et aussi d'être semblable) 맛다 (마저, 즌); *적당하다, 맛갓다 (즌저, 즌); *합하다, *합당하다, 알맛다 (마저 ᄯᅩ, 즌) = la terminaison 답다 (다와, 온) ajoutée à un substantif a le sens de conforme. 실답다 être conforme à la vérité, véridique (& pour un homme : sincère, digne de confiance); 례답다, conforme aux convenances, poli; 법답다, — à la loi, légal, légitime.

Conformément 맛게, 알맛게. On se sert aussi très souvent de la postposition 대로, selon. — aux ordres 명령대로.

Conformer se — Il n'y a pas d'expression unique adéquate aux diverses acceptions. Se — aux ordres 명령대로하다; — à la volonté de Dieu 텬쥬명을 슌히밧다 (아, 은), 텬쥬명을 슌죵하다, ... 슌슈하다 Se — à la volonté (d'un autre) 뜻밧다 (아, 은), 뜻을 맛초다 (아, 촌) ce dernier se dit surtout pour se — aux volontés diverses, au caractère (d'un autre). Ds ce sens 비위맛초다. Se — à la manière de faire d'autrui 남하는대로하다.

Conformité

Confort

Confortable

Confortatif V. fortifier. Remède — 보약, 힘을돕는약.

808/

Conforter v. fortifier.
Confrère membre d'une confrérie *회우 ; — de même métier *동비 ; 동뇨 , — collègue 동관
Confrérie *회
Confronter, comparer 견조다 (좌, 조), 견주다 (어, 준) ; — une copie à l'original *빙준ㅎ다, *준ㅎ다 — un écrit à un autre pour comparer l'écriture 비기다 ; — un accusé avec son accusateur *티변식히다, 티숣식히다. être — *티숣ㅎ다, *티변ㅎ다.
Confucianisme 유도, 유교
Confus, pas clair, difficile à distinguer 아둑ㅎ다, 아둑아둑ㅎ다, *희미ㅎ다, 쇽쇽치아니ㅎ다. —, en désordre 어ㅊ럽다 (러워, 운), ㅊ례업다 ; = — (de crainte respectueuse) *황송ㅎ다. Je suis — de tant de bonté *황숑ㅎ다 ; — (par honte) 붓그러워ㅎ다 (붓그럽다).
Confusément 어ㅊ럽게, 어ㅊ러이, 희미ㅎ게. N'apercevoir que — (un point éloigné) 희미ㅎ게보다, 흐려보다, 흐리게보다. Ne comprendre que — ㅊ셰치못ㅎ다 ; = — en désordre ㅊ례업시, 혼잡ㅎ게, 혼잡히, 어ㅊ러이.
Confusion, mélange confus 어ㅊ러워이, 어ㅊ럽기 etc. ; — honte 붓그러옴이 ; *괵안, *방신 être couvert de — 낫일다 (허, 흔) *괵안ㅎ다, *방신되다. Je le dis à ma *혼란混亂

— 부그럽다 마는 ... Avoir de la — par pudeur, timidité 여럽다 (러워, 온), 슈줍다 (어, 은)
— d'une chose pour une autre

Congé adieu 하직. Prendre — le 하직하다, 하직밧다 (바러, 본); —, vacances *휴가
jour de — 날븨, 날깨, *공일; — (militaire), permission *귀휴.

Les vacances scolaires sont dites *방학

Congédier 보내다, 내여보내다, 내보내다, — chasser 내여쏫다 (쏘차, 찬). = — une assemblée *산회하다

Le degré (thermométrique) de congélation: *빙뎜

Congeler se — 솟다 (어, 손), 얼다 (어, 언)

Congestion

Congratulation *경축; 축하

Congratuler *경축하다, *축하하다, *하례하다.

Congre poisson *해만,

Congrégation *회 les — romaines (de cardinaux) *교성, *성성. Voici le nom des principales: — de l'inquisition (st office) *검소성성, — des Rites *례부성성, — des Indulgences & Reliques *대사성회성성, — de la Propagande *포교성성, — des Évêques & Réguliers *주교립슈자성성, — de l'Index *검열성성, — des Études *대학성성

— consistorial *홍의쥐생(츄기원)회성성

Congrégationalisme *조합교회

Congrès *회의. les membres du — *회의원

Conifère

Conique

Conjecture

Conjecturer 요량하다, 헤아리다, 치다,

어림ᄒᆞ다, 어림잡다, 샹, 초잡다 (아,은) ; — d'après les apparences, la physionomie, les lignes d'yeux 긔슈보다.

Conjointement 함게, ᄒᆞᆫ가지로

Conjonction (gram.) *졉긔, *졉쇽ᄉᆞ

Conjonctive de l'oeil *결막.

Conjoncture 시세, 시경, *경우

Conjugaison *련합법, *동ᄉᆞ변화.

Conjugal acte — *뎡식; lien — *부부강긔. 부외구실, 부부의도(힝ᄒᆞ다)

Conjuration v. Complot

Conjurés

Conjurer faire un complot 유모ᄒᆞ다, *역모ᄒᆞ다. — Prier instamment 근졀이 빌다 (어,빈), *근구ᄒᆞ다. On dit souvent 졔발 빌다 surtout pour demander grâce ; — le diable, le chasser 마귀 쫏다 (쪼차, 찬), 마귀 볼다 (아, 본), — (un malheur) le détourner 막다 (아,은) ; *방비ᄒᆞ다.

Connaissance 알게, 알기, 아는것, en agg. *지. Avoir — de 알다 (아,안) savoir.. Prendre — d'une affaire 알아보다 (아,본). Perdre — 졍신노타 (하,흔), 졍신 일타 (허, 흔), *혼미ᄒᆞ다. = —, liaison. Faire — 사괴다 (여,관) ; —, homme que l'on connait 아는사ᄅᆞᆷ, 낫닉은사ᄅᆞᆷ, *구면. Être de — 아ᄅᆞᆷ알이 잇다.

Connaisseur 일 잘ᄒᆞ는 사ᄅᆞᆷ, ou 잘아는 사ᄅᆞᆷ (homme qui fait bien — qui connait bien), selon le sens. = —, expert *달ᄉᆞ, *달인

— en marchandises" 박물군자; — en telle ou telle science" 박사 précédé du nom de la science en question: "docteur" ès ...

Connaître 알다 (아, 은) Faire — 알니다, 알게하다. Faire — ostitement" 빌통하다. Ne pas — 모르다 (몰나, 모룬), — à fond 밝이 알다, 조셰히알다 = 샏샏치다알다 est le français "connaître dans les coins" (샏 est propt. les intervalles des doigts). = 일동일뎡 다 알다 (connaître toutes les démarches = ne se dit que des hommes); — qqun de vue 낫알다, très peu 낫셜다 (어, 선). Ne pas connaître 낫모르다, 낫가리다 = Faire —, publier, dévoiler 나타내다, 드러내다. Se — à qqch. être connaisseur 알다.

아리키다, *통지하다,

Être connu, divulgué (chose plus ou moins secrète) 발각나다. = *발각하다 faire connaître.

Connexe

Connivez

Connu 아논, — célèbre 유명하다, 일홈나다.

Conquérant

Conquérir 엇다 (어, 은) — un royaume à la guerre 쳐 빅앗다, 빅앗다 (서, 슨)

Conçu" 생각의, *갑설졍

Consacrer sanctifier "축셩하다, — (à un usage) on dit simplement 바치다 쓰다 (써, 쓴) en mettant au locatif le nom de l'usage. Se — à une chose 일삼다 (아, 은) (choisir un travail, ou comme travail). Se — à Dieu 제 몸을 텬쥬께 봉헌하다

Consanguin par le père "친족, — par la mère" 외족.

312

Conscience psychologique *의식, — morale *량심, en agg. *심; — (morale) droite *졍심, — erronée *사심, — douteuse *의심, — scrupuleuse *혹심, *세심 = — tranquille *안심. Avoir — de (conscience psychologique) *숨지 = 숩다. Chose dont on a conscience 의식되다; — dont on n'a pas — 의식아니ᄒᆞ다 = *무심ᄒᆞ다 (employé surtout à la forme adverbiale 무심히) a parfois le sens dans la conversation courante, mais il désigne plutôt le défaut de reflexion ou le consentement que l'inconscience. En fait, pour les choses dont on a conscience, on dit ordinairement 알고 ou 알게 (de 알다 savoir) suivi du verbe approprié; pour les autres 모르고, 모르게, 몰니 (모르다, ignorer). Peser sur la —, gêner la — 량심을 걸니다, 량심에 걸니다. Agir contre la — 량심을 거ᄉᆞ리다. La — ne me reproche rien 량심에 걸니는것 업다. Homme sans — *무량심ᄒᆞ다. Remords de — *근심 (c'est surtout tristesse). En avoir 량심 거리기다. = Examen de — *셩찰. Perdre —, perdre le sentiment 졍신 노타 (하, 혼) 졍신일타 (허, 혼). *혼미ᄒᆞ다.

Tous ces mots sont des termes techniques inusités dans la conversation courante, sauf 량심.

Consciencieux 진실ᄒᆞ다, 실답다 (워, 온)

Conscription militaire *증병, *징병졔도

Conscrit *뎡뎡, des lieux de recrue, nouveau soldat, bleu *신병

Conséculif en agg. *련. Dix années — 십년곳, 십년ᄂᆡ리, 십년동안

Conseil bon avis *훈슈, *훈계, *경계, *권면, *교훈 demander — *실의ᄒᆞ다, 훈슈를 쳥ᄒᆞ다. Donner — *훈슈ᄒᆞ다, *경계ᄒᆞ다 *권면ᄒᆞ다, *권ᄒᆞ다. Recevoir — 훈슈를 듯다 (드러, 른). Donner de mauvais — *유인ᄒᆞ다, 소이다. — On se sert le plus souvent de 석이다, 석히다 pour donner — (en bonne, ou mauvaise part) & de 무러보다, (interroger) pour demander —. Comment donner un — en ayant moi même besoin 내가 훈슈를 드롤터인ᄃᆡ 엇더케 남을 훈슈ᄒᆞ리. C'est par votre — que je l'ai fait 네 말 듯고 그리ᄒᆞ엿다. Ne prendre — que de soi-même 조긔만 밋다 (어, 은). Prendre — les circonstances ᄯᆡ를 ou 디경을 보아 가며 .... ᄒᆞ다. Un homme de bon — 의량 넓은 사ᄅᆞᆷ (à l'intelligence large). Le don de — (confirmation) *의견 = autrement on dit aussi *꾀칙 (ruse, habileté) = — (délibération) *공론. — réunion délibérative *회의, membre d'un — *의원, président — *의쟝.

= — du roi (vieux système) *비당 qui désignait tout à la fois la chambre où on se réunissait & les 9 ministres qui s'y réunissaient. Tenir le — royal *비당공론ᄒᆞ다; & si c'était en présence du roi

314/

꼬만롭히 = Maintenant, les membres du — de gouvernement, les membres du cabinet, ou plutôt le cabinet se dit *내각; les membres, individuellement *내각대신, s'ils sont ministres, & *내각원 s'il ne le sont pas; le président *내각총리대신; le — de cabinet *내각회의.

— de guerre *군법회의; — de révision (sanitaire) *증병검사원

Conseiller membre d'un conseil 의원, — attaché à une personne, à un tribunal. &. *고문, *고문관.

Conseiller v. act., exhorter 권하다. Je ne vous le — pas 나는 그리권하지못하겠다, 나는 그리하라 말못하겠다. V. Conseil.

Consentement *허락. Sans le — 허락 *승락 업시. Au — se rend par le verbe *허락하다 au temps & mode voulu, v.g. 허락홈으로.

Consentir *허락하다, *허하다, *허급하다, *승락하다 = — dans le sens de tolérer 그저두다 (어, 둔), 부려두다.

Conséquence logique *증험. Raisonner & tirer une — *증험하다, 빌위여보다, 빌위여 헤아리다. Cette — n'est pas juste 그증험 올치안다. Je tire cette — de ce que j'ai entendu 나드른말노 빌위여 증험한다. = —, effet = — importance *관계. Chose de — 대수롭다 (로와, 온); Chose sans — 대수롭

지안타 (하.흔).

Conséquent (subst) — en logique* 단령; — d'un syllogisme* 흑함 (dernier terme). — (adj.) Être —, d'accord avec soi-même *여일하다, 흔결코치하다.

Conservateur parti politique* 보슈당,* 슈고당. Les — coréens, ceux qui étaient pour les vieilles coutumes; les vieilles badernes *왕고,* 왕고당. = — (ex. de musée, de bibliothèque)* 보관인. La garde (des titres, livres, objets)* 보관 =하다.

Conservatoire ; — de musique* 악관

Conserver* 보젼하다,* 보존하다 = 진이다 qui se dit surtout pour les choses matérielles, = quoiqu'on dise 진일흠 pour la mémoire (faculté conservatrice). — sa réputation 성명을 보존하다, — les biens 리불을 보존하다, 리불을 진이다 = — avec soin* 간직하다 = — d'une année pour l'autre, laisser vieillir 녁이다 (factit. de 녁다 (어,은), 녁여두다, 두다 (어,둔). Chose qui ne peut se — longtemps 오래 못둘것. Fruits — de l'année dernière 녁은실과. Chose — longtemps 녁은것, 오래둔것. Vieillard bien — 정흔노인, 졍졍흔노인.

Conserves alimentaires 주불,* 지불 = — en boîtes soudées* 관힐불 = — espèce de lunettes* 앙복경.

316/

Considérable 크다(커,큰) (grand), 대단ᄒᆞ다, 긴ᄌᆞᆨᄒᆞ다 ; – important 대ᄉᆞ롭다 (로와,온) .. Chose – 크다, 관계되다, 대ᄉᆞ롭다. Personne – 크다, 놉다 (하,흔), *유명ᄒᆞ다 – 봐우러러보는사ᄅᆞᆷ (qu'on regarde d'en bas).

Considérablement 크게, 대단히, 긴ᄌᆞᆨ히 – suivi d'un adjectif, parfois 지극히 (très) – & dans les mots composés chinois *지.

Considération attention, examen ᄭᅢ다련, 혜. Faire sans – ᄭᅡ고ᄒᆞ다, 무심히ᄒᆞ다. (le contraire est 유심히ᄒᆞ다, 생가ᄒᆞ다). – motif, raison 연고 v. Cause ; = –, importance 관계 ; = –, estime avoir de la –, montrer de la – pour qqun (qque peu) 알아주다, (beaucoup) *디접ᄒᆞ다

En – de 위ᄒᆞ야

Considérer regarder 보다 (아,본), 솔피다 (펴,핀), 조셰히보다, 솔펴보다, 흔츰보다 – –, faire réflexion 솔피다, 숣히다, *ᄉᆡᆼ각ᄒᆞ다, ᄉᆡᆼ각ᄒᆞ야보다, *궁구ᄒᆞ다, *궁리ᄒᆞ다, *모량ᄒᆞ야보다 ; = –, regarder comme 넉이다, 알다(아,은) avec l'instrumental ou les adverbes en 히, 이. = –, estimer 중히 넉이다.

(marge gauche : *특상ᄒᆞ다) (marge droite : 넉이보다 ; 넉이ᄉᆡᆼ각ᄒᆞ다)

Consignataire dépositaire *영인, *봉당인, – de bateau *하슈인.

Consigne ordre *명령, 령, – de une gare *슈하물취급소. Les Coréens disent *보관

Consigner déposer *공탁ᄒᆞ다, *위탁ᄒᆞ다 – par écrit 쓰다 (써,쓴), *긔록ᄒᆞ다, *치부ᄒᆞ다.

Consistance 단단ᄒᆞ기, 힘이. N'avoir pas de – (au moral) 허탄ᄒᆞ다, *허황ᄒᆞ다

허낙다. D'un homme dont le caractère n'a pas de —, on dit *정향업다, 향방업다 (n'avoir pas le but). D'un endroit où la vase n'a pas de —, ne porte pas, on dit 식다 (여, 신).

Consister ne semble pas avoir d'autre équivalent que 잇다 (잇눈). — (de plusieurs choses réunies) *포함하다, 포함하야잇다.

Consistoire *추긔원; *츄긔의소집

Congrégation consistoriale *홍의쥬교츄긔원회청성. = — des protestants *공회회의, — anglicans *감독법원.

en simpl. 홍의쥬교회청성

Consolation *위로.

Consoler *위로하다, *안위하다, *안유하다. — un enfant qui pleure 재우다 (워, 운), 달내다.

Consolider 견고케하다.

Consommation fin 긋, 맛춤, 긋춤악, — par l'usage , — (au restaurant) *료리비

Consommé (subst) - 곰, 곰국 (bouillon —). En faire un 고으다 (고아, 운).
= —, (adj) - parfait, accompli *극진하다, 더할슈업다, — dans les affaires 일에 슉넉다 (어, 운) (à la main experte), 일에 능통하다. Maître — dans un métier *슉슈난, id. dans la littérature *문장, *명고문장. Lettré d'un mérite — 유료한 선비. = —, fini, terminé 다하다, 맛다 (츤, 촌).

Consommer — Consumer

318

Consommer achever. V. ce mot; = — les denrées 업시하다, si ce sont les victuail. les ou de l'argent 써다 (어, 은); — de l'argent 쓰다 (써, 쓴). le — 업서지다.
Consomption 마르는병 (마르다 sécher)
Consonnance
*복음 Consonne *증음 *증조. les Coréens nomment 받침 les — à la fin des syllabes.
Conspirateur *역적군 V. conjuré
Conspiration V. complot.
Conspirer Comploter. V. ce mot. = — s'unir dans le même dessein *합의하다, *합력하다, = être d'accord 한갈곳치하다, 훈결곳다.
Conspuer
Constamment avec constance 굿게, 확실히, 굿이; — toujours 홍상, 늘고지, *홍용.
Constance 굿기, 굿셰임이, 굿은긴심, 굿센, *홍심 닌심, = 벽 veut dire hardiesse & entêtement.
Constant être —, ferme 굿다 (어, 은), 굿세다 (여, 센), — dans le bien 션에굿다. — & les souffrances, les supplices 불굴하다, 굴치못하다 (ne pas céder).
Constater s'apercevoir le 알다 (아, 은), 알아내다, 알아치다, — avec certitude 명백이 알다, 명백이 결판하다.
Constellation *셩슈
Conster = 분명하다
Consternation
Consterné affligé *원통하다, =

— perdre courage *실망ᄒᆞ다, *락심ᄒᆞ다

Constipation *결변, *대변불리; — violente *대변불통.

Constipé 뒤 막이다

Constiper 뒤 막다 (아, 은)

Constituer 세우다 (워, 운)

Constitution du corps V. Complexion; — politique *국톄, *정톄; — d'un ordre religieux *원헌

Etat ayant une —, Etat constitutionnel (par opp. à absolu) *군민공지

Constructeur de maisons *건축ᄉᆞ; *건축공ᄉᆞ; — de barques *선장이.

Construction *건축 := — graphique (en sciences) *도획

Construire 짓다 (지어, 은), 만드다 (드러, 둔) 맨거다 (러, 건), 맨그다 (러, 근), ᄒᆞ다. V. faire. — un mur (담) 싸다 (하, 흔).

*건축ᄒᆞ다

Consubstantiel

Consul *령ᄉᆞ, *령ᄉᆞ관.

Consulat *령ᄉᆞ관.

Consultation de médecin = *진찰 (ᄒᆞ다) et l'examen; le *방문 ou *약방문 est l'ordonnance écrite. = — d'avocat (avis motivé & écrit) *변호ᄉᆞ의견서.

Cabinet de consultation (examen) médicale 진찰소

Consulter demander avis *문의ᄒᆞ다. — un médecin 의원보다 (voir un médecin).

Consumer par le feu *소화ᄒᆞ다, *쇼화ᄒᆞ다, 살오다 (와, 온); — comme le feu & la maladie *침노ᄒᆞ다 (endommager) qui se dit même des vexations; = — son bien

치불을업시ᄒᆞ다, 치불을허비ᄒᆞ다 : 세간을 ᄲᅢ나다 (Dessécher son ménage). Se – de chagrin 근심에ᄲᅡ지다 (ᄲᅢ나, ᄲᅡ론 se dessécher). – On dit aussi 슬픔에살지다, les Coréens prétendant que le chagrin fait engraisser. Ils ont pourtant le bon sens de ne pas employer cette expression pour dire être malade, mourir de chagrin. Se – (par le feu) 살와지다, 효화ᄒᆞ야가다. Se – peu à peu (neige qui fond, charbon qui brûle, etc.) 살아지다. Se –, s'user 삭다 (삭은. Pour un homme on dit 쇠ᄒᆞ다.

Contact *졉쵹. Point de – (d'une tangente) (géom.) *졀뎜.

Contagieux maladie – *운긔, 젼염ᄒᆞᄂᆞᆫ병, 번지ᄂᆞᆫ병. Exemple – × 번치ᄂᆞᆫ병

Contagion maladie *운긔. La – du *젼염병 mauvais exemple gagne les autres 악ᄒᆞᆫ표양남의게 믈들다 (어, 든). Corrompre par la – du mauvais exemple 악ᄒᆞᆫ표양을 남의게 믈들니다.

Contaminer

Conte 니약이. – *소셜.

Contempler 박이보다 V. Considérer.

Contemporain 이ᄯᅢ사ᄅᆞᆷ pour les hommes d'aujourd'hui, – d'un temps éloigné 그ᄯᅢ사ᄅᆞᆷ. Les – de Kang Hi 강희ᄯᅢ사ᄅᆞᆷ.

Contenance maintien *모양; 거동, c –, capacité, étendue V. ces mots

Contenir renfermer 포함하다 (peu usité), 몯쓰다 (써, 쓴), 몯넙하다. On tourne mieux par le passif. Etre contenu dans 속에되다, 속에들다 (어, 든) suivant le sens. Combien cela — il de boisseaux? 몃 말되나냐. — arrêter qqun ou qqch. — (l'eau, le feu). 막다 (아, 은), 잡다 (아, 은), 붓잡다. — qqun et le tenir 엄칙하다, 엄치하다 (tenir sévèrement), 금자못하게 하다. Se —, dompter sa passion 참다 (아, 은), 참아하다. Avoir grand peine à — son indignation 분을 이들셩 들셩하다.

Content D'une chose qui donne du contentement, on dit 깃겁다 (거워, 운), 즐겁다 (거워, 운), 깃브다 & 깃부다 / 깃버, 븐; et, par conséquent, on emploiera ces expressions pour "être content" puisque dire "Cela me rend content" ou "je suis content de cela" sont synonymes. Etre — de: les verbes précèdent sous la forme 하여하다. = 즐기다, 됴하하다, 괘하다. Etre — de soi 스스로 즐거워하다, 스스로 됴하하다. Etre — de son sort V. satisfait.

Contentement 즐거움이, 즐거온것 etc. en agg. 락.

Contenter 됴케하다, 날됴케하다, 즐겁게하다 / 뜻맛초다 (아, 촌) si le sujet est une personne, & 뜻맛다 (저, 즌) si c'est une chose. Il est impossible de contenter tout

322/

le monde 사룸까지 다 됴케홀슈 업다; — ses désirs, ses passions 욕심 울치오다 (와, 온). J'ai peu, mais je m'en — 그만이라도 넉넉하다, 잇는거시 적다마는 내 분에 넉넉하다 .... 내 분에 됴타. Il ne sest pas — de cela ... 그 뿐 아니라 ... Je ne me contente pas d'une pareille excuse 그 곳치 핑계 못 쓰겟다. Difficile à — 삭다롭다 (로와, 온), 비위 맛초기 어렵다 (려워, 온), 비위 맛초기 어렵다.

Contentieux Disputeur 시비 만타 (하, 흔). — sujet à discussion. affaire — *소송 스건; affaire non — *비송 스건.

Contention forte attention 용심 = 하다, — attention trop forte *노심 = 하다, *과념 = 하다 — plus forte encore *노심 초스 = 하다. — de la dispute, entêtement 고집.

Contenu (subst.) 속.

Conter 니야기 하다.

Contestation 시비, 다톰이, 입시룸.

Contester quereller 다토다 (아, 온), 시비 하다, 겻다 (겨러, 룬), 결우다 (워, 온), 겨룸하다; On ne peut — cela 울탄 말 아니 홀슈 업다 V. Incontestable.

Conteur 니야기 장이, 니야기 군.

Contexte *질 면, *본 장 지 뎐 후. = 웃 말 est le — supérieur, 뒤 말 ou 아래 말 le — inférieur. *상하문

Contigu 갓갑다 (가와, 온), 내웃, *년 하다.

Continence *덩덕, *졍덕. Garder la — *슈졍ᄒᆞ다.

Continent terre ferme 륙디. — Divisions du monde *대륙; 대츄. les cinq. — *오대쥬.

Continent (subst.)

Contingent (adject.) *우셩; 우연.

Continu 틈업다, ᄉᆞ이업다. Fievre — 쟝질

Continuation

Continuel 슷치지아니ᄒᆞᄂᆞᆫ

Continuellement 슷치지안케, 곳, 늘, 쟝 = ᄒᆞ로ᄀᆞ치, = 줄고지.

Continuer sans interruption 슷내ᄒᆞ다, 슷히ᄒᆞ다, 슷치지안다(하,흔); = — après une interruption 닛다(니어, 은), 니어ᄒᆞ다; — (encore un an dans une charge) *가일년ᄒᆞ다.

Continuez toujours comme cela 곳그리ᄒᆞ여라.

Continuité

Contorsion Faire des — de visage 즁긔다, 증글러워ᄒᆞ다.

Contourner 에두르다 (돌너, 두른); — les paroles 에돌너 말ᄒᆞ다; — une montagne 산 도라가다

Contour 가, 엔닮, 엔돌, 엔ᄃᆞ리.

Contrebande

Contracter v. act. — une alliance 화친ᄒᆞ다, — une affaire (vente, achat, mariage &. *결약ᄒᆞ다; (-pour un mariage dont on est convenu on dit *결혼ᄒᆞ다 & pour un mariage — en fait, *혼배ᄒᆞ다); = — les dettes 빗지다

324/

— une maladie 병들다 (드러, 든), 병엇다 (어, 은) ; — une habitude *호습ᄒᆞ다, *힝습ᄒᆞ다, 습관되다, 습관박이다, 박이다 / au passif. 박다 (어, 은) = se — (les nerfs, les membres) 옥으러지다 ; id, de frayeur 소소라지다.

Contraction 옥으러짐이, 옥으러지기.

— des les mots

Contradiction *반되, *상반 (qu'il faut *반박, *반항 écrire 相反, car ce mot, comme nombre *교슌 de 분로 est traître : étant écrit 相伴 il veut dire accord complet). Tomber en — avec soi-même (en parole) 젼후상반되게 말ᄒᆞ다. Esprit de — 고집, *싀슐, 억의는 싀슐

Contradictoire *반되ᄒᆞ다, 상반되다, 서로 합ᄒᆞ지 못ᄒᆞ다. = — (subst.) *반되말.

Contraindre *핍박ᄒᆞ다, *강박ᄒᆞ다 — moralement 강박ᄒᆞ야 식히다, 억지로 식히다, *강권ᄒᆞ다. Être — ᄒᆞᆯ슈업시 되다, 마지못ᄒᆞ야ᄒᆞ다, 억지로ᄒᆞ다.

Contrainte 강박ᄒᆞ기 = ᄒᆞᆷ이. Faire par — 억지로ᄒᆞ다. — gêne, embarras 어려워ᄒᆞ다.

Contraire opposé 상반되다, 역ᄒᆞ다, 틀니다, 서로되지다, 서로거ᄉᆞ리다. Vent —, vent debout 거ᄉᆞ리는 바ᄅᆞᆷ, 마ᄌᆞᆫ바ᄅᆞᆷ. D'un piéton qui a le vent —, on dit qu'il porte le vent dans ses bras 바ᄅᆞᆷ안고가다. S'il a le vent arrière, il le porte sur le dos 바롯지고가다. Être d'un sentiment — 굿치싱각아니ᄒᆞ다. = —, nuisible 해롭다 (로와, 온); = —, ennemi; défavorable 도치안타 (하, 흔), 당치안타, 굿다 (굿저, 즌) Ayant eu du temps — 시대가 도치아니ᄒᆞ여셔 …… les circonstances sont — 금혜굿다. La fortune est — (païen) *시운이블니ᄒᆞ다.

= Au — 오히려, 도로혀. Les uns sont bons, les autres, au —, mauvais 엇던이는잘ᄒᆞ고 엇던이는됴치안타. Ce serait à moi de parler; au —, c'est vous 내가말홀거술 오히려네가ᄒᆞᆫ다, ou plus chinoisement 네ᄒᆞᄂᆞᆫ말이 아가사창일다 "tu chantes ma chanson".

Dire le — de ce que l'on pense *표리부동ᄒᆞ다, *내외부동ᄒᆞ다, 안밧다르게말일다.

Le —, l'opposé *팔결 (phil.)

Contrairement

*난감ᄒᆞ다, *난처ᄒᆞ다. Contrariant 거ᄉᆞ리다; *불슌ᄒᆞ다. 색ᄒᆞ다.

Contrarier 거ᄉᆞ리다, 어긔다, *거역ᄒᆞ다, 틀니다. Se — mutuellement 서로어긔다. Être —, peiné 안스럽다 (러워, 온), 안스러워ᄒᆞ다, 어긔다. — par des pensées importunes 거리시다.

Contrariété V. opposition, difficulté, chagrin.

Contraste

Contrat *상약; *결약, *언약, *약됴 =ᄒᆞ다. — écrit *슈긔, *슈됴; = souvent *문서.

Contre En opposition avec — se rend par

Contre – Contrevenir

326/

un verbe approprié. Aller – le courant 빗거스리가다. être – nature 본셩을거스리다. = 거스리다 peut aller dans la plupart des cas; mais il y a d'autres verbes. Porter plainte – Jean 요안을그러써쳥하다 (골다) ; = –, auprès de, à côté 협에. Il est – la porte 문협에있다. Si c'est –, à côté d'une personne, on dit mieux 녑헤. = –, en dehors; 외에, 밧게. – toute attente 뜻밧게, 의외에; – la coutume 풍속밧게. = le pour & le – 리해 (profit & dommage), 가부 (vrai & faux), 여부 (oui & non).

Contre-amiral *해군쇼좌.

Contre-attaque *역격

Contre balancer

Contrebande commerce en – *잠샹 = 하다. – en douane *밀슈입 = 하다. Marchandises entrées en – *밀슈입픔, *밀슈입물. Chose de – *금제품

Contrebas

Contrecarrer

Contre coeur à 부득히, 할슈업시, 마지못하야 agir à –: tous ces mots suivis de = 하다, 억지로하다, *강잉하다.

Contrecoup

Contredire 거스리다, 거역하다 qui veulent dire surtout être contraire & qui demandent un contexte, 벅긔다, – ennuyer d'objections, de questions 힐셜슈셜하다,

–, s'opposer à 욱이다, 욱으리다; être contredit, dans le sens 욱다 (어.은) 욱으러지다.

곱드날 칠 도날하다. Sans — 의론치말고. de deux choses, deux textes, deux paroles quitt —, a dire 반되하다, 서로 상반되다.

le — (lui-même) 뎔로 생반되게 말하다.

Contrée 디방.

Contrefaçon action de contrefaire *위조하다 —, marchandise contrefaite *위조물.

Contrefaire un produit, une marchandise *위조하다, / — un titre, un écrit *위조하다 / = — imiter pour se moquer 흉내다, 흉내내다; = — simuler de rend par la forme 하는테하다; = — déguiser *변하다, 박고다(아,온).

*안조하다

Contrefait (homme ou animal) 병신. —, titre,* 위조분서.

Contrefort

Contremander 명을거두다 (어,둔), 반명하다

Contre ordre 반명.

Contre pied contraire *반대, *상반

Contrepoids *대츄; *분동 le — des balances coréennes (balance romaine) 츄, 저울츄.

Contre poil. à —, au propre 털거스리다, au figuré 님을 거스리다.

Contrepoison *회독약 Rendre un — *회독하다.

(제독하다), *제독약.

Contre sens . Faire un — 그릇알다.

Contresigner

Contre temps accident qui empêche le réussir 조당, 뎡수지 = 쓰다 ou 넙다(어,온) à — 당치안한때에, 때가당치안케.

Contrevenir 거스리다, 어긔다.

Contrevent 바라지, 것블 ; — à deux battants 덧블 (mieux communément) 쌍 바라지, 상창블.

Contribuable

Contribuer aider 돕다 (도아, 온). — le son argent à une cotisation, *슈렴ᄒᆞ다, *츄렴ᄒᆞ다 — se dit plus souvent *슈렴, ou 추렴 = 낼다 (어, 낸) — au sens d'aider *보조ᄒᆞ다

Contribution pécuniaire à qq. chose *슈렴, *보조금 *츄렴 ; *조셰 . l'argent qu'on donne *조셰금 = — impôts *공납, *국셰 ; — de guerre *군셰

Contrister V. affliger.

Contrition *통회 = ᄒᆞ다 ; — parfaite *샹등통회 ; — imparfaite *하등통회.

Contrôle vérification *검ᄉᆞ.

— de l'armée *군졍칙, *군안

Contrôler *검ᄉᆞᄒᆞ다

Contrôleur *검ᄉᆞ원

Controuver . . . . se dit ordinairement 숨이다, 거즛숨이다, 헛숨이다

Controverse *론견, *변론 = *벽파 veut dire — la conclusion, *벽파ᄒᆞ다 controverser la convaincre. 벽파되엿다 La conclusion est claire, il n'y a plus à discuter. = — par écrit *필견.

Controverser *론견ᄒᆞ다, *변론ᄒᆞ다, = *벽파ᄒᆞ다

Contumace

Contusion 닷친대.

Contusionner de —, être — 닷치다 malgré une contusion par choc, 의혀지다 une écorchure, 피빗치다 un amas de sang [illegible] = En fait 맞치다 s'emploie le plus souvent.

Convaincre 의심 풀니다, 의심 풀어주다. Se —, être convaincu 의심 풀다 (어, 푼). Je suis — 내 모음에 의심 없다. = — de crimes 발명 못하게 하다. En être convaincu 발명 못하게 되다.

Convalescent Être — *항동하다, *기동하다 (se lever & marcher).

Convenable 맛당하다, *합당하다, *당연하다, 가당하다. — d'une autre chose, s'y adaptant bien 격

Convenablement 맛당이, 맛당하게.

Convenance bienséance *톄면 *, 톄톄 Les observer = 차리다, *처신하다. Ne pas les garder 톄면 잃다 (잃어, 잃은); 실톄하다. — entre diverses choses 격. Les choquer 격에 틀니다.

*당하다 Convenir être convenable 맛당하다, *당연하다, *합당하다; = être apte à ce qu'on veut faire, à tel ou tel usage 맛다 (마저, 즌). On dit très souvent tout simplement

쓸만하다, 쓰겟다 되겟다 쓰다 (써, 쓴); = — être du même sentiment *합의하다. Tout le monde en convient 사롬 사롬이 다 그러타 혼다. = — faire une convention *뎡하다, *작뎡하다. = —, plaire 니 모음에 맛다 (저즌) Chercher à — (à qqun) 니 모음을 맛초다 (초아, 촌).

330

Convention accord *상약, *언약, *결약, *약됴; — choses convenues 뎡훈것, 약뎡훈것, 결약뎡훈것. Ne point les garder 약됴, ou 언약 etc *위반하다 ou 어긔다. = *범약하다.

Convenu *뎡하다, *작뎡하다.

Conversation *슈작, *문답, 말, 니야기. *셜화, *대화. lier — 말붓치다

Converser *슈작하다, 말하다, 니약이하다. *면회하다.

Conversion d'un pécheur *귀화 (not chrétien), *리과 (corriger ses défauts); — d'une religion *입교; = — changement. V. ce mot.

Converti *귀화하다, 귀화식히다, — à une religion 입교식히다. Se — (de ses défauts) *귀화하다, *리과하다, *회두하다, 힝실을곳치다, — à une religion *신교하다, *입교하다. = — changer

Les brouillards se — en nuages 안개뭐여 구름되다 (fleuris en nuages). La chenilles du pin se — en papillons tigrés 송충이 변하야 범나뷔된다.

Convexe 둥긋하다, 둥구스럼하다, 볼긋하다, = 두드러지다 K 내밀다 (내러, 민) faire saillie. = — tech. *텰. surface — *텰면.

Conviction avoir la — 뎡녕히알다 (아, 안) (savoir certainement), 긔 은에 의심업다. Pièce de — *쟝물, *증거물.

Convier *청하다.

Convive 손치굴 = *회식자. Assis le

plus souvent 손님 (hôte).

Convocation *소집 qui se dit surtout pour un — officielle de plusieurs x. rg. l'appel sous les drapeaux.

— individuelle par une autorité (tribunal, police) *호출. La feuille de — *호출장.

Convoi *행추, — d'une nouvelle mariée *신행추 ; — funèbre *행상, *장소행상. Les porteurs de cercueil se disent *상두군, ceux qui accompagnent *회장군 ; Maître de cérémonies *호상차치.

Convoiter *탐호다, 욕심내다, 욕심부리다, 시기룩대다, 시기룩거리다.

Convoitise *탐, 욕심, 괘락, 쾌락.. objet d'une grande — *대욕심관. Homme plein de — 욕심구럭이.

Convoler à des noces *혼비호다 v. Marier. — à de secondes noces (homme) *후취호다, *재취호다, — (femme) *후부호다, *개가호다, 후살이호다 (후살이 veuve qui se remarie).

Convoquer *추경호다, 부르다 (불너, 부른) — officiellement *소집호다. Du roi qui — les grands ou sié *패초호다, *명초호다.

Convulsion Avoir des — 홀홀늣기다, 뒤틀다 (어, 튼). — 1, maladie des enfants *경풍 = 호다, *경긔 = 호다.

en agg. *보조 Coopérateur 일돕는사룸, — d'une œuvre matérielle *조역군.

*보조호다 Coopérer *조역호다 (à un travail), 돕다 (도와, 도은), 도아일호다, *참섭호다 :: — à la grâce

332/

Coordonner 츠례로ᄒᆞ다 (어.둔)

Copeau 지저귀이, 지저귀깝이, 나무부스러기 = 대패밥 (— du rabot); 독긔밥 (— de la hache) 자귀밥 (— de l'herminette) = — de pin pour éclairer 관솔.

Copie *모본, 벗긴것. Une — ...혼벌 — (officielle) *등본. *부본

Copier (un texte) *등서ᄒᆞ다, 벗기다 — des livres pour vendre *서역ᄒᆞ다, — un texte, un tableau *모본ᄒᆞ다, = — imiter 일을ᄒᆞ다, 톄받다 (아.은) — un modèle *모범ᄒᆞ다

Machine à — (autocopiste) *등사반. Papier à — (carbon) 복사지

Copieux v. abondant. = Copieusement 후ᄒᆞ게, 흡히.

Copiste *서인, *필경, *서역쟁이, *서역군 = *퇴필, *퇴서

Coq 슈닭, 장닭. Au chant du — 닭울 ᄯᅢ에. — à l'âne *동문서답 (interrogation sur l'Est, réponse sur l'Ouest), 사단뎐, *상단뎐, 상소채 = ᄒᆞᆫ다.

— de bruyère 들꿩

Coque coquille d'œufs, de noix, etc 겁덕이, 겁질, 거죽; — de navire *션톄

Coquelicot 앵귀비ᄭᅩᆺ, 양소ᄭᅩᆺ.

Coqueluche Avoir la — 골녹골녹ᄒᆞ다, 골녹골녹거리다.

Coquerect ou coquerelle 과레

Coquet *치장ᄒᆞ다, 꿈 치장ᄒᆞ다; — joli 곱다 (고아, ᄋᆞᆫ), 어엿부다 (엿버, 분)

Coquetier (pour œufs) 란틀.

Coquetterie

Coquillage les univalves 소라이

Coquille d'œufs, de noix 겁덕이, 겁질, 거죽

— de colimaçon, de tortue etc. 집, — de coquillage

Coquin 놈, 잡놈.

Coquinerie 못된 즛, 몹쓸 노릇

Cor durillon 티눈, 못, 깡울. En avoir 발에 못 박엿다.

Corail *석비, 산호, *슈산호, *석산호, 검듸일. Le polype du — *산호충.

Corbeau 가마귀.

Corbeille Il y en a plusieurs espèces. Pas de nom général. Chacune a son nom particulier 쳥, 항댜, 고리삭, 좀구리, 좀고리, 고리, 광우리, 광비, 구럭, 둥구이 etc.

Corbillard (voiture) *구챠 = — brancard funèbre 상두 Les porteurs *상두군.

힝상 *상여.

Cordage de navire 줄디.

Corde de chanvre 줄, 노, 노끈, 끈, — de paille 삭기, 삿기, — d'écorce de liane 칡줄 qui désigne aussi la liane. = 바 se dit d'une corde assez forte et assez longue. = — d'arc 시위, 활시위; — id. en géométrie *현 = — rouge dont on liait les grands criminels *홍수. = Danser sur la — 줄투다 (토, 툰), 줄것다 (거러, 른), 살판ᄒᆞ다. Danse sur la — 살판, 살판쉬엄.

Cordeau de lisière 발비줄, — de menuisier 먹줄.

Corder ᄭᅩ다 (아, 온). 빗ᄭᅩ다.

Cordial remède *보심지제

334/ Cordialement 진심으로. Saluer — 축배하다 (c'est plutôt littéralement).

Cordon large 고름; — étroit 끈, 끈 ; — d'habit 옷고름 ; — de chapeau 갓끈 ; — de serre tête 망건당줄 ; — de souliers 신들메. Rattacher 신들메다. — ombilical 삼줄. Le couper 삼 갈으다 (갈나, 갈은).

Cordonnier qui fait des souliers 신장이. = 갖바치 ne se dit que des — en cuir = — (à l'européenne) 구두장이. Boutique de — 신전.

Corée On a repris l'ancien nom de 조선. Pendant une quinzaine d'années — avant 1910 on a dit 한국, 대한국.

Coriace 질기다

Cormoran

Corne 뿔, en agg. 각. Frapper de la — 뿔로 박다 (아, 은), 박다 ; — de cerf (remède) 녹용 (v. cerf) ; — de buffle (— noire) 흑각 ; — du pied du cheval, sabot 발굽, 마제.

Corneille 갈가마귀.

Corner, tinter (les oreilles) 귀가 윙 윙하다. — aux oreilles 귀솔게하다.

Cornet trompe 나발 ; — à piston ; — acoustique = — enveloppe de papier 첩 Se dit surtout pour les médicaments, & plutôt du contenu que du contenant. C'est une "dose".

Corniche 기슭, 기스락. — du toit 도령고대.
Cornichon 외, 물외.
Cornière du toit 춘혀
Cornouiller 드레나무 (cornus Kousa Buerg) 불서리금나무 (cornus macrophylla), 말리나무 (cornus coreana).
Cornue 셜지다, 셜가지다, 각지다.
Corme.
Corollaire 계.
Corolle 화관
Corporal 청포, 청테포
Corporel 유형하다 (qui a une figure) opposé à spirituel 무형하다). = Au même — 형외즁. Supplice — 형벌
Corps substance 톄. — (physique) 실톄 — d'un être vivant 몸; 톄, 신톄, 육신, 육톄 — mort V. Cadavre. = Combattre — à — 얽어붓다 (허, 흔). A — perdu 무릅써. Se jeter à — perdu (à une affaire) 무릅쓰다 (써, 쓴). Agir à son — défendant 억지로 하다, 마지못하야 하다. = —, compagnie 동류, 동당. En — 일동으로. S'agréger à un — 동당되다. = — de bâtiment 치, 집치; — central 몸치 — d'avant 압치 etc.
— militaire. — d'armée (unité) 군단; Un corps de troupes 군대. — Un — d'infanterie 보병대
Le — diplomatique 각국공사 (corps mal traduit).

Coque de navire 선체

à la guerre 접전하다

맞고지기 est la lutte corps à corps, la lutte dite "à mains plates".

Corpulence 뭄집
Corpulent *비대하다, 뚤뚝하다
Corpuscule *둘즈, *분즈
Correct poli 례답다 (다와, 온), — conforme à la loi 법답다, — sincère, véridique 실답다. = — (texte) 오즈 업다 (오즈 faute d'écriture).
Correctement 맛당하게 ; 법답게.
Correcteur d'imprimerie *교정자
Correction
Correctionnel tribunal — *경죄재판, affaire — *경죄소건.
Correspondance de trains etc) *접속 ; = v.g. billet *승환 (Billet — *승환표.) — épistolaire *왕복 = 하다. (plus souvent *련락 = 하다)
Correspondant de journaux *통신원. Qui — *련락선, *련락차, bâton ou train correspondant à un autre. 련락된다 : il y a correspondance.
Correspondre aller ensemble *합하다 : — à ... V. Répondre. = — par lettres 편지 왕복하다, 편지내왕하다
Corridor *각도, *랑하.
Corriger 곳치다. = —, punir. V. ce mot. — un écrit, le revoir, le comparer à l'original *준하다 ; = — des compositions, la classer selon le mérite 쏘느다 (쏘너, 는) :: Se — 항실을곳치다, 항실을닥다 (아, 은).
Corroborer 돕다 (도아, 도은).
Corroder V. Ronger. Se — 촌촌슬허지다.
Corrompre les moeurs etc 그롯되게하다, — un juge, un employé 뇌물주다 (뇌물 est le pot de vin), = — un titre, l'altérer *변작하다. Se —, se pervertir 그롯되다.

Cor 337

*변하다. Se —, se gâter (v.g. la viande) *변하다, *상하다, 썩다(어,은). Se laisser — par des présents 뇌물 받고 정듯다(드러,론).

Corrosion

Corrosif

Corroyeur *피쇄장이, 가죽장이

Corruptible 썩는.

Corruption 그롯되기, 변하기, etc. = — de moeurs 악한풍속, *악풍, *악습, 불허진풍속 — altération (v.g. d'un texte) *변경

Cortège *시위 = 하다.

Corvée *년역, *부역 — travail qu'on fait pour le voisin à charge de revanche 품아시.

Coryphée 피슈, 두목; *반슈, 령슈 = anciens primitif *악공

Cosse de haricots (etc) pleine 고토리; = — vide 시각닥이, 각지.

Costume *의복, 닙성 = *의관 vêtement & coiffure, se dit du vêtement "habillé".

Costumer 닙히다

Côte 가러, 가러테, 갈비, 갈비대, 가러쎄, 륵, 륵골. Le défaut des — 넙구레, 허구레, 존허구레. — à — 서로갓가히. Etre assis — à — *퇴좌하다, 엇기겨러 안자(안자, 즌) Aller — à — 엇기겨러가다, De front 나란이가다, 굴셰다. = — De la mer 바다가, 회가, au sens large 회변.

Côté 쪽, 도편, 도편쪽, 변쪽, 겻, 협, 녑. Le —, le flanc (homme ou animal) *륵방. Le — droit 올흔도편, 올흔도편쪽;

Le cortège du roi se dit ordinairement *거동; celui du mandarin (personnel du —) *추종, 추종군.

Cosmétiques *화장품

Cosmogonie: 기벽설, *세계창성론.

Cosmographie *세계 변상기; *우주기

Cosmologie *우주론, 세계학

Point de — (souffrance au côté) 견인, 견인증 Avoir 결니다, 견인나다.

le – gauche 왼편, 왼편쪽. Des deux – 좌우
편에. A côté de 엽에, 겻헤, 녑헤 =
녑 est très employé en aggrégation: 녑문
porte de –; 녑방, chambre à – (d'un autre),
녑거름하다 marcher de – (comme les crabes),
녑눈주다 jeter un regard de – (pour faire
signe). = Du – de l'orient 동편에, 동편
으로. Les deux – 량편, 량쪽, 좌우편.
De tous – (des 4 côtés) 사면으로, 사방에,
ᄉᆞ리, 휘둑로. De – et d'autre 이리뎌리. J'ai
eu beau courir de tous – je n'ai pas pu 동치
서츄 (aller à l'est, à l'ouest) 하야 곳 보앗다.
L'un d'un –, l'autre de l'autre 이편하나
뎌편하나. Chacun de son – 각슈, 각각, 제각금.
Mettre plus d'un – que de l'autre 치웃치다 qui se dit pour être partial.
(Le passif est 치웃치이다, 치웃쳐잇다) Ne
savoir de quel côté se tourner (au propre
et au figuré), 향방을 일타 (허, 흔) – (향
방 direction). De quel – que l'on se tourne, quoiqu'on fasse 엇더케하던지,
이리하나뎌리하나. De mon – (pour moi)
나는. De –, de biais 엽으로. Regarder
de – en tapinois 겻눈질하다, 녑눈질하
다. Mettre de – 싸코두다 (어, 둔). Avoir
mal au – 허구리속 앏흐다 (앏하, 흔),
속닭 결니다;
Les deux – d'une question *상대; 득실,
*리해 (profit et perte); 가부 (vrai et faux),
*여부 (oui et non).

le — paternel (de la famille) "친가, le — maternel "외가. = —, parti, faction, 편, 길, "쇽. Se mettre du — de 쇽라오다, 쇽라가다. La raison est de notre — 우리가 올타. = — en géométrie "변. Qui a 4 — 4 변 되다, 4변 잇다. On dit plus souvent "4각 ou 4모 quatre angles.

Côteau 둔득, 산허리, 비탈.

Côtelette 가리, 갈비.

Coter

Coterie 편, 길.

Cotisation "슈렴, "츄렴, ="슈렴전, "보조금

Cotillon 치마, 속치마 = 모당치마, 도랑치마 robes courtes, ou même tabliers.

Cotiser se — "츄렴하다, "출념하다, "슈렴하다

Coton sur pied "목화, "면화 / — en laine, en flocons 솜, 소음. Fil de — "면사, 무명실 / toile de — 무명 de européenne "서양목, "양목, "당목, "양목 ... selon l'espèce. Champ de — 면화밧, 목화밧 = —, duvet de certains végétaux 털.

Cotonnier "면화, 목화나무. Les gousses 목화고토리.

Coton-poudre "화면

Cotoyer 가에 단니다.

Cotylédon "쥭즈묘.

Cou 목, 목정 = 목아지 se dit des animaux, serait injurieux dit d'un homme. Le derrière du — 고리 (d'où 고리들다 relever la tête, 고리숙이다 la baisser); de la nuque

340/

복뎔개. Attacher par le – (collier ou noeud coulant) 올다 (어, 아, 은), 올아매다. Le – du pied 발복.

Couchant ouest *서, *서편.

Couche, lit 자리; bois de lit 크령상; – de jardinier (pépinière) 꼿자리; – de peinture (numéral) 흔벌; – de papier (numéral) 흔겹, 흔벌 = – superposées 층; – terrestres *디층, – atmosphériques *긔층.

Couches accouchement *히산. Femme en – *산모; – heureuses *순산; – où l'enfant vient en travers *역산 – Fausses – *락티, 샤티. Suites de – (délivre) *후산 = Faire ses – *히산호다, 몸플다(어, 푼)

Coucher (verbe act.) Coucher qqun 뉘이다; – qq. ch. 눕이다. = – neutre. Se –, être – 눕다 (누어, 은). Se – sur le côté 녑흐로눕다; se – sur le dos 반드시눕다. Se – sur le ventre 엽드려눕다, 엽드리다, Être à demi – 비스듬이눕다. Dans nombre de phrases on dit 자다 (dormir) là où le français dit coucher: – dehors 한듸자다 (dormir au froid); – seul 혼자자다; – ensemble (époux) *합방호다, – séparément *각방호다. Se – (astre) 지다, 넘어가다 = – v. act. – par terre, renverser 엽드려드리다, 엽허터리다. La pluie a – le riz 비에 벼가 슬허졋다. – en joue *견양호다, 견양보다, 다

Chambre à – 자는방, *침실, *침방.

뫼, 보다. — par écrit 적다(어,은), 적어두다.

Coucou 법국이, 법국새, 두견새. —, horloge 법국죵, 벅국죵.

Coude 드날굽이, 드날굽치. —, détour d'une route 길 섹긴 데. La route fait un — 길 섹겻다, 길 빗두로 간다.

Coudée

Assis les — franchies 쥬쟝대로 or 임의대로 하다.

Coudoyer

Coudre (sans régime direct) 바놀질하다, 호개질하다, 홉질하다. — (avec un régime direct) 굵어 매다(여,맨), 셰여 매다. Machine à — *주봉침, *주침틀, *죄봉침, 죄봉틀

*침소=하다.

Coudrier 리굽나무, 리얌나무, 리얌나무 / C. est le Corylus heterophylla).

Couenne peau de porc *제피.

Coulant pas raide, souple, *유하다, 부드럽다(러워, 운), noeud — 얼굴이, 올감이.

Couler "fluere" 흐르다(흘너, 흐른). Faire — 흘니다. Le vase — (laisse échapper l'eau par un trou) 새다(여, 샌). L'eau — par dessus, débordait, on dirait 솟아지다. = — à fond 물속에 드러가다, 물에 잠기다, 가라앉다(앉져, 준) = — (act.) — (un métal), le jeter en fonte 붓다(부어, 은), 부어짓다(지어, 지은); — un liquide, le passer 걸은다(걸너, 걸은). On dit souvent 밧다(아, 은) en mettant à l'instrumental le nom de l'objet qui sert de passoir. —,

342/ glisser, faire glisser, v.g. sa main dans sa manche 끼다. Se —, se glisser dans une foule 살살 드러가다, 살금이 ou 슬몃이 드러가다. 슬적, 슬적슬적 드러가다 : — (fleurs, fruits qui avortent) 떠 죽다 (어, 은)

Couleur 빗, en agg. *석 ; —, peinture 칠, *채석. Se deux — *량석. Toutes les — *오석 (les Coréens distinguent 5 couleurs: blanc, noir, rouge, jaune — bleu ou vert. Ils ne distinguent pas ces deux dernières l'une de l'autre). Mettre en — V. Colorier. — du visage *긔석. Changer de — *변석하다, (id. par émotion vive) *실석하다, *대경실석하다. = — prétexte 핑계. Sous — de... 핑계하야.

Couleuvre grosse — 구렁이, — verte & noire avec du rouge à la gorge 율목이

Coulis vent — *외풍, 밧것바람

Coulisse Porte à — 미닷이, 미다지, *영창. Le tirer ... 밀다 (어, 민)

Couloir

Coup Les — de bâton (officiel) se comptent au tribunal 한도, 두도 etc. ailleurs 한대, 두대. Les — de verges 한기, 두리. Recevoir des — 맛다 (마저 & 자, 즌). Recevoir des — de bâton 매맛다, id. de fusil 총맛다, 텰알맛다. Donner des — de pied 발노차다 (en recevoir 차이다 & 차히다 peu usités). Être endurci aux — 매아니

죽다 (죽,죽은) qui veut dire aussi incorrigible. Se montrer insensible sous le — 마져도 마즌 뜻 아니하다. Mourir sous les — 마져 죽다 (어,은). Etre tué d'un — de tonnerre 벼락 마져 죽다.

Un — de fusil (numéral) 혼방. D'un — d'oeil 눈으로 혼번 보고. — de tête, folie 망거. C'est un — de tête 쳘 업는 즛일다. Un — extraordinaire (affaire extraordinaire) 별일, 뜻 밧긔 일. C'est un — du ciel 특은일다. Faire d'une pierre deux — 일거 량득 하다. Un grand —, une action d'éclat 큰일. Un mauvais — 몹쓸 즛. Un coup d'essai 시험. Le — est manqué 랑퇴 되엿다, 실슈되엿다. C'est un — de maître 용하다, 능하다. Etre sûr de son — 의심 아니 하다. = A tout — 번마다, 새마다, 새새로, 매번에. coup sur — (sans interruption notable) 니어 (닛다, 니어, 은 se succéder). Après — (trop tard) 늣게. C'est après — 느졋다 (늣다, 느져, 즌). Tout à — 홀연이, 끈득, 갑작이,

곱작이 갑작스레. D'un seul — 혼번에. Se dit s'agit de plusieurs choses à faire ensemble 혼겁에, 혼거번에.

Coupable 죄슈, 죄인 qui veulent dire aussi simplement accusé, 죄잇다, 유죄하다. Pas — 무죄하다, 이기하다. Ne se sentir — de rien 랑심에 걸니는 것 업다.

Coupe vase 잔, en agg. 잔

Coupe papier — en bois 목도

Coupé 버히다, 벱어지다, 쌕기다.

Couper 베히다, 베다 (여, 벤), 븨다 K 베다, - 버히다
= 쌕다 (가 근) — en rognant, en aiguisant;
= 부러롭다 (절너, 저론) — une chose trop longue. Couteau qui — bien 날 도는 칼 (날 le fil), 잘 드는 칼 (들다 - 어 - 든). — en morceaux, en tranches, hacher 썰다 (어, 썬) — de menu 잘게 썰다; — gros 굵게 썰다. — en bandes 오리다. — les marges d'un livre pour faire la tranche nette 도숄하다, 도련하다; — la tête 머리 베히다, 참슈하다; — un arbre 베다, 베히다, plus souvent 쌕다 (어, 은); — de l'herbe, du blé etc. 벅다, 븨다, 비다 (on voit par là que ces trois mots se disent pour les objets menus, 베다 K 베히다 pour les gros). — un pont 다리 엽시하다; — les habits 옷 가음 마르다 (말나, 마론), 옷마르다, 옷마르리다 = — avec les dents 직러 서베다 (어, 서벤), 물어 끗다 (어, 은) = se — 칼노 벗치다. = — court à (empêcher) 말막다 (아, 은) (contracté pour 머리 막다). — la parole (말) 걱다 (거, 건) v.g. — la parole à un supérieur pour lui répondre 어룬 말을 걱거셔 대답하다.

— des broussailles 쳐롭다 (로 쳐, 즌)

Couperet de cuisine 식도, 식칼. — à paille : hache-paille 작도

Couple paire 쌍, 겨리; — d'animaux

(mâle & femelle) 조웅. Mettre les animaux par — 조웅 끼다.

Couplet d'une chanson 제.

Coupole

Coupon, D. et offe

— de rente, d'obligation etc *리찰

Cour d'une maison 마당, 뜰; — d'école *운동장 ; = — du Souverain *조뎡; — (son entourage) *녕신, *신하

Courage *용덕, *담긔 On dit souvent 큰 담요, ou 큰 간 (grand foie). — Grand — *대담, *심긔. Perdre — *실망하다, *락심하다. Le faire perdre 실망식히다. Inspirer le — 담요, 을 격동하다 (c'est plutôt émouvoir). Reprendre courage *분발하다. = — ! pour exhorter 올타, 올타 잘하여라.

Courageusement 용맹히

Courageux *용맹하다, *용하다, 담긔잇다, 담긔지다 — On dit souvent 담요 크다, 간 크다. parfois *독하다 & le superlatif *지독하다.

Couramment communément 보통, 보통으로, *통용. Lire, réciter — 주루루 외오다, 것츰업시 외오다.

Courant en agg. *류. = — d'un fleuve *슈류, *강류 — 나리는 물, 나려가는 물. = 여울 & 여흘 indiquent le — rendu plus fort (ou plus visible) dans un endroit peu profond, & aussi cet endroit. = — marin *히류. = — électrique *뎐류, do induit *감응뎐류

Le — est fort 물세다

346/

— électrique primaire *본뎐류, *뎨일뎐류,
— secondaire *부뎐류, *뎨이뎐류.
Etre emporté par le — 물 나려 가는 되로 떠가다. Aller contre le — 물 거스려 가다, *역슈ᄒᆞ다, *역류ᄒᆞ다.
= — (participe). L'année — 올, 올히, *금년. Monnaie — 쓰는 돈. Maladie — 돌니는 병, Dans le sens d'épidémie *윤긔, *전염병.
En —, à la hâte 밧비, ᄒᆞ로 밧비. Faire en — 밧비 ᄒᆞ다, 건둥건둥 ᄒᆞ다. Réciter en — 주조 주조 외오다, 내몰아 외오다 (몰다 pousser devant soi). Aller toujours — (comme les enfants) ᄯᅩ가다.

Etre au — 알다, (알아, 안)
mettre au — ᄀᆞ르치다; 알니다, 아뢰기다; *통지ᄒᆞ다; *통긔ᄒᆞ다
*의별ᄒᆞ다

Courbe en agg. *곡 *Ligne — *곡션. Surface — *곡면.

Courbé 굽다 (어, 은), 굽어지다, 굽으러지다. 굽다, (어, 은)
= 휘다; 휘이다, 휘워지다 qui se disent en particulier des planches (ou autres choses) gauchies ou qui gondolent. Etre un peu — 굽웃ᄒᆞ다, 휘웃ᄒᆞ다. Pour un chemin on se sert aussi de 도라가다, 에워가다; &pour les courbes brusques 꺽기다.
욱다 (어, 은) qui a aussi le sens de "ne pas réussir".

Courber 굽다 (어, 은), 휘우다 (워, 운), 굽어치다, 굽으러ᄯᅳ리다, 굽으러치다; 굽소치다

Courbette

Courbure 굽기, 휘기. 구븨

Coureur

— messager 보발군, — devant une voiture, un cortège, etc. 앏잡이

Courir 닷다 (다라, 른), 다라닥박질ᄒᆞ다, 근두박질ᄒᆞ다, = 파르르다 & 솔가다 se se disent que des petits enfants. — après 밧비솔하가다, 솔하가다 ; — çà & là 두루단니다, & s'il s'agit de plusieurs 헤지르다 (질너, 지른) qui indique l'éparpillement. Tout le monde y — 아니가는이업다. Le temps — 세월간다, 세월빨니간다, 세월빨니지난다. Les intérêts — 변지느다 (러, 는) (grossir). Il court des bruits 말들닌다 (들니다 être entendu).

Courlis 줄누이

Couronne* 관 qui désigne toute espèce de coiffure ayant un caractère plus ou moins officiel ; — de fleurs 꼿관, 화관 ; — de gloire* 화관 = — impérial* 면류관 ; — royal* 통텬관 ; 익션관 (ce sont plutôt les coiffures spéciales au roi de Corée jadis) Mettre une — 관쓰다 (써, 쓴).

Couronne d'épines* 형관

Couronnement

Cérémonie du — *관면식.

Couronner 관을씌우다 (워, 운).

보횡군 Courrier estafette 비각 — du gouvernement (vieux système) 파발군, 발마군, 배지. *Sur* cheval* 파발마, 역마. — privé* 보발군, 보횡군. Être envoyé comme — 보횡가다

Courroie 슨, 가족슨

Courroucer

Courroux 분노, *노 *V.* Colère

Cours d'eau 내, *천, *내천 ; —(marche) *운항 ; —(pour les monnaies) 통용 ; Monnaies en — *통화 ; — tarif *시가 ; —, leçons *강의 ; — classe d'élèves 급, 과
le — de (l'espace de temps) 동안. Au — de, pendant le — de 동안에.

Course action de courir
= —, concours de —, *경주 ; — de chevaux *경마. = —, ce que le cheval fait d'une traite 개날(?) 바탕, qui se dit surtout de la hâte des chevaux de poste 역마, laquelle traite était de 25 lis.
Champ de — *경마장
*자전거 경주

Coursier cheval de selle *기마 ; — cheval de bataille *군마

Court 짧다 (아, 잔), 자르다 (잘녀, 자른) —, trop — 보자라다 (라, 란), 단하다, 부지러지다, 잘빡하다, 잘빡잘빡하다 ; — et gros 보동되다 ; — et épais 더부룩하다.
S'arrêter —, demeurer — (muet) 긔긔하다, *유구무언. 벙벙하다. Tenir de — (qqun) *억칙하다. Se trouver à — d'argent 돈이 보자라다.

Courtage profession *거간 =하다. = — (prix du —) *구문, *구전, 두전

Courtier *거간인 qqf. 흥정군 ; — pour les maisons *가쾌, 집쥬릅, *거간 ; — pour un mariage *중매자 (*중매하다)
—어 흥정군
— de marchandises : en nombre d'endroits on dit 긔쥬 parce que le métier est fait par les aubergistes.

Courtilière 계밥도독, 하놀밥도독, 부솜아지, 도로랑이, 하놀소.

Courtisan grand de la cour ˚신하.

Courtisane officielle 기생, sinon ˚창녀, ˚유녀, 갈보, 논다니, 노는계집, 덕이

Courtiser 압친거리다, 압친압친ᄒᆞ다, 아룬아룬ᄒᆞ다, 살살살ᄒᆞ다, 알낭알낭ᄒᆞ다.

Courtois

Courtoisie

Cousin - parent. On indique toujours le nombre de degrés. V. g. — germain ˚ᄉᆞ촌, et l'on précise souvent ˚친ᄉᆞ촌 cousin germain du côté du père ˚외ᄉᆞ촌 id. du côté de la mère. = —, moustique 모긔, 바규이 — de plus gros 갈ᄉᆡ기, 갈ᄉᆡ귀.

Les cousins (à degré "égal") se traitent de "frères" et même en parlant de tiers, cousin se dit le plus souvent ᄉᆞ촌동싱, 륙촌동싱

Coussin , — pour s'asseoir 방셕, 깃자리.

Coussinet de tête (sous un fardeau) ˚또아리, 쏘아리

Coût ˚비용. —, prix, 갑

Coûtant donner à prix — 본젼만밧다(아,은)

Couteau 칼, en agg. ˚도, — de cuisine 식칼, ˚식도, — de poche (se fermant) 뎝칼. Donner un coup de — 칼노지르다 (질너, 지론).

Coutelas 칼.

Coutelier 칼장이.

Coûter (mais demander tant d'argent pour être obtenu). On se sert ordinairement de 되다, 드다(어,은) avec un contexte approprié, ou bien l'on dit "le prix est tant". Combien cela coûte-t-il 갑시 언마냐. Combien cela a-t-il coûté? 언마나드럿느냐

Vendre 5 piastres ce qui en a coûté dix 십원 벗은거술 오원밧고 팔다. — cher 비싸다 (싸, 싼). Ne pas — cher 싸다 (싸, 싼), 헐하다. — beaucoup de peine 해ᄲᆞᆫ히 되다, 해를ᄲᆞᆫ히 쓰다, 어렵다 (려워, 운) 해롭다 (로와, 온). Il lui en a coûté la vie 그거스로 죽엇다. Il m'en — (je le fais avec peine, à contre cœur) 어려워 혼다.

늦다 (어, 은)

Coûteux V. Dispendieux.

Coutre de charrue 보습.

Coutume générale *풍속, *법, en agg. *풍. Selon la — 풍속대로. Conforme à la — 법답다 (다와, 다온) (se prend surtout au sens de "légal"). Contre la — 법밧게, 풍속외에. Plus que de — 싸론시때보담, 시… Passer en — 풍속되다. = — de qqun, habitude *습관. ——— *습속.

Comme de — *여전히 (litt. comme auparavant).

Couture dans un habit, endroit cousu, 솔, 흔솔, 솔기; —, action de coudre 바느질 = 하다. — *침ᄉᆞ = 하다.

Couvée Une — (numéral) 혼배

Couturière *침모.

Couvent *회원, *슈원. — d'hommes *슈ᄉᆞ원. *고슈원; — de femmes *슈녀원, *슈녀당.

Couver 안다 (아, 안), 알싸다 (싸, 싼). Faire — 안기다, 앉히다; — dans son cœur 품다 (어, 은)

Couvercle 두겅, 두개, 개, 덥개, 둑에.

Couvert abri   de mettre à —

de la pluie : en organisant un — 비맞다 (아.은); 9e en s'en allant 비를 무릅쓰다. = — de table 숟저 (cuillère et bâtonnets). (les professionnels disent 식기).

Couvert 덮은 (de 덮다 -어.은). Être — 덮히다; — de poils 털가지다, 털입다; — d'écaille 비늘돋치다. Maison — en tuiles 기와집, — en ardoises 노와집, — en paille 초가, 초가집. — de poussière 몬지올니다; — de boue 흙묻다 (어.은); — de sang 피묻다, 피칠하다; — de blessures 상신상하다. Le temps être — 날흐리다. Être — c.a.d. revêtu 닙히다, 닙다 (어.은) —, avoir son chapeau sur la tête 갓쓰다 (써, 쓴). Être — de honte 부그럽다 (러워, 운), 망신되다, 망신하다, 부안하다. Les arbres sont — de feuilles 나무닙가득히되엿다, 나무닙잠복되엿다. Être — de gloire 일흠이진동하다 (진동하다, retentir).

Couverture étoffe pour couvrir qqch. 보 v.g.: —, toile mise sur les mets 식보, 상보 (si elle est en papier 식지). = — de lit (couverture) 니불, en laine (européenne) 보, 담보, parfois 담니불. S'enfoncer la tête sous la — 니불무릅쓰다. = — du cheval 다련, 언치, 말짝줌, — de 숫자, qu'on met sur la salle 연갑 = — 말숫자 de maison 집웅, — d'un livre 책의;

— de maison en paille 니엉

– extérieure importée à une autre 것의.
Couveuse artificielle *부활긔
Couvi (oeuf) 곯다 (아, 곤).
Couvreur – en tuiles 와쟝이
Couvrir voiler, recouvrir 덥다 (허, 훈), 가리우다 (워, 운), – une personne dans le lit 덥허주다 ; –, revêtir 닙히다 ; – de peinture (et aussi de boue, de sang, etc., barbouiller) 칠ᄒᆞ다 ; = – une maison 네다 (여, 넨), 니다 (여, 닌) =. 니엉니다, 녕니다 ou *긔초ᄒᆞ다 pour – en paille ; 기와니다 pour les tuiles ; 노화니다 p. les ardoises. = – la femelle (animaux) ᄒᆞ르다 ᄂᆞ호르다 (홀너, ᄒᆞ롤), ᄒᆞ례ᄒᆞ다. de la femelle on dit ᄒᆞ례 밧다 (아, 은) = se –, s'habiller 닙다 (여, 운), 붉가리우다 ; se, mettre la coiffure 고ᄂᆞ ou 갓 = 쓰다 (써, 쓴) = le temps se – 날흐려진다 . = – qqun de honte 붓그럽게ᄒᆞ다, 무안을주다, 무안케ᄒᆞ다, 망신식이다 s'en – soi-même 망신ᄒᆞ다, *무안ᄒᆞ다, *락ᄆᆡᆼᄒᆞ다
Crabe 게 (on prononce 거이), 앙바긔, 앙가바긔.
Crachat 춤.
Cracher 춤밧다 (하, 흔) ; – en rejettant, – ce qu'on a dans la bouche 비앗다 (아, 은). – le sang 혈담 밧다 (하, 흔) ; – sur qqun 남의게 춤밧다. C'est – en l'air : (s'attirer des désagréments) 잣 ᄉᆡ바라 춤밧기다.

Crachoir 타구.
Crachotter 해춧(?) 뱃다 (하,흔)
Craie brute *빅토, — pour écrire *빅(?) un bâton de — *빅필 ; 분필.
Craindre 두리다 (려,린), 겁나다. Des choses a' —, on dit 무섭다 (서워, 운), 두렵다 (려워, 운), et par conséquent — (avec un régime direct) se traduit par ces verbes sous la forme 호여호다. = *황송호다 exprime une crainte respectueuse, 어려워호다 la contrainte qui en résulte. = 꺼리다 ou 시리다 la crainte, l'appréhension d'une chose qui dérangerait v.g. 빅셩을시리다 se dit d'un mandarin qui craint le peuple (qui craint que le peuple ne se soulève). Les voleurs — la lune 도적이 달을 시린다. = Je — pour vous 너의게 무섭다 ou mieux 너 무섭다 : "Vous avez à —" (la sympathie n'est pas exprimée). Je — de faire plus de ~~bien~~ mal que de ~~mal~~ bien *목두쳐이리라 : "Je voudrais frapper le rat (qui est dans le vase), mais je crains de briser le vase. On dit dans le même sens 독에 쥐 잇다 : Il y a un rat dans le vase. = Faire — 무섭게호다.
Crainte 겁. 무셥기 ... Dont l'air inspire la — *위의호다, 위의당당호다. Éprouver une — subite 감작놀나다 (나,난) ; — mêlée d'appréhension 쳑염, 쳑염=호다.

Craintif 겁쟁이, 겁많다(하,흔). Dans le sens de timide, honteux, réservé 수줍다(주어,은), 수접은하다, 수더부러하다.

Crampe 쥐, 뎌근, 살쇠. En avoir 쥐나다, 뎌근(ou 쥐)날다 ou 날어서다.

Crampon fer 겁열(sangsue), 겁열봇, 쇠쇠, 겁, = 겁(se dit aussi de la main ouverte). Lié avec un — 겁봇은 = — au moral. D'un —, d'un homme qui s'attache inutilement à vous on dit 겁첩하다.

— qui ennuie par les "amitiés" 진날개 사괸이 (caresses de chien un jour de pluie).

Cramponner (se) — 겁쳐잡다.

Cran ; — de mire 준구 ; — de sûreté

Crâne (subst). 하골, 노슈, 조골, 개골

Crâne adj. 겁업다.

Crapaud 두겁이.

Crapaudine 암쇠, 암돌, 암돌저귀.

Crapule 잡놈, 잡쓸놈.

Craqueler

Craquer 새각하다, 새각새각하다

Crasse (subst) 새, 쇰작이; — de la tête 비듬

Crasseux sale 새붓다(어,은), 더럽다(러워,운). Un —, un avare — 쇰쥐, 쇰작이, 쇰작이곳흔놈 = 쇰쇠스럽다(러워운)

Cratère de volcan 분산굼, 분화산, 분화구

Cravate 목도리

Cravache 채직, 채닥, 회초리

Crayon 돌붓, 나무붓, 목필, 연필.
— de charpentier (bambou qu'on trempe dans

(encre) 먹칠 ; — d'ardoise *셕필

Créance confiance 믿븜 ; — croyance V. ce mot. = — titre d'une dette 빗셔, *슈표 = — dette active 빗준것.

Lettres de — (d'un ambassadeur) *국셔. Les présenter *국셔봉정ᄒᆞ다.

Créancier *젼쥬, *채쥬, 빗준사ᄅᆞᆷ

*채권자 (le débiteur étant 채무자)

Créateur *조믈쥬, *대조쥬.

Création — du monde 텬디리벽 (V. chaos). Les chrétiens disent *텬디조셩 = — action de créer 닌ᄃᆞᆯ기, 조셩ᄒᆞ기 ...

Créature 조믈, 조셩ᄒᆞᆷ을 밧은것. Toutes les — *만믈 = —, terme de mépris 놈 (homme), 년 (femme), 것. Mauvaise — 몹쓸놈, 몹쓸년, 몹쓸것 = — d'un grand *블긱, *블인 ; — confident *심복.

Crécelle

Crèche 구유, 귀유리

Crédence

Crédit dans le commerce 외자, 외샹. A — 외자로, 외샹으로. Vendre à — (certains objets remboursables en grains à l'automne) 놈나리ᄒᆞ다 = —, autorité, pouvoir 힘, *권셰 ; — d'un commerçant *신용 Lettre de — *신용장, *신용증권.

Ds les cptes, la colonne "crédit" ou "avoir" est intitulée *입 (入)

Crédule 쉽게 밋다 (어,은), 잘 밋다, 눈치업시 아모말 다 밋다. = 고지듯다 (드러,른).

Créer au sens strict *조셩ᄒᆞ다, *화셩ᄒᆞ다 = autrement 닌ᄃᆞ다 (ᄃᆞ러,론). = —, établir 셰우다 (워,운).

Crémation *화장 = ᄒᆞ다. Le lieu de

la – *화장터. Le four crématoire *화장장, *다곤쇼.

Crême *농황, *농즙.

Crémone

Créneau

Crêpe galette 지짐이, *3경병 = –, étoffe

Crépir un mur 칠하다, 흙칠하다, 벽질하다, *도회하다, 새벽질하다, 새벽하다.

Crépiter

Crépu cheveux – 고수머리.

Crépuscule du matin 새벽; – du soir 어스름; – plus tard 색거.

Crête d'une montagne 산말낭이, 산마루턱이; – de coq (닭의) 볏, 벼슬 = *계관

Crête de coq fleur, amarante 맨드라미, *계관화 qui est l'équivalent du mot français

Crétin

Crétonne *양화포

Creuser 파다 (파, 판). Être – 파히다. = – une question, v. approfondir. Se – l'esprit *과념하다 = 벼르다 (별너, 벼른) a perfus ce sens. – Il veut dire plutôt se préparer, se tenir prêt, être prêt.

Creuset 도가니, 독안이

Creux subst., trou 구녕 v. trou. Le – de la main 손바닥, 손바당; Le – de l'oreille 귀구녕; le – de l'estomac 명치. Les sculptures en – se disent *음각.

—, adjectif... vite 헛, 뷔다(여,뷘), 궁글다 (글너, 근), 궁글니다; —, concave 움,옥하다, 우북하다, 움,옥하다; — profond 깁다(허,흔); — qui a un — 구멍잇는. Dent — 버레먹은니.

Crevasse 구녕. — fente 틈, 틈바구니.

Crever v.n. se rompre avec effort 터지다, 삭다(여,삭), 삭여지다; de avec bruit 튀다(여,튄); se — de nourriture 빈터지게먹다 = —, mourir (impure) 삭여지다. Pour les animaux, —, mourir 죽다(어,은). = — verbe act.; — d'un coup de couteau (v.g. un sac) 갈으다(갈너 로나, 갈은); — (un sac, un abcès) 트다(러,튼), 새다(새,샌)

Crevette 쇠우, 쇠오 - grosse —, espèce de petite langouste 대하, 왕쇠오.

Cri 소리, 소리 Pousser un — 소리지르다 (질너, 지른). Pousser de grands — 소리크게지르다, 소리지르다. Pousser un — pour appeler au secours 고함지르다, 고함지르다 :: Les — de reconnaissance (sentinelles, soldats) sont dits 군호, 군호. Les pousser ... 밧초다 (아.초) - Pousser des — de désespoir, de détresse 부르지지다.

— après qqun 소설하다. Criailler 와자하다, 왜자하다.

Criard 와자하다 :: — aigre : Voix criarde

Crible 체 — — à gros trous 어러미.

Cribler 체로밧다(아,은) — au sens de vanner 사래질하다.

Criée Vendre à la — (aux enchères) 경매하다; — (Is le sens de crier sa marchandise) 쟝ᄉ외다.

Crier animaux 울다 (어,ᄂ). Ceci pour presque tous les animaux. — Pour la pie (le chien) 즛다 (즈저,즌) = — pousser un cri (homme) 소리지르다 (질너,지른); — pleurer 울다. Faire — 울니다, 울게하다. Calmer un enfant qui — 달내다 (내여,낸) = — après qqun, le réprimander continuellement 혼상숙잣다 (저,즌), 혼상즈거리다, 왁자하다, 야단하다, — de détresse 부르지지다; — faire du bruit 야단하다, 야단치다; — pour appeler du monde 외다 (와,왼), 왜다 v.g. — au feu 불외다. — sa marchandise 쟝ᄉ외다, —, dire qqch. très haut (quelquefois, souvent qu'on ce des points) 웨치다, 외치다 = — comme une roue, des gonds &. v. Harmonie.

*ᄉᆞ셜하다 (on prononce ᄉᆞ살).

Crime *죄, *죄악. Accumuler — sur — 죄악 싸다 (싸하,흔). Couvert de — 죄악 만다 (하,흔). Faire un — de 흠잡다 (아,은), 착잡다; Imputer un — v. Imputer. Se laver d'un —, se disculper *발명하다.

Criminel pris substantivement *죄인, 죄슈. — de lèse majesté 나라죄인, *계하죄인; = — adjectif *죄되다, *악하다. = — affaires — *형ᄉ (par opp. à 민ᄉ, affaires civiles).

Crin 총, 갈총, 볼총.
Crinière 갈기, 긇이
Crique petit port *포구
Criquet
Crise dans une affaire, une maladie (naturel & le sens le — décisive) 고븨, 고비, 발명, 고스락 : — de nerf V. Convulsion.
Crisper
Cristal *슈졍, *빙셕. — choses cristallisées *결졍물 *결졍톄
Cristallisation 결졍 liquide où elle se fait 결졍슈
Cristalliser
Criterium 됴쥰; *쥰거, *증거.
Critique de la conduite d'un inférieur *됴격, *됴격론 = 하다 (됴격 se dit spécialement des notes des gouverneurs sur l'administration des mandarins de sa province). = — littéraire *비평, de comme science *비평문학. Un — *비평문학자. Édition — 비평출판. Esprit — (scientifique). *비난, *비평, *됴평론. Esprit —, chicaneur 시비 됴하 하다 = —, circonstance —, dangereuse 위태한 지경. le point — d'une affaire 일까록, 일고비, 고스락.
Critiquer blâmer 나무라다, — un livre (en dire le bien & le mal) *칙 비평하다. — la conduite des autres 시비하다, 시비잡담하다, *비방하다, *훼방하다.
Croasser 과곽 울다 (어,은)
Croc Dents des animaux 니. Sinon venu spéci-

"La — est aisée, l'art est difficile" *안고슈비 하다 : oeil élevé, main basse (vite, maladroite) — Se dit d'un maladroit qui critique les autres.

Critique (science) en général *,긔ꤓ 비평, *et simple *비평

흉보다.

fer les dents canines 송곳니 ; —, crochet 갈고리, 갈구리, 갈고라지, 갈고랑이, — ~~horse à~~ Dent 소스랑 . = — pour porter les fardeaux 집게, ou plutôt 지게.

Croc en jambe 샹죽. Le donner = 걸다 (어,건), = 치다, 다리걸다 (어,건). Se le donner à soi même, — s'attirer un malheur 제가 제다리를 걸 고솔허지다.

Crochet 갈고리, 갈구리, 갈공, 갈고라지 = — pour porter les fardeaux 집게, 지게 — en fer au bout d'une ficelle (c'est la menotte coréenne) 가막쇠.

Crochu 고부랑하다 V. Recourbé.

Crocodile 악어.

Croire regarder comme vrai. 밋다 (어,은) — fermement 곳이 밋다 &, pour — ce que l'on entend 곳이 듯다 (드러,룬), — d'une croyance d'estimation, de supputation 녁이다, 싱각하다, & surtout 알다 (아,은) = (la chose crue se met à l'instrumental). Je croyais que c'était Pierre & c'est Jean 베드루로 알앗더니 요안일다. = — qqun, se confier à lui, suivre ses conseils 밋다 (어,은), 빨듯다 (드러,룬). Le — trop 과히 밋다. = —, suivi de que gouverne les formes 하는줄, 한줄, 할줄 suivant le temps. Je crois que Dieu existe 텬쥬 계신줄을 밋노라. Je croyais qu'il mourrait, il est guéri 죽을줄노 알앗더니 살앗다.

곳이 밋다, croire fermement, 곳이 밋다, 고지밋다 être crédule

Croisée 바라지, 창, 창문.

Croiser 열십즈로 두다 (어,둔) ou 노타 (하,흔)

— un ficelle (faire un croix à ficelle) pour lier un paquet 밖 얽어치다. — son habit 옷엇의다 ; — les bras. v. Bras.. Un chemin en — un autre 네고리잇다 (il y a embranchement de 4 routes).

Croiseur bateau de guerre *슌양함. Quand il croise, on dit *슌라함.

Croisière *슌라ᄒᆞ다.

Croisillon *횡목

Croissance 자ᄅᆞ기, 자ᄅᆞᆷ이

Croissant de la lune

Croître comme un corps vivant 자ᄅᆞ다 (ᄅᆞ, ᄅᆞᆫ) *셩ᄒᆞ다, *왕셩ᄒᆞ다 ; — promptement, grandir vite *속셩ᄒᆞ다. = — par accession (choses) 더ᄒᆞ다, ᄆᆞᆫ하지다 ; = — par excroissance (poils, écailles, verrue, bourgeons — rouille) 돗다 (아, 은). Avoir de ces excroissance 돗치다 = La rivière — 물ᄆᆞᆫ하지다, 강물붓다 (어, 붓은). La maladie — 병이더ᄒᆞ다. Croître en âge 나히 ᄆᆞᆫ하지다. La malice — avec l'âge 나히ᄆᆞᆫ흘ᄉᆞ록더복괴악ᄒᆞ다. Laisser —, faire —, (élever, nourrir) 기ᄅᆞ다 (길너, 기ᄅᆞᆫ) — (se dit des enfants, des animaux, .. des cheveux, des défauts etc); — autrement 더ᄒᆞ게ᄒᆞ다.

D'une épidémie, on dirait 번지다, 번치다 (se répandre).

en agg. *양

Croix *십ᄌᆞ가 — de St André 어슨십ᄌᆞ가 = — rouge (pour les blessés) *적십ᄌᆞ .= — de Malte (fleur) 질네

Croque mort 상두군, 유뢰군 (상두 civière)
Croquer
Croquignole
Croquis *략도, *개략도
Crosse — d'évêque *목장, 쥬교의집힝이,
— de fusil 리개리.
Croton huile de — 파두유 : 巴豆油
Crotte boue 흙 ; — excréments 쏭, mag. 분
Crotter 흙칠ㅎ다. Se — 흙뭇치다, 흙
뭇다 (어, 은). L'habit est — 오시흙이 뭇
어다. Être — (habit) 다랍다 (라와, 온), 흙뭇다.
Crottin *마분, 말쏭.
Crouler 쓸허지다, 눌허지다. Faire —
쓸허터리다, 눌허터리다, 눌희치다,
쓸허치다.
Croup maladie
Croupe d'animaux 쏭눈이, 엉듬, 엉 엉덩이
듬머리 ; — de montagne 산곡닥이.
Croupion 미우, 미우숫 (치).
Croupir (eau) 썩다 (어, 은) Eau qui
— 썩은물, 죽은물 : — dans l'oisiveté
*부롱ㅎ다.
Croûte 썹질, 썹덕이 ; — sur une plaie
썩지, 썩졍이, 써그랑이, 썩리.
Croyable 밋을만ㅎ다
Croyance 밋는것. —, l'ensemble des ar-
ticles de foi 신덕도리
Cru non cuit 싱, 날. Viande — 싱고기,
날고기. Être — (pas cuit), 설다 (어, 선). A

moitié — *반힝반슉.
Cruauté 혹독ᄒᆞᆷ이, 혹독ᄒᆞ기, 혹독ᄒᆞᆫ기운, 혹독ᄒᆞᆫ 것, 도악ᄒᆞᆷ이 ~~ㅅ~~ 잔혹ᄒᆞ다
Cruche 항아리, 당지.
Crucifier 십ᄌᆞ가에 못박다 (아, 은).
Crucifix *고상, 예수고상.
Crudité
Crue
Cruel 사오납다 (나와, 온), *독ᄒᆞ다, *혹독ᄒᆞ다, *도악ᄒᆞ다
Cruellement 혹독ᄒᆞ게, 도악히
— sans déguisement 바로. Crument parler —, rudement 깍 ᄀᆞᆯ다; — peu civilement 례모업시 — grossièrement 무악ᄒᆞ게 (*무악ᄒᆞ다, grossier).
Crypte où il y a des tombeaux; — des martyrs *디하묘쇼; — église sous terre *디하셩당.
Cube en géom. *립방, *립방톄 = — en arithm. alg. etc, —, puissance³ *립방슈, *립방젹, *삼승
Cubique 립방되다. Racine — *립방근, *삼승근.
Cueillir ᄯᆞ다 (ᄯᆞ, ᄯᆞᆫ), 거두다, 둡다, 썩다 (fleurs)
Cuillère 슈가락, 술. Une — ᄒᆞᆫ술, ᄒᆞᆫ슈가락 (s'le(?) de une cuillerée) = — à pot 국ᄌᆞ; — plus grande, en bois, plate, pour remuer le riz 쥬걱, 쥬걱쟝이 (se dit d'un homme qui se mêle de tout).
Objets en — *피물 Cuir 가쥭, 가죡, en agg. *혁, *피. Entre — & chair 피부간에

Cuirasse 갑옷, 개
Cuirassé bateau — *철갑선 = les 반철갑선. bateaux mi— sont les bateaux "protégés".
Cuirassier, soldat, 갑수.
Cuire 닉히다 en général. Chaque mode de cuisson a son nom particulier: 굽다(구어, 구은) rôtir ou griller; 복다(가, 근) griller dans un vase, (vg. le café), torréfier; 지지다 frire, fricasser; 쓰리다 faire bouillir (un liquide); 삶다(아, 은) bouillir (dans un liquide); 다리다, 조리다 id. avec réduction du bouillon. — le riz 밥짓다(지어, 은). Être — 닉다(어, 은) qui veut dire aussi être mûr. Être trop peu — 설다(어, 선). A demi — *반숙 반숙. — —, causer de la douleur 쓰리다, 아리다, 쓸아리다.
Cuisine 부억 — (ds le Kyeng syang 정지) — sur les bateaux 독서산. Ustensiles de — 부억세간. Faire la — 녁쉬호다.
Cuisinier *식부; — sur les barques coréennes *화장이.
Cuisinière femme 식모; — fourneau
Cuisse 넙적다리, 넙덕다리. Os de la — 환도 샘, milieu de la — 신다리, pli de la — 작앎이
Cuistre
Cuivre rouge 구리; — jaune — laiton 주석 *동. Vases de — *유기. La plupart sont en alliage, surtout en 놋 (airain?), en arg *유

Cul 궁둥이, 엉덩이, 밋 ind. le plus souvent 밋구녕; — fesses 볼기; = — (d'un verre etc) 밋, ~~밋차리~~, 밋동, 바닥.

Culasse

Culbute   Faire la — par jeu 자조넘다 (어,은). de tomber 잣바지다, 넘어지다.

Culbuter v. n., tomber 넘어지다, 쓸어지다. = v. act. v. Renverser, abattre.

Culée de pont

Cul de jatte 안진방이, 안즌방이.

Cul de sac 막우른골, 막우른길.

Culminant Le point — d'une montagne 곡닥이 v. sommet; — (d'une affaire) 고스락, 고븨; — de la prospérité 혼창 = 되다; — de la maturité de l'homme 혼창살고븨

Culotte 바지; — non doublée 고의

La femme porte la — *비즙장호다

Culpabilité

Culte en général *졔ᄉ; — (religion) *종교, en agg. 교. Liberté des — *신교ᄌ유; = — cérémonies du — *례빈식. = Rendre un — à *위ᄒ다, 셤기다, 밧드러셤기다, 밧들다 (어,든).

Cultivable

Cultivateur *농군, *농ᄉ군, *농부.

Cultiver la terre 농ᄉᄒ다; — le riz 벼농ᄉᄒ다, 논농ᄉᄒ다, — les lettres 글공부ᄒ다, 글닑다 (어,은), — la vertu 덕을닥다 (가,근), 항실을닥다, 몸을

*슈신하다
닥다(가,근). On peut employer le mot *공부하다 pour tous les cas où il ne s'agit pas de l'agriculture. = —, état de la — (venant bien ou mal) *시졀.

Cumuler (des fonctions) *겸, 하다, 겸, 하야 하다, — (des grains, des marchandises) 싸두다 (어, 둔) (acheter & garder).

Cupide *탐, 낙하다 qui se dit surtout des mandarins & fonctionnaires; 욕심 만타 (하, 흔), 탐 만타.

Cupidité *욕심, *탐, *악탐

Cure dents 니쇼슈개, 니쑤시개. Etui du — *초아통, *치아통

Cure oreilles 귀우개, 귀개

Cure pipe 대칭,

Curer 닥다 (가, 근); — un tuyau, un trou 수싀다 (여, 쉰) (cest fouiller, desobstruer).

Curé *쥬임 슈례

Curie romaine *교황경텽

Curieux 눈치군, 구경군 = (adjectif) Esprit inquiet & — 소소스럽다 (러워, 온) — rare ou extraordinaire *이상하다, *별하다, *별.

Curiosité Envie de savoir 알고져하는 신옴, 알고져하는 욕심, — chose à voir 구경할것, 구경할만한것; —, chose rare & curieuse 별것, 이상한것 — — (curios) *진불, *귀불, *귀즁불.

호긔심

Cursive Ecriture — *쵸셔

Custode *셩톄합.

Cuve, cuveau 통

Cuver le vin qui se fait 술고이다; — le vin qu'on a bu 술취하야자다 C'est dormir après boire. Par ailleurs 술긔다 se se dit que lorsque l'intelligence est revenue. — son vin, au sens du français serait donc 술긔도록자다.

Cuvette 그릇, 대야; — de toilette 세슈긔, 세슈대야.

Cyanure *장 藏 ; — de potassium *장가리 藏加里

Cyanhydrique acide — *장화슈쇼산 藏化水素酸

Cycle *쥬긔 ; — (arts) *슌환긔. — coréen (de 60 années dont chacune a son nom) *륙갑 ; = —, vélocipède *주횡거 *,조뎐거

Cyclone *구풍, 회리바람.

Cyclope *일목인 Les vieux Coréens croi-ent dur comme fer à l'existence d'un royaume de —, qu'ils nomment *일목국 (il figure sur leurs cartes!!). En dehors de la particularité d'avoir un oeil unique au milieu du front, les habitants auraient le ventre percé de part en part.

Cygne 곤이, 곤의, *백됴

*장원형 *타원형 *원쥬

Cylindre (géom.) *~~원도, *원츄~~; — droit *직원도, *직원츄 — oblique *사원츄 = — d'une machine *긔고.

Cymbale 제금, 쇄광과리

Cynisme—Dans
368/

Cynisme
Cynique 박졍하다, 톄면업다.
Cyprès 향나무, 향목, 회나무, 회목. Les racines de — sont utilisées en médecine et se nomment 향부子

D'abord 본져, 초음에. Tout d'abord 빈본져, 빈초음에.
Dactylographe (machine) 사즈긔계
Dahlia "다리아"
Daigner Les impératifs français "Daignez (faire ceci ou cela)" se rendent en Coréen par les formes impératives honorifiques qui sont graduées à l'infini. — Daigner
Il n'a pas — regarder 보도아니하엿다, 보기도아니하엿다.
Daim 대노록, 대노로; — musqué 사향노록
Dais Espèce de parasol rond porté devant les hauts mandarins 일산, 일산리; — carré 츈일; — funèbre 양쟝.

Dais (v.g. pour le St-Sacrement) 뎐싹.

Dahlia '단축복단

Dalle '쟁대석. Les — grossières qui recouvrent les conduits de la fumée dans les chambres coréennes se disent 구들장.

Dalmatique '복제의, '대승례복.

Dam peine du — '실고.

Damas étoffe de soie '모초단.

Damasquiné

Dame '부인, '부인네, 마누라, 부인마누라
Votre — (l'épouse de celui à qui l'on parle)
'실인. Jeune — 아기씨, 시악씨. = Jeu
jouer aux — 바둑두다 de — 바둑, 바독. Le damier 바둑판

Damer

'하천 **Damnation** '영고, '영앙, 디옥벌.

Damner 영고로 쳐ᄒᆞ다, 디옥벌노 쳐ᄒᆞ다,
= 디옥에 나리우다 (워, 운) = être — 디옥에
빠지다, '하천ᄒᆞ다.

Dandelion '포공영 **Dandiner** se — 몸을 흔들다 (어, 든);
— balancer le buste de droite à gauche
쓰덕이다, 쓰덕쓰덕ᄒᆞ다.

Danemark '련국, '단국.

Danger 위티ᄒᆞᆫ디경, 위티ᄒᆞᆫ것. 련례, 위험

Dangereux '위티ᄒᆞ다. Dans la conversation courante on dit surtout 무섭다 (워, 운)

Dans prép. 안, 안에, 안희, 안으로, 안
흐로 = 속 & 속에 avec l'idée d'être contenu, enfermé dans. = — (tel espace de temps) sq. f. 안 ou 안희 plus souvent
동안, 동안에, 디에 qui marquent le temps pendant lequel telle chose dure,
새 ou 새에 qui a aussi ce sens, mais qui

indique surtout le temps au bout duquel une chose se fera … dans ce dernier sens: 후, 후에. = J'irai dans trois jours (en trois jours: je mettrai trois jours à faire le voyage) 사흘 동안에 가겠다. – J'irai dans trois jours (au bout de trois jours) 사흘 만에 가겠다, 사흘 후에 가겠다.

Très souvent – se rend par le locatif. – un livre 책에; – le sommeil 잘 새에. – le fort de la maladie 병 한창 될 새에 = – (ayant le sens de cause) – la colère 분김에, 분결에.

Cf. l'instrumental: – une bonne intention 됴흔 뜻으로.

Danse 춤; – sur la corde 살판, 살판 재의 일.

Danser 춤 추다 (어, 춘); –, sauter, folâtrer (en dehors d'une danse régulière) 뛰놀다 (아, 논); – sur la corde 살판 하다, 줄 타다 (타, 탄), 줄 걷다 (거러, 른).

Danseur ; – enfant 무동

Danseuse de profession 기생.

Dard 살.

Darder 쏘다 (아, 쏜).

Dartre 어루럭이; – farineuse 버짐.

Date 날, 일, 날수. *년월일

Dater 날 쓰다, 날 박이다, 일자 박이다

Daterie (du St Siège) *외사원.

Datif (con); 여격, 여좌

Dauphin (poisson) "회쳐, "강쳐 ; "겨어. (cochon marin)

Datte "뎔조 ; "희조,

Davantage (par comparaison) 서여 ; — (sans comparaison, —, encore) 서도. .... et — 넘은 ou 넘어 avec les mots coréens, "여 avec les mots chinois. Quarante et — 마흔넘어, 마흔넘은 ; "스십여. Je ne donnerai pas — 서여 못주겟다, 그밧게 못주겟다. Mange un peu — 조곰서여 먹어라 ou 조곰서도 먹어라.

De marquant le génitif se rend régulièrement par le génitif coréen en 의 ; mais très souvent on met le mot au radical. La main de l'homme 사름의손. A moins d'ambiguité, on peut toujours laisser le mot au radical, et on doit l'y laisser : 1° quand de précède un nom propre de lieu : la ville de hyong to 숑도읍 ; le royaume de Corée 죠션나라 ; 2° quand de marque la matière d'une chose : un vase de cuivre 놋그릇 ; 3° quand il marque l'usage : instrument d'agriculture 농스긔계 ; 4° quand il marque les dimensions : route de 15 lys 십오리길 ; 5° quand il marque la provenance : cheval de Quelpaert 졔쥬말 = 6° dans les mots composés, soit chinois soit coréens : doigts de pied 발가락.

— suivi d'un substantif et lui donnant un sens adjectif (homme de bien = bon,

372/ objet de prix = précieux) se rend par l'adjectif ou le verbe qualificatif approprié.

— Devant une valeur 짜리. Une montre de 10 yen 십원짜리 시표, un billet
de 5 yen 오원짜리 지전. La "valeur de"
(quand c'est le prix qu'on y met qui détermine la quantité) se rend par 엇치
Achetez en pour une valeur de 3 yen
삼원 엇치 사오너라

— indiquant la provenance se rend
par 지 quand on veut éviter la répétition
du nom. Ce tabac est de Kok san 이담
비곡산담비라 ou 곡산질다.

— exprimant la cause se rend par
le locatif, et plus souvent par l'instrumental. Mourir — maladie 병에죽
다 ≈ mieux 병으로죽다. Souvent on
emploie un verbe approprié : 병드러죽
다. De rage il ne put manger 분긔
빡혀 못 먹엇다.

— marquant l'origine, le point de
départ (soit dans le temps, soit dans l'
espace), 조차, 부터. De toute antiquité 녜로부터. Souvent on se sert de
l'ablatif. Venir — la ville 읍니셔오다.
D'où avez-vous cela 어듸셔 엇엇느냐.

— De … en … se rend par la répétition
des mots, ou par 마다. De jour en jour
날마다, 날날이, de maison en maison

집마다, 집집이.

— marquant l'instrument (ou la cause) se rend par l'instrumental. — De propre main 제손으로, 슈손으로; — la main d'un autre 남의손으로.

— joignant un substantif à un verbe se supprime et on met le verbe à un participe ordinairement au participe verbal futur 흘. Le désir de voir 볼욕심. Le plaisir de voir 볼취미 qq.f. 보는취미.

— joignant le verbe dire (ou tel autre exprimant une idée analogue) se supprime, et le second verbe se met à la forme 하라. Dis lui — venir 오라하여라, 오라고하여라, 오래라. qq.f. 오기를청하여라.

— suivi d'un verbe et indiquant une cause, un motif. se rend par les diverses formes "motivantes" du verbe. Il est content d'avoir un garçon 쓴 9히보엇스니 됴하한다. Il y a nombre d'autres expressions où le Coréen s'éloigne plus ou moins du français: Je suis content de vous avoir retenu 너를잘붓드럿다.. Vous me feriez plaisir de m'avertir 알게하면됴켓다.. De ce que je ne vous punis pas, il ne faut pas vous croire innocent 벌아니한다고 무죄하다하지말나; 벌업서도 무죄하다말나라. De ce que je vous dis vous concluez que je vous déteste: vous avez tort 내가 그말을 ᄒᆞ엿가 너를ᄭᅵ워ᄒᆞᆫ다 ᄒᆞ니 울치안ᄒᆞ.

Dé à coudre 골모, 골무; = — à jouer 쌍륙 즁슈위. Les 윳 batonnets demi-cylindriques peuvent être regardés comme des dés. Y jouer 윳놀다 (아, 논).

Débâcler (une rivière à la fonte des glaces) *히빙ᄒᆞ다, 풀니다.

Déballer 풀다 (어, 풀), 짐 풀다.

Débandade à la —

Débander, détendre 풀다 (어, 푼); — un arc 시위ᄂᆞ리다 (려, 린), 시위 부리다. = Se — (une armée) 헤여지다

Débarbouiller v. act. 씻기다. Se — 씻다 (씨서, 슨), *세슈ᄒᆞ다.

Débarcadère *션창, *부두.

Débardeur *부두군.

Débarquer neutre *하륙ᄒᆞ다. — (act), — les marchandises 빅짐 풀다 (어, 푼), 풀니다.

Débarrasser qqun de qque chose 벗기다, 벗겨주다 se dit surtout pour un fardeau, une chose qui accroche; — d'un importun 쎄다 (어, 쎈), 쎄여주다 = — (une chambre, un meuble encombré) 치우다 (워, 운) avec comme régime direct soit le lieu qu'on —, soit les objets qu'on en ôte. Débarrassez moi le plancher! (allez vous en!) 방뷔여라. Se — (d'un fardeau) 버셔노타 (하, 흔); Se (d'une charge, d'un souci) 버셔나다; Se (d'un

De en forme de bouton [illegible]. Les faces portent les caractères 걱, 쥐, 오, 찡 (뎍ᄂᆞ 궁 2 fois)

Débarras chambre de — 헛간

Pour les objets, le mot est 치우다 & non 취우다

Se — ou être — de (envoyer au diable) 시갑 살니다.

importun 새다 (여, 샌).
Débarrer une porte, ôter la barre de fermeture 빗장 빼다 (여, 뺀).
Débat (d'une assemblée) 의론; 변론; — dispute 시비, 입시름.
Débattre 의론하다, 변론하다 = 다토다 (토아, 톤) qui a le sens de se disputer. Se —, s'agiter convulsivement 펄펄 뛰다; — de colère, comme un fou 날뛰다.
Débauche de boire 과음하다; — de luxure 외입장의 노릇, 방탕하기, 방노릇; — vin & luxure 주색; — vin, luxure & jeu 주색잡기 = 하다.
Débauché 외입, 외입장이, 난봉, 잡놈, 부랑자비. femme — 유녀, 외입하는 계집, 처방질하는 계집, 행창하는 계집.
Débaucher v. act. — pervertir 그릇되게 하다, 못되게 하다. Se — 외입하다, 방탕하다, 그릇되다.
Débile 약하다. Vieillard — 쇠약한 노인
Débiliter v. affaiblir.
Débiter du bois
— les marchandises v. Vendre. = — des mensonges 거짓말 만하다.
Débiteur 빗진 사람, 채무자.
Déblayer
Déblatérer 훼방하다, 시비하다, 나무라다 (라, 란), 욕 짓다 (지저, 준). Ne faire que — contre les supérieurs 웃어룬을 시비만 하다.

De un compte, la colonne "débit" ou "doit" est intitulée 저 "하 ou 출

Déblayer un endroit encombré 치우다, — (préparer un emplacement) 닥다 (아,은); — creuser 파다.
Déboire peine, souci 걱정; — tort subi 해, éprouver un — (être trompé dans son attente) 속다 (아,은).
Déboiser *벌목하다.
Déboiter act. 어그다 (어,긘). se — 어긔다, 어긔어지다 = 싀다 qui se dit surtout pour les os — & a aussi le sens actif.
Débonder 트다 (터,튼) — un étang 보를 터노타 (하,흔), 솟 넘 열다 (어,연).
Débonnaire, miséricordieux *인존하다; — accomodant, facile 너그럽다 (러워,운), 순 '유순하다. 하다; — trop, faible 무르다 (물너,무른)
Débordement d'une rivière 시위 = 나다. = — de la mer, raz de marée *해일.
Déborder 넘다 (어,은), 넘치다, — avancer en saillie 두드러지다; = — (un habit, décousu de la bordure) 선 듣다 (어,은)
Débouché *출구.
Déboucher en perçant 쑤르다 (쑬너,쑤른) — en farfouillant avec un bâton ou autre chose 쑤시다 (여,쉰); — en ouvrant une tranchée, abattant un mur 트다 (터,튼) = — une bouteille 병 마개 빼다 (여,뺀), 병 마개 뽑다 (아,은). = — (neutre) sortir avec force 쏘치다, 쏘쳐 나다, 쏘쳐 나가다. se dit des eaux, & de la foule.

Déborder

Débourrer

Débourser (돈) 내다, (돈) 쓰다 (써, 쓴).

Debout le tenir — 서다 (서, 선); le mettre — 내려서다. Debout! (commandement) 내려서라, 내려서거라 pour 이러서서거라.

Débouter en justice 지우다 (워, 운). être — 지다

Déboutonner 단초 벗기다.

Débrailler 옷헤치다.

Débrider 굴레 벗기다.

Débris, fragment 부스럭이; de débris 헌것, — de charpente* 파재목.

Débrouillard 약삭바르다 (빨나. 바른).

Débrouiller (v.g. un ficelle) 풀다 (어, 푼), — (v.g. un texte obscur) 붉히다. Se —, se tirer d'affaire 하는법을엇다 (어, 은), 할법을엇다.

Débusquer v. Chasser.

Début v. Commencement

Débuter 시작하다, 시초하다; en agg. 초

Deçà 이편쪽.

Decacheter (une lettre) 여다 & 열다 (여러, 연), 비봉을세다 (어, 센). = * 개탁하다.

Décadence Tomber en — * 망하다, 망하야가다, 패할하야가다.

Décalogue * 텬쥬십계.

Décalquer * 영샹하다. On dit plus communement 벗기다. Papier à — * 개흥지.

Decamper lever le camp * 진영 헤치다; — partir 써나다 (나, 난), 써나가다 (가, 간);

— fuir 다라나다(나,난), 빠새배다(여,배앤).
Décanter *도청하다. *거정하다.
Décaper
Décapiter 머리버히다, 목버히다, *참슈하다, *효슈하다. Être — 목버혀죽다, 참슈하야죽다, De pour la foi 참슈치명하다.
Décéder V. mourir
Déceler 드러내다(여,낸), 나타내다
Décemment 례답게, 맛당하게. Être vêtu — 정하게 닙다(어,은).
Décence *례례, *례모.
Décent 례답다(다와,운), *맛당하다.
Déception
Décerner des honneurs, une dignité 식히다. — pour les grandes dignités *봉하다, en agg. *봉 v.g. — les honneurs divins *봉신하다. = —, régler *뎡하다, — établir, constituer 세우다(워,운).
Décès 죽기, 죽음이.
Décevant 후리다. Pour les paroles, les affirmations etc. 뷔다(여,뷘) vide. — 헛
Décevoir 속이다. Être déçu 속다(아,은)
Déchaîner 풀다(어,푼), 풀어주다; = —, exciter v.g. la guerre, la colère 식히다, 도도다(아,돈).
Décharge cabinet de — 헛간, remise de — *블치. = — d'arme à feu *발포; = — électrique *방뎐; = A — (en faveur d'un accusé

<u>Décharger</u> 짐 벗기다, 짐 풀다(어, 푼), 짐 부리다 — les deux derniers ne s'emploient que pour les animaux de bât, les voitures, bateaux, etc. — partiellement, diminuer la charge 짐 감ᄒᆞ다, 짐 감ᄒᆞ야주다 : — un coup de fusil 총 노타(하, 흔) ; = — le peuple des impôts 국셰 주리다, 국셰 감ᄒᆞ다 = — son coeur ᄆᆞᄋᆞᆷ 풀다(어, 풀) — Se — 짐 벗다 (버셔, 슨).

<u>Décharné</u> 파리ᄒᆞ다, 파리ᄒᆞ다, 강파리ᄒᆞ다, 빗삭 마르다 (말나, 른 sec)

<u>Déchausser</u> Se — (신 ou 보션) 벗다(버셔, 슨), 발 ᄲᆡ다 (여, ᄲᆡᆫ). — un autre (신 ou 보션) 벗기다, 벗겨주다.

<u>Déchéance</u>

<u>Déchet</u> * 축. Y avoir du — 축나다, 졸다 (아, 존), 줄다 (어, 준).

<u>Déchiffrer</u>

<u>Déchiqueter</u> 씃다 (어, 쓴) = 썰다 (어, 썬) est plutôt hacher. Être — 헐다 & 허다 (허러, 헌)

<u>Déchirer</u> 허다 (러, 헌), ᄯᅳᆺ다 (ᄯᅳ저, 즌), 해여ᄯᅳ리다, 해여지다, ᄭᅴ치다, ᄯᅳᆺ다 (어, ᄯᅳᆫ), ᄶᅴ다, ᄶᅴ여ᄯᅥ리다 = ᄯᅵᆨ다 (하, 흔) se dit d'enlever la pièce : d'où déchirer et jeter ᄯᅵᆨ가 부리다. : — le coeur ᄆᆞᄋᆞᆷ 상ᄒᆞ다, ᄆᆞᄋᆞᆷ 지르다 (질너, 지른), 새긔이다 ; — la réputation 헐 부리다, 명셩을 ᄭᅥᆨ허치다, 명셩을 ᄭᅥᆨ허ᄯᅥ리다 ; = — le corps 살 ᄶᅴ여지도록 치다 = Être — 헐다 & 허다 (허러, 헌), 헤여지다, ᄶᅴ여지다, ᄶᅴ다,

쯪다(쯔저,진)

380/
Être — légèrement 쐬다(여,쐰), 헐거띄다.
Être — et sale 남누하다. Être vêtu d'habits
— 헐벗다 (버서,슨).
Déchirure 생홀티, 헌자리.
Déchoir *패하다, 패하야가다, 기우러져
가다 (De 기우다, 러, 기운, pencher)
Décidé (chose) *결단하다, = 결단나다(나,
난), 결리 반나다 (Ces deux derniers veulent
dire aussi raté, perdu, fini) = — (homm.)
겁업다 (sans peur); 안차다 (차,찬).
Décider qq ch. *명하다 *결단하다, *결말
내다, *판단하다. Se — *결심하다.
Décimal système — *십진법, *십승
법. Echelle — *십진급슈. Nombre —
*비쇼슈.
Décime, dixième partie de l'unité mo-
nétaire *리, *각. D. ou 일원오리 = 1,5/10
Décimer
Décisif. point — 일까룩, 일고븨, 고스락 Moment ou point —
C'est ici le point — 일이거리 달녓다. 대까룩판.
Décision d'un tribunal *대소, — d'un expé- , *결처; *결단,
dient *쳐분, — ordre *명, *명령; = — 결말
d'une affaire, fin. 일슷. Déclamation, (art) *낭독법
Déclamer
Déclaration aux autorités *계, *신고=하다, 신고 est seul employé maintenant.
— (au public) *선언; = — de guerre — de naissance *출산신고; — de décès 사망신고
*선전 — les coréens disent plus volontiers Le rescript impérial de — de guerre *선전조칙.
*결서 (défi).
Déclarer aux autorités, v.g. à l'état-civil

*고ᄒᆞ다

*선고ᄒᆞ다 ; — a un particulier 일너주다, =— (rendre public) 드러내다, 나타내다. v.g. — ses sentiments 본심을 드러내다.

Déclin du soleil *석양 (soleil du soir). Au — du jour 느즌 석양에, 어스름에 v. Brume. Etre sur son — 기우러지다, 기우러져가다 (pencher) qui se dit non seulement des astres, mais de la santé, la fortune etc. = Pour le —, la fin des saisons on se sert de 늣다 (느저, 진), tardif. Au déclin du printemps 느진봄에.

Déclinaison grammaticale *어미변화.
— de la boussole

Décliner v. Déclin. = — (vieillard) 쇠ᄒᆞ야가다, 쇠로ᄒᆞ야가다.

Déclouer (못) 빼다, (못) 뽑다 (아, 은). Se — (못)빠지다, (못)떠러지다.

Décocher 쏘다 (아, 쏜). — une flèche 활쏘다.

Décoction

Décoller 떼다 (어, 뗀). Se — 떠러지다.

Décolleter

Décolorer Se — *변색ᄒᆞ다, *실색ᄒᆞ다, 빗변ᄒᆞ다.

Décombres = *되저복 sont les débris de charpente; = *구벽토 la terre des vieux murs (employée comme engrais) = — d'un incendie *화리복

Décommander

Décomposer séparer les parties 분해ᄒᆞ다

383

se —, être — (visage) *변호다, 샹호다; = —, corrompu plus ou moins *변호다, 샹호다; — pourri 썩다 (어, 은).

Déconcerter un dessein 깨다 (아, 은); = qqun, lui faire perdre la présence d'esprit 애기지르다 (질너, 지른); — le confondre 낫각다 (가, 근).

se — 깍히다, 울울호다 = plus fort *실혼호다

être — 어이업다 (plus dispos).

Déconseiller

Deconsidérer — être — *실인심호다.

Décontenancer V. déconcerter.

Décor

Décoration (de mérite) *훈장, *훈패

Décorer orner 슈이다.

Décortiquer

Décorum *톄면, *톄례, *쳬신.

Découdre 뜻다 (어, 은). Être décousu 솔뜨러지다; Paroles décousues 전후 틀닌 말.

Découler 흐르다 (흘너, 흐른) — goutte à goutte 방울방울 흐르다, 방울노 흐르다

Découper 벡이다 (여, 벤), 븨다 (여, 빈); — en bande 오리다. = — (v.g. du tabac), hacher 썰다 (어, 썬)

Découragement *락심, *락망, *실망.

Décourager 락심, 실 히다, 실망호게 호다.

se — *락심호다, *실망호다, *락망호다

Décours des astres

Découvert avoir la tête — 샹투 바로으로 잇다 Adj. se dit de l'homme ne porte pas le chignon 머리

바룸으로 잇다. Qui allez sur la tête —
젠 버리바룸으로 어듸가느냐. Mettre à — 드
러내다, 볼히다, pour personnes; 벗기다 pour
des choses. Se trouver mis à — 드러나다.

Découvrir en ôtant ce qui couvre 벗기다.
(pour une maison, on dit 집을 헐다 (어,ᄋᆞᆫ).
— trouver, inventer 엇다(어,ᄋᆞᆫ), 알아내다,
— révéler, faire connaître 드러내다, 나타
내다; — pénétrer, deviner 알아내다, 알
아치다; — apercevoir de loin 보다 (아,볼)
On tourne plus souvent par le passif 뵈다.
D'ici on — la mer 바다 뵌다. = Se —
(de la tête) 니불벗다 (버셔,ᄉᆞᆫ). Se — (de sa
coiffure) (갓)벗다 (버셔,ᄉᆞᆫ) *탈관ᄒᆞ다. Le
— (le ciel) 버셔지다, 갉아지다. Être découvert
être surpris
들키다

Décrasser 닥다 (가,ᄭᆞᆫ).

Décréditer qqun 방신식히다, 낫갑다 (가,
ᄭᆞᆫ). 명성을 닐허드리다. Se — *방신ᄒᆞ다,
*락명ᄒᆞ다, 낫일타 (허,ᄒᆞᆫ), *실인심ᄒᆞ다.

Décrépit *쇠약ᄒᆞ다, 쓸허져가다

Décret *명, *명령.

Décréter *명ᄒᆞ다.

Décrier v. décréditer. Un homme — 유
명ᄒᆞᆫ놈 = *유명ᄒᆞ다 répond au latin "fa-
mosus": il marque la célébrité en bien ou
en mal. Toutefois, à moins que le contexte n'indique le contraire, il se prend
toujours en bien.

Décrire *형용ᄒᆞ다, 말노형용ᄒᆞ다, 모양

울그릇치다, 꼬리를그록치다, 꼬리를볼너주다.
Décroître 주리다, 줄다(어,즌), 줄어가다, 잘 나가다. — en longueur seulement 꼬자라져가다 줄어지다
Décrotter 닥다.(가,근)
Déçu être — 속다(아,은)
Décurie *십인조.
Décurion *십장,
Décuple 열동갑, *십비. .
Décupler 열동갑으로 하다, 십비새하다.
Dédaigner *능모하다, 업슈히녁이다, 경히 녁이다, 낫부게보다, 낫비보다(아.본)
Dédaigneusement 낫부게, 낫비, 교만교만 이, 교만이.
Dédaigneux *교만하다, 교만교만하다 = 눈 놉다(하,흔) qui vise trop haut. = *오활하다 fanfaron.
Dédain *교티 - 교만홈이 etc. = Air de — 교만호모양, 교만교만혼거동.
Dédale
Dedans 속, 안 v. Dans.
Dédier offrir (qqch. à qqun) 밧치다, 밧드러드리다 = *봉헌하다 ne se dit que pour — à Dieu. = — (consacrer) une Église 성당축성하다.
Dédire se —, se contredire en paroles 전후상반되게말하다. se — d'une promesse *비약하다. se —, se rétracter, faire des excuses *사과하다
Dédit

Dédomager *보환하다, 갑다(하.븐), 깁다(기워, 기운) avec comme régime direct le dommage qu'on répare. Se — (rendre la pareille) *앙분하다, *보복하다

Dédoubler 겹세다(어, 센), — un habit 안을세다.

*추령법 Déduction *연역. Méthode par — *연역법. Raisonnement par — 연역추리.

Déduire *연역하다, 빌워다(여, 윈). = —, retrancher, diminuer *감하다.

Déesse *악귀신, *보살, *녀신

Défâcher Se — 분독리하다, 분한보임을둘다(어,둘), 보임둘다. De la colère qui cesse, on dit 분삭다(어 ou 아, 은), 분삭다(어, 은). S'il se fâche, il en sera quitte pour le — 분하거던 분할생일다, 분하면 분할석름이라.

Défaillance, maladresse ou faute. Avoir une — *실수하다 := — perte du sentiment. Tomber en — 정신노타(하.는), 정신일타(허.른), 넋노타(하.는), — de par la faim 허기지다.

Défaillir v. défaillance — Perdre ses forces peu à peu (vieillard) 초초쇠진하다, 긔운이모손하다 - de (malade) 방앵되다. = (방앵 maladie mortelle)

Défaire 업시하다, *파하다, *퇴하다, en ag. *파, 퇴 (파 est plus absolu que 퇴).

Il y a une foule d'autres expressions:
• — (un mur) 헐다(어, 헌); — (un noeud, un

paquet) 풀다 (어, 푼) : — (un habit - une chose faite de morceaux réunis) 뜯다 (어, 은) etc. — les fiançailles *파혼하다, *퇴혼하다, — une armée 치다 ; — qqn de qq ch., l'en débarasser 새여주다. Se — de qqn (en le renvoyant) 새다 (어, 샌), 쏘차보내다 (여, 낸), 내보내다. Se — de ses marchandises 풀다 (아, 푼) ; Se — d'une charge, d'une occupation 버셔노타 (하, 흔), 버셔버리다, Se — d'une habitude 슨다 (허, 흔), 슨 허버리다, 벗셔버리다. Défaites vous de cette pensée 그 생각을 두지 마라.

Être défait — d'aspect 긔쇡변하다, *변쇡하다 ; 긔쇡상하다 ; d'- exténué 긔운지치다. Il est tout — 파려타. = Être —, vaincu 지다.

Défaite, excuse, prétexte 핑계, *츄탁. — d'une armée 지기, 짐이

Défalquer retrancher *감하다, 제하다, 빼다.

Défaut Vice 허물, 험, *하주, *모병, 탈. On dit souvent, pour les — qui se traduisent par des actes matériels 손버릇, = 버릇, 몹된버릇 étant les —, les habitudes vicieuses. = —, manque 업기, 업슴이. À — de 업스면 그 대신으로 — Faire — (chose) 아쉽다 (쉬워, 운) = Faire — (au tribunal) *궐셕하다. Jugement par — *궐셕재판) = procédure par — *궐셕속송슈소

Être pris en — 들키다, 곱잡히다.

& aussi *결셕 = 하다

Défavorable aux projets 거슬리다, 어긔다(여, 긘), *불슌하다(한), en agg. *역.

Défectueux 그릇다(글너, 그른), 허발잇다, 탈잇다. = —insuffisant *부족하다.

Défectif. Verbe — *결석동ᄉ

Défendant à son corps — 억지로, 부득히, ᄭᅡᆺ지 못하야, 할슈업시.

Défendeur: dans un procès *피고인, *ᄋᆡᆼ슈인 = *원고 s'applique au demandeur (ou défendeur.)

*원고 (元告) autrefois était ainsi; ?? maintenant on écrit 原告, et 원고인 ne se dit que du demandeur.

Défendre protéger *보호하다, 돕다(~~돕다~~) (도아, 도온); — prohiber *금하다, en agg. *금, ᄭᅳᆫ다(ᄭᅳ, ᄭᅳᆫ), ᄭᅳᆯ니다. Se — contre des ennemis 원슈를 대뎍하다. Se — contre qqch. (en prévenant) ᄭᅳᆫ다. Se —, s'excuser de faire *ᄉ양하다. Se permettre des choses qu'on devrait se —, n'en — qu'on pourrait se permettre 아니할거슬하고할만한거슬아니하다.

*금지하다

Défense, prohibition *금령, *금법. Retirer une — 금령을 거두다 (어, 둔). On dit souvent 트다 (러, 튼) (déboucher, v.g. Retirer la — de tuer les boeufs 쇼를 트다. = — (milit.) *방비 = 하다. = — d'éléphant *상아, — (de sanglier) 엄니.

Défensive. Guerre — *방젼. Armée — *방위군, *슈젼군. Armes — 갑쥬 (cuirasse & casque) = s. au sens très large *방신지물 (se dit de tout ce qui sert à protéger le corps, même en dehors de la guerre). Se tenir sur la — 예비하고잇다, 대령하고잇다 (attaque

l'ordre du supérieur). — (tactique) 슈3련. =
Mesures — 방어지칙.

Déférence avoir de la — pour 위ᄒᆞ다, 공경ᄒᆞ다, 어려워ᄒᆞ다. Par — pour 위ᄒᆞ야.

Déférer en justice 고소ᄒᆞ다, — à un tribunal 위부ᄒᆞ다; = — céder 씨늘 듯다 (드러, 든)

Déferrer un cheval 씨늘 뇌편ᄌᆞ쌔다 (여, 쌘), — une flèche 살촉을 쌔다. Le cheval est — 씨늘 편ᄌᆞ 빠지다.

Défi = cartel écrit 격서

Défiance 의심, 의혹, 혹의. Qui inspire —, louche 슈상ᄒᆞ다, 슈상스럽다 (러워, 온), 슈상그르다 (글너, 그른).

Déficit 부족 = — (vg. sapèques qui manquent à une ligature, — choses disparues ou diminuées) 축 = 나다. Les sapèques qui manquent ainsi se disent 축전.

Faire —, (manquer ou être insuffisant) 긱끠면나다, 낙끠면지다.

Défier ne pas craindre 맛서다 (서, 선) — provoquer 겨루다 (뤄, 룬), 겨룸ᄒᆞ다.
Se — 의혹적다 (어, 은), 의심ᄒᆞ다, 낫빗어ᄒᆞ다, 슈상이너이다. Se prendre garde 삼가다 (가, 간), 조심ᄒᆞ다.

Défigurer 얼골상ᄒᆞ다. Être — 얼골상ᄒᆞ다, 얼골변ᄒᆞ다, 얼골변용ᄒᆞ다... par l'amaigrissement 얼골파리지다.

Défilé entre deux montagnes
= — (de troupes) 분렬식.

Défiler V. n. 느러서서가다, 한줄노느러서서가다, 쌔ᄂᆞ시나가다 (comme si on était

enfilé); "련횡하다 ; — en procession "횡렬하다 ; —, (troupes) "분렬하다 = Se — (rg un collier) 빠지다, 쏘러지다.

Définir, donner la définition 풀다(어, 돌), 붉이다 = "졍의하다, 뎡의하다 = —, arrêter, régler "뎡하다, "결단하다, 판단하다.

Définitif

Définition "졍의, "뎡의, "계셜

Défleurir Se —, être — "락화하다, 락화되다, 숫지다, 숫더러지다.

Défoncer ôter le fond 밋쌔다(여, 쌘) — le trouer 밋뚤루다(뚤너, 뚜룬) — un terrain 파다(파, 판). être — 밋더러지다, 밋둘너지다 = (Pour une route)

Défrayer (des hôtes) 치루다, & 츠루다(러, 룬). = — solder les dépenses, se charger des dépenses 일용을 담당하다, &, pour la route 노즈을 담당하다, 치힝차려주다(어, 준).

Défricher 파다 (파, 판); "긔견하다, "긔간하다, "긔강하다, = — pour faire un champ 밧닐우다(워, 운); "신뎐 ou 새밧 닐으다(러, 룬). = pour une rizière 논플다(어, 푼); — dans la montagne 부뒤하다, 부뒤파다. Terre nouvellement — 새로긔견한밧 (champ); "신긔답 (rizière).

"화뎐=하다. défricher par le feu.

Défroque

Défunt "망자, "망인 = — (un tel) 굿긴…

Dégagé Homme à manières —, qui se tire facilement d'affaire 얌바르다 (발나, 바른)

—(lieu) 퇴츌ᄒᆞ다

Dégager — (un gage) 뎐당을 찻다(차저 ou 즈, 즌); — une chose accrochée 벗기다. — une chose plus ou moins enfouie, cachée, enfermée 내다, 내노ᄒᆞ(하, 흔), 쌔다 (여, 쌘). — (tirer) du danger 건지다, 쌔여내다. Se — 빠져나다. Se — (des mains d'un ennemi, d'une affaire embarrassante) 버셔나다.

Dégainer

Dégarnir

Dégât ravage, ᄒᆡ. Pour les — faits par l'ennemi *노략, 노략질 = —, Profusion mal réglée *낭비, *남용, *랑비, *람용.

Dégel

Dégeler v. act. 녹이다 = — v. n. (glace, neige) 녹다 (어, 은), 녹다 (아, 은). Pour la neige qui — peu à peu 삭아지다. (La terre) se — 풀니다

Dégénérer *변ᄒᆞ다, Dégénéré, (ne valant pas ses ancêtres). *블초 不肖

Dégoiser 짓거리다

Dégonfler

Dégorger vomir 토ᄒᆞ다. Faire — un étang 물 쌔히다. — (un poisson) 회감토ᄒᆞ다 (La matière qu'il rejette se dit 회감).

Dégourdi 약다(어, 은), 약바르다(발나, 바른), 약삭바르다, 걸걸ᄒᆞ다, 쏙쏙ᄒᆞ다. 당돌ᄒᆞ다. N'être pas — 슈즙다(슈어, 운)

Dégourdir (les membres engourdis) 녹이다. — qqun, l'exciter 도도다 (아, 돈)

소낙이다 (popul.).

Dégoût *역증, *슬즘, *슬흔증. En concevoir — 나다. Si le — vient de l'assouvissement 퇴내다, 퇴나다.

Montrer du — 역증내다

Dégoûtant 아니꼽다 (꼬와, 온) se dit des choses = 숣살스럽다 (러워, 운), 칫들다 (어, 든) se disent des hommes. 밉다, (미워, 운); 밉살스럽다

Dégoûter Faire perdre le goût, le désir 정떠러지게하다. Etre dégoûtant. V. ce mot. = Etre — 슬희여하다, 슬지금나다, 멀미나다 (멀미 mal au coeur) v. dégoût. Se —(de) 넌덜나다. Cet homme me — 그사롬이 즈즐하다, 즈즐즈즐하다, 그사롬으로 멀미나다.

Dégoutter 듯다 (드러, 든), 방울방울 떠러지다, 방울노코다 (흘너, 코론). La sueur lui — du front 얼골에 ᄯᆞᆷ 주루루흐른다

Dégradation d'un mandarin *봉고파직, — d'un noble *폐족, *하번.

*강등

Dégrader de l'emploi seulement *면관하다, *샤직하다 = — de la dignité (faire perdre la noblesse) *혁직하다, 하번식히다, *폐족하다. Etre — (de l'emploi) 샤직하다, — (de la noblesse) *하번하다, *폐족하다. Se — (s'avilir par ses actions) *천역하다, *천한노릇하다, 신세를 긁다 (가, 근) = —, endommager *상하다 (act. & pass.)

Dégrafer

Dégraisser 기롬ᄲᆡ다 (여, ᄲᆡᆫ).

Degré (de l'échelle, d'escalier) 층 qui veut dire

392/

Dire aussi étage ; — de vertu, d'honneur, de rang social "등, "등 — Dire différence de —"등분 ; = — Du thermomètre, d'une échelle, etc. "도. — de longitude "경도, — de latitude "위도. Les deux "경위도. — De parenté "촌. A quel — sont-ils parents 몃촌이냐. = "항렬 a un sens différent : il indique une même génération, une égale distance de la souche commune. Tous les parents "in gradu aequali" comme dit le latin, sont du même "항렬 = 흔항렬되다. Le — (la génération) supérieur 웃항렬, le — inférieur 아래항렬. Le premier —, l'ascendant commun "초항. "정도, "도슈

Par —, petit à petit 촌촌, 쳑쳑.

Dégrever

Dégringoler

Dégriser

Dégrossir du bois 다듬다 (어.은); —qqun, commencer à le former

Déguenillé (habit) "남누하다, 남울남울하다. Être — (homme) 헐벗다 (벗서, 슨).

Déguerpir 다라나다 (나.난), 내새다 (여,쌘)

Déguiser 것슈이다, 모양을 밧고다 (아.곤), 모양을 변하다, "변양하다. Se — (changer d'habits) "변복하다. Se — en homme (femme) "남복하다, Se en femme (homme) "녀복하다. Déguiser son nom "변성하다, — sa pensée 속을 감추다 (아.촌)

— la voix 복소리 빅고다 ; — la vérité 것츳
빨하다 = 어룸어룸하다 être ambigu ...
presque mensonger.

Déguster 맛보다 (아, 본).

Dehors 밧, 밧게, 밧것 (le Déclinent).
le —, l'extérieur 밧, 거쥭 = 것보양, 밧
것보양. le dedans & le — 안밧. le —
de la porte, (le faubourg) 님밧.

Déifier *봉신하다.

Déisme doctrine admettant l'existence
de Dieu *유신교, *신신교 (信神敎); —
religion naturelle *조연신교.

Déité Nature divine *텬쥬셩.

Déjà 발서 — le temps d'auparavant 젼에.

Déjeter le — (pièce assemblée) 버러지다,
터지다. le — le gondoler 희다, 휘우다,
어그러지다.

Déjeuner subst. — (repas du matin) *조반,
아츰밥, 아춤. — & souper *조셕 ..
= — v. act. = 먹다 (어, 은) - avant
le —, avant le — 식젼에

Déjoindre v. act. 새다 (어, 샌), 쓰다
(어, 은), — pour faire une ouverture 트다 (러, 튼) =
le — 써지다, 버러지다, 어긔여지다.

Déjouer un projet 막다 (아, 은) empêcher,
— 끼터지다 briser.

Déjuger le —

Delà 밧게 — (d'une hauteur) 넘어,
— (d'un fleuve, d'une vallée, d'un endroit bas)

건너. Au — de toute espérance 뜻밧게. Au — des bornes de cette vie 이세상지나 간후에. (Parole) au delà de la vérité (말) 과호다, (말) 너무 과호다.

Delabré 기우러져가다, 상호야가다. Avoir une santé — 병잣다 (자자, 준) être souvent malade.

Délai espace de temps 동안, 손이 = 긔한 qui marque le moment où le — expire: = —, retard 지쳬. User de — 더듸다 (여, 된), 바듸다 (여, 된); 지쳬호다. — Se remettre à plus tard 밀위다 (여, 윈), 밀우다 (워, 운); = —, sursis 밀때, 말미, 관한. Accorder un — (sursis) 관한호다, 관한을 주다; 퇴한호야주다. Sans — 곳, 즉시; 불일니, 불일니로, 지쳬말고. · 지완호다

Délaisser 부리다, 부려두다 (어, 둔)

Délassement

Délasser se — 쉬다 (어, 신), 놀다 (노라, 논); 소일호다. Se — en prenant l'air 쉬다, 바람쉬다, 바람쐬다. D'une chose qui — on dit 쉬엄신호다.

Délateur 발쇠, 발쇠군 = 조이, 조이군 qui indique la retraite; = 압잡이 qui y conduit les satellites; — mouchard 고자

Délayer 어르누다 (어, 은), (물에) 풀다 (어, 풀) — comme le riz dans le bouillon 말다 (아, 만), — de la terre 흙니기다 (겨, 긴), — (de la colle, de la moutarde) 쉬다

Ces trois mots indiqués ont plutôt le sens ?! admirable, merveilleux. Délectable, plaisant, 반갑다. ; 즐겁다.

(여,신) .= faire fondre 녹이다.

Délectable 신긔롭다 (로와,온), *신통ᄒᆞ다, *신긔ᄒᆞ다

Délectation 맛, 쟈미; *락.

Délecter se — 즐기다, 긔적이도하ᄒᆞ다. se — à manger 달게 먹다, *감식ᄒᆞ다.

Délégué de qqun, envoyé par lui pour traiter ses affaires *뒤리, *뒤리인, *뒤리쟈, *뒤됴, *뒤됴쟈, *관리인 être — *뒤됴ᄒᆞ다.

autorité — *권도. le — (autorité) *위임권

Déléguer *위임ᄒᆞ다 dans un sens moins strict 식히다, 보내다 selon le sens.

Délégation *위임쟝 (procuration).

Délétère *독ᄒᆞ다, 해롭다 (로와,온)

Délibération entre plusieurs *공론, *의론, *상의, — seul avec soi même 마련, 혜아림, 싱각 = *뎡론 peut se dire les deux.

Délibéré hardi, résolu *대담ᄒᆞ다, *당돌ᄒᆞ다. de propos — 부러, 짐즛, 짐짓.

Délibérer *공론ᄒᆞ다 etc. v. Délibération

Délicat en parlant des personnes : — de tempérament, peu robuste ou peu habitué à la fatigue 잘 르다 (불너, 닐른), *연약ᄒᆞ다; — de santé *약ᄒᆞ다, 약골; de l'excès 셜, 셜, 약골; — d'éducation, élevé dans le luxe *귀ᄒᆞ다, 귀골; — sur la nourriture 식셩 됴치 안타 (하,흔), 식셩사오납다, (나와,온); 입 저르다 & 입졀다 (져러, 져른); — qui craint sa peine 볶앗기다; —, susceptible 심다롭다 (로와,온);

396/ – de conscience *청렴하다, – d'oreille (musiciens) 풍류에 능다(어,은).

En parlant des choses : – mince, délié 가느다 (느러,는), *세밀하다, – tendre (v.g. viandes) 연하다, – (qui demande du soin v.g. travail –) *요밀하다; – (s'usant vite, – étoffes) 여리다, –, fragile – (couleur, teint, = vif & tendre) 연연하다, – (difficile, affaire –) 어렵다 (려워,운), 조심스럽다 (러워,운), *졸난하다.

Délicatement avec précaution 곱게 (bellement), 조심하게, 삶가 (part. de 삶가다) le traiter – 볶앗기다 (겨,긴); élever – (un enfant) 앗기다, 귀히 기르다 (길너,기른), 귀하게 기르다.

Délicatesse

Délice *락, *재미, 지미, Faire ses – de 즐기다, 조하하다. Lieu de – *락토 (nom adopté pour le Paradis bouddhique). Vivre dans les – 부귀하게 살다 (*부, *귀 richesses & honneurs).

Délicieux 미우조다 (하,은), 재미롭다(로와,운).

Délié fin, mince 가느다 (러,는).

Délier 풀다 (어,풀), 부리다.

Délimiter *뎡하다; – un lieu 디경울뎡하다; – un temps 긔한울뎡하다, *한뎡하다. *제한하다

Délinquant *위범자.

Délire *뇌란, *열광, *정신착난, *인사불

셩, ˚현운, ˚현운즘. Tomber en — 졍신노타 (하, 흔), ˚혼미하다, ˚현운하다. En sortir 졍신차리다.

Délo... 헛소래하다, 헛소래만하다.

Délit ˚죄.

Délivrer v. act. — de qq mal ˚구하다; — d'un danger 싸혀주다, 건지다; — des mains d'un ennemi 싸혀주다; — de l'esclavage 탈신식히다; d' en rachetant 속신식히다. = de — 버셔나다; de — de l'esclavage ˚탈신하다, d' par rachat ˚속신하다.

Délivre arrière faix ˚후산; 티 ce dernier surtout pour les animaux.

Déloger v. n. ˚이사하다, 옮다 (올마, 올븐), 올마가다, 집을 옮기다. — Ds le sens de fuir v. ce mot. = — v. act. Chasser v. ce mot.

Déloyal ˚간악하다, ˚간샤하다, ˚간교하다.

Actions déloyales faites en dessous. 암수, 암수거리. Agir ainsi 암생내다. Homme qui agit ainsi (habituellement) 암상스럽다.

Delta ˚삼각쥬, ˚삼릉쥬.

Déluge ˚홍슈. Répandre un — de larmes 눈물주루루흐르다 (흘너, 흐른). Un — de maux 무수한 죄앙, 온갓 죄앙.

Deluré 약다 (아, 은), 약삭바르다 (발너, 바른)

Demain ˚릐일, ˚명일. Après — 모레, ˚명후일; le jour d'après 글픠; le jour encore d'après 그글픠.

Demancher au sens littéral 자로싸다 (여, 싼); —, désajuster 어긔다. Être — 어긔여지다, 어그러지다, 어긋나다 — et pour les choses qui ne tiennent plus debout 뒤눕다 (누어, 눈).

398/

Demande 구ᄒᆞ기, 구ᄒᆞᆷ이, 구ᄒᆞᆫ것 = — en justice 소지, 원졍; — question 말, 뭇ᄂᆞᆫ말

Demander qqun 쳥ᄒᆞ다, 부ᄅᆞ다 (불너, 부ᄅᆞᆫ) — qqch. (à obtenir) 달나다 (나, 난), 달나ᄒᆞ다; 구ᄒᆞ다; 구쳥ᄒᆞ다, & instamment ᄌᆞᆫ졀히구ᄒᆞ다; ᄌᆞᆫ구ᄒᆞ다. Souvent pour — au supérieur, on dit simplement 품ᄒᆞ다 (exposer l'affaire) — en mariage 쳥혼ᄒᆞ다, 혼인쳥ᄒᆞ다, 구혼ᄒᆞ다.

La forme verbale ᄒᆞ여주다; faire pour un autre a comme corrélative la forme ᄒᆞ여 달나ᄒᆞ다, demander qu'on fasse pour soi. V. g. 길ᄀᆞᄅᆞ쳐주다 enseigner la route, donner les renseignements sur la route, 길ᄀᆞᄅᆞ쳐 달나ᄒᆞ다 demander ces renseignements.

Cette forme ᄒᆞ여달나ᄒᆞ다 s'emploie chaque fois que la chose demandée se traduit par un verbe.

— conseil V. conseil; — interroger, 믈어보다 (아, 본), 뭇다 (믈러, 믈ᄅᆞᆫ) — à un supérieur 뭇ᄌᆞᆸ다 (ᄌᆞ와, ᄌᆞ온).

On me demandera peut-être (pour réfuter d'avance une objection) 혹이 믈ᄋᆞᆯ지.

— une personne (qu'on veut voir) 찻다 (ᄎᆞ저, ᄎᆞᄌᆞᆫ) (chercher).

N. B. Tous les verbes ci dessus ne peuvent s'employer à l'actif qu'avec les sujets doués d'intelligence. Le verbe français "demander" employé avec les sujets non vivants est ordinairement synonyme de "être nécessaire". On le traduit donc comme tel par 요긴ᄒᆞ다 ou par les formules ᄒᆞ여야ᄒᆞ겟다, ᄒᆞ여야쓰다, ᄒᆞ여야되다.

les grandes affaires — de grands hommes 큰일에 큰사름 잇서야 된다. L'étude des caractère — de l'application 정성 잇서야 글 배호겟다. Les récoltes — de la pluie 비와야 곡식 잘 되겟다.

Se — à soi même (réfléchir si ce qu'on doit faire) se rend par la forme verbale 할가 말가 하다, 할가 말가 보로다.

Démandeur *원고인. *고소인, =고소하다.

Démangeaison 가렵기

Démanger au physique 가렵다 (려워, 운), 바렵다 (려워, 운) = La langue lui — (il a envie de parler) 혀가 달싹인다, 혀가 달싹 달싹 한다, 혀가 널벅인다, 혀가 움작움작 한다 (Tous ces mots veulent dire: la langue se remue, s'agite). Les mains me — de le battre 치고 시버서 손이 덜꺽인다.

근실근실 하다, 근실거리다. ≡근실근실 하다, 근질근질 하다 Démangeaison ou chatouillement.

Démanteler un fort 성을 헐다 (어, 헌), 성헐어터리다.

Démarcation *분할.

Démarche tenue du corps en marchant. 거동, 모양, 거름것기. Ainsi une belle — 거름 잘 것다 (거러, 거른) qui veut dire aussi être bon marcheur. = —, tentative pour une affaire

Je vous suivrai dans toutes vos — (je saurai tout ce que vous faites - litt. vos mouvements et vos repos) 일령 일동 다 알겟다.

Démarquer 표를 쎄다 (어, 쎈), 표업시 하다.

Démarrer lever l'ancre 닻감다 (아, 은);

— Détacher 돌다(어.돌); — s'éloigner 멀어나다, 벌너가다.

Démasquer 드러내다. — la ruse 제모를 리굿다(드러.흔)(le voir), 제교를걱터리다(la briser).

Dématér

Démêlé querelle 시비, 싸흠, 입시룸 = — sujet de désaccord 불목거리.

Démêler ce qui est enchevêtré 풀다(어.풀). — choisir, trier 갈희다(여.흰), 가리다, 가려내다(여.낸); — une affaire embrouillée 분별하다, 회석하다, 분석하다. Nous n'avons rien à — ensemble 서로상관업다.

Démembrer un homme (supplice) 륙시하다 (act. & pass.); — un animal 각쓰다(여.읜); — un royaume, une propriété 난호다(화.흔).

Démêloir peigne 어레빗, — petit 니련빗

Déménager V. n. 이거하다, 이사하다. V. act. — ses meubles 세간을 옮기다(겨.긴)

Démence 밋친병, 광증. Tomber dans la — 밋치다, 밋친병들다(어.든), 실혼하다. Homme en — 광인, 밋친광이, 밋친사룸

Démener Se —, s'agiter beaucoup 덕버이다, 덕병이다, 덕병거리다, 덕병되다, 가드락질하다, 뷔븩되다(되저.흔), 뷔븩걸하다. Se —, faire effort 처둘다(처들다 & 처드다(드러.든). Se — se donner beaucoup de peine 애쓰다(써.쓴), 애만히쓰다, = 슈고하다.

Démentir

— les paroles par les actions 말니ᄂ압서고일은뒤지다, 말과항실ᄀᆞᆺ치아니ᄒᆞ다.

Démériter

Démesuré 너무과ᄒᆞ다, 한없다.

Démesurément 너무과히, 한없시.

셰다 Démettre se — (un membre) ˚위골ᄒᆞ다, 어긔여지다 se — (d'un emploi) ˚ᄉᆞ직ᄒᆞ다 ˚사쳔ᄒᆞ다.

˚쥬소 Demeure 집, 뎍, ˚거쥬 (l'on la trouve de nos jours le dit ˚거쥬 셩명).

(˚쥬소셩명) Mettre en — le

Demeurer 살다 (어, ᄂᆞ아, 산); ˚거ᄒᆞ다, ˚거쥬ᄒᆞ다; — ensemble ˚동거ᄒᆞ다, ˚동거쥬ᄒᆞ다. = —, rester qque temps 묵다 (어, 은), 머므다 (므러, 믄), 머믈다 (믈러, 믄); — dans le même état 그저잇다, 그대로잇다; — en silence 묵묵ᄒᆞ다, 존존ᄒᆞ다, 존존이잇다; — court en récitant ou lisant (manque de mémoire, caractère ignoré) 막히다; — tout interdit (de frayeur, ou d'étonnement) 깜작놀나다 (나, 난) plus fort 혼나다, 넉일타 (허, 흔); ˚대경실ᄉᆡᆨᄒᆞ다, ˚절긔ᄒᆞ다 = —, être le reste 남다 (아, 은), 남아잇다; — persévérer ˚굿히ᄒᆞ다, ˚홍구ᄒᆞ다, 홍구이잇다; — d'accord ˚합의ᄒᆞ다 Je — de ton sens de céder, de reconnaître qu'on avait tort ˚승복ᄒᆞ다, ˚항복ᄒᆞ다

Demeurer coi, n'avoir rien à répondre ˚유구무언.

Demi 반 qui a un sens précis. Il se met avant le nom de l'unité pour dire un demi;

et après le nom de l'unité dans les nombres fractionnaires. Ainsi 반자 veut dire un — pied, 자반 un pied & —. Trois pieds et — 석자반; = — 반즈음 prononcé souvent 반즘, 반짐, n'a pas la précision de 반. Il veut dire — "environ". Par suite il s'emploie seul dans les expressions de ce genre : maison à — ruinée 반즈음쓸허진집. = 가웃 s'emploie avec les unités de longueur & de capacité, et seulement pour les nombres fractionnaires. = 아웃 est un euphonisme. Il sert dans les deux cas 1말아웃 boisseau & demi, 발아웃 une brasse & —. Sert-il ailleurs ??? Même là on ne l'emploie pas si le nombre des unités est exprimé : on dira 반 ou 가웃.

A —, v.g. A — fait. Si on ~~veut~~ dire que la moitié (plus ou moins juste) en faite on dit 결반한, 결반된 (결반 moitié); sinon on se sert de 반즈음. Il y a nombre d'expressions spéciales : *à demi … (presque complètement) 거반, 거진*

À — mort *반싱반ᄉᆞ; À — cuit *반싱반슉; à — endormi, à — conscient, *ᄉᆞ몽비몽. Entendre à — mot 알아치다; *문일지십ᄒᆞᄂᆞ다 (d'un mot en connaître dix); 끗만 ᄉᆡ이면 다 안다 (ᄉᆡ다 entrouvrir, donner un peu de jour).

Demi cercle *반원

Demi frère de pères différents *이복동싱

— dt de mères différentes *이복동싱 — Le contraire est *동복동싱.

Démission Donner sa — *사직하다. *승직하다, 하직하다, 벼슬에 하직하다.

Démocrate *민당.

Démocratie *민쥬졍치, *민쥬지국졍

Démocratisme *민쥬쥬의.

Demoiselle, jeune — 새악시, *규슈, *규양. Ma —: une femme dira 새악시. Un homme dira toujours 당신 V. Vous. = —, insecte 잔자리, 잠자리, 자마리, 붉아숑이

Démolition . Bois de — *파쳑목 ; platras de — *구벽토.

Démolir 헐다 k허다 (허러, 헌), 헐어터리다, 너머터리다, 분허치다, 분허터리다, 분의치다. Être — 허러지다

Démon *마귀, *귀신 = 잡귀, 독갑이 sont des espèces de lutins. Être trompé par le — 독갑이에 홀니다.

Démonstration *증명 = 하다 *거즁, *립즁, *론즁.

Démonter une chose composée de plusieurs pièces 뜻다 (어, 은), — un cavalier 말의 나리치다, 락마식히다, — (qqun), Déconcerter 여긔지로다 (질너, 지로).

Démontrer *증명하다. Dans la conversation courante on dira 리치를 고로치다, 붉히다, 경위에 고로치다.

Démoraliser

Démordre Ne pas — de 잡고하다, 더럭

404/ 더럭ᄒᆞ다, *할 수 ᄒᆞ다, surtout à la forme 할 수 ᄒᆞ고 suivie d'un verbe exprimant l'action dont on ne veut pas —.

Dénaturé (homme) *긔류ᄒᆞ다, *긔륜 될악ᄒᆞ다 (ne pas garder les cinq relations *오륜).

Dénaturer un fait à dessein 거즛ᄉᆞᆷ이다, 간사히 ou 간사ᄒᆞ게 ᄉᆞᆷ이다 (간사ᄒᆞ다, fam. b.). — par erreur 그릇 말ᄒᆞ다.

Deni

Déniaiser 도도다 (아, 돈), 소득이다.

Denier verbe

Dénicher

Dénigrer *훼방ᄒᆞ다, *훈구덕ᄒᆞ다, 흉보다

Dénombrement calcul en général 혬. — de la population — vieux système *가좌, *호적 (en comptant les maisons) — nouveau système *민젹. Faire le — = ᄒᆞ다. On disait aussi 가좌 셩칙ᄒᆞ다, 호적 셩칙ᄒᆞ다. (가좌셩칙, 호적 셩칙 étant le livre du —). Faire le — des soldats 군안 보다 (아, 본) *군안 étant le "rôle".

Dénominateur *분모; — commun *공분모; 통분모. Le plus petit commun — *최대공분모, *최소공분모. Changement de — *변분모 = ᄒᆞ다. La règle à suivre *변분모법.

Dénoncer 뒤다 (여, 된), 누히다, 발쇠셔다 (셔, 션), 불다 (어, 불) = rapporter (écolier) 내간질ᄒᆞ다; 고자질ᄒᆞ다.

*고자 **Dénonciateur** 발쇠, 발쇠군; — qui indique le refuge 조이, — qui conduit les satellites 앞잡이 = (entre écoliers) *고자, 나갈질ᄒᆞᆫ놈, 소리질ᄒᆞᆫ놈

Dénonciation 블니.

Dénoter 뵤되다, 보롬되다, 빌미되다

Dénouement 소슷, ᄭᅳᆺ츨, 나죵, 나죵일.

Dénouer 플다(어, 푼), être — 플니다, 플어지다.

Denrée alimentaire 음식거리, *식블, *량식.

Dense 빅빅ᄒᆞ다, 뵈다(여, 뵌).

Densité *빌도 — poids spécifique *비즁

Dent 니, 치아, popul. 니ᄲᆞᆯ. En agg. *치, *아, — incisive 압니, — molaire 어금니, — canine 송곳니 (pour les animaux on dit 엄니 qui désigne aussi les défenses du sanglier) = sur — (en dehors) 덧니, de en dedans 옥니, 옥엄니 = — gâtée 썩은니. Mal de — *치통. Avoir mal aux — 치통나다, 니앏ᄒᆞ다 (앏하, 흔). Nettoyer les — 니닥다 (가, 근). Les laver *양치ᄒᆞ다, 양치질ᄒᆞ다. L'eau pour cela 양치믈; le sel 양치소곰 = Changer de — (faire sa 2e dentition) 니갈다 (아, 간) (替). Un homonyme 니갈다 (어, 간) (磨) veut dire grincer des dents.

Mettre la dent sur 물다(어, 문) qui se dit aussi pour tenir qqch. à la bouche ou entre ses —. Déchirer qqun à belles — (médisance) 슷어 먹다 (어, 은) assez rarement employé; 헐ᄲᅳ리다, — donner un coup

— de sagesse 스랑니

— artificielle *의치

Serrer les — (par colère) 우물다.

406

Se Dent (Dire du mal en passant) 톡쳐빨ᄒᆞᄃᆞ (톡치다, donner un coup sec). = Murmurer entre ses dents 속닥속닥 ᄒᆞ다, 웅얼거리다, 웅얼웅얼거리다, 옹알옹알거리다, 중중거리다, 중중거리다. = — d'un peigne 살, — d'une scie 톱니; — d'un hameçon 미늘, 미널

Dentelé (v.g. scie, chaîne de montagnes, 울퉁줄퉁ᄒᆞ다.

Dentale (Consonne —) *설치성

Dentelle

Dentier artificiel *입치, *의치

Dentifrice (poudre) *치분, *치마분

Dentiste *치의, *치술.

Dénuder 벗기다.

Dénué pauvre *빈핍ᄒᆞ다, *공핍ᄒᆞ다. = — de ...: on tourne par 업다; en agg. *무.

Dépaqueter 풀다 (어, 풀).

Dépareiller ᄒᆞᆫ 식 ᄭᅢ다 (어, ᄭᅢᆫ). Objet — 외ᄶᅡᆨ. Etre — ᄶᅡᆨᄶᅡᆨ이 되다 pour les choses qui vont par paires. Pour les autres v.g. un livre, 병신되다.

Déparer

Départ ᄯᅥ나기, ᄯᅥ나ᄂᆞᆫ거시, *발행, *발

Département circonscription administrative *현, — d'un ministère *국 = — juridiction *관할.

Départir distribuer 난호다 (화, 혼) v. Distribuer. Se — de, renoncer 파ᄒᆞ다, *퇴ᄒᆞ다. Ne jamais se — de son devoir 본분에 착ᄒᆞ다, 본분에 홍구ᄒᆞ다.

Dépasser en hauteur 넘다 (어, 믄), — en

longueur 지나다 (나,난) ; — en marchant 지나다, 지나가다 ; — un peu en grandeur 저칙 크다 (커,큰) ; — en valeur 낫다 (나하,흔).

Dépaysé hors de son pays 직되다, 작직하다. — (au moral) 열열하다.

Dépayser 옮기다 — en masse, par groupes 이민하다.

Dépécer 쓷다 (어,은).

Dépêche au gouvernement 장계하다 — on dit maintenant 보고하다, 상고 = 하다 ; = — du roi aux mandarins 전교 = 하다 ; — d'un roi vassal à l'Empereur 주본 = 하다 ; lincerlle 조서 = 하다 ; = — entre particuliers 긔별 = 하다 ; = — télégraphique 뎐보. Envoyer une — 뎐보하다, 뎐보놋다 (노하,흔).

Dépêcher envoyer 보내다 (여,낸). — un courrier 긔별보내다. Se —, se hâter 어서 = 하다, 밧비하다 V. vite. Faire se — (exciter, pousser) 지촉하다.

Dépeindre 형용하다.

Dépendamment — selon — se rend par la terminaison 데로

Dépendance Avoir sous sa — (hommes) 거느리다, (hommes et choses) 총지하다. Être sous la — (d'un homme) 속하다, (밖의게) 매히다 ou 매이다, 손아래되다. Sous la — (d'un homme) 손아래, 슈하. Les — d'une maison 쓸안에잇는것. On dit souvent 채 qui désigne les divers corps de bâtiments..

— D. en dehors de la cour 집에 달닌것 = 달닌것 se dit pour les — d'une chose quelconque.

Dépendre Décrocher ce qui est pendu 벗기다; — De (d'un homme) *속ᄒᆞ다, 매히다, 매이다; (d'un homme ou d'une chose) 달니다. Cela — de vous 네게 달넛다, D. de votre volonté 네 ᄆᆞᄋᆞᆷ에 달넛다. Cela — du temps et des circonstances 시셰에 달넛다, ᄯᅢ를보아가며 ᄒᆞᆯ거시라. Ceux qui — d'un chef se disent 손아래 사ᄅᆞᆷ, 슈하사ᄅᆞᆷ = — dans le même sens, mais avec l'idée de "suivre" comme prédominante ᄯᅡ르다 (ᄯᅡ라,ᄅᆞᆫ).

Dépens *부비, en agg. *비. Aux — 내돈으로, 내것ᄉᆞ로. Devenir sage à ses — 욕보고 쇡ᄂᆞᆺ다 (ᄂᆞ러,ᄂᆞᆫ). — D. aux — d'un autre 남의 욕 본거ᄉᆞ로 알다 (아,온). S'amuser aux — d'un autre, s'en moquer 흉보다 (아,본), 변보다.

Dépense *부비; — excessives *허비; — folles 낭비, *남용, — opposé à recettes 돈쓴것, tech. *출. — pour l'avenir 돈쓸것, 부비들것.

Dépenser en général 쓰다 (써,쓴); — de l'argent 돈쓰다 (on dit souvent 써다 (써,쓴) = trop *허비ᄒᆞ다, *낭비ᄒᆞ다, *남용ᄒᆞ다. = — des efforts 애쓰다 (써,쓴) = Être — (argent ou autre chose) pour une cause 들다 (드러,든).

Dépensier v. Prodigue.

Dépérir 망ᄒᆞ야가다 ; —(santé) 시들다(어,든), 시드럭부드럭ᄒᆞ다 ; —(plante) 쳐늘다 (느러,는), = — diminuer 줄다(어,준), 줄어가다.

Dépêtrer

Dépeupler par la destruction 사ᄅᆞᆷ업시ᄒᆞ다 — (en chassant les habitants) 사ᄅᆞᆷ ᄶᅩᆺ다(조쳐,친), être — 사ᄅᆞᆷ드믈다(어,믄)(rare), 사ᄅᆞᆷ뷔다(vide).

Dépiquer

Dépister

Dépit 분ᄒᆞᆫ긔운. En avoir 분ᄒᆞ다, 아쳐로워ᄒᆞ다. De la chose qui cause du — on dit 아쳐롭다 (로워,온). De — 분ᄒᆞ야, 하분ᄒᆞ야셔. Crever de — 분이 박치다 = 복통ᄒᆞ다 (avoir mal au ventre). Faire du — à qqn 셩가시다, 분을도도다(아,돈) = 분하건허리다 (renverser les poumons). En — de 도라보지안고, 고집ᄒᆞ야.

Dépiter se — 분ᄒᆞ다

Déplacé inconvenant 외람ᄒᆞ다, 남치안타 (하,흔), 당연치안타, 못되다; — changé de place 옮기다.

Déplacer une chose 옮기다; — un fonctionnaire 옮기다, 갈니다. Se — 옴다(올마,믄)

Déplaire 긔운에 맛지안타 (하,흔), 긔운에 틀니다. On prend ordinairement la forme active 'ne pas aimer' 됴하아니ᄒᆞ다, 슬희여ᄒᆞ다.

Déplaisant v. désagréable.

Déplaisir Causer du — 고롭다 (로와,온), 노염 긔운샹ᄒᆞ다, 긔운지르다 (질너,지른).

410/

Déplanter 샙다 (어 ※아, 은)
Déplier 풀다 (어, 풀), – étendre 펴다 (펴, 편)
Déplisser 쥬름 펴다 (펴, 편)
Déplorable *망칙하다, *참혹하다, 샥하다.
C'est – (interj.) 슬프다, 압불슨.
Déplorer *위통하다, *원통하다, 위줍다 (어, 은), 위통이녁이다.
Déployer v. Déplier. – toutes ses forces 힘 다하다, 힘것하다, *진심하다, *진력하다.
= – (des troupes) *전리하다
Déplumer *털 쌔다 (여, 쌘). se – 털 싸지다, – au printemps (mues) 털 갈다 (아, 간)
Dépolir Verre –
D: (appareil photographique)
Déportement mauvaise conduite *악동, *악습.
Déporter v. Exiler. Bannir. – une population *이민하다.
Déposer poser, placer 노다 (노하, 흔); –, confier en dépôt 맛기다 = – (un dignitaire) *면직 ou *면관 = 시히다 = – (liquide) 가라안사 (안저, 즌). le faire – 가라안치다.
Dépositaire 맛흔 사름 (맛다 - 하, 흔, recevoir en dépôt).
Déposséder 쌔앗다 (서, 슨) (enlever de force) être – 쌔앗기다.
Dépôt chose confiée 맛긴 것 (le dépositaire dira 맛흔 것). = – de une banque *긔탁금, *예금; – à terme fixe *정긔긔

Déponent
Verbe – *이동동사

Le certificat ou lettre de dépôt en sa: 뎡긔벼흠즘

탁금, *뎡긔예금. Recevoir en — 맛다(함흔), d'un prisonnier* 안동ᄒᆞ다. Le mettre en — 안동식히다. = —, Sédiment 앙금, 찌긔, 찌거기.

Dépoter

Dépouille d'animal 가죡, 가족, en agr. 피; — de serpent* 허물 (qui se dit aussi de la carapace des crustacés) — en médecine* 소피

Dépouiller un animal 벗기다, — qqun de qq ch. ᄲᅢ앗다 (서, 슨). Se — 벗다 (버서, 슨), 버서ᄇᆞ리다, 버서지다. Être — 벗기다. — de qq ch. ᄲᅢ앗기다.

Dépourvu être — se tourne par le verbe 업다: — de bien 쥐물업다. = Au — 뜻밧게, 의외에. = (tout-à-fait) 불ᄆᆡ밧게, 생각밧게.

Dépravation 흉악ᄒᆞᆷ이.

Dépravé 흉악ᄒᆞ다, *부픔ᄒᆞ다, *부패피악ᄒᆞ다

Dépraver v. Corrompre.

Dépression atmosphérique, *뎌긔압

Déprécier

Déprédation

Déprimer 누르다 (눌너, 누른).

Depuis 브터, 부터. Depuis l'enfance 어려서부터. — quand? 어ᄂᆞᄯᅢ부터 = — c.a.d. après 후, 후에, 뒤에. Je ne l'ai pas vu — cela 그후에 (ou 그뒤에) 다시못보앗다. — qu'on a fait 훈후에, — longtemps 벌서, 벌서부터; — peu 요ᄉᆞ이에, 요지간에. C'est — peu 얼마아니되엿다,

449

오래지안타 (하,흔).

Député de qqun ˚대표자, — d'un village auprès du mandarin 등장군 (등장 étant la requête), —, membre d'une assemblée ˚의원; — (de la Chambre) ˚중의원 의원, (la Chambre des — étant ˚중의원).

Députer envoyer 보내다, —, déléguer qqun ˚대표하다 = de auprès du mandarin 등장보내다.

Déraciner ˚치근하다 = 러다 (여,린) se dit des menues plantes & surtout des racines comestibles, 쌔다 (여,쌘) des arbres, Déraillement ˚탈선 색다 (여ㅅ아,은) & 쌔다 des arbres.

Déraisonnable 당치못하다, 의리거스리다, 리치거스리다. Tout à fait — ˚천부당, ˚만부당, ˚망거.

Déraisonner 리치거스리다, 리치거스리는말하다, 샐소래하다. — de délire V. ce mot.

Déranger 어즈러이다, 헤여지다, 어리다 (여,린) V. désordre. — un plan 뜻을어리다. Les plans sont — 일이틀녓다. = — qqun, l'incommoder 번거하다, 번거롭다 (로와,온), 고롭게하다, — l'importuner 시앗치다. Être —, en désordre 어즈럽다 (러워,운), 헤여지다, — dans sa conduite 그릇되다, ˚외입하다, — de ses affaires 패하야가다, 쌔져가다. La montre est — 시표병낫다. 보채다

Derechef 다시, 또.

Dérégler 어즈러이다. V. Déranger. Passions — 봅쓸 샤욕.
Dérider se — (au sens littéral) 얼골 펴다. = se distraire, se réjouir 우余 락 닦 하다.
Dérision tourner en — 비쇼하다, 조롱하다, 비웃다 (서, 슨). 빈정거리다, 빈정빈정하다.
Dérive
Dériver venir de, procéder 나다 (나.난) = —, en termes de marine 불결 티 르 가다 / = — gramm.* 젼 휘하다, mot —* 젼 휘 어. Faire — les eaux 불 터 노타 (하, 흔) (드다, 터, 든, ouvrir un trou, un passage) / 길 다 히다 (faire arriver.
Dernier 슷, 마즈막, 빈 슷, 빈 뒤, 나죵, 빈 나죵. En agg. 죵, 말. Le dernier jour du mois 금 유 날. — né 막 나이, 막 난 이, 막 동. = L'année —* 상 년, 져 년, 지난 히. — paroles ou recommandation d'un mourant * 유 언. Recevoir le — soupir (de qqun) 님 죵 보다 (아, 본). Celui qui vient le — 나죵에 오는, 뒤에 오는, 뒤것. C'est le — les hommes 사룸 즁 에 뎨 일 쳔 혼 사룸이라. Ils meurent tous jusqu'au — 흔나도 남지 안케 다 죽는다, 깗아게 다 죽는다. = En — lieu 나죵에, 빈 뒤에

* 유언 a maintenant, en plus, le sens de testament — volontés (écrites)* 유셔

Dernièrement il n'y a pas longtemps 요ᄉ이에, 져간에, 요 저간에, 오래지 아냐
Dérobée à l'insu (남) 몰니, (남) 모르게; — à la hâte, en passant 도젹 허렵, 도젹질하는 섯하게.

414/

Dérober 훔치다, 훔쳐가다, 도적질하다, 도둑질하다; — habituellement 손것흘다 (어,흔), 손것칠다 (치러,친) 손것치다 (la main est voleuse). : Se —. = 손버릇괴악하다. échapper par la fuite ou l'adresse "피하다.
Se — à "피하다, "면하다; en agg. "피, "면.

Dérogation Dispense "관면. = Pts. "갓즈레, "역즈레, "포즈레

Déroger donner dispense "관면주다, 관면하다, — enfreindre "범하다; — se dégrader V. ce mot

Dérouiller닥다 (가,근), 녹닥다. Se — (la voix, les forces en s'exerçant d'avance) 가드듬다 (어,은).

Dérouler 들다 (어,들); —, étaler 펴다 (펴, 편), 드릴치다.

Déroute D'armée "퇴군. Mettre en — 치다. y être mis 지다. — fuite 도망하다.

Dérouter V. Déconcerter.

Derrière 뒤 (c'est un vrai substantif qui se décline). Croiser les mains — le dos 뒤짐지다. Lier les mains — le dos 결박하다, 뒤결박하다. 뒤짐지어다 Regarder — soi 도라보다. Par devant & par — 앏과뒤로, 앏뒤로, 앏뒤. Le — d'une maison 집뒤 Bâtiment de — 뒤채; Cour de — 뒤마당. = — d'un homme, d'un animal 뒤, 궁둥이; — fesses 볼기. Donner sur le — 볼기치다. Recevoir des coups de bâton sur le — 볼기맛다 (마저 & 즌,즌).

Dès prép. — depuis V. ce mot. = — que (aussitôt après)... 후 즉시 = Comment se rend par le conditionnel suivi de 즉시. Dès qu'on l'a vu. c'est enfin 본즉즉시 다라낫다, et mieux 보면즉시다라낫다. Dites lui, que vous le verrez 보거든즉시옵도하라. Souvent 즉시 se supprime, avec le conditionnel surtout.

Désabuser qqun 쇠오치다, 쇠우치다, 쇠닷게하다, 쇠여주다 (여, 준). Se — 쇠오다 (도러, 온), 알아내다, 알다 (아, 는)

Désaccord entre personnes 불목. Etre en — (en dispute) 불목하다, 불합하다, (de sentiment, de pensée) 소견 불합하다, 달니성각하다; (rivalité) 결우다 (워, 운).

Désagréable 귀찬다 (하, 는), 귀치안타, 시그럽다 (로와, 운), 성가시다, 안탁삽다 (사와, 운) = —, parce que contraire ou défavorable aux projets 모레롭다 (로와, 운; = Personne — 즈즐하다 (se dit surtout des enfants). (Chose) — 즘그럽다 (러워, 운) (qui fait faire la grimace); 뻡살스럽다.

Désagréablement

Désagréger

Désagrément 모레난, 억울한일 (억울하다).

Désajuster 어그러치다, 어긔다 (어, 긘). Se — 어긔여지다, 어그러치다.

Désaltérer v. act. 회갈식히다. Se — 회갈하다. (boisson) qui — bien 회갈하기 묘타 (하, 는).

Désappointer . Etre —, ne avoir pas trouvé son compte 속다 (아, 은)

Désapprouver
416/

— Déconcerté 어이업다, 혀쓸ᄒᆞ다.

Désapprouver 나무라다 (라, 랏), 도하아니ᄒᆞ다. * 불찬성ᄒᆞ다

Désarçonner 락마식히다, 말의ᄂᆞ리우다, (우, 운) - Etre — 락마ᄒᆞ다.

Désargenter 은벗기다. Etre — 은벗다 (버서, 슨).

Désarmé Etre — 빈손으로잇다, 방신ᄒᆞᄂᆞᆫ 것업다 (방신 protection du corps... & tout ce qui y sert)

Désarmement

Désarmer ôter les armes 긔계ᄲᅢ다 (여, ᄲᅢᆫ); = — un vaisseau 션즙불거두다 (어, 둔), = — une place

= — (un fusil, un pistolet)

= — (au moral) — la colère de 감동케 ᄒᆞ다 pour un supérieur; - pour un enfant, un inférieur 달내다. = le laisser — *감동ᄒᆞ다.

Désarroi Etre en — 어즈럽다 (러워, 운) mettre le — 어즈러이다.

Désarticuler 어긔다 (여, 긘). Etre — 어긔여지다.

Désastre *저앙, *앙화, 禍; en agg. *저, 화 — causé par le feu *화저; — par l'inondation *슈저.

Désastreux on dit souvent en place 참혹ᄒᆞ다 (Déplorable).

Désavantage 해 = 보다 (아, 본), 북 = 보다 surtout pour un — entrainant une certaine confusion. Parler au — de. V. Médire.

Désavantageux nuisible 해롭다 (로와, 론); moins avantageux 덜됴타 (하, 흔).

Désarcer
Désavouer . = — ce qu'on a dit ou fait 서다 (어,선), 잘못ᄒᆞ엿다 ᄒᆞ다, — qqun 순다 (허,흔), 보로노라ᄒᆞ다 — en agg.° 파, v.g. — une adoption, — un fils adoptif° 파양ᄒᆞ다.
Desceller
Descendant par la filiation °후손,°후예,°후대 les — °조손,°후손ᄌᆞ
Descendance °조손,°후손ᄌᆞ V. Ligne
Descendre 나리다, 나려오다 (와,온), 나려가다; en agg.° 하, qqf.° 강 — de cheval° 하마ᄒᆞ다; — d'un navire à terre° 하륙ᄒᆞ다. On dit qqf.° 상륙ᄒᆞ다 (le rivage étant plus haut que la barque). = — (marée) (물) 혀다 (혀,현), 쎠다 (쎠,쎤), 켜다 (켜,켠). = —, placer plus bas 나리오다 (와,온), 나려두다 (어,둔) = Faire — 나리오다.
= — (du ciel. N.S.)° 강림ᄒᆞ다, — et naître° 강ᄉᆡᆼᄒᆞ다 (incarnation).
Descendu V. Descendant.
Descente du ciel °강림. La — du S.t Esprit °셩신강림. = — de montagne, route de — 나려가는 길, 비탈길, 거우듬ᄒᆞᆫ길. = —, maladie V. Hernie.
Description °형용 On dit parfois° 열긔. énumération, liste. V.g. — d'un paysage 산천 열긔: énumération des fleuves & les montagnes.
Désemplir act. & n. Vider & se vider 뷔다 (여, 뷘). La maison ne — pas 집 뷘 더 업다.

Désenchanter se — 맛일타(허,흔), 맛보르다(볼나,보른). se — d'une illusion 씌도다(드러,른), 헛된줄노알다(아,운).

Désenfler v. n. 북긔누리다, 북긔ᄲᆞ지다, ᄲᆞ지다, 누지다, 갈아안ᄯᅡ(안저,즌). Faire — 북긔누리우다(워,운), 가라안치다.

Désenfiler

Désengourdir 녹이다.

Désenivrer se — 술ᄭᆡ다(여,ᄭᆡᆫ); —, v. act. 술ᄭᆡ우다(워,운).

Désennuyer se — 심심푸리ᄒᆞ다, 심심소일ᄒᆞ다, 심심파젹ᄒᆞ다; — un autre 심심파젹ᄒᆞ야주다.

Désenrhumer se — 감긔풀니다.

Désenrouer se —, être — 목터지다, 목가라안ᄯᅡ(저,즌).

Désenvenimer v. a. une plaie 독긔ᄲᆡ다(여,ᄲᆡᆫ), 독긔헤치다 (독긔 force du venin).

Désert (adj.) 뷔다(여,뷘), 외졋다(져져,져즌), 그윽ᄒᆞ다. Maison — 뷘집, 텡뷘집, 일공ᄒᆞᆫ집. = —, (subst.) — lieu inhabité 뷘들, *무인디경, *광야, *사막.

Déserter (du service) *도망ᄒᆞ다.

Déserteur *도망군. *탈주병

Désespérer v. n. *실망ᄒᆞ다, *락망ᄒᆞ다. = — perdre courage *락심ᄒᆞ다, 억졉닐허지다. = — v. act 실망케ᄒᆞ다. État — 홀슈업시되다(여,된), 어이업다.

Désespoir *실망, *락망, *락심.

Déshabiller v. act. 벗기다, 옷벗기다, 옷버

쳐주다. Se — 벗다(벗혀,슨). 옷벗다.

Déshabituer Se —, perdre une habitude 습관 일타(허.흔); Se renoncer à une habitude 습관 새히다, 습관새다, 슨다(허.흔), 슨혀 부리다, 곳치다. — V. act. 습관을 새여주다.

Déshériter

Déshonnête, incivil 무례ᄒᆞ다; = —, obscène *유란ᄒᆞ다, en agg. *유. Parole — 유란ᄒᆞᆫ 말, 퇴설; Désirs — *유욕; actions — 유힝, 힝유

Paroles — *유담패설 (conversation)

Déshonneur 망신. Tomber dans le — 망신ᄒᆞ다, 망ᄒᆞ다, = *실례ᄒᆞ다 est une honte passagère.

Déshonorer qqun 망신식히다, 붓그럽게ᄒᆞ다.

Désigner, indiquer, faire connaître 그ᄅᆞ치다(쳐,친). — de la main 손으로 그ᄅᆞ치다, = 손가락질ᄒᆞ다 est montrer au doigt de façon incivile. = — en faisant une marque (v.g. sur une liste) 쳑다(어.은) = — à chacun son travail ou son lot 분비ᄒᆞ다, 분치ᄒᆞ다.

*지목ᄒᆞ다. Mes paroles ne —, ne visent personne (individuellement) 누구를지목ᄒᆞ야ᄒᆞᆫ말이아니다.

Désillusionner

Désinence 어미.

Désinfectant *쇼독약, *쇼독졔, *쇼독긔

Désinfecter *쇼독ᄒᆞ다, 독긔 업시ᄒᆞ다, 독긔 새다(여,샌) — (d'une mauvaise odeur) 내암새 업시ᄒᆞ다. Être — 내암새삭앗다 (삭다(아,은) se dissiper)

Désintéressé 리를도라보지아니ᄒᆞ다, 리를 취치아니ᄒᆞ다. = *청빅ᄒᆞ다, *청념ᄒᆞ다,

429/

*쳥렬ᄒᆞ다. Ces trois derniers indiquent la pureté des sentiments, des pensées.

Désintéresser qqun d'un dommage 갑다 (하, 흔), *보환ᄒᆞ다. Se — de 알은톄아니ᄒᆞ다, 도라보지아니ᄒᆞ다, 모로다 (몰나, 모론).

Désintéressement *무ᄉᆞ무욕.

Désir *원, *원의, *=욕, *욕긔, *탐, en ag. *욕 mauvais — *악욕, — déréglé *사욕, :— ardent *지원, — très ardent *쳥렬지원. L'objet d'un désir ardent se dit *내복쇼관. Mes — sont accomplis 소원에 맛잣다 ou 맛쳣다, 일이내원의대로되엿다.

Désirable 부럽다 (러워, 운), 욕심스럽다, (러워, 운), 탐스럽다. —, dont la vue donne le désir *견물싱심.

Désirer 욕심내다 (여, 낸), *원ᄒᆞ다, *탐ᄒᆞ다, 부러워ᄒᆞ다. — ardemment, impatiemment 죄다 on dit aussi 지원일다 V. Désir. Faire — 욕심을도도다 (아, 돈).

Désister Se — *파ᄒᆞ다, *폐ᄒᆞ다. Se — d'une entreprise, changer d'idée 부로쳥ᄒᆞ다, 부족창ᄒᆞ다.

Désobéir 슌명아니ᄒᆞ다, 거ᄉᆞ리다, 명을어긔다, (여, 긘). 말아니듯다 (드러, 른).

Désobéissant *불슌ᄒᆞ다, 거ᄉᆞ리다

Désobliger

Désoeuvré *한가ᄒᆞ다, 놀다 ou 노다 (노라, 논), *한유ᄒᆞ다. Homme — 한유직. — (sans métier ni profession) *유식지민.

Désolant *참혹ᄒᆞ다, *민통ᄒᆞ다; *원통ᄒᆞ다,
Désolé Être –, se – *민통ᄒᆞ다; *원통ᄒᆞ다, 민돕다(아,온), 섧다(허,혼), 섧허ᄒᆞ다,
Désoler v.act.- qqun 고롭게ᄒᆞ다, 걱졍식히다. v. affliger. = – un pays. le ravager 노략ᄒᆞ다, 씨ᄂᆞᆼ치다.
Désopiler 우슘낙닭ᄒᆞ다.
Désordonné 어즈럽다(러워,온), 비뤼비뤼ᄒᆞ다.
Désordonnément 어즈러이, 어즈럽게
*분란 Désordre 어즈럽기. Être en – 어즈럽다(러워,온), 헤여지다, *혼잡ᄒᆞ다, *혼돈ᄒᆞ다, *번잡ᄒᆞ다, *분잡ᄒᆞ다 헛으러지다, De (troupes) *각산ᄒᆞ다, *각산전비ᄒᆞ다, de (spécialement des choses) 귀쳑불ᄒᆞ다, 귀살스럽다(러워,온). Mettre en – 어즈러이다, 헤치다. En – 어즈러이, 어즈럽게, 칢부록, 뒤숭숭 Avoir les cheveux en – *퐈발ᄒᆞ다, 머리엉클다(어,큰) = –, tumulte 야단, 작난; – civil *난리; = – dérèglement des moeurs *악ᄒᆞᆼ. Vivre de le – *방탕ᄒᆞ다.
Désorganiser
Désorienté au propre & au figuré 힝방을일타(허,혼), 힝방을보로다(볼나,보론) – au figuré seulement 얼얼ᄒᆞ다.
Désormais 이후에, 이뒤에, 이후로부터, 이제, 이제후로부터, 압흐로, *지금이후
Désosser 써를발나내다(여,낸)
Despote tyran *악왕 = –, roi absolu 젼권ᄒᆞᄂᆞᆫ님군.

Despotisme forme de gouvernement *전권정치, *전제정치 — de la manière de gouverner, d'agir *압제. Le subir … 받다 (아, 은). *독제정치 *독리

Déssaisir (se) — de 내여노타 (하, 흔).

Dessaler 소곰 쌔다 (여, 쌘)

Dessécher v. act. 말니다. se — 말나가다, 말나지다, 이울다 (우러, 운), 이우러지다. être —, sec 마르다 (말니, ou 말나, 마른) se (v.g. tabac) 섭하다. être complètement — 밧삭 마르다.

Dessein 뜻, 긔욕; *의향; *의소 avoir — se rend par les formes 하려하다, 하라고 하다, 하고자하다. On dit aussi 할긔욕 두다 (어, 둔). A — 부러, 짐줏, 짐짓; = sans — 그져, 긔욕 업시, 무심히.

Desseller 안장을 셰다 (어, 셴)

Desserrer 늣추다 (어 u워, 운) — les dents 입버리다, ne pas les — (ne pas parler) 녹녹하다

Dessert On dit ordinairement 술상 s'il y a du vin, sinon 실과상

Desserte reste du repas *제반.

Desservir la table (상) 물니다. — qqun (en paroles) *간언하다, 간언노타 (하, 흔)

Dessiller les yeux à qqun 셕깃게 하다, 셕이우치다 = Cela lui a — les yeux 그것스로 셕도랏다.

Dessin 그림; — "Dans un tissu" 난의 De la écoles, on dit *도화

Dessinateur 그림장이

Au dessous (d'un point, d'un nombre donné) *이하. 200 & au — 이백 이하

Au dessus (d'un point, d'un nombre donné) *이상. 200 & au dessus 이백 이상

*승 ᄒᆞ다

Dessiner 그림 ᄒᆞ다, 그림 그리다, 그리다.

Dessouder. La soudure se dit 솔, 솔기, 솔기 입힌 솔, — à l'act. se traduit par ces mots mais se 뜯다 (어,은) ou se 터지다 (어,은); —, au neutre & au passif 터지다.

Dessous 아래 qui veut dire surtout en bas de : le village d'en — 아래 동네 ; 밋희 ou 밋헤 qui s'emploie dans le même sens, v.g. 상 밋희, mais qui veut dire aussi sous, dessous — (sans être complètement enfoui). 상 밋헤 두다 mettre sous la table. 속에 qui se dit pour les choses complètement enfermées & veut plutôt dire dans que dessous : sortir de — l'eau (c.a.d. de dedans l'eau) 물 속에서 나오다. = Le — d'un objet 밋, 바닥. Le — du pied 발 바닥. Le — (c.a.d. le dedans) du cœur 맘 속.

Dessus 우희, 우 qui se décline. Sens — dessous (en désordre) 엄벙덤벙, 뒤숭숭 = & à l'envers 뒤집어 (part. pas. de 뒤집다); de la tête en bas 것구로, 거꾸로. Être sens — dessous (suivant le sens) 뒤집다 (어, 은), 것구러지다, 셕구로 잇다. Y mettre 뒤집다 (어.은), 것구로 노타 (하,흔) — & pour un vase 엎다 (허,흔), 엎허노타 (하,흔)

Dans beaucoup de cas, — se rend par un verbe comportant la même idée. Avoir le —, l'emporter 낫다 (하,흔), 이기다, 쇠여나다, & si c'est dans une contesta-

tion, une bataille 이긔다 (여, 긘). Passer par —
넘다 (어, 믄), 넘어가다. Jeter par — 넘겨치다.
Oter de — le corps 벗기다. Etre au — de la
nature humaine 인졍을뛰여나다; au —
des forces humaines 인력을지나다. Etre au
— de ses affaires *도실ᄒᆞ다, 넉넉ᄒᆞ다, 어렵지
안타 (하, 흔). Se mettre au — de (ne pas
faire cas de) 알ᄂᆞᆫ톄아니ᄒᆞ다, 도라보지아니ᄒᆞ다.
= Là — (sur ce sujet) 그것으로; de (sur
ces entrefaites) 그ᄯᆡ에, d. (au présent) 이제.

Destin, **Destinée** *텬명, 텬슈 *텬운
disposition du ciel (i.e. de Dieu) = *운명
*운슈 se rapprochent davantage du "Fatum".

Destiner Je — cet argent
à un achat de terres 그돈으로뎐답을사
려ᄒᆞᆫ다, 뎐답살돈이라. Homme — à de
grandes choses 큰일ᄒᆞᆯ사ᄅᆞᆷ.

Destinataire

Destituer 파직식히다, 갈아주다. Etre *색직ᄒᆞ다
— *파직ᄒᆞ다, 갈니다, *색직ᄒᆞ다.

Destruction

Désuétude Etre en —

Désunion mésintelligence *불목, *불화

Désunir séparer ᄯᅦ다 (어, ᄯᅦᆫ); — des amis
(avec un homme comme sujet) 불목식히다,
(avec une chose) 불목거리되다, 불목가음되다.

Détachement militaire *지대

Détacher Délier 풀다 (어, 푼); — séparer
avec effort ᄯᅦ다 (어, ᄯᅦᆫ); — (une chose au.

crochet) 떨어지다; — un fruit de l'arbre 타다 (타, 탄). — par petites portions 쪼다 (조아, 온) — arracher v.g. une branche 쓴다 (혀, 튼). Se — (de soi-même) 떠러지다. Pour les tuiles du toit, les écailles de poissons etc 버서지다 v. Tomber. — Pour les cheveux, les dents 빠지다. Se — d'une chose, (y renoncer) 쓴다 (어, 은) 쓴어부리다 = 쓴다 (혀, 튼), 쓴혀부리다 marquent plus d'effort. Se — du monde 탈속하다, 탈세하다, 세속을 쓴혀부리다

le 싹다 (써, 싹)

Détacher enlever une tache. Pour une tache grasse 빼다 (아, 빼). Pour les autres 닥다 (가, 근); & si c'est en lavant 씻다 (씨셔, 씨슨), 빨다 (아, 빤).

Détail — Enumération 세목. Considérer en — 세밀이 헤각하다; Raconter en — 낫낫치 닐오다 (닐너, 닐온); 세세히 닐오다. Laissez tous ces — 그러길게 하지 마라, 그러 장황이 하지 마라 / 장황하다 prolixe). = (Ouvrage) comportant beaucoup de — 세밀하다. = Vendre au — 조아 풀다 (아, 푼); 분매하다; 산매하다.

Vendre au détail 매지어 풀다 (매짓다 지어, 지은 faire des lots, ou plutôt séparer par unités 枚 매)

Détailler 쪼다 (조아, 온); — un animal tué 각쓰다 (써, 쓴).

Dételer 벼빼다 (여, 뺀)

Détective 정탐군, 정탐자 = 별순검.

Déteindre v. act. 불빼다 (아, 뺀); — v. neut. 빛써러지다, 변색하다, 부색하야지다.

Dételer

Détenir (un objet) 가지다 – (un homme en prison) 가도다 (아,돈).
Détendre relâcher 늣추다 (워,춘), – son esprit, se reposer *쇼일하다, 쉬다 (어,쉰), 정신 놀니다, 정신내다.
Détente d'un fusil on dit ordinairement 방아쇠 qui est plutôt le chien ; – d'un piège 귓독이. – le ressort 감살.
Détenu 가치다, 가도이다, 가치이다. *름치하다. lieu de détention 름치쟁
Détériorer act. *상하다. se –, être – *상하다, *변하다.
Détermination *결단, *결발, *결심. Rendre une – *결심하다, *결단하다, 결발내다. La – est prise 결단낫다, 결발낫다.
Déterminé, hardi *활발하다, 겁업다. Caractère – *강단성. *결근.
Déterminer fixer *뎡하다, *작뎡하다, *결단하다, *결발내다. se – *결심하다.
Déterminisme *뎡명론; *결뎡론; *뎡도론, *뎡운론, *필연론
Déterrer 파내다. –, trouver 찾다 (차자,존).
Détestable *흉악하다, *괴악하다, 밉다 (미워,운)
Détester 미워하다, 외발나하다, 외다르다 (달나,다른); *결증지하다.
Détirer 잡아당긔다 (여,긘), 잡아느르다 (ou 누르다) (늘워,눈), 느리다.
Détiser (le feu) 헤치다
Détonnation 탕, 퉁하는소리
Détordre 풀다 (어,푼).
Détorquer 새앗다 (아서,순).
Détour d'une rivière, d'une route 굽의, 구븨

Route qui fait beaucoup de — 소리소리ᄒᆞᄂᆞᆫ길, Faire un — (route) 에다, 에우다. De brusque 썻기다. Faire un — (homme, animal) 에여가다, 외다, 외여가다, 도라가다. Faire des — en parlant 에두룩다 (둘너, 두룬), ᄆᆞᆯ에둘너ᄒᆞ다, 에둘너ᄆᆞᆯᄒᆞ다.

Détourner un chemin, une rivière (길, 물줄) 에여내다, ..."변작ᄒᆞ다; — (un malheur) ᄆᆞᆨ다 (아, 은), "방비ᄒᆞ다, "방폐ᄒᆞ다; — les yeux "외면ᄒᆞ다, 눈돌다 (아, 돈); — la tête 고리두룩다 (둘너, 두룬); — la conversation 다른ᄆᆞᆯᄭᅳ어내다, 잡ᄆᆞᆯᄒᆞ다. D. autoritativement ᄆᆞᆯᄆᆞᆨ유ᄒᆞ다. — du travail 폐공식히다; — (d'un crime), en dissuader ᄆᆞᆨ다 (아, 은), ᄆᆞᆯ니다, ...못ᄒᆞ게ᄒᆞ다. Se — (pour éviter) "피ᄒᆞ다; sinon 도라셔다 (셔, 션) ou 도라가다 selon le sens. Se — du bon chemin 길일타 (허, 흔). D. un moral 그릇되다, 정도를ᄇᆞ리다.

Détracteur

Détraquer

Détremper v.g. le riz de le bouillon ᄆᆞᆯ다 (아, ᄆᆞᆫ). Être — (sol) 즐다 (어, 즌), 질다 (어, 진).

Détresse

Détriment 해. A notre — 우리해보게.

Détritus

Détroit* 해협. 목, 목쟝이

Détromper v. Désabuser.

Détrôner sans changer la dynastie 반정

하다, 님군을폐하다; – en changeant la dynastie *환국하다.

Détrousser voler 새앗다 (새아서, 앗은), 새앗다
(아서, 은), 새다 (아, 샌), 새아가다, 도적질하다
(avec tous ces verbes, les objets volés sont le régime direct)

Détruire 업시하다, 멋지르다 (질너, 지른), *싹
치다; *쇼멸하다, 결단내다; – de fond en
comble *멸망하다, 멸망식히다; – une
maison (une famille) *멸문하다. = Se –,
être – 업서지다.

Dette 빗, *부채. En contracter 빗지다.
En donner (prêter) 빗주다 (어, 준). Les payer
빗갑다 (하, 흔); *필거하다; *보환하다. Vieilles – 넉은빗, *구채.

Deuil *상사. – de famille *초상; – (d'un
autre) auquel on s'associe *표상; – du père
ou de la mère *친상; – du père *부상; –
de la mère *모상; – de l'oncle *삼촌상 etc.
– du royaume *국상; demi – *흉복.
Homme en – *상제, *상인. Être en –
(en fait) 상맛나다, *상당하다; se être
vêtu de – 복닙다 (어, 은), 상복닙다. =
Habits de – *상복; de deuil *중단; Chapeau de – 방갓, *방닙 on dit plus souvent
*상닙; bonnet de – *두건, *건, *감투; –
serre-tête de – *도망; voile de – (pour
se cacher le visage) *포선. Ceinture de –
*복식, 상식; Guêtres de – 뵈항전,
Bâton de – *상장. Quitter le – *탈상하다,

Marque, insigne de deuil
*조석 (se dit pour deuil officiel)

*회샹ᄒᆞ다, *길복ᄒᆞ다 = —, insigne de — *조석 = Être dans le — & les larmes *애통ᄒᆞ다.

Deutéronome *신명긔

Deutérocanonique *뎨이경뎐셔, par opposition à *뎨일경뎐셔 protocanonique.

Deux 둘, 두, = *이, *량. = En général devant les noms 두; après 둘 qui s'emploie aussi substantivement. Avec les mots chinois *이 quand il y en a plus de deux, *량 dans le cas contraire. Joindre les — mains 두손거지ᄒᆞ다, 손들거지ᄒᆞ다, *량슈거지ᄒᆞ다 = (이슈 serait incorrect). = — fois plus grand 두동갑, 두배크은; — fois le jour ᄒᆞ로두번식, ᄒᆞ로두ᄯᅢ식 l'espace de — jours 이틀.

De — l'un 둘즁에ᄒᆞ나; et si cette expression était synonyme de 'de — en —', c.a.d. s'appliquait à plusieurs ᄒᆞ나식걸너 (걸으다, filtrer), ᄒᆞ나식걸너, ᄒᆞ나식걸ᄒᆞ야 (걸ᄒᆞ다, omettre). Aucun des — 둘다아니, 둘다말고. Je ne veux aucun des — 둘다슬타.

*qqf. en agg. *갈 de — jours l'un, tous les — jours *갈일

Les — côtés, *량ᄉᆞᆨ, *량편; de — couleurs *량색. Diviser en — 두복으로난호다 (화.홀), 두복난호다 se dit même 둘노난호다. = — ou trois, (plutôt —) 두어.

Deuxième 둘ᄶᅢ, 뎨이. Le — du mois 초이틀, 초이틀날; *초이, le — jour (le jour d'après un autre) 이틀날, 그이틀날. La — lune *이월 = —, qui vient en second lieu 버금, 다음. en agg. *부.

Deuxièmement 둘ᄌᆡ, 둘ᄌᆡᆫ, 이ᄂᆞᆫ.
Dévaliser V. Détrousser
Devancer en marchant 지나다 (나,난), 지나가다; — marcher devant 앏셔가다; — arriver avant 몬져오다 (와,온), 몬져가다.
Devancier V. Prédécesseur.
Devant 앏 se décline (앏히.ᄉᆡ); — 앏희 en agg. *젼. Devant les yeux 눈앏희, 목젼에. — & derrière 앏뒤. Le jour de — 젼날, aller — (temps) 몬져가다; — (espace) 앏으로 가다, 앏셔가다. On dit parfois 몬져가다 parceque, pour aller — (espace), on part et on arrive — (temps). Aller au — *마중ᄒᆞ다, *영졉가다, 마조가다, 마져가다.
Devanture
Dévaster 망치다. = piller *노략ᄒᆞ다
Développement explication 풀니.
Développer dérouler 풀다 (어,푼); — expliquer longuement 풀다 (어.푼), 길게 말ᄒᆞ다; = — (des troupes) *젼리ᄒᆞ다; = — (une photographie) *현상 = ᄒᆞ다. = — produire (odeur, chaleur etc) 내다 (여,낸).
Devenir pris absolument : 되다. Que — cette affaire 일이 엇더케되나냐. = — suivi d'un adjectif 지다 (— 아가다) qui s'emploie après les part. passés; ᄒᆞ여지다; 되다 qui s'emploie avec les substantifs ou les adjectifs proprement dits, ou les verbes adjectifs, ou plutôt leur forme adverbiale en 게 (ou 케): ᄒᆞ게

되다 . = 되다 marque une modification plus avancée que 지다 . - On les joint qqf. tous les deux sous la forme 되여지다. Voici qques exemples : Devenir vieux 늙어지다, 늙어가다 ; —riche 부쟈되다 ; —rouge 붉어지다, 붉은빗되다. — riche peu à peu 흔흔 부쟈되여지다 (ou 되여가다).

Dévergondage 비례.

Devers Par —, se rend par l'instrumental ou le locatif suivant qu'il y a mouvement ou non. Avoir par devers soi 제게 잇다, 가지다.

Déverser

Déversoir d'un étang 물곬, 슈문

Dévêtir Se — 벗다(벗셔, 신), 옷벗다. = —(un autre) 벗기다, 옷벗기다.

Dévider en pelotonnant 감다(아, 은) - sinon 풀다(어, 풀).

Dévidoir 실것, 돌것

Dévier 빗굴다(러, 군), 빗굴러지다 ; 굽다(어, 은), 굽으러지다 ; — de la verticale (pencher) 숙다(어, 은) — du bon chemin 헛길노가다, 길 일타(허, 흔) - se au moral 그릇되다.

Devin 이인, 술객, 술수 = spécialement géoscope 디관, 풍슈 ; métoscope & physiognomiste 상쟈 ; - explicateur de songes 해몽쟝이 (해몽하다) = les prédictions du — 븍굴러 = 하다.

졈쟝이

Devinette 슈슈색기, 슈슈것기, 슈슈접기 ;'미어, '난데
Deviner 알아내다, 알아치다, 서리쏫다(쏘아, 쏜) = 넘겨집다(허, 흔). désir au delà ; v.g. — les pensées en allant plus loin que les paroles 발음을넘겨집다 .. V. Conjecturer.
Etre — 들키다.
Devis *견적. — écrit '견적서.
Dévisager Regarder en face *생1면하다, *대1면하다, 쳐아보다(아, 본), 얼굴바로보다 Aucune de ces expressions ne marque le manque de respect que semble comporter le mot français - 쳐아보다 est moins respectueux := —, défigurer '1면파상하다, 얼굴상하다.
Devise *화언 ; '격언
Deviser 니악이하다.
Dévisser
Dévoiement 설사 — 하다
Dévoiler 드러내다(어, 낸), 나타내다 ; — (un secret) '누설하다. Etre dévoilé 들키다
Devoir (substantif), office "munus" *본분, '본업, 본직. affaires de — (de la charge) *분내사 = *본분 veut dire aussi obligation. Le sens de devoir d'état, mais il peut servir presque toujours, ne fût-ce qu'en tant que devoir d'état d'homme 사름의 본분.
Remplir son — 본분을 치오다 (와, 온), 본분을다하다. Je vais où m'appelle mon — 내 본분의 거술 힘하러 간다. Se mettre en

— de, se rend par la forme 하려하다, 하랴 하다. — On peut se servir aussi de 시작하다, à cette forme surtout: Lorsqu'on se mettait en — de 막 시작하려 할즈음에 ...

Devoir (verbe) Avoir une obligation. Dans ce sens il n'y a pas de verbe équivalent en Coréen. On se sert des verbes 맛당하다, "당하다, "응당하다 ordinairement sous la forme adverbiale 맛당이, 응당이; mais en soi ces verbes marquent une chose qu'il est convenable de faire & non un — absolu. On peut aussi tourner: C'est le — de en employant le mot 본분 (V. article précédent). Voici qques exemples. On doit observer les lois du royaume 나라의 법이 직힐거시라, 국법이 반드시 직힐거시라 (반드시 absolument), 국법이 맛당히 직힐거시라, 국법이 반드시 맛당이 직힐거시라. 국법을 직히는거시 백셩의 본분이라 etc.

= — contracter une dette 구이다 assez peu employé: on tourne autrement. Combien devez vous? 빗 얼마나 젓나냐.

= — être redevable de (bienfait): je vous dois la vie 네 은혜로 살엇다, 네덕으로....

= — marquant le simple futur ne se traduit pas. S'il ajoute qqch. à l'idée de futur, on emploie la forme 할거실다. Je dois partir demain 래일 가겟다, 래일 갈거시라. Il devrait être arrivé, il n'est pas encore là 넉넉이 올거션듸 녀희 아니왓ᄂᆞ다, 넉넉이 올거ᄉᆞᆯ 녀희 못왓다. = — exprimant un désir qu'on fasse, un regret qu'on n'ait pas fait se rend par 됴타 (하,흔) On devrait faire 하면 됴켓다. On aurait dû télégraphier 뎐보 노핫더면 됴흘거ᄉᆞᆯ....

Dévolu Être — à, retourner ou revenir à .., v. ce mot. Cela m'a été — 내게 도라왓다. Jeter son dévolu sur (en fait) 가리다, 갈희다 (혀,힌), 가려내다. De sa son intention seulement 속 다뎡ᄒᆞ다, 속뎡치다, 안 다뎡ᄒᆞ다 (다뎡ᄒᆞ다, 뎡치다 faire une marque).

Dévorer (animaux) 믈어먹다 (어,은). — manger gloutonnement 쓴지르다 (질너,지른), 쳐든지르다, 또럭또럭먹다, 더럭더럭 먹다. = — des yeux 진나도록 보다 (아,본) (jusqu'à en user), 쑤러지게 보다 (percer du regard), 불그름이 보다, 불그럼히 보다. = — les livres (칙을) 잠심ᄒᆞ야 보다 (avec attention), 내쳐 보다 (d'un bout à l'autre), 넝큼넝큼 보다 (vite). = — ses chagrins 은근히 셜움을 닮다 (어,은), = — un affront (le recevoir) 욕보다 (아,본), 욕먹다 (어,은), — (le dissimuler) 욕 아니 타는 톄ᄒᆞ다, ... 것으로 됴흔톄 ᄒᆞ다.

Dévot 열심잇다, "열졍ᄒᆞ다. Dévotement 정성되히

Dévotion "열심, "열졍, "진심; 정셩

Dévoué 졍셩되다, 졍셩스럽다 (러워,운).

Dévouement

Dévouer se —, se sacrifier
se — à, s'appliquer de toutes ses forces 정성을 다 하다, 정성으로 하다 ; — d'une chose, d'une oeuvre 일삼다 (아, 은), 일삼아 하다. = se — à (sans souci du danger, des inconvénients) 무릅쓰다 (써, 쓴), 무릅써 하다.

Dévoyer se * 변하다, 그릇되다

Dextérité 솜씨, 솜씨.

Diabète 소갈증.

Diable 마귀 V. Démon. Faire le — 야단 치다, 야단 하다, 야리하다 = 굿하다 (faire le sabbat). Diable affligé * 원귀 = 되다 (les suicidés — les morts avant le mariage). — affamé 걸귀. Se dit des gros mangeurs & des parasites. Un mauvais — 몹쓸 놈. Un pauvre — 불상한 놈. = —, jeu (le fameux "Diabolo") 죽방울

Diablesse 암귀신. = — méchante femme 몹쓸 년, 흉한 년. 악한 년.

Diablerie 마귀 작난, 마귀 즛 = * 마귀, * 귀마 (surtout obsession) = — de sorcières, sabbat 굿.

Diabolique en agg * 마. Songe — * 마몽, Puissance ou intervention — * 마력

Diaconat * 육품, 조제품, ; 조제 샹급 성품.

Diacre * 부제, ; 조제 = — protestant * 집사, diaconesse * 녀집사.

Diadème V. Couronne.

* 부제품

Sous diacre * 하부제, * 초부제. * 부조제

Pour la différence du sous diacre, le diacon et * 정부제

436/

Diagonale en géométrie *대각선 — en langage courant 귀거러끗는줄. Tirer une — 귀거러긋다 (그어, 은).
Diagramme *도형, *도표. *체도, *작도
Dialecte local *방어
Dialogue *설법, 슈작하는말.
Diamant *금강석, *금강석 = *야광주 (pierre qui brille la nuit). — de vitrier *금강찬.
Diamétralement être — opposé *각상반되다. (V. Contradiction)
Diamètre largeur *광 = — de cercle, de la circonférence, de la sphère (géom.) *경, *직경
Diapason ton ; — (instrument) *음차, *도음기
Diaphragme anatom. *격막; — (optique) *황격막
Diaphane
Diarrhée 설사.
Dicotylédon *쌍자엽식물.
Dictateur *전권대신, *대장군.
Dictée *서취 texte de la — *서취본
Dicter 부르다 (불너, 부른)
Dictionnaire *자휘, *자회, *자뎐.
Dicton *속담,
Didactique . Livre — *용서, *경견
Dièdre Angle — *이면각
Diète
Dieu *텬쥬 . C'est le seul mot dont les catholiques doivent se servir pour désigner le vrai Dieu. = Les païens n'ont pas d'équi-

valent. Ils disent °샹뎨 (roi d'en haut — mot rejeté par Rome) qu'on entend de temps en temps de la bouche des néophytes. — On avait proposé 하ᄂᆞᆯ qui a été rejeté comme entendu par le plus grand nombre au sens de ciel matériel. Les protestants l'ont adopté ; et, sous la forme de 하ᄂᆞ님, il est passé dans le langage courant. — Sous sa forme chinoise 天 °텬, il entre dans beaucoup de composés du langage courant v.g. °텬명 volonté du ciel, volonté divine (langage païen). — N.B. Le °텬, par une dérivation de la même idée entre dans beaucoup de composés du langage philosophique avec l'idée de "naturel", "inné" (mis en nous par le Créateur) v.g. °텬셩, caractère (d'un homme). — En traduisant les livres d'Europe, les Jap. ont adopté leur mot Kami 神, °신. En fait, dans la mythologie shintoïste les Kami ressemblent beaucoup aux dieux et déesses grecs et romains dont le nom générique est devenu le nom spécial de Dieu. En Corée, où, spécialement pour déterminer le sens des caractères, la doctrine confucianiste a été prédominante et même exclusive, °신 n'a pas ce sens : il veut dire esprit, substance immatérielle et rien de plus. Sous l'influence japonaise, il est possible, probable même, qu'il passe petit à petit, avec l'acception de Dieu dans le langage courant ; mais ce n'est pas encore fait, quoique les protestants l'aient adopté dans leur version récente de l'Ancien Testament. = Au point de vue philosophique, ce mot rendrait service en fournissant un vocable unique applicable au vrai Dieu et aux faux dieux ; et aussi — quand on raisonne de Dieu "in se" — une autre manière de le nommer qu'en le désignant par un de ses attributs relatifs, comme lorsqu'on dit "텬쥬.

"신, avec le sens de Dieu entre dans tous les mots composés : monothéisme, panthéisme, etc, puisque cette terminologie nous est venue du Japon.

Se faire un — de — (on dit se faire un maître) 쥬를삼다 (아.은).

Diffamation "단쳐, "훼방

Diffamer "훼방ᄒᆞ다, "단쳐ᄒᆞ다, 단쳐잡다(아.은)

Différemment 달니, 다ᄅᆞ게.

Différence "분변 ; "분별. Faire ou voir la — ... = ᄒᆞ다. Ne pas la voir = 몰ᄒᆞ다. ... = 모ᄅᆞ다 (몰나.모ᄅᆞᆫ) = —, reste d'une contraction "차

Différent 다ᄅᆞᆫ, 다ᄅᆞᆯ v. Différer

Différend, démêlé, dispute v. ces mots. Avoir un — 서로틀니다. De léger 시삭ᄒᆞ다, 티격티격ᄒᆞ다 = On se sert souvent du mot

일. affaire quand le contexte est suffisant pour marquer que c'est un —.

Différer être différent 다르다 & 다르다 (달나, 다른), 갓치아니하다, 애각하다, — légèrement "대동소이하다; — beaucoup être plus ou moins opposé 외칭되다, 외칭스럽다 (러워, 운). = —, remettre à plus tard 미루다 (루어, 룬), "지완하다, 버릇버릇하다, 출리다 (여, 린).

Difficile 어렵다 (려워, 운), 힘들다 (드러, 든), "간신하다. Très — "극난하다. = — à contenter, caractère — 까다롭다 (로와, 운), — sur la nourriture 입되다 (여, 된), 벽성사오납다 (나와, 운); —, dédaigneux 눈놉다 (하, 혼).

Difficilement avec peine 어렵게, avec peine & à peine 간신이, 근근이, 갓가스로

Difficulté 어려운디경, 어려운것 &c. — Faire — de (hésiter à) 어려워하다, 시러다, D.ᵉ (refuser) "고이하다, 슬희여하다 qui veut dire aussi faire avec répugnance.

Difficultueux

Difforme 흉하다, 것출다 (츠러, 츤)

Diffus "지리하다, "장황하다.

Diffusion

Digérer (la nourriture) 삭히다, 음식삭히다, — mettre en ordre 추리다, — souffrir patiemment 견되다 (여, 된), 참다 (아, 분). Se — (aliments) 삭다 (아, 은), 누리가다 (가, 갈) "소화하다

Digestif qui fait digérer 음식누리우다 (워, 운) — (drogue) — "소식제.

440/

Digestion *소화 = 하다. Mauvaise — *체 = 하다
La — est faite 음식삭앗다, 음식내려갓다. De
facile — 잘삭다, (아, 은), 삭기쉽다 (쉬워, 운),
잘내려가다.

Digitale 쵸롱쏫

Digne se rend par le participe verbal futur
할, ou par les formes 할만하다, 하얌즉하다; ou
par une expression particulière à chaque cas.
Digne de foi 밋을만하다 (밋다), 미덥다 (더
워, 더운); — de récompense 상엇을만하다,
*유공하다 (avoir du mérite); — de châtiment
벌할, 벌하야 싸다 (ce ne sera pas volé), 벌
하야 원통치아니하다 (nul ne le regrettera).
= — (homme) posé, bon 얌전하다; — dans 삭삭하다 (?)
son maintien 으젓하다, *엄숙하다, 쳡지
안타 (하, 흔) (pas jeune).

Dignement 잘, 맛당하게.

Dignité dans la conduite, le maintien v. Digne. = — rang *품, *픔위, *픔직; — charge réputée noble 벼슬.

Digression

Digue *뎨방, *뎨 . — d'un étang
*방축, 개빡이, 슈빡이, 둑졍이, 개빡이
방축 (방축 ou 방죽 seuls veulent dire aussi étang retenu par une —); — pour arrêter le débordement des eaux 둑졍이, *둔치, — (petite) autour des rizières 논드렁, de plus forte et pouvant servir de route 논둑. Faire une — pour retenir l'eau 보를막다 (아, 은).

Opposer une — à 막다(아,은), *방비하다.

Dilapider *허비하다, *낭비하다.

Dilatation des corps *팽창 ; — Pouvoir de — *팽창성 ; — (médecin, — de vaisseau etc.) 확장

Dilater act. 늦추다 (워,춘). Se — (corps matériels) 부풀다 (풀니,픈), 붑풀다 ; 불다 (불어,불은). — Au moral : le cœur se — 속생 쾌하다, 속생연하다, 속이 활발하다, 속쉬원하다.

Dilemme *진퇴 량난

*진퇴유곡

*량도론법

Diligence

Diligent 부즈런하다, *근하다 재바르다(빨나,빠른)

Diligemment 부즈런이.

Dimanche *쥬일 (mot chrétien), *공일, *일요일.

Dîme *십일됴.

Dimension *원 inusité seul. Les trois — *삼원, *장광고삼원. Dans le langage courant, on dit *장광고 longueur, largeur & hauteur ; *장광 longueur & largeur, *고하 Hauteur & profondeur suivant le cas.

Dimension mesurée *견양. Prendre la — *견양하다. Apporter la —, la mesure 견양하고오다

Diminuer v. act. *감하다, 조리다, 쥬리다, 덜다 (어,던) = v. neut. 졸다 (아,존), 줄다 (어,준), 골다 (아,곤), 조라들다 (어,든), *감하다

Diminution en agg. *감 ; — d'impôts *감세 ; — de traitement *감봉 ; — de peine *감벌 ; — de prix *감가.

Dîner (subst.) 뎍심, 졈심. — de cérémonie v. Festin = — (verbe) 뎜심 먹다 (어,은)

*만찬

Diocèse *교구 (教區)

Dindon *칠면됴

Diphtongue *이중음

Diplomatique Relation — *외교 ;

affaires — 외교ᄒᆞᆫ부 ; Corps — 각국공ᄉᆞ
Diplôme de dignité, de charge 공분 ; — de docteur (vieux système) 홍패, — de licencié (do) 빅패 = — de fin d'études 졸업장, 졸업증서.
Diplômé 졸업 ᄇᆞᆺ다 (ᄇᆞ다, 튼), 졸업싱.
Dire ᄒᆞ다, ᄆᆞᆯᄒᆞ다, 닐ᄋᆞ다 (닐너, 닐은) ; De à un supérieur ᄉᆞᆯ외다 (ᄉᆞᆯ외여, 외온), 엿ᄌᆞᆸ다 (주워, ᄌᆞ어, 주온), 품ᄒᆞ다, 품달ᄒᆞ다, ᄉᆞᆯᄋᆞ다 (ᄉᆞᆯ와, 온), 숣다 (ᄉᆞᆯ와, 은). = — à quelqu'un 닐ᄋᆞ다, 닐너주다. Dites moi ᄂᆞᆯ더러 닐너라 = Dans les livres 그로ᄃᆡ, 그ᄅᆞᄉᆞᄃᆡ (3e personne) ; 왈.
Dire se traduit souvent par la forme "historique" ou "relatante" du verbe : ᄒᆞᆫ다ᄒᆞ다, contracté souvent en ᄒᆞᆫ다다, ᄒᆞᆫ다고ᄒᆞ다 ; en conversation ᄒᆞᆫ다고 (Pour les verbes adjectifs, au présent ᄒᆞ다ᄒᆞ다, ᄒᆞ다고). Pierre dit que le P. Kouen arrive 베드로의 ᄆᆞᆯ이 권신부 오신다ᄒᆞᆫ다 ... 오신단다, 오신다고.
Dis à Jacques de venir 야고버ᄃᆞ려 오라고 ᄒᆞ여라, 야고버 오라고. Dis de fermer la porte 문 닷드래라.
Dire bonjour 인ᄉᆞᄒᆞ다. — adieu 하직ᄒᆞ다, 하직 ᄆᆞᆺ다 (ᄆᆞ려, ᄆᆞᄎᆞᆫ) ; — du bien de 칭찬ᄒᆞ다, 기리다, 기려, 칭찬ᄒᆞ다 ; — du mal de 훼방ᄒᆞ다, 비방ᄒᆞ다, 나무라다 (라, 란), 헐뜨리다, 헐다 (어, 헌) ; — des folies 잡소리ᄒᆞ다. l'un dit oui, l'autre, non ᄒᆞ나ᄒᆞᆫ 그러타ᄒᆞ고 ᄒᆞ나ᄒᆞᆫ 그러치안타ᄒᆞᆫ다.
= — des injures 욕ᄒᆞ다, 욕지거리다, 욕지거리

하다. Craindre ce qu'on pourra — (le que dira-t-on, 남의눈무서워하다, 남의봄무서워하다 (craindre les yeux d'autrui). = On dit, (le bruit court) 말들닌다, 소문잇다, 소문낫다. On le dit 그말잇다, 그러흔다, 그러흐는이잇다.

— De qqun, le traiter de, l'appeler de tel nom 부르다 (그러,흔) peu usité en conversation où on préfère la forme ... 이라하다. Il a dit de moi que j'étais un voleur 내가도적놈이라하더라.

Dire, vouloir —, signifier ... 이라말. Que veut dire (tel mot) 무슨뜻이냐 — (reproche) 무슨뜻이냐, 무슨일이냐, 웬일이냐. C'est à dire 풀어말흐면 dans les livres, — à peu près inusité en conversation. ... Un téléphone, c'est à dire un instrument pour transmettre le son de la voix 뎐화기라흐는거시 말소리뎐흐는긔계라. ... un chrétien, c'est à dire un homme qui sert Dieu ...교우라흐니텬쥬를셤기는사름이라. Si c'est à dire précède l'explication d'un mot comme mot, cette explication, au lieu de se terminer par 이라 se terminera par 이라말, ou 이라말일다.

Pour ainsi — 마치. Se le rend plus souvent par 듯, 드시, 듯흐게 ajoutés au radical ou au participe du verbe. La pluie tombe pour ainsi dire comme si on la versait 비가붓드시오다, 비붓는드시온다. Pour ainsi —

presque 거의 ; qqf. 다름업다. ou 다름아니라 (pas de différence). Je l'ai pris pour ainsi — sur le fait 등시로작다름업다.

C'est une manière de — (pour rattraper un mot malheureux ou inexact) 말이 왈 그러라.

Ce *왈 s'emploie dans les livres pour la citation : Confucius a — *공즈왈 — la conversation c'est peu usité, et ne s'emploie guère que sous cette forme : Voilà ce qu'il a — : 제 말이 왈

Se —, se donner pour *칭탁ᄒᆞ다. Se rend surtout par la forme ᄒᆞᆫ톄ᄒᆞ다.

Il se — noble 냥반이라 칭탁ᄒᆞᆫ다, 냥반톄ᄒᆞᆫ다, 져가 냥반이라고ᄒᆞᆫ다.

= — (substantif) 말, 말ᄒᆞᆫ것, 말ᄒᆞᄂᆞᆫ것.

Et la forme ᄒᆞ다십히ᄒᆞ다

Il est pour ainsi — mort 죽다십히ᄒᆞ엿다.

Dire une fois pour toutes (ne pas admettre de discussion) *일언이폐지ᄒᆞ고

Sans qu'il y ait besoin de le — cela va sans — *폐일언ᄒᆞ고

Direct 바ᄅᆞ다 & 바ᄅᆞ다 (발나, 바ᄅᆞᆫ), en agg. *직 — *직졉ᄒᆞ다 Train — *직차. Ligne — (trait) *직션, Id. (descendance) — *직파.

Directement 바로, 바르게. —, sans intermédiaire *직졉으로 (le contraire est *간졉으로)

Directeur d'une entreprise *쥬관, *쥬쟝, en agg. *쟝. — d'école *교쟝 ; — d'hôpital *병원쟝 ; — d'une Cie *샤쟝 ; — de travaux *감독, *감역.

Direction

Diriger qqun *인도ᄒᆞ다 ; — une bande (v.g. soldats) 거ᄂᆞ리다 ; — une affaire *쥬관ᄒᆞ다, *쥬쟝ᄒᆞ다 ; — et surtout surveiller 엇거ᄒᆞ다, 넙는다 (러, 는) ; — une machine ᄇᆞ리다 (faire marcher, employer).

순원왕후어필봉서 언간 33

〈순원봉서-33, 1855년, 순원왕후(재종누나) → 김흥근(재종동생)〉

판독문

뎐동 대신

대신

근일 청화 됴균ᄒᆞ니 긔운 평안ᄒᆞ시고 침담지졀이 엇더ᄒᆞ신디 브리ᄋᆞᆸ디[1] 못ᄒᆞ오며 녕변셔도 평안ᄒᆞ신디 노인이 공관이 어려올[2] ᄃᆞᆺ 일ᄏᆞᆺᄉᆞ오며 병시ᄂᆞᆫ 대과를 ᄒᆞ니 외오셔 긔희ᄒᆞ고 대신긔셔 깃거ᄒᆞ시랴 깃브ᄃᆡ 늒죵형뎨 ᄲᅡ디니 업시 계화ᄅᆞᆯ 다 ᄭᅩ쟈시니 인인마다 흠션ᄒᆞᆯ 거시니 실노ᄂᆞᆫ 아모 ᄆᆞᄋᆞᆷ 업시 깃븐 줄은 아디 못ᄒᆞ고 블안ᄒᆞ오이다[3] 영은 ᄌᆞ 병필의 과거도 의외니 션음으로 그러ᄒᆞᆫ가 보니 션음 밧은 후손들이 ᄯᅩ 슈국후은을 간폐의 삭여 대신들노브터 말관ᄀᆞ디라도 졍승은 졍승 직임을 잘ᄒᆞ고 판셔 참판은 그 직ᄉᆞᄅᆞᆯ 다ᄒᆞ고 하관의 잇ᄂᆞ니ᄂᆞᆫ ᄯᅩ 그 직칙을 잘ᄒᆞ여 감ᄉᆞ 슈령ᄀᆞ디라도 남 긔이고져 ᄒᆞᄂᆞᆫ 일 업스면 이거시 올흔 일이니 ᄌᆞ딜들 샹샹[4] 경계ᄒᆞ여 귀 눈에 닉게 ᄒᆞᄋᆞᆸ[5] 튱후 관인 ᄌᆞ혜 힘ᄡᅳ디 ᄋᆡᆨ삭 블인은[6] ᄂᆞᆷ이 모ᄅᆞ리라 ᄒᆞ고도 아닐 거시 사ᄅᆞᆷ은 모ᄅᆞ나 하늘은 ᄢᅦ 보시니 엇디 무셥디 아니ᄒᆞ오리잇가 조샹긔셔ᄂᆞᆫ[7] 국가의셔 블망지혈튱으로[8] 그 ᄌᆞ손 되ᄂᆞ니로 현발 탁용ᄒᆞ시거니 실즉 후손이야 므ᄉᆞᆫ 일ᄏᆞ랄 일이 업시 이런ᄐᆞ시 훤혁ᄒᆞ여 남이 ᄇᆞ라도 보디 못ᄒᆞᆯ ᄃᆞᆺᄒᆞ니 블샹ᄒᆞ시믄[9] 그ᄣᅢ 조샹이시고[10] 훤혁ᄒᆞ기ᄂᆞᆫ 이ᄣᅢ 아닌가 하늘이 넘ᄲᅵᆫ 거ᄉᆞᆫ 믜워ᄒᆞ시기ᄂᆞᆫ 반ᄃᆞᆺᄒᆞ니 그져 집안 아ᄒᆡ들 공검 근신ᄒᆞ기를 ᄇᆞ라ᄃᆡ 다 ᄆᆞᄋᆞᆷ대로 가ᄂᆞᆫ 일이 업스니 늠구ᄒᆞ기 측냥업습 편지 ᄡᅳ노라 ᄒᆞ니 당황ᄒᆞᄃᆡ 내 ᄆᆞᄋᆞᆷ의 잇ᄂᆞᆫ 말을 오히려 다 ᄡᅳ디 못ᄒᆞᄋᆞᆸ 이제ᄂᆞᆫ 눈이 어두어지고 졍신이 흐릿흐릿ᄒᆞ여 글ᄌᆞ도[11] 되디 못ᄒᆞ고 ᄉᆞ연이 니어 되디 아니니 짐쟉ᄒᆞ여[12] 보시ᄋᆞᆸ 병시ᄂᆞᆫ 약ᄒᆞ도[13] 아니코 임젼ᄒᆞ여 뵈니 다ᄒᆡᆼᄒᆞᄋᆞᆸ더이다 어제 처음으로 영은을 보니 든든ᄒᆞᄃᆡ 그듕의도 조심ᄒᆞᄂᆞᆫ 심회가 만습더이다

판독대비

번호	판독자료집	이승희 (2010 : 260~264)
1	브리옵디	브리옵디
2	어려올	어려울
3	블안ᄒᆞ오이다	불안ᄒᆞ오이다
4	샹샹	상상
5	ᄒᆞ옵	ᄒᆞ옵
6	ᄋᆡᆨ삭 블인은	ᄋᆡᆨ상불인은
7	조상긔셔ᄂᆞᆫ	조상긔셔ᄂᆞᆫ
8	블망지혈튱으로	불망지혈튱으로
9	블샹ᄒᆞ시믄	불상ᄒᆞ시믄
10	조샹이시고	조상이시고
11	글ᄌᆞ도	글ᄌᆞᄂᆞᆫ
12	짐쟉ᄒᆞ여	짐작ᄒᆞ여
13	약ᄒᆞ도	악ᄒᆞ도

• 은진송씨 송병필가 언간 •

91건

■ 간략 해제

■ 대상 언간

충북(忠北) 영동(永同) 일대에 거주한 송병필(宋秉弼, 1854~1903)과 그 후손을 중심으로 일가 인물들 사이에 오간 한글편지를 이른다. 충남 천안의 미도민속관(美都民俗館)에 소장되어 있던 것이 선문대학교 박재연(朴在淵) 교수에 의해 발굴, 소개된 뒤 현재는 국립민속박물관에 보관되어 있다.

■ 언간 명칭 : 은진송씨 송병필가 언간

대상 언간을 처음 소개한 박재연・황문환(2005)에서는 '충북 영동 송병필가 한글 편지'로 명명하였다. 이 판독자료집에서는 기존의 명명 취지를 계승하되 '은진송씨 송병필가 언간'으로 명칭을 조정하고, 출전 제시의 편의상 약칭이 필요할 경우에는 '송병필가'를 사용하였다.

■ 언간 수량 : 91건

송병필과 그 후손을 중심으로 일가 인물들 사이에 오간 한글편지는 총 102건에 이른다. 그러나 이 판독자료집에서는 박재연・황문환(2005)에서 미확인 편지로 분류한 11건을 제외하고 발수신 관계가 파악되는 91건만을 수록 대상으로 삼았다. 편지 번호는 박재연・황문환(2005)에서 부여된 순서를 그대로 따랐다.

■ 원문 판독

박재연・황문환(2005)에서 102건 전체의 판독문을 처음 소개하였다. 이 판독자료집에서는 발수신 관계가 파악되는 91건에 대하여 기존의 판독문을 재검토하고 차이가 있는 부분을 표로 대비하여 판독 결과를 대조하는 데 도움이 될 수 있도록 하였다.

■ 발신자와 수신자

대상 언간은 송병필과 그 후손을 중심으로 부부간, 부녀간, 자매간, 고부간, 사돈간 등 다양한 관계에서 오간 것이다. 이 판독자료집에서는 박재연・황문환(2005)에서 밝혀진 발수신

관계를 바탕으로 구체적 발수신자를 밝혀 제시하되 발수신 관계를 달리 파악하게 되는 경우에는 그 수정 내지 보완 사항을 해당 편지에 각주로 제시하였다.

■ 작성 시기

총 91건 중 71건에 편지의 작성 연대가 적혀 있는데, 이 중 가장 이른 것이 1863년, 가장 늦은 것이 1922년이다. 이 판독자료집에서는 작성 시기에 대해 기본적으로 박재연・황문환(2005)에서 밝혀진 사항을 따르되 작성 시기를 달리 추정하는 경우에는 그 추정 근거를 해당 편지에 각주로 제시하였다. 편지에 연대를 쓰지 않은 편지 중 3건(60, 71, 72번)은 편지 내용을 바탕으로 작성 시기를 밝혔고, 14건은 발수신자의 생몰년을 바탕으로 19세기 후반이나, 20세기 전반으로 추정하였다. 그리고 나머지 3건(84, 86, 87번)은 발수신자 추정도 어려워 편지의 작성 시기를 '미상'으로 하였다.

■ 자료 가치

이들 편지는 19세기 후반부터 20세기 초반에 이르기까지 비교적 후대의 자료에 속한다. 그러나 대부분의 편지가 수수관계(授受關係)나 발신 일자(發信 日字)를 명기하여 자료의 작성 주체나 시기를 분명히 알 수 있는 장점이 있다. 더욱이 비교적 짧은 기간에 걸쳐 수수 범위가 일가 인물에 집중된데다 해당 인물과 관련된 한문편지나 고문서 등 한문 자료도 상당수 함께 전하므로 자료의 밀집도가 매우 높은 편이다. 그러므로 19세기 후반에서 20세기 초반에 걸쳐 충청도 지역의 당시 시대상과 방언을 생생하게 반영하는 자료로서, 국어사, 방언학, 생활사 등 여러 분야에서 중요한 가치를 지니는 자료라 할 수 있다.

■ 자료 해제

자료의 서지 사항에 대한 자세한 내용은 황문환(2005)을 참조할 수 있다.

■ 원본 사항

- 원본 소장 : 국립민속박물관(민속 32068~32169)
- 필름 : 국립민속박물관 소장

• 크기 : 5×41cm(71-2번), 26×166cm(42번) 등

판독 사항

박재연 · 황문환(2005), 『충북 영동 송병필가 한글 편지』, 중한번역문헌연구소 · 미도민속관.

※ 대상 편지를 포함하여 총 102건 판독

영인 사항

박재연 · 황문환(2005), 『충북 영동 송병필가 한글 편지』, 중한번역문헌연구소 · 미도민속관.

※ 대상 편지를 포함하여 총 102건 영인(흑백 사진)

참고 논저

박재연 · 황문환(2005), 『충북 영동 송병필가 한글 편지』, 중한번역문헌연구소 · 미도민속관.

황문환(2005), 「忠北 永同 宋秉弼家 한글 편지에 대하여」, 『조선시대 번역 소설과 탄사에 대한 원전 정리 및 주석 연구(朝鮮時期朝譯淸代小說與彈詞硏究)』, 학술진흥재단 기초학문육성 국학고전연구 지원 과제 국제학술대회, 75~88쪽.

황문환(2010), 「조선시대 언간 자료의 현황과 특성」, 『국어사 연구』 10호, 국어사학회, 73~131쪽.

은진송씨 송병필가 언간 01

〈송병필가-01, 1886년, 송병필(남편) → 전주이씨(아내)〉

판독문

샹쟝

인편은 죵죵 잇시ᄂᆞ ᄒᆞᆫ 슌도 답장 못 뵈오니 셥셥ᄒᆞ오며 날포 소식 막연ᄒᆞ여 궁금 답답ᄒᆞ올 ᄎᆞ의 ᄒᆞ인 편 ᄌᆞ세히 드른즉 아희들은 무탈ᄒᆞᄃᆞ ᄒᆞ니 긔힝ᄒᆞ오ᄂᆞ 신양은 죵시 평복 못 되신 일 외오 잇셔 심여 답답ᄒᆞ오이다 동호 죠슈 상변 참졀참졀ᄒᆞ더이ᄃᆞ 이곳은 ᄒᆞᆫ 모양 지ᄂᆡ오ᄂᆞ 셰져를 당ᄒᆞ여 ᄀᆡᆨ회 더옥 신산ᄒᆞ오이다 뎐동 졔졀과 계슈 일안ᄒᆞ오니 힝이ᄋᆞᆸᄂᆞ이다 아못죠록 셰젼의 가라ᄃᆞ 여의치 못ᄒᆞ여 셰후의 즉시 ᄀᆞ랴 ᄒᆞᄋᆞᆸᄂᆞ이다 셰졔 불원ᄒᆞ온듸 ᄒᆞᆫ졀의 거ᄂᆞ리셔 실셥 마시고 환셰 평안이 ᄒᆞ시기 ᄇᆞᄅᆡᄋᆞᆸᄂᆞ이다 적ᄉᆞ옴 남ᄉᆞ오ᄂᆞ 춍춍 긋치ᄋᆞᆸᄂᆞ이다 병슐 납월 념일일 이곳 송 샹장 오른편 유죵으로 ᄒᆞ여 편지 못 씨신ᄃᆞ ᄒᆞ니 념여[1] 무궁ᄒᆞ오이다

판독대비

번호	판독자료집	박재연·황문환 (2005 : 1)
1	념여	념녀

은진송씨 송병필가 언간 02

〈송병필가-02, 1888년, 송병필(남편) → 전주이씨(아내)〉

판독문

쩌ᄂᆞ온 후 소식 막연 궁금ᄒᆞ오며 요ᄉᆞ이 일긔 션션ᄒᆞ온ᄃᆡ[1] 신상 평안ᄒᆞ오시고 아오 ᄂᆡ외와 아히들도 ᄃᆞ 고들 ᄒᆞ오며 계수 학질도 즉시 이각되고 각ᄀᆞ 졔졀 일안ᄒᆞ온지 두루 ᄉᆞ렴 간졀ᄒᆞ오며 감긔도 쾌ᄎᆞᄒᆞ오신지 쥬소 염여[2] 무궁ᄒᆞ오이ᄃᆞ 이곳은 입셩ᄒᆞᆫ 지 오륙[3] 일이 되ᄂᆞ 죵시 노독이 잇ᄂᆞᆫ 즁 역ᄉᆞ 치노라 분쥬히 지ᄂᆡ니 답답 괴롭습ᄂᆞ이다 신연 ᄒᆞ인 현신 온[4] 쵸육일[5] 밧고 써날 일ᄌᆞ은 열습ᄉᆞ일 간 쩌ᄂᆞ랴 ᄒᆞᄂᆞ 아즉 긔필치 못ᄒᆞ겟습 싱일이ᄂᆞ 고을의 ᄀᆞ셔 지ᄂᆡ랴 ᄒᆞ읍 혼슈은[6] 발긔ᄃᆡ로 ᄃᆞ 홍셔 ᄒᆞ엿시ᄂᆞ 비단이 ᄃᆞ 품이 좃치 못ᄒᆞᆫ이 심난ᄒᆞ읍 소경ᄃᆡ의 박을 유리은 ᄉᆞ면 구ᄒᆞ여도 두터운 게 읍셔셔 이ᄃᆡ로 ᄉᆞ셔 보ᄂᆡ읍ᄂᆞ이다 혼인 쎠의 아모죠록 가셔 보랴 ᄒᆞᄂᆞ 아즉 긔필치 못ᄒᆞ겟습 이번의 김 판셔 본즉 혼인은[7] 거날노 지ᄂᆡ겟시ᄂᆞ 숨일 신부례ᄂᆞᆫ ᄌᆞ갸ᄀᆞ ᄂᆞ려ᄀᆞ야 ᄒᆞ겟신즉 신부례은 ᄉᆞ셰 보아셔 ᄃᆞ시 의논ᄒᆞ여 ᄒᆞᄌᆞ ᄒᆞᆫ이 거리 아시읍 홍졍 발긔 보ᄂᆡ니 보시면 아실 쓧[8] 신낭의 벼루집은 집의셔 쩌이게 ᄒᆞ시읍 망건도 시굴셔 ᄉᆞ게 ᄒᆞ시읍 치마은 이게 광월ᄉᆞ라 ᄒᆞ기 이ᄃᆡ로 ᄉᆞ 보ᄂᆡ읍ᄂᆞ이ᄃᆞ 분은 셰 곽 더 ᄉᆞ셔 보ᄂᆡ니 인희게 보ᄂᆡ시읍 젼동셔ᄂᆞᆫ 졔졀들 일안ᄒᆞ시고 쏘 이번 칠셕졔 과ᄀᆞ의[9] ᄂᆡ 참봉이 ᄃᆡ과를 ᄒᆞ엿시니 신긔ᄒᆞ읍 계슈의게 치ᄒᆞ 편지ᄂᆞ ᄒᆞ련만 슈란 못ᄒᆞ니 이 말숨 젼ᄒᆞ시읍 아오은 이변의 ᄃᆡ과 쵸시ᄒᆞ여 회시을 보게 되니 신통신통 회시ᄒᆞ기 쳔만 축슈 바라읍 ᄂᆡᄌᆞ 학관은 입ᄃᆡ가지 올ᄂᆞ오지 아니ᄒᆞ니 오기 젼의 혼ᄌᆞ 고을의 ᄀᆞ셔 웃지 견딜넌지 슈란 답답ᄒᆞ읍 젹ᄉᆞ옴[10] 무궁ᄒᆞ오ᄂᆞ 요요 이만 긋치읍ᄂᆞ이다 무ᄌᆞ 팔월 십일 이곳 송상장 보션쎈 후편의 써셔 보ᄂᆡ여 쥬시읍

판독대비

번호	판독자료집	박재연·황문환 (2005 : 3)
1	션션ᄒᆞ온ᄃᆡ	션ᄒᆞ온ᄃᆡ
2	염여	염녀
3	오륙	오륙
4	현신 ᄋᆞᆫ	현신은
5	쵸육일	초육일
6	혼슈은	혼슈 ᄋᆞᆫ
7	혼인은	혼인 ᄋᆞᆫ
8	아실 ᄯᅳᆺ	아실 듯
9	칠셕졔 과ᄀᆞ의	칠셕 졔과 ᄀᆞ의
10	젹ᄉᆞ옴	젹ᄉᆞ음

은진송씨 송병필가 언간 03

〈송병필가-03, 1889년, 송병필(남편) → 전주이씨(아내)〉

판독문

신셰의 긔운 평안ᄒᆞ오시고 아오 ᄂᆡ외도 ᄐᆡ평 각ᄀᆞ[1] 졔졀 일안 아희들도 무탈 츙실ᄒᆞ온지 쥬아[2] ᄉᆞ렴 간졀ᄒᆞ오며 이곳은 ᄒᆞᆫ 모양이오ᄂᆞ ᄀᆡᆨ지의 과셰ᄒᆞ오니 봉신지감 이루 칭양할 길 읍ᄉᆞ오며 셰젼의 강화 판관으로 의외 상환ᄒᆞ여 이달 슌간 도임ᄒᆞ려 ᄒᆞ오ᄂᆞ 슈란 견될 슈 읍삽ᄂᆞ이ᄃᆞ ᄂᆡ월 ᄂᆡ[3] 긔여이 집의 가랴 ᄒᆞ옵 버신 의복과 옷가음과 쥬속과 단속 ᄃᆞ ᄂᆞ려보ᄂᆡ니 ᄌᆞ셰 차ᄌᆞ 잘 두게 ᄒᆞ시옵 홍쥬 김집은 간 후 소식 죵죵 듯삽는지 미거ᄒᆞᆫ 게 ᄀᆞ셔 실죠 아니ᄒᆞ는지 아득 궁금ᄒᆞ옵 그ᄉᆞ이 ᄉᆞ동 김 판셔 본즉 보닐 마음은 죵시 읍시니 답답ᄒᆞ옵 올봄의는 김집 ᄂᆡ외를 ᄃᆞ려ᄃᆞ 셔울ᄃᆞ 두겟ᄃᆞ ᄒᆞ옵기 아즉 더 두엇ᄃᆞ 셔울노 ᄃᆞ려오게 ᄒᆞ라 만유ᄒᆞ엿시ᄂᆞ 남의 마음을 알 슈 읍시니 답답ᄒᆞ옵 슈요ᄒᆞ여 게슈의 편지 못 ᄒᆞ오니 이 말 젼ᄒᆞ시옵 젼동 졔졀 아즉 일안들 ᄒᆞ시옵ᄂᆞ이다 셰후[4] 어너 ᄯᆡ 김집의게 ᄒᆞ인 부리랴 ᄒᆞ시옵 김낭 지힝은 그ᄉᆞ이 시겻삽는지 몰ᄂᆞ 궁금ᄒᆞ옵 김집이 붓탁ᄒᆞᆫ 연실은 둣 쌍 장식ᄒᆞ여 보ᄂᆡ니 인편 보ᄂᆡ게 ᄒᆞ시옵 총요 이만 긋치옵ᄂᆞ이다 긔축[5] 원월 쵸이일 이곳 송 상장 김집의게 춍춍 편지 못 브치니 셥셥ᄒᆞ옵ᄂᆞ이다

판독대비

번호	판독자료집	박재연·황문환 (2005 : 5)
1	각ᄀᆞ	각각
2	쥬아	쥬야
3	ᄂᆡ	ᄂᆡ의
4	셰후	세후
5	긔축	긔축

은진송씨 송병필가 언간 04

〈송병필가-04, 1889년, 송병필(남편) → 전주이씨(아내)〉

판독문

월쵸 돌셕 편의 붓친 편지은 즉시[1] 보셧실 듯 의외 인편의 글월 밧ᄌᆞ와 든든 깃부오며 셔후 날포 되온ᄃᆡ 츈ᄒᆞᆫ의 긔운 다시 웃더ᄒᆞ오시고 감긔 쾌ᄎᆞᄒᆞ오시며 아희들도 무탈 각 ᄃᆡᆨ[2] 졔절 일안들 ᄒᆞ시고 ᄌᆞ근집도 혼솔 무고ᄒᆞᆫ지 두루 ᄉᆞ렴 간졀 쥬야 용여되옵ᄂᆞ이다 이곳은 학관과 ᄒᆞᆫ 모양 지ᄂᆡ니 희이옵 이 고을 관황은 쌀이 ᄉᆞᄇᆡᆨ이고 돈이 오륙쳔 냥이 되ᄂᆞ 드려 씨ᄂᆞᆫ 물죵이 다죵 시가가 되니 무신 의미ᄀᆞ 잇겟숩 심난심난ᄒᆞ옵 보은 소식 셰후의 드러숩ᄂᆞᆫ지 궁굼ᄒᆞ옵 홍쥬 김집 소식도 드럿숩ᄂᆞᆫ지 안부 몰ᄂᆞ 쥬야 궁금ᄒᆞ옵 이달 염후 셔울 간셔 ᄂᆡ월 망간 집의 가랴 ᄒᆞ옵나이다 긔별ᄒᆞ신 홍쥬 보ᄂᆡᆯ 의복가음 즁의 김 판셔 의복ᄀᆞ음은 단속으로 셔울셔 ᄉᆞ려니와 그나마 ᄃᆞ란 의복은 분쥬로 ᄒᆞ랴면 집의 잇ᄂᆞᆫ 거스로 ᄒᆞ게 ᄒᆞ시옵 싱신은 이월 몃칫날이며[3] ᄉᆞᆷ월 몃칫날이라 ᄒᆞ옵ᄂᆞᆫ지 몰 궁굼ᄒᆞ옵[4] 거번 돌셕 가ᄂᆞᆫ 편의 보ᄂᆡᆫ 연실 장식ᄒᆞᆫ 것도 도로 보ᄂᆡ시옵 ᄉᆞᆫ을 잇고 못ᄒᆞ여 보ᄂᆡᆺ기에 이 긔별ᄒᆞ옵ᄂᆞᆫ 일이옵 올여 보ᄂᆡ면 집의 갈 ᄯᅢ의 ᄀᆞ지고 가랴 ᄒᆞ옵 아오ᄂᆞᆫ[5] 은졔 과힝 ᄯᅥᄂᆞᆫᄃᆞ ᄒᆞ옵 슈요 이만 긋치옵ᄂᆞ이다 긔축 원월 념ᄉᆞᆷ 이곳 송 답상장 ᄂᆡ월의 김집 가셔 보랴 ᄒᆞ기 이번의 편지 아니ᄒᆞ옵 두견쥬 방문 정월의 ᄇᆡᆨ미 두 말 ᄃᆞᆺ 되을 ᄇᆡᆨ셰 작말ᄒᆞ여 물 두 말 ᄃᆞᆺ 되 글혀[6] ᄀᆡ여[7] 셔늘ᄒᆞ게 시여[8] 국말 셔 되 진말 ᄒᆞᆫ 되 너허 항의 너허 셔늘ᄒᆞᆫ 골방의 두워다가[9] 그 이듬ᄃᆞᆯ의 술 밋치 흘흘ᄒᆞ거든[10] 졈미 ᄃᆞᆺ 말 ᄇᆡᆨ셰ᄇᆡᆨ시ᄒᆞ여 ᄒᆞ로밤 ᄌᆡ와 익게 ᄶᅧ 셔늘ᄒᆞ게 시이고 믈 ᄃᆞᆺ 말 ᄭᅳᆯ혀 ᄎᆞ거든 술 밋희 고로고로[11] 셧거 두견 심 ᄲᅩᆸ고 케케 두어 너허 두면 슈십 일 후 익ᄂᆞ니 빗치 곱고 마시 긔이ᄒᆞ니 술 즁 상이라 믈을 두어 되 주려 부어야 더 뎝고 두견은 만으면 마시 눅고 이월 초의 ᄒᆞ여도 조흐니 늣게 ᄒᆞ야 ᄭᅩᆺ치 지ᄂᆞᆯ 듯ᄒᆞ거든 미리 ᄭᅩᆺ ᄯᅡ 심 ᄇᆡ고 술 밋ᄐᆡ 너허 날 ᄆᆞᆯ긔을 일금ᄒᆞᄂᆞ니라

판독대비

번호	판독자료집	박재연·황문환 (2005 : 7)
1	편지은 즉시	편지 온 즉시
2	용여되옵ᄂᆞ이다	용녀되옵ᄂᆞ이다
3	몃칫날이며	몃칫 날이셔
4	궁굼ᄒᆞ옵	군금ᄒᆞ옵
5	아오ᄂᆞᆫ	아오도
6	글혀	글려
7	기여	기녀
8	시여	서여
9	두워다가	두어다가
10	홀홀ᄒᆞ거든	홀홀ᄒᆞ거든
11	고로고로	곡차

은진송씨 송병필가 언간 05

〈송병필가-05, 1889년, 송병필(남편) → 전주이씨(아내)〉

판독문

답샹장

근봉

거번 강화 부마 편 붓친 편지ᄂᆞᆫ 이 먼져 보셧실[1] 듯 아오 오ᄂᆞᆫ 편 글월 밧ᄌᆞ와 보ᄋᆞᆸ고 든든 깃부오며 연ᄒᆞ여 ᄀᆡ운 평안ᄒᆞ오시고 아ᄒᆡ들도 무탈ᄒᆞᆫ 일 신ᄀᆡ신ᄀᆡᄒᆞ오며 이곳은 젼 모양 지ᄂᆡ고 아오도 쵸육일 무요 득달ᄒᆞ니 힝이ᄋᆞᆸ 젼동셔도 일안들 ᄒᆞ시니 힝이ᄋᆞᆸ 어젹게 응졔의 아오ᄀᆞ 상격 참방ᄒᆞ엿다 ᄒᆞᆸ 이달 ᄂᆡ로 집의 ᄀᆞ랴 ᄒᆞᄂᆞ 아즉 ᄀᆡ필치 못ᄒᆞ것습 ᄉᆞ동 김 판셔 싱신 의복은 먼져 편지의 예셔 갑 치러 쥬겟ᄃᆞ ᄒᆞ엿더니 ᄃᆞ시 아모리 싱각ᄒᆞ여도 갑으로 치러 보ᄂᆡᄂᆞᆫ 게 외양이 즁통ᄒᆞ기예 옷가음으로 ᄉᆞ셔 보ᄂᆡ니 집의셔 의복으로 ᄒᆞ여 보ᄂᆡ게 ᄒᆞ시ᄋᆞᆸ 듯집 모양 싱각ᄒᆞ여 이리ᄒᆞᄂᆞᆫ 게지 소입들 드리야고 ᄒᆞᄂᆞᆫ 일이 아니ᄋᆞᆸ 김집 편지를 즉금 ᄉᆞ동 김 판셔ᄀᆞ 보ᄂᆡ엿기에 본즉 은졔나 근친 보ᄂᆡ랴ᄂᆞ 김 판셔게 아라 ᄀᆡ별ᄒᆞ여 달ᄂᆞ ᄒᆞ엿기에 일간 아라보아셔 ᄀᆡ별ᄒᆞ랴 ᄒᆞᆸ 은으로 장식ᄒᆞᆫ 연실 보ᄂᆡ라 ᄀᆡ별ᄒᆞ엿더니 이졋습 후편의 부ᄃᆡ 보ᄂᆡ시ᄋᆞᆸ ᄎᆞᄂᆞᆫ 쓴 ᄒᆞ여 쥬랴 ᄒᆞᆸ 이달의ᄂᆞᆫ ᄀᆡ여이 나려ᄀᆞ라 ᄒᆞᆸᄂᆞ이다 홍졍은 ᄀᆡ별ᄒᆞᆫ ᄃᆡ로 ᄒᆞ여 보ᄂᆡ니 ᄌᆞ세 츄심ᄒᆞ시ᄋᆞᆸ 과시라 슈요 긋치ᄋᆞᆸᄂᆞ이다 ᄀᆡ축 이월 쵸구일 이곳 송 당 상장 총총ᄒᆞ여 김집의 편지 못 부치ᄋᆞᆸ 계슈의도 답장 못 ᄒᆞ니 이 말ᄉᆞᆷ ᄒᆞ시ᄋᆞᆸ

판독대비

번호	판독자료집	박재연·황문환 (2005 : 9)
1	보셧실	보셧슬

은진송씨 송병필가 언간 06

〈송병필가-06, 1889년, 송병필(남편) → 전주이씨(아내)〉

판독문

답상장

일젼 뎐젼 글시 보옵고 든든 깃부오며 셔후 유일 이동안 긔운 평안ᄒᆞ오시고 아히들도 무탈ᄒᆞᆫ지 ᄃᆞ시 궁금ᄒᆞ옵 이곳은 뎐 모양 지너니 힝이옵 아오는[1] 집빌 슈과 후의 즉시 쩌ᄂᆞ 셥셥ᄒᆞ옵ᄂᆞ이다 버신 의복 보너니 ᄌᆞ셰히 츄심ᄒᆞ시옵 ᄌᆞ지 양식단 두리마기 ᄒᆞᆫᄂᆞ 명쥬 뎌구리 ᄒᆞᆫᄂᆞ 보너옵ᄂᆞ이ᄃᆞ 연실 장식ᄒᆞᆫ 것 집 ᄒᆞ인 올ᄂᆞ오는 편의 보너시옵 거번 ᄉᆞ동 김 판셔집 편의 김집 편지 본즉 근친 어너 쪄ᄂᆞ 보너랴ᄂᆞ 아라 달ᄂᆞ ᄒᆞ엿기에 김 판셔의게 무러 본즉 ᄉᆞ월의 나려ᄀᆞ셔 즉시 보너겟 ᄒᆞ기에 거더로 긔별ᄒᆞ여 쥬엇ᄉᆞᆸᄂᆞ이다 김 판셔 싱신의 보닐 의복은 집의셔 ᄒᆞ여 보너게 ᄒᆞ시옵 ᄇᆞ라옵ᄂᆞ이다 슈요 긋치옵ᄂᆞ이다 긔축 이월 십팔일 이곳 송 답상장 힝젼 셔너 켜리 보너여 쥬시옵

판독대비

번호	판독자료집	박재연·황문환 (2005 : 11)
1	아오는	아오도

은진송씨 송병필가 언간 07

〈송병필가-07, 1889년, 송병필(남편) → 전주이씨(아내)〉

판독문

훌쳐 ᄯᅥ나온 후 소식 막연ᄒᆞ오니 답답ᄒᆞ오이다 요ᄉᆞ이 일긔 션션ᄒᆞ온ᄃᆡ 연ᄒᆞ여 신상 평안 ᄒᆞ오시고 아ᄒᆡ들도 무탈 츙실 을녹 학긔ᄂᆞᆫ 영히 이각되여 식음이ᄂᆞ 잘ᄒᆞ여 지ᄂᆡ며 계슈도 귀알증 쾌ᄎᆞᄒᆞ엿시며 아오 ᄂᆡ외 평안ᄒᆞ고 각 ᄃᆡᆨ 졔졀 일안ᄒᆞ시고 어린놈도 점점 ᄌᆞ라 지롱 더 ᄒᆞᄂᆞ잇ᄀᆞ 두루 ᄉᆞ렴 간졀 무궁ᄒᆞᆸ 이곳은 즁노의셔 비 맛ᄂᆞ 쵸십일 간신 도임ᄒᆞ여 보온 즉 동헌과 ᄂᆡ아ᄂᆞᆫ 견ᄃᆡ겟시ᄂᆞ 음식 범졀과 각항 그힝이 망칙ᄒᆞ오니 심난심난ᄒᆞ오이다 고을 은 오륙 연 상납이 젼슈히 못 도고 거ᄃᆡ로 잇시니 도로혀 창영으로[1] 가니만 못ᄒᆞ게 되엿삽 읏지ᄒᆞ여야 죠흘넌지 답답ᄒᆞᆸ 이달 입육 이[2] 졔슈ᄂᆞᆫ 이번의 못 보ᄂᆡ고 후편의 보ᄂᆡ랴 ᄒᆞᆸ 말솜 무궁ᄒᆞ오ᄂᆞ 슈요 이만 ᄀᆞᆺ치옵ᄂᆞ이다 긔축 십월 십이일 이곳 송 상쟝 졔긔 발긔 ᄌᆞ셰히 ᄒᆞ여 보ᄂᆡ시옵 흑삼깃ᄀᆞ음 ᄇᆡᆨ갑ᄉᆞ 침쳑으로 ᄒᆞᆫ ᄌᆞ ᄃᆞ셧 치 동졍 두 ᄀᆞ음 ᄉᆞ 보ᄂᆡ니 ᄌᆞ셔히 츄심ᄒᆞ시옵 부죡지ᄂᆞ 아니할넌지 양ᄉᆞ 셰티ᄉᆞ 보ᄂᆡ옵ᄂᆞ이다

판독대비

번호	판독자료집	박재연·황문환 (2005 : 13)
1	창영으로	창녕으로
2	입육 이	입육이

은진송씨 송병필가 언간 08

〈송병필가-08, 1889년, 송병필(남편) → 전주이씨(아내)〉

판독문

상장
근봉

인편의 글월 보ᄋᆞᆸ고 합셕인 ᄃᆞᆺ 든든 깃부온 마음 층양읍ᄉᆞ오며 편후 우일ᄒᆞ온ᄃᆡ[1] 연ᄒᆞ와 긔운 평안ᄒᆞ오시고 각ᄀᆞ 일안 아희들 츙실ᄒᆞ온지 두루 쥬아 ᄉᆞ렴 궁금ᄒᆞ오며 을녹 병은 복발ᄒᆞ여 쥭일 고통ᄒᆞᄂᆞᆫ 일 답답 념여 노히지 못 읏지ᄒᆞ여야 죠흘넌지 왜약은 ᄃᆞ시 머기지 마시ᄋᆞᆸ 복발ᄒᆞ니 신긔치도 아니ᄒᆞ고 ᄯᅩ 감충을 ᄃᆡ단이 ᄒᆞᆫᄃᆞ ᄒᆞ니 마니ᄂᆞᆫ 못 머길 약이라 ᄒᆞᄋᆞᆸ 을녹의 혼일은 일젼의 ᄒᆞᆫ 삼니지죵의 편지을 본즉 졔 쳐 질여를 통혼ᄒᆞ엿시ᄂᆞ 규양의 연긔와 범졀도 ᄌᆞ셰히 모르고 완뎡ᄒᆞ기 어렵기예 이 긔별ᄒᆞ니 아오와 의논ᄒᆞ여 ᄉᆞ람 보ᄂᆡ여 간션ᄒᆞ더지 ᄌᆞ셰히 무러보던지 규양 만일 극진ᄒᆞ거든 완뎡ᄒᆞ시ᄋᆞᆸ 규양의 연긔ᄂᆞᆫ 십ᄉᆞᆷ 셴ᄃᆡ 슉셩ᄒᆞᄃᆞ ᄒᆞᄋᆞᆸ 만일 ᄉᆞ람 보ᄂᆡ랴 ᄒᆞ거든 속속히 보ᄂᆡ게 ᄒᆞ시ᄋᆞᆸ 여 셔방이 편지 가지고 왓기예 ᄃᆡ강 무러본즉 극ᄀᆞᄒᆞ고 슉셩ᄒᆞᄃᆞ고[2] ᄒᆞ더라나 읏지 밋겟ᄉᆞᆸ 이 혼인 아라 보아셔 완뎡ᄒᆞ면 죠흘 쪗ᄒᆞᄋᆞᆸᄂᆞ이다 의복은 이 회편의 보ᄂᆡ시ᄋᆞᆸ ᄌᆞ물쇠와 ᄌᆞ지 항나ᄂᆞᆫ 후편 ᄉᆞ[3] 보ᄂᆡ랴 ᄒᆞᄋᆞᆸ 이곳은 도임ᄒᆞᆫ 후 불과 일망이 못 되여 공ᄉᆞ의 골믈ᄒᆞ여[4] 편할 날이 읍시니 약약ᄒᆞᄋᆞᆸ 아희 죵연 셋 ᄉᆞ셔 두엇시니 일간의 보ᄂᆡ랴 ᄒᆞᄋᆞᆸᄂᆞ이다 슈요 긋치ᄋᆞᆸᄂᆞ이다 긔츅 지월 쵸실 이곳 송 상장

판독대비

번호	판독자료집	박재연·황문환 (2005 : 15)
1	우일ᄒᆞ온ᄃᆡ	부일ᄒᆞ온ᄃᆡ
2	슉셩ᄒᆞᄃᆞ고	슉셩ᄒᆞ다고
3	후편 ᄉᆞ	후편의
4	골믈ᄒᆞ여	골몰ᄒᆞ여

은진송씨 송병필가 언간 09

〈송병필가-09, 1889년, 송병필(남편) → 전주이씨(아내)〉

판독문

답상장 쵸호 본제

근봉

거번의 온 편지ᄂᆞᆫ[1] 지금것 든든ᄒᆞ오며 편후 유일ᄒᆞ온ᄃᆡ 요ᄉᆞ이 납호의 신상 평안ᄒᆞ오시고 각ᄃᆡᆨ 졔절 일안ᄒᆞ오며 아희들 무탈 을녹 병은 쾌ᄎᆞᄒᆞ여 쇼셩[2] ᄎᆞᄎᆞ 되ᄂᆞᆫ지 구루 ᄉᆞ렴 간졀 념여[3] 빅츌이ᄋᆞᆸ 이곳은 젼 모양 지ᄂᆡ니 힝이나 셰말을 당ᄒᆞ여 공ᄉᆞ 다단 슈란ᄒᆞᆫ 즁 각쳐 셰찬 봉물 봉할 일 더옥 심난 견ᄃᆡᆯ 슈 읍셔 약약ᄒᆞ오이다 거변의 담양 원의 편지 본즉 홍쥬 김낭이 셔울 갓ᄃᆞ ᄒᆞᄋᆞᆸ 보은 소식 드르습ᄂᆞ잇ᄀᆞ 궁금ᄒᆞᄋᆞᆸ 홍쥬 법셕이 졔슈와 셰찬은 봉ᄒᆞ려 ᄒᆞᄂᆞ 길를 ᄌᆞ셔히 몰나 못 보ᄂᆡ겟습 셥셥ᄒᆞᄋᆞᆸ 보ᄂᆡ신 의복은 ᄃᆞ 일일 왓습더이다 요ᄃᆡ ᄒᆞᆫᄂᆞ 단임 ᄒᆞᆫᄂᆞ 보ᄂᆡ니 을녹이ᄂᆞ 쥬시ᄋᆞᆸ 침모ᄂᆞ 구ᄒᆞ여도 맛당ᄒᆞᆫ 게 읍시니 답답ᄒᆞᄋᆞᆸ 긔별ᄒᆞᆫ 홍시와 난졋션 졔슈 봉ᄒᆞᆯ ᄊᆡᆨ 보ᄂᆡ랴 ᄒᆞᄋᆞᆸ 당목과 옥양목은 셔울노 마젼ᄒᆞᆫ 것ᄉᆞ로 보ᄂᆡ시니 오ᄂᆞᆫ ᄃᆡ로 보ᄂᆡ랴 ᄒᆞᄋᆞᆸᄂᆞ이다 넷좌 어사임 회갑의 아모리 ᄉᆡᆼ각ᄒᆞ여도 고을 일노 ᄀᆞ들 못할 듯시부니 셥셥ᄒᆞᄋᆞᆸ 의복가음은 ᄉᆞ셔 보ᄂᆡ랴 ᄒᆞᄋᆞᆸᄂᆞ이다 ᄉᆞ셔 보ᄂᆡᆫ 아희연들 잘 잇습 슈란 ᄃᆡ강 긋치ᄋᆞᆸᄂᆞ이다 긔츅 납월 쵸칠일 이곳 송 상장 아오ᄂᆞᆫ 그ᄉᆞ이 셔울 갓슬 듯 ᄃᆡ소가가 ᄃᆞ 비여셔 밧그로 일 보나 이ᄂᆞᆫ 읍고 필경 낭ᄑᆡ되ᄂᆞᆫ 일 만ᄒᆞᆯ 듯ᄒᆞ니 답답ᄒᆞᄋᆞᆸ 을녹은 무신 약이ᄂᆞ 머기ᄂᆞᆫ지 모라 발광할 듯ᄒᆞᄋᆞᆸ이다

판독대비

번호	판독자료집	박재연·황문환 (2005 : 17)
1	편지ᄂᆞᆫ	편지도
2	쇼셩	쇼경
3	념여	념녀

은진송씨 송병필가 언간 10

〈송병필가-10, 1889년, 송병필(남편) → 전주이씨(아내)〉

판독문

일젼 뎐젼의 붓친 편지는 이 먼저 득달ᄒᆞ얫실[1] 듯 날표[2] 되온디 요ᄉᆞ이 납한 긔운 평안ᄒᆞ오시고 디소 졔가 이안들 ᄒᆞ오며 아희들도 무고 셩셩 을녹 병은 그ᄉᆞ이 이각되여[3] 무슴 약이ᄂᆞ 멱이는지 ᄉᆞ렴 간졀ᄒᆞ온 즁 념여[4] 무궁ᄒᆞ오이다 이곳은 날노 더옥 슈란 지ᄂᆡ오니 답답괴롭습ᄂᆞ이다 맛참 젼인 가는 인편 잇기예 슈ᄌᆞ 붓치옵압ᄂᆞ이다 총총 쥬리옵나이다 긔축납월 쵸십일 이곳 송 상장 이번의 찬속을 좀 보ᄂᆡ랴 ᄒᆞ엿더니 이 인편 급히 보ᄂᆡ기예 졔슈만 보ᄂᆡ고 찬속은 후편의 보ᄂᆡ랴 ᄒᆞ니 그리 아시옵

판독대비

번호	판독자료집	박재연·황문환 (2005 : 19)
1	득달ᄒᆞ얫실	득달ᄒᆞ얏실
2	날표	날포
3	이각되여	각각되며
4	념여	념녀

은진송씨 송병필가 언간 11

〈송병필가-11, 1890년, 송병필(남편) → 전주이씨(아내)〉

판독문

일젼 복군[1] 편의 븟친 편지는[2] 이 먼져 득달ᄒᆞ엿실 듯 요ᄉᆞ이 긔운 읏더ᄒᆞ오시고 아희들도 츙실 을녹 병도 쾌히 이각되여 ᄎᆞᄎᆞ 소셩ᄒᆞ옵ᄂᆞ잇ᄀᆞ 두루 ᄉᆞ렴 무궁ᄒᆞ오이다 이곳은 공ᄉᆞ 졈졈 번극ᄒᆞ와 ᄂᆞᆫ감ᄒᆞ온 중 신병은 죵시 낫지 안ᄒᆞ와 약도 효흠 읍시니 괴롭삽 오날이라도 고을 일 버리고 집의 ᄀᆞ셔 치료나 ᄒᆞ랴 ᄒᆞ되 그리도 못ᄒᆞ겟시니 답답 세상이 귀치 아니ᄒᆞ옵 숨월 젼의ᄂᆞᆫ 집의 갈 슈 읍실 듯ᄒᆞ니 발광할 듯ᄒᆞ옵ᄂᆞ이다 돌셕은 여긔 두지 못할 ᄉᆞ단 만 ᄒᆞ 이번의 보ᄂᆡ옵ᄂᆞ이다 병즁 슈란 ᄃᆡ강 긋치옵ᄂᆞ이다 경인 이월 쵸ᄉᆞ일 이곳 송 상장 돈 비 양은 그번 유복이 가ᄂᆞᆫ 편의 모시 ᄉᆞ셔 보ᄂᆡ엿시니 방미ᄒᆞᄂᆞᆫ ᄃᆡ로 츄심ᄒᆞ게 ᄒᆞ시옵 아오 의게 이 말 ᄒᆞ엿시니 츄심ᄒᆞ여 달ᄂᆞ ᄒᆞ시옵 모시로 쎨 터히여든 모시로 ᄎᆞᄌᆞ 달ᄂᆞ ᄒᆞ시옵 나쥬 셰목 아홉 필 만경 셰목 ᄒᆞᆫ 필 합 열 필 구ᄒᆞ여 보ᄂᆡ니 두엇ᄃᆞ 혼슈의 씨게 ᄒᆞ시옵 나 쥬 셰목은 유명ᄒᆞᄃᆞ ᄒᆞ기예 구ᄒᆞ여 보ᄂᆡ옵ᄂᆞ이다 나쥬 상셰목 네 필 즁셰목 네 필 ᄒᆞ셰목 ᄒᆞᆫ 필 만경 상셰목 ᄒᆞᆫ 필 합 열 필

판독대비

번호	판독자료집	박재연·황문환 (2005 : 21)
1	복군	부군
2	편지ᄂᆞᆫ	편지도

은진송씨 송병필가 언간 12

〈송병필가-12, 1890년, 송병필(남편) → 전주이씨(아내)〉

판독문

만동 편[1] 글월 밧ᄌᆞ와 지금것 든든ᄒᆞ오며 편후[2] 다일ᄒᆞ온ᄃᆡ[3] 요ᄉᆞ이 츈훈의 긔운 평안ᄒᆞ으시고 ᄃᆡ소졔졀 일안 아희들 무탈 어린놈도 츙실 을녹 병도 이각 소셩되ᄂᆞᆫ지 두루 ᄉᆞ렴 간졀쥬소 념여[4] 노히지 못ᄒᆞ겟ᄉᆞᆸ 이곳은 요ᄉᆞ이 신병은 좀 낫ᄉᆞ오ᄂᆞ 고을 일노 밤낫읍시 일시라도 편할 날이 읍시니 약약ᄒᆞ옵 을녹 혼인은 그ᄉᆞ이 ᄉᆞ쥬 보ᄂᆡ엿ᄃᆞ ᄒᆞ오니 회편의 져 집 말이 셩예ᄂᆞᆫ 은졔로 지ᄂᆡ겟ᄃᆞ ᄒᆞ엿ᄉᆞᆸᄂᆞᆫ지 모라 궁굼ᄒᆞ옵ᄂᆞ이다[5] 아오의 편지 본즉 ᄉᆞ랑치를 씃고 터 닥넌ᄃᆞ고 와셔 보라 ᄒᆞ엿시ᄂᆞ 잠시라도 써날 길 읍셔 못 ᄀᆞ겟시니 답답ᄒᆞ옵 실쳡셰 ᄀᆡ ᄉᆞ셔 보ᄂᆡ니 두엇ᄃᆞ 며나리 쥬면 죠흐겟ᄉᆞᆸ 측ᄒᆞ 졍시 어득 이만 긋치옵ᄂᆞ이다 경인이월 념육일 이곳 송 답상장

판독대비

번호	판독자료집	박재연·황문환 (2005 : 23)
1	만동 편	만종편
2	편후	젼후
3	다일ᄒᆞ온ᄃᆡ	디일ᄒᆞ온ᄃᆡ
4	념여	념녀
5	궁굼ᄒᆞ옵ᄂᆞ이다	궁금ᄒᆞ옵ᄂᆞ이다

은진송씨 송병필가 언간 13

〈송병필가-13, 1890년, 송병필(남편) → 전주이씨(아내)〉

판독문

온 후 날포 죠격ᄒᆞ오니 궁거온 마음 층양읍시며[1] 요ᄉᆞ이 혹념의 긔운 평안ᄒᆞ시고 김집 여러 남믜 무탈 아오 ᄂᆡ외 ᄐᆡ평 각ᄃᆡᆨ 제절 일일들 ᄒᆞ시며 을녹 병도 더치나 아니ᄒᆞᆫ지 쥬소 사렴 답답ᄒᆞ오이다 이곳은 쩌난 후 오육 일 만의 모렴ᄒᆞ고 득달ᄒᆞ여 아즉 별 탈은 읍스나 더위로 죠셕도 잘 먹으니 약약 괴롭ᄉᆞᆸᄂᆞ이다 그ᄉᆞ이 홍쥬 간 ᄒᆞ인이 회환ᄒᆞ엿실 뜻 김집이 이 승염의 가게나 아니 되엿난지 모라 답답ᄒᆞ오이다 학관도 평안ᄒᆞ니 힝이옵 할 말숨 남으나 더위로 뎡신 어득 이만 쥬리오니 ᄂᆡᄂᆡ 신상 ᄐᆡ평ᄒᆞ시기 ᄇᆞ라옵 경인 육월 회일 이곳 송 상장 보은 소식 그ᄉᆞ이 드러ᄉᆞᆸ 근졀이 안영들 ᄒᆞ시고 인희도 잘 잇ᄃᆞ ᄒᆞ옵 궁금ᄒᆞ옵ᄂᆞ이다 ᄉᆡᆼ모시 두 필 ᄒᆞᆫ 필은 오십ᄉᆞ 척 ᄒᆞᆫ 필은 육십삼 척 마포 셰 필 젼문 오십 냥 마포 셰 필 보ᄂᆡ니 부리난 연들과 유모 젹숨 ᄒᆞᆫ ᄀᆞ음식 쥬고 남어지난 씨게 ᄒᆞ시옵 셰마포ᄂᆞᆫ 이 후편의 구ᄒᆞ여 보ᄂᆡ랴 ᄒᆞ옵 돈[2] 오십 냥 보ᄂᆡ니 일용ᄒᆞ시옵

판독대비

번호	판독자료집	박재연·황문환 (2005 : 25)
1	층양읍시며	층냥 읍시며
2	ᄒᆞ옵 돈	ᄒᆞ옵든

은진송씨 송병필가 언간 14

〈송병필가-14, 1890년, 송병필(남편) → 전주이씨(아내)〉

판독문

금월 쵸이일[1] 고을 ᄒᆞ인 편의 븟친 편지는 이 먼져 득달ᄒᆞ엿실 뜻 편후 유일ᄒᆞ온ᄃᆡ 신상 다시 평안ᄒᆞ오시고 ᄃᆡ소ᄀᆞ 일안 아희들 츙실 을녹 병도 쾌각ᄒᆞᄋᆸ ᄉᆞ렴 구구 간졀ᄒᆞ오이다 젼편의 드른즉 홍쥬 김집이 이달 슌간 가기로 ᄒᆞᆫ다 ᄒᆞ니 젹실ᄒᆞᆫ 소문인지 져 집의셔 긔여이 고집ᄒᆞ면 무ᄀᆞ니ᄒᆞ라 보닐 밧긔 읍시나 이러헌 인졍이 어ᄃᆡ 잇시며 심히 셥셥ᄒᆞᄋᆸ 다시 편지ᄒᆞ고 시부나 필경 듯지 아니할 터히니 답답ᄒᆞᄋᆸ 그ᄉᆞ이 써낫슬 ᄒᆞ기 편지 아니ᄒᆞᄋᆸ 을녹 혼인은 이 셰니의 지닐 터힌ᄃᆡ ᄒᆞᆫ 번 졍ᄒᆞᆫ 호인 ᄃᆞ시 변통은 읍시ᄂᆞ 규슈 외양이나 웃더ᄒᆞᆫ지 궁금ᄒᆞ니 노파 ᄒᆞᆫᄂᆞ 보니여 외양이ᄂᆞ 웃더ᄒᆞᆫ지 아라 긔별ᄒᆞ여 쥬시ᄋᆸ 답답ᄒᆞ기 이리ᄒᆞᄋᆸ 이곳은 젼 모양 지니니 힝이ᄋᆸ 슈요 이만 긋치ᄋᆸ이다 경인 칠월 쵸구일 이곳 송 상장 을녹 혼인은 불ᄀᆞ불 삼일 우례로 할 터인ᄃᆡ 관레ᄎᆞ 숨작과 츄마가음과 픠물 등속은 무어스로 ᄒᆞ며 죠흘지 너무 과히 말고 젹즁ᄒᆞ게 발긔 ᄒᆞ나 ᄌᆞ셰히 젹어 긔별ᄒᆞ시ᄋᆸ 을녹이 관예도 삼가레로 할 터히니 무신 의복은 무어스로 셰 번 가라입난지 모르니 아오의게 ᄌᆞ셔 아라 긔별ᄒᆞ시ᄋᆸ 의복ᄀᆞ음 셔울 가 ᄉᆞ지 아니ᄒᆞ여도 할 터히여든 집의셔 ᄒᆞ여 입게 ᄒᆞ시ᄋᆸ 나도 아오게 긔별ᄒᆞ여 아라보겟습 유긔 그러션 무엇 무엇 맛출씨 모르겟시니 ᄌᆞ셔히 긔별ᄒᆞ시ᄋᆸ 유복이ᄀᆞ 양항나 만이 ᄀᆞ져왓ᄃᆞ ᄒᆞ니 승식 가늘고 발 잔 거스로 셰 필만 드려ᄃᆞᄀᆞ 두고 겹바지 ᄒᆞ게 ᄒᆞ시ᄋᆸ 훗편의 우션 겹바지 ᄒᆞᆫ나 ᄒᆞ여 보니면 죠흘 덧ᄒᆞᄋᆸ 할 사이 읍거든 그만두시ᄋᆸ

판독대비

번호	판독자료집	박재연·황문환 (2005 : 27)
1	쵸이일	촌이일

은진송씨 송병필가 언간 15

〈송병필가-15, 1890년, 송병필(남편) → 전주이씨(아내)〉

판독문

상장

근봉

그번 봉길 편 븟친 편지ᄂᆞᆫ 이 먼져 보셧실 듯 편후 다일ᄒᆞ온ᄃᆡ[1] 신상 ᄐᆡ평ᄒᆞ오시고 혼실 무고 아희들 무탈 셩셩ᄒᆞᆸ 쥬야 궁금 ᄉᆞ렴[2] 간졀ᄒᆞ오이다 이곳은 날노 슈란 지ᄂᆡ오니 약약ᄒᆞ오며 학관도 평ᄒᆞ니 ᄒᆡᆼ이옵 이달 졔슈ᄂᆞᆫ 봉ᄒᆞ여 보ᄂᆡ니 ᄌᆞ셔이 바드시옵 졀일 후 보면 불급할 ᄯᅳᆺᄒᆞ기 미리 보ᄂᆡ옵ᄂᆞ니다 찬속[3] 좀 보ᄂᆡ니 둣 집의셔 나나 먹게 ᄒᆞ시옵 고등어ᄂᆞᆫ 읍셔 못 구ᄒᆞ여 보ᄂᆡ옵ᄂᆞ이다 ᄃᆡ젼복 이십 ᄀᆡ 연강졍과 ᄒᆞᆫ 항 구ᄒᆞ여 보ᄂᆡ니 두엇ᄃᆞ 혼인 ᄯᆡ의 씨게 ᄒᆞ시옵 규양 간션은 그ᄉᆞ이 침모 보ᄂᆡ여 아라 왓ᄉᆞᆸ나잇ᄀᆞ 궁금ᄒᆞᆸ 이 회편의 ᄌᆞ셔히 긔별ᄒᆞ여 쥬시옵 아즉 아니 보ᄂᆡ엿거든 즉시 보ᄂᆡ 보시옵 ᄂᆡ월 슌간 집의 가랴 ᄒᆞᆸ 관예 ᄐᆡᆨ일 보아셔 가겟ᄉᆞᆸ 관예 ᄯᅥᆨ 입필 의복은 미리 ᄒᆞ여 두시옵 ᄉᆡ로 드러온 침모ᄂᆞᆫ 침ᄌᆡ가 웃더ᄒᆞᆸ ᄂᆡ 의복은 속고름 너무 길게 마시옵 슈요 이만 긋치압ᄂᆞ이다 경인 팔월 초칠일 이곳 송 상장[4] 옥양목 ᄒᆞᆫ 필 다시 마젼ᄒᆞ여셔 웃 ᄒᆞ게시옵[5] ᄉᆡᆼ츈포 셰 필 두 필은 도포 박아 잇게 ᄒᆞ시옵 ᄉᆡᆼ모시 두 필 덕쳔 항나 ᄒᆞᆫ 필 셰북포 두 필 양항나 십여 쳑 마포 두 필 셰목 다셧 필 어포 두 졉 어란 두 보

판독대비

번호	판독자료집	박재연·황문환 (2005 : 29)
1	다일ᄒᆞ온ᄃᆡ	다 일ᄒᆞ온가
2	ᄉᆞ렴	ᄉᆞ려
3	찬속	찬슈
4	이곳 송 상장	이곳 송상 장
5	마젼ᄒᆞ여셔 웃 ᄒᆞ게시옵	마젼ᄒᆞ여 셔웃ᄒᆞ게 시옵

은진송씨 송병필가 언간 16

〈송병필가-16, 1891년, 송병필(남편) → 전주이씨(아내)〉

판독문

상장
근봉

ᄯᅥ나온 후 누일 되오니 궁금ᄒᆞ오며 일간의 거나리시고 신상 평안ᄒᆞ오시고 계슈도 일안 진ᄉᆞ ᄂᆡ외도 무탈 계녹 여러 남ᄆᆡ 츙실들 ᄒᆞ고 각ᄃᆡᆨ 졔졀 안영들 ᄒᆞᆫ지 됴됴 향염[1] 간졀ᄒᆞ오이다 이곳은 즁노의셔 셜ᄉᆞ로 일쥬야 괴로이 지ᄂᆡ다 어졔야 좀 나흐ᄂᆞ 죵시 쾌치 못ᄒᆞ니 약약ᄒᆞ옵 도임은 무ᄉᆞ이 ᄒᆞ엿시니 힝이옵 평긔셔 온 노파ᄂᆞᆫ 그ᄉᆞ이 치송ᄒᆞ여 회편의 평안ᄒᆞᆫ 소식은 드러ᄉᆞᆸ 관쳥 음식을 먹을 슈 읍 ᄒᆞ여 쥬니 답답ᄒᆞ옵 명츈의ᄂᆞᆫ ᄂᆡ힝을 다려오랴 ᄒᆞ옵 이번의 오다 표졍을 드러 무른즉 덕쳔이 ᄂᆡ힝을 다리고 갓ᄂᆞᆫᄃᆡ 혼인은 ᄂᆡ연 봄의 못 지ᄂᆡᆯ 닷ᄒᆞ다 ᄒᆞ기예 편지ᄒᆞ여 가을노 지ᄂᆡ게 ᄒᆞ여 달 ᄒᆞ엿ᄉᆞᆸ 일긔 졈졈 치우니 며니리와 아희들 치위예 상치 말게 ᄒᆞ시옵 이달 슌간의 진ᄉᆞ 진산 산소 보ᄂᆡ여 소분ᄒᆞ고 졔 쳐가로 단여오게 ᄒᆞ시옵 느지면 못할 닷ᄒᆞ기 이리 ᄒᆞ옵 올 ᄯᆡ의 며나리 신 견양을 잇고 왓시니 훗편의 ᄂᆡ여 보ᄂᆡ시옵 아희들 신과 실ᄂᆡ 신과 계슈 신 견양 다 ᄂᆡ여 보ᄂᆡ시옵 ᄃᆡ강 쥬리오니 ᄂᆡᄂᆡ 긔운 ᄐᆡ평ᄒᆞ시기 ᄇᆞ라옵ᄂᆞ이다 시묘 십월 쵸ᄉᆞ이[2] 이곳 송 상장 도임 상 ᄇᆞ든 것 좀 보ᄂᆡ니 아희들 난ᄒᆞ 쥬시옵

판독대비

번호	판독자료집	박재연·황문환 (2005 : 31)
1	향염	향념
2	쵸ᄉᆞ이	초ᄉᆞ이

은진송씨 송병필가 언간 17

〈송병필가-17, 1891년, 송병필(남편) → 전주이씨(아내)〉

판독문

상장
답샹장
근봉

날포 아득ᄒᆞ오니 궁금ᄒᆞ오며 납ᄒᆞᆫ의 긔운 일안ᄒᆞ오시고 아희들 무탈 며나리 잘 잇습ᄂᆞ잇ᄀᆞ 아오와 ᄉᆞ촌 와셔 여러 날 든든 지ᄂᆡ다 ᄒᆞᆯ쳐 ᄯᅥᄂᆡ 보ᄂᆡ니 셥셥ᄒᆞᆫ ᄆᆞ음 칙양읍습 ᄒᆞᆫ졍의 무ᄉᆞ 득달ᄒᆞ엿는지 두루 향념 간졀ᄒᆞ오이다 이곳은 잇ᄣᅢ 당ᄒᆞ여 공ᄉᆞ 더 번극ᄒᆞᆫ 즁 치질 졈졈 ᄉᆞ독ᄒᆞ여 쥬야 견딜 슈 읍시니 약약ᄒᆞ오이다 긔별ᄒᆞ신 월ᄌᆞᄂᆞᆫ 예셔 구ᄒᆞᆯ 슈 읍셔 셔울노 ᄉᆞ로 보ᄂᆡ습ᄂᆞ이다 거번의 보ᄂᆡᆫ 이음 며나리 머리의 맛더잇ᄀᆞ 봉셔셔 부탁ᄒᆞᆫ 칠셔ᄂᆞᆫ 아라본즉 갑시 과연ᄒᆞ기예 아즉 맛츄지 아니ᄒᆞ엿습 긴 말ᄉᆞᆷ 신병 즁 졍신 어득 ᄃᆡ강 ᄀᆞᆺ시오니 ᄂᆡᄂᆡ 환셰 평안ᄒᆞ시기 ᄇᆞ라옵ᄂᆞ이다 신묘 납월 십ᄉᆞᆷ일 이곳 송 상장 인희 혼인은 ᄂᆡ연 가을노 지ᄂᆡᄌᆞ ᄒᆞ고 ᄉᆞ쥬ᄂᆞᆫ ᄉᆞᆷᄉᆞ월 간 보ᄂᆡ라 긔별ᄒᆞ엿ᄂᆞ 답장 ᄋᆞᆺ지 올넌지 궁금ᄒᆞ오이다

판독대비

번호	판독자료집	박재연·황문환 (2005 : 33)

은진송씨 송병필가 언간 18

〈송병필가-18, 1917년, 송보헌(미상) → 서승화(미상)*〉

판독문

상장

작일 글월 밧ᄌᆞ와 기간 긔운 평안ᄒᆞ고 일힝이 무고ᄒᆞ고 어린놈 병도 좀 나으오며 인현 츙실하온 일[1] 든든 깃부압 이곳 어마님게압셔 무숨 병환니시온지 견신니 부긔가 ᄃᆡ단하옵고 약을 써도 죠곰도 나으시지 아느시고 쇽이 답답하여[2] 몃칠 음식도 아니 잡슈시오니 쵸민하기 비할 ᄃᆡ 읍습 어마님 슈의난 불가불 차월 ᄂᆡ의 ᄉᆞ 오려 ᄒᆞ오나 실인니 집의[3] 읍셔 무어시 잇고 무어시 읍난지 몰나 답답하압 일간 올나가려 ᄒᆞ오니 어린놈 병의 지셩으로 약을 하여 이달 염간 갓치 나려오게 ᄒᆞ시압 춍요 이만 긋치압ᄂᆡ다 졍ᄉᆞ 윤니월 십숨일 오후 육졈 이곳 숑보헌 상장 셔승화 즌 작일의 하신 어마님게 오난 편지ᄂᆞᆫ 지금 바닷삽ᄂᆞ이다

판독대비

번호	판독자료집	박재연·황문환 (2005 : 35)
1	일	닐
2	답답하여	답답하며
3	실인니 집의	실인 니집의

* 박재연·황문환(2005)에서는 남편이 아내에게 보낸 것으로 수수관계를 파악하였으나, 편지 끝 부분의 '셔승화 즌'과 '송보헌 상장'에 근거하여 발수신자를 조정하였다.

은진송씨 송병필가 언간 19

〈송병필가-19, 19세기, 송지수(남편) → 임천조씨(아내)〉

판독문

졔 병은 사흘을 한젼ᄒᆞ엿신즉 증셰는 극즁이요[1] 농혈은 지금것 긋치지 아니ᄒᆞ엿다 ᄒᆞ오니 그 농혈 빗치 고름 고름 갓사온지 혹 산후 악노가 긋치지 아니하엿는지 다산ᄒᆞᆫ 부닌의게 ᄌᆞ셰히 ᄌᆞ셰히 무러 보온즉 산후 악노가 즉시 긋치는 사람도 잇습고 혹 일칠일도[2] 나가고 혹 이칠일ᄶᅥ지도 긋치지 아니ᄒᆞᄂᆞᆫ 사람이 잇다 ᄒᆞ오니 산후 악노가 아니ᄋᆞᆸ 자셰히 살피시ᄋᆞᆸ 긔함ᄒᆞ고 속이 월넝월넝ᄒᆞ고 두통 잇고 죵죵 한젼ᄒᆞᄂᆞᆫ 거시 산후의 긔혈이 ᄃᆡ허ᄒᆞ여[3] 그러ᄒᆞ온 듯ᄒᆞ오니 국밥과 고음으로 실셥 업시 보ᄒᆞ여 쥬ᄋᆞᆸ고 약을 씐다 ᄒᆞ여도 지금 졀후가 극한ᄒᆞᆫ ᄯᅢᄋᆞᆸ고 ᄯᅩ 속이 여지업시 빈 터의 차고 서늘ᄒᆞᆫ 약은 시험ᄒᆞᆯ 수가 업삽고 ᄒᆞ긔ᄒᆞᄂᆞᆫ 약도 씔 수가 업ᄉᆞ오니 약을 시험ᄒᆞᆫ다 ᄒᆞ여도 동졍을 보아 씔 밧긔 업삽고 도모지 산후는 허ᄒᆞ기가 쥬장이요 허ᄒᆞ오면 잡증이 협발ᄒᆞ난 거시오니 부ᄃᆡ 보ᄒᆞ여 주시기을 주장ᄒᆞ시ᄋᆞᆸ 한량지졔는 경션히 시험치 못할 덧ᄒᆞᄋᆞᆸ고[4] 약을 씨랴 ᄒᆞ오면 보허탕 갓사온 약을 씔 덧ᄒᆞ오니 의원의게 다시 의논ᄒᆞ여 보허탕이 합당ᄒᆞ다 ᄒᆞ거든 긔별ᄒᆞ시ᄋᆞᆸ 그ᄉᆞ이 ᄯᅩ 무산 방문 낫삽거든 보이시ᄋᆞᆸ 가사 변옹이라 ᄒᆞᆫ다 ᄒᆞ여도 농집이 소변으로 연ᄒᆞ여 나온즉 동졍을 보ᄋᆞᆸ고 급히 준 독ᄒᆞᆫ[5] 약으로 다시릴[6] 길은 업사오니 믹오 십분 상냥ᄒᆞ여 ᄒᆞ시ᄋᆞᆸ 의원의 집증은 변옹이라 ᄒᆞ오나 그 집증이 올케 도온지[7] 알 수 잇ᄉᆞᆸ 답답ᄒᆞ오이다 일젼의 보닌 ᄒᆞ닌은 즉시 도라오지 못할 듯ᄒᆞᄋᆞᆸ고 ᄯᅩ 산후 악노가 ᄭᅳᆺ치지 아니ᄒᆞᆫ 거슬 변옹으로 그릇 집증되엿는가 염녀되여 ᄯᅩ 하닌 보니ᄋᆞᆸ

판독대비

번호	판독자료집	박재연·황문환 (2005 : 37)
1	극즁이요	극즁이오
2	일칠일도	이는 칠일도
3	긔혈이 ᄃᆡ허ᄒᆞ여	긔혈이ᄃᆡ 허ᄒᆞ여
4	덧ᄒᆞ옵고	덧ᄒᆞ옵고
5	준 독ᄒᆞᆫ	준독ᄒᆞᆫ
6	다시릴	다시 필
7	올케 도온지	올케도 옴지

은진송씨 송병필가 언간 20

〈송병필가-20, 1868년, 송지수(시아버지) → 전주이씨(며느리)〉

판독문

ᄌᆞ부의게

소식 드란 지 날포 되니 궁겁다 요ᄉᆞ이 납한의 뫼시고 신상 무탈ᄒᆞ냐 염이로다 나는 노넌닉 근녁이 구회 중 늠쳘ᄒᆞ오시니 졀박ᄒᆞ며 나도 몸치의 독강을 겸ᄒᆞ여 신음 중 지닉고 만실 우고로 편홀 나리 업시니 귀치 아니ᄒᆞ나 졔 병은 오륙 일 젼붓터 감셰 이셔 식음지졀이 죠곰 나흐나 소셩은 어닉 씩 될지 모로게시니 답답ᄒᆞ며 어린놈 어미 ᄎᆞ지며 쥬야 봇치는 소릐 간장이 녹는 듯 무산 젹악인지 밋찰 닷 못 견딕것다 너의 어루신닉계옵셔는 의외의 오셔셔 만나 뵈오니 반갑고 든든ᄒᆞ나 비요 우환 중 조용이 말삼도 못ᄒᆞ옵고 여긱쳐로 훌쳐 써나시니 셥셥 측냥업다 횡□으로[1] 봉욕을 망측이 ᄒᆞ시고 그 일노 ᄒᆞ여 츄립ᄒᆞ시더니 그ᄉᆞ이 회졍ᄒᆞ오시며[2] 면화ᄒᆞ실 도리 잇다 ᄒᆞ시너냐 졀통 분ᄒᆞ고 염녀된다 졔 의복가음 보닉니 셰시 밋쳐 ᄒᆞ여 보닉여라 여가 업셔 이졔야 보닉는 군속ᄒᆞ것다 사연 틱산 갓타나 졍신 어득 쥬리치며 시봉 신상 무탈ᄒᆞᆫ 소식 기다린다 무진 납월 십삼일 舅 빅목 오 필 두 필은 안것가음 목화 빅 근네 오셔도 노화 입어라 낭ᄌᆞ궤 편지곳 외양 보션본 ᄎᆡᆨ 두 권 글시 졍ᄒᆞ게 이셔라 졔 의복을 장 젼의는 것뵈로 ᄒᆞ는 거시 올흐나 쏠 보기도 실코 ᄒᆞ니 다드마 ᄒᆞ여 보닉여라 소두루막이 솜 랍게 두어 ᄒᆞ여 보닉고 의복 ᄒᆞᆫ 벌은 셰후의 일긔 보아 가머[3] 솜 노와셔 ᄒᆞ여 보닉여라

판독대비

번호	판독자료집	박재연·황문환 (2005 : 39)
1	횡□으로	힝으로
2	회졍ᄒᆞ오시며	회져ᄒᆞ오시며
3	가머	다머

은진송씨 송병필가 언간 21

〈송병필가-21, 1869년, 송지수(시아버지) → 전주이씨(며느리)〉

판독문

ᄌᆞ부 답

달포 소식[1] 막히여 올 갓탄 요졈의 엇지ᄂᆞ 지닉는지 어득 골몰 즁이나 향념 간졀ᄒᆞ더니 닉평의 글시 보니 안면을 딕ᄒᆞᆫ 듯 탐탐 반기며 당상 긔후 여젼ᄒᆞ오시고 신상도 그만이ᄂᆞ ᄒᆞᆫ일 다힝 깃부다 면죵은 엇지ᄒᆞ여 그러ᄒᆞᆫ지 감셰 엽ᄂᆞᆫ 일 답답ᄒᆞ다 나는 노닌닉 근녁이 상히 엄엄 즁 지닉시니 졀박ᄒᆞᆫ 즁 져의 형졔 서증으로 여름닉 골몰히 지닉더니 ᄉᆞ오 일 젼붓터 져ᄂᆞᆫ 왼팔 마듸의 독죵이 나더니 억ᄭᅴ거지 건인ᄒᆞ여 굴신 못ᄒᆞ고 근죵 염여[2] 잇시니 염여되고 어린것 거동 몰골이야 말ᄒᆞ여 씰딕 이ᄂᆞᆫ냐 갈사록 불닌 불상ᄒᆞ다 셔모ᄂᆞᆫ 큰 병은 업시ᄂᆞ 칠십 노닌이 무산 셰황인지[3] 그도 불상ᄒᆞ다 각딕 딕도난[4] 별고 업시시다 힝이로다[5] 네 길은 팔월 염간 되것는딕 상치 되ᄂᆞᆫ 일이나 업실는지 힝구 범빅은 다 여셔 보닐 거시니 그리 아라라 보션은 ᄌᆞ셔히 바닷다 윈납은 누구라 지명ᄒᆞᆫ 일 업시 송 셰마 ᄌᆞ손 형졔라 ᄒᆞ고 이만냥이 나려왓시니 엇지 될넌지 심난ᄒᆞ다 셰상 일이 다 젼졍이 잇시니 너머 용여 마라 졔 의복 곳칠 거슨 보닉나 별노 업다 ᄒᆞᆫ다 젼의 온 유지와 조각보 보닌다 분두 조기 보닌다[6] 경신 어득 운무 즁 갓타여 쥬리친다 긔ᄉᆞ 칠월 염일일 舅 져구리 둘 바지 ᄒᆞ나 보션 둘 두루막 둘

판독대비

번호	판독자료집	박재연·황문환 (2005 : 41)
1	소식	소식이
2	염여	염녀
3	셰황인지	셰왕인지
4	딕도난	딕소난
5	업시시다 힝이로다	업시시〔니〕 다힝이로다
6	분두 조기 보닌다	〔판독 안 됨〕

은진송씨 송병필가 언간 22

〈송병필가-22, 1869년, 송지수(시아버지) → 전주이씨(며느리)〉

판독문

ᄌᆞ부의게

〔봉투 후면〕 거번의 온 힁담은 못 보닌다

도모지 긴 사연 다 바리고 네 신병 무ᄉᆞ 츌당ᄒᆞᆫ 일 신긔신긔 긔특긔특ᄒᆞ다 요ᄉᆞ이는 여탈 업고 식음지졀이 여상ᄒᆞ며 존후도 즁환지여의 근녁[1] 범졀이 평복되오셔[2] 늠쳘키ᄂᆞᆫ[3] 아니ᄒᆞ오신지 타국갓치 막켜 지닉니 ᄉᆞ셰 그려ᄒᆞ나 쥬야 엄녀 엇덧타 못ᄒᆞ겟다 거월붓터 ᄒᆞᆫ닌이나 보닉자 ᄒᆞ되 상통ᄒᆞᄂᆞᆫ 것도 염녀되고 ᄯᅩ 무소식이 호소식으로 지금의 이르러시ᄂᆞᆫ 졍이가 아니로다 나는 노닌닉 근녁이[4] ᄃᆡ단 손졀은 업ᄉᆞ오시는 상히 엄엄 즁 지닉오시니 졀박 답답ᄒᆞ다 신병은 각식으로 견딀 슈는 업는 즁 이 소죠 당ᄒᆞᆫ 후로 유익지 아니ᄒᆞᆫ 쥴 업 잠시 편ᄒᆞᆫ 날 업시니 무산 셰황이며 무산 신쉰지 도로혀 웃는다 져의 형졔는 별탈 업고 연졔는 구월 초구일 지닉엿시니 셰월이 져근덧시로다[5] 너의 집 우환은 거월 초싱의 간졍되엿다 ᄒᆞᄂᆞᆫ 김 진ᄉᆞ 집 우환이 지금 젼념되여 알넌다 ᄒᆞ니 만일 너의 집과 일향 상통되면 닉월 쳘궤 연의 못 올 염념가 이시니 네 졍니도 졀박ᄒᆞ거니와 망닌의 팔ᄌᆞ도 괴상ᄒᆞ다 질부는 수일 젼 건친ᄒᆞ여 아즉 노마 도라오지 못ᄒᆞᆫᄃᆡ 일긔 죨한ᄒᆞ니 염녀된다 당질 초시ᄒᆞ니 다힝ᄒᆞ다 심난 긋친다 긔ᄉᆞ 양월 칠일 舅 셔모는 상히 셩친 못ᄒᆞ여 ᄒᆞᄂᆞᆫ 모양 그도 불상ᄒᆞ다[6] 이 편지 보고 답장할나 마라 싱강 조곰 보닌다 보션 유지 둘 큰 유지 ᄒᆞ나 죠각보 둘 큰 죠각보 ᄒᆞ나 ᄎᆞ자 보닌다

판독대비

번호	판독자료집	박재연·황문환 (2005 : 43)
1	근녁	근역
2	평복되오셔	편복되오셔
3	늠쳘키ᄂᆞ	늠렬키ᄂᆞ
4	근녁이	근역이
5	져근덧시로다	져근덧 시프다
6	불상ᄒᆞ다	블상ᄒᆞ다

은진송씨 송병필가 언간 23

〈송병필가-23, 1869년, 송지수(시아버지) → 전주이씨(며느리)〉

판독문

ᄌᆞ부의게

거번 회편의 ᄃᆡ강 드르니 시봉 신상 즁병 후 무탈ᄒᆞ고 ᄃᆡ도분[1] 일안ᄒᆞ신가 시부이 든든 깃부다 그사이 너의 어루신늬 환ᄎᆞᄒᆞ오시고 ᄃᆡ소졔졀이 어젼ᄒᆞ시냐[2] 염이로다 나는 시봉과 신냥 젼 모양 지늬나 기타 골골몰몰ᄒᆞᄂᆞᆫ 모양 일구는셜일다 네 길은 일긔 덜 치워 와야ᄒᆞ겟는ᄃᆡ 너의 집 우환 간졍되엿다 ᄒᆞ나 자셰히 아지 못ᄒᆞ여 편지 답장도 말고 어늬 날노 오라 ᄒᆞ지 못ᄒᆞ엿더니 간졍된 지 수월 되고 김 진ᄉᆞ 집도 각집인즉 관계치 아니ᄒᆞ리라 ᄒᆞ기 ᄯᅩ ᄒᆞ닌 보늬니 거긔 ᄉᆞ셰 혜아려 긔별ᄒᆞ면 ᄒᆞ닌과[3] 힝구 보늬마 ᄒᆞ엿시니 오게 ᄒᆞ여라 심난 긋친다 긔ᄉᆞ 양월 십구일 舅 거긔 ᄉᆞ셰가 엇쩌ᄒᆞᆫ지 모로나 초ᄒᆞ로날 삭젼 참예ᄒᆞ게 오면 조흘 덧ᄒᆞ다

판독대비

번호	판독자료집	박재연·황문환 (2005 : 45)
1	ᄃᆡ도분	ᄃᆡ도 분
2	어젼ᄒᆞ시냐	어련ᄒᆞ시랴
3	ᄒᆞ닌과	하닌과

은진송씨 송병필가 언간 24

〈송병필가-24, 1870년, 송지수(시아버지) → 전주이씨(며느리)〉

판독문

조부의게

보낸 후 수삼 삭 막년히 지나니 어득 골몰 즁이나 향념 간졀ᄒᆞ다 요ᄉᆞ이 경염의 당상 긔후 만안ᄒᆞ오시고 신상도 무탈 셩셩ᄒᆞ며 먼죵도[1] 과히ᄂᆞ 괴롭지 아니ᄒᆞ냐 일념 경경ᄒᆞ다 나는 노인니 근녁 더휘을 당ᄒᆞ오셔 죵죵 미령ᄒᆞ오신니 졀박ᄒᆞ며 나도 어린것 역질노 수삼 삭 골몰 지나다 요ᄉᆞ이 슉증 복발ᄒᆞ여 오한과 셜사로 지나니 괴롭다 져의 형졔는 져기 무탈ᄒᆞ니 다힝ᄒᆞᄂᆞ 져근 거션 ᄉᆞ월 시무나흔날붓터 역지시통ᄒᆞ여 수삭[2]을 밤낫 업시 지ᄂᆞ다 지금 와셔 차차 소셩되니[3] 긔특ᄒᆞ나 신산ᄒᆞᆫ 모양이야 말ᄒᆞ여 씰딕 잇는야 각딕 아희들 다 무탈 순두ᄒᆞ니 신긔ᄒᆞ나 셰지 집 어린놈 잠경을 보니 졀통 참혹ᄒᆞ다 네좌 딕의셔는 시령으로 만실 위황 지닉오시니 노닌닉 계오신 터의 송구 졀박ᄒᆞ다 원납은 종종 지촉ᄒᆞ니 답답이로다 졔 의복은 져년 입던 거션 다 져거 못 입는다 ᄒᆞ기 ᄒᆞᆫ 필 보닉니 젹삼 속것 ᄒᆞ여 ᄒᆞ여 회초간 입게 ᄒᆞ여라 골몰 이져야 보닌다 신경단 열 기 보닉니 쳬긔 ᄂᆞ거든 머거라 심난 어득 긋친다 셔모는 위셕던 아니ᄒᆞ나 상히 엄엄ᄒᆞ니 민망ᄒᆞ다 경오 육월 이십ᄉᆞ일 舅

판독대비

번호	판독자료집	박재연·황문환 (2005 : 47)
1	먼죵도	번죵도
2	수삭	수상
3	소셩되니	소싱되니

은진송씨 송병필가 언간 25

〈송병필가-25, 1870년, 송지수(시아버지) → 전주이씨(며느리)〉

판독문

ᄌᆞ부의게

거번 회편 글시는 지금것 반기며 요ᄉᆞ이 양추의 당상 졔졀 만안ᄒᆞ오시고 시봉 신상도 무탈ᄒᆞ냐 향념 간졀ᄒᆞ다 나는 노닌늬 졔졀 여젼ᄒᆞ오시고[1] 각덕 ᄃᆡ도 ᄒᆞᆫ 모양이시니 쳔힝이나 졔죵긔는 두 번이나 셩죵 되여[2] 농혈이 만니 나고 지금음[3] 젹기 나ᄒᆞ 동작 여상ᄒᆞ나 망울은 종시 다 풀이지 못ᄒᆞ여 죵죵 알푸다 ᄒᆞ니 념녀로다 어린놈음[4] 그 모양 지늬며 요ᄉᆞ이ᄂᆞᆫ 아지미 다려오라 날노 조르니 웃는다 금덕 보늬나 미련ᄒᆞ고 지각업는 년이 분노는 싀로리[5] 너의 친덕의 이우만 시길 일 불안ᄒᆞ다 네 길은 회초간 다려오ᄌᆞ ᄒᆞ엿더니 상치되는 일도 잇고 어마님계옵셔 시월 회간 다려오라 ᄒᆞ오시기 그리 작졍ᄒᆞ니 그리 알고[6] 잇거라 육승목 셰 풀 보늬니 ᄒᆞᆫ 필은 올 ᄡᅥ의 이년 ᄒᆞ여 입피고 두 필은 씰 ᄃᆡ 써라 싱니 이십 ᄀᆡ 보닌다 셔모는 셩ᄒᆞᆫ 날 젹그니 불상ᄒᆞ다 머구리 두 곳 일곡을 츄셩 젼 경영ᄒᆞᄂᆞᆫ 골몰ᄒᆞᆫ 신셰가 여가 이실지 모로겟다 심난 긋친다 경오 팔월 염ᄉᆞ 舅 육초[7] 십 ᄀᆡ 보닌다 이년 보늬나 만일 비편ᄒᆞᆫ 일 잇고 맛당친[8] 못ᄒᆞ거든 너 오기 젼이라도 늬가 보닌 거시라 말고 보늬랴거든 보늬여라

판독대비

번호	판독자료집	박재연·황문환 (2005 : 49)
1	여젼ᄒᆞ오시고	여젼ᄒᆞ옵고
2	셩죵 되여	셩죵 되어
3	지금음	지금은
4	어린놈음	어닌 놈은
5	싀로리	싀프리
6	알고	일고
7	육초	육포
8	맛당친	맛당치

은진송씨 송병필가 언간 26

〈송병필가-26, 1870년, 송지수(시아버지) → 전주이씨(며느리)〉

판독문

ᄌᆞ부의게

의외 편 글시 보니[1] 든든ᄒᆞ며 겸ᄒᆞ여 시봉 신상 무탈ᄒᆞᆫ 일 신긔신긔ᄒᆞ다 나는 노넌닉계오셔 상히 미령 즁 지닉오시고 신병도 일긔 ᄯᅡ라 ᄌᆞᄌᆞ 더ᄒᆞᄂᆞᆫ 모냥이니 절박ᄒᆞ고 괴롭다 각덕 ᄃᆡ도 ᄒᆞᆫ 모냥이시고 져의 형데 무탈ᄒᆞ고 셔모도 별 탈 업시니 다힝ᄒᆞ다 네 길은 윤월 회간으로 못ᄒᆞ랴만은 긋ᄯᅴ 가셔는 일긔도 칩고 닉 ᄉᆞ셰가 상치되ᄂᆞᆫ 일 만흐니 될 수 잇ᄂᆞᆫ냐 십월 초싱으로 오게 ᄒᆞ여라 너의 집 파구묘가 시월 염간이라 ᄒᆞᆫ신즉 ᄃᆡ사를 경영ᄒᆞ시ᄂᆞᆫ 터의 상치되ᄂᆞᆫ 일 만ᄒᆞᆫ 쥴 넌덜 요량 못ᄒᆞ랴만은 초싱은 파묘 일ᄌᆞ가 초간ᄒᆞᆫ즉 사오일 여가야[2] 업시랴 닌마와 승교 식달 초ᄉᆞ흔날 보닐 거시니 오게 ᄒᆞ여랴 총총 긋친다 경오 구월 입육일

舅

판독대비

번호	판독자료집	박재연·황문환 (2005 : 51)
1	편 글시 보니	편ᄒᆞᆫ 시브니
2	사오일 여가야	사오 일여 가야

은진송씨 송병필가 언간 27

〈송병필가-27, 1871년, 송지수(시아버지) → 전주이씨(며느리)〉

판독문

ᄌᆞ부의게

거번 회편 글시는 지금것 반기며 요ᄉᆞ이 일긔 졸ᄒᆞᆫᄒᆞᆫᄃᆡ 시봉 신상[1] 평길ᄒᆞ며 너의 어루신ᄂᆡ 환ᄎᆞᄒᆞ오셔 연ᄒᆞ여 비요 즁 구회ᄒᆞ온 터의 ᄃᆡ단 못지나 아니ᄒᆞ시고 양녜는 평안니 지ᄂᆡ여 계오신지 두루 향념 간졀ᄒᆞ다 나는 노닌ᄂᆡ계옵셔 죵죵 위셕ᄒᆞ여 지ᄂᆡ오시고 신병도 일긔 ᄶᅡ라 졈졈 더ᄒᆞ여 쥬야 히소로 혈담 밧기가 이력이요 어린거슨 모양 범졀이 초츄보다도 졈졈 수쳑ᄒᆞ여 여지 업시니 ᄉᆞᄉᆞ의 답답 밋칠 닷ᄒᆞ다 셔모는 그 모양이나 신산 골몰ᄒᆞᆫ 모양은 일구난셜일가 너 보닌 후 연ᄒᆞ여 몽ᄉᆞ도 번난ᄒᆞ고 일긔도 졈졈 치우니 쥬야 염녀[2] 두루 빅츌일다 부ᄃᆡ 침식 죠심ᄒᆞ여 당상의 이우 업게 ᄒᆞ고 큰 탈 업게 ᄒᆞ여라 염녀ᄒᆞ난 마음 일시 노힐 길 업다 금덕의 ᄌᆞ식 즉시 나흐야 압집 질녀의 신힝은 동지달 염간으로 ᄒᆞ자 ᄒᆞᄂᆞ 겨을 일긔 알 수 업셔 ᄂᆡ츈으로 퇴정ᄒᆞᆫ다 ᄒᆞ나 엇지 될지 모로겟다 세좌 집 질녀의 혼일은 불원ᄒᆞᄂᆞ 범빅 미비ᄒᆞ고 쥬야 골몰ᄒᆞ여 ᄒᆞᆫ는 모양도 ᄋᆡ식ᄒᆞ다 각집 별고 업시니 힝일다 회닌 수는 수일 젼 와셔 보니 반가우나 너의 집 안부는 ᄌᆞ세히 아지 못ᄒᆞ고 왓시니 셥셥ᄒᆞ다 져년 겨을의 보니 거긔 시경이 극난ᄒᆞᆫᄃᆡ 엇지 과동훌지 두루 염녀된다 거번 보닌 져의 형졔 의복은 유루 업시 왓다 심는 ᄃᆡ강 긋친다 신미 양월 초ᄉᆞ일 舅

판독대비

번호	판독자료집	박재연·황문환 (2005 : 53)
1	신상	신샹
2	염녀	념녀

은진송씨 송병필가 언간 28

〈송병필가-28, 19세기 후반, 송지수(시아버지) → 전주이씨(며느리)〉

판독문

ᄌᆞ부의게

총요 ᄃᆡ강 젹으며 요ᄉᆞ이 졸ᄒᆞᆫ의 시봉 신상 무탈ᄒᆞ냐 염이로다 나는 당추와 ᄃᆡ도 일안ᄒᆞ시니 힝일다 닌마 보ᄂᆡ나[1] 일긔 졸한ᄒᆞ여 수상될 일 염녀된다 길의 올 ᄯᆡ의 죵죵 어한ᄒᆞᄌᆞ ᄒᆞ여 치위의 상치 아니케 ᄒᆞ여라 나도 ᄒᆞ나히ᄂᆞ 져머셔 몸조심 아니ᄒᆞ다가 지그 이 모양 되엿다 그ᄉᆞ이 이불 못ᄒᆞ엿실 덧ᄒᆞ기 길이불 ᄒᆞᄂᆞ 보ᄂᆡ니 어려워 말고 올 ᄃᆡ의 가마 ᄋᆞᆫ의 펴고 두루고 밤의 덥펴라 ᄉᆡ로 ᄒᆞ여 아즉 아모도 덥지 아니ᄒᆞᆫ 거실다 이엄 ᄒᆞᄂᆞ 보ᄂᆡᆫ다 부ᄃᆡ 치위의 몸 상치 아니케 ᄒᆞ여라 긋친다 초사일 舅

판독대비

번호	판독자료집	박재연·황문환 (2005 : 55)
1	보ᄂᆡ나	보기나

은진송씨 송병필가 언간 29

〈송병필가-29, 19세기 후반, 송지수(시아버지) → 전주이씨(며느리)〉

판독문

ᄌᆞ부의게

밤ᄉᆞ이 시봉 신상[1] 평길ᄒᆞ냐 염이로다 나ᄂᆞᆫ 시상과 ᄃᆡ소 가권이 어졔 모양이니 다희이ᄂᆞ 어린것 병은 젹빅이가 되고 쥰젼 먹지 아니코 복창증이 잇ᄂᆞᆫ 듯ᄒᆞ니 염녀 무궁이로다 너의 ᄉᆞ존이 시령으로 낙한을 ᄒᆞ엿다 ᄒᆞ니 놀납고 염녀된다 이 병이라 ᄒᆞᄂᆞᆫ 거시 갈희지 아니ᄒᆞ면 젼염이 되ᄂᆞᆫᄃᆡ 너의 어루신ᄂᆡ계옵셔 그리로 오셧다 ᄒᆞᆫ즉 낙한ᄒᆞᆯ ᄯᆡ의 혼잡기ᄂᆞ 아니ᄒᆞ셧ᄂᆞᆫ지 져년 겨을의 졔 병의도 오셔셔 도모지 이런 병의 갈희들 아니ᄒᆞ노라 ᄒᆞ시니 ᄉᆞᄉᆞ망념 빅츌ᄒᆞ여 셔ᄉᆞ 왕ᄂᆡ라노 십분 갈희여 ᄒᆞᆸ시ᄉᆞ ᄒᆞ고 긔별ᄒᆞᄂᆞ 겁죠ᄎᆞ ᄒᆞ닌 가면 놀닐 일 싹ᄒᆞ다 쳥신 어득 긋친다 어졔 붓친 편지ᄂᆞᆫ 이 몬져 볼 듯ᄒᆞ다 초육일 舅

판독대비

번호	판독자료집	박재연·황문환 (2005 : 57)
1	신상	신샹

은진송씨 송병필가 언간 30

〈송병필가-30, 19세기 후반, 송지수(시아버지) → 전주이씨(며느리)〉

판독문

ᄌᆞ부의 답

비록 우환 골몰 즁이나 향념 간졀ᄒᆞᄂᆞᆫ ᄎᆞ의 글시 보고 든든 반기며 겸ᄒᆞ여 당상 긔후 만안 ᄒᆞ오시고 신상도 무탈ᄒᆞᆫ 일 신긔신긔 긔특긔특ᄒᆞ다 나ᄂᆞᆫ 동호 노닌ᄂᆡ계읍셔 ᄃᆡ단 못지 아니ᄒᆞ시고 각ᄃᆡᆨ 별고 업시니 다ᄒᆡᆼ이나 져의 형졔 상ᄒᆡ 셩셩치 못ᄒᆞᆫ 즁 어린거시 불의 ᄃᆡᆫ 이후로 죵시 츙실치 못ᄒᆞ더니 십여 일 젼의 오륙 일 셜사 끗티 경증으로 날포 위황이 지ᄂᆡ더니 어졔붓터 조금 감셰 이시ᄂᆞ 종시 여증이 만ᄒᆞ 이질 염녀가 잇시니 답답ᄒᆞ며 엄식도 잘 먹지 아니ᄒᆞ고 형각만 ᄂᆞ마 쥬야 울며 봇ᄎᆡ니 무산 셰상인지 견ᄃᆡᆯ 수 잇ᄂᆞᆫ야[1] ᄂᆡ의[2] 신병은 요사이 구혈증과 혈변증 복발ᄒᆞ여 지ᄂᆡᆫ다 네 면죵은 요사이ᄂᆞᆫ 엇더ᄒᆞ며 그ᄉᆞ이 그 약 ᄯᅩ 시험ᄒᆞ여 먹어 보앗ᄂᆞ냐 보션과 져의 형졔 의복은 왓시ᄂᆞ ᄂᆡ 보션 ᄒᆞ여 보ᄂᆡ랴 ᄒᆞ지 마라 ᄌᆞ연 너의 당상의 이후 되니 불안치 아니ᄒᆞ냐 이불솜 목화 ᄉᆞ십 근 안것 두 필 월ᄌᆞ 어삿 ᄌᆞ로[3] 보ᄂᆡ니 상착 낭ᄌᆞ ᄭᅮ며 가져라 ᄯᅩ 수히 인편 이실 덧ᄒᆞ나 긔필ᄒᆞᆯ 길 업다[4] 심난 긋친다 단오일 舅 목화ᄂᆞᆫ 복즁ᄒᆞ여 훗편의 보ᄂᆡ겟다

판독대비

번호	판독자료집	박재연·황문환 (2005 : 59)
1	잇ᄂᆞᆫ야	잇ᄂᆞᆫ냐
2	ᄂᆡ의	ᄂᆡ외
3	월ᄌᆞ 어삿 ᄌᆞ로	월ᄌᆞ어 삿ᄌᆞ로
4	업다	없다

은진송씨 송병필가 언간 31

〈송병필가-31, 1863년, 임천조씨(안사돈) → 여산송씨(안사돈)〉

판독문

동촌 듕곡 답상장[1] 니 ᄉᆡᆼ원ᄃᆡᆨ 회납	근봉

답상장

슈일간 거ᄂᆞ리오셔 긔운 평안ᄒᆞ오신 문안 아ᄋᆞᆸ고져 ᄇᆞ라오며[2] 져젹 기ᄃᆞ리올 ᄎᆞ 두 슌 글월 밧ᄌᆞ와 보ᄋᆞᆸ고 든든 탐탐 반갑습고 긋ᄯᅢ 악한의 평안이 지ᄂᆡ오시고[3] 겸ᄒᆞ와 혼일이 슌화ᄒᆞ와 ᄃᆡᄉᆞ 슌셩ᄒᆞᄋᆞᆸ고 며ᄂᆞ리 현쳘ᄒᆞᆫ 말ᄉᆞᆷ 듯ᄌᆞ오니 문호의 ᄃᆡ경이오나 어린아희 빙정 악한의 엇지 오ᄂᆞᆫ고 쥬야 방심치 못ᄒᆞᄋᆞᆸ더니 길히 무ᄉᆞ히 와셔 신미[4] 무탈이 지ᄂᆡᄋᆞᆸ고[5] 며ᄂᆞ리 보오니 현슉 아름답고 진퇴 예졀의[6] 취졸이[7] 업고 ᄒᆞᆫ 곳 미진ᄒᆞᆫ ᄃᆡ가 업셔 소망의 흡의ᄒᆞ오니 신긔ᄒᆞᆫ 경ᄉᆞ 남의 업ᄉᆞᆸᄂᆞᆫ ᄃᆞᆺ 엇지 이리케[8] 휵양을 ᄒᆞ오신고 ᄉᆞ려 만만이오며 져희 아직 유츙ᄒᆞ고[9] 이곳지 졀무오니 혼예가[10] 그리 급ᄒᆞᆯ ᄇᆡ 아니오ᄃᆡ 이곳 집안 쳐지 ᄒᆞ 고단ᄒᆞ오니 ᄌᆞ연 ᄆᆞᄋᆞᆷ이 급ᄒᆞ여 축혼을 ᄒᆞᄋᆞᆸ고 임의 다려온[11] 후ᄂᆞᆫ 보ᄂᆡ기 ᄎᆞ마 악연도[12] ᄒᆞᄋᆞᆸ고 졔가[13] 병여 너무 쎄치ᄂᆞᆫ 것 ᄎᆞ마 아쳐롭ᄉᆞ와 아니 보ᄂᆡ려 ᄒᆞᄋᆞᆸ더니 밧사돈겨셔 다려가시니 ᄒᆞᆯ일 업셔 져희 죤구긔셔[14] 허ᄒᆞ셔 보ᄂᆡ시나 너무 악연악연ᄒᆞ고 ᄯᅩ 쎄쳐 갈 일 ᄋᆡ셕 념여[15] 측냥 업ᄉᆞᆸ고 밧사돈긔셔 ᄯᅩ 엇지 회환ᄒᆞ실고 위렴 ᄀᆞ이업ᄉᆞᆸᄂᆞ이다 ᄌᆞ식은 바히 미거ᄒᆞᆫ 거시 가셔 과ᄋᆡᄅᆞᆯ[16] 밧ᄌᆞᆸ고 연일 쎄치오ᄃᆡ 무탈ᄒᆞ오니 긔특ᄒᆞ오이다[17] ᄉᆞ연 남ᄉᆞ오나 지번 이만 뎍ᄉᆞ오니 내내 거ᄂᆞ리오셔 긔운 평안ᄒᆞ오심 ᄇᆞ라ᄋᆞᆸᄂᆞ이다 계히 지월 회일 사돈 송 샹장 내산 ᄌᆞ부 술이

판독대비

번호	판독자료집	박재연·황문환 (2005 : 61)
1	답샹장	답상쟝
2	ᄇᆞ라오며	보라오며
3	지ᄂᆡ오시고	지내오시고
4	길히 무ᄉᆞ히 와셔 신미	길히 무ᄉᆞ히 와 겨신□
5	지ᄂᆡ옵고	지내옵고
6	예졀의	녜졀의
7	취졸이	취졸이
8	이리케	이러케
9	유총ᄒᆞ고	유츙ᄒᆞ고
10	혼예가	혼녜가
11	다려온	다 펴온
12	악연도	연년도
13	졔 가	졔가
14	져희 존구긔셔	져희 촌 구긔겨
15	념여	념녀
16	바히 미거ᄒᆞᆫ 거시 가셔 과ᄋᆡᄅᆞᆯ	바러 머긔ᄒᆞ거시 가셔 다 이ᄅᆞᆯ
17	긔특ᄒᆞ오이다	긔축ᄒᆞ오이다

은진송씨 송병필가 언간 32

〈송병필가-32, 1868년, 여산송씨(안사돈) → 임천조씨(안사돈)〉

판독문

샹장 송 싱원 덕	근봉

〔봉투 후면〕 샹장

초농[1] 일긔 부조ᄒᆞ온ᄃᆡ 긔운 평안ᄒᆞ오신 문안 아옵고져 ᄒᆞ오며[2] 왕사돈 긔톄 손졀이나 업ᄉᆞ오시고 ᄃᆡ되분 안녕ᄒᆞ오신지 향념 ᄇᆞ리옵디 못ᄒᆞ오며 밧사돈겨오셔ᄂᆞᆫ 평안이 회환ᄒᆞ오시고 셔방님겨오셔ᄂᆞᆫ 쳣 길히 년일 ᄲᅵ치시고 엇지 환가ᄒᆞ오실고 념녀 ᄇᆞ리옵디 못ᄒᆞ오며 ᄌᆞ식은 유츙 미거ᄒᆞ온 거시 여룸너 명죵[3]과 듕병 병을 디니옵고 노샹 젹탈ᄒᆞ온 듯 엇지 대례롤[4] 큰 츄졸이나 업ᄉᆞ올지 ᄉᆞᄉᆞ의 무안 무안ᄒᆞ온 ᄉᆞ졍 엇더타 못ᄒᆞ옵ᄂᆞ이다 뎍ᄉᆞ올 말솜 남ᄉᆞ오나 분요 다 못 뎍ᄉᆞ오며 너너 시솔 긔운 평안ᄒᆞ오심 ᄇᆞ라옵ᄂᆞ이다 무진 십월 초이일 사돈 송

판독대비

번호	판독자료집	박재연·황문환 (2005 : 63)
1	초농	초동
2	ᄒᆞ오며	ᄒᆞ오ᄃᆡ
3	명죵	면죵
4	대례롤	대졔롤

은진송씨 송병필가 언간 33

〈송병필가-33, 1868년, 임천조씨(안사돈) → 여산송씨(안사돈)〉

판독문

샹쟝
니 싱원 ᄃᆡᆨ 회납
근봉

초동의 거ᄂᆞ리오셔 긔운 평안ᄒᆞ오심[1] 문안 아옵고져 ᄒᆞ오며 두 번 글월 밧ᄌᆞ와 보옵고 탐탐 반갑ᄉᆞ옴 측냥업ᄉᆞ오나 그ᄉᆞ이 날포 되오니 향모 간졀ᄒᆞ오며 일길신양ᄒᆞ와 ᄌᆞ식의 ᄃᆡ례ᄅᆞᆯ[2] 슌셩ᄒᆞ옵고 며ᄂᆞ리 극진 현쳘ᄒᆞ오니 문호의 경ᄉᆞ 남의 업ᄉᆞ온 ᄃᆞᆺ 두듯겁ᄉᆞ옴 측냥업ᄉᆞ오며 념일 길의 쎗치옵고 감긔로 셩치 못ᄒᆞ온ᄃᆡ 원노의 엇지 ᄯᅩ 회졍ᄒᆞ올지 탓갑ᄉᆞ온 ᄃᆞᆺ 어엿분 모양을 썻업시 보옵고 훌쳐 보ᄂᆡ오니[3] 셥셥 엇더타 못ᄒᆞ오며 밧사돈겨오셔ᄂᆞᆫ 연일 쎗치오셔 강건ᄒᆞ오시니 깃부오나 흠노의 엇지 회환ᄒᆞ오실지 념녀 무궁ᄒᆞ오이다 이곶은[4] 별고ᄂᆞᆫ 업ᄉᆞ오나 노치신ᄂᆡ겨옵셔 감환으로 미령 ᄃᆞᆺ 지ᄂᆡ옵시니[5] 초민ᄒᆞ오며[6] 사랑의셔ᄂᆞᆫ 평안이[7] 왕환ᄒᆞ오셔 여샹ᄒᆞ오시고 ᄌᆞ식은 쳣길의 무ᄉᆞ이 왕반ᄒᆞ오니 긔특ᄒᆞ오며 각ᄃᆡᆨ 제졀 안녕들 ᄒᆞ오시니 만힝이오나 유치 ᄌᆞ식이 감긔로 셩치 못ᄒᆞ오니 존잉ᄒᆞ오이다 말ᄉᆞᆷ 남ᄉᆞ오나 슈요 이만 젹ᄉᆞ오니 ᄂᆡᄂᆡ 긔운 평안ᄒᆞ오심 ᄇᆞ라옵ᄂᆞ이다 무진 십월 초뉵일 샤돈 됴 샹샹

판독대비

번호	판독자료집	박재연·황문환 (2005 : 65)
1	평안ᄒᆞ오심	평안ᄒᆞ신
2	ᄃᆡ례ᄅᆞᆯ	대례ᄅᆞᆯ
3	보ᄂᆡ오니	보내오니
4	이곶은	이곳은
5	지ᄂᆡ옵시니	지내옵시니
6	초민ᄒᆞ오며	초민하오며
7	평안이	평안니

은진송씨 송병필가 언간 34

〈송병필가-34, 1883년, 이씨(사돈) → 미상(사돈)〉

판독문

샹쟝

ᄎᆞ시 즁춘의 연ᄒᆞ옵셔 긔운 일안ᄒᆞ오시고 밧ᄉᆞ돈계옵셔도 일녕ᄒᆞ오시오며 ᄃᆡᆨᄂᆡ 졔졀 균안ᄒᆞ오잇가 일젼 셔랑을 무망샹봉ᄒᆞ와 든든 반기온 즁 감긔로 이숌 일 불근이 지ᄂᆡ시다 ᄎᆡ 평복 괘이 되시도 못ᄒᆞᆫᄃᆡ 회졍ᄒᆞ셔 마음이 노이지 안습더니 ᄉᆞ외 편지을 보오니 그만ᄒᆞ신 일 깃부오며 이곳 ᄉᆞ돈 셩졀이 못지 아니시고 혼솔이[1] 무고ᄒᆞ오니 만힝이옵ᄂᆞ이다 ᄌᆞ식은 년긔는 비록 급셰오나[2] 봉승지도와 범ᄉᆞ의 민쳡지 못ᄒᆞ오니 괴송ᄒᆞ온 말솜은 웃지 셔ᄉᆞ로 ᄃᆡᆨᄉᆞ오며 ᄉᆞ돈계셔 졔반을 포황ᄒᆞ옵셔 만ᄉᆞ 허물 널니 용셔ᄒᆞ시믈 간졀이 ᄇᆞ라옵ᄂᆞ이다 연이오나 쇼위 혼슈도 시국 관겨로 마음과 갓지 못 도시[3] ᄎᆞᆼ양ᄒᆞ여 쥬옵시기 쳔만 츅슈츅슈ᄒᆞ오나 두루 숑한숑한ᄒᆞᄂᆞ이다[4] ᄃᆡᆨᄉᆞ옴 가득ᄒᆞ오나 이만 슈요[5] 듕[6] ᄃᆡ강 긋치오니 ᄂᆡᄂᆡ 긔운 일안ᄒᆞ오신 뎡출 ᄇᆞ라옵ᄂᆞ이다 계미 이월 초칠일 ᄉᆞ돈 니 샹쟝

판독대비

번호	판독자료집	박재연·황문환 (2005 : 67)
1	혼솔이	혼글이
2	급셰오나	급계오나
3	못 도시	못도시
4	숑한숑한ᄒᆞᄂᆞ이다	숑한 숑한ᄒᆞ오이다
5	슈요	슈두
6	듕	즁

은진송씨 송병필가 언간 35

〈송병필가-35, 1888년, 장수황씨(안사돈) → 전주이씨(안사돈)〉

판독문

초호 봉두 답 셔간
송 ᄒᆡ쥬 ᄃᆡᆨ 회납

친ᄉᆞ를 밋ᄉᆞ와 날이 지나오ᄃᆡ 양향이 졀원ᄒᆞ와 소식도 즉시 못 듯ᄉᆞ와 굼굼ᄒᆞᄋᆞᆸ더니 혼힝 회편의 글월 밧ᄌᆞ와 긔운 평안ᄒᆞ오시고 대례를 순셩ᄒᆞᄋᆞᆸ고 신부 극진 무흠ᄒᆞ온 닐 남의 업ᄂᆞᆫ 경ᄉᆞ온 ᄃᆞᆺ 깃부오며 ᄋᆞᄒᆡᄂᆞᆫ 쳐음으로 원노의 보ᄂᆡᄋᆞᆸ고 잇지 못ᄒᆞᄋᆞᆸ더니 일힝이 무ᄉᆞ이 회졍ᄒᆞ오니 깃부오며 향곡무무ᄒᆞᆫ ᄋᆞᄒᆡ가 취졸이 직히 만엇스랴 도로여 웃ᄉᆞᆸᄂᆞ이다 밧ᄉᆞ돈겨오셔ᄂᆞᆫ 대ᄉᆞ ᄯᅢ도 못ᄌᆞ와 못 지ᄂᆡ오시니 셥셥ᄒᆞ오시기 어이 그러치 아니ᄒᆞ오시리잇가 긔별ᄒᆞ오신 말ᄉᆞᆷ은 ᄌᆞ시 보앗ᄉᆞ오나 ᄉᆞ돈겨오셔ᄂᆞᆫ 슬ᄒᆞ의 ᄌᆞ녀가 션션ᄒᆞ오시거니와 이곳은 ᄌᆞ식이 져의 ᄂᆡ외ᄲᅮᆫ이ᄋᆞᆸ고 쟝지 병듕이오니 엇지 도지펴 보ᄂᆡ오리잇가 웃ᄉᆞᆸᄂᆞ이다 ᄉᆞ연 남ᄉᆞ오나 총요 이만 젹ᄉᆞ오니 ᄂᆡᄂᆡ 긔운 평안ᄒᆞ오심 ᄇᆞ라ᄋᆞᆸᄂᆞ이다 무ᄌᆞ 십월 십삼일 ᄉᆞ돈 황샹쟝

판독대비

번호	판독자료집	박재연·황문환 (2005 : 69)

은진송씨 송병필가 언간 36

〈송병필가-36, 1889년, 남양홍씨(안사돈) → 전주이씨(안사돈)〉

판독문

초호 발현 답샹쟝 송 고뷔딕 입납	근봉

답샹쟝

츄량의[1] 거느리오셔 긔운 평안ᄒᆞ오심 아옵고져 ᄒᆞ오며 달포 젹죠ᄒᆞ와 굼굼 향념 간졀ᄒᆞ올 ᄎᆞ 뎍ᄉᆞ오신니[2] 보옵고 티평ᄒᆞ오신 일 깃부옵고 밧ᄉᆞ돈계오셔 이직을[3] ᄯᅩ ᄒᆞ오셧단니[4] 감츅ᄒᆞ오 일 일캇줍고[5] 너무 자죠 이빅을[6] ᄒᆞ오ᄉᆞ니 밧ᄉᆞ돈계오셔 용녀가 젹지 안이실 듯ᄒᆞ오며 슬하 더되 일안들 ᄒᆞ신잇가 편후 오러온니 굼굼습기 일반이오며 이곳은 별고 업습고 ᄌᆞ식은 의외 참방을 ᄒᆞ온니 희귀 남의 업ᄂᆞᆫ 경ᄉᆞ옵고 며ᄂᆞ리 호인 ᄒᆞᆫ 쥬년이 못되여 진ᄉᆞ덕 밧치온니 긔특긔특 신통 그런 복덩이가 어더 ᄯᅩ 잇게습 이곳은 경ᄉᆞ을 보올ᄉᆞ록 감구지회[7] 지향 못ᄒᆞ거습 ᄉᆞ돈계오셔도 오죽 깃부시게습 봉두셔ᄂᆞᆫ 장 미령이 지너오신니 답답습 자식 너외 무탈ᄒᆞ온니 깃부오나 싱신의 며ᄂᆞ리 이졀ᄒᆞᄂᆞᆫ 상 참아 아차롭습 여러 슌 글월은 번번이 밧ᄌᆞ와 든든 졍답습고 반갑ᄉᆞ오나 단문의 셔역 극난 만ᄉᆞ의 념 업ᄉᆞ온 연고로 진시 답장도 못 작히 무심이 아오셔게습 어졔 싱신의 왓다가 오날 집으로 가노라 요요 슈ᄌᆞ만 뎍ᄉᆞ온니 내내 하솔ᄒᆞ오셔[8] 티평ᄒᆞ오시기 ᄇᆞ라옵ᄂᆞ이다 예도 신촌으로[9] 반이ᄒᆞ오신다 ᄒᆞ와 며ᄂᆞ리 너무 쎗치온이[10] 답답 근힝은 가량 업ᄂᆞᆫ 모양이옵더이다 긔축 구월 초ᄉᆞ일 ᄉᆞ돈 홍 샹쟝

판독대비

번호	판독자료집	박재연·황문환 (2005 : 71)
1	츄량의	츄광의
2	뎍ᄉᆞ오신니	뎍ᄉᆞ오신 이
3	이직을	이 적을
4	ᄒᆞ오셧단니	ᄒᆞ오셧닷□
5	감축ᄒᆞ오 일 일큿ᄌᆞᆸ고	감축ᄒᆞ오임 일큿ᄌᆞᆸ고
6	이빅을	이 빅을
7	감구지회	감구지희
8	하솔ᄒᆞ오셔	하 솔ᄒᆞ오셔
9	예도 신촌으로	예 드신 촌으로
10	쎗치온이	쎗치온니

은진송씨 송병필가 언간 37

〈송병필가-37, 1895년, 장수황씨(안사돈) → 전주이씨(안사돈)〉

판독문

이곳즌 죄역이[1] 심듕ᄒᆞ옵고[2] 셩효가 쳔박ᄒᆞ와 ᄃᆡ고를 당ᄒᆞ오니 쳔지일월이 무광ᄒᆞ옵는 듯 망극지통 남의 업ᄉᆞ온 듕 ᄯᅵ가 고이ᄒᆞᆫ ᄯᅵ를 당ᄒᆞ와 당고를 ᄒᆞ오니 그 망조ᄒᆞ옵던 말ᄉᆞᆷ 엇지 셔ᄉᆞ의 덕ᄉᆞ오며 졀셰 얼루시 변ᄒᆞ와 잇ᄯᅵ를 당ᄒᆞ오니 촉쳐 만물의[3] 유한이 깁ᄉᆞ온 말ᄉᆞᆷ 엇지 셔ᄉᆞ의 측냥ᄒᆞ오며 상쥬님긔셔는 ᄃᆡ셩지힝을 ᄒᆞ오시니[4] 유한이 더옥 깁ᄉᆞ오심[5] 졀박ᄒᆞ오며 칠순지년의 희ᄃᆡᄒᆞ오시나 몃 달 동안 아니오시니 회갑이나 지ᄂᆡ오신 후 거창을 당ᄒᆞ오셔시더면 유한이 덜 ᄒᆞ오실년지 이훼 듕 지ᄂᆡ오심 졀박ᄒᆞ오며[6] 봄의 양녜 지ᄂᆡ오시랴[7] 샹경ᄒᆞ오셧다가 덥기 젼 회환ᄒᆞ오셔[8] 지ᄂᆡ시나 금월의 이황 듕 지ᄂᆡ오심[9] 민박ᄒᆞ오며 ᄌᆞ식 ᄂᆡ외도 무탈ᄒᆞ오나 손아 참경은 작츈의 보옵고 쇠년의 벗슬 일어 의졀 업습더니 그후 즉시 ᄐᆡ긔 잇셔 ᄯᅩ 싱남을 ᄒᆞ오니 신통 귀ᄒᆞ온[10] 말ᄉᆞᆷ과 신아 비범ᄒᆞ오니[11] 신통신통 경ᄉᆞ오나 셰샹이 하 괴괴ᄒᆞ오니[12] 한심ᄒᆞ오며 작년 갓ᄒᆞᆫ 난셰는 젼고의 업습는 듯 도쳐 일반이온 듕 며ᄂᆞ리 니친지회 ᄎᆞ마 아쳐롭ᄉᆞ오나 어ᄃᆡ로 반이ᄒᆞ오신 소문은 젼젼 듯ᄌᆞ오ᄃᆡ 한 슌 하인이나 보ᄂᆡ랴 ᄒᆞ와도 상고도 당ᄒᆞ고 피ᄎᆞ여[13] 결을 업ᄉᆞ와 못 보ᄂᆡ옵고 며ᄂᆞ리 졍니를[14] 펴지 못ᄒᆞ여 심듕의 일ᄏᆞᆺ습더니 무망 젼인 편[15] 됴소 밧ᄌᆞ와 이감 든든ᄒᆞ오나[16] 밧사돈긔셔 황달노 편치 ᄒᆞ오신 일 지ᄂᆡ온 일이오나 놀납ᄉᆞ오며 져기 감셰 겨오신 일 만만 쳔힝이로소이다 겸ᄒᆞ와 북뎨를 당ᄒᆞ오셧다 ᄒᆞ오니 지졍 간 엇지 그러치 아니ᄒᆞ옵시리잇가 아환으로 지ᄂᆡ오시는 일 작히 이삭ᄒᆞ옵시오랴 못ᄂᆡ 일ᄏᆞᆺᄌᆞ오며 기간은 엇더ᄒᆞ오니잇가 ᄌᆞ근짜님 셩식은 모ᄅᆞ시는[17] 일 지졍 간[18] 어이 아니 그러ᄒᆞ오실 ᄇᆡ 아니오나 막비왕토의 거긔도 ᄐᆡ평들 ᄒᆞ실 거시니 념녀 마ᄋᆞ시옵소셔[19] 작년 난니 후 범ᄇᆡᆨ이 젼만 못ᄒᆞ옵기 쳐쳐의 한 모양이오며 이곳즌 혼비ᄇᆡᆨ산으로 지ᄂᆡ여ᄉᆞ오나[20] ᄌᆞ리는 옴기지 아니ᄒᆞ여ᄉᆞ오며 말ᄉᆞᆷ 남ᄉᆞ오나 안혼 ᄃᆡ셔로 이만 긋ᄌᆞ오니 긔운 평안ᄒᆞ오심 ᄇᆞ라옵ᄂᆞ이다 션후 도착ᄒᆞ오나 며ᄂᆞ리 졍니 못 펴오셔 ᄆᆡ오 말ᄉᆞᆷᄒᆞ오시니 ᄉᆞ졍 간 엇지 아니 그러ᄒᆞ실 ᄇᆡ 아니오나 셰샹이 언간ᄒᆞᆫ 셰샹이라 무산 녀부가 잇습ᄂᆞ니잇가 조곰도 이삭이 아지 마ᄅᆞ소셔 셰샹만 ᄐᆡ평ᄒᆞ기 축슈로이다

을미 칠월 초뉵일 사돈 황 답 소샹

판독대비

번호	판독자료집	박재연·황문환 (2005 : 73)
1	죄역이	지역이
2	심듕ᄒᆞ웁고	심듕ᄒᆞ□고
3	촉쳐 만물의	촉 쳐만물의
4	ᄃᆡ셩지힝을 ᄒᆞ오시니	ᄃᆡ셩지힝으로 ᄒᆞ시니
5	깁ᄉᆞ오심	깁ᄉᆞ오시
6	지닉오심 졀박ᄒᆞ오며	지닉고 심 졀박ᄒᆞ며
7	지닉오시랴	지내오시랴
8	덥기 젼 회환ᄒᆞ오셔	덥기 젼의 환ᄒᆞ오셔
9	지닉오심	지닉고 심
10	신통 귀ᄒᆞ온	신통지ᄒᆞ온
11	신아 비범ᄒᆞ오니	신 아비 범ᄒᆞ오니
12	하 괴괴ᄒᆞ오니	하딕ᄒᆞ오니
13	피ᄎᆞ여	피ᄎᆞ 녀
14	졍니를	졍니롤
15	젼인 편	젼인뎐
16	ᄋᆡ감 든든ᄒᆞ오나	ᄋᆡ감들 ᄒᆞ오나
17	모ᄅᆞ시는	모ᄅᆞ신고
18	일 지경 간	일지경간
19	마ᄋᆞ시옵소셔	마오시옵소셔
20	지닉여ᄉᆞ오나	지내엿ᄉᆞ오나

은진송씨 송병필가 언간 38

〈송병필가-38, 1898년, 이씨(사돈) → 미상(사돈)〉

판독문

소샹장
근봉

회량 편 글월 바다 보오니 든든 깃부옵고 일긔 온오ᄒᆞ와 우례 슌셩 무ᄉᆞ이 츠르오심 깃부오며 편후 날포 되오니 긔후 엇더ᄒᆞ오시고 밧ᄉᆞ돈겨오셔도 긔운 못지ᄋᆞ니시오며 슬하 다 각각 평안들 ᄒᆞ오시고 우리 ᄉᆞ회겨오셔도 무손ᄒᆞ오시옵 날포 될ᄉᆞ록 으여분[1] 모양 ᄎᆞᄆᆞ 눈의 암암 그립ᄉᆞ오이다 ᄌᆞ식은 유ᄋᆞ갓치 미거ᄒᆞ온 걸 너모 그리 과이 추오심 무안ᄒᆞ온 듕 우례 범절도 갓초 므흠ᄒᆞ겨 ᄒᆞ옵시니 ᄉᆞᄉᆞ의 무안 가이업ᄉᆞᆸᄂᆞ이다 이곳션 형셰 소취로 못 인ᄂᆞᆫ 마ᄋᆞᆷ분니지 씰ᄃᆡ업ᄉᆞ오니[2] ᄎᆞᄆᆞ 붓그럽ᄉᆞᆸᄂᆞ이다 ᄌᆞ식은 킈만 크지 ᄋᆞ모 것도 모로오니 친녀갓치 가르치오심 ᄇᆞ라옵ᄂᆞ이다 이곳즌 손ᄋᆞ들 거ᄂᆞ려 무손ᄒᆞ오니 힝이오며 적ᄉᆞ옴 남ᄉᆞ오나 이만 긋ᄌᆞ오니 ᄂᆡᄂᆡ 거ᄂᆞ리오서[3] 긔운 태평ᄒᆞ오심 ᄇᆞ라옵ᄂᆞ이다 무슐 십월 초구일 ᄉᆞ돈 니 소샹

판독대비

번호	판독자료집	박재연·황문환 (2005 : 75)
1	으여분	으여 본
2	못 인ᄂᆞᆫ 마ᄋᆞᆷ분니지 씰ᄃᆡ업ᄉᆞ오니	못 인ᄂᆞᆫ가 마ᄋᆞᆷ분 니지씰 ᄃᆡ 업ᄉᆞ오니
3	거ᄂᆞ리오서	거ᄂᆞ리오셔

은진송씨 송병필가 언간 39

〈송병필가-39, 1921년, 윤씨(사돈) → 미상(사돈)〉

판독문

샹장

셰젼 셰후 슈슈 즁 지ᄂᆡ옵노라 이만 셔신도 ᄒᆞᆫ 슌 반기옵지 못ᄒᆞ와 쥬야 일컷ᄌᆞ와 몬ᄂᆡ 셥셥 긔탄긔탄이온 듕 듯ᄌᆞ오니 본환으로 ᄃᆡ단 미령 즁 지ᄂᆡ신다 급보을 듯ᄌᆞ오니 외오셔 너모 놀납삽기 이로 층양 못ᄒᆞ오며 젼후 날ᄉᆞ이 병환이 좀 감셰 게시온지 굼굼 간졀ᄒᆞ오며 밧사돈게셔도 심녀신 듕 안녕ᄒᆞ오시며 셔방님게셔 시탕 골몰 듕 평안ᄒᆞ시온지 굼굼 보고 십ᄉᆞ옴 층양업ᄉᆞ오며 각ᄃᆡᆨ 일안ᄒᆞ오시며 이곳슨 근근 한 모양 지ᄂᆡ오며 층층 졔졀 일안들 ᄒᆞ시오나 여ᄋᆞᄂᆞᆫ 삼ᄉᆞ 일을 감기로 ᄃᆡ단 셩치 못ᄒᆞᆫ 즁 환후 긔별 듯ᄌᆞ온 후 즉시 가 뵈옵지 못ᄒᆞ고 초민 동동ᄒᆞ와 모양것 환탈ᄒᆞ오니 ᄋᆡ석ᄒᆞ오며 아모조록 산돈 병환 속히 평복되시긔 일야 축슈ᄒᆞ오니다 이곳슨 향상 슈슈ᄒᆞ와 셔녁 극난ᄒᆞ오니 눌너 용셔ᄒᆞ시긔 밋ᄉᆞᆸᄂᆞ이다 총총 슈슈 이만 ᄀᆞᆺᄌᆞ오니 ᄂᆡᄂᆡ 평복되시긔 셔셔 ᄇᆞ라옵ᄂᆞ이다 신유 원월 회일 이곳 사돈 윤

샹장

판독대비

번호	판독자료집	박재연·황문환 (2005 : 77)

은진송씨 송병필가 언간 40

〈송병필가-40, 1893년, 은진송씨(첫째 딸) → 전주이씨(어머니)〉

판독문

초호 신촌 식 술이 본뎍 입납	근봉

어마님 젼 샹술이	근봉

문안 알외옵고 일긔 칩〻온듸 긔후 안녕ᄒᆞ옵신 문안 아옵고져 ᄇᆞ라오며 이동안 톄후 강녕ᄒᆞ옵시며 힉소 긔후 엇더ᄒᆞ옵신지 하졍의 굼굼 군졀ᄒᆞ옵기 측냥업〻오며 고을 문안 듯ᄌᆞ옵고 아바님겨옵셔 안녕ᄒᆞ옵시다 ᄒᆞ시나잇가 굼굼ᄒᆞᄂᆞ이다 동싱들 무양ᄒᆞ오며[1] 각뎍 졔졀 안녕ᄒᆞ옵시잇가 ᄌᆞ근어마 두 분 안녕ᄒᆞ오시잇가[2] 예는[3] 안녕들 ᄒᆞ옵시고 셔울셔도 안녕ᄒᆞ옵시니 복힝이올소이다[4] 영네 말숨 여쥬나이다 아만히도 못 쥬겨숩ᄂᆞ이다 이달이나 싀달이나 다려 가시옵소셔 보기 슬〻오니 즉시 다려가시옵 여긔 브리는 것들도 못 브리겨숩 밤의면 샤랑 나가 자고 나지면 일도 아니ᄒᆞ고 사랑의[5] 나가 잇고 ᄒᆞ니 두겨숩 못 두옵ᄂᆞ이다[6] 존고겨셔 식 보시고 말숨 무ᄒᆞᆫ 듯줍고 말숨ᄒᆞ시기을 거년으로[7] 힉셔 날 못 살겨다 ᄒᆞ시니 ᄒᆞ루 이틀 아니고 이루 말ᄒᆞ기도 슬숩ᄂᆞ이다 이 동네 ᄉᆞ는 사름이 필목 장슈 ᄒᆞ루 긔 건쳐 간다 ᄒᆞ옵 슈ᄌᆞ 알외옵는이다 영네는[8] 아만히도 사름 못 마드듸[9] 못 부리겨〻오니[10] 곳 다려가시옵기 축슈 ᄇᆞ라옵ᄂᆞ이다 식은 엇지힉셔 죵복은 업다 힉도 이려켸[11] 업는 것 쳠 보와숩ᄂᆞ이다 계ᄉᆞ 시월 초ᄉᆞ일 식 술이

판독대비

번호	판독자료집	박재연·황문환 (2005 : 79)
1	무양ᄒᆞ오며	므양ᄒᆞ오며
2	안녕ᄒᆞ오시잇가	안녕ᄒᆞ오시닛가
3	예ᄂᆞᆫ	여ᄂᆞᆫ
4	복횡이올소이다	본횡이올소이다
5	사랑의	상랑의
6	두ᄋᆞᆸᄂᆞ이다	두니ᄋᆞᆸᄂᆞ이다
7	거년으로	거연으로
8	영녜ᄂᆞᆫ	영녀ᄂᆞᆫ
9	마드ᄃᆡ	마드러
10	부리겨ᄉᆞ오니	부리겻ᄉᆞ오니
11	이려케	이려케

은진송씨 송병필가 언간 41

〈송병필가-41, 1901년, 은진송씨(첫째 딸) → 전주이씨(어머니)〉

판독문

문안 알외옵고 극한의 긔후 안녕ᄒᆞ옵신 믄안[1] 아옵고져 ᄇᆞ라오며 오릐 믄안[2] 못 듯ᄌᆞ와 하졍의 복모 브리옵지 못ᄒᆞ오며 어마님계옵셔 톄후 만강ᄒᆞ오신지 굼굼ᄒᆞ오며 일긔 칩ᄉᆞ온듸 희소 도로[3] 듸단ᄒᆞ실 듯 외오셔 쥬야 답답 밋칠 듯ᄒᆞ□이다[4] 자근아바님 졔졀 만강ᄒᆞ옵□오며[5] 각듹 져졀 안녕ᄒᆞ옵시잇가 동싱들 므탈ᄒᆞ오며[6] 츅녹기ᄂᆞᆫ 호인[7] 졍ᄒᆞ셔습ᄂᆞ니잇가 두루 굼굼ᄒᆞ오이다 민집 잘 잇습고 ᄯᅩ 경이 남미 무탈ᄒᆞ오며 민집은 므엇 낫습ᄂᆞ잇가[8] 굼굼ᄒᆞ옵ᄂᆞ이다 진ᄉᆞ가 구월 십팔 부친 편□ 보니[9] 든든ᄒᆞ오나 화젹이 드러와더라 ᄒᆞ오니 즉 놀나ᄉᆞ오리잇가 거긔ᄂᆞᆫ 슝년니 아니 드르습 여ᄂᆞᆫ 슝년이 드르셔 살 슈 업술 듯ᄒᆞ이다 여ᄂᆞᆫ[10] 식은 어린것 다리 잘 잇습ᄂᆞ이다 존고계셔 졔졀 안녕ᄒᆞ옵시니 복힝이오며 각듹 졔졀 안녕ᄒᆞ옵시니 복힝이오며 셔울셔 존구계셔 볍부듸신 서을 ᄒᆞ옵셔 날마당 사진으로 쎄치옵시나 보이다 김 참봉은 구월 초이일 와셔 존고 싱신 지ᄂᆡ고 념칠 가습ᄂᆞ이다 도동셔 하인 보ᄂᆡᄂᆞᆫ 편의 슈ᄌᆞ 알외오며 내내 긔톄후 만안ᄒᆞ옵심 ᄇᆞ라옵ᄂᆞ이다 신츅 납월 초일일 식 술이

판독대비

번호	판독자료집	박재연·황문환 (2005 : 81)
1	믄안	문안
2	믄안	문안
3	희소 도로	희소로
4	듯ᄒᆞ□이다	듯 궁궁ᄒᆞᄂᆞ이다
5	만강ᄒᆞ옵□오며	만강ᄒᆞᄋᆞ오셔
6	므탈ᄒᆞ오며	무탈ᄒᆞ오며
7	츅녹기ᄂᆞᆫ 호인	츅녹기ᄂᆞᆫ 혼인
8	낫습ᄂᆞ잇가	나습ᄂᆞ잇가
9	부친 편□ 보니	부친 편지 보니
10	여ᄂᆞᆫ	연고

은진송씨 송병필가 언간 42

〈송병필가-42, 1903년, 은진송씨(첫째 딸) → 전주이씨(어머니)〉

판독문

문안 알외옵고 신원의 긔후 안녕ᄒᆞ옵신 문안 아옵고져 ᄇᆞ라오며[1] 셰젼 셰후 문안 아득키 막키오니 ᄒᆞ졍의 복모 브리옵지 못ᄒᆞ올 ᄎᆞ ᄒᆞ인 와[2] 하셔 밧ᄌᆞ와[3] 뵈옵고 든든 못ᄂᆡ오며 환셰 안녕이 ᄒᆞ옵시고 톄후 만강ᄒᆞ옵시니 복힝이온 즁[4] 희소가 낫ᄌᆞ옵시다 ᄒᆞ오시니 복힝이올소이다 감환으로 미령ᄒᆞ시다니 이동안은 쾌ᄎᆞᄒᆞ옵신지 궁굼 밋칠 ᄃᆞᆺᄒᆞ옵ᄂᆞ이다 아바님게옵셔 톄후 강건ᄒᆞ옵시니 복힝이오며 쥬ᄉᆞ 삼형뎨[5] 무탈ᄒᆞ며 두 ᄉᆡᆨᄃᆡᆨ도 일안ᄒᆞ오니 깃브오며 아ᄅᆡ방 ᄉᆡᆨᄃᆡᆨ으도 ᄐᆡ즁라 ᄒᆞ오니[6] 긔른 경ᄉᆞ[7] 여ᄃᆡ 잇거습 셩오도 초ᄉᆞᄒᆞ여셔 참봉ᄒᆞᆫ 쥴 모나습드니 이 편의 듯고 반긴 즁 시원ᄒᆞ오이다 쥬ᄉᆞ와 참봉 조화ᄒᆞᄂᆞᆫ 걸[8] 못 보니 지금시로 곡[9] 가셔 보면 십습ᄂᆞ이다 오족들 조ᄎᆞ ᄒᆞ오리잇가[10] 보ᄂᆞᆫ ᄃᆞᆺᄒᆞᄂᆞ이다 ᄌᆞ근ᄃᆡᆨ의셔도 안녕ᄒᆞ옵시고 각ᄃᆡᆨ 졔졀 안녕ᄒᆞ시다니 만힝이옵ᄂᆞ이다 큰ᄉᆡᆨᄃᆡᆨ은 도악쳑을 보고 오족 ᄒᆞ게습 쥬ᄉᆞ와 ᄉᆡᆨ은 남ᄆᆡ난 엇지ᄒᆞ면 ᄌᆞ식을 나면 못 길이온지 답답ᄒᆞᄂᆞ이다 예ᄂᆞᆫ[11] 존고게옵셔 쇠양증으로[12] ᄌᆞ로 괴로ᄋᆡ 지ᄂᆡ오니 답답ᄒᆞᄂᆞ이다 각ᄃᆡᆨ 졔졀 안녕ᄒᆞ옵시니 만힝이옵ᄂᆞ이다 ᄉᆞ촌ᄃᆡᆨ도 평슌ᄒᆞ나 볼슈록 불쌍불쌍ᄒᆞᄂᆞ이아[13] 서울셔도 존구 탁지ᄃᆡ신ᄒᆞ옵셔 감츅ᄒᆞ오며 공고으로 날마당 ᄡᅦ치옵신다 ᄒᆞ오시니 외오셔 민답민답ᄒᆞᄂᆞ이다 김 참봉은 일안ᄒᆞ오며 존고 ᄉᆡᆼ신의 와셔 ᄉᆡᆼ신만 지ᄂᆡ고 곡 간나이다 서을 가셔 쳡 두고 집 사셔 살아다고 예셔 양식 십오 셕 올녀 가습ᄂᆞ이다[14] 쳡은 쥰든지 마든지 ᄒᆞ 챵견 안니ᄒᆞᄂᆞ 아달이나 슈니 잘 자라면 아모 격졍[15] 엽ᄂᆞᆫ ᄃᆞᆺᄒᆞ게습ᄂᆞ이다 유월 초구일[16] ᄒᆡ산ᄒᆞᆫ 후 ᄐᆡ열노 ᄃᆡ단ᄒᆞ더니 지금도 긔 모양 즁의도 눈이나 셩ᄒᆞ면 조켓ᄉᆞ오나 눈을 셕 달을 쏙 가마든니[17] 지금 눈은 조곰 ᄡᅥᄉᆞ오나 눈의가 ᄇᆡᆨ티가 져 펴셔 못 보고 ᄒᆞᆫ 눈은[18] 눈알이 고다셔 시연치 못ᄒᆞ고 희소가 ᄃᆡ단ᄒᆞᆫ 즁 담도 ᄃᆡ단ᄒᆞ오니 잘 크가 십지 안습ᄂᆞ이다 조탄 약도 다 씃고 옹ᄒᆞ다 ᄒᆞᄃᆡ난[19] 점징 다 모셔 보아셔 ᄒᆞ라 ᄒᆞᄂᆞᆫ ᄃᆡ로 ᄒᆡ도 드글 못 보니 잘 길니게습[20] 김 참봉 쟝년의[21] 서울 갈 ᄢᆡ 말이 유모 두워셔 유모 졋만 며기라 ᄒᆞ고 어머니 졋슨[22] 열ᄒᆡ셔 아희 난는 쪽 ᄐᆡ열이고 크지 못ᄒᆞ다 ᄒᆞ기 쟝년[23] 시월 유모 졋슬 며기고[24] ᄉᆡᆨ도 마음의 남편이 마음 거르켜 ᄒᆞ기 ᄉᆡᆨ은 졋슬[25] 십 일 아니 며기다가 다들 마리 어머니 졋시[26] 엇더타 아니 며기나냐고 며기라 ᄒᆞ기도로 며여도 젓시[27] 시연치 못ᄒᆞᄂᆞ이다 유모 ᄃᆡ셔 며겨도 더 난 게 업ᄉᆞᆸ고 엇지ᄒᆞ면 조흘지 밤낫[28] ᄉᆡᆼ각을 ᄒᆞ면 알 슈가 업ᄉᆞᆸᄂᆞ이다 눈을[29] 못 고치면 그걸 엇 속상ᄒᆞ여 볼고 ᄒᆞ며 볼ᄉᆞ록 속상ᄒᆞᆫ 즁 불쌍불쌍[30] 차마 볼 슈 업ᄉᆞᆸᄂᆞ이다 아희로 ᄒᆡ셔 밤낫시고[31] 졍시이 업시 지ᄂᆡ오니 먹는 거도 샬노 아니 가고 아희만 잘 자라면 지반니 거른 경ᄉᆞ 어ᄃᆡ 잇ᄉᆞᆸ 마음과 가지 못ᄒᆞᄂᆞ이다 눈의 융담을 너흐도 ᄇᆡᆨ티가 아니 나흔니 엇지ᄒᆞ면 조흘고 소기 안기 솟 가ᄉᆞᆸᄂᆞ이다 이 어린거[32] 눈이 낫지 아코 크지 못ᄒᆞ면 당쵸에 아희을 아니 나켸ᄉᆞᆸᄂᆞ이다 엇지ᄒᆞ면 조켸ᄉᆞᆸ ᄉᆡᆼ졍 ᄃᆡᆨ의셔 졔졀 안녕ᄒᆞᄋᆞᆸ시니 복힝이ᄋᆞᆸᄂᆞ이다 보ᄂᆡ신 긔셔 ᄌᆞ셰 보아ᄉᆞᆸᄂᆞ이다 실과난 보ᄂᆡ셔셔 옥기니가 조와ᄒᆞᄂᆞ이다 알외올 말슴 남ᄉᆞ오나 졍시 어득ᄒᆞ와 편지가 되지 만지 모로게ᄉᆞᆸ 부쳐 보시ᄋᆞᆸ소셔 졍신업서 이만 알외오며 내내 긔톄후 만안ᄒᆞᄋᆞᆸ심 ᄇᆞ라ᄋᆞᆸᄂᆞ이다 계묘 원월 십육 식 술이

판독대비

번호	판독자료집	박재연·황문환 (2005 : 83, 85)
1	ᄇᆞ라오며	ᄇᆞ다오며
2	못ᄒᆞ올 ᄎᆞ ᄒᆞ인 와	못ᄒᆞ올 ᄎᆞ□와
3	밧ᄌᆞ와	밧ᄉᆞ와
4	복힝이온 즁	복힝이ᄋᆞᆸ즁
5	쥬ᄉᆞ 삼형뎨	츈삼 형뎨
6	ᄐᆡ즁라 ᄒᆞ오니	ᄐᆡ즁다 ᄒᆞ오니
7	긔른 경ᄉᆞ	거른 겡ᄉᆞ
8	조화ᄒᆞᄂᆞᆫ 걸	조화ᄒᆞᄂᆞᆫ 거ᄉᆞᆫ
9	지금시로 곡	지금 시로곡
10	조ᄎᆞ ᄒᆞ오리잇가	조ᄒᆞᄒᆞ오리잇가
11	예ᄂᆞᆫ	여ᄂᆞᆫ
12	쇠양증으로	싀양증으로
13	불쌍불쌍ᄒᆞᄂᆞ이아	블쌍 블쌍ᄒᆞᄂᆞ이다
14	십오 셕 올녀 가ᄉᆞᆸᄂᆞ이다	십오 셕을 ᄂᆡ가ᄉᆞᆸᄂᆞ이다
15	격졍	격졍
16	초구일	츅일
17	쏙 가마든니	옥가마든니
18	눈의가 ᄇᆡᆨ티가 져 펴셔 못 보고 ᄒᆞᆫ 눈은	는의가 ᄇᆡᆨ티가 엿져펴셔 못보고 ᄒᆞᆫ 는은

번호	판독자료집	박재연·황문환 (2005 : 83, 85)
19	옹ᄒᆞ다 ᄒᆞᄃᆡ난	옹ᄒᆞ다 ᄒᆞ단 ᄒᆞᄃᆡ난
20	길니게ᄉᆞᆸ	길니게 ᄉᆞᆸ
21	쟝년의	쟝ᄂᆡᆫ의
22	졋ᄉᆞᆫ	젹ᄉᆞᆫ
23	쟝년	쟝ᄂᆡᆫ
24	졋ᄉᆞᆯ 며기고	젹ᄉᆞᆯ 며길
25	젓ᄉᆞᆯ	적ᄉᆞᆯ
26	젓시	적시
27	젓시	적시
28	밤낫	밤낙
29	눈ᄋᆞᆯ	ᄂᆞᆫᄋᆞᆯ
30	불썅불썅	불샹불샹
31	밤낫시고	밤낙시고
32	어린거	어던 거

은진송씨 송병필가 언간 43

〈송병필가-43, 1906년, 은진송씨(둘째 딸) → 전주이씨(어머니)〉

판독문

어마님 젼 소 상술이[1]

문안 알외ᄋᆞᆸ고 긔후 엇더ᄒᆞᄋᆞᆸ신지 달포 문안 못 듯ᄌᆞ와 하졍의 복모 ᄀᆞ졀ᄀᆞ졀ᄒᆞ와 ᄒᆞ오며
오라비ᄂᆞᆫ 초호 나와 잇다 ᄒᆞᄋᆞᆸ더니 그ᄉᆞ이 드러가 ᄂᆡ외 평안ᄒᆞᄋᆞᆸ고 츅녹 ᄂᆡ외와 금니집 ᄉᆞᆷ
모녀 평슌들 ᄒᆞ오니잇가 두로 궁금ᄒᆞ오이다 초호 소식은 종종 듯ᄉᆞ오니 무고들 ᄒᆞᄋᆞᆸ고 ᄌᆞ
근ᄃᆡᆨ의셔도 일안들 ᄒᆞ오신 ᄃᆞᆺ 든든ᄒᆞ오나 식은 희응 형졔 뭇탈 다힝이오나 민 참봉도 부여
가고 업ᄂᆞᆫᄃᆡ 화젹 소셜이 ᄃᆡ단 기장이도[2] 부ᄌᆞ가 멧 집이라 ᄒᆞ며 치로 든다고 박기ᄂᆞᆫ ᄃᆡ단
슈쉬ᄂᆞᆫ 모양이니 두로 심ᄂᆞᆫ심ᄂᆞᆫ 가을의도 울타리ᄅᆞᆯ 못ᄒᆞ고 봄의도 그져 못ᄒᆞ여 민 ᄎᆞᆷ봉 업
고 답답 ᄉᆡᆼ각다 못 ᄯᅩ 염치업시[3] 일마는 오라비겨다 울셥 말을 ᄒᆞ여ᄉᆞᆸ더니[4] 원ᄭᅩ 싸 셥을
ᄃᆡ여셧 바리나 ᄂᆡ여ᄭᆞ지 노코 시러다 울타리 ᄒᆞ라 기별ᄒᆞ여ᄉᆞ오나 마소 어들 슈 업셔 그져
못 가져와 답답 머음 놈도 무슨 ᄆᆞᆯ ᄒᆞ여야 드른 쳬 안코 이런 거슨 민 ᄎᆞᆷ봉이 집의 잇셔 둘
너 시기야 슈월ᄒᆞᆯ 터인ᄃᆡ ᄉᆞᆯ님의ᄂᆞᆫ 부면ᄒᆞ고 젼양간 알고 져러케 단니오니 심ᄂᆞᆫ심ᄂᆞᆫᄒᆞ오이
다 오라비겨 이 말ᄉᆞᆷ ᄒᆞ시ᄋᆞᆸ 울셥을 쥬어 엇지 감ᄉᆞᄒᆞ온지 모라겻다고 ᄒᆞ엿ᄃᆞᆫ 이 말ᄉᆞᆷ ᄒᆞ시
ᄋᆞᆸ 이런 셰상의 어린것들만 다리고 ᄋᆡ타고 속 셕ᄂᆞᆫ 쥴 누가 알겨ᄉᆞᆸ 이변의도 무단니 탄탄이
와 근강이 ᄒᆞᆫ 놈으로 ᄒᆞ여 식과 ᄡᆞ우고 오륙 일이나 말도 안코 안의 드러오지도 안코 ᄯᅥ나
더니 회편의도 볼 줄도 모루ᄂᆞᆫ 희옹겨만[5] 편지ᄒᆞ고 탄탄니ᄅᆞᆯ[6] ᄂᆡ보ᄂᆡ단 말을 드러야 집의
라고 갈 터히 그리 알나 편지ᄒᆞ엿시니 엇지ᄒᆞ존 말이 업ᄉᆞᆸ 일ᄉᆡᆼ 쳡을 웃네 웃네 ᄒᆞ더니 부
어셔[7] 신통ᄒᆞ다고 엄집[8] 기집을 어린것 ᄒᆞ나 다린 걸 으더 디리 보ᄂᆡᄉᆞ오나[9] 알 슈 잇ᄉᆞᆸᄂᆞᆫ
잇가 식은 보아셔 아바님 지ᄉᆞ ᄯᅢ 가려 ᄒᆞᄋᆞᆸ 지ᄉᆞ ᄯᅢ 여긔 잇ᄂᆞᆫ 돗슬 ᄌᆞ바다 시겨 ᄒᆞ시ᄋᆞᆸ
돗식기ᄅᆞᆯ 이ᄂᆡ 못 ᄉᆞ노와 이ᄂᆡ 업식ᄌᆞ 너ᄉᆞᆸᄂᆞ이다 츅녹 여긔 단니로 왓슬 ᄯᅢ 돈을 ᄒᆞ 달나
ᄒᆞᄋᆞᆸ기 남의 안돈을 ᄉᆞ십 양을 으더다 쥬어ᄉᆞᆸ더니 곳 바드로ᄂᆞᆫ 와ᄉᆞᆸᄂᆞᆫᄃᆡ 그져 보ᄂᆡ도 아니
ᄒᆞ오니 이 말ᄉᆞᆷ ᄒᆞ시ᄋᆞᆸ 만일 오라비가 알며 ᄃᆡ단 격졍ᄒᆞᆯ ᄃᆞᆺᄒᆞ오니 져ᄯᅥ로 그러커 ᄒᆞ시ᄋᆞᆸ 이
편지 형 뵈지 마르시ᄋᆞᆸ소셔 궁금ᄒᆞᄋᆞᆸ던 ᄎᆞ 음젼니 할미 왓ᄉᆞᆸ기 상셔 붓치나이다 알외올 말
ᄉᆞᆷ 남ᄉᆞ오나 총총 이만 알외오며 내내 긔력 지안ᄒᆞᄋᆞᆸ심 ᄇᆞ라ᄋᆞᆸᄂᆞ이다 아즉은 돈 ᄒᆞᆫ 푼 업ᄉᆞ

와 모[10] 보오니 누비 당목으로 십오 쳑만 ᄉᆞ보ᄂᆡ시면 돈은 싱기는 ᄃᆡ로 곳 보ᄂᆡ려 ᄒᆞ오니 속히 박구워 보ᄂᆡ 쥬시옵 민 참봉의겨 암만 말을 ᄒᆞ여도 아니 ᄉᆞ 쥬오니 답답 이 봄의 누비려 ᄒᆞ옵 슌의 져구리도 그져 못ᄒᆞ여 보ᄂᆡ오니 오죽 기ᄃᆞ리겨습ᄂᆞ잇가 근심이 되옵ᄂᆞ이다 침모가 용졍 노시거든 졔 시어미 것들 뒷 셤 ᄌᆞᆸ시ᄉᆞ구 이[11] 말슴 엿주라 ᄒᆞ옵더이다 병오 ᄉᆞᆷ월 십이일 식 ᄉᆞᆯ이 인편 잇습거든 소주병 비어거든[12] 보ᄂᆡ 쥬시옵[13]

판독대비

번호	판독자료집	박재연·황문환 (2005 : 87, 89)
1	젼 소 샹ᄉᆞᆯ이	젼소 샹ᄉᆞᆯ이
2	소셜이 ᄃᆡ단 기장이도	소셔로이다 단기 장이도
3	염치업시	념치업시
4	ᄒᆞ여습더니	ᄒᆞ엿습더니
5	희옹겨만	희ᄋᆞᆼ겨만
6	탄탄니롤	탄탄니 도로
7	부어셔	부너셔
8	엄집	샘집
9	으더 디리 보ᄂᆡᄉᆞ오나	으더디리 보ᄂᆡᄉᆞ오나
10	모	못
11	ᄌᆞᆸ시ᄉᆞ구 이	ᄌᆞᆸ시ᄉᆞ 구이
12	비어거든	ᄇᆡ어거든
13	쥬시옵	주시옵

은진송씨 송병필가 언간 44

〈송병필가-44, 1906년, 은진송씨(둘째 딸) → 전주이씨(어머니)〉

판독문

어마님 젼 상술이

문안 알외옵고 일긔 칩ᄉᆞ온ᄃᆡ 긔후 엇더ᄒᆞ옵신지 날포 문안 못 듯ᄌᆞ와 ᄒᆞ졍의 복모 부리옵지 못ᄒᆞ와 ᄒᆞ올 ᄎᆞ 침모 시고의셔 ᄌᆞ셔이 듯ᄉᆞ오니 그동안의 톄후 미령ᄒᆞ옵시다 ᄒᆞ오니 듯삽 놀납ᄉᆞ옴 층양업삽고 편 후 날포 되오니 그ᄉᆡ이 미령ᄒᆞ옵신 감셰 되옵셔 톄후 침슈 졔졀이 강건ᄒᆞ옵시고 형도 평안 ᄉᆡᆨ덕 ᄂᆡ외와 금니집 삼 모녀 평순들 ᄒᆞ오니잇가 오졍니 아자마님겨옵셔 ᄇᆡ로 회환ᄒᆞ옵신 후 문안 듯ᄌᆞ오셧삽ᄂᆞ잇가 두로 복모 ᄀᆞᆫ절ᄀᆞᆫ절ᄒᆞ오며 형은 그져 ᄐᆡ긔 업삽ᄂᆞ잇가 궁금ᄒᆞ오이다 홍쥬 형 소식 드르셧삽 남녀 간의 슌ᄉᆞᆫ이나 ᄒᆞ여 슈명중슈ᄂᆞ ᄒᆞ여 두 형뎔이나 아들 나ᄒᆞ면 조케삽ᄂᆞ이다 ᄉᆡᆨ은 큰 탈은 업삽고 희응 형뎨 츙실 긔특ᄒᆞ오나 유아가 졔 이례[1] 안은 관겨촌터니 얼굴의 ᄐᆡ열 와 ᄀᆞᆫ경처럼 나셔 시름ᄒᆞ여 그러ᄒᆞ온지 밤이나 낫지나 봇치오니 보기 ᄋᆡ삭 그리 겁이 나옵 뎝겨도 아니ᄒᆞ여건만[2] 그러ᄒᆞ오니 답답ᄒᆞ오이다 그져 쑹도 되히 아니 누고 셜ᄉᆞ을 ᄒᆞ오니 ᄉᆡᆨ이 미역국을[3] 먹기 시러 ᄌᆞᆯ 먹지 안코 푸셩구만 먹여 그러ᄒᆞᆫ 듯ᄒᆞ옵더이다 일젼의 오라비가 빨 스 말 고기 ᄒᆞᆫ 근 보ᄂᆡ셔 ᄌᆞᆯ 먹어삽고 자근어마님겨셔도 부겨 ᄒᆞᆫ 쎄 미역 다셧 오리 보셔셔 ᄌᆞᆯ 먹ᄉᆞ오나 부란ᄒᆞ옵더이다[4] 오라비ᄂᆞᆫ 볼 일이나 마나 히여날 길이 업ᄉᆞ와 못 오려니와 참봉도 ᄒᆞᆫ 변도 아니 오니 셥셥ᄒᆞ옵더이다 비ᄎᆞ 쎌만 ᄒᆞ옵기 열디셧 포기 보ᄂᆡ오니 ᄡᆞᆯ 마다 술이나[5] ᄒᆞᆫ변 ᄒᆞ여다 ᄂᆡ여 잡ᄉᆞ오시옵 두 집의셔 쏘바 먹긔의 나마나지 안삽 이라고 ᄉᆞᄅᆞ도 마음을 관겨ᄎᆞ니 ᄆᆞ음을 먹ᄉᆞ오니 조곰도 못쳐 마르시옵 ᄃᆞ른 겨 분ᄒᆞᄌᆞ나 이러것들겨 가[6] 붓여 ᄉᆡᆨ의 말을 안니ᄒᆞᆫ 말ᄒᆞᆫ ᄆᆞᆯ 봇티 가며 말젼주ᄒᆞ여 ᄀᆞᆫᄀᆞᆫ 불장 ᄂᆡ여[7] 그져 좀 속이 상ᄒᆞ고 분ᄒᆞ옵더이다 알외올 말ᄉᆞᆷ 남ᄉᆞ오나 어린것겨 붓들녀 ᄃᆡ강 알외오며 내내 긔톄후 만안ᄒᆞ옵심 ᄇᆞ라옵ᄂᆞ이다 병오구월 이시이일 ᄉᆡᆨ 술이

판독대비

번호	판독자료집	박재연·황문환 (2005 : 91)
1	졔 이레	졔이레
2	아니ᄒᆞ여건만	아니ᄒᆞ여건마는
3	미역국을	미녁국을
4	부란ᄒᆞᄋᆞᆸ더이다	부탄ᄒᆞᄋᆞᆸ더이다
5	술이나	불이나
6	이러것들겨 가	이러 것들 겨가
7	ᄀᆞᆫᄀᆞᆫ 불장 닉여	ᄀᆞᆫᄀᆞᆫ불 장닉여

은진송씨 송병필가 언간 45

〈송병필가-45, 1908년, 은진송씨(첫째 딸) → 전주이씨(어머니)〉

판독문

문안 알외ᄋᆞᆸ고 신원의 긔후 안녕ᄒᆞᄋᆞᆸ신 문안 아ᄋᆞᆸ고져 ᄇᆞ라오며 탄긋가치 희포 무안 아득키 ᄆᆡᆨ키오니 굼굼 ᄆᆡ칠 듯ᄒᆞ오며 톄후 만강ᄒᆞᄋᆞᆸ시고 쥬ᄉᆞ ᄂᆡ외 츅녹 ᄂᆡ외 잘 잇슈며[1] 서모와 잘 잇난지 두루 굼굼ᄒᆞ기[2] 측냥업ᄉᆞᆸᄂᆞ이다 자근ᄃᆡᆨ 자근아바님 두 분 졔절[3] 안녕ᄒᆞᄋᆞᆸ시고 유아 형뎨 잘 커난잇가 참봉 ᄂᆡ외 무고ᄒᆞᄋᆞᆸ고 민집도 잘들 잇ᄉᆞᆸᄂᆞ잇가 본은 므안 드르ᄉᆞᆸᄂᆞ잇가 쥬ᄉᆞᄂᆞᆫ 남녀 간의 무어[4] 낫ᄉᆞᆸᄂᆞᆫ지[5] 쥬야 굼굼ᄒᆞᄂᆞ이다 예ᄂᆞᆫ 셰젼 셰후부틈 죤고계ᄋᆞᆸ셔 감환으로 ᄃᆡ단 미령 즁 지ᄂᆡ오니 최민 동동ᄒᆞᄋᆞᆸᄂᆞ이다 서울셔도 죤구계ᄋᆞᆸ셔 톄후 강녕ᄒᆞᄋᆞᆸ시고 싀셔모도 안녕ᄒᆞ오시니 만힝이ᄋᆞᆸᄂᆞ이다 식은 유인 형뎨 다리고 잘 잇ᄉᆞᆸᄂᆞ이다 김 쥬ᄉᆞ도 안녕 잇ᄉᆞᆸᄂᆞ이다 아바님 지ᄉᆞ ᄯᅢ도 사ᄅᆞᆷ도 못 보ᄂᆡ오니 마음 망극ᄒᆞ고 섭섭ᄒᆞ기만 ᄒᆞᄋᆞᆸ더이다 식이 돈 한 푼 업셔 못 보ᄂᆡᆸᄂᆞ이다 김 쥬ᄉᆞ가 굼굼ᄒᆞ기도 ᄒᆞ고 뎡농 차져로 원업비이[6] 보ᄂᆡᄂᆞ 보오이다 원업비가 가니 자셰 드르시ᄋᆞᆸ소셔 긴 ᄉᆞ연 다 못ᄒᆞᄂᆞ이니 서모가[7] 난 동싱 잘 커난잇가 굼굼ᄒᆞᄂᆞ이다 방곡셔ᄂᆞᆫ 죵죠부 상ᄉᆞ 당ᄒᆡ셔ᄉᆞᆸᄂᆞᆫ이다 이달 쵸십일일 소상 지ᄂᆡᆸᄂᆞ이다 아바님 상ᄉᆞ 나신 후 쥬ᄉᆞ계 죵장 보ᄂᆡ라고 ᄂᆡ계[8] 와ᄉᆞᄂᆞᆫᄃᆡ[9] 식이 이져버고 쥬ᄉᆞ겨 못 보ᄂᆡᆸᄂᆞ이다 쥬ᄉᆞ드르 죵장ᄒᆞ라 ᄒᆞ시ᄋᆞᆸ소셔 알외올 말ᄉᆞᆷ 남ᄉᆞ오나 이만 알외오며 내내 긔톄후 만안ᄒᆞᄋᆞᆸ심 ᄇᆞ라ᄋᆞᆸᄂᆞ이다 무신 뎡월 념구일 식 술이 싱가 죤고계셔 톄후 안녕ᄒᆞᄋᆞᆸ시니 만힝이오며 뎡월 십오일 죤고 회갑 지ᄂᆡᆸᄂᆞ이다 빈ᄂᆡ셔 옷 한 별 희ᄉᆞᆸᄂᆞ이다 셔 살 먹기 어린년 강긔 ᄃᆡ단ᄒᆞ여 싀ᄃᆡᆨ의게[10] 편지 못 섭섭ᄒᆞ다고 말ᄉᆞᆷᄒᆞ시ᄋᆞᆸ소셔

판독대비

번호	판독자료집	박재연·황문환 (2005 : 93)
1	잇슈며	잇ᄉᆞᆷ며
2	굼굼ᄒᆞ기	굼굼ᄒᆞ니
3	졔졀	졔졀
4	무어	무이
5	낫ᄉᆞᆸᄂᆞᆫ지	낫낫ᄉᆞᆸᄂᆞᆫ지
6	원업비이	원 ᄆᆡᆸ계이
7	서모가	시모가
8	ᄂᆡ계	ᄂᆡ겨
9	와ᄉᆞᄂᆞᆫᄃᆡ	와ᄉᆞᆫ ᄂᆞᆫ ᄃᆡ
10	시ᄃᆡᆨ의게	시ᄃᆡᆨ의게

은진송씨 송병필가 언간 46

〈송병필가-46, 20세기 전반, 은진송씨(둘째 딸) → 전주이씨(어머니)〉

판독문

어마님 젼 답 샹술이

문안 알외옵고 긔후 엇더ᄒᆞ옵신지 날포 문안 못 듯ᄌᆞ와 하졍의 복모 부리옵지 못ᄒᆞ와 ᄒᆞ올ᄎᆞ 하셔 밧ᄌᆞ와 뵈오니 뫼와 하교온 듯 탐탐 가득 반갑습고 오라비 ᄂᆡ외 평안 아오님도 평순[1] 유아 종남ᄆᆡ 충실ᄒᆞ다 ᄒᆞ오시니 만ᄒᆡᆼ이오며 금니 집 ᄉᆞᆷ 모녀도 무고ᄒᆞᆫ 듯 쳔ᄒᆡᆼ이올소식은[2] 큰 탈은 업습고 희아 삼 남ᄆᆡ 충실ᄒᆞ오니 긔특ᄒᆞ오나 민 참봉 그져 오도 아니ᄒᆞ고 소식도 못 듯ᄉᆞ오니 궁금ᄒᆞ오이다 소ᄃᆡᆨ의셔도 안녕들 ᄒᆞ오시나 종종 젹화의겨 경겁을 ᄒᆞ시여 두 분 신식이 다 말 못 되오시니 뵈옵기 ᄯᅡᆨᄒᆞ시옵더이다[3] 못 견ᄃᆡ시것다고 어ᄃᆡ로 반니ᄒᆞ신단 ᄆᆞᆯ슴 잇ᄉᆞ오니 오던 밧ᄌᆞ 참봉도 ᄯᅥ나고 소ᄃᆡᆨ의 의지을 ᄒᆞ고 ᄉᆞ다 ᄯᅥ나시면 엇지 살고 심ᄂᆞᆫ심ᄂᆞᆫ ᄆᆞ음이 밋츨 듯ᄒᆞ오이다 마누라ᄂᆞᆫ ᄌᆞᆯ 잇ᄉᆞ오나 두고 본즉 ᄂᆡ외가 ᄃᆡ단ᄒᆞ고 어린 놈도 후물 티려 못 어버 주고 습작 박긔을 나가지 아니ᄒᆞ니 답답 집안의 으른 노릇슬 ᄒᆞ려 ᄒᆞ고 민 참봉도 그져 오지 아니ᄒᆞ고 의복도 본즉 뉵승은 아니 이불 모양이오니 거둘 수가 잇습 ᄯᅡ릉 긔 읍고 맛당은 ᄒᆞ나 거둘 수가 업습 양식도 밤밋시 ᄉᆞ속ᄡᆞᆯ이 셔너 말밧기 아니 되고 나락 도조 바든 것도 다 ᄂᆡ는지 양식을 십육 셕 징미ᄒᆞᆫ 것밧기 아니 쥬오니 손될 겨나 무엇삽[4] 것곡이 잇ᄯᅡ던지 ᄒᆞ면 ᄒᆞ련니와 ᄉᆞᄂᆞᆫ 겨 말긔가 셔울보다 못ᄒᆞ지 아니ᄒᆞ옵 ᄉᆡᆼ각다 못ᄒᆞ와 타관 나가 언연니 보토 간다 ᄒᆞ옵기 ᄯᅡ라 보ᄂᆡ오니 말슴을 그러케 ᄒᆞ시옵 민 ᄎᆞᆷ봉이 의복 가음이나 양식이나 넉넉키 ᄃᆡ주ᄂᆞᆫ 줄 알고 졔 말도 아니 듯고 보ᄂᆡ더니 ᄋᆡ 씨인다고 말슴ᄒᆞ시옵소셔 명지 ᄭᅮ리ᄂᆞᆫ 다 들고 동가리 ᄭᅮ리 ᄒᆞ나밧기 아니 남아습 ᄒᆞᆫ ᄉᆞᆺ ᄡᅳ너온[5] 것 조심되여 보ᄂᆡ오니 추심ᄒᆞ시옵고 마누라 보ᄂᆡᆫ다고 식 격졍ᄒᆞ시지 마르시옵[6] 가셔도 ᄌᆞ 집으로 간다 ᄒᆞ거든 가겨 내불[7] 두시옵 두고 오라비 ᄂᆡ외겨 불편ᄎᆞᄂᆞᆫ 말 듯지 마르시고 ᄒᆞᄂᆞᆫ 말이 형ᄯᅩ로도 일만 시기지 의복 ᄒᆞᆫ 가지도 아니ᄒᆞ여 주더라 ᄒᆞ는 말을 듯ᄉᆞ오니 겁이 나옵더이다 노ᄌᆞ도 돈이 잇스면 돈양이나 주련만 읍셔셔 닷 돈을 주오니 이리 되엿습ᄂᆞ이다 알외올 말슴 남ᄉᆞ오나 총총ᄒᆞ와 이만 알외오며 내내 긔톄후 만안ᄒᆞ옵심 ᄇᆞ라옵ᄂᆞ이다 초칠일

식 술이

판독대비

번호	판독자료집	박재연·황문환 (2005 : 95)
1	평순	평슌
2	쳔힝이올소 식은	쳔힝이올 소식은
3	ᄶᅡᆨᄒᆞ시옵더이다	ᄶᅡᆨ하사옵더이다
4	무엇삽	무엇ᄉᆞᆸ
5	ᄭᅳ너온	ᄭᅳ러온
6	식 격정ᄒᆞ시지 마르시옵	식격 정하시지 마르시옵
7	내불	ᄂᆡ부로

은진송씨 송병필가 언간 47

〈송병필가-47, 20세기 전반, 은진송씨(둘째 딸) → 전주이씨(어머니)〉

판독문

어마님 젼 답 상술이

문안 알외옵고 듕춘의 긔후 엇더ᄒᆞ옵신지 날포 문안 못 듯ᄌᆞ와 하졍의 복모 간졀간졀ᄒᆞ와 ᄒᆞ올 하셔 밧ᄌᆞ와 뵈오니 뫼와[1] 하교온 듯 탐탐 가득 반갑ᄉᆞ옴 층양업ᄉᆞ오나 오라비로 ᄒᆞ여 심녀ᄒᆞ셧다 ᄒᆞ오시니 무신 일본을 갈 니가 잇겨습 집안일은 엇지 되라고 그리도 몰나 혹시 간다 ᄒᆞ거든 못 가나니라 말유시옵 형도 평 금니 집 삼 모녀 무고 삼빅 충실ᄒᆞ다 ᄒᆞ오시니 만힝이오나 유아 귀 알키의 셩치 못ᄒᆞ다 ᄒᆞ오시니 보기 익삭 조심시러원 말숨이야 엇지 아니 그러ᄒᆞ시겨습ᄂᆞ잇가마는 아는 거시오니 너모 심녀 마르시고 삼신겨 증안수 쎠 노코 곳 빌고 약은 별 약 업습더이다[2] 우낭[3] 싱걸 씨여셔 휘비고 고 물을[4] ᄒᆞᆫ 방올만[5] 느코 아니 낫거든 ᄒᆞᆫ 번 더 ᄒᆞ 느시옵[6] 다른 빙는 식도 이져ᄉᆞ셔이 싱각지 못겨습 어린것들 귀 알는 것 우낭[7] 물노 나ᄉᆞᆺ습 오라비는 어제 읍녀셔 와 졈심 먹고 집푸늬 가 볼 일 보고 집으로 간다 고 쎠낫습 ᄆᆞ음이 부면ᄒᆞ여 그런겨 아니라 아모겻도 업ᄉᆞ와 조셕도 먹겨 못ᄒᆞ여 주워 엇지 셥셥ᄒᆞ온지 모리겨습ᄂᆞ이다 ᄌᆞ근딕의셔도 일안ᄒᆞ오시고 읏인도 충실ᄒᆞᄒᆞ옵고 아ᄌᆞ미 숨 모ᄌᆞ도 무고ᄒᆞ오니 쳔힝이옵ᄂᆞ이다 보닉신 거순 ᄌᆞ셔이 밧ᄌᆞ왓ᄉᆞ오나 ᄒᆞ여 보닉시려 심녀되신 일 죄송죄송ᄒᆞ옵 속히 ᄒᆞ셧습 당총의 일이 아니 되오니 답답ᄒᆞ오이다 혼인만 곳 증ᄒᆞ면 이 봄의리도 곳 지닌다 ᄒᆞ면셔도 나려오지도 아니ᄒᆞ고 금침 숌은 오라비가 목화 ᄉᆞ십 근 주는딕 그걸노 ᄒᆞ려 ᄒᆞ오나 바술 일이 걱졍이옵 부족될 듯 두로 걱졍시기는 일 미안미안ᄒᆞ오이다 메주는 츔봉이 열 작 주고 집의셔 ᄊᆞ리고 그리져리 ᄒᆞ여 ᄒᆞᆫ 이십 짝 되오니 그딕로 담고 소곰은 외상으로[8] 열 말 장간은 쎠왓ᄉᆞ오나[9] 고초는 ᄒᆞᆫ 되가 업ᄉᆞ오니 메주 주시는 걸노 고초가 엇더ᄒᆞ거든 조곰 쥬시면 고초장을 담겨습ᄂᆞ이다 읍거든 구만 두시옵 으더 보닉시러 심녀 마르시옵고 메주로 그양 보닉시옵 그겻도 불편ᄎᆞ느실 듯ᄒᆞ거든 닉불 두시옵소셔 귀보도 아니 왓습 남의 ᄌᆞ식 말만 만코 씰딕 업습더이다 탄탄이 ᄒᆞᆫ 년도 세 년놈[10] 잇딕건 먹겨닉건만 그년 나가셔 조셕으로 요를 아니 주니 비곱파 왓다 ᄒᆞ고 말이 만ᄉᆞ오니 삼 모녀 먹다 나문딕 공도[11] 두지 아니ᄒᆞ고 다 닉다 먹고 너머 쳐먹기여 그러커 ᄒᆞ는 듯[12] 엇지 괘심ᄒᆞ

온지 말이나 ᄒᆞ려고 두 번 세 번 불너야 아니 오고 거긔롤 왜 가랴고 ᄒᆞ고 아니 오기의 닉벼려[13] 두오나 분ᄒᆞ옵더이다 더부ᄉᆞ리나 어ᄃᆡ 잇삽 손수 조셕ᄒᆞ여 먹으려 일이 아니 되오니 답답ᄒᆞ오이다 수봉 모롤 괴롭겨 장 불너 시기고 그러커 괴롭겨 ᄒᆞᄂᆞ이다 알외올 말숨 남사오나 등히의 ᄃᆡ강 알외오며 내내 긔톄후 만안ᄒᆞ옵심 ᄇᆞ라옵ᄂᆞ이다 이월 이십오일 식 술이

판독대비

번호	판독자료집	박재연·황문환 (2005 : 97)
1	뫼와	뫼와
2	약은 별 약 업삽더이다	악은 별악 업삽더이다
3	우낭	으낭
4	고 물을	고물을
5	방올만	방올만
6	ᄒᆞᆫ 번 더 ᄒᆞ 느시옵	ᄒᆞᆫ 번 더ᄒᆞ 느시옵
7	우낭	으낭
8	외상으로	외샹으로
9	쎠왓ᄉᆞ오나	쎠와ᄉᆞ오나
10	년놈	년놈이
11	나문ᄃᆡ 공도	아문 ᄃᆡ공도
12	ᄒᆞᄂᆞᆫ둧	ᄒᆞᄂᆞᆫ고 그
13	닉벼려	닉벼러

은진송씨 송병필가 언간 48

〈송병필가-48, 20세기 전반, 은진송씨(둘째 딸) → 전주이씨(어머니)〉

판독문

어마님 젼 상술이

문안 알외ᄋᆞᆸ고 납ᄒᆞᆫ의 긔후 엇더ᄒᆞᄋᆞᆸ신지 인편은 종종 잇ᄉᆞ오나 상셔 못 외와 ᄒᆞ졍의 죄송 죄송 궁금ᄒᆞ오심 일반니실 듯ᄒᆞ오이다 오라비 ᄂᆡ외 평안ᄒᆞ오며 지승 ᄉᆞ 남ᄆᆡ 충실ᄒᆞᄋᆞᆸ고 참봉 집의셔도 무고들 ᄒᆞ오잇가 혼인 ᄊᆡ 와셔들 ᄋᆡ만 쓰고 조셕 ᄒᆞᆫ ᄊᆡ도 먹겨 못 먹겨 보ᄂᆡᆫ 일 지금것 쎠련ᄒᆞ온 중 ᄌᆡ리덕은 ᄐᆡ긔 잇ᄂᆞᆫ 듯ᄒᆞ온ᄃᆡ 먹고 십분 겨나[1] 업던지 더욱 쎠련ᄒᆞ오이다[2] 식은 혼인 무ᄉᆞ 지ᄂᆡᄋᆞᆸ고 신인 숙셩 극진ᄒᆞ오나 엇존 일인지 코로 숨을 못 쉬ᄂᆞᆫ 모양이니 엇지 발근 귀의 숨소리를 못 드러ᄂᆞᆫ지 숨소리가 ᄃᆡ단 식식 그리오니 아무러턴지 ᄌᆞ두 ᄂᆡ외 금술이나[3] 조흐면 그 밧 축원니 업습고 바느질 션 듯ᄒᆞ오나 가라칠 일이 답답ᄒᆞ오이다 용식 주의 지가 ᄒᆞ엿ᄉᆞ오니 보시ᄋᆞᆸ 송집은 새 마님 뵈ᄋᆞᆸ고 와셔 바로 ᄌᆞ 집의 간ᄃᆞ더니 와셔 바로 어린놈이 ᄃᆡ단 셩촌터니 압셕이를 ᄒᆞᄂᆞᆫᄃᆡ 단 중ᄒᆞ여[4] 못 갓더니 거문 진이 나[5] 안져 어졔 가려ᄒᆞ엿더니 엇존 일노 어린놈이 밧속 더ᄒᆞ여 못 가 못 갓ᄂᆞᆫᄃᆡ ᄋᆡ타ᄂᆞᆫ 일 ᄋᆡ삭 ᄋᆡ삭 송낭은 좀 낫다 ᄒᆞ오니 그런 다힝이 업ᄉᆞ오나 어린겨 져ᄒᆞ오니[6] 답답ᄒᆞ이다 송집도 뵈오러 가더니 오라비 ᄂᆡ외 심녀만 시기고 와 불안ᄒᆞ아오이다[7] 소ᄃᆡᆨ의셔도 일안ᄒᆞ오시니 힝이ᄋᆞᆸᄂᆞ이다 옥키 와 보니[8] 반갑ᄉᆞ오나 조셕 ᄒᆞᆫ ᄊᆡ도 먹겨 못ᄒᆞ여 먹기고 보션 ᄒᆞᆫ 죡 못ᄒᆞ여 주여 셥셥[9] 보션가음 돈 일 환 주엇습[10] 소ᄊᆡᆨ의셔ᄂᆞᆫ 의복을 일십이나 ᄒᆞ여 입펴 보ᄂᆡ오니 잇셔도 여려운 일이ᄋᆞᆸᄂᆞ이다 말ᄉᆞᆷᄒᆞ신 소ᄂᆞᆫ 오라비더러 증 셔방이나 누구 시기여 ᄉᆞ 주시ᄋᆞᆸ 돈으로 보ᄂᆡ면 시면 엇지ᄒᆞᄋᆞᆸ 돗도 업고 소도 업스니 구졍물 앗갑습고 쇠 금도 오른ᄃᆞᄒᆞ나이다 용식 주의 보션 보ᄂᆡ오니 입피시고 버션 의복 보ᄂᆡ시ᄋᆞᆸ 주의 솜 잇거든 보ᄂᆡ시ᄋᆞᆸ 옥키 보션 보ᄂᆡ오니 주시ᄋᆞᆸ 알외올 말ᄉᆞᆷ 남ᄉᆞ오나 총총 이만 알외오며 내내[11] 긔톄후 만안ᄒᆞᄋᆞᆸ심 ᄇᆞ라ᄋᆞᆸᄂᆞ이다 납월 이십구일 식 술이

판독대비

번호	판독자료집	박재연·황문환 (2005 : 99)
1	겨나	거나
2	쪄련ᄒᆞ오이다	쪄려 ᄒᆞ오이다
3	금술이나	금슬이나
4	단 중ᄒᆞ여	단중ᄒᆞ여
5	진이 나	진이나
6	어린겨 져ᄒᆞ오니	어린 겨져ᄒᆞ오니
7	불안ᄒᆞ아오이다	불안ᄒᆞ오이다
8	ᄋᆞᆨ키 와 보니	ᄋᆞᆨ키와보나
9	주여 셥셥	주엇ᄉᆞᆸ
10	보션가음 돈 일 환 주엇ᄉᆞᆸ	〔판독 안 됨〕
11	내내	네네

은진송씨 송병필가 언간 49

〈송병필가-49, 20세기 전반, 은진송씨(둘째 딸) → 전주이씨(어머니)〉

판독문

어마님 젼 답 상술이

문안 알외옵고 긔후 안녕ᄒᆞ옵신 문안 아옵고져 ᄇᆞ라오며 수ᄎᆞ 하셔 밧ᄌᆞ와 뵈오니 뫼와[1] ᄒᆞ교온 ᄃᆞᆺ 탐탐 가득 반갑ᄉᆞ오나 편후 날포 되오니 톄후 침수 졔졀 강건ᄒᆞ옵시고 오라비 외 평안ᄒᆞ옵ᄂᆞ잇가 형은 틱중이시라 ᄒᆞ오시니 신긔신긔ᄒᆞ옵 지길이 남ᄆᆡ 충실 순희 뭇탈ᄒᆞ오잇가 두로 복모 간졀간졀ᄒᆞ옵ᄂᆞ이다 식은 큰 탈은 업습고 독키 숨[2] 충실 긔ᄒᆞ옵고 소틱의셔 일안ᄒᆞ오시고 갑죵[3] ᄉᆞ 남ᄆᆡ 충실ᄒᆞ옵ᄂᆞ이다 금닉셔도 무고ᄒᆞ옵더이다 춘범이 졈도[4] 즉시 나셔 ᄉᆞ 형졔 충실ᄒᆞ다 ᄒᆞ옵더이다 지범 모ᄌᆞ 무ᄉᆞ 드러가 닉외 부ᄌᆞ 반가이 만난 소식 드르셧솝 홍 셔방 왓다 ᄒᆞ오니 그 남ᄆᆡ 죽별을 ᄒᆞ고 엇지 도라셔 왓는고 식딕 ᄆᆞ음으로 ᄒᆞ여 수말 니 드러간 난편을 속키 무ᄉᆞ이 드러가 만나오니 일졀 각 마시옵 일긔가 더우딕 ᄌᆞ조 미령ᄒᆞ오신 거시 심회롤 상시여 그러ᄒᆞ시옵[5] 구셕구셕이 손 아니 간 딕가 업ᄉᆞ오니 엇지 아니 그러ᄒᆞ시겻솝ᄂᆞ잇가 수루 나미로 붓치신 것 ᄌᆞ셔이 밧ᄌᆞ와ᄉᆞ오나 의복을 보오니 ᄃᆞ시 만보는 ᄃᆞᆺ ᄆᆞ음이 엇더타 못ᄒᆞ겻ᄉᆞ온딕 어마님겨셔야 엇지 아니 그러ᄒᆞ시오리잇가마는 ᄆᆞ음을 더 상회시지 마시옵 갑죵의 조모와 주원네 무ᄉᆞ이 드러와 무고들 ᄒᆞ옵ᄂᆞ이다 보닉신 거손 ᄌᆞ셔이 밧ᄌᆞ와 줄 씨고 먹ᄉᆞ오나 부거는 부거는 뭇엇ᄒᆞ러[6] ᄉᆞ 보닉시려 오라비 승품이 나겨[7] ᄒᆞ셧솝 독키 주의 가음을 보닉셔셔 줄ᄒᆞ여 입피겻솝 굿쎠 어린것시 졔 것스로 셩ᄎᆞ나 저구리롤 벗지 아니 입펴는딕 등거리롤 둘이나 ᄒᆞ여 보닉셔 줄 입피오나 두루 심녀되신[8] 일 죄송죄송 딕리미 업ᄉᆞ와 각갑ᄒᆞ옵더니 줄 씨겻삽ᄂᆞ이다 독키 주의[9] 척수는 저거 보닉오나 엇지ᄒᆞ여 보닉시려 그리ᄒᆞ시옵 독키 고이 홀 것 보닉라 ᄒᆞ셔셔도 무엇 잇솝 남ᄆᆡ가 젹신인 딕 도남도[10] 아니 버스려 ᄒᆞ기 참봉더러 뉘인 광당포 굴고 톡톡ᄒᆞᆫ[11] 것 고의젹솜이나 ᄒᆞ여 이피겨 좀 ᄉᆞ 둘나 ᄒᆞ엿ᄉᆞ오나 돈을 아니 주워 딕답을 시원ᄎᆞ니 ᄒᆞ오니 도남도 고장이나 속것시나 ᄒᆞ여 입펴야 ᄒᆞ겻ᄉᆞ오니 돈은 박구와 오면 돈양 바들 딕 바다 준ᄃᆞ ᄒᆞ엿다고[12] ᄒᆞ시옵 참봉이 이왕의 가지간 돈을 늘구는 줄만 아라솝더니 이번의 와셔 못 느루것다고 엇더케 홀나너냐 ᄒᆞ며 밧철 ᄉᆞ겨 ᄒᆞ라 ᄒᆞ기 얼마나 되엿나 ᄒᆞᆫ즉 칠십 양 금으로 일곱 셤 갑 아니냐

ᄒᆞ기 잇ᄃᆡ건 두워다 본ᄉᆡᆨ으로 주려 ᄒᆞ나 ᄒᆞᆫ[13] 곡가가 헐ᄒᆞ여 지가 도로 ᄒᆡ라 ᄒᆞ고 억지랄 ᄃᆡ오니 그 돈을 엇지ᄒᆞ여야 조켯ᄉᆞᆸᄂᆞᆫ잇가 엇지 돈푼니 느지가 안ᄉᆞ온지 수봉이 ᄒᆞᆫ 놈도 보리롤 ᄒᆞ고도 못ᄒᆞ엿ᄃᆞ고 ᄒᆞᆫ 토 ᄒᆞᆫ 푼을 아니 주려 ᄒᆞ오니 괘심괘심되ᄂᆞᆫ 겨나 보려 ᄒᆞ옵 식의 농ᄉᆞᄂᆞᆫ 보리가 ᄉᆞᆨ 셤 단 말[14] 밀 셔너 골이[15] 스 말인ᄃᆡ 도조가 ᄒᆞᆫ 골의[16] 얼마온지 올 보리가 통 아니 ᄂᆞᆫ다고들은 ᄒᆞ여도 ᄒᆞ도 못[17] 낫ᄉᆞ오니 붓그럽ᄉᆞᆸᄂᆞ이다 나락도 오라비가 닷 셤 턱이나 주ᄂᆞᆫ 걸 아모리 정ᄒᆞ겨 먹노라 ᄒᆞ여도 발셔 ᄶᅥ러젼ᄂᆞᆫᄃᆡ 참봉더러 걱정ᄒᆞ고[18] 오라비 말 좀 ᄒᆞ엿ᄉᆞ오니 어마님겨옵셔ᄂᆞᆫ 아모 말ᄉᆞᆷ 마시옵 독키 아니면 ᄊᆞᆸ살마 먹지오마는 민 참봉은 인ᄌᆡᄂᆞᆫ 농ᄉᆞ짓고 산다고 그 먼 논의 물고 보러 두세 번을 날노 나가오나 완구이 ᄆᆞ음 자바너니라 ᄆᆡᆺ덜 못ᄒᆞ겻ᄉᆞᆸᄂᆞ이다 모도션[19] 먼장 시무고[20] ᄊᆞᆯ도 다 가라 ᄒᆞᆫ ᄌᆞ리ᄂᆞᆫ ᄆᆡ고 논 쉬 ᄆᆡ겨ᄉᆞ오나 졸될지[21] 모라겻ᄉᆞᆸ ᄂᆡ연의ᄂᆞᆫ 오라비롤 들 괴롭ᄒᆞ여야 ᄒᆞᄂᆞᆫᄃᆡ[22] 못 ᄉᆞᄂᆞᆫ겨 병이 되엿ᄉᆞᆸ고 남의겨[23] 분홈 보ᄂᆞᆫ 것 원통원통ᄒᆞ옵ᄂᆞ이다 알외올 말ᄉᆞᆷ 남ᄉᆞ오나 등하의 이만 알외오며 내내 긔톄후 만안ᄒᆞ옵심 ᄇᆞ라옵ᄂᆞ이다 윤월 초구일 식 술이

판독대비

번호	판독자료집	박재연·황문환 (2005 : 101, 103)
1	뫼와	뵈와
2	독키 ᄉᆞᆷ	극키 ᄉᆞᆸ
3	갑죵	갑증
4	졉도	졉도
5	그러ᄒᆞ시옵	드러ᄒᆞ시옵
6	뭇엇ᄒᆞ러	무엇ᄒᆞ러
7	나겨	나셔
8	심녀되신	심려 되신
9	주의	ᄌᆞ의
10	젹신인ᄃᆡ 도남도	젹신인ᄃᆡ도 남도
11	톡톡ᄒᆞᆫ	특특ᄒᆞᆫ
12	ᄒᆞ엿다고	ᄒᆞ엿다
13	ᄒᆞᆫ	ᄒᆞ고
14	말	〔판독 안 됨〕
15	골이	ᄀᆞᆯ이
16	골의	글의
17	ᄒᆞ도 못	ᄒᆞ도곳
18	걱정ᄒᆞ고	건졍ᄒᆞ고
19	모도션	모로샌
20	시무고	시무무
21	줄될지	ᄌᆞ조될지
22	ᄒᆞᄂᆞᆫᄃᆡ	ᄒᆞᄃᆞᄃᆡ
23	남의겨	남의게

은진송씨 송병필가 언간 50

〈송병필가-50, 1875년, 이용연(아버지) → 전주이씨(딸)〉

판독문

송 셔방 단녀간 후 뎐뎐으로도[1] 소식 막히니 답답ᄒᆞ며 산월리 지나되 냥하 업셔 하인도 못 부리니 각갑ᄒᆞ며 년ᄒᆞ여 뫼시고 무양ᄒᆞ고 ᄃᆡ되분 일안ᄒᆞ시며 아가년도 츙실ᄒᆞ고 슌산 싱남 ᄒᆞ여 무탈ᄒᆞ냐 소식도 하 막히니 조이ᄂᆞᆫ 마음 노으 슈 업다 나는 슈일 협담으로 괴로오나 다런 년고 업고 너의 모친은 세렴 업ᄂᆞᆫ 즁 너의 큰외삼촌과 말지외삼촌 상사을 당ᄒᆞ여 시하 경경 남의 업시 말 못되니 허우록ᄒᆞ다 거월의 너의 외조 가[2] 뵈오니 엄엄 상회ᄒᆞ시ᄂᆞᆫ 모양 아니 뵈오니만 못ᄒᆞ더라 봉셩 동촌 일안ᄒᆞ고 녀혼은 납월 초오일 지넌다 ᄒᆞᆫ다 강촌 길의 즁 실 가더니 어린놈 쥰슈ᄒᆞ고 별고 업시나 네 형이 미오 지쳐 념녀 노이지 못ᄒᆞ게다 등하의 슈ᄌᆞ 그리며 회편 슌산 무탈ᄒᆞᆫ 긔별 듯기 ᄇᆞ란다 을히 지월 십이일 父

판독대비

번호	판독자료집	박재연·황문환 (2005 : 105)
1	뎐뎐으로도	뎐뎐으로
2	외조 가	외조가

은진송씨 송병필가 언간 51

〈송병필가-51, 1883년, 이용연(아버지) → 전주이씨(딸)〉

판독문

을녹 모 답소

오ᄅᆡ 소식 몰나 답답ᄒᆞ더니 글시 보고 반기며 그만치나 부지ᄒᆞ고 ᄃᆡ되 일안ᄒᆞ신 일 다힝ᄒᆞ나 산후 혈젹으로 괴롭다 ᄒᆞ니 념녀 무궁ᄒᆞ다 네ᄂᆞᆫ 별탈 업시나 나ᄂᆞᆫ 셜ᄉᆞ로 ᄉᆞ오 삭 병즁 거월 념일 낙상ᄒᆞ여 면상도 상ᄒᆞ고 다리도 불린ᄒᆞ더니 지금은 낫다마ᄂᆞᆫ 은졔 완인 될지 츌입이 어려워 동촌도 못 갈 ᄲᅮᆫ 홍산을 삼 년 부조된다 ᄂᆡ월이 ᄃᆡ삭인ᄃᆡ 갈 싱의 못ᄒᆞᆫ다 양ᄌᆞ도 ᄂᆡ가 보아야 ᄒᆞ게ᄂᆞᆫᄃᆡ ᄀᆡ츈 젼 츌입 못ᄒᆞ게시니 답답ᄒᆞ다 ᄋᆡ희가 십삼 세ᄃᆡ 슉셩타 ᄒᆞ나 보지 못ᄒᆞ여시니 졍홀 슈 업고 맛당ᄒᆞ다 ᄒᆞ여도 잘 쥴지 엇지 알게ᄂᆞᆫ냐 등하의 슈ᄌᆞ 젹으며 ᄂᆡᄂᆡ 무탈ᄒᆞ기 ᄇᆞ란다 곰은 만니 보ᄂᆡ여 소복ᄒᆞ게다 계미 지월 념일일 父 만님 버션 두 커리 어만님 버션 ᄒᆞᆫ 커리 단홍실노 징근 거시 이곳셔 ᄒᆞ온 버션니올시다

판독대비

번호	판독자료집	박재연·황문환 (2005 : 107)

은진송씨 송병필가 언간 52

〈송병필가-52, 1885년, 이용연(아버지) → 전주이씨(딸)〉

판독문

도ᄉᆞ 실닋 답

녀러 달 소식 막혀 답답홀 ᄎᆞ 하인 편 글시 보고 반기며 신상 그만이나 ᄒᆞ고 ᄃᆡ되 졔졀과 을녹 녀러 남믜 무탈ᄒᆞᆫ 일 만힝이나 쳔만고 업ᄂᆞᆫ 변을 당ᄒᆞ셔 오작들 놀ᄂᆡ시며 듯ᄂᆞᆫ 이가 남의 변인가 시부지 아니홀 적 오작 놀납고 분ᄒᆞ시게ᄂᆞ냐 지난 일이나 모골리 송년ᄒᆞ다 뜻밧 초ᄉᆞ을 ᄒᆞ니 작히 감츅ᄒᆞ랴 은졔 셔울 길 ᄒᆞᄂᆞᆫ지 궁금ᄒᆞ다 녜ᄂᆞᆫ 별탈은 업시나 ᄂᆡ가 슈삼 일 젼 셜ᄉᆞ 이질노 오늒일 공극ᄒᆞ더니 슈일지 낫시나 긔운 슈습[1] 괴롭다 년산 혼쳐ᄂᆞᆫ 조흐니 ᄌᆞ시 아러 보아 졍ᄒᆞ게다 규슈의 ᄌᆞ당은 동촌덕 고모라 각쳐 소식은 봄 이후 듯지 못ᄒᆞ고 회인은 무고ᄒᆞ다 즁실은 이월 이후 못 드르니 답답ᄒᆞ다 봉농이ᄂᆞᆫ 홍역 후 셩치 못ᄒᆞ더니 지금은 좀 나으나 지쳐다 두고 보니 자품이 신통ᄒᆞ나 가라치지 못 큰 격정일다 김 학관 농장은 ᄉᆞ셰 그러홀 밧 업시나 ᄂᆡ 뒤나 경영ᄒᆞ면 조케시나 달니 ᄒᆞ기ᄂᆞᆫ 잘 아니 될 닷ᄒᆞ다 도ᄉᆞ의게 편지 답쟝 못ᄒᆞ니 말ᄒᆞ여라[2] 이놈 어제 와 오날 곳[3] 간다 ᄒᆞ기 슈ᄌᆞ 젹으며 바나 질삭돈 이십오 양 바다다[4] 슈이 소식 듯기 ᄇᆞ란다 을유 칠월 초삼일 父

판독대비

번호	판독자료집	박재연·황문환 (2005 : 109)
1	슈습	슈습이
2	말ᄒᆞ여라	말ᄒᆞ녀라
3	어제 와 오날 곳	어제와 오날로
4	바다다	바다

은진송씨 송병필가 언간 53

〈송병필가-53, 1890년, 이용연(아버지) → 전주이씨(딸)〉

판독문

을녹모 답

비황 듕 글시 보고 반기며 연ᄒᆞ여 신상 무탈ᄒᆞ고 아그들 무탈 을녹 혼인 순셩ᄒᆞᆫ 일 깃부며 을녹 쵸시 신긔ᄒᆞ다 나는 욕ᄉᆞ욕ᄉᆞ 이변 악경은 일필노 엇지 형언ᄒᆞ리 다시 말ᄒᆞ기도 시르며 너의 자친 위셕ᄒᆞ여 음음ᄒᆞᆫ 모양과 며ᄂᆞ리 졍경 갈ᄉᆞ록 차마 불샹 막비 가운 신슈니 엇지ᄒᆞ리 옷션 두 별이나 ᄒᆞ여 보너노라 오작 ᄋᆡ을 써쓰리 ᄋᆡ식ᄒᆞ다 경황업셔 붓 들기 스려 ᄃᆡ셔로 이만 긋친다 경인 납월 시이일 父 도ᄉᆞ 덕의 명쥬 여셧 필 ᄉᆞ 가니 곳 젼ᄒᆞ고 돈 닷 양 더 드려스니 후편 차져 보너여라

판독대비

번호	판독자료집	박재연·황문환 (2005 : 111)

은진송씨 송병필가 언간 54

〈송병필가-54, 1908년*, 미상(아버지) → 한산이씨(딸)〉

판독문

평긔 본가 셔신 봉

〔봉투 후면〕 송 쥬ᄉᆞ딕 즉젼

송집의게

거월 초싱의 우편으로 편지 부쳐더니 곳 보아넌지 회답 못 보니 갑갑ᄒᆞ다 요ᄉᆞ이 셜한의 시봉 신상 평길ᄒᆞ고 존당 졔졀도 강영ᄒᆞ시며 송 쥬ᄉᆞ도 평안ᄒᆞ고 어린연 츙실ᄒᆞ고 돌이 각가오니 지롱 비상홀 듯ᄒᆞ다 두루 굼굼 간졀ᄒᆞ다 예는 거월 초싱의 밤실 형님 상ᄉᆞ을 당ᄒᆞ니 허우녹 비통 측냥 못ᄒᆞ고 양예가지 곳 지닉니 심회 더욱 지향[1] 못ᄒᆞ며 고의ᄒᆞ여 못 견딕것다[2] 우평으로 젼부ᄒᆞ여더니 과연 듣어간지[3] 몰너 ᄯᅩ 긔별ᄒᆞᆫ다 나는 형제 큰 탈은 업고 딕소가 달은 연고 업고 층층 익희들 무탈ᄒᆞ니 다힝ᄒᆞ다 영동으로 인편 잇기 슈ᄌᆞ 셔신 부친이 언졔짐이ᄂᆞ 들어갈지 모로겟다 총요 슈ᄌᆞ 젹는다 무신[4] 납월 십일일 父

판독대비

번호	판독자료집	박재연·황문환 (2005 : 113)
1	지향	지항
2	견딕것다	견듸것다
3	듣어간지	들어간지
4	무신	무진

* 박재연·황문환(2005 : 113)에서는 발신 연도를 '무진'으로 판독하여 1928년에 작성된 편지로 추정하였다. 그러나 수신자인 한산이씨가 1910년 11월 10일에 졸한 점과 '무신'으로 판독할 수 있다는 점을 근거로 이 판독자료집에서는 1908년에 작성된 편지로 추정하였다.

은진송씨 송병필가 언간 55

〈송병필가-55, 1891년, 전주이씨(사촌언니) → 전주이씨(사촌동생)〉

판독문

아오님 젼 소샹장[1]

져적 죠쇼[2] 밧ᄌᆞ와 의회 듕 든든 못니[3] 젹삽고 지시 긔운 평안ᄒᆞ오시고 나으리겨오셔도 안녕ᄒᆞ오시며 아쇼들도 평슌ᄒᆞ온 일 든든ᄒᆞᄋᆞᆸ더니 그 후 달포 되오니 신상 엇더ᄒᆞ오시며 졔졀이[4] 엇더ᄒᆞ오신잇가 진ᄉᆞ덕 소식 듯ᄌᆞ오시고 평안ᄒᆞᄋᆞᆸ 아오님 쇼져 적이 엇그졔 ᄀᆞᆺᄒᆞ오나 어ᄂᆞ ᄉᆞ이 사회 며ᄂᆞ리을 보시고 소량과 ᄌᆞ졔[5] 쇼년 진ᄉᆞ 족히 신긔 긔특긔특ᄒᆞ오시려 일ᄏᆞᆮ잡고 아오님 복녁 희한ᄒᆞ오심[6] 탄복이오며 ᄉᆞ촌은 됴녁이 심듕ᄒᆞ와 어마님 샹ᄉᆞ을 당ᄒᆞ오니 일월이 합식ᄒᆞᄋᆞᆸᄂᆞᆫ 듯 얼푸시 초종을 맛잡고 망극망극 상가 셰일이 훌훌ᄒᆞ와[7] 잇때을 당ᄒᆞ오니 촉쳐의 지통과 형셰 불치로 당신 싱젼의 ᄯᅳᆺ과 갓치 밧드지 못 고고이 유한이ᄋᆞᆸ고 샹쥬님니겨셔[8] 너무 익통 듕 근녁 말 못 되오시니 답답ᄒᆞ오며 ᄂᆡ동[9] 문안 언졔 듯ᄌᆞ오신잇가 셔방님 싱변은 ᄒᆞ도 춤졀춤졀 원통 아오님겨셔도 할반지통이 남의 업순 이리온 듯 두 분 년만ᄒᆞ오신 터의 산명지통을 보시고 근녁 엄엄ᄒᆞ오심과 그 덕 경지[10] 두루 싱각지 못 각식으로 뉴가ᄒᆞ오심 오죽 ᄒᆞ오시리잇가[11] 둘지 딜ᄋᆞ로 닙후[12] 시긔오니 비황 듕이시나 두 분 우회가 되오심 든든 쳔힝이ᄋᆞᆸ 져적 보내오신 돈과 필목 ᄌᆞ시 밧ᄌᆞ와ᄉᆞ오나 번번이 너무 고맙겨 ᄒᆞ오시니 불안ᄒᆞ오며 봄의 모시도 ᄒᆞ 긴ᄒᆞ며 닙어ᄉᆞ오니 아오님 후덕ᄒᆞ오심을[13] 장 일ᄏᆞᆮ잡ᄂᆞ이다 올 갓탄 요슈ᄂᆞᆫ 글년 쳐음이온 듯 여즘은[14] 엇더ᄒᆞ온지 여ᄂᆞᆫ 빅ᄉᆞ 춤흉 픗김치 구경도 못ᄒᆞᄂᆞᆫ 시졀도[15] 잇습 양녜ᄂᆞᆫ 이 달 회간이라 ᄒᆞ오나 빅만ᄉᆞ의 무비 낭픠 엇지 츨우올지 답답 ᄒᆞᆫ 경 좀 젼 걱졍 심녀되ᄂᆞᆫ 말숨 시즉도 ᄒᆞ겨습 두루 심ᄂᆞᆫ심ᄂᆞᆫᄒᆞ오이다 관동 김낭 싱변도 ᄒᆞ 춤 송구 송구[16] 김집 경지을 싱각ᄉᆞ오면 촌장이 녹가 쳐밀 듯ᄒᆞ오나[17] 그러도 의구ᄒᆞ오니[18] ᄉᆞ롬이 모진 거시ᄋᆞᆸ 효동 송집은 진ᄉᆞ덕 밧치고 어린것들 슌조로 역딜 줄 시긴 일 긔특ᄒᆞ오나 져의 존구 ᄃᆡ종으로 숨식 위셕ᄒᆞ오셔 왼 지반이 넉시 업시 지넌다 ᄒᆞ오니 답답ᄒᆞ오이다 병듕의 비 말을 그리 ᄒᆞ신다 ᄒᆞ오나 예셔ᄂᆞᆫ 구홀 수 업ᄉᆞ오니 답답 혹시 잇습거든 두셔 덩이라도 보닉시면 긴긴 싱광되겨솝 젹ᄉᆞ옴 쳡쳡ᄒᆞ오나 슈란 이만 쥬리오니 내내 긔운 평안ᄒᆞ오신 회편 츅슈츅슈 ᄇᆞ라옵ᄂᆞ이다 신묘 구월 초�일 ᄉᆞ촌[19]

판독대비

번호	판독자료집	박재연·황문환 (2005 : 115)
1	젼 소상장	젼소 샹장
2	죠쇼	출
3	못닉	못내
4	졔졀이	졔졀이
5	소량과 ᄌᆞ졔	소량 과ᄌᆞ히
6	희한ᄒᆞ오심	희한ᄒᆞ심
7	셰일이 홀홀ᄒᆞ와	졔일 이후롤 ᄒᆞ와
8	샹쥬님닉겨셔	샹쥬님내겨셔
9	닉동	닉종
10	경지	경시
11	ᄒᆞ오시리잇가	ᄒᆞ시리잇가
12	닙후	닙즉
13	후덕ᄒᆞ오심을	후덕ᄒᆞ심오을
14	여즘은	겨즘은
15	시졀도	시져롤
16	촘 송구 송구	촘 송 구구
17	쳐밀 듯ᄒᆞ오나	쳐딜 듯ᄒᆞ오나
18	의구ᄒᆞ오니	외구ᄒᆞ오니
19	ᄉᆞ촌	ᄉᆞ돈

은진송씨 송병필가 언간 56

〈송병필가-56, 1891년, 미상(사종오빠) → 미상(사종여동생)〉

판독문

죠미 답셔

봉[1]

젓띄[2] 죠소 바다 비황 중 든든ᄒᆞ고 기시[3] 신상 큰 탈은 업ᄉᆞ니 다힝 깃부나 그 후 달포 되니 츄량의 신샹 엇더ᄒᆞ고 고을 소식 언졔 듯고 평안ᄒᆞ며 아소들도[4] 무양ᄒᆞᆫ가 두루 굼굼ᄒᆞ며 나ᄂᆞᆫ 죠역이 심즁ᄒᆞ여 어마님 상ᄉᆞ을 당ᄒᆞ오니 일월이 합식ᄒᆞᄂᆞᆫ 듯 망극망극 얼푸시 쵸죵을 맛즙고 시일 훌훌ᄒᆞ여 장예 월을 당ᄒᆞ나 아모 두셔 업시 무비 낭픽니 더옥 망극지통 엇더타 못ᄒᆞ며 ᄃᆡ소가 벼고[5] 업ᄉᆞ니 다힝이나 너동 문안 못 듯자오니 굼굼ᄒᆞ며[6] 경우 샹변은 ᄒᆞ도 참쳘ᄒᆞ니 할반지통 오작ᄒᆞᆯ가 그러틋 두 분 근력 말 못 되오시니 쵸민히 이련 말도 념치업ᄉᆞ나 장텩을 ᄒᆞ고 젹슈로 ᄒᆞᆫ는 슈 업기 아희을 보너니 너와 의논ᄒᆞ여 양녜을 지너게 ᄒᆞ여 쥬기 민너 남미간이나 비려ᄒᆞᆫ 말이 죠흘고마ᄂᆞᆫ ᄉᆡᆼ각다 못 이리ᄒᆞ너 슈요 긋치니 평안ᄒᆞᆫ 소식 밋너 신묘 구월 쵸육일 ᄉᆞ죵

판독대비

번호	판독자료집	박재연·황문환 (2005 : 117)
1	봉	〔판독 안 됨〕
2	젓띄	접띄
3	기시	지시
4	아소들도	아오들도
5	벼고	별고
6	굼굼ᄒᆞ며	굼굼ᄒᆞ여

은진송씨 송병필가 언간 57

〈송병필가-57, 1892년, 전주이씨(언니) → 전주이씨(여동생)〉

판독문

초호 듕곡 셔간 송 쥬계ᄃᆡᆨ 즉뎐	봉

계녹 모 보라

듕츈의 연ᄒᆞ여 신상 평길ᄒᆞ며 슬하들 무탈ᄒᆞ고 나ᄋᆞ리 문안 ᄌᆞ쥬 듯ᄌᆞᆸᄂᆞᆫ가 향념 ᄀᆞᆫ졀ᄒᆞ다 며ᄂᆞ리도 무양ᄒᆞ고 두고 볼ᄉᆞ록 엇더ᄒᆞ며 각ᄃᆡᆨ 졔졀 안녕들 ᄒᆞᄋᆞᆸ고 김집 소식 죵죵 듯고 ᄐᆡ긔ᄂᆞᆫ 잇ᄂᆞ야 굼굼ᄒᆞ다 져년의 붓친 글시 보고 반갑기 층냥업더라 ᄂᆡ동 문안 언졔 듯ᄌᆞ와ᄂᆞ야 나ᄂᆞᆫ 거월의[1] 듯ᄌᆞ오니 ᄯᅩ 어마님겨셔 감환으로 황황 지ᄂᆡᄋᆞᆸ시노라 편지도 못ᄒᆞ오시다 ᄒᆞᄋᆞᆸ시니 쥬야 동동 ᄉᆞ졍이 녹을 ᄃᆞᆺᄒᆞ다 너ᄂᆞᆫ 뵈오러 갓더라니[2] 반갑고 엇지 츄신을 그리 졸ᄒᆞᄂᆞᆫ고 능난도 ᄒᆞ고 너 갓트니ᄂᆞᆫ 드믈 ᄃᆞᆺ 죵죵 일캇ᄂᆞᆫ다 형뎨 언졔ᄂᆞ 만나 이런 졍회을 풀이 슐녹 지금은 것고 츙실ᄒᆞ야 궁궁ᄒᆞ다 을녹 진ᄉᆞᄒᆞᆫ 일 신통신통ᄒᆞ다 그러나 예가 영노ᄃᆡ 이모을 ᄎᆞᆺ지 아니ᄒᆞ니 셔운ᄒᆞ더라 여긔ᄂᆞᆫ 별고들 업ᄉᆞ나 ᄎᆞ인니가 귀 뒤 죵긔 나셔 ᄃᆡ죵인ᄃᆡ 황황 큰일날 ᄃᆞᆺ ᄋᆡ만 무슈니 쓰고 파죵 어졔 ᄒᆞ고 좀 후억ᄒᆞ나 ᄌᆞ잉 졍신업다 ᄉᆞ연 쳡쳡ᄒᆞ나 등하의 어득 심난 이만 긋치니 ᄂᆡᄂᆡ[3] ᄐᆡ평ᄒᆞ기 ᄇᆞ란다 임진 이월 초칠일 형 우환의 경업셔 ᄉᆞ연 된지 만지 ᄒᆞ니 즘작[4] 보라

판독대비

번호	판독자료집	박재연·황문환 (2005 : 119)
1	거월의	거궐의
2	갓더라니	갓다더라니
3	ᄂᆡᄂᆡ	〔판독 안 됨〕
4	즘작	작작

은진송씨 송병필가 언간 58

〈송병필가-58, 1897년, 전주이씨(언니) → 전주이씨(여동생)〉

판독문

아오의게

요슈 지리훈딕 거느려 신상 부지ᄒᆞ며[1] 나으리겨오셔도 안녕ᄒᆞ오시고 진ᄉᆞ 닉외와 계아 형뎨 무양 츙실ᄒᆞ고 손ᄌᆞ 볼 긔미나 잇는가 초호셔도 각딕 일안ᄒᆞ오시고 쥬셔딕의도 평안ᄒᆞ오신가 딜녀들 소식 듯고 무고훈지 굼굼 못 이치며 드르니 계아가 톄증으로 셩셩틀[2] 못ᄒᆞ다 ᄒᆞ더니 요ᄉᆞ이는 나흔지 념녀 아쳐롭기 측냥업ᄉᆞ며 덕골 문안 언졔 듯줍고 엇더ᄒᆞ오신지 여긔셔는 날포 못 듯ᄌᆞ오니 복녀 간졀 어느덧 이써 되니 촉믈의[3] 식로이 망극 피ᄎᆞ 일반일다 듕실셔는 무고ᄒᆞ다 ᄒᆞ니 다힝 깃부고 동촌도 무고는 훈 듯 다힝이요 슈졍[4] 대소가도 부지들 훈 일 든든ᄒᆞ며 진ᄉᆞ는 공부 어딕셔 ᄒᆞ엿는가 대경은 홀 길 업셔 익삭 곳 노는[5] 줄 알아더니 글 읽어 ᄃᆞ섯 권을 읽고 거월의 와 사흘을 고즉히 출히고 가니 긔특긔특 다졍 안상신통 어마님 위후[6] 의지ᄒᆞ오심 엇지 깃분지 모라게고 집안 걱졍 슈처 근심ᄒᆞ는 상 익삭 셰상은 듀난의 더홀 모양이니 대동지환이나 한심ᄒᆞ다 나는 별우 업ᄉᆞ나 사랑의셔 톄긔로 괴로와[7] ᄒᆞ오시니 민망 딜부도 헐믜 셩셩치 못 민망ᄒᆞ며 초긔셔도[8] 딜아 구창 대단 아쳐롭고 김식 상인은 소식이 여름닉 막히니 굼굼 못 이치나 그써 아희롤 일코 졍신업시 익롤 쓰더니 초호셔 다라느던 날 당일 부강을 갓더라 ᄒᆞ니 그런 다힝이 업다 나으리겨오셔 젹션을 ᄒᆞ오셔 감은ᄒᆞ여 ᄒᆞ나 아희로 익롤 타다 다힝일다 거긔는 연ᄉᆞ 엇더훈지 여긔도 면흉은 된다 ᄒᆞ나 가족도 ᄇᆞ리던 아니ᄒᆞ나 고공이 오월의 나가 낭픽 네가 돈을 보닉여[9] 큰 낭픽롤 면ᄒᆞ고 품군을 어더 지닉니[10] 장 이우 블안블안 엇지 다 측냥ᄒᆞ오며 쑥지는 쓴[11] 보닉나 하 쓷허지니 뵈 ᄇᆞ닥 괴괴[12] 맛당춘케고 씨가 부족 들 톡톡ᄒᆞ나[13] 술 익어 든든ᄒᆞ게다 블시 덕동 편[14] 잇기 슈ᄌᆞ 부치니 내내 티평 부지ᄒᆞ고 소긔 써 만나기 ᄇᆞ라닉 졍유 팔월 초구일 형

판독대비

번호	판독자료집	박재연·황문환 (2005 : 121)
1	부지ᄒᆞ며	부지ᄒᆞ셔
2	셩셩틀	셩ᄒᆞ들
3	츅믈의	츄믈의
4	슈졍	슈령
5	ᄋᆡ삭 곳 노는	ᄋᆡ식곳 놀
6	위후	워후
7	괴로와	괴로워
8	초ᄀᆡ셔도	호ᄆᆡ셔도
9	보ᄂᆡ여	보내여
10	지ᄂᆡ니	지내니
11	ᄊᆞᆫ	씀
12	ᄇᆞ닥 괴괴	ᄇᆞ닥 괼
13	톡톡ᄒᆞ나	휴휴ᄒᆞ나
14	덕동 편	독용편

은진송씨 송병필가 언간 59

〈송병필가-59, 1902년, 전주이씨(언니) → 전주이씨(여동생)〉

판독문

초호 동곡 평셔
송 단양 ᄃᆡᆨ 즉납   봉

아오의게

신년의 연ᄒᆞ여 거ᄂᆞ리고 신상 여상ᄒᆞ고 신원의ᄂᆞᆫ 마ᄉᆞ가[1] ᄃᆡ길ᄒᆞ다 ᄒᆞ니 치하 다 못ᄒᆞ며 슉병 엇더ᄒᆞᆫ가 장년의 만나본 게 ᄭᅮᆷ 갓고 피ᄎᆞ[2] 셔신도 통ᄒᆞᆯ 슈 업시 아득ᄒᆞ니 ᄯᆡᄯᆡ 향념 무궁ᄒᆞ며 나으리게셔도 안영ᄒᆞ옵시고 딜아 여러 남ᄆᆡ도 평안 무탈들 ᄒᆞ고 큰 딜부 슌산 ᄉᆡᆼ남이ᄂᆞᆫ ᄒᆞ여ᄂᆞᆫ가 궁궁ᄒᆞ기 측냥업ᄉᆞ며 희영이도 츙실ᄒᆞᆫ가 본 졔라 눈의 삼삼 못 잇게시며 각ᄃᆡᆨ의셔도 안녕들 ᄒᆞ시고 방호 문안 언졔 듯ᄌᆞᆸ고 안영ᄒᆞ시옵다 ᄒᆞᄂᆞᆫ지 갈ᄉᆞ록 원통원통 피의[3] 일반이며 나ᄂᆞᆫ 거월의 듯ᄌᆞ오니 월방ᄃᆡᆨ이 후발지로 ᄃᆡ단타 ᄒᆞ더니[4] 엇던지 아득ᄒᆞ니 답답 못 잇치고 블상블상ᄒᆞ며 셰젼 오졍니 김 셔방 오셔셔 단녀가시ᄂᆞᆫᄃᆡ 군긔가 우리 집 ᄯᆞᆯ 바더ᄂᆞᆫ 걸 다 작ᄒᆞ여[5] 가고 오라바님 초ᄉᆞᄒᆞ셔다 ᄒᆞ니 두루 ᄒᆞᆫ심 어마님 ᄉᆡᆼ젼이나 가마니 잇시면 조치만 그리ᄒᆞ니 ᄉᆞ졍이 녹고 쳐질[6] 듯 엇지ᄒᆞ면 조을지 유익ᄌᆞ은 ᄆᆞ음만 송구ᄒᆞ며 예ᄂᆞᆫ 별고 업ᄉᆞᄂᆞ 영감 부ᄌᆡ분 셔울 가 게시고 상납으로 큰 걱졍되고 초조 심난심난 침식이 다 지안코[7] 두루 술난이 지년은 당ᄒᆞ고 졉졔 극난ᄒᆞ며 ᄒᆞᆫ 궁굼[8] 노난 ᄒᆞ인 잇기 보ᄂᆡ며 츅녹 혼인 졍ᄒᆞ여ᄂᆞᆫ가 궁궁ᄒᆞ며 아니 졍ᄒᆞ여거든 여긔 내 ᄉᆞ팔촌의 ᄯᆞᆯ이 졀등ᄒᆞ니 ᄒᆞ면 조커쓰나 무모ᄒᆞ고 형셰도 어렵고 ᄒᆞ니 ᄉᆡᆼ각ᄒᆞ여[9] ᄒᆞ고 나으리ᄂᆞᆫ 김 참봉이라 ᄒᆞ면 아르실 거시니 의논ᄒᆞ게 김 참봉이 ᄌᆞ녀 삼 남ᄆᆡ듸 귀양의[10] 나은 십ᄉᆞ셰니 다른 범졀은 볼 것 업스나 ᄯᆞᆯ은 줄 두어스니 다른 ᄃᆡ 아니 졍ᄒᆞ여거든 션보러 보ᄂᆡ면 조흘 듯 우리 외손녀ᄂᆞᆫ 어리고 아즉 급지 아니ᄒᆞ기 그리ᄒᆞ며 가즉ᄒᆞᆫᄃᆡ[11] 여인ᄒᆞ여[12] 형뎨 순젼이ᄂᆞ 통신ᄒᆞ고 지ᄂᆡ면 조흘 듯ᄒᆞ며 ᄉᆞ연 쳡쳡ᄒᆞ나 슈란 이만 긋치니 내내 거ᄂᆞ리고 슉병 쾌ᄎᆞᄒᆞᆫ 회셔 ᄇᆞ라며 보아셔 쥬야 눈의 벌고 귀에 징징 못 잇치며 형뎨 가ᄂᆞᆫ 게 ᄭᅮᆷ 갓ᄒᆞ며 명쥬실 감ᄂᆞᆫ 것 보ᄂᆡ니 쓰소 빈

ᄒᆞ인 ᄧᅡᆨᄒᆞ나 노난 놈이라 아모거도 못 셥셥 임인 원월 십육일 형

판독대비

번호	판독자료집	박재연·황문환 (2005 : 123, 125)
1	마ᄉᆞ가	만ᄉᆞ가
2	피ᄎᆞ	ᄆᆡᄎᆞ
3	원통원통 피의	원 듯ᄋᆞ미의
4	후발지로 ᄃᆡ단타 ᄒᆞ더니	후발지로ᄃᆡ 단타 ᄒᆞ더니
5	다 작ᄒᆞ여	다작ᄒᆞ여
6	녹고 쳐질	녹고쳐 질
7	다 지안코	다지 안코
8	궁굼	궁금
9	ᄉᆡᆼ각ᄒᆞ여	ᄉᆡᆼ각ᄒᆞ녀
10	삼 남ᄆᆡᄃᆡ 귀양의	삼남ᄆᆡᄃᆡ 치양의
11	가족ᄒᆞᆫᄃᆡ	가족ᄒᆞᆫ
12	여인ᄒᆞ여	여인 ᄒᆞ녀

은진송씨 송병필가 언간 60

〈송병필가-60, 1890년*, 전주이씨(언니) → 전주이씨(여동생)〉

판독문

아오의계

노념의 연일 신상 안길ᄒᆞ며 나으리겨셔도 평안ᄒᆞ옵신[1] 셔신이나 죵죵 듯ᄂᆞ야 어득 정신의도 ᄲᅥᄲᅥ 향념 무궁ᄒᆞ다 을녹 형뎨도 츙실츙실ᄒᆞ고 슯녹도 거ᄂᆞ야 ᄎᆞᄆᆞ 못 잇계다 어린놈도 셩셩 직롱 줄ᄒᆞ며 유도 넉넉ᄒᆞ야 ᄒᆞ 아득ᄒᆞ니 ᄒᆞᆫ 세상 ᄀᆞᆺ지 아니ᄒᆞ고 동긔지정 ᄀᆞᆫ졀ᄀᆞᆫ졀ᄒᆞᆫ[2] 말 엇지 셔ᄉᆞ로 다ᄒᆞ리 형뎨 다시 못 만나볼 ᄃᆞᆺ ᄒᆞᆫ심ᄒᆞ다 보은 문안 언졔 듯ᄌᆞ와ᄂᆞ야 나는 봄의 듯줍고 못 듯ᄌᆞ오니 복모 ᄀᆞᆫ졀ᄒᆞ다 인희 와ᄂᆞ야 궁굼ᄒᆞ다 김집 소식도 죵죵 듯고 셩ᄒᆞ고 ᄉᆡ집ᄉᆞ리 엇더타 ᄒᆞᄂᆞ야 을녹 혼인 어ᄃᆡ 졍ᄒᆞ여ᄂᆞᆫ지 궁굼ᄒᆞ다 각ᄃᆡᆨ 졔졀도 여젼들 ᄒᆞ옵시고 너의 ᄉᆡ동 ᄂᆡ 외분겨셔도 평안ᄒᆞ옵시고 ᄐᆡᄀᆡᄂᆞ 겨시야 나으리겨셔 그져 고뷔로 계시야 아희들ᄒᆞ고 엇지 견ᄃᆡᄂᆞᆫ고 ᄆᆞ양 일ᄏᆞᆺᄂᆞᆫ다 나는 어린놈 형뎨 셜ᄉᆞ로 일식이나 ᄋᆡ을 쓰니 ᄌᆞ잉 괴롭다 여긔 나으리ᄂᆞᆫ 졍월의 셔울 올나가셔 언졔 ᄂᆡ려 올지 모ᄅᆞ니 두루 괴롭고 세간ᄉᆞ리 지질ᄒᆞ다 과가지 ᄒᆞ여[3] 집반의 견ᄃᆡᆯ 계 업시 올녀가니 술가 십지 아니ᄒᆞ다 계 나으리ᄂᆞᆫ 쳡 업ᄂᆞ야 ᄌᆞ셔니 알고 십다 나는 졍월의 ᄉᆡ미 변상을 보니 블상블상 앗갑고 세상의 나셔 고싱만 지질ᄒᆞ계 ᄒᆞ고 쓸 ᄌᆞ식 ᄒᆞ나 못 두고 친졍의 와 그리 되니 고고히 ᄲᅧ가 녹을 ᄃᆞᆺ 나으리도 아니 계시고 그ᄯᅥ 망조ᄒᆞ던 말 엇지 다 ᄒᆞ리 육 셰 된 ᄯᆞᆯ ᄒᆞ나 잇ᄉᆞ나 ᄂᆡ계 두어시니 볼 젹마다 심ᄉᆞ 지향 업다 조흔 하인의 족하들 아모것도 못 보ᄂᆡ니 셥셥ᄒᆞᆯ ᄲᅮᆫ일다 이 하인 남의계 지ᄂᆞ가ᄃᆞ 와ᄃᆞ ᄒᆞ여라

---

* 박재연·황문환(2005 : 127)에서는 편지 끝에 발신 일자가 표시되어 있지 않아 작성 시기를 추정하지 않음. 그러나 편지 내용 중에 '나으리겨셔 그져 고뷔로 계시야'라는 표현이 나오는데, 이는 수신자 전주이씨의 남편인 송병필이 고부 군수를 한 것과 관련된다. 승정원일기에 따르면, 송병필은 1889년 8월 24일에 고부 군수를 제수받아 1891년 7월 29일에 김제 군수를 제수받을 때까지 고부 군수를 지냈다. 또 '을녹 혼인 어ᄃᆡ 졍ᄒᆞ여ᄂᆞᆫ지 궁굼ᄒᆞ다'는 표현으로 보아 수신자인 전주이씨의 큰아들 송복헌이 아직 혼인하지 않았음을 알 수 있다. 1890년 11월에 작성된 편지(송병필가-53)를 보면, 송복헌이 이미 혼인을 한 것으로 나오므로 이 편지의 작성 시기를 1890년으로 추정하였다.

판독대비

번호	판독자료집	박재연·황문환 (2005 : 127)
1	평안ᄒᆞ옵신	평안ᄒᆞ오겨신
2	ᄀᆞᆫ절ᄀᆞᆫ절ᄒᆞᆫ	ᄀᆞᆫ절ᄀᆞᆫ절
3	과가지 ᄒᆞ여	다 가지ᄒᆞ여

은진송씨 송병필가 언간 61

〈송병필가-61, 1904년, 신씨(이종제) → 미상(이종형)〉

판독문

쳔만쳔만 몽ᄆᆡ 밧 아ᄌᆞ바님 샹ᄉᆞ 말ᄉᆞᆷ은 이졔 와 ᄎᆞ마 무ᄉᆞᆫ 말ᄉᆞᆷ으로 위ᄒᆞ오리잇가[1] 무ᄉᆞᆫ 병환으로 졸지예 당고를 당ᄒᆞ오시니 일월이 회식ᄒᆞᄉᆞᆸᄂᆞᆫ ᄃᆞᆺ 망극망극 쳡쳡 유한지통이 여할 여속ᄒᆞ오시려 위렴 가이업ᄉᆞ오며 유슈 갓ᄉᆞ온 셰월이 인졍과 다르와 어나덧 소긔ᄉᆞ를 격ᄒᆞ오시니[2] ᄉᆡ로이 망극지통 오ᄂᆡ[3] 촌촌ᄒᆞ오신 풍슈지통 오ᄌᆞᆨᄒᆞ오시며 겸ᄒᆞ와 방호 한마님 복뎨을 당ᄒᆞ오시니 통박통박ᄒᆞ오심은 피ᄎᆞ 일반이롯소이다 츈일이 부조ᄒᆞ온ᄃᆡ[4] 뫼ᄋᆞᆸ셔[5] 긔운 부지ᄒᆞᄋᆞᆸ시고[6] 아ᄌᆞ마님계ᄋᆞᆸ셔도[7] 망극 즁 침절이 여젼ᄒᆞᄋᆞᆸ시오며[8] 샹쥬님님ᄂᆡ 여러 형졔분과 아오님 평안 부지ᄒᆞ오시ᄋᆞᆸᄂᆞ니잇가[9] 궁금 측양업ᄉᆞ오며 아가ᄂᆡ 츙실ᄒᆞᄋᆞᆸ고[10] 대소ᄃᆡᆨ 일안ᄒᆞ오시ᄋᆞᆸᄂᆞ니잇가 ᄉᆞ연 션후 업ᄉᆞ오나 본ᄃᆡᆨ 안후 ᄌᆞ로 듯ᄌᆞ오시ᄋᆞᆸ는지 이친지회 오ᄌᆞᆨ 비셕ᄒᆞ오시려 일컷ᄌᆞ오며 여긔는 졔절들 여젼ᄒᆞ오시나 어마님게ᄋᆞᆸ셔[11] 외오 문부ᄒᆞ오신 후 시고 요란ᄒᆞ와 분곡도 못ᄒᆞ오시고 망극망극 ᄒᆞ도 원호지통을 억식ᄒᆞ오실 길 업ᄉᆞ오시니 뫼와 절박절박ᄒᆞ오이다 ᄒᆞ올 말ᄉᆞᆷ 쳡쳡ᄒᆞ오나 슈요 이만 긋치오니이ᄋᆞᆸ[12] 내내 뫼오셔[13] ᄋᆡ회듕 긔운 지안ᄒᆞ오심 ᄇᆞ라ᄋᆞᆸᄂᆞ이다[14] 갑진 삼월 십일 이동뎨 신[15] 소샹셔

판독대비

번호	판독자료집	박재연·황문환 (2005 : 129)
1	위ᄒᆞ오리잇가	위로ᄒᆞ리잇가
2	격ᄒᆞ오시니	겸ᄒᆞ오시니
3	오ᄂᆡ	오내
4	츈일이 부조ᄒᆞ온ᄃᆡ	츈일 부ᄃᆞᆺᄒᆞ온ᄃᆡ
5	뫼ᄋᆞᆸ셔	뫼ᄉᆞᆸ셔
6	부지ᄒᆞᄋᆞᆸ시고	부지ᄒᆞᄉᆞᆸ시고
7	아ᄌᆞ마님계ᄋᆞᆸ셔도	아ᄌᆞ마님계ᄉᆞᆸ셔도
8	여젼ᄒᆞᄋᆞᆸ시오며	□젼ᄒᆞᄉᆞᆸ시오며
9	부지ᄒᆞ오시ᄋᆞᆸᄂᆞ니잇가	부지ᄒᆞ오시ᄉᆞᆸᄂᆞ니잇가
10	츙실ᄒᆞᄋᆞᆸ고	츙실ᄒᆞᄉᆞᆸ고
11	어마님게ᄋᆞᆸ셔	어마님게ᄉᆞᆸ셔
12	ᄀᆞᆺ치오니이ᄋᆞᆸ	ᄀᆞᆺ치오니 이ᄉᆞᆸ
13	뫼오셔	뫼오소셔
14	ᄇᆞ라ᄋᆞᆸᄂᆞ이다	ᄇᆞ라ᄉᆞᆸᄂᆞ이다
15	신	젼

은진송씨 송병필가 언간 62

〈송병필가-62, 1904년, 신씨(이종제) → 미상(이종형수)〉

판독문

형님 동셔분 젼 겸 소샹셔 근봉

쳔만쳔만 몽ᄆᆡ 밧 아ᄌᆞ바님 샹ᄉᆞ[1] 말ᄉᆞᆷ은 지극 경심ᄒᆞ온 밧 이졔야 임년 지필을 밧드와 무ᄉᆞᆫ 말ᄉᆞᆷ을 알외오리잇가 츈츄도 놉ᄉᆞᆸ지 못ᄒᆞ오신데 무ᄉᆞᆫ 환후의 진퇴ᄒᆞᄉᆞᆸ신지 물약지효로 회츈ᄒᆞᄋᆞᆸ시기룩[2] 챵쳔긔 암축ᄒᆞ오시다 일조의 블의지화고을 당ᄒᆞ오시니 망극망극 쳘쳔지유한지통과 고고촉쳐 원호지통이 오죽ᄒᆞ오시며 셰월이 ᄆᆡ인 곳 업ᄉᆞ와 어나덧 소긔ᄉᆞ 박두ᄒᆞ오실 닷 ᄉᆡ로이 망극지통 여할여삭ᄒᆞ오시려 ᄒᆞ뎡의도 비렴 가이업ᄉᆞ오며 그러ᄒᆞ오신 즁 블의예 방호 한마님 복뎨 말ᄉᆞᆷ은 통박통박ᄒᆞ오심 셥셥 ᄉᆡ롭ᄉᆞ오시려 못내 알외오며 ᄎᆞ시의 두 분 긔력 지안ᄒᆞ오시고[3] 아ᄌᆞ마님게ᄋᆞᆸ셔도 망극 듕 톄력 만강ᄒᆞ시오며 샹쥬님 여러 형뎨분 여샹 부지ᄒᆞ시ᄋᆞᆸ시고[4] 아가ᄂᆡ 츙실ᄒᆞ오니잇가[5] 비 못 브리오며 여긔ᄂᆞᆫ 별환 업ᄉᆞ시나 어마님게ᄋᆞᆸ셔[6] 문부 후 느리 망극망극 쳘쳔지원호지통으로 지내오시니 뫼와 박졀박졀ᄒᆞ오이다 알외옴 남ᄉᆞ오나[7] 이만 알외오며 내내 뫼ᄋᆞᆸ셔[8] 긔운 지안ᄒᆞ오심 ᄇᆞ라ᄋᆞᆸᄂᆞ이다[9] 갑진 삼월 십일 이동뎨 신 소샹셔

판독대비

번호	판독자료집	박재연·황문환 (2005 : 131)
1	샹ᄉᆞ	싱ᄉᆞ
2	회츈ᄒᆞᄋᆞᆸ시기룩	회츈ᄒᆞᄉᆞᆸ시기 룩
3	지안ᄒᆞ오시고	지안ᄒᆞ시고
4	부지ᄒᆞ시ᄋᆞᆸ시고	부지ᄒᆞ시ᄉᆞᆸ시고
5	츙실ᄒᆞ오니잇가	츙실ᄒᆞᄂᆞ니잇가
6	어마님게ᄋᆞᆸ셔	어마님게ᄉᆞᆸ
7	남ᄉᆞ오나	남ᄉᆞ고 나
8	뫼ᄋᆞᆸ셔	뫼ᄉᆞᆸ
9	ᄇᆞ라ᄋᆞᆸᄂᆞ이다	ᄇᆞ라ᄉᆞᆸ이다

은진송씨 송병필가 언간 63

〈송병필가-63, 1922년, 한씨(재종제) → 미상(재종형)〉

판독문

형님 젼 소샹셔

안후는 즈로 듯즈왓스오나 일즈 셔신을 졀신ᄒᆞ니 졍이 아니온 듯ᄒᆞ오며 ᄎᆞ시 극한의 뫼시고[1] 긔운 안녕ᄒᆞ오시고 아즈마님 범빅이 안강ᄒᆞ오시고 염일일 칠슌 싱신 격일ᄒᆞ오시니[2] 든든 경축ᄒᆞ오시려 외오 경축ᄒᆞ오며 아즈바님 솜 형졔분 안녕ᄒᆞ오시고 형님들과 싀덕들 평슌ᄒᆞ온지 두루 향모[3] 간졀이옵고 소솔이 무년고ᄒᆞ옵고 각덕 안녕들 ᄒᆞ오시온지 힝회 졀졀이오며 조소는 그시곳 바다ᄉᆞ오느 진기치 못ᄒᆞ와 답소를 못ᄒᆞ엿스니 작히 무심이 ᄋᆞ오셧시려[4] 무안ᄒᆞ오며 예는 아바님 힝ᄎᆞᄒᆞ시오니 노리의 빙셜 원노의 웃지 왕반ᄒᆞ오실지 최인[5] 동동ᄒᆞ옵고 흡니 무년고ᄒᆞ오이 힝이오며 젹ᄉᆞ옴 총총[6] 슈즈 간신 그리오니 내내 긔후 안녕ᄒᆞ심 밋ᄉᆞ오며 임슐 지월 염일 지종데[7] 한 샹셔

판독대비

번호	판독자료집	박재연·황문환 (2005 : 133)
1	뫼시고	미시고
2	격일ᄒᆞ오시니	격일ᄒᆞ시니
3	향모	향향
4	ᄋᆞ오셧시려	올ᄋᆞ셧시려
5	최인	최민
6	총총	층층
7	지종데	지종지

은진송씨 송병필가 언간 64

〈송병필가-64, 20세기 전반, 미상(여동생) → 미상(언니)〉

판독문

형님 젼 소상셔

문안 알외옵고 이동안 아득히 문안 모라오니 굼굼 부리옵지 못ᄒᆞ올너니 뉵일 듯ᄌᆞ오니 젹화의게 일읍이 다 쎵이고 송 단양틱의도[1] 다 쎵이시고 참봉 나리가 졉혀가다 말이 들이와 놀납습고 굼굼 못 견듸올너니 졍죄 오와[2] ᄌᆞ셔이 듯ᄌᆞ오니 과연 그러ᄒᆞ오니 놀납습고 오죽 경겁 엇지 놀나오시고 참봉이 다치다 ᄒᆞ오니 엇더킈 다쳐습ᄂᆞ니잇가 그런 놀나올 ᄯᅢ가 잇습ᄂᆞ니잇가 어린 아희가[3] ᄎᆞ마 ᄋᆡ식 탓갑ᄉᆞ오며 병환 즁 그 경겁 놀나오셔 아조 마련이 업ᄉᆞ오신 둣 두루 답답 ᄉᆞ졍이 간졀 잇줍지 못ᄒᆞ오며 아모것도 업시 다 쌧기시다 ᄒᆞ오니[4] 이 엄동의 의복들을 다 일흐시고 엇지 견듸오실고 답답 부리옵지 못 초호나[5] 겨오셔더면 관겨ᄎᆞᄂᆞ셔실 거술 그져 놀납습고 셰샹도 한심ᄒᆞ오며 진ᄉᆞ틱도 그 경겁을 ᄒᆞ고 부지나 ᄒᆞ오며 참봉 틱은 만식 잉부가 놀닉고 엇더ᄒᆞ온지 각식 념여[6] 녹ᄉᆞ올 둣 어졔라도 즉시 하인이나 부리와 ᄌᆞ셔ᄒᆞ온 문안이나 듯ᄌᆞ오려 ᄒᆞ오나 여긔도 경겁을 츨우옵고 ᄒᆞ인 비일 슈[7] 업ᄉᆞ와 못 보닉여 보와 그져 답답 초조만 되오며 어린놈은 츙실ᄒᆞ오며 초호 소식 듯ᄌᆞ오시고 무고이나 잇다 ᄒᆞ옵ᄂᆞ니잇가 각식으로 념여[8] 무궁무궁 너모 ᄋᆡ졀 ᄆᆞ오시고 관심ᄒᆞ오셔 톄력을 안보ᄒᆞ오시기 축슈올소이다 여긔ᄂᆞᆫ 소솔이 큰 탈은 업ᄉᆞ오니 힝이오나 아바님 졔ᄉᆞ 지나옵시니 감구지회 싀롭ᄉᆞ온 즁 졔ᄉᆞ날 오후붓터 거긔 드러쩐 젹화가 이리 드러온다 일읍이 소요 졍신업시 놀나온 말숨 엇지 다 알외오며 관의셔 빙비롤 줄ᄒᆞ여 화ᄂᆞᆫ 당ᄒᆞ지 안여ᄉᆞ오나[9] 념녀 ᄆᆞ음을 노흘 길 업습고 졔ᄉᆞ도 국휼노 반긩으로 지닉옵ᄂᆞᆫ듸 그도 졍신업시 송구ᄒᆞ와 못 지닉올 둣 두루 죄민 심ᄉᆞ롤 둘 곳 업습더니 쳔힝으로 졔ᄉᆞᄂᆞᆫ 무ᄉᆞ이 지와ᄉᆞ오나[10] 졍신업시 지내와습ᄂᆞ이다 셰샹도 송구 산 셰샹 ᄀᆞᆺ지 안습ᄂᆞ이다 갑아ᄂᆞᆫ 져의 싱부 병이 위즁ᄒᆞ여 보아지라 ᄒᆞᆫ다 슌 후 다리러 와습기 졍이의 아니 보닐 길 업ᄉᆞ와 어린거술 슈빅 이 길의 쎼쳐 보닉옵고 헤헤 고젹 집이 다 뷔인 둣ᄒᆞ오나[11] 무ᄉᆞ이 가옵고 져의 어룬 병도 ᄎᆞᄎᆞ[12] ᄂᆞᆺ

다 ᄒᆞ오니[13] 다힝이올소이다 ᄌᆞ명[14] 이ᄉᆞᄂᆞᆫ 그덕 밧ᄌᆞ만 염일 드러와ᄉᆞ오나 그져 집도 구쳐 못ᄒᆞ오니 싹ᄒᆞ오며[15] 어린놈 긔화 ᄀᆞᆺᄉᆞ오니 신통ᄒᆞ오이다[16] 오졍이 김 셔방긔셔ᄂᆞᆫ 병환 황황이 지ᄂᆡ오심 놀납ᄉᆞ온 말솜 엇지 다 알외오며 ᄎᆞᄎᆞ 감셰 겨오심 그밧 쳔힝이 업ᄉᆞᆸᄂᆞ이다 그 형님 그 ᄋᆡ졀 쥬야 ᄒᆞ오며 큰 병환 나오실[17] ᄃᆞᆺ 념여되ᄋᆞᆸᄂᆞ이다[18] 알외올 말솜 남ᄉᆞ오나 어득 이만 알외오니 ᄂᆡᄂᆡ 톄력이나 안보ᄒᆞ오셔 병환이나 그만ᄒᆞ오시기를 축슈 ᄇᆞ라ᄋᆞᆸᄂᆞ이다 양월 념팔일 뎨 소샹셔[19]

판독대비

번호	판독자료집	박재연·황문환 (2005 : 135)
1	송 단양덕의도	송단양 집의도
2	경좌 오와	경 쇠오와
3	아희가	아히가
4	ᄒᆞ오니	ᄒᆞ니
5	못 초호나	못ᄒᆞ오나
6	념여	념녀
7	비일 슈	비일 수
8	념여	념녀
9	안여ᄉᆞ오나	안녀ᄉᆞ오나
10	지와ᄉᆞ오나	지ᄂᆡᄉᆞ오나
11	ᄃᆞᆺᄒᆞ오나	ᄃᆞᆺᄒᆞ나
12	ᄎᆞᄎᆞ	졸
13	ᄒᆞ오니	ᄒᆞ니
14	ᄌᆞ명	ᄌᆞ병
15	싹ᄒᆞ오며	싹ᄒᆞ며
16	신통ᄒᆞ오이다	신통ᄒᆞ이다
17	나오실	나실
18	념여되ᄋᆞᆸᄂᆞ이다	념녀되ᄋᆞᆸᄂᆞ이다
19	뎨 소샹셔	뎨소 샹셔

은진송씨 송병필가 언간 65

〈송병필가-65, 20세기 전반, 미상(여동생) → 미상(언니)〉

판독문

형님 젼 소샹셔

문안 알외웁고 극한의 거ᄂᆞ리오셔 긔력 만지ᄒᆞ옵신지[1] 이동안 아득히 문안 듯ᄌᆞ올 길 업ᄉᆞ오니 쥬야 굼굼 일긔는 이리 ᄎᆞ옵고[2] 신환이나 엇더ᄒᆞ옵신고[3] 빈 하인이나 보닉여 보오려[4] ᄒᆞ오나 그도 여의치 못ᄒᆞ오니 하졍의 부리웁지 못ᄒᆞ오며[5] 진ᄉᆞ 닉외 부지ᄒᆞ옵고 참봉 닉외도 부지ᄒᆞ옵ᄂᆞ니잇가 젼셜노 듯ᄌᆞ오니 참봉이 초호 나가 딕단 알는다[6] ᄒᆞ오니 올ᄉᆞ온 말숨이온지 이리 굼굼 어린 아희가 딕단 놀닉여[7] 그러ᄒᆞ온 듯 ᄎᆞ마 읙식 탓갑ᄉᆞ오며 외오셔 오족 심여[8] 읙롤 쓰오시려 두루 답답 낫다 소식이나 듯ᄌᆞ오시니잇가 ᄎᆞ마 굼굼ᄒᆞ오이다 튝녹은 초호 나가다 ᄒᆞ옵더니 드러와숩고 무탈ᄒᆞ오며 어린 놈 츙실ᄒᆞ오며 그덕 금월이 산월이온 듯 슌산 싱남이나 ᄒᆞ온지 굼굼ᄒᆞ오며[9] 이 엄동의 의복을 다 일흐시고 엇지ᄒᆞ옵시는지[10] 그져 답답 무익 못 잇줍는 듯[11] 하졍 엇더타 못 ᄒᆞ오나 유익 잇숩ᄂᆞ니잇가[12] 밋집 소식 듯ᄌᆞ오시고 어린 아희들 다리고 무고나 ᄒᆞ오니잇가[13] 초호 각 덕의셔도 일안들 ᄒᆞ오시니잇가 두루 굼굼ᄒᆞ오이다 여긔는 소솔이 별고는 업ᄉᆞ오니 힝이오며 경문 무탈 다힝이오며 ᄌᆞ명은 쵸슌일 교동으로 반니ᄒᆞ여ᄉᆞ오나 신손이 셜려[14] 엇지 술녀눈고 민망ᄒᆞ옵고 감닉 눈쳐 답답 심는ᄒᆞ온 말숨 엇지 다 알외오리잇가 심는ᄒᆞ오이다 오졍이셔도 요ᄉᆞ이는 김 셔방긔옵셔 쾌히 감셰 겨오시고 별환들 업ᄉᆞ오신 듯 든든 깃부오며 듕곡 문안은 하도 아득ᄒᆞ오니 굼굼ᄒᆞ오이다 충촌 소식도 눌포[15] 막히오니 굼굼 권집 우레 무ᄉᆞ이 츨우고 회마 무ᄉᆞ이 도라오다 ᄒᆞ오니 다힝이올소이다 뎨는 홍쥬 소식 쳘이 곳ᄉᆞ오니[16] 편친지졍이 밋치올 듯 이리져리 심회 억식홀ᄉᆞ록 원호지통 측냥업숩ᄂᆞ이다 갑아 소식도 이젹 모라와 굼굼 념간즘 하인 보닉려 ᄒᆞ옵ᄂᆞ이다 알외올 말숨 어득 이만 알외오니 닉닉 뎨력 만지ᄒᆞ옵신 문안 듯줍기 츅슈 ᄇᆞ라옵ᄂᆞ이다 져젹 진유롤 만니 보닉오셔 긴 간간이[17] 쓰오나 무슨 경황의 그런 걸 다 보닉시려 용여ᄒᆞ오셔숩ᄂᆞ이잇가[18] 졔육도 보닉오셔 싱광이 써숩ᄂᆞ이다[19] 슐 한 병 보닉오니[20] 진

ᄉᆞ나 한번 먹으라 ᄒᆞ오시옵쇼셔 한번 가 뵈옵고 십ᄉᆞ오나 여의치 못ᄒᆞ오이다 져젹 말솜ᄒᆞ온 신은 엇지 되여습ᄂᆞᆫ지 굼굼ᄒᆞ오이다 지월 십구일 뎨 소샹셔[21]

판독대비

번호	판독자료집	박재연·황문환 (2005 : 137)
1	만지ᄒᆞ옵신지	만지ᄒᆞ오신지
2	ᄎᆞ옵고	출고
3	엇더ᄒᆞ옵신고	엇더ᄒᆞ오신고
4	보오려	보려
5	못ᄒᆞ오며	못ᄒᆞ여
6	알ᄂᆞ다	알프다
7	놀니여	놀내여
8	심여	심녀
9	굼굼ᄒᆞ오며	굼굼ᄒᆞ며
10	엇지ᄒᆞ옵시ᄂᆞᆫ지	엇지ᄒᆞ시ᄂᆞᆫ지
11	ᄃᆞᆺ	〔판독 안 됨〕
12	잇습ᄂᆞ니잇가	잇습ᄉᆞ니잇가
13	무고나 ᄒᆞ오니잇가	무고ᄒᆞ오니잇가
14	셜려	〔판독 안 됨〕
15	놀포	돌포
16	ᄌᆞᆺᄉᆞ오니	못ᄉᆞ오니
17	간간이	감감이
18	용여ᄒᆞ오셔습ᄂᆞ이잇가	용여ᄒᆞᄒᆞ오셔습ᄂᆞ이잇가
19	싱광이 쎠습ᄂᆞ이다	싱광이쎠습ᄂᆞ이다
20	보니오니	보니오셔
21	뎨 소샹셔	뎨소 샹셔

은진송씨 송병필가 언간 66

〈송병필가-66, 1898년, 이태하(이종 조카) → 전주이씨(이모)〉

판독문

아ᄌᆞ마님 젼 샹셔

인편의 ᄃᆡ강 듯ᄌᆞ오니 긔후 ᄃᆡ단 못지 아니신 일 복ᄒᆡᆼ이오나 아ᄌᆞ바님겨오셔 ᄒᆡᆼᄎᆞ 후 감환으로 미령ᄒᆞ신 일 민망 답답ᄒᆞ오며 여긔 방이 ᄎᆞ 그러ᄒᆞ신 ᄃᆞᆺ 더옥 죄민ᄒᆞ오며 죵슈씨겨오ᄂᆞᆫ ᄉᆞᄐᆡᄒᆞ다니 즉히 놀납고 졀통ᄒᆞ시게ᄉᆞᆸ ᄃᆡᆯ 아직 큰 탈 업ᄉᆞᆸ고 ᄃᆡ도 일안ᄒᆞ오니 복ᄒᆡᆼ이ᄋᆞᆸ고 동촌 문안 듯ᄌᆞ오니 다 안녕ᄒᆞ오니 그밧 다ᄒᆡᆼ이 잇게ᄉᆞᆸ 탄탄 보ᄂᆡ오나[1] 그년이[2] 야속히 아니 가랴 ᄒᆞ오니 도로혀 블상ᄒᆞᄋᆞᆸ고 여긔도 브릴 게 ᄒᆞ도 업ᄉᆞ오니 ᄃᆡ단 아ᄉᆞᆸ게ᄉᆞᆸᄂᆞ이다 진ᄉᆞ 형은 초강셔 아니 왓ᄉᆞᆸᄂᆞ이잇가 굼굼ᄒᆞ오이다 ᄃᆡᆯ은 열흘 안으로 공쥬 길 ᄒᆞ랴 ᄒᆞᄋᆞᆸᄂᆞ이다 총요 이만 알외ᄋᆞᆸᄂᆞ이다 무슐 이월 초오일 ᄃᆡᆯ ᄐᆡ하 샹셔

판독대비

번호	판독자료집	박재연·황문환 (2005 : 139)
1	보ᄂᆡ오나	브리오나
2	그년이	그 녀이

은진송씨 송병필가 언간 67

〈송병필가-67, 1912년, 미상(이종 질녀) → 전주이씨(이모)〉

판독문

아ᄌᆞ마님 젼 샹셔

날포 문안 모라와 하뎡의 복념 간졀ᄒᆞ오며 초츈의 긔후 안녕ᄒᆞ시옵고 쥬ᄉᆞ 형뎨 평안들 ᄒᆞ옵고 아오님 여러 동셔분게셔도 평안들 ᄒᆞ시오며 아가들 여러 남ᄆᆡ 무양 츙실ᄒᆞ오잇가 두루 복념 간졀ᄒᆞ오이다 □[1] 딜녀는 존당[2] 졔졀 만안ᄒᆞ시옵고 ᄃᆡ소가 합닉 여샹들 ᄒᆞ시오며 아희들 무탈ᄒᆞ오니 다힝이로소이다 젼의 문안 일젼의 듯ᄌᆞ오니 안녕들 ᄒᆞ시옵고 둘ᄌᆡ 딜녀의 우례가 금월 초칠일리이오니[3] 슈란ᄒᆞ시려오셔 굼굼ᄒᆞ옵고 뎡초의 ᄯᅩ 달 낫다오니 어마님 ᄂᆡ외분게셔도 셥셥ᄒᆞ시오련이와 참봉도 못내 셥셥ᄒᆞ다 말숨ᄒᆞ엿숩더이다 알외올 말숨 요요 이만 알외오니 ᄂᆡᄂᆡ 긔후 안녕ᄒᆞ심 ᄇᆞ라옵ᄂᆞ이다 임ᄌᆞ 이월 초이일 니딜녀 샹셔 염의 업순 말숨을 쥬ᄉᆞ의게 ᄒᆞ여ᄉᆞ오니 아ᄌᆞ마님게셔도 말숨ᄒᆞ여 쥬시면 실시ᄒᆞ기[4] 만무ᄒᆞ오니 념녀 마르소셔

판독대비

번호	판독자료집	박재연·황문환 (2005 : 141)
1	간졀ᄒᆞ오이다 □	간졀ᄒᆞ옵더니
2	존당	존왕
3	초칠일리이오니	초칠일리 아오니
4	실시ᄒᆞ기	실시ᄒᆞ기□

은진송씨 송병필가 언간 68

〈송병필가-68, 1889년, 김병칠(사위) → 전주이씨(장모)〉

판독문

환셰 되여 날포 되도록 문안 듯ᄌᆞ올 길 업ᄉᆞ와 하졍 굼굼ᄒᆞ올 ᄎᆞ 하인 편 하셔 밧ᄌᆞ와 뵈옵고 신원의 긔후 못지 아니ᄒᆞ오시고 대도[1] 일안ᄒᆞ오신 일 복희 만만이오며 고을셔는 이빅을 ᄒᆞ오시니 희쥬 비ᄒᆞ여셔는 조곰 갓가오니 오히려 다힝이오이다 외싱은 신구셰 즁 시봉 죠안ᄒᆞ옵고 셔울 문안도 듯ᄌᆞ오니 다힝ᄒᆞ오며 실인도 별고 업ᄉᆞ오니 다힝ᄒᆞ오이다 뵈완 지희가 밧구여도 졍도가 요원ᄒᆞ와 즉시 못 가오니 두루[2] 창연ᄒᆞ온[3] 말ᄉᆞᆷ 엇지 다 ᄒᆞ오리잇가 총총 이만 알외오니 너너 체후 안녕ᄒᆞ오심 ᄇᆞ라옵ᄂᆞ이다 긔츅 졍월 십삼일 외싱 김병칠 샹셔[4]

판독대비

번호	판독자료집	박재연·황문환 (2005 : 143)
1	대도	대쇼
2	두루	〔판독 안 됨〕
3	창연ᄒᆞ온	찬연ᄒᆞ온
4	상셔	상셔

은진송씨 송병필가 언간 69

〈송병필가-69, 20세기 전반, 민영연(사위) → 전주이씨(장모)〉

판독문

수연를 문안 듯줍지 못ᄒᆞ오니 ᄒᆞ회[1] 간졀ᄒᆞ온 말숨 웃지 다 알외잇가 이ᄉᆡ 일긔 극염의 긔테후 연ᄒᆞ와 만안ᄒᆞ옵시고 합ᄂᆡ 각졀니 균영ᄒᆞ오신지 복모 시시 부리옵지 못ᄒᆞ옵ᄂᆞ니다 외ᄉᆡᆼ은 작연의 수ᄎᆞ 봉변를 ᄒᆞ옵고 ᄉᆞ셰 겐딜 수 읍ᄉᆞ와 ᄇᆡᆨ 변 ᄉᆡᆼ각다 못ᄒᆞ와 극한 엄동의 어린 쳐ᄌᆞ를 다리고 갈 고시 망연ᄒᆞ와 셔울노 니ᄉᆞ를 가사오나 본니 구ᄎᆞᄒᆞ온 ᄉᆞ람니 ᄇᆡᆨᄉᆞ지의 사라갈 일리 망연ᄒᆞ오니 ᄂᆡ두ᄉᆞ을 웃지 하올지 아득ᄒᆞ옵ᄂᆞ이다 실닌은 ᄋᆞ린것들 ᄃᆞ리고 아즉 몸 편니 잇ᄉᆞ오니 다힝니올시다 흐응니ᄂᆞᆫ 맛침 혼처[2] 잇ᄉᆞ와 반졍은 되엿ᄉᆞ오니 올 갈의ᄂᆞᆫ 작수셩예라도 ᄒᆞ고ᄌᆞ ᄒᆞ옵ᄂᆞᆫᄃᆡ 가셰[3] 어려운 터의 엇지 지ᄂᆡ올지 ᄉᆡᆼ각 아득 답답ᄒᆞᄂᆞ이다 이번의 맛침 소관 잇ᄉᆞ와 ᄂᆞ려왓습다가 총총ᄒᆞ와 들어가 뵈옵지 못ᄒᆞ옵고 바로 올ᄂᆞ가오니 ᄒᆞ정의 셥셥 황송ᄒᆞ옵나이다 모시실과 봉ᄒᆞ거션 실인이 갓다 디리라 ᄒᆞ오ᄂᆞ 바로 올ᄂᆞ가옵기의 춤봉 집의 두엇ᄂᆞ이다 갈짐 ᄂᆞ려오며 들어가 문안 알외겟습ᄂᆞ이다 총총ᄒᆞ와 이만 상달ᄒᆞ오니 ᄂᆡᄂᆡ 긔후 만안ᄒᆞ옵시기 바ᄅᆡ옵나이다 칠월 순일일 외ᄉᆡᆼ 민영연 상셔

판독대비

번호	판독자료집	박재연·황문환 (2005 : 145)
1	ᄒᆞ회	쇼회
2	혼처	혼쳐
3	가셰	가계

은진송씨 송병필가 언간 70

〈송병필가-70, 1895년, 여산송씨(어머니) → 전주이씨(셋째 딸)〉

판독문

실ᄂᆡ 답셔

날포 ᄉᆞ이[1] 거ᄂᆞ러[2] 신샹 엇더ᄒᆞ고 나으리게셔 그ᄉᆞ이 회환ᄒᆞ시고 달증이 감세 잇셔 조셕 식ᄉᆞ나 엇더ᄒᆞ시냐[3] 거번 유ᄉᆡᆼ이 단녀가[4] ᄃᆡ강 듯고[5] 겸ᄒᆞ여 적으니 보니 반갑□ □고ᄒᆞᆫ 일[6] 깃부나 신졉 ᄀᆡᆨ지의 ᄇᆡᆨ만ᄉᆞ가 □□[7] 구간 난쳐ᄒᆞ려[8] 두루 못 니치나 진ᄉᆞ[9] ᄂᆡ외 계녹 형뎨 무탈무탈들[10] ᄒᆞᆫ 일 긔특ᄒᆞ고 그 흉악ᄒᆞᆫ 난이의 인명을 보젼ᄒᆞᆫ 일 ᄉᆡᆼ각ᄒᆞ면 다시음 텬덕인 듯ᄒᆞ니 아모 걱정을 마라[11] 너의 동셔ᄂᆞᆫ 그리 되러[12] ᄐᆡ즁이어 그리 도라가□이라[13] 너모[14] 원을[15] 마라 네가 오족ᄒᆞᆫ[16] 병각이 노 지화ᄒᆞᆯ 젹 살년이 마음이 잇더냐 ᄂᆡ가 여러 □[17] 놀닌 후 다시 ᄉᆡᆼ도 업술 듯ᄒᆞ나 지금것 지텡ᄒᆞ여 명슈ᄂᆞᆫ 잇ᄂᆞᆫ 거슬 너□ 여긔□[18] 너의 어루신ᄂᆡ 장 누어 근녁니 말 못[19] 슌 아이 잡ᄉᆞ시니[20] 구 근녁[21] 슈십ᄒᆞ시게ᄂᆞ냐 젼혀 쇼시의 낙셕 과히 ᄒᆞ셔[22] 일신을 굴신 못ᄒᆞ시ᄂᆞᆫ 일 민□[23] 송구ᄒᆞ다 며ᄂᆞ리와[24] 삼쥰[25] ᄂᆡ외 큰 탈은 업ᄉᆞ□ 더위[26] 들고 화영ᄒᆞ여 ᄋᆡ삭ᄒᆞ나 시졀이나 다시 관계찬으면 조켓다 ᄃᆡ소가 무고ᄒᆞ나 동촌 목쳔 소식 모ᄅᆞ니 굼굼ᄒᆞ고 강촌 소문은 ᄉᆞ□을[27] 모ᄅᆞ니[28] 한상이[29] 갓지 아니코 세직 족하ᄂᆞᆫ 어ᄃᆡ 가 잇ᄂᆞᆫ고 소식 모ᄅᆞ니 못 니치고 이런 셰샹의ᄂᆞᆫ 벼술 이직 ᄒᆞᆯ[30] 것 업ᄂᆞᆫᄃᆡ 너ᄂᆞᆫ 큰 골 못ᄒᆞ□[31] 졀통타 ᄒᆞ여시니 사ᄅᆞᆷ의 욕심 과타 ᄒᆞ엿다 홍쥬[32] 하인 보ᄂᆡ여ᄂᆞ냐 오족 못 니치고 민집 소식도 몰나 답답 동셔 우의 엇지 견ᄃᆡᄂᆞᆫ고 ᄉᆡᆼ각이나 지금은 쓸길[33] 업셔 일ᄌᆞ 못 ᄒᆞ니 셥셥[34] 인졍이 다일다 젹장의 와 든든ᄒᆞ기 무어ᄉᆡ 비ᄒᆞ리 하인이나 보ᄂᆡ여 엇더ᄒᆞᆫ고 보고 오라 ᄒᆞᆫ러 ᄒᆞᆫ[35] 게 초ᄉᆡᆼ부터 큰[36] 유슈의 엇지 놀닌지[37] 모ᄅᆞ고 각곳지 엇더ᄒᆞᆫ고 넘녀 무궁 게ᄂᆞᆫ[38] 엇더ᄒᆞ냐 이 날 져 날 이졔야 보내나 아못것도 못 보ᄂᆡ니 셥셥 장은 엇지ᄒᆞ여 먹으며 양식도 엇더ᄒᆞ냐 의복들 일코 무엇 입ᄂᆞ냐 피란ᄒᆞ면 가지고 간 것도 일코 두고 간 것도 □고[39] 다 탕진ᄒᆞ여 ᄉᆞᄉᆞ의 구ᄎᆞᄒᆞ니 너의야[40] 더욱[41] 오족ᄒᆞ게ᄂᆞ냐 어린것 걸녀 쇼쇼조초[42] 못ᄒᆞ나 나으리 오셔ᄂᆞᆫ가 아희들 □리고[43] 한 쪽이라 먹어 보아라 탈 업ᄉᆞᆫ 음식이나 더위예[44] 오족ᄒᆞ게ᄂᆞ냐 장이나 좀 보ᄂᆡ고 시부나 물마의 념녀되 못 보ᄂᆡ니 업거든 말ᄒᆞ여라 마날 한 졉 ᄉᆡᆼ계 보넌다 이것도 보금 형뎨들 낭하것들이 협녁ᄒᆞ여니[45] 인심이 다 이러ᄒᆞ건마는 하도 망측한[46] 셰샹 보아 무심치 아이코[47] 명손 모 한ᄉᆞ코 가 보고 온다[48] 가 무엇 괴로 말고 말이나 ᄌᆞ셰히 ᄒᆞ고 바로 온다 ᄒᆞ니 긔특ᄒᆞ고 살기[49] 걱정 업ᄉᆞ니 걸녀 마라 보션 솜이나[50] 잇ᄂᆞ냐 녀긔ᄂᆞᆫ[51] 솜 잇ᄉᆞ니 보ᄂᆡ라 회편 틱평ᄒᆞᆫ 소식 밋ᄂᆞᆫ 다 을미 육월 념ᄉᆞ일 그리ᄂᆞᆫ 모

판독대비

번호	판독자료집	박재연·황문환 (2005 : 147)
1	날포 ᄉᆞ이	날 모ᄉᆞ이
2	거ᄂᆞ려	거ᄂᆞ려
3	엇더ᄒᆞ시냐	엇더시냐
4	단녀가	단녀□
5	듯고	□
6	반갑□ □고ᄒᆞᆫ 일	반갑고 □고 ᄒᆞᆫ 번
7	□□	오ᄌᆞ
8	난쳐ᄒᆞ려	난쳐ᄒᆞ러
9	진ᄉᆞ	집ᄉᆞ
10	무탈무탈들	무탈□들
11	마라	사라
12	되러	피러
13	도라가□이라	도라가ᄂᆞᆫ이라
14	너모	어모
15	원을	원으로
16	오족ᄒᆞᆫ	오족 ᄒᆞᆫ
17	□	번
18	너□ 여긔□	너다 여긔ᄂᆞᆫ
19	근녁니 말 못	근녁 비말 못
20	아이 잡ᄉᆞ시니	아어 잡ᄉᆞ시니
21	구 근녁	구나 근녁
22	낙셔 과히 ᄒᆞ셔	낙셩과 피ᄒᆞ며
23	일 민□	일만 가
24	며ᄂᆞ리와	며ᄂᆞ리가
25	삼쥰	삭 쥰

번호	판독자료집	박재연·황문환 (2005 : 147)
26	업ᄉᆞ□ 더위	업ᄉᆞ나 어지
27	ᄉᆞ□을	ᄉᆞ싱을
28	모ᄅᆞ니	모로니
29	한상이	한 상
30	이지 ᄒᆞᆯ	이 지ᄒᆞᄂᆞᆫ
31	못ᄒᆞ□	못ᄒᆞᄂᆡ
32	홍쥬	홍측홍쥬
33	쓸 길	슬길
34	섭섭	서ᄅᆞ
35	ᄒᆞᆫ러 ᄒᆞᆫ	□러ᄒᆞᆫ
36	초ᄉᆡᆼ부터 큰	초 ᄉᆡᆼ각 터로
37	놀넌지	놀낸지
38	무궁 게ᄂᆞᆫ	무궁지ᄂᆞᆫ
39	□고	업고
40	너의야	너의□
41	더욱	더옥
42	걸녀 쇼쇼조초	괴로 녀쇼쇼조초
43	□리고	다리고
44	더위예	더위ᄂᆡ
45	협녁ᄒᆞ여니	협녁ᄒᆞᄂᆡ 니
46	하도 망측한	할망즉한
47	아이코	아어코
48	온다	운다
49	살기	살미
50	솜이나	좀 너나
51	녀긔ᄂᆞᆫ	녀거ᄂᆞᆫ

은진송씨 송병필가 언간 71

〈송병필가-71, 1897년*, 여산송씨(어머니) → 전주이씨(셋째 딸)〉

판독문

실닉 답셔

소식 아득히 몰나 쥬야 념녀 측냥업더니[1] 하인 오니 무고훈 듯 깃부기 측냥업고 겸ᄒᆞ여 거ᄂᆞ려[2] 그만이나 ᄒᆞᆫ 일 다힝ᄒᆞ나 히쳔과 담견인증[3] 딕단ᄒᆞᆫ 듯[4] 오족 어렵고 약약 졔 몸 알푼 것 갓치 못 견될 이이나[5] 엇지홀 슈 업슨[6] 일 익삭익삭 모양 보는 듯 못 니친다[7] 나으리게셔는 면녜로[8] 득립ᄒᆞ시다[9] ᄒᆞ니 언졔[10] 회환ᄒᆞ시는고 념녀되겟다[11] 진ᄉᆞ 내외는 무양 긔특ᄒᆞ나 계녹[12] 닉외 툭녹 감긔로 셩치 못ᄒᆞ다 ᄒᆞ니 민망 익삭ᄒᆞ랴 그ᄉᆞ이 나흔가 못 니친다[13] 네 병으로 장 마음을[14] 못 노코 네가 못 와도 하인이라도[15] 보닐 듯 어졔 져무도록 소식 업ᄉᆞ니 네가 딕단ᄒᆞᆫ 듯[16] 경이 업더니 하인이 오니 너 보이나[17] 업시 반갑고 슘이 닉여[18] 쉬더라 무순 죄로 이리 ᄉᆞ라 무익[19] 마음 쓰는고 분분ᄒᆞ다 젹으니 보니 더옥 반가우나 셩치 못ᄒᆞᆫ ᄉᆞ연 익삭 엇더타[20] 못ᄒᆞ겟다 여긔는 근근[21] 지닉고 오라비도 느리 여긔 잇ᄉᆞ니 든든ᄒᆞ나[22] 강건지심화로[23] 그러ᄒᆞ던가 월여나[24] 블평ᄒᆞ여 념녀 되더니[25] 요ᄉᆞ이는 좀 나흐나 신관 젹탈ᄒᆞ여 익삭 탓갑기[26] 엇더타 못ᄒᆞ겟다 셰월은 유슈 갓ᄒᆞ여 너의 어루신닉 초긔 지닉시니 심ᄉᆞ 식롭고[27] 촉쳐의 지모는[28] 업ᄉᆞ니 엇지ᄒᆞ면 조흘고 졔ᄉᆞ도[29] 무툭ᄒᆞ는 거술 보니 더옥 ᄒᆞᆫ심ᄒᆞᆫ심ᄒᆞ다[30] 형들은 와 참녜ᄒᆞ니[31] ᄯᆞᆯ이라도 다힝다힝 졔슈도 가초가초 ᄒᆞ여 오고[32] 너도 그리 만히 ᄒᆞ여ᄂᆞ냐[33] 진ᄉᆞ가 ᄯᅳᆺ 바다 ᄒᆞ여[34] 보닌 듯 귀ᄒᆞ다[35] ᄯᆞᆯ들 소식 몰나 오족 못 니치랴[36] 계녹딕 슉셩ᄒᆞᆫ[37] 일 긔특 깃부다 ᄉᆞ연이 된지 그치니니[38] ᄎᆞᄎᆞ 낫기 밋는다[39] 담의 히소롤 ᄒᆞ면 긔식홀 듯ᄒᆞᆫ디라 오족ᄒᆞ랴 십월 념칠일 모 하인은 바로 가러[40] ᄒᆞ는 거술 편지 일ᄌᆞ 업ᄉᆞ면 굼굼홀 듯 묵여시니 ᄡᅮ지 마라 짐을 만히 지고 와 블상ᄒᆞ다

* 편지 중에 '너의 어루신닉 초긔 지닉시니 심ᄉᆞ 식롭고'라는 표현이 나오는데, 이때 '너의 어루신닉'는 발신자의 남편이자 수신자의 아버지인 이용연(李容淵)을 가리킨다. 이용연은 1896년 10월 27일에 졸하였고, 이 편지의 발신 일자가 '십월 념칠일'이므로 이 편지는 1897년에 작성된 것으로 추정하였다.

판독대비

번호	판독자료집	박재연·황문환 (2005 : 149)
1	측냥업더니	측양업더니
2	거ᄂᆞ려	거ᄂᆞ러
3	담견인증	담견 인등
4	둣	□
5	이이나	일나
6	업손	업고
7	둣 못 니친다	못□니 친다
8	면네로	□□로
9	득립ᄒᆞ시다	독립ᄒᆞ시라
10	언졔	언제
11	념녀되겟다	념녀리겻다
12	계녹	□녹
13	나흔가 못 니친다	나흔 가뭇니친다
14	장 마음을	장마옷을
15	네가 못 와도 하인이라도	네 가묘와도 하던 이라도
16	디단ᄒᆞᆫ 둣	파란ᄒᆞᆫ 고로
17	보이나	보너나
18	슒이 녀여	슑어녀여
19	죄로 이리 ᄉᆞ라 무익	필어리 ᄉᆞ래 무억
20	셩치 못ᄒᆞᆫ ᄉᆞ연 익삭 엇더타	셩치 못ᄒᆞᆫ ᄉᆞ년 익삭엇더라
21	여긔ᄂᆞᆫ 근근	너기ᄂᆞᆫ 줄
22	든든ᄒᆞ나	들 ᄒᆞ나
23	강건지심화로	강건지심□로
24	월여나	월녀나
25	블평ᄒᆞ여 념녀 되더니	블평ᄒᆞ니녁니 죄더니
26	요ᄉᆞ이ᄂᆞᆫ 좀 나흐나 신관 젹탈ᄒᆞ여 익삭 탓갑기	요□□ 즉 날나신 관젹 팔ᄒᆞ나 1인인 삭 탓 갑기
27	식룹고	실ᄒᆞ고
28	지모ᄂᆞᆫ	지모
29	졔ᄉᆞ도	졔ᄉᆞ로
30	ᄒᆞᆫ심ᄒᆞᆫ심ᄒᆞ다	ᄒᆞᆫ심심ᄒᆞ다
31	참녜ᄒᆞ니	착□ᄒᆞ니

번호	판독자료집	박재연·황문환 (2005 : 149)
32	가초가초 ᄒᆞ여 오고	가플ᄒᆞ 녀오고
33	ᄒᆞ여ᄂᆞ냐	ᄒᆞ내ᄂᆞ냐
34	ᄒᆞ여	ᄒᆞ녀
35	ᄃᆞᆺ 귀ᄒᆞ다	포더ᄒᆞ라
36	못 니치랴	뭇디치랴
37	슉셩ᄒᆞᆫ	슉셩ᄒᆞ
38	ᄉᆞ연이 된지 그치니니	ᄉᆞ년 어린 지그치니니
39	밋는다	멋는다
40	가러	가려

은진송씨 송병필가 언간 72

〈송병필가-72, 1898년*, 여산송씨(어머니) → 전주이씨(딸)〉

판독문

실ᄂᆡ 답소

ᄉᆞ렴 즁 글시 보니 든든 깃쑤기[1] 측냥업ᄉᆞ나 희쳔 공극 요ᄉᆞ니[2] 좀 낫다 ᄒᆞ여시나[3] 일기 악독 ᄒᆞ니 더칠 ᄃᆞᆺ[4] 넘녀 못 니친다[5] 나으리게셔와 일양 슬하들[6] 무탈ᄒᆞᆫ 일[7] 깃부며 소ᄃᆡᆨ의셔도[8] 평안ᄒᆞ신 일 깃부다 홍쥬[9] 쇼식 몰나 엇지 그러 아니ᄒᆞ리[10] 민집 득남ᄒᆞᆫ 일[11] 긔특긔특[12] 엇지 들 ᄉᆡᆼ산들을 그리 슐슐이[13] ᄒᆞᄂᆞᆫ고 신통ᄒᆞ나[14] 이학 ᄋᆡ삭 엇지나[15] 지내ᄂᆞᆫ고 오족 못 니치랴 마ᄂᆞᆫ 내외ᄉᆞᄂᆞᆫ 화ᄒᆞᆫ ᄃᆞᆺ 다ᄒᆡᆼ이ᄂᆞ 잇고 지ᄂᆡ여라[16] 하도 긔막히ᄂᆞᆫ[17] 지경을 당ᄒᆞ니 어지간ᄒᆞᆫ 일은 호강□[18] ᄃᆞᆺᄒᆞ니 너모 못 니쳐 마라[19] 여긔ᄂᆞᆫ[20] 오라비와 며ᄂᆞ리 고뷔와 네 셔모 큰[21] 탈 은 업ᄉᆞ나 너의 어루신ᄂᆡ[22] 삼상이 지난 지 장 그려ᄒᆞ니 심ᄉᆞᄂᆞᆫ 갈ᄉᆞ록 더옥 지향 업고 형들 은 거월 십육일 온[23] 목쳔 실ᄂᆡ ᄯᅥ나고 염일은 큰 형ᄉᆡᆨ지[24] 가 헤헤 ᄋᆡ연ᄒᆞᆫ ᄉᆞ졍은[25] 젼의셔 비승ᄒᆞ나 오고 가ᄂᆞᆫ 거시야 인간 낙이이 엇지ᄒᆞ며 목쳔 실ᄂᆡᄂᆞᆫ[26] 노인 갓타나 ᄌᆞ녀의 부귀가 좀미 잇셔 뵈니[27] 긔특ᄒᆞ나 부귀 극딘ᄒᆞ나[28] 둘너 쓰들 못ᄒᆞ고[29] 부리ᄂᆞᆫ 것들게ᄂᆞᆫ 무한 쎄이 ᄂᆞᆫ[30] 모양 답답ᄒᆞ고[31] ᄡᆞᆯ 삼 모ᄌᆞ 어려워 다러온 거시 심녀 마음을 ᄡᅳ리니 가ᄂᆞᆫ 셔존은 나라 ᄋᆡ셔도[32] 못ᄒᆞᆫ다 ᄒᆞ니 못 니치고[33] ᄭᅮᆷ갓치 보고 하도[34] 셜워ᄒᆞ니 내 신슈 팔ᄌᆞ로 본집지통 ᄋᆡ 삭ᄒᆞ다[35] 녀긔 가되ᄂᆞᆫ[36] 요ᄉᆞ이 잘 이이시니[37] 마음이 엇더타 못ᄂᆡ[38] ᄉᆡᆼ젼이나 잇ᄉᆞᆯ가 ᄒᆞᆫ 게 ᄉᆞᄉᆞ[39] 마음과 갓지 못 원통ᄒᆞ고[40] 듕덕 할양업ᄉᆞᆫ 심녀 ᄋᆡ쓰ᄂᆞᆫ[41] 일 답답 엇지 다 여역을 ᄒᆞᆯ 고 잘ᄉᆞᆯ고 못ᄉᆞᄂᆞᆫ 거ᄉᆞᆫ 가운이나 두루 민망ᄒᆞ다[42] 게 손님은[43] 뉘신가 ᄒᆞᆫ ᄭᅴ도[44] ᄃᆡ졉을 못 섭섭ᄒᆞ다[45] 일긔도 하 악독ᄒᆞ니[46] 그ᄉᆞ이 더치기나[47] 아니ᄒᆞᆫ고[48] 념녀되고[49] 요사이도 엇더ᄒᆞᆫ ᄉᆡᆼ각 간절ᄒᆞ더니[50] 글시ᄅᆞᆯ 보니 엇지 든든ᄒᆞᆫ지 모ᄅᆞ고[51] 요ᄉᆞ이도 네가 ᄒᆞ여 보낸 바지ᄅᆞᆯ 입 어 칩지 아니ᄒᆞ니 입을 젹마다 ᄉᆡᆼ각일다[52] 계녹[53] 졍초ᄋᆡ[54] 온다 ᄒᆞ니 기ᄃᆞ린다[55] 별러별러[56] ᄉᆞ연 된지 모ᄅᆞ겟다[57] 손 스러[58] 그치니 더ᄒᆞ지나[59] 아인 소식 밋는다 납월 초오일 모

* 편지 중에 '너의 어루신ᄂᆡ 삼상이 지난 지 장 그려ᄒᆞ니 심ᄉᆞᄂᆞᆫ 갈ᄉᆞ록 더옥 지향 업고'라는 표현이 나오는데, 이때 '너의 어루신ᄂᆡ'는 발신자의 남편이자 수신자의 아버지인 이용연(李容淵)을 가리킨다. 이용연은 1896년 10월 27일에 졸하였고, 이 편지의 발신 일자가 '납월 초오일'이므로 이 편지는 1898년에 작성된 것으로 추정하였다.

판독대비

번호	판독자료집	박재연·황문환 (2005 : 151)
1	깃ᄲᅮ기	깃부기
2	ᄒᆡ쳔 공극 요ᄉᆞ니	ᄒᆡ쳔ᄒᆞᆫ족 요ᄉᆞ니종
3	ᄒᆞ여시나	ᄒᆞ며시나
4	더칠 ᄃᆞᆺ	더칠 죠
5	못 니친다	묘니니 친다
6	나으리게셔와 일양 슬하들	나으리게셔 와 일반 슬하를
7	일	인
8	소덕의셔도	쇼댁의 셔로
9	홍쥬	종쥬
10	아니ᄒᆞ리	아니ᄒᆞ니리
11	득남ᄒᆞᆫ 일	득남술인
12	긔특긔특	거특거특
13	슐슐이	슬슬이
14	신통ᄒᆞ나	신통 ᄒᆞ나이
15	이학 ᄋᆡ삭 엇지나	학쇠 삭엇지나
16	화ᄒᆞᆫ ᄃᆞᆺ 다힝이ᄂᆞᆫ 잇고 지ᄂᆡ여라	화□토다힝이 이 잇고 지ᄂᆡᄂᆡ라
17	하도 기막히ᄂᆞᆫ	할긔 긔막히ᄂᆞᆫ
18	호강□	호강 업
19	마라	마다
20	여긔ᄂᆞᆫ	ᄂᆡ거ᄂᆞᆫ
21	네 셔모 큰	녀셔로 모른
22	어루신ᄂᆡ	어루신내
23	거월 십육일 온	거원 섭□인은
24	염일은 큰 형ᄭᅵ지	염인은 □렵ᄭᅵ지
25	혜혜 ᄋᆡ연ᄒᆞᆫ ᄉᆞ졍은	혜혜ᄋᆡ 년ᄒᆞ온 졍은
26	목쳔 실ᄂᆡᄂᆞᆫ	쳥목 실내ᄂᆞᆫ
27	부귀	부ᄃᆡ
28	부귀 극딘ᄒᆞ나	부ᄃᆡ □뎐ᄒᆞ나
29	못ᄒᆞ고	뭇ᄉᆞ고
30	쎄이ᄂᆞᆫ	쎄어ᄂᆞᆫ
31	답답ᄒᆞ고	담담ᄒᆞ고

번호	판독자료집	박재연·황문환 (2005 : 151)
32	나라ᄋᆡ셔도	나라의 결
33	못 니치고	□니 권
34	하도	할도
35	본집지통 ᄋᆡ삭ᄒᆞ다	본접지 통ᄋᆡ 삭ᄒᆞ나
36	녀긔 가되ᄂᆞᆫ	녀서가 되ᄂᆞᆫ
37	잘 이이시니	잘이 이시나
38	못ᄂᆡ	묘ᄂᆡ
39	ᄉᆞᄉᆞ	ᄉᆞᄂᆞ
40	원통ᄒᆞ고	우너통ᄒᆞ고
41	심녀 ᄋᆡ쓰ᄂᆞᆫ	섬ᄂᆡ ᄋᆡ 스ᄂᆞᆫ
42	민망ᄒᆞ다	만강ᄒᆞ다
43	게 손님은	게소님은
44	귀신가 ᄒᆞᆫ 씌도	귀신 가 ᄒᆞᆫ거도
45	섭섭ᄒᆞ다	섭섭ᄒᆞ가
46	일긔도 하 악독ᄒᆞ니	알 거ᄂᆞᆫ 하얌즉ᄒᆞ니
47	더치기나	더ᄃᆡ거나
48	아니ᄒᆞ다	아니ᄒᆞᆫ
49	념녀되고	념ᄂᆡ 피피
50	간졀ᄒᆞ더니	간졀ᄅᆞ더니
51	모ᄅᆞ고	모로고
52	ᄉᆡᆼ각일다	ᄉᆡᆼ각얼 다
53	계녹	계하
54	졍초ᄋᆡ	졍포의
55	기ᄃᆞ린다	길판다
56	별러별러	별너
57	ᄉᆞ연 된지 모ᄅᆞ겟다	ᄉᆞ낸 된게 모로겟다
58	손 스러	순스러
59	더ᄒᆞ지나	더ᄒᆞ이나

은진송씨 송병필가 언간 73

〈송병필가-73, 1886년, 전주이씨(숙모) → 송미희(조카딸)〉

판독문

미희 답셔

염즁 글시 바다 파혹[1] 반갑기 층양업ᄉᆞ며 일긔 졸한ᄒᆞᆫ디 뫼시고 신샹 평길ᄒᆞᆫ 일 든든 깃부며 형님겨옵서ᄂᆞᆫ 디단 불평ᄒᆞ오신 듕 유죵[2] 합창 거저 못 되오신다 ᄒᆞ니 일은 밧부시고 허다 심녀 오죽ᄒᆞ시며 뵈옵기 초민ᄒᆞ랴 외오 듯기 졀박 답답ᄒᆞᆫ 사정 녹을 듯ᄒᆞ며 을녹 삼 남미 츙실 무탈ᄒᆞᆫ 일 긔특ᄒᆞ며 신아 장셩치 못ᄒᆞ다니 보기 오족 잔잉ᄒᆞ랴 각딕 각딕[3] 졔졀[4] 못지 아니신 일 쳔힝이며 너의 슉부겨오서ᄂᆞᆫ 안녕이 회정ᄒᆞ신 일 다힝이며 진ᄉᆞ 딕 식딕은 필경 사지 못 샹변 나니 블샹[5] 차목ᄒᆞ며 유아 더옥 잔잉 보ᄂᆞᆫ 듯ᄒᆞ다 예ᄂᆞᆫ 아ᄌᆞ바님 긔듕 톄졀 더 못지 아니시니 복힝이며 친당 졔졀[6] 못지 아니시니 복힝 만만이며 비누ᄂᆞᆫ 보너여 긴긴이 쓰것다 셥셥ᄒᆞ기 을녹 형뎨 즘치 인희 가락지 식실 분 두 쟝 바늘 셰 쌈 보닌다 내내 뫼시고 잘 잇ᄂᆞᆫ 소식 듯기 민ᄂᆞᆫ다 병슐 납월 념일일 슉모

판독대비

번호	판독자료집	박재연·황문환 (2005 : 153)
1	파혹	타혹
2	유죵	유종
3	각딕 각딕	각딕
4	졔졀	졔졀
5	블샹	불샹
6	졔졀	졔졀

은진송씨 송병필가 언간 74

〈송병필가-74, 1896년, 미상(시숙모) → 전주이씨(조카며느리)〉

판독문

쳔만쳔만 몽미 밧 본덕 상ᄉ 말솜은 지극 경달ᄒᆞ온 밧 지필을 님ᄒᆞ여 무손 말숨을 일워 적으며 비록 환후 침듕ᄒᆞ오시나 무락디효을[1] 어더 남다른 츌쳔디효심의 빅셰 향슈를 낫비낫비 바ᄅᆞ다가 일조일셕의 화고를 당ᄒᆞ와 쳔디일월이 회식 반호벽용의 여활여식ᄒᆞ며 진몽을 미분ᄒᆞ올[2] 시이 얼푸시 초종셩복을 맛고 양녜 우졸ᄶᅡ디 지닉시니 고고축쳐의 망극지통이 비홀 딕 업ᄂᆞᆫ 둧시부나 남의 아둘의 넘게 뫼와 지닉시니 한이 덜 일 둧시부닉 친당 엄엄 범졀이 익훼 듕 지안ᄒᆞ오시고 그 밧 엇지 부디ᄒᆞ오신가 ᄌᆞ닉도[3] 와 엇디 부디[4] 병이나 아니 낫ᄂᆞᆫ가 진ᄉᆞ 닉외 계녹 형제 무탈 츙실ᄒᆞᆫ가 민집도 어린넌 다리고 무탈ᄒᆞ고 넌덜 졋모 각각 줄 잇ᄂᆞᆫ가 두로 궁궁 ᄌᆞ시 알고져 ᄇᆞ라닉 싀슉모ᄂᆞᆫ 근구 부디 삼동을[5] 히소로 공극 셰상이 약약이[6] 괴롭게 지닉고 슬하들 무탈ᄒᆞ니 긔특 단양도 와 잇시나 신병이 쾌히 낫디 못ᄒᆞ니 답답ᄒᆞ며 동강 근졀이 별 히 업ᄉᆞ니 다힝 활골셔도[7] 그만ᄒᆞ시며 이만 편지도 극ᄂᆞᆫ 슬 슈 업셔 ᄌᆞ로 못ᄒᆞ니 졍의 셥셥홀 슈 업닉 할 말 무궁ᄒᆞ나 이만 그치닉 닉닉 익훼 듕 과세 즐 부디 ᄒᆞ기 밋닉 병신 납월 염일일 싀슉모

판독대비

번호	판독자료집	박재연·황문환 (2005 : 155)
1	무락디효을	무탁디효을
2	미분ᄒᆞ올	미분ᄒᆞᆫ 올
3	ᄌᆞ닉도	근닉도
4	부디	부리
5	삼동을	삼등을
6	약약이	악악이
7	활골셔도	활둘셔도

은진송씨 송병필가 언간 75

〈송병필가-75, 1917년, 미상(당숙모) → 이천서씨(종질부)〉

판독문

금니 셔방덕 회뎐 동졍 죵슉모

죵딜부 답

혼인 쩍 와셔 각식 고싱만 티심이 ᄒᆞ고 죠셕 한 쎄도 편니 못 먹여 훌쳐 보닌 후 어린것덜과 두루 결년 못 잇치든 ᄎᆞ 무망 글시 바다 보니 탐탐 가득 반갑기 아람다온 안면을 ᄃᆡᄒᆞ여 일셕 슈작인 듯ᄒᆞᄂᆞ 슈지라 쓸 쎄 업니 셩념애 일긔 고르지[1] 못ᄒᆞᆫᄃᆡ 시봉 신샹 무양ᄒᆞ며 형님게옵셔도 엄엄ᄒᆞ옵신 근녁 범졀이 더 못잡지 안으시며[2] 쥬ᄉᆞ도 평순ᄒᆞ며 경현 ᄉᆞᆷ 남믜 츙실ᄒᆞᆫ 일 깃부며 참봉 집도 다소간이 무고들 ᄒᆞ며 여러 집이 다 무고들 ᄒᆞᆫ가 나는 쟝 한 모양이니 약약 괴로이 지닐 쎄 만으니 ᄉᆞ랑의셔도 만안ᄒᆞ오시고 슬하들 무탈 긔특ᄒᆞ며 할님덕의셔도 여젼ᄒᆞ오시고 여러 집 만안덜 ᄒᆞ오시니 다힝이니 젹을 말 셔리나 총요 이만 쥬리니 니니 시봉 신샹 무양한 소식 밋니 뎡ᄉᆞ 오월 회일 당슉모 셔

판독대비

번호	판독자료집	박재연·황문환 (2005 : 157)
1	고르지	고로지
2	안으시며	안으ᄉᆞ며

은진송씨 송병필가 언간 76

〈송병필가-76, 1922년, 미상(질부) → 미상(큰어머니)〉

판독문

큰어마님 젼 샹술이

문안 알외옵고 긔후 안녕ᄒᆞ오신지 일삭을 문안 모로오니 하졍의 굼굼 복모 동동[1] ᄇᆞ리옵지 못ᄒᆞ오며[2] 이동안 침슈 무손ᄒᆞ옵시고[3] 한마님게옵셔 엄엄ᄒᆞ신 졔졀 만안ᄒᆞ오시고 큰아바님 게옵셔 침졀 안강ᄒᆞ오시잇가 ᄃᆡ도분 여안ᄒᆞ오시고 셋지 어마님 병환 이동안 쾌ᄎᆞᄒᆞ오신지 하졍의 복모오며[4] 셔울 아ᄌᆞ마님 긔별 종종 듯ᄉᆞ오시며 평안ᄒᆞ오시다 ᄒᆞ옵ᄂᆞ잇가 도련님 여려 남ᄆᆡ분 평순ᄒᆞ오시잇가 두루 굼굼ᄒᆞ오이다 종ᄌᆞ부ᄂᆞᆫ 친졀리 누월 위즁ᄒᆞ오시니 답답 의약으로 치료ᄒᆞ오나 효력이 업ᄉᆞ오니 더옥 초조[5] ᄋᆡ졀ᄋᆡ졀ᄒᆞ옴 일필난긔오며 동싱의 ᄃᆡᆨ 우례 슌셩ᄒᆞ옵고 싀ᄃᆡᆨ ᄌᆞ현 무흠ᄒᆞ오니 일문의 경ᄉᆞ오이다 알외올 말솜 하감ᄒᆞ옵심 젓ᄉᆞ와 이만 알외오니 ᄂᆡᄂᆡ[6] 긔톄후 만안ᄒᆞ옵심 ᄇᆞ라옵ᄂᆞ이다 임슐 이월 초이일 종ᄌᆞ부 술이

판독대비

번호	판독자료집	박재연·황문환 (2005 : 159)
1	동동	종종
2	못ᄒᆞ오며	못ᄒᆞ며
3	침슈 무손ᄒᆞ옵시고	침슈무ᄉᆞᄒᆞ옵시고
4	복모오며	복모모며
5	초조	포도
6	ᄂᆡᄂᆡ	내내

은진송씨 송병필가 언간 77

〈송병필가-77, 1922년, 미상(질부) → 미상(큰어머니)〉

판독문

금니
쥬ᄉᆞ 덕 입납
승졍이 지종졔 소샹셔

〔봉투 후면〕 근봉

큰어마님 젼 샹술이

문안 알외ᄋᆞᆸ고 긔후 안녕ᄒᆞᄋᆞᆸ신지 문안 모로와 복모ᄒᆞ올 ᄎᆞ 즉월 망간 하셔 밧ᄌᆞ와 뵈ᄋᆞᆸ고 든든 못니 알외오나 그후 슈 순이[1] 거의 되오이 복모 동동 부리올 길 업ᄉᆞ오며 잇ᄯᅢ 초하의 침슈 졔졀 무손ᄒᆞᄋᆞᆸ시고 한마님계셔 엄엄ᄒᆞᄋᆞᆸ신 졔졀 엇더ᄒᆞᄋᆞᆸ시고 큰아바님계ᄋᆞᆸ셔 안녕ᄒᆞᄋᆞᆸ시고 ᄌᆞ근아바님 외니분 안강ᄒᆞᄋᆞᆸ신지 두로 하졍의 복모 동동 브리ᄋᆞᆸ지 못ᄒᆞ오며 ᄌᆞ근앗씨 종형졔분 학교의 보니시다오이 각식 ᄉᆞ렴 되오시려 못니 알외오며 아바님 외니분계ᄋᆞᆸ셔 침슈 만안하ᄋᆞᆸ신지 하졍의 궁궁 복모오며 형은 그져 틱긔 업ᄉᆞ옴 답답ᄒᆞ오이다 딜부는 향상 친졀 한 모양이오이[2] 졀박 답답ᄒᆞ옴 엇지 지필노 다 알외오릿가 동싱 니외 무양ᄒᆞ오이 다힝ᄒᆞ오이다 알외올 말슴 하감ᄒᆞᄋᆞᆸ심 젓ᄉᆞ와 이만 알외오며[3] 니니 긔톄후 만안ᄒᆞᄋᆞᆸ심 ᄇᆞ라ᄋᆞᆸᄂᆞ이다 임슐 샤월 초팔일 종ᄌᆞ부 술이

판독대비

번호	판독자료집	박재연·황문환 (2005 : 161)
1	순이	순이
2	친졀 한 모양이오이	친졀한 모양이오이
3	알외오며	알외노며

은진송씨 송병필가 언간 78

〈송병필가-78, 1922년, 미상(질부) → 송복헌(큰아버지)〉

판독문

계산리 대덕 입납 셕남리 종즈부 술이

〔봉투 후면〕 근봉

큰아바님 젼 샹술이

문안 알외옵고 물너오온 후 문안 모로와 하졍의 복모 동동[1] 브리옵지 못ᄒᆞ오며 즁츈의 연ᄒᆞ옵셔[2] 침슈 졔졀 만안ᄒᆞ옵시고 한마님게옵셔 엄엄ᄒᆞ오신 졔졀 엇더ᄒᆞ오신지 하졍의 복모옵고 큰어마님게옵셔 침졀 안강ᄒᆞ오시잇가[3] 각덕 졔졀 여샹ᄒᆞ옵시고 도련님 평슌ᄒᆞ오시고 초강셔도[4] 안강ᄒᆞ오신지 굼굼ᄒᆞ오이다 종즈부는 친졀리 누월 미류ᄒᆞ오니 민망 졀박 답답ᄒᆞ오이다 알외올 말숨 하감ᄒᆞ옵심 젓ᄉᆞ와 이만 알외오며 내내 긔톄후 만안ᄒᆞ옵심 ᄇᆞ라옵ᄂᆞ이다 임슐 이월 초이일 종즈부 술이

판독대비

번호	판독자료집	박재연·황문환 (2005 : 163)
1	동동	종종
2	연ᄒᆞ옵셔	연ᄒᆞ오셔
3	안강ᄒᆞ오시잇가	안강ᄒᆞ시잇가
4	초강셔도	됴강셔도

은진송씨 송병필가 언간 79

〈송병필가-79, 1891년, 미상(재종조모) → 미상(재종손부)〉

판독문

지죵손부 답셔 봉

회편의[1] ᄃᆡ강 드라니 극진극진 무흠현텰[2]ᄒᆞᆫ 듯 신통신통 두긋거옴 측냥업ᄉᆞ며 그후 아득 막히니 념 간졀ᄒᆞᆯ ᄎᆞ 무망의 글시 바다 든든 탐탐 반갑기 어엿분 옥면을 ᄃᆡᄒᆞᆫ 듯 가득 반기며 겸ᄒᆞ여 신셰예 시봉 신앙 안길ᄒᆞᆫ 일 깃부며 친졀이 ᄃᆡ단 못지 아니신가 시부니 힝이며 신원의는 급데 ᄃᆡᆨ 밧치고 만복을 누리다니[3] 신긔신긔 긔특ᄒᆞ기 측냥업다 지죵조모는 합ᄂᆡ 일안ᄒᆞ시고 슬하 무탈ᄒᆞ니 다힝 각ᄃᆡᆨ 졔졀 일안들 ᄒᆞ시고 종딜ᄋᆞ ᄂᆡ외 ᄃᆡ탈은 업고 손ᄋᆞ는 이학여증으로 종종 셩치 못ᄒᆞ니 ᄋᆡ셕 탓갑고 지종조모는 셩일이 드무이 약약[4] 괴롭다 적을 말 남으나 총요 이만 그치니 내내 시봉 평길ᄒᆞ기 ᄇᆞ란다 신묘 원월 구일 ᄉᆡ지죵조모 답

판독대비

번호	판독자료집	박재연·황문환 (2005 : 165)
1	회편의	회젼의
2	무흠현텰	무휴 현텰
3	누리다니	누리다 니
4	약약	악악

은진송씨 송병필가 언간 80

〈송병필가-80, 1892년, 미상(시조모) → 미상(종손부)〉

판독문

죵손부 답셔 봉

셰환ᄒᆞ여 날포 되나 아득 막히니 향회 간졀ᄒᆞ며 환셰 일긔 졸한ᄒᆞ니[1] 뫼시고 무양ᄒᆞᆫ 안부 알고져 ᄒᆞ며 냥당 어루신ᄂᆡ긔셔[2] 여젼ᄒᆞ오시냐 셰젼의 글시 보고 톰톰 반갑기 측냥업ᄉᆞ나 진시 답장도 못 ᄌᆞᆨ 무졍이 아라시랴 산후 톨노 달포 위경을 지ᄂᆡᆫ다[3] ᄒᆞ니 놀납기 측냥 엇더타 못ᄒᆞᆯ너니 지금은 ᄏᆌᄎᆞᄒᆞ다[4] ᄒᆞ니 신긔ᄒᆞ다 어린것 츙실ᄒᆞ고 유도 넉넉ᄒᆞ냐 굼굼ᄒᆞ다 죵조모ᄂᆞᆫ 쥬야 알코 지ᄂᆡ니[5] 지치 아니ᄒᆞᆫ 듯 갈ᄉᆞ록 신슈 블길ᄒᆞ여 셰젼 지월의 둘지ᄯᆞᆯ의 악보ᄅᆞᆯ 드ᄅᆞ니 ᄎᆞᆷ측 원혹 ᄋᆡ통구회ᄅᆞᆯ 엇더타 못ᄒᆞᄂᆞᆫ 듯 초죵을 얼추[6] 맛고 쟝ᄉᆞ거지 지ᄂᆡ고 변셰ᄒᆞ여 잇ᄯᅢ 신졍을 당ᄒᆞ니 허우룩 ᄋᆡ통구회ᄅᆞᆯ[7] 억졔치 못ᄒᆞᄂᆞᆫ 듯 ᄯᅩ 죵딜부 문부ᄅᆞᆯ ᄒᆞ니 놀납고 비확 심회 금치 못ᄒᆞ게다 그러틋 사랑의셔ᄂᆞᆫ 역이지통을 보시고 근녁 슈습이 더옥 말 못 되시니 민망ᄒᆞ다 슬하 혼권니 별 탈들 업고 근친 갓던 며ᄂᆞ리 손부 와셔 다리고 과셰ᄒᆞ니 든든ᄒᆞ고 동녁 형님긔셔도 별환 업ᄉᆞ시니 깃부나 인균의 부ᄂᆞᆫ 본병이 복발ᄒᆞ여 그러ᄒᆞᆫ가 셰젼부터 편치 못ᄒᆞ다 ᄒᆞ니 졀박ᄒᆞ다 말 셔후 업ᄉᆞ나 너의 친ᄃᆡᆨ 쓰노라[8] 두어 ᄌᆞ 젹어더니 드라니 너의 어루신ᄂᆡ긔셔[9] 힝ᄎᆞᄒᆞ시다 ᄒᆞ니 반갑고 큰 탈은 업ᄉᆞᆫ가 시부니 든든 깃부기 측냥업다 임신 원월 초칠일 싀죵조모 복뎨 말ᄉᆞᆷ은 놀나온 밧 지필을 ᄃᆡᄒᆞ여 무ᄉᆞᆫ 말을 젹으리 말 무궁ᄒᆞ나 졍신 혈ᄂᆞᆫ 이만 젹으니 ᄂᆡᄂᆡ 시봉 ᄐᆡ평ᄐᆡ평 만길ᄒᆞ기 ᄇᆞ란다

판독대비

번호	판독자료집	박재연·황문환 (2005 : 167)
1	졸한ᄒᆞ니	졸안ᄒᆞ니
2	어루신ᄂᆡ긔셔	어루신내긔셔
3	지ᄂᆞᆫ다	지낸다
4	퀘ᄎᆞᄒᆞ다	쾌ᄎᆞᄒᆞ다
5	지ᄂᆡ니	지내니
6	얼추	얼츄
7	ᄋᆡ통구회롤	ᄋᆡ듕 구회롤
8	쓰노라	쓰노라
9	어루신ᄂᆡ긔셔	어루신내긔셔

은진송씨 송병필가 언간 81

〈송병필가-81, 1920년, 김옥희(손녀) → 진주이씨(할머니)〉

판독문

영동군 영동면 게순리 구월 십구일 송복흔 씨 즌

〔봉투 후면〕 경셩부 인ᄉᆞ동 일이
김옥희 상셔

한마님 젼 상셔
문안 알외옵고 긔후 안녕ᄒᆞ오신지 모로와 동동ᄉᆞᆸ나이다 거번의 무망 큰외숙[1] 오셔셔 만나 뵈오니 반갑고 깁분 말ᄉᆞᆷ 으지 다 알외오리가 ᄉᆞᆷ촌[2]과 이야기ᄒᆞ시노라고 손녀난[3] 엿ᄌᆞ볼 말ᄉᆞᆷ도 못 엿ᄌᆞ보앗ᄉᆞ옵고 가실 졔도 못 뵈와 셥셥ᄉᆞᆸ나이다 여기난 미일 병졍이 수천 명식 드러오옵고 날니가 미구불원 난다고 야단들을 ᄒᆞ나이다 형은 시□집에[4] 가셔 아니왓ᄉᆞᆸ나이다 황ᄉᆡ말 아지미 소식 종종 드르시난니가 굼굼 간졀ᄉᆞᆸ나이다 거번의 상셔 알의왓ᄉᆞᆷ드니[5] 보션난지 못 보션난지[6] ᄒᆞ답 읍스시니 굼굼ᄉᆞᆸ나이다 알의올 말ᄉᆞᆷ 이만 알외오나이다 소녀 형졔도 요이 감긔로 긔로이 지너나이다 어나덧 셰월이 유슈 갓ᄒᆞ여 어나덧 죠부 소상을 당ᄒᆞ오니 비회 만만이로소이다 경신 구월 십팔일 소녀

판독대비

번호	판독자료집	박재연·황문환 (2005 : 169)
1	큰외숙	곤외숙
2	ᄉᆞᆷ촌	ᄉᆞ촌
3	이야기ᄒᆞ시노라고 손녀난	이야기ᄒᆞ시노라 고손녀난
4	시□집에	시집에
5	알의왓ᄉᆞᆷ드니	알의왓ᄉᆞᆸ드이
6	보션난지	보셧난지

은진송씨 송병필가 언간 82

〈송병필가-82, 1909년, 광산김씨(며느리) → 전주이씨(시어머니)〉

판독문

어마님 젼 샹술이

문안 알외옵고 극념의 연ᄒᆞ오셔 긔후 안녕ᄒᆞ옵신 문안 달이 넘도록 못 듯ᄌᆞ와 하졍의 복모 부리올 길 업ᄉᆞ올 ᄎᆞ 갑동[1] 모 간다 ᄒᆞ옵기 샹셔 알외옵나이다 아ᄌᆞ바님겨옵셔도 안녕ᄒᆞ옵시고 식덕 평ᄒᆞ오며 아가 놈 츙실ᄒᆞ오며 지롱 비샹ᄒᆞ올 듯 ᄎᆞ마 보고 십습나이다 금니집 삼 모녀도 평안ᄒᆞ오니잇가 두로 동동[2] 부리올 길 업습나이다 타국 겨신 셔방님 소식 ᄌᆞ로 못 듯ᄌᆞ오시니 심녀 어나만 ᄒᆞ옵시리잇가 근횡ᄒᆞᆫ 형은 언데즘 오려 ᄒᆞ오며 소식 드르셔습나잇가 예는 아모 년고는 업ᄉᆞ오나 사랑의셔 싹근 손의게 늑삭을 당ᄒᆞ오니 웬존 셰상이 그려온지 ᄒᆞᆫ심ᄒᆞ온 즁 어마님겨옵셔 이런 물숨을 드르시면 심녀 되오실 일 죄송죄송 뵈옵는 듯ᄒᆞ옵나이다 왈범은 더우의 다텨 그러온지 모냥 지친 골 볼 슈 업ᄉᆞ오니 이식ᄒᆞ오이다 상쥬 덕의셔도 일녕들 ᄒᆞ시옵나이다[3] 초호 문안은 듯ᄌᆞ오니[4] 소덕 졔졀도 일녕들 ᄒᆞ옵시고 형도 아희들 달이고 평안ᄒᆞ온 듯ᄒᆞ옵나이다 초호로 나라 니보니신 명주는 기골덕[5] ᄋᆞ희들이 두역의[6] 홍녁 시기려 아모 졍신 업다 ᄒᆞ오나 바데 못 구ᄒᆞ여 걱졍이옵더니 바데 즁사가 초호 왓다 ᄒᆞ옵기 아지미게 말ᄒᆞ여 열엿 식 ᄉᆞ 쥬어ᄉᆞ오나 언졔 홀넌지 모로게습나이다 알외올 말숨 이만 알외오며 내내 긔톄후 만안ᄒᆞ옵심 문안 듯즙기 ᄇᆞ라옵나이다 긔유 육월 이십 술이 ᄌᆞ부 술이

판독대비

번호	판독자료집	박재연·황문환 (2005 : 171)
1	갑동	갑종
2	동동	종종
3	일녕들 ᄒᆞ시옵나이다	일녕 출ᄒᆞ시옵나이다
4	듯ᄌᆞ오니	줏ᄌᆞ오니
5	기골ᄃᆡᆨ	긔골ᄃᆡᆨ
6	두역의	두 녁의

은진송씨 송병필가 언간 83

〈송병필가-83, 20세기 전반, 이천서씨(아내) → 송복헌(남편)*〉

판독문

즁기 모 보ᄂᆡ시지 마시옵 그 병니 다 낫다 ᄒᆡ도 그 병니 도지고 몃 ᄒᆡ가 나간ᄃᆡ 요 보ᄂᆡ시도 이곳시 도로 보ᄂᆡᆯ 터니옵 ᄌᆡ승은 복단 모 뵈기로 ᄒᆞ여ᄉᆞᆸᄂᆞ니다[1] 인병니나 지옹은 ᄎᆞᆷ 무셥읍ᄂᆞ이다[2] 즉일 셔 샹쟝

판독대비

번호	판독자료집	박재연·황문환 (2005 : 173)
1	ᄒᆞ여ᄉᆞᆸᄂᆞ니다	ᄒᆞ여ᄉᆞᆸᄂᆞ이다
2	무셥읍ᄂᆞ이다	무셥읍ᄂᆞ니다

* 박재연 · 황문환(2005)에서는 '즉일 셔 샹쟝'의 '셔'를 '壻'로 보고, 사위가 장모에게 보낸 편지로 추정함. 그러나 이 판독자료집에서는 '셔'를 '徐'로 보아 이천서씨가 남편 송복헌에게 보낸 편지로 추정하였다. 이는 편지 중에 등장하는 'ᄌᆡ승'이 48번 편지에도 '오라비 ᄂᆡ외 평안ᄒᆞ오며 ᄌᆡ승 ᄉᆞ남믜 충실ᄒᆞ옵고 참봉 집의셔도 무고들 ᄒᆞ오잇가'와 같이 나타나는데, 여기서 '오라비'는 송복헌을 가리키고, 'ᄌᆡ승'은 송복헌의 자식을 가리키기 때문이다.

은진송씨 송병필가 언간 84

〈송병필가-84, 미상, 미상(올케) → 미상(시누이)〉

판독문

큰앗시젼

듯즈오니 슌산 싱녀 ᄒᆞ오셧다오니[1] 깃부오나 ᄒᆞᆫ편으로[2] 큰나으리 연셰 만으시니 싱남 ᄒᆞ심만 못 오죽 셥셥덜 ᄒᆞ셧ᄉᆞ오며[3] 앗시 심회 뵈옵는 듯 일캇즙고 못니 셥셥히 지닛ᄉᆞ오며 연ᄒᆞ시와 외니분 안녕ᄒᆞ시고 만님 근력 강녕ᄒᆞ오시고 어만님 모녀분[4] 안녕 아가덜[5] 무탈ᄒᆞ오며 미국 셔방님 오셔셔 얼마나 반가우시며 든든ᄒᆞ시온잇가 ᄭᅮᆷ 갓ᄉᆞ오며 여긔도 다 일안ᄒᆞ시오나 이곳시 ᄒᆞ인 업셔 고싱 막심ᄒᆞ오며 셔방님 식ᄉᆞ을 밧드러ᄉᆞ오나 아모것도 업는 소치와 졍셩 부족ᄒᆞᆫ 연고로 망칙 이러드레 마음에[6] 미안ᄒᆞ온 즁 ᄯᅩ 가시오니 셥셥ᄒᆞ오며 만님[7] 진갑 싱신 못 뵈오니 ᄒᆞ졍에 셥셥 황송ᄒᆞ옵나이다[8] 슈슈ᄒᆞ옵고[9] ᄒᆞ인 업셔 아모것도 못 히 보니옵고 졔육 조금[10] ᄉᆞ 보니오니 찬속에나 봇티시옵소셔[11] 총급이이올시다 일 지월 십오일

판독대비

번호	판독자료집	박재연·황문환 (2005 : 175)
1	ᄒᆞ오셧다오니	ᄒᆞ오셧다 ᄒᆞ니
2	ᄒᆞᆫ편으로	한편으로
3	ᄒᆞ셧ᄉᆞ오며	ᄒᆞ겟ᄉᆞ오며
4	모녀분	모 업고
5	아가덜	아가덜도
6	마음에	방즈에
7	만님	산님
8	황송ᄒᆞ옵나이다	황공ᄒᆞ옵나이다
9	슈슈ᄒᆞ옵고	슈슈ᄒᆞ옵고
10	조금	조곰
11	봇티시옵소셔	봇티시옵소서

은진송씨 송병필가 언간 85

〈송병필가-85, 1908년, 이순구(남동생) → 한산이씨(누나)〉

판독문

청산 운동 송 쥬ᄉᆞ 덕 입납

〔봉투 후면〕 평긔[1] 본가 샹셔

누의님 젼 샹셔

젹월 안후 든든ᄒᆞ오니 ᄒᆞ졍의 쥬소 동동ᄒᆞ오며 셜한의 년ᄒᆞ와[1] 시듕 긔후 안강ᄒᆞ오시고 덕ᄂᆡ 균녕 어린년도 츙실ᄒᆞ오니잇가 복모 동동이오며[2] 어린년 돌날이 불원ᄒᆞ오니 신통신통ᄒᆞ오며 직롱 비상ᄒᆞ올 ᄃᆞᆺ 거러 단니ᄂᆞᆫᄃᆡ 굼굼ᄒᆞ옵 돌날이 당ᄒᆞ여도 옷 ᄒᆞᆫ 가지 못ᄒᆞ여 보ᄂᆡ니 남이 붓그러습ᄂᆞ이다 ᄉᆞ뎨ᄂᆞᆫ 가운 불힝ᄒᆞ와 지월 초싱의 셋좌 아바님 상ᄉᆞ을 당ᄒᆞ오니 통박통박 년년 상고 쪄닐[3] 날 업ᄉᆞ오니 엇잔 운슈 그리 비식ᄒᆞ온ᄃᆡ 통곡만 ᄒᆞ구 십습ᄂᆞ이다 두 분 친후 비회 듕 더욱 흠손ᄒᆞ오시니 민답민답ᄒᆞ오며 ᄃᆡ소가 큰 년고ᄂᆞᆫ 업ᄉᆞ오니 다힝 일동 솜죵형뎨 무탈ᄒᆞ옵ᄂᆞ이다 큰아바님 ᄃᆡ긔ᄉᆞ 불원 더욱 허우록ᄒᆞ옵ᄂᆞ이다 마참 뎐젼[4] 잇습기[5] 슈ᄌᆞ 알외오니 ᄂᆡᄂᆡ 긔후 안녕ᄒᆞ신 문안 듯줍기[6] 바라옵ᄂᆞ이다 무신 납월 초칠일 ᄉᆞ뎨 순구 상셔 아바님 싱신 격일ᄒᆞ오시니 경축 만만이오나 심회 ᄒᆞ도 진졍 못ᄒᆞ시니 민답민답ᄒᆞ옵ᄂᆞ이다

판독대비

번호	판독자료집	박재연·황문환 (2005 : 177)
1	평긔	평디
2	년ᄒᆞ와	년ᄒᆞ타
3	복모 동동이오며	복모□ᄒᆞ이오며
4	쪄닐	쪄낼
5	뎐젼	편젼
6	잇습기	엇습기

은진송씨 송병필가 언간 86

〈송병필가-86, 미상, 미상(형) → 미상(아우)〉

판독문

義三追見舍兄云[1]

此札□□□□兄嫂也[2]

쑛츌이난 집의 두어도 아무 쇼용 읍신즉 집의 두지 말고 닉보닉고 안부억헤 다른 더부ᄉᆞ리와 쑛츌 어미 두지 말게 ᄒᆞ여라 만닐 닉 말딕로 아니ᄒᆞ면 닉 곳 드르가 큰 그죠를 닐 터이고 쑛츄리 어미로 말ᄒᆞ더릭도 농토 쥬어신즉 드르와 닉 밥 머글 짜닥 잇난냐 유모의 큰아덜은 집의 두고 마쇼 쌀이나 비여 쥬고 북덕이나 쓰더다 써게 ᄒᆞ여라 닉 말딕로 하게 ᄒᆞ고 이 편지을 느의 형슈 보게 ᄒᆞ여라 치룡이 지집은 닉 집의 잇난 것 읍난 것 을마나 싸 쥬어 보닌나냐 무당 딕접을 잘 하여야 집이 잘된다 ᄒᆞ니 닉가 무당과 광딕와 보살할미와 졈장이 딕졉을 잘 못히여셔 입써쪗 눈먼 자식 하나도 못 두엇나 부다 나 여긔 오던 날 율긱과 약봉이난 읏지ᄒᆞ여 즉시 보닉지 아니ᄒᆞ고 여러 날 두엇난냐 그런 지각 읍고 무식한 것이 어딕 잇싼 말이냐 이 담은 집이 망ᄒᆞ여도 나난 한 말도 아니할 터이니 너 ᄒᆞ고 십푼 딕로 하여라 닉 집 셰간사리을 을마나 싸 보닌넌냐 션딕 ᄉᆡᆼ각 좀 ᄒᆞ여라 션딕의셔도 이런 잡유을 죠와하시기예 집안니 입써써지 지탕ᄒᆞ여고나 도모지 닉가 쥬길 놈이다 안의셔 그런 잡유을 다려오란다고 불너와스니 나 갓튼 놈은 쥭어도 ᄉᆞ죄 못ᄒᆞ것다 닉가 여긔셔 쥭고 집의 가고 십은 마음 하나도 읍다 집의 쥬장 읍셔 말 아니다 읏지ᄒᆞ면 죠흘지 답답ᄒᆞ다

판독대비

번호	판독자료집	박재연·황문환 (2005 : 179)
1	義三追見舍兄云	義三追見 舍兄〔수결〕
2	此札□□汝之兄嫂也	此札□□□汝之兄□也

은진송씨 송병필가 언간 87

〈송병필가-87, 미상, 영욱(미상) → 미상(미상)〉

판독문

아젼임 젼 ᄉᆞᆼ셔

져는 나와 밥 줄 먹엇사오나 죠반 진지을 엇지 잡수셧난지 궁금ᄒᆞ옵기로 ᄒᆞ인 부리오며 공사에 오즉 괴로시오릿가 미거헌 아ᄒᆡ라도 죄숑이 지ᄂᆡ오며 져는 바라는 마음이 만ᄇᆡᆨ셩에겨 원망 업시 ᄒᆞ옵기를 바라나이다 엿ᄌᆞ올 말ᄉᆞᆷ은 황숑ᄒᆞ오나 김달형이 ᄉᆞ졍이온즉 ᄉᆞ충ᄉᆡᆨ이 근구에 그 병ᄉᆡᆨ이온ᄃᆡ 혼ᄌᆞ ᄒᆞ는 것도 아니옵고 두리 ᄒᆞ난 쇼임이온즉[1] 통쵹ᄒᆞ시압고 졔 근구는 ᄎᆞᄌᆞ 주시압고 이 아ᄒᆡ를 ᄉᆡᆼ각 깁ᄒᆡ ᄒᆞ옵셔도 ᄌᆞᆼᄉᆡᆨ이[2] ᄒᆞᆫ 쪽 붓쳐 주시오면 졔 ᄉᆡᆼᄉᆡᆨ이 올분더러[3] 삼번 관쇽이라도 아라주기을 이 아ᄒᆡ 모양이 나것습나이다 이만ᄒᆞ오면 ᄌᆞ셔이 통쵹ᄒᆞ시올[4] 듯 지리ᄒᆞ온 말ᄉᆞᆷ을 이럿틋 황숑이 엿ᄌᆞ온즉 다시 엿ᄌᆞ올 수는 업ᄉᆞ오나 안젼임 침모에[5] 진경이 답답ᄒᆞ오며 오원경이는 어굴ᄒᆞ겨 ᄒᆞ여션 그[6] 지반 모양이 마리 못 되것ᄉᆞ오니 신영 이방을 불예셔[7] 통쵹ᄒᆞ시오면 침모에 동ᄉᆡᆼ 오원경인 줄 통쵹통쵹ᄒᆞ시깃ᄉᆞ오니 특이 분부ᄒᆞ셔셔 긔 병ᄉᆡᆨ이 ᄒᆞᆫ 쪽 공들인[8] 것 별쳐분ᄒᆞ시오면 안젼임 ᄒᆞ인이온즉[9] 어굴ᄒᆞ와 션가 원ᄒᆞ올 듯 아ᄒᆡ 마음은 진졍으로 갓갓 엿ᄌᆞ오니 비례쳥은[10] 죽ᄉᆞ와도 헐 이가 업ᄉᆞ오니 다시 곤쳐 분부ᄒᆞ시길 바라옵나이다 이곳 인심이 언다지향이온즉[11] 무쇼로 엿ᄌᆞ옵난[12] 일도 만ᄉᆞ오니 ᄒᆞ량ᄒᆞ옵쇼셔[13] 반가온 쳐분 듯길 바라옵나이다 월식 ᄶᅡ라 졔역 드러가 갓쵸 엿ᄌᆞ오려 ᄒᆞ옵나이다[14] 영욱 상셔

판독대비

번호	판독자료집	박재연·황문환 (2005 : 181)
1	쇼임이온즉	소임이온즉
2	ᄒᆞ옵셔도 죵식이	ᄒᆞ옵셔 도죵식 이
3	싱식이올분더러	싱식이 올 분더러
4	통쵸ᄒᆞ시올	통쵸ᄒᆞ시올
5	안젼임 침모에	안젼 임침모에
6	ᄒᆞ여션 그	ᄒᆞ며 션그
7	신영 이방을 불예셔	신영이 방을 불이셔
8	공들인	공돌인
9	안젼임 ᄒᆞ인이온즉	안젼 임ᄒᆞ인이온즉
10	비례쳥은	비례쳥은
11	언다지향이온즉	언다지향이온즉
12	엿ᄌᆞ옵난	엿ᄌᆞ옵난
13	ᄒᆞ랑ᄒᆞ옵쇼셔	ᄒᆞ랑ᄒᆞ옵소셔
14	ᄒᆞ옵나이다	ᄒᆞ옵나이다

은진송씨 송병필가 언간 88

〈송병필가-88, 1869년, 여산송씨(장모) → 송병필(사위)〉

판독문

셰환ᄒᆞ와 놀포 되오나 아득히 막히오니 향회 ᄀᆞᆫ절ᄒᆞ오며 환셰 일긔 졸한ᄒᆞ온ᄃᆡ[1] 듕병지여의 ᄋᆡ황 듕 신상 엇지 부지ᄒᆞ오시고 듕시후 톄졀이 강녕ᄒᆞ오시고 아기도 츄실이 ᄌᆞ라오시ᄂᆞᆫ지 잔잉잔잉 ᄎᆞᄆᆞ 못 이치오며 이ᄯᆡ 신졍을 당ᄒᆞ오셔 거목촉쳐의[2] 각골 영모지통이[3] 흉장이 여할 오죽을 ᄒᆞ오시려 향ᄒᆞ와[4] 허우록 비렴 ᄀᆞᆫ절ᄒᆞ온 듕 셰젼 셔듕 ᄉᆞ연 ᄎᆞᄆᆞ ᄋᆡ삭 녹ᄉᆞ올 듯 유치[5] 아기ᄅᆞᆯ 더지시고 게셔 셩취ᄅᆞᆯ 시기오시고 ᄌᆞ미ᄅᆞᆯ 못 보시고 앗가오신 셰상을 ᄇᆞ리오신 일 원통원통 아기 졍경은 듯ᄌᆞ올 젹마다 녹을[6] 듯ᄒᆞ오니 동긔에 쥬야의 녹ᄂᆞᆫ[7] 듯 엇지 아니 그러ᄒᆞ오시려 불상 ᄋᆡ삭ᄋᆡ삭 엇더타ᄅᆞᆯ 못 측냥업ᄉᆞᆸ 양녜ᄂᆞᆫ 어ᄂᆞ ᄯᆡ로 ᄐᆡᆨ졍을 ᄒᆞ오셔ᄉᆞ오며 산지ᄂᆞᆫ 어ᄃᆡ로 졍ᄒᆞ오신지 굼굼 답답ᄒᆞ오며 골히지통 오죽ᄒᆞ오시리잇가마ᄂᆞᆫ 졀ᄋᆡᄅᆞᆯ ᄒᆞ오셔 큰 병환이나 업ᄉᆞ오시기[8] 축슈ᄒᆞ오며 샤돈겨오셔 슉환지여의 용녀와 상회 오죽ᄒᆞ오시려 두립ᄉᆞ온 향염 ᄀᆞᆫ절ᄒᆞ오며 ᄌᆞ식은 지금것 분곡도 못ᄒᆞ옵고 죄송 셜워ᄒᆞᄂᆞᆫ 거동 ᄋᆡ삭ᄒᆞ옵고 도득[9] 긔구 불치ᄒᆞ온 터희 ᄀᆡᆨ지의 막막ᄒᆞ와 뷔온 하인도 지금 ᄇᆞ리지 못ᄒᆞ와 인ᄉᆞᄅᆞᆯ 출워 주지 못ᄒᆞ오니 무안ᄒᆞ옵고 킈ᄂᆞᆫ 더 클 거시여ᄉᆞ오나[10] 범ᄇᆡᆨ의 미거미거 허박 유튱유튱ᄒᆞ온[11] 거술 사돈겨오셔 너무 과ᄋᆡ ᄌᆞ비 유명이 ᄒᆞ오심[12] 감격ᄒᆞ옵고 져 의복 가음짜지 셰셰히 보ᄂᆡ오며 ᄒᆞ여 닙피오나[13] 념치의 무안무안 블안ᄒᆞ옴 엇지 다 젹ᄉᆞ오리잇가 이곳션[14] 과셰 평안이 ᄒᆞ옵고 큰ᄃᆡᆨ 긔별 안녕ᄒᆞ오시니 든든ᄒᆞ오나 밧긔셔ᄂᆞᆫ 낙상 여증이 도져 불평ᄒᆞ오시니[15] 민망ᄒᆞ오이다 옷션[16] 지어 보ᄂᆡ오며 버스신 보션과 옷 이[17] 회편 보ᄂᆡ여 쥬시옵소셔 젹ᄉᆞ옴 비구 듕 지리ᄒᆞ오실 듯 주리치오며 내내 관억ᄒᆞ오셔 신상 부지ᄒᆞ오시기 축슈축슈 ᄇᆞ라옵ᄂᆞ이다 긔ᄉᆞ 원월 념ᄉᆞ일 쳐모 송

판독대비

번호	판독자료집	박재연·황문환 (2005 : 183)
1	졸한ᄒᆞ온ᄃᆡ	졸한ᄒᆞ오ᄃᆡ
2	거목촉쳐의	긔목 촉쳐의
3	영모지통이	영모지풍이
4	향ᄒᆞ와	향죠와
5	녹ᄉᆞ올 ᄃᆞᆺ 유치	뉴ᄉᆞ을 포유치
6	녹을	뉴을
7	녹ᄂᆞᆫ	뉴ᄂᆞᆫ
8	업ᄉᆞ오시기	업ᄉᆞ시긔
9	도득	도듀
10	더 클 거시여ᄉᆞ오나	더 클 거시 엽ᄉᆞ오나
11	유틍유틍ᄒᆞ온	유틍ᄒᆞ온
12	유명이 ᄒᆞ오심	유명 ᄋᆡ훌하오심
13	져 의복 가음ᄶᅡ지 셰셰히 보ᄂᆡ오며 ᄒᆞ여 닙피오나	져의 복강나ᄶᅡ지 셰셰히 보긔오며 ᄒᆞ녀 닙피오나
14	이곳션	이곳젼
15	불평ᄒᆞ오시니	블졍ᄒᆞ오시니
16	옷션	요션
17	옷 이	요 이

은진송씨 송병필가 언간 89

〈송병필가-89, 1884년, 여산송씨(장모) → 송병필(사위)〉

판독문

봉장

일긔 칩ᄉᆞ오니 연일 신샹 평안ᄒᆞ오신지 회편 후 아득히 모□니[1] 굼굼 각식 ᄉᆞ렵[2] 측냥이 업ᄉᆞᆸ더니 무망 □편의[3] ᄌᆞ셰 듯ᄌᆞ오니 평안들 ᄒᆞ온 일 든든 깃부ᄋᆞᆸ고[4] ᄌᆞ식도 그 우즁 어린것 다리고 가셔 느리 무탈 계녹 츙실ᄒᆞ온 일 긔특 신통ᄒᆞ오나 져의 모ᄌᆞᄅᆞᆯ[5] 이삼 ᄉᆡᆨ을 쥬야의 다리고 든든이 지ᄂᆡ다가 써쳐[6] 간 후 그 심ᄉᆞᄂᆞᆫ 엇더타 못ᄒᆞᄂᆞᆫ 즁 일긔도 그러틋 회가[7] 오기 젼 념녀된 말ᄉᆞᆷ은 시ᄌᆞᆨᄒᆞᆯ 길 업ᄉᆞᆸ고 지금것 모ᄌᆞ 거동 이 버러 심신을 안졍을 못ᄒᆞ게ᄉᆞᆸ고 ᄌᆞ식도 허박한 긔질의 산후증과 속병이 심샹치 아니ᄒᆞᄋᆞᆸ고 층층 ᄌᆞ녀의 두루 슈심니 잇ᄉᆞ오니 ᄌᆞᆷ 지졍의 못 니ᄂᆞᆫ[8] ᄉᆞ렵이[9] 간졀 어ᄂᆞ 셰월이[10] 져의 모ᄌᆞᄅᆞᆯ ᄯᅩ 보리[11] 계녹 각식 ᄌᆡ롱과 구술갓티 어엿분 거동[12] 삼삼 어ᄂᆞ 날 ᄉᆡᆼ각 아니 날 적이 업ᄉᆞ오니 아니 오니만 못ᄒᆞᄋᆞᆸ고 져의 외조부게셔도[13] 심ᄉᆞᄅᆞᆯ 뎡치 못ᄒᆞ여 ᄒᆞ시니 민망ᄒᆞᄋᆞᆸ고 미희도 이번은 더욱 ᄋᆡ연 못 견ᄃᆡ여 ᄒᆞ오니 ᄋᆡ삭ᄒᆞᄋᆞᆸ 녀긔도[14] 별우 업ᄉᆞ오니 다ᄒᆡᆼ 미희 무탈 긔특ᄒᆞᄋᆞᆸ 게셔ᄂᆞᆫ 몃히 아녀 ᄌᆞ녀 혼취시길 일 오ᄌᆞᆨ ᄌᆞ미롭ᄉᆞ오시리잇가 회인셔ᄂᆞᆫ 무고ᄒᆞ오나 김 셔방마저 못 복셩을 ᄒᆞᆫ다 ᄒᆞ오니 그럴 밧 업ᄉᆞ오나 ᄌᆞ모지졍간 조치 못 두루 못[15] 니치ᄋᆞᆸ □□다 보금은[16] 무명을 한 필이나 고흔 걸[17] 쥬셔 황숑황숑 □화ᄒᆞᄋᆞᆸ고[18] 명손도 적삼 가음 하도 황숑ᄒᆞ여 ᄒᆞ오며 조화ᄒᆞ오나 이곳 마음은 무안ᄒᆞᄋᆞᆸ 장황 이만 긋ᄌᆞ오니 ᄂᆡᄂᆡ[19] ᄐᆡ평이 지ᄂᆡ오심[20] 밋ᄉᆞᄋᆞᆸᄂᆞ이다[21] 갑신 국월 념ᄉᆞ일 처모

판독대비

번호	판독자료집	박재연·황문환 (2005 : 185)
1	모□니	모로니
2	ᄉᆞ렵	ᄉᆞ렴
3	□편의	인편의
4	일 든든 깃부ᄋᆞᆸ고	일들 깃부ᄋᆞᆸ고
5	모ᄌᆞ롤	오ᄌᆞ롤
6	쎠쳐	쎼쳐
7	회가	ᄒᆡ가
8	못 니ᄂᆞᆫ	뭇니ᄂᆞᆫ
9	ᄉᆞ렵이	ᄉᆞ렴이
10	셰월이	셰월의
11	보리	보러
12	거동	긔롱
13	외조부계셔도	외조부계셔도
14	녀긔도	니긔도
15	ᄌᆞ모지졍간 조치 못 두루 못	ᄌᆞ모지졍 간조치 못 두루 뭇
16	보금은	므금은
17	고흔 걸	나흔 결
18	□화ᄒᆞᄋᆞᆸ고	조화ᄒᆞᄋᆞᆸ고
19	너너	내내
20	틔평이 지너오심	틔평 어지니 유심
21	밋ᄉᆞᄋᆞᆸᄂᆞ이다	밋ᄉᆞᆸᄂᆞ이다

은진송씨 송병필가 언간 90

〈송병필가-90, 19세기 후반, 전주이씨(아내) → 송병필(남편)*〉

판독문

초호 운동 답샹장 힝ᄎᆞ소 입납

〔봉투 후면〕 근봉

□□ 운동 샹쟝 힝ᄎᆞ소 입납

〔봉투 후면〕 근봉

답샹쟝[1]

어졔 글월 밧ᄌᆞ와 든든ᄒᆞ오나 긔운 불평ᄒᆞ오시다 ᄒᆞ오시니 답답 념녀 엇더타 못 밤ᄉᆞ이[2] 좀 감셰 겨오시니잇가 일일 몽ᄉᆞᄂᆞᆫ 술난ᄒᆞᄋᆞᆸ고 두루 ᄉᆞᄉᆞ 망념이 다 되와 밋츨 ᄃᆞᆺᄒᆞ오이다 ᄌᆞ근 나으리겨오셔ᄂᆞᆫ 평안ᄒᆞ오시고 샹쥬집 무양 계녹 튱실ᄒᆞ오니잇가 두루 굼굼ᄒᆞ오이다 진ᄉᆞᄂᆞᆫ 어졔 박 셔방 ᄯᅡ라가더니 어ᄃᆡ로[3] 가온지 환탈ᄒᆞᆫ[4] 모양의 일긔ᄂᆞᆫ 칩고 긔즁의[5] ᄯᅧ단니다 병 날가 념녀올소이다 사랑의셔도 곳 다란 ᄃᆡ로[6] 피ᄒᆞ실 터이면 의복을 보ᄂᆡ야[7] ᄒᆞ올 터인ᄃᆡ[8] 호봉이가 곳 단니오니 나무도 못ᄒᆞᆯ ᄲᆞᆫ[9] 아니라 효션도 무셥다 피ᄒᆞ고 각갑ᄒᆞ오이다 옥천집 오라비를 셔울 보ᄂᆡ시고도[10] 이 본읍으로 ᄯᅩ 쥬션ᄒᆞ시면[11] 조케습 칙방이 ᄂᆡ 무안 집의 와 ᄌᆞ셔이 듯고 드러가 본관의게 말ᄒᆞᆫ즉 본관이 녹지 ᄒᆞᆫ 장만 으드면 셔울노 쥬션ᄒᆞᆯ 일이라 ᄒᆞ며 남의 일이 아니라 ᄂᆡ[12] 일리라 ᄒᆞ며 샥발은 아니ᄒᆞ여ᄂᆞᆫᄃᆡ 슌금이 ᄯᅩ 오면 엇지 ᄒᆞ랴 걱졍을 ᄒᆞ더라 ᄒᆞ더니 지금 곳 ᄉᆞᆨ발을 ᄒᆞ여다 ᄒᆞ오니 소지 졍ᄒᆞᆯ 일도 다 틀니ᄂᆞᆫ 모양이오니 답답 공집이도 나가오니 심ᄂᆞᆫ심ᄂᆞᆫᄒᆞ오이다 적ᄉᆞ옴 남ᄉᆞ오나 졍신 어득 ᄃᆡ강[13] 긋ᄌᆞ오니 불평ᄒᆞᄋᆞᆸ신 긔운 쾌복ᄒᆞᄋᆞᆸ시기 축슈 ᄇᆞ라ᄋᆞᆸᄂᆞ이다 납월 념일일 ᄂᆡ 샹장

* 박재연 · 황문환(2005)에서는 아내가 남편에게 보낸 편지로 수수관계만 밝힘. 발신자 표시인 'ᄂᆡ 샹장'과 편지 중에 '계녹 튱실ᄒᆞ오니잇가'라는 표현이 나타나는 점, '힝ᄎᆞ소 입납'이라는 수신처 표시 등으로 미루어 보아 전주이씨가 남편 송병필에게 보낸 편지로 추정하였다.

경황 업ᄉᆞ오신ᄃᆡ 이 말ᄉᆞᆷ 어렵ᄉᆞ오나 여긔는 시기리도 업고 돈도 업ᄉᆞ오니 옥쳔집 ᄌᆞ녀[14] 셰시 ᄡᅥ도 옷가지 아니ᄒᆞ여 쥴 길 업ᄉᆞ오니 당목 이십 쳑 홍당목 칠 쳑 초록 칠 쳑 자지 칠 쳑 송화식 칠 쳑은 년들 당긔 가음 ᄂᆡ일 지푸ᄂᆡ 장의 ᄉᆞ 보ᄂᆡ시옵[15] 당목은 ᄉᆞ더니 안집[16] 느노라 다 ᄡᅧ삽ᄂᆞ이다

판독대비

번호	판독자료집	박재연·황문환 (2005 : 187)
1	답샹쟝	답상쟝
2	밤ᄉᆞ이	반ᄉᆞ이
3	어ᄃᆡ로	어대로
4	환탈ᄒᆞᆫ	환왈ᄒᆞᆫ
5	긔즁의	거즁의
6	ᄃᆡ로	대로
7	보ᄂᆡ야	보내야
8	터인ᄃᆡ	터인대
9	ᄲᅮᆫ	뿐
10	보ᄂᆡ시고도	보내시고도
11	쥬션ᄒᆞ시면	쥬경ᄒᆞ시면
12	ᄂᆡ	내
13	ᄃᆡ강	대강
14	ᄌᆞ녀	ᄌᆞᄂᆡ
15	보ᄂᆡ시옵	보내시옵
16	안집	안짐

은진송씨 송병필가 언간 91

〈송병필가-91, 19세기 후반, 전주이씨(아내) → 송병필(남편)*〉

판독문

샹장[1]

지금 본관이 니 무안집으로 편지을 ᄒᆞ엿ᄂᆞᆫᄃᆡ 녹지을 으더 달나 ᄒᆞᆫ다고 니 진ᄉᆞ가 와 하인을 부려 녹지을 으더 오게 ᄒᆞ라 ᄒᆞᄋᆞᆸ긔 호봉을[2] 보ᄂᆡ오니 원의게 젼갈 내보ᄂᆡᆫ[3] 말슴 ᄒᆞ시고 편지와 녹지을 속키 ᄒᆞ여 보ᄂᆡ시ᄋᆞᆸ[4] 원이 삭발을 ᄒᆞ고 삼문 닷고 공ᄉᆞ을 아니ᄒᆞ면셔도 이리ᄒᆞ오니 고맙ᄉᆞ오이다 공집이도 업ᄉᆞ오니 답답ᄒᆞ오이다 적ᄉᆞ옴 총급 ᄃᆡ강 긋즙ᄂᆞ이다 념일일 오후 니 샹쟝 공집이ᄂᆞᆫ 드러와 잇스면 조켓습ᄂᆞ이다

판독대비

번호	판독자료집	박재연·황문환 (2005 : 189)
1	샹장	상쟝
2	ᄒᆞᄋᆞᆸ긔 호봉을	ᄒᆞᄋᆞᆸ 거호봉을
3	내보ᄂᆡᆫ	내보낸
4	보ᄂᆡ시ᄋᆞᆸ	보내시ᄋᆞᆸ

* 박재연 · 황문환(2005)에서는 아내가 남편에게 보낸 편지로 수수관계만 밝힘. 90번 편지와 필체가 동일하고, 내용상 관련되는 것으로 보아 발수신자도 90번 편지와 동일하게 추정하였다.

• 여흥민씨 민영소가 명성황후 언간 •

134건

간략 해제

대상 언간

명성황후(明成皇后, 1851~1895)가 친정 조카인 민영소(閔泳韶, 1852~1917)에게 보낸 한글 편지 중 이기대(2007)에 수록된 134건을 이른다. 이 편지들은 명성황후의 친필(親筆)이 124건, 궁녀 대필(代筆)이 10건이다. 이 가운데 친필 69건과 대필 4건은 국립고궁박물관에서 2010년에 구입하여 소장하고 있고, 2건은 민영환(閔泳煥, 1861~1905)의 후손가, 16건은 명성황후 생가, 3건은 여주박물관에서 소장하고 있으며, 사진본 2건을 국사편찬위원회에서 소장하고 있으나, 나머지는 소장처가 미상이다.

언간 명칭 : 여흥민씨 민영소가 명성황후 언간

134건은 그 일부가 일찍부터 사진이나 판독문으로 간간이 소개되다가 이기대(2007)에 이르러 134건 전체가 처음 수록되면서 '명성황후 편지글'이라는 명칭으로 소개되었다. 그런데 2013년 현재 명성황후의 한글편지는 이 134건 외에도 46건이 더 있어서 대략 180건에 이르는 것으로 파악되었다. 명성황후가 민영소에게 보낸 편지도 국립고궁박물관에 9건, 여주박물관에 미공개 자료 1건이 더 소장되어 있다. 이 밖에 민응식(閔應植, 1844~1903)과 그의 아들 민병승(閔丙承, 1865~1946)에게 보낸 10건*을 국립고궁박물관에서 2012년에 구입하여 소장하고 있고, 궁녀 대필 편지로 이모 한산이씨(韓山李氏)에게 보낸 20건을 한산이씨의 후손가인 예안이씨(禮安李氏) 집안에서 소장하고 있으며, 역시 궁녀 대필 편지로 윤용구(尹用求, 1853~1939)의 처 연안김씨(延安金氏, 1864~1896)에게 보낸 6건**이 있다. 이 판독자료집에서는 민영소 후손가를 통해 전해 온 것들로 이기대(2007)에 수록된 편지 134건만을 따로 지칭하기 위하여 '여흥민씨 민영소가 명성황후 언간'으로 명칭을 조정하고, 출전 제시의 편의상 약칭이 필요할 경우에는 '명성황후'를 사용하였다.

* 이 10건은 『明成聖后御筆』이라는 표제로 성첩되어 있고, 민병승이 쓴 서문이 한문과 한글로 적혀 있다. 이 편지들은 鄭炳昱 校註(1974 : 413~423)에서 현대어로 교주하여 소개한 바 있다.

** 조용선 편저(1997 : 124~125, 128~129, 136~137, 278~279)에 실려 있는 소장자 미상의 4건, 『한글서예별천전』(117쪽)에 수록된 유형 소장 1건, 조용선 소장 미공개 편지 1건 등이다.

■ 언간 수량 : 134건

현재까지 여러 경로를 통해 확인된 명성황후의 한글편지는 친필 144건, 궁녀 대필 36건으로 총 180건에 이른다. 이 판독자료집에서는 이기대(2007)에 수록된 134건(친필 124건, 궁녀 대필 10건)만을 수록 대상으로 하고, 편지 번호는 이기대(2007)에서 부여한 번호를 그대로 따르되, 국립고궁박물관(2010)에 중복 수록되면서 번호가 새로 부여된 경우에는 그 번호를 작은 글씨로 병기하여 참조할 수 있도록 하였다.

■ 원문 판독

134건 중 일부가 간간이 소개되다가 이기대(2004)에서 131건의 판독문을 수록한 뒤, 이기대(2007)에서 134건 전체 편지의 판독문을 흑백 사진(이 중 40건은 컬러 사진을 책머리에 추가로 제시)과 함께 현대어역, 해설, 어휘 주석을 덧붙여 수록하였다. 이후 국립고궁박물관(2010)에서 자체 소장본을 컬러로 영인하여 도록을 내면서 판독문과 현대어역을 나란히 수록하였는데, 134건과 중복되는 120건의 판독문은 이기대(2007)와 달라진 것이 거의 없다. 이 판독자료집에서는 기존의 판독 가운데 이기대(2007)와 국립고궁박물관(2010)에서 이루어진 판독 사항을 대비하여 표로 제시하고 판독 결과를 대조하는 데 도움이 될 수 있도록 하였다.

■ 발신자와 수신자

편지나 봉투에 발신자나 수신자가 적힌 경우는 없다. 그러나 편지가 소장된 경위나 편지 내용 등으로 미루어 134건 모두 발신자는 명성황후이고, 수신자는 명성황후의 조카 민영소로 추정된다(이기대, 2007 : 49). 단, 134건 중 10건은 명성황후의 친필 편지가 아니라 궁녀가 대필한 것이다.

■ 작성 시기

발신 일자가 적혀 작성 시기를 정확히 밝혀 주는 편지는 없다. 편지 내용과 명성황후의 생애를 결부하여 볼 때, 이기대(2007 : 49)에서는 "명성황후가 1882년 임오군란으로 인해 장호원에 피난 갔다가 돌아온 이후부터 1895년 시해 당하기 전까지"로 작성 시기를 추정한 바 있다. 이 판독자료집에서는 이기대(2007)에 따라 전반적인 작성 시기를 '1882~1895년'으로 제시하되, 이기대(2007)에서 '해설'을 통하여 특정 시기를 보다 구체적으로 언급한 경우에는 이를 반영하여 제시하였다.

■ 자료 가치

근대국어 시기의 마지막 단계인 19세기 후반 궁중 계층에서 사용된 언어와 편지글 특유의 문체를 보이는 국어사 자료이자, 이전에 거의 알려져 있지 않던 명성황후의 인간적인 면모와 정치적 상황에 따른 명성황후의 역할 등을 탐구할 수 있는 역사 자료이다. 편지지로 시전지(詩箋紙)를 사용하였고 봉투에 봉인(封印)이 찍혀 있는 것들이 있어서 종이의 역사와 인장(印章)의 연구 자료로도 중요한 가치가 있다.

■ 자료 해제

자료의 서지 사항에 대한 자세한 내용은 이기대(2007 : 43~60)와 이기대(2010 : 140~153)를 참고할 수 있다.

□ 원본 사항

- 원본 소장 : 국립고궁박물관(77건) [고궁1149~고궁1229]
  국사편찬위원회(2건) [사진(16, 32번), 明成皇后親翰 GF 2574 [20-188-10]]
  명성황후 생가(16건)
  여주박물관(3건) 외
- 필름 : 국립고궁박물관 소장
- 크기 : 22.5×9.3cm(118번), 25.8×22.5cm(119번) 등

□ 판독 사항

閔德植(2003), 「明成皇后의 墨蹟에 대한 基礎硏究」, 『年報』 12, 충북대학교 박물관.

이기대(2004), 「明成皇后 국문 편지의 文獻學的 硏究」, 『한국학연구』 20, 고려대 한국학연구소, 293~337쪽. ※ 131건 판독

이기대(2007), 『명성황후 편지글』, 다운샘. ※ 134건 판독

국립고궁박물관(2010), 『명성황후의 한글편지와 조선왕실의 시전지』, 예맥. ※73건 판독

■ 영인 사항

朴堯順(1982), 「明成皇后諺簡札」, 『韓南語文學』 7・8, 韓南大學 國語國文學會, 274~281쪽.

이기대(2007), 『명성황후 편지글』, 다운샘. ※134건 영인

국립고궁박물관(2010), 『명성황후의 한글편지와 조선왕실의 시전지』, 예맥. ※73건 영인(컬러 사진)

■ 참고 논저

국립고궁박물관(2010), 『명성황후의 한글편지와 조선왕실의 시전지』, 예맥.

金一根(1986/1991), 『三訂版 諺簡의 硏究』, 건국대학교 출판부.

閔德植(2003), 「明成皇后의 墨蹟에 대한 基礎硏究」, 『年報』 12, 충북대학교 박물관, 65~115쪽.

박병천(1983), 『한글 궁체 연구』, 일지사.

박병천(2007), 『조선시대 한글 서간체 연구』, 다운샘.

박병천(2010), 「명성황후 한글편지의 서예적 위상과 가치성」, 『명성황후의 한글편지와 조선왕실의 시전지』, 국립고궁박물관, 예맥, 168~189쪽.

朴堯順(1982), 「明成皇后御札攷」, 『韓南語文學』 7・8, 韓南大學 國語國文學會, 13~16쪽 및 274~281쪽.

朴堯順(1992), 「明成皇后 諺簡札」, 『韓國古典文學 新資料硏究』, 韓南大出版部, 597~611쪽.

박정숙(2008), 「明成皇后 諺簡體의 書體美 硏究－親筆・代筆諺簡의 書體美 比較分析」, 『동양예술』 13, 한국동양예술학회, 73~118쪽.

박정숙(2010), 「명성황후 한글편지의 서체미 고찰」, 『명성황후의 한글편지와 조선 왕실의 시전지』, 국립고궁박물관, 예맥, 190~207쪽.

박정숙(2012), 「조선조 왕비 중 최다의 한글편지를 남긴 명성황후 민씨의 생애와 글씨세계」, 『月刊 書藝』 통권 369호, 153~157쪽.

이기대(2004), 「明成皇后 국문 편지의 文獻學的 硏究」, 『한국학연구』 20, 고려대 한국학연구소, 293~337쪽.

이기대(2007), 『명성황후 편지글』, 다운샘.

이기대(2010), 「명성황후 관련 한글편지의 문헌 고찰과 내용 분석」, 『명성황후의 한글편지와 조선왕실의 시전지』, 국립고궁박물관, 예맥, 140~153쪽.

李長根(2009), 「명성황후 편지글의 서예미 연구」, 성균관대학교 유학대학원 석사학위 논문.

이종덕(2010), 「조선시대 한글편지의 특성과 필사 형식」, 『명성황후의 한글편지와 조선 왕실의 시전지』, 국립고궁박물관, 예맥, 154~167쪽.

鄭炳昱 校註(1974), 「明成皇后 閔妃 親筆密書」. 『文學思想』 10월호, 文學思想社, 413~421쪽.

조용선 편저(1997), 『역주본 봉서』, 다운샘.

황문환(2010), 「조선시대 언간 자료의 현황과 특성」, 『국어사 연구』 10, 국어사학회, 73~131쪽.

여흥민씨 민영소가 명성황후 언간 001

〈명성황후-001, 1882~1895년, 명성황후(고모) → 민영소(조카)〉

판독문

글시 보고 야간 무탈훈 일 든든ᄒᆞ며 예는 샹후 문안 만안ᄒᆞ오시고 동궁 졔졀 틱평틱평ᄒᆞ시니 축슈축슈ᄒᆞ며 나는 훈가지다 각통은 훈가지니 괴롭다 오늘은 악한이니 답답ᄒᆞ다

판독대비

번호	판독자료집	이기대 (2007 : 62)

여흥민씨 민영소가 명성황후 언간 002

〈명성황후-002, 1882~1895년, 명성황후(고모) → 민영소(조카)〉

판독문

글시 보고 야간 무탈ᄒᆞᆫ 일 든든ᄒᆞ며 예ᄂᆞᆫ 샹후 문안 만안ᄒᆞ오시고 동궁 졔졀 ᄐᆡ평ᄐᆡ평ᄒᆞ시니 축슈축슈ᄒᆞ며 나ᄂᆞᆫ ᄒᆞᆫ가지나[1] 두로 알푸니 답답ᄒᆞ오며 오ᄂᆞᆯ은 ᄀᆡ졔ᄒᆞ니[2] 힝이다

판독대비

번호	판독자료집	이기대 (2007 : 64)
1	ᄒᆞᆫ가지나	ᄒᆞᆫ가지다
2	ᄀᆡ졔ᄒᆞ니	긔졔ᄒᆞ니

여흥민씨 민영소가 명성황후 언간 003

〈명성황후-003, 1882~1895년, 명성황후(고모) → 민영소(조카)〉

판독문

글시 보고 야간 잘 잔 일 든든ᄒᆞ며 예는 상후 문안 종시 ᄒᆞᆫ가지오시니 동동ᄒᆞ고 동궁 졔졀 티평티평ᄒᆞ시니 축슈축슈ᄒᆞ며 나는 ᄒᆞᆫ가지니 괴롭다 오늘 일긔 동풍이 괴상ᄒᆞ니 답답ᄒᆞ다

판독대비

번호	판독자료집	이기대 (2007 : 66)

여흥민씨 민영소가 명성황후 언간 004

〈명성황후-004, 1882~1895년, 명성황후(고모) → 민영소(조카)〉

판독문

글시 보고 야간 무탈호 일 든든호며 예는 샹후 문안 만안호오시고 동궁 졔졀 틱평틱평호시니 축슈축슈호며 나는 호가지나[1] 쳬긔로 괴롭다 오늘 일긔는 좀 풀니나 동우가 괴상호다

판독대비

번호	판독자료집	이기대 (2007 : 68)
1	호가지나	호가지다

여흥민씨 민영소가 명성황후 언간 005 국립고궁박물관 1-13

〈명성황후-005, 1882~1895년, 명성황후(고모) → 민영소(조카)〉

판독문

글시 보고 야간 무탈훈 일 든든ᄒᆞ며 예는 샹후 문안 만안ᄒᆞ오시고 동궁 졔졀 티평티평ᄒᆞ시니 축슈축슈ᄒᆞ며 나는 ᄒᆞᆫ가지다 오늘 일긔는 좀 풀닌다 오늘은 쳬긔 좀 나흐냐[1] 위념이다

판독대비

번호	판독자료집	이기대 (2007 : 70)	국립고궁박물관 (2010 : 24)
1	나흐냐	낫으냐	낫으냐

여흥민씨 민영소가 명성황후 언간 006 국립고궁박물관 1-3

〈명성황후-006, 1882~1895년, 명성황후(고모) → 민영소(조카)〉

판독문

글시 보고 야간 잘 잔 일 든든ᄒᆞ고 예는 샹후 문안 만안ᄒᆞ오시고 동궁 졔졀 티평티평ᄒᆞ시니 츅슈츅슈ᄒᆞ며 나는 ᄒᆞᆫ가지다 오늘도 담쳬 ᄒᆞᆫ가지니 괴롭다 오늘 일긔[1] 쳥화ᄒᆞ다

판독대비

번호	판독자료집	이기대 (2007 : 72)	국립고궁박물관 (2010 : 14)
1	일긔	일긔는	일긔는

여흥민씨 민영소가 명성황후 언간 007

〈명성황후-007, 1882~1895년, 명성황후(고모) → 민영소(조카)〉

판독문

글시 보고 야간 잘 잔 일 든든ᄒᆞ며 예는 샹후 문안 한가지오시니[1] 동동ᄒᆞ고 동궁 졔졀 틔평 틔평ᄒᆞ시니 축슈축슈ᄒᆞ며[2] 나는 ᄒᆞᆫ가지나 담텬으로 괴롭다 오늘 일긔 한닝ᄒᆞ다

판독대비

번호	판독자료집	이기대 (2007 : 74)
1	한가지오시니	ᄒᆞᆫ가지오시니
2	축슈축슈ᄒᆞ며	축슈ᄒᆞ며

여흥민씨 민영소가 명성황후 언간 008 국립고궁박물관 1-2

〈명성황후-008, 1882~1895년, 명성황후(고모) → 민영소(조카)〉

판독문

글시 보고 야간 무탈ᄒᆞᆫ 일 든든ᄒᆞ며 예ᄂᆞᆫ 샹후 문안 만안ᄒᆞ오시고 동궁 졔졀 틱평틱평ᄒᆞ시니 축슈축슈ᄒᆞ며 나ᄂᆞᆫ ᄒᆞᆫ가지나 죵시 �쾌치 아니니 답답ᄒᆞ다 일긔ᄂᆞᆫ ᄆᆡ오 쳥화ᄒᆞ다

판독대비

번호	판독자료집	이기대 (2007 : 76)	국립고궁박물관 (2010 : 13)

여흥민씨 민영소가 명성황후 언간 009 국립고궁박물관 1-1

〈명성황후-009, 1882~1895년, 명성황후(고모) → 민영소(조카)〉

판독문

글시 보고 야간 무탈ᄒᆞᆫ 일 든든ᄒᆞ며 예ᄂᆞᆫ 상후 문안 만안ᄒᆞ오시고 동궁 제졀 티평티평ᄒᆞ시니 축슈축슈ᄒᆞ며 나ᄂᆞᆫ ᄒᆞᆫ가지다 오ᄂᆞᆯ은 우후 일긔 쳥가ᄒᆞ다

판독대비

번호	판독자료집	이기대 (2007 : 78)	국립고궁박물관 (2010 : 12)

여흥민씨 민영소가 명성황후 언간 010

〈명성황후-010, 1882~1895년, 명성황후(고모) → 민영소(조카)〉

판독문

글시 보고 야간 무탈훈 일 든든ᄒᆞ며 예는 상후 문안 만안ᄒᆞ오시고 동궁 졔절 틱평틱평ᄒᆞ시니 축슈축슈ᄒᆞ며 나는 ᄒᆞᆫ가지다 오늘 일긔는 져기 쳥냥ᄒᆞ다

판독대비

번호	판독자료집	이기대 (2007 : 80)

여흥민씨 민영소가 명성황후 언간 011 국립고궁박물관 1-4

〈명성황후-011, 1882~1895년, 명성황후(고모) → 민영소(조카)〉

판독문

글시 보고 야간 무탈ᄒᆞᆫ 일 든든ᄒᆞ며 예ᄂᆞᆫ 샹후 문안 만안ᄒᆞ오시고 동궁 졔졀 ᄐᆡ평ᄐᆡ평ᄒᆞ시니 츅슈츅슈ᄒᆞ며 나ᄂᆞᆫ ᄒᆞᆫ가지나 죵시 잠을 못 자니 괴롭다 오ᄂᆞᆯ 일긔도 ᄆᆡ오 온화ᄒᆞ다

판독대비

번호	판독자료집	이기대 (2007 : 82)	국립고궁박물관 (2010 : 15)

여흥민씨 민영소가 명성황후 언간 012 국립고궁박물관 1-10

〈명성황후-012, 1882~1895년, 명성황후(고모) → 민영소(조카)〉

판독문

글시 보고 야간 안길훈 일 든든호며 예는 샹후 문안 만안호오시고 동궁 졔졀 티평티평호시니 축슈축슈호며 나는 혼가지다 오늘 일긔 한닝호니 답답호다

판독대비

번호	판독자료집	이기대 (2007 : 84)	국립고궁박물관 (2010 : 21)

여흥민씨 민영소가 명성황후 언간 013

〈명성황후-013, 1882~1895년, 명성황후(고모) → 민영소(조카)〉

판독문

글시 보고 야간 무탈혼 일 든든ᄒᆞ며 예는 샹후 문안 미령[1] 졔졀 혼가지오시니 동동ᄒᆞ고 동궁 졔졀 틱평틱평ᄒᆞ시니 축슈축슈ᄒᆞ며 나는 혼가지다 오늘 일긔 한닝ᄒᆞ다

판독대비

번호	판독자료집	이기대 (2007 : 86)
1	미령	미평

여흥민씨 민영소가 명성황후 언간 014 국립고궁박물관 1-11

〈명성황후-014, 1882~1895년, 명성황후(고모) → 민영소(조카)〉

판독문

글시 보고 야간 잘 잔 일 든든ᄒᆞ며 예는 샹후 문안 만안ᄒᆞ오시고 동궁 졔졀 틱평틱평ᄒᆞ시니 츅슈츅슈ᄒᆞ며 예는 ᄒᆞᆫ가지다 오늘 일긔도 한닝ᄒᆞ다

판독대비

번호	판독자료집	이기대 (2007 : 88)	국립고궁박물관 (2010 : 22)

여흥민씨 민영소가 명성황후 언간 015 국립고궁박물관 1-12

〈명성황후-015, 1882~1895년, 명성황후(고모) → 민영소(조카)〉

판독문

글시 보고 야간 무탈ᄒᆞᆫ 일 든든ᄒᆞ며 예는 샹후 문안 만안ᄒᆞ오시고 동궁 졔졀 틱평틱평ᄒᆞ시니 축슈축슈ᄒᆞ며 나는 ᄒᆞᆫ가지다 오늘 일긔 한닝ᄒᆞ다

판독대비

번호	판독자료집	이기대 (2007 : 90)	국립고궁박물관 (2010 : 23)

여흥민씨 민영소가 명성황후 언간 016

〈명성황후-016, 1882~1895년, 명성황후(고모) → 민영소(조카)〉

판독문

글시 보고 야간 잘 잔 일 든든ᄒᆞ며 예는 샹후 문안 만안ᄒᆞ오시고 동궁 졔졀 티평티평ᄒᆞ시니 축슈축슈ᄒᆞ며 나는 ᄒᆞᆫ가지다 일긔는 ᄆᆡ오 쳥화ᄒᆞ나 우의 업스니 답답ᄒᆞ다

판독대비

번호	판독자료집	이기대 (2007 : 92)

여흥민씨 민영소가 명성황후 언간 017 국립고궁박물관 1-6

〈명성황후-017, 1882~1895년, 명성황후(고모) → 민영소(조카)〉

판독문

글시 보고 야간 무탈ᄒᆞᆫ 일 든든ᄒᆞ며 예ᄂᆞᆫ 샹후 문안 만안ᄒᆞ오시고 동궁 제절 티평티평ᄒᆞ시니 축슈축슈ᄒᆞ며 나ᄂᆞᆫ ᄒᆞᆫ가지다 일긔ᄂᆞᆫ 종시 한증이니 답답ᄒᆞ다

판독대비

번호	판독자료집	이기대 (2007 : 94)	국립고궁박물관 (2010 : 17)

여흥민씨 민영소가 명성황후 언간 018 국립고궁박물관 1-7

〈명성황후-018, 1882~1895년, 명성황후(고모) → 민영소(조카)〉

판독문

글시 보고 야간 무탈ᄒᆞᆫ 일 든든ᄒᆞ며 예는 상후 문안 만안ᄒᆞ오시고 동궁 졔졀 티평티평ᄒᆞ시니 츅슈츅슈ᄒᆞ며 나는 ᄒᆞᆫ가지다 오늘 일긔도 증울ᄒᆞ다

판독대비

번호	판독자료집	이기대 (2007 : 96)	국립고궁박물관 (2010 : 18)

여흥민씨 민영소가 명성황후 언간 019 국립고궁박물관 1-9

〈명성황후-019, 1882~1895년, 명성황후(고모) → 민영소(조카)〉

판독문

글시 보고 야간 무탈혼 일 든든호고 예는 상후 문안 만안호오시고 동궁마마 문안 티평티평 호시니 축슈축슈호며 나는 혼가지다 오늘 일긔 종시 한닝호다

판독대비

번호	판독자료집	이기대 (2007 : 98)	국립고궁박물관 (2010 : 20)

여흥민씨 민영소가 명성황후 언간 020

〈명성황후-020, 1882~1895년, 명성황후(고모) → 민영소(조카)〉

판독문

글시 보고 야간 잘 잔 일 든든ᄒᆞ며 예ᄂᆞᆫ 샹후 문안 만안ᄒᆞ오시고 동궁 졔졀 티평티평ᄒᆞ시니 츅슈츅슈ᄒᆞ며 예ᄂᆞᆫ ᄒᆞᆫ가지다 오ᄂᆞᆯ 일긔 한ᄂᆡᆼᄒᆞ다

판독대비

번호	판독자료집	이기대 (2007 : 100)

여흥민씨 민영소가 명성황후 언간 021

〈명성황후-021, 1882~1895년, 명성황후(고모) → 민영소(조카)〉

판독문

글시 보고 야간 잘 잔 일 든든ᄒᆞ며 예는 상후 문안 만안ᄒᆞ오시고 동궁 제절 톄평톄평ᄒᆞ시니 축슈축슈ᄒᆞ며 나는 ᄒᆞᆫ가지다 오놀 만경젼으로 왓스며 일긔는 한닝ᄒᆞ다

판독대비

번호	판독자료집	이기대 (2007 : 102)

여흥민씨 민영소가 명성황후 언간 022 국립고궁박물관 1-5

〈명성황후-022, 1882~1895년, 명성황후(고모) → 민영소(조카)〉

판독문

글시 보고 야간 무탈호 일 든든호며 예는 상후 문안 만안호오시고 동궁 졔졀 티평티평호시니 츅슈츅슈호며 예는 호가지다 오늘 일긔는 화창호다 닉일 동궐 가게다[1]

판독대비

번호	판독자료집	이기대 (2007 : 104)	국립고궁박물관 (2010 : 16)
1	가게다	가계다	가계다

여흥민씨 민영소가 명성황후 언간 023 국립고궁박물관 3-6

〈명성황후-023, 1882~1895년, 명성황후(고모) → 민영소(조카)〉

판독문

글시 보고 야간 무탈훈 일 든든호며 예는 상후 문안 만안호오시고 동궁 졔졀 티평티평호시니 축슈축슈호며 나는 훈가지다 오늘 일긔는 쳥화호다 슈용은[1] 보앗스며 삼뎐은[2] 죵시 거복호다 안변은[3] 보아야게다

판독대비

번호	판독자료집	이기대 (2007 : 106)	국립고궁박물관 (2010 : 71)
1	슈용은	녹용은	녹용은
2	삼뎐은	삼편은	삼편은
3	안변은	안면은	안면은

여흥민씨 민영소가 명성황후 언간 024

〈명성황후-024, 1882~1895년, 명성황후(고모) → 민영소(조카)〉

판독문

글시 보고 야간 무탈흔 일 든든흐나 종긔로 셩치 아니흔 일 답답흐다 예는 상후 문안 미령[1] 졔졀 종시 쾌쾌지 아니시니 동동흐고 동궁마마 졔졀 틱평틱평흐시니 축슈축슈흐오며 나는 흔가지다 오늘 일긔 음산풍 일어 고이흐다

판독대비

번호	판독자료집	이기대 (2007 : 108)
1	미령	미평

여흥민씨 민영소가 명성황후 언간 025

〈명성황후-025, 1882~1895년, 명성황후(고모) → 민영소(조카)〉

판독문

글시 보고 든든ᄒᆞ나 사양이 괴로온 일 답답ᄒᆞ며 너의 친환이 죵시 미류ᄒᆞ신[1] 일 답답ᄒᆞ다 예ᄂᆞᆫ 상후 죵시 평복지 못ᄒᆞ오시니 동동ᄒᆞ고 동궁의셔ᄂᆞᆫ 작일은 진이 ᄃᆡ단ᄒᆞ셔 괴로이 디ᄂᆡ시고 오늘은 조곰 나흐시나 죵시 ᄊᆡ슷지 아니시니 답답ᄒᆞ며 나ᄂᆞᆫ 셔쳬로 괴롭다 오늘도 일긔 증울ᄒᆞ니 괴롭다

판독대비

번호	판독자료집	이기대 (2007 : 110)
1	미류ᄒᆞ신	미록ᄒᆞ신

여흥민씨 민영소가 명성황후 언간 026

〈명성황후-026, 1882~1895년, 명성황후(고모) → 민영소(조카)〉

판독문

글시 보고 야간 무탈ᄒᆞᆫ 일 든든ᄒᆞ며 예ᄂᆞᆫ 샹후 문안 미평 졔졀 평복지 못ᄒᆞ시니 동동ᄒᆞ고 동궁 졔졀 티평티평ᄒᆞ시니 츅슈츅슈ᄒᆞ며 예ᄂᆞᆫ ᄒᆞᆫ가지다 동궁의셔ᄂᆞᆫ 작야부터 뒤ᄅᆞᆯ 십오뉵ᄎᆞ나 보시고 괴로와ᄒᆞ시니 답답ᄒᆞ다 나ᄂᆞᆫ 안질은 쾌ᄎᆞᄒᆞ다[1] 너ᄂᆞᆫ 종긔로 괴로ᄋᆞᆫ[2] 일 답답ᄒᆞ고 영복이ᄂᆞᆫ 안질 그러ᄒᆞᆫ 일 념녀며 박하유ᄂᆞᆫ 보ᄂᆡᆺ다[3] 오ᄂᆞᆯ 일긔ᄂᆞᆫ 우후나 도로 덥다

판독대비

번호	판독자료집	이기대 (2007 : 112)
1	쾌ᄎᆞᄒᆞ다	ᄏᆡᄎᆞᄒᆞ다
2	괴로ᄋᆞᆫ	괴로은
3	보ᄂᆡᆺ다	보ᄂᆡᆫ다

여흥민씨 민영소가 명성황후 언간 027

〈명성황후-027, 1882~1895년, 명성황후(고모) → 민영소(조카)〉

판독문

글시 보고 야간 무탈ᄒᆞᆫ 일 든든ᄒᆞ며 예ᄂᆞᆫ 샹후 문안 만안ᄒᆞ오시고 동궁 졔절 ᄐᆡ평ᄐᆡ평ᄒᆞ시니 츅슈츅슈ᄒᆞ며 나ᄂᆞᆫ ᄒᆞᆫ가지다 오ᄂᆞᆯ 일긔ᄂᆞᆫ 종일 ᄃᆡ우가 폭쥬ᄒᆞ니 괴샹ᄒᆞ다 동마가[1] 쳐음인 듯ᄒᆞ다 너ᄂᆞᆫ[2] 오ᄂᆞᆯ도 낫지 아니ᄒᆞᆫ 일 답답ᄒᆞ고 츙경이ᄂᆞᆫ 안질이 더ᄒᆞ니 답답 념녀다 이웅담은 품이 ᄆᆡ오 조키 ᄒᆞᆫ 부ᄅᆞᆯ 보ᄂᆡ니 어셔 낫기 조인다 감조관은 아라보아야게다

판독대비

번호	판독자료집	이기대 (2007 : 114)
1	동마가	증마가
2	너ᄂᆞᆫ	니ᄂᆞᆫ

여흥민씨 민영소가 명성황후 언간 028

〈명성황후-028, 1882~1895년, 명성황후(고모) → 민영소(조카)〉

판독문

글시 보고 야간 잘 잔 일 든든ᄒᆞ며 예는 샹후 문안 종시 평복지 못ᄒᆞ시니 동동ᄒᆞ고 동궁 졔졀 틱평틱평ᄒᆞ시니 츅슈츅슈ᄒᆞ며 나는 ᄒᆞᆫ가지나 감긔로 괴롭다 감조관은 보아야게스나 되도록 ᄒᆞ마 일긔 온화ᄒᆞ니 미후다

판독대비

번호	판독자료집	이기대 (2007 : 116)

여흥민씨 민영소가 명성황후 언간 029 국립고궁박물관 2-5

〈명성황후-029, 1882~1895년, 명성황후(고모) → 민영소(조카)〉

판독문

글시 보고 야간 잘 잔 일 든든ᄒᆞ며 예ᄂᆞᆫ 샹후 문안 만안ᄒᆞ오시고 동궁 졔졀 ᄐᆡ평ᄐᆡ평ᄒᆞ시니 츅슈츅슈ᄒᆞ며 나ᄂᆞᆫ ᄒᆞᆫ가지다 남졍슉이 계셔ᄂᆞᆫ[1] 오ᄂᆞᆫ ᄃᆡ로 드려보ᄂᆡ여라 ᄒᆡᄇᆡᆨ 장계ᄂᆞᆫ ᄂᆡ리게다 오ᄂᆞᆯ도 일긔 온화ᄒᆞ다

판독대비

번호	판독자료집	이기대 (2007 : 118)	국립고궁박물관 (2010 : 44)
1	남졍슉이 계셔ᄂᆞᆫ	남졍슉이계셔ᄂᆞᆫ	남졍슉이계셔ᄂᆞᆫ

여흥민씨 민영소가 명성황후 언간 030

〈명성황후-030, 1882~1895년, 명성황후(고모) → 민영소(조카)〉

판독문

작일 잇고 슈슈 못 ᄒᆞ야기 다시 뎍ᄂᆞᆫ다 남정식이다려 명년의 우희셔[1] 질역이 금년 슈와는 엇더신가 무러보고 무슨 일이 언졔즘 잇스며 엇지ᄒᆞ면 방익이 될가 ᄌᆞ시 아라보고 ᄂᆡ일 드러오너라

판독대비

번호	판독자료집	이기대 (2007 : 120)
1	우희셔	우희셔

여흥민씨 민영소가 명성황후 언간 031 국립고궁박물관 2-4

〈명성황후-031, 1882~1895년, 명성황후(고모) → 민영소(조카)〉

판독문

글시 보고 야간 잘 잔 일 든든ᄒᆞ며 예는 상후 문안 만안ᄒᆞ오시고 동궁 졔졀 틱평틱평ᄒᆞ시니 축슈축슈ᄒᆞ며 나는 ᄒᆞᆫ가지며 오늘 일긔도 쳥화ᄒᆞ다 졍식이는 아모리나 ᄒᆞ라 ᄒᆞ야라 이 팔 쇠는 츙경이 쥬어라

판독대비

번호	판독자료집	이기대 (2007 : 122)	국립고궁박물관 (2010 : 43)

여흥민씨 민영소가 명성황후 언간 032

〈명성황후-032, 1882~1895년, 명성황후(고모) → 민영소(조카)〉

판독문

글시 보고 야간 무탈ᄒᆞᆫ 일 든든ᄒᆞ고 예ᄂᆞᆫ 샹후 문안 만안ᄒᆞ오시고 동궁 졔졀 ᄐᆡ평ᄒᆞ시니 축슈축슈ᄒᆞ며 나ᄂᆞᆫ 시방도 씨슷지 아니ᄒᆞ니 답답 괴롭다 오ᄂᆞᆯ 일긔ᄂᆞᆫ ᄆᆡ오 쳥가ᄒᆞ다 작야 졔ᄉᆞ 디나시니 츄모 ᄉᆡ롭고 ᄉᆞ오 년 쥬ᄉᆞ가 업시 디ᄂᆡ니 더옥 감챵ᄒᆞ다

판독대비

번호	판독자료집	이기대 (2007 : 124)

여흥민씨 민영소가 명성황후 언간 033

〈명성황후-033, 1882~1895년, 명성황후(고모) → 민영소(조카)〉

판독문

글시 보고 야간 무탈ᄒᆞᆫ 일 든든ᄒᆞ며 예는 샹후 문안 한가지오시고[1] 동궁 졔졀 틱평틱평ᄒᆞ시니 츅슈츅슈ᄒᆞ며 예는 ᄒᆞᆫ가지며 오늘 일긔 한닝ᄒᆞ다 너는 죵시 셩치 아니ᄒᆞ니 답답 념녀다 작야 뇌우가 고이ᄒᆞ다

판독대비

번호	판독자료집	이기대 (2007 : 126)
1	한가지오시고	ᄒᆞᆫ가지오시고

여흥민씨 민영소가 명성황후 언간 034

〈명성황후-034, 1882~1895년, 명성황후(고모) → 민영소(조카)〉

판독문

글시 보고 야간 잘 잔 일 든든ᄒᆞ며 예는 샹후 문안 만안ᄒᆞ오시고 동궁 졔졀 틔평틔평ᄒᆞ시니 축슈축슈ᄒᆞ며 나는 ᄒᆞᆫ가지다 너는 오늘도 한가진 일 답답ᄒᆞ다 오늘 일긔도 한닝ᄒᆞ다

판독대비

번호	판독자료집	이기대 (2007 : 128)

여흥민씨 민영소가 명성황후 언간 035

〈명성황후-035, 1882~1895년, 명성황후(고모) → 민영소(조카)〉

판독문

글시 보고 야간 무탈ᄒᆞᆫ 일 든든ᄒᆞ며 예ᄂᆞᆫ 샹후 문안 만안ᄒᆞ오시고 동궁 제졀 ᄐᆡ평ᄐᆡ평ᄒᆞ시니 축슈축슈ᄒᆞ며 예ᄂᆞᆫ ᄒᆞᆫ가지다 오늘 일긔 음산 한닝ᄒᆞ니 답답ᄒᆞ다 너ᄂᆞᆫ 어ᄃᆡ 과히 거복지나 아니ᄒᆞᆫ지 ᄇᆞ릴[1] 길 업다

판독대비

번호	판독자료집	이기대 (2007 : 130)
1	ᄇᆞ릴	보길

여흥민씨 민영소가 명성황후 언간 036

〈명성황후-036, 1882~1895년, 명성황후(고모) → 민영소(조카)〉

판독문

글시 보고 야간 잘 잔 일 든든ᄒᆞ며 예는 상후 문안 만안ᄒᆞ오시고 동궁 제절 티평티평ᄒᆞ시니 축슈축슈ᄒᆞ며 나는 ᄒᆞᆫ가지다 오놀도 일긔 심닝ᄒᆞ며 너는 감긔로 셩치 아니ᄒᆞᆫ 일 답답ᄒᆞ다

판독대비

번호	판독자료집	이기대 (2007 : 132)

여흥민씨 민영소가 명성황후 언간 037

〈명성황후-037, 1882~1895년, 명성황후(고모) → 민영소(조카)〉

판독문

글시 보고 야간 무탈ᄒᆞᆫ 일 든든ᄒᆞ며 예ᄂᆞᆫ 샹후 문안 한가지오시고 동궁 졔졀 ᄐᆡ평ᄐᆡ평ᄒᆞ시니 축슈축슈ᄒᆞ며 예ᄂᆞᆫ ᄒᆞᆫ가지며 오ᄂᆞᆯ 일긔 한ᄂᆡᆼᄒᆞ다 너ᄂᆞᆫ 죵시 셩치 아니ᄒᆞ니 답답 념녀다 작야 뇌우가 고이ᄒᆞ다

판독대비

번호	판독자료집	이기대 (2007 : 134)

여흥민씨 민영소가 명성황후 언간 038 국립고궁박물관 1-15

〈명성황후-038, 1882~1895년, 명성황후(고모) → 민영소(조카)〉

판독문

글시 보고 야간 무탈호 일 든든ᄒᆞ고 예는 샹후 문안 만안ᄒᆞ오시고 동궁 졔졀 틔평틔평ᄒᆞ시니 츅슈츅슈ᄒᆞ며 나는 ᄒᆞᆫ가지다 오늘 일긔도 온화ᄒᆞ다 너는 쳬셜노 종시 고싱ᄒᆞ는 일 답답ᄒᆞ다

판독대비

번호	판독자료집	이기대 (2007 : 136)	국립고궁박물관 (2010 : 26)

여흥민씨 민영소가 명성황후 언간 039 국립고궁박물관 1-16

〈명성황후-039, 1882~1895년, 명성황후(고모) → 민영소(조카)〉

판독문

글시 보고 야간 무탈훈 일 든든ᄒᆞ며 예ᄂᆞᆫ 상후 문안 만안ᄒᆞ오시고 동궁 졔졀 틱평틱평ᄒᆞ오시니 츅슈츅슈ᄒᆞ며 나는 ᄒᆞᆫ가지다 오늘 일긔 음산ᄒᆞ다 너는 비통으로[1] 괴로온[2] 일 답답ᄒᆞ다

판독대비

번호	판독자료집	이기대 (2007 : 138)	국립고궁박물관 (2010 : 27)
1	비통으로	미통으로	미통으로
2	괴로온	괴로은	괴로은

여흥민씨 민영소가 명성황후 언간 040 국립고궁박물관 1-20

〈명성황후-040, 1882~1895년, 명성황후(고모) → 민영소(조카)〉

판독문

글시 보고 야간 무탈흔 일 든든흐며 예는 샹후 문안 만안흐오시고 동궁 졔졀 틱평틱평흐시니 축슈축슈흐며 나는 흔가지나 복통으로 괴롭다 오늘 일긔는 음산흐니 장마 갓다[1] 너의 즈친은 그러흐시니 답답흐다

판독대비

번호	판독자료집	이기대 (2007 : 140)	국립고궁박물관 (2010 : 31)
1	장마 갓다	장마갓다	장마갓다

여흥민씨 민영소가 명성황후 언간 041

〈명성황후-041, 1882~1895년, 명성황후(고모) → 민영소(조카)〉

판독문

글시 보고 야간 무탈ᄒᆞᆫ 일 든든ᄒᆞ며 예ᄂᆞᆫ 상후 문안 만안ᄒᆞ오시고 동궁 졔졀 ᄐᆡ평ᄐᆡ평ᄒᆞ시니 축슈축슈ᄒᆞ며 나ᄂᆞᆫ ᄒᆞᆫ가지다 영덕이ᄂᆞᆫ ᄉᆞ셰 그러ᄒᆞᆫ 쥴 몰ᄅᆞᄂᆞᆫ 거시 아니나 김명슈의 아비ᄅᆞᆯ 시겨 쥬마 ᄒᆞ여스니 변ᄀᆡᄒᆞ기가 어렵다 일긔 이리 ᄎᆞ니 답답ᄒᆞ다

판독대비

번호	판독자료집	이기대 (2007 : 142)

여흥민씨 민영소가 명성황후 언간 042 국립고궁박물관 1-18

〈명성황후-042, 1882~1895년, 명성황후(고모) → 민영소(조카)〉

판독문

글시 보고 야간 무탈흔 일 든든흐며 예는 샹후 문안 만안흐오시고 동궁 졔졀 틱평틱평흐시니 축슈축슈흐고 예는 흔가지다 오늘 일긔도 종일 우습흐다 힝노는 그만흐니 힝이다

판독대비

번호	판독자료집	이기대 (2007 : 144)	국립고궁박물관 (2010 : 29)

여흥민씨 민영소가 명성황후 언간 043 국립고궁박물관 1-21

〈명성황후-043, 1882~1895년, 명성황후(고모) → 민영소(조카)〉

판독문

글시 보고 야간 잘 잔 일 든든ᄒᆞ며 예는 샹후 문안 만안ᄒᆞ오시고 동궁 졔졀 틱평틱평ᄒᆞ시니 츅슈츅슈ᄒᆞ며 나는 ᄒᆞᆫ가지며 오늘 츙경 드려다 보니 좀 더 커시니 든든 긔특긔특ᄒᆞ다 오늘 일긔도 쳥화ᄒᆞ다

판독대비

번호	판독자료집	이기대 (2007 : 146)	국립고궁박물관 (2010 : 32)

여흥민씨 민영소가 명성황후 언간 044 국립고궁박물관 1-23, 1-24

〈명성황후-044*, 1882~1895년, 명성황후(고모) → 민영소(조카)〉

판독문

글시 보고 야간 잘 잔 일 든든ᄒᆞ며 형님ᄭᅴ셔ᄂᆞᆫ 편치 아니ᄒᆞ시니 답답ᄒᆞ다 츙경이ᄂᆞᆫ 나가 잘 잔 일 든든ᄒᆞ고 나귀로 ᄒᆞ야 그러틋 조하ᄒᆞᄂᆞᆫ 일 긔특긔특ᄒᆞ나 치운 날 빗치ᄂᆞᆫ 일 답답ᄒᆞ고 죵시 나귀 셩미가 경망ᄒᆞ니 탈 졔 잘 붓드러 쥬어라 조심스럽다 그놈은 자라면 너도곤도 낫게스니 긔특긔특ᄒᆞ다 예ᄂᆞᆫ 샹후 문안 만안ᄒᆞ오시고 동궁 졔졀 티평티평ᄒᆞ시니 츅슈츅슈ᄒᆞ며 예ᄂᆞᆫ ᄒᆞᆫ가지나 담화로 괴롭다 오ᄂᆞᆯ 일긔ᄂᆞᆫ 쳥화ᄒᆞ나 한닝ᄒᆞ다

판독대비

번호	판독자료집	이기대 (2007 : 148, 150)	국립고궁박물관 (2010 : 34~35)

* 두 장으로 나누어진 편지이다. 이기대(2007)에서는 44-1, 44-2로, 국립고궁박물관(2010)에서는 1-23, 1-24로 나누어 소개하였으나 여기서는 한 편지임을 고려하여 판독문을 나누지 않고 통합하여 제시하였다.

여흥민씨 민영소가 명성황후 언간 045 국립고궁박물관 1-22

〈명성황후-045, 1882~1895년, 명성황후(고모) → 민영소(조카)〉

판독문

글시 보고 야간 잘 잔 일 든든ᄒᆞ며 예ᄂᆞᆫ 상후 문안 만안ᄒᆞ오시고 동궁 졔졀 ᄐᆡ평ᄐᆡ평ᄒᆞ시니 축슈축슈ᄒᆞ며 나ᄂᆞᆫ ᄒᆞᆫ가지다 오늘 일긔도 쳥화ᄒᆞ다 ᄎᆞᆼ경이ᄂᆞᆫ 과립은 좀 만하도 증세 극슌ᄒᆞ니 다힝이다 조심들 ᄒᆞ게 ᄒᆞ야라

판독대비

번호	판독자료집	이기대 (2007 : 152)	국립고궁박물관 (2010 : 33)

여흥민씨 민영소가 명성황후 언간 046

〈명성황후-046, 1882~1895년, 명성황후(고모) → 민영소(조카)〉

판독문

글시 보고 야간 잘 잔 일 든든ᄒᆞ며 예ᄂᆞᆫ 상후 문안 만안ᄒᆞ오시고 동궁 졔졀 티평티평ᄒᆞ시니 축슈축슈ᄒᆞ며 나ᄂᆞᆫ ᄒᆞᆫ가지다 오ᄂᆞᆯ 일긔 괴샹ᄒᆞ다[1] 츙경이 안질은 엇지 그러ᄒᆞᆫ지 답답 념녀 측냥업다 연산은 ᄎᆞᄎᆞ 구쳐ᄒᆞ랴 ᄒᆞ나 맛당치 아니니 답답ᄒᆞ다 남모게 ᄂᆞᆫᄌᆞ시[2] 아라보고 그 일은 듕뎡 ᄡᅧ보ᄂᆞᆫ 거시 조타

판독대비

번호	판독자료집	이기대 (2007 : 154)
1	괴샹ᄒᆞ다	괴상ᄒᆞ다
2	남모게 ᄂᆞᆫᄌᆞ시	남 모게ᄂᆞᆫ ᄌᆞ시

여흥민씨 민영소가 명성황후 언간 047

〈명성황후-047, 1882~1895년, 명성황후(고모) → 민영소(조카)〉

판독문

글시 보고 야간 잘 잔 일 든든ᄒᆞ며 예는 샹후 문안 만안ᄒᆞ오시고 동궁 졔절 티평티평ᄒᆞ시니 축슈축슈ᄒᆞ며 나는 ᄒᆞᆫ가지다 오늘 일긔 혹한이다 츙경이 안질은 너모 답답ᄒᆞ다 아모조록 속히[1] 치료ᄒᆞ야라 븍빅[2] 쟝계와 상소는 경히ᄒᆞ게다

판독대비

번호	판독자료집	이기대 (2007 : 156)
1	속히	슈히
2	븍빅	북빅

여흥민씨 민영소가 명성황후 언간 048

〈명성황후-048, 1882~1895년, 명성황후(고모) → 민영소(조카)〉

판독문

글시 보고 야간 잘 잔 일 든든ᄒᆞ며 예ᄂᆞᆫ 샹후 문안 만안ᄒᆞ오시고 동궁 졔졀 ᄐᆡ평ᄐᆡ평ᄒᆞ시니 축슈축슈ᄒᆞ며 나ᄂᆞᆫ ᄒᆞᆫ가지다 오ᄂᆞᆯ 셜후 일긔 졸한이다 양간이 안질의 ᄆᆡ오 조타기 보ᄂᆡ니 츙경이 먹이면 조케다

판독대비

번호	판독자료집	이기대 (2007 : 158)

여흥민씨 민영소가 명성황후 언간 049

〈명성황후-049, 1882~1895년, 명성황후(고모) → 민영소(조카)〉

판독문

글시 보고 야간 잘 잔 일 든든ᄒᆞ며 예ᄂᆞᆫ 샹후 문안 만안ᄒᆞ오시고 동궁 졔졀 ᄐᆡ평ᄐᆡ평ᄒᆞ시니 츅슈츅슈ᄒᆞ며 나ᄂᆞᆫ ᄒᆞᆫ가지다 오ᄂᆞᆯ 일긔 한녕ᄒᆞ며 츙경이ᄂᆞᆫ 안질 더ᄒᆞᆫ 일 념녀 측냥업다 앗가 양간 오부 보ᄂᆡ여드니 보앗ᄂᆞ냐 셩실이 좀 먹여 보고 양의나 좀 보이면 조케다 안질이 오ᄅᆡ면 조심된다

판독대비

번호	판독자료집	이기대 (2007 : 160)

여흥민씨 민영소가 명성황후 언간 050

〈명성황후-050, 1882~1895년, 명성황후(고모) → 민영소(조카)〉

판독문

글시 보고 야간 무탈ᄒᆞᆫ 일 든든ᄒᆞ며 예ᄂᆞᆫ 샹후 문안 만안ᄒᆞ오시고 동궁 졔졀 ᄐᆡ평ᄐᆡ평ᄒᆞ시니 츅슈츅슈ᄒᆞ며 나ᄂᆞᆫ ᄒᆞᆫ가지다 오늘 일긔ᄂᆞᆫ 쳥온ᄒᆞ다 셩기운 젼료ᄂᆞᆫ ᄌᆞ시 아라다 작일 그 말ᄉᆞᆷ 하교ᄒᆞ오셔 드러다 드른 쳬 아니니 념 ᄆᆞ라

판독대비

번호	판독자료집	이기대 (2007 : 162)

여흥민씨 민영소가 명성황후 언간 051

〈명성황후-051, 1890~1895년, 명성황후(고모) → 민영소(조카)〉

판독문

글시 보고 야간 잘 잔 일 든든ᄒᆞ며 예는 상후 문안 만안ᄒᆞ오시고 동궁 졔졀 틱평틱평ᄒᆞ시니 츅슈츅슈ᄒᆞ며 나는 ᄒᆞᆫ가지다 오늘 일긔도 한닝ᄒᆞ며 셩기운이게[1] 일너 알외기룰 그 표룰 ᄒᆞ야 밧칠딕[2] 인쳔으로 표둘ᄒᆞ려 갓스니 오는 딕로 밧칠 쥴노 알외고 오늘은 밧치지 말나 ᄒᆞ야다 오늘 셩기운이가 예궐 딕령 듕이니[3] 시방 편지로 통긔ᄒᆞ야라 잘못ᄒᆞ면 낭픽다 시방 ᄒᆞ야라

판독대비

번호	판독자료집	이기대 (2007 : 164)
1	셩기운이게	셩기운이계
2	밧칠딕	밧칠 딕
3	듕이니	즁이니

여흥민씨 민영소가 명성황후 언간 052 국립고궁박물관 2-6

〈명성황후-052, 1882~1895년, 명성황후(고모) → 민영소(조카)〉

판독문

글시 보고 든든ᄒᆞ며 셩기운이게는[1] 혹 네 편지가 불급ᄒᆞᆯ가 영달이 시겨 ᄯᅩ 일너드니 네 편지 보니 잘ᄒᆞᆫ 거술 너가 ᄯᅩ 잘못 일너기 상호다려 셩기운이를 보고 졔 말디로 ᄯᅩ 이르라 ᄒᆞ얏다

판독대비

번호	판독자료집	이기대 (2007 : 166)	국립고궁박물관 (2010 : 45)
1	셩기운이게는	셩기운이계는	셩기운이계는

여흥민씨 민영소가 명성황후 언간 053 국립고궁박물관 3-14

〈명성황후-053, 1892년, 명성황후(고모) → 민영소(조카)〉

판독문

글시 보고 야간 무탈혼 일 든든ᄒᆞ며 예는 샹후 문안 만안ᄒᆞ오시고 동궁 졔절 틱평틱평ᄒᆞ시니 츅슈츅슈ᄒᆞ며 나는 혼가지나[1] 쳬긔 혼가지다 오늘도 일긔 한닝ᄒᆞ다 셔산 조는[2] 보앗다 안쥰옥이는 졔쳔으로 옴기고 뎡동긔는 못 옴겨다 네 형은 은진으로 ᄒᆞ야다 변변치 아니나 아직 갓다 ᄎᆞᄎᆞ 옴게 ᄒᆞ는 거시 조키 그리ᄒᆞ고 한산은 영월노[3] ᄒᆞ야다

판독대비

번호	판독자료집	이기대 (2007 : 168)	국립고궁박물관 (2010 : 79)
1	혼가지나	혼가지다	혼가지다
2	셔산 조는	셔산조는	셔산조는
3	영월노	영월로	영월로

여흥민씨 민영소가 명성황후 언간 054 국립고궁박물관 3-13

〈명성황후-054, 1891년, 명성황후(고모) → 민영소(조카)〉

판독문

글시 보고 든든ᄒᆞ며 안츈옥이는 이쳐 보니여다 졔 ᄋᆞ오 ᄉᆡᆼ각ᄒᆞ니 너모 불상ᄒᆞ다

판독대비

번호	판독자료집	이기대 (2007 : 171)	국립고궁박물관 (2010 : 78)

여흥민씨 민영소가 명성황후 언간 055 국립고궁박물관 3-23

〈명성황후-055, 1883~1895년, 명성황후(고모) → 민영소(조카)〉

판독문

글시 보고 든든ᄒᆞ며 오늘 원 쳔젼은[1] 아니 되고 김학모도 오늘은 못 된다 박셩근 슈쇄[2] 일노 니유형이룰[3] 보ᄂᆡ게시니 져다려 무러 관ᄌᆞ로[4] ᄒᆞ나흘[5] ᄒᆞ야 오너라

판독대비

번호	판독자료집	이기대 (2007 : 172)	국립고궁박물관 (2010 : 88)
1	원 쳔젼은	원쳔젼은	원쳔젼은
2	슈쇄	슈셔	슈셔
3	일노 니유형이룰	일노니 유형이룰	일노니 유형이룰
4	관ᄌᆞ로	단ᄌᆞ로	단ᄌᆞ로
5	ᄒᆞ나흘	ᄒᆞ날을	ᄒᆞ날을

여흥민씨 민영소가 명성황후 언간 056

〈명성황후-056, 1892년, 명성황후(고모) → 민영소(조카)〉

판독문

글시 보고 야간 무탈훈 일 든든후며 예는 샹후 문안 만안후오시고 동궁 졔졀 티평티평후시니 축슈축슈후며 나는 훈가지나 각통이 훈가지다 영복이 검교는 그리후게다 비죵 샹격은 아라보게다 안쥰옥이는 쳔젼후게다 오늘 일긔도 한닝후다

판독대비

번호	판독자료집	이기대 (2007 : 174)

여흥민씨 민영소가 명성황후 언간 057 국립고궁박물관 2-21

〈명성황후-057, 1892~1895년, 명성황후(고모) → 민영소(조카)〉

판독문

글시 보고 야간 무탈훈 일 든든ᄒᆞ며 예는 샹후 문안 만안ᄒᆞ오시고 동궁 졔절 틱평틱평ᄒᆞ시니 축슈축슈ᄒᆞ며 나는 훈가지나[1] 오늘도 두통으로 괴로오며 일긔는 미오 화창ᄒᆞ다 김문졔는 외국 조졔지지의[2] 가셔 슈치가 되여시니 엇지 아직 풀니게ᄂᆞ냐 ᄒᆞ오시니 못 훈다 판셔 편지 거번 드려온 것 보낸다

판독대비

번호	판독자료집	이기대 (2007 : 176)	국립고궁박물관 (2010 : 60)
1	훈가지나	훈가지다	훈가지다
2	김문졔는 외국 조졔지지의	김문졔 는의 국도 졔지 지의	김문졔 는의 국도 졔지 지의

여흥민씨 민영소가 명성황후 언간 058

〈명성황후-058, 1880~1895년, 명성황후(고모) → 민영소(조카)〉

판독문

글시 보고 야간 잘 잔 일 든든ᄒᆞ며 예ᄂᆞᆫ 상후 문안 종시 싀훤이[1] 평복지 못ᄒᆞ시니 동동ᄒᆞ고 동궁 제졀 틱평틱평ᄒᆞ시나 종시 구미 아니 겨오시니 답답ᄒᆞ며 나ᄂᆞᆫ ᄒᆞᆫ가지다 진헌 단ᄌᆞᄂᆞᆫ ᄌᆞ시 보앗ᄉᆞ며 됴동협이ᄂᆞᆫ ᄉᆞ셰ᄂᆞᆫ 그러ᄒᆞ나 가ᄌᆞ도 아니 나고 ᄯᅩ 됴가가 이번 셰시나 가ᄌᆞ ᄒᆞ얏ᄂᆞᆫᄃᆡ ᄯᅩ 엇지 ᄒᆞ게ᄂᆞ냐 일긔ᄂᆞᆫ 한닝ᄒᆞ다

판독대비

번호	판독자료집	이기대 (2007 : 178)
1	싀훤이	시훤이

여흥민씨 민영소가 명성황후 언간 059 국립고궁박물관 3-18

〈명성황후-059, 1890~1895년, 명성황후(고모) → 민영소(조카)〉

판독문

글시 보고 야간 잘 잔 일 든든ᄒᆞ며 예ᄂᆞᆫ 샹후 문안 만안ᄒᆞ오시고 동궁 제졀 ᄐᆡ평ᄐᆡ평ᄒᆞ시니 축슈축슈ᄒᆞ며 나ᄂᆞᆫ ᄒᆞᆫ가지다 오ᄂᆞᆯ 일긔 극열이다 됴동희ᄂᆞᆫ 근ᄂᆡ 소쳬ᄒᆞᆫ 젼네가 업셔 오ᄂᆞᆯ 검교 ᄎᆞ하ᄅᆞᆯ ᄒᆞ얏다 됴영희 박창셔ᄂᆞᆫ 오ᄂᆞᆯ 뎡ᄉᆞ의ᄂᆞᆫ 쟝젼이[1] 아니 드러와 못 ᄒᆞᆫ다

판독대비

번호	판독자료집	이기대 (2007 : 180)	국립고궁박물관 (2010 : 83)
1	쟝젼이	장젼이	장젼이

여흥민씨 민영소가 명성황후 언간 060

〈명성황후-060, 1882~1895년, 명성황후(고모) → 민영소(조카)〉

판독문

글시 보고 야간 무탈ᄒᆞᆫ 일 든든ᄒᆞ며 예는 상후 문안 만안ᄒᆞ오시고 동궁 졔졀 티평티평ᄒᆞ시니 축슈축슈ᄒᆞ며 나는 ᄒᆞᆫ가지나[1] 감긔 더ᄒᆞ니 괴롭다 너는 슌죵[2] 긔운이 ᄯᅩ 어이 잇는지 념녀며[3] 과히 긴치나 아니ᄒᆞ냐 됴동희는 ᄂᆡ일 금교 시기게다 오늘 일긔는 졸한이다

판독대비

번호	판독자료집	이기대 (2007 : 182)
1	ᄒᆞᆫ가지나	ᄒᆞᆫ가지다
2	슌죵	슌둉
3	념녀며	념녀며

여흥민씨 민영소가 명성황후 언간 061 국립고궁박물관 3-19

〈명성황후-061, 1882~1895년, 명성황후(고모) → 민영소(조카)〉

판독문

글시 보고 야간 무탈ᄒᆞᆫ 일 든든ᄒᆞ며 예는 샹후 문안 만안ᄒᆞ오시고 동궁 졔졀 틱평틱평ᄒᆞ시니 츅슈츅슈ᄒᆞ며 예는 ᄒᆞᆫ가지다 오늘 일긔는 온화ᄒᆞ다 됴동희 일은 엇지 될지 보아야게스나 엇지 질언이야 ᄒᆞ게ᄂᆞ냐

판독대비

번호	판독자료집	이기대 (2007 : 184)	국립고궁박물관 (2010 : 84)

여흥민씨 민영소가 명성황후 언간 062 국립고궁박물관 1-8

〈명성황후-062, 1882~1895년, 명성황후(고모) → 민영소(조카)〉

판독문

글시 보고 야간 무탈흔 일 든든흐며 예는 상후 문안 만안흐오시고 동궁 제절 틱평틱평흐시니 축슈축슈흐며 나는 흔가지다 일긔는 심동이나 다르지 아니니 괴샹흐다[1] 박챵셔는[2] 알외게다

판독대비

번호	판독자료집	이기대 (2007 : 186)	국립고궁박물관 (2010 : 19)
1	괴샹흐다	괴상흐다	괴상흐다
2	박챵셔는	박창셔는	박창셔는

여흥민씨 민영소가 명성황후 언간 063

〈명성황후-063, 1882~1895년, 명성황후(고모) → 민영소(조카)〉

판독문

글시 보고 야간 잘 잔 일 든든ᄒᆞ며 예는 샹후 문안 만안ᄒᆞ오시고 동궁 졔졀 티평티평ᄒᆞ시니 츅슈츅슈ᄒᆞ며 나는 ᄒᆞᆫ가지다 오늘 일긔 한닝ᄒᆞ며 충경이는 안환이 죵시 낫지 아니ᄒᆞ니 답답ᄒᆞ고 양간은 긴히 � 터히면[1] 이후 ᄯᅩ 보닉게다 됴동혁이는 알외여 보게다 오늘 니판[2] 샹소ᄒᆞ야[3] 갈어스니 슈일간 변통ᄒᆞ게다

판독대비

번호	판독자료집	이기대 (2007 : 188)
1	ᄈᆞᆯ 터히면	풀허히면
2	니판	니란
3	샹소ᄒᆞ야	샹소ᄒᆞ야

여흥민씨 민영소가 명성황후 언간 064

〈명성황후-064, 1891년, 명성황후(고모) → 민영소(조카)〉

판독문

디축은 권영슈로 ᄒᆞ게[1] ᄒᆞ야라

판독대비

번호	판독자료집	이기대 (2007 : 190)
1	ᄒᆞ게	ᄒᆞ계

여흥민씨 민영소가 명성황후 언간 065 국립고궁박물관 2-3

〈명성황후-065, 1882~1895년, 명성황후(고모) → 민영소(조카)〉

판독문

글시 보고 든든ᄒᆞ며 교영은 의례이 ᄒᆞ실 터히니 그ᄃᆡ로 회답ᄒᆞ지 다른 ᄉᆞ연 무엇 잇ᄂᆞ냐

판독대비

번호	판독자료집	이기대 (2007 : 191)	국립고궁박물관 (2010 : 42)

여흥민씨 민영소가 명성황후 언간 066 국립고궁박물관 1-27

〈명성황후-066, 1882~1895년, 명성황후(고모) → 민영소(조카)〉

판독문

글시 보고 야간 무탈훈 일 든든ᄒᆞ며 예는 샹후 문안 만안ᄒᆞ오시고 동궁 졔졀 티평티평ᄒᆞ시니 축슈축슈ᄒᆞ며 나는 ᄒᆞᆫ가지다 오늘 일긔 쳥화ᄒᆞ다 작일 영상의 소조는[1] 큰[2] 변괴며 종치도[3] 지금것 못 ᄒᆞ니 졀분ᄒᆞ고 몰나드니 호삼이는 공연이 남의 구실이 되니 졀통졀통ᄒᆞ다

판독대비

번호	판독자료집	이기대 (2007 : 192)	국립고궁박물관 (2010 : 38)
1	소조는	소도는	소도는
2	큰	곳	곳
3	종치도	종지도	종지도

여흥민씨 민영소가 명성황후 언간 067 국립고궁박물관 1-28

〈명성황후-067, 1882~1895년, 명성황후(고모) → 민영소(조카)〉

판독문

글시 보고 야간 잘 잔 일 든든ᄒᆞ며 예는 상후 문안 만안ᄒᆞ오시고 동궁 제절 티평티평ᄒᆞ시니 축슈축슈ᄒᆞ며 예는 ᄒᆞᆫ가지다 오늘 일긔 한닝ᄒᆞ다 호삼이는 ᄉᆞ악ᄀᆞ지 되니 더옥[1] 감챵ᄒᆞ다[2]

판독대비

번호	판독자료집	이기대 (2007 : 194)	국립고궁박물관 (2010 : 39)
1	더옥	더욱	더욱
2	감챵ᄒᆞ다	감창ᄒᆞ다	감창ᄒᆞ다

여흥민씨 민영소가 명성황후 언간 068 국립고궁박물관 3-25

〈명성황후-068, 1882~1895년, 명성황후(고모) → 민영소(조카)〉

판독문

글시 보고 야간 무탈ᄒᆞᆫ 일 든든ᄒᆞ며 예ᄂᆞᆫ 샹후 문안 만안ᄒᆞ오시고 동궁 제절 ᄐᆡ평ᄐᆡ평ᄒᆞ시니 축슈축슈ᄒᆞ며 예ᄂᆞᆫ ᄒᆞᆫ가지다 오ᄂᆞᆯ 일긔도 한녕ᄒᆞ다 니호익이 일은 아직 머니 ᄎᆞᄎᆞ 보아야게다

판독대비

번호	판독자료집	이기대 (2007 : 196)	국립고궁박물관 (2010 : 90)

여흥민씨 민영소가 명성황후 언간 069 국립고궁박물관 3-12

〈명성황후-069, 1891~1892년, 명성황후(고모) → 민영소(조카)〉

판독문

글시 보고 야간 무탈ᄒᆞᆫ 일 든든ᄒᆞ며 예ᄂᆞᆫ 샹후 문안 만안ᄒᆞ오시고 동궁 졔절 ᄐᆡ평ᄐᆡ평ᄒᆞ시니 축슈축슈ᄒᆞ며 나ᄂᆞᆫ ᄒᆞᆫ가지다 오늘 일긔ᄂᆞᆫ 온화ᄒᆞ다 너ᄂᆞᆫ 그쳐로 셩치 아니ᄒᆞᆫ 일 답답ᄒᆞ다 김셩근이ᄂᆞᆫ 참찬 시겨다

판독대비

번호	판독자료집	이기대 (2007 : 198)	국립고궁박물관 (2010 : 77)

여흥민씨 민영소가 명성황후 언간 070 국립고궁박물관 3-11

〈명성황후-070, 1882~1895년, 명성황후(고모) → 민영소(조카)〉

판독문

글시 보고 야간 무탈훈 일 든든ᄒᆞ며 예는 샹후 문안 만안ᄒᆞ오시고 동궁 졔졀 티평티평ᄒᆞ시니 축슈축슈ᄒᆞ며 나는 ᄒᆞᆫ가지다 오늘 일긔 음닝ᄒᆞ다 김셩근이는 그리ᄒᆞ게다

판독대비

번호	판독자료집	이기대 (2007 : 200)	국립고궁박물관 (2010 : 76)

여흥민씨 민영소가 명성황후 언간 071 국립고궁박물관 3-21

〈명성황후-071, 1882~1895년, 명성황후(고모) → 민영소(조카)〉

판독문

글시 보고 야간 잘 잔 일 든든ᄒᆞ며 예ᄂᆞᆫ 샹후 문안 만안ᄒᆞ오시고 동궁 졔졀 ᄐᆡ평ᄐᆡ평ᄒᆞ시니 츅슈츅슈ᄒᆞ며 예ᄂᆞᆫ ᄒᆞᆫ가지다 오ᄂᆞᆯ 일긔 쳥화ᄒᆞ다 한기동이ᄂᆞᆫ 엇지 구쳐를 ᄒᆞ야 보쟈 ᄒᆞ고[1] 김용원이ᄂᆞᆫ 오ᄂᆞᆯ 윤창셥이[2] 상녜를 ᄂᆡ여 시겨다

판독대비

번호	판독자료집	이기대 (2007 : 202)	국립고궁박물관 (2010 : 86)
1	보쟈 ᄒᆞ고	보자ᄒᆞ고	보자ᄒᆞ고
2	윤창셥이	오ᄉᆞ 창셥이	오ᄉᆞ 창셥이

여흥민씨 민영소가 명성황후 언간 072

〈명성황후-072, 1882~1895년, 명성황후(고모) → 민영소(조카)〉

판독문

글시 보고 야간 잘 잔 일 든든ᄒᆞ며 예ᄂᆞᆫ 샹후 문안 만안ᄒᆞ오시고 동궁 졔졀 티평티평ᄒᆞ시니 축슈축슈ᄒᆞ며 예ᄂᆞᆫ ᄒᆞᆫ가지고 오ᄂᆞᆯ은 조금 낫다 오ᄂᆞᆯ 일긔ᄂᆞᆫ 쳥냥ᄒᆞ다 김승집이 말ᄉᆞᆷ은 알외여다

판독대비

번호	판독자료집	이기대 (2007 : 204)

여흥민씨 민영소가 명성황후 언간 073 국립고궁박물관 3-26

〈명성황후-073, 1882~1895년, 명성황후(고모) → 민영소(조카)〉

판독문

글시 보고 야간 무탈ᄒᆞᆫ 일 든든ᄒᆞ며 예ᄂᆞᆫ 샹후 문안 만안ᄒᆞ오시고 동궁 제졀 ᄐᆡ평ᄐᆡ평ᄒᆞ시니 축슈축슈ᄒᆞ며 나ᄂᆞᆫ ᄒᆞᆫ가지다 오ᄂᆞᆯ 일긔ᄂᆞᆫ 쳥화ᄒᆞ다 완ᄇᆡᆨ은 가라출지 보아야게다 니듕칠이ᄂᆞᆫ ᄂᆡ ᄆᆞ음의ᄂᆞᆫ 그러나 우희셔ᄂᆞᆫ 종시 어렵다오시니[1] 되기 어렵다 김덕규의 모의게ᄂᆞᆫ[2] 무료ᄅᆞᆯ[3] 보앗다 그러키 쳐음의부터 ᄒᆞᆫ 말이다

판독대비

번호	판독자료집	이기대 (2007 : 206)	국립고궁박물관 (2010 : 91)
1	어렵다오시니	어렵다 오시니	어렵다 오시니
2	모의게ᄂᆞᆫ	보외 계ᄂᆞᆫ	보외 계ᄂᆞᆫ
3	무료ᄅᆞᆯ	무롯 줄	무롯 줄

여흥민씨 민영소가 명성황후 언간 074 국립고궁박물관 3-22

〈명성황후-074, 1882~1895년, 명성황후(고모) → 민영소(조카)〉

판독문

글시 보고 야간 무탈훈 일 든든ᄒᆞ며 예는 샹후 문안 만안ᄒᆞ오시고 동궁 졔졀 티평티평ᄒᆞ시니 축슈축슈ᄒᆞ며 나는 ᄒᆞᆫ가지다 오늘 일긔는 죵일 괴상ᄒᆞ다 너는 은진으로 괴로온 일 답답ᄒᆞ다 됴병갑이는 그러ᄒᆞ나 그 식의[1] 아니 나든 거술 ᄒᆞᆯ 길 업스니 다른 ᄃᆡ로나 ᄒᆞ게다

판독대비

번호	판독자료집	이기대 (2007 : 208)	국립고궁박물관 (2010 : 87)
1	식의	식외	식외

여흥민씨 민영소가 명성황후 언간 075 국립고궁박물관 3-8

〈명성황후-075, 1882~1895년, 명성황후(고모) → 민영소(조카)〉

판독문

글시 보고 야간 무탈ᄒᆞᆫ 일 든든ᄒᆞ며 예ᄂᆞᆫ 샹후 문안 만안ᄒᆞ오시고 동궁 졔졀 ᄐᆡ평ᄐᆡ평ᄒᆞ시니 츅슈츅슈ᄒᆞ며 나ᄂᆞᆫ ᄒᆞᆫ가지다 오늘 일긔 한ᄂᆡᆼᄒᆞ다 젼표ᄂᆞᆫ ᄌᆞ시 보앗다 덕원은 아마 슈히 ᄂᆡ이될 듯ᄒᆞ다 삭슈ᄂᆞᆫ[1] 거진 다 되엿다

판독대비

번호	판독자료집	이기대 (2007 : 210)	국립고궁박물관 (2010 : 73)
1	삭슈ᄂᆞᆫ	-	삭슈ᄂᆞ

여흥민씨 민영소가 명성황후 언간 076 국립고궁박물관 2-16

〈명성황후-076, 1882~1895년, 명성황후(고모) → 민영소(조카)〉

판독문

글시 보고 야간 무탈훈 일 든든호고 예는 상후 문안 만안호오시고 동궁 제졀 티평티평호시니 축슈축슈호며 나는 훈가지다 감체는 훈가지니 괴롭다 일긔는 한닝호다 진찬소 여지는 조셔이 보앗다 니옥향이는 지금 두류호다 이졔야 간다는 말이 무슨 말이며 마핑 척문은 쥬어다 작폐될가 시부니 그만두게다

판독대비

번호	판독자료집	이기대 (2007 : 212)	국립고궁박물관 (2010 : 55)

여흥민씨 민영소가 명성황후 언간 077 국립고궁박물관 2-7

〈명성황후-077, 1883년, 명성황후(고모) → 민영소(조카)〉

판독문

글시 보고 야간 무탈ᄒᆞᆫ 일 든든ᄒᆞ며 예ᄂᆞᆫ 샹후 문안 만안ᄒᆞ오시고 동궁 제절 ᄐᆡ평ᄐᆡ평ᄒᆞ시니 축슈축슈ᄒᆞ며 예ᄂᆞᆫ ᄒᆞᆫ가지다 오늘 일긔ᄂᆞᆫ 음닝ᄒᆞ며 니용원이가 오늘 상소ᄅᆞᆯ ᄒᆞ얏ᄂᆞᆫᄃᆡ 귀어가 절절 통분ᄒᆞ다

판독대비

번호	판독자료집	이기대 (2007 : 214)	국립고궁박물관 (2010 : 46)

여흥민씨 민영소가 명성황후 언간 078

〈명성황후-078, 1891년, 명성황후(고모) → 민영소(조카)〉

판독문

글시 보고 야간 무탈훈 일 든든호며 예는 상후 문안 한가지오시니[1] 동동호고 동궁 제절 티평티평호시니 축슈축슈호며 나는 훈가지다 오늘 일긔 한닝호다 전표는 즈시 보고 관문은 보닌다 홍지희게는[2] 즈시 드러다 너는 쳬셜노 셩치[3] 아니훈 일 답답호다 통영 근쳐의 누고롤 좀 보닉게시니 통졔스긔 거긔 돈 오쳔 냥만 어더 쥬게 편지 훈 장 호여 드려보닉여라

판독대비

번호	판독자료집	이기대 (2007 : 216)
1	한가지오시니	훈가지 오시니
2	홍지희게는	홍지희 계는
3	셩치	경치

여흥민씨 민영소가 명성황후 언간 079

〈명성황후-079, 1883년 혹은 1887년, 명성황후(고모) → 민영소(조카)〉

판독문

글시 보고 든든ᄒᆞ며 향항셔도 무탈은 ᄒᆞᆫ 일 든든ᄒᆞ나 편지도 업스니 굼굼ᄒᆞ다 통영 셔간은 바다다 ᄉᆞ복 관문은 궁의셔 보닌 듯ᄒᆞ니 아라보게다

판독대비

번호	판독자료집	이기대 (2007 : 218)

여흥민씨 민영소가 명성황후 언간 080 국립고궁박물관 3-15

〈명성황후-080, 1882~1895년, 명성황후(고모) → 민영소(조카)〉

판독문

앗가 슈슈 듕 잇고 못 ᄒᆞ얏다 통영 비쟝 김철희가 이왕 젼 통ᄉᆞ ᄯᅥᆨ 잇든 거시니 눌너 쥬계 ᄒᆞ야라

판독대비

번호	판독자료집	이기대 (2007 : 220)	국립고궁박물관 (2010 : 80)

여흥민씨 민영소가 명성황후 언간 081 국립고궁박물관 3-20

〈명성황후-081, 1882~1895년, 명성황후(고모) → 민영소(조카)〉

판독문

글시 보고 야간 무탈ᄒᆞᆫ 일 든든ᄒᆞ며 예ᄂᆞᆫ 샹후 문안 만안ᄒᆞ오시고 동궁 졔졀 ᄐᆡ평ᄐᆡ평ᄒᆞ시니 츅슈츅슈ᄒᆞ며 나ᄂᆞᆫ ᄒᆞᆫ가지다 오ᄂᆞᆯ도 일긔 괴샹ᄒᆞ며 니무로ᄂᆞᆫ 갈닋다[1] 엄쥬한이 말ᄉᆞᆷ은 알외게다

판독대비

번호	판독자료집	이기대 (2007 : 222)	국립고궁박물관 (2010 : 85)
1	갈닋다	갈넌다	갈넌다

여흥민씨 민영소가 명성황후 언간 082 국립고궁박물관 3-24

〈명성황후-082, 1894년, 명성황후(고모) → 민영소(조카)〉

판독문

글시 보고 야간 무탈한 일 든든ᄒᆞ며 예는 샹후 문안 만안ᄒᆞ오시고 동궁 졔졀 티평티평ᄒᆞ시니 축슈축슈ᄒᆞ며 나는 ᄒᆞᆫ가지나 담쳬로 괴롭다 오늘 우후 일긔 쳥냥ᄒᆞ다 니티용이는 옥당 시겨다

판독대비

번호	판독자료집	이기대 (2007 : 224)	국립고궁박물관 (2010 : 89)

여흥민씨 민영소가 명성황후 언간 083

〈명성황후-083, 1882~1895년, 명성황후(고모) → 민영소(조카)〉

판독문

글시 보고 야간 무탈ᄒᆞᆫ 일 든든ᄒᆞ며 예ᄂᆞᆫ 샹후 문안 만안ᄒᆞ오시고 동궁 졔졀 ᄐᆡ평ᄐᆡ평ᄒᆞ시니 츅슈츅슈ᄒᆞ며 예ᄂᆞᆫ ᄒᆞᆫ가지며 오ᄂᆞᆯ 일긔 쳥화ᄒᆞ다 니 모의[1] 일은 위험 슈상ᄒᆞ다 됴듕셰ᄂᆞᆫ 갈 만ᄒᆞᆫ ᄃᆡ 업스니 그만두엇다 이후 옴기ᄂᆞᆫ 거시 낫기 그리ᄒᆞ랴 ᄒᆞᆫ다

판독대비

번호	판독자료집	이기대 (2007 : 226)
1	니 모의	니모의

여흥민씨 민영소가 명성황후 언간 084

〈명성황후-084, 1890년, 명성황후(고모) → 민영소(조카)〉

판독문

글시 보고 야간 잘 잔 일 든든ᄒᆞ며 예ᄂᆞᆫ 샹후 문안 만안ᄒᆞ오시고 동궁 제졀 티평티평ᄒᆞ시니 축슈축슈ᄒᆞ며 나ᄂᆞᆫ ᄒᆞᆫ가지다 오늘 일긔ᄂᆞᆫ 악한이다 츙경이ᄂᆞᆫ 좀 나흔 일 긔특긔특ᄒᆞ다 삼뎐은 오늘 니훈경이가 ᄒᆞ얏스니 못 된다

판독대비

번호	판독자료집	이기대 (2007 : 228)

여흥민씨 민영소가 명성황후 언간 085

〈명성황후-085, 1886~1895년, 명성황후(고모) → 민영소(조카)〉

판독문

글시 보고 야간 잘 잔 일 든든ᄒᆞ며 예는 샹후 문안 만안ᄒᆞ오시고 동궁 졔졀 티평티평ᄒᆞ시니 축슈축슈ᄒᆞ며 나는 ᄒᆞᆫ가지다 오늘 동우는 괴상ᄒᆞ다 고영관이는 그리ᄒᆞ야라 셔종티는 파보를 못 ᄒᆞ니 못 ᄒᆞᆫ다오시니[1] 못 된다 됴병집이는 여러 번 알외나 종시 지란ᄒᆞ시니 답답ᄒᆞ며 시방도 ᄯᅩ 알왼다

판독대비

번호	판독자료집	이기대 (2007 : 230)
1	못 ᄒᆞᆫ다오시니	못ᄒᆞᆫ다 오시니

여흥민씨 민영소가 명성황후 언간 086

〈명성황후-086, 1886~1895년, 명성황후(고모) → 민영소(조카)〉

판독문

글시 보고 든든ᄒᆞ며 니 모의 일은 넘녀 업지[1] 아니니 인쳔으로 조용이[2] 아라보면 조케다 됴병집이ᄂᆞᆫ 여러 번 알외여 시방 쳔은이 ᄂᆡ리오셔다 동우가 종시 ᄀᆡ졔치[3] 아니니 답답ᄒᆞ며 오늘 도긔의 승합의 ᄋᆞ들 과거 식이오셔다[4]

판독대비

번호	판독자료집	이기대 (2007 : 232)
1	넘녀 업지	넘ᄂᆡ업지
2	조용이	조용히
3	ᄀᆡ졔치	긔졔치
4	ᄋᆞ들 과거 식이오셔다	ᄋᆞ들과 거식이 오겨다

여흥민씨 민영소가 명성황후 언간 087

〈명성황후-087, 1882~1895년, 명성황후(고모) → 민영소(조카)〉

판독문

글시 보고 야간 무탈혼 일 든든ᄒᆞ며 예는 샹후 문안 만안ᄒᆞ오시고 동궁 졔절 틱평틱평ᄒᆞ시니 축슈축슈ᄒᆞ며 나는 ᄒᆞᆫ가지다 오늘 일긔 졸한이오[1] 쇼셜이오니 이졔 겨을날이다 영영셔는 무ᄉᆞᄒᆞ니 힝이며 영빅 이비는 그러ᄒᆞ나 완영 일이 졈졈 말 못 되니 답답ᄒᆞ다 니판은 그러치 아니혼 일이 잇셔 뎡틱호가 이왕 디닉엿기 아직 아니 시기고 슈일 후 너롤 시기랴 혼다

판독대비

번호	판독자료집	이기대 (2007 : 234)
1	졸한이오	촐한이오

여흥민씨 민영소가 명성황후 언간 088 국립고궁박물관 3-10

〈명성황후-088, 1882~1895년, 명성황후(고모) → 민영소(조카)〉

판독문

글시 보고 야간 무탈흔 일 든든ᄒᆞ고 예는 샹후 문안 만안ᄒᆞ오시고 동궁 졔졀 티평티평ᄒᆞ시니 츅슈츅슈ᄒᆞ며 나는 ᄒᆞᆫ가지며 오늘 일긔 극열이다 이 셩명은 보아야게다 셰티 일은 영환이가 보고셔 말ᄒᆞ얏스니 눈호기 어렵다 ᄒᆞ니 셕긔는 명년의나 ᄒᆞ야 쥬게다

판독대비

번호	판독자료집	이기대 (2007 : 236)	국립고궁박물관 (2010 : 75)

여흥민씨 민영소가 명성황후 언간 089 국립고궁박물관 2-9

〈명성황후-089, 1882~1895년, 명성황후(고모) → 민영소(조카)〉

판독문

글시 보고 야간 잘 잔 일 든든ᄒᆞ며 예ᄂᆞᆫ 샹후 문안 만안ᄒᆞ오시고 동궁 졔졀 ᄐᆡ평ᄐᆡ평ᄒᆞ시니 축슈축슈ᄒᆞ며 예ᄂᆞᆫ ᄒᆞᆫ가지다 일긔 오늘도 우의 죵셰 ᄀᆡ졔치[1] 아니며 힝힝 퇴졍의 미비 과다 ᄒᆞ니 답답ᄒᆞ며 계호 일은 그리ᄒᆞ게다

판독대비

번호	판독자료집	이기대 (2007 : 238)	국립고궁박물관 (2010 : 48)
1	ᄀᆡ졔치	긔졔치	긔졔치

여흥민씨 민영소가 명성황후 언간 090

〈명성황후-090, 1882~1895년, 명성황후(고모) → 민영소(조카)〉

판독문

글시 보고 야간 잘 잔 일 든든ᄒᆞ며 예는 샹후 문안 만안ᄒᆞ오시고 동궁 졔절 티평티평ᄒᆞ시니 축슈축슈ᄒᆞ며 예는 ᄒᆞᆫ가지나 오늘은 두통이 심ᄒᆞ다 오늘도 우의 일양이니 동마 고이ᄒᆞ다 영셔와 다른 셩명은 다 그ᄃᆡ로 ᄒᆞ고 니건우는 못 되여다

판독대비

번호	판독자료집	이기대 (2007 : 240)

여흥민씨 민영소가 명성황후 언간 091

〈명성황후-091, 1882~1895년, 명성황후(고모) → 민영소(조카)〉

판독문

글시 보고 야간 잘 잔 일 든든ᄒᆞ며 예ᄂᆞᆫ 샹후 문안 만안ᄒᆞ오시고 동궁 졔졀 틱평틱평ᄒᆞ시니 츅슈츅슈ᄒᆞ며 나ᄂᆞᆫ ᄒᆞᆫ가지다 오ᄂᆞᆯ 일긔ᄂᆞᆫ 종일 동우 괴샹ᄒᆞ다 승합은 그쳐로[1] ᄒᆞᆯ 듯ᄒᆞ나 너모 과ᄒᆞ다

판독대비

번호	판독자료집	이기대 (2007 : 242)
1	그쳐로	그 쳐로

여흥민씨 민영소가 명성황후 언간 092

〈명성황후-092, 1882~1895년, 명성황후(고모) → 민영소(조카)〉

판독문

글시 보고 야간 잘 잔 일 든든ᄒᆞ며 예는 샹후 문안 만안ᄒᆞ오시고 동궁 졔졀 틱평틱평ᄒᆞ시니 축슈축슈ᄒᆞ며 예는 ᄒᆞᆫ가지며 작야 우후 일긔 일양 덥다 작봉은 ᄌᆞ셔이 보고 니승록이는 그리ᄒᆞ야라

판독대비

번호	판독자료집	이기대 (2007 : 244)

여흥민씨 민영소가 명성황후 언간 093

〈명성황후-093, 1894년, 명성황후(고모) → 민영소(조카)〉

판독문

글시 보고 야간 무탈흔 일 든든흐나 셔증 낫지 아니흔 일 념녀다 츙경이는 어이 쏘 알는지 념녀다 예셔는 상후 문안 만안흐오시고 동궁 졔졀 티평티평흐시니 축슈축슈흐며 나는 셔증으로 괴롭다 오늘 일긔는 증울흐다 김오현이가 장셩이라도 가랴는가[1] 아라 보아라 다른 듸가 나지 아니흐야 흐는 말이다

판독대비

번호	판독자료집	이기대 (2007 : 246)
1	가랴는가	가라는가

여흥민씨 민영소가 명성황후 언간 094 국립고궁박물관 2-25, 2-26

〈명성황후-094*, 1885~1890년, 명성황후(고모) → 민영소(조카)〉

판독문

글시 보고 야간 잘 잔 일 든든ᄒᆞ며 예ᄂᆞᆫ 샹후 문안 만안ᄒᆞ오시고 동궁 졔졀 ᄐᆡ평ᄐᆡ평ᄒᆞ시니 츅슈츅슈ᄒᆞ며 나ᄂᆞᆫ ᄒᆞᆫ가지다 오ᄂᆞᆯ 일긔 ᄆᆡ오 청낭ᄒᆞ다 츙경이ᄂᆞᆫ 잘 자고 무탈ᄒᆞᆫ 일 든든ᄒᆞ다 ᄎᆞᄎᆞ 송신이[1] 쉬워 오니 긔특긔특ᄒᆞ다 덕니ᄂᆞᆫ 졔 쳐 보려 나간다 ᄒᆞ드니 무셩무취이 가스니 괴상ᄒᆞ며 작일 요젼을 보니 오ᄂᆞᆯ 요와 왕셕창이가 븍경으로[2] 가 공친왕과 당도 졔쳐의 원의 말을 ᄒᆞᆫ다 ᄒᆞ얏스니 ᄒᆞ회가 엇지 될지 굼굼ᄒᆞ고 니홍장이 마건츙이게 편지 ᄒᆞ고 원의 뎌ᄅᆞᆯ 가라 ᄒᆞ니[3] 마다ᄒᆞᆫ다 ᄒᆞ니 무ᄉᆞᆫ 동졍이 잇ᄂᆞᆫ 모양이니 ᄒᆞ회가 ᄒᆞ여ᄒᆞᆯ지 조민ᄒᆞ다 홍승목이ᄂᆞᆫ 샹소ᄒᆞ라 ᄒᆞ야라 광뉴ᄂᆞᆫ 그리ᄒᆞ라 ᄒᆞ야라 ᄃᆡ신은 병졍[4] 일노 알외나 어ᄂᆞ ᄯᆡ 못 ᄒᆞ야 구ᄐᆞ여 그쳐로 번거ᄒᆞᆫ ᄯᆡ 일흠 요명ᄒᆞᆫ다 말이냐 가연ᄒᆞᆫ ᄉᆞ람이다

판독대비

번호	판독자료집	이기대 (2007 : 248, 250)	국립고궁박물관 (2010 : 64~65)
1	송신이	승신이	승신이
2	븍경으로	북경으로	북경으로
3	뎌ᄅᆞᆯ 가라 ᄒᆞ니	ᄃᆡᄅᆞᆯ가라ᄒᆞ니	ᄃᆡᄅᆞᆯ가라ᄒᆞ니
4	병졍	명졍	명졍

* 두 장으로 나누어진 편지이다. 이기대(2007)에서는 94-1, 94-2로, 국립고궁박물관(2010)에서는 2-25, 2-26으로 나누어 소개하였으나 여기서는 한 편지임을 고려하여 판독문을 나누지 않고 통합하여 제시하였다.

여흥민씨 민영소가 명성황후 언간 095 국립고궁박물관 2-23

〈명성황후-095, 1882~1895년, 명성황후(고모) → 민영소(조카)〉

판독문

앗가ᄂᆞᆫ 청관 잔치가 나진 쥴 알아드니 밤이라니 나지 가셔 단녀오게 ᄒᆞ야라

판독대비

번호	판독자료집	이기대 (2007 : 253)	국립고궁박물관 (2010 : 62)

여흥민씨 민영소가 명성황후 언간 096 국립고궁박물관 2-22

〈명성황후-096, 1894년, 명성황후(고모) → 민영소(조카)〉

판독문

글시 보고 야간 무탈훈 일 든든후며 예는 샹후 문안 만안후오시고 동궁 제절 틔평틔평후시니 축슈축슈후며 나는 훈가지다 오늘 비도 지리후다 원관의는 가면 조케다 져는 엇더훈든지 우리 민가는 청황 모즈 싱일의는 가 인스 치는 일이 조흐니[1] 가는 거시 조타

판독대비

번호	판독자료집	이기대 (2007 : 254)	국립고궁박물관 (2010 : 61)
1	조흐니	조호니	조호니

여흥민씨 민영소가 명성황후 언간 097 국립고궁박물관 2-17

〈명성황후-097, 1882~1895년, 명성황후(고모) → 민영소(조카)〉

판독문

글시 보고 야간 무탈ᄒᆞᆫ 일 든든ᄒᆞ며 예ᄂᆞᆫ 샹후 문안 만안ᄒᆞ오시고 동궁 졔졀 틱평틱평ᄒᆞ시니 츅슈츅슈ᄒᆞ며[1] 나ᄂᆞᆫ ᄒᆞᆫ가지다 오ᄂᆞᆯ 일긔ᄂᆞᆫ 온화ᄒᆞ다 원에[2] 일은 만만 가통ᄒᆞ다 쳐음[3] 일은 니 군부가 잘못ᄒᆞᆫ 일이나 다시 작당ᄒᆞ야 조관을 결박ᄒᆞ야 온 일은 범분이 극ᄒᆞ니 도령이 금칙을 아니ᄒᆞ고 무젼 변괴ᄅᆞᆯ 닉여ᄂᆞ냐 시방 이런 긔강의 범분을 심상이 쳐치ᄒᆞ게ᄂᆞ냐

판독대비

번호	판독자료집	이기대 (2007 : 256)	국립고궁박물관 (2010 : 56)
1	츅슈츅슈ᄒᆞ며	츅슈츅슈하며	츅슈츅슈하며
2	원에	원예	원예
3	쳐음	쳐옴	쳐옴

여흥민씨 민영소가 명성황후 언간 098 국립고궁박물관 2-24

〈명성황후-098, 1893년, 명성황후(고모) → 민영소(조카)〉

판독문

글시 보고 야간 무탈훈 일 든든후며 예는 상후 문안 만안후오시고 동궁 졔졀 틱평틱평후시니 축슈축슈후며 나는 훈가지다 두통 각긔로 미우 괴롭다 오늘 일긔는 온화후다 너는 인후 긔운이 긴훈가 보니 답답후다 쳔진 젼보는 즈셔이 보고 총셰무스는 젼의는[1] 보셧스나 져긔셔 츌쳑후는 일이 분후야 금번은 아니 보셧다 됴폐는 조션 긔국[2] 오빅일 년이라 쓰게[3] 잘후마 후얏스니 이디로 젼보후고 회젼 보아 즈시 긔별후야라

판독대비

번호	판독자료집	이기대 (2007 : 258)	국립고궁박물관 (2010 : 63)
1	젼의는	젼외는	젼외는
2	긔국	긔국	긔국
3	쓰게	보게	보게

여흥민씨 민영소가 명성황후 언간 099

〈명성황후-099, 1882~1895년, 명성황후(고모) → 민영소(조카)〉

판독문

글시 보고 든든ᄒᆞ며 이번의는 니호쳘이 아니면 간ᄌᆞ가 될 듯ᄒᆞ니 윤길구는 못 ᄒᆞᆫ다

판독대비

번호	판독자료집	이기대 (2007 : 261)

여흥민씨 민영소가 명성황후 언간 100 국립고궁박물관 2-18

〈명성황후-100, 1891~1895년, 명성황후(고모) → 민영소(조카)〉

판독문

글시 보고 야간 무탈호 일 든든호며 예는 상후 문안 만안호오시고 동궁 제절 틱평틱평호시니 축슈축슈호며 나는 호가지다 오늘 일기는 쳥화호다 동경 젼보는 도모지 회젼 업고 작야 젼보는 젼단호야 못 노코 일스는 오늘 담판호얏다[1] 동도는 젼단호야 오늘 젼보 못 보니 소식 못 드러다

판독대비

번호	판독자료집	이기대 (2007 : 262)	국립고궁박물관 (2010 : 57)
1	담판호얏다	답단호얏다	답단호얏다

여흥민씨 민영소가 명성황후 언간 101 국립고궁박물관 3-4

〈명성황후-101, 1889~1895년, 명성황후(고모) → 민영소(조카)〉

판독문

글시 보고 야간 무탈훈 일 든든호며 예눈 샹후 문안 만안호오시고 동궁 졔졀 틱평틱평호시니 츅슈츅슈호며 나눈 훈가지다 오놀 일긔눈 믹오 온화호다 청쥬 젼보눈 앗가 보닉엿드니 보앗느냐 츙쥬 영장은 닉이호게다[1]

판독대비

번호	판독자료집	이기대 (2007 : 264)	국립고궁박물관 (2010 : 69)
1	닉이호게다	내이호게다	내이호게다

여흥민씨 민영소가 명성황후 언간 102 국립고궁박물관 3-27

〈명성황후-102, 1882~1895년, 명성황후(고모) → 민영소(조카)〉

판독문

글시 보고 야간 잘 잔 일 든든ᄒᆞ며 예는 샹후 문안 만안ᄒᆞ오시고 동궁 제졀 틱평틱평ᄒᆞ시니 축슈축슈ᄒᆞ며 나는 ᄒᆞᆫ가지다 오늘도 비시[1] 넝우 고이ᄒᆞ다 드려보닌 단ᄌᆞ와 와료 조는[2] ᄌᆞ시 보앗다

판독대비

번호	판독자료집	이기대 (2007 : 266)	국립고궁박물관 (2010 : 92)
1	비시	미시	미시
2	와료 조는	와료조는	와료조는

여흥민씨 민영소가 명성황후 언간 103 국립고궁박물관 1-19

〈명성황후-103, 1882~1895년, 명성황후(고모) → 민영소(조카)〉

판독문

글시 보고 야간 무탈ᄒᆞᆫ 일 든든ᄒᆞ며 예ᄂᆞᆫ 샹후 문안 만안ᄒᆞ오시고 동궁 졔졀 틔평틔평ᄒᆞ시니 축슈축슈ᄒᆞ며 예ᄂᆞᆫ ᄒᆞᆫ가지다 오ᄂᆞᆯ 일긔ᄂᆞᆫ 츈풍이 한닝ᄒᆞ다 드려보ᄂᆡᆫ 거ᄉᆞᆫ 보앗스나 어이 이쳐로 만히 ᄒᆞ얏ᄂᆞ냐[1] 불안ᄒᆞ다 너ᄂᆞᆫ 오ᄂᆞᆯ도 셩치 아니ᄒᆞᆫ[2] 일 답답ᄒᆞ다 네 ᄃᆡᆨ은 좀 나ᄒᆞᆫ지 굼굼ᄒᆞ다

판독대비

번호	판독자료집	이기대 (2007 : 268)	국립고궁박물관 (2010 : 30)
1	ᄒᆞ얏ᄂᆞ냐	ᄒᆞ앗ᄂᆞ냐	ᄒᆞ앗ᄂᆞ냐
2	셩치 아니ᄒᆞᆫ	경치아니ᄒᆞᆫ	경치아니ᄒᆞᆫ

여흥민씨 민영소가 명성황후 언간 104

〈명성황후-104, 1882~1895년, 명성황후(고모) → 민영소(조카)〉

판독문

글시 보고 야간 잘 잔 일 든든ᄒᆞ며 예는 샹후 죵시 ᄒᆞᆫ가지오시니 동동ᄒᆞ고 동궁 졔졀 ᄐᆡ평 ᄐᆡ평ᄒᆞ시니 츅슈츅슈ᄒᆞ며 예는 ᄒᆞᆫ가지나 ᄒᆡ소로 ᄃᆡ단 괴롭다 드려보낸 거슨 보앗스나 어이 이리ᄒᆞ냐[1] 불안ᄒᆞ기 측냥업다 오늘도 온화는 ᄒᆞ다

판독대비

번호	판독자료집	이기대 (2007 : 270)
1	이리ᄒᆞ냐	이리 하냐

여흥민씨 민영소가 명성황후 언간 105

〈명성황후-105, 1882~1895년, 명성황후(고모) → 민영소(조카)〉

판독문

글시 보고 야간 잘 잔 일 든든ᄒᆞ나 셩치 아니ᄒᆞᆫ 일 답답ᄒᆞ다 예셔ᄂᆞᆫ 상후 문안 ᄒᆞᆫ가지오시고 동궁 졔졀 티평티평ᄒᆞ시니 츅슈츅슈ᄒᆞ며 나ᄂᆞᆫ ᄒᆞᆫ가지다 오ᄂᆞᆯ 일긔 한닝ᄒᆞ다 홍양 관ᄌᆞᄂᆞᆫ ᄂᆡ일 일ᄌᆞᆨ 보ᄂᆡ게다

판독대비

번호	판독자료집	이기대 (2007 : 272)

여흥민씨 민영소가 명성황후 언간 106 국립고궁박물관 3-7

〈명성황후-106, 1882~1895년, 명성황후(고모) → 민영소(조카)〉

판독문

글시 보고 야간 무탈ᄒᆞᆫ 일 든든ᄒᆞ며 예ᄂᆞᆫ 샹후 문안 만안ᄒᆞ오시고 동궁 졔졀 ᄐᆡ평ᄐᆡ평ᄒᆞ시니 츅슈츅슈ᄒᆞ며 나ᄂᆞᆫ ᄒᆞᆫ가지다 오ᄂᆞᆯ 일긔ᄂᆞᆫ 한닝ᄒᆞ다 츙경이ᄂᆞᆫ 죵시 ᄒᆞᆫ가지니 답답ᄒᆞ다 각쳐 진헌과 네 진상[1] 다 ᄌᆞᆯ 바쳐다 문임 졍ᄉᆞᄂᆞᆫ 그러 ᄒᆞ게다

판독대비

번호	판독자료집	이기대 (2007 : 274)	국립고궁박물관 (2010 : 72)
1	진상	자상	자상

여흥민씨 민영소가 명성황후 언간 107

〈명성황후-107, 1882~1895년, 명성황후(고모) → 민영소(조카)〉

판독문

글시 보고 긔별ᄒᆞᆫ 말은 보앗스나 아직 날지도 모르고 불셔 집ᄉᆞ람 누가 말ᄒᆞ얏기 허락ᄒᆞ얏스니 못 되거[1] 셩명 도로 보낸다

판독대비

번호	판독자료집	이기대 (2007 : 276)
1	못 되거	못되 거

여흥민씨 민영소가 명성황후 언간 108 국립고궁박물관 2-11

〈명성황후-108, 1882~1895년, 명성황후(고모) → 민영소(조카)〉

판독문

글시 보고 야간 무탈훈 일 든든후며 예는 샹후 문안 만안후오시고 동궁 졔졀 티평티평후시니 축슈축슈후며 나는 훈가지나[1] 체긔로 괴로오며 일긔 우셰 긴후니[2] 답답후다 이 문셔는 아모리 후야도 몰념후야 못 밧게시니 조토록 말후고 보니여라

판독대비

번호	판독자료집	이기대 (2007 : 278)	국립고궁박물관 (2010 : 50)
1	훈가지나	훈가지다	훈가지다
2	긴후니	긴후나니	긴후나니

여흥민씨 민영소가 명성황후 언간 109 국립고궁박물관 2-12

〈명성황후-109, 1882~1895년, 명성황후(고모) → 민영소(조카)〉

판독문

글시 보고 야간 무탈ᄒᆞᆫ 일 든든ᄒᆞ며 예는 상후 문안 만안ᄒᆞ오시고 동궁 졔졀 틱평틱평ᄒᆞ시니 축슈축슈ᄒᆞ며 예는 ᄒᆞᆫ가지다 오늘도 일긔 풀니며 일젼 드러온 거술 못 보니 셥셥ᄒᆞ다 금군 일은 슈히 취셔될 일 힝이다 일젼 슈슈 이졔 회셔ᄒᆞᆫ다

판독대비

번호	판독자료집	이기대 (2007 : 280)	국립고궁박물관 (2010 : 51)

여흥민씨 민영소가 명성황후 언간 110 국립고궁박물관 3-2

〈명성황후-110, 1882~1895년, 명성황후(고모) → 민영소(조카)〉

판독문

글시 보고 야간 무탈훈 일 든든ᄒᆞ며 예는 샹후 문안 만안ᄒᆞ오시고 동궁 졔졀 틱평틱평ᄒᆞ시니 축슈축슈ᄒᆞ며 나는 훈가지나[1] 작야부터 죵야 죵일 더옥[2] 알코 디니니 답답 괴롭다 오놀도 일긔 온화ᄒᆞ다 금도는 그리ᄒᆞ게다

판독대비

번호	판독자료집	이기대 (2007 : 282)	국립고궁박물관 (2010 : 67)
1	훈가지나	훈가지다	훈가지다
2	더옥	더욱	더욱

여흥민씨 민영소가 명성황후 언간 111

〈명성황후-111, 1882~1895년, 명성황후(고모) → 민영소(조카)〉

판독문

글시 보고 야간 잘 잔 일 든든ᄒᆞ며 예ᄂᆞᆫ 샹후 ᄒᆞᆫ가지오시니 동동 초민ᄒᆞ며 동궁 졔졀 티평 티평ᄒᆞ시니 축슈축슈ᄒᆞ며 나ᄂᆞᆫ ᄒᆞᆫ가지나[1] ᄉᆞᆫ 잠을 못 자니 괴로오며 너ᄂᆞᆫ 셩치도 아니ᄒᆞᆫ듸 ᄉᆞ쳐의 셔결ᄒᆞ니[2] 념녀 측냥업고 무시와 달나 작일 하직ᄒᆞ고 나간 후 심회 조치 아니ᄒᆞ다 막빈 일은 아라보게다 오늘 일긔 한닝ᄒᆞ다

판독대비

번호	판독자료집	이기대 (2007 : 284)
1	ᄒᆞᆫ가지나	ᄒᆞᆫ가지다
2	ᄉᆞ쳐의 셔결ᄒᆞ니	ᄉᆞ쳐의셔 결ᄒᆞ니

여흥민씨 민영소가 명성황후 언간 112 국립고궁박물관 2-15

〈명성황후-112, 1882~1895년, 명성황후(고모) → 민영소(조카)〉

판독문

글시 보고 야간 무탈ᄒᆞᆫ 일 든든ᄒᆞ며 예ᄂᆞᆫ 상후 문안 만안ᄒᆞ오시고 동궁 제졀 티평티평ᄒᆞ시니 ~~축슈축슈~~ᄒᆞ며 예ᄂᆞᆫ ᄒᆞᆫ가지나 현긔로 괴롭다 오늘 일긔 청닝ᄒᆞ다 역과ᄂᆞᆫ ᄒᆞ나 밧 못 ᄒᆞ게 시니 그듕 ᄒᆞ나만 긔별ᄒᆞ야라

판독대비

번호	판독자료집	이기대 (2007 : 286)	국립고궁박물관 (2010 : 54)

여흥민씨 민영소가 명성황후 언간 113 국립고궁박물관 2-13

〈명성황후-113, 1882~1895년, 명성황후(고모) → 민영소(조카)〉

판독문

글시 보고 야간 무탈ᄒᆞᆫ 일 든든ᄒᆞ며 예는 샹후 문안 만안ᄒᆞ오시고 동궁 졔졀 틱평틱평ᄒᆞ시니 축슈축슈ᄒᆞ며 나는 ᄒᆞᆫ가지다 오늘 일긔 쳥화ᄒᆞ다 별시는 공도다

판독대비

번호	판독자료집	이기대 (2007 : 288)	국립고궁박물관 (2010 : 52)

여흥민씨 민영소가 명성황후 언간 114 국립고궁박물관 2-14

〈명성황후-114, 1882~1895년, 명성황후(고모) → 민영소(조카)〉

판독문

글시 보고 야간 무탈ᄒᆞᆫ 일 든든ᄒᆞ며 예ᄂᆞᆫ 샹후 문안 만안ᄒᆞ오시고 동궁 졔졀 ᄐᆡ평ᄐᆡ평ᄒᆞ시니 축슈축슈ᄒᆞ며 나ᄂᆞᆫ ᄒᆞᆫ가지다 오늘도 일열이[1] 극심ᄒᆞ다 소포ᄂᆞᆫ ᄌᆞ시 보앗다 과거ᄂᆞᆫ ᄂᆡ일 보ᄂᆡ게다

판독대비

번호	판독자료집	이기대 (2007 : 290)	국립고궁박물관 (2010 : 53)
1	일열이	일 열이	일 열이

Dispositif

Disposition arrangement, ordre 촌례, *배뎡. — état (santé, athmosphère) *긔분, en agg. *긔. — de l'air, du temps *일긔; — de la santé 긔운, *신긔 — honorif. *긔톄후; — de l'âme, (volonté) 심ᄉᆞ, ᄯᅳᆺ En quelles — êtes vous 네심ᄉᆞ이 엇더ᄒᆞ냐; — aptitude 저됴 = 잇다; *경셩 = ᄒᆞ다 Avoir des — à la vertu 경셩됴다, 셩픔됴다; — testamentaire *유언, *유셔; = —, pouvoir de disposer *쥬쟝; 쥬관; *쥬지; — action de disposer (en fait) *쇼견, *임의 — du supérieur *쳐분. La chose ne sera pas à votre — 네손에 달닌거시 아니라. Je le laisse à votre — 쇼견대로ᄒᆞ여라. = — prise pour réussir *규쳐 = ᄒᆞ다, *배뎡 = ᄒᆞ다.

—inclination *경향(傾向)

Disproportionné 맛지아니ᄒᆞ다, 걸맛지아니ᄒᆞ다, 뎍당ᄒᆞ지아니ᄒᆞ다 = — trop grand 분수넘다(머은)

Dispute 시비, 다톰, 입시름, 말시름 = — controverse *변론, *벽파, *론견.

Disputer se quereller 시비ᄒᆞ다, 다토다(아,톤) — se en paroles seulement 입시름ᄒᆞ다, 입다톰ᄒᆞ다; — rivaliser 겻다(겨러,룬), 결우다(워,운) se — le premier rang *징두ᄒᆞ다, 피슈다토다; —, contester avec opiniâtreté 욱이다, 지지아니ᄒᆞ다 (ne pas céder), 셩벽내다 (montrer de l'opiniâtreté); —, controverser *변론ᄒᆞ다, *벽파ᄒᆞ다, *론견ᄒᆞ다.

*말다톰ᄒᆞ다
*말시름ᄒᆞ다

겻재틀거니ᄒᆞ다.
주거니밧거니ᄒᆞ다.

Disputeur 시비ᄭᅮᆫ다(하,ᄒᆞᆫ), *쳡구, *협리, 게졍군.

450/

Disque

Dissemblable 다ᄅᆞ다 (달나, 다른), ᄀᆞᆺ지아니ᄒᆞ다, 틀니다.

Disséminer *산란ᄒᆞ다. — (Doctrine) *전파ᄒᆞ다, *전ᄒᆞ다.

Dissension, Dissentiment V. Discorde

Disséquer *회부ᄒᆞ다

Disserter *언론ᄒᆞ다; *론리ᄒᆞ다. Dissertation *론리; *론셜 — écrite *론문

Dissident . en agg. *리셜, v.g. Doctrine — *리셜교.

Dissimuler (homme) 속깁다 (허, 흔), 속알수업다

Dissimuler (cacher) 감초다 (아, 촌); — (Déguiser) 것ᄭᅮ미다; (ne pas laisser voir) *은휘ᄒᆞ다, 드러내지아니ᄒᆞ다; (faire semblant d'ignorer) 덥허두다 (어, 둔), 아니아논톄ᄒᆞ다.

Dissipation

Dissipateur

Dissiper Disperser V. ce mot. — (Repousser) 믈리치다, 물니치다; — (Dépenser sans raison) *낭비ᄒᆞ다, *허비ᄒᆞ다, *남용ᄒᆞ다, — à tort et à travers 시지부지ᄒᆞ다. Être — (Dispersé) 흣허지다, 헤여지다, — (v.g. brouillard) 삭다 (아, 은), 사라지다, 스러지다. Se —, être — (bruyant, inattentif) 잡난과ᄒᆞ다, 들셩들셩ᄒᆞ다. Mener une vie — 허송이 세월을 보내다, 긔운이 변화ᄒᆞ다. Être — par le plaisir et surtout par les occupations 골몰ᄒᆞ다.

Dissiper — (calmer) un sentiment ...풀이ᄒᆞ다, — la colère 분풀이ᄒᆞ다, — l'ennui 심심풀이ᄒᆞ다.

Dissolu V. Débauché.

Dissolution V. Dissoudre — Débauche.

Dissoudre faire fondre 녹이다, 삭이다. — une société 파회식히다. = se —, fondre 녹다 (아,은), — (par maceration) 삭다 (아,은); se — (se disperser) 스러지다, 사라지다; se — (société) 파호다, *파회호다 être dissous (id.) 파회되다.
Dissuader
Distance (de l'espace) *상거; — (de le temps) 동안, 사이.
Distancer
Distant 멀다 & 머다 (머러, 먼).
Distendre 다리다, 당긔다 (여,긘), 잡아당긔다.
Distendu 당긔이다. avoir le ventre — (parce que plein) 배 부르다 (불너, 부룬); — (sans être plein) 덧부르다 & 덧부루다 (불너, 부룬), 덧부룩호다, 덧부루가다.
Distiller (tech.) *증류호다 appareil à — *증류긔, chose — *증류물, eau — *증류슈. = — (vulg.) 고으다 (고와, 고은), l'alambic étant 고으리. = — v. n., couler goutte à goutte 흐르다 (흘너, 흐른), 숫다 (소서, 슨).
Distinct différent 다른, 쌴; — clair, net, 쏙쏙호다.
Distinctement 쏙쏙히 = 즈세히 qui ne se dit que pour les choses où l'intelligence, l'application entrent en ligne de compte.
Distinctif *본. Caractère — *본셩. Propriétés — *셩질: en agg. *셩. v.g. pour la saveur des *셩미 (goût —).
Distinction Différence v. ce mot. = —, con-

traire de vulgarité . avis de la — dans les manières 으졋ᄒᆞ다, 얌젼ᄒᆞ다, 례모잇다; — honneur, respect. Traiter avec — 공경ᄒᆞ다 = 후ᄃᆡᄒᆞ다 veut dire en soi traiter largement, avec libéralité.

Sans distinction de --- ---무론ᄒᆞ고. -Sans — de sexes 남녀무론ᄒᆞ고. Sans — d'âge ni de sexe 남녀로소무론ᄒᆞ고. = La conversation : sans — de personne 너나ᄒᆞᆯ것업시 (sans toi ni moi).

Distinguer *조ᄎᆡᄒᆞ다, —, discerner, voir la différence *분간ᄒᆞ다, *분변ᄒᆞ다, — discerner, (sans idée de différence) 보다 (아, 본), 알다 (아, 은), 알아내다, 알아치다, selon le sens. Se — 뛰여나다. = Être — V. Distinction. Se dit souvent 잘나다 (나, 난) bien né.

Distraction (récréation) *소일; — (écart d'attention) *분심, *잡념, *분심잡념. En avoir = ᄒᆞ다, 딴 ᄆᆞ음 갈니다. Il — beaucoup 속이들셩들셩ᄒᆞ다. Par — 분심히

Distraire — Retrancher, voler V. ces mots. — Détourner l'attention 분심식히다, *희작ᄒᆞ다, *작희ᄒᆞ다, 희짓다 (지어, 은). Être — (de son travail) 희지ᄒᆞ다. Se —, se reposer 쉬다 (여, 쉰), 놀다 노다 (러노라, 논), *소일ᄒᆞ다, 식식풀리ᄒᆞ다.

Distrait accidentellement 분심ᄒᆞ다; — (habituellement), oublieux

Distribuer partager entre plusieurs 난호다 (화, 혼), 난화주다, 훗다 (허, 흔), 훗허주다. Se repartir *분지ᄒᆞ다, *분ᄇᆡᄒᆞ다; — (v.g. les lettres (facteur), les paquets) *ᄇᆡ달ᄒᆞ다: —, mettre en ordre 추리다, 차리다; — des troupes *ᄇᆡ병ᄒᆞ다, *ᄇᆡ군ᄒᆞ다. Se — (l'eau se

d'où *ᄇᆡ달증, accusé de réception, ou plutôt avis de distribution.

—(en plusieurs canaux) 벌갈니다, 벌난화가다
Distributeur (homme) *분비자 ; — (mécanique) *분비긔 ; — (de billets au chemin de fer) *출찰계 ; — (de lettres, paquets) *배달인.
Distribution *분배, — (de lettres) *배달 ; — des prix *상품, *상생, *슈여.
District *차지, 차지ㅎ는되 ; — de missionnaire 디방, district propre *본디방. le Père du propre — *본방신부 (de l'Église propre). — d'une ville mandarinale 고을, *군, *디방.
Dito *동, *상동.
Diurétique
Diurnal (livre de prière) *일과.
Divaguer 쓸말ㅎ다, 쓸소리ㅎ다, 잔소리ㅎ다, 쓸데업ㅎ다, 헛말ㅎ다, (말) *듬한ㅎ다.
Diverger 갈니다.
Divers, Différent *다르다, — de le sens de plusieurs 여러, 여럿 ; souvent en agg. *각. de — espèces 여러가지, *각석, *각양. de — couleur *각석, *잡석 — pour un seul objet 어룬어룬ㅎ다, 어룩룽어룩룽ㅎ다. On dit souvent *오석 (des 5 couleurs, i.e. de toute les couleurs).
Diversement 다르게, 쌀니 = 다로, 각각, qui veulent dire chacun à part.
Diversifier 각가지로ㅎ다, 각모양으로ㅎ다, 가지가지다르게ㅎ다.
Diversion Faire —
— (milit.) *견제.

Divertir Détourner V. ce mot. —, amuser 질겁게ᄒᆞ다, 흥락ᄒᆞ게ᄒᆞ다. D. une chose qui —, on 재 절겁다 (거워, 운), 재미잇다. Se — 노다 (라, 논), 재난ᄒᆞ다, *흥락ᄒᆞ다, 쉬다 (여, 쉰), 쇼일ᄒᆞ다.

Divertissant 우숩다 (수워, 운), 우수웝, 재ᄒᆞ다, *흥락ᄒᆞ다. = 우ᄉᆞᆷ거리.

Dividende (arithmét.) *피제슈; — (finance) *비당, *비당금, *분빅금. Payer un —, donner un — *비당ᄒᆞ다, *분빅ᄒᆞ다.

Divin

Divination 복술; 졈괘. Le mot général est p.e. 술슈 = ᄒᆞ다. — par les sorts 졈 = 보다.

Diviniser *봉신ᄒᆞ다.

Divinité *텬쥬셩

Diviser 난호다 (화, 혼), 갈으다 (갈나, 가른), *분치ᄒᆞ다, *분파ᄒᆞ다, 분깃ᄒᆞ다 = — (arithm.) *제ᄒᆞ다. Se —, être — 갈니다. — (être en désaccord) 틀니다, *불화ᄒᆞ다, *불합ᄒᆞ다, 불목ᄒᆞ다.

Diviseur (arithm.) — d'une division *제슈, *법슈; — d'un nombre *약슈; — commun *공약슈. Le plus grand commun — *최대공약슈

Divisibilité *분졀

Divisible (arith.) nombre — (non premier) *졍제슈.

Division (arith.) *제, 귀제; 제법; de abrégé *단제, *단제법; 장제법. = —, discorde V. ce mot. Mettre la — *리간ᄒᆞ다. = — (unité militaire) *ᄉᆞ단. Général commandant une — (office) *ᄉᆞ단장. = —, partie (ᄒᆞᆫ골) 중장. Général de — (grade)

d'un tout 복, 복서, 깃, 분깃, 갈너.
Divorce *리혼.
Divorcer *소박ᄒᆞ다, *리혼ᄒᆞ다 = (안회 or 재봉) 버리다. = 갈나다; *각리ᄒᆞ다 veulent dire se séparer et ne comportent pas, en soi, l'idée de divorce.
Divulguer 드러내다 (여, 낸), 나타내다; — faire connaître 내다 (여, 낸), 다히다; — qqch. de secret *누설ᄒᆞ다, & plus ou moins involontairement (lâcher le chat) 괘방치다. Se —, devenir public 드러나다, 나타나다, = 누설되다. 발버러지다. Être — *파다ᄒᆞ다.

Être divulgué, connu (chose plus ou moins secrète) 발각나다. ≡ *발각ᄒᆞ다. divulguer.

Dix 열, *십.
Dixième 열재, *데십
Dixièmement 열은, *십은.
Dizaine (environ) 열남은, 열이나, *십여
Pour les — servant d'unité de vente, V. Numéral.
— le chapelet *단.
Docile *순ᄒᆞ다, *공순ᄒᆞ다, *쟝순ᄒᆞ다
Docilement 순히. Écouter — 순히 듯다 (드러, 든) veut dire obéir, être obéissant
Dock *션거, *슈션거, *슈션쟝.
Docte ; — en .... *학박ᄉᆞ
Docteur en caractères chinois (vieux système) *급데, *대과. Être reçu — *급데ᄒᆞ다, *대과ᄒᆞ다. Diplôme de — *홍픠 = On se sert maintenant de *박ᄉᆞ qui veut dire "savant", sans répondre à un grade officiel déterminé.
— en théologie (Doctor in Ecclesia) *신학박ᄉᆞ

— de l'Eglise *학자 = Faire le — 아는
톄하다, 현심노릇하다.

Doctrine *도리. En agg. 도, *리, 교.

Document *문서

Dodu 퉁퉁하다, 통통하다.

Dogmatique . Théologie — 뎡리신학

Dogme *교리, 뎡리. — vérité définie
*신덕도리, 신덕 뜻.

Doigt 가락, qui s'emploie rarement seul. en agg. *지
— de la main 손가락; — de pied 발가락.
Dans la main: le pouce *엄지, l'index *검지, *식지
le médius 장가락, l'annulaire *무명지, 무
명지가락 (doigt innomé), l'auriculaire 새
기가락. Montrer au — 손가락질하다.
Compter sur les — 죽백구구하다, 손가락
곱다 (아, 은), 손가락곱아보다 (아, 은). Faire
claquer ses — 손가락 또기다, 새끼또기다.
Etre à deux — de sa perte 방둥되다. = Prendre avec les — 집다 (어, 은); do (v.g. eau bénite)
찍다 (어, 은) Le — de Dieu est là 텬쥬친히 하
신거시다. Pour un bienfait, on dit souvent
*특은, pour une punition 특벌; mais pour
une punition on dit mieux 텬쥬친히 벌하
시는보속.

Prendre du bout des doigt 얏잡다 (아, 은) — au moral: traiter avec mépris.

Doigtier espèce de dé en étoffe 골무, 골고.

Doit (comptabilité — opposé à avoir) *출
Marquer au — (au débit) 출잡다 (아, 은)

Doléance

Dolent 슯허하다. Air — 셜흔모양, 슯흔거동.

Doler 다듬다 (어.은).

Doloire

Dollar *금원, *미국금원; tech. *불 (弗 * 佛 semi-franc)

Dolmen 고인돌 (litt. pierre calée, 고이다); *지석.

Il y a aussi (plus rares) de pierres levées, genre menhir. On les appelle 선돌 (pierre debout)

Domaine biens fonds *가대, *전답 / — propriété, Droit de — v. propriété. = — (d'un art, d'une science) *경불, *범위.

Dôme

Domestique (subst) - serviteur *하인; - à gages (surtout — agraire) 머슴, 머엄, 머석; — tout ce qui est inférieur au chef de famille *슈하, 손아래사름 = — au sens large, tous personnes vivant dans la maison *식구, *권솔, *가속. = — (adject.) 집안, en agg. 집, *가 Affaires — 집안일. Animal — (non sauvage) 집즘승, *가축. Les six animaux — *륙축 v. animal.

Domicile *거쥬, *거쳐; = légal *쥬쇼

Domicilié *거ᄒᆞ다, *거쥬ᄒᆞ다.

Dominant *데일, 읏듬. Passion — *대병통

Domination v.f. sim.

Dominer être supérieur 싸여나다 (나.난), 데일 ou 읏듬 되다; *거갑ᄒᆞ다, 거갑되다. — ses passions 사욕을 압복ᄒᆞ다, 사욕을 눌니다. Se laisser — par elles *방ᄉᆞᄒᆞ다, 사욕에 잡기다. Vouloir — partout 싸여나고자ᄒᆞ다, 놉고자ᄒᆞ다, 긔승ᄒᆞ다. Se laisser — par un autre 남의게 눌니다, = 쥐이다, 남의 손에 들다 (어.온) (être de la main) - 남의 소매에 들다 (de la manche, i.e. de la poche). = Montagne qui — la ville 읍니쥬산. D'ici on — tout

Être dominé par ses désirs 욕심에 계웁다 (계워.온)

la ville 여러쌔 뵌읍니누러뵌다

Domination *죠치, *쥬관, *쥬장. Esprit de — 긔승ᄒᆞᄂᆞᆫ 모음, *긔승ᄒᆞ다. = —, ange du 4e chœur *권, *권텬신

Domino jeu 골패.

Dommage *해, *뫼, *손해. — intérêts *손해비, *손해금. C'est —! 앗갑다 (가와, 가온), 락ᄒᆞ다, 아쳐롭다 (려워, 온). exclamation 압불ᄉᆞ.

Dompter par la force, v.g. des ennemis 이긔다 (여, 긘), *압복ᄒᆞ다, 항복 밧다 (아, 은); — un caractère par la sévérité 엇히다 잡다 (아, 은), 엇히잡 되다, *엇치ᄒᆞ다, 억누르다 (눌너, 누른) = 누르다 (눌너, 누른) a le sens d'humilier ou de réduire à l'impuissance. — ses passions 사욕을 압복ᄒᆞ다, 사욕을 억제ᄒᆞ다, 사욕을 누르다.

Don présent — à un pauvre *외금; entre égaux (ou à un inférieur) *션물. les — du supérieur se disent 은혜. *로례물 Les sept — du S. Esprit *성신 칠은.

Donc c'est pourquoi 연고로, 그연고로, 이러므로; puisqu'il en est ainsi; - s'il en est ainsi 그러ᄒᆞ면. Dis —! 여보, 여보게. Quand "Donc" est purement explétif (v.g. dans les interrogations, après un impératif), il ne se traduit pas. à l'impératif, il correspond parfois à la forme ᄒᆞ려무나.

Donner 주다 (어, 준) - N.B. La où 주다 est employé, il y a une forme impérative 다고 ayant le sens de donne-moi (à un inférieur).

Cette forme de langage familier est utilisable, que 주다 soit seul ou combiné avec un autre mot : v.g. 그르쳐다고 Enseigne moi. = Donner (à moi (celui qui parle)) se traduit aussi par le verbe 인주다 (어 준) qui ne s'emploie pas pour — à un autre. = Au supérieur, au lieu de 주다 on dit (quand il ne s'agit pas d'objets matériels surtout) 베퍼 주다, 베드다 (러.른), 베플다 (어.픈), = 듸와 주다 pour les objets matériels — un bienfait. = — une chose due 빌다 (어.빈)

v.g. Donne moi, passe moi 인주오, 인다고

— un conseil, un aide etc se traduit par la forme 호여주다, faire pour un autre quand la chose qu'on donne peut se rendre par un verbe ; v.g. — un conseil 그르쳐주다, — un aide 도아주다 (돕다.아.온).

Voici qques autres expressions. Le soleil — 볏잇다, 히빗최다. Il se fera — sur les doigts 욕보겟다. — dans un piège 속다 (아.은), — la vie (faire grâce) 살니다, 살녀주다; — des coups 치다. Ne savoir où — de la tête 향방을 모로다 (몰나.모룬), 향방을 일타 (허.흔).

Lorsque — a le sens de faire : v.g. — du plaisir, — à penser, il se rend soit par la forme factitive, soit par la forme 호게호다.

Se — à qqch, s'y adonner, v. ce mot, v. Attacher. = Se — du bon temp 소창호다, 잘노다 (라.논). Se — de la peine 익쓰다 (써.쓴). Se — des airs de .... 호는톄호다. Se donner pour, se — comme 존칭호다,

'친탁하다 = Le – la main ; – la main 손붓잡다 (아,은) ; – de (d'une action) 돕다(아,은), 도아주다, de (dans le sens de permettre) '허락하다.

Dont Comme les autres pronoms relatifs, – n'a pas de correspondant. Se tourne par les participes. L'homme – vous parlez 너 말하는 사롬.

Dorade

Dorénavant 이후, 압흐로, '지금이후

Dorer 금올니다, '도금하다.

Dorloter 앗기다. Le – 붉 앗기다

Dormant 자는 (자다). Eau – (simplement ramassée) 괴여 잇는 물, 괴는 물 (괴다). de (croupissante) 석는 물, (석다), 죽은 물 (죽다).

Dormeur 조름 만타 (하,흔), 조름 만타, 잠 만타.

Dormir 자다 (자,잔, impér. 자거라), 잠자다 – honorifique 주무시다. Avoir envie de – 조으다 (러,은), 조을니다 – en Kyeng Syang 졸니다. 자블다 (어,블) ; ne – que d'un œil (sommeil inquiet) 잠 사로자다, 사로자다.

Dortoir '숙쇼, '침방, '침쇼, '침실

Dorure '도금.

Dos 등, 잔등이. Se coucher, être couché sur le – 반드시 눕다 (누워,은), 잣기다. Tomber sur le – 잣바지다, 뒤로 발닥 너머지다. Mettre sur son dos (fardeau) 지다 – sur le – d'un autre 지우다 (워,운) – de revêtir (soi-même) 닙다 (어,은) ; (un autre) 닙히다. Lier les mains derrière le – 뒤결박하다.

결박하다. Tourner le — 도라서다 (서, 선), 등을 도리키다, 등지다. Le Kor., le dernier surtout le disent volontiers au moral pour signifier une brouille. Avoir qqun sur le — (ennemi) 혹되다, 혹지다 (지어, 은) - S'en aller sur le — (être mort - le gl André disait "les pieds devant") 등거름하다.

= — d'un instrument (v.g. d'un couteau) 등쇠이

Dose *분량

Dossier de siége

—(ensemble de documents)

Dot

Douane maritime *해관. Pour les autres (v.g. — intérieures) on emploie le mot général *세관; et si elles sont sur un fleuve *수세관. Droits de — *수세, *해관세; = Commissaire en chef d'une — *세무사, d. de toutes les — *총세무사

Douanier *해관사.

*어비 — Double (subst.) - 2 fois plus 동갑, 비. Rendre
갑절 le — 흔동갑으로 갑다 (하, 흔), 비로갑다. — (épaisseur, couche) 겹. Plusieurs — 여러겹; — d'un écrit, copie *보본, 벗긴
) '등본 것 (le numéral est 벌)

= — adjectif suivant le sens 동갑되다, 비로더크다 = 두겹되다. Parole à — sens 겹말.

Double (habits) 겹... Pantalon — 겹바지

Doublement 2 fois plus 흔동갑으로, 비로;

— en deux manières 두가지로, 두법으로.
Doubler multiplier par 2 (calcul) 이르승
하다, 둘노승하다; — augmenter du double
동갑으로하다, 동갑으로 난하다(러,론); = —
un fil 이갑을드리다 (이갑 corde à 2 fils).
— un habit 겹것길하다, 겹으로짓다(지
어,은), 겹거하로짓다. = — un cap, un obstacle 도라가다; — de dépasser 지나다, 지나가다.
Doublure 안, 속, 안굽닥이.
Douceâtre 달근하다, 달큼하다,
Doucement avec douceur 순히, 순하게, 공
순히, — agréablement 달게, — avec précaution 곱게 (bellement), 가만히 (lentement); —, sans
bruit 슬며시, 슬몃시; — sans se presser
sans se fatiguer 노량으로, 살근이, 살근살
근 (살근살근하다), 슬쩍, 슬쩍슬쩍; — lentement 찬찬이. Route qui monte —
(길) 도령탄하다.
Doucereux V. suivant le sens: Douceâtre,
fade, flatteur, hypocrite.
Douceur au goût 단맛, 감미; — de caractère 순할있음.
Douche
Doué de (telle chose matérielle) on tourne
par 잇다; — de (telle qualité) employer le
verbe qualificatif adéquat. — Homme bien
— 잘나다 (나,난) (bien né, — à ce sens en
Coréen.). Le contraire est 못나다, 잘못나다.
Douille de cartouche 탄알집, — de manche

자코집. Pour les autres cas 집 précédé du mot voulu.

Douillet v. Délicat.

Douillette

Douleur 고로옴이, 고롬기, 압흐기, 압흔것. Cri de la — 압흐다 (압하, 흔), 앓흐다 (앓하, 흔), 고로와ᄒᆞ다. La — diminue 압흐기 덜ᄒᆞ다. Dents de la — de l'âme 비옴에 압흐다. V. être affligé, chagrin.

Douloureusement 압흐게.

Douloureux qui cause de la douleur 고롭다 (코와, 온), 압흐다 (압하, 흔); qui sent de la — 압흐다. Pour la douleur morale, v. triste, tristesse, chagrin.

*받신(信)받의 | Doute *의심, *의혹 *의혹. sans — (très certainement) *일뎡, 의심업시. Id (probablement) *미상불, *동부동, *불가불, *부득불 ce dernier approchant de "certainement". = sans — (réponse) 아모렴.

Qui ne donne pas prise au —, évident, clair *발젹ᄒᆞ다.

의심스럽다 (어, 은) | Douteux 의심스럽다 (러워, 온), 의혹�다 (어, 은) (젋다 replier, envelopper)

Douter *의심ᄒᆞ다, *의혹ᄒᆞ다, *호의ᄒᆞ다, *아혹ᄒᆞ다. Un homme qui ne doute de rien se dit 어슨놈 (엇다, 어저, 슨 se haver, insuffisant); ses paroles 어슨말. On dit aussi de lui que ses pets (sauf respect) sont aigres 싄방귀귀논놈. Être de ce caractère: 어슨톄ᄒᆞ다, 싄방귀귀다.

Douve

Doux au goût 달다 (아, 단), un peu —,

douceâtre 달큼ᄒᆞ다, 달그스름ᄒᆞ다 ; — (se rapprochant — plus ou moins — du goût de l'huile) 고소ᄒᆞ다 ; — pas salé, manquant de sel 슈겁다 (거워, 운) ; = — au toucher 밋그럽다 (러워, 운), 부드럽다, 부들부들ᄒᆞ다 (le premier "uni", les autres "opposé de dur") ; = —, tiède (temps) 다스ᄒᆞ다. (Pluie) — *순ᄒᆞ다, 순히오다. (Route) —, en pente — *순ᄒᆞ다, *평탄ᄒᆞ다. = —, (caractère) *순ᄒᆞ다, 부드럽다 (러워, 운), 너그럽다 (러워, 운), 어질다 (어, 진) = Se ... à l'excès 부르다 (불너, 부른). Punition — *경벌 (*경ᄒᆞ다, léger)

Eau — *감슈, par opposition à *함슈, eau salée, eau de mer.

Douzaine exacte 열둘, — approx. 열두엇

Douze 열둘, *십이

Douzième 열두재, *뎨십이

Dans le commerce, on dit maintenant "다수" (cf. "dazu" qui vient de dozen)

Dragée . le nom général parait *당, car il y a : *오화당, dragées coloriées, *행인당 — au noyau d'abricot, *진조당 — au 잣. = pour les médecines, — *환.

Doxologie *찬송, *송영, *성삼광영송

Drageon 싹, 순.

Dragon *룡, — ailé *비룡, *긔린

Drague *쳐순긔계

Draguer *쳐순ᄒᆞ다

Drainage *소슈 tuyau de — *토관, *간조관

Drainer *소슈ᄒᆞ다.

Drame —, pièce de théâtre *비극

Drap étoffe de laine 전, — (de lit) 홋니불

Drapeau *긔 ... — blanc (capitulation) *항긔

Draper

Draperie

Dresser rendre droit 바르게하다, de en ligne verticale 곳게하다 ; — en étendant (surface) 펴다 (펴, 폄) ; —, mettre debout ce qui est couché ou de travers 세우다 (워, 운), 니르히다, 니르키다, 니루다 (어, 룬) ; —, (au sens de construire) 일우다 (워, 운) ; —, apprêter (lit, table) 차리다, 보다 (아, 본, voir, s'occuper de) ; pour le lit on dit aussi 자리펴다 ; — (v.g. des embûches) 베플다 (어, 픈) ; — un homme, un animal, le former 그르치다. Pour l'animal, on dit aussi 길드리다. = Se —, se mettre debout 니러나다 (나, 난), 서다 (셔, 션), 니러서다, 니르키다. Les cheveux se — sur la tête 머리솟쳐쥬볏쥬볏하다.

솟솟이하다, 꼿꼿하게두다

Dressoir 탁조

Drille — On dit 활부븨 quoique ce nom ne convienne qu'à la — à arc.

Drogue 약, 약재.

Droguiste 약국하는사람. La boutique 약국

Droit (substantif) —, pouvoir 권. — de vie & de mort 싱스권, 싱살지권 ; —, justice droit moral, droit en conscience 의, 의리 être dans son — 올타 (하, 흔), soutenir son — 제의리를세우다. Vous n'avez pas le — de faire ainsi 그리하는거시올치안다. = — lois existantes 법. — naturel 셩법, — positif 제뎡법 ; — humain positif (lois

466/

portées par les hommes)* 인위법. — d'un pays *국법; — français* 불법; — international, droit des gens* 만국법; — canonique* 성회법. = —, science du —, 법학, *법률학. (Dans le vieux système* 률학, l'école de — étant 률* 걺률단).

= — à payer* 세: — de douane* 해관세.

Droit adj. opposé à courbe 바르다 (바ㄹ너, 바ㄹ), 곧다 (어, 은), 곳곳하다. Les deux derniers pour — verticalement (de préférence, mais pas exclusivement: 이 곳은 길노가다 Rendre la route droite). Se tenir — (assis) 곳곳히 앉다, Se tenir bien — (debout) 옷독서다 = —, vrai, sincère 바르다, *진실하다, *실하다, 실답다 (다와, 온). = —, opposé à gauche 올흔, *우. Côté — 올흔 편, *우편 = — en agg* 직. Ligne — *직선. Angle — *직각.

Drôle plaisant 우숩다 (우워, 운). —, mauvais — *잡놈, 몹슬놈; 난봉, *망골, *망근.

Drôlerie plaisanterie 지담, de plutôt sottise 잔소리, 잔된소리.

Dromadaire

Dru 빽빽하다.

Du pour de le Voir De.

Dualisme *이원론.

Duc oiseau de nuit 부헝이; = —, noble *공작. Duchesse* 공작부인.

Ductile

Dulie
culte de Dulie
공경지례

Duel ˚결투

Dûment

Duve ˚희샹, ˚샤샹

Duo

Dupe, au sens de l'argot français "Pigeon", facile à duper ... & à plumer ˚부셕

Dupe facile à duper 어림잡이, 어리셕다(어,은), ˚우봉하다, ˚우빙하다, 애련하다. Etre — 속다(아, 은), 속임을 닙다(어,은).

속이다 Duper 속이다(여,인), 속임질하다. Etre — 속다(아,은), 속임을 닙다(어,은).

Duplicateur (machine à copier) ˚복사긔 ˚이샹

Duplicité 간샤하기, 간샤한이 (간샤하다) V. Ruse. = — fourberie 속임질 = 하다.

Dur solide 샹샹하다, 굿다(어,은), 굿세다(여,센), ˚강하다; = — opposé à souple 빗빗하다, 세다(여,센); — ferme 세다, 엿으다 (으러,은) qui se dit surtout des choses qui durcissent & deviennent fermes en mûrissant. = — coriace (v.g. viande) 질기다; — sévère ˚엄하다, ˚혹하다 & plus fort 독하다: parole — 독한말, 박오지로는말.

— sévère, rigoureux 야속하다.

= —, cruel, intraitable 모지다 & 모질다(지러, 진), 야맏스럽다(러워,온); = — qui demande du travail, qui cause de la peine (occupation etc) 힘들다 (어,든), 고롭다(로와, 온). Mener une vie — 고롭게살다, 고로히살다 (아,산) = 박히살다, ˚박의박식하다 indiquent plutôt un genre de vie simple, économe.

= —, adverbe. les verbes ci dessus avec la terminaison en 게 ou 히. = Geler — 팅팅

이열다 (열어, 언). Enfler — 퉁퉁이붓다 (부어, 부은). Lever — 퉁퉁이 당긔다 (여, 긘), 밧삭 당긔다.

Durable 오래견될만하다, 오래쓸만하다

Durant pendant 동안

Durcir, rendre dur 굿치다 (쳐, 친), 굿게 하다, 굿어지게 하다. Se — 굿어지다, 쌀쌀 하야지다. V. Dur. Se — en vieillissant (plan-tes) *쇠하다.

Durée 동안, 소이. De courte — 잠시간, 잠시 지나가다; — comme une fleur qui se fane vite) 헤식다 (어, 은). De longue — 오래다 (여, 랜)

Durement 몹시, 독히, 독하게, 모질게, 불순히, 불순하게. Traiter — *악디하다

Durer subsister pendant un temps 까드다 (On se sert plus souvent de 잇다 (être), 쓰다 servir), 견듸다 (supporter, etc.). — longtemps 오래다 (여, 랜), 이슥하다. — peu à l'usage (chose "primo usu consumptibilis") 헤흐다 (더, 흔) La pluie a — toute la nuit 밤새도록 비왓다. = — supporter, résister 견듸다 (여, 된), 츠다 (아, 은) = Faire — (v.g. les provisions) 빌니다, 빌녀쓰다 (써, 쓴), 느러쓰다, 느러먹다 (어, 은). Ne pas faire —, Dissiper 헤독게쓰다.

Dureté 굿세기 etc. V. Dur. — de coeur 인정업다. Reprendre avec — 독하욕 짓다 (지저, 즌). Traiter avec — 몹시하다, *악디하다.

Durillon 못, 방울, 깃이, 덕경이, 덕정이 Se former en — 덕다 (거, 근), 덕기다.

Duvet 털, 소유 털
Dynamique (subst) — science* 력학.
— (adject) *유동뎐긔 (Electricité — ; Pouvoir —) *동력.
Dynamite *다력ㅁㅏ ; *폭발약.
Dynamo *발뎐긔.
Dynastie (famille pr. dite) *계, *조 .— (comme — régnante) *국, 나라. Remplacer, changer une — *환국ᄒᆞ다. Fonder une — (nouvelle) *긔국ᄒᆞ다.
Dyssenterie 니질; *리질.

E

Eau 물, en agg. *슈 ; — de mer (salée) *함슈 ; — douce *감슈 ; — thermale *온졍물, *온졍 ; — médicinale *약물 ; — de senteur 향물 ; — de seltz, eau gazeuse *하란슈 (on dit plus souvent "라무늬" où il faut réfléchir pour retrouver l'anglais "limonade") ; — bénite *셩슈 ; — sale, eau de vaisselle 구졍물. Porteur d'— 물아비, 물장ᄉᆞ, 물장슈. Faire venir l'— à la bouche 비위

*온쳔 (泉)

471

넘치다. S'— venir à la bouche 寮슴치다, 嵒싱거다.
= — forte (acide nitrique) *초산 硝酸

Ebahi

Ebat Divertissement 잭난.

Ebattre S'— 잭난하다, 놀다 K 노다(러노라, 논)

Ebauche 본, 초, *건목.

Ebaucher 본잡다(아, 은), 초잡다, *건목하다, 건목치다

Ebène *오목, *흑단.

Ebéniste *소목쟁이.

Eblouir au physique, — les yeux. Le verbe actif ne semble pas exister.
— au moral 얼우다 K 어루다(러, 른), 호리다, 후리다. = Etre — par une trop grande lumière 부시다, 부싀다(여, 신), 눈부시다. Etre — et voir trouble 어룬어룬하다. Quand tout semble danser devant les yeux 눈에 아지랑이 세이다 (아지랑이 fil de la Vierge). = Etre —, soit au physique, soit au moral 어릿어릿하다 — 촌계관청 일다 (coq de village entrant au palais). Etre — intellectuellement 정신 아득하다, Etre — par la prospérité 세속에 어루이다 ou 어루다, 부귀에 앵앵호득하다, 부귀에 싸지다.

Eblouissement

Eborgner 눈하나 새다(여, 샌).

Eboulement 사태 = 나다.

Ebouler S'— 써러지다, 싀여지다.

Ebouriffer Cheveux — 머리 헙슈룩하다.

Ebrancher 가지치다.

Ébranler 흔들다 (어, 든) pas. 흔들니다. L'act. & le pas. semblent s'employer presque indifféremment l'un pour l'autre. Être un peu — 설것다; — (davantage) 설니다 se disent au physique & au moral. = — au moral 요동하다 (sens actif & passif).

Ébrécher 날상하다. Être — 니나다 (니, 날 = 니, dent), 선니가다 = 닉되다 (어. 된) est plutôt émoussé.

Ébrouer

Ébruiter 누설하다. S' — 소문나다.

Ébullition   Point d' — 귀화년

Écaille (de poisson etc.) 비늘, 비늘; — de tortue 집. Pour la tortue de mer (거북) on distingue 귀모, l'écaille supérieure & 대모 l'— inférieure transparente; — décrénée

섭덕이 ≡ —, pierre brillante, mica 돌비늘.

Écale de noix 섭덕이; — de pois v. Cosse.

Écaler v. Écosser.

Écarlate 붉다 (어, 은). 홍색, 비색.

Écarquiller les yeux 눈등잔하려 스다 (써, 쓴) (comme une lampe); — les jambes 잘 득버리다, = 버리다 peut servir pour les autres cas.

Écart Faire un — pour éviter 비키다 (켜, 킨). 비켜가다, 비켜서다 suivant le cas. Faire des —, donner de grands — 번석다, 그롯되다, 방탕하다. À l'— 사다로, 외사다로, 외사다로 = 외사다 (러. 산)

Écarté lieu 조용하다, 가만하다. (Ici le dit le curé (yite)) 은밀하다. Maison —, iso-

lé 외쳘길 (외싸다, 러, 쌘).
Écarteler 슷다 (스저, 즌) — le, supplice 륙시식
히다, *능지하다, *능지쳐춤하다. Être — *륙시하다
Écarter, éloigner 닐니다, 닐너치다, 닐니치다.
— (des objets qui encombrent, qui gênent)
치우다 (워, 운), 치웃치다; —, entrouvrir
벗긔다; — (les jambes) 버리다; — diviser,
(nuages, foule) 헤치다; —, empêcher
(un malheur) 막다 (아, 은); *방비하다. =
S'—, s'éloigner 닐다 (너, 는) peu employé
seul; 닐너가다, 써나다; S'— (de la route,
s'effacer devant qq un ou qq chose) 비키다,
(켜, 긴), 비켜가다, 외다 (야, 왼), 외야가다.
S'— de la route (a rivière) 빗가다, 치웃치다,
qui peuvent tous deux se dire au figuré.
S'— de son devoir 본분에 틀니다, 본분을 어
긔다 (여, 긘); S'— de son sujet, de la question
빗가다, 헛가다, *말3걸하다, *말길하다.
Ecclésiastique
Écervelé 쥬장 업다, 속뷔다, *경박하다, 산망스럽다.
= 철업다. Un — 허둥전이 (soufflet)
Échafaud pour décapiter *단두대; — de pour
pendre *형대. *교살대, *교대
Échafaudage rg. de maçons *등도, *등잔,
*비계. Dresser les — 비계 매다 (여, 맨 lier)
Échalas
Échalotte 달뇌, 달니, 북초.
Échancrer 오리다 (려, 린).
Échange Libre — *자유교역

En — 톄신으로. Chose (ou homme) donnée en — 톄신.

Echanger 밧고다 (과,로), 쳬환ᄒᆞ다. = — une pièce en petite monnaie 거스리다.

Echanson

Echantillon (de marchandise) 견본, 간색, *견본, 샤료 간색조, 간색거리. = 감식, 감식거리.

Echappatoire 핑계.

Echappée Par — 엇다가, 틈틈으로. = 도격쳐럼, 도격질ᄒᆞᆯ쓷ᄒᆞ게

Echapper Le contraire, enter 면ᄒᆞ다, 피ᄒᆞ다, en agg. 면, 피: — à la mort 면ᄉᆞᄒᆞ다. L'— belle 큰일을면ᄒᆞ다 s'il est — à un grand malheur; 간신히면ᄒᆞ다 s'il est — tout juste. = — à l'esprit à l'intelligence 빠지다, — à la mémoire 빠지다, 닛다(니저,즌). Rien n'échappe à sa vigilance 그빠진것업다. D'un homme très-gueux à qui rien n'—, on dira 듀밀ᄒᆞ다, 쥬쳬ᄒᆞ다; 청명ᄒᆞ다.

S'—, fuir, ᄲᅡ져나다, 내ᄲᅢ다(여,ᄲᅢᆫ). Si c'est après avoir été pris ᄲᅢ쳐나다, 가로새다, ᄲᅡ져나가다; S'— d'un piège 버셔나다. S'— à, se laisser aller à dire ou à faire ce qu'on ne devrait pas *실슈ᄒᆞ다, pour exprimer que cela a — par inadvertance, on dirait 의외에실슈ᄒᆞ다. Laisser — une parole *실언ᄒᆞ다, 말실슈ᄒᆞ다, — un secret *누셜ᄒᆞ다, 도셜ᄒᆞ다(vous)

d. le laisser deviner (laisser — le chat) 패방치다. Laisser — (qqun ou qq ch.) (volontairement) 노하주다, 노하보내다, d. (plus ou moins involontairement) 놋치다 = 노타(하,흔) se dit dans les deux cas. Laisser — (oublier), laisser tomber 빠지우다 (워,운) (Le rente est 빠지다). Laisser — la patience 춤지못하다, 춤다가못하다.

Echarde 가싀.

Echarpe Voile de visage *면보.

Echarper 씃다 (씃저,즌).

Echasse 긱우다리, 나무다리, 죽계다리 = (Jap.) 竹馬 죽마 竹馬

Echauboulure 사둑, 사릐. Avoir des — (causées par l'eau bouillante) 살더혀부릇다 (더,른).

Echauder 치다. = un animal pour faire tomber le poil ou les plumes 튀하다, 튀각하다.

Echauffaison 더위. En être malade 더위 들다 (어,는), 더위먹다 (어,은)

Echauffant (travail) 사뭐내다 (여,낸); —, (nourriture, remède) *열하다, *조하다, 섬미더옵다 (더워,운).

Echauffer Chauffer 더히다, 데히다; — causer de l'échauffement *조하다, 열나게하다. — la colère 부을도도다 (아,돈). S— (devenir chaud) 더워지다; se causer un échauffement 조증나다, 번열하다; s. — de colère *성화하다, 열나다; s. — par la fermentation 쓰다 (서,쓴) (qui p.e. désigne seulement la fermentation). = être —, (chaud) 더웁다 (더워,운); d. animé, excité

*조ᄒᆞ다, 열나다. Être — par la boisson 쥬긔오르다 (올나, 오른). Avoir le sang — *조ᄒᆞ다, 조증나다, *성화ᄒᆞ다, 열리나다, *번열ᄒᆞ다

Échauffement causé par la chaleur 더위 (들다 ou 먹다); — du sang *열긔, 화긔 — en agg. *열, *화. —, maladie causée par la débauche *음허화동

Échauffourée Faire une — (공연이) 덤벙되다 (여, 된), 덤벙이다, 덤벙이다, 덤벙거리다 (se démener, s'agiter trop).

Échéance *긔한, *긔약. Jour d'— 긔한ᄒᆞᆫ날, 한ᄒᆞᆫ날. Arriver à l'— *당한ᄒᆞ다, 긔한당ᄒᆞ다. = Dans le vieux système, pour la ville commerçante les jours d'— (communs à toute la ville) se disent *파슈, 파슈날. Ils arrivent tous les 5 jours, (d'où l'expression ᄒᆞᆫ파슈, ᄒᆞᆫ파슈거리, numéral pour indiquer une période de 5 jours.)

Échec *실슈, *실픠 = *실슈 peut s'employer dans tous les cas. — aux examens *락뎨 (*락과, *락방); — à la guerre *픠븍. Recevoir un — 지다, 실슈ᄒᆞ다. Tenir en — 곰작못ᄒᆞ게ᄒᆞ다.

— pl. 쟝긔. L'échiquier 쟝판, 쟝긔판. (Jouer aux — 쟝긔두다)

Échelle 사다리, 사닥다리, 다리 = — de proportion *비례척; — de réduction *축척. Après cela il faut tirer l'— 더낫게ᄒᆞᆯ슈업다

Échelon *층. = — (milit.) 대피, 대척.

Écheveau 퇴. Mettre en — 퇴짓다 (지어, 지은). Dévider un — 퇴감다 (아, 은).

Echevelé *산발하다, 숙길하다.
Echine 등, 등어리, 잔등이, 등마루, 등골새.
Rompre l. – 허리 부러지르다 (질너, 지른).
Echiner au propre 허리부러지르다, 허리부러지게치다.
– S. – 의신다 (써, 쓴). Être – (fatigué) 피곤하다.
Echiquier 장기판. Ex – 바둑, 바둑바둑.
Echo 메아리, = 산우는소래. Hyam, *반향
– 산울난다, 산따른다, 산이응하다.
Echoir s. le sens d. Echéance, v. ce mot.
– (en partage) 도라오다 (와, 온), 도라가다.
On dit souvent 자리되다 (여, 된); devenir la part. – Le cas échéant (si cela arrive)
그러케되면, 그리되면.
Echoppe
Echouer (v. n.) – (un navire) 걸다 (여, 건),
걸니다 (accrocher). – (projet, entreprise) 랑
패되다, 틀니다, 아니되다, 실슈되다. Faire
– (un navire – Echouer, au sens actif)
언치다 (put. 언치이다), 걸우다 (워, 운)
se disent des navires qu'on met à sec volontairement; – autrement 걸니게하다.
Faire – (un projet) 랑픽식히다, 못되게
하다, 깍다 (아, 은).
Eclabousser (물) 스되게하다. Être –
옷세 (물) 스뒤다 (여, 뒨), 물쑹스뒤다.
Eclaboussure (de liquide) (물)쑹, (물)방
울. – de boue (id).
Eclair (d'orage) 번개 = 하다.
Eclairage Pour les divers mots

d. —, on emploie le mot 불 ou un synonyme chinois *화. — à la bougie 초불; — à l'électricité 뎐긔불

Éclaircie, rayon de soleil fugitif 여호볏 (soleil de renard).

Éclaircir 붉히다, 밝히다. — un point de doctrine 풀다 (어,풀); d. par la discussion et la réfutation des objections *변파하다; — qqn de qqch. 붉혀주다; = — un plant trop épais

속곰 질하다 = 솎다, 솎고다(와,곤) = s. — 붉아지다, 밝아지다.

s. — (eau, ciel) 붉아지다; de (le temps après une pluie) 개다(개여,갠), (날)개다. s. — (d'une chose) 알아보다 = *탐지하다.

Éclairer (soleil, lumière) 붉히다, 빗최다 (여,최인), 빗내다; — qqn avec un flambeau 붉혀주다; — (l'esprit) 붉히다, 붉혀주다, 열어주다 (ouvrir), 빗최다; d. (tirer devant) 셔둣게하다, 셔우치다 = — (une troupe en marche) *수색하다. s. — v. s'éclaircir. Être — (chose) 붉다 (아,은) se dit aussi des hommes. Être — (dans la doctrine) 도리붉다, 도리명백하다, 도리명백히 알다 (아,은).

Éclaireur *초탐군, *탐지군; 여탐군, *간텹; le terme tech. militaire est *수색군, *수색병 ?, pour la marine *정찰함.

Éclat (fragment) 부스럭이, — (pour le bois) 거스러미 = — de tonnerre 벽력, *뇌뎡벽력; = — de rire 하하웃는소리 =.

— (lueur, splendeur) 빛 = (pour le soleil 볕). —, couleurs vives des fleurs etc. *광치 ; — des yeux (눈) *영치, (눈) *영광 ; —, brillant (v.g. du cirage, du vernis) *윤. Avoir de l'— 빛나다, 광치나다, 윤나다 selon le sens. Le trop d'— blesse la vue 빛과치면눈부시다. = —, gloire *영광, *영화 = —, bruit, scandale. On emploie les mots *번셜ᄒᆞ다 (bavarder & faire bavarder), *요란ᄒᆞ다 (faire du bruit, du tumulte), 말번지다 (se répandre (parole). Ne faites pas d'— 번셜ᄒᆞ지마라, 요란ᄒᆞ지마라. Sans — 번셜ᄒᆞ지말고...

Eclatant (lumière) *환ᄒᆞ다 ; (chose) — brillant 빛나다, 영광나다 v. Eclat ; —, glorieux 영화롭다 (로와, 온) = — (voix) 우렁ᄎᆞ다 (차, 춘)

Eclater se briser en morceaux 부서지다, 부스러지다 = 쌔다 (여, 쌘), 쌔지다 (répondent mieux au français : se briser de dedans en dehors) — id — avec bruit 튀다 (여, 튄) ; = — de rire *대소ᄒᆞ다, 깔깔 대소ᄒᆞ다, *박장 대소ᄒᆞ다 ; id, rire aux éclats 껄껄 웃다 (우서, 순), 하하 웃다 ; —, perdre patience ᄎᆞᆷ지못ᄒᆞ다, ᄎᆞᆷ다가 못ᄒᆞ다, ᄎᆞᆷ다가 ᄎᆞᆷ다가 못ᄒᆞ다 ; — en injures 욕더럭더럭 ᄒᆞ다 = 아가리질ᄒᆞ다 (engueuler, puisque le mot est maintenant au Dictionnaire de l'Académie). = —, devenir public 번셜되다, 드러나다, 나타나다, *파다ᄒᆞ다. 욕지거리ᄒᆞ다

Eclectisme *절충쥬의
Eclipse *식 (ne s'emploie guère seul), — de soleil *일식, — de lune *월식. — totale: (soleil) 온젼혼일식, *일긔긔식; — (lune) 온젼혼월식, *월리긔식; — partielle *부분식, — annulaire *금환식.
Eclipser 99nn
1. — (astre) 일식 ou 월식나다 ou 되다.
1. — (fuir secrètement) 내빼다 (여, 뺀), 가만히다라나다 (나, 난).
Ecliptique *황도. Plan de l'— *황도면
Eclopé 병신.
Eclore (en général) 나다 (나, 난); — (oeufs) 싸다 (싸, 싼); — (épis) 댁차다 (차, 찬); — (fleurs) 퓌다 (여, 퓐) = Faire — (des oeufs) 싸이다.
Ecluse *슈보, *슈구보
Ecœurant 아니꼽다 (소와, 온).
Ecole (vieux système) *학당, *서당, *서지. — de médecine *어의소, — de droit *률학당, *귀률당. Maître d'— *선싱, *접장, *훈장, *학장. Tenir — = le mot précédent, suivi de =하다 ou de 질하다. = Camarade d'— *동학, *동졉 = Ces mots sont tous à peu près passés d'usage, et les écoliers nouveau système se fâcheraient tout rouge contre quiconque appellerait leur école *서당 ou *서지 et leur professeur *졉장.
(nouveau système) — *학교, *학당.

480/

Maître d'— (directeur) *교장, de professeur *교수.
*선상 ≡ — de nuit, — du soir *야학교,
— privée *사립 학교; — publique *공립 학교;
— pratique, — d'apprentissage *련습소.
≡ — primaire (officielle) *보통 학교; — secondaire
*고등학교; — supérieure (université) *대학교.
= — normale *사범 학교, — commerciale
*상업 학교, — industrielle *공업 학교;
— technique *직공 학교 = — militaire
*륙군 병학교; — navale (de guerre) *해군
병학교, — de médecine *의학교, — de
droit *법률학교; — d'ingénieurs *공부대
학교, — de comptabilité *부기학교 =
Bateau — (de guerre) *련습함, de / de
commerce *련습선.

ou plutôt l.— primaire
est *소학교; = l.— secondaire
*중학교. ≡ *고등 est un
degré supérieur: *고등
소학교 — primaire supérieure,
*고등중학교 — secondaire
supérieure.

— enfantine, classe
enfantine *유치원
(litt. jardin pour enfants)

Ecolier *학동, *학생, *학수, 학도; *maître qui un —,
qui un novice *신소하다, 섯투루다 (투러, 룬). — *신도
Econduire 물니다, 물니치다.
Econome (subst.). — d'un établissement
*당가. être l.— de *당가하다, 세간 사리하다
= — (adj.) 알뜰하다, 존졀하다, 앗기다 (ordinairement avec un régime direct) 아긔밧다
(아, 흔), 아긔밧게하다. — en agg. *박.
Economie 앗기기, 앗김이. = —, organi-
sation *경제, — politique *정치 경제 =
— (science) *경제학, = de 리치학.
Economique 돈작게들다
(어, 든) coûter peu), 잘쓰다 (써, 쓴 usage avantageux). 오래쓰다 (durer longtemps) — 너역

남다 (아, 은) (laisser de profit)

Économiser 앗기다 (겨, 긴), 앗겨쓰다 (써, 쓴), *검소하다, *존절하다

Économiste *경제학박사, 리지학박사

Écoper (un bateau) 홉이다 — Écope pour vider l'eau des bateaux 퍼리박

Écorce 겁질, 서겁데기. En agg. *피. —, extérieur des choses 겁질, 거족.

Écorcher enlever toute la peau 가죽벗기다, 벗기다. enlever un fragment de peau 으치다. Être — (blessé) 으처지다.

Écorner

Écornifleur *취식리, *탐식리, *걸리, 걸귀.

Écosse *소격란.

Écosser 사다 (사, 산).

Écot 밥갑, *식가, *식전, *식비

Écouler faire — (l'eau) 물새내다 (아, 샌), 물흘니다, S- (la foule) 흘니다, 흘너보니다. S- — (eau) 흐르다 (흘너, 흐른), S- — (le temps) 지나다 (나, 난), 지나가다; — (la foule) 흘너가다.

꺽지르다 (질너, 지른) = Écourter 자르다 (잘나, 자른). Être — 잘니다. passif 꺽질니다, 꺽지러지다.

Écoute pour border une voile 아딋줄. Être aux — 엿듯다 (드러, 른), 엿드를나하다.

Écouter 듯다 (드러, 른) qui en doivent dire entendre. —, prêter l'oreille, écouter volontairement 드러보다 (아, 본); — favorablement 듯다, 드러주다; — aux portes en cachette 엿듯다. Faites moi la grâce de m'— 내말을드러보시오, a ble cent le m'eancer" 드러주시오. — bien 새로다 (새롸, 롤) ou même 듯다. — la justice, la raison 의를새로다, 올흔말듯다. S. — (être douillet) 놈 엇기다. S. — (en parlant) 으셕훌데다 (singer l'homme digne).

Ecouvillon

Ecran.

Ecraser presser sur 누르다 (눌너, 누른), 눌니다. — (v.g. une motte de terre, — du riz qu'on détrempe) 으다 (으거, 으근); — entre les doigts (insecte, épi) 부븨다 (여, 뷘), 볏지르다 (질너, 지른); — avec force, piler 읏그러다 (여, 린); — (réduire en poussière) 비다 (러, 빈), 부쉬다 (여, 쉰), 바으다 k 바아다 (바아, 은), 부스러치다, *쇄말하다 = être — 부븨이다, 바아지다, 부셔지다, *쇄말되다 suivant le sens. Voir à dessus. être — sous 눌니다.

Ecrevisse 가재. la pince 가재엄지발

Ecrier S. — 소래지르다 (질너, 지른).

Ecrin de qq.ch. 집.

Ecrire 쓰다 (써, 쓴), 글쓰다. —, mettre par écrit *긔록하다, 적다 (어, 은) = (pour les comptes *치부하다). (칙에 ou 문셔에) 올니다. S. — mutuellement *편지왕복하다. — à qqun 편지하다. Ce qu'il faut pour — *지필묵 (papier, pinceau, encre). machine à — *셔사긔. *서주리, *인주리

= Porter la bonté écrite sur son visage 인자한빗이 외면에 (ou 얼골에) 나타나다.

Ecrit (subst.) 글, 글시, *셔, *난셔, des — de

Confrère et Menim 공빙서, 공빙힉.

Écriteau 패.

Écritoire coréen, boîte contenant la pierre à encre, l'encre, le pinceau, etc. 벼루집. La pierre seule 벼루. — européen 벽통, 벽붓통

Écriture chose écrite 글, 글시, 셔, 문셔, 쓴것. L'— sainte 셩경, 셩셔. — caractère de l'— main d'— 필젹, 필셰, en agg. 필. De sa propre —, (de sa propre main) 친필; belle — 명필; — rapide 속필; — lente 둔필. C'est l'— de Pierre 베두로의 필젹이라 = —, étude de l'— (à l'école) 습즈, modèle d'— 습즈본. =, comptabilité 부긔. Passer aux — 치부하다. = — d'un pays 글, 문즈; — propre au pays 국문, — chinoise 한문, — coréenne syllabique ou plutôt alphabétique 언문. On la nommait jadis 국문. Depuis l'annexion 국문 désigne l'— japonaise. — jap. (syllabique) 가즈, 가명.

Écrivain auteur 착작자; — scribe 셔긔, 셔수; —, copiste 셔역군, 셔역쟝이.

Écrou 암나사.

Écrouelles 년쥬, 년쥬창.

Écrouler s'— 문허지다, 슬허지다.

Écru 싱.

Écu écusson 실.

Écueil en mer 여, 암셕, 암초.

Écuelle en faïence 사발, — plus large que profonde 대졉; — en métal 발이, 쥬발이.

Ecuellée On se sert du mot écuelle. Une — de riz 밥혼사발. Quand on se sert de l' — comme mesure, c'est le mot *쥬발, 쥭발이 (éthymologiquement tasse à vin) qu'on emploie.

Ecume 거품, 물거품. — de mer, (pierre ponce) *슈포, *히포셕, *회메

Ecumer comme l'eau 거품나다; — (de la bouche) 춤흐르다 (흘너, 른). = —, ôter l'écume (d'un bouillon) 거품떠내다.

Ecumoire en bambou tressé 조리.

Ecurer 닥다 (아, 은)

Ecureuil 다롬쥐 (?)

Ecurie *마구, *마방. le plancher *마판

Ecusson (armoiries) *문. = — (greffe)

Ecussonner

Ecuyer *마부 C'est aussi bien muletier. — (d'un chevalier), *병역, *큰각정자

Eczéma *습진, 별회독.

Edenté 니싸지다. Personne — 오물앎이 (machonner) (오물거리다, mâchonner)

Edifice

Edifier bâtir 짓다 (지어, 은). — donner le bon exemple 표훈됴앙을세우다 (워, 운), 표양세우다, 표양됴타 (하, 흔).

Edit en général *훈령, — du roi *유지, *경교, — d'un gouverneur *관즈, — d'un mandarin *경령.

Editer un livre, un journal *발항하다

Edition *출판. — critique 비평혼출판

Editeur *발항자 — imprimeur *인쇄자

Education *교육. Maison d' — *교육소.

Edulcorer

Eduquer *교훈하다, 가르치다, 행실을가르치다 = on dit souvent 인사를가르치다.

Effacer un mot (à la gomme) 제하다, *제여하다; — en le barrant 흐리우다 (워, 운) ... 빗지르다 (질너, 지른); — (au grattoir) 긁다 (어, 은); — en lavant (tache ou autre chose) 씻다 (씨셔, 신). = — De son esprit 닛다 (니져, 즌), 니져브리다. — une faute 죄를씻다 s'- par une belle action, en réparant ses torts 깁다 (기워, 운). = — qqun, le surpasser 뛰어내다 = s'—, s'éclipser 슬쳑되하다, 슬쳑빠너가다.

Effarer s'- *실혼하다, 혼쓰다 (서, 쓴), 혼나다, 넉일다 (허, 흔) = *실쇡하다 se dit du visage —

Effaroucher 놀내다 (여, 낸). s'— 놀나다 (나, 난)

Effectivement 과연, = 실노, 진실노.

Effectuer *행하다. — une opération calcul *운산하다.

Efféminé de visage ou de manières *녀태잇다, *녀상하다; — de sentiments 계집의허리밋잇다.

Effervescent

Effet *즁혐, *효험 = (philosoph.) *결과. Moyens — 해. Qui n'a pas d'— 헛, 쓸데업다, 효험업다, *무흠하다 = *무흠지물. Obtenir l'— voulu 즁험하다, 효험보다 = —, actes, par opposition aux paroles 일, 행실 les — ne répondent pas aux paroles 니말다르고 행실다르다 = En — 과연.

리해업다 "sans avantage ni inconvénient".

Effets, mobilier 세간; = —, habits *의복.

Effeuiller 닙타다 (타, 탄), 닙쓰다 (서, 쓴), 닙새다 (새, 샌)

넘흘다(허,흔). s.— 넘새러지다.
Efficace 효험잇다, 증험잇다, "유익하다.
Efficacité "효험, 증험, "리익, "유익.
Effigie "상, "상본.
Effiler (tirer les fils) 올뽑다(아,뽄)(올 fil).
s.— 올뽑내다, s. par l'usure 희여지다, 너불너불하다. = —(amincir) 홀다(허,흔), 좁다(하,흔) Etre —(menu) 가느다(러,는), 홀쭉하다.
Effilure 올악이. 올.
Efflanqué 허구리드러내다, 가리대드러내다.
Effleurer 슷다(쳐,슨), 싯치다(쳐,슨), 슷쳐지나가다 (슷다 & 싯치다 indiquent qu'on entame à peine, mais, cependant, au moins, qu'on touche). —d'un regard 슷쳐보다. —l'eau (oiseau qui vole) 물슷쳐나다. = —un sujet 대강말하다, 긋말새다(새,샌).
Effondrer (act.) v.g. un animal 오장내다, —(un meuble) 부스러다, 리드리다, 리터리다, —(un sac) 새다, 타다(타,탄), 트다(터,튼), 가르다(갈너 & 나, 가른). s.— 뒤눕다(누어,눈).
Effondrilles 앙금, 즛기.
Efforcer s.— 힘쓰다(써,쓴), 힘드리다, 외쓰다, 가드듬다(어,든), 서둘다 & 서드다(러,둔)
Effort 외발이 = 힘쓰기. —(d'un membre) . Faire tous ses — 힘을다하다, "진력하다, (—intellectuellement) "전심하다, 난외을심불쓰다(써,쓴). avec — 힘써 Faire un — sur soi même "강힝하다, "면강하다.

Effraction
Effrayant 놀납다(나와,온), 무섭다(서워,온)
Effrayer 놀내다(여,낸), 무섭게하다. S. —
놀나다(나,난), 겁나다, 무서워하다, 혼나다
Effréné (homme)
Passions — 무한호 욕심.
Effriter
Effroi 겁 - v. Crainte.
Effronté 어술굿다(구러,준), 서재다, 사작
바르다(발나,바른), 염치업다, 긔탄업다=
납소하다 peut se traduire n'avoir pas froid aux
yeux et se prendre en bon sens.
Effronterie 서세 (c'est plutôt la violence).
Avec — 서세써, 염치업시, 긔탄업시.
Effroyable v. effrayant. — (malheur) —
*참혹하다.
Effroyablement 놀납게 = 참혹히.
Effusion *경설
Egal (à lui même), plan, 고르다(골나,골은).
— (à d'autres) 굿다(하,흔), *비방하다, 벗다(여,
*도등하다 은), *도령균하다. Être égaux 가즉하다, 가
직하다. S. — (de même prix, même force)
밧서다(서,선). De deux choses parfaitement
—, on dit *반상반하다 (à condition d'écrire
*반 佯, car si on écrivait 反, cela voudrait
dire tout le contraire); 박상박하.
A la — de 굿치 v. également, comme. =
Être — à — 벗다(여,은), 서로반하다,
서로굿다(하,흔). Traiter d. — à — *허교하다.

On dit plus souvent "être ami" 벗하다, 친하다. Pour l'inférieur voulant traiter un supérieur d'— à égal, on dirait 벗하려하다; et si le supérieur le tolérait, l'inférieur serait dit 턱거리벗: ami dont on soutient le menton. (Une expression pareille "턱거리혼인" existe pour les mariages qui élèvent au dessus de la situation primitive). = Mésestimer personne à l'— de soi 눈을낫처보다 = Caractère toujours — 혼결굿다 (하.흔), 순일하다. = Cela m'est — 알온데아니하다, 알은것업다 ≡ — (en math.) 등.

Egalement 굿치, 굿게, 공번되이, 평균히, 고로게, suivant le sens. V. Egal.

Egaler Etre égal 가작하다, 밋치다 (쳐, 친), 굿다 (하.흔), 맛하다. Ceci n'— pas cela 이거시 뎌것 맛못하다. V. égaler à.
Vouloir l'— à 굿치하려하다

Egaliser rendre plan, uni 평편케하다, 고로게하다, 반듯하게하다. — (les parts) 굿치하다, 굿게하다, 공번되게하다,

Egalité 굿기, 굿흠이 V. Egal. — sociale 일등, 동등; 평등 ; = — d'un terrain 평단, en agg. 평 . = Signe de l'— = (math) 립표, 등표

Egard attention 　 ; — marque de respect 　 . Avoir — à (considérer) 보다, 참작하다, v. (faire attention) 조심하다; v. (regarder comme plus ou moins important) 도라보다, v. (montrer du respect) 도라보다, 위하다. = En égard à 의론하면 surtout dans les livres.

N'avoir pas d'— (pour qqun) ne pas faire attention à lui 알아주지아니하다.

Dans la conversation, se rend par le cas dit "oppositif" ou par des expressions telles que 보즘, 싱각ᄒᆞᆫ즘 : ... — à, par comparaison à 보다, 보덤. Par — pour 위ᄒᆞ야. Il — de, (pour ce qui est de) se rend par l'oppositif. = Dans — pour, sans — à 의론치말고, 부론ᄒᆞ고 sans — à l'âge ni au sexe 늙니노소부론ᄒᆞ고 :

Égarer (act.) 그릇인도ᄒᆞ다, 헛길노가게ᄒᆞ다 (tous deux peuvent se dire au moral). S'é— 길일다 (허,흔). 길잘못들다 (어,든); —, (au moral) 그릇되다 (여,된), = Yeux — 얼빠진눈.

Égayer 웃게ᄒᆞ다. S'— (l'un — l'autre) 우슴낙담ᄒᆞ다; id. en conversation en s'amusant 희롱ᄒᆞ다.

Égide

Églantier 쐴네나무 la fleur 쐴네꼿

Église temple *당, *셩당 = Les protestants disent *례비당 qui parait le mot adopté par les japonais païens. ≡ réunion, corps de fidèles *교회. Voici le nom des principales — connues en Corée : — catholique *텬쥬교회, *텬쥬공교회. Le pape et les protestants disent *라마 ou *로마교회 ; — dissidente *렬교회, *리교회. Les termes, en soi, sont synonymes; on dit cependant *렬교회 dans le sens d'— hérétique, et *리교회 dans le sens d'— schismatique. — orthodoxe (gréco-russe) *졍교회, *동교회; spécialement — russe *로교회

— grecque" 희랍교회
Eglise protestante (en général) 예수교회.
— protestante presbytérienne" 장로회; 장로교회 (장로 "presbyteri", ancien); — méthodiste" 미이미교회; — épiscopalienne (anglicane)" (영국) 감독교회 - Haute — " 고교회 (eux mêmes se disent" 셩교회 en Corée et au Japon); Basse — " 더.패지교회.
— armée du salut" 구세군; — baptiste" 침례교회 — sabbattiste" 안식교회 — évangélique" 복음교회
Comme tout cela change, se réforme de temps en temps, le cas est prévu. Une église réformée se dit" ᄀᆡ혁교회 ~~[illegible]~~ suivi de l'ancien nom, v.g. — épiscopalienne réformée ᄀᆡ혁감독교회
≡ Dans l. — catholique: — triomphante" 쥬리지회; "득셩지회; "영승지회; — souffrante" 단련지회, "슈련지회, "슈고지회 (ce dernier se disant parfois de l. — militante); — militante" 신련지회.
Egoïsme" 아욕, "리긔심, "이긔심, "ᄉᆞ졍. L'absence d'— se dit" 무ᄉᆞ무졍, "무ᄉᆞ무욕.
Egoïste au sens propre: le mot précédent avec 잇다; 저만 ᄉᆡᆼ각ᄒᆞ다, 저만 알다 (아, 은) — (non miséricordieux) 인졍 업다, 야ᄭᆞᆯ스럽다 (러워, 운).
Egorger au propre 목 ~~[illegible]~~ 지르다 (질너, 지른), 멱 ᄯᅵ르다 (ᄯᅵᆯ너, ᄯᅵ른), 멱 ᄯᅡ다 (ᄯᅡ, ᄯᅡᆫ); —, massacrer v. ce mot; v. tuer.
Egosiller s'—. 목 압ᄒᆞ게 소ᄅᆡ 지르다 (질너 지른)

꼭 서지게 소리지르다.

Égout aux immondices 은구 ; — du toit 락슈

Égoutter faire — 벌새다 (아, 샌)

Égratigner volontairement 할퀴다 (여, 퀸), 긁자거리다 qui se dit aussi au moral. S. — (involontairement) 쓸거비다 (여, 빈), 끼다. Être — 끼다, 할퀴이다.

Égrener en frottant les épis 북비다 (여, 빈). 훑다 (하, 흔), 훑치질하다 (훑채 sont les deux baguettes dont on se sert).

Égreneuse à coton 씨아.

Égrillard

Égruger

Égypte *애급, 에집도.

Eh ! pour appeler (enfant) 아나, (homme) 여보

Éhonté 체면없다, *실례하다.

Éjecter

Éjecteur

Élaborer

Élaguer des branches 가지치다 ; — les choses inutiles v.g. d'un livre 새다 (아, 샌)

Élan animal *대가 ; — (qu'on prend)

sauter sans — 서서 뛰다 ; sauter avec — 가다가 뛰다

Élancé 호랭호랭하다, 훌쭉하다 = 훌쩍 avec un verbe approprié : 크다, 높다 ou un autre.

Élancement 쑥쉬기, 쑤시는것. Sentir des — 속치르다 (질너, 지른), 쏘다 (아, 쏜), 쑤쉬다.

Élancer On emploie l'adverbe 쑥 : "vite, tout d'un coup" avec un verbe approprié. S. — dedans 쑥드러가다 ; S. — dehors 쑥나가다,

내쫓다(따러,촌) / s — sur qqun ou qqchose 달녀들다(어,든), 달녀들다. S — sur leur 불에 삭 달녀들다.

Élargir 느르다 & 느루다(뤄,룬), 늘이다, 버리다, 널니다, 넓히다. — (un prisonnier) 방송하다, 노타(하,흔), 내여노타. S — 버러지다, 느다(러,는), 느러지다, 느러나다. Être — 늘히다. Le prisonnier 노히다, 방송하야나오다(와,온).

Élargissement 느러지기 = 방송

Élasticité *탄셩, *탄력

Élastique 탄셩잇다, 탄력잇다. — (qui s'allonge par la traction) 느러나다, — (qui se relève après une pression) 북도다 & 북돋다(도러,돋), — (mou & — sous les doigts) 닐컹닐컹하다, 닐넝닐넝하다, 닐션닐션하다.

Électeur 션거인.

Élection 션거 = 하다, 쳔거 = 하다.

Électricien, savant *뎐긔학박사 = — ingénieur 뎐긔긔사

Électricité *뎐긔, *웜력. Ce dernier semble ne s'appliquer qu'à l. — dynamique. — statique *졍뎐긔; — dynamique *유동뎐긔, *웜력; — par friction *마뎐. Thermo — *열뎐긔, *열웜력. Science de l. — *뎐학, *뎐긔학

— positive *졍극뎐긔 *양뎐긔, *뎐뎐긔, *졍뎐긔; — négative *소극뎐긔, *음뎐긔, *니뎐긔, *부뎐긔.

Électrique En agg. *뎐, *뎐긔, *웜력. — Machine — (génératrice d'électricité) *발뎐긔; d° (marchant par l'électricité) *뎐긔긔계, *웜력긔계. Pouvoir — *뎐긔력; Batterie — *뎐긔통. Élément de batterie — (pile ou bouteille) *뎐긔병. Lampe — *뎐긔등; d°

Sonnette — *뎐령

(ampoule) *뎐긔관. Fil — (conducteur) *뎐긔션.
Electro-aimant *뎐조텰, *뎐긔조텰
Electro-dynamomètre 뎐력력계
Electrolete 뎐력분회물
Electrolyse *뎐뎐분회
Electromètre *뎐력계.
Electromoteur (adj) en agg. *뎐동, *뎐긔발동
Force électromotrice *뎐동력, *뎐긔발동력 =
— (machine électromotrice) *뎐긔발동긔, *뎐동긔, *뎐긔발도톄.
Electrophore *뎐력분, *뎐긔분.
Electroscope *뎐긔험, *험뎐긔
Electrothérapie *뎐긔료법.
Electro tension tension électrique *뎐압.
Elégance 법식, 곱기, 아람답기
Elégant — 곱다(고아, 온), 아람답다(다와, 온), 어엿브다, 개조하다, 법식잇다; 법식자다(자, 잔)
Elément agents physiques, substances élémentaires. Vieux système. On disait *ᄉᆞ힝, *화긔슈토ᄉᆞ힝 (feu, gaz, eau, terre). D'autres disaient *오힝, *금목슈화토오힝 (fer, bois, eau, feu, terre) = Nouveau système: —, agents physiques — par le nom propre: on dit, p. ex. *우풍등 pluie vent etc ; — simple *원소 ; — (composé-composant) *셩분, *요소 ; = — d'une pile électrique *뎐원, *뎐소. = — (d'une science) *원리, *초보. = — milieu où l'on vit, où l'on se plait *쳐소, *지쳐. L'étude est son — 글밧게즐기

Electromagnétisme *뎐조력, *뎐긔조력
Se (science) *뎐조학

법식자다

는것업다, 줄이고 슈웰일다.

Elémentaire

Eléphant 코끼리. En agg. 샹. — blanc 빅샹
Trompe de l. — 코끼리코. Les défenses 샹아 qui
par suite veut dire ivoire.

Eléphantiasis 슈죵다리

Elevage le bestiaux 목츅

Elevation dimension en hauteur 고, 쟉고 졍고
les vieux coréens disent de préférence 고하
(hauteur & profondeur); 놉기; — de terrain
언덕. = — au carré 이승, 졍방; — au
cube 삼승, 립방. — du coeur a Dieu
복샹 (?) = — (à la messe) 거양셩톄
(거양하다 élever pour montrer).

Elève disciple 뎨주; — d'une école, écolier
학싱, 학도, 학동, 싱도.

Elevé haut 놉다 (하, 흔); — (exagéré) 그릇친
Bien — On dira le plus souvent 잘나다, bien
né. Mal — 못나다, 버릇업다. Les coréens
diront parfois 슈작바르다 (발나, 바른) "qui
n'a pas la frousse devant un supérieur." L'injure qui correspond à mal — est 후레즈식
"fils de veuve" dont le père, mort, n'a pu surveiller
l'éducation.

Elever hausser 놉히다; — les yeux (les sourcils)
눈들다 (어, 든), de (regarder en haut) 우럴다
(러러, 러른), 우러러보다 (아, 본), 쳐다보다.
de (regarder vers) 향하다, 향하야보다; les
(au ciel) 앙텬하다. = — (bâtir) 짓다 (지어, 은)

세우다 (워, 운); se surélever 놉히다. = — aux honneurs, en agg. 봉 vg. 봉작하다 — à la noblesse. On dit aussi 벼슬에 니루히다, 벼슬에 니루키다 (켜, 킨) pour — aux dignités. = — son esprit ou son coeur vers 향하다; & avec amour 행모하다, 앙모하다 ≡ —, nourrir 기루다 (길너, 기룬) (hommes & animaux); 치다, 키우다 (워, 운) (animaux seulement). —, instruire 가루치다, 교훈하다; = pour les animaux 길드리다; —, nourrir & instruire 길너 가루치다, 교육하다. = —, exciter (tempête, persécution) 니러나게하다, 니루키다.

S'— (en haut) 올나가다, 니러나다; s'—, s'enorgueillir v. ce mot; s'— (contre l'autorité) 맛서다 (서, 선); s'— (vent, secte, rumeur etc.) 니러나다, 나다 = s'— (par la faveur ou le mérite) 니러나다, 커지다.

Élider 말 조략하다 (조략 abréger)

Élim.... s'—, s'user 삭다 (아, 은); — pour les habits 낡다 (어 & 아, 은), 낡아가다 / — par le frottement (corps durs) 달다 (하, 흔).

Éliminer 제하다, 새때다 (아, 샌).

Éliminatoire Examen — 경정시험.

Élire choisir v. ce mot. 뽑다 (어 & 아, 은), 간선하다; — par le suffrage 선거하다. En conversation courante, on emploie aussi les deux mots précédents.

l'électeur 선거인
l'élu 선거위원

Élite 상품, 상등, 일품, 일등, 첫재, 웃으뜸
리, = 제일 되다 (하, 흔).

Elle V. Il, lui, etc.

Elixir *선약 (remède des génies); — de jeunesse éternelle *불로초; — de longue vie *불ㅅ약.

Ellipse (gramm.) *략본법, *결략법, = — (géométrie) *타원, *타원형.

Elocution *연설법 Facilité), = *구변, *구져

Eloge 기림. Donner des — 기리다, *칭찬하다, *칭숑하다.

Eloigné 머다 (러, 먼) (temps & espace). = (espace seul) 쉬쓰다 (서, 쓴)

Eloignement Distance *상거; — longue distance 멀기.

Eloigner 뷜니다 (며, 빈); rejeter bien loin 뷜니치다 ou même 치다 seul. : Eloignez cela 치어 아셔라; = —, chasser, repousser 업지르다 (질녀, 지른); — (en poussant) 내밀다 (비러, 민). = 1. — 식루다 (빌니, 부룬) peu employé seul, mais avec un autre verbe: 뷜니가다, 뷜니오다 etc.; 멀니하다. Etre — 멀다 & 머다 (머러, 먼), = 쉬쓰다 (서, 쓴).

Eloquence *언변, *구변, *구치, 말재조, 말솜씨

Eloquent 말잘하다, 구변됴타, 언변됴타 (하, 흔), *호변하다.

Elu 섭히다, *간션하다, *간션자 = —, (v.g. députés) *선거의원.

Elucider (une question) 붉히다.

Eluder (v.g. une loi) ; — (v.g. la surveillance) 눈그럽하다, 눈쇠다 (여, 쇤)

Email 되랑.

Emaillé . Métal — (v.g. articles de vaisselle) . = — (de diverses couleurs) 빗번화하다; — de fleurs 쏫치 번화하다, 쏫치 더러잇다.

Emanciper v. act. — au sens propre *속 ᄒᆞ다. S. — (au moral) *방종ᄒᆞ다, 횡, 횡, 방종ᄒᆞ다, *변ᄒᆞ다. Homme qui s. — facilement (léger, étourdi) 방정스럽다 (러워, 운), 방상스럽다.

Emanation de chaleur au soleil

Emaner 조차나다.

Emballage

Emballer 싸다, (싸, 싼), 싸리다.

Embarcadère *선처, *선창

Embarquer (act) 배에실니다, 배에올니다. — (neut) & s. — 배ᄐᆞ다 (ᄐᆞ, ᄐᆞᆫ), 배에오르다 (올나, 오른). S. — ds une affaire 일에걸니다.

Embarras encombrement ; — obstacle, chose qui contrarie les projets 걸님, 드ᄅᆡ낫, 걸니는것 ; —, inquiétude, souci 걱정. Etre ds l. — 걱정ᄒᆞ다 ; 걱정되다 (Concernant l. —). Faire les —, (s'agiter pour se faire valoir) 너덜거리다, 너털거리다.

Embarrassant 드ᄅᆡ롭다 (로와, 로온), 걸니다, 거북ᄒᆞ다 ; = 걱정되다.

×군속ᄒᆞ다

Embarrasser gêner l'action *조당ᄒᆞ다, *조당부치다 ; — obstruer 막다 (아, 은), 막히다. — S. — dans 걸니다, 결니다 (얽히다) ; Etre — 걸니다, 얽히이다, Etre — par la multitude de affaires 분주ᄒᆞ다, 골골ᄒᆞ다. Etre — (par une question, par un texte qu'on ne comprend pas, etc.) 막히다 ; & si l'on est réduit à quia 막되다. Etre — (ne savoir comment faire) 홈미다 (여, 긴). Etre — (intelligence d'un malade) 정신까불다 (불러, 분) ...가브러지다.

Embaucher

Embaumer répandre une bonne odeur 향내다, 토흔내다; —(v.g. un mort) 향유 바르다 (발너 & 발나, 바른).

Embellir v. act. 꾸미다, 곱게꾸미다, 곱게하다. — (son visage, ses habits, —, faire toilette) 치장하다. = —(neutre) 고아지다

Embêtant 시그럽다 (러워, 론), 청가시다 qui se disent des personnes & des choses; — 빙낭하다, 벽낭하다, 적결되다; 데굴하다 qui se disent surtout des choses.

Embêter 성가새다 (여, 샌). 지근되다 (여, 된)

Emblée D'—, (du premier coup) 첫번에, d'—, (d'un seul coup) 혼겁에 & mieux 단겁에, 단번에, 단거번에; d'—, (pour dont on s'apperçoit d'—) 월슈히, 월석 (beaucoup) Il est plus grand d'— 월석 더크다. D'—, (sans difficulté) 누란이 (누란하다).

Emblême 보론, 표, 부호, 긔호

Emboîter 맛초다 (아, 촌). S'— & S'. être —맛초이다.

Embonpoint 살집. Prendre de l'— 살지다, 살오르다 (올나, 오른).

Embouchure d'une rivière à la mer 하구. Les Ch. souvent 어귀 qui se dit aussi de l'—, de l'entrée d'une baie. = — d'une rivière dans une autre 합류쇼, 합슈쇼. Les bateliers disent souvent pour — 강머리, 강두 parce que c'est par là qu'ils entrent dans le fleuve.

— d'une pipe 불불이, 불졸여 ; — (d'un instrument de musique) 하다.
Embourber V. — (진흙에)빠지다, ... 걸니다.
Embranchement 갈니, en agg. 지.
Embrasement *화지, 큰실화 v. Incendie.
Embraser v. Brûler. Etre — (feu) 방렬하다, Etre — de colère 열나다. = S. —, prendre feu, 불부다 (터, 튼), 불붓다 (터, 튼).
*친구하다 Embrasser sur les lèvres 입맛초다 (아, 춘); — serrer entre ses bras 안다 (아, 은), 품다 (어, 은); — choisir (état, opinion) 삼다 (아, 은). — un état 본업삼다 ; —, contenir *포함하다 ; — entreprendre ensemble — beaucoup d'affaires 여러가지일을겸하야하다, ...토리여하다 (토리다 entasser l'une sur l'autre des choses qui s'emboîtent plus ou moins). Trop — et mal étreindre 만히버리고 뒤거두지 못하다, 그케버리고 뒤갈망못하다 (semer beaucoup, récolter peu ou rien). = — d'un coup d'oeil 한눈에보다 ; — la vertu 선에나아가다 ; — le parti de qqn. 돕다 (도아, 도은), 도편되다, 붙아가다.
Embrasure (meurtrière) 포문, 포창.
Embrocher 세다 (어, 센)
Embrouiller rendre peu clair, obscurcir, 흐리우다 (워, 운) ; — mêler, mettre en désordre 어주리이다 ; — (fils, cheveux, etc.) 헛틀다 (어, 튼), 엉클다 (어, 큰). = S. —, selon le sens : 흐려지다, = 엉클다, 얽히다 (fils etc). = Etre — 흐리다, 어주

럽다(러워,운). De, fil etc. 엉킈다, 엉클니다, 홀구이다, 얽히이다. 헝클다(클너,른). Etre —, être obscur (parole, texte) 캄캄하다, 아독하다, 흐리다, 넌출지다 (넌출 plante grimpante qui s'enchevêtre). Parler ainsi 흐리마리하다, 흐리터분하다, 하리망당하다. — S'— (dans une récitation : passer d'un texte à l'autre) 헛가다, 빗가다.

Embrun

Embryologie *티싱학.

Embryon *틔

Embûches *계술, *계교. Dresser des — 속이려하다, *계술하다, 계교를베풀다(어,푼). Y tomber 속다(아,은) y échapper 속지아니하다.

Embuscade (milit.) *복병 & *복세 sont les troupes en —, *매복장 le lieu de l'—. Dresser une — (milit.) *복병하다, *매복하다. = En conversation courante : se tenir en — 숨어기드리다, 직희고잇다, 기드리다.

Embusquer S'— 숨어기드리다, 을신하야기드리다 = *복병하다, *매복하다.

Émeraude *녹옥.

Émeri *금강사, *청복스. Poudre d'— *보스; Papier d'— , Flacon à l'—

Émerillon 도래, 도룽래

Émérite 윤하다, 사퇴여나다, *유명하다, — au sens étymologique *유공하다.

Émerveiller S'— 이상이넉이다, 괴이히넉이다 (괴이하다 surprenant)

Émétique (subst.)* 토쥬셕 = 吐酒石 ; =
— (adj.) qui fait vomir. Un —* 토졔
Émettre 내다 (여, 낸).
Émeute *민요, *민란, *란리.
Émietter 가로 빗다 (저, 즌) = de à la main 부븨다 (여, 븬), 가로되게 부븨다.
Émigration *이사 — en pays étranger *이민.
Émigrant *이사 군 = de à l'étranger *이민 ; le colon *식민.
Émigrer *이사 하다 = *이민 하다.
Éminemment *일등, *일슈, *샹픔, 아조.
Éminence butte 언덕, 두던. — titre honorifique * 대감.
Éminent élevé 놉다 (하, 흔) ; — l'emportant sur les autres 뛰여나다, 용하다, 능하다.
Émissaire commissionnaire, exprès 심부림
*발군. 군 ; *긔별군 ; — représentant *대표쟈 ; — espion * 여탐군, *탐치군.
Emmagasiner
삭히다 Emmaillotter 싸다 (싸, 싼), 싸매다 (여, 맨)
Emmancher 자로 맛초다 (아, 촌)
Emménager s'— (réunir du mobilier) 셰간 잡 만 하다 ; le le préparer, le mettre 셰간 니루다 (여, 룬), 셰간 쟝만 하다 ; se mettre, être à son ménage 셰간사리 하다.
Emmener un animal, une voiture 몰다 (어 아, 몬), 모라가다, si on suit ; 글어가다 (글다, 그러, 근) si on le traine après soi. — Ces deux mots, pour les hommes ne se disent que

pour emmener de force. — avoir sous soi, sous sa conduite (surtout une bande) 거느리다.
=Emmener : aller accompagné de, .. accompagner (un supérieur) 모시고가다. -(un autre) 다리고가다, 다려가다, 더불고가다.

Emmitoufler

Emoi . être en- 요동하다.

Emollient

Emolument salaire 표 ; — avantage 리익.

Emonder (un arbre) 가지치다, 순치다, 깎이다, 죽이다, 죽닥이다.

Emotion en général 요동하기, 요동됨 ; — de crainte 겁, 놀납기, — de compassion 감동하기 = — (en philosophie) *정서

Emotionnable

Emoucher 파리쫏다 (쫏차, 촌). 쌔무다, (러, 문)

Emousser 날샹하다, 날샹히오다 (와, 온). Être — 무되다 (여, 된), 묵둑하다 ; Id. (l'esprit) (정신) 흐려지다, 흐리다.

Emoustiller

Emouvoir *요동하다, *격동하다 *감동하다 (ces formes ont le sens actif, mais plus souvent le sens passif. — Si l'on veut marquer surtout le sens actif, on les mets sous la forme 하게 하다). S'—, 길 을에 요동하다, 요동하다, 길 을, 을 작이다. Chose dont on ne s'émeut pas *유상.

Empailler

Empaler

Empan 셰뼘. C'est proprement l. — entre l'index qu'on nomme aussi 작은셰뼘. l. — mesuré avec le médius se dit 장셰뼘.

Empaqueter 싸다 (싸, 싼), 싸매다, 뭉치다, 묶다. = 봉하다 spécialement pour les paquets fermés.

Emparer s'— de 잡다 (아, 은), 취하다; d— par force 쌔앗다 (쌔아서, 슨), 빼앗다 (아서, 슨).

Empêchement 조당.

Empêcher 말니다, 막다 (아, 은), 금하다, 만류하다; — d'avance 말막다 (pour 미리막다); — ou prévenir une chose mauvaise 막다, 방해하다; — plus ou moins, faire obstacle 거치다, 거치니다. S'— de (se contenir) 참다 (아, 은).

Empeigne de soulier 볼.

Empereur 황뎨 Les Jap. disent de leur 텬황, les chinois 텬즈. Sa Majesté l'— 황뎨폐하. — détrôné 폐뎨.

Empeser 풀하다, 풀먹이다.

Empester donner (ou pouvoir donner) une contagion 독긔잇다, 음긔잇다, 염긔잇다. — Puer V. ce mot.

Empêtrer 걸다 (어, 건). S'—, être — 걸니다, 얽히다

Emphase . En mettre en parlant 지어말하다 (짓다, 지어, 은); le — des manières 으졋은톄하다, 졈잔은톄하다.

Empierrer 작얼 설니다.

Empiéter sur une propriété 개가다 (어, 갠), (ach. énerte); — sur une attribution 남의일 가로맛다 (마저, 즌) = (techn.) 월권하다.

Empiffrer s. — 배터지게 먹다 (어,은)
Empiler 싸다 (싸,싼) = 포개다 (여,낀) se dit de choses s'emboîtant plus ou moins : (écuelles, assiettes)
Empire royaume 나라, en agg. *국 ; — auto-rité souveraine *쥬권 ; — ascendant *세력
Avoir de l'— sur qqun. Si ce n'est pas trop fort, on dit que ce qqun vous écoute bien 말 잘 듯다 (러,드른). Sous l'empire de — 김에
Sous l'— de l'ivresse 술김에. Sous l'— de la colère 분김에, 분난김에, 분결에.
Empirer 더하다, 더덧치다 précédé du nom du mal qui —. = — petit à petit 시난고난하다.
Empirique *경험.
Empirisme *경험쥬의.
Emplâtre *경고, *고약 le mettre... 붓치다
Emplette v. Achat.
Emplacement 터.
Emplir 채오다 (채와,온)
Emploi usage 쓰기, 쓰이 = *소용 ; — mé-tier *생업 *본업 ; = charge *소임 ; 국실 qui se dit des charges non nobles, 벼슬 des charges nobles. — Le genre d'—, le titre se dit *행석, *행북. Donner le — 식히다, = 부리다 pour les travaux grossiers. Être sans — 놀다 (노라,논), 일할것 업다.
Employé d'une maison privée *차인 ; — de préfecture *아역, *아전, *아예. ~~C'est le~~ vieux système — Maintenant *고인 = 소부보는사룸 peut aller dans tous les cas.

— *채인 = *소환 commissionnaire, petit domestique
— 국실앗치 (mépris...)
— (plus ou moins supérieur) *지배인

Emploier (hommes) 식히다, —(hommes & choses) 부리다, 쓰다 (써, 쓴). — le temps 세월 보내다 (여, 낸). S'— à 위쓰다 (써, 쓴), 힘쓰다, 힘드리다. Souvent simplement 보다 (아, 본).

*소용하다

Empocher

Empoigner 붓잡다 (아, 은), 붓들다 (어, 든), 쥐다, 움킈다 (여, 킨). Être — 붓잡히다, 쥐이다.

움치다,

Empois 풀.

Empoisonner qqun 소약먹이다, 독약먹이다, —(un mets) 소약노타 (하, 흔), 독약 넛타 (너허, 흔); —(v.g. une arme) 독약 바르다 (발나, 바른). S'—, être — 독약 먹다. Mets — 소약너흔음식. Arme — 독약바른 병긔. Langue — *험구.

Emporté enlevé, emmené V. Emporter. Être — par le courant 물결에 쏘이여 나가다 (쏘이다 voler (flèche). 물결에 떠가다 (flotter). = —, violent *급하다, 조엿질하다 (하, 한). Caractère — *결증, 결까리

Emportement *분결, *결증 = 나다. Dans un moment d'— 분결에, 분김 혈각하고,

Emporte-pièce *령츅.

Emporter porter & s'en aller. Le Coréen n'a pas de mot simple pour rendre ces deux idées. On les exprime par deux verbes distincts qu'on réunit sous la forme 을여하다 ou 하고하다 = 가지다 (저, 진), porter, avoir sur soi, avoir avec soi & 가다 s'en aller peuvent servir à peu près dans tous les cas; mais il est mieux de rendre chacune des deux idées avec la

Emporter — Empyrée

506/

nuance qu'elle peut avoir. Voici qques ex. Emporter 가져가다; D. (ôter d'un lieu) 내가다 (pour 내여가다); D. de force (voleurs) 쌔아가다; D. [illegible] (animal) 믈어가다, 믈고가다; D. dans les serres (oiseau de proie) 움킈여가다 가다. &c.. N.B. Quand l'une des deux idées est déjà exprimée par ailleurs il faut éviter de la répétn.: Revêtir un habit & l'emporter sur soi 옷닙고 가다. Emporter en s'enfuyant 가지고 내쌔다 = 옷닙고 가져가다, 가져가고 내쌔다 seraient des pléonasmes vicieux. Le tigre l'a —! 범으로 가거[illegible]. = Quand la phrase française a pour sujet une chose inanimée, en Coréen il faut éviter la forme active. Le courant — un bateau 배 믈결 되로 써 가다. = —, mériter, obtenir 엇다 (어,은). — l'estime de tout le monde 인심 다 엇다. S'—, l'— sur, prévaloir 이긔다, 싸여나다, 낫다 (나하,흔); *거갑ᄒᆞ다; *승ᄒᆞ다; *거슈되다, *고등ᄒᆞ다, 엇듬되다. L'usage l'a — sur la raison 의리는 그러ᄒᆞ야도 법이 그러ᄒᆞ다. S'—, s'— de colère *대로ᄒᆞ다, 크게 노여워ᄒᆞ다. Se laisser — par la mauvaise coutume 몹쓸 풍속 되로 ᄯᅡ가다, 풍속에 잇글니다.

—, arracher, — le morceau 쎄다 (여,쎈). — d'un coup de dent 믈어쎄다

— 차가다

Empoter 그릇에 담다 (아,은). 담으다 (아,은)

Empreindre en gravant 색이다, — en imprimant v.g. un cachet (도장) 치다, (인) 박치다.

Empreinte , — des pas, 자최, 자욱. Suivre les — 자욱밟다 (아, 은).

Empressé 부조런하다, 급하다, 성품급하다. Faire l. — 공연이넘느다 (러, 눈) (s'agiter, travailler)

Empressement précipitation 급히, 급함이. = — de caractère 급혼성품, 조급성; —, soin, zèle, ardeur. v. ces mots.

Empresser s. — de, 볼니, 밧비 ou autres adverbes de même signification, avec le verbe voulu. S. — à, S. — autour, nous- par de 넘느다 (러, 는) v. de Démener.

en agg. *극

Emprisonner 옥에 가두다 (어, 둔), *하옥하다. Être — 옥에 가도이다, 가치다 (쳐, 친), *피슈하다.

tenir en prison *슈금하다

Emprunter 비다 & 빌다 (비러, 빈), 비러 엇다 (어, 은); 삭다 (어, 산), 삭어 엇다, 삭어 쓰다 (써, 슨) = 삭다 ne s'emploie pas pour — à intérêt. — de l'argent : on dit le plus souvent 빗엇다 (어, 은). = — les usages d'un peuple (나라의 풍속) 꼬쓰다 (써, 쓴), ... 보볼하다, ... *꼬습하다, ... 사다 오다 (사다 나, 사다 온). La lune — sa lumière au soleil 달이 히 빗출 밧아 붉다, 달이 히 빗히 빗최여 붉다. =

Emprunteur 빗진 사름 (argent); & s'il est criblé de dette, 빗구럭 = 삭어쓰는 (chose).

Empyrée *텬당 mot chrétien. Les païens

Dilent* 뎐샹, les bouddhistes* 락토, d'autres 락원

Ému de compassion, etc.* 감동하다, *감발하다; — de regret, repentir,* 원통하다, 그슬르다 (뢰,폴); —, agité (ny. peuple)* 요동하다.

Émulation 겨로기, 겨르는 일. Avoir de l'— 겨로다, 겨루다 (워,운). 앏다토다 (아,톤). 겨룸하다,* 징후하다. Exciter l'— 겨룸을 도도다 (아,돈).

*징셜하다, *징응하다 = — jalousie 시시오다, *싀긔하다.

Émule *뎍슈, *격슈

Émulsion

En prép. marquant un lieu, se rend par le locatif, l'instrumental ou l'ablatif suivant que c'est "ubi", "quo", ou "unde". Il est en ville 읍에 잇다. Aller — France 법국으로 가다. Je — viens 거리셔 온다. — pendant — suivi d'un nom se rend par le locatif, qq.f. l'instrumental : — trois jours 사흘에, 사흘 만에; — songe 숨에; — route 길에, 길에셔. — temps voulu 밋당한 때에. = — (pendant), suivi d'un verbe se rend par la forme 할 때에 qui peut servir toujours; la forme 하면셔 qui indique que l'action se continue; — la forme 하다가 qui marque une interruption au moins morale. Dire son bréviaire en marchant 갈 때에 or 가면셔 경 보다. Tomber — marchant 가다가 넘어지다 = — indiquant la manière se rend par l'instrumental ...

— suivi d'un nom de science, et signifiant d'après les principes ou la doctrine de cette science *샹. Absurdité en philosophie *쳘학샹 니뢰; impossibilité en physique *물리학샹 불능

—, de la même manière que 처럼, 처롬. Agir en noble 냥반처럼 횡세ᄒᆞ다.

est suivi d'un nom. — Devant le verbe ᄒᆞ다 on ajoute à l'instrumental la terminaison adverbiale en 이. Regarder — ennemi 원슈로 알다. Traiter — ennemi 원슈로이ᄒᆞ다. = — (manière) devant un verbe se rend par les formes adverbiales en 이, 히 ou 게. — rond 둥굴게; — lourd 븐빌히, 가ᄇᆞᆫ히 = qqf. par la forme infinitive ᄒᆞ기 au locatif: — apparence 보기에, — ou d'autres formes v.g. 보ᄆᆡ.

— explétif ne se traduit pas: — agir mal 잘못ᄒᆞ다. De même — marquant la matière: statue — pierre 돌상, 셕상.

Voici qques autres locutions: — uniforme militaire 군복ᄒᆞ고, 군복닙고; — pékin 평복ᄒᆞ고; — sabots 나막신신고. Agir — homme 사ᄅᆞᆷ의노릇ᄒᆞ다. Cela est — notre faveur 우리가 릴다 (리, avantage).

드 —, pronom relatif, n'existe pas en Coréen pas plus que les autres pronoms relatifs. Il y en a, il n'y en a pas se traduiront par 잇다, 업다, simplement, si le sens est clair, sinon on répétera le sujet ou on dira 그것잇다, 그것업다. Il y en a de bons, il y en a de médiocres 엇던이ᄂᆞᆫ됴코엇던이ᄂᆞᆫ낫부다.

Encadrer (un tableau) On dit ordinairement

슮이다 forte d'un mot propre ; – qqf. 씨다 (glisser dans), en indiquant le cadre.
Encaisse *현금.
Encaisser mettre en caisse 궤에 녛다(어, 흔), 궤에 봉하다 ; – recevoir (argent) 밧다(아, 은) *봉하다 ; – (une route, l'empierrer) 작알 실니다.
Encan *경매.
Encanailler s. – (fréquenter la canaille) 굽슬눅아리다(여, 린) – s. – perdre toute vergogne 칫들다(어, 든), 칫들게 놀다(노라, 논).
Enceinte (subst.), – en branchages ou roseaux 울, 울타리 ; – en murs de terre ou de pierres 담, 담형 ; – (murs d'une ville fortifiée) 성.
Enceinte (adj.) Devenir – *잉태하다, *슈태하다. Etre – 배다(아, 밴), 오히배다, 몸배잡다(하, 혼). Femme – *잉부.
*유향 Encens *향. Brûler l. – 향을 퓌다(여, 퓐), *분향하다.
Encenser *분향하다.
– flatter. v. ce mot.
Encensoir *향로.
Enchaînement suite non interrompue 닛기, 니음이 de 닛다(니어, 니은). Subir un – de souffrances 고로옴을 니어 당하다. *설상가상 "gelée sur la neige.
Enchaîner 사슬노매다(여, 맨), 동히다. – qqun. *항쇄족쇄하다. – s. – (se suivre) 닛다(니어, 니은) *련하다 ; – toutes ces affaires s. – les unes aux autres 그것들

일이 흐지버어 되다, 그모든일이 허로 돌니다.

Enchanté 과히 즐기다, 극즉히 됴하ᄒᆞ다.

Enchanter 즐기게 ᄒᆞ다, 됴케 ᄒᆞ다.

Enchâsser mettre dans une châsse 함에 노타 (하, 흔), 함에 녓타 (너허, 흔); = — (se dit du bois, la pierre) 테에 끼다 (여, 인), 테에 노타, 테 놓으다 (놓니, 노흔) (테 le cadre, la place préparée).

Enchère. Vente aux — *경매; lieu où on la fait *경매장, *경매소. Vendre aux — *경매ᄒᆞ다. Mettre une —

Enchérir devenir plus cher 갑시 더ᄒᆞ다, 세나다. = — (sur un autre) 더ᄒᆞ다.

Enchevêtrer 얽다 (어, 은), 옭다 (아, 은). Être — 얽히다, 옭히다, = 넌출지다 (넌출 tige de plante grimpante).

Enchifrènement 감긔 = 들다 (어, 든)

Enclaver 셰다 (여, 인), 셰우다 (워, 운) Être — dans 사이에 잇다, 셰워 잇다, 셰이다.

Enclin à telle ou telle chose : — une fois en passant se traduit par la forme ᄒᆞ고자 ᄒᆞ다; —, (marquant une propension, une passion) se rend par 욕심 ... 잇다, .. 내다. Être — au bien 본셩 착ᄒᆞ다, 셩품 됴타 (bon naturel). — au mal 본셩 사오납다 (나와, 온), 셩품 괴악ᄒᆞ다 = 씨 그르다 (글너, 그른) La "graine" [ou plutôt le bourgeon] est mauvaise.

Enclore 두루 에우다 (워, 운), 울 막다 (아, 은)

Enclos v. Enceinte.

Enclume 메로, 메옥, 모루. Être entre l'—

& le marteau 틈에 끼이다 (ou 끼이다) être pincé
ds une fente. On dit parfois 두틈에 끼다.

Encoche

Encoignure v. angle

Encolure

Encombrant

Encombrement

Encombre 도래락 . sans — 아모 도래락 업시, 샛닥 업시.

Encombrer, boucher (chemin, passage)
막다 (아, 은). Dans les autres cas on emploie une circonlocution ou un mot plus
ou moins voisin : 가득하다 être plein ; =
낍다 (기워, 운) qui se dira par ex. d'une rivière
— de mauvaises herbes ; — d'une salle —
d'objets disparates. Le chemin est tellement — de pierres qu'on ne peut marcher
길에 돌이 가득하야 단닐 슈 업다. = On se
sert aussi du mot 차다 (차, 찬) être plein,
être serré — comprimer. En y joignant
si l'on veut les adverbes 꼭 ou 빡.

Encontre aller à l'— 거스리다.

Encore (davantage) 또, —, (outre cela)
또, 그외에, 그밧게. Non seulement... les formes 할 뿐 아니라,
mais — 그뿐 아니라 또 ... = — (temps), 할뿐더러.
jusqu'à présent 아직, 엇재, 녀태, 아직것, 엇재, 엇태
녀태것. Je ne le savais pas — 아직까지
몰랏더니. = — avec un si, si —, si du
moins ; — si on avait fait 다만 하엿시면.
= — que, quoique. — que je sois malade

병들어셔도, 병들엇다마는…

Encourager *권ᄒᆞ다, 도도다(아,돈). *면려ᄒᆞ다. — qqun qui souffre *안위ᄒᆞ다 (c'est plutôt consoler). S'— soi même 맘을잡다(아,은), 맘을차리다; de, par raisonnement 주리를 면려ᄒᆞ다.

Encourir s'attirer. Pour une chose bonne on dit 엇다(어,은): — l'estime 인심을엇다. Pour une chose mauvaise on dira aussi 엇다, qqf. 사다 (acheter) mais, en fait, ordinairement on change la tournure de la phrase. — la haine (perdre l'estime, l'amitié) 인심을일타(허,흔), *실인심ᄒᆞ다. = — être condamné à *쳐ᄒᆞ다. — 10 ans de travaux forcés, 십년증역쳐ᄒᆞ다. = — (une responsabilité) 당ᄒᆞ다, = 닙다(어,은).

Encre *먹 qui en soit désigne le bâton d'encre. — délayée 먹물. = — européenne) 먹물 ou simplement 물, 철필물. Prendre de l'— avec la plume le pinceau 먹 찍다(어,은).

Encrier cornet: pierre sur laquelle on délaie l'encre 벼루, 벼루돌. Le petit vase qui contient l'eau se dit 연뎍. = — européen 먹통 qui désigne aussi l'— des charpentiers.

Encroûté 낡은 세ᄭᆡ다(어,은), 세ᄭᆡ다(어,은) (être se déniaiser comme un durillon). = — d'intelligence 돌ᄒᆞ다.

Endémique Maladie — *풍토병; 디방병. Etre —. On dit le plus souvent 흔ᄒᆞ다 être fréquent. Il y a cependant qqs autres expressions: v.g.:

La jeunesse haikara dit 잉기 (Ink), 잉기물

Encyclopédie, *백과전서

514/

La grosse jambe est — en Kyeng dyang to 경상 도슈종다리구혈이라 (구혈 caverne - Nous di-rions, en français: "un nid").

1.- Endetter 빗지다.

Endêver avoir du dépit 아쳐로워ᄒᆞ다, 고로와ᄒᆞ다 D'une chose qui fait —, a l'il 아쳐롭다 (로와,온), 고롭다 (로와,온), 안족ᄉᆞᆸ다 (ᄉᆞ와,온). Faire — qqun 셩가시다, 셩가새다, 고롭게ᄒᆞ다 셩화식히다.

Endiablé ᄭᅡ귀들니다.

Endiguer ᄡᆞᆨ다 (아,은), 보ᄡᆞᆨ다.

Endoctriner

Endolorir

Endommager *샹ᄒᆞ다, 샹해오다 (와,온), *침노ᄒᆞ다. Être —*샹ᄒᆞ다, 이즈러지다.

Endormir qqun 자히다. — porter au sommeil 잘니다, 자리다. S'— 자다 (자,잔), 잠들다 (어,든). Être — 자다. Être à moitié — 졸다 (아,존), Le sens 사뷸다 (어,분) = Être —, avoir une grande pente au sommeil 잠ᄭᆞᆯ다 (하,흔), 잠계읍다 (계워,온) = 계읍다 dépasser les forces).

Endossement d'un billet "증명분", 회셔

Endosmose *ᄉᆞᆷ입.

Endosser (un habit) 닙다 (어,은); — (une responsabilité) *담당ᄒᆞ다; — (un billet) *회셔ᄒᆞ다.

Endroit lieu, place, 디방, 자리, 데, 곳, 쳐. Prendre par l'— sensible 셩ᄭᅴ데로 .... (selon le caractère) = ᄇᆡ당데로격동ᄒᆞ다 (ébranler par la base) = —. opposé à envers 겉 미면. pour une étoffe 거죽. 밧.

Enduire 칠 하다, 바르다 (발나, 바른), 올니다 (avec comme régime direct la matière qu'on applique). —, crépir 빅 질 하다.

Enduit 빅 질.

Endurance 견될 성, 춤을 성

Endurant 춤다 (아.은), 잘 춤다 V. patient. Mal — 발슨 발슨 하다, 춤을 성 업다.

Endurcir 굿치다, 굿게 하다 = 단련하다 surtout au moral. S'— 굿어 지다. 단단하야 지다. S'— à la fatigue 일 할수록 슴슴하다. Être — 굿다 (어, 은), 거세다 (여, 셴). — au travail 일에 단련하다, — aux coups 매를 아니 하다 (ㅎ, ㅎ). — à le crime 악에 굿다. Cœur — 굿은 ㅁ음, 거셴 ㅁ음.

Endurcissement 굿기. 굿셰 이 ..

Endurer supporter 당하다, — patiemment 견듸다 (여, 딘), 춤다 (아, 은), ˣ부지하다.

Énergie 힘. — (en physique) ˣ정력

역세다 (여, 셴) Énergique 힘 잇다, 굿세다 (여, 셴) = 험하다.

Énergiquement 힘 써, = 험하게.

Énergumène possédé du diable 마귀 들닌 사룸, ˣ부마하다. = en langage courant 바룸 맛다 (아.은)

Énerver S'—, être — (sans force) ˣ무력하다, ˣ무롱하다, 무르다 (물너, 무른), —, (de mauvaise humeur) 자중 내다, 역정 내다. S'— en parlant ˣ용철하다. ≡ — qqun. Ennuyer V. ce mot.

516/

Enfance 어리기 어린때, 어릴때, 어릴적. Être dans l. — 어리다 (려, 린). Dès l. — 어려서부터, 어려로부터. Retomber en — (vieillard) 로망하다.

Enfant 오희 qui désigne tous ceux qui ne sont pas mariés. — (qui tète encore) *유동, *유치; (par rapport aux parents) *유즈; — petit enfant, bébé 아기, 어린것 = 어린오희 se dira jusque vers 10 ans. =. — ; par rapport aux parents *즈식, *즈데, *즈녀, *오녀. ces deux derniers surtout dans les livres. = — de ce sens injurieux 즈셕, 셕 (Peut être est-ce le 셕 bâtard). D'où les injures 어년의셕 Fils de.... = N'avoir pas d' — *무즈호다.

Enfanter 오희낫다 (하, 흔), 오희보다 (아, 본) — accoucher *회산호다.

Enfantillage 어린모양, 어린즛, 철업는즛

Enfantin 어리다 (려, 린).

Enfariné Bouche ou paroles — 입오에 칼을 품고 입에 꿀두다 (어, 둔).... 꿀두고말호다.

Enfer *디옥 (chrétien). — (bouddhique) *음부

Enfermer (hommes ou choses) 가도다 (아, 둔); (choses) *봉호다; —, entourer v. g. de murailles 에우다 (워, 운). S' —, ne pas sortir *폐출입호다. Être — 가도이다; 가치다.

Enferrer

Enfilade 쎄미, 슈쎄미, 슈쎄엿미, *년관. Attacher plusieurs choses en — 엮다 (거, 근).

Enfiler 쎄다 (어, 쎈), 쎄다 (어, 쎈), 슈쎄다 (어, 슈쎈), 슈쎄이다. — une aiguille 바놀에 실

쎄다.

Enfin à présent 이졔, 인졔; — après tout, à la fin 나죵에, 맛촘내, 마춤내, 랑죵에. — plus ou moins explétif: — sans doute 필경. —, en un mot 도모지.

Enflammer act. mettre le feu 불붓치다. S'—, prendre feu 불붓다(터,튼), 불드다(르,른), 불니러나다. S'— (une passion) 열나다; — S'— (plaie) 독오르다 (올나,오른), 독내다(여,낸). S'— (clou, furoncle) 밍드다 (러,든). Yeux — de colère 불돗것흔눈; avoir le coeur — de colère 분심이불 쎠바치다, 분심에 홰홰하다.

Enfler (v.n.) 붓다 (부어,은), 붓다(불어,불은), 부르다 (불너,부른), 붊다 (허,흔), 붊흐다(러,흔), 부플다(너,플), 부룻다(터,튼).

Enflure* 부긔. S'— diminue 가라안다 (져,즌), 부긔가라안다.

Enfoncement

Enfoncer v. act. — un clou, un pieu 박다 (아,은), 쏘다(와,쏜), 섯다 (져 서자, 진 서즌); — dans l'eau 잠그다 (잠거,근), 가라안치다. = — (rentrer) — (ds l'eau, ds un liquide) 잠기다; s'— (ds la boue) 쌔지다; s'— (ds le sable) 박히다; s'— (ds la vase), s'enliser 쉬다 (여,신), 쉬다. S'— dans 드러가다. Être — (selon le sens. v. ci dessus) 박이다, 박히다, 잠기다, 가라안다 (져,즌). Être — ds, retenu par, accroché à — 걸니다. Yeux — 깁흔눈. Être — ds le mal *반하다, (악에) 잠기다, ..*혹하다, ..*침혹하다.

— de force 드러박다.

Enfouir 파묻다(어,은), 묻다. Être — 묻치다.
Enfourcher
Enfourchure 갈네. — des jambes 삿(치), 사타이
Enfreindre (une loi, un ordre) 거스리다, 범
하다 어긔다(여,긘), =*위반하다.
Enfuir s. — 다라나다; 도망하다, 내쌔다
(여,쌘), — pour éviter* 피하다, 빕쓰다(써,쓴)
Enfumé plein de fumée 냅다(내와, 운).
— noirci par la fumée, couvert de suie 글다
(어,근). (Le factitif est 글니다).
Enfumer (un endroit, — un renard, — des
abeilles) 연긔쏘이다.
Engagé accroché dans. 걸니다; — donné
en gage* 뎐당하다, 뎐당잡히다; — porté
à 잇글니다; v. enclin.
Engageant séduisant 호리다(려,린). 후리다.
Homme à manières — 사괼성잇다, 붓칠성잇다.
Engagement, contrat* 약됴; — matière
du contrat* 작뎡한것 = =*상관, 결부.
Engager (v. act.) donner en gage* 뎐당
하다, 뎐당잡히다, 뎐당으로주다(어,줄).
— qqun, l'exhorter, le pousser* 권하다, 인도
하다, 잇글다(어,근); — v.g. un domestique
on dit ordinairement 두다(어,둔), 잡다(아,
운). S'—, s'obliger à* 작뎡하다. Je
m'y suis engagé, il faut que je le fasse
작뎡하엿스니 부득히 하겟다. S'— dans
une affaire (surtout mauvaise) 걸니다.
S'— comme caution. V. Caution.

*종 3 **Engeance** Ds le sens de progéniture 석 (injur.) – Ds le sens d'"espèce" 닉리.

Engelure *한창, *동창 avoir des – 살이얼어부풀엇다, .. 얼어 북 풀엇다.

Engendrer 낫다 (나하, 흔); – causer, produire 내다 (여, 낸). Etre – 나다 (나, 난).

Engin .

Englober - *겸ᄒᆞ다, 포함ᄒᆞ다.

Engloutir 잠그다 (잠거, 근). Etre – 잠기다, 쏙ᄲᅡ지다, 쑥ᄲᅡ지다.

Engluer mettre de la glu 끈끈이 바르다 (발나, 바른). S' – (풀에 etc) 걸니다.

Engorger obstruer (un conduit) ᄞᆞᆨ다 (아, 은) S' –, être – ᄞᆞᆨ히다, ᄇᆞᆨ히다, ᄇᆞᆨᄇᆞᆨᄒᆞ다.

Engouement

Engouer S' – ᄲᅡ지다 (av. le locatif) V. Infatuer

Engouffrer 드리쏘이다.

Engourdi 얼다 (어, 은), 졀히다, 져리져리ᄒᆞ다, 어줄다 (어, 은), 솔다 (어, 손) kor, 어둔ᄒᆞ다. Pour les doigts 손곱다 (아, 은) = 곱다 & 얼다 se disent de l'engourdissement par le froid – 어둔ᄒᆞ다 de l'engourdissement allant jusqu'à l'immobilité. = Pour les serpents (& autres bêtes) l'hiver, on dit *함봉ᄒᆞ다 (fermer la gueule).

웅숭거리다

Engourdir (act.) Les verbes ci-dessus à la forme 호게ᄒᆞ다.

Engrais 거름, *비료

Engraisser v. act. – les terres 걸우다 (우어, 운), 거름ᄒᆞ다, 거름주다 (어, 준); – un animal 살지이다, 기름지이다; = –, (mente)

520/

Devenir gras 살지다, 기름지다. Être — (terre) 걸다(어,건), 걸어지다. S. — des sueurs du peuple 백셩의게룸 쌔다 (아,쌘), 백셩을 늣어 먹다(어,은)

Engrenage 어금맛긴 바퀴, 어긋마친 바퀴.

Engrener act. 어긋맛초다; — (neutre). S. — 어금맛기다, 어긋맛지다, 어긋마치다.

Engrumeler S. — 엉긔다 (여,긘).

Enhardir 담욕을 도도다 (아,돈), 활발게하다. Un supérieur — ses inférieurs trop timides 녹히다, 녹혀주다 (dégourdir, dégeler). S. — dans le même sens 녹다(어,은), 녹어지다.

Enharnacher (안장, 굴레) 짓다(지어,지은)

Enigmatique 아라듯기어렵다(려워,온)*, 비명하다.

Enigme 아라드를수업는일; —, charade 슈슈것기, 슈슈썩기; — (des sciences)* 미어; *은어

Enivrant 취하다, 정신흐리우다. Pour le vin, le tabac, etc 독하다 être fort.

Enivrer v. act. 술취하게 먹이다; — en pressant à boire 술취하게 권하다. = (Avec comme sujet la chose (vin, tabac) qui enivre, il faut éviter la forme active). S. —, être — 취하다, 권실 받하다 invité. — Être — de vin, 취하다, 술취하다; Être — de sa prospérité 일락에 싸지다, 일락에 잠기다.

Enjambée 거름, *보; mais, correctement, le *보 comme mesure de distance comprend deux enjambées.

Enjamber 한거름으로 건너가다,

혼자흙으로지나가다 ch.

Enjeu 노름의밋천, 내기천, 장천.

Enjoindre *명ᄒᆞ다.

Enjôler 호리다, 후리다.

Enjôleur 호림군, 후림쟁이.

Enjoliver 쑤미다.

Enjoué 산드러지다 (져,진), 짓굿다 (저,즌).

Enlacer 옭다 (어 or 아,은). Être — fortement 옭히다, de moins fortement 옭이다.

Enlaidir act. *샹ᄒᆞ다; = (neut) *샹ᄒᆞ다, *변ᄒᆞ다, 모양궤ᄒᆞ다, 흉ᄒᆞ야지다.

Enlever, emporter 가져가다; — des objets qui encombrent 치우다 (워,운); — ôter 내가다, — de force 쌔다 (아,쌘), 쌔앗다 (서,순), 쌔아가다, *탈취ᄒᆞ다; — une fille, une veuve 훌이다 = 업다 (어,은), 업어가다 (porter sur son dos). = — sa proie (animal terrestre) 낙려가다, de (oiseau de proie) 움킈여가다, 차가다, 처가다. — (la peau, l'écorce) 벗기다; — (un morceau), arracher 새다 (어,샌); — d'un coup de dent 낙려새다; —, émouvoir 감동케ᄒᆞ다, 감발케ᄒᆞ다. Être — (suivant la nuance à dessin) (치우다), *탈취ᄒᆞ다, 쌔앗기다, 업히다, 업혀가다 = *감동ᄒᆞ다, *감발ᄒᆞ다. 끌녀가다, 움킈여가다.

(ou plutôt 지우다; 치우다 veut dire débarasser (le lieu).

Enluminer V. Colorer. — Avoir la figure — par la boisson 쥬긔오르다 (올나,오른), 쥬훙오르다.

Ennemi *원슈, *되뎍, en agg. *뎍. Royaume — *뎍국. Soldats — *뎍군ᄉᆞ. = —

522

— à couteau tiré 칼빈원슈. Être en devenir — 원슈빗다 (빗저, 즌). Être l'—du travail 일을슬희여ㅎ다. —, contraire (v. g. eau et feu) 상반되다.

Ennui 심심ㅎ기, 섭섭ㅎ기, 답답ㅎ기 ....
Chasser l'— 심심풀리ㅎ다.

Ennuyer v. act. 성가시다, 성가새다, 시그럽게ㅎ다, 지악되다 (여, 된), 시리어되다 = (v. g. par des demandes réitérées) 조르다 (졸나, 조른) (passif 졸니다). 보치다 S'— 심심ㅎ다, 섭섭ㅎ다, 답답ㅎ다. Être —, inquiet, 불안ㅎ다. S'— (d'une chose) 슬희여ㅎ다.
Ce livre m'ennuie (이책) 맛업다, 불맛업다.
Vous m'— 싀그럽다 (러워, 온); (moins injurieux) 듣그럽다, 듯그럽다.

Ennuyeux sans agrément 긱긔ㅎ다, 맛업다, 희미업다; — donnant du souci 걱정되다, 긴맛ㅎ다, 아연ㅎ다; — gênant les projets 도메롭다 (로와, 온); — agaçant 듣그럽다, 듯그럽다. - vexant (injustice, vexation) 억울ㅎ다
· 싀그럽다 (러워, 온), 귀찬다 (하, 흔), 귀살스럽다 (러워, 온), 성가스럽다, 산닥잡다 (가와, 온); — inutile, gênant 긔젹다 (어, 은), 긔첩다 (어, 은); — parceque cela ne réussit pas 지루ㅎ다; — par la longueur ou la fréquence 야숙ㅎ다, 야속ㅎ다 = —, (personne, surtout enfant) 즈즐ㅎ다, 지질ㅎ다. 야속, 야숙ㅎ다 veulent plutôt dire dur, cruel (procédé, parole), raide (personne).

Énoncer 부르다 (불너, 부른), 말ㅎ다..
— à haute voix 웨치다, 외치다. — les points (joueurs de cartes) 몃숫치지웨치다.

Enorgueillir S'— 오부리다, 오실부리다.

크다랗다(ㅏ래,란) Énorme 굉장하다, 대단하다, 유책하다.
Énormément 굉장히. 흠벅, 흠씬.
Énormité 굉장하기.
Enquérir s'— 듣보다(아,본). 알아보다, 묻다(물러,물른), 물러보다, *사실하다. *탐지하다. Ne pas s'— des affaires d'autrui 남의 일을 알 볼 데 아니하다.
Enquête *사실, *사변, *심문, *초사
Enraciner s'— 불희나다(나,난), 불희박히다, — habitude 습관되다, 습관굿다(어,은), 습관 굿어지다. Arbre bien — 불희깁게박힌나무. Maladie — 깁흔병.
Enrager (rentré) 밋치다, —(fou furieux) 발광하다. = — au moral, "enlèver" 긔나다, 긔오르다(올배나,오른), 긔나뭇견디다 (긔,ш—lée) *성화하다. Faire — 성화식히다. Faire un tapage — 야단치다.
Enrayer
Enregistrer *긔록하다, 적다(어,은), (칙에) 올니다, = — sur un livre de comptes *치부하다. — (une lettre, un paquet — recommandés) *등긔하다. ne se dit maintenant que pour les pièces enregistrées aux tribunaux. Pour — à la poste, on dit *서류하다(書留)

Bureau d'enregistrement *등긔소

Enrhumer s'—, être — 감긔나다, 감긔들다 (어,든). 곳불나다, 곳불들다
Enrichir qqun 부즈길하다(ㄴ러,른), 부즈되게하다. s'— 부즈되다. s'— un peu *졸부=되다, — beaucoup *거부=되다.
Enrôler
Enrouement 목병=나다. *인후 qui veut dire

dire aussi simplement gorge.
Enrouer s'—, être — 목세다(어,센) et mieux
목쉬다(어,쉰). Crier à s'— 목쉬도록소릐질흐다.
Enrouiller s. — 녹스다(새,쓴), 녹나다.
Enrouler act. 말다(어 or 아, 만). s'— en 감다(아,은)
spirale 비비소이다
Enrubanner
Ensabler enfouir dans le sable 모릐에뭇다
(어,은). s'— (marcheur) 모릐에 박히다; s'—
(barque) 모릐에 걸다(어,건). s'— (rivière)
복ㅎ되다.
Ensanglanter 피칠흐다, 피뭇치다. être
— 피뭇다(어,은).
Enseigne (marque) *표; — (de magasin) *천판;
— (étendard) 군긔 = — de vaisseau, (grade)
*히군중위.
Enseignement proprement dit *교슈 *교셔; —,
conseils, préceptes *훈계, *교훈.
Enseigner ᄀᄅ치다; — indiquer ᄀᄅ치다,
*지시흐다. — le chemin 길ᄀᄅ치다, s'en
accompagnant *인도흐다.
Ensemble l'un avec l'autre 흔가지로, 흔긔,
흐고 & par abb. 고 = 겸, 흐야, en agg. *겸:
겸상흐다, 겸상흐야 먹다 manger — à la
même table. En agg. *동 : Voyager —
*동힝흐다, habiter — 동거흐다. Faire le
commerce — (associés) *동샹흐다. ≡
—, simultanément 흔젹에, 흔거번에.
— à la fois, de plus, en outre 아울노, 아오로

surtout dans les livres. = ᄭᅡᆺ mis devant un verbe y ajoute l'idée d'agir —, qqf réciproquement. = Chose faite pour aller — *겹, 솽. Le mettre —, réunir 아오로다 (올나, 오론), 어울니다, 어울다 (우러 ᄯᅩ 올너, 우른). = *합ᄒᆞ다. ≡ (subst.) *전톄; id., par opp. à parties *대톄 en agg. *전.

Ensemencer 심으다 (심어, 은) avec comme régime direct soit les graines, soit le terrain.

Ensevelir un cadavre. Le mettre ds le linceul *념ᄒᆞ다; le mettre en bière *입관ᄒᆞ다; le porter au tombeau *출상ᄒᆞ다. Le mettre en terre *하관ᄒᆞ다. = 장ᄉᆞ지내다 (여, 낸) comprend le tout. Être —, enterré 뭇치이다. Mourir — (sous les ruines) 지여죽다, 뭇치여죽다, 눌녀죽다; id. (sous les flots) 물에ᄲᅡ져죽다.

Ensorceler *방자ᄒᆞ다.

Ensuite 다ᄋᆞᆷ에, 후에, 뒤에, 버금에.

Ensuivre s'—. De cela il s'— ... 그걸노 (pour 그거스로), 일노ᄭᅡᆯᄭᅵ암아, 일노ᄡᅥ ce dernier surtout dans les livres.

Entaille 에운족, 엔족.

Entailler 에다 (여, 엔); — pour commencer à couper 샤다 (샤, 샨), 싀다 (여, 싄).

Entamer le mot dépend de ce qu'on entame: 첫ᄭᅥᆨ음 (aliments, boisson, pipe) - 첫술 aliments qui se mangent à la cuiller. Pour d'autres on dira 첫ᄭᅥ기.

Entamer commencer 시작ᄒᆞ다 ; — (un sac de riz ou autre chose) 귀챙ᄒᆞ다. = —, blesser *샹ᄒᆞ다. La peau est — 살샹ᄒᆞ엿다, 살맛쳣다 (맛치다), — légèrement, effleurer 슷치다, 싯치다.

Entasser ᄊᆞ다 (ᄊᆞ, ᄊᆞᆫ), 샇다 & 사타 (사하, 혼), 가리다, 누리다, 모호다 (화, 홀). être — 모히다, ᄊᆞ히다.

Ente. **Enter** v. Greffe, greffer.

Entendement *셩오, *지각, en agg. *지.

Entendre 듯다 (드러, 흔) ; — clair 귀밝다 (아, 은) ; — dur 귀어둡다 (두워, 온), 귀먹다 (어, 은) ; — un peu dur 가는귀먹다 = —, comprendre 알아듯다 ; —, signifier, vouloir dire. Qu'— par ce mot 그말이무ᄉᆞᆷ 뜻이냐, 그말이무ᄉᆞᆷ 말이냐 ; — à consentir 말듯다, *허락ᄒᆞ다 ; —, vouloir faire, se rend par les formes ᄒᆞ고시브다 (시버, 븐), ᄒᆞ려ᄒᆞ다. ᄒᆞ고브다 (버, 븐). Chacun agit comme il l'— 각사ᄅᆞᆷ졔ᄒᆞ고시븐대로 ᄒᆞᆫ다, ...졔맘대로 ᄒᆞᆫ다. = S'— à une chose, s'y connaître 알다 (아, 은). Ne pas s'y — 모ᄅᆞ다 (몰나, 모ᄅᆞᆫ) ; s'y — peu 셔투ᄅᆞ다 (두러 & 틀너, 투ᄅᆞᆫ). S'— avec un autre, être amis (셔로) 의가됴타 (하, 흔), s'—, agir de concert *동심ᄒᆞ다, *합력ᄒᆞ다, *동ᄒᆞ다. de en secret 숙더거리다, 숙덕숙덕ᄒᆞ다. = S'être de connivence 돕다 (도아, 온) Un mandarin s'— avec les voleurs 관쟝

뇌 길 박고 도적을 부려 두다 (어, 둔).

Entendu intelligent v. ce mot. = — (à une chose) 잘 하다 ou 잘 알다 (아, 안) selon le sens, *낙식 하다. Faire l. — 아는 체 하다. Hâbleur qui fait l. — 어슨놈, 어슨사롬.

Entente bon accord *화목; — contrat *약됴

Enter 졉 하다, 졉 붓치다.

Entérique (fièvre) *장질부사

Enterrement *장슨 = 하다. = 지내다. = — provisoire *토롱 = 하다. v. Funérailles.

Enterrer vif 산장하다, 싱장하다.

Enterrer *장슨 하다, 장슨지내다 (여, 낸). —, enfouir, mettre en terre, 뭇다 (어, 은), 파뭇다. Être — 뭇치다 := — un secret 깁피 덥허 두다 (어, 둔)

En-tête *표목.

Entêté 악쥐 트다, 고집 하다, 고집 세다 (하, 흰) En Corée, le symbole de l'entêtement est non le mulet, mais l'âne de Chine. Être plus — qu'une mule 당나귀 보다, 고집 세다 := — de son opinion 제 고집 세 압세우다 (워, 운) := 혼 수하다. — d'un homme 그사롬 하나 만 알다 (아, 은); — de soi même 조리 만 깃다 (어, 은).

Entêtement 고집.

Entêter s. — 고집 내다, 고집 부리다, 혼슈하다

Enthousiasme agissant *분발심

Enthousiasme *호긔, *호흥, *흥, *심취, *열중, *열중심취, *신락 = (délire) *열광.

Enthousiasmer s. — 열중 etc 내다 ou 부리다.

Enticher s. — .

Entier 온젼 하다; 온, 왼, en agg. *젼. Le jour — 왼 날. La maison, la famille — 온가

Avaler tout — d'un seul coup 왼통삼키다, 통으로삼키다. La chose est encore dans les — 열이그저 잇다. := —, opiniâtre 고집하다. — nombre —*경슈, — cheval —*성마, *유관마

Entièrement 온젼이, 온삶이, 온통, 왼통, 볽읏, 볽아케, 아조, 아주 = 도모지, 젼혀, 젼슈히 = 잔뜩, 잔뜩 plainement = 최, absolument (ne pas confondre avec 최 (그잠 = 최 最) qui est un superlatif relatif.) Tout est — brulé 최다 탓다. = 채 surtout dans les expressions suivantes 채 알다 savoir entièrement; = 채 알지 못 하다, 채 모르다 ne pas savoir —, ne savoir qu'imparfaitement. = 이루, 이로, voir le mot si fréquent: 이루 다 말할슈 업다: pas moyen de tout dire. 소통, absolument ignorer — 소통 모르다.

Entonnoir 깔대기. = 귀대 est le vase à bec qui, en Corée, remplace l'entonnoir.

Entorse =*외골 하다, 삐다(여 삔) se dit de l'articulation luxée.

Entortiller entrelacer 얽다(어 ㄴ 아, 은), — enrouler 감다(아, 은). s'—, être — 얽히다, 감기다.

Entour à l'— de 두루, 사면에, 사방에, 사면으로, 사방으로.

Entourer 두루에우다(에워, 운), 에우다, 두루다(둘너, 두룬), 에두루다, 에워싸다(싸, 싼). — le roi (les grands) *시위 하다. = être — 둘니다, 에워싸이다, 에위다.

Entrailles 창자, 내쟝, 오쟝

Entrain que l'on met à qqu'chose, — voulu 젼심, *호긔. avoir de l'— 호긔롭다 (로와, 운); =*흥, *호흥. = — subi, — se dégageant de la chose elle-même 김, précédé d'un qualificatif approprié. — Du plaisir, d'une chose intéressante 진기 붓튼 김; — de la fautité, de l'adresse 손 시 도는 김.

Être emporté par l'entrain 진기에 계울다 (계워, 운)

Entrainement de telle ou telle passion. 김, 결, = 결 disant plus que 김. Dans l'— de l'ivresse 술 김에; dans l— de la passion 분 결에.

— exercice 련습

Entrainer 스글다 (으러, 은) 스글다 (그러, 근), 잇그다 (러, 근). Être — 글니다, 잇글니다, 스글니다. Se par l'éloquence 언변에 글이다. Être — dans la mine d'un autre 사람의 말 ᄒᆞ다. = S'—, s'exercer 련습ᄒᆞ다.

Entrave 조당, 절박.

Entraver 막다 (아, 은), 막을니다.

Entre prépos. - 가온ᄃᆡ, 즁에, 틈에, 스이에 Herbe venue — les pierres 돌틈에 난 풀. La rivière passe — les murs de la ville 강 물 셩가온ᄃᆡ로 지나간다. Qu'avez vous entre les mains 손에 잇ᄂᆞᆫ 거시 무어시냐. Ce livre est — les mains de tout le monde 그 ᄎᆡᆨ 업ᄂᆞᆫ 사ᄅᆞᆷ이 업다. = marquant une relation se rend par 셔로 si l'idée de réciprocité domine, sinon par 새릐. Ils babillent — eux 뎨들 새릐 즈거린다. Ils s'entendent bien — eux 셔로 의가 됴타, 그새릐 의가 됴타. — nous 우리들 새릐. Lorsque la relation est bien définie, au lieu de 새릐, on dit 간에. — époux 부부간에; — père &

Entre amis & choix 되 피 간에

sœurs 남매간에, — père & fils 부자간에.

Entrebâiller une porte : l'ouvrir à demi 방그시 열다(어, 연). Être — 방그시 열니다, 뎍니다.

Entredeux intervalle 사이에, 틈이, 가온대, 간 = 샅 qui sépare les doigts, les cuisses.

Entrée Commencement 첫머리, 비두; — d'un golfe, d'une vallée 어귀; — d'une maison, jardin, etc. *문, *입구. — action d'entrer, en agg. *입 — libre (exposition, etc) *출입 ; — libre & gratuite *출입무료. — Avoir ses — chez Kim 김가의데 단니다, 김가의게 단니다, 김가집에 단니다. Donner — aux tentations 유감에 틈주다, 유감에 길열어주다. Interdire ou fermer l' — 막다(아, 은), 못들게 하다. — aux charges 벼슬 막다, 벼슬 못하게 하다.

Billet d'entrée (théâtre, exposition — gare etc) *입장권; *입장표 (장 remplacé au besoin par un autre mot ex. *입당권, etc) = Prix d'entrée 입장료.

Entrefaites sur ces — 그사이에..

Entrelacer 얽다(어, 은), — tresser 겯다(겨러, 른), — entremêler en sens contraire sans proprement entrecroiser 어긋맛기다, 어긋맛치다. = Être — 얽히다.

Entremetteur *거간, *거간인, *거간군. Pour les maisons, on dit, de certaines localités, 집주릅, *가쾌; — de mariage *중매, *중매자.

Entremettre (S') *거간하다, — pour un mariage *중매하다. — S' — ou plutôt se

소리ㄴㅏ다 se dit de qqun qui se mêle de ce qui ne le regarde pas. = *간섭하다 n'a pas ce sens fâcheux, & *간섭하다 devient libre d'aider.

mêler à une affaire 소리ㄴㅏ다 (러,ㄴ).
Entrepôt, magasin *창고; —(de vente) *판매소 = lieu d'un grand commerce *도회처.
Entreprenant homme — 호수자
Entreprendre, commencer *시작하다, — (une institution) *설립하다, *설시하다; — de soutenir, prendre sur soi *담당하다, *담착하다; —, essayer 해여보다; — vouloir faire 하려하다,
Entrepreneur 일맛하하는사ᄅᆞᆷ.
Entreprise projet 뜻, 의ᄉᆞ, *의견; — oeuvre —. 일. = — de travaux. Confier l. — 일맛기다, 맛기다. Recevoir l. — 맛다 (하, 흔), 맛하하다. Si l. — est à forfait, on fait précéder le verbe de 아조ᄯᅦ여, 아주ᄯᅥᆨ이 qu'on met ordinairement à l'instrumental.

L'entreprise, surtout à forfait se dit aussi *도급

Entrer 들다 (어, 든), 드러가다, 드러오다. Faites — 드러오라고하여라. = Au figé — en matière *시작하다; — ds le sens d'un auteur 알아듯다 (드러, 흔); — ds les sentiments d'un autre *합의하다. Cela n'est pas — dans ma pensée 싱각든일업다, 싱각도아니하엿다; — dans les intérêts 돕다 (도아, 온), 붓들다 (어, 든), 붓들어주다; — dans une famille par un mariage *통혼하다; — ds une société *회들다, *입회하다; — en charge (être nommé pour la première fois à une fonction publique / *초입ᄉᆞᄒᆞ다, *초ᄉᆞᄒᆞ다. Entrer en charge (en exercice) *슈임ᄒᆞ다. — en doute *의심ᄒᆞ다, 의심두다, ᄆᆞᄋᆞᆷ에 의심둘다.

Entresuivre (s') — 서로ᄯᆞ라가다, 서로닛다, 닛다 (닛어,은). 닛어가다

Entretemps

Entretenir : conserver en bon état *보젼ᄒᆞ다, *보존ᄒᆞ다; — une maison 집가츅ᄒᆞ다; — une route 길닥다 (아,은) / — le feu 불ᄉᆞᆯ으어다히다, 불기ᄅᆞ다 (길너,기론), — faire vivre 기ᄅᆞ다 (길너,기론); — les vieux parents *봉친ᄒᆞ다, *봉양ᄒᆞ다; — un sentiment 품다 (어,은), ᄆᆞᄋᆞᆷ에 품다; — une liaison *통ᄒᆞ다; — de secrète ou coupable *ᄉᆞ통ᄒᆞ다; — une concubine 쳡두다 (어,둔); — un amant 간부븟치다. = s'—, parler ensemble 서로말ᄒᆞ다, *슈작ᄒᆞ다. s'— se (penser à) *ᄉᆡᆼ각ᄒᆞ다, ᄉᆡᆼ각두다, s'—, retenir mutuellement 서로붓잡다, (아,은) — de (choses) 서로년ᄒᆞ다, 서로달니다. = être — (par un parent, un bienfaiteur) 기대다 (여,댄). = — une correspondance 편지왕복ᄒᆞ다.

살니다 (se dit souvent pour — une concubine)

Entretien conversation 말, *슈작, *공론

Entrevoir Voir à demi, en passant, 얼넌보다 (아,본) — ᄉᆞᆺ쳐보다 (effleurer du regard). Voir indistinctement 잘못보다, ᄌᆞ셰히못보다; — pressentir *짐작ᄒᆞ다, 짐작잇다 (아,은). être —, seulement

— 희미ᄒᆞ게뵈다 (희미ᄒᆞ다 pas clair).
Entrevue *상의, *상면 = ᄒᆞ다.
Entr'ouvrir (une porte) 벙그시 열다 (어, 연).
1. — 잣나다, 듣나다, 터지다, 벙그다 (러,근); 덕나다, 벅긔다.
Énumérer
Envahir ; — avec impétuosité 달녀들다 (어, 든).
Enveloppe (en général) 겁덕이 ; — de toile 보 ; — de filet 동삼장 ; — de papier *봉지 ; — de lettre *것봉, *봉지, *비봉, *피봉, *봉투, 봉투지 ↔ *비봉지 = — (du riz, millet etc) 겨 ; — de la châtaigne 밤송이.
Envelopper *봉ᄒᆞ다, 싸다 (싸, 싼), 에워싸다, 살이다, 싱지다. — une lettre *비봉ᄒᆞ다. Être — à la ruine d'un autre 혼ᄃᆡ싸혀 망ᄒᆞ다, 혼ᄃᆡ살녀 망ᄒᆞ다, ᄯᅳᆯ아 망ᄒᆞ다. Être — 싸히다, 살니다.
Envenimer 독오르다 (올나, 오른). S. — (plaie, esprit etc) 독들다 (어, 든).
Envergure
Envers (subst.) opposé à endroit *후면. — Pour les étoffes, habits 안. Mettre à l'. — (choses ayant un endroit & un —) 뒤집다 (어, 은). v.g. — ses habits 옷뒤집어닙다. Id. mettre la tête en bas 것구로노타 (하, 흔).
Envers prépo. 너러, 다려. Se rend souvent par l'"offratif".
Envi à l' — 다토아 (다토다), 투긔ᄒᆞ야 (투긔ᄒᆞ다) *장션ᄒᆞ야, *졍투ᄒᆞ야 *징츅ᄒᆞ야

534/

Enviable 탐스럽다, 색럽다 (러워, 운)

Envie *질투, *투긔. Porter — *질투하다, *투긔하다 sont l. envie "envieuse" jalouse, 불워하다, 새러워하다, 씰다 (어, 분) - peuvent servir pour une envie bonne ou mauvaise; *흠선하다 est l. — louable, l. émulation = —, désir *탐, *욕심, *원의, *원. Avoir — *탐하다, 탐내다, 욕심내다; *원하다 = & les formes verbales 하고쟈하다, 하려하다. de, (besoins naturels) (오즘 or 소동) 마렵다 (려워, 운). — de vomir 구역=나다, 아니꼽다 (소아, 소온) = — des objets etc. 기스럽, =나다.

Envier v. Envie. 시긔하다, 식쇠오다 (와, 온), 거염 내다, 거염, 벌네노릇하다. = —, désirer ardemment 헤헷하다.

Envieux 투긔하다. = qui cherche à nuire par envie *심술군, 심술구럭, *심술쟁이. = 심술 사오납다 (나와, 온).

Environ prép. *대개, *대량, *대략, *대총. = avec un nombre 혼 mis devant ou 이나. 나, 즘, 즈음 mis après. — trois cents 혼 삼백, 삼백이나 = 즈음 a aussi cet sens pour les indications de temps & de lieu: Par ici (environ ici) 여기즈음; — au moment où on allait faire 홀즈음에.

Environner 두루에우다 (워, 운). Être — 에이다, 에워다.

Environs subst. 갓가온데, 근쳐.
Envisager 드러다 보다 (아.온), 바로보다. — qqun, le regarder en face 행하다, 행하야보다, 쳐아보다, 쳐다보다; —, considérer, penser à *싱각하다.
Envoi *발송.
Envoler s. — 날다 (아.난) peu usité seul — 날아나다, 날아가다, 날나가다.
Envoûtement magie *방자 (c'est la figurine ensorcelée), *둉바라죄.
Envoyer 보내다 (여.낸). — en agg. *송
Envoyé (subst.) 심부럼군, *긔별군, *보발군. Etre e. — de Pierre 베드로 심부럼으로 가다 = —, représentant *대표, *대표자, *대리, *대리인. — d'un gouvernement. V. Ambassadeur, consul, légat etc.

*발군

Envoyeur *발송인.
Epais gros 둣겁다 & 두겁다 (거워, 온) 둣텁다 (터워, 온) — de livre 술높다 (하, 혼) (술 la tranche); —, fourré, bois, cheveux 빅빅하다, 쌕쌕하다; — dru, de belle venue (moissons, plantation) 미럿하다; pour les forêts on dit aussi 슈롯다 (흐, 흔), *슈북하다 =, liquide 걸다 (어, 건). en agg. *탁
Epaisseur 두겁기. = *고.
Epaissir 두겁게하다, 둣텁게하다. = — (v.r.) & s. — 두거워지다, 둣거지다 = 빅빅하야지다. Pour les liquides 걸어지다, 엉긔다 (긔여, 긘).

— (bouillie, colle … & aussi tennis) 되다 (여, 된) Pour la bouillie, colle …, le contraire est 질다 (어, 진), 붉다 (어, 은)

Pour certaines choses (v.g. un tenon, une mortaise) l'épaisseur (en hauteur) 술 (tranche)

536

Epanchement de sentiment *정답; 정원;
— de sang au cerveau *뇌익혈
Epancher un liquide V. Verser, répandre.
— son coeur (à un ami) *정답하다; se (à un supérieur) *정원하다, se (dans la prière) 정원으로 기구하다
Epanouir S. – (fleur) 퓌다 (여, 퓐), 풀니다. S. – (visage) *희색하다, 깃분빗나다; S. – (coeur, âme) 속 싀원하다.
Epargne économie *저축. Caisse d'– *저금령쇼 V. Caisse.
Epargner économiser 존절이 쓰다 (써, 쓴), – ménager 앗기다 ne rien – pas (en offrant ses services) 어려워하지 마라. Il n'a rien – pour) 아니호일이 업다, 아니하여 볼것 업다. ne pas s'– (travailler rigoureusement) 힘을 다하다, *진력하다. S'–, craindre sa peine 제 몸을 앗기다. Vous vous seriez – un châtiment s'i.. 벌을 면할 번 하엿다, 벌을 면홀거슬... – un coupable, lui faire grâce *요되하다, – une chose (v.g. de une destruction) 그저 두다 (어, 둔).
Eparpiller 벗버릇다 (르저, 른). 헛흐다 (러, 흔), 허흐러치다. S. – 헤지르다 (질너, 지른. le vent – les feuilles 바람 닙사귀 훨훨 날니다. Les feuilles sont – par le vent 닙사귀 훨훨 나라간다 (훨 expression imitative) *산락하다
Epars 허여지다, 헛허지다. Avoir les

chevaux — 머리풀어 발 하다, 머리산발 하다.

Épaté nez — 납잭코, 빈대코, 벽장코.

Épaule 엇기 = 견긔 qui se dit surtout pour les animaux. Porter sur l. — 메다 (여, 멘)

Monter sur les épaules de qqun 목말 타다.

Épaulette *견장, *견식.

Épave *유실물 — de maritime* 표실물

Épeautre

Épée 칼, *환도. La porter au côté 칼차다 (차, 찬); la tirer 쌔다 (아, 쌘); la brandir ou même seulement la tenir à la main 들다 (어, 든). Poursuivre l. — dans le sein 칼 들고 쏘차가다; mais, au figuré, on dira mieux 검 빗어 쏘차가다 (la main crispée pour saisir). Percer d'un coup d'— 칼노 지르다 (질너, 지른). Mourir d'un coup d'— 칼에 죽다, 칼노 죽다. Remettre l'épée au fourreau 칼 꽂다 (꽂자, 진ㄴ존).

Épeler 글즈를 부르다 (불너, 른); *철근 하다

Éperdu *실혼 하다, 넉일타 (허, 는), — de crainte 혼나다, 혼 뜨다 (떠, 뜬).

Éperlan, poisson *경광어. =

Éperon de cavalier *박차, *박차 — le navire *충각) = — (du coq) 머나리 발톱.

Épervier oiseau 매 = Filet de pêche

Éphemère (subst.), insecte 하로살이.

Éphemère (adj). 잠간 지나가다, 잠시 지나가다. Souvent on emploie 잠간 seul. = — (fleur), se fanant vite 쉬 식다 (어, 은)

Épi 이삭. L'épi se former 이삭 배다, 나다.

Épi — Épouvantail

598/

L. — Le maïs nourrit, mûrit (litt. durcit) 엽그다 & 엽글다 (그러,은), 엽을다 (으러,은).

Épice * 약념, 고명.

Épicer 약념 노타 (하,흔), 약념 넛타 (너허,흔);

Épicier

Épidémie * 류힝병, * 운긔, 돌니는병, 돌님 * 젼염병, 론증

Épiderme * 외피 = * 허물 se dit de la peau qu'un serpent a dépouillée.

Épier 엿보다 (아,본), 건즐쓰다 (써,쓴). — l'occasion 틈을 보다, 틈을 엿보다 = (police) * 긔찰ᄒᆞ다

Épigastre * 긔게, * 흉하, * 상복.

Épiglotte * 회렴연골.

Épigramme * 경구, * 풍시

Épilepsie * 풍병, * 간질, * 질알, * 양각풍, * 간경풍, * 뎐간.

Épinard 비름, 비듬 = 시금치, 싀근치 désignent plutôt l'oseille. 싀근초. ailleurs 시금치 ou 시금치 désignent l'épinard.

Épine 가싀. — espèce d'arbre 가싀나무, 가싀듬불, 슬ᄭᅵ나무. — Couronne d'— * 극고관. = — du dos 등골, 등�뼈, 사듬ᄲᅧ, * 뇌 ↔ * 쳑골, * 쳑량골.

Être sur les — 갓갑ᄒᆞ다, 답답ᄒᆞ다, 조히다.

Épineux 가싀잇다; —, difficile 어렵다 (려워, 온), 극난ᄒᆞ다.

Épingle 꼿바늘, "빈" — à cheveux, barrette 빈혀, 빈하; — pour le 상투: 동곳.

Épinière moelle — * 비슈

Épiphanie (cathol.) * 공현 = Le nom de la fête est 삼왕내조 "Venue & adoration des trois Rois".

Episcopal en agg. *주교.
Episcopat *주교듬, 쥬교위.
Episcopalien Eglise — 감독교회. Au Jap. & en Corée ils se nomment volontiers *성공회.
Episode
Epistolaire Style — *편지투
Epitaphe ** 석비명, sur une pierre * 비문
Epithète *형용ᄉ.
Epître *편지.
Epizootie * 가축류 횡병. = Les seules connues en Corée sont celle des boeufs: *우역, *우질
Eploré
Eplucher 고르다(골나ᄂ나, 고른), 다듬다(어, 은).
Epluchure 잡것.
Epointer 닉되다 (여, 된)
Eponges *히융, *히면, 히버섯
Eponger 씻다 (씨서, 슨)
Epoque 때, 적 = groupe d'années * 년되
Epoumonner s'—
Epouse *안히, *안악, *처, *녀자, *정실, 지어미 = *택, *실인, *실니 le premier groupe de mots étant employé surtout par le mari ou les membres de la famille, le second par les étrangers. poli.
Epouser v. se Marier.
Epousseter 몬지 ᄯᅥᆯ다 (어, ᄯᅥᆫ)
Epouvantable 놀납다 (나와, 온), *흉ᄒᆞ다. — = (malheur) *참혹ᄒᆞ다
Epouvantail pour les oiseaux 허슈아비, 헤아비, 덩아비

540/

Épouvante 겁.

Épouvanter 겁내다.(여,낸), 놀내다(여,낸); —.

S'— 겁나다, 덴겁하다, =혼나다, 넉일타 etc. Et aussi 겁내다 : he som épouvanté par 겁내기까다. Il n'y a pas à l'— le disait 겁날것업다.

Chose qui — 놀납다(나와,온), 낙섭다(서워,운).

Époux mari *장부, *가장, *서방, 남편. Épouse nouvellement mariée 새댁, 신부

— les 2 — *부부, 쾨외, *랑쥬, *비필, *배우

Épreuve *시험. Faire l'— de *시험하다, 시험하야보다. A l'—, à toute — *견확하다(solide), *확실하다. (vrai, sincère). —

= — d'imprimerie *교뎡셥. Corriger les — *교뎡하다. = — en phot. ; — néga-tive *원판; positive *보샤진. — comme numéral 벌

Épris (de gloire, de choses dignes) 흠션하다, *흠모하다, — de qqun 스랑하다, — de péch. 욕심하다, 욕심내다, 탐하다.

Éprouvette *시험긔

Éprouver essayer *시험하다; — des mé-taux *단련하다. On emploie les deux pour — qqun, — un caractère, 시험, avec plutôt le sens de voir ce qu'il fera, 단련 avec celui de le rendre fort. = —, ressentir (malheurs, joie) 당하다, 보다(아, 본), 닙다(어,은).

Épuisement maladie causée par la débauche 노뎜. On dit parfois 새서방병.

Épuiser 쓰다(써, 쓴), 다쓰다, 퍼다(어,은) 업시다 — pour l'argent on dit aussi 말니다 (sécher); — l'eau 물새다(아,새). S'— de travail 힘을다하다, 힘과히쓰다(써,쓴), 긔골과히쓰다, 몸생하게힘쓰다. être —

de fatigue *쇠진하다; 곤핍하다. Être — (par-ce) 바르다 (바르니, 바른). De (terre) 토력 진하다.

Épure *추형.

Épurer v. Purifier.

Équarrir 다듬다 (어, 은), 치목하다.

Équateur *적도, 996 *적뎨 (plutôt région équatoriale).

Equatorial (adj) *적도적아 Région — *적뎨. = 열뎨 ou la zone torride.

Équatorial (subst) instrument *적도의.

Équation *방정식. Les membres = *항 ou = *절. = — du temps *평균시차.

Équerre de dessinateur *삼각형 (triangle), — d'arpenteur *직각리.

Équiangle en agg. *등각.

Équidistant *등거리하다.

Équilatéral *등변. Triangle — *등변삼각형; et comme il est aussi équiangle *등각삼각형.

Équilibre en mécanique *평균; — stable *안뎡평균, — instable *변역평균; — indifférent *슈처평균. = En conversation courante: Être en — 반듯하다. Mettre en — 반듯하게두다. Perdre l' — 기우다 (러, 운)

*분렬,

Équinoxe *듸안즁일, 평균; — d'automne *츄분; — de printemps 츈분 (moitié de saison)

Équipage de voyage *힝즈, *힝장; — à cheval *인마 (hommes & chevaux). = — de vaisseau 사공, 사격, *션인 *선원

Équipe

Équipée 즛, 작난

Équipement d'un navire 배연장, *션즙물, *션즁물, *션장즙물; — de soldat 군긔, 군물.

542/

Equitable 공번되다 (여,된), 고르다 (르와,른), 반듯하다, 옳다 (하,흔).
Equiper 차리다, 둘리다
Equitablement 공번되히, 공번되게, 고르게
Equité *의덕, *의리, *공평, *빈수부정, adj. 의
Equivalent 마치일반, 굿치일반. — (en géométrie) *동적하다; = *동량하다. — mécanique *긔계덕동량.
Equivoque (subst) *복의, *위닌 = —, adj. 가의동가의서 = 하다 (Faut-il aller à l'est ou à l'ouest?), 엇다 (어서,슨). Parole — 어슨말, 동동진말, 두동그런말. = —, suspect *슈상하다, 의심스럽다 (러워,온).
Erable 신나무 — acer tartaricum; = 단풍, 단풍나무, acer japonicum; = 고로쇠나무 acer pictum; — 산쳐른나무 acer tegmentosum.
Erailler 쓸다 (어,은), 쓸어당긔다. Avoir les yeux — 눈쓸어뵈다
Ere *년호 (ère en fait particulière à chaque règne), = Ere d'où partent les dates (1392 changement de Dynastie) *긔원
Erectile *발긔성 = 잇다
Ereinter de coups 허리부러지게치다, — de fatigue, 느른하게하다. Être — (de fatigue) 되곤하다, 느른하다, 느른칩은하다.
Ergot 며누리발톱, — (de coq) 억발
Erésipèle *단, *단독
Ergoter 시비하다.
Ergoteur 시비받다 (하,흔)
Eriger 세우다 (워,운) se dit au propre et au

Equipage de vaisseau; (personnel) *선원, *선인

+ 알넌다의
; 결말, parole à double sens (s'emploie souvent pour "calembour").

*년긔
*긔원

fig: — (ou figuré. confiscié, venu) 쳘쥡ᄒᆞ다. S'— (r.g. le docteur etc) 즘쳬넙다 (어,은), dépasser sa capacité. = 호ᄂᆞᆫ톄ᄒᆞ다, 노곳ᄒᆞ다 pr. cède r.g. de 쳔심, 방ᄇᆞᆫ, etc. Homme qui s'— ainsi 신놈, 어ᄉᆞᆫ놈, 신방귀귀ᄂᆞᆫ놈.

Ermite *독슈, *독슈자

Errement

Erratum 오[illegible]ᄌᆞ. liste de — *졍오됴 "liste de fautes à corriger". Dresser cette liste 졍오내다.

Errer Courir çà & là 두루ᄃᆞᆫ니다, 샤더ᄃᆞᆫ니다, 샤더도다(라,돈), 써도라ᄃᆞᆫ니다, 싸돠다.
— comme un homme qui ignore la route *방황ᄒᆞ다.

Erreur 그ᄅᆞᆺ mis devant subst. — de la doctrine *이도, *샤도, 그ᄅᆞᆺ도리. Induire en — 속이다, 속임질ᄒᆞ다. Y être induit 속다(아,ᄋᆞᆫ), 속임을닙다 (어,은), 속임질닙다. Etre dans l'— (pour un cas déterminé) 그ᄅᆞ다 (글너,그ᄅᆞᆫ), 그ᄅᆞᆺ치다, 그ᄅᆞᆺ알다 (아,안)

Erudit *박ᄉᆞ précédé du nom de la science.

Erudition

Eruption volcanique *화산파열.
— cutanée *발진창

Escabeau 둥상, 발도듬

Escadre *함되. Chef d'— *함되ᄉᆞ령쟝관.

Escadrille *함쇼되, *쇼함되

Escadron *긔병즁되

Escalader r.g. un mur, passer par dessus *월쟝ᄒᆞ다; *월쳠ᄒᆞ다, — (autre chose) 올나가다

544/

Escale ˚긔항, ˚회션.
Escalier 사다리; – de pierres 층계, ˚셥, 셥돌 = 셥돌 means le degré.
Escamoter voler 훔치다. – (prestidigitation)
놀어렵ᄒᆞ다, 속임슈질ᄒᆞ다.
Escamoteur 속임슈.
Escapade 즛.
Escarbot 쇠똥구리.
Escarboucle ˚야명쥬, ˚야광쥬.
Escargot 우렁.
Escarmouche ˚살견.
Escarpé 가파ᄅᆞ다 (러, 론), ˚험, 악ᄒᆞ다, 급ᄒᆞ다,
= 색근듯ᄒᆞ다 (comme coupé à pic).
Escarpolette 그네, 츄쳔
Escarre croûte d'une plaie 색지, 색정이
Esclandre 즛. Ne faites pas d' – 요란ᄒᆞ지마라.
Esclavage ˚병복. Être en – (남의게) 죵
으로잇다. Emmener en – (prisonnier de
guerre) 사로잡다 (아, 은). Se racheter de
l' – ˚속신ᄒᆞ다, ˚속량ᄒᆞ다.
Esclave 죵. Ce qu'il trouvent ˚하인
qui s'emploie aussi pour les domestiques.
– en agg.: hommes ˚노, femmes ˚비, ˚비복.
Entre eux les – de grandes maisons s'appellent:
hommes ˚별감, femmes ˚하님. = Mari libre
d'une femme – ˚비부. = – fidèle ˚츙노,
˚츙비; = – de préfecture ˚관노, ˚관비 =
Racheter un – 속량ᄒᆞ야주다.
= – adj. Être – de sa passion ᄉᆞ욕에 걸니다, ᄉᆞ욕에 ᄆᆡ히다. Un honnête homme

ᄉᆞ욕에 계은다 (계워, 온) une trop faible pour leur résister.

est — de la parole 군즈는 말을 내고 변치아니ᄒᆞᆫ다.
Escompte Diminution du prix au comptant
— d'intérêt *리감 법 ; 리감 ; — en dedans
*정산리감 ; —, somme remise *리감 정. Bil-
let d'— *리감 슈표 = D'où les expressions : accorder un — 리감ᄒᆞ다, 리감ᄒᆞ야주다. Un créancier
on dit 리감ᄒᆞ야 밧다 (아,은), Le débiteur 리감
ᄒᆞ야 낼다 (어,은) ou 갑다 (하,흔).
= Vieux système coréen : remise d'une partie
des intérêts au débiteur qui solde une dette
*탕감ᄒᆞ다. — Cette remise qui est d'usage
courant est tout à fait à l'arbitraire du créancier pour la quantité.
Escompter un billet l'endosseur dira 리감
ᄒᆞ야 풀다 (아,론), l'endossé 리감ᄒᆞ야 사오.
— compter sur. V. compter, croire.
Escorte pour protéger (ou surveiller) *경위,
*호위 ; pour honorer *시위 qui se dira même
des courtisans entourant le roi ; *근시 les cham-
bellans ; — militaire d'honneur *의장병 ;
= — de police *경위순ᄉᆞ = dans ce dernier sens,
pour dire — au lieu des personnes la composant, on ajoute à chaque mot *군 ou *병
si ce sont les militaires ; 순ᄉᆞ des policiers.
Escorter au sens officiel : les mots ci-dessus
avec = ᄒᆞ다. — Autrement : —, accompagner
par honneur 모시다, *호행ᄒᆞ다 ; et s'il y a
foule *옹위ᄒᆞ다 = *호행 est le mot employé
pour celui qui — une fiancée allant se marier.

— pour les deux fins. mais surtout escorte d'honneur *의장병

546/

Escouade milit. *분대. – de bataille 패. = – de travailleurs *역군대, *역군조.

Escrime à l'épée ou au sabre *격검, *검술

Escrimer faire de l'escrime *격검 하다; s'–, s'efforcer 힘 쓰다 (써, 쓴), 애 쓰다.

Escroc *도적, 좀도적 (petit voleur)

Escroquer 훔치다, 훔쳐 가다. *간격

Espace "in genere" *공간; –, vide, *허공. = – entre deux choses 틈이, plus petit 사이 ou 틈 (se dit du temps & du lieu). Pour le temps seulement 동안, 사이.

Espacer 틈틈이 두다 (어, 둔)

Espagne 서반아

Espalier

Espèce *종, *종류, *류, 가지, 나름 = *색. Une chose de cette – (mépris) 그 가지 것. De toute – 각 가지, 온갖 가지, *각색, 여러 가지. Chacun selon son – 제 각기로. = – de la St. Eucharistie *형상, en agg. *형. – du pain *면형, du vin *주형, les deux *면주형 = –, monnaie 돈. Payer en même – 같은 돈으로 갚다.

– vulgo 사색의 de cette – 그 색의, 이 색의.

Espérance 바람, – vertu *망덕. Perdre l'– *실망 하다. Être frustré de son – *락망 하다. = Contre toute – 뜻밖에 = –, (chose ou homme dont on attend qq.ch) 바라지.

Espérer 바라다 (라, 란). Il y a lieu d'– 바람 있다. Il n'y a pas lieu d'– 바람 없다. Il n'y a plus rien à – 여망도 업다.

Espiègle malicieux 약다 (아, 은), 짓궂다 (저, 은),

— léger 뒤슬뒤슬하다, 뒤스럭스럽다 (러워, 운); — dissipé 윱들윱들하다.

·간뎝 Espion *여탐군, *탐지군; *정탐군, *세작; — militaire *군슈탐졍; — ou plutôt guetteur en observation *방군. = (autref.) grand —, grand personnage voyageant incognito pour espionner le mandarin *어스, *안힝스. Les — sont de ordre *졍탐군.

Espionner 슬퍼다, 엿보다 (아, 본), 건즈쓰다 (써, 쓴); *탐지하다; = — & rapporter *알쇼하다, 쇼리질하다.

Espoir 부람, *방; *희망

Esplanade devant une maison 마당; — préparé pour bâtir 터; — construite pour agrément *돌터 qui se dit aussi de l'esplanade devant une maison si elle est surélevée.

Esprit être immatériel *신. Le S! — *성신. Les esprits bienheureux *텬신 mj. *성신. Le —
*악마 mauvais (démon) *마귀, 귀신, *잡귀; — follet, 독갑이; l'—, l'âme de l'homme *오령혼, *졍신; —, facultés intellectuelles *본옹, *신 — facultés morales 본옹, *심. Leur usage *졍신. Avoir l'— lucide 졍신 붉다 (아, 은). Le perdre 졍신 노타 (하, 흔). Avoir l'— lourd 졍신 둔하다; — bouché 졍신 흐리다; — subtil 졍신 빙빅하다. Se fatiguer l'— *노심하다, *노심초스하다. = —, intelligence *지각, 재조 ce dernier se disant même de l'adresse manuelle. Parole d'— *러담. = —, prudence, portée d'esprit *의랑. Homme

d'esprit ouvert, large, embrassant bien 의량 넓다(어,은); — étroit 소견좁다(아,은), *협착하다 = le mettre bien dans l. — de qqun 인심을 엇다(어,은) Il est mal dans mon — 나하고의가죠찬다. agir en — de paix 순한 심으로하다 = —, sens d'un livre, d'un texte 본뜻. ≡ Esprits vitaux *긔운, en agg. *긔.

Esprit de vin *쥬졍: — Esprit de ....*졍

Esquif 배, 거로

Esquille 기저귀

Esquinancie

Esquisser brouillon, premier jet 쵸, 초 =잡다. =내다. : — croquis *개략도, *략도. = 하다.*

Esquiver *피졍하다, 피하다, en agg. *피졍, 피. s. — 다라나다, 몸새배지다, 내새배다

Essai *시험, — Par manière d'— 시험으로

Essaim d'abeilles 벌게

Essayer *시험하다. La forme 하여보다 donne à tout verbe le sens d'essayer: v.g. — un habit 닙어보다. = qqch. à tout hasard 벽직벽하다. 벽직벽 s'employant au sens adverbial

Essence *본톄, *본소, *원소 = 본질 qui ne *보소 s'emploie que pour les choses matérielles et a plutôt le sens de propriétés. = caractère, propriétés *셩, *본셩 ≡ — (droguerie), extrait *졍. On use souvent d'autres mots: v.g. — de menthe 박하유 (huile). — (huile volatile) — v.g. de pétrole — pour moteur *휘발유, 회발 (Les japonisants prononcent volontiers 회바리)

Essentiel . Le point — *뎨일,

°쥬관, 쥬쟝. La base —, nécessaire 쥬관. Ex. L'argile est la base — de la poterie 진흙이 질항옹긔의 쥬관이라. = On emploie souvent l'adverbe 부듸 : surtout. Il — est d'agir ainsi: 부듸 그리 ᄒᆞ여야 되겟다.

Essentiellement 부듸, 혜도 (il n'y a pas d'expression adverbiale)

Essieu 굴동, 곤드랏, °차츅, °심봉

Essor

Essorer

Essoufflé 숨차다 (차, 찬), 헐덕이다, 시근시근ᄒᆞ다, 식식ᄒᆞ다, 할강할강ᄒᆞ다, 할근할근ᄒᆞ다, 할닥할닥ᄒᆞ다 ; — oppressé 갓부다 (갓바, 분).

Essuie-main 손슈건

Essuyer 닥다 (아, 은), 씻다 (쳐, 슨) qui sert main pour — à sec ; — avec un chiffon 걸네질ᄒᆞ다. — les larmes 눈물 씻다 ; = —, supporter, éprouver 당ᄒᆞ다, 씨다 (씨여, 존).

Est °동, °동편. Vent d'— °동풍.

Estrade

Estafette 긔별군. = — militaire 급ᄉᆞ

Estimation °예산

Esthétique °미학, °심미리론

Estime . A mon — 내 소견에, 내 보랑에, 내 짐작에, 내 ᄂᆡ은에, 내 ᄉᆡᆼ각에

On emploie souvent 인심 (qui a plutôt le sens d'affection) Obtenir l' — 인심 엇다

Estimer conjecturer 료량ᄒᆞ다, °짐작ᄒᆞ다, °분수ᄒᆞ다, 혜아리다 ; — regarder comme 어렵ᄒᆞ다 어렵잡다 너기다 avec l'instrumental (si c'est un substantif), avec la forme adverbiale en 이 ou 히 si c'est un verbe ; — regarder comme bon 죠히 녁이다 (ou autre adverbe de même idée) ; — calculer la valeur (hommes ou choses) 혜아리다,

590/

Estomac 비위, 밥통, en agr. 복 Maladie d— 흉복통. — des oiseaux 멱통 — Avoir mal à l. — (pour avoir trop mangé) 벅뎌ㅅ다(4,년)

Estompe 반필

Estrade 대

Estropiet 샹하다, 병신본다(뢰,혼), — ce qui on dit 말그릇게하다; — des prières 책숣 잭숣 호다. = Homme — 병신.

Estuaire d'un fleuve 입강, 강어귀.

Esturgeon 심어.

Et. entre deux ou plusieurs substantifs 와 après les voyelles, 과 après les consonnes; le dernier "et" se traduisent parfois par 및, surtout dans les livres. = — entre deux noms de qualité ou d'office se rapportant au même individu 겸하야 ou 겸, cette dernière forme assez rare en conversation Jean, apôtre et Évangéliste 종도겸 성소 요왕. ≡ — entre deux verbes qualificatifs ou actifs qui se suivent immédiatement, ont le même sujet, et expriment deux qualités ou deux actions qui n'ont pas d'influence l'une sur l'autre = le rend par la forme 호고 que prend le premier verbe: Beau et bon 됴코 아름답다. J'ai entendu — suis venu 듯고 왓다. Si l'une des actions avait, comme cela arrive presque toujours, avec l'autre, une autre relation que celle de simple simultanéité ou de simple succession, il faudrait traduire "et" par la forme verbale exprimant la "nuance" de et. = La même règle pour — entre deux phrases ou deux membres de phrase terminés chacun par un verbe, c.à.d. la forme en 하고 si "et" n'indique rien autre chose que la simultanéité ou la succession, — sinon la forme verbale correspondante à la nuance.

= — marquant une idée de contraste se rend par l'oppositif = avec l'idée de "aussi" par 도. D'autres fois, très fréquentes, il se supprime: v.g. avant & après 뎌희.

Étable 우리, 외양, 외양간

Établi d'ouvrier 기탕 se dit de tout ce qui porte l'objet qu'on travaille: lebillot du casseur de bois, la pierre du batteur de riz, etc.

~~Etablir~~ Établir ériger 세우다 (워, 운), 세다 (여, 셴) : fixer (loi, règlement etc.) 뎡하다, 세우다; — commencer, fonder *셜치하다, *셜립하다, *셜립하다, *셜시하다, en agg. *셜 v.g. — une école *셜교하다; — qqun, le mettre à son ménage 살님 사리식히다; — son fils (ou sa fille) de ce sens 세간내다. — marier: — son fils 장가보내다; — sa fille 시집보내다. = — qqun dans une charge 소임식히다 = 벼슬식이다. s' — s'installer pour vivre (집지어) (집얻어) 살다. aller s' — ailleurs *이사하다, 이사가다.

592

Etablissement *설립, *설시, 세우기, 세움이 ...
— maison : privée 집, de commerce *뎜, d'usage public *당. — civil *학교, *교당. =, fortune. Avoir un bon — 잘살다(아, 산), 잘 견되다. Il ne doit son — 내힘으로잘산다, 별내잘산다. Je lui dois mon — 그은혜로 잘산다.

Etage de maison *층, — de la société *등; de bas — *하등; 낫다 (나저, 온)

Etagere

Etai 벗침기둥, 동발이, 벗발이, 벗텅이.

Etain *납, *유납, *생납 (en écrivant 생노 si on l'écrit 常, 생납 veut dire plomb).

Etalage planche pour étaler 조아판; —, marchandises étalées 조아판에버린것. Faire de l'—, de l'ostentation 서버리다 (쓰다, 서, 쓴).

Etaler plusieurs choses 버리다. — une étoffe, un tapis 펴다 (펴, 펀).

Etalon cheval entier *생마, *유랑마.
=—, modèle *원긔.

Etamer 납올니다

Etamine de fleurs *웅예. —, étoffe

Etanche

Etancher le sang : le laver 피씻다 (씨처, 쉰); l'arrêter 피막다 (아, 은) : = — la soif 회갈하다; — la soif d'un autre 회갈식히다.

Etançon v. Etai

Etançonner 벗치다.

Etang 못; — bordé par une chaussée 방죽, 방축.
Etape lieu où on se repose 참. — où on se rend
압참. — milit* 병참부. Route d'— 병참가도
Etat situation d'une chose* 소세; 디경 — pour
la récolte *시절. En quel — sont les affaires?
일이엇더ᄒᆞ냐, 엇더케되엿ᄂᆞ냐. Être en bon
— 잘잇다, 잘되다. Toujours dans le même —
혼보양, 그보양, 그러 = 잇다. Les affaires sont
dans un — critique 일이어려올디경되엿다.
= —, position, métier* 직분, *명색, *본업,
*실업; 실체 = 노릇. Quel est votre —
명색이무어시냐, 무슨노릇ᄒᆞᄂᆞ냐. Changer
d'— 다른노릇ᄒᆞ다. = Devoirs d'—*본분. Cela
ne convient pas à notre — 우리본분에당치
못ᄒᆞ다. = — (de fortune)* 형세.
= —, empire, royaume 나라, en agg.* 국
Affaire d'— 나라일. Criminel d'— 나라
Homme d'État *정치가
죄인, *계하죄인, *도에하죄인.
= —, estime. Faire — de (tenir compte
de) 알온톄ᄒᆞ다, 도라보다, *싱각ᄒᆞ다; de
(estimer, regarder comme important) 중히녁
이다 = —, chose prête à servir. Mettre
en — 차리다, 예비ᄒᆞ다. Être en — de faire
de grandes choses 큰일을ᄒᆞᆯ만ᄒᆞ다. Se mettre
en — de (se préparer, être préparé) ᄒᆞ려ᄒᆞ다,
ᄒᆞ랴고ᄒᆞ다. Être en — de grâce 성총을
누리다, 성총에잇다. Être en — de péché
mortel 대죄에잇다, ᄉᆞ죄에잇다.
*참모 État-major *참모관, — général *참모본부

594.

Officier d'—* 참모소관. Chef d'—* 참모부쟝
Chef d'— général* 참모본부쟝; — voyage
d'—* 참모려힝.

Etat civil *민籍적.

Etau 쇠손

Etayer 벗치다, 벗퇴다 (여, 퇸) 받도듬ᄒᆞ다.

Etc. *등 énumération. = 운운 texte (livres)

Eté saison 여름, 열음, en agg.* 하. Solstice d'—* 하지.

Eteignoir

Eteindre un feu d'éclairage 스다 (써, 슨); un feu de chauffage 죽이다; de ou le couvrant 숙으다 (아, 운); — un incendie (불) 잡다 (아 은), 븟잡다 (v. rendre maître); — la chaux 퓌다 (여, 퓐), 나기다; — la soif v. Étancher; — les passions, une rebellion etc 가라안치다, 누르다 (눌너, 누른), *압복ᄒᆞ다, *됴령ᄒᆞ다. S'—, être éteint feu 써지다 = 죽다 (어, 은). S'— (famille) *결손ᄒᆞ다.

Yeux —, sans éclat *영치 ou 영광업는눈. Avoir la voix — 목쉬다.

Etendard *긔, 긔발.

Etendre, étaler (plusieurs choses) 버리다 (une seule) 펴다 (펴, 편), 펼치다, 널다 (어, 넌), 펴널다; — (un tapis par terre) 깔다 (아 ou 어, 깐); — au soleil pour blanchir (cire, toile) 발애다 (여, 앤); — (bouse, crépi, colle, couleurs) 발으다 (발나, 바른), *칠ᄒᆞ다; — les mains, les bras (les ouvrir)

On dit aussi S'—, s'étaler 꼿버리다.

드리다 (드러, 드린); de la tendre en avant 내뻗다 (뻐러, 뻗) ; — (la jambe), la écarter (다리) 버리다 ; la allonger (다리) 뻐다 ; — (un champ etc) agrandir 넓히다, 느리다. ≡ S'— se propager (branches d'arbre, bruit qui court) 벋다 (어.븐), 퍼지다, 벌다 & 버다 (버러, 번) ; S'— (liquide, épidémie, rumeur) 버지다, 번지다 (au sens actif 번치다). d— être large 드넓다 S'— jusqu'à ... se traduit atteindre à 닛다 (다하, 늗). Plus loin que la vue ne s'— 뵈는 것 밧게 S'— s'élargir, se distendre 느러지다, 넓어지다 ; — s'—, se détirer, allonger ses membres 기지게 하다.

Étendu Être —, étalé 펴이다, 깔니다 & les verbes ci-dessus au passif ou au neutre. — couché, homme 눕다 (누워, 누은), 잣바지다, 뒤쳐잇다. Se disent aussi des choses. Il y a un cadavre — sur la route 길거리에 강시 낫다 ou 송장 낫다, ou 송장 잇다. ≡ — vaste, ample 느르다 (늘너, 른), 넓다 (어은).

Étendue 넓이, 넓음이, 느르기 ... / — dimension *장광 (longueur & largeur) —, surface, aire *면적 : = — au sens philosophique : Mer d'une vaste — 느른바다 ; Plaine d'une grande — 드넓은 벌.

Éternel *영원하다, 덧덧하다 ; *무시무종하다

Éternellement *영원이, 기리, 덧덧히 ; *장 Garder — reconnaissance *영세불망.

Éterniser qqch, qque souvenir 만세에 세치다

596/

Hella destinée à — la mémoire *영세불망비

Eternité au sens absolu *낙시부종 ; — (a par-

te post) *영원.

Eternuer 즈책이 하다, 작착이 하다, 쥐책

이 하다, 조최이하다 Avoir envie d'— 작착이

나오다 (나와, 온), 쥐책이 나다 (나, 난)

Etêter un arbre 웃동치다.

Ether de l'espace *정긔, ; — (droguerie) *정긔.

Ethique *도의학 *륜리학. *도학, *슈신학

Ethnographie *인종지.

Ethnologie *인류학 ; *인성학 ; *인종학.

Etinceler 번득이다, 번젹이다, 번젹번젹하다.

Etincelle 불똥, 불방울 ... jaillir ... 스틔다

Etioler s'— 희얼쉭하다, 셰다 (셰, 셴)

Etique 시들다 (어, 든).

Etiquette de marchandise *표, 보룸지 ; —

portant le nom *날명 ; *날명지 ; — indiquant

le prix *가표 = —, règle de civilité *례, *례

모, *례법, *례규. *례식.

Etirer 당긔다 (여, 긘), 잡아 당긔다, 느러

당긔다, 느리다. s'—, allonger les membres

기지개 하다, 기지개 켜다 (기지개 semble inclure le baillement)

Etisie 시드는 병.

Etoffe (genre drap) 천, — (genre toile), 뵈, 포

Etoile 별, *셩, *신 = *셩신 réunis dési-

gnant toutes les étoiles en général. — fixe

*경셩, *홍셩 (par opp. à *힝셩 planète).

— filante 별똥 ; *류셩 ; — polaire

*극셩, du nord *북극셩. Il y a, aussi, une

f. — de chaume (superstition) *쟝셩 將星

étoile — sud *남극셩.

Étole *셩대, *령대; — des bonzes jap. *가사

Étonnant 별, *이상ᄒᆞ다, *슈상ᄒᆞ다, 괴이ᄒᆞ다.

Étonner act . s. — 이상이녁이다. 괴이이녁이다.

Étouffant 갑갑ᄒᆞ다. Journée — (chaude & humide) 무덥다 (더워, 운), 무더운날

Étouffer (actif.) 숨고다 (아, 온), 숨ᄆᆞᆨ다 (아, 은) — (ment) 숨ᄆᆞᆨ히다, 긔ᄆᆞᆨ히다; — les plaintes Kea 춤다 (아, 은)

Étoupe 삼; — filasse inutile 귀복

Étoupille *화관, *포관.

Étourderie 모방ᄒᆞ기, 경솔ᄒᆞᆫ이 etc.

Étourdi 가바얍다 (야와, 온), 모갈스럽다 (러워, 온), 방졍스럽다, ᄭᆞᆸ샹스럽다, *경솔ᄒᆞ다, *모방ᄒᆞ다, *경망ᄒᆞ다, 생업다, 실업다, 철업다. — Un — *허둥션이 (souffler), ᄭᅵᆺ치광이.

Étourdiment 까ᄂᆞᆫ, 훅, 보로, 함부로, 가바얍게, 경솔이, 까ᄒᆞᆫ업시, 쑥쑥, 직작업시, 철업시.

Étourdir fatiguer par le bruit 귀솔게ᄒᆞ다. s. — sur ses chagrins 금심 둑리ᄒᆞ다. Être — avoir l'esprit presque perdu 혼ᄀᆞ리나다, 혼ᄀᆞ리ᄌᆞᆼ나다; Se avoir la tête lourde 어지럽다. (러워, 온) (qui se dit aussi du vertige). 어질어질ᄒᆞ다, 얼ᄯᅥᆯᄒᆞ다; Être — par le bruit 귀솔다 (어, 손), ᄭᅦ리솔다.

Étourdissant (bruit) 요란ᄒᆞ다, 요란스럽다

598/

Etourdissement * 현훈증; * 현긔증; 현긔.

Etourneau

Etrange 별; 이상하다; — et ordinairement faiheux * 빅낭하다 = — 심작하다. Chose — 별 것; — kregrettable * 변. A.t.on jamais vu plus — 그런 변 보앗나냐.

Etranger d'un autre pays. en agg * 타국 homme — * 타국인, 타국사름, 외국사름; — chose — 타국 물건. Les pays — * 타국 = — qui n'est pas de la famille 남; — hôte 나그네, 손님; — inconnu 모로는사름. être — à une chose ou à un homme 상관업다. = — venu d'ailleurs 외방인 = — (à une science, un art, un métier; n'y rien connaître) * 생소하다

Etrangeté 벽측, 이상홈이.

Etrangler 목매다 (여, 맨), 목졸아죽이다, * 교하다, 목자르다 (잘너, 자른) act. neutr. être — 교하야죽다 (여, 온), 목 매여죽다. — S. — (volontairement) 목매여죽다, 3에가 목매여죽다; — (involontairement) 목막혀죽다.

Etre verbe substantif: —, exister 잇다 (잇서, 슨), honorif. 계시다, négatif 업다 (업서, 슨)... indique simplement l'existence en tel temps ou en tel lieu. = =—, verbe auxiliaire, joignant un qualificatif, une détermination quelconque à son objet 일다, honorifique: en parlant à un supérieur 올시다; — en parlant d'un supérieur 이시다. = 이시다 serait la forme complète, mais ce verbe ne s'employant que comme terminaison toujours jointe à un substantif, on n'emploie que la fin ...시다 jointe directement au radical si celui se termine par une voyelle, au nominatif en 이 dans le cas contraire. – Voici un exemple pour faire comprendre la différence des deux honorifiques. Un homme, parlant à un inférieur dira, par ex. 내즈식일다 C'est mon fils, 내부친이시라 C'est mon père. – Parlant à un supérieur 내즈식이올시다, 내부친이올시다 ou 내부친이십니다. = Le négatif du verbe être "auxiliaire" est 아닐다 ou 아니올시다 (resp.)

99.f. 되다 même avec un nom. Être des premiers du pays 디방에 웃듬되다.

= — auxiliaire joint à un adverbe 되다. Ex. — bien 잘되엿다. = joint à un adjectif il est le plus souvent traduit en coréen, en même temps que l'adjectif, par le verbe qualificatif correspondant. Être bon 됴타. — sévère 험ᄒᆞ다, — terrible 무셥다.

= Quand l'état présent vient d'un changement quelconque déjà fait, et que, en soi le verbe coréen exprime plutôt ce changement qu'un état, — en français, au présent, se traduit par le passé du verbe qualificatif coréen. D'un malade, par ex. on dira en français : il est mieux (qu'hier ou qu'avant) en coréen on dira 낫다 ou 나앗다 au passé. – Il est bien amaigri 지쳣다, et non 지치다.

≡ —, appartenir : ce qui — à moi — à vous

Etre mis) et réciproquement 내거시네거시오 네거시내거시라. Ce champ est à Jean 그밧 요안의밧이라.

Etre (subst.) — (en philosoph.) *실톄. — (en conversation courante) 쟈 qui ne se dit que les êtres animés & même intelligents; 것 qui se dit de tout, mais qui appliqué aux — intelligents est une injure; *뵈 qui se dit des — visibles; *류 qui est général. Tous les — visibles *만뵈. tous les — (visibles & invisibles) *만류. Pour les — intelligents & invisibles *령신; — intelligents & visibles 령뵈 = Parmi tous les — Dieu est infiniment le plus élevé 만류중에텬쥬지극히놉흐신쟈시라. Le démon est le plus vil de tous les — 마귀가뎨일쳔혼거시라. = donner l. — 내다 (여, 낸).

Etrécir 좁히다. aller en s'étrécissant 좁아지다, 좁아가다 (좁다(아, 은)

Etreindre avec les mains 쥐다, 샤쥐다, — dans les bras 셰안다(아, 은) (셰다, serrer).

Etrennes au jour de l'an — données (aux enfants qui viennent saluer) 세갑, 절갑: pourboire 샹급 = gâteaux de 세찬 = — première recette d'un marchand 마슈거리

Etrenner 처음쓰다 (써, 쓴) (ou un autre verbe en place de 쓰다). — un habit 진솔닙다 (어, 은) (진솔, habit neuf.)

Etrier *등조

Etrille coréenne 말솔 ; — européenne 말글게 (글게, rateau).

Etriller 솔질하다, 말솔질하다, 글게질하다.

Etriqué

Etrivières courroie de l'étrier 등자쇠 ; —, fouet, 채직. Donner les — 뫼질하다

*착박하다 Etroit 좁다 (아,은), *협하다, *착박하다. — dans son milieu (vallée, vase etc) 잘녹하다, 잘둑하다, 잘복하다, 잘쑥하다 = 볼되다, 볼좁다 (아,은) se disent pour les objets dans lesquels entre qq.ch. v.g. bas, soulier... mortaise etc. (Le contraire est 볼치다) Esprit — 소견좁은사룸. Amitié —*지극지우스이. Etre ami — 지극지우되다 ou 일다. Etre à l'—, vivre avec peine 간신이살다, 근근이살다 ; (de la bord ou ... 갸와살다), 겨우살기만하다. Etre à l'— (logement) 집좁다, 방좁다.

Etroitement 좁게, 착박하게 etc. — lié — 단단이 뫼다 (여,뫼), 빳삭 뫼다, 스락잡아 뫼다. Observer — (des règles) 혁, 히적회다.

Etude action d'étudier 공부 qui se dit non seulement pour les — p.t dites, mais pour toute chose à laquelle on s'applique. Salle d'— 글방 qui se dit aussi pour salle de classe, salle d'— propt dite 강슈실 ... —, (sciences) *학문. Avoir fait de bonnes — 학문도다 ; — les — médiocres 학문부족하다. = — (d'avocat, d'homme de loi, etc) *소빅소 = —,

instruction *학 en agg. — primaire *소학, — secondaires *중학 ; — supérieures *대학.

Etudiant *학도, *학생 = précédé s'il y a lieu du nom de la science étudiée.

Etudier en général *공부하다 ; — par coeur 글넑다 (어, 은), 넑다. S'— à 힘쓰다 (써, 쓴), 힘드리다, *공부하다 ; — à une vertu 덕을닥다 (아, 은) ; s'— à chercher à contracter l'habitude *련습하다.

Etui 집, 통. — à aiguilles 바놀통 ; — à pinceaux 필통, 붓두집 ; — à lunettes 안경집.

Etuve

Etuvée

Etymologie 말근본, 말불희, = *어원. — science *어원학 ; 뜻소리. Analyse étymologique *어원분히

Eucalyptus

Eucharistie *셩톄, *셩톄셩ᄉ, 큰셩ᄉ.

Eunuque *고종, *지ᄉ = les — du palais *환자, *니관, *내시.

Euphémisme

Euphonie

Euphorbe *대극

Euphrate *역슈강

Eurasien *앙중.

Europe 구라파, *서양, *서양국. en agg. *양. Européen *양인. Chose d'— 양걸 L'— et l'amérique (Etats Unis) 양미국.

Evacuer vider 뷔다 (여, 빈), 뷔우다 (워, 운) — (troupes) 철병하다

Évader s'— 다라나다, *도망하다.
Évaluer calculer 혜아리다, 세다(여,센); — conjecturer *노량하다 ; — le prix 갑노량하다 ; — la valeur, la qualité 품노량하다 ; — la qualité d'une rizière *답품하다.
Évangéliser *전교하다
Évangélique Église — (protestante) *복음교회
Évangéliste *성수 les 4 — *수성수.
Évangile *복음, *복음성경
Évanouir s'—, tomber en syncope 긔막노타(하,눈), 정신노타, 정신일타(허,흔). Revenir de l'évanouissement 정신차리다. V. Faiblesse. s'—, disparaître v.g. brouillard 업서지다, 술허지다, 살아지다, 삭아지다 = 갊으러지다 se dira d'un feu qui s'éteint & aussi d'un homme qui perd connaissance.
Évasé large 널다(어,은), 넓다(어,은) Aller en s'évasant 곰살감다(가와,온)
Évasif 어름어름하다. Réponse — 비뚜루대답하다, 외조로대답하다.
Évasion *도망.
Éveil Donner l'— 쉬깃게하다
Éveillé alerte, vif 액바르다(발너,바른), 액삭바르다, 액다(어,은), 재바르다(발너,바른)
Éveiller (actif) 쇠우다(워,운), 쇠오다(와,온), 쇠워주다. s'— 쇠다(어오여,쇤); s'— en sursaut 자다가놀나다.
Événement 일, en agg. *사. —, issue d'une affaire 일끗.

Eventail 부치. — se fermant 살부치.
Eventaire pour la marchandise 조아판
Eventer avec un éventail 부치질하다.. — la mèche 긔슈를 알다(아,은), 긔슈를치다, 눈치치다 (치다 deviner, conjecturer). Être —, s'— (vin etc.) 김나다 = *변미하다, 맛밧고다 (아,고) veulent dire au fait changer de goût.
Eventrer, percer le ventre 비를지르다(질너, 지른), 비갈으다 (갈나, 갈은). — un poisson 비알싸다 (싸, 싼). — un autre animal 창조를내다, 니장을내다 = —(ex. un sac) 쓰다 (써, 쓴).
Eventuel *격외.
Evêque *쥬교; *감목 Les païens disent *쥬교 — — coadjuteur *부쥬교, — assistant au sacre *조쥬교 = Les protestants traduisent —*감독
Evertuer s'— 힘쓰다 (써, 쓴), 이쓰다, 힘을다하다, 힘드리다, *용력하다.
Evidé
Evidemment 붉히, 명빅히. Voir — 쳔득알다. = — plus ou moins explétif, en conversation *미쳥불, *동부동, *불가불, 부득불, — 아모려.
Evidence *확명.
Evident 붉다 (아,은); *명빅하다, *통창하다. — facile à voir, à comprendre *조연하다

별셜하다
C'est un mensonge — 별셜한거줏말이라.

Evier

Evincer

Éviter *되ᄒᆞ다, *피ᄒᆞ다, 벗으다 (서, 쓴). En agg. *피 ou *피 . — la mort (y échapper) *면ᄉᆞᄒᆞ다. — les dangers de la guerre *피란ᄒᆞ다. = — un obstacle (d'une marche, passer à côté) 두루ᄒᆞ다, *피ᄒᆞ다.

Évocation formule d'— *진언

Évol... de l'eau

— changer *변ᄒᆞ다

Év... ution manoeuvre

— changement *긔방, *긔방법

Évolutionisme (théorie) *진화론; — spiritualiste *정신주의지 진화론.

Évoquer des souvenirs *긔억ᄒᆞ다, *상각ᄒᆞ다, *긔록ᄒᆞ다 = — le démon *신청ᄒᆞ다. = *진언ᄒᆞ다, 진언넑ᄒᆞ다 (le 진언 étant la formule d'évocation).

Ex... *졀.

Exact, 쏙ᄒᆞ다, 쏙그러ᄒᆞ다, 틀님업다, 변ᄉᆞ업다, 변리업다. — vrai, véridique *진실ᄒᆞ다, *고지식ᄒᆞ다, 실답다 (다와, 온). C'est — 올타 (하, 흔).

Exactement 쏙. C'est — cela 쏙그러ᄒᆞ다.

Exaction *토식 = ᄒᆞ다, *협잡 = ᄒᆞ다; — les satellites *작폐 = ᄒᆞ다.

Exactitude

avec — 가감업시 (sans ajouter ni diminuer).

Exagération 덧거리; — de la conterie 헛자랑; — de la manière de vivre 분수에

지나기 ; — en parole "언과거실, 부쇠.

Exagérer 서어 버리다. Être — 출반스럽다(러워, 운) qui se dit de la chose exagérée & de celui qui exagère, 과하다, 너무과하다 = 분수에지나다, 분수에넘다 pour la manière ou la dépense exagérée par rapport à la condition. — Être — (parole, raconter) 언구럭스럽다.

— en parlant (거짓) 보티다 (여, 틘)
Celui qui exagère ci 거짓 부쇠군
C'est un vrai gascon! 큰부쇠군이다
— (en un sens spécial) 엄살하다 : Exagérer une difficulté pour se faire valoir ou se faire payer davantage, — un peu pour se faire plaindre ou diminuer un châtiment

Exaltation de la Ste Croix "성자광영

Exalter, louer beaucoup 매우기리다, "칭찬하다, 매우칭찬하다, "광영하다. Être — (loué beaucoup) "광영하다, 칭찬받다(아, 은), 칭찬을듣다 (드러, 룬) ; Être —, excité, enthousiasmé "분발하다.

Examen en général "시험 ; — pour les grades littéraires, vieux système 과가, 과거. Le subir = 보다 ; y réussir = 하다. On dit maintenant 졸업시험 pour les — qui ont pour sanction un diplôme de fin d'études, & simplement "시험 pour les autres. — de la capacité en général 강, 찰고 (le tout en deux mots, le dernier surtout qu'on emploie pour les — de catéchisme). Le subir = 하다 ; le faire passer = 받다 ; — d'une affaire, d'un malade "검사 = 하다 (V. enquête) ; = — de conscience "성찰. Livre pour le faire "성찰긔략.

*신변

— d'un malade par le médecin "진찰 = 하다
= de physique 신검사 = 하다
진찰 (qui se dit spécialement de consultations)

Examinateur littéraire (vieux système) "경관, "시관. On dit maintenant "시험원

Examiner (v.g. le caisses en douane) *슈험ᄒᆞ다

pour les — de ce genre; 검ᄉᆞ우언 pour les autres.

Examiner, regarder attentivement qqch. 술펴보다 (봐,본), 술피다; — une affaire *검ᄉᆞᄒᆞ다, *ᄉᆞ핵ᄒᆞ다, *핵실ᄒᆞ다, *ᄉᆞ실ᄒᆞ다; — les candidats *시험ᄒᆞ다, 강받다 (V. Examen) —, le pour et le contre, réfléchir *싱각ᄒᆞ다. *통촉ᄒᆞ다. = — un livre (et l'approuver — autorité civile ou religieuse) 감뎡ᄒᆞ다, *교졍ᄒᆞ다, 감준ᄒᆞ다. = — sa conscience *셩찰ᄒᆞ다.

Exaspérer

Être — *함혐ᄒᆞ다, *함독ᄒᆞ다, = 독을품다 (어,은), 독내다, 독부리다 le 독 étant le venin (de la colère).

Exaucer *허락ᄒᆞ다, 드러허락ᄒᆞ다.

Excavation 구넝, 구덩이.

Excédant 넘는것, 남는것.

Excéder (n.) être de trop 넘다 (어,은), *과ᄒᆞ다, *과도ᄒᆞ다; — les forces 힘에과ᄒᆞ다, 겹다 et 계웁다 (계워,운). = —, aut. fatiguer, ennuyer 들복다 (가,근), 성가시다, 못견듸게ᄒᆞ다. Être — de fatigue *진력ᄒᆞ다, *핍진ᄒᆞ다. Être —, ennuyé par les taquineries 못견듸다, 춤지못ᄒᆞ다, ᄀᆞ욤에 청가시다, 부지못ᄒᆞ다 (부지ᄒᆞ다, supporter).

Excellence titre honorifique 대감 —, supériorité *우등 = . Riz d. — *우등상

Excellent 상등 v. Exceller.

568/

Exceller Etre excellent 걸던ᄒᆞ다, *출눙ᄒᆞ다, *웅ᄒᆞ다, *능ᄒᆞ다, 께우도다 = *비범ᄒᆞ다, sortir de l'ordinaire. — sur les autres, l'emporter 뛰여나다, 새여나다, *발심ᄒᆞ다, = 일슈, 拔萃 ou 엇듬되다.

Excentrique subst. — de machine
— adj., original 별, *괴샹ᄒᆞ다.

Excepter 새다 (여, 샌), 새노타 (하, 흔), 새여노타. — Excepté 밧게, 외에.

Exception *외격, *격외, *례외. Par — 외격으로, 격외에. Sans aucune — 의론치 말고, 무론ᄒᆞ고. Sans — d'âge ou de sexe *남녀노쇼 믈론ᄒᆞ고. Sans — (en fait: toujours, chaque fois, sans faute) 할작 업시

Sans — de personnes (en conversation) 너나 ᄒᆞᆯ것업시: sans (distinguer) toi ou moi.

Exceptionnel *비범ᄒᆞ다.

Exceptionnellement

Excès 과ᄒᆞ기, 과ᄒᆞᆫ것 etc. V. excéder.
— s la conduite se livrer à toutes sortes d'— 방탕ᄒᆞ다. Eviter tout — *슈신ᄒᆞ다.

Excessif 과ᄒᆞ다, 과도ᄒᆞ다 — 고롭스럽다 (러워, 온) = — (fatigue, travail) 겨웁다 (워, 운) V. Excéder.

Excessivement 넘우, 넘우과히 — beaucoup 벅, 훨벅

Excitable, irascible 노엽 잘 ᄒᆞ다.

Excitant

Exciter 99? 도도다 (아, 돈), 도도아주다, 수닥이다. = *충동ᄒᆞ다, 충동질ᄒᆞ다, 부촉이다, *부촉ᄒᆞ다 se prennent surtout en mauvaise part. = — (une incendie, une guerre etc.) 니르키다, 니릐히다 — s. — soi-même *전

귀ᄒᆞ다, 진발ᄒᆞ다

Exclamation (gramm) 감동ᄉᆞ, 감탄ᄉᆞ. Point d'— (!) 감탄표, 감동뎜

Exclure V. excepter, chasser. — d'une association 출회식히다.

Exclusion a l'— de ... ᄲᅢ고, 밧게, 외에.

Exclusif.

Exclusivement ᄲᅢ고, 외에, 밧게.

Excommunication *기졀, 기졀파문.

Excommunier 기졀식히다. être — 기졀ᄒᆞ다, 기졀당ᄒᆞ다, 기졀ᄲᅡ지다.

Excrément ᄯᅩᆼ, en agg. 분.

Excrétion

Excroissance 돗은것 (돗다 (아, 은), 돗친것 (돗치다); — près des ongles (langue de chat) 거스러미; — de chair, loupe *혹

Excursion *유람.

Excusable

Excuse légitime *발명; — vaine, prétexte *핑계. Faire des — *사과ᄒᆞ다, *사죄ᄒᆞ다 к amtont 빌다 (어, 빈).

Excuser qqun ou qq ch; le pardonner *용샤ᄒᆞ다; — qqun, justifier sa conduite 발명ᄒᆞ야주다, 죄를ᄲᅢ혀주다. Veuillez m'— si ... 언잔케넉이지 맙시오 (언잔ᄒᆞ다, mauvais, blâmable), 로ᄒᆞ지마오 (로ᄒᆞ다 se fâcher). = S'—, se justifier *발명ᄒᆞ다; S'— aux dépens des autres, en les accusant

570/

낡을 핑계ᄒᆞ다. S—, donner des excuses bonnes ou mauvaises *핑계ᄒᆞ다. S—, refuser poliment *ᄉᆞ양ᄒᆞ다.

Exécrable *흉ᄒᆞ다, *흉악ᄒᆞ다, 밉다(미워,운).

Exécrablement 흉ᄒᆞ게, 흉악ᄒᆞ게.

Exécration avoir en — 뮈워 못 견ᄃᆡ다.

Exécrer haïr 뮈워ᄒᆞ다, 뮈워 못 견ᄃᆡ다.

Exécuter des ordres reçus *ᄒᆡᆼᄒᆞ다, *시ᄒᆡᆼᄒᆞ다, *준ᄒᆡᆼᄒᆞ다, *거ᄒᆡᆼᄒᆞ다; — une oeuvre *ᄒᆡᆼᄒᆞ다, ᄒᆞ다; — un criminel, mettre à mort *ᄉᆞ형집ᄒᆡᆼᄒᆞ다; — un créancier (par la saisie des biens) *집ᄒᆡᆼᄒᆞ다. Être — (créancier 집ᄒᆡᆼ당ᄒᆞ다.

Exécuteur Bourreau — V. ce mot; — *ᄉᆞ형집ᄒᆡᆼ자 testamentaire *유언집ᄒᆡᆼ자.

Exécution d'un criminel *ᄉᆞ형; — militaire *군법ᄉᆞ형. Lieu de l'— *형장.

Exécutif Pouvoir — *억졔권, *강졔권

*히셕, *ᄒᆡ의 Exégèse *ᄒᆡ셩; — commentaire *ᄒᆡ학; — biblique *셩경ᄒᆡ셩.

Exemplaire (subst.) — modèle *본, *모본; — numéral des copies 벌: = —, (adj.) modèle, homme ou chose à imiter 됴양 됴타(하,흔), 본밧을만ᄒᆞ다. Être —, donner le bon exemple 됴흔됴양을뵈다. — pour le livre imprimé *부

Exemple chose (ou homme) à imiter *본, *됴양, en agg. *됴. Mauvais — *악됴; donner le bon — 됴양을 세우다(세워, 운). donner le mauvais — 됴양을 일ᄒᆞ

(혀, 흔), 표앙을 걸혀치다. 악표앙을 내다. Homme le bon — v. exemplaire. Suivre l. — de 본받다 (아, 은), 데받다, 본쓰다 (서, 쓴); *보본하다. Faire un —, punir exemplairement 위령을 세우다. (On dit souvent 법 세우다). = —, parabole *비유. Par —, (v. gr.) 비컨되, 비유컨되

가령 비컨되 Par —, pour parler de, *결녕, *결수, … 니 클터이면, 니 로게되면. Par — (exclamation d'indignation) 흥.

Exempt de … On tourne par le verbe 업다, — ou agg. par 무. Aff. par *면 ou *피, *chap. pr a'. Être — du service militaire *면 군역하다

Exempter de 면하야주다.

Exercer un art, un métier 하다, *힝하다, 노룻하다; qqn. à qq ch. 닉히다, *련습하다, *단련하다; — les soldats 군수를 련습하다 ou 단련하다; *습전하다, 진법 닉히다. S'— à qqch. 닉이다, 닉히다, *련습하다, *단련하다, *힝습하다. Être — 닉다 (어, 은) (pour un travail manuel, on dit souvent 손닉다), *닉식하다, *단련하다. Être —, habile *슈닉다, 손닉다 (어, 은)

Exercice du corps *운동. Prendre de l' — *운동하다. Faire qq ch. pour prendre de l' — 운동삼아 하다; —, (apprentissage) d'un art *련습; — militaire *조련, *병식조련, *병식톄조, *련병; = — de

542/

piété, prières *신공, — bonnes oeuvres *선공; — du Chemin de Croix *성로선공

Exhalaison 김, 운김; — infecte *츅긔, malfaisant *독긔

Exhaler (une vapeur etc.) (김)내다.

Exhausser 놉히다.

Exhiber 드러내다 = 구경식히다. — souvent 놀니다 s'il y a mouvement. — Exhiber le cinémas 활동사진 놀니다.

Exhortation *훈계, *경계, *권면

Exhorter *권면ᄒᆞ다, *권ᄒᆞ다, *훈계ᄒᆞ다, *권화ᄒᆞ다, *계셩ᄒᆞ다, *권계ᄒᆞ다 = 부촉이다 qui se prend assez souvent en mauvais sens. — un mourant 림죵보아주다. *부촉ᄒᆞ다,

Exhubérant 건방지다

Exhumer qqch. 파다 (파, 판), 파내다; — un corps pour l'enterrer ailleurs *이장ᄒᆞ다, *천장ᄒᆞ다, *면례ᄒᆞ다. 면례지내다. On dit souvent simplement 옴기다.

Exigeant difficile à satisfaire 까다롭다 (로와, 온); 심ᄉᆞ사오납다.

Exiger 굿ᄒᆞ야 ou 굿히 ou 부득이 ... 명ᄒᆞ다 ou 시기다.

Exigible

Exigu (chose en général) *미ᄒᆞ다, *미소ᄒᆞ다, 적다 (어, 은); —, (lieu) 좁다 (아, 은)

Exil *귀향. aller en — 귀향가다, 배소가다, 뎡배가다. lieu d'— *배소, *뎡배; — avec prison perpétuelle *안치. y être condamné *안치ᄒᆞ다. y aller 안치가다

Exiler 귀향보내다, *뎡배ᄒᆞ다, *배소ᄒᆞ다, 배소식히다

Existence 잇기, 잇슴이; honorif. 계시기. Non — 업기, 업슴이

Exister 잇다, honorif. 계시다, négatif 업다.

Exonérer 면ᄒᆞ야주다 . — complètement 벗기다; partiellement 감ᄒᆞ다, 감ᄒᆞ야주다.

Exorbitant V. Excessif.

Exorciser *축마ᄒᆞ다, *구마ᄒᆞ다, 마귀를쏫다 (아.본)

Exorcisme *축마경, *구마경, *축마례절

Exorciste *축마, *구마 (Ordre d') — *구마품, *삭품.

Exorde 첫머리, 첫대문, 시작.

— d'une lettre, politesse du commencement *두건, 편지두건. La supprimer (quand on est pressé) *제례ᄒᆞ다 (supprimer la politesse).

Exosmose *침출

Exotique en aug. *타국. Pour les objets européens *양, pour les chinois *당, pour les japonais *왜.

Expansion physique, *광장, —, développement *발달, — d'une doctrine *전파. = morale

Expatrier *이민ᄒᆞ다. S'— 타국으로가다.

Expectative

Expectorer

Expédient (subst.), moyen 법, *슈긔계교, 꾀, — (adjectif) V. Convenable.

Expédier envoyer 보내다; — faire vite 어서 ᄒᆞ다, 얼는ᄒᆞ다.

Expéditeur (d'une lettre, d'un colis) *출부인

Expéditif. prompt 날렵ᄒᆞ다, 솜씨잇다

Expédition envoi *송, *송달, *체송; —

d'argent *송금 . = — de guerre *전쟁. = — scientifique *학회. Le personnel est dit *학회원 . = —, facilité & promptitude à expédier les affaires 솜씨.

Expérience, épreuve *시험 ; — (en science, — phys. ou chim.) *실험. = —, connaissance acquise *경험. Homme sans — 경험 없다, 서투르다 (투러 & 툴너, 투룬).

Expérimental en agg. 시험상. Méthode — *시험법, science — *시험학.

Expérimenté (homme) — 녹다(어, 은), 겪다 (거, 근), *숙습하다, *단련하다 ; = 잘하고 & 잘알다 (아, 운), 경험있다, 경험많다.

Expérimenter essayer *시험하다, 하여 보다 (아, 본), — à ses dépens *당견하다

Expert qui a de l'expérience 경험많다 (하, 는) — (qui fait les expertises *감정인, *달인, *달수. = 선수, *기술자

Expertise *감정.

Expiation *보속, 죄의 갚기.

Expiatoire 죄를 갚는 (갚다 (워, 운).

Expier *보속하다, 갚다 (워, 운), 기우다 (워, 운).

Expiration contraire d'inspiration 날숨 ; — (d'un contrat &c) *기한.

Expirer rendre l'air inspiré 내쉬다 (여, 신) : — l'air profondément 숨드러긋다 (그어, 그은), 숨드러쉬다 (여, 신) ; —, mourir 숨지다, 죽다 (어, 은) ; —, finir 마치다 v. finir. Le délai — *당한하다.

Explication d'un texte 풀님, 주; — d'une chose, d'un fait, raison *리유, 「 ; =(verbal) *해셕, 셜명

Explicite

Expliquer une science, une doctrine 풀다(어, 풀), 풀어주다, 붉히다, en agg. *해. — les songes *해몽하다; —, Déclarer, faire connaître 널니주다(어, 준). Facilité à l'— *구변, *발직조.

Exploit action d'éclat *훈, *공격; — militaire *식훈, *군공; = — d'huissier *집달리송달.

Exploitation *리용, 수용.

Exploiter 리용하다, 수용하다.

Explorateur espion *탐지군; —(de pays) *탐험.

Explorer espionner *탐지하다; —(les pays neufs) *탐험하다; — avec les mains, tâtonner 더듬다(어, 은).

Explosif (subst.) Corps, substance — *폭약 = —, (adj.) *폭열=하다 *파열하다. Boulet — *폭열한, *파열한

Explosion faire — 폭발하다,

輸 Exportation *슈출, 출구. Droits d'— *수출세. Marchandises exportées *슈출픔

Exporter *슈출하다, 출구하다.

出 Exposant chiffre indiquant la puissance où il faut élever une quantité *지수; — à une exposition *출품인.

— le St Sacrement 성톄를봉안하다

Exposer mettre en vue 내다(여, 낸), 드러내다; —(v.g. les marchandises), étaler 버리다.

576/

버려두다 (하, 훈); — à l'abandon 버려두다,
= — au soleil pour blanchir (cire, linge) 바
래다 (여, 랜). si c'est simplement pour sécher, 볏에 버려두다. = — au danger 위
경에 두다, 위태훈 뒤에 두다, 위태훈 디경에
두다 s'y — les mêmes mots en remplaçant
두다 par 가다. s'y être — 에 ... 잇다 .=
être — à qque chose, à qque accident .. 후게
쉽다. Endroit — à 바지. Endroit — au
vent 바람바지. Endroit, terrain — au
soleil *양디, 양달; — à l'ombre *음디,
음달 = —, dire v. dire.

Exposition orientation d'un terrain, d'une maison *향방. = — d'objets divers *박람회; — universelle *만국장 (World's fair) les objets exposés sont dits *박물 — du St Sacrement *성톄봉안. *공진회: Exposition "pour encourager" les arts etc

Exprès (adj) formel *특별훈다, 쪽쪽후다,
en termes — 쪽쪽훈말노; = — (adverbe),
à dessein 부러, 짐즛, 즘즛, 우졍; 일부러, 짓구지.

Express train *급힝차, *급힝렬거, (le contraire est *완힝차) *속힝차 = *직차 est le train direct. *최급힝차 le train rapide.

Expression manière de dire 말, en agg.
*언; — coréenne pure (non chinoise) 육담,
구석훈말; — chinoise *문즈, 유식훈말;
— vulgaire, basse 샹말; — local *방언,
— provinciale 스토리. = en mathématiques
chimie etc *식 = — manifestation *발표;
— de la physionomie *면상; *신식

Exprimer le suc etc (물) 짜다 (짜, 짠),

(실) 새다 (여, 샌); — manifester 드러내다, *발로하다; — par la parole 하다, 발하다. son visage — la bonté 인은한빛있이 얼골에드러난다.

Expropriation *슈용.

Exproprier *슈용하다.

Expulser V. Chasser.

Expurger.

Exquis *상품, 훌늉하다, 귀하다, 별.

Exsangue

Exsuder 흐르다 (흘너, 흐른).

Extase

Extasier s'—

Extenseur muscle — 신근.

Extension en largeur 느리기, 느림이; = — physique *광 —; — (moral) *광장.

Exténué (maigreur) 파리하다; — (sans force) 지치다, — (fatigué) *피전하다. avoir le visage — 얼골파리하다.

Exténuer s'— à 익쓰다 (써, 쓴).

사갑닥이 (épicurien) Extérieur (subst) *외면, *외모, *외양, 것모양. avoir un bel — 외모도타. à l'— 외면에 (si c'est l'apparence); à l'— (lieu) 밧게, en adj *외 = — (adj.) 밧것.

Extérieurement en apparence 외면에, 외양에, 거죽모양, 밧게, — (lieu) 밧게.

Exterminer *소멸하다, *도륙하다. être — 멸망하다, 어륙되다

578/

Externat *동학싱 학교.

Externe écolier — *동학싱 =—(adj)
Usage — *외용. Remède pour l'usage —
*외용약.

Extincteur d'incendie *쇼방긔계.

Extinction, fin de qqch. *쇼멸; — d'un incendie *쇼방; = — de feux *진화. = Avoir une — de voix 목쉬다.

Extirper 샢다(어 ㅎ 아, 은), 쌔다(쌔여, 쌘)

Extorquer qqch. 쌔앗다(셔, 슨); *억탈ᄒᆞ다, *탈취ᄒᆞ다. — comme les satellites *토식ᄒᆞ다. Pour les mandarins on dit souvent 뜻어먹다(어, 은), litt. brouter (le peuple). Les employés ou les particuliers qui — sont dits *협잡군, & leurs procédés *협잡.

Extra en dehors 외, 밧게; = — chose sortant de l'ordinaire 별. = — en nourriture 별음식, 별찬, *별식 — de journal *호외; = —, supérieur *극상.

Extraction d'une famille *셰희, *지톄, = — (de racine, en math.) *긔. = — d'une racine carrée *긔평방; — d'une racine cubique *긔립방.

Extraire 내다(여, 낸), 샢다(아, 은), 쌔다(아, 쌘). = 솟고다(와, 곤)

Extrait en droguerie *고류; de liquide *익고 précédé du nom du remède.

Extradition d'un coupable *도망범죄인인도. Traité d'— …… *도약

— au sens de merveilleux, plus ou moins miraculeux *령별하다, 령별스럽다.

Extraordinaire *별, *이상하다, 비범하다, 특별하다, 괴이하다, 야릇하다 = 괴상하다, 묘려하다, 괴려스럽다 (거의, 온) se prennent ordinairement en mauvaise part. Chose — 별것.

Extravagant

Extravaguer en paroles 시렁시렁하다.

*극심하다, *극성하다, 극성스럽다, *극하다

Extrême (subst) d'une proportion (math), d'un syllogisme (logique) *외항 ; = —(adj.) *극직하다, 지극하다, 극진하다, = exagg. *극

(십상 Extrêmement 극직이, 지극히, 극진히, 알뜰히

Extrême Onction *종부.

Extrême Orient *극동.

Extrémité bout 끗, 고두머리. Tout à l'— 빈끗에. Être réduit à l'— 막되다, 홀슈업시되다, — de (malade) 죽게되다, 됨 죽을것갓다 (가와, 온).

Extrinsèque 밧것

Exubérant

Exutoire

Ex-voto (commémoratif) *긔념표

Fable récit 이야기, — Histoire inventée

à plaisir *허황지셜, 헛말, 헛소래, 빈소래. = — (v.g. de Lafontaine) *클어, Etre ou deve-nir la — de tout le monde 죠소거리되다.

Fabricant *졔조인, *졔작인, = En Corée le chef responsable d'une fabrique 편쟉* 별즦, 졈별즦, precédé s'il y a lieu du nom de l'objet fabriqué. = — de, 쟝이 ajouté au nom de l'objet: 방건쟝이 — de cuivre tiré.

Fabrication *졔조*, 졔작, en agg. *졔 · —, manière de fabriquer 만드는도리, 만드는 법, 짓는법.

Fabrique *졔조소 =, 만드는대방, *뎜, *졈. Chaque espèce a son nom. — de papier *지소, *지롱; — de tuiles 기와가마; — de chapeaux 갓방; — de serre-tête 망건방, — de vases de cuivre *유긔졈. — de porcelaine *사긔졈; — de poterie commune *옹긔졈. *졔조쟝, 공쟝 (atelier)

Fabriquer 만들다 & 만드다 (드러 드러, 든). 맹느다 (러, 른), 맹기다 (러, 건), 짓다 (지어, 은)

Fabuleux 헛, 거즛, 헛된, *허황하다, *황당하다,

Façade *압면, *전면, *졍면.

Face, visage 얼골, 낫, *면, ce terme surtout en agg. = En — 압희, 압흐로, 압셕으로, 압면으로, 마조. Face à face 마조. Etre en — (mutuellement) 맛드다 (러, 든). Etre en — dessus *면되다, *되면하다. Regarder en — 바로보다 (아, 본). Reprocher en — 바로꾸짓다, 되면할

야 꿋꿋다. — Je eu l'idée de faire un affront 핍박ᄒᆞ다, 변박ᄒᆞ다, 각살주다, 맛각다 (가, 근). A la — de tout le monde 일음에 ~~[illegible]~~휜자ᄒᆞ게 (휜자ᄒᆞ다 faire le commérages); 파다ᄒᆞ게 (파다ᄒᆞ다 faire le bruit de le public). A la — de ciel 백주에 (espèce de serment). La — d'un bâtiment v. Façade. La — les affaires 수쳬, 일의형. Changer de — 변ᄋᆡᆼᄒᆞ다. Faire — à l'ennemi 막서다 (서, 선) = —, opposé à envers 졍면, 졍면; — opposé à flanc 졍면. Perdre la — 망신ᄒᆞ다. La faire perdre 망신시기다.

Facetie 적담.

Facette 쇼면.

Fâcher v. act. 노요ᄉᆡᆼᄒᆞ다, 노요지르다 (질너, 지른), 셩화ᄒᆞ다, 셩화식히다, 생심ᄒᆞ다. Faute à — 노엽잘ᄒᆞ다 (ᄒᆞ, 흔), 발끈ᄒᆞ다, 발끈발끈ᄒᆞ다. Se —, être — 셩나다, 셩내다, 노여워ᄒᆞ다, 분ᄒᆞ다,
골내다 역졍내다, 비분ᄒᆞ다, 노ᄒᆞ다, 노요석다 (어, 은), 가슴에 불나러나다, 긔오르다 (올너, 오른) v. colère. Chose qui — 노엽다 (여워, 온). Se — avec un autre, se brouiller 의가상ᄒᆞ다 (의 amitié) = 빗득러지다 (être de biais — populaire) - 서로틀니다, 불목ᄒᆞ다. Être — le, chagriné 원통ᄒᆞ다, 의통ᄒᆞ다, 이닯다 (아, 은). Avoir un chagrin mêlé de colère

*분하다, *우연동하다. Chose qui —, qui ennuie 귀찮다, 싫하다.

Fâcheux ennemie fâcheux, insuccès *분하다, 싫하다, 애연하다; —, malheureux 아처롭다 (로와, 로온); — désagréable 뜨게다 뜨게롭다 (로와, 온), *민망하다, 억울하다 = — (personne), caractère difficile et morose 사나롭다 (로와, 온); — importun 얀탁갑다 (가와, 온). Un — 얀탁갑이 (C'est une espèce de rat rongeur). 심술사오납다. 게정군

Facial angle — *안면각

Facile 쉽다 (쉬워, 운), *편하다, 가든하다, *수월하다. Chemin — 편안한 길; Chemin large et — *탄탄대로. Homme d'une conversation —, sociable *순하다, *화순하다; —, accommodant, indulgent 너그럽다 (러워, 운), *관유하다, *관후하다. Avoir la parole — 구변 있다, 구변 좋다, 구치있다. *용이하다.

Facilement 쉽게, 수월히 v. facile.

Facilité 쉽기, 쉬움이 etc.; = — acquise par l'habitude, adresse 솜씨; — à parler, à s'exprimer *구변, *구치; = — à comprendre, intelligence *난렵하다, *영철하다.

Faciliter 쉽게하다, 쉽게하야주다

Façon manière de faire *법, *모리, *모리, *모양. De cette — 이러게, 그러게 이모양으로, 이법으로, 이러므로. De une même — ᄀᆞᆺ치, ᄀᆞᆺ게. D'une autre — ᄃᆞᆯ니, 다ᄅᆞ게. En aucune — 아조, 소롬, avec une négation ou un verbe exprimant un sens négatif. Je n'en veux en aucune — 아조 슬타. Je ne le saurais en aucune — 소롬 몰나더니 = De façon que ... avec un futur se rend par la forme ᄒᆞ게. Arrangez vous de — que l'affaire réussisse 엇더케ᄒᆞ던지 일 잘되게ᄒᆞ여라. De — que, avec un présent ou un passé se rend par les formes ᄒᆞᄂᆞᆫ고로, ᄒᆞᆫ닛가, ᄒᆡ셔니, ᄒᆞᆫ즉, ᄒᆞ기로 etc. Chacun parle de manière différente, de sorte que je doute 각사ᄅᆞᆷ 각ᄲᅡᆯ ᄒᆞ닛가 의심이 된다. De quelque — que ce soit 엇더케되던지, 아모모양이라도. De quelque façon qu'on fasse 엇더케ᄒᆞ던지. Que ce soit de cette — ou d'une autre 이리ᄒᆞ던지 뎌리ᄒᆞ던지 = à la façon de ᄎᆞ럼, 처러. À la — des bêtes 즘슁처럼. À la — d'un ennemi 원슈로히, 원슈처럼, ou souvent simplement l'instrumental 원슈로 = Faire des — 어려워ᄒᆞ다, 어려워 ᄉᆞ양ᄒᆞ다 (ᄉᆞ양ᄒᆞ다, refuser). — Des par politesse affectée 과겸ᄒᆞ다 (être trop humble).

= —, forme, figure 모양 / — manières que donne l'éducation 힝실 (mœurs), 인ᄉᆞ (politesse). Homme de bonnes — 으젓ᄒᆞ다, 힝거좁다, 쥰슈ᄒᆞ다, 아ᄅᆞᆷ답다 / ᄃᆞ와,

다온), 졔비롭다 (코와, 온). On dit très souvent 잘나다 (bien né). Homme qui a de mauvaises — 질박하다, 인ᄉᆞ사오납다 (나와, 온), 못나다, 못되다 ... 보잘것업다 (pour 보쟈할것 업다 : qui n'a rien qui fasse désirer de le voir). — & pour forcer la note 아조못나다.

= —, travail de l'ouvrier 공부. Prix de la — 공젼; 삭젼, ce dernier uniquement pour les travaux manuels. = —, manière dont est exécuté un habit ou un ouvrage quelconque 졔도. Pour la façon des habits, on dit parfois 슈듬 (pr: habileté de la main). Pour les habits, autre est la — de Séoul, autre celle des provinces 셔울옷슈듬 다ᄅᆞ고 싀골옷슈듬 다ᄅᆞ다.

Façonner 꾸미다, 만들다 & 만ᄃᆞ다 (ᄃᆞ러, 론), 짓다 (지어, 은) — un homme, le polir, l'instruire 사ᄅᆞᆷ 만들다, 사ᄅᆞᆷ 되게ᄒᆞ다, 셩인ᄒᆞ게ᄒᆞ다 (셩인ᄒᆞ다, devenir homme), 힝실을 고ᄅᆞ치다, 인ᄉᆞ를 고ᄅᆞ치다. Se —, (dans le même sens) 힝실 ᄇᆡ호다 (화, 혼), 례모를 ᄇᆡ호다, 인ᄉᆞ를 ᄇᆡ호다, 힝실ᄒᆞᄂᆞᆫ법을ᄇᆡ호다, 힝졔 ᄒᆞᄂᆞᆫ법을 ᄇᆡ호다.

Faconde

Façonnier 과격ᄒᆞ다 (trop humble).

Fac-simile 모사, 샤

Facteur de postes. Le vrai nom est "배달인. On l'appelle ordinair.t "우톄슈령 & très poliment "통신관리인, populairement "톄젼부, 체젼부. — en mathématiques "인ᄌᆞ; — premier "원승ᄌᆞ, "원인ᄌᆞ.

Factice 헛, "헤방ᄒᆞ다. Courage — (comme celui d'un homme qui a bu) 욕심, 헛욕심.

분발심 est plutôt l'émotion, v.g. l'enthousiasme qui donne la force.

Force — "분발심. Trouver dans son émotion ou sa colère des forces — "분력ᄒᆞ다, 긔운분발ᄒᆞ다, 업는힘의내다.

Factieux "역적.

Faction parti (factieux ou non) "편, "쳑, "편쳑, "반도, "붕패. — (milit.), garde "번. Être de — 번들다, en sortir 번나다. Soldat en — autrefois 호위군 s'il était de — auprès du roi, 슈분군 s'il gardait une porte. — maintenant "번병, "번군, — en vedette "파슈군

파슈군, sentinelle

Factionnaire "쇼병, "번병, 보초.

Factotum

Factum

Facture de marchandises 발셔, 회계

Facultatif

*기능

Faculté pouvoir 능, 권, 권리; — de l'esprit 재능 = les 3 — de l'âme 삼ᄉᆞ: l'intelligence 명오, la mémoire "긔함, l'amour ou sensibilité "애욕 (Ces mots sont exclusivement chrétiens). Avoir des facultés très développées "재능ᄒᆞ다. = 신능ᄒᆞ다 exprime la même idée, mais

586

ne se dit que de êtres absolument supérieurs. — Je n'ai pas la — de 힘이 없다, 힘이 없다, 할지못하게다. =
—, biens, richesses 재물, 세간, 가산. = —, dans une Université 분과, en agg. 과, — des lettres 문과.

Fadaise 잔소래.

Fade 슴슴하다, 슴겁다 (거워, 온), 심심하다, 박해하다, 맛없다.

Fagot 뭇, 단, 스렁이, 다발, 나무동

Fagoter lier le bois en fagots 나무동히다, 나무를묶다 (어, 은)

Fahrenheit (thermometre) 화시

Faible 약하다, 쇠약하다, 연약하다, 힘없다, en agg. 약. — avec qq. apparence de force 무르다 (물너, 무른). Homme d'une — constitution 약골, 목숨이 실곳다 (sa vie est comme un fil). Le — d'un homme, son défaut 사룸의 폐단. Chacun a son — 각사룸 각폐단 잇다. C'est mon — 내폐단 일다 Prendre un homme par son — 사룸을 져토하하는되로 추려내다.

Faiblement 약하게, 무르게, 힘없시

Faiblesse 약하기, 약홈이 etc. V. faible. = —, syncope 현기증. tomber en — 현기증나다, 정신 감박하다, 정신노 감으러지다. 타 (하, 혼) 기력노타. 감박 감으러지다, 감박 감박하다 = — causée par un faim excessive" 허즁. En être pris 허즁지다.

Faiblir =- devant qqun, céder" 굴복하다; =-, diminuer 감하다

Faïence" 사긔. — à fleurs" 화긔.

Faïencerie fabrique" 사긔졈, ; — maison de vente" 사긔뎐.

Faillir faire une faute, une maladresse 실슈하다, 잘못하다; — être sur le point de se rend par la forme 할번하다. J'ai — tomber 넘어질번하엿다. ×

× 하마터면 .... rend la même idée un peu plus et ...

Faillite 파산-하다. Les vieux coréens disent 판나다, 졸판하다 qui se dit aussi de la saisie = 결딴나다, 미치다 qui en soi n'indiquent que la ruine sont plus employés = 낙봉나다 qui se dit des créances devenues irrécouvrable.

"시쟝긔

Faim 비곱흐기, 비곱흔즁. avoir — 비곱흐다 (곱하, 흔). honorif. 시쟝하다. Souffrir de la — 주리다 (qui indique l'état) 굶다 (어, 은) "ne pas manger" (volontairement ou non). Faiblesse causée par la faim 허긔, 허즁. l'éprouver ... 지다. Mourir de — 굶어죽다 (어, 은). Faire jeûner ou souffrir de la faim 굶기다, 굶기다, Faire mourir de — 굶겨죽이다. — canine, faim-valle 허긔=지다, 게걸=들다 (어, 들). Ressentir une — insatiable 걸귀들니다 (être possédé d'un diable affamé).

588/

Fainéant 게어르다 (얼너, 어른), 느리다, 나 한다. Un — 느리광이, 느렁이, 늘보

Fainéanter 회회부리다. — Ne rien faire se reposer 노다 (라, 나, 논)

Fainéantise 회회, 나회

Faire 한다 (여, 한). C'est le verbe qui traduit — d'une façon générale, et les cas où il ne pourrait pas être employé sont assez rares. Pour chaque sens ou chaque nuance du mot —, il y a cependant des mots spéciaux dont voici qques uns. —. créer, produire, 내다, 만들다 (드러, 든) v.g. Dieu a fait le ciel & la terre 텬쥬텬디를내셧다, ... 텬디를만드르셧다. ... 텬디를조셩하셧다 (조셩하다 créer). = — (des oeufs, des petits, des enfants) (알, 삿기, 올회) 낫다 (나하, 흔), — un livre 책짓다 (지어, 지은), 책만들다, — un habit 옷짓다, 옷만드다; — un pont 다리노타 (노하, 흔), — un tableau (그림) 그리다; — de la toile 베싸다 (싸, 싼), — une maison 집짓다 (지어, 은); — un mur 담싸다 (싸, 싼); — un discours 강론하다, 논셜하다, 담론하다, — le riz 밥짓다 (지어, 지은), — de la colle, de la bouillie (풀, 죽) 쑤다 (어, 쑨), — la moisson 곡식거두다 (어, 둔), — une faute, un péché 죄를범하다, 죄를짓다 (지어, 은), — une maladresse 실수하다, — une impolitesse

*실례하다. — de la dépense 돈 쓰다 (써, 쓴)
*허비하다, *낭비하다. — la route (marcher)
길가다, 가다; — la route (la créer ou la réparer) 길
닥다 (아,은); — les lois 법내다 (어,낸) —
un mandarin, un dignitaire 벼슬식히다, 벼
슬에 올니다. Faire le ..., (simuler) se rend
par la forme 하는톄하다 quand on peut tourner par un verbe, ce qui vaut toujours mieux.
Avec un substantif on dit 노릇하다 v.g.
— le noble 냥반노릇하다, mais il vaut mieux
dire 놉흔톄하다. — s'occuper de 보다
(아,본) v.g. — une chambre (la nettoyer,
la mettre en ordre) 방보다. — deux choses
à la fois 두길보다, 두길짜보다.

Que faites vous? 무슨일하나냐. Ne rien
— 아모것도 아니하다, 한유하다, 노다 (라,논).
Homme qui ne fait rien, (sans métier ni profession) 유식지빈, 노는사름 (Pour une
femme, l'expression 노는계집 voudrait dire
une prostituée). Homme propre à —
(telle chose) 가감지인, 가용지인. Homme
à tout — 벡스가감. Faire du bien à
qqun, V. Bien. — le maître (chez un autre)
쥬인인톄하다, ... — au sens neutre,
agir, se comporter 굴다 (굴러,군) (pris
surtout en mauvais sens). — le sot,
niais 흰체하다, 흰것하다; — le
— à qq ch. s'y habituer 닉다 (겨,긴),
*숭습하다. — par colère 분호김에하다,

390/

분결에ᄒᆞ다. La colère fait faire bien de sottises 분노로말미암아그른일이만히난다. = Faire – 식히다, 식이다, 시기다, et surtout la forme ᄒᆞ게ᄒᆞ다 ou bien la forme factitive qu'ont la plupart des verbes : – manger 먹이다 forme factitive de 먹다. Cette forme factitive est indiquée généralement à chaque mot. Il y a aussi assez souvent des mots propres : – savoir 알게ᄒᆞ다, 알니다; *통지ᄒᆞ다, *통긔ᄒᆞ다.

– par soi même De sa propre main *손슈ᄒᆞ다, *본슈ᄒᆞ다, 조작ᄒᆞ다, en agg. *조

La lecture – dormir 북홈먹으면곤ᄒᆞ다, 북홈ᄒᆞ가곤ᄒᆞ게ᄒᆞ다. Cet enfant ne – que jouer 이으ᄒᆡ가작난밧게아모것도아니ᄒᆞᆫ다. Il ne fait que sortir (il vient tout juste de sortir) ᄀᆞ금못나갓다. J'ai à – à vous 나와너와ᄒᆞᆯ일잇다, … ᄒᆞᆯ일이잇다, … 말ᄒᆞᆯ것잇다. Je n'ai que – avec vous 나ᄒᆞ고너ᄒᆞ고상관업다. Avoir à – De (avoir besoin) 요긴히쓰겟다, = 잇서야쓰겟다, *요긴ᄒᆞ다 en mettant comme sujet ce dont on a besoin. Je n'en ai que – 내게쓸ᄃᆡ업다, 소용업다. Nous n'avons que – de nous presser 밧부지안타, 밧블것업다, 밧블일업다. Vous n'aviez que – de prendre tant de peine 공연훈ᄒᆡᄅᆞᆯ썻다, 공즁ᄒᆡᄅᆞᆯ썻다. Je n'ai que – de tout cela

내게 알은데 홀것업다, 알은것업다, 생각업다. Je ne sais comment — 엇더케 홀지모롤다. Il n'y a rien à y — 부엇홀수업다. Vous avez beau — 아모리 훈들, 아모리 호야도. Fasse le ciel! 되고지고, 되기면 제발되고지고. Faire les affaires d'un autre, — qq ch. pour un autre se rend par le verbe voulu à la forme 호여주다.

— froid, chaud, humide etc. se rendent chacun par un verbe propre. V. chaque mot. — beau temps 일긔됴타, 날이됴타; — mauvais temps 날 궂다 (구져, 즌). Il — du vent 바롬 분다. Il n'en fait pas 바롬 업다, 바롬 잔다. Il — un temps de printemps 봄날의 ㅊ잇다.

Combien cela — -il? 언마나 되느냐. Se — fort de l'appui de qqun 밋다 (어, 은), 의지호다. Se — fort de réussir 의심업시 아조 밋다. — de qqun ce que l'on veut 사롬을 쥐다, 슈즁에 노타 (하, 흔) (tenir en sa main). Cela se fera 일이 되겟다, ... peut-être 될듯ᄒᆞ다. Se — aimer, estimer, bien voir 인심을 엇다 (어, 은) 득인심ᄒᆞ다. Se — honneur de 영광으로 알다 (아, 논), 조랑ᄒᆞ다.

Faisable 홀만ᄒᆞ다, 될만ᄒᆞ다.

Faisan 쟝 — mâle 쟝끼; — femelle 까토리 (덜겅이); — poussin 쟝의삿기. = en agg 치. — tué 쟝치, — séché 건치.

Faisceau 단, 뭇. — de fusils, fusils en — *졔총, — lumineux *속쳔

Faiseur 하는, 만드는 ... se rend souvent par la terminaison 쟝이 : — le serre-tête 망건쟝이, — de mensonges 거즛말쟝이, — ou par la terminaison 군. — De bois, bûcheron 나무군 = —, D'embarras 어슨놈, 쉰 방귀귀는 놈

Fait (subst.) 일, 항실, 노릇, 즛, ce dernier en mauvaise part. Ce n'est pas le — d'un homme honnête 군쟈의 항실 아니라. C'est le — d'un coquin 잡놈의 즛이라. Ce n'est pas de moi — 내 일 훈 것 아니라. Prendre sur le — 듯시 보작하다, 숭시 하야 보다, 된시에 보다. Y être pris 듯시 보작되다, 들키다 = —, événement 일, 수, assez souvent 것.

Prendre — et cause pour qqun 역되다, 역셩 하다 (être partial) 방패 막이다 (servir de bouclier)

En fait de ... dans les livres et la conversation relevée 의론하면. Autrement, on emploie l'oppositif, ou par la terminaison 으즉. Il y a aussi d'autres formules: En — d'argent, voilà tout ce que j'ai 돈이라 하는 거시 그 생 일다 : ce qui s'appelle argent, je n'ai que cela.

≡ —, (participe) 한, 된 etc. Il n'y a rien de — 일 셜시 못 하엿다 (셜시, commencement). C'est — 되엿다, 다되엿다. Sitôt dit, sitôt — 즉시, 곳. C'est bien — 올타, 잘되엿다, 싸다 (싸, 싼) (litt. C'est bon marché, dans le sens du français : ce n'est pas volé). C'en est —! 결단낫다, 결딴낫다, *결파하다. C'en est — de lui 결단되엿다 — Un homme —, (dans la force de l'âge) *장뎡. —, accoutumé à 닉다 (어, 은), *닉련하다; — au travail 일에닉은. Être —, bâti, tourné 삼기다, 삼기다. Homme bien fait 잘삼긴사람. Homme mal — 앵상이, 앵상스럽다 (러워, 운), 낫삼긴사람. Comment est-il — 엇더케삼겻느냐.

Faîtage d'un toit 대마루. Tresse de paille du — 곱새, 용구새

Faîte 쇽대이; — d'un montagne 산발낭이, 산마루대이, 산쇽대이. Ligne de — d'une chaîne de montagnes *결령선. — d'une maison 집용마루. — Parvenir au — des honneurs *고관대작하다

Faîtière poutre — 대마루, 마르되

Faix 짐. Ployer sous le — 짐에눌니다. Id. au figuré 보오부지할슈업다.

Falaise *졀벽.

Fallacieux v. trompeur.

Falloir Pas de verbe équivalent. On y supplée plus ou moins en employant les adverbes 가히 가하다 qu'il faut faire, on

Falloir — Famille

594

plutôt ce qu'on peut faire, ce qui est licite — aussi faut-il l'éviter quand on veut traduire falloir au sens d'obligation); 맛당이 convenablement, 반드시 absolument, souvent combinés ensemble 반드시 맛당이 ; 요긴히, nécessairement, 굿ᄒᆞ야 absolument, etc. Voici qqués autres formes : Il faut faire, ᄒᆞᆯ지 ᄉᆞᆯ다, ᄒᆞᆯ일일다, ᄒᆞᆯ디일다 ce dernier ayant le sens de : C'est le moment de faire. Il faut, ou il faudra faire ᄒᆞ여야 쓰겟다, ᄒᆞ여야 ᄒᆞ겟다, en conversation souvent ᄒᆞ여야 seul. Comme il — 맛당ᄒᆞ게, 얼맛게. Plus qu'il ne faut 과히, 넘우. Séparez ce qu'il faut 요긴ᄒᆞᆫ지를 ᄌᆞᆷ ᄲᅡᆫ ᄒᆞ여라. Il faut un cheval ᄆᆞᆯ 요긴ᄒᆞ다, ᄆᆞᆯ 엇어야 쓰겟다. Il s'en faut de trois sapèques que la ligature soit complète ᄒᆞᆫ 꾀에 세 ᄂᆞᆯ 모자라다, & plus souvent ᄒᆞᆫ 꾀에 세 ᄂᆞᆯ 축낫다. Il a tout ce qu'il faut 부족ᄒᆞᆫ 것 업다. — S'en falloir de peu que ... (faillir) se rend par la forme ᄒᆞᆯ 번ᄒᆞ엿다 renforcée qqf. par 하마터면 (un peu plus et...). Il s'en est peu fallu qu'il ne fût tué 죽을 번 ᄒᆞ엿다, 하마터면 죽을 번 ᄒᆞ엿다. Tant s'en faut que je l'aime qu'au contraire je le déteste 아니 사랑ᄒᆞᆯ 뿐 아니라 도로혀 ᄆᆡᆸ다 ou mieux .... 미워ᄒᆞᆫ다.

Fallot 등, 등불.
Falsifier 그릇치다, 그릇드리다, *위조하다. — un titre *가불셔하다, *위조불셔하다, 그릇불셔하다. Chose — 그릇, 그릇진. en agj. 가
Famé *유명하다.
Famélique 주리다 (souffrir de la faim), 굶다 (어,은) (ne pas manger), 허기지다 (être à bout de force). — parasite *걸객
Fameux *유명하다, 소문나다, 일홈나다. — Faire le — 큰 숙거리다.
Familiariser Se — avec un supérieur *겸만하다, 어려워아니하다, 어려히아니녁이다, 사작바르다 (발나, 바른) se perdre toute retenue 버릇업시하다. Se — avec ses inférieurs: perdre la dignité, la gravité *실톄하다, 톄면일타 (허, 흔), 생업시하다. — Être d'un abord facile 너그럽다 (러워, 운). Se — avec qqch., s'y habituer 예수로이알다.
Familier Être —, intime avec qqun. *친하다, 사괴다 (여, 괸), 친하게사괴다 / — habituel *흔하다, 흔히하는, *예수, 예수롭다 (로와, 온), *흥붐. Se rendre une chose — 니기다. Se l'être rendue — 용이하다, 쉽게하다, 쉽게녁이다.
Famille habitant la même maison 집안, *가속, *소솔, *권솔, *식구. (Pour l'ensemble de la maisonnée, on dit 온집, *온가.) — au sens plus large: toute la parenté *일가. Considérée dans ses membres, la — se

596/

*친척 (*친 parents de même nom, *척 parents de nom différents), 겨레, *친족, *지친, *근족, *족당, *당내. La famille du père *친가 (tous les *친 donnent le même sens); la — de la mère *외가, *외척, *외족; la — de la femme *처가, *처족, *빙가. En — 친족간에. Cette — a donné beaucoup de mandarins 그집안에 벼슬깨다. = La — impériale (Jap.) *황실. = —, extraction *지체. Être de bonne — 지체됴다; être de — obscure, non noble 지체업다. = —, division de la race *이종, *변종.

Famine générale *흉. On dit plus souvent *흉년, année de —. — partiel. le *독흉. La — est dans la ville 읍내가 독흉맛낫다.

Fanal 등.

Fanatique *광신자, 광싱자.

Fanatisme *광신, 광싱.

Faner (v. act.) 흑지르다 (질너, 지른) etc — être — 시들다 (드러, 든), 시들시들하다, 빌나가다, 마르다 (말나, 마른). Se — par une maladie 파리하다. Pour les fruits ou les fleurs on dit aussi 떠죽다 (어, 은), 쇠하다, 쇠다 (어, 쇤) dont le sens est plus fort que le verbe faner.

Fanfare air 악보; — bande de musiciens 악대.

Fanfaron *쏠자 criailleur, brave en

parole, *방안갈자 (— dans sa chambre), 우자하다, 우자스럽다 (러워,운), 깃을큰체하다.
Fanfaronnade 헛소리.
Fange 흙, 진흙 / — d'un ruisseau 개흙.
Être couvert de — 흙묻다 (어,은)
Fangeux 질다 (어,진). Le chemin est — 길질다 or 질어다. Habit — 옷에흙묻었다.
흙탕
Eau — 흙탕물
Fanon de boeuf 11멱미레
Fantaisie imagination *소상 / — volonté 보음, 뜻. Faire à sa — 제뜻음대로하다, 제 흥장대로하다, 제소견대로하다, 하고싶은대로하다.
Fantasmagorie
Fantasque 변덕스럽다 (러워,운), 변덕 or 변덕쟁다
Fantasquement 변덕스럽게, 이러쿵저러쿵
Fantassin *보병, *보군.
Fantastique
*요괴
Fantôme 헛것, *허상, — dont on effraie les enfants 엄의
Faon de biche 사슴의새끼
Faquin. 놈, 것, 어슨놈,
Farce terme de cuisine 소 / — de théâtre *희담, 연극, 광대연극 / —, plaisanterie 작난, 희롱.
Farceur 작난군 ; — plaisant, enjoué 작굿다 (저,즌) / —, comédien 광대.
Farcin des chevaux 말비족
Farcir (cuisine) 소노하 (하,흔).
Fard blanc *분, — un peu rouge *도화분, *연지. Sans —, franc, sincère 진실하다, 고지식하다.

598/

Fardeau 짐. — léger 경짐, — lourd 중짐. V. Charger, Décharger.

Farder au sens propre 분바르다 (발나, 바른), — les joues 살분하다. Se — 분바르다, 셩젹하다, 분셩젹하다. — ses paroles 말 꿈이다.

Farfadet 독갑이.

Farfouiller 쑤싀다 (여, 쉰), — chercher 뒤젹이다.

Faribole 잔소리, 잔말.

Farine 가로, 가룩; — grossière qui reste dans le tamis 무거리, 북지; — de blé 밀가로, 진가로.

Farineux

Farouche 모질다 (지러, 진), 사오납다 (나와, 운) 맹렬하다, 흉긔하다, 흉렬하다. Avoir l'aspect — 흉긔하야 뵈다, 사오나와 뵈다.

Fascicule

Fascine 나무톳.

Fasciner 호리다, 홀리다, 어리우다 (워, 운)

Faste (subst.), luxe 사치, 치레, 호사. Vivre dans le — 멋부리다 = —, (adj.) heureux 길하다, en agg. 길. Le contraire est 흉

Fastes annales 긔력.

Fastidieux 고롭다 (로와, 온), 셩가시다, 조미업다, 맛업다, 무미하다 = 싹하다, 싹하다, 아니꼽다 (꼬아, 온).

Fastueusement 사치롭게, 호사롭게

Fastueux 사치롭다 (로와, 온), 치레롭다, 호사롭다, 사치하다, 치레하다, 호사하다.

Fat 어슨놈, 쉰놈, 어슨톄하다, 웃줄하다, 웃쭐되다 (여, 된), 거드럭되다, 거드러거리다.

Fatal malheureux, funeste 불힝ᄒᆞ다, 불길ᄒᆞ다, 흉ᄒᆞ다.

Fatalement malheureusement 불힝히. — inévitablement 녕낙업시

Fatalisme *숙명론, *운명셜

Fatalité *운명. Les cordon. disent plutôt *텬명, 텬리 (c'est — au sens de "fatum").

Fatigant 고롭다 (로와, 온), 슈고롭다, *신고ᄒᆞ다.

Fatigue 슈고; — de route 로독 V. lassitude

Fatiguer 고롭게ᄒᆞ다, 곤케ᄒᆞ다; — par des taquinneries, ennuyer 고롭게ᄒᆞ다, 볏견치게ᄒᆞ다, 들복다 (가, 근) Marcher jusqu'à se — 다리저치도록 ou 앏흐도록 거러가다. Être — 곤ᄒᆞ다, 고단ᄒᆞ다, 노곤ᄒᆞ다 — plus encore *혼곤ᄒᆞ다, 고달프다 (달파, 픈); — excessivement 곤곤ᄒᆞ다, 곤궁ᄒᆞ다, 곤핍ᄒᆞ다, 피곤ᄒᆞ다. avoir les oreilles, la tête — (surtout par le bruit) (귀 ou 머리) 솔다 (어, 손).

Fatras

Fatuité

Faubourg 셩밧, 문밧.

Faucher 베다 (여, 벤).

Faucheur 동군, 올군.

Faucille 낫.

Faucon 매. Chasse au — 매산양

Faufiler les habits 홈질ᄒᆞ다, 호다 (화, 혼), — piquer le coton à grands points 수침ᄒᆞ다, 수침질ᄒᆞ다, 수치다. Se — (dans une foule, entre des obstacles)

Faulx 쟝낫, 새낫

Faune (opposé à flore) animaux *동물 = — livre sur les animaux (de tel pays) *동물지.

600/

Faussaire *위조자 &, pour les écrits spécialement *위서자, :가본서하는, 위조문서하는. On appelait autrefois *인위도 ceux qui faussaient le sceau mandarinal.

Fausser, gauchir un objet 옥으러치다, 옥으러드리다. Être — 옥으러지다; —, gâter, pervertir 그릇치다. — son serment (맹세를=) *배반하다, 작박하다, 저버리다; — compagnie, se retirer 떠나가다, 나와나다.

Fausse alarme l'avoir 공연이놀나다 (나,난), 공중놀나다. La donner ..... 놀내다

Faussement 헛되히, 허망스럽게, 허판이.

Fausset voix de — 새된소리 = —, cheville pour un baril 꽂

Fausseté 헛것, 거즛것, 헛소리, 거즛말.

Faute 흠, 흣, *실슈, 잘못한일 Ces mots ne comportent pas nécessairement l'idée de culpabilité. Pour la marquer, employez le mot *죄. Quelle — ai-je faite? 내가무슨죄잇나냐 — 잘못한거시무엇시냐. C'est ma — 내흣일다. Faire passer la — sur le compte d'autrui 남을흣하다, 제죄를 남의게미루다 (뤼,룬) (ou 밀치다). Prendre la — sur soi *담당하다, *안담하다. = — d'écriture, — d'impression *오즈 (lettre fautive), *낙즈, 낙서 (lettre omise). On les joint souvent: *오즈낙서. Faire des — en écrivant *오즈낙서하다, 그릇쓰다 (써,쓴) = —, manque, disette, absence

pour préciser la culpabilité, "malum culpae", *죄과.

엽기, 엽슈이. — d'eau (par manque d'eau) 불엽기에, 불엽셔셔, 불엽ㄴ탓으로 &c. — sans —, sans manque 일뎡, 결단코, 념녀업시. Avec un futur, on dit souvent 의심업시

Fauteuil *교의, *교좌, *보좌.

Fauteur 돕ᄂ자, 도아주ᄂ자.

Fautif (livre) 오증박혀 잇다, 그릇쓰다; — (homme) 허즈잇다.

Fauve (animal) *야슈 ; —, (couleur) 누릇ᄒᆞ다, 누르스럼ᄒᆞ다.

Faux (subst) pièce ou titre falsifié *거문셔, *위셔, *위조문셔 = — (adjectif), non vrai: 헛, 헛된, 거즛, 그릇 a. ag. *가. Être —, vain *허탄ᄒᆞ다, Id., non vrai, 그르다 (글너, 그른); Être —, (mentir facilement, tromper souvent) 능척ᄒᆞ다, 능청스럽다 (러워, 운). C'est —! (c'est un mensonge) 사ᄂ소리다, 거즛말이라. — témoignage 거즛증거; — espoir, vaine espérance 헛바람; — frère, traître *반복쇼인; — fuyant 그릇핑계; — semblant 그릇모양, *외면, *외양, 것모양, 빗것모양. Frapper à — 헛치다, 빗치다, 빗두리다. S'appuyer à — (avec la main ou même avec le pied) 헛집다 (허, 흔) pour le pied 헛밟다 (아, 은) Faire un — pas (au propre) 헛드듸다, *실족ᄒᆞ다. Id. (au figuré) *실수ᄒᆞ다. Être à — four 빗외야잇다; — fausse monnaie *ᄉᆞ쥬젼.

602

Faveur grâce, bienfait *은혜, *은익, *혜택, *은, *택, *덕택; – spéciale 특별훈은혜, *특은. –, crédit dont on jouit auprès d'un supérieur *춍, 춍우. Obtenir la faveur de qqun, être en – 춍을 엇다 (어, 은), 득춍ᄒᆞ다. Sacrifier la justice à la – 졍 밧다 (아, 은). En – de, en considération de 공으로, 덕으로, 위ᄒᆞ야, 인ᄒᆞ야. Juger en – de, à l'avantage de 이겨주다. Ceci est en notre –, à notre avantage ᄒᆞᄂᆞᆫ말이도로혀 우리의게도둡다 (도ᄃᆞ다 soutenir). A la – de la nuit 밤에새롤잡고, 어두온밤에새롤잡아.

Favorable (circonstances, choses) 됴다 (하, 흔), *슌ᄒᆞ다, en agg. *슌. Circonstance – *슌경 (V. Occasion). Vent – *슌풍, 슌ᄒᆞᆫ바람. Trouver une circonstance – 됴흔새롤맛나다, 시절맛나다, 슌경을엇다. En profiter ... 잡다 (아, 은). Se rendre – à qqun 어엿비보다, 불샹이넉이다 qui ne se disent que à l'égard d'un inférieur ou de quelqu'un qui est malheureux, 됴케보다, 됴와보다, 도라보다. Se rendre qqun – 닌심을엇다, 인심을엇다.

Favorablement

Favori (subst.) barbe des joues 구레나롯; = – (adj.) *애지중지ᄒᆞ다, 스랑ᄒᆞ다. Le – du roi *셰도, *셰도ᄒᆞ다.

Favoriser 돕다 (도아, 도은), 도아주다.

Fébrifuge *쇼열제, *학질약, 학질셰는약

Fébrile

Fécal matière — *똥, en agg. 분.

Fèces, lie 즛긔

Fécond femme — 다산ᄒᆞᄂᆞᆫ녀인; femelle — 삭기잘나ᄂᆞᆫ놈. terre — v. Fertile.

Féconder

Fécondité *싱식ᄅᆞᆨ.

Fécule *젼분.

Fédération (d'États) *련방, *련합; — (de citoyens) *동밍, *단결.

出女
Fée *션녀, *옥녀
le masculin (lutin, génie) est *션동, *옥동

Féerique merveilleux *령묘블ᄉᆞ의.

Feindre 짓스러다, 거즛ᄭᅮᆷ이다 / —, contourner 그릇ᄭᅮ미다 (ᄭᅵ며, ᄭᅵᆷ); — de se rend par la forme ᄒᆞᄂᆞᆫ톄ᄒᆞ다 & au passé ᄒᆞᆫ톄ᄒᆞ다. — de dormir 자ᄂᆞᆫ톄ᄒᆞ다; — d'être mort 죽은톄ᄒᆞ다.

Feint 거즛, 그릇 v. Faux.

Feinte (subst.)

Fêler v. act. 터트리다, 터치다. Se —, être — 실금나다, 금나다, 터지다. Avoir le cerveau — 바람ᄭᆡᆺ치다, 바람ᄭᆡᆺ다, 간경에 바람들다 (드러, 른) (les bois jeunes se mettent au pané) 시렁시렁ᄒᆞ다. Pour qqun qui a montré une grande étourderie, on dirait 실업슨 사ᄅᆞᆷ.

Félicitation *경축. Adresse de — *축ᄉᆞ; Lettre de — *하샹. Offrir ses — à qqun *빅하ᄒᆞ다, *경축ᄒᆞ다.

Félicité bonheur *복. Il n'y a point de vraie — ici bas 이셰샹에 젼복업다.

604/

Féliciter °경축, °경하, 하례, 진하 =ᄒᆞ다. Les grands vont — le roi 신하들이진하ᄒᆞ러간다. Recevoir les félicitations, être — °경하, °하례, °진하 =받다 (아,은). Se —, être réjoui, content °쾌ᄒᆞ다, °상쾌ᄒᆞ다, °쾌활ᄒᆞ다. Je me — 내ᄆᆞᄋᆞᆷ이쾌ᄒᆞ다. Je me — de la tournure qu'a pris cette affaire 일이상쾌ᄒᆞ게되엿다.

Félin

Félon sujet —, °역신, °역적, °대역부도, °강상죄인.

Félonie °강상죄 C'est la révolte soit contre le roi, soit contre le père, la mère, le mari le maître (pour un esclave) & généralement contre un supérieur.

Fêlure 금, 실금, 틈

Femelle 암것, 암놈. en agg. 암

Féminin . Genre — 녀성, 음류

Femme Personne du sexe féminin 계집 (mot presque injurieux), 녀인, 녀편네, °비인, °부인 — plus poliment 아낙, 아낙네, °부인, 부인네 — qui a un courage mâle, virago 호걸계집, 녀중호걸, 걸걸ᄒᆞᆫ계집, 석전계집 En — 아녀ᄌᆞ모양, 녀태잇게. S'habiller en — (homme) 녀복ᄒᆞ다 = —, épouse 지어미, 안ᄒᆡ, 아낙, °쳐, °실니, °내ᄌᆞ, °현합 En conversation ; pour parler de sa — on dit °내ᄌᆞ, 내상, 쳐, et °실인 pour parler de la — de son interlocuteur. Première (en date) — de qqun °슈양지쳐, °슈양지쳐 (Pom-

(Marge : °부인 est respectueux en soi. C'est cependant le mot employé par les souteneurs pour les prostituées qu'ils exploitent.)

sa virginitatis). — défunte d'un homme remarié "션실", 젼실 — qu'il a prise en secondes noces "쇄취 Homme qui se laisse mener par sa — "판관 ᄉᆞ령 (valet de préfecture). On abrège souvent en disant seulement "판관. Se laisser mener par sa — 안ᄒᆡ의게쥐이다 (être dans sa main). — Sage — (médecin) "녀의 ; id. (accoucheuse) "산과. "희산구원자.

Femmelette 녀, 계집, 계집년.

Fémoral

Fémur "대퇴골.

Fendiller ᄶᅢᆨ의다, ᄶᅥᆨ의다

오리다 Fendre (act.) ᄶᅢᆨ의다 (여,읜), ᄶᅥᆨ의다 (여,읜), ᄶᅩᆨ의다, 갈으다 (갈너ᄉᆞ나, 갈은) = ᄶᅢ다 (여, ᄶᅵᆫ fendre, se — & être fendu). — en deux parties égales 반듯ᄒᆞ게 ᄶᅢᆨ의다 ; — en 3, 4, 5 parties, etc. 삼, ᄉᆞ, 오 ... 분ᄒᆞ 갈으다 (분파ᄒᆞ다, partager), 삼, ᄉᆞ, 오 ... 갈니로 ᄶᅢᆨ의다. Aisé à — ᄶᅥᆨ의기 쉽다 (쉬워, 운). = — la presse, la foule 헤치다, 헤치고가다. — l'air, l'eau On dit : aller porté sur r.j. 물에 ᄯᅳ다 (ᄯᅥ, ᄯᅳᆫ) ; 공즁에 ᄯᅥ 가다. Se —, s'entrouvrir 터지다, 갈나지다, ᄶᅢᆨ나다, ᄶᅥᆨ의여지다. Commencer à se — 버러지다, 벌다 (어, 번), 금나다.

Fendu 터지다. V. Fendre, Fêler.

Fenêtre 창, 창문, 바라지. Percer une — dans un mur 벽에 창 내다. Jeter l'argent par les — 돈 헤프게 쓰다, 돈 ᄲᅡ고 쓰다, 돈 헤

606

비쓰다, *낭비하다, *허비하다, — 돈부쉬워뵈다, 돈 각접게쓰다 (각접다 (어,은) & 각젹다 (어,은), inutile, ou même gênant).

Fenouil *고향, *회향

Fente 금, 실금, 틈, 새, 새

Féodal en agg. *봉건 . Gouvernement — 봉건정부

Féodalité *봉건제도.

Fer 시우쇠, en agg. *텰. Ouvrier en — 대장. — à cheval 발편자, 발편쥬 Clou de — à cheval 발대갈, 대갈 / — d'une lance 창날 / — d'une flèche 살촉; — à repasser 다리미, 다리미, 다리쇠 / de petit pour rabattre les coutures 인도, 야수, 야쇠. Fil de — *텰ㅅ, 쇠실 / clou de — 쇠못, *텰뎡. Coeur de — *텰장금석; Dur comme le — & le roc 견연금석굿다, 금석굿다 (s'emploie souvent dans le sens de fermeté). ; tirage du fer *텰긔시위

Ferblanc *양텰

Ferblantier

Férie ecclésiastique *쳠례 . *Feria 5a *쳠례오

Férié jour — 쳠례날 — au civil *병일

Férir Sans coup — 졉젼아니하고, 대젼 아니하고 (*졉젼 *대젼, bataille).

Fermage fixe : pour une terre à cultiver *도지; pour autre chose 세 / — en nature (ord! par moitié) *병작, *타작. Le payer ... 물다 (어,믄) = 도지 se dit aussi pour les animaux pris à ferme. On dit

도지소 d'un boeuf pris ou donné ainsi; mais la redevance, quoique ordinairement en nature se dit 세.

Ferme (subst.) maison de cultivateur 농막. — terre, donnée en culture 농장. Avoir l'intendance d'une — 마름 보다. L'intendant est dit lui même 마름. Bail à — (à redevance fixe) 도지, — à moitié (où=) 반작. On dit souvent 타작 qui veut dire "battage de la moisson" parceque c'est à ce moment qu'on détermine la quantité qui revient au propriétaire. Prendre à — la terre d'autrui 남의 땅을 얻다 (어, 은), 남의 땅을 부치다.

Ferme adj. solide 견고하다, 단단하다, 굳다 (어, 은) — opposé de mou 굳다 (어, 은), 굳세다 (여, 센), 앙글다 (그러, 근), 엮을다 (으러, 은); de au moral 확실하다; — & même violent 엄격하다. (지독하다) Être — avec les inférieurs (voire un peu dur) 억세다; — de (sans violence) 검차다; ferme & même têtu 식식하다. (—, courageux, fort 줄기차다.) La terre — 뭍, 묵, 뭍, en agg. 륙. Rendre — 단단케 하다, 굳게 하다. Demeurer — malgré la lance & le sabre 칼과 창에 굴지 아니하다, 부월에 굴지 아니하다 (굴다, céder, ou plutôt fléchir) (부 est le sabre, 월 une espèce de trident porté devant le roi comme emblème du pouvoir de vie & de mort).

608/ Être — comme un roc 굳셕ㅅ다. Attendre de pied — 예비ㅎ고 기다리다, 박셔다 (셔, 션) = —, (interjection) courage! 올타 잘ㅎ여라

Fermement 단단ㅎ게, 단단이, 굿게, 굿히, 확실히 etc.

Ferment (techn) 발효소, 효모 / —, levain 누룩; — utilisé, employé 씨 (ce que l'on met au fond du vase); — de haricots pour la saumure 메주 = — de discorde 불목거리.

Fermentation 발효, 발고

Fermenter 삭다 (아, 은); Pour le vin ou eau ordinairement 괴다 (여, 괸), 괴이다; pour la pâte 붓다 (불어, 불은), 쓰다 (써, 쓴), 붓기다, 부러나다, 부풀다 (어, 풀), 괴여오르다 (올너, 오룬). Faire — 쓰우다, 괴오다.

Fermer (une porte) (문) 닷다 (어 & 아, 은) passif 닷치다; de une barreau qui sert de verrou (문) 걸다 (어, 건) / — à clef 잠그다 (잠거, 근), 잠으다 (잠아, 믄), 쳐오다 (와, 올) — pour une porte, parfois 쇄문ㅎ다. — (un tiroir), le pousser 혈압 지르다 (질너, 지른) ; — un passage, une entrée 막다 (아, 은) ; — un sac, une bourse 움구리다; — (une porte à coulisse) 밀다 (어, 민, pousser); — de murs 담둘니다, 담을에우다, 담에워싸다; — la main 손쥐다 (여, 쥔) 주먹쥐다; — la bouche 입다물다 또다믈다 (어, 믄), 입아므르다; de tous le sens de ne pas parler 묵묵ㅎ다, 즁즁ㅎ다. al.

fermer (v.g. éventail, parapluie) 접다 (어, 은)

impératif : Ferme ta bouche — ta boîte 말마라, 잠자고엇거라 (fais un somme), 입 결어라 (ferme ta bouche au verrou). — la bouche à qqun, le confondre 닉앗즉다 (여,은), 넛적다 (가,은) = 예긔지르다 (질너,지른) (faire perdre le sang froid, intimider). Au passif: Avoir la bouche —, être réduit à quia 극식호다.
— les yeux. 눈 감다 (감아 은), fréquent. 꿈기다. Affecter de — les yeux en priant 눈을 꼭감고 념경호다. — les yeux (sup. sur les fautes de ses inférieurs) 짐즛 보려두다.
— les yeux à un mort à-t-il 림죵보다 (assister à l'agonie). Pour l'act. matériel 눈꿈기다 = 죵신호다 ne se dit que pour les enfants qui voient mourir leurs parents. — ses oreilles, refuser d'entendre 듣지 아니호다, 아니듯다 (드러,른), 듯기슬희여호다, 듯기슬타. — une plaie 앏을게호다, 앏을니다. Se — (plaie) 앏을다 (브러,븐). — la marche 뒨뒤에 가다. La porte ne — pas bien 닌 맛지아니호다.

Être — (porte) 닷치다, — (route, passage) 막히다, — (tiroir) 질니다 ; — plaie 앏으럿다 (passé de 앏을다) etc.

__Fermeté__ 굿세기, 굿셈이, 굿센 긔운 etc. V. Ferme. Avoir de la — 어긔차다. On dit souvent 아귀 ou 손아귀 세다 (litt. avoir bon poigne ou plutôt bonne pince).

610/

Fermeture action de fermer 닷기 V. Fermer. — (à heure ou jour déterminés pour un établissement vg. une école, un bazar etc.) *폐문. — définitive d'un établissement *폐쇄 = — (d'un meuble, etc), pièce de —

Fermier *작인 qui veut dire plutôt métayer. — pt. dit *도지작인. — Le 마롬 ou 마름 est l'agent chargé de surveiller les métayers.

Fermoir 고돔 qui signifie pène de serrure, languette de piège, etc...

Féroce 모질다 (어,진), *독하다, *지독하다, 사오납다 (나와,운), *빙렬하다, *흉하다, *흉악하다, *악착하다, *악독하다, 포악하다; en agg. 빙. tigre — 빙호

Férocité 독한본읏, 모질기 etc. V. Féroce

Ferraille 헌쇠, *파렬.

Ferrement de meuble 장식 — 하다.

Ferrer, garnir de fer 쇠음 쇠로싹이다; —, mettre une ferrure (à un meuble) 장식하다; — un cheval 발신기다, 발편조신기다, 대갈박다 (아,은). — Être —, garni de ferrures 장식하다. Bâton ou houlette — 삽집힝이, 삽지팡이; — à trois pointes 삼지창집항이. Cheval — 편조신긴말.

Ferrugineux eau —

Ferrure de meuble 장식; — de cheval (fer) 편조.

Fers chaînes 사슬, 쇠사슬. — entraves pour les pieds, ceps* 착고, *고랑. Mettre aux — 착고에 가도다 (아,돈), 착고차이다, 착고에 노타 (하.흔). Y être mis 착고에 가도이다.

Fertile (terre) 거다 × 걸다 (거러, 건); *풍성하다. Terre très — *복토. On dit communément 흉풍업다, 흉년업다 : où il n'y a pas de mauvaises années. = — en ruses 꾀 만타 (하.흔).

Fertiliser 거루다 (어,룬), 걸게하다.

Fertilité 풍성홈이. Année de — *풍년.

Férule 채, 채쪽.

Fervemment 간절이, 통절이.

Fervent *열심하다, *통절하다, *간절하다, *열정하다.

Ferveur *열심, *열정.

Fesse 볼기. Une — 볼기짝. Donner la — 볼기치다. Recevoir 볼기 맛다 (마저,즌)

Chair de la — du boeuf 홍두깨살.

Fesser 볼기치다.

Festin 잔치. Grand — *대연. Prendre part au — 잔치참례하다. Maître du — 잔치주인. Les convives 잔치군.

Fête chrétienne *첨례 ; — chômée *파공첨례, — non chômée 빈첨례, 파공아닌첨례. La observer 직히다 (여,힌)

Fête nationale *국제

— civile ou païenne *경일 ; — commémorative *기념일. La célébrer 지내다. — privée : Faire une fête, surtout un pic-nique 노롬노리하다. = 노리 seul

vent toujours dire pic nique. Endroit où
on le fait "노리쳐. Faire la —, s'amuser
"연락하다. Faire — à qqun 반갑게대
졉하다, 반가히대졉하다, 다졍이대졉하다.
Se faire — de 반가와하다. D° à l'avance
지레 됴화하다.

Fêter 직희다, 지내다, 대졉하다, suivant le
sens. V. Fête.

Fétiche protecteur 업. Serpent — (d'une
maison) 업구렁이, Belette — 업족졉이

Fétichisme "복쳑례배교

Fétide odeur 아니곱다 (고아, 고온). La plupart ont leur nom propre; — de poisson, de
viande 비린내; — de pieds sales, de choses gâ-
tées 고린내; odeur de la bouche, d'ordures
구린내; mauvaise odeur de aisselle 암내,
odeur de vieux, de moisi 넉은내, etc.

Fétu 검불, 티, — 시걸 qui se dit aussi d'une
fine poussière.

Feu 불, en agg. "화. — central de la terre "디즁렬화. Faire du — V. allumer.
Au —! 불이야. — de bois résineux pour
éclairer 고솔불. — D° installé dans la cour
화도불; — vif 고온불 (고올다; 아, 고온) Entretenir le — 불기루다 (길너, 기룬), 불에졉
노타 (하, 흔). Pierre à — 차돌, 부쇠돌,
Mettre le — à, incendier 불씨루다 (질너,
씨룬) Prendre — 불나다. Éteindre le —, V.
Éteindre. Brûler à petit — 뜸드리다쬐다

Couleur de — 블빗나다 = Armes à —
En agg. leur nom générique est 포 — le dé-
rivé du mot 화 qui, en aggrégation veut dire
— ds le sens de brasier. Ainsi: 화덕, vase
à feu, poêle, 화삽 Pelle à feu. 화구,
화계, 불긔계 indiquent les ustensiles du foyer
& non les armes à —; 화병, 화병군 désignent non les soldats qui ont un armé à
—, mais ceux qui sont chargés des feux
de bivouac, de la cuisine; 화공 guerre
par le feu, n'indique pas la guerre par
le tir des armes à —, mais par l'incendie, les mines. = Faire —, tirer un coup
de fusil ou de canon 방포하다 = 총노타(하,
흘)(fusil), — 대완구 노타 (canon). Mettre
tout à — & à sang 불방불수하다, 불방
불수식히다. = — d'artifice 락화, 락화노롬.
— follet 강쳐리, 독갑의 불, 귀화/ — de la
fièvre 열, 열긔; — volage, — sec (maladie) 엿어름, 여드름 = —, signaux de —
(ancien télégraphe) 봉화. —, lumière 블
— de la côte 등대화, 표등; — d'un bateau 선등. —, numéral des maisons
집, 가, 호.

= —, ardeur, vivacité 열긔, 화긔, en
agg. 열 — de la jeunesse 혈긔. Ha
jeté tout son —, (il est devenu raisonnable) 혈긔 다나졋다 pour 혈긔아니하야졋다.
Être plein de —, se laisser emporter par

Feu d'artifice 화전, 화전노리
On dit souvent 불노리
mais c'est plutôt la retraite
aux flambeaux.

ton — 열나다. Mettre tout son —, toute son ardeur à une chose 열심으로, 열긔로, 열성으로 = 하다. Avoir les yeux pleins de — 눈에 열긔 잇다, 눈 영광 잇다, 눈영광 나다. Prendre —, se mettre en colère 불나다, 화가나다, 열나다, 와긔 오르다 (불나, 오르). Qui prend — pour rien 걸신하면…, 걸핏하면…, 족하면…, 왓닥하면 = 철내다 V. Irascible. — intérieur, chagrin dévorant *화심.

—, éclat que jettent les choses qui brillent 줌, 광채. Jeter ce — 어른어른하다, 아른아른하다. —, famille, ménage *가호, *가구, *가호, *인호, *인가, 집. Homme qui n'a ni — ni lieu *무실무주하다 (sans femme ni enfant), *무가무처자 (sans femme ni demeure)

Feu adj. défunt 굿긴 (굿기다 mourir honor.), 죽은 (죽다), 업순 (업다) - En agg. *선 pour désigner les parents, ceux de son interlocuteur — ou ses supérieurs. — mon père (ou — votre père) *선친. — le roi *대황조 — 승하하신 님군 *(승하하다 monter loin) Ce dernier mot s'emploie aussi pour la reine.

Feuillage 나무닙, 나무닙팔이, 나무닙사귀

Feuille 닙, 닙팔이, 닙사귀. En agg. *엽. Les arbres se couvrent de — 나무닙픠다. Les — tombent 닙써러진다, 락엽된다. Les feuilles jaunissent (automne) 단풍

뒨다 = — minéral pour le papier, le verre, etc. "장 = — publique, journal "신문지.

Feuillet 장.

Feuillet qui se lève par feuilles 석이다

Feuilleter (un livre) 뒤적이다

Feuilleton "신문소설.

Feutre 毛. Chapeau en — des esclaves 벙거지 — des officiers "전립.

Fève "잠두

Féverole

Fi (interj.) 퉤, 퉤. Faire — 퉤하다.

Fiançailles "뎡혼, "결혼. Faire les — 뎡혼하다, 혼人뎡하다.

Fiancé "신랑, "신랑, 랑주; fiancée 규수, 랑주. On emploie ces mots pour désigner les gens à mariés, fiancés ou non, × les nouveaux mariés.

Fiancer "뎡혼하다.

Fiasco 쎄빙. Faire — 쎄빙나다.

Fibre 결. Désigne plutôt les dessins formés par les — du bois sur une planche, les veines d'une pierre. — des racines 뿔희털. — En droguerie, les — le désigne "세미, fil fin.

Ficeler 얽이치다, 동혀 매다 (여,맨), 잡아 매다, 돌히다, 감다 (아,은), 묵다 (어,은).

Ficelle 노, 얽이, 노끈, 노나끈

Fiche 쇠꽂, 나무꽂, 꽂.

Ficher 박다 (아,은)

Fictif 헛. Êtres — "소생물, valeur —

616

*빙가, monnaie — *법뎡화폐

Fiction

Fidéicommis *위임, - le titre *위임장; — celui qui agit comme — *위임자.

Fidéisme *유신론.

Fidèle *츙셩ᄒᆞ다, 츙셩되다, 밋브다(밋버,븐), *실ᄒᆞ다, *진실ᄒᆞ다, *신실ᄒᆞ다, *독실ᄒᆞ다, *셩실ᄒᆞ다, 실답다(다와,온), en agg. *츙. Sujet — *츙신, *츙군 Esclave — *츙노 = *츙복 si c'est un homme, *츙비 si c'est une femme. Ami — *츙우, 츙셩된벗 Être — jusqu'à la mort, mourir par fidélité *졀ᄉᆞᄒᆞ다, *십졀ᄉᆞ의ᄒᆞ다. Femme — à son mari jusqu'à l'héroïsme *렬녀, *렬부 = —, véritable *츙되다, *진실ᄒᆞ다, 실답다(다와,온); — qui ne manque jamais 엉낙업다. Témoin — 츙된증인, 밋을만ᄒᆞᆫ증인, 실다온증인. Copier un livre d'une main — 오즈낙시업시 벗기다. Avoir la mémoire —, bonne *졍신됴타. Les —, les chrétiens 밋ᄂᆞᆫ자. *교우, = *신자 (mot employé par les Japs pour le recensement); *신도자

Fidèlement 신실히, 진실히, 독실히 = 엉낙업시. V. fidèle.

Fidélité 츙셩되기, 됨이, 밋븜, etc. + *츙의 *츙심, *진심. Manquer de — à *비반ᄒᆞ다, 져ᄇᆞ리다.

Fief *파; — domaine *령분.

Fieffé coquin 잡놈, 흉악ᄒᆞᆫ놈.

Fiel 쓸기, 담, 열 ; — doux (med.) 웅담, — de boeuf 우담. Garder du —, de la rancune 원을품다 (어,은), 앙을품어 아니ᄒᆞ다. Vomir son — (se venger) 설치ᄒᆞ다

Fiente 똥, en agg. 분.

Fier (v) Se — à 밋다 (어,은). Se — trop à 과히밋다, 과히신청ᄒᆞᄃᆞ. Se — à soi même 조긔ᄅᆞᆯ밋다 S'y — trop 조시가과ᄒᆞ다, 조시지벽과ᄒᆞ다 (조시지벽 entêtement dans la confiance en soi). (Homme) à qui on peut se — 밋븝다 (밋버,분) — à qui on ne peut pas se — 비편ᄒᆞ다.

Fier adj. orgueilleux 교오ᄒᆞ다, 교만ᄒᆞ다, (하,흔), 오만ᄒᆞ다, 교사ᄒᆞ다, 교강ᄒᆞ다. Être — (dans telle occasion) 오부리다 ; — en bon sens, grand coeur 인긔좁다 (조와,온) ; — (v.g. un beau cheval) 거술거술ᄒᆞ다 ; —, dédaigneux 눈놉다 (놉하,흔).

Fièrement 교만히 etc. 인긔좁게

Fierté orgueil 오, 교오, 오심 ; — noble 인긔 ; — sévérité de tenue dans une femme 엄숙ᄒᆞ다, 냉대ᄒᆞ다.

Fièvre inflammation qui accompagne une autre maladie 열, 열긔, 열증 mots qui se disent aussi pour la fièvre en tant que présente au moment des accès. — intermittente 학, 학질 ; — tierce 이틀거리학질, 쟁질 le numéral des accès est 직. La — est tombée 학질쩌러젓다. 열긔ᄯᅥ러젓다.

— typhoïde *염병.
Fifre *뎍. Celui qui en joue *뎍슈.
Fiévreux pays — 학질 만흔 디방.
Figer se — 엉긔다 (어,긘), 술다 (어,순)
Figue 무화과 (fruit sans fleurs).
Figuier 무화과나무.
Figuratif 증거되는, 빙거되는, 비유로호.
Figure apparence extérieure *모양, 외양)
— visage 얼골, 인물, 낫, 안면, en agg. 면 — apparence du visage 살셔리. Avoir bonne — 살셔리곱다 (고아,고은); — image, dessin 상, 샹본. — en géométrie (& autre science) 도형; — de langage 형용
Figurer dessiner 그리다; — être le symbole de — 비유되다, 표되다. Se — dans l'esprit 니 몸에 현영호다. 난 몸에 현형호다. (현영 ou *현형호다 prendre forme, apparaître). Se — croire ou penser sans raison 공연이 성각호다, 깃다 (어,븐).
Figurine *외샹.
Fil 실, en agg. 소. — de soie 명주실, — de coton 면소, — de couleur 칙소, — de chanvre 삼실. Par suite de l'usage 실 employé seul veut dire fil de coton. — des charpentiers 먹줄. Tracer avec ce — 먹줄 먹치다; — d'araignée 거믜줄, — de la Vierge 아지랑이, 유소. Ce dernier se dit aussi de choses très fines v.g. du ressort de balancier d'une montre. Avoir le — le

Centre de — *도형중심.
Figure génératrice *모도형

형용호다

la Vierge de les yeux (être ébloui) 눈에 아지랑이 서이다. = — d'une épée, d'un couteau 날; — de l'eau 나려가는 물. Se laisser emporter 순류로 가다. Aller contre 역류로 가다. = — électrique 뎐션; — à plomb.

Filament 결

Filandreux - 질기다

Filasse 실거리, 귀복.

Filature usine 방적장. Les machines d'une — 방적긔계.

File 줄, 일줄 Aller à la — 일즐로 가다, 니어 가다. Être en — 버려셔다. Ces arbres sont en — 그나무 흔 줄노 셧다. Se succéder à la — 년 하다. = — (milit.) 오

Filer faire du fil 실잣다 (자아, 자은), (실) 혀다 (혀, 현) — au rouet 날리질 하다.

나이 하다, 질삼 하다 — se sauver, partir vite 내새배 (여, 새배)

Filet de pêcheur 그물, 그물. —, sac en —, sorte de gibecière 구럭이, 망, 망태, 망탁이; — pour envelopper les caisses 놀삼장; — qui sert de couverture au cheval 말삼장; - Faire du — 망 뜨다 (뜨, 뜬) = —, chair de la fesse, noix 심살, 등심, 등심육

Filial amour — 효도, 효셩, 효심. Fils recommandable par sa piété — 효자 puis de même d'une fille. Pour une bru 효부

Filiation

Filière pour étirer 신급판 / —

Fille — Finance

620/

pour fileter, — à vis 라선형; —, succession 숨.

Fille enfant du sexe féminin 계집으희, 녀으, 어린으희 — un peu agée (vers 8 ans) 새악씨, 시악씨, 처녀; — bonne à marier 급슈, 규양; — par rapport aux parents 쌀, 쌀즈식, 녀식, Petite fill 손녀 — de par la fille 외손녀 Arrière petite —즁손녀. Belle — née d'un autre lit: la femme dit 젼실쌀, le mari dit 의녀, 덧, 바지쌀 (popul.). Belle —, femme du fils 며느리, 즈부, en agg. 부 = — de force 긔쳡; — publique 갈보, 창녀, 논단이. On dit souvent 노는계집

Fillette 계집으희, 어린년

Filleul 디즈 Filleule 디녀

Filon

Filoselle 진션

Filou trompeur 속이는놈, — voleur 도젹놈,

Filouter. tromper 속이다, voler 도젹질하다, de en cachette 훔치다, 훔쳐가다.

Fils 즈식, 아들, 아들즈식 en agg. 즈 — ainé 맛즈식, 장즈 — dernier né 막동, 막난이. Petit — 손즈, de par la fille 외손즈, arrière petit — 즁손; 즁손즈 On appelle 젼실아들 le fils que le mari a eu d'un premier mariage. Pour les — que la femme a eus d'un premier mari, le second dit 의즈, 의아들, 다리고즈식, 덧, 바지즈식 (pop.) 더 바지즈식 serait plus correct. — puisque le "chinois" est "가봉즈". par une concubine 쳡즈. — adoptif 양즈

Filtre

Filtrer 걸느다 & 거르다 (걸너, 걸은). On dit souvent 밧다 (하, 흔) en mettant à l'instrumental le nom de ce qui sert de filtre.

Fin (subst.) — terminaison 끗ᄎᆞᆷ, 끗ᄎᆞᆷ악, 끗 (nominatif 끗시), 마자막, 마ᄌᆞ막, 마즈막, 죵말, 終. en agg. 말. A la — 끗ᄎᆞᆷ니, 끗침.

나죵에 — Tirer à sa — (malade) 림죵 각갑다 (가와, 온) & (chose qui se consume) 업서져 가다. Mettre — à 긋치다, 긋치게ᄒᆞ다, 근치다. Mener à bonne —, terminer 끗치다. La — du mois (le dernier jour) 그믐, 그믐날, 회일. La — du jour 저녁, 황혼. La — dernière ᄆᆞᆺ말.

= —, but que l'on se propose 의ᄉᆞ, ᄯᅳᆺ, 쥬의,

"목뎍 의향. Arriver à ses — 원ᄒᆞ던거ᄉᆞᆯ 엇다 (어, 은). —, cause finale 終향, 의쟈. La cause finale 결국원연.

= —, borne, limite v. ces mots. Sans — 무한ᄒᆞ다, 한업다. Sans — (temps) 영원ᄒᆞ다.

Fin (adj.) beau 곱다 (고아, 온); — délié, menu 가늘다 & 가느다 (느러, 는); — délicat, minutieux (travail) 셰밀ᄒᆞ다, 찬찬ᄒᆞ다; —, rusé, adroit ᄭᅬ 잇다, 지모잇다, 능ᄒᆞ다, 능갈ᄒᆞ다, 공교ᄒᆞ다, 야살스럽다 (러워, 온). Un homme — 능군

곱다 s'emploie aussi dans ce sens. On dit 고은바ᄂᆞ질 pour la couture fine, à points serrés.

Final 나죵 (엣) etc. v. Fin.

Finalement 나죵에, 죵말에, 끗ᄎᆞᆷ니

Finance du gouvernement. Autrefois on disait 호조 trésor du roi, & le ministre le dénommait 호조판서. A la réforme le ministère, les finances furent dites 탁지, le ministère les — 탁지부 & le ministre 탁지부대신 ou 탁지대신. Actuellement 탁지부 désigne le département des finances au gouvernement général (de la résidence); = dans le gouvernements provinciaux, l'administration des finances se dit 재무, & le bureau qui s'en occupe 재무부 = —, richesses dont on dispose 재정.

Financier 재정가 ; — banquier 은행가

Finasser 수리 쓰다 (써, 쓴) — ne dit souvent 어릅어릅하다 : ne pas parler clairement.

Finaud

Finement v. fin.

Finesse ruse 수의 ; 간슈의, 계교 ; — tissu, etc 가늘기 &c. v. Fin.

Fini limité 유한하다.

Finir (v. act.) — terminer 다하다, 맛치다, 맛초다 (화, 촌), 끗내다, 끗치다, 필역하다, 지르다 (질너, 지른) En avez vous — avec vos hôtes 손님들다 질넛나냐. — Finissez! cessez! 그만두어라, 아셔라. (그만두다 a plutôt le sens de cesser, interrompre, de laisser inachevé). = —, (v. neutre) 끗나다, 끗지다 — pour certaines choses, v.g. la pluie 끼쳐다 (여, 춘) V. Cesser. = — en pointe 섑족섑족하다. (Le contraire 뭉독뭉독하다). Cela finira mal 될경도치안켓다, 끗춤비열이나겟다, 나죵에 실슈되겟다, etc. = Être —, terminé 끗나다, 다되다. Cela sera — tout de suite 다되여간다. Être —, complètement usé, sans ressources n'espoir 바장나다, 결단나다. Choses finies ainsi, en agg. 필, 파.

Fiole 병.

Firmament - V. Ciel.

Fisc 국고, (administration) 경제관리

Fissure 틈 = 나다.

Fistule = à l'anus 치질

치질 sert aussi pour hémorrhoïdes. Quand on veut distinguer: 암치질 est la fistule, 슈치질, les hémorrhoïdes.

Fixe immobile 무쟉못ᄒᆞ다, 굼쟉못ᄒᆞ다, 운동못ᄒᆞ다, 고착ᄒᆞ다. Regarder d'un oeil — 뷜그럼이보다. Id par curiosité 이샹이 ou 이샹스럽게보다; Id par colère 노려보다 (노리다, sévère) = —, déterminé 뎡ᄒᆞ다, 일뎡ᄒᆞ다; pour la date spécialement 한ᄒᆞ다, 긔한ᄒᆞ다. A jour — 뎡ᄒᆞᆫ날에, 한ᄒᆞᆫ날에. Place — 뎡ᄒᆞᆫ 곳. Etoile — 홍셩, 경셩. Prix — 뎡가.

Fixement Regarder — 뷜그럼이보다.

Fixer déterminer 뎡ᄒᆞ다, 일뎡ᄒᆞ다, 작뎡ᄒᆞ다, 결단ᄒᆞ다, en agg. 뎡, 결. — sa demeure 살곳을뎡ᄒᆞ다, 살터를 뎡ᄒᆞ다. — attacher solidement 박히다. — rendre solide 단단케ᄒᆞ다, 굿게ᄒᆞ다. — la légèreté d'un enfant 아희를진즁케ᄒᆞ다 (진즁ᄒᆞ다, être sérieux). — dans son esprit 닙외에삭이다 (graver)

Fixité — Flatuosité

624/

마음에 박다 (아, 은) (enfoncer). Ne pouvoir — son esprit, être troublé ou distrait 속이들성들성 하다. Le — à qqch. prendre un parti 결단하다.

Fixité

Flacon 병 — en verre 유리병.

Fla-fla

Flagellation *편태 (mot chrétien). La — avec les verges est peu ou point usitée en Corée. On y supplée largement par la bastonnade *태장, *곤장, *형장. La subir ... 맞다.

Flageller *편태하다.

Flageoler en marchant

Flageolet 통소.

Flagorner

Flagrant Prendre en — délit 맛흘새에 잡다 (아, 은), 숭시하야 잡다, *동시도작하다. Y être pris .... 잡히다, 동시도작되다. Le — délit se dit *현힝범.

Flair

Flairer 맛다 (하, 흔), 내맛다, 내음시맛하보다.

Flambant 불쏫나는. Feu — 괄불 (괄다)

Flambeau 불 + Chandelier, torche. — Procession, retraite aux flambeaux 불노리.

Flamber 불쏫나다, 불쏫니러나다. — (act) griller les poils, — à la flamme 그슬다, 그슬니다.

Flamboyer 번젹 번젹하다.

불셜 Flamme 불쏫, on dit plus souvent 불

Flammèche 불똥 = 쇽다 ... 날나가다 voler de ci de là.

Flanc 늑방 —, défaut des côtes 허구레,

넙구레. —, sein d'une femme 부. Poster dans ses — (un enfant) 배다 (여, 밴) = — d'une troupe *측면, *익 qui veut dire aussi aile.

Flanelle

Flaner 놀다 (아, 논), 쌔다니다 (여, 닌).

Flanquer

Flaque

Flasque 넉르다 (넉너, 넉른), 허박하다, 헙헙하다. (Homme) —, sans énergie 넉르다

아른거리다
Flatter, cajoler (surtout un supérieur) pour en obtenir ce qu'on veut 얼넝거리다, 얼넝얼넝하다, 얼눙얼눙하다, 얼넝살샹하다

Flatter 추다 (어, 춘), 아첨하다, 아당하다, 아로삭이다, 과찬하다; —, chercher à plaire en approuvant tout *츄세하다, 겻드다 (드러, 든) (soutenir par les aisselles). —, caresser, V. ce mot. — avec la main 어루만지다. Un chien — son maître 개가 쥬인의게 달녀들며 반가와하다. La volupté — les sens 락이 사름을 달니여 연조하다. — un homme en colère, un enfant qui pleure pour les apaiser / 달니다. Se — 조과하다, 조시하다. Ne vous — pas de vaines espérances 헛되히 밋지 마라. Être — de, content 반가와하다, 됴화하다, 됴화하다. Se — de, espérer 밋다 (어, 믄).

Flatterie 아첨하는 말. —, louange 거짓. Y être sensible 거짓을 됴화하다

알낭방이 **Flatteur** 아첨하는 사름. — du roi *간신

Flatueux *조풍하다, 바름을 돕다 (도아, 운) Aliment — 배덧부록하게하는 음식

Flatuosité Avoir le ventre gonflé de — 비덧

부죡ᄒᆞ다, 혓배부ᄅᆞ다 (불너, 부ᄅᆞᆫ).

Fléau pour battre les récoltes 도리채, 도리ᄉᆡ ; — d'une balance (romaine) 저울ᄉᆡ. = —, calamité *재앙, *재화, en agg. *재 *화재 — du feu (incendie), *슈재 — de l'eau (inondation), *풍재 — désastres produits par la tempête.

Flèche 살. Percer d'une — 살노쏘다 (아, 쏜) En être percé 살노쏘이다. = — (v.g. sur un clocher) *샤죡 ; = — d'un arc de cercle (en géométrie) *시, *시현

Fléchir Se courber sous le poids 굽다 (어, 은) 굽으러지다, 써그러지다. — le genou 무릅 꿀다 (어, 꿀) & simplement 꿀다 & 숙다. — céder (au moral) 굴다, 숙다. —, céder (au physique (v.g. un objet pesant qu'on veut déplacer) 대답ᄒᆞ다 (répondre), commencer à céder) ; = — (act.), — qqun, le toucher 감화케ᄒᆞ다, 감동케ᄒᆞ다 ; — la colère 달내다. Le laisser — *감동ᄒᆞ다, 깔닷다 (드러, 드론) 굽어듯다.

fléchir (dans un combat, troupe qui faiblit), *퇴쥬ᄒᆞ다

Flegmatique *매불ᄒᆞ다. V. froid

Flegme pituite 가래 = — froideur 매불ᄒᆞ기 ; — calme *평심 ; — sang froid 넉살

Flétrir se — (fleur etc) 시들다 (어, 든), 시들시들ᄒᆞ다, 지쳐가다, 지치다, 퇴치다, 시드럭부드럭ᄒᆞ다, 이울다 & 이우다 (우러, 운), 이우러가다. —, v. act. 후지르다 (질너, 지른) — la réputation d'autrui 남의 명셩을 깍헤치다, 남을깍다 (가, 근) 남을헐뿌리다.

Flétrissure, tache, ignominie 하즈, 험, 색. — en laver 발명하다, 색을 벗다 (버서, 순)

Fleur 꽃, en agg. 화. Vase ou pot à — 화분. Etre en — 꽃픠다, 꽃 열니다. Bouquet de — 꽃송이 qui se dit aussi pour une — seule. La — entière 오르지 꽃송이. Le pistil ou les étamines débordantes 꽃슈염, 꽃술. Le pistil ramassé au fond (le cœur de la —) 꽃 색귀. —, plante 화초 = — de rhétorique 문식 = Mourir à la — de l'âge 조스하다. Etre à la — de l'âge 나히 한창 되다. A — de (affleurer) 가작하다

Fleurir au propre 꽃픠다, 꽃 열니다, 픠다, 피다; — abondamment 꽃만 발하다. = être prospère 성하다, 번성하다, 호번하다, 호화롭다; & pour qq ch. qui n'est pas durable ou qui, en fait, n'a pas duré 한창 되다, 한창 열다. Les lettres — sous les Han & les Tang 한당시에 글 한창 엿더라.

Fleuriste qui vend des fleurs 화상. Jardinier — 식목가.

Fleuron

Fleuve 강, 강물

Flexible 무르다 (물너, 무른), 부드럽다 (러워, 운). Avoir la voix — 목을 부드럽게 쓰다. Ne pas l'avoir 목 쓸 줄 모르다

— opposé à raide 유분하다

Flexibilité 부드럽기.

Flibustier trompeur 속이다; — voleur 훔치다,

훗쳐가다, = 눈속이다, tromper l'œil, tromper la surveillance se dit surtout pour les choses que les enfants ou les femmes prennent ou dépensent à l'insu des parents ou du mari.

Flibustier 도둑놈, *잡놈, *협잡군.

Flirter *압설하다

Flocon 송이, 송아리. — de neige 눈송이, 눈발

Flore ensemble des plantes *식물: —, catalogue de la — (d'un pays) *식물지.

Florissant *성하다, *번성하다. V. Fleurir. Ce vieillard a encore une santé — 그노인 즉금도 혼창열다. Riche et — (établissement, royaume) *부강하다, 부요하다 (ne se disent pas des individus). Pour ceux ci 호화롭다 (호와, 온). Famille — 호화조테. Postérité — 오화로온 조손

Flot 물결. Être agité par les — 물결 티로노다 ou 놀니다. Les — se brisent contre le rocher 물결이 바외에 부듸진다. Être à — (bateau, etc.) 물에 쓰다 (써, 쓴), 물에 서다 (서, 선). Mettre à — 서우다 (워, 운), 물에 쓰이다. Verser des — de larmes 눈물줄줄흐르다 (흘너, 흐른), 눈물펑펑흐르다.

Flottaison ligne de *흡슈선.

Flottant — au propre 물에 쓴 V. flotter. —, incertain, irrésolu 홀동빌동하다, 홀가빌가하다, 빙셔리다.

Flotte de commerce *선디, — de guerre *함디

Flotter sur l'eau 물에 쓰다 (써, 쓴), 써

다(서,선), 써우다(워,운). — dans l'air 공중에서다, 공중에서떠다니다; — au vent 펄넘펄넘ᄒᆞ다, 나불나불ᄒᆞ다.
Flotteur d'une ligne de pêche 써; — d'un filet de pêche 톳 (nom. 톳치) les attacher 톳ᄃᆞ다(ᄃᆞ라, ᄃᆞᆫ).
Flottille *소함대.
Fluet 가늘다(어, ᄂᆞᆫ).
Fluide . Matière — *류동물
Flûte 대, 퉁소, 피리 (chaque mot indique une espèce différente). Jouer de la — 대불다(어, 분).
Flux de la mer *죠슈, 밀거리. Lorsque la mer monte, on dit 밀먼다 (밀다(어, 민); lorsqu'elle descend 밀혓다, 썻다 ou même 쎳다, mais le vrai mot est 혀다 (혀, 현) = *죠슈, 밀거리 indiquent le mouvement continuel de la mer & comprennent flux & reflux. = — de ventre, diarrhée 설ᄉᆞ. — de dysenterie 니질; = — de sang *혈리. Avoir un — de sang (par la bouche) *ᄉᆡᆼ혈ᄒᆞ다; d° (par bas) *하혈ᄒᆞ다. = — menstruel *월경, *월경슈.
Fluxion inflammation
— de poitrine
Focal Distance — (optique) *쵸거.
Foetus 틔. Son enveloppe 아리즙.
Foi vertu théologale *신덕; —, fidélité *충성. Ajouter — à 밋다 (어, 믄). Digne de — 밋믈만ᄒᆞ다, *진실ᄒᆞ다. Homme sans

630/

— ni loi "대역부도 — De bonne —, naïvement 과연, 춤. Agir dans la bonne — (sans se tromper) 보로고ᄒᆞ다. Agir de mauvaise — 쥐좃ᄒᆞ다, 얄미ᄇᆡ도ᄒᆞ다, 악심으로 ᄒᆞ다, 닉음질빗ᄡᅥᄒᆞ다.

Bonne foi "호의 (cad. bonne intention) De bonne — 호의로.

Foie 간, 간경.

Foin ᄆᆞ른풀, "건초.

Foire marché 장. L'endroit où il se tient 장터, le jour où il a lieu 장날; ceux qui y vont 장군 = grande — annuelle (dans certaines villes) "령 dite souvent "약령, — aux remèdes.

Fois "번, "츠, "ᄎᆞ레, ᄯᅢ. Une —, 2 — etc. ᄒᆞᆫ번, 두번 … ᄒᆞᆫᄎᆞ, 두ᄎᆞ … ou 일ᄎᆞ, 이ᄎᆞ etc. toutes les — 번마다, ᄆᆡ번에, ᄆᆡᄎᆞ에. A la —, ensemble ᄒᆞᆷ게. ᄒᆞᆫᄯᅢ에, ᄒᆞᆫ가지로, ᄒᆞᆫ겁에. D'une seule —, tout d'une — ᄒᆞᆫ겁에, 일동에. Cette fois-ci 이번에. L'autre fois (il y a peu de temps) 지번에. Autre —, jadis 녯적에, 녯날에, 젼고에. Nous verrons une autre — 후에보겟다. (Il arriva) une — ᄒᆞᆫ번은. Encore une — 더ᄒᆞᆫ번, ᄒᆞᆫ번ᄯᅩ, 다시. De — à autre, qqne — 잇다감, 엇던ᄯᅢ, "혹, "혹시, "혹간, "간혹. Il lui arrive qqne — de se fâcher 혹간불노낸다, 불노ᄒᆞ는ᄯᅢ혹잇다. Plusieurs — 여러번. "루ᄎᆞ, "슈ᄎᆞ nombre de — se dit "번수 J'ignore combien de — 번수모로겟다. Toutes les —

Une fois : temps : (v. gr.) "Il y avait une fois… ᄒᆞᆫ로 : un jour.

Dire une fois pour toutes (ne pas admettre de discussion) "일언이폐지ᄒᆞ다

qu'il sort, il boit 출입ᄒᆞᆯ때마다 술먹ᄂᆞᆫ다, 출입ᄒᆞ면 술먹ᄂᆞᆫ다 — et, plus fort 출입ᄒᆞ면 곳 술먹ᄂᆞᆫ다; 출입ᄒᆞ거든 영낙업시 술먹ᄂᆞᆫ다. Autant de — que vous le verrez 볼때마다, 보거든 곳.. Nous nous voyons pour la dernière — 셰ᄅᆞᆯ ᄯᅢᆨ를 ᄯᅢᆨ 본다, 다시 셔로 못보겟다. La première — 첫번, ᄎᆞ음. Une — (multiples) (autant) ᄒᆞᆫ번.. 두번.. ᄒᆞᆫ갑졀, 두갑졀, ᄒᆞᆫ돕갑 ᄒᆞᆫ곱 etc. v. double, triple. Ce champ vaut 2 — cet autre 이 밧치 뎌 밧보다 ᄇᆡ로 낫다, 이 밧치 뎌 밧에셔 돕갑으로 낫다.

Foison à — 급즉히, 급즉ᄒᆞ게, 퍽, 흔ᄲᅥᆨ, 흔ᄲᅥᆨ, 퍽으나, 슈대.

Foisonner 퍽ᄒᆞ다, *수ᄒᆞ다, *수다ᄒᆞ다, 급즉ᄒᆞ다, *잡ᄒᆞ다.

Folâtre 작난죠화ᄒᆞ다. Un — 작난군

Folâtrer 작난ᄒᆞ다, *긔롱ᄒᆞ다, *희롱ᄒᆞ다, *희희ᄒᆞ다.

Folâtrerie *희롱, *긔롱, 작난.

Folie 밋친병, *광증 *실신* 망거 qui se dit d'une folie passagère, d'un coup de tête, d'une sottise. C'est une — (une sottise) 철업다, 철업ᄂᆞᆫ 즛이라. Quelle — l'a pris? 웨 그리 밋치고 ᄭᅦ렌ᄒᆞᄂᆞ냐. = — de jeunesse 쇼년즛, 어린즛. Simuler la — *양광ᄒᆞ다.

Follement 밋치게, ᄭᅦ렌ᄒᆞ게, 실업시

Follet poil — 솜털, esprit — 독갑이,

632/
feu — 잠ㅅ혀리, 독갑의불, *귀화.

Fomenter un plaie
—, faire naître (un sentiment) 삭히다, 붓
치다; — entretenir (do) 기르다 (길너, 기른), 도
도다 (아, 돈) = — la discorde 불목삭히다,
이간붓치다, *이간ᄒᆞ다.

Foncé (색) 진ᄒᆞ다. Teindre — 빗진ᄒᆞ게드리다.

Foncer sur, rejeter sur 달녀들다 (어, 든).

Foncier en agg. *토지. Impot — *토지세.

Foncièrement

Fonction de personnes 일, *분부, *본업, *홍
업. — publique élevée 벼슬; — subalterne
*구실; — privée *소임. Entrer en — *도임ᄒᆞ
다. Ce n'est pas dans mes — 내분지수아니라
= — d'une chose, son utilité *소용

Faire fonction de … tenir lieu de … agir comme (personne ou chose) … 구실ᄒᆞ다.

Fonctionnaire *관리, *관리인, *수령관 = bas — 구실아치 (H.)
— soit privé, soit publics (v.g. dans une banque) *지배인.

Fonctionner

Fond la partie du bas 밋, 바닥. — de l'eau
물밋. On dit souvent 물속. Couler au —
(neutre) 잠기다, 물속에드러가다, 가라안
ᄭᅡ (저, 진) do (actif) 잠그다 (잠거, 근), 가
라안치다. Un —, une vallée 구렁, 깁ᄒᆞᆫ
데. Ville située dans un — 깁ᄒᆞᆫ데에안
즌읍내. Au — de, c.a.d. à l'extrémité
(v.g. au — d'un couloir) 맨ᄭᅳᆺ헤, 맨뒤에,
극변에. Le — d'une étoffe, d'un tableau
바닥, 바탕. Peindre des fleurs bleues sur
un — blanc 흰바탕에 부른ᄭᅩᆺ노타 (코
흔), 은그리다. Faire — sur 밋다 (어, 은)

On ne peut faire — sur sa parole 밋을수 업다. Ruiner de — en comble 볼강이 ou 밝아게 업시ᄒᆞ다, 쓸허 업시ᄒᆞ다 (balayer), 소롱 업시ᄒᆞ다. Du — du cœur 젼심으로. Cacher au — du cœur ᄆᆞᄋᆞᆷ 속에 둡다 (어,온). A —, entièrement, parfaitement 졍셰히, 깁히, 밝아게, 볼강스럽게. Haut— (de la mer, banc de sable) 돌; — dans une rivière 여흘.

Fondamental 웃유. Lois — 웃유법. Pierre — d'un édifice 줏촛돌, 지ᄎᆡ돌 ce sont les pierres qui portent les colonnes. — 디ᄃᆡ돌 esp. de dalle.

Fondant

Fondateur 창리 — d'une dynastie 태조

Fondation 세우기 etc. V. fonder. — la fondation (en rizière) pour l'entretien des tombeaux 뇌답.

Fondement 바탕, 밋, 단단ᄒᆞᆫ디. Pour le — d'un édifice en maçonnerie, on dit qqf. 디ᄃᆡ (dalle) les poser 디ᄃᆡ노타 (하.흔). — au fig. on emploie aussi parfois ce mot 디ᄃᆡ. Le — de la foi 신덕디ᄃᆡ. On dira mieux 신덕 불회 ou 신덕중ᄆᆡᆼ. La foi est le — des vertus 신덕이모든덕의단단ᄒᆞᆫ디일다. Sur ce — 일노연ᄒᆞ야, 그가ᄃᆞᆰ으로, 일노 ᄲᅮᆯ미암아. Sans — 공연이, 실업시. Accuser sans — 빅디에잡아발ᄒᆞ다, 빅판에.... 빅끈업시잡아발ᄒᆞ다. Jeter le — d'une institution 근긔를세우다..

Fondements d'une construction 너셜개, 너스레. Les poser 너스레 놋타 (노하, 흔), qui se disent aussi au figuré.

634/ Se —, l'anus 밋구녕, 똥구녕, *항문.

Fonder 세우다 (워, 운), 시록다 (록어, 롤) — (une école, une maison de commerce etc) *설립, *설시하다. = *창설하다, *창시하다 moins usités. 하다, en agg. *설. Se —, s'appuyer sur (un motif) 의지하다, 깃다 (어, 은).

Fonderie en général, l'art *주불술 =, le lieu *주불소, — (de cloches, canons etc) *주조; — le lieu *주조소; — de métal *용광 — le lieu *...소. Les coréens disent plus souvent 졈 (fabrique) précédé du nom de l'objet: 쇠졈, — de fer; 유긔졈, — de vases en cuivre.

Fondeur *주불수, *주공 —. — en 장이 (fabriquant), v.g. — en chaudières 솟장이.

Fondre (act.) 녹이다 qui ne se dit pas des métaux; — (pour les métaux) 붓다 (부어, 은). = — (neutre) 녹다 (아, 은), 풀니다; — sous les pieds (sable) (모래가) 푹은 푹은하다, 빠지다; — sur qqun ou qq ch. 달녀들다 (어, 든), 덥치다. Pour les oiseaux de proie, on dit 쏘아리다. Tous les malheurs sont venus — sur lui ~~[illegible]~~ 각가지 재앙 맛낫다.

Fondrière 구렁, 슈렁, 습.

Fonds le sol 밋, 바닥, 밧탕, = 터; — de terre (avec maison) *가대, id. (sans maison) *뎐답. — d'un marchand (en marchandises) *물화 id. (en argent) 밋, 밋쳔; — social d'une Compagnie *주본젼. —, capital, somme dont on perçoit les

intérêts 빗쳔, 불쳔. Prêter sa — à intérêt 빗주다, 빗노희ᄒᆞ다 = Ha un — déposit 죄조잇다 (fond ne se badinit pas, n'est)
Avoir un — admirable (enfant, jeune homme) 특출ᄒᆞ다, 뇨ᄒᆞ다.

Fondu 녹은. pour les métaux 부은. fer —, liquide 쇠불, 붉은쇠. V. fonte.

Fontaine source 쉼, 쉼물 "분슈

Fonte de fer 무쇠 = —, métal fondu ou à fondre 붉은쇠 qui se dit aussi pour les objets jetés en —. Jeter en — 붓다 (부어, 부은) 녹여붓다, 거푸집에붓다 (거푸집 est le moule). = 부어만ᄃᆞ다, 부어셔만ᄃᆞ다 par opposition à 쳐만ᄃᆞ다 ou 쳐셔만ᄃᆞ다, fabriquer au marteau.

Fonts baptismaux "령세셩슈 항, 셩슈리

Forain marchand — "벅쟝군

"Foot ball" 츅구, jeu "뎍구운동. Y jouer "뎍구ᄒᆞ다. la balle "뎍구.

Forçat "징역군, "도형인

Force 힘, "근력, "긔운, "긔력, "강긔, — en agg. "력, "긔. des — humaines "인력. Qui a de la — 힘잇다, 세다 (어, 센), 긔운세다, 긔운됴타. Qui n'a pas de — 약ᄒᆞ다, 힘업다, 무르다 (물너, 무른). Réunir ses — (plusieurs personnes) "합력ᄒᆞ다. Réparer, recouvrer ou augmenter ses — "긔운회복ᄒᆞ다, "양긔ᄒᆞ다, "보긔ᄒᆞ다. Mettre toutes ses forces à ... 힘을다ᄒᆞ다, 힘쓰ᄒᆞ다, "전력ᄒᆞ다. De toutes ses — 힘껏로, 긔ᄭᅥᆺ, 힘ᄭᅥᆺ. avec — 힘써. De — 억지로, 억탈노, 억판. Agir de force (act, un-

636/

traindre par force) 억지쓰다 (써,쓴)*, 강박ᄒᆞ다,* 억탈ᄒᆞ다. Id (passif, faire contre son gré) 억지로ᄒᆞ다, 마지못ᄒᆞ야ᄒᆞ다, 부득이ᄒᆞ다, 브득브득이ᄒᆞ다. N'avoir pas la force de .. 힘을 겹다 (겨워,운) — et simplement 겹다 avec au locatif le nom de la chose qui dépasse les forces : 짐에 겹다, plier sous un fardeau, 욕심에 겹다 ne pas avoir la — de résister à un désir. = 겨웁다 (겨워,운) a le même sens. = Il n'y a personne de sa — 당ᄒᆞᆯ사ᄅᆞᆷ업다. Être d'égale — *막상막하ᄒᆞ다. Être sans — 느러지다. Être à bout de — 셩치되다, Ne pouvoir recouvrer ses — 긔운ᄎᆞ릴슈업다. Être dans toute sa — *화셩ᄒᆞ다, *셩ᄒᆞ다. Repousser la — par la — 맛서다 (셔,션), 맛셔다, 겨루다, 결우다 (어,운) = —, vertu de — *용력 ; — d'âme 심긔. En avoir 쌕지다, de beaucoup 걱꿀지다. = À — de se traduit par les diverses formes "causatives". Mourir à — de boire 술노 죽다. C'est à — de parler que vous apprendrez la langue 말잣ᄒᆞ기면 말ᄇᆡ호겟다, 말잣ᄒᆞ여야 말ᄇᆡ호겟다.

Forcé Être — (de faire) 억지로ᄒᆞ다, ᄒᆞᆯ슈업서ᄒᆞ다, 마지못ᄒᆞ야ᄒᆞ다, 부득이ᄒᆞ다. Travaux — *징역. Marche — (mil) *강힝군

Forcément 부득이, ᄒᆞᆯ수업시. 마지못ᄒᆞ야 — avec un verbe actif 강박ᄒᆞ야, 굿ᄒᆞ야.

Forcené *광패ᄒᆞ다. Se débattre comme

m. — 꼽부림ᄒᆞ다.

Forcer qqun à qqch. 욱이다, 욱여식히다, 강박ᄒᆞ다, 억지로식히다, 억지쓰다 (써, 쓴). — faire entrer de force dans une ouverture 트러박다 (아, 은); — l'entrée d'une maison (y entrer impudemment) 비졍돌입ᄒᆞ다

Forer 쑥룩다 & 쑥르다 (쑬러 & 쑬너, 쑥른)

Forestier

Forêt 스풀, 원림, 삼림 森林.

Foret 송곳.

Forfaire * * *

Forfait 죄악, 대악, 극악

Forfaiture

Forfanterie 헛장담.

Forge en général 졈. Maître de — 졈 날쥬, 졈쥬; — atelier d'un forgeron 대장간. La — proprement dite 대장 아궁이. Soufflet de — 풀무.

Forger du fer 쇠불치다, 쇠녹이다, 단련ᄒᆞ다. — au marteau 메질ᄒᆞ다 (메 est le gros marteau). — qqch. 쳐셔민ᄃᆞ다 (par opposition aux objets fondus). —, fabriquer 질ᄒᆞ다 (러, 흔). — des mensonges 말숨이다, 거즛말ᄒᆞ다. Se — des chimères 헛ᄉᆡᆼ각ᄒᆞ다 (pensée), 헛걱졍ᄒᆞ다 (soucis), 헛바라다 (espoir).

Forgeron 대쟝.

Formaliser Se — de 언짠케넉이다 (언짠ᄒᆞ다, mauvais, blâmable), 언짠히넉

Forfait contrat à — 아주먹이. Prendre à — 아주먹이로맛다 (하, 흔) - Faire faire à — 아주먹이로식히다, ou mieux 아주먹이로맛기다

᠁도급 (Prix global)

이다, 불포경이닉이다, 불포경ᄒᆞ야ᄒᆞ다.

Formalité manière déterminée de faire une chose *규구, *규식, *규보, *구규, *법 ; —, procédure *슈쇽 ; — (d'un acte) *방식, — *문식, *형식 ; — régulière *정식 ; —, cérémonie *례식.

Format

Formation . = en science (v.g. en Géologie. — d'un terrain) *발성, *성성 = — (milit. disposition des troupes) *진형.

Forme apparence extérieure 모양, *형상. Le démon apparait sous la forme d'un bouc 마귀가 슈염쇼 모양으로뵈다. = —, usage, règle v. ces mots ; —, procédure *형식, — légale *법식, *규정. = — du style *본톄, *본장 ; — (en Philosophie) *형식 ; = — (des sacrements) *요령. On dit plus souvent *경문 (formule). ~요령 est inusité. On dit maintenant *형식, *형식경문

Formé 되다 (어,된), 삼기다 & 싱기다.

Formel . — clair *명백ᄒᆞ다. En termes — 명백히, 분명이, 붉히. La loi est — là-dessus 법이 쪽그러타

Formellement 명백히, 분명이. Défendre — *엄금ᄒᆞ다

Former faire 만들다 & 민ᄃᆞ다 (드러 ᄂᆞ다, 든), ᄒᆞ다, 슴이다. — une figure 그림 그리다 ; — un projet 싱각 두다 (어,둔), 일 용두다, 의향 두다, 일용먹다 (어,은), 일용품다 (어,은). Se —, prendre forme 싱기다. Les poussins se — dans l'oeuf 알속에 병

아래 흰긴다. Se — (fruit) 열니다, 열다 (어, 연), 벌치다. Les fruits se — quand les fleurs sont tombées 작화훈뒤에 열비맺친다 — Se — une idée 짐작하다, 직작알다 (아,은), 어림잡다 (아,은). Se — à qq ch. 닉이다, 봉습하다, y être — 닉다 (어,은), — un enfant 사롬만들다, 사롬되게하다, 그르치다. Se — (enfant) 사롬되다. Se — sur un autre 남의본받다 (아,은).

Formidable 놀납다 (나와,온), 무섭다 (서워,온).

Formulaire

Formule d'acte 닌, 문포; de nuiré 서식 — de politesse 경어 / — (ou ordonnance de médecine) — (recette de cuisine et.) 방문. = — (en sciences, v.g. — algébrique) 식, 공식, 법식, 정식

Formule de prière, *경문.

Formose 대만; 대만도.

Formuler

Fornicateur *음각 = 음부 (homme), 음녀 (femme), 외입장이 (homme) 음난훈사롬

Fornication *사음, 사음죄 La pratique … 범하다 = 계집질하다, 외입하다 (homme), 서방질하다 (femme).

Fort adj. 세다 (어,센), 굿세다, 세차다 (차, 찬), 세작하다, 굿다 (어,은), 앙굴다 (어,근), 앙그지다, *견고하다. Etre assez — pour 견딜만하다, 힘이훌만하다. Ne pas l'être assez 힘이부족하다. Etre plus — que 힘이 더하다, 낫다 (나하,훈). — quoique petit *강강하다. Homme très —, hercule 장사

Fort — Fortifier

640/

Homme très —, intelligent, avisé 능근, 능하다 = Pour traduire — il y a beaucoup de mots spéciaux dont voici qquels uns : — pluie 큰비 (크다 grand) ; toile —, ch. de 질긴베 (질기다). — (vin, tabac, poison) 독하다 Cette rave a le goût trop — 이무우과히밉다. Le vinaigre est trop — 초과히시다. Goût — & désagréable 얼, 에거소리다. Avoir la voix — 목소래크다, 목세다, 목홀세다. De — preuves 적실혼빙거. = —, concentré, (en droguerie) 강 (se met devant le nom). A plus — raison 도로혀, 하믈며, 도혹, 오히려. Être — en une chose, la bien posséder 용하다, 잘하다, 잘알다 (아, 은), 늑다 (어, 은), 손늑다. Être — en caractère chinois 한문용하다. Il est — pour donner l'acuponcture 병이나면곳침준다, 걸신하면침노귀혼복분다 (걸신하다 être légèrement indisposé). = Se faire — de 담당하다, & ds le sens de croire 믿다 (어, 은). Se croire — 조긔롤믿다

용하다 ≡ 령하다, 령검하다 indiquent l'idée de merveilleux, & se dit d'un sorcier.

Fort (subst.) lieu fortifié 진, 성, 포대. Le — de (la force de qqun ou de qqch.) 한창 employé ordinairement adverbialement. Au — de l'été 한창더울새에. Au — de la maladie 한창알흘새에. Le — de qqun, ce en quoi il excelle 장긔, 장조. J'en connais le — & le faible (connaître parfaite-

ment/ 번번하게 말하다 (아,온), 환하게 말하다, 거칠 (ou 거출) 것업시 말하다 (connaître sans aucun).
Fort adv. très. 매우, 심히, 아주, 아조, 퍽 V. Beaucoup. Homme — riche 큰부자, *대부, 거부. aller — vite 불나게가다, 불이나게가다. être — habile en médecine 의술통달하다, 의술용하다, 의술능하다. être — méchant *괴악하다, *흉악하다, 아조사오납다 (사와,온).
Fortement avec force 힘써, 힘드려, = 쏘옥. Enfoncer — 쏘옥박다; serrer — avec la main 쏘옥쥐다. être — persuadé 아조밋다, 온젼이 밋다, 의심업시밋다.
Forteresse *셩, *진 — sur la montagne *산셩
Fortifiant 긔운돕다, en agg. *보. Remède *보약
Fortification *셩 (c'est le mur d'enceinte)
Fortifié ville — 셩잇는읍내, *셩
Fortifier une ville etc. 셩싸다 (싸,산), 셩쌋다 (싸하,흔). —, augmenter les forces (qqun) *보하다, en agg. *보, — par la nourriture *식보하다; — par les remèdes *약보하다; — l'estomac *보비위하다, — le sang *보혈하다; — le foetus, l'embrion *보태하다; — le pouvoir viril (aphrodisiaque) *보신하다, *보양하다 = —, augmenter les forces *보긔하다. — qqun dans ses résolutions *권하다, *권면하다, *졔셩하다 V. Exhorter. Se —, prendre les forces 셩하야가다, 붓다 (허,흔). 자라다 (grandir). Le mal se — avec le temps 병이초초

깁히건다 (s'enfonce).

Fortuit *우연ᄒᆞ다

Fortuitement 우연이, 뜻밧게, 의외에, 생각밧게, 념밧게, 숨밧게, 꿈의밧게.

Fortune chance, hasard *운; — destin *운명, *텬명 — circonstance en agir *경; — favorable *슌경; — défavorable *역경. Par bonne —, par — 다ᄒᆡᆼ히 (다ᄒᆡᆼᄒᆞ다). Par mauvaise —, par malheur 불ᄒᆡᆼ히 (불ᄒᆡᆼᄒᆞ다). Pour la bonne —, on dit souvent *복, bonheur. Tenter la —, essayer, entreprendre qq ch. 일쥬션ᄒᆞ다, 일쳐ᄒᆞ다, 일닙번이다 Kondin'ᄒᆞ여보다. Faire contre mauvaise — bon cœur 역경을잘견ᄃᆡ다; 역경에요동아니ᄒᆞ다 (ne pas s'émouvoir), 역경에슈작아니ᄒᆞ다 (ne pas broncher); … 심상이 … 예ᄉᆞ로히 = 넉이다 regarder comme chose commune. = —, biens *ᄌᆡ물. Faire — ᄌᆡ물엇다 (어, 은), ᄌᆡ물모ᄒᆞ다 (화, 흔), 돈모ᄒᆞ다, 부쟈되다. Vous ne ferez jamais — 부쟈못되겟다.

— bonne ou mauvaise *운; 수, *운수, 슈의.

Fortuné heureux 복되다; — riche ᄌᆡ물만타

Forum *협의소.

Fosse 구렁, 구덩이, 굴혈, 굴혈 = —, pour enterrer *금졍; —, piège 덧함, 함. Creuser une — 구덩이를파다.

Fossé fortification 외호; = — pour l'eau 물고랑, 고랑, 도랑, 구렁.

Fossile *화셕 animal — 동물의화셕

Fossoyeur

Fou 밋치다 (쳐, 친). Un — 밋친사룸, 고등인, 밋치광이; Faire le — (simuler la folie) 양광ᄒᆞ다

Fouailler 비질ᄒᆞ다.

Foudre 벼락, 벽력. Être frappé de la — 벼락맛다 (마저, 즌).

Foudroyer

Fouée.

Fouet 채, 채쭉, 칫열. Donner le — 비질ᄒᆞ다, 채치다, Le recevoir 채쭉맛다 (마저, 즌) V. Flagellation.

Fouetter 채치다, 채초치다, 채질ᄒᆞ다, 비질ᄒᆞ다.

Fougasse *디뢰; — pierrier *증석디뢰.

Fougère commune 고사리; — royale 고비 (Pteris aquilina).

Fougue 급ᄒᆞ기, 급ᄒᆞᆫ셩졍, *열.

Fougueux 급ᄒᆞ다. Cheval — 결사오나온 ᄆᆞᆯ. Homme — 결만타 (하, 흔).

Fouiller avec la main en tâtant 더듬다 (어, 믄); — en mettant sens dessus dessous, en cherchant partout 뒤다 (여, 뒨), 뒤젓다 (어, 은), 뒤젹이다, 뒤져거리다, 뒤쳐보다 (아, 본), 둑이다, 들치다. — comme en nettoyant un tuyau 쑤시다.

Fouillis

Fouine 죡져비.

Fouir creuser 파다 (파, 판). — la terre 흙파다. 흙파내다 (여, 낸), 흙뒤치다.

Foulant pompe — *압슈 "붐브", *압샹 "붐브".

644/

Foulard *슈건, 목거리.
Foule 서떼, 무리. Venir ou aller en — 서떼 지어가다 (짓다). Percer la — 사롬의서떼홀헤치다. Avoir une — d'affaires 일번ᄒᆞ다, 일번ᄉᆞᄒᆞ다, *분주다ᄉᆞᄒᆞ다, *분주ᄒᆞ다. 깃다락이
Foulée (d'un animal) 자욱.
Fouler aux pieds 드듸다, 밟다 (아, 은) — le peuple, l'accabler d'impôts 빅셩을 ᄯᅳᆮ어먹다 (어, 은), 빅셩못견듸게ᄒᆞ다, *준민고튁ᄒᆞ다. — (le drap, la toile) 다듬다 (어, 은), 다듬질ᄒᆞ다. Se —, se donner du mal 익쓰다 (써, 쓴) Se — (v.g. un nerf) 접지르다 (질너, 지른), 욱질니다 = Être — (aux pieds) 밟히다.
Foulon
Foulure
Four 가마.
Fourbe *간사ᄒᆞ다, *간교ᄒᆞ다, *간악ᄒᆞ다, *음ᄒᆞ다, *엉작ᄒᆞ다.
Fourberie 계교, 괴술, 간사ᄒᆞᆫᄉᆞ리. Avec — 음히
Fourbir 닥다 (아, 은).
Fourbu 삿타기, 삿다구니
Fourche 가장이, — à trois pointes 삼지창
Fourche (entre les jambes) 삿휴리
Fourchette de table 서양져가락 — "사시"
Fourchu 갈내지다 ; — en deux 두갈내지다, 량갈내지다 ; en trois 삼갈내지다 etc. Chemin — V. Carrefour. Pied — des animaux 쪽발
Fourgon *하불차 — attelé de chevaux

화꿀가차 ; — (milit) 황니차.
Fourmi 가얌이, 리얌이 ; — rouge 불개얌이, 솔가얌이 = — lion 리얌의귀신.
Fourmilier d'écaille 쳔산갑
Fourmilière 리얌의집.
Fourmillement sentir un — 저리다 ; s'il est léger 주리주리하다, 저리저리하다 ; 저릿저릿하다.
Fourmiller (foule qui remue) 웅실웅실하다, 웅을웅을하다, 덜석덜석하다 ; — (foule nombreuse) 버럭하다, 더럭더럭하다, 버럭버럭하다 ; — (r.g. mouches, insecte) 쇠다 (여, 쇤) ; — (être nombreux) 만다 (하, 흔). Ce texte — de fautes 이낙셔에오즈낙셔만타.
Fournaise 불가마.
Fourneau pour faire du feu 화덕 ; — de mauvaise herbe 보닥불 ; — de pipe 대통.
Fournée une — de pain 1번두흔가마.
Fournir donner 주다 (어, 준), 내여주다. —, se charger de fournir 담당하다.

Être fourni de (avoir suffisamment) 오북하다.

Fourni épais, serré 빅빅하다, 쌕쌕하다, 쌕쌕하다, 슈북하다, 소하다, 슈다하다.
Fournisseur 용달인. — habituel (correspondant de client) 단골
Fourniture (objets fournis) 공육불 ; — (objets nécessaires pour.) 용품, 용불 ; — militaires 군용품 ; — de bureau 문방구, 지필먹.
Fourrage 여불, 마초 vert ou sec ; — vert 풀 ; — sec 건초, 마른풀.

646/

Fourrager faire du fourrage 꼴ᄒᆞ다, 여믈사 하ᄃᆞ다. —, dévaster V. ce mot.

Fourré (subst.) buisson 덤불.

Fourré (adj.) v. fourni, épais. (Bois) — à plus haut 더부룩ᄒᆞ다, Id. mêlé de clairière 더부룩더부룩ᄒᆞ다. — Habit — *갓의, 갓옷. On ajoute 갓 au nom spécial de l'habit, v.g. pantalon — 갓바지.

Fourreau 집.

Fourrer (un habit) 털옷ᄉᆞᆱ이다, 갓옷ᄉᆞᆱ이다 — (en coton) 솜 넛타 (너허,흔). — (une chose dans une autre) 세우다 (워,운); — les mains dans ses poches (pour chercher) 주머니 더듬다(어,은); — les mains dans ses manches 도ᄂᆞᆯ장 꽂다 (꼬저, ou 자, 곤 ou 즌), 도ᄂᆞᆯ장지르다(질너,지른). Je ne veux pas me — dans une affaire qui ne me regarde pas 내게 샹관 업는 일에 걸니기 슬타 (걸니다, s'accrocher, s'embarrasser). Homme qui se — partout, se mêle de tout 부졀업다, 호ᄉᆞᄌᆞ, 부조럽다

Fourrier valet qui va au devant d'un cortège officiel pour faire dégager la route, etc. 길잡이, 길나장이. — (milit) 급양. Caporal — *급양오장, *급양하ᄉᆞ, Sergent — *급양군조.

Fourrure *피물, en agg. *피. Fourrure de tigre *호피, — de petit gris *서피. Dans la conversation courante, on ajoute ce mot *피 aux noms des animaux à fourrure même pour désigner l'animal entier et vivant. V.g. pour la loutre 슈달, on dit presque toujours 슈달릐; si on dit 슈달 seul, beaucoup ne comprennent pas. Pour les lapins domestiques qu'on appelle je ne sais pourquoi 빅셔 (rats blancs), on dit 빅셔릐 etc. = Habit en — 보의. Boutique de — 보의뎐.

Fourvoyer Se —, se tromper 실슈ᄒᆞ다

Foyer où l'on fait du feu 부억의아궁이, 아궁이; — centre 즁심. — (en sciences phys. spécialement en optique) 쵸뎜, — virtuel 분산뎜, Distance focale 쇼거.

Frac habit de cérémonie 례복

Fracas 요란ᄒᆞᆫ소래. Faire du — 요란ᄒᆞ다, 요란스럽다, 야단ᄒᆞ다, 야단치다.

Fracasser 부셔치다, 부셔ᄯᅳ리다.

Fraction partie 복, 복지; 분, 부분. — (arithm.) 분슈. — ordinaire 상분슈; — décimale 쇼슈, (la virgule 쇼슈뎜); — décimale limitée 유한쇼슈, — périodique 슌환쇼슈, — simple 슌슌환쇼슈, — mixte 뎌슌환쇼슈. Réduction d'une — 분슈변화법, — à une plus simple expression 약분법. Faire cette réduction 약분ᄒᆞ다, — réduite à sa plus simple expression 이약분슈

Fractionnaire nombre ou expression — 가분슈, 뎌분슈.

Fracture

Fracturer

Fragile facile à briser 리지기쉽다(쉬워,운) = 연ᄒᆞ다 (flexible). = —, faible 약ᄒᆞ다.

Fragment 조각 — petit 부스럭이

Frai le temps du — 알슬때 = 슬다 (어,슨) se dit des œufs de poisson ou d'insectes qui se collent sur l'objet où ils sont déposés.

Fraîchement au frais 서늘ᄒᆞ게, 싀훤ᄒᆞ게, 서느럽게. = —, récemment 갓, 여즘, 이졉, 이까작

Fraîcheur 냉긔 = — du teint 화식, 열식, 화긔

Franchir

Frais (subst) — Dépenses 츌비, 부비, en agg. 비. Frais des noces 혼비, — de route 노비. Faire à ses — 츌비담당ᄒᆞ다. Cela entraîne de grands — 츌물만히되다, 부비만타, 돈만히들다(러,든). Faux — 잡츌물, 잡부비, 잡비, 허드레츌물.

Frais (adj), un peu froid 냉ᄒᆞ다, 서늘ᄒᆞ다, 서느럽다 (러워,운), 선선ᄒᆞ다, 싀훤ᄒᆞ다, —, rafraîchissant 상연ᄒᆞ다. De l'eau — 냉슈, 찬물. Il souffle un vent — 바람스록록분다. = —, nouveau, récent 새 (adject.), 갓 (adverbe) — en agg. 신. Un œuf — 갓나흔알. Du pain — 갓구은면뽀 = — agréable à voir. Les fleurs sont plus — le matin 꼿치아츰에더유난히빗난다 ... 더영농ᄒᆞ다, ... 더유연히빗난다 ... 더츌즁ᄒᆞ다. Prendre le — 바람싀다, 바람쏘히다, 싀훤ᄒᆞ바람싀다, 쇄풍ᄒᆞ다. Laver au

— 허늘훈 뒤에 안사다.

Fraise 벼얌의 ᄯᆞᆯ기 On dit souvent simpt. ᄯᆞᆯ기

Fraisier 벼얌의 ᄯᆞᆯ기 나무, 벼얌 의 ᄯᆞᆯ기 덩불

Framboise ᄯᆞᆯ기, ᄯᆞᆯ긔, ᄯᆞᆯ긔. — grosse, rouge 멍석 ᄯᆞᆯ긔, 멍덕ᄯᆞᆯ긔 ; — noire 곰의ᄯᆞᆯ긔 (C'est la mûre des haies).

Franc sincère, qui parle avec franchise 바ᄅᆞ다 (발나, 바른), 바로다 (발나, 바른), 옳바ᄅᆞ다, *강직ᄒᆞ다, *고지식ᄒᆞ다 Id. voire un peu raide 결결ᄒᆞ다. Parole — 춘말, *직언, Esprit — *직심. C'est un — menteur 거즛말는손으로 혼다. —, entier 온. Trois jours — 온ᄉᆞ흘, 온 삼일. = — exempt de .. en agg. *무. Maison — d'impôts *무세가. — de port *무세.

Franc unité monétaire française 법, 法 (les centimes étant 毫 리) — On dit parfois 불 佛 ; mais 불 (écrit 弗) se dit pour le dollar américain

France *법국, *불국, *불란국, *불난서 — Français (homme) *법국인, *불국인 *법인, *불인. — Id. (langue) 법국말, 법어, 불어

Francisco (San-) *상항

Franchement 춘, 실노, 진실노, 바로.

Franchise *직언 — 강직ᄒᆞ기 etc.

Franchir — dépasser 지나다, 지나가다. — (vallée, cours d'eau) 건너가다 ; — (montagne) 넘다 (어,은), 넘어가다

Franc - parler

Franc - tireur *의용병

Frange 시울, 톱.

Franquette à la bonne —

Frappant évident 명백ᄒᆞ다.

Frapper 치다, ᄯᆞ리다 (려,린), 두ᄃᆞ리다, 훔치다. — à tort & à travers 어즐러이치다. — de la main 치다, 손으로치다 ; — du pied

650/

차다 (차, 찬) (passif 차이다), 발로 차다, 9gf. 발노 치다. de, par impatience, — du pied à terre 구르다 (굴너, 구룬), 발구르다; — avec un couteau 칼노 지르다 (질너, 지른) (passif 질니다). = — de la monnaie 줌 천하다 — — à la porte 문을 두다리다, 고문하다, 문거리하다 (raisonner). Être — 치이다, 맛다 (마즈며, 즌). Être — de la foudre 벼락맛다. Être — d'une pierre 돌노 치이다, 돌맛다. Être — d'une maladie 병 엇다 (어은), 병들다 (드러, 든). Mourir — de la peste 녹순병으로 죽다. Être — d'étonnement ou de crainte 놀나다; — de peur 놀나다, 대경하다 (대경, grande peur).

Fraternel 형데 (의)

Fraternellement 형데처럼.

Fraternité relation entre frères 동기간, — entre frère et soeur 남매간.

Fraterniser 형데 굿치하다, 형데굿치알다, 형데굿다 (하, 흔) pour un même âge = — entre sexes différents 남매로 알다 (아, 은) on dit souvent 너외업시 단니다.

'의형, '의동싱 (et entre sexes différents '의남매) "fraternité de sympathie" indiquent qqne chose comme une fraternité adoptive.

Fratricide

Fraude

Frauder 속이다.

Fraudeur trompeur 속임장이; — (de commerce) '밀매자; — (en douane) '밀슈입자

'밀 se disant de tout ce qui est clandestin.

Frauduleusement 암히.

Frauduleux

Frayer le chemin 길열다 (어, 연), 길열어 주다. Chemin — 대로, 단길 만흔길, 길만흔 길. Chemin peu — 소로. = — (poisson) 알슬다 (어, 슨) = — (avec qqun) 사괴다(어, 괸), 친하다 혼셕단니다, 집에단니다 ou simplement 단니다

Frayeur 겁. Être saisi de — 겁나다, 놀나다, le plus fort 혼나다, 대경하다, 송구하다. Causer de la — 겁내다, 놀내다, 혼나게하다.

Fredaine 즛, 작난.

Fredonner 군소리하다, 응응하다, 코노래부르다.

Frein de cheval, mors 자갈. — de machine 졔동긔. d. — hydraulique 슈용졔동긔, — de voiture, de bicyclette 졔차긔, 뎡거긔. Le levier du — 뎡거대. Mettre un — à qqun (v.g. en le chargeant d'une occupation qui le maintienne) 굴네씌오다 (mettre une bride) — Mettre un — (à qqch. v.g. à ses passions) 막다 (아, 은), 누르다 (눌너, 른), 압복하다.

Frelater

Frêle, mince 가늘다 (어, 는), — faible 약하다. Homme — 약골.

Frélon 왕퉁이; ×황봉

Frémir commencer à bouillir 부시시하다, 부지지하다. = — d'horreur 소소라지다, 소소라치다, 저긋지긋하다, 우수수하다 qui se disent aussi de la chose qui fait —, —, frissonner 잔질하다, 잔질이치다. Sentir ses passions

— de peur, d'appréhension 소스라지다.

Frêne – Frère

692

— 솔에늘경늘경ᄒᆞ다. = — (comme les feuilles au vent) 우숙숙ᄒᆞ다.

Frêne 식독레나무 (fraxinus pubinervis), 불목레나무 (fraxinus rynchophylla), 들메나무, 들메나무 (frêne de Sycbold), 엄나무 (frêne épineux).

Frénésie ˚광증, 밋친 병.

Frénétique 광인, 밋치광이.

Fréquemment 여러번, 자조, 번번이, 흔히, 홍용, 숩히, 잣게, 누누히; — et sans relâche 늘, 장, 대로, 새새대로, ˚죵죵.

Fréquent ˚흔ᄒᆞ다, 잣다 (자자, 자근)

Fréquenter qqun 사괴다 (여, 권), ˚친ᄒᆞ다, ˚교섭ᄒᆞ다, ˚샹졉ᄒᆞ다, 샹죵ᄒᆞ다; — un lieu 단니다, 자조단니다. Chemin — 힝길, ˚대로, 큰길, 대로힝길; Chemin peu — 소로. Auberge — 큰술막, 보힝ᄒᆞᄂᆞᆫ집, 큰보힝집. Magasin — 단골가ᄂᆞᆫ겨. Ville, etc — (surtout comme marché) ˚도방처.

Frère Il n'y a pas en Coréen de correspondant adéquat. Pour exprimer la relation de parenté entre les enfants nés de même parent, le mot français "frère" s'applique à tous les garçons & aux seuls garçons pour exprimer leur parenté soit avec leurs frères, soit avec leurs ~~frères~~ sœurs. De même le mot sœur s'applique aux filles. En Corée il y a : 1° un groupe de mots rendant la relation de fraternité entre enfants du même sexe — qu'ils soient garçons ou filles. Ces mots se traduisent en français tantôt frère, tantôt soeur; ≡ un 2e groupe de mots rendant la parenté des garçons par rapport aux filles leurs soeurs. Ces mots se traduisent toujours frères, mais n'ont pas la compréhension du mot français; ≡ un 3e groupe de mots rendant la parenté des filles vis à vis des garçons leurs frères. Ces mots se traduisent toujours "soeur".

— (entre garçons) *형뎨. — aîné *형, cadet 아우, *동생, en aggrég. *뎨 (les mêmes mots signifient "soeur" entre filles). (pour les garçons) 옵바 (pour les filles) 언니

*동생 s'emploie qqfois seul (au moins dans le Sud) d'un sexe à l'autre; mais le plus souvent un garçon dira *누동생 pour sa soeur, *동생 seul réservé pour son frère; — une fille dira *동생 seul pour sa soeur, et *남동생 pour son frère. = L'aîné des — se dit *벋시. S'il y en a plus de deux, le second se dit *중치, le cadet *뎨치 ou *계지 (ces mots sont un peu honorifiques). Trois — (ou trois soeurs) *삼형뎨. = Vis à vis de leurs soeurs, les frères sont dits, en général *남, qui ne sert qu'en agrégation; le frère aîné 오라버니 ou 오라버지, le frère cadet 아주버니. Pour le mari, le frère de la femme est *쳐남. Pour la femme, les frères du mari sont *서형, 서오라번이 (aînés). ou *서동싱, 서아ᄌᆞ번이 (cadets). = — adoptif *의형, *의뎨; — bâtard *서형, *서동싱; — de lait *유동싱, 졋동싱, 졋형뎨. Entre — 형뎨간에; entre — & soeurs 남ᄆᆡ간에 ≡ —, seigneur mon prêtre *조리슈ᄉᆞ.

Demi — *이부동싱 (père différent), ou *이복동싱 (mère différent). Frère utérin *동복동싱 *동포형뎨.

Fresque

Fret cargaison 뷔짐. — prix du port *선가.

Fréter un navire 션가노흐다, 션가주다, 빅세주다. — un navire pour son usage personnel 독션싸다 (싸, 싼)

Frétiller 뭄작이다, 뒤다 (여, 뒨), 치다. V. Fourmiller. — de la queue (rg. un chien) 꼬리치다, 꼬리두르다 (둘너, 두룰).

Fretin petit poisson 송ᄉᆞ리.

Friable 셔벅셔벅ᄒᆞ다, 바삭바삭ᄒᆞ다, 버셕버셕ᄒᆞ다.

Friand (mets) 귀ᄒᆞ다, 탐스럽다. Homme — 입되다 (veut dire plutôt délicat sur la nourriture)

Friandise 감식, 귀ᄒᆞᆫ음식. — Sucrerie 당속.

Fricassée

Fricasser 지지다.

Friche laisser en — 녁다 (어, 은) Champ en — 녁은밧

Fricot

Frictionner 비뷔다 (여, 빈), 부븨다 (여, 븬), 절지르다 (질너, 지룰), 주므르다 (물너, 므른), 어루만치다, 주므럭주므럭ᄒᆞ다

Frileux 치워ᄒᆞ다 (ᄒᆡ, ᄒᆞᆫ), 빙ᄒᆞ다.

Frimas 셔리.

Frime Pour la — 외면으로.
Frimousse 살서리.
Fringale 계걸, 계걸증. En être pris 계걸들다(어, 든), 계걸들니다. Celui qui l'a 계걸쟁이
Fringant 성걸하다, 호긔잇다. Cheval —*준마 ...*천리마 (qui fait cent lieues ... par jour)
Friperie vieilleries 헌것, 헌옷 (habits), 넉마. —, boutique 넉마뎐, *국잡화뎐 vilbrey méth. du neuf *신국잡화뎐.
Fripier 넉마뎐인, 국잡화상.
Fripon 도적놈, 도적, 도둑놈.
Friponnerie 도적질 = 하다.
Frire 지지다.
Friser v. act. = — v. n. être frisé (v. g. cheveux) 고스락고스락하다, 고슬고슬하다, 고불고불하다, 곱실곱실하다 = —, passer tout auprès (et même toucher) 씃치다, 씻치다. Il a — la mort 죽을번하엿다. On dit même 죽엇다가 살아낫다.
Frisson De fièvre *한긔, *한졍, 냉긔 = 나다. — nerveux par horreur, dégoût 전쳘이 = 치다
Frissonner 잔질하다, 잔질이치다, 전쳘이 치다, 아슬아슬하다, 소소라치다 : — de crainte 가슴서늘하다
Friture
Frivole (chose) 허황하다, 허환하다, *허판하다, — (homme) 실업다, *박홀하다.
Froid (subst.) 치위, *냉긔, *한긔. en agg. 냉, 한.
Froid (adj.) 차다 (차, 찬), en agg. 냉. de

656

l'eau — 찬물, 빙슈. Manger — 차게먹다, 빙식ᄒᆞ다. Avoir — 칩다 (치워, 운), 춥다 (추워, 운). Avoir — aux pieds (ou aux mains) 발 (손) 시다 (여, 인), 발(손) 시리다. Faire — (temps) 칩다, 춥다. 날차다, 일긔차다. Être — de caractère 개물ᄒᆞ다, 성픔차다. Sang — 넉살, 담. Avoir beaucoup de sang — 넉살됴타, 담됴타. Répondre de sang — (en maîtrisant sa colère) 분ᄎᆞᆷ고 대답ᄒᆞ다. Considérer de sang — 예ᄉᆞ로 녁이다, 심상이 녁이다, 예ᄉᆞ로이 알다 (regarder comme ordinaire). Sentir un — passer dans ses veines (crainte, horreur) ᄆᆞᄋᆞᆷ에 션ᄯᅳᆨᄒᆞ다.

Froidement 차게, 서늘ᄒᆞ게. Recevoir — 범연이 ᄃᆡ졉ᄒᆞ다, 빙ᄃᆡᄒᆞ다. Répondre — (sans manifester d'émotion) ᄎᆞᆷ고 대답ᄒᆞ다.

Froideur Il y a de la — entre eux 졔길이 의가 틀넛다, 의가 상엇다, 졍이 범ᄒᆞ엿다.

Froidure 치위.

Froidir 식다 (어, 은), 식어지다.

Froisser 부븨다 (여, 빈), 구긔다 (여, 긘) au passif 구긔여지다. — un nerf, une articulation ᄲᅴ다 (여, ᄲᅴᆫ), ᄲᅵ다, ont surtout le sens passif; — à l'actif 꺽지ᄅᆞ다 (질너, 지ᄅᆞᆫ), 욱지ᄅᆞ다 (질너, 지ᄅᆞᆫ), au passif 욱질니다, 꺽질니다; — (une personne), l'offenser ᄆᆞᄋᆞᆷ을 샹ᄒᆞ다. Être — ᄆᆞᄋᆞᆷ 샹ᄒᆞ다. Se — de 곱갑다 (가와, 온).

— qqun, le traiter durement 욱지ᄅᆞ다, 욱닥이다

엔잔케 넉이다, 언잔히 넉이다.

Frôler 슷치다, 씻치다.

Fromage* 나병.

Froment 밀.

Froncer une étoffe 쥬름잡다 (아, 은); — le sourcil 쌍그리다, 쌍거리다, 얼골집흐리다.

On dira plus souvent 노려보다 regarder durement; 흘겨보다, regarder avec mépris.

Froncis pli d'une étoffe 쥬름.

Fronde 돌팔매치, 줄팔매, 노리매, 노리돌팔매 Lancer avec une — 노리돌팔매치다.

Fronder v. contredire, critiquer

Front 니마, 골기리. Baiser, ~~lancer~~ le front. On dit 고리숙이다, 고리들다 (고리 est l'articulation du cou). —, pudeur 역치. Qui n'a pas le — 역치업다. —, audace, voire effronterie 넉살. De quel — osez vous? 엇지감히.... De — 나란이. Etre de — 골셔다, 나란이셔다, 나란하다. Marcher de — 나란이가다, 엇기맛초아단니다 (épaule à épaule). Mener deux affaires de — 두길보다, 두길마보다. —, façade* 정면. — (d'une troupe)* 정면.

나란이 veut plutôt dire aligné.

Frontière* 변방, *국변, *한가, *디경, *변쇠, *변경, *변디, *강역 ≡경계. ligne — 경계션

Frontispice

Fronton

Frotter pour enlever la poussière 씻다 (씨셔, 순) (même sans employer d'eau); 닥다 (아, 은) — les yeux 눈씻다, 눈부븨다, 눈비븨다. Frotte-toi les yeux! (regarde mieux)

— frictionner 문지르다 (질너, 지른)

눈씻고보아라. Se — contre un arbre 낡게목을 분지르다 (질너, 저로). Frotter, & se — d'huile 기름칠하다. = —, s'endommager par le frottement 개개다 (여, 갠).

Fructifier produire des fruits (au sens propre) 열괴맺치다, 열괴열니다, *결실하다. Les bonnes oeuvres — pour le ciel 천공이 텬당의 열유일다, … 텬당의과실일다.

Fructueux *유익하다, 니만하다 (하, 한). — (v.g. commerce) 니남다 (아, 은).

Frugal *존절하다, *박식하다, *트릉트릉하다, *금박하다, *금소하다. Mener une vie — 박히살다 (아, 산), *박의박식하다 (nourriture & habits simples).

Frugalement 박히.

Frugivore

Fruit en général 열유, 열괴 / — comestible *실과, *과실 en agg. *과. Arbre à — *과목, 실과나무 = —, utilité, profit *니, *니익, 유익.

Fruitier arbre — *과목, 실과나무 / jardin — 과목밧, *과원.

Fruste 헐하다, 돌하다.

Frustrer Degych. — dans son attente 속이다, 락망식히다. Être — 속다 (아, 은), 락망하다.

Fugitif *도망군 = — émigrants en temps de guerre *피란군 = —, qui ne fait que passer, peu durable 잠시잇지나가다, 잠시간

Fuir 도망ᄒᆞ다 (피란ᄒᆞ다), 다라나다, 내ᄲᅢ다. = —, éviter 피ᄒᆞ다, *避ᄒᆞ다; en agg. 피, 避.
Fuite 도망 (피란) mettre en — 조처내다(내여, 낸
Fulmicoton *綿火藥.
Fulminant poudre — *爆烈藥, 회분, 회약.
Fumant v.g. une chantière 김 무럭무럭나다
Fumage
Fumé (conservés) 내쏘인, 연긔쏘히다, 내까시운, 내ᄭᅳᆺ다(하,ᄒᆞᆫ) — terre 걸다(어,건), 거름걸은.
Fumée 연긔, 내. Il fait de la — (dans une chambre) ᄲᅢᆸ다 (내와, 내온). Odeur de — 낸내. Exposer à la — 내쏘히다, 내까시우다. Noir de — 그름 (technique *油烟). Être noirci par la — 글다 (어, 근). Sentir la — ou en avoir le goût 냇내 ou 낸내낫다. La — monte en tourbillonnant 연긔ᄎᆞᆷ흔ᄒᆞ다, 연긔 뭉게뭉게나다, 연긔 뭇거ᄌᆡ흔ᄃᆞᆺᄒᆞ다. Les — du vin 술김, 즘긔. La — du vin se fait sentir 즘긔오ᄅᆞ다 (올나, 오ᄅᆞᆫ). S'en aller en — 헛되다. Ses paroles ne sont que — 그말이 석은말ᄉᆡᆼ 이라 (toute de paroles refroidies).
Fumer v.n. émettre de la fumée 연긔나다, 연긔내다. La chambre — 방이ᄲᅢᆸ다 (내와, 온). La lampe — 등잔그름나다. = —, émettre des vapeurs 김나다, 김내다. = — (du tabac) ᄃᆞᆷ배먹다 (어, 은), ᄃᆞᆷ배피다 (여, 핀), ᄃᆞᆷ배피우다, — (act.), exposer à la fumée (v.g. de la viande) 연긔

650/

쏘히다, 내마시우다, 글우다 (어,운) ; = — un champ, l'engraisser 걸우다 (걸워,운), 거름거ᄅ다, 거름주다 (어,준).

Fumeterre

Fumeron 냉괄이.

Fumet 내, 내암새, 냄새.

Fumeur 담배먹는사ᄅᆞᆷ.

Fumeux qui a du fumet . Vin — (fort) 독ᄒᆞ다. = — qui fume. (chambre) 냅다 (와,온). (lampe) 그름나다, 그름내다. = —, couvert de fumée de suie 글다 (어,근)

Fumier 거름, 두엄, 방옷.

Fumigation Faire des — 내쐬다, 연긔쐬다, 연긔쏘히다, 연긔드리다, 훈ᄒᆞ다.

Fumiste

Fumisterie

Fumoir (pour fumer la pipe) ~~각~~ 연실, —(pour fumer les viandes etc) 훈증실.

Funèbre Convoi — 장ᄉᆞᄒᆡᆼ상 Brancard — 상두. Porteurs 상두군.

Funérailles 장ᄉᆞ, 장례, 영례. Les faire = 지내다, ᄒᆞ다. Y assister — 가다, 참례ᄒᆞ다. — Pour les funérailles provisoires il faut distinguer. On dit 근벽, =ᄒᆞ다 lorsqu'on fait la sépulture complètement (comme si elle était définitive) avec l'intention de transférer plus tard le cadavre ailleurs. 빈소 ou 빈ᄉᆞ se disent quand on dépose le cadavre soit dans une chambre séparée, soit le plus souvent sous un abri, élevé dans la cour, en attendant qu'on ait tout préparé pour les funérailles ... ou que les parents éloignés aient pu arriver. = ⁺토롱 se dit quand, ne pouvant, pour une cause quelconque, faire un enterrement définitif on dispose le cadavre sur le sol & on le recouvre de paille. = ⁺덕대 se dit quand on accroche le cadavre enveloppé de paille soit à un arbre, soit aux murs extérieurs d'une ville fortifiée. Cette pratique a lieu envers les premières victimes d'une épidémie, surtout de la petite vérole, ... et ce, pour empêcher l'épidémie de se propager.

Funeste, malheureux ⁺불힝ᄒᆞ다, 흉ᄒᆞ다. — nuisible 해롭다 (로와, 온).

Fur au — & à —

Fureter du regard 기웃기웃보다; —, fouiller 들치다, 뒤져보다.

Fureur 독, 핡독, 대로 광증, 발광. Entrer en — ⁺대로ᄒᆞ다, 셩내다, 노여ᄒᆞ다, 노여워ᄒᆞ다, 핡독ᄒᆞ다. 개골내다, 화가나다. Ne vous mettez pas en — 과히 불내지 마라. La mer est en — 바다가 바람에 뒤집는다

Furibond 핡독잔득ᄒᆞ다, 결내며 독내다.

Furieux 셩내다.

Furoncle ⁺종기, 헌듸, 부스럼이, 멍울, 흉, 종처.

Furtivement 감ᄶᆞᆨ이, 은근히.

Fusain arbre . = — pour des.

tiner "목탄필. On dit souvent 흑탄 ou 흑탄필 parceque, pour cet usage, on emploie surtout le saule.

Fuseau 고치, 토상이 / —(en géométrie), —(de sphère) "구면월형

Fusée de fil 토상이. = — d'artifice "승리전, "지총 qui est plutôt le pétard, "화전 / — (milit.) 화전, 신관.

Fusible

Fusil "총, en agg. "도. — à un coup "외혈도 (à un seul canon); — à 2 coups "쌍혈도. On dit plus souvent 외혈박이, *aussi 쌍열도, 쌍열박이 쌍혈박이 = — à répétition "연발총; — à tir rapide "속사도; — à vent "공기도, "공기총 바람총. Tirer un coup de — 총노타(방,호) "방포하다.

Fusilier "포군, 총장이

Fusiller un coupable "총살하다, 총으로쏘아죽이다

Fusion (par la chaleur) "녹히 / —(p un dissolvant) "리히 / = — (mélange) "혼합 / —(unification) "합병 "= 병합

Fusionner "혼합하다, "합병하다.

Fustiger 매질하다, 나리다, 치다. V. Fouetter, bâton, bastonnade.

Fût d'une lance 창대; — d'une colonne "주간, "주신; — (Reliquaire) 통

Futaie

Futé V. rusé

Futile 헛되다, "허탄하다; "허황하다

Futilité 헛된것, 헛되기 etc.

Futur 이후에될, 이압히될, en agj. 후, 긔, 계회. La vie — 후세, 되세. La génération — 후세, 후되. = —, temps des verbes 계회시. — passé 견집계회시.
Fuyard 도망군.

G

Gabion milit. 포납.
Gâcher (de la terre, du mortier, etc) 넉이다; — (un travail)
Gâchette de fusil 고동. On dit plus souvent 방아쇠 mais c'est à propos! parler le chien.
Gâchis
Gaffe 사앗대. = —, sottise 실슈
Gage témoignage, preuve 빙거, 빙고. —, objet donné en — 뎐당, 볼모, 당. Donner en — 뎐당주다 (어, 준); si c'est contre son gré 뎐당잡히다. Prendre en — 뎐당잡다. Maison où l'on prête sur — 뎐당집, 뎐당국 = —, salaire dou- nier 삭, 삭전, 품삭; — des employés 료, 료전. Employé à — 고원, 고인.

x pour un ouvrage non manuel* 공전

Gager faire un pari 내기하다. — un oeillet 삭주다. — Gageure 내기

Gagne pain 생리, 생애, 벌이. — accessoire (side-work des anglais) 겹벌이. Quel est son — 무엇을하여 먹느냐, 무어슬로 생리하나

Gagner par son travail, son commerce 벌다 (어, 번), 돈 벌다. — sa vie 벌어먹다 — (dans le commerce, faire un gain) 리보다 (아, 본), 나남기다, 나남다 (아, 은), 득리하다. Il y a à — 리볼것이다; — — vaisseau, l'emporter sur 이기다, 이긔다. — un procès 송사를이기다, 득송하다, — une bataille 이기다, 승전하다, 승첩하다; — une maladie (par contagion) 병옮니다, 병옮기다; Id. (sans contagion) 병들다, (드러, 든), 병엇다 (어, 은) = —, obtenir 엇다 (어, 은); — la bienveillance de 인심을엇다, 득인심하다; — un juge, le corrompre 뢰뢰하다, 청질하다, 청하야주다 … ou simplement 먹이다, lui donner à manger. Les intermédiaires qui font ce métier sont dits 청군, leurs manoeuvres 청질. Un juge qui se laisse — on dit 청듯다 (드러, 론), 청밧다 (아, 은) (Ne pas confondre 청듯다 écouter les présents avec 경드다 (러, 든) qui se dit d'un juge partial par sentiment personnel). — du temps, remettre à plus tard 밀위다, 밀위여가다, 밀위여보니다,

회한하다. — un lieu. y arriver 깃다(쳐,친) 끼쳐가다. Le feu — la maison voisine 니웃 집 끼쳐 탄다. = — les devants 앞쳐가다, 앞 서가다, 지레 가다. —, s'étendre (tache, huile, ulcère, feu, inondation, commérage) 번지다. — en longueur, en s'allongeant, ng. racines 벗다 (어,은), 벗어가다 = — sur soi, faire des efforts pour se vaincre 강영하다. = Que — vou à mentir 거즛 말하면 죄붓 것 엇나냐, 거즛말하면 살되잇 나냐, 거즛말하면 무어싀 쓰겟나냐.

Gai 화평하다, 대화춘풍곳다(하,흔)/gai comme un vent de printemps/; — d'une gaieté légère aux excès 산드러지다, 산들 산들하다, 우숩, 낙낙하다; — d'une gaieté bruyante 거드러거리다, 거들거들하다; — qui fait des farces 즛내다. — de bonne humeur 희희하다

Gaieté 화평하기... 춘풍긔상.

Gaillard enjoué 산드러지다. (enfant) — jovial & pas trop timide 싹싹하다, 역낙낙하다

Gain 리, 니익, 유익 avoir — de cause 이기다. donner — de cause 이겨주다.

Gaine 집, 두겁.

Galant — homme, homme bien élevé, de belles manières 얌젼하다, 으젓하다. — envers les femmes Le complice d'une femme mariée se dit 간부, autrement 외부. Pour parler des jeunes gens qui (peut-être innocemment) fréquentent leurs voisines (naturellement), les coréennes diront 미동 (joli garçon) à peu près dans le sens de galant.

Galbe

Gale 옴, — acqueuse 진옴; — (des animaux) 비죽; — (des chiens) 도로락이.

Galère . — bagne *중역, 징역

Galerie 마루, 큰마루, 툇마루, *복도. — (passage) *랑하; — (autour d'un édifice) *회랑. — (appui, garde-fou) 란간 = — (dans une mine) *항도, *슈도.

Galérien *중역인; *징역군.

Galet 작열; *격석.

Galetas

Galette 전병, 전트럼.

Galeux (homme) 옴쟁이 — (animal) 비죽올니다.

Galimatias *잡담, *잡설, 잔소리, 넌출진말 (넌출 liane).

Galle noix de — *오배즈; *볼석즈.

Gallique acide — *볼석즈산.

Galoche 발나막신.

Galon 동다리.

Galop 네발거리.

Galoper 닷다 (다라, 둔), 달녀가다, 휘달니다. — au grand galop 노하가다. Faire — un cheval 말달니다, 말노타 (하, 흔), 줌마노타. — à cheval 말달니다.

Galopin injure 사쳔조식 (enfant brûlé)

Galvanisation 뎐긔도금.

Galvaniser qqun. lui donner des forces factices 업노성긔주다 peu usité. — On dit de celui qui est — ou qu'il le — ainsi *분럭ᄒᆞ다, 그 은분발ᄒᆞ다, 엽ᄂᆞᆫ싱긔ᄂᆡ다; & cette force est dite 분발셩 = Métal galvanisé 되야연텰

Galvanoplastie 뎐긔도금 ; — de comme procédé de fabrication 뎐긔듀조.

덩실거리다, 덩실덩실ᄒᆞ다. Gambader 사뢰다(여,뢴), 사뢰노다(라,노)

Gamelle

Gamin 오ᄒᆡ놈, 어린놈.

Ganache 못싱긴놈.

Gamme (musique) 뎐음계; *음계, *음금

Ganglion *신경졀.

Gangrène

Gangrener se —

Gangue

Ganse 동다리.

Gant *장갑. Gmettre 장갑씨다.

Garage . Voie de — *피션.

Garance 곡두서, 잇, *홍화, 졀. Teinture de — 잇블

Garant v. Caution, Garantir.

Garantie *보증

Garantir se rendre garant 다짐ᄒᆞ다, 언약ᄒᆞ다, 담당ᄒᆞ다. Se rendre caution 보인ᄒᆞ다. Vendre à — 환퇴다짐ᄒᆞ다, (환퇴 résiliation d'un contrat, d'un marché déjà exécuté). = —, certifier, assurer 뎡ᄒᆞ다, 일뎡ᄒᆞ다. = —, préserver 막다(아,은), 막아주다, *방비ᄒᆞ다, 방비ᄒᆞ야주다. avec, comme régime direct les choses dont on —, v.g.

— de la pluie 비ᄀᆞᆯᄭᅡᆨ다. En agg. 차, 避. 피. Se — le visage 차ᄆᆡᆫᄒᆞ다. Se — du soleil 차양ᄒᆞ다. Se — de la pluie 비ᄀᆞᆯᄭᅡᆨ다, 피우ᄒᆞ다, 우장ᄒᆞ다 (우장 s'appliquait à tout ce qui sert à garantir de la pluie). = — ses biens, s'assurer contre les accidents 보험ᄒᆞ다. v. Assurance.

Garçon enfant ou jeune homme, du sexe masculin 남ᄌᆞ, ᄉᆞᆫᄋᆞᄒᆡ, ᄉᆞᆫᄋᆞ희, 머ᄉᆞᆷᄋᆞᄒᆡ (Kyeng syang) — Jeune homme non marié 총각, 총각ᄋᆞᄒᆡ. S'il est noble on le nomme 도령, sinon 총ᄌᆞ. 동 = —, fils 아ᄃᆞᆯ, ᄌᆞ식. = —, domestique 머ᄉᆞᆷ, 머ᄉᆞᆷ. — de boutique ᄉᆞ환, 심부림군; — de bureau 청직이; — de café 급ᄉᆞ.

Garde action de garder 간ᄉᆔᄒᆞ기 ... 직희기, etc. Qui est de —, (susceptible de se garder longtemps) 묵일ᄆᆞᆫᄒᆞ다, 오ᄅᆡ둘ᄆᆞᆫᄒᆞ다. Chose qui n'est pas de — 오ᄅᆡ못둘것. Donner en — ᄆᆞᆺ기다. Recevoir en — ᄆᆞᆺ다. (ᄆᆞᄐᆞ, 든) = —, soldats ou policiers chargés de garder 위병. = — du corps (du roi) 별운례별감, 대전별감 le sont, ou plutôt c'étaient plutôt les pages que les —; — du roi 호위군, 시위군 ce dernier s'appliquant à tout le cortège; — à la porte du palais 금장군; — à la porte de la ville 슈문군. = Maintenant: — ou escorte pour protéger 호위, 호위병; — 의장병

— de police 둘리위병 ; — d'honneur 근위병 . = — nationale 국민군 . Le viling covlens dront 민병 . Monter la — 슌직ᄒᆞ다 . = — patrouille . autrefois — de nuit à tour 슌라 . Ceux qui la faisaient 슌라군 . Maintenant —, patrouille 근슌 . = Prendre —, faire attention 됴심ᄒᆞ다, 쇼심ᄒᆞ다, 삼가다 (가,간) . Prends garde de tomber — 넘어질나 comme on dirait en français: "tu va tomber"! Cette forme ᄒᆞ여질나 existe à tous les verbes . Prendre — à une chose, y songer, y faire attention 솔피다, 싱각ᄒᆞ다 . Je n'y avais pas pris — 볼낫더니... Je l'ai fait sans y prendre — 낙심히ᄒᆞ엿다 . = Etre sur ses — 스스럽다 (러워,운) . = Vous n'avez — d'empêcher cela puisque vous le favorisez 못ᄒᆞ게 아니ᄒᆞᆯ뿐 아니라 도아 준다, 말니지 아니ᄒᆞᆯ뿐 서러 돕는다 . = La — d'une épée 칼 ᄯᅢ고리 .

Garde côte autrefois petit mandarin 쳠ᄉᆞ . 변장 = Bateau — 히방함

Garde barrière 보결 번 .

Garde fou 란간 .

Garde malade (homme) 간호원, (femme) 간호부

Garde meuble (public, — de la couronne) 벽철방 . — privé 세간방

Garde manger 찬장, — boîte de voyage 찬합

Gardenia 치ᄌᆞ .

Garden-party 원유회

Garder surveiller 직히다 (여,힌), — con-

Garde-robe — Gastronome

670

server avec soin, veiller sur (qqch) 간슈 ᄒᆞ다 ; — conserver 보존ᄒᆞ다 ; — protéger 보호ᄒᆞ다 ; — veiller sur (un lieu, une chose) 슈직ᄒᆞ다 ; —, observer (lois, règles, bienséances) 직희다 . — les bienséances 톄면을직희다. Ne pas les — 실톄ᄒᆞ다, 톄면을일타 (허.흔) — les lois 법을직희다, 법시ᄒᆡᆼᄒᆞ다, 법지로 ᄒᆞ다 ; — (une fête religieuse) 직희다 = —, conserver pour l'année suivante 남기다, 남겨두다 ; — pour plus tard 두다 (어.둔) 저축ᄒᆞ다. = — Ds son cœur, son imagination, sa mémoire 먹음다 (어.믄), 긔억ᄒᆞ다 ;= 품다 (어.은) ce dernier ne se disant que pour les sentiments. — pour soi 가지다. Gardez le pour vous 너 써라, 너가져라. De — (être de garde, de conservation facile) V. Garde. — le — De ... 피ᄒᆞ다 (fuir) ; 삼가ᄒᆞ다 (éviter) ; 조심ᄒᆞ다 (prendre garde à), selon le sens. Gardez-vous de faire ᄒᆞ지마라, 부듸ᄒᆞ지마라.

Garde-robe (armoire à habits) 의거리, 의장, 의롱. — latrines 뒤간. Y aller 뒤보다, 뒤보라가다.

Gardien 슈직군, en agg. 슈, ng. 슈블군 — (soldat) d'une porte. — de ... se rend la plupart du temps par la terminaison 직이 ajoutée au nom de l'endroit qu'on garde : 고직이, — de magasin public ; 문직이, — de la porte, portier ; 산직이, 묘직이, — de tombeaux = — des mêmes au marché, ou plutôt mesureur officiel 되장이, 마장이. — de prison V. Geôlier.

Comme station, la gare est dite *역

Gare (subst.); — de chemin de fer *뎡거장.

Gare (interjection) 쉬가라, 도섭ㅎ여라; — cri pour prévenir de l'approche de qq.ch. dont il faut se garer 이아. — le cheval 말이아, — le portefaix 짐이아. (Comparer 불이아, au feu! 범이아 au tigre!). : — cri de ceux qui précèdent un cortège officiel 에라, 에라에라.

Garer (v. act.)

se — de *도섭ㅎ다, 피ㅎ다, 비킨ㅎ다. se — (au passage d'un cortège) 비키다.

Gargarisme *함수제

Gargariser se — 입부시다, 울걱울걱ㅎ다.

Gargote 술막

Gargouille

Gargouillement

Garnement 잡놈, 난봉, 낙뢰지비.

Garnir 삶이다.

Garnison permanente *상설위슈병, — soldats qui défendent un fort 위슈, *슈병 = *슈비병, *슈비되 ces deux derniers se disant aussi des soldats en garnison, c.à.d. en résidence dans une ville, même ouverte.

Garniture

Garrot

Garrotter *결박ㅎ다, *항쇄족쇄ㅎ다.

Garrotter les mains derrière le dos 뒤짐지이다 = — les jambes 샃바지르다 (질너, 지른), 샃바채우다 (워, 운)

Gasconnade vanterie 헛주랑, — exagération 부희

Gaspiller *낭비ㅎ다, 남용ㅎ다, *허비ㅎ다.

Gastrite vieille indigestion *구체.

Gastronome

674

Gâteau 설탕, 토렴, 얀절미, 졸편, 다식, 약과 etc.

Gâter endommager *상하다, 상해오다 (와, 온), 변케하다. — qqun. (spécialement un enfant) par trop d'indulgence *앙악하다 (nourrit le mal), 엉석받다 (아.은), 응 받다. (on dit souvent 받다 précédé, comme régime direct les choses que l'on tolère); 낙헐, 이르릴 치다, 버릇술아니르릴치다, 넓우긔히하다. = Se —, être — (endommagé) *상하다, Se — (plus ou moins pourri) 석다 (어.은), *변하다; Se — (mis hors d'usage) 바리이다 = (변하다 & 바리이다 s'emploient aussi au moral) = Se — (personne et surtout enfant qu'on ne corrige pas) 그릇 되다. Enfant — *고동, 엉동, 버릇없는 으히 = 엉석한으히 (엉석하다 être —, élevé avec trop d'indulgence) = Se — à l'intérieur sans que cela paraisse à l'extérieur : fruit, oeuf, homme qui a un mal intérieur 골다 (어 & 아.근). = Mon habit est tout — d'huile 내 옷시기롬에 다 바리엿다. (on fait on prononce 배럿다).

Gauche opposé le droit 왼, *좌. La main — 왼손. Le coté — 왼편, *좌편 = —, maladroit, embarassé 둔하다, 서투르다 (둘너, 투룬), 어릿어릿하다. Avoir l'air — 보기에 둔하다, 둔하야뵈다, 서투루게뵈다

Gaucher 왼손잡이.

Gaucherie

Gauchir (v. neutre) gondoler, être faussé

(planche, objet) 굽읏ᄒᆞ다, 휘다 (여,휜), 휘움ᄒᆞ다, 뒵스드다 (서, 스든) = 귀 틀니다, 귀나다 (les angles ne s'accordent pas).

Gaudir se — de qqun 빈정거리다, *비앙ᄒᆞ다.

Gaule branche souple 회 초리. —, longue perche (pour gauler les feuilles) 장대.

Gaz corps gazeux *긔톄 = — d'éclairage *와ᄉᆞ. Lumière au — *와ᄉᆞ등. Appareil au — *와ᄉᆞ긔관

Gaze étoffe très légère *ᄉᆞ, 갑ᄉᆞ

Gazette 신문지, 긔별지 = — officielle *관보

Gazomètre *혁, 통리.

Gazon 셰, 잔셰 Revêtir de — 셰넙히다

Gazouiller 짓거리다, 자주 어리다, 저절 저절ᄒᆞ다

Geai 어치, 언치.

*거인, 巨人; Géant 장골, 키다리 (p. fam.). On dit: 칠, 팔, 구 … 쳑 장신: long corps grand de 7, 8, 9 … pieds. = — (adject.) très grand *장대ᄒᆞ다, 흔 셕ᄒᆞ다, 복대ᄒᆞ다; = 큰다랏다 (다래, 란)

Geindre 싱싱ᄒᆞ다.

Gélatine

Gélatino-bromure

Gelée 어름, — blanche 서리, 진고대; très forte 된녹이, — qui fond à mesure 어녹이 = — de viandes *슈육, — de pieds de boeuf *족편, — d'algues marines 우무 (les algues avec lesquelles on le fait … et qui sont aussi employés par les pâtissiers se disent 우무가시, 우무가ᄉᆞ리); — de sarrazin, de pois, de glands 묵, — de fruits (sucrés) confiture *졍과.

674

Geler 얼다 (어, 언). 얼구다 (워, 군) := — dur *땡땡 얼다

Géminé

Gémir comme un malade *싱싱하다; — de chagrin ou de regret (— au figuré) 셟다 (허, 흔), 셟허하다.

Gémissement 셟는소리.

Gênant 도레롭다 (로와, 온) := 긔겹다 (어, 운), 긔결다 (어, 운), inutile et même — plus — qu'utile

Gêner 불편케하다, 고롭게하다, 미안케하다. être — *불편하다, *미안하다 qui se gêne aussi des choses qui — 사혐치안하다 (하, 흔) := — ny. comme un homme qui est inutile & qui — 부졀업다 (서, 손), 부즈럽다 (러워, 온) = Cela te gênerait beaucoup de faire cela (ironique) 그리하면 가슴 압흐겟나냐, 그리하면 배 압흐겟나냐 (Cela te ferait mal au ventre?)

Gencive 니몸, 니모음.

Gendarme *헌병, *보교원.

Gendre 사회, *서랑, en agg. *셔. — qui vit avec ses beaux parents 다릴사회 (on prononce 다리사회) Rapports du — avec le beau père *옹서상.

Généalogie *계도, *티력. Livre de — *족보, *가승, *셰계

Général (subst.) — d'armée *장슈; := — en chef *원슈, *대원슈, *도독, *도원슈, *대도독; — en second *하장, *부장 = — (grade militaire) — 1er dans l'armée coréenne avant 1907: — de corps d'armée *군대장

— de division 륙군부장, — de brigade *륙군참장. 2° dans l'armée japonaise — de corps d'armée 륙군대장, — de division 륙군즁장, — de brigade 륙군소장. Pour l'office: — commandant un corps d'armée 군단장; — commandant une division *스단장, — commandant une brigade 려단장 (pour l'office on ajoute souvent 관: 군단장관 etc).

Général adj., universel 공번되다. Dans beaucoup de phrase française, on est obligé de traduire par une autre tournure. v.g. La fuite est — 도망 아니 ᄒᆞᆫ 이 업다. = En général 일톄, 도모지; — en moyenne 보통.

général (adj.) à juridiction générale, en agg. *총 v.g. Consul — 총령ᄉᆞ; commissaire — des douanes 총세무ᄉᆞ; = Divin: Premier ministre 총리대신, 총상.

Généralement *일톄, 도모지; —, communément ordinairement *보통, 보통으로

Génération en général 싱출, — vivipare 싱출, — ovipare 란출, — gemmipare 발아, — fissipare 분렬분식 = —, action d'engendrer 나ᄒᆞ기, 나흠이. Le numéral des générations est 뒤 (on dit aussi 0ᄃᆡ), mais ne sert guère que pour compter les — dans une même famille. Descendant à la 10e — 십뒤손, 십뒤즈손 = les — futures 후세.

Les vieux Coréens distinguaient 4 générations: 스싱: — vivipare (par foetus) 퇴싱; — ovipare 란싱; — par l'humidité 습싱; — par métamorphose *화싱 & 환싱.

Génératrice (en géométrie) en agg. *모. Ligne — *모선, Figure — *모도형

Généreux — libéral 후ᄒᆞ다, 관후ᄒᆞ다, 관홍ᄒᆞ다; — qui pardonne facilement 너그럽다 (러워, 운); — qui a l'âme grande 걸걸ᄒᆞ다, 도량 넓다 (거, 른), 활발ᄒᆞ다, 쾌활ᄒᆞ다.

676

Générosité grandeur d'âme 큰 맘 ; —, faveur, grâce 은혜 ; — libéralité, cadeau, pourboire 상급, 선급.

Genèse livre de Moïse 창세기 ; —, production 유래

Genêt 금작화

Géneur 안탁갑이 (안탁갑다, 가와, 온)

Genévrier 회즙, 회결, 측백 = 노가주나무 (Juniperus rigida), — 상나무 (— de Chine)

Genièvre

Génie démon, esprit 귀신, 잡귀 ; —, talent 재조 ; homme de — 재주 = —, art 공학 = — (arme militaire) 공병, soldat du — (sapeur) 공병. Le corps du — 공병대.

ou plutôt 선인, 선용, 신선 (masculin de fée)

Génisse 암송아지.

Génitif 덕좌.

Génital partie — 음부.

Géniture 소생

Genou 무릅, 무릅학. Articulation du — 다리굽팽이. Se mettre à — 꿀다 (어, 꾼), 숙다 (러, 순), 무릅꿀다. Se bien tenir 점잖게 하다, Se assis sur ses talons, 꿀어 앉다 (저, 존). Se traîner sur les mains & les — 기여 단니다.

Genouillère

Genre, façon 모양 ; —, espèce 족. Du même — 동족. Le — humain 인류. De tout — 각족 = — de vie 소장, 소업 — (en grammaire) 성, 99 족. — masculin 남성, — féminin 녀성 ; — neutre 무류.

Gens, 사룸, en agg. *인, *자, souvent 즈. = 것, 놈 qui sont inférieurs. Les — de bien 군ㅈ & 군자, *호인, *셩인, 도흔사룸; — sans aveu *잡인, 잡놈. A-t-on jamais vu si sottes — 그런 께련흔 것 보앗느냐. Les — de la maison *식구, 소솔. Les —, les serviteurs 하인. Les — de lettres 션비, 유싱.

Gen seng *삼; — sauvage *산삼; — cultivé *인삼, 가삼. — rouge *홍삼. L'autre est dit blanc *빅삼. Champ de gen seng *삼포

Gentiane *룡담, 룡담초, *초룡담, *자근초, 익모초

Gentil 어엿부다 (엿버, 분), 곱다 (고아, 고온), 묘호다.

Gentilhomme *냥반.

Gentillâtre (subst). 토반.

Gentillesse 곱기다. — d'esprit 지담

Gentiment 곱게, 묘호게.

Génuflexion

Géographe *디리학 박ᄉ.

Géographie *디리, 디리학. = — physique 디문학, — politique 졍치디리학, — économique *경제디리학. Carte de — 디도. Globe de — 디구측.

Geôlier 옥졸, 사쟝이, 옥ᄉ쟝이, ᄉ쟝이, 옥직이

Géologie *디질학.

Géologue 디질학 박ᄉ, 디질학ᄉ

Géomètre 긔하학 박ᄉ. On dit plus souvent *측량ᄉ, 측량긔ᄉ (측량 est l'arpentage)

Geomancie *풍슈학

Géométrie 긔하학; — plane 또평면 긔하학; — de l'espace *립톄긔하학; — descriptive 화법긔하학; — analytique *히셕긔하학

678/

Géoscope *디관, *디ᄅ.

Géoscopie *디술 = ᄒᆞ다

Géranium *슈구화.

Gérant 반수, *관리인; — de journal *발항자

Gerbe 뭇, 단. Mettre en 뭇 ou 단 = 묶다 (거, 근).

Gercer se — 터지다.

Gerçure 터진데.

Gérer une affaire 보다 (아, 본), 돌보다.

Germain . Cousin — *ᄉᆞ촌
Fils de l'oncle paternel *친ᄉᆞ촌, de l'oncle maternel *외ᄉᆞ촌; — de la tante maternelle *이종ᄉᆞ촌; — de la tante paternelle *니종ᄉᆞ촌. Entre cousins, — on se traite de frères: *ᄉᆞ촌형, ᄉᆞ촌동ᄉᆡᆼ.

Germe bourgeon 싹; —, embryon, en botanique *비종; — en zoologie *태종 — d'un œuf 알싹눈; —, principe *원인; — de maladie *병근. Enfant qui a le — de tous les vices 싹그른 ᄋᆞᄒᆡ (싹 그르다 son germe est mauvais). 싹 bourgeon.

Germer 싹나다

Gésier des oiseaux 멀떠구니, *뫼퉁.

Gésir verbe défectif (Je gisais — Il gît) 눕다 (누워 & 누어, 누은), 누어 잇다.

Geste

Geste 즛, 짓 qui ont un sens large comprenant faits & — (ordt en mauvais part). Faire — de la main 손짓ᄒᆞ다; — des yeux 눈짓ᄒᆞ다, 눈치다, = 눈치ᄒᆞ다 = 눈치 est

Parler par gestes (v.g. sourds-muets) 형샹으로 말ᄒᆞ다

le clignement des yeux.

Gesticuler de la main 손치다, 손짓ᄒᆞ다, 손즛ᄒᆞ다, — de bras 팔짓ᄒᆞ다.

Geyser *분쳔

Gestion

Gibbosité

Gibecière 망탁이, 망태, 구럭이.

Gibet pour pendre *교지

Gibier 산즘승

Giboulée

Gifle Donner une — 쌤치다. La recevoir 쌤맛다 (맛저, 즌) = (쌤 est la joue).

그다랏다(ᄒᆞ래, 란) Gigantesque 걸싸다 (싸, 싼), 흉셕ᄒᆞ다, 대단ᄒᆞ다, 셕대ᄒᆞ다, 장이크다 (커, 큰).

Gigot 뒤다리.

Gigotter 가둥이치다

Gilet genre européen *죠긔 (litt. machine à pédale — les gilets étant communément faits à la machine). D'autres écrivent 죠끼

Gilet 져구리. — sans manches 빈조, — de en fourrure 갓등거리.

Gingembre 쉬앙, 사앙, en agg. 강. — frais *싱강, — sec 건강. Bonbons de — 편강, 도편강; farine de — 강분, Pilule de — 강분환. Jus de — 강즙. Décoction, tisane de — 강츠

Ginseng *인삼, 삼

Girandole

Girafe *장경록

Giratoire

새발사향 Girofle *뎡ᄌᆞ Clou de — *뎡향, 새발싱. Fleur de — *뎡향화 (qui se dit aussi de la fleur du lilas, dont la fleur simple rappellent, par leur forme le clou de girofle.)

Giroflier *뎡ᄌᆞ목, 새발사향나무

680/

Giroflée 소뎡.

Giron 품. Tenir sur son — 품다(어,은), 안다(아,은).

Girouette 바람됴, *풍견 —, homme qui tourne à tout vent *바람부쇼인, 녹피에굴 日자 (le caractère 日 écrit sur une peau de cerf : en tirant sur la peau il devient 目) 변사, 변사스럽다.

Gisant 눕다(누어,눈), 누어잇다.

Gisement

Gite 집. — en voyage 자는데. — des animaux sauvages 집, 굴.

Givre 된서리, 된나기, — très épais (sur les montagnes) 산고대. En être couvert = 치다.

Glabre 엮업다, 슈엮업다, 털업다.

Glace 어롬, 어름. Marcher sur la — 어롬 타다(타,탄), — pendant du toit (chandelle) 고드롬. = — miroir *면경, *쇼경, 거울.

Glacer faire geler 얼게하다, 얼니다. Se — v. de geler. Le sang se — dans les veines (émotion) 냉흠이 쳘쓱하다, 소소라치다 = —, polir

Glaciaire époque* — 빙하시대.

Glacial

Glacier *빙괴, *빙하

Glacière *빙고, 어롬간.

Glacis terrain en pente 비탈

Glaçon 어롬장.

Gladiateur *검슐자 (검슐, escrime). Combat de — *진검승부.

Glaïeul 범부쳐 (éventail de ...), 슈천창
Glaire
Glaise terre — 진흙, 질. Enduire de — 흙칠 ᄒᆞ다, 진흙칠ᄒᆞ다, 흙바르다 (발나, 바른).
Glaive 칼.
Gland de chêne 도토리, 상수리, 굴밤; — ornement (de soie ou autre) 슈술, 술 = — (anatomie) 방거지 [illegible] 불ᄉᆞᆺ (치). 좃대가리
Glande 망울 Se gonfler ... 서다.
Glaner 이삭줍다 (주워, 주은).
Glaneur 이삭군.
Glapir 캥캥ᄒᆞ다.
Glissade
Glissant 밋그럽다 (러워, 운)
Glisser (neutre) — en faisant un faux pas 밋그러지다; — par jeu sur la glace 어름지치다, — (v.g. chose appuyée sur une autre) 드틔다. — (act.) faire — (en poussant) 밀녀다; — v.g. une bague au doigt 시다. Se — V. Escalier.
Glissoire
Globe 동고락이; — (de l'oeil) 망울; — de la Terre 디구, de mappemonde 디구축.
Globule
Gloire 영광, 광영, 영화 Se faire — de 자랑ᄒᆞ다, 자긍ᄒᆞ다. Être avide de — 영광을 탐ᄒᆞ다.
Glorieusement 영광잇게, 영화롭게.
Glorieux 영화롭다 (로와, 온). Le corps — leurs 4 qualités 스긔지은. = —

vaniteux 거드럽스럽다 (러워, 운). V. Orgueilleux.
Glorifier louer *칭양ᄒᆞ다, *찬양ᄒᆞ다, *칭송ᄒᆞ다, *찬송ᄒᆞ다, *찬미ᄒᆞ다. Se — De 조랑ᄒᆞ다, 조근ᄒᆞ다, 영광으로 알다 (아, 온).
Gloriole
Glose sur texte) 주, 풀니, *어휘, *어훼.
Gloser un auteur 주내다, 풀다 (어, 풀), 붉히다. — sur le prochain 헐뜻다, 흉보다, 밝을뜻다 (어, 는) (Déchirer), 시비ᄒᆞ다, 시비쟁단ᄒᆞ다.
Glotte *셩갈.
Glouglou 콸 콸 흐르다 (흘너, 흐른), 펑펑흐르다, 펑 펑 솟다 (소서, 손) V. Harmonie.
Glousser 꼿꼿ᄒᆞ다, 알겻다 (겨러, 른).
Glouton (subst.) 게걸쟝이, 식충이 (ver rongeur). 걸귀 (diable affamé). — (adj.) *탐식ᄒᆞ다.
Gloutonnement manger — (homme) 더럭먹다 (어, 은), 더럭더럭 먹다, 버럭버럭 먹다, 어귀어귀먹다 = 훌훌 먹다, ce dernier surtout pour les liquides. — De (tigre) 널쳔 널쳔 먹다. De (chien) 덕덕먹다.
Gloutonnerie 게걸.
Glu 끈끈이.
Gluant 끈끈ᄒᆞ다
Glui
Gluten *부질, 식교
Glycérine *감유
Gneiss *편마셕
Gnomon *침, *일영침

Gnosticisme 직고는셜.
Gobelet 잔.
Gober (un objet) 밧다(아,은); — v.g. un oeuf frais un verre de vin 훌훌마시다, 훌훌마시다.
— (un mensonge) 씻다(어,는), 눈치업시씻다.
Goberger se —
Godet 종즈.
Godiche 우섭다(워,운), 봇삼기다, 봇심기다.
Godille 노, 잠씻.
Godiller 노젓다(저어 ㄴ 저저, 저은 ㄴ 저슨), 잠씻질하다.
Godon 창, 괴.
Goéland 괴광이새, 갈매기.
Goëmon 나무재, 다스마
Goëlette
Goguenard
Goguette en —
Goinfrer 버럭버럭먹다(어,은) V. Gloutonnement
Goître 혹.
Goîtreux 혹부리.
Golfe 회입, 만.
Gomme 진.
Gond 돌저귀 = — 지도리 ㄴ 지도리 les deux Dernier, se disant aussi du cadre de la porte.
Gondoler (être gauchi) 휘다, 휘뉘하다.
Gonflement 붓기, 불니기 etc.
Gonfler (v. neutre) 붓다(부어,은); — (v.g. des haricots dans l'eau) 붓다(불어,불은) = — (v. act.) 불다(어,분); — en soufflant (v.g. une

venir) 길드리다, 길 불다 (어,불). Se — et être
— 붓다 (불어,불은), 불내다, 붑흐다 (러,흔),
붑돌다 (돌너,돈), 부르다 (불너,부른), 불긋하다.
Se lever en se — 부로켜다, 부러켜다.

Gong 쇠북, 쇠괭과리, 쇠광과리.

Gonorrhée *림질, *음질

Goniomètre *측각긔 *각시계

Gorge 목, 멱, 멱살, = 목아지 (popul). =
— (de montagne) 산고랑, 산골, 골작, 산협.
Faire des — chaudes de qqun 악다구니하다,
악다귀하다.

Gorgée 먹음. Prendre une — 먹음다 (어,은)

Gorger se — 배터지게 먹다 (어,은), 쓸컷먹
다, *과식하다, *보식하다.

Gosier 목, 목구녕, 멱, 산멱; *연후.

Gosse 어린으희, 어린놈.

Gouailler 산다구니하다, 산다귀하다.

Gouailleur

Goudron

Gouffre 굴헝이, 굴헝텅.

Gouge

Goujat valet des satellites 도졸, 사군.

Goujon *소빅어

Goulot de bouteille 병목

Goulu 게걸장이 v. Glouton.

Goupille 쇠못, 고둥쇠.

Goupillon 성슈채

Gourde calebasse 박 — encore tendre
참선박; — sèche servant de vase 박아지

Gourdin 굴둥이, 몽치, 박닥이.

Gourmand (adj.) 탐식ᄒᆞ다. Un — 탐식직

Gourmander 구짓다 (지저, 지즌), 나무라다 (라, 란), 칙망ᄒᆞ다, 구지름ᄒᆞ다 = 호령ᄒᆞ다 a 불호령ᄒᆞ다 (prendre sa grosse voix) ne se dit que d'un supérieur.

Gourmandise *탐도, *탐식.

Gourmet 입되다.

Gourmette 자갈쇠, 자갈사슬.

Gousse (de pois etc.) 고토리, — vide 깍지, = — d'ail 쪽, 마늘쪽.

Gousset 주멍이.

Goût le sens du — 입맛, *구미. On dit aussi souvent 비위 (estomac). = — qu'ont les aliments 맛. — que l'on trouve à manger (appétit) 입맛, *구미 = *식셩 a un sens très différent & veut dire facilité plus ou moins grande de manger de tout. On dira 식셩됴타 d'un homme qui n'est pas difficile sur la qualité de la nourriture, & 식셩사오납다 d'un homme difficile sur la nourriture. Ne pas trouver de — à, manger sans trouver de — (à l'aliment) 맛모로다 (몰나, 모론). Conformer son — à la nourriture du pays 지조밧고히다, 환쟝ᄒᆞ다 (changer de boyaux). = En Corée on distingue 5 — (comme 5 couleurs etc.). On les appelle 오미, & ce sont : — poivré 맵다 (매와, 운), — amer 쓰다 (써, 쓴), — doux 달다 (아, 단).

686

— salé ᄶᆞ다 (ᄶᆞ, ᄶᆞᆫ) ; — aigre 싀다 (여, 싄) On essaye de faire rentrer tous les — ds cette classification, en combinant au besoin deux verbe : v.g. — aigre doux 싀고ᄃᆞᆯ다 Mais cela ne suffit pas. Il y a encore : 떫다 (어, 은) — âpre, acerbe, astringent ; = 고ᄉᆞᄒᆞ다, 고소ᄒᆞ다, — de fruits doux et juteux, — d'huile (principalement), 구리다, 구린맛 — de graisse ; — 비리다, 비린맛 — de viande. — Comme aliment dont leur langue est impuissante à qualifier le —, les Coréens citent volontiers le vermicelle 국슈. = Perdre son — (aliment), devenir mauvais, 변미ᄒᆞ다, 맛변ᄒᆞ다.

= —, au sens plus large, plaisir que l'on trouve à qq chose (aliments ou non) 맛, 재미, 취미. Avoir du — pour qq ch., l'aimer 됴하ᄒᆞ다, 됴화ᄒᆞ다, 즐기다. Faire qq ch. avec —, avec plaisir 즐겨ᄒᆞ다, 맛드리다, 맛드리고ᄒᆞ다. Ne prendre — à rien 아모거시라도 재미업다, 아모거시라도 경업다, 아모거시라도 맛모르다. — N'avoir pas le — des belles choses 됴흔일을 모르다. Ce n'est pas de mon — 됴흔줄 모르겟다. = Être adapté au — de qqun, lui plaire (aliment, chose ou homme) 비위에맛다 (마저, 마즌), et plus fort 비위속맛다. S'adapter au — de qqun

남의 비위를 맛초다 (아. 촌) = — Avoir du — pour qq ch. s'y entendre 알다, 지수하다.

Goûter (subst.) collation *요긔 = 하다.

Goûter (verb. act.) essayer le goût 맛보다 (아, 본) = —, aimer 즐기다, 도하하다, 도화하다. — prendre goût à 맛드리다.

Goutte d'eau etc 방울; — qui éclaboussent — qui rejaillissent 물살. Tomber — à — 방울노 ᄯᅥ러지다, 방울방울 스다 (스러, 른). C'est une — d'eau dans la mer *창해일속 (une graine de millet dans l'Océan). = —, maladie *통풍, 풍증.

Gouttière 홈, 물홈.

Gouvernail 키, 치.

Gouvernement (nation) 나라, *국; — (constitution) *정치. — absolu *군주전제정치, *전제국; — constitutionnel *립헌정치, *립헌국; — (ceux qui gouvernent conseil des ministres) *정부.

Gouvernemental parti — *관권당.

Gouverner 다스리다 qui a un sens général. — un royaume *정국하다, *정치하다

Gouverneur d'une province *감사 — plus tard *관찰사, maintenant *도장, *도장
*지사 관; — d'une préfecture *관장. Les titres honorifiques étaient *목사, *부윤, *부사, *군수, *현감 ou *현령; maintenant tous sont dits *군수; — d'une des 4 forteresses royales *유수. Maintenant — militaire *수령관.

Grabat * 도평상, 자리상.
Grabataire 구들덥리 (couverture de planches).
Grâce beauté 아름답기, 곱기 etc. —, bonne —, belles manières 얌전하기, 의젓하기 etc. Qui a de la — v. Gracieux. Qui manque de — qui a mauvaise — 볼品 업다. Faire sans — 볼品 업시하다. Faire de mauvaise —, à contre coeur 슬증내다, 역증내다 (montrer sa répugnance). Traiter de bonne —, avec bonne — 혼근이 디졉하다, 흔흔이 디졉하다. Jamais mauvaise — à refuser 소얀하는데 디졉아 닐다.
= —, faveur, bienfait * 은혜, 은총, 은의, 은우. Par la — de Dieu 쥬은혜로. De —, je vous prie 청컨대 (ds les livres surtout). En conversation on emploie les formes honorifiques de l'impératif.
— à, à cause de, par le moyen de 덕분에. C'est — à vous 덕분에. S'il s'agit d'un bienfait, on dit plus souvent (parce que plus poliment) — 은혜로, 덕덕으로, 힘으로. Les bonnes — v. Faveur.
= — au sens théologique * 성총 — habituelle * 평상성총, — actuelle 직외성총. Être en état de — * 평상성총을 누리다, * 성총을 누리다, * 평상성총에 잇다
= —, pardon * 용서, 용사, 관서, 물기

줄끼. Faire —*용서하다, *관서하다, 죄를 풀다 (어, 풀), 죄를 풀어주다. Faire — de la vie *요대하다. = — (d'un coupable) 특사. = —, grâce, remerciement. Rendre — *감사하다, *사례하다 ne se disent qu'à un supérieur élevé ou pour un bienfait considérable. En conversation on dit 고맙다 (아와, 온). Notez que 고맙다 veut dire "digne de louange", "digne de remerciement" & que le sujet est l'action ou la personne du bienfaiteur. Rendre — est donc 고맙다 하다; mais pour "Je vous rends —", on dit simplement 고맙다. = — après le repas 반후축날; —, action de — après la Communion 성체후송, 령성체후송.

고맙다 peut même marquer le contentement. v.g. entendant donner de bonnes nouvelles d'un malade, on répondra 고맙다, comme on dirait: "J'en suis bien content".

Gràciable 용서할만하다.

Gràcier *용서하다 = — un coupable *특사하다.

Gràcieusement 곱게 아름답게. Agir — avec qqun 혼은이하다. — 더접하다.

Gràcieux beau 곱다 (고아, 고온), 아름답다 (다와, 온), — bien élevé, de bonnes manières 얌전하다. — (enfant) 지접하다, 어엿브다 (엿버, 븐) ord^t contracté en 엿브다.

Gradation *등분; —*차등

Grade 등급, 등, 급, 층례, 층례 = — littéraire (diplôme de fin d'études) *졸업 (précédé du nom de l'étude). Cérémonie de collation des — *졸업식

Gradé qui a un grade littéraire 졸업생.

Gradin — Grandeur

690

— dans l'armée, sous officier, & spécialement caporal 하사.

Gradin 층.

Gradomètre instrument pour mesurer l'inclinaison, la pente 경각계, 경사계측기.

Graduation 분도, 눈금 — 등분

Gradué · · Verre —, bouteille — 승량기.

Graduellement ·

Graduer

Grain un — (blé, sable, etc.) 알, 알갱이 — plus gros 알맹이 — = pour le sel (& quelques autres choses) 낟 = — (le chapelet, le collier) 주, 알, 구슬 = — pris en général pour les céréales 곡식 = 낟알 (Hpyeng an) a un sens plus restreint.

Graine 씨, 종자. Mauvaise — (injure à un enfant) 씨앗머리, 소견조식 (enfant brulé) = 싹그륵다 (le germe est mauvais) se disait à un enfant positivement vicieux.

Injure 못된 종자 écrite en Coréen comme en Français.

Graisse 기름, en agg. 유. — de boeuf 우유, 소기름, — dépose 제유, 되아진기름. Avoir un goût de — 누리다 (누린내, 누린맛).

Graisser 기름칠하다, 기름바르다 (발라, 바른) = — la patte 행뇌하다, 뇌물주다.. & plus crûment 먹이다 (donner à manger).

Graisset petite grenouille verte 청개구리.

Graisseux 기름묻다 (어, 은), 기름묻치다.

Graminées

Grammaire (règles) 말법, 말규식, 문법. — (livre) 문전.

Gramme (poids français) "그람" que les Japs écrivent avec le caractère 瓦

Grand 크다(커,큰), en agg. 대. Très — 크나크다, 크다랗다 (다래,다란), 큼직하다, 대단하다, 장하다, 장대하다, 유란하다, 부대하다. —, gigantesque 기장하다 (하,한), 흠석하다. — énorme (vg. arbre d'une forêt) 비리하다. Un homme de — taille 키큰사람, (대인 voudrait dire un adulte, un homme noble). Jeune homme déjà — 큰노히, 총각, 총각노히. Être plus — d'un pouce 한치더크다. Chose de — importance 대수롭다 (로와,로온), 장대하다. Il fait — vent 바람대단하다. Ce n'est pas — chose 대수롭지안타, 대수롭지아닌거시라. = —, illustre, célèbre 유명하다, en agg. 명. — roi 대왕. (tous les rois de Corée le deviennent … à leur mort). —, noble, élevé & Généreux. Un grand caractère 정대한사람. Les — du royaume 대신, 신하. Actuellement 대신 se dit seulement des ministres.

Grand pour son âge 숙성하다 (qui a grandi vite).

= Noter - Coréennement il est mieux de traduire — par un mot spécial correspondant à chaque idée quand ce mot existe! —, élevé (tour, arbre) 놉다(하,흔), — spacieux (chambre cour, etc) 넙다(어,은) —.(distance) 멀다(어,먼) etc.

Grandement 크게, 장히, 대단이, = 매우.

Grandeur étendue 크기, 큼이 quelle en est

la grandeur 크기가 얼마나 크냐. — (à évaluer) *대소 (— ou petitesse). — en math. *양. — taille d'un homme 킈. — air imposant. Avoir un air de grandeur 점잔하야뵈다, 범상치 안타 (범상하다, vulgaire). La —, la puissance *부귀공명.

Grand garde *전쇼. Les troupes qui la forment *전쇼되. Compagnie de — 젼쇼즁되.

Grandiose 대단하다, *장대하다. Spectacle — 장관, 대관.

Grandir 자라다 (자라, 란). Devenir grand, être déjà grand 커지다. Le mal (maladie) — 병이 깁허가다. Faire — 킈우다

Grandir vite *속셩하다 (le présent, en coréen ayant le sens du passé français).

Grand mère paternelle *조모; — maternelle *외조모 — en général 할머니, 할미, 할메.

Grand oncle paternel 즁조부; — maternel *외즁조부.

Grand père paternel *조부, maternel 외조부; — en général 한아비, 할아비, 할아버니, 할아버님, 할아버지.

Grands parents paternels *조부모; — maternels *외조부모.

Grand tante paternelle *왕고모; — maternelle *왕이모.

Grange 광. — à grain 곡광.

Granit 촛돌, *화강셕.

Granivore

Granule (en droguerie) 과립.

Graphique Procédé — *도해법

Construction — *도회.
Graphite *석묵, *흑연
Graphologie
Graphomètre *측각긔 se dit de toute espèce de goniomètre.
Graphophone *전어통, *유성긔, *축음긔.
Grappe 송이, 송아리.
Grappin
Grappiller
Gras qui a de l'embonpoint 살지다, 기름지다, 기름ᄯᅳᆫ하다 (하,ᄂᆞᆫ) — (Viande opposé à maigre) 비계 (se dit surtout du lard de cochon). — (terre) 걸다 (어,건), 거름지다. Terre — 건토, *옥토 : : —, taché de graisse 기름묻다 (어,은) × si c'est autre chose que la graisse ou l'huile 새 묻다 = Jour — (où l'on peut manger —) 고기 먹는날. Manger — 입 버리우다 (워,운) (graisser sa bouche) = Le — de la jambe, le mollet 종아리, 장딴지.
Gras double
Grassement (libéralement) 후히, 후하게.
Grasseyer 혀굿다 (어,은).
Gratification *상급 = 하다, = 주다 (어,준).
Gratis 공히, 공으로, 그저, en agg. 공.
Gratin 누룽이, 누룽지.
Gratitude avoir de la — 은혜를 긔억하다, 은혜를 잊지 아니하다, *지은하다. La montrer *지은 보은하다.
Gratte papier *필상.
Gratter 긁다 (어,은), 깕다 (어,은); —, v.g. comme la poule — la terre 버릊다 (르저,진) 버르적 버르적하다, 버르적이다.

— sur une commission (s'approprier une partie de l'argent) 갈거먹다 (어, 은), 새어먹다. —, tirer de l'argent de côté & d'autre pour soi (sans injustice) 글겅이질ᄒᆞ다 (글겅이, râteau).

Grattoir pour effacer *조초

Gratuit *공ᄒᆞ다, 공히ᄒᆞ다, en agg. 공.

Gratuitement 공히, 공으로; 그져.

Grave important (affaire) 대ᄉᆞ롭다 (로와, 온), 관계잇다, 관계되다; — sérieux, de manières imposantes (homme) 무겁다. (거워, 온), 졈지안타 (ᄒᆞ, ᄒᆞᆫ), 엄졍ᄒᆞ다, *엄연ᄒᆞ다, *엄슉ᄒᆞ다, *진즁ᄒᆞ다, 의젓ᄒᆞ다, 졈대ᄒᆞ다 = 드레지다. Le dernier veut surtout dire peu pressé & même lambin.

Graveleux ordurier 샹스럽다. terre — 모래반흙땅.

Gravelle *석림, *사림.

Gravement 무겁게, 졈잔케 V. Grave. —, beaucoup 미우. être blessé — 깁히샹ᄒᆞ다.

Graver 삭이다, 아로삭이다, 삭임질ᄒᆞ다, *도각ᄒᆞ다, *각ᄒᆞ다, en agg. *각. — sur bois *각판ᄒᆞ다, — sur pierre *각셕ᄒᆞ다; — en relief *양각ᄒᆞ다; — en creux *음각ᄒᆞ다.

Graveur *각슈, *각슈쟝이, *도각쟈, 삭임쟝이. — de sceaux *도셔쟝이.

Gravier 모래, 왕모래, 죄악돌.

Gravir 올나가다, *등산ᄒᆞ다 = *등젹ᄒᆞ다 veut dire monter & descendre, & par suite se promener par la montagne. — en conraut 치돗다 (ᄌᆞ라, ᄌᆞ른) (치, en haut)

Gravitation des astres . La force de — de l'it 우쥬인력, 인력, 흡슈력, 흡력

Gravité 대ᄉᆞ롭기, 무겁기 V Grave . 관졔.

Gravois sable 모래 . —, décombres 구벽토.

Gravure action de graver 삭이기… 각 . — en relief 양각, — en creux 음각 = —, image 샹, 샹본, 그림.

Gré 뜻, 마음, 졍, 의ᄉᆞ, 쥬의, 심의, 심ᄉᆞ, 쥬견, 쇼견 — d'un supérieur 쳐분 . Faire de

De mauvais gré V. Grâce

bon — (avec plaisir) 즐겨ᄒᆞ다, 됴하ᄒᆞ야ᄒᆞ다, 밧드러고ᄒᆞ다, 달게ᄒᆞ다, 감심ᄒᆞ야ᄒᆞ다. De son plein — sans y être forcé ᄌᆞ원으로ᄒᆞ다, ᄌᆞ원ᄒᆞ야ᄒᆞ다, en agg. ᄌᆞ원 . De — à — 샹의ᄒᆞ야 . Au gré (de qqun) 마음, 대로, 뜻대로, 쥬의대로, 쥬견대로, 원대로, 쇼견대로 & s'il s'agit du — d'un supérieur 쳐분대로 . Contre le — 마음, 들니게, 마음, 거ᄉᆞ리고, 거ᄉᆞ리고, 여의치못ᄒᆞ게 Contre son — 억지로 . Bon —, mal — 홀일업시, 부득이, ᄆᆞ지못ᄒᆞ야 . Au — du vent 바람 부ᄂᆞᆫ대로, 바람대로 . Au — des flots 물결대로 . = Savoir bon — de 됴화ᄒᆞ다, 됴하ᄒᆞ다, 됴케넉이다 . Savoir mauvais — de 언짠케넉이다, 언짠히넉이다 .

*간인 Gredin 잡놈 . — (enfant) 셴조식 (enfant huli)

Gréement de navire 션샹즙물, 션샹구즙물 .

Gréer

Greffe d'arbre 졉 = 붓치다, = ᄒᆞ다, — (de

tribunal, d'administration) *셔리과·
Greffier *셔리; — de tribunal *죄한셔리
Grêle (subst) 우박, 박조리, 누리·
Grêle (adj) 가늘다 (어,는), 실낫ㅅ다 (comme un fil).
Grêlon 우박알갱이, — gros 우박덩이·
Grelot 방울·
Grelotter 사닐니다, *한뎐ㅎ다, *한뎐ㅎ다.
Grenade fruit *셕류 = les grains 셕류알.
= —, projectile à main *뎡탄.
Grenadier arbre 셕류목, 셕류나무 = — soldat qui porte une grenade *뎡탄병.
Grenaille, fragments de métal 쇠부스럭이.
= — pour le fusil 박쇠, 박쇠알·
Grener. Monter en graines. Pour les céréales 이삭되다; pour les autres plantes 홍안사 — se former en grain, dans l'épi 엽그다 (러,근), 엳, 읍다 (어, 엳는) qui indiquent au moins un commencement de maturité.
Grenier au dessus d'un autre appartement 다락. — à part 광. — à céréales 곡간, 곡간.
Grenouille 개고리, 개구리, 머구리·
Grenu 도들도들ㅎ다 au toucher 쌀쥭 살쥭ㅎ다.
Grès *사셕·
Grésil 셔리, 싸락이눈·
Grève plage de sable 사장, 모래밧, 모래톨 = — ouvrière *동밍파공·— (en gén.) *동밍파업; *파업; — (pour les étudiants) *동밍화결, *파결
Grever vexer 고롭게ㅎ다, 붓치다. Être — d'impôts (surchargé) 구실되다 (여, 된).

Grief (subst.). Dommage souffert 해본것, 손해. — plainte. Exposer ses — aux autorités 정ᄒᆞ다, 정소ᄒᆞ다, 정쟁ᄒᆞ다, 소지ᄒᆞ다

Grief (adj.) 중ᄒᆞ다, 중대ᄒᆞ다, 과중ᄒᆞ다.

Grièvement 중이, 중ᄒᆞ게 etc.

Grièveté 중ᄒᆞᆫ이, 중ᄒᆞ기 etc.

Griffe 발톱 Trace d'un coup de — (homme) 손톱자리

Griffer 할키다

Griffonnage 먹칠.

Griffonner

Grignoter 썰내다

Gril 적쇠, 석쇠, 섭쇠, 섭즈.

Grillade

Grillage 살창. Mettre un — (à une fenêtre) 살창으로 막다 (아, 은)

Grille v. grillage. —, porte grillée 살창문, 살문, 쇠살문.

Griller De la viande 굽다 (구어, 구은), — (v.g. du café, des pistaches) 복다 (가, 근), — les poils 그슬니다, 글우다 (어, 은). = — de (désirer vivement) 조히다, 시룩되다, 이룩거리다, 시룩이룩하다.

Grillon 뵈쌍이, 귀드람이

Grimace

Grimacer 상흐리다, 증긔다, 입중긋중긋ᄒᆞ다, 얼골씽긋씽긋ᄒᆞ다. Faire la — devant une chose pénible, un désagrément 증그러워ᄒᆞ다 (Cette chose est dite 증그럽다).

Grimpant Plante — 넌출, 덩굴.

Grimper 오르다 (올나, 오른). Faire — 올니다.

698

Grincer les dents 니갈다 (어,간), 절치하다, — de colère (figuré) 악물다 (어,문)
니븍드득 븍드득갈다 = — (v.g. une porte sur
ses gonds) 삐드득하다, 삐걱삐걱하다, 비
걱비걱하다, 비드득비드득하다.

Gringalet

Grincheux 사다롭다 (로와, 로온), 분성사오납
다 (나와.온), 비위맞초기어렵다, 심술사오납다.

Grippe 깃침, 곳불.

Gripper — Dérober 훔치다.

Gris couleur 회색, 지빗 (couleur de cendre)
—, tirant sur le noir 검으스럼하다 = —,
ivre. V. ce mot. Le temps est — 날붉지안다.

Grisâtre

Griser V. Enivrer.

Grisonner 세다 (어,센), 세여지다; — un
peu 희긋희긋하다, 희긋희긋세다, — beaucoup
반빅되다 (moitié blanc).

Grive 빅빅새.

Grivois 상스럽다 (러워,운)

Grogner comme le cochon 꿀꿀하다; —
pour manifester l'improbation 숭즈노타 (하,
흔), — murmurer. V. grommeler.

Grognon

Groin 부리 — de porc 되아지부리, 되아지쥬동이.

Grommeler 산자거리다, 싀쥬거리다, 줌
절거리다, 싀죽싀죽하다, 줌줌줌하다, 줌줌
거리다. 중얼중얼하다, 웅얼웅얼하다, 웅얼거리다.

Gronder réprimander 꾸짖다 (지져,즌),
나무라다 (라,란), 꾸지름하다, 져주다 (어,준),

벗당ᄒᆞ다. = —(tonnerre) *뢰셩ᄒᆞ다 = —, élever la voix (pour réprimander) *호령ᄒᆞ다.

Gronderie 삭지름, 삭줌, 벗담 = ᄒᆞ다, = 듯다

Grondeur 사다롭다(로와, 온), 걱졍구럭이.

Gros (subst.) la 10ème partie de l'once 돈. = (militaire) le corps principal - en agg. *본 : *본군 - de l'armée ; = *본대 - du régiment.

Le — des bâtiments 몸쳬

Gros 굵다(어, 은). Un homme —, replet, potelé 북대ᄒᆞ다, 통통ᄒᆞ다. = — & court 보됴ᄒᆞ다, 판지다. Devenir — 굵어지다. Un — livre 술만ᄒᆞ다, 술놉다(하, 혼) (술 tranche) = — se traduit souvent par 크다(커, 큰), en agg. *대, grand. Une — affaire 큰ᄉᆞ경, *대ᄉᆞ. Un — souci 큰걱졍 etc. Une femme — *잉부, 오히밴녀인. Être — 븨다(여, 빈), 오히븨다. La mer est — 날결니러나다, 날결치다. Jouer — jeu 만흔돈으로노다(라, 논). Vendre en gros (d'un seul coup) 통쳐ᄑᆞᆯ다, 원통ᄑᆞᆯ다 합박ᄑᆞᆯ다, 도거리ᄑᆞᆯ다. Vendre en — (par opposition à détail) *도매ᄒᆞ다. Dire une chose en — 대개만말ᄒᆞ다, 약간말ᄒᆞ다. = Avoir le cœur — 셟다(워, 운), 셥셥ᄒᆞ다, = 답답ᄒᆞ다 ce dernier marquant surtout un ennui ou un souci. Avoir le cœur — par regret de l'absence de personnes chères 그립다 & 그렵다(리워, 운) (les personnes regrettées se mettent en régime direct : 부모를그립다 avoir le cœur — en pensant à ses parents absents.).

700/

Groseille

Groseiller

Grossesse ˊ잉틱, ˊ슈틱, ˊ틱즁.

Grosseur 굴기, 굵음이. C'est de la — d'un haricot 굴기가 콩알만ᄒᆞ다. 콩눈리만치 굵다(어, 은). = —, excroissance de chair 혹.

Grossier sans éducation ˊ무례ᄒᆞ다, 례모업다, ˊ질박ᄒᆞ다, 쳘뫼다. Parole — 생말, 생스러온말. —, de qualité inférieure 생, 생스럽다 (러워, 온); ˊ질박ᄒᆞ다; —, pas beau, pas joli, fait sans soin 곱지안타 (하, 눈), 궂다(구저, 즐); — épais 굵다(어, 은); —, pas fini, mal poli ˊ둔ᄒᆞ다, ˊ험ᄒᆞ다; —, négligé, mal fait, mal habillé etc 험생스럽다(러워, 온), 험뎍스럽다; — sans instruction ˊ무학ᄒᆞ다, ˊ무식ᄒᆞ다 = Injure — ˊ능욕. Levain — 생누룩; Travail — 곱지안흔공부.

Grossièrement 생스럽게, 곱지안케 etc. —, incivilement 무례히

Grossièreté 질박ᄒᆞ기, 무례ᄒᆞ기 ... etc. —, paroles grossières 생말, 생소래, 입에담지 못ᄒᆞᆯ말. — injure ˊ능욕. Dire des — (surtout des injures) 아가리질ᄒᆞ다.

Grossir (v. act.) 굴게ᄒᆞ다 — (une parole, un récit), exagérer 보틱다 (여, 흰). = —, (v. neutre) 굵어지다, 붓다(불어, 불은), 불니다, — se par adjonction de nouveaux individus (ex. un groupe, une armée) 만하지다 (만타 nombreux). Faire — 굵히다. Laisser — 굵어지게두다.

Grotesque 우습다(워워,운), 우숩다(수워,순).
Grotesquement 우숩게.
Grotte 굴.
Grouiller 쇠다(여,쇤) V. Fourmiller.
Groupe 새. Former des —, se former en — 새 치다 (지어,지은).
Grouper 보호다(화.혼), 보화두다. Se — 보히다.
Gruau 귀리쌀, 귀리가로.
Grue oiseau 두루미, *학, 야학. — pour lever des fardeaux *기중기.
Gruger avec les dents 씹다(어,은), 물어 씹다. = —, broyer V. ce mot. — le peuple 백성을 보치다, 백성을 씹어 먹다.
Grumeau de sang, etc 방울, — de sel 소곰 발. Qui contient des — (pâte, colle mal délayée) 벙얼벙얼ᄒᆞ다.
Grumeler 방울 치다, 방울지다.
Guano 새똥, *치됴분.
Gué 건널만ᄒᆞᆫ물, 천탄ᄒᆞᆫ물 (천탄ᄒᆞ다 peu profond). On dit 발목물 (cheville), 허리물 (ceinture), 가슴물 (poitrine) 길물 (hauteur d'homme) suivant l'endroit du corps où atteint l'eau.
Guenille 헌것, 헌겁, 헝겁, 나부랑이. Être en — 헐벗다(버서,버슨), 나불나불ᄒᆞ다.
Guenon 암 잔나비.
Guêpe 땅벌, *황봉. — à longues pattes (Bombus terrestris) 바다리
Guêpier 땅벌의 집.
Guère 조곰, 적게, 만치안게. Presque toujours 얼마없다

702/
il faut changer la tournure de la phrase
française. Ne s'en falloir guère que…
se rend par la forme ᄒᆞᆯ번ᄒᆞ다, & par
ᄒᆞ마터면 : un peu plus et…. Il ne s'en
est — fallu qu'il ne mourût 죽을번ᄒᆞ엿다,
ᄒᆞ마터면 죽을번ᄒᆞ엿다. Il ne se porte —
bien 병잣다 (잣다, 자자, 잔 fréquent).
Homme qui ne se porte — bien 병구럭이,
*토병객 (sac à maladies). Il ne reste —
d'argent 돈얼마 아니남앗다. Cette ma
ladie n'arrive — qu'au printemps 봄밧
게 그병이 흔치안타 (흔ᄒᆞ다, fréquent).
Il ne vient — ici 여긔 드물게 단닌다, 자
조 아니 단닌다, 흔히 아니 단닌다. Il n'y
en a — 드물다 (어, 문), 만치안타 (타, 흔).
Je n'ai — que cela 그밧긔 별노 업다.
Guéridon 상.
Guérir (v. act) une maladie, un vice
곳치다 (쳐, 친). Facile à — 곳칠만ᄒᆞ다,
곳치기 쉽다. Qu'on ne peut — 못곳칠,
곳칠슈업다. = —, (neutre) —, se —, être
— 낫다 (나하, 흔), 병낫다, honn. *쾌차
ᄒᆞ다, *회복ᄒᆞ다. Êtes vous — 병나핫ᄂᆞ냐.
Si je — 나흐면, 병나흐면.
Guérison
Guérite de factionnaire *초사; — de
police 슌도막. — à une porte *슈문청
(c'est plutôt un corps de garde).
Guerre 난리, en agg. *난, *전. — civile

*쌘란, — terrestre *륙젼. — maritime *헤젼.
Déclaration de — *격셔 qui veut dire aussi
défi, provocation (par écrit). Faire la — 난
리하다, *접젼하다. 싸호다 (화, 혼). La grande
— avec le Japon *왜란, 임진란리 (guerre de
1592). La — avec la chine (en 1636 à propos du changement de la dynastie chinoise)
*호란. = Ministère de la — *군부. Ministre
de la — *군부대신.

격셔 est vieux. On dit maintenant 선젼 = 호라; le rescrit impérial de déclaration de — 선젼죠칙.

= —, batailles *젼징
Dépenses de — *젼징비

Guerrier (subst) soldat *군ᄉᆞ, *군병, 병졍.
Guerrier qui aime la guerre
= — qui appartient à la — en agg. *군.
Arme — *군긔. Chant — *군가.
Guerroyer 싸호다 (화, 혼).
Guet Faire le — 술피보다 (아, 본), 엿보다.
— de (milit. police) *파슈하다. Le — de nuit
la patrouille de nuit (autrefois, à Seoul)
*슌라. Ceux qui le faisaient *슌라군.

파슈보다

Guet apens — attirer dans
un — 쇠이다, 속이다. Tuer par — 속여
셔 죽이다, 간계로 죽이다. (간계 ruse).
Guêtre *힝젼. Se mettre — 신다, = 치다.
Guetter 엿보다 (아, 본) = *슈직하다, 파슈하다.
Guetteur *파슈군. = *방군.
Gueule 입, 아가리, 부리.
Gueuse fer fondu brut 무쇠쳣불.
Gueux, mendiant 비렁이, 비렁뱅, 걸인,
걸박. —, homme de rien 빌어먹을놈; —
vaurien *잡인, 잡놈, 난봉, 부희지비, 부희비

704

Gui 겨우살이.

Guichet 창, 보.

Guichetier V. Geôlier.

Guide homme qui montre la route *지로인, *선도자, *지도자 *지로군, 길지시하는사람, 인도하는사람. — et en même temps fourrier 길잡이. — Homme qui sert de — aux satellites 압잡이. = — qui va au devant d'un supérieur pour l'accompagner & le guider *조령접군. = — en temps de guerre *향도관 C'était une petite dignité. = —, rênes 굴레끈, 자갈끈.

Guide-âne

Guider quelqu'un *인도하다, 길그르치다. Se — sur qq chose *향하다 (marcher vers). Se —, se modeler sur qqun ou qq ch. 본받다(아,은).

Guidon petit drapeau *소긔. — (de fusil) 가늠쇠, 다림쇠 — de milit. *조셩. — (de bicyclette) 압장.

Guigner regarder du coin de l'oeil 기웃기웃보다 (아,본), 흘깃흘깃보다; = 곁눈질하다. Id. à la dérobée 슷쳐보다, 샷쳐보다.

Guigne. Guignon *역경 (circonstance défavorable). Avoir du — 역경맛나다, 운수불힝하다, 수사오납다, 궂기다. Par — 불힝히 (*불힝하다)

Guignol

Guillemet *중활호.

Guilleret

Guillocher

Guillotine *슈참틔, *단두틔

Guimauve

Guimpe. 슈건, 머리슈건.

Guindé affecté, embarassé, peu naturel '슈이다, 쇠훤치안타 (하.훈), 쇠원치안타. Homme —, poseur 어슨놈, 신방귀귀는놈 (ses pets sont aigus).

Guirlande '휘병. On dit plus souvent 줄. Le numéral de — est 줄, agg. '조건. Balloner en — 휘병되다. Disposer en —, tresser en — 휘병들다 (어.든). 휘병올니다.

Guipure

Guise goût, volonté désir '소견; pour un supérieur 처분 v. Gré. Agir à sa — 제소견대로 하다. — En — de, au lieu de, à la place de 대신으로. Ce mot ne sert que pour une chose qui se fait en passant. Si c'était une habitude, il faudrait tourner par l'instrumental. Manger (habituellement) les pommes de terre en — de riz 감자를 밥으로 먹다 (어.은). Des choses qui habituellement (ou même accidentellement) servent en — d'autres, on dit qu'elles font l'office de... 구실하다: En Europe le pain sert en — de riz 서양서 면족가 밥구실혼다.

Gutta percha 적고부

Guitare '비파, '양금, 거믄고, 가얏고. Ce sont autant d'instruments différents se rapprochant plus ou moins de la —.

Guttural (Consonne) — '항설

706/

Gymnastique (subst) *톄조, *톄조술, *운동 Gymnase *운동장
Appareils de — 운동 틀, 운동긔, *운동톄구. *톄조 연습장.
Pas — *구족.

Gymnote *뎐어.

Gynécée *안방, *내실.

Gypse *석고.

Gyroscope (en mécanique) *회전의. — (en optique) .

H

Ha interjection. —(rire) 하, 하하; —(surprise) 앗다; —(surprise ou douleur) 애고, 애고머니, —(douleur, regret) 아뿔사, 앗차, 아차, 애고나, —(admiration) 애고됴타.

Habile d'une habileté naturelle 재조잇다; — d'une habileté acquise 닉다(어,은), 손닉다, 슈닉다, 슈단닉다, *닉숙하다, *능하다, *능난하다, *용하다; — dans les arts libéraux 재화잇다.

Habilement 재조잇게, 능하게, 닉숙히 etc. 용하게

Habileté 재조, 재화, 슈단, 능 v. Habile.
— manuelle 손재조, 슈재, 슈시. Acquérir de l'— 슈단닉다 (어,은)

S'— avec prétention 볼골내다.

Habiller (v. act.) 입히다, 입혀주다. S'habiller 입다(어,은), 옷입다. S'— complètement pour sortir *의관하다 (habit & chapeau). S'— en homme (femme) *남복하다; — en femme, (homme) *녀복하다. — en européen, à l'européenne *양복하다; — à la japonaise *일본복색하다. S'— bien 고은옷입다. Se prendre ses beaux habits, ses habits du dimanche 비음하다. D'un pauvre qui s'habille bien, on dit 든거지, & d'un riche qui s'— mal 든부자.
= — un objet, le couvrir de qque chose 입히다.

Prise d'= 복식

Habit 옷, *의복, 입성, *복색, en agg. *의 & surtout *복. — européen *양복. — piqué 잔누비. — de travail 일옷; — de deuil *상복; — de cérémonie *례복, *도포; — officiel (uniforme) *관복, — pour les soldats *군복. — pour les sacrifices *제복. — de noce 길복 (habit heureux) C'est aussi le nom qu'on donne aux — qu'on prend en quittant le deuil. Les —, le costume complet *의관 (— & chapeau). Changer d'— 옷갈다(아,간), 옷갈아입다.

Habitable 살만하다.

Ports *거인, *거신

Habitant d'une ville 읍내사룸, *읍인; — d'un village 촌내사룸, *촌인; — d'une maison *가속; — de la campagne (paysan) *도민. — d'un pays *백성.

Habitation maison 집; — lieu où on habite *거주. Le nom & l'— (l'adresse) *거주성명.

708/

Habité 사ᄅᆞᆷ 사는. Maison — 사ᄅᆞᆷ 사는 집. Lieu — 사ᄅᆞᆷ 사는 디방, *인간쳐 (le contraire est *무인디경). Est ce qu'on ne peut le faire dans un lieu — 인간쳐에 밥 못 ᄇᆡᆨ으랴. Toute la terre est — 보텬하에 사ᄅᆞᆷ 산다 ou 잇다.

Habiter 살다 & 사다 (사라, 산): —, résider *거ᄒᆞ다, *거쥬ᄒᆞ다. — sous terre *땅 속에 살다.

Habitude 버ᄅᆞᆺ, *습관, *풍습, en agg. *습. : — (ou coutume) plus ou moins générale *습속

— mauvaise 곳ᄉᆞᆫ 버ᄅᆞᆺ, *악습, *모병, *습관 모병. (*고질) Avoir de mauvaises — 버ᄅᆞᆺ사오납다 (나와, 온). Se former une — *풍습ᄒᆞ다. = 버ᄅᆞᆺ되다 qui se dit surtout des défauts. Il a pris, dès l'enfance l'— de mentir 어려서브터 거ᄌᆞᆺ말ᄒᆞᄂᆞᆫ 버ᄅᆞᆺ되엿다.

Comme d'— *여젼히 (litt comme avant)

Habitué 버ᄅᆞᆺ되다, 습관되다, 닉이다.

Habituel 습관되다 — opposé à fortuit *도샹ᄒᆞ다, *도샹ᄉᆡᆼᄒᆞ다, *의례ᄒᆞ다. Grâce — 도샹ᄉᆡᆼ셩춍 / — non extraordinaire 예ᄉᆞ롭다 (로와, 온).

골박다 (아, 은) se dit d'une habitude devenue une seconde nature.

Habituellement *항샹, *일샹, *항용; — communément *보통.

Habituer (v. act) 닉히다, 닉이다, 닉여주다.

S' — *풍습ᄒᆞ다, *숙습ᄒᆞ다, *항습ᄒᆞ다, 닉이다.

Être — 닉다 (어, 은), 닉숙ᄒᆞ다, 싀드다 (러, 든), 닉숙ᄒᆞ다

Être — à une chose, n'en être plus frappé (assueta vilescunt) 기ᄅᆞᆷ이나다.

Hâblerie vanterie 헛ᄌᆞ랑 = ᄒᆞ다.

Hâbleur 풍쟝, 바ᄅᆞᆷ쟝 (outre à vent), 허

듬설이 (soufflet). = — qui exagère 부허군.

Hache 독긔.

Hache-paille *작도

Hacher (légumes, tabac, paille) 썰다 (어, 썬), 잘게 썰다. — viande, chair à pâté 낙이다.

Hachette 작은독긔.

Hachis . Boulette de — (de viande hachée) 완즈. Bouillon au — *완즈탕.

Hachure

Hagard *위름ᄒᆞ다, 위름ᄒᆞ야뵈다.

Haï 뮙다 (뮈워, 뮈운).

Haie 바조, 바주, 울, 울타리. — vive 산울. — (r.g. de soldats) *쳥렬.

Haillon 헌옷, 헌것, 헝겁, 나부렁이. Être en — (habits) 나불나불ᄒᆞ다. — de (personne) 헐벗다 (버서, 순).

Haine *혐의, *혐념, 뮈워ᄒᆞᄂᆞᆫ니음. S'attirer la — 인심을 일다 (허, 흔), *실인심ᄒᆞ다. En — de 뮈워ᄒᆞᄂᆞᆫ ᄭᆞ닭으로, 뮈워ᄒᆞᄂᆞᆫ연고로, 악졍으로. Battre ses enfants en haine de ses parents 부모의악졍으로ᄌᆞ식을ᄯᆞ리다. = — héréditaire *세혐. Entretenir une haine (contre qqn) 뮈워ᄒᆞᄂᆞᆫᄆᆞ음을품다; *혐원ᄒᆞ다. *앙분ᄒᆞ다.

Haïr 뮈워ᄒᆞ다, 뮈워ᄒᆞ다, 뮈옵다 (어, 운), *한ᄒᆞ다 = — avoir de l'aversion pour 슬희여ᄒᆞ다 r.g. 공부슬희여ᄒᆞ다 — l'étude.

Haire vêtement de pénitence *공복, *고의

Haïssable 뮙다 (뮈워, 뮈운)

710/ Halage

Hâlé de visage 글다(그러,근), 그으다(러, 은)
Homme — 그은사ᄅᆞᆷ.

Haleine 숨; *호흡 avoir l'— courte 숨차다 qui veut dire aussi "être essoufflé". Avoir l'— puante 입에셔구린내나다. Tout d'une — ᄒᆞᆫ숨에, ᄒᆞᆫ흡에. A perte d'— 긧긧. Être hors d'— 헐덕이다, 헐덕헐덕ᄒᆞ다, 식은식은ᄒᆞ다. Ouvrage de longue — 오랜공부 (오래다), 긴공부 (길다), 뎍ᄒᆞᆫ공부. Tenir l'ennemi en —, le molester continuellement 지근되다, 지근지근ᄒᆞ다.

Hâler (un bateau, un fardeau etc.) 그으다 (러, 그은), 글다(어, 근), — un bateau 배리줄 날이다 = 배리줄 est la corde de halage.

Haleter 헐덕이다.

Halle

Hallier 덤불.

Hallucination *환상; 헛상, *현운.

Halo de la lune 돌날; du soleil 해날. : — *광명

Halte d'un voyage 참 qui veut dire étape et halte. Faire — (à l'auberge) 참ᄒᆞ다. Se arrêter un peu en route 쉬다 (어, 쉰) de très peu ᄒᆞᆫ춤쉬다. Halte! (arrêtez-vous) 게잇거라 (게 pour 거긔).

Hameau 동네, 동 ~~guid~~ *촌 qui se dit surtout par opposition à ville. 마을 (se prononce souvent 마실).

Hameçon 낙시, 견지. Pêche à l'— 낙시

질ᄒᆞ다. Rendre à l. — 낫고다(아,ᄅᆞ). La dent de l. — 끼날.

Hampe 대.

Hanche 환도ᄲᅧ, 고도리ᄲᅧ.

헛간 Hangar 헛간. — à tabac 담배간.

Hanneton

Hanter (un lieu) 단니다; — (un homme) 사괴다(여,ᄋᆡᆫ), *상종ᄒᆞ다. Le démon — une maison 독갑이 집에서 작난ᄒᆞ다. La maison — est dite* 흉가, maison funeste.

Happer 잡다(아,은), 붓잡다(아,은).

Haranguer *연셜ᄒᆞ다.

Haras *목마장.

Harasser vexer 보채다(여,친). Être — (très fatigué) 지치다.

Harceler 지근거리다, 지근지근ᄒᆞ다.

Hardes 옷, 범셩*, 의복.

안차다(차,찬) Hardi *담ᄃᆡᄒᆞ다, 겁업다, 간크다(grand foie) — —, effronté 뻔뻔다.

Hardiesse *담ᄃᆡ. — opposé à timidité, pudeur 넉살. Rendre la — de 감히ᄒᆞ다. N'avoir pas la — de 감히못ᄒᆞ다. Comment avez-vous la — de 엇지감히 …

Hardiment 겁업시; — audacieusement 담ᄃᆡ이. — sans crainte ni timidité 감히.

Harem

Hareng *쳥어 = 비웃, qui ne se dit que des harengs frais.

Hargneux 사나옵다(오와,온).

712/ **Haridelle** 경뎌리빠ᄂᆞᆫ ᄆᆞᆯ, 경치빠ᄂᆞᆫ ᄆᆞᆯ (경치 colonne vertébrale).

Haricot 콩. — européen 양콩, plus sout: 당콩 (de Chine), 강남콩 (du Kyang nam).

Harmonie comme accord de sons *화음, comme succession harmonieuse de sons *화셩 = air harmonieux *유됴, *유률. = —, bonne —, concorde *화목, 화ᄒᆡ.

Harmonie imitative Je range sous ce nom les onomatopées dont le Coréen abonde, en conversation du moins; car dans les livres l'usage en est très restreint. Ces onomatopées correspondent chacune à une idée ou plutôt à une sensation; mais pas seulement aux sensations de l'ouïe, car il y en a pour la vue, le toucher ... pour les cinq sens. Cette abondance d'expression imitative est un des caractères saillants du Coréen. C'est aussi une de ses grandes difficultés, et bien peu d'étrangers — si même il y en a — arrivent à les employer comme de vrais Coréens. La difficulté vient de ce que chacune de ces expressions correspond à une idée, à une sensation beaucoup plus précise qu'on ne croirait d'abord. Prenez en deux que vous croirez synonymes et interrogez là-dessus un Coréen, et vous constaterez que, pour lui, chacune d'elles a un sens différent et assez strictement délimité.

Au cours du dictionnaire on trouvera nombre de ces expressions. Je range ici, par ordre alphabétique les principales de celles qui correspondent à un bruit, à une sensation auditive — en ajoutant, s'il y a lieu le verbe qui les complète.

아귀아귀 (먹다) Manger avec précipitation.

아삭아삭, 아작아작 bruit de vase fêlé; craquer sous la dent

아지작 아지작하다 de comme fruit de table

아스랑 아스랑 Bruit du rouet

아작 아작 ... de feuilles sèches.

아드득 아드득 ... d'un corps dur sous la dent

힝 힝 ... de moustiques

힝 하다 .... de mouches

엉엉 (울다) Pleurnicher.

엉엉(거리다) Murmurer tout bas.

왈각 덜걱 Bruit d'objets ballottant d'un caisse.

와삭 와삭 Bruit de feuilles sèches

와(바람), 와(불다) — d'un vent fort.

와글 와글 — agitation d'une foule

와드득 Bruit de piétinements rapides.

왓삭 왓삭 — de craquement fort sous la dent

왈각 왈각 — ballottement d'une caisse.

윙 (하다), =(리다) Bourdonnement d'oreille.

웅얼웅얼 하다 Bégayer, hésiter en parlant (enfant). — Murmurer entre ses dents.

오삭 오삭 Bruit de paille sèche.

Harmonie imitative

714/ 오삭오삭 (씹다) Mâcher avec bruit.
오도독오도독 (씹다) Mâcher avec force.
오지직오지직 Bruit du sable sous la dent.
웅웅 (하다), (거리다) Murmurer, parler tout bas;
우우 Bruit du vent, des grandes eaux;
웅성웅성 — de voix éloignées;
울울 — de borborygme, d'eau qui bout;
우루루 — du tonnerre, d'un écroulement;
우슈슈 — d'une pluie fine;
우두둥 — De pas de chevaux - de piétinement d'enfants;
우다탕우다탕 de plus rapproché.
할강할강, = 할락할락, = 헐근헐근, =
헐헐, = 헐떡헐떡, = 헐시근헐시근, bruit de respiration essoufflée;
할그랑할그랑 de n'en pouvoir plus.
훌작훌작 Renifler - sangloter.
훙훙 ...하다 Faire du potin (nouvelle).
훌훌, 후루루 Bruit d'envol bruyant.
하하 =(웃다) Rire aux éclats; 희희웃다 rire bruyant, rire méchant; 헤헤헤 웃다, rire bête; 허허웃다, rire franc.
희희낙낙 하다 Joie bruyante.
흥흥흥 Hennissement du cheval.
휘휘 (내쉬다) Soupir profond.
훌훌 (마시다) Boire avec bruit, avec avidité.
휘휘 (두르다) Faire siffler une baguette.
화르르 (설사하다) Dyarrhée abondante
활활 Bruit du feu dans un incendie
흥 (코풀다) Se moucher bruyamment.

가르랑, 그르랑 (거리다) Râle.
색각 하다 Croasser.
새액새액 Cri de la mouette, du goéland.
생생 .. du petit chien
쌀쌀 (웃다) rire joyeux d'un bébé.
각작각작 Souris qui gratte
삘삘, 살살 Cri de la poule.
석석 .. — du faisan.
살살 (웃다) Rire entrecoupé.
쌩쌩 (울다) Cri d'un chien blessé.
꼭끼오 (울다) Cri du coq;
꽉, 쾅쾅, 쾅쾅 (박다) Donner de grands coups de marteau.
콱콱 (박다) Fermer vivement, — fermement.
꽥꽥 Cris perçants
쿵쿵, 끙끙, 끼깅끼깅 Plaintes d'un malade.
꾹꾹 Cri du coucou.
구구구 (부르다) Cri pour appeler les poules.
울컥, 울걱 (삼키다) Avaler avec effort.
꿀꿀 Grognement du porc.
콸콸 Murmure d'un ruisseau.
글썽글썽 Râle — Cri de la panthère.
쯧쯧 (혀차다) Claquement de langue
끙끙 Soupir d'un homme trop chargé
Soupir d'un homme coupable.
씰씰 (웃다) Rire niais
징징 Hésiter en parlant — Plainte d'un petit chien enfermé qui veut sortir.

Harmonie imitative

716

새랭 새랭 (치다) Tam tam.

새랄 새랄 Bruit d'un torrent.

생생, 빵빵 (짖다) Aboiement d'un gros chien.

캥 캥 Cri du renard, du chacal.

쿵 쿵 Bruit d'un tremblement de terre;

콸 콸 (흐르다) glou glou;

콸녹 콸녹 Id. répété;

매 매 Cri du petit veau.

깡 깡 — du petit chien.

빙공 빙공 — de la grenouille en temps de pluie.

냐웅 Miaulement du chat.

빽 빽 d° = Voix de fausset.

낑낑 (울다) Pleurnicher.

바삭 바삭, 바스락 바스락, 버석 버석, 버스럭 버스럭 Paille sèche, feuille sèche, froissées

바슬 바슬 Bruit de pluie douce.

바스스, 부스스, 부시시, 부지지 – Frémir, commencer à bouillir.

북 북 Grattement sourd.

박 박 Grattement sur le bois.

바드득, 배드득 Bruit d'une porte sur ses gonds

빽 빽 Cri de certains animaux: belette, cygne.

쌕 쌕 Bruit des lèvres d'un fumeur qui tire dur sur sa pipe – d'un enfant qui tète.

쌩, 펑 bruit d'une bouteille qu'on débouche

복복복 Cri de la poule faisane.

사드득 새드득 Bruit d'un noeud qu'on serre

뿡 Bruit d'un gros pet.

부수수 — d'une pluie assez forte.

부슬부슬 Bruit d'une pluie fine.
붕, 색 Fusil, canon.
비오비오 Cri de la buse.
뷕뷕 Cri du rat, d'autres petits animaux. Grincement.
새드득 Grincement d'un gond en fer.
새시비 (울다) Pleurs (d'enfant).
퍽퍽, 퍽퍽 Bruit de la terre sous le hoyau.
퐁퐁 (솟다) Glouglou d'une bouteille qu'il vide très vite.
퐁퐁, 풍풍 Pierre tombant dans l'eau.
푸드득 푸드득 (날리치다) Bruit d'un vif battement d'ailes (avant l'envol).
사각사각 (씹다) Craquer sous la dent (v.g. navet cru) - Mâcher avec bruit.
삭각 (톱질하다) Bruit de la scie.
쌕쌕 (자다) Respiration bruyante d'un homme endormi.
쌕은쌕은 하다 d. & courte.
살살 (끌다) Commencer à bouillir
싹싹 (닦다) Frottement vif
설설 (끌다) Bouillir (mais pas à gros bouillons).
시르르 Sifflement du vent (à travers une petite ouverture).
소곤소곤 (말하다) Parler bas.
속살 (거리다), 속살속살 (하다) Babiller
소르르 Froissement doux des feuilles (v.g. un petit serpent qui glisse dans l'herbe).
소르륵 d. (un gros serpent).

Harmonie imitative

718

쑤룩룩 Vent frais, continu.
쉬 Vent fort, 쏴쏴 Vent fort - par rafale.
쉥쉥 Sifflement du marsouin.
스르렁 Bruit de la lime.
시시(웃다) Rire niais — Rire moqueur.
식식(자다) Sommeil paisible.
씨근씨근 (쉬다) Essoufflement.
싀 Sifflement d'un homme qui se brûle en mangeant
싱긋싱긋 (웃다) Rire embarrassé, rire niais.
딱딱, 짝, 짝짝 Craquement. Objet qui se brise.
달달달, 딸딸딸, 뚤뚤뚤, 딸딸, 돌돌
Roulement doux d'une voiture.
돌돌 Voiture roulant sur un terrain inégal.
달각달각, 달강달강 Vaisselle remuée.
당둥 당둥 (북치다) Gros tamtam
당당당 ... petit tam tam. Battre rapidement.
덩덩덩 ... gros tam tam . ... lentement.
달랑 달랑 Petite sonnette
쩔렁 쩔렁 Grosse sonnette
쨍쨍쨍 Sonnette agitée lentement.
땅땅 (치다) Coup de poing — de marteau.
텅텅텅 D° plus sourds
또닥또닥 Coups de marteau répétés.
뚝뚝 Coups bruyants & lents.
덜덜덜 Tremblement (de membres)
댕댕 (소리하다) Voix confuse.
득득 (긁다) Bruit de grattement.
졸졸 (흐르다) Ruisseau sur des cailloux.
둥둥둥 (치다) Coups de tambour précipités.

생둥생둥(치다) Coups de tambour lents
누루 Cri pour chasser les porcs, les sangliers.
돌돌돌도리 Cri pour appeler les porcs.
누누(긁다) Fort grattement.
생둑생둑(치다) Frapper. Donner une tape.
생둑 (부러지다) Craquer en se rompant.
둥둥, 생둥 Bruit sourd & retentissant.
느드 (긁다) Fort grattement.
들들 (갈다) Bruit de l'égreneuse
탁탁, 톡톡 Frapper fort, choquer fort.
털털, 톨톨 Son fêlé
텅텅, 텡텡, 통통 Pouf! Coup de fusil.
자장자장 Chant pour endormir un enfant.
생생 Piaillement de moineaux
잣걸잣걸(하다), 재재(하다) Babiller.
쎄르르르 Voix confuses & éloignée.
자글자글 (끓다) Bouiller à petit feu.
생알생알 (하다) Murmurer (enfant mécontent).
절넝절넝 Bruit de ferraille.
지르렁 Vibration de métal. Retentir.
철걱철걱 (치다) Bruit d'une giffle
조로록조로록 Clapotement de l'eau.
중중(거리다), 중알중알 (하다) Murmurer, marmotter (surtout femmes).
생생 (쏘다) Lancer avec force.
중중 (거리다) Murmurer.
주룩루주룩룩 Forte pluie.
즉즉 Étoffe qui grince, toile qui se déchire.
지지 Voix confuses & éloignées.

780

좌르르 Bruit d'eau tombant en filet continu.
쭉쭉 (밀다) Bruit du rabot.
콸콸 (으로) Eau se déversant par dessus un obstacle.
쇨쇨 à tire d'aile
철석철석 Tape avec la main. - Terre molle tombant de haut.
출넝출넝 Clapotement d'une bouteille qui n'est pas pleine.

Harmonieusement en musique 비영창으로 (비영창 beau chant), 드룸즉하게.
Harmonieux 듣기됴타(하,흔), 드룸즉하다.
Harmonium *풍금 boucher f.-풍금두다.
Harnacher un cheval. On dit, suivant la pièce du harnachement 안장, 부담 etc 짓다(지어,은).
Harnais de cheval *마구 = 안장 est la selle, 질마 le bât, *대련 ou explic le bât ou le bissac, 부담 un siège disposé sur le bât entre les paquets.
Haro
Harpe *비파, *거문고, boucher de la-거문고두다
Harpie
Harpon 작살.
Harponner
Hart d'un fagot 띄 (ceinture)
Hasard v. Chance. Par — (fortuitement) 우연히 (우연하다) 뜻의외에, 뜻밖에, *부즁, 싱으로 ont le sens de "sans qu'on y ait pensé", = 졀노, 존연이, 그러 sans

qu'on y ait contribué. A tout — 되는 대로 — de (si ça ne réussit pas, tant pis!) 벽력벽 . Si par — 혹시. Jeu de — (où l'habileté n'intervient pas) 슈업는노름, 쥐간업는노름. C'est bien — si on réussit 잘되면 외일다; 잘되면 요행하다 (요행하다 arriver à propos — hasard heureux). —, danger V. ce mot.

Hasarder se — à faire une chose 하여보다, 시험하여보다, 엇더케되던지하여보다. — sa vie (ou autre chose) 닉흠쓰다 (써,쓴) — sa vie 성슈를불계하다, 성슈를불고하다, 성슈를고슈하다, 성슈를도라보지아니하다.

Hasardeux Dangereux 위태하다, 위험하다. —, hardi & résolu 너역만하다 (하,혼) 결단잇다, 겁업다.

Hâte subst. 밧부기, 밧붐이. Avoir — 밧븜이 ou 밧븜에 밧부다 (밧바,분), 밧바하다. à la —, en — 밧비, 급히, 어서, 썩썩이, = 불이나게 (à faire prendre feu). — & avec précipitation 걸컵히. Trop à la — pour être bien 바고 = 닷는놈의새뿐치듯하다 comme un soufflet donné à un cavalier au galop.

Hâter (v. actif) 재촉하다, 독촉하다. = — le pas 밧비가다, 어서가다, = 길조허가다 (diminuer la route). Se —, se — de 밧비, 어서, 썩썩히, 넝큼넝큼 avec le verbe 하다 ou tel autre verbe. Il n'est pas besoin de se —

밧부지안타 (하, 흔), 밧분 일이 업다, 밧블것 업다. —, trop — un ouvrage 넘우 밧비하다, 넘우 급히하다.

Hâtif précoce 일다 (일너, 일은), 일으다 (일너, 일은). Pour les fruits, on indique souvent le mois de leur maturité. Pommes de terre — 오월감즈 (du 5ème mois).

Hâtivement à la hâte 밧비, 급히, 썩썩히. — avec précocité 일죽

Hauban 앙금줄.

Hausse d'une arme à feu, cran de mire *조준. — proprement dite *조척.

Hausser (v. act.) 놉히다. — la tête, les mains, les yeux (머리), (손), (눈) 들다 (어, 든). Pour la tête, on dit plus souvent 고리 articulation du cou. Se —, v. monter. Se —, devenir haut 놉하지다. Se — sur la pointe des pieds 발도도다 (아, 돈), 발도돔하다, 발도돔이서다.

Haut (subst.). La partie supérieure 우 (히). (Des objets ou des personnes qui y sont, on dit 웃, 우엣, en agg. *상) Le village d'en haut 웃동네. La bouverie d'en — 웃뎔, *상ᄌ. N'arriver à temps ni à la bouverie d'en — ni à celle d'en bas *상하ᄌ불급하다. (C'est une locution équivalant au français "manger ses deux lièvres"). Par en — 우흐로. Le — d'une montagne 산ᄉ곡닥이 = ᄉ곡닥이 se dit du —, du sommet de toute espèce de choses. Le —,

la hauteur, la taille, l'élévation 킈, 크기.
Combien cet arbre a-t-il de haut 이나무
킈가 얼마나. Le – de la marée 챵, 밀챵.
Haut (adject) 놉다 (하,흔). Porter la tête
– 고러들다 (어,든). La marée est – 밀밋엇
다. Avoir les yeux – (être dédaigneux, orgueilleux) 눈놉다 =–, placé en haut 웃,
우에, en agg: 샹. Les hommes de – rang 웃
사롬. Le plus – degré 샹듥, 샹듸, 웃듥, 웃듸

– au sens de superlatif absolu, en agg: 최 (最)

=–, pris adverbialement 놉히, 놉게. Le
soleil est déjà – 해가 발셔놉핫다, 해가 발셔
만히 올나왓다 – (on dit très souvent 느졋다
(늣다 (느져,즌): il se fait tard). Reprendre les
choses de plus – (narration, explication,
시말을 즈체히 ᄒᆞ다 (*시말 commencement
& fin), 졸두지미 몰발ᄒᆞ다 (*졸두지미
de la tête à la queue), 처음브텀 말ᄒᆞ다.
En –, en agg. 치. Tirer un coup de fusil
en – 총치노타 (하,흔). Pousser en – 치
밀다 (어,민). Sentir dans le corps qq chose qui
pousse en – (vers, boule hystérique) 속
치밀다. Regarder de bas en – 쳐다보다,
치밀어보다 = (avec admiration) 앙시ᄒᆞ다.
= (avec respect) 우러러보다. Regarder
de – en bas 나려보다, 나려다보다. Jeter
de bas en – 공즁에 치치다, 공즁으로치
치다. =–, tout – (à haute voix) 말소
리크게ᄒᆞ다, 말놉히다, 말놉혀ᄒᆞ다. Crier
du – de la tête, crier tout – 소리질르다 (질

너, 지경) Le prendre de — (être fier) 놉흔톄ᄒᆞ다.

Dans la nouvelle terminologie, — se rend souvent par *고 en agg. là où autrefois on aurait dit *상. — fonctionnaire *고등관; — études *고등학; — tribunal (tribunal plus élevé) *고등재판소. Pour Haute cour (de justice) on dit *대심원. Haute antiquité en agg. *태고 (太古).

Là —, au ciel 텬당에, 텬상에

Hautain *방조ᄒᆞ다, *교만ᄒᆞ다, 교만한(하, 흔).

Hautement 크게. Dire — sa pensée 바로 말ᄒᆞ다, *직언ᄒᆞ다.

Hauteur Dimension en — (en géom. etc). *정고. La ligne qui la marque *정고선. On dit souvent simplement *고, *고선. — En langage courant *고, usité surtout dans la formule *장광고 : longueur, largeur, hauteur, c. à d. dimensions. Plus ordinairement 놉기, 킈, 크기 — pour les objets au dessus de soi (— d'une rivière, — d'un trou) 깁기. = —, lieu élevé 언덕; —, fierté, *오, *오심, *교오 V. orgueil. Traiter avec — 교만히 녀기다 (*교만ᄒᆞ다, orgueilleux).

Haut. fourneau *용광로.

Hâve 파리ᄒᆞ다, 파리ᄒᆞ다, 강파리ᄒᆞ다. C'est plutôt décharné que —.

Havre *포, *항.

Havresac

Hé (interj.) pour appeler — de loin 여사룸, 이 냥반 : de près 여보, 여보게, 여보시오 (suivant le respect dû à l'interpellé). — à un enfant 야ㅓ.

Héberger Pour les auberges, on dit 치다, 격다 (거, 은), 힝인치다, 힝인격다. — Pour les maisons particulières 지ᄏᆞ다 (질너, 지ᄏᆞᆫ) = 뎌졉ᄒᆞ다 s'il s'agit d'un inférieur.

Hébété *탐ᄒᆞ다, 흔리다, *미련ᄒᆞ다. Un homme — 어릿장이. Devenir — 넉일타 (허, 흔), 넉날ᄒᆞ다, 흐려가다, 흐려지다.

Hébéter abrutir par mauvais traitements 넉일게ᄒᆞ다, 넉날게ᄒᆞ다. —, étourdir par une réponse dure ou imprévue 얘그지ᄏᆞ다 (질너, 지ᄏᆞᆫ)

Hébreu

Hélas 의고, 아불ᄉᆞ, 슬프다.

Héler

Hélice courbe géométrique *라션 ; — propulsive (de bateau, etc.) *앏차. *앏쥰. bateau à — *앏쥰션, *앏쥰긔션.

Héliotrope 헤바라기쏫, *향일화.

Hématurie *혈칙.

Hémisphère *반구.

Hémoptisie *각혈.

Hémorragie *츌혈 ; — par une plaie 흐르는 피 : = — par la bouche *샹혈 = ᄒᆞ다, — par bas *하혈 = ᄒᆞ다.

Hemorroïdes *치, *치질 (se dit aussi de fistules à l'anus)

Quand les Coréens veulent distinguer les hémorrhoïdes de la fistule, ils appellent les hémorrhoïdes *슈치질, la fistule *엿치질. La tumeur hémorrhoïdale se dit 꺙울.

Hennissement 말우는소리.

Hennir 홍홍홍ᄒᆞ다.

Herbage 풀밧.

Herbe en général 풀, en agg. *초 = — bonne à manger 나물, en agg. 채. — crue 생채, — cuite 숙채, — salée 짐채 = 김치, 채, 찬채, etc. ; — médicinale 약풀. de desséchée 초 = —, mauvaises — 깃, 기음. les sarcler 깃매다, 기음매다 (여, 엔) = fig. en — [illegible]. fourrage 꼴 etc.

Herbier

Herbivore *초식동물.

Herboriser

Hercule homme très fort 장ㅅ

Hère pauvre —

Héréditaire *유젼ᄒᆞᆫ. Hernie — *졔엽 (maladie) héréditaire *유젼ᄒᆞᆫ나

Hérédité (*혈젼유젼 - au sens médical)

Hérésiarque *렬교리초, *렬교리슈.

Hérésie *렬교, *이도 ce dernier se disant, en fait surtout de schisme = —, doctrine séparée ou étrangère ᄉᆞ도 (私道) si on écrivait 사도 (邪道) ce ne pourrait se dire que d'une doctrine immonde ou diabolique, v.g. du manichéisme.

Hérétique *렬교인.

Hérisser (v. act.) dresser 세우다 (워, 운) ; — parsemer 듬은듬은 두다. — le poils (d'un autre) 털을거스리다 (거스리다 agir à rebrousse poils). — ses poils 웅그리다. Se —, en parlant des poils 서다 (서, 션), 니러서다. Etre —, (v.g. la châtaigne) 손셜에 가시돗다 (être garni d'épines).

Hérisson 고슴돗(치).

*유산 Héritage *조업, *유업 qui ne se distingue que pour les — en ligne directe. — 시친 세간, 시친 직물.

Hériter 시친 직물 엇다(어,은), 죽은사롬의 직물을가지다. Faire —, Donner après sa mort 시치다. Choses — 시친것. ≡ Vous hériterez de moi 나 죽은다음에 세간을 물녀주마 (C'est une grosse injure).

Héritier *상속인. — Le prince —*태조, 황태조 Partager ses biens entre ses — (de son vivant) *분직하다.

Hermaphrodite *고녀, *반남반녀.

Herméneutique *역경학; — sacrée 성경주해학

Hermétiquement 틈 업시. Fermer — 꼭꼭 막다(아,은), 식식막다, 쏙막다, 숙막다.

Hermine 흰족제비, 센족제비 (belette blanche) *은서. La fourrure *은서피

Herminette 자귀, 각귀.

*탈정 Hernie *산긔, *산증. — inguinale des femmes (chute de la matrice) *탈음증, 역, 불싸진 병. Avoir 역, 불싸지다, *탈음하다.

*녀걸 Héroïne guerrière 녀장부. — femme héroïquement fidèle à son mari *렬녀.

Héroïsme *용긔, *의렬 Héroïque

Héroïquement 용밍히, 용밍잇게. Mourir — (par fidélité au devoir) *절사하다.

Héron 히오락이, 휘오락이, 왜가리, 황새.

Héros *위인, *호걸, *영걸, *영웅, *인걸

728/

Herse 나래, 써레.

Herser 써레질ᄒᆞ다, 써리다.

Hésiter 더듬다 (어,은), 망셔리다, 머므적거리다, 머므적이다, 머므적머므적ᄒᆞ다. — parce qu'on est incertain *미결ᄒᆞ다, *유예미결ᄒᆞ다. —, ne pas être sûr *아혹ᄒᆞ다 = — en parlant 망셔리다, 머뭇머뭇ᄒᆞ다, 머뭇거리다; — en récitant 셔슴다 (어,은), 더듬더듬ᄒᆞ다; — en lisant 더듬더듬보다.

L'hésitation (à faire) se rend souvent par les formes 할동말동ᄒᆞ다, 할가말가ᄒᆞ다.

Hétéroclite 별.

Hétérodoxe v. Hérétique.

Hêtre 븍나 (fagus communis).

Heure *시. Dans l'ancien système on compte par jour douze heures. Le jour coréen commence à 11 heures du soir à l'européenne. Chaque — a son nom. Les voici dans l'ordre *즈, *츅, *인, *묘, *진, *ᄉᆞ, *오, *미, *신, *유, *슐, *ᄒᆡ. Le commencement de chaque heure se dit *초, le milieu *즁, la fin *말. Ainsi *즈시초 (11 h. du soir), *즈시즁 (minuit) *즈시말 coïncidant avec *츅시초 (1 heure du matin). Chaque heure se divise en huit *각 tout chacun égal 1/4 heure européenne. Les *각 comprennent chacun 15 *푼, et par suite les *푼 sont équivalent de nos minutes.

Maintenant tout le monde connait

et emploie presque exclusivement le système européen pour compter les heures. — se dit* 시. aussi souvent* 뎜 (coup de la sonnerie). — Le mot* 각 est qqf. mais rarement employé (pour dire quart d'heure). Les minutes se disent* 분. = Pour le — de l'après midi, on le fait précéder du mot 새로 (de nouveau). — On emploie aussi ce même mot, dans les longues veillées, pour spécifier les heures après minuit. Quelle — est-il? 몃시되엿나냐, 몃뎜되엿나냐. Il est déjà la heure 벌셔네시되엿다. = — (en temps) vraie 진시; — moyenne *평균시; — locale* 지방시; — légale *표준시. = A la même — (approximativement), à cette heure-ci (mais à une autre date) 이맘때에. Demain, à cette — ci 래일이맘때에. D'— en — 시시로, 시마다. Une fois par — 시시로, 한시에한번식. Sur l'— 갑작이, 졸연이, 불늑, 솟. Tout à l'— (passé) 앗가, 악가, 갓; — (présent)* 즉시, 즉금, 지금, 이제; — (futur) 잇다, 좀잇다. Jusqu'à cette — 이때ᄭᆞ지, 즉금ᄭᆞ지, 오날ᄭᆞ지. La dernière — 림종때, 림종시. De bonne — 일즉, 일즉이. Être de bonne —, n'être pas tard 일으다 (일너, 일은). 일다 (너, 은). A la bonne —! (approbation) 올타. — (c'est heureux!)* 다힝하다.

avec plus de précision on dit: 오전 (avant midi) et 오후 (après midi).

730/

Heures livre de prières *일과, 공과 ; — bréviaire 경본

Heureusement avec bonheur, sans accident 잘, (à un supérieur 平安히), 무ㅅ히, 복잇게. —, par bonheur, par chance 다행히, 요행이 = *불행중다행ㅎ다 "bonheur au milieu d'un malheur" :: il s'est dit d'un côté heureux, ou d'un fait heureux = dans un malheur.

Heureux qui jouit du bonheur 복되다, 복잇다. —, content de qq chose 깃버ㅎ다, 됴하ㅎ다, 즐기다, 즐거워ㅎ다. Un homme — 복된사ᄅᆞᆷ, *복자, *유복쟈, 복스럽다 (러워, 론) = — qui cause de la joie 깃브다 & 깃브다, (깃버, 븐), 깃겁다 (거워, 운), 즐겁다 (거워, 거운); = —, qui a de la chance 복되다, 복스럽다, *유복ㅎ다, = 복슈잇다. 복슈됴타 se dira d'un homme qui est —, chanceux, & qui porte chance. Il est plus — que sage 미련ㅎ다마ᄂᆞᆫ 복스럽다. = —, favorable en agg. *슌. Circonstances — *슌경. = —, qui vient fort à propos (événement) *다행ㅎ다, *요행ㅎ다, *대길ㅎ다, *대득ㅎ다. = —, de bonne augure *길ㅎ다, en agg. *길 événement — *길ㅅ. Présage — 길흔증됴, 길ㅎ쌱. En dehors de la question de "faste ou néfaste" dans le sens de présage, on dira *길일, 길흔날 soit pour un jour marqué comme "heureux" dans le calendrier; soit pour un jour où s'accomplit une cérémonie "heureuse" v.g. un mariage. = Faire la distinction entre les jours (ou le présage) 경ㅅ롭다 (로와, 온)

— de malheureux 길흉을보다, 길흉을판단하다. Avoir une physionomie — (qui promet le bonheur) 얼골복상스럽다(러워, 운), 복긔잇다. Avoir un figure —, attrayante, annonçant l'intelligence 귀인성스럽다(러워,운) (귀인성 caractère remarquable). Avoir la mémoire — 정신됴타(하.흔), 춍됴타, 춍명하다, 춍민하다.

Heurter qqch., se — à qqch. 부듸치다, 부듯더리다, 부딋다(듸쳐, 진) - de avec violence 탁부듸치다. — à la porte 문을두다리다, 문쑥쑥치다. 마조치다, 다맛치다, 다맛더리다.

Hexagone subst. 륙각형, 륙변형. —

Hexagonal 륙모지다, 여섯모잇다.

Hibou 부헝이, 부엉이 = 덕불엉이 Bubo virginianus. Hibou plus petit 올빔이

Hideux 흉하다, 보기흉하다. Chose — 흉물

Hier 어제, 어적에. avant — 그적에. avant-avant — 그그적에.

Hiérarchie 품계, 계급, 등급, 품급. — ecclésiastique 교회계급, 교회등급. le degré (de chacun) dans la — 품슈, 품위, 품직, 등. Saint Michel est le plus haut dans la — des anges 텬신품급즁에제일웃듬일다. — des fonctionnaires 관등

Hiéroglyphe 상형문즈

Hilarité

Hippodrome 경마장.

Hippopotam 하마.

Hirondelle 졔비, — ayant un tache rousse

73e

à la gorge 목졔비

Hisser 올니다 ; — en tirant 당긔여 올니다. Le — sur les poignets (jusqu'au menton = gymnastique) 턱거리ᄒᆞ다.

Histoire *ᄉᆞ젹, *ᄉᆞ긔, *력ᄉᆞ, en agg. *ᄉᆞ. Étude de l'— *력ᄉᆞ학, *ᄉᆞ학. — ancienne *고대ᄉᆞ, — contemporaine *근세ᄉᆞ, *당세ᄉᆞ ; — *중대ᄉᆞ moderne *근세ᄉᆞ. — universelle *만국ᄉᆞ. — de France *불국ᄉᆞ = — d'une personne particulière *젼. On dit souvent *ᄉᆞ언행 (pensées, paroles, actions) ou plus souvent *언행 (paroles & actions). — de qq chose *연혁 —, racontar, historiette 니야기 = — naturelle *박물학.

Historiette 니야기.

Historien, **Historiographe** *ᄉᆞ필, *ᄉᆞ관.

Historiquement *력ᄉᆞ상.

Histrion 광대.

Hiver 겨울, en agg. *동. Le solstice d'hiver *동지.

Hiverner *과동ᄒᆞ다.

Hobereau *토반.

Hoche-queue oiseau

Hocher secouer 흔들다(어, 든), — hausser 부닷다(되여, 진)

Hochet bijou 노리개. — d'enfant 작난가ᄉᆞ.

Hollande *하란국, *화란국, en agg. *란

Holocauste

Holographe en agg. *ᄌᆞ필.

Homard 새가뢰, 새가리 (écrevisse de mer), on dit qqfois 가ᄌᆡ seul.

Homicide meurtre 살인=ᄒᆞ다. Un — a été commis 살인 낫다 = — qui a commis un — 살인ᄒᆞᆫ 놈; et s'il a tué pour voler 살인강도.

Hommage, compliments respectueux 하례=ᄒᆞ다. — de l'Empereur 조회=ᄒᆞ다; — à un roi 진하=ᄒᆞ다 = —, à l'occasion de la nouvelle année 세배=ᄒᆞ다. = Rendre — à qqun (le respecter) 공경ᄒᆞ다; — (le louer) 찬숑ᄒᆞ다, 칭찬ᄒᆞ다. Rendre — à qqun comme à son supérieur (à Dieu, au roi, au père, au mari) 셤기다, 밧들다 & 밧드다 (드러, 든), 밧드러셤기다. Faire — de (offrir) 밧드러드리다, 밧치다. = 진샹ᄒᆞ다 se dit seulement pour les spécialités de chaque province offertes au roi.

Dans la conversation courante: Rendre ses — à qqun 인ᄉᆞᄒᆞ다.

Homme être humain 사ᄅᆞᆷ, en agg. 인 — du sexe masculin 남인, 남뎡, 남ᄌᆞ, 사나희; —, mari 쟝부, 사나희. —, opposé à enfant 어룬. Homme fait 쟝뎡. Homme de bien, bien posé 군ᄌᆞ, 현군ᄌᆞ, —, homme bon 션인, 어진사ᄅᆞᆷ, 슌인, 착ᄒᆞᆫ사ᄅᆞᆷ, 슌민; —, homme capable 닉던ᄒᆞᆫ사ᄅᆞᆷ, (닉던ᄒᆞ다). On dit souvent 사ᄅᆞᆷ seul. Il n'y a pas d'— dans ce village, aussi il ne réussit pas 그동네 사ᄅᆞᆷ이 업서서 잘 될수 업다. = — de travail, de journée 일군, 삭군, 품군; — de peine, (v.g. porteur)

734/

*조군. Pour les porteurs de chaise & qques autres emplois réputés bas *하인 = Quel — est-ce? 엇더훈사룸이냐. Homme à faire (qq. ch.) 훌만훈사룸, 훌사룸. de monter —, agir en — 사룸노릇후다, 당당이사룸노릇후다. — Le numéral, pour les homme est *위 ou *분 pour les supérieurs; — pour le autres, ordinairement 명, qqf. 구.

Homogène *일양. 훈갈굿다 (하.훈)

Homonyme qui a le même nom de famille *동셩. — qui a le même nom *동명.

Hongre Cheval — 무쟝마. 불친말.

Hong Kong *향항. *향강.

Hongrie

Honnête probe *션후다, 어질다 (지러,진), 어지다 (저,진), 착후다. Un homme — *션인 v. Homme. Femme — 어진부인. = civil, bien élevé 례모잇다, 톄모잇다; = —, convenable 당후다, 맛당후다. Etre de condition — 톄면잇다, 지톄 잇다. = —, suffisant 넉넉후다, 죡후다. Avoir une fortune — 죡히살다 (아,산), 견듸다.

Honnêtement civilement 인수줍게, 례모잇게, 례법잇게, 례맙게 (례맙다). Vivre —, à l'aise 견듸다, 죡히 살다. = —, chastement 조촐이, 조촐게. Vivre —, éviter les excès *슈신후다. (*슈신학, morale (science).

Honnêteté droiture *의리, *의리. —, bienséance *례모, *톄모, 톄면, *례법.

Honneur, gloire, réputation 일홈, ˚명셩, ˚영광, ˚영화, en agg. ˚명. Perdre son — ˚실명ᄒᆞ다, 낙명ᄒᆞ다, & plus fort ˚망신ᄒᆞ다. S'être acquis beaucoup d'— 유명ᄒᆞ다, 일홈나다, qqf. 일홈놉다(하,흔). Ruiner l. —, perdre l. — d'un autre 헐벅리다, 훼벅리다, 명셩을 걸어치다. Sortir d'une affaire à son — 잘ᄒᆞ다, 일홈나게ᄒᆞ다. Se faire — de 영광ᄒᆞ다, 영광으로 알다. Le point d'— 톄면.

—, probité 밋븜 (de 밋브다 (밋버,븐) être digne de confiance). Homme d'— 밋븐사ᄅᆞᆷ, 밋븜잇ᄂᆞᆫ사ᄅᆞᆷ, 밋을만ᄒᆞᆫ사ᄅᆞᆷ, ˚군ᄌᆞ, ˚현군ᄌᆞ. Homme sans — 잡놈, ˚잡류, ˚낙뢰비, 밋븜업ᄂᆞᆫ사ᄅᆞᆷ. Femme sans — ˚음녀. On dit souvent qu'elle n'estime pas son corps plus de 2 ou 3 sous 제몸ᄒᆞᆫ세네돈으로넉이다. Ôter l. — 락명식히다, 망신식히다. L. — à une femme 더러이다 (souiller); mais on dit plus souvent ˚인욕ᄒᆞ다 si c'est sans violence, 겁탈ᄒᆞ다 ou 강간ᄒᆞ다 si c'est avec violence.

= —, respect, vénération. Rendre — à 공경ᄒᆞ다, 존경ᄒᆞ다, 위ᄒᆞ다. Reconduire par — 전송ᄒᆞ다, 배힝ᄒᆞ다. Aller à la rencontre par — ˚영졉ᄒᆞ다

= Honneurs, dignités 벼슬 = ˚부귀 (richesse & —), ˚공명, ˚부귀공명.

—, salut officiel ˚경례. Rendre les — ˚경례ᄒᆞ다. = — funèbres ˚장례.

736/

Honnir 긔위ᄒᆞ다.
Honorable personne 공경ᄒᆞᆯ만ᄒᆞ다; — action, chose
아ᄅᆞᆷ답다 (다와,온), 영화롭다. C'est — pour lui 톄계영광된다.
Honoraire (subst.) paie. — des mandarins *록
봉; des autres personnes (au mois ou à l'année)
*료; — pour un travail *공전. — de la Messe
미사전.
Honoraire (adj.) qui ne remplit pas les fonctions de son titre *ᄀᆡ명에 mis du titre.

ᄀᆡ명에 se dit aussi au sens de surnuméraire, remplissant les fonctions sans être payé.

Honorer *위ᄒᆞ다, *공경ᄒᆞ다, *존경ᄒᆞ다, 밧
들다 (드러,든), 셤기다, 밧드러셤기다. =
— qqun (en un sens plus modeste) 되졉ᄒᆞ다.
Honorifique terme — *경어.
Honte déshonneur éprouvé *망신; —
répugnance, pudeur 긔탄. Avoir — (se regarder comme déshonoré) 붓그러워ᄒᆞ다,
붓그러다, *괴안ᄒᆞ다, *참괴ᄒᆞ다 = 붓그럽다,
붓그럽다 (러워,온) se disent des choses qui
causent la — et indirectement de celui qui
la subit. Avoir — (par pudeur) 졉젹ᄒᆞ다., 어려워ᄒᆞ다.
Vous n'avez pas — de faire ainsi 긔탄업시
그리ᄒᆞᄂᆞ냐, 그리ᄒᆞ면 붓그러온줄을모로ᄂᆞ냐.
Être couvert de — 망신되다, 망신ᄒᆞ다,
낫일다 (허,온), 납작이되다 (être aplati).
Couvrir de — 붓그럽게ᄒᆞ다, 망신식히다,
괴안주다, 괴안케ᄒᆞ다, 납작이눈들다.
Faire — à qqun (en face) 낫깍다 (아,온).
La — l'empêche de parler 붓그러워말
못ᄒᆞᆫ다. Avoir perdu toute — 톄면ᄒᆞ

부 업다, 붓그러옴아니 하다.

Honteusement 붓그럽게.

Honteux. (action) 붓그럽다 (러워, 운), — (personne) – couvert de honte 붓그럽다, 붓그러워 하다; — sensible à la — 붓그러옴 하다. —, ou plutôt timide (enfant) 수줍다 (주워, 운)

Hopital 병원.

Hoquet. 되긔, 도래긔. avoir le — 되긔나다. On dit souvent 늣기다 (respirer par saccades). — convulsif 설쇽질 하다.

Horaire (subst.) 시간. tableau — 시간됴.

Horde

Horion

Horizon au sens technique 디평. La ligne d'— 디평션 (sur mer on dit 슈평션) = —, ce qu'on aperçoit

Horizontal 반듯 하다.

Horizontalement de niveau 반듯하게, 슈평하로. — opposé à verticalement 가로, parfois 건너 v.g. tracer — 건너긋다 (그어, 그은) (l'opposé est 나려긋다.)

Horloge 시됴, 시계. — à sonnerie 자명죵, (usité ordᵗ pour réveil-matin) = — hydraulique 벽슈, 누슈.

Hormis 외에, 밧게, 말고.

Horoscope 길흉, 길흉 화복 (Bonheur & malheur) tirer l'— 길흉 보다, 관슈 뎍노타 (하, 흔). Tireur d'— 가슈 산관 se dit aussi des astrologues, mais les astronomes

= d'après la date (jour & heure) de la naissance 스쥬보다.

Horreur énormité, atrocité 흉악ᄒᆞ기, 흉악ᄒᆞᆷ이. —, action horrible 흉악ᄒᆞᆫ일, 흉ᄒᆞᆫ일, *흉ᄉᆞ, —, chose horrible *흉물, avoir — de, avoir en — 미워ᄒᆞ다, 미워못견ᄃᆡ다. Faire — (chose) ᄌᆞ그엽다 (여워, 운). Frémir d'— 즘그러워ᄒᆞ다, de — de crainte 놀음에소소라치다, 놀음에 쳘ᄯᅳᆨᄒᆞ다.

Horrible *흉악ᄒᆞ다, *악착ᄒᆞ다, *흉ᄒᆞ다, ᄌᆞ그엽다 (여워, 운).

Horriblement 악착이, 악착ᄒᆞ게, 흉악ᄒᆞ게, 흉이, 흉ᄒᆞ게 etc.

Hortensia *슈구.

Horticulture

Hors 밧게, 외에. Être — de soi 혼나다, 졍신일타 (허, 는), 긔막히다. Hors de propos (parole) ᄡᅳᆯᄃᆡ업ᄂᆞᆫ말, ᄉᆡᆫ말, de (action) *ᄉᆡᆫ일,

Hospice en agg. *원. — de vieillards *양로원, — de pauvres *제빈원; — d'enfants abandonnés *고ᄋᆞ원; — de fous *광인원.

Hospitalier (homme) 슈ᄒᆞᆫ쥬인 (*후ᄒᆞ다, libéral) 졉빈ᄀᆡᆨ잘ᄒᆞ다 *(졉빈ᄒᆞ다 traiter un hôte).

Hospitalité donner l'— ᄃᆡ졉ᄒᆞ다, *졉빈ᄒᆞ다, *졉빈ᄀᆡᆨᄒᆞ다.

Hostie victime *희ᄉᆡᆼ, *졔물. — pain d'autel *졔병. — consacrée *셩ᄒᆞᆫ졔병.

Hostile 원슈되다, 원슈롭다 (로와, 온).

Hostilement 원슈로, 원슈롭게, 원슈로히

Hostilité acte d'—

—, laine *볼끅.

Hôte qui reçoit l'hospitalité 나그내, 긱, 손 et ord! 손님. — qui donne l'hospitalité 쥬인. — d'(auberge) 쥬인, 술막쥬인.

Hôtel pour voyageurs, auberge 쥬막, 려긱, *려관. — palais 퀵, 덕. — du mandarin *관가 = *하문 et tribunal.

*려숙관 *려각, 려숙

Hôtelier 쥬막쥬인, 쥬인.

Hôtellerie 쥬막, 술막, *려긱, *려관, *려숙관.

Hôtesse chez qui on est en visite *쥬인, 쥬인 마누라 = — maitresse d'auberge 술막계집, 술계집, 쥬모.

Hotte 바소거리

Houblon

Houe 광이. Bêcher à la — 광이질ᄒᆞ다.

Houille *셕탄.

Houle

Houppe 시울.

Houspiller 지근ᄒᆞ다, 시ᄃᆞ리다.

Housse de cheval *대련, — (pour le coussin) 바삭줌. — (de meuble) 보; — (de lit) 헛니불

Houssine 채식, 회초리, 휘츄리.

Houx *동청목즁 (Ilex integra), 길갱이 나무. — apériolier (Crataegus pinnatifida).

Litt. esp. d'arbre vert l'hiver

Hoyau 광이.

Hublot

Huer

Huile 기름, en agg. 유. de friture — 셩유. — minérale, — de pétrole 석유, — de ricin

ᄎᆞ피기ᄅᆞᆷ, ᄎᆞᆷ기ᄅᆞᆷ ; — d'olive *오리바 기ᄅᆞᆷ ; — pour les cheveux 아ᄌᆡ기ᄅᆞᆷ (faite avec la baie du 아ᄌᆡ나목) ; — de foie de morue *어간유, 간유. Pressoir pour l'— 기ᄅᆞᆷᄐᆞᆯ, 기ᄅᆞᆷ틀. Avoir un goût de bonne — 고소ᄒᆞ다.

동ᄇᆡᆨ기ᄅᆞᆷ. Le 동ᄇᆡᆨ나목 est le même arbre que le 오ᄌᆡ나목 (Drupi... ou Camellia). = On dit souvent 머리기ᄅᆞᆷ.

Huiler 기ᄅᆞᆷ칠ᄒᆞ다,

Huileux tache d'huile 기ᄅᆞᆷ 묻다 (어,은) ; — gluant 산산ᄒᆞ다.

Huilier 기ᄅᆞᆷ병.

Huis de porte 문짝 ; *문. A — clos 은밀히 (en secret). — Au sens strict 문 닫고 …

Huissier ministériel ou audiencier *집달리

Huit 여덟, chinois *팔. Le — du mois 초여드레, *초팔일.

Huitaine, environ huit 한 팔, 한 여덟. — de jours. Dans une —, au bout de huit jours, 한 팔일 뒤에. — au sens de semaine (7 jours), dans une —. Les chrétiens disent 한 주일 만에 ; les païens : 한 칠에 만에. Ils comptent des — ! 한 칠에, 두 칠에. Peut-être est-ce une réminiscence de la "semaine".

x maintenant les païens disent le même (주일週日)

Cette expression est assez rare, mais existe — notamment en Kyengsyang.

Huitième 여덟재, *제팔.

Huitièmement 팔은, 여덟은.

Huître 굴. — perlière 합비리, *전복 (전복 est l'ormeau assez fréquent en Normandie).

Humain 사ᄅᆞᆷ (의), en agg. *인. Genre — *인류 ; force — *인정. = bon 인정잇다, 어질다 (지러, 진).

Humainement 인정잇게 est la traduction littérale et veut dire avec bonté. Dans le même sens

sens 순히, 너그러히, 인ᄌᆞᄒᆞ게.

Humaniser adoucir V. ce m. d. —, civiliser 풍화 ᄒᆞ다 (러, 흔). S'—, s'adoucir 온화ᄒᆞ여 지다, 길내지다, 부드러워지다.

Humanité nature humaine 인졍; — genre humain 인류; — sentiment humain 인졍 = — bonté. V. ce mot.

Humble - qui a de l'humilité 겸손ᄒᆞ다, 恭 겸ᄒᆞ다; — bas, vil 겸비ᄒᆞ다; —, respectueux 공순ᄒᆞ다.

Humblement 겸손이, 공순히 V. Humble.

Humecter 눅이다, 축이다, 적시다, 불적시다. S'— 눅어지다. être —, humide 눅다 (어, 은) se mouillé 젓다 (저저, 저즌).

Humer un liquide — une huître (etc.) 훌ᄶᅳ 마시다, 훌훌 마시다. = — l'air, respirer 숨내쉬다.

Humérus 상박골

Humeur, humidité 습, 습긔. Avoir beaucoup d'—, être d'un tempérament malsain 습만타 (하, 흔). — froide (scrofule) 나련증, 년즁창 = caractère 본셩, 셩품, 셩미; — disposition actuelle de l'esprit 심ᄉᆞ, 심졍 - être en belle —, joyeux 반가와ᄒᆞ다. les choses qui y mettent, (x indirectement de la personne) on dit 반갑다. être de bonne — (bien disposé) (joyeux) 희희ᄒᆞ다, 희희ᄒᆞ다. être de mauvaise — 야듬거리다, 심즁내다 (심즁, impatience), 자즁내다, 역정

내다 (*역정 peut indiquer même la colère). = On emploie aussi souvent le mot 부정. Homme toujours de mauvaise — 부정구척. Aujourd'hui je me sens tout de mauvaise — 오늘 역정나 못견듸겟다, 오늘 난 음이 정가시다, 오늘 난 음이 불슌다. — Être d'— douce 정답다 (어, 운); d'— facile, large 불집 ... 너그럽다 (러워, 운); d'— difficile, acariâtre, fâcheuse 삿다 롭다 (로와, 운), 역정 잘내다, 불정사오납다. = —, caprice *변덕, *변스. Être d'— difficile (au sens de capricieux) 변스럽다 (하, 흔), 변덕스럽다 (러워, 운).

싄스틀니다 marque plus que de la mauvaise humeur. C'est la bouderie, la rancune. Il s'emploie pour la mauvaise — causée par une contrariété ou même un contretemps quelconque, mais veut dire plutôt "être mécontent" que "être de mauvaise humeur". 싄스사오납다 indique la mauvaise humeur habituelle, le mauvais caractère.

Humide d'une humidité naturelle 눅다 (어, 운), 눅지다, 붉다 (붉어, 붉은), 습긔잇다. = — et chaud 눅덥다 (더워, 더운 et 더운) Jour — et chaud 눅더운날; — où il reste de l'humidité 저적지적다. = —, qu'on a mouillé 젖다 (저저, 저즌), 적시다, 축다 (어, 운), 축축다. avoir les yeux — de larmes 눈물 그렁그렁다, 눈물 노다 (라, 눈).

Humidité *습, *습긔, 누진긔운, 누근긔운.

Humiliant *졍비다.

Humilier 나초다 (촤, 촌), 나최우다 (워, 운), 누르다 (눌너, 누른), 오콜누르다, 석다 (거, 근) (briser), 오콜 줍혀 안치다 (abaisser l'orgueil), 낫갓다 (가, 근) (hacher la figure). = — traiter d'une façon humiliante 누게 뒤졉다, 나칭러 뒤졉다, 나지러넉이다.

Id.—*겸비ᄒᆞ다, 제몸을나초다, 제오글누르다, 제오글석다. Être —나초이다, 눌니다, *망신ᄒᆞ다 \ 깍기다

Humilité *겸손, *겸덕.

Humoriste

Humoristique Récit — 광담.

Humus

Huppe oiseau 후투티. Touffe de poils ou de plumes (sur la tête) 도가머리.

Hure de porc 되아지대가리.

Hurlement 우는소리.

Hurler 울다 (어, 운)

Hutte 막, 움막, — d'herbe, de feuillage초막 — élevée sur des piquets pour surveiller les champs de melons 원두막.

Hybride

Hydrate de ... *슈산화...

Hydraulique mû par l'eau - engag 슈력, *용슈. Force — 슈력 Machine — 슈력긔계; Presse — 슈압긔 - ciment — 슈편교탄 Roue — 슈차. : —, (partie de la mécanique) 동슈학

Hydrogène 수소, 슈소.

Hydrographie 슈로학, 슈형학.

Hydrologie *슈학.

Hydromel *미슈, 밀슈 C'est de l'eau miel. lie non fermentée.

Hydrophobe - enragé 밋치다. Chien — 밋친개.

*광견병 Hydrophobie *공슈병. = 밋친병

Hydropisie — du ventre.
단복, 단복고창
Hydrothérapie *슈치법.
Hyène
Hygiène *위싱. — Science del. — *위싱학; Bureau d' — *위싱국.
Hygiéniste 위싱학쟈, 위싱학박ᄉᆞ.
Hygromètre *습도계, *간습계, *습도험.
— à cheveu *모발습도계.
Hymen, mariage,* 혼빈; 혼ᄉᆞ. — (anatomie), pucelage* 쳐녀막.
Hymne 노래, en agg.+ 가. — national*국가
Hyperbole (en géométrie) *쌍곡선: —, (en rhétorique *장류, *과실어법. Faire des — (en conversation) 말보타다. Etre — (parole exagérée) 부는말 (붓다(부어, 부은).
Ce que mes idées est un — 네말이과하다. Hyperdulie. Culte d' — 상경지례
Celui qui a l'habitude de parler ainsi: 부쉬쿤.
Hypnologie *슈면학, *최면학.
Hypnose (maladie) *슈면; — artificielle *최면.
Hypnotisme comme état ou comme action *최면; — comme art *최면술.
Hypnotiseur
Hypo en Chimie *ᄎᆞ.....
Hypocondrie 긔울증
Hypocrisie User d. — 거즛실이다, 헛굿이다.
Hypocrite 거즛실이다, 것ᄭᅳ리다, 암작ᄒᆞ다, *위션쟈
뇌식ᄒᆞ다 = 안팟기다ᄅᆞ다, « mieux 안밧기 다ᄅᆞ다 (달나, 다ᄅᆞᆫ) Pendant et dessous différent.

Hypothécaire . droit — *뎐당권,
Inscription — *뎐당등긔
Créancier — *뎐당권쟈 . dette — *뎐당차
Hypothèque *뎐당 . Les coréens tiront plus volontier *뎐당.
Hypothèse *억샹, *가뎡, *가령, *가셜
Hypothénuse *샤변.
Hypothétique
Hystérie *뇌즁.
Hystérique . Boule — 긔, *혈긔, *혈젹.

I

Ibis oiseau 싸옥이
Iceberg *빙산
Ichtyosaure *익슈슉
Ici sans mouvement 여긔 contracté parfois en 예. — avec mouvement 여긔.
Idéal *리샹.
Idéalisme *유심론, *리샹쥬의; *관념론,
Idée *싱각. Se former une — de (confuse) 어렴잡다 (아.은); (plus claire) 혜아리다, *싱각하다; (très claire) 력력하다, 력력히알다.
— (philos.) *관념
*리샹

Se faire une honte — de 대밧어넘어다, 줄허넘어다. = — fixe, 벽.

Identique 굿다 (하. 흔). — en agg. 동

Idiome 말. — local 방언 = *어롱

Idiot peu intelligent 어뷔, 쟝이; presque complètement — *숙맥불변 (qui ne sait distinguer entre un pois & un grain d'orge) & par abbr. *숙맥; —, complètement 밋치광이, *광인.

Idiotisme . Tomber dans l'— 밋치다, 숙맥되다. Pour un vieillard *로망ᄒᆞ다. = — expression propre à une langue 본말, 말본법, *본어법.

Idolâtre *샤신교인, 샤샹을섬기는쟈; *우샹신쟈

Idolâtrie *샤신교.

Idolâtrer *과의ᄒᆞ다, ᄉᆞ랑에 ᄲᅡ지다.

Idole *허샹, *샤샹, *마샹, *우샹, *샤신우샹.

Idylle

Igname *산약, 마.

Ignare *무식ᄒᆞ다. v. Ignorant.

If arbre *쥬목 (Taxus cuspidata)

Ignoble *쳔ᄒᆞ다.

Ignominie *망신, 붓그러움.

Ignominieusement 망신되게, 거두못ᄒᆞ게 (거두ᄒᆞ다, lever la tête)

Ignominieux 붓그럽다 (러워, 운), *무안ᄒᆞ다.

Ignorance d'un fait 모로기, 모름이. — défaut d'instruction 무식ᄒᆞᆷ이.

Ignorant sans instruction *무식ᄒᆞ다, 지식업다, 학문업다, 학문부족ᄒᆞ다, &c

en même temps <dit> *몬놀ᄒᆞ다. —, d'un point particulier, d'un fait 모로다. — en doctrine 도리에 ᄂᆞᆨ식ᄒᆞ다.

Ignorer 모로다 (몰나, 모론). 아지못ᄒᆞ다. —, ne pas savoir suffisamment ᄇᆞᆯ지못ᄒᆞ다, 채아지못ᄒᆞ다, 채모로다. Quand — est suivi d'un verbe, ce verbe se met aux formes suivantes : passé 혼줄, 혼지, présent ᄒᆞᄂᆞᆫ줄, ᄒᆞᄂᆞᆫ지, futur ᄒᆞᆯ줄, ᄒᆞᆯ지, ᄒᆞᆯᄂᆞᆫ지. Entre les formes en 줄 et les formes en 지, il y a une différence que l'exemple suivant fera suffisamment saisir : 죽은줄몰나더니 j'ignorais qu'il fut mort. 죽은지모로겟다 j'ignore si il est mort. Il y a aussi une forte nuance entre les deux futurs en 지. 엇더케ᄒᆞᆯ지모로다 Ignorer comment faire, comment il faudrait faire. 엇더케ᄒᆞᆯᄂᆞᆫ지모로다 Ignorer comment (en fait) on fera.

Il, Elle 뎌, 져.

Île 셤, en agg.* 도. Presqu'— 반도.

Illégal 불법ᄒᆞ다, 법답지안타 (하, 흔).

Illégitime 법답지안타. Fils — (par une concubine reconnue) *셔ᄌᆞ, 셔아ᄃᆞᆯ ; — sinon ᄉᆞ싱ᄌᆞ (私生子).

Illettré qui ne sait pas lire le chinois *ᄆᆞ식ᄒᆞ다, — qui ignore même l'ex noms *ᄀᆞ결부지. De ces derniers on dit facilement

Actuellement, à l'état civil, on dénomme ᄌᆞ싱ᄌᆞ (自生子) les enfants dont le père est inconnu (ou dont le père ne peut être mentionné à l'état civil. v.g. fils de concubine si le père a une femme légitime) et ᄉᆞ싱ᄌᆞ ou ᄉᆞᄌᆞ (私子) ceux dont le père est reconnu (fils de 2 personnes libres).

qui ont de mauvais yeux 눈이어둡다.

Illicite 법밧지안타, 금ᄒᆞ다, 죄되다.

Illimité *극한ᄒᆞ다, 한업다 — sans mesure 측량업다

Illisible 볼슈업다.

Illumination

Illumination Voir — *계몽.

Illuminer 불혀다 (혀,현), 등불혀다 … 휘황케ᄒᆞ다, 휘황케ᄒᆞ이다. Être — par des feux *휘황ᄒᆞ다. Toute la ville est — 거리거리 등불휘황ᄒᆞ다.

Illusion chose vaine 헛것, 헛것, artifice *허상 pour tromper 속임. Faire — 속이다, pas. 속이이다. Être dans l. — 속다(아,은), 헛ᄉᆡᆼ각ᄒᆞ다, (헛바ᄅᆞ다 espoir).

Illusionner 어ᄅᆞ우다 (어,운)

Illusoire 헛, *허ᄆᆡᆼᄒᆞ다, 허황ᄒᆞ다, 뷔다.

Illustration gloire, renommée 영광, *유명, 일홈 ; = —, dessins *삽화.

Illustre *유명ᄒᆞ다, *저명ᄒᆞ다, 비범ᄒᆞ다, 일홈나다, 일홈놉다(하,흔). Maison, famille — *대가, *세가, *ᄉᆞ환가 (ᄉᆞ환 dignité).

Illustrer s'— 일홈나다, 일홈을엇다 (어,은).

Ilot *쇼도, 작은셤.

Image *상, 모상, 그림. — de piété 셩상, 셩뵈. Être l. — de, v. Ressembler. Se former une — de l'esprit 어림잡다. V. Idée.

= — (en physique et optique) 상.

Imagé Style —

Imaginable 노량할만ᄒᆞ다, 헤각할만ᄒᆞ다.

Imaginaire V. Illusoire. Malade —

약주머니 (poche à remède).

Imaginer 생각ᄒᆞ다, *요량ᄒᆞ다, *궁리ᄒᆞ다. —, inventer 내다 (여, 낸), 엇다 (어, 은), 엇어내다, 요득ᄒᆞ야내다. Je ne puis m'— 생각ᄒᆞᆯ슈업다.

얼뚝이 Imbécile (subst.) 어림찬이, 흐린사ᄅᆞᆷ, 숫놈, 숫복이 = — (adject.) 어리석다 (어, 은), 하리다, 하리망당ᄒᆞ다, *미쳥스럽다 (러워, 운). de sens peu précis, (injure) 노삽스럽다.

Imbiber 젹시다, 축이다, 부늘다 & 부드다 (러, 든) = 배이다 avec le nom du liquide. V. Humide, humecter. S'— 져치다, 젓다 (져져, 즌), — de peu à peu 져져가다.

Imbu être — de 들다 (어, 든). avoir l'esprit — (de qq ch.) 보ᄋᆞᆷ에 ᄯᅩᆨ 박혓다.

Imitable 본밧을만ᄒᆞ다, 본볼만ᄒᆞ다.

Imitateur 본밧ᄂᆞᆫ사ᄅᆞᆷ.

Imitation 본밧기, 닮기 etc. — de J. Ch. (livre) *준쥬셩범, = *경세금서 (livre dit du mépris du monde). = —, (en manufacture) *조 suivi du nom du modèle.

본ᄯᅳ다 (써, ᄯᅳᆫ) Imiter 본밧다 (아, 은), 본보다 (아, 본), 보ᄯᅳ다 (ᄯᅥ, ᄯᅳᆫ), *모본ᄒᆞ다, *효법ᄒᆞ다, 톄밧다, 닮다 (아, 은), 얼울ᄒᆞ다, ᄉᆞ로다 (ᄉᆞᆯ나, ᄉᆞ론); — en manufacture *조ᄒᆞ다. — qqun, le singer 흉내다 (여, 낸), 입내내다.

Immaculé 하존업다, 허믈업다. La Conception — de la Ste Vierge *무염원죄, *셩모시죄, *셩모시잉모죄, 원죄의무ᄅᆞᆷ이업ᄂᆞᆫ셩

꼬시[illegible]보티

Immanent *고유, *ᄂᆡ재

Immanquable 낭ᄑᆡ업다,

Immanquablement 낭ᄑᆡ업시.

Immatériel en agg. *무형. Chp —

*무형질. Esprits —, esprits purs *순신, 순젼ᄒᆞᆫ신.

Immédiatement 즉시, 곳; — après 곳그다

음에, 그뒤에즉시. — (a parte ante) 앗가

Immémorial de temps — 샹고에, 녜로브터.

Immense très étendu *큼즉ᄒᆞ다, 망극ᄒᆞ

다, = 넙다(어.넌), 넓다(어.운). — sans

bornes 무한ᄒᆞ다, 한업다, 한량업다.

Immensité 큼즉ᄒᆞ기, 무한ᄒᆞ기 etc.

Immerger act. 잠으다(잠거,근); — passif

& neutre 잠기다. = — un cadavre *수장ᄒᆞ다.

Immersion. Baptême par — *침례. D'où 침례교 Doctrine "baptiste".

Immérité

Immeuble *부동산.

Immigrer *이주ᄒᆞ다. Immigrants *이민.

Imminent *핍박ᄒᆞ다, *핍ᄉᆞᄒᆞ다, *급급ᄒᆞ다, *급박ᄒᆞ다.

Immiscer s'— dans une affaire *참견ᄒᆞ다,

*샹관ᄒᆞ다, souvent 결니다, 알은톄ᄒᆞ다.

De celui qui le fait sans raison on dit 부졀업

다, 부즐업다.

Immobile *부동, 요동못ᄒᆞ다, 굼작못ᄒᆞ다.

Immobiliser

Immodéré *과ᄒᆞ다.

Immodeste sans retenue 렴치업다, 긔

탄업다; — impur *샤특ᄒᆞ다, 유둘엇다.

Immodestie *비례, = 샤특ᄒᆞᆫ모양.

Immoler
Immonde 드럽다(러벗, 운), *츄ᄒᆞ다, *복정ᄒᆞ다.
Immondice 거름거리.
Immoral
Immortaliser 일홈을 만세에 시치다.
Immortalité 불ᄉᆞᄒᆞ기 ...etc. Remède d'— élixir de longue vie *불ᄉᆞ약.
Immortel *불ᄉᆞᄒᆞ다, *불ᄉᆞ불멸ᄒᆞ다 = 덧덧ᄒᆞ다, ᄯᅥᆺᄯᅥᆺᄒᆞ다, = 죽지안타 (하.혼).
Immortifié (corporellement) 몸 앗기다.
Immuable *불변ᄒᆞ다, *불리불변ᄒᆞ다, 변치못ᄒᆞ다, 벅벅ᄒᆞ다, ᄯᅥᆺᄯᅥᆺᄒᆞ다.
Immunité ...(v.g. ecclésiastique) *면져, 특면
Impair (nombre) *단슈ᄒᆞ다, ᄶᅡᆨ틀니다, ᄶᅡᆨ업다. Nombre — *긔슈 = —, malheureux *실슈.
Impalpable
Impardonnable crime — *불샤지죄.
거북ᄒᆞ다 Imparfait non parfait *부족ᄒᆞ다. — non terminé 덜되다, 필역못ᄒᆞ다. = — (en gramm.) temps des verbe *반과거, *반과시.
Imparfaitement 덜, 부족히.
Impartial 공번되다, ᄉᆞᄉᆞ업다, ᄉᆞ졍업다.
*부ᄉᆞ부목, *공졍 Impartialité *공도. Le contraire est *ᄉᆞ졍
Impasse 막힌길, 통치못ᄒᆞᆫ길.
Impassibilité de caractère
— des corps glorieux 부샹손ᄒᆞ기.
Impassible — peu impressionnable 쓰니다. Demeurer — 춤다 (야, 운). 요동치못ᄒᆞ다.
— (corps glorieux) *부샹손ᄒᆞ다.

752

Impatience comme caractère 토희성, 급한성품. — comme accès 싀증 = 내다

Impatiemment

Impatient irascible 발근발근하다, 속까르다 (발나. 까른). 견될성 없다, 춤을성 업다; = — prend 급하다. — de. prend de 밧바하다, 밧바 못견듸다.

Impatienter v.act. 성가시다, 지른하다, 보치다. la démangeaison est assy forte pour — 성가실만큼 가렵다. s. — 춤지못하다, 싀증내다, 역정내다.

Impayable

Impeccable 죄를범할슈업다 Impeccabilité ˣ불능확죄

Impénétrabilité des corps 거성, 애성, 불가입성

Impénétrable 통할슈업다. Homme — (qu'on ne peut deviner) 속알슈업다.

Impénitent 죄악에굿다 (어.은)

Impératrice 황후, 황호, 녀황.

Imperceptible 아득하다, 아득아득하다

Imperfection 하조, 흠.

Impérial —(d'Empereur) en agg. 황데, 데. Majesté — 황데폐하. —(de l'Empereur) en agg. 칙. Ordre — 칙명. Délégué — 칙수. = — (de l'empire) en agg. 데국 Université — 데국대학.

Impérieusement 호령이. Parler — 호령하다

Impérieux caractère — 긔승하다, 긔성하다, 억세다. Etre — envers qqun 덧다 (어.은) lit. le fouler. Etre —, commander avec force 다잡다 (아.은).

Impérissable *불今하다, *불今불멸하다.

Impéritie *무지.

Imperméable (subst.) vêtement *유삼; — en paille 밤녜역. = —(adj.) — à l'eau 물 시지안타 (하.흔).

Impertinent 行작 바르다 (빨나.바른), 무엄하다, *과실하다, 버릇 업다.

Imperturbable v. Impassible

Impétratoire (mérite) *구득지공

Impétueux (homme) *급하다, *조급하다, 호쾌다, 호독하다 — (chose) *급하다, *대단하다.

Impie envers Dieu — envers le roi *반역하다; — envers son père *불효子

Impiété

Impitoyable 인정 업다, *무정하다.

Implacable 굿다 (어.은) (dur, endurci). Avoir une haine — *절치부심하다 Grincer les dents & désirer la vengeance.

Implanter

Implicitement 겸하야.

Impliquer — dans une accusation 죄속에 몰어 넛타 (너허.흔). Être — 몰히다. — (ds. une affaire) 걸니다. = Cela — contradiction 서로 뒤집다 (어.은), 상반되다.

Implorer 간절이 빌다 (너.빈), 간구하다, 부르지지다 (implorer en criant).

Impoli *무례하다, 례모 업다 = 거드럭되다, 얏잡다 (아.은).

Impondérable

Importance *관계, *계관, *쇼관.
Important 관계잇다, 쇼관잇다, 대수롭다 (로와, 온). C'est très — 큰관계잇다. Peu — 대수롭지안타, 톄수롭다, *톄수하다, *심상하다, *경하다, *범연하다. Pas — du tout 관계치안타. Faire l'— 큰톄하다, 놉흔톄하다, 발짓바르다(발나, 바른), 옷죽되다.
Importer avoir de l'importance 관계잇다, 쇼관잇다. Cela m'— 내게관계되다, 내게상관잇다. Peu m'— 상관업다, 관계치안타. = N'— qui 아모나. N'— comment, cela se fera 아모라케나 되겟다. Quand je vous appelle n'— quand, venez 아모때라도 부르면 오너라. N'— quel jour 아모날이라도. = — (les marchandises) *슈입하다, *진구하다. Droits d'importation *슈입세; objets d'importation *슈입품, *슈입물
Importun (adj.) 귀치안타(하온), 시그럽다(러워, 온), 안탁갑다(까와, 온), 셩가시다. — parceque inutile 졸보르엇다, 괴렵다(어, 온). — (subst.) Un — 계청군, 안탁갑이 (c'est, pr. le ver qui ronge le tapis). 분절업는사룸.
Importuner 셩가시게하다, 조르다(졸나, 조른), 시그럽게하다, 보채다, 지근되다, 건더리다, 번삭하다, 번거롭다(로와, 온). = — par son insistance 복는득복는득하다. Être — 졸니다, 셩가시다.
Imposant qui inspire le respect *엄하다,

754

*엄쥰ᄒᆞ다, *엄즁ᄒᆞ다, *엄위ᄒᆞ다, *위의ᄒᆞ다
de × la crainte *위름ᄒᆞ다, 위의당당ᄒᆞ다.
Cortège — du roi 위의잇ᄂᆞᆫ거동.

Imposer mettre sur qq. ch. 싣다 = — les mains 머리우헤손을놓다 (어,은), 손으로 머리를덮다 (허,흔) = — une peine (벌) ᄒᆞ다, 주다, 식히다; — une loi *법ᄒᆞ다, 법내다, 법세우다; — un tribut, un impôt 구실내다, 구실식히다. = — silence 말금ᄒᆞ다, 헌화를금ᄒᆞ다 (*헌화 tumulte) — le respect *엄즁ᄒᆞ다.
En —, tromper 거ᄌᆞᆺ말ᄒᆞ다, 횡셜ᄒᆞ다 (paroles) — et en général 속이다. Cet homme n'en a — 그놈의것만보고속앗다.

Impossibilité (techn) *불능. — physique *불리생지불능, *불리생불능.

Impossible 될슈업다, 홀슈업다. C'est — *박가니하, *박가니하. · *불가능ᄒᆞ다

Imposteur 눈칙ᄒᆞᆫ놈, 읍휼ᄒᆞᆫ놈 = 눈간ᄒᆞᆫ놈, 눈활ᄒᆞᆫ놈 Nb. ces deux derniers veulent dire seulement adroit ... adroit coquin.

Imposture en parole *랑셜. — en général 눈칙, 읍휼 = 눈간, *눈활

Impôt *구실, *세, *밥세, *공납 — le payer = 물다 (어,분). Collecteur d'— (autrefois) 두헌 C'était le chef de canton. 공납밧치다

Impotent 병신 On détermine le sens en mettant devant le nom du membre malade. 팔병신 — d'un bras; 두팔병신 — des deux.

756/

Impraticable V. Impossible. Chemin — 단닐슈업ᄂᆞᆫ길, 업로.

Imprécation 악담. Lancer des — 악담ᄒᆞ다, 져쥬ᄒᆞ다.

Imprégner 져리다 qui veut dire — et être —. Chose — de sel (salée) 소곰져린것. Être — 졀다 (어, 졀), 배다 (아, 밴). On se sert souvent de 들다 (어, 든) entrer, en l'employant au passé. 졀히다 (qui ne se dit que pour le sel).

Impression intellectuelle. — sur les sens ou l'intelligence, perception *감각; morale, sur le sentiment ou la volonté *감동. Faire bonne — (homme ou chose) 호하뵈다, Faire mauvaise — 낫바뵈다. = — de livre action d'imprimer *인쇄, — (résultat) *판, *판각.

Impressionnable

Impressionner au physique
au moral 감동케ᄒᆞ다. — un corps (phys.) *작용ᄒᆞ다

Imprévoyant 뒤싱 업다.

Imprévu 뜻밧게, 의외에 bon à fait 숡밧게

Imprimé (substantif) *인쇄물, *판쳬.
Livre — 박은칙, 박힌칙

Imprimer *인쇄ᄒᆞ다 — d'où machine à — *인쇄긔계, papier à — *인쇄지 = *인출ᄒᆞ다, *판각ᄒᆞ다. — un livre 칙박다 (아, 은); — un cachet 인치다. = — une chose dans l'esprit ᄆᆞ음에 삭이다 (graver), ᄆᆞ음에 박히다 (enfoncer).

— la crainte 무셥게ᄒᆞ다. Son air — le respect 엄ᄒᆞ야뵌다.

Imprimerie *인쇄소, *척사, *척사집 (mieux) Planche d'i. — *척판; Caractères mobiles d'i. — *즮ᄌᆞ, *활ᄌᆞ.

Imprimeur *인쇄인.

Improbable *의혹ᄒᆞ다, *아혹ᄒᆞ다; x, suivant le sens, 밋기어렵다, 되기어렵다.

Improductif

Impropre 당치아타 (하, 흔). C'est une expression — 본말아닐다, 당흔말아닐다, 말거북ᄒᆞ다.

Improviser

Improviste à l'— 뜻밧게, *우연이, *홀연이, 별안간에, *부지불각, *부지중.

Improuver 나무라다 (라, 란), 됴하아니ᄒᆞ다.

Imprudemment 마고, 철업시, 어릐업시, 혬업시.

Imprudent 어릐업다, 혬업다.

Impudemment 긔탄업시, 념치업시.

Impudence *무례. = 무식 넉살, toupet [illegible]

Impudent 념치업다, 긔탄업다, *무례ᄒᆞ다, 앙큼스럽다, 앙큼ᄒᆞ다, 괘씸ᄒᆞ다, 느물느물ᄒᆞ다, 능실능실ᄒᆞ다 = *당돌ᄒᆞ다 qui veut dire plutôt hardi (devant un supérieur).

Impudicité *식, *음ᄉᆡᆨ, *음죄, 음난흔일, 음오

Impudique *음난ᄒᆞ다, *음탕ᄒᆞ다, *음일ᄒᆞ다, *샤특ᄒᆞ다; en agg. *음. Passion — *음욕. Air — *음동, 샤특흔빗, 샤특흔모양.

Personne –*탐쇡군, *유츙. De l'homme on dit *유부 (夫); de la femme *유부 (婦), *유녀

Impuissant 힘 업다. Faire des efforts – 힘 겨운 쓰다 (써, 쓴) – – (au point de vue du mariage) on emploie ordinairement le mot général *병신. On dit aussi 내외 구실 못하다.

Impulsif.

Impulsion dans l'– de la colère 분결에

Impunément 벌 업시, 그저.

Impuni 벌 업는. Rester – 벌을 면하다; Laisser – 벌 아니하다, 그저 두다, 버려두다.

Impur *부졍하다, 더럽다 (러워, 운).

Impureté 더럽기, 부졍하기 – V. Impudicité. – des métaux 쇠똥, 쇠찻기

Imputation *지목. Supporter une – 지목 밧다 (아, 은), 뒤집어 쓰다 (써, 쓴).

Imputer *지목하다, 뒤집어 씌우다 (워, 운).

Imputrescible

Inabordable 빅다힐 슈 업다, 빅댈 수 업다.

Inaccessible Lieu – 사름 못 가는, 사름 못 드나는 뒤. Montagne – 가파른 산 (가파르다 (escarpé). (Homme) – *닝엄하다 (froid & sévère). Sévère & – aux sentiments d'humanité *무졍하다, 인졍 업다.

Inaccoutumé 법 밧게, 별 = *비범하다

Inachevé

Inaction 한가하기, 한유하기, 놀기. Être dans l'– *한가하다, *한유하다, 한가롭다

(으와, 온), 놀나 k노다 (노라, 노), 한가히노다.

Inadmissible — Le prétexte est — 그가지 될게 못쓰겟다.

Inadvertance 싱각업숨이. Faire par — 닉 싊히ᄒᆞ다, 모르고ᄒᆞ다, 닛고ᄒᆞ다. Oublier par — 닛고 ᄲᅡ지다, 닛저ᄲᅡ지다.

Inaliénable

Inaltérable 변치안ᄒᆞᆫ, 변치안홀.

Inamissible 일치못홀.

Inamovible Emploi — 죵신관.

Inanimé chose 무령ᄒᆞ다. — , évanoui 졍신업다, 긔업다, 긔노다 (ce dernier au passé).

Inanité 헛되기.

Inanition v. faim.

Inappréciable 측량ᄒᆞᆯ슈업다.

Inattendu 예산업다, ᄯᅳᆺ밧게, ᄯᅳᆺ밧근

Inattentif 졍신업다, 삶가지안다 (하, 흔)

—, sans soin 식(?)쳐거리다 싀지럭거리다.

Inauguration (cérémonie) *리…식, en mettant entre les deux le mot convenable à la chose inaugurée, v.gr. *리업식 pour une maison de commerce, un établissement etc. *리원식 pour une institution publique, *리장식 pour un théatre, une école, une exposition — etc.

Dans un sens un peu différent, on dit aussi (pour une construction etc.) *낙셩식 (낙셩, fin des travaux).

Inaugurer *리식ᄒᆞ다

Inavouable

Incandescence *빅열. Lampe à — *빅열뎐등

Incandescent Matière — *빅열불

Incantation (texte) *주문

Incapable *부죡ᄒᆞ다, ᄒᆞ지못홀, ᄂᆞᆼ히못홀.
—(minus habens, — pour telle ou telle chose) 계읍다(계워, 온) avec au datif le nom de la chose. —(au moral) Il est incapable de faire cela 그런일홀사ᄅᆞᆷ아닐다, 그런일못홀사ᄅᆞᆷ일다. 겻질니다

Incarcérer 옥에 가도다(아, 온)

Incarnat

Incarnation (chrétienne) *강싱, *텬쥬강싱
—(bouddhique) *화신, *권신.

Incarner s— (N. S. J. Ch.) *강싱ᄒᆞ다.

Incartade 어린즛, 즛, 작난.

Incendiaire volontaire. — bandit *화적.
— volontaire (accidentel) 불븟치ᄂᆞᆫ사ᄅᆞᆷ. — (par imprudence) 불내ᄂᆞᆫ사ᄅᆞᆷ qui se dit aussi du propriétaire de la maison où le feu a pris. Incendiarisme *방화

Incendie *화리, *화환. Il y a un — 화리나다, 불나다 (on met le passé: 낫다). Être victime d'un — 화리보다(아, 본), 화리맛나다 (나, 난). A la fin du monde tout périra par l'— 세계궁진홀ᄯᅢ에 보텬하 화리로 멸ᄒᆞ겟다.

Incendier 불지ᄅᆞ다 (질너, 지ᄅᆞᆫ), 불븟치다.

Incertain, douteux *의혹ᄒᆞ다, 의심스럽다; — ambigu 둥둥ᄯᅳ다 (ᄯᅥ, ᄯᅳᆫ), — irrésolu 망셜이다, 머뭇머뭇ᄒᆞ다, 결단치못ᄒᆞ다. Je suis — de ce que je dois faire 엇더케홀지모ᄅᆞ다, de ce que

Je ferai 엇더케홀넌지보료겟다.
Incertitude *의혹, *의심, 망셔리기. Être dans une — pénible *근심ᄒᆞ다, *념녀ᄒᆞ다.
Incessamment sans cesse 늘, 쟝, 긋치지안케, 긋치업시; —, sans délai 미구에, 불구에, 즉시, 곳. C'est une chose à faire — 빨니홀거실다.
Inceste *힝되, *쌩되 = ᄒᆞ다.
Incidence Angle d'— *퇴ᄉᆞ각, 투사각
Incident (subst.) 별일, 별거
Incident adj.) Rayon — *투사션
Incinérer qq ch. 솔호다 (아, 론). — un cadavre *화장ᄒᆞ다.
Inciser 에다 (여, 엔), 에이다 (에여, 인). — de haut en bas 나리에다; — en travers 가로에다
Incisif
Incision 엔듬, 엔ᄌᆞ리.
Inciter 도도다 (아, 돈).
Incivil (habituellement) 톄례업다, 톄모업다, 례모업다, *무례ᄒᆞ다. — (une fois en particulier) *실례ᄒᆞ다, 례틀니다.
Incivilité *무례, *실례.
Inclément *불슌ᄒᆞ다.
Inclinaison 굽기, 숙이기, 기우러지기. — d'un plan 엇기 (엇다, 어서, 어슨). Angle d'— *경각.
Inclination Faire une — de tête *고두ᄒᆞ다. — en signe d'assentiment 머리좃다 (조아, 조은), — du corps (salut très respectueux) *국궁ᄒᆞ다. —, disposition natu-

relle 본셩, 본3셩, 싹 (germe). Avoir de bonnes — 본셩 됴타, 본셩 착ᄒᆞ다, 싹 됴타. Avoir de mauvaises — 싹 그르다 (글너, 그른). Enfant qui a de mauvaises — 싹 그른 놈, 싹 그른 오히. = —, préférence affectueuse *의졍. Le ressentir 의졍을 발ᄒᆞ다. — Avoir — (préférence) pour qqch. 됴화ᄒᆞ다. N'en pas avoir 됴화 아니ᄒᆞ다 —, humeur, volonté, gré V. gré. Agir contre son — 슬희여ᄒᆞ야도 …, 슬흐나 ᄆᆞᆫ는 … 억지로ᄒᆞ다.

— disposition, avis présente, soit habituelle *경향 傾向

Incliner (act). 숙이다, 숙으리다, 굽히다, 기우리다, 기우러터리다 = 굽흐리다, qui est aussi neutre. —, (neutre) 숙다(어, 은), 숙히다, 기우다 (러, 운) + 기울다, 기우러지다, 숙어지다, 숙으러지다. 쏠니다, 굽다 (어, 은), 굽읏ᄒᆞ다; Être un peu — 쏠깃ᄒᆞ다, 기우듬ᄒᆞ다. S'— 몸을 굽히다, 엎되다 — la tête 고리 숙이다. = 숙다 et ses dérivés indiquent l'inclinaison de la tête ou du sommet, 굽다 de toutes les parties.

Inclus

Inclure 포함ᄒᆞ다, 함축ᄒᆞ다

Inclusivement 아오로, 아올노, 겸ᄒᆞ야.

Incognito 몰니, 모르게 Voyager — 환 힝ᄒᆞ다. = *잠종 비젹ᄒᆞ다.

Incolore

Incombustible ᄐᆞ지 못ᄒᆞᄂᆞᆫ, 불이 침노치 못ᄒᆞᆫ (침노ᄒᆞ다, endommager).

Incommensurable *불가측, 측량ᄒᆞᆯ슈 업다.

Incommode 괴롭다 x 고롭다 (로와, 온), 슈고롭다. 폐롭다 (로와, 온), 도련치못하다, 불편하다.
(귀찬다)

Incommoder (avec une personne comme sujet) 고롭게하다. (avec une chose) 슈고되다, 고롭다. V. gêner.

Incommodité *슈고, 고로옴.

Incomparable 비홀뒤업다. Il est —, sans pareil *텬하에독뎍일다, *박대하다, *박식하다. —, le plus grand *박능단일다, *박박죠일다 = *지극진녹뎍하다 qui ne se dit que de Dieu.

Incomparablement 비홀뒤업시. Être — plus grand 얼마더크다, 훨씩더크다.

Incompatible

Incompétent

Incomplet 야위하다.

Incompréhensible 알슈업다, 알아드롤슈업다, 통달홀슈업다, 측량홀슈업다, = 괴샹하다, 야릇하다.

Incompressible

Inconcevable V. Incompréhensible.

Inconciliable (서로) 뒤집다 (어, 은), 상반되다, 상극되다, 상극일다.

Inconduite

Incongru 못되다, *불법하다, *무례하다.

Inconnu 모로는 (On devrait exprimer le sujet, souvent on le sous entend: Un homme — (de moi) 나 모로는 사름, ou 모로는 사름). — d'un problème, d'une équation *부지슈, *부지량. Pout un —, un homme dont on ne connait pas le nom, on dit *11명 부지, *성명 부지. Les quantités connues sont dites *이지슈, *이지량

Inconscient *부지인ㅅ호다. 경신업다

Inconséquent qui n'est pas conséquent avec ses principes 여일치못호다 (여일호다 rester le même), *반복호다, *불일호다 = *반복쇼인 : : —, léger, changeant facilement d'avis 사오. 출입호다, 들낙날낙호다, *반복호다.

Inconsidéré 어줍업다, 철업다.

Inconsidérément 따고.

Inconsistant

Inconsolable 위로아니듯다 (드러, 른).

Inconstance *반복.

Inconstant 변덕스럽다 (러워, 온), 가바얍다 (야와, 온), 도습지다, 반복호다, 불일호다, vulg. 드리치락 내치락호다, 들낙날낙호다, 엽치락 잣치락호다, 사오스슈 생슌호다.

Incontestable *일정호다, *득철호다, 시역홀슈업다, 거역홀슈업다.

Incontestablement 일정히, 득철히.

Incontinence *유죄, *유소, *유힝. — laide (pollution) *슈쇠 : — d'urine : l'avoir 오좀싸다 (싸, 싼). Celui qui l'a 오좀싸리.

Incontinent (adv). tout de suite 즉시, 곳

Inconvenance *비례, 실례.

Inconvenant 당치안다 (하, 흔), 맛당

Infiniment 한업시, 무한히, 무슈히
Infinitif *불뎡법.
Infirme *병신, *병자.
Infirmité *병.
Infirmerie *병원, — *병쇼
Infirmier *간호원 qui peut se dire aussi de l'infirmière. Celle ci spécialement 간호부. Leur fonction *간호하다. *간병하다.

*간병자
Soldat — *간병졸

Inflammation 붓다 (부어, 부은) se dit de la simple enflure; 독오르다 (올나, 오른) indique une — qui suppurera, 피발셔다 (셔, 션) est l'— causée par un amas de sang: 피발: une ecchymose. L'— survenue après une bastonnade 장독, 매독, 쟝독. = — des yeux *안질.
Inflexible
Inflexion de voix
Infliger (une peine) (벌) 하다, 주다, 식히다.
Influence 힘. — politique *세, 권세. — des astres *일긔, — du climat, du terrain, *슈토. Maladie produite par cette — 토질, 토질병 = — (des passions) 결, 김. Sous l'— de la colère 분결에, 분김에.

Influenza *독감. *류힝감긔

Influer 관계되다, 관계하다, — en bien 유익하다, — en mal 해롭다 (로와, 온).
Information — écrite 통지셔.
Informe 보양업다, 얄궂다 (구저, 구즌). 얄망구다. Masse — 두루뭉슈레.
Informer faire savoir 알게하다, 알니다,

*긔별ᄒᆞ다, *통긔ᄒᆞ다, *통지ᄒᆞ다. S. — 알아보다, *탐지ᄒᆞ다.

Infortune malechance *역경, *곤경 / — malheur *환난. Par — 불힝히

Infortuné 복업다, *가긍ᄒᆞ다, *가련ᄒᆞ다, *불샹ᄒᆞ다.

Infracteur 범반ᄒᆞᄂᆞ, 어긔ᄂᆞ (어긔다), 범ᄒᆞᆫ.

Infraction *죄, 범반ᄒᆞ기.

Infructueux 헛, 헛되다, *무익ᄒᆞ다, 쓸ᄃᆡ업다. Faire des efforts — 헛공부ᄒᆞ다, 애만쓰다 (써, 쓴), 욕만보다 (아, 본).

Infuser 울어나다. Faire — 울이다 (notamment pour enlever l'âcreté)

Infus

Infusion 차 qui s'emploie pour toute espèce d'i — ou de décoction ; mais surtout pr le thé.

Infusoire *젹츙, *젹츙쇽.

Ingambe 열싸다 (싸, 싼), 발바르다 (발나, 바른)

Ingénier S. —

Ingénieur *기ᄉᆞ; *긔ᄉᆞ. — d'un grade inférieur 기슈

Ingénieux homme 지조잇다, 익살잇다; (travail) 익살노ᄒᆞ다, 지조스럽다 (러워, 온).

Ingéniosité 익살 (parfois bizarrerie).

Ingénument 바로, 고지식ᄒᆞ게.

Ingérer S. —, se mêler indiscrètement de 상관업ᄂᆞᆫ일에 참견ᄒᆞ다, 부졀업시ᄒᆞ다 (부졀업다 inutile), 남의잔치에 감노라 배노라ᄒᆞ다 (ordonner le festin d'un autre). = 남의친환에 단지ᄒᆞᆯ놈 (cet homme à se couper le doigt pour guérir le père d'un

autre). S'—, se mêler, s'occuper d'une affaire
*간셥ᄒᆞ다, *참셥ᄒᆞ다, *참견ᄒᆞ다. Je ne veux pas m'— à cela 그
일에 걸니기 슬타.
Ingrat *빈은ᄒᆞ다, *빈은망덕ᄒᆞ다, 은혜를 모
로다(몰나, 모론), 신세를 모로다, *박졍ᄒᆞ다,
은졍 업다. Travail — 헛공부. Faire un
travail — 욕만 보다, 외만 쓰다(써, 쓴).
Terrain —, stérile 도박ᄒᆞᆫ 땅.
빈은망덕 Ingratitude 빈은홈이, *박졍.
Ingrédient *셩분, *원쇼. — d'un remède
약저료
Inguérissable 곳칠 슈 업다, 못곳칠.
Ingurgiter 삼키다, 삼치다.
Inhabile 셔투ᄒᆞ다(톨너, 투론), 둔ᄒᆞ다.
Inhabitable 사ᄅᆞᆷ 못 살, 거치 못ᄒᆞᆯ.
Inhabité 사ᄅᆞᆷ 못 사난, 뷔다(여, 뷘). Mai-
son — 뷘집. Lieu — *무인디경.
Inhalation
Inhérent Être — à *결합ᄒᆞ다. Misère
— à la nature humaine 사ᄅᆞᆷ이 타고난 페
단 (타고나다 apporter en naissant).
Inhospitalier *야속ᄒᆞ다.
Inhumain cruel *잔악ᄒᆞ다, *악독ᄒᆞ다, *포
악ᄒᆞ다, *잔포ᄒᆞ다, 쌀쌀ᄒᆞ다.
Inhumation en général *장ᄉᆞ V. funérail-
les. — par opposition à crémation *민장ᄒᆞ다
Inimaginable ᄉᆡᆼ각으로 료량ᄒᆞᆯ 슈 업다,
측량ᄒᆞᆯ 슈 업다.
Inimitable 곳치ᄒᆞᆯ 슈 업다.

778/

Inimitié *불목, *혐의 V. Haine. Entretenir une — 원슈를 ᄆᆡ다 (여, ᄆᆡᆫ).

Inintelligent 둔ᄒᆞ다.

Inintelligible 알아드를슈 업ᄂᆞᆫ, ᄇᆞᆰ지못ᄒᆞ다, ᄏᆞᆷᄏᆞᆷᄒᆞ다.

Inique *불의ᄒᆞ다, 공번되지안타 (하, 흔).

Iniquité *죄, *죄악, *악힝.

Initial

Initiative *발안력.

Initier 통ᄒᆞ게ᄒᆞ다. Être — *통ᄒᆞ다. — Être —, " — à une doctrine, à une religion *봉교ᄒᆞ다, *입교ᄒᆞ다. Initier q. 입교시키다. Je ne suis pas — aux secrets d'État 나라의 비밀ᄒᆞᆫ일을 모른다.

Injecter 드러쏘다 (아, 쏜). — de l'eau dans les oreilles avec une seringue 불총으로 귀에 물 드러쏘다.

Injonction *명, *명령, *분부.

Injure *욕; — grossière *늑욕; — répétée, flux d'—s 욕지거리. = —, parole injurieuse *욕설. = *소셜 (on prononce 소술) très employé par les femmes.

Injurier *욕ᄒᆞ다, *늑욕ᄒᆞ다, 욕지거리ᄒᆞ다. Être — ... 보다 (아, 본), 듯다 (드러, 드른) au lieu de ᄒᆞ다.

Injurieusement 욕되게.

Injurieux 욕되다.

Injuste *불의ᄒᆞ다, 그르다 (글너, 그른), 공번되지못ᄒᆞ다, 고르지못ᄒᆞ다. Traiter avec une sévérité — 야속히ᄒᆞ다.

Injustice *불의, *비리, *횡악, 고르지안흔일.

Injustifié

Inné 본성으로나다 (produit par la nature). 타고나다 (apporté en naissant). — (philosophiquement) *심이부지하다. Le Jap. disent *텬부, *텬셩, *쳔텬덕.
Innocence *익비, 죄업기.
Innocent *무죄하다, *익부하다, *익비하다 = —, petit enfant *유동 (enfant qui tète).
Innombrable *무슈하다, *삭삭하다, 혤슈업다.
Innovation 새법.
Innover 새법내다.
Inoculer 넣다 (너허, 너흔). — le vaccin 우두넣다, 우두식히다.
Inoccupé (personne) 노다 & 놀다 (노라, 논). (terrain, maison) 뷔다. terrain — *공터, 공디.
Inodore
Inoffensif
Inondation périodique *쟝마, 시위, *챵슈; — désastreuse *슈치 (qui indique aussi les ravages del. —); — par la mer, raz de marée *히일. *쟝일
Inonder, rivière qui déborde *쟝일하다, *챵슈나다; — après les pluies 넘노다 (놔, 논), 논잠그다 (잠거, 근). Être — 넘에잠기다. — de sang 피흘니다. — un pays (au figuré; v.g. une invasion) 퍼지다.
Inopinément 뜻밧게, *부지불각, *부지중.
Inopportun
Inorganique . Matière — *무긔톄, *무긔물.
Inoubliable
Inouï 처음듯는. C'est — *금시초문일다.

789

Inquiet 울울ᄒᆞ다, 걱정ᄒᆞ다; 념려ᄒᆞ다. Très — 근심ᄒᆞ다. Homme toujours — 걱정구러 — , turbulent 뒤숭뒤숭ᄒᆞ다.

Inquiétant 걱정되다, 걱정스럽다(러워, 온), 념려스럽다, 궁겁다(거워, 온).

Inquiéter (act) 걱정되다, 걱정식히다. — comme un remords, 맘에 거리기다. S'— 걱정ᄒᆞ다; 념려ᄒᆞ다. V. anxiété.

Inquiétude 걱정, 념려. — allant jusqu'à l'anxiété 근심. Maladie causée par l'— 심화병. Être sans — 안심ᄒᆞ다. N'avoir pas d'— (parce qu'il n'y a pas sujet) 시들ᄒᆞ다, id (par courage) 싯벅다(싯버, 븐).

Inquisition tribunal de l'— 종교재판

Insaisissable (au physique) 세미ᄒᆞ다, 형용업다, 잡을수 업다. — (au moral) 형용업다

Insalubre

Insanité

Insatiable 채올수업다. Faim — V. faim. Homme — 은 식구럭이, 거걸쟁이.

Insatiablement 한업시.

Inscription 글, 제목. — sur une borne monumentale 비문; — portée aux funérailles en guise d'étendard 명정; — mise sur le cercueil 관상명정; — gravée sur une pierre & mise dans le tombeau 지석; — servant d'ornement dans une chambre 벽서; — superstitieuse donnée par les bonzes 부작; — sur les portes au commen-

cement du printemps 현픈.
Inscrire sur un livre 긔록ᄒᆞ다, 긔록ᄒᆞ야 두다, 적다(어,은), 적어두다, 책에올니다, 책에싯니다 = 치부ᄒᆞ다 qui ne sert guère que pour les comptes. = —(en gravant) 삭이다 — pass. grava, 쓰다(써,쓴).

*곤츙 Insecte 벌네, 버레, 버러지. = en comp. *츙
Insecticide *국츙약 ... 빈되약.
Insensé *광인, 밋치광이, 밋친사ᄅᆞᆷ =밋치다 Agir comme un — 밋친듯ᄒᆞ다, 밋치광스럽다(러워,운).

Insensé (adj.) : qui n'a pas le sens commun 얼빠지다

Insensibilité perte ou absence de sensibilité, de sentiment *무감각
Insensible être —, ne pas ressentir 아니ᄒᆞ다(ᄒᆞ,ᄒᆞᆫ), —, inaccessible à la compassion 인졍업다. — engourdi v. ce mot. = — se rend souvent par 모르다(몰나, 모ᄅᆞᆫ):— au froid 치운줄모르다.

choses — (par opposition aux êtres animés ... & intelligents) *무감각 무각 =ᄒᆞ다

Inséparable 갈닐슈업다. C'est mon ami — (necessarius meus) 내게긴ᄭᅡᆨ긴ᄒᆞᆫ다 (긴ᄭᅡᆨ긴ᄒᆞ다, indispensable).
Inséparablement 갈닐슈업시.
Insérer ᄭᅵ다(어,ᄭᅵᆫ), ᄭᅵ우다(워,운), 넛타(너허,흔); —(dans un écrit) 적다(어,은), 적어두다.
Insidieux *간악ᄒᆞ다, *간교ᄒᆞ다, *간사ᄒᆞ다
Insigne (subst.) 표, 보람 = 번호, —, signe de reconnaissance des signataires (plaque en bois).
Insigne (adj.), —remarquable *유명ᄒᆞ다, 별.
Insignifiant 대수롭지안타(하,흔).

Insinuant 너스레잇다. Manière —, art
D'insinuer 너스레, 너절게.
Insinuer une chose ds une autre 서다, 서우다 (셔워, 운); — ds l'esprit 슬니여셔 ou 슬금이 알아듯게하다, 알아드를만큼하다. S.— (entrer) 드러오다, 드러가다. Le vent s'— par une petite ouverture 바람이 적은틈으로드러오다. S.— ds l'esprit de qqun 보심을엇다 (어,은), 인심을엇다, *득인심하다. — de, par artifice 후리다.

Insipide 슴슴하다, 맛업다, 자미업다. *식시하다, 싱둥하다; —, (sans sel) 슴겁다 (거워, 운)

Insister en demandant *외걸하다. = *한소하다 (jusqu'à la mort). — répéter plusieurs fois pour faire comprendre l'importance 족족히닐오다 (닐너, 닐온), *조속하다. — sur une recommandation 비우당부하다, 신신이부탁하다. — sur les interrogations 괴다 (여, 킨), 괴여뭇다 (무러, 무룬) (괴다, arracher).
Insociable 동거취못할 (동거취하다, s'associer, habiter avec)
Insolation
Insolemment 설만히, 설독이, 만만이.
Insolent 설되다 (여, 된), 악쓰다 (써, 쓴), *발악하다, *설독하다, *설만하다 - 버릇업다 = 괘씸하다 ne se dit que des inférieurs.
Insolite 비범혼, 중속외에, 중속거스려
Insoluble . — (question) 풀지 못할; … 알슈업다.
Insolvable 파산나다. On émet plutôt l'idée corrélative, & on dit 난봉나다;

(les créances) sont irrécouvrables : 난봉 (難捧).

Insomnie —(maladie) 못자는병, *불매증.

Insondable

Insouciant

Insoumis *불순ᄒᆞ다, 에께러굿다 (굴러,굴), 왜앙ᄒᆞ다, 왜굿다 (그어,그은).

Insoutenable

Inspecter. ᄉᆞᆯ피어보다 (아,본), *감찰ᄒᆞ다, *검속ᄒᆞ다. —(secrètement) *암행ᄒᆞ다.

Inspecteur (vieux système, grand dignitaire qui inspectait secrètement les mandarins) *어ᄉᆞ, *암힝ᄉᆞ, *암힝, *암힝어ᄉᆞ) ≡ — *시찰원, *검속원, *감찰원. Si c'est un — officiel, remplacer *원 par 관. — les écoles *시학관.

Inspection *시찰, *감찰, *검속.

Inspiration divine *묵도, *묵조. Par — divine 텬쥬 묵계ᄒᆞ심으로. — diabolique
*령감 *유감, *유혹. = — (de poète etc.) *긔상. Agir sous l'— d'un autre 남의 말듣고ᄒᆞ다, ... 식히ᄂᆞᆫ대로ᄒᆞ다, 훈슈듣고ᄒᆞ다.

Inspirer (inspiration divine) *묵계ᄒᆞ다. Être — 묵계받다 (아,은), 묵계듣다 (드러,든) = *묵시ᄒᆞ다 est actif & passif. = Plus intelligiblement on dira 죵죵이 ᄀᆞᄅᆞ치다, 가만ᄒᆞᆫ 가온ᄃᆡ ᄀᆞᄅᆞ치다, 가만가만 즁에 ᄀᆞᄅᆞ치다 pour l'— intellectuelle. Pour l'— active, portant à l'action, remplacez ᄀᆞᄅᆞ치다 par 도아주다 ou 식히다, selon le sens. =

Instabilité

784

— (un sentiment), le faire naître 나게하다. — l'amour 의졍나게하다; — le désir 욕심나게하다. D'une chose qui — l'amour, le désir on dit 탐스럽다, 욕심스럽다 (러워, 운).

Livres —

Instabilité *변역 (changement); 영축 (accroissement & déclin).

Instable *불뎡하다, *불안뎡하다. Équilibre — *변역 평균. = — (en conversation courante) 잠간, 잠간지나가다.

Installer qqch. la mettre en place 노타 (하, 흔), 놋다 (어, 은) = 세우다 (워, 운) qui se dit aussi pour — un dignitaire, — un règlement etc. S'— (chez soi)

S'— (fonctionnaire public) *도임하다.

S'— à la meilleure place 뎨일 됴흔 뒤를 잡다 (아, 은).

Instamment 군졀히, 한스하게. Prier — 간구하다, 군졀히구하다, 군졀히 빌다.

Instance Faire des —, insister *한스하다, *지소위한하다 V. Insister. = — judiciaire *심. Première — *뎨일심. Dernière —, dernier ressort *죵심.

Instant subst. *경각, 삽시, 삽시간, 잠간. En un — 경각ㅅ이에, 잠간ㅅ이에, 순식간에, 슈유간에, 삽시간에.

Instant (adj.) *군졀하다.

Instantané Photo — *속히사진

Instantanément 경각에, 잠각에, 급작실이.

Instar à l'— de 처럼, 처러, 굿치, 굿게.

*고준; *선동 **Instigation** *훈슈, 식히기. à l'— d'un autre 남의식힘으로, 남의식히ᄂᆞᆫ대로 V. Inspiration.

*본셩 **Instinct** *본능. Pour les animaux (surtout les plus développés), on dit souvent *지각 (intelligence). — de la conservation *보신본능. Les moyens qu'il emploie se disent *보신지혜, 조신지혜. Agir par — naturel, sans délibérer 조연이, 졀노 =ᄒᆞ다.

*설시ᄒᆞ다, en agg. *셜 **Instituer** 세우다 (워, 운). 일우다 (워, 운), *셜시ᄒᆞ다, en agg. *셜 v.g. *셜업ᄒᆞ다 (maison de commerce, école, etc). = — qqun son héritier 세간을 시지다.

Instituteur, maître d'école: autrefois *션싱, *훈장, *겁장. Maintenant 교원, *교ᄉᆞ. (Les élèves, en lui parlant, l'appellent *션싱).

Instructeur militaire *병학교관.

Institution

Instruction enseignement *훈계 (surtout éducation) — scolaire *학, 교학, — acquise *학문. Avoir peu d'— *학문부죡ᄒᆞ다. = — ordre, commandement *니령, *니령령, *분부. = — (d'un procès) *예심.

Instruire ᄀᆞᄅᆞ치다, — (pour former les moeurs) *훈계ᄒᆞ다, *교훈ᄒᆞ다. De la part d'un supérieur, on dira *효유ᄒᆞ다). = —, donner avis de.. 알니다, 알게ᄒᆞ다, *통지ᄒᆞ다, *통긔ᄒᆞ다, *긔별ᄒᆞ다, — un procès *소실

ᄒᆞ다, *겸ᄉᆞᄒᆞ다. s'–, étudier *공부ᄒᆞ다, 박호다 (화, 홀). s'– par le malheur d'autrui 남의 해본 거술 훈계로 삼다 (아, 은).

Instruit ayant de l'instruction *유식ᄒᆞ다, *박학ᄒᆞ다, 학 문 ᄭᆞᆫ다 (하, 흔). Un peu – *면무식ᄒᆞ다. = –, (mis au courant) 알다.

Instrument en général *긔계, en agg. *긔. – pour travail manuel, outil *연장; – de musique *악긔, 동류.

Insu à l'– 모로게, 몰니. Agir à l'– de 눈긔이다 (se dit surtout pour les femmes & les enfants qui prennent qq. ch. à l'– du mari & des parents).

Insubordonné *불슌ᄒᆞ다.

Insuccès *랑되.

Insuffisamment 부족히, 덜. 부족ᄒᆞ게

Insuffisant *부족ᄒᆞ다, 족지못ᄒᆞ다, 모자라다 (라, 란), 거북ᄒᆞ다, 단잭스럽다 (러워, 원) 아슈룩ᄒᆞ다, 아숩다 (슈워, 운) qui veulent dire même marque (surtout 아숩다).

Insulaire 섬사ᄅᆞᆷ, 도즁사ᄅᆞᆷ.

Insultant 욕되다, 욕스럽다.

Insulte *욕, *늑욕.

Insulter *욕ᄒᆞ다, 욕뵈다 (여, 뵌), 망신주다 (어, 준) ; = – avec moquerie *희소ᄒᆞ다, *긔소ᄒᆞ다, *고소ᄒᆞ다, *비소ᄒᆞ다.

Insupportable 견될슈업다, 귀찬다 (하, 흔), 계쳘그룩다 (굴너, 그룬), 성가스럽다. – (personne) 식그럽다 (러워, 운), 듯그럽다, 듯그럽다, = (enfant) 즈즐ᄒᆞ다. Sentir les douleurs – 욺하 못견되다. = –,

qu'on ne doit pas souffrir 못견될, 용납치 못홀.

Insurger — S'— *변란ᄒᆞ다.

Insurmontable

Insurrection *변란; *반란; 폭동

Intact *온젼ᄒᆞ다; *순젼ᄒᆞ다, en agr. *순. = vulg. 숫 —, qui n'a pas servi. — Ex. 숫새악씨 jeune fille qui n'a pas été mariée.

Intarissable

Intégral — Calcul — *젹분, *젹분학

Intégralement 온젼이, 죄.

Intègre *쳥빅ᄒᆞ다, 공번되다, 고로다 (와, 홀)

Intégrité (état de ce qui est entier) 젼부, *완젼, — (justice) 쳥빅ᄒᆞ기

Intégration (math.) *젹분법

Intelligence, faculté de l'âme 경오, *지각; *의견 = philos. *지력, *지능; = —, adresse, — d'un homme avisé *슬긔 (est le mot employé pour — comme don du St Esprit); — habileté (qui se souvient du passé et prévoit l'avenir) 뒤눈 (œil de derrière); et, suivant le cas, on dira d'un homme 뒤눈밝다, 뒤눈어둡다. = Cela surpasse notre — 통달홀수업다. = Bonne —, bon accord *화목, *화의, *화호 = ᄒᆞ다. Mauvaise — *불목, *불화 = ᄒᆞ다. Avoir des — avec qqun *통ᄒᆞ다, *상통ᄒᆞ다 = de secrètes *밀통ᄒᆞ다.

Intelligent 쏙쏙ᄒᆞ다, 경오밝다 (아, 은), *명빅ᄒᆞ다, 령리ᄒᆞ다, 슬긔롭다 (로와, 온).

지각잇다, *령방ᄒᆞ다, *령변ᄒᆞ다, *민쳡ᄒᆞ다, 슬겁다 (거워,온). — & actif 약바르다(발나, 바른), 약삭 바르다, 야살스럽다(러워,온) Les êtres — *령물 qui se dit aussi des animaux supérieurs. Chien — *령ᄒᆞᆫ개, *령방ᄒᆞᆫ개

Intelligible 알아드롤만ᄒᆞ다. Lire à haute & — voix 알아드롤만큼보다.

Intelligiblement 알아드롤만큼, 알아듯게

Intempérance 과ᄒᆞ기 ... en agg. *과. — dans le manger *과식 = ᄒᆞ다, — dans le boire *과음 = ᄒᆞ다; — luxure *과쇡 = ᄒᆞ다.

Intempérant *과ᄒᆞ다, *과도ᄒᆞ다, *과격ᄒᆞ다. V. Gourmand.

Intempérie De l'air 불슌ᄒᆞᆫ일긔. Supporter volontairement les — & saison *불피풍우ᄒᆞ다 (ne fuir ni vent ni pluie).

Intempestif 늘모르잇다.

Intendance militaire (ancienne armée 1907) *향관; & (japon.) *감독부.

Intendant être — de qq chose 가음알다 (아,안); — d'une métairie 마롬; avec cette charge 마롬보다 (아,본); — d'un établissement *령적이; — d'une maison *거츅군, 세간ᄎᆞ리ᄒᆞ다 = — royal (vieux système) *도감당상; — militaire *감독관

— de constructions, de travaux *감역, *감역관 = *감역ᄒᆞ다

Intense

Intenter un procès *쇼지ᄒᆞ다, 쇼지졍ᄒᆞ다, *송ᄉᆞ, *졍 = ᄒᆞ다.

Intention 뜻, 심ᄉᆞ, *의ᄉᆞ, *의견, 원의, *의향, *목뎍

*유람, peu usité, sauf à l'instrumental : 유람ᄎᆞ로 놀러 [illegible] 가다 Sortir dans une intention de curiosité. (유람ᄒᆞ다 : visiter, voir (des lieux, des monuments))

Diriger son — 뜻을 두다 (어, 둔), 원의를 두다.
Avoir — de . 뜻 먹다 (어, 은), 맘 먹다.
Avec —, avec réflexion 유심히 ; —, exprès 부러, 즘즛. Sans — 무심히

Intercalaire Lune — 윤달, *윤월.

Intercaler 세다 (세여, 센), 넛타 (너허, 논), 간간이 두다, 격지넛타. — (des lignes ou des mots) dans l'écriture, en interligne *협셔ᄒᆞ다 (협 de côté — ne conviendrait pas pour l'écriture française)

Intercéder *전달ᄒᆞ다, *전구ᄒᆞ다, *전청ᄒᆞ다. V. prier. — Faire — pour soi se dit vulgairement 다리노하 청ᄒᆞ다.

Intercepter

Interdire *금ᄒᆞ다, 말니다. = — sa maison à qqun, rompre toute relation *절교ᄒᆞ다.

Interdit (subst), censure

Interdit (adj.) (défendu) 금ᄒᆞ다, en ag. *금. —, déconcerté 긔막히다, 울울ᄒᆞ다, 울즘나다, 울울즘나다. Tout — de peur, il ne put dire un mot 무셔워 울울즘나셔 말 못ᄒᆞ엿다.

Intéressant ᄌᆡ미 잇다, 직미 잇다, 맛잇다, (figuré) — 귀인ᄉᆡᆼ 잇다 ; —, auquel on prend intérêt 볼망 잇다 (*볼망 bonne opinion), 보숓치다 (paraît de 보숓다 (숒쳐, 숒촌) prendre soin de). Qui n'est — (n'inspire d'intérêt) à personne 볼망 업다.

Intéressé (un peu avare) 약기다 ; 존절ᄒᆞ다 — (un peu plus) *인ᄉᆡᆨᄒᆞ다 ; — (à une af.

faire) 상관있다, 관계있다.

Intéresser, plaire (vg. livre) 맛있다, 맛드리다, 맛드리게하다. 잠심하게하다. S'— (dans le même sens) 맛들다 (어.든), 맛드리다, =잠심하다 (être absorbé). — qqun dans une affaire 돈소ㅎ야주다. = — la conscience 량심에 걸니다, 량심에 서리다, 량심에 서리키다. Cela ne m'— pas. ne me regarde pas 내게 상관없다, 알을것없다; = S'— à qqun 도라보다. déclider 복도표다.

Intérêt agrément, plaisir 경, 맛, 재미, 취미. Cela n'offre aucun — 불경없다, 재미없다, 신등스럽다; —, ce qui regarde (avoir — à une chose) 아른것, 알온곳. = —, avantage 리, 리익. Ne chercher que les — 리만취다, 리만도모하다, 리만생각하다. Chercher les — d'autrui... 리롭게하다, 리케하려하다, (남) 위하다. Il y va de votre — 네게관계된다, 네게 리해있다 (리해 avantage & dommage). Tout le monde a — à bien faire 일잘하면 저마다 리본다. Mettre qqun dans ses — 제편으로 다긋다 (다거, 다근), 제편으로 당긔다. = —, "usura" 변, 변리, 변전. — léger 경변, — fort 중변. = — simple 단변리, — composé 복변리. C'est les termes arithmétiques de conversation! —, composé, — de l'— 재리, 변지변, 변리의 변리. Placer de l'argent à — 빗노히다, 빗노히하다, 빗주다 (어.준). *채급하다. Le prendre 빗내다 (여, 낸), 빗엇다 (어.은). Payer les intérêts 변리물다 (어.문). D'après la loi quand les intérêts ont égalé le capital, il cesse de courir 법대로 즈모되면 변리아니물다. (*즈모지리 intérêt égal au capital). = Prêter sans — 쉬하야주다, 숙이다 (여,인), 숙이다; Emprunter sans — 쉬하다, 숙다, (어.순), 빌다 (어.빈).

Règle d'intérêts (arithm.) *리식산

Intérieur (subst.). 속, 안. L'— de la maison (chambre des femmes) 안방. L'— & l'extérieur 안밖, 내외 = — (d'un noyau, etc) 알, 알맹이.
Ministre de l'— *내부대신. Département de l'— (à la résidence générale) 내무부. Le directeur en est dit *내무부장.

Intérieur (adj.) en appos. 니.
Maladie — 속병.

Intérieurement 안에, 속에. Haïr — 속으로 미워하다.

Intérim *셔리. On dit aussi 대리.... Par — (on ajoute 셔리 au titre de l'office).

Interjection *감동사, 감탄사. Point d'— 감탄뎜.

Interjeter appel 쳥지하다, 고소하다.

Interligne 줄이. Écrire en — *협셔하다 (협 voulant dire côté, avec l'écriture horizontale, 협셔하다 voudrait dire écrire en marge)

*쳥간 (papier 쳥간지, transparent pour écrire)

Interlocuteur

742/

Interloquer : être - 귀막히다.

Intermédiaire s.q. Homme qui sert d. — 손에사룸, ˚거간, ˚거간인 ; —de pour les mariages ˚중비, ˚중비자. Servir d. — ˚거간ᄒᆞ다, =˚중비ᄒᆞ다. A Séoul, — pour le commerce les maisons 가쾌, 집주릅. = Pour compter le nombre de — entre producteur & consommateur, on dit 훈손, 두손 ... 건네가다 ; pour les nouvelles 훈다리, 두다리 ... 건네가다.

Interminable

Intermission 손에, 틈. Sans — 늘, 쟝, 틈업시, 쉴ᄉᆞ이업시.

Intermittent. Fièvre — 학질 v. Fièvre. Fontaine — 물갈ᄋᆞ락잇ᄉᆞ락ᄒᆞᄂᆞᆫ석얌. Cette forme 홀낫 1발낙ᄒᆞ다, 잇ᄉᆞ락업ᄉᆞ락ᄒᆞ다, peut servir pour petites choses — (Remarquer qu'elle comprend deux verbes de sens contraire).

International ˚국교상, = — en agg ˚만국.

Interne (subst) élève — ˚긔숙생.

Interpellation (à la Chambre) ˚질의.

Interpeller appeler 부ᄅᆞ다 (불너, 부ᄅᆞᆫ). — s'adresser à qqun en parlant ˚디ᄒᆞ다 (avec accus.)

Interpoler

Interposer s. — 거간ᄒᆞ다.

Interprétation d'un livre 풀님, ˚주. ; — traduction ˚통변, ˚통역

Interprète d'un livre 주낸사룸. = — du gouvernement (pour le chinois) ˚역관, ˚역

원. — d'un particulier *통ᄉᆞ, *통변 (se dit aussi maintenant des — officiels).

Interpréter expliquer 풀다 (어, 푼), 붉히다, 주내다; — traduire (d'une langue dans une autre) *번역ᄒᆞ다. — considérer (d'une telle façon) 넉이다. — tout en bien 온갖거ᄉᆞᆯ 됴히넉이다 / 私 의심아니ᄒᆞ다; — tout en mal 온갖거ᄉᆞᆯ 슈상히넉이다, ...그르게넉이다, ...언잔케넉이다; — à son avantage 됴흔거ᄉᆞᆯ 졔게로도라보내다.

*반문; *선문
Point d'— *의문표

Interrogation 뭇ᄂᆞᆫ말, en agg. *문. — & réponse (dialogue) *문답

Interrogatoire *문목, *츄열 = ᄒᆞ다, *초ᄉᆞ = 밧다; — devant le roi *국문, *친국 = ᄒᆞ다; — devant les ministres 츄국 = ᄒᆞ다. Répondre à l'— 초ᄉᆞᄒᆞ다.

Interroger 뭇다 (무러, 물), 무러보다, *문의ᄒᆞ다; — de (ses supérieurs) 뭇ᄌᆞᆸ다 (ᄌᆞ와, 온), — à force 말뇌다 (여, 뇐), 캐여뭇다, *힐문ᄒᆞ다. — un accusé *문목ᄒᆞ다, *문죄ᄒᆞ다, *문초ᄒᆞ다, 문초밧다, = *츄열ᄒᆞ다.

Interrompre — un travail, l'abandonner 폐ᄒᆞ다, 간간ᄒᆞ다, 쳣ᄂᆞᆫ다 (ᄂᆞ, ᄂᆞᆫ), 쳣치다 ou 쳣츠두다, 즁간에 슬하 (허, 흰); — pour reprendre plus tard 아직쳣흔두다, 아직폐ᄒᆞ다, 아직 슬치다. — qqun de un travail, une conversation

Qui venez vous ici — 흘반즁ᄋᆞᆯᄒᆞ고 무ᄉᆞᆫ말

794

호노냐 (출반쥬왈, prendre la parole, parler le premier). = s.— 소스치다, 불쵸하다. s.—brusque 출낙발낙하다.

Interrompu 끈허지다, = —, chemin, circulation 끈치다 (se dit aussi des lettres, nouvelles).

Interruption 간단, 긋치기, 끈허지기. = Sans — 간단업시, 끈치지안케, 틈업시, 쟝, 늘, 내내, 긋너. Faire sans — 니어하다.

Intersection

Interstice 스이, 삭. — très petit 틈

Intervalle 스이, 즁간, 간 Dans l'— 즁간에. Par —s 엇던새, 잇다감, 혹간, 혹시, 듬은듬은, 혹, 듬쳥듬쳥, 황황이. Les fous même ont les — lucides 밋친사롬이라도 혹 졍신된다, 밋친사롬이라도 졍신 붉은때 혹 잇다.

Intervenir se mêler (d'une affaire) 샹관하다, (일)보다 = (일에) 걸니다 (ce dernier quand il y a des désagréments). — dans une affaire commencée 즁간에 와서 = 하다. = — pour mettre la paix 화복붓치려하다. = —, venir 오다 (와, 온), — se produire 되다.

Intervertir

Intestin 챵조, 내쟝, ~~보~~, 내복 = on dit parfois 오쟝, 오쟝륙부 dans la terminologie médicale (vieux système). Les 5 쟝 sont: coeur, foie, rate, poumons, rognons, et les 6 부 intestin grêle, estomac, gros colon & les 3 parties du buste.

*난유지우

*지긔지우 (confident)

*친밀하다,
*친근하다

Intime (adj.) intérieur 속. Le plus — de l'âme [illegible]속. Sonder jusqu'au plus — 깁히 [illegible] 하다. —, ami *친하다, *친근하다, *친압하다, *친밀하다, [illegible], [illegible] 갓갑다. *친박긴하다 (nécessaire). — se communiquer ses pensées *통정하다. = — ordinairement en mauvais sens *친합하다 (entre sexes diffé-rents veut dire parfois "coïre")

Intimement (au sens matériel) 속 [illegible], 틈업시. Être joints — (objets) [illegible]맛다. = Être unis — (hommes) V. Intime.

Intimer

Intimider 놀내다 (여,낸), 겁나게하다, *억도하다, *억준하다. Être — 겁나다 (나,난), 두리다, 두려워하다, 어려워하다, *송구하다, 수줍다 (즈어,은); — par la présence d'un supérieur, les regards des autres 굽쥐다 (여, 쥔), 저줍다 (즈어,운); — honteux — par modestie 스스러워하다, 스스럽다 (러워,온). Ce dernier se dit aussi de celui qui intimide.

Intimité 친압하기. Vivre dans une grande — *동정식하다 (manger à la même marmite).

Intituler ...이라하다, 일홈내다, 일홈붓치다. Être — ...이라하다 (part. passé ordinairement contracté 이란 au lieu de 이라혼.) Le livre — "le premier pas dans la vie spirituel." le *성명초힝 이란 칙.

Intolérance *불용사, *불용인

Intolérable V. Insupportable.

796/

Intraitable 달뉠슈업다.

Intransigeant

Intrépide 다긔잇다, 다긔지다, 담대하다, 겁업다, 사리다 = 보지다: — kaul.

Intrépidité 다긔, 호긔.

Intrigant 호소쟈, 다소하다, 다소스럽다.

Intrigue 계교, 모의

Intriguer 얼술이다, 모의하다.

Intrinsèque 안, 안에.

Introduction d'un livre 서. — à une science 입문, 초학.

Introduire mettre dans (objet) 넛다 (너허, 흔); faire entrer (personne) 드러오게하다. — auprès de qqun, présenter 인소식히다, 인소붓치다; — chez soi, accueillir dans sa maison 허입하다 (se dit plus souvent 다접하다). — usage (etc) (새법) 내다. = s'—, entrer 드러가다. s'— dans une maison, y devenir familier 사괴다, 드내다, 사괴여 드내다. s'— (coutume) (새법) 나다.

Intrus 잡인, 잡놈.

Intuition

Inusité 아니쓰다 (써, 쓴), 별.

Inutile 쓸데업다, 공연하다, 부질업다, 부질업다 & 부졀업다 = 실업다, 긱업다, 긱젹다 (어, 은) qui se disent surtout des paroles. = — 니용하다 d'où 니용지인 homme —, 니용지물 chose —. = 헛. se donner une peine — 헛공부하다, 의 — L'opposé est 가용하다, 가용지인, 가용지물.

ᄲᆞᆫ쓰다, 욕ᄲᆞᆫ보다.

Inutilement 쓸ᄃᆡ업시, 공연이.

*무효ᄒᆞ다 Invalide (nul) 헛, 힘업다; — (infirme) *병신.

Invariable 덧덧ᄒᆞ다, 벅벅ᄒᆞ다, *항구ᄒᆞ다, 변치못ᄒᆞ다, 한갈ᄀᆞᆺ다 (하, 흔)

Invariablement 덧덧이, 벅벅이, 항구이, 한갈ᄀᆞᆺ[illegible]치, 긋.

Invasion

Invective injure *욕; — reproche 숙지름

Invectiver injurier *욕ᄒᆞ다; — faire les reproches 숙짓다 (지저, 즌), 나무라다.

*조작ᄒᆞ다 Inventer 내다 (여, 낸), 엇다 (어, 은) 발견ᄒᆞ다
— (un mensonge) ᄭᅮᆷ이다; 말ᄭᅮᆷ이다, 거즛말ᄭᅮᆷ이다.

Invention *신발명 발견ᄒᆞᆷ이

Inventorier

Inverse renversé .. en agg *역; — opposé *반ᄃᆡ. Proposition — *역명뎨, Rapport — (math.) *반비. Proportion — *반비례.

Investigation *조사 = ᄒᆞ다.

Investir (d'une dignité) (벼슬) 식히다.
— (une forteresse) *포위ᄒᆞ다.

Invétéré 오래다 (여, 랜). en agg *숙
Vice — *고병, *습관, 습관고병. Maladie — 오랜병, *숙병, *숙환, 씻질긴병

Invétérer s' — 오래ᄒᆞ다, 오래가다, 길어가다.

Invincible 당ᄒᆞᆯ슈업다, 칠슈업다, ᄃᆡ뎍ᄒᆞᆯ슈업다.

Invinciblement

Ste un-

798/

traint — à force 호다, précédé d'une de locution suivante 억가니하, 불가불, 할슈업시, 부득이, 부득히, 마지 부득히; mais aucune n'a la force ni la précision du français

Ignorer — 전혀 모로다 (ignorance réelle), 소롬 모로다 (ignorance absolue).

Inviolable 어긔지 못홀.

Invisible *무형호다, 못뵈다, 볼수업다.

Invisiblement 뵈지 안케.

Inviter (convier) *청호다, 부르다 (불너, 부른); — engager à) *권호다.

Invocation .

Involontaire 스돗 밧근. Souvent *부실호다.

Invoquer 부르다 (불너, 부른), 부르지지다.

Invraisemblable 밋기 어렵다 (려워, 온)

Invulnérable

*옥도 Iode *옥소. teinture d'— 오소의 (沃素液), *옥소뎡긔, *옥도뎡긔 (沃度)

Iodure de *옥화 ....

Ipecacuanha *토근 (吐根).

Irascible *셩조호다, 속바르다 (발나, 바른), 괄다 (나, 괄) 괄괄호다, 조엽질호다 Homme — 울뚝이

Iris glan — sauvage 바랭. =

— de l'œil (눈) 검은즈위 (opposé à 흰즈위)

Irlande 의이란

Ironie . Parler avec — 비쇼호다, 비웃다 (우셔, 슨).

Irradier 빗최다 (여, 췬).

Irréconciliable v. Implacable. = —, (ny comme

le feu et l'eau) 상극되다.
Irrécusable
Irréfléchi
Irréformable 개뎡못ᄒᆞ다.
Irréfragable 항복아니ᄒᆞᆯ슈업다, 퇴쳑ᄒᆞᆯ슈업다.
Irréfutable *id*
Irrégulier — assujetti à aucune règle 법업다, 속속ᄒᆞ다, — pas conforme à la — 법ᄯᆞ지안타, 생업다 / — (en gramm.) *불규 : Verbe — *불규측동ᄉᆞ / — (en géométrie) *불뎡. Polygone — *불뎡다각형 = — dans sa conduite *경박ᄒᆞ다, *부랑ᄒᆞ다.
Irrégulièrement 법업시, 규모업시, 법ᄯᆞ지안케, 생업시.
Irréligieux
Irréligion *무종교, *무신심.
Irrémédiable 곳칠슈업다, 못곳칠.
Irrémissible 사죄못ᄒᆞᄂᆞᆫ, 사죄못ᄒᆞᆯ.
Irréparable 기울수업다, ᄒᆞᆯ슈업시되다.
Le temps perdu est — 헛되히지나간ᄯᅢ 기울슈업다 .... 허올슈업다.
Irrépréhensible 허물업다.
Irréprochable
Irrésistible 당ᄒᆞᆯ슈업다, ᄲᆞᆯ불슈업다.
Irrésolu 미뎡ᄒᆞ다, ᄒᆞᆯ가ᄆᆞᆯ가ᄒᆞ다.
v. incertain, indécis.
Irresponsable
Irrévérencieux *불공ᄒᆞ다, *불경ᄒᆞ다, *설만ᄒᆞ다, *만만ᄒᆞ다, *경만ᄒᆞ다.

800/

Irrévocable *결단ᄒᆞ다, *열명ᄒᆞ다, 다시홀슈업다.
Irrévocablement 결단코.
Irriguer
Irritable v. Irascible.
Irriter 로엽게ᄒᆞ다, 지릅다 (질너, 지른)
—, agacer 건ᄃᆡ리다, 지근지근ᄒᆞ다. Cela ne fait — la couleur *셜상가색 잇다 (gelée sur la neige).
Irruption Faire — dans pays 엄습ᄒᆞ다.
Islamisme 회회교
Isocèle triangle — 이등변 (ou 이등각) 삼각형.
Isochrone 동시간.
Isogone *등각.
Isolateur (en élect.) *졀연물, *졀연톄.
— des poteaux télégraphiques 쇽단지
Isolément ᄯᆞ로, 외ᄯᆞ로. Chacun —, chacun en particulier 각각
Isoler ᄯᆞ로두다 (어, 둔), — les uns les autres 각각두다. Être — ᄯᆞ로잇다, 외ᄯᆞ다 (ᄯᆞ러, ᄯᆞᆫ); — abandonné 외롭다 (로와, 로온); *고독ᄒᆞ다.
Isotherme *동온. Ligne — *동온도션 Carte isothermale *기온도.
Issu 조차나다, 발뇌안하나다. Pour la parent, on dit souvent 몸에 ou 몸에셔나다.
Cousin — de germain *륙촌, *륙촌동항.
Issue 틈, 골목, 출석이. Rue sans —, impasse 막다ᄅᆞᆫ골. — d'une affaire 일긋. A l'— de 흩뒤에, 긋헤.
Isthme *디협.

Italie ˙의국, 의대리.
Itinéraire 길.
Ivoire ˙샹아.
Ivraie .– mauvaise herbe
잡플, 가음, 긔.
Ivre 취하다, 술취하다. = à moitié – 건드레하다. Chanceler comme un homme – 쓰레 쓰레하다. l'allure de l'homme ivre 빗탈거름
Ivresse 술취홈이 . Dans l. – 술김에. Faire des folies dans l. – 쥬졍하다. Sortir de l. – (cuver son vin) 술셔다.
Ivrogne ˙쥬직, ˙쥬졍군, 술군.
Ivrognerie ˙탐쥬 = 하다, ˙과음 = 하다 = 술먹는 습관.

Jabot des oiseaux 뫼롱, 모이롱
Jacasser
Jachère 묵은 밧.
Jactance 헛조랑.
Jaculatoire .Oraison – ˙활살긔구
Jade ˙옥, ˙벽옥. ˙홍보옥.

Jadis 녯젹에, 당초에

Jaillir 소사나다, 나다, 뛰다. On ajoute s'il y a lieu 쏙, 쏙쏙 subitement

Jalon *표쥬, *표간, *표목.

Jalouser 투긔ᄒᆞ다. V. Jalousie

Jalousie qui veut nuire *심슐; — qui craint 새암, 새앙, le partage 새옴. En avoir (vg. crainte un rival) 새오다(새와, 온), 새옴 바르다, 새옴 새우다(워, 운) 내다. — (vg. des tigres) pour la proie 밥새옴. Si le rival existe, la — se confond avec l'envie et s'appelle *질투, *투, *투긔. En avoir = ᄒᆞ다, = 내다, = 부리다. — d'une femme pour son mari 강샘ᄒᆞ다, 강리 앓ᄒᆞ다(?). Essayer de nuire par — *심슐 = 쓰다, = 내다, = 부리다. Celui qui agit ainsi se dit *심슐군, *심슐쟁이, 심슐구럭이 = (store) 발, 바음(?).

Jaloux *심슐군, = *투긔받다(하, 흔), *시긔ᄒᆞ다, 새옴내다(여, 낸), V. Jalousie.

Jamais 아모ᄯᅢ나, 아모ᄯᅢ던지. Je ne le ferai — 아모ᄯᅢ라도 못ᄒᆞ겟다. Et, emphatique 저ᄎᆞ돌에 ᄉᆡᆨ이 나야ᄒᆞ겟다: quand les bases de colonnes mourront. Jamais cela n'a été 당초 업섯다. Il est plus puissant que — 힘이 젼보다 더ᄒᆞ다. On n'aurait — fini 슬ᄭᅳᆺ내겟다. Si — vous faites cela 혼번만 그리ᄒᆞ면... Le plus méchant homme qui fut — 고금 뎨일 흉악ᄒᆞᆫ 놈. Dire adieu pour

—*영별하다, 영이별하다. —— je n'ai vu cela 싱결에못보앗다.

Jambage dolecare 글씨

Jambe 다리. L'os antérieur de la — 정강이, 압졍강이. Le gras de la — 종아리, 어복. Courir à toutes — 다름박질하다.

Jambon (되아지)뒤다리.

Jante.

Japon *일국, 일본, 일본나라 = *왜국 (injur.)

maintenant *니디

Japonnais *일인, 일본사름 = *왜인, 왜놈 (inj.). En Corée, par oppos. aux Coréens, les — sont dits maintenant *니디인 (et pourtant *니디인 veut dire "indigène"). — le Japon *니디. — (Choses) — *왜. *왜불 = *왜 se dit même pour un tas de choses simplement importées (ordinairt) par les Jap., v.g. *왜유, 왜기름 pour désigner le pétrole.

Japper 즛다 (즈저, 즌).

Jaquette

Jardin légumier 나물밧, *최뎐, 채마뎐; — à fleurs *화계 *화초당, 초당 — public 공원; — zoologique *동물원, — botanique *식물원

— pour enfants 유치원 Ce mot désigne ordinairement une école en plein air pour enfants, ou même toute école enfantine

Jardinier 최마뎐쟁이

Jargon de province *방어. Mot le — 사토리, 시골말

Jarre 동의, 독, 앵병

Jarret 오금

Jarretière 대님, 다님, 보션 게기

Jars 슈곤이, 슈계우.

Jaser 즈거리다, 짓거리다.

Jaseur 니야기군, 니야기쟁이, 말빤타(하,혼).

Jasmin

Jaspe 벽옥.

Jaspé

Jatte 대아; — de bois 목대아; — à rainure, pour laver le riz 함박, 니남박.
Cul de — 안진방이.

Jauger

Jaunâtre 누르시름하다.

Jaune 누르다(르러,른) & 누륵다, en agg. +황. Couleur — 누른빛, 황색. Homme — (blond) de cheveux, animal — (roux) de poil 노랑이. Tacheté de — 누룻누룻하다. = — d'oeuf (알의) 누른조의.

× 노르다(르러,른) 노랏하(노래,란) 샛노랏하

Jaunir, devenir jaune 누르러지다: = —, peindre en — 누른칠하다, 황색칠하다. Teindre en — 누른물드리다.

Jaunisse 황달, 리달, 히달

Javelot

Je 나, 내, 내가 La politesse est moins stricte pour je & moi que pour tu, toi, vous. On peut dire 나 en parlant à des égaux & même un peu au dessus. A des supérieurs on dit ordt 저, 제가 (litt. "lui"; qqf. on dit même 이사름 — à Pyong-to, au moins) — Officiellement, à un mandarin on dit 빈, & les gens du bas peuple 쇼인 — Au Père, les vieux chrétiens di-

sent 죄인.
Jenseng 삼; — domestique 인삼; — rouge 홍삼; — sauvage 산삼. Champ de — 삼포
— blanc 백삼
Jet . A un — de pierre 도달리
더질 받을 말. = —, pousse (d'arbre) 슌.
Jetée, digue 보. Faire une — 보를 막다 (아, 은). — pour aborder 선창
Jeter (au loin, — avec effort) 치다, 던지다, 더지다; — (sans effort, laisser tomber, mettre au rebut) 브리다; — (déposer v.g. les cartes sur la table) 노타 (와, 홀) = — une pierre au loin 드돌리치다, 도돌리질하다, 돌도돌리치다; — des pierres à qqun 돌질하다. — en haut 치치다; — en bas 나리치다, 나리드리다, 나리보내다; — du haut d'une montagne, en faisant rouler 굴니다, 나리굴니다; — çà et là 흣다 (허, 흔), 흣허치다, 흣더러드리다, 헤치다; — par dessus 넘겨던지다; — dehors 내던지다, 내여브리다, 쳐브리다. V. Chasser, rejeter. = — brusquement 훅던지다, 훅더지다; — à bas, renverser 넘어치다, 넘어더리다, 넘어드리다; — bas (habits) 벗다 (벗서, 버슨), 버셔노타; — les dés 윷노타; — le sort, tirer au sort, 졔비잡다 (아, 은); — sur qq.ch. (v.g. de l'eau) 씨치다, 씨언다 (져, 즌), 씻더리다; — de l'eau bénite (asperger) 셩슈부리다; — du sang (par la bouche) 토혈하다; 산혈하다.

se (par bas)+ 하혈하다; — des larmes 눈물 흐르다, 눈물 흘니다; — une odeur 내나다; — les yeux sur (en passant) 슷쳐 보다, se (à la dérobée) 기웃거리다, 기웃하다, 기웃기웃하다; — dans l'embarras 어려온 데에 노타, 어려온 디경에 노타; — dans le désespoir 실망케 하다; — de la poudre aux yeux 미혹케 하다, 정신을 현란케 하다, 후리다 = se — sur 달녀들다(어, 들); se — dans 쑥 드러가다; se — dehors 쑥 나오다, 쑥 나가다, 뛰여나가다. se — dans l'eau après 3계는아로 물에 빠지다. se — aux pieds de.. 엎되다, 엎드리다; se — entre les bras (chercher un refuge) 의탁 흔을 구하다, 의지홀을 구하다. se — dans un parti 또편되다, 섞기다, 좇다(조차, 촌) se — à la traverse 말니려하다, 막으려하다, 막다(아, 은). se — dans un autre (rivière)+ 합슈하다. se — dans la mer (rivière) 바다에 드러가다 = le sort en est jeté!! 결단낫다.

Jeton 돈; — servant à compter au jeu 산돈 (on se sert de pièces de monnaie)

Jeu 작난, 노롬, 노롬노리 = 잡기 se dit toujours en mauvais sens. = 잡기 & 노롬 se disent pour les jeux de hasard = 작난 a un sens très étendu: jeux, badinages, exercices corporels, désordre — même pillage & vol. tout cela se dit 작난하다. = 노롬노리

désigne l'espèce de jeu. — Ce n'est qu'un — 작난굿다 (하.흔) = — de mots *희담. 수수젓기 수수것기 수수꺽기 (?)

Jeudi *목요일. Les chrétiens disent 뎨오 회의 날 = + sur le calendrier *첨례오 : "feria v.a".

Jeun à — *식젼, *공복. Faire à — 식젼에 ᄒᆞ다, 공복으로 ᄒᆞ다.

Jeûne (subst.) *대진, en agg. *진. — du Carême *ᄉᆞ십일 대진. Observer le — = 직희다; le rompre *파지ᄒᆞ다, le cesser (à Pâques) *개진ᄒᆞ다. Le temps du — (Carême) *봉지시대. Jour du — 대진날. Mâter son corps par le — 지로극기ᄒᆞ다. = — eucharistique *공심진.

Les protestants disent *금식. = ᄒᆞ다. Jour de jeûne 금식일.

Jeune (adj.) 졂다 (어.은) dont le négatif 졂잔타 (하.흔) veut dire digne, se conduisant bien. Très — 어리다. = tout — enfant *유동, 아기, puis 어린 ᄋᆞ희 qui va jusqu'aux environs de 10 ans, ᄋᆞ희; — en âge d'être marié : garçon 총각 ᄋᆞ희, fille 새악시, 규슈; — gens (mariés ou non) jusqu'à 25 ans plus ou moins *쇼년 *쳥년. — & vieux, sans distinction 노쇼막론ᄒᆞ고, 노쇼의 골치 ᄯᅡᆯ고. Faire le — homme 어린 쳬ᄒᆞ다. Le plus — d'entre eux 그 즁에 나히 뎍은 = les — oiseaux 새삭기 (l'opposé : oiseaux adultes se dit 어미새). Un — cheval *싱마 = *의마, 망아지. — arbre *의목, 어린나무.

—, sans expérience *미거ᄒᆞ다.

Jeûner observer le jeûne 대진직희다. =

808/

—, repas manger 굶다 *굼다 (굴머, 믄).
— manger insuffisamment, subir des privations 굴리다 (indique une privation prolongée). — Faire — 굶기다, 굶기다.

Jeûner pour arriver à pouvoir vivre sans manger *벽곡하다.

Jeunesse enfance 어린때, 어려실때; — avant le mariage 소히때) — en général 젊은때. Faire un coup de — 젊은즛하다.

Joailler *옥공; *보셕공

Jobard

Joie 즐겁기. 즐거움이, en agg. *락. la — de ce monde contraire 세상 에 즐거움이 헛거시다; 세락 헛거시다. Etre dans la — 즐겁다 (거워, 온), 즐거워하다, 즐기다, 즐겨하다, 깃부다 (깃버, 분), 깃버하다, 반갑다 (가와, 온), 반가와하다. Air de — 즐거온빗. Donner de grands signes de joie 즛내다; *희희락락하다, *희활하다, *희락하다, *희쇼하다, 거드러거려다, 거들거들하다. Etre transporté de — 즐거움을 이긔지못하다, *용약하다; = 하엇더케 즐겁는지... Passer son temps de la — 새를 됴케지내다. = Donner de la — 즐기다, 즐겁게하다. Chose (ex. nouvelle) qui donne de la — 즐겁다, 반갑다. Souffrir avec — 달게참다.

Joignant (prép.), près de 깃가히. 협헤, 겻헤, ... 밋쳐

닛다, (니어, 은) 아오ᄅᆞ다, (올니, 른) **Joindre** v. act. —, unir *결합ᄒᆞ다, 맛초다 (아, 촌), 아올니다; —, lier, ᄒᆞᆫ 뒤 ᄆᆡ다; — mettre bout à bout, côte à côte 다히다; — raboutir 닛다 (니어, 니은); — les bords d'une plaie 얍을니다 (v. cicatriser); — qqun en route: le rencontrer 맛나다; de l'atteindre en le suivant 밋다 (쳐, 친), 밋쳐가다. = — l'ennemi, se battre *합젼ᄒᆞ다. = —, v. neut. & réfléchi. Se — ensemble *합ᄒᆞ다, *결합ᄒᆞ다, 맛다 (자, 존 & 진) en agr. *합 = *동 (de leur de faire ensemble). Se — à d'autres ᄒᆞᆫ 덩이지다. Se — pour le commerce *동ᄉᆞᄒᆞ다; — pour la route *동행ᄒᆞ다; — pour un travail *동력ᄒᆞ다, *합력ᄒᆞ다; — pour l'étude 글 동졉ᄒᆞ다. = — les mains *합장ᄒᆞ다. & en s'inclinant *장슈거지ᄒᆞ다.

Joint, Jointure 흘게, 니, 니어 = 식?이 veut dire plutôt petite fente. Ainsi le — lâche, ne pas joindre bien 흘게늣다 (저, 진) (le contraire est 되다). Les — ont manqué 니가 틀녓다, 니어 버려졋다. = — les membres, articulation ᄆᆡ듸, ᄆᆞ듸 (오금). — les os *골졀.

Jointure, ou plutôt emmanchement 동거리

Joli 어엿브다 (엿버, 분 — souvent contracté en 엣브다), 아ᄅᆞᆷ답다 (다와, 다운) & 아릿답다, 곱다 (고아, 고은), *보ᄒᆞ다, 얌젼ᄒᆞ다, 장그럽다, 맵시 잇다. Très — *졀묘ᄒᆞ다, 얄뜰ᄒᆞ다, *연연ᄒᆞ다, 연연이 곱다; —

810/

(enfant) 귀인성스럽다, — garçon⁺ 미동, — femme⁺ 미색 (les deux ordinairement en mauvais sens). C'est un très — visage 일색일다. Vous êtes un — garçon (ironiquement) 네 범천한 놈이라, 너를 시에게 드시보다 (j'aimerais te suspendre à ma ceinture.

Joliment 곱게, 잘, 어엿부게.

Jonc, plat 부들; — triangulaire 고, 완골, 왕골

Joncher . — de fleurs 꽃 시리다, 꽃 뜨리다. La terre est — de fleurs, 꽃이 사이에 쏟넘다, …… 사이에 널혓다.

Jonglerie 술틈.

Jongler

Jongleur

Joue 색, 볼 = pop. 귀사각, 귀밋 사각이, 사귀, 귀사이; 색사기, 색사근이

Jouer 장난하다, 놀다 ✕노다 (노러✕라, 놀), 노릇하다 = ⁺희롱하다, ⁺긔롱하다: —, badiner — feux de mains etc, souvent en mauvaise part. = — à tel ou tel jeu … 노릇, 노리 하다, … 치다, v.g. — à la toupie 팽치다, — au ballon 공치다, etc = — aux cartes ⁺투전하다, 화투놀다, — aux dominos 골패하다, — aux dés, 윷놀다, aux dames 바둑두다 = — à la poupée 각시노릇하다, — au petit ménage 소곱질하다, 돈곱질하다. = — de la guitare, flûte, etc. V. ces mots. = — une partie, deux parties 한 피, 두 피놀다, — de l'argent 돈내기하다 = — sa vie (l'exposer) 목숨을 or 성명을

십 샹이 낙이다. = — la comédie (sur la scène) 셕쥭 놀니다. — (ce mot 놀니다 s'emploie pour tous les jeux ou spectacle qu'on montre au public). — la comédie (hypocrisie) 쇽이다; — qqun, le tromper 속이다. = Apprendre en se jouant 실 업시 배호다, 불 벽 듯 하게 배호다. Se faire un jeu de 작난 처럼 알다, 실 업시 알다, 작난 거리로 알다. Se faire un jeu de l'autorité de qqun, (le mener par le nez) 롱 락 하다, — et pour plusieurs 롱 낙 하다. = — choses (meubles) dont les joints sont trop lâches 흘게 늣다 (느려, 진). — (le contraire est 흘게 되다).

Se — de qqun, le tourner en bourrique 놀니다, 놀녀 먹다.

Jouet 작난 거리, 작난 가음, 쇼일 거리

Joueur 작난 군, 노름 군. = de musique 악슈, — de tel ou tel instrument 슈 ajouté au nom de l'instrument.

Joufflu 얼골 통통 하다.

Joug 멍에. Le mettre 멍에 메다 (여, 멘), 멍에 짓다 (지어, 은); l'ôter 멍에 벗기다, 멍에 지우다 (지워, 운); le subir 멍에 쓰다.

Jouir de, user de 쓰다 (써, 쓴); —, éprouver du plaisir 즐기다, 즐거워 하다. — (d'un bonheur déterminé) 누리다. L'idée de — se rend ordinairement par les adverbes 잘, 됴케, 재미 잇게, 달게 joints aux verbes exprimant l'idée de la chose qui donne de la joie: v. g. — de la vie 셰욕을 됴케 or 달게 보내다, — de sa fortune 돈 잘 쓰다: = — d'une bonne

Jouissance — Jour

812/

santé ⁺셩ᄒᆞ다, ⁺무병ᄒᆞ다, 잘지내다.

Jouissance

Jour partie indeterminée du temps 적. Dans — 우리 쌀 ᄉᆡ에, 우리 잇슬ᄉᆡ에. Vous le saurez un — 후에 알겟다. Peut-être qu'un — 아마 이후에 ... 아마 이뒤에. Il viendra bien un — où cela se fera 아모ᄯᅢ나 일이되겟다.

·— (de 24 heures) 날, ⁺일. le — suivant 훗날, 후일, ⁺명일 ; le — précédent 젼날 ⁺젼일 le jour d'avant sa mort 그죽기젼 날. Un — ᄒᆞᆫ날, plus souvent ᄒᆞ로, 일일 2 — 두날, 이틀, ⁺이일 = 3 — 사흘, ⁺삼일 ; 4 — 나흘, ⁺ᄉᆞ일, 5 — 닷ᄉᆡ, ⁺오일, 6 — 엿ᄉᆡ, ⁺륙일 ; 7 — 닐헤, ⁺칠일, 8 — 여ᄃᆞ레, ⁺팔일, 9 — 아흐레, ⁺구일 ; 10 — 열흘, ⁺십일. Au dessus de 10, on recommence : 열ᄒᆞ로, 열이틀 etc. Ce sont ces mêmes expressions qui servent à compter le quantième du mois, mais on met 초 devant les 10 premiers nombres. — Un — par deux ⁺간일. Un — & une nuit ᄒᆞ로밤 (qu'on veut dire aussi un jour, pendant la nuit, une nuit). — Le premier — (qque soit le point de départ) 첫날, ⁺슈일 ; le 2e 이튼날, 둘ᄌᆡ날, etc. trois — avant 사흘젼에, 세날젼에, 삼일젼에. Un — (une fois) ᄒᆞ로ᄂᆞᆫ dans peu de — 오ᄅᆡ지아냐, 몃칠후에

Espace de 5 jours (ᄒᆞᆫ) 쟝거리 (intervalle entre les marchés) = (ᄒᆞᆫ) 파슈, (ᄒᆞᆫ) 파슈거리 intervalle entre échéances commerciales (파슈, 파슈일) = Espace de 10 jours (일) 슌.

Quel — du mois est-ce 몃칠이냐 (칠 ne s'emploi que dans ces deux cas). = Le 15 — de la lune 보롬날; le dernier — de la lune 그믐날, *회일. Tous les — 날마다, *매일, 날날이, 나날이. C'est une chose de tous les — 또링 심 일 일다. De deux — l'un 하로건너, 간일하야. Tous les 3 — 이틀 건너, & ainsi de suite. Une fois par — 하로 한번식; 2 fois … 하로 두번식 etc. Il y a dix — que je vous attends 너룰기드린지 열흘 되엿다. Différer de — en — 날날이 밀의다. Augmenter de — en — 날날이 더한다, 날마다 더한다. — & nuit 밤낫, *쥬야. Passer les jours à … *종일 (avec le verbe voulu); v.g. à boire 종일 술 먹다. Il y a d'autres expressions: 자고 쉬면, dès qu'il fait clair, 날이 번하면 & 번하면, dès qu'on s'éveille. = 술 먹다. — Vivre au — le — 저녁 벌어 아츰 먹다, 아츰 벌어 저녁 먹다. = Fixer un — 일 뎡하다, 뎡일하다, id. (mariages, enterrements, — souvent superstitieux) 턱일하다. = — faste 길일, 길한 날; — néfaste 흉일, 흉한 날. = — de fête (païenne) 명일, & (chrétienne) 쳠례 날. Au — marqué 뎡한 날에, 뎡일에, 긔한 날에. Un beau — 도흔 날; — pluvieux 날 굿다 (구저, 진 오즌). Voici un beau — 오날 일긔 됴타 = Avant

le — 희기젼에, 붉기젼에. Jusqu'au — 밝
희도록, 붉도록. Au point du — 희벽에. Le
— commence à poindre 날신다 (희다,
여, 흰). 날번ᄒᆞ다. Le jour est déjà grand
날희엿다, 붉앗다. En plein — ~~[illegible]~~. Oy — 나제, 나지, 낫에
vous bien mentir en plein — 빅쥬에 ou
빅일에 감히 거즛말ᄒᆞᄂᆞ냐. Le jour baisse
어두어간다. A la chute du — 어스름에.
(Service ou garde) de — 당직 (par op.
pos. à 숙직).

= — (au pluriel), le temps de la vie
Passer les — tristement 리미 업시 살다.
Passer ses — à ne rien faire ᄒᆞᆫ가히 세월
보니다. Etre à la fin de ses — 릴 죽시대
갓갑다 (가와, 온); =릴죽것갑다 est plus fort.
= —, lumière 빗. On voit le — à travers 빗최다, 빗뵈다. On voit le — à
travers le verre 유리 밝아게 빗최다.
Mettre une chose dans tout son — (éclaircir) 붉히다. Etre à faux — 얼뵈다,
빗뵈다 (빗, 様 et non 色). Etre en
un bon — 두렷두렷ᄒᆞ다, 쏙쏙이 뵈다.
Mettre en un — favorable (tableau) 바로
보게 두다
Mettre au — 내다, 놓어내다. ~~Mettre~~ — ᄂᆞ. (enfant) 낫타 (나하, 흔)
un livre au — 칙내다, 인출ᄒᆞ야 내다.
= —, fente, ouverture 틈. Il n'y a pas
de — 틈 업다. Se faire — 틈을 엇다 (어,
은). Percer à — 새 살다 (어, 은), 손빗살다,

Être percé à — ... 뚤니다.
Souhaiter le bon — (en arrivant) *인ᄉᆞᄒᆞ다. (en partant) *하직ᄒᆞ다, par lettre ou par intermédiaire *문안ᄒᆞ다, 문안드리다.
Journal *신문, *신문지, *긔별지 *신보. & revue *잡지. — personnel *일긔, — de bord (marine) *항ᄒᆡᆼ일긔; — de marche (guerre) *진츅일긔.

— organe, ou instrument (d'un parti) 긔관신보. 긔관신문, = 긔관잡지

= —, mesure agraire 갈이. Un — ᄒᆞᆫ갈이 deux — 이틀갈이 etc. Combien y a-t-il de — dans ce terrain 이ᄯᅡᆼ이몃칠갈이냐.

*경: 일경, 이경 .....

Journalier (subst), homme qui travaille à la journée 품군, 품파리군, 더벌이, 막벌이군 Être 막벌다 (버러, 번). 품팔다 (아, 판). Travail à la journée 품파리.
Journalier (adj). — qui est d'un usage — *일용; — qui se rencontre tous les jours (ordinaire) *평ᄉᆡᆼᄒᆞ다, 예ᄉᆞ, 예ᄉᆞ롭다 (로와, 온). Continuel & — 일용, 샹ᄒᆡᆼᄒᆞ다 = 항용, *평ᄉᆡᆼ소무. Le travail — 날마다ᄒᆞᄂᆞᆫ공부. La prière — *일과, *조만과 (matin & soir)
Journée 날, *일. Travail d'une — 날품, Une journée de travail ᄒᆞ로품, de route ᄒᆞ로길 deux — 이틀품, 이틀길, etc. Prix d'une — de travail 품삭, ᄒᆞ로품삭.
Journellement 날마다, 날날이, 나날이, 매일에, = *일용, *항용.
Joute 씨름.
Jouter 씨름ᄒᆞ다.

Jouvenceau V. Jeune

Jovial 산드러지다, 산들산들ᄒᆞ다.

Joyau 구슬, 보셕 = 패물, 노리개.

Joyeusement 즐겁게, 맛잇게, 재미잇게. Faire — (de bon coeur) 진심으로ᄒᆞ다. Passer le temps — 우숨으로세월보내다, 우슴으로지내다.

Joyeux qui donne de la joie 즐겁다(거워, 운), 깃브다(깃버, 븐), 반갑다(가와, 온); — qui éprouve de la joie = les mêmes mots à la forme ᄒᆞ여ᄒᆞ다 = 열복ᄒᆞ다, 깃깃ᄒᆞ다. — (de bonne humeur) 희희ᄒᆞ다, id. (& bruyante) 희희낙낙ᄒᆞ다. Pousser des — éclats de rire 깃깃대소ᄒᆞ다.

Jubilé Ordinairement c'est le 60e anniversaire qu'on fête. Cette fête se dit 환갑. = —, (indulgence) 경축전대사

Jubiler 깃깃ᄒᆞ다, 용약ᄒᆞ다, 즐거움을이긔지못ᄒᆞ다.

Jucher (닭게) 안ᄯᅡ(안져, 즌).

Juchoir 홰, 홰대.

Judée 유대국, 유데아

Judicieusement 명백히, 명ᄒᆞ게.

Judicieux 명백ᄒᆞ다, 슬긔롭다(로와, 온).

Juge 판ᄉᆞ, —, magistrat civil 송관, 판ᄉᆞ; — criminel 형관 = —, arbitre 심판ᄉᆞ, 판결ᄒᆞᄂᆞᆫ사ᄅᆞᆷ, (판결쟈, 판결ᄒᆞᄂᆞᆫ쟈)

Jugement faculté de l'âme 판단력, 판결력, — de en acte 지각, 의견; — avis 의견, 소견. A mon — 내소견대로 / pour un supérieur *쳐분). —, rectitude de — *감식 Avoir un bon — 총명 붉다, *총명예지 하다. 의향넓다(어,은). 의견넓다. = —, examen d'une cause civile ou criminelle *쳐판 d'où *쳐판소, tribunal; *쳐판장 président du tribunal; *쳐판언도, sentence. *쳐판권, droit de juger, compétence; *쳐판슈쇽 procédure judiciaire; *쳐판의학 jurisprudence médicale. = —, sentence rendue *쳐판언도: autrefois on disait (& on dit encore) *쳐ㅅ, *쳐결 pour une sentence au civil; & 결안, 죄안 pour une sentence au criminel = — téméraire *방증, 방녕된증참 (ces mots veulent dire aussi faux témoignage)

Jugement par défaut *궐석쳐판.

Jugement dans le sens catholique de la sentence divine
= particulier 소심판
= général 공심판

Juger un procès, un différend 판단하다, *결단하다, *쳐결하다, *쳐단하다, *쳐분하다. — porter un jugement sur qqch. 판단하다, *결단하다. Ne — point votre prochain 남을 판단하지 마라. = —, penser, croire, regarder comme 알다, 넉이다 (avec l'instrumental): — à propos 맛당한줄노 알다, 올흔줄노 넉이다; = —, conjecturer *싱각하다, *측량하다, 혜아리다. — les autres par soi même 남을 접어 싱각하다 (접다 appliquer en double), *역지 ᄉ지하다 (remettre à la place).

Jugulaire

Juguler

Juif

Jujube 대조, 대초. Jujubier 대조나모.

Jumeau 쌍퇴, 쌍동. Porter deux — dans son sein 쌍퇴를배다, Trois — 삼퇴.

Jumelle (lunette) *쌍안경.

Jument *되마.

Jungle *외원.

Jupe 치마, — rouge, de nouvelle mariée *홍상, 다홍치마.

Jupiter *목성, *세성 (planète)

Jupon 속치마.

Juré membre du jury (tribunal) *배심원.

Jurer affirmer avec serment *맹세하다.
— contre qqun *악담하다.

Jurement 맹세; = 악담. — *관할

Juridiction 법권, *차지, *관할, *처분권. Avoir sous sa — *총지하다.

Juridiquement 법대로, 법답게.

Jurisconsulte *법률학자, 법률박사.

Juriste d°

Jury (de tribunal) 배심관, — (de proportion de concours) 심사원, — (d'examen) 시험위원

Jus 즙, — de viande (etc), sauce 국, 빨국
— de fruits 즙 & plus souvent 물

Jusant Il y a — 물혀다, 물졋다.

Jusque (avec les noms de lieu ou de temps) 까지, — (avec le verbe) 까지 ou 도록, avec cette différence que 도록 marque une certaine fatigue ou une difficulté vaincue.
— à Séoul 서울까지. — à quel temps 어느때까지. — à ce qu'il vienne 오도록,

— à présent 이ㅅ때 ㅅ지, 입ㅅ때것

오기 ㅅ지, 올ㅅ때ㅅ지. Marcher — à se fatiguer 곤ᄒᆞ도록 거러가다. = — (dans la ligne) 나ᄅᆞ 적 qu'on joint 99f à ㅅ지.

Juste adj. équitable 공번되다, 고ᄅᆞ다 (골나, 고른), 바ᄅᆞ다 (발나, 바른), 바ᄅᆞ다 (발나, 바른) 또ᆞ 듯ᄒᆞ다, 의롭다 (로와, 온), 가ᄅᆞᆺᄒᆞ다; —, raisonnable 올타 (올흔). C'est —! 올타, 올흔일 이라. Un esprit — 명백ᄒᆞᆫ 사ᄅᆞᆷ. = — & ferme 쏙ᄒᆞ다; —, convenable 당ᄒᆞ다, 맛당ᄒᆞ다 합당ᄒᆞ다 = —, qui s'adapte bien 알맛다 (마져, 즌). Les bords sont — 나맛나다. = —, presque trop 바ᄅᆞ다 (발나, 바른); trop — 덕 바ᄅᆞ다, 격 바ᄅᆞ다.

= —, (adv) exactement 쏙. C'est — cela 쏙 그러타. Vous avez deviné — 쏙 알엇다. Je ne sais pas au — 조세히 모ᄅᆞ다, 조세히 못 안다. = — à ce moment même 막, 갓, 곳. Il vient — de partir 막 떠낫다, 갓 떠낫다, 곳 떠낫다. Tout — (sous le sens de avec pleine) 갓가스로, 간신이.

Justement avec justice 공번되게, 올케, 바ᄅᆞ게, 바로; —, précisément 막, 쏙. Il est arrivé — comme on allait commencer 막 시작ᄒᆞ라ᄂᆞᆯ ㅅ때에 왓다. Vous venez — à point 맛게 왓다. —, vous y êtes 올타 = — (ironiquement) 올타 대득ᄒᆞ엿다 (대득ᄒᆞ다, arriver à propos).

Justesse

Justice (vertu)* 의덕; — (bon droit) 정리, 정의

Justicier — Là

820/

*의리; —(d'une décision)*공도. Nous avons la — pour nous 우리가옳다. Rendre la —(magistrat)*공소하다. Demander —(au magistrat)*송소하다, *정하다; Faire —,(punir) *벌하다, 다스리다. Se faire — soi même, se venger 원슈를갑다 (아,은) ≡ Ministère de la — *법부. Ministre 법부대신.

Justicier

Justifier un autre 발명 (ou 설명)하야주다, 죄를벗겨주다. Se —, — sa conduite *발명하다, 설명하다, 죄를벗다; — une assertion, la prouver 빙거하야주다.

Jutem 물만타(하,흔), 즙나다(나,난)

Juvénile

Juxtaposer

Kaléidoscope *만화경.

Kangourou 긴가로.

Kaolin

Kiosque

Krach *실패.

Kyrielle — d'injures 욕지거리.

Kyste

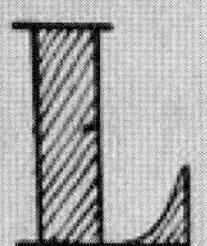

La art. fem. V. Le.

La pronom fem. relatif. 져, 뎌 remplacés très souvent par 이 사ᄅᆞᆷ, 뎌 사ᄅᆞᆷ, 이것, 뎌것.

Là adv. démonstratif. N'a pas d'équivalent en Coréen. Parfois quand le sens y est on le rend par l'appositif : Cette ville — 그 읍내는, ce livre — 이 책은. Quand il est l'opposé de ci, il se rend par 그 ou 뎌 (ci se rendant par 이). Pas ce livre-ci mais celui là 이 책 말고 그 책. Quand il est purement explétif, il ne se traduit pas. Est-ce — ce que vous craignez 무셔워ᄒᆞᄂᆞᆫ 거시 그거시냐, ou, avec un sens différent 그 가지 것 무셔워ᄒᆞᄂᆞ냐.

Là adverbe de lieu 여긔, 뎌긔, 거긔 suivant que la chose est proche ou éloignée. De là 여긔셔, 뎌긔셔, 거긔셔. Par — 여긔로, 뎌긔로, 거긔로. Courir çà et là

이리뎌리단니다, de sans but 헤지르다(질너,지른). Que fais tu là? 거리셔무엇ᄒᆞᄂᆞ냐. = —, adverbe de temps 그ᄯᆡ에.

Labeur *공부

Laboratoire (lieu) 실험소; —(chambre) *실험실. = — (photographique) *음실.

Labiale (consonne) *순성

Laborieux (homme) 부즈런ᄒᆞ다; —(ouvrage) 어렵다(려워,운), 세다, 힘되다, 슈고롭다(로와,운), *노력ᄒᆞ다.

Labour 경. le premier *초경, le 2ᵉ *재경

Labourable 경할만ᄒᆞ다, 경ᄒᆞ야 벽을만ᄒᆞ다. C'est la traduction littérale. mais ces mots sont à peu près inusités. On dira simplement "cultivable" 농ᄉᆞ할만ᄒᆞ다, 농ᄉᆞᄒᆞ야 벽을만ᄒᆞ다, ou même 벽을만ᄒᆞ다.

Labourer (à la charrue) 갈다(어, ou 아, 간). — à la houe ou à la bêche 파다(파, 판), 광이질ᄒᆞ다, 가래질ᄒᆞ다. = 녀름짓다(지어, 지은) se dit du labour & aussi de tout autre travail.

Laboureur *농부, *농군.

Labyrinthe

Lac 못; 디, *호슈, *호.

Lacer souliers 신발들메다, 신들메ᄒᆞ다.

Lacérer 씌다(쳐,진), 씌여더리다, 쌕다(하,흔)

Lacet pour habit 고름; — pour soulier 신들메, 들메 = —, noeud coulant 올앙이, 올감이.

Lâche poltron, 겁쟝이, 겁구럭 = 부르다(불너, 부른); —, mou 굶쓰다(굶서,쓴),

—, paresseux 느러다, 느러지다 = 느러팡이, 느렁이; —, peu serré, peu tendu (corde, nœud etc.) 늦다(느저, 느진), 늣츄ᄒᆞ니다 = —, vil, bas, sans honneur *비루ᄒᆞ다, *쳔루ᄒᆞ다.

— (lien) 나슨ᄒᆞ다

Lâchement par poltronnerie 겁결에. — —, bassement, honteusement 붓그럽게, 쳔히, 쳔ᄒᆞ게. Travailler — 무르게ᄒᆞ다, 일에 힘 아니쓰다, 느리게ᄒᆞ다.

Lâcher qq ch. que l'on tient 노타(하, 흔), 노하두다(어, 둔). — (un homme ou un animal) 놋치다 (qui semble se prononcer 놔치다), 노타, 내여노타, 내여버리다. — étourdiment un mot 말실슈ᄒᆞ다. Faire — prise (à un voleur) (물건을) ᄲᆡ앗다(아서, 슨); de (à des gens qui se battent) ᄯᅥ러지게ᄒᆞ다. Se —, se relâcher 느러지다.

Lâcheté manque de courage 겁; —, mollesse 느런ᄆᆞ음 = —, action basse, indigne 쳔ᄒᆞᆫ노릇.

Laconique (discours, paroles) *간단ᄒᆞ다. — (homme) 말스다 (서, 슨) (qui parle lentement, rarement)

Lacs 올감이, 옭앗이.

Lactée Voie — *은하, *은하슈.

Lacune ᄲᆞ진것, *허실.

Ladre (porc) = —, avare crasseux 쫍작이 qui comme le mot français veut dire et crasseux (sale) & avare; 곰바리, *곰쥐 = & le verbe adj. 쫍바르다(발나, 바른).

824/

옹졸스럽다 = 니마를 쑤셔도 진물 아니 날놈: on n'en tirera pas une goutte, même en lui perçant le front.

Lagune

Laïc (chrétien) 법교우; — (païen), homme qui n'est pas bonze *속인.

Laid 거츨다 & 거츠다 (츠러, 츤), 불성 사오납다 (사와, 온), 불긔 업다. Il y a beaucoup d'expressions analogues: 불치, 불골, 골 etc. (apparence), mais le 사오납다 ou 업다. = 보기 언잔하다 (하, 흔), 보기 됴치 안하다 (하, 흔). Très — *흉하다.

Laideur 흉한 거, 흉한 모양.

Laie

Lainage

Laine 양의 털; 양모; 양모. Les tissus (ou même les feutrages) de laine à poils longs se disent 담, les draps à poils ras 전 (mais ces deux mots se disent aussi les tissus similaires en coton). — Couverture en — 담니블. Habit en — 전의복.

Laisse

Laisser quitter, abandonner, rejeter 브리다, 버여브리다, 브려두다; —, ne plus s'occuper de, — le côté 브려두다, 치지도외하다, 보로다 (볼나, 보론); — le côté, ne pas parler de 고사하다, 고사하다; —, omettre 빠지다, 쌔다 (아, 쌘), = 걸으다 (걸너, 걸은), 건너다 (너, 넌) (passer); —, permettre, ne point empêcher 그저 두다 (어.둔); —, cesser 그만 두다, 젓차다 (차.찬), 젓차 두다, 젓치다; — abandonner (avec peine, avec effort) 손 타 (허.혼), 손 허 부리다; —, en dépôt 맛기다; — aller, lâcher 놋치다. = — (une chose telle qu'elle est) 두다, 그저 두다. = Laissez cela 그만 두어라, 아서라. — là une entreprise (일) 도제하다, 젓차 두다. Laissez ce que vous faites & venez ici 일을 젓차 두고 이리 오너라. J'ai — en dépôt 10 piastres chez Pierre 베드로 의게 돈 십원 맛겨 두엇다. J'ai laissé (par oubli) mon bréviaire chez Jean 내 경본을 요안의 집에 잇고 두엇다 ou ... 경신 업시 노 핫다. Ne laissez pas vos enfants prendre de mauvaises habitudes 조식을 습관 되도록 두지 마라. Laissez moi le soin de cette affaire 그 일을 내게 맛겨라. Laissez le vivre à sa fantaisie 그 사는 대로 두어라, 제 대로 두어라. Laissez moi prendre du repos 나를 쉬게 두어라. (C'est la traduction littérale & elle est correcte. On dira pourtant plutôt: 쉴 틈 잠간 다고 "je demande un moment de repos" ou bien 잠간 쉬겟시니 나를 찻지 마라 "Je vais reposer, ne venez pas me trouver"). Laissez moi reprendre mes esprits 그 넉히 내 좀 쉬게 둡시오. Laissez moi aller 나를 말니지 맙시오 qui est une demande polie.

de ne pas retenir. S'il fallait une permission
p.r sortir, on dirait 나가게 ᄒᆞ여주옵시오. Et si
c'est une simple formule de politesse, on dit
나가옵ᄂᆞ이다, 나가겟ᄉᆞᆸᄂᆞ이다. Laissez le venir
à la maison 댁에 ᄃᆞᆫ니기ᄅᆞᆯ 허락ᄒᆞᆸ시오. Il
ne me laisse pas parler 내 말을 막ᄂᆞᆫ다,
나ᄅᆞᆯ 말 못ᄒᆞ게 ᄒᆞᆫ다. Les satellites ont laissé échapper Pierre 포교들이 베드로ᄅᆞᆯ 놋
쳣다 (involontairement), ou 노하보내엿
다 (volontairement). — Ne laissez passer
aucun jour sans penser à Dieu 날마
다 텬쥬의 ᄉᆡᆼ각을 간단치 마라 (간단ᄒᆞ다,
interrompre). — Du bien à ses enfants
(en mourant) ᄌᆞ식의게 세간을 끼치다.
Les voleurs n'ont rien — dans la maison
도적이 세간을 ᄒᆞ나도 남기지 안코 가져갓다
ou mieux 도적이 세간을 ᄐᆞᆯ장질ᄒᆞ엿다,
... 분탕ᄒᆞ야 갓다. (분탕ᄒᆞ다, ᄐᆞᆯ장질
ᄒᆞ다, vider jusqu'au fond (voleurs, créanciers,
satellites). Les voleurs ne lui ont — que
la vie 도적놈 안테 ᄲᆡ앗기고 목숨만 살
앗다. Quelque mal qu'il m'ait fait,
je ne laisse pas de l'aimer 나ᄅᆞᆯ 아모리
해롭게 ᄒᆞ엿스나 나ᄂᆞᆫ ᄉᆞ랑ᄒᆞᆫ다 ou ... 도
로혀 ᄉᆞ랑ᄒᆞᆫ다. Se — aller à ses passions
ᄉᆞ욕에 ᄲᅡ지다, ᄉᆞ욕에 ᄭᅳᆯ니다 = 방탕ᄒᆞ다.
Se — gagner (juge) 쳥듯다 (드러,ᄅᆞᆫ), Se
(par l'argent) 뇌믈 받다 (아,은). Dieu
se — fléchir par nos prières 텬쥬 우리 ᄀᆞ

주에갑돌 ᄒᆞ신다. Ne pas vouloir le — faire *소영ᄒᆞ다, 허락치아니ᄒᆞ다, 못ᄒᆞ게ᄒᆞ다, 말예ᄒᆞ다.

Laisser aller

Lait 젓, en agg. *유. — de vache 쇼의젓, *우유, *타락. Frère de — 젓동싱.

Laitance, Laite de poisson 이리, 이릐. Poisson à — (mâle) 이리ᄇᆡ기

Laiterie

Laiteron 쓴바귀, 쓴배, 돌ᄉᆡ바귀, 고들ᄇᆡᆨ이

Laiton *진유.

Laitue 부루, 부유, 상치, 상ᄎᆡ

Laize d'une étoffe 폭

Lama

Lambeau — d'étoffe 헌것, 헌겁, 나부랑이. Être (déchiré) en — 너덜너덜ᄒᆞ다.

Lambin 느리광이, 느렁이 = 느리다, 느릿느릿ᄒᆞ다, 느즈럽은ᄒᆞ다; = 잡을손쓰다(써, 쓴) (avoir la main lente à faire), 굼뜨다.

Lambiner 느리다, 더듸다, 드레지다, 까되다, 늘치다, 쓰다 (써, 쓴), 삭닐거리다, 굼적거리다

Lambourde

Lambris

Lambrisser

Lame de couteau 날, 칼날. —, feuille de fer *편텰. Couvrir de — de fer 텰갑닙히다; en être couvert *텰갑ᄒᆞ다, d'où *텰갑션 bateau cuirassé. —, vague 물결, 놀, *파도.

Lamelle

Lamentable *원통하다, *원억하다, *애통하다.
Lamentablement 애통이.
Lamentation *곡, *곡성.
Lamenter le — *곡하다, *곡성하다, *곡읍하다, *통곡하다, *애곡하다, *방성대곡하다, *곡지통하다, 슬피통곡하다, 슬피울다.
Laminer
Laminoir
Lampe 등, 등잔. — allumée 등잔불, 등불. Pied ou plutôt support de — coréenne *경, 등경, 등경거리; id en cuivre *유경. = la nouvelle couche disent "람보" pour la — à pétrole genre européen. = — électrique *전등, *전기등.
Lampion
Lamproie 칫구리, 칫구라지, *선어, 비암장어
Lance *창.
Lancer un dard, une flèche, un rayon 쏘다(아, 쏜); — qq. chose더지다, 던지다. — une pierre 돌더지다, 돌던지다, 돌치다, 팔매치다, 돌팔매치다 ou simplement 팔매치다, 팔매질하다, 팔매더지다; — la foudre 벼락치다; — un vaisseau à l'eau 배를물에쓰히다. — un regard (faire signe de l'oeil) 눈줏하다, 눈치하다, id (regarder en passant) 슷쳐보다; — un regard de colère 노여보다, 눈을써보다; — un mot 빨쑥하다, 빨쑥질무다(질너, 지론).

Lancement d'un bateau (cérémonie) *진수식

se — sur, se précipiter sur 달녀들다 (어, 든). Être — (flèche) 쏘이다, d° (pierre etc.) 써나가다. Être — dans une affaire 일에 걸니다. Être — (jeune homme qui fait, ou veut faire comme les vieux) 재갓갑스럽다 (러워, 온).

Lancette 침.

Lancier 창슈군.

Lancinant

Lande 빈들, 공한들.

Langage 말, 말숨, en agg. 어, 화. — de la province 방언, 스토리.

Lange d'enfant 강보, 기저귀. Envelop. par le — 기저귀 치오다. En être enveloppé 기저귀ᄒᆞᆫ다.

Langoureusement 맥업시, 경황업시.

Langoureux 느리다, 맥업다, 경황업다.

Langouste 쇠비 (C'est, du moins, le nom qu'on lui donne à Fusan où elle est commune — mais on y appelle aussi 쇠비 la crevette); 그재. Petite — ou plutôt très grosse crevette 대하, 왕새오.

Langout

Langue (organe) 혀. Tirer la — 혀갓ᄒᆞ다 (se dit des boeufs qui se lèchent les naseaux. Pour l'homme, se dit pour tirer la — par mépris. Autrement 혀내밀다 (어, 민). — tirer la — (par effroi, surprise, application) 혀를내여두르다 (둘너, 두룬). Faire cla-

Langnette — Large
830

quer la — (mécontentement) 혀차다. Donner un coup de — (parole piquante) 톡쳐말질하다. Retenir la — 말춤다(아, 은). Mauvaise —, — de vipère 혀구. Avoir la — bien pendue 야살스럽다 (러워, 러운). Avoir la — embarassée 혀굳다 (혀, 는). Avoir la — épaisse, parler gras 혀가새벗새벗하다. Tout à l'heure, je l'avais sur le bout de la — 말날듯날듯하다가 니져버렷다. = —, langage 말, 말숨, en agg. 어, 화 La — française 법국말, 법어. Parler bien une — 말부어하다 (붓다 exercé), 말잘하다. Parler mal une langue 말서투하다. ×
= — de terre
= — de chat, excroissance de chair près les ongles 거스러미.
— vivante 활어; — morte 사어; — mère 모어; — dérivée 조어; — agglutinative 결합어, — flexionnelle 변화어; — monosyllabique 단음어.

Languette (d'un piége, etc) 쎗독이, 쎄독이, 고동, 고동.

Langueur — Maladie de — 긴병

Languir 신음하다, 피곤하여지다 — être malade 경황업시알다 (하, 는).

Languissant 긔업다, 경황업다. 피곤하다 (style) 맵시업다. Homme de santé —, souvent malade 병긱, 도병긱.

Lanterne 등, 초롱 ; — allumée 등불 ; — magique 환등 ; — de projection 환등긔계

Lanière 가죽오리.

Laper 할다 (핥아, 흔) ; — en buvant (comme les chiens) 핥아 먹다, 할삭먹다, 할삭할삭 먹다, 할삭할삭하다.

돌치우다 ; 결석하다.

Lapider 돌노쳐죽이다, 돌벼하야죽이다. Être — 돌벼마쳐죽다.

Lapin 톳기. Les — domestiques importés du Japon (race dite russe à yeux roses & longs poils blancs) sont dits 빅셔 (rats blancs) ; & comme c'est un animal à fourrure, on dit le plus souvent 빅셔피 — C'est le — qui a commencé 여둔절각 : "c'est votre rat qui a abîmé la corne de mon bœuf" (lequel s'est amusé à le démolir).

Laps

Laquais 하인.

Laque vernis 옷칠, objets en — 칠긔

Larcin V. vol, voler, dérober. Pour les — des enfants & des femmes les choses dont ils disposent à l'insu des parents & du mari, on dit 눈긔여다 (tromper les yeux).

Lard 비계.

Larder

Lardon mot piquant 쏘는말, 지르는말

Large 너르다 (널너, 너른), 널다 (어, 넌), 넓다 (어, 은), 광활하다. Devenir — 널어지다, 넓어지다. Au long & au — 널니.

— de caractère 걸걸ᄒᆞ다, 서그러지다, 서그럽다(러워, 운). — de (libéral) *흑ᄒᆞ다, 너그럽다. = Le —, la pleine mer 큰 바다. Gagner le — (s'éloigner) 날너가다; do (s'enfuir) 다라나다, 내ᄲᆡ다.

Largement 너르게, 널니, 넓게. = —, libéralement 흑ᄒᆞ게, 흑히.

Largesse *상급 = ᄒᆞ다, *선물 = 주다.

Largeur 넓이, 널기; = 너븨, 넓억지, 넓이. = 광. Longueur & — *장광 = & épaisseur *장광고

Larme 눈물. Verser les — 눈물흘니다. Avoir les — aux yeux 눈물도다(라, 돈), 눈물먹이다, 눈물그렁그렁ᄒᆞ다. Retenir ses — 울울ᄒᆞ다. Larme (de résine etc.) (송진) 방울. Une — de vin 술ᄒᆞᆫ 먹음.

= — de Job 율모, *의이. Les graines *의이인

Larmier d'un toit 뎡교대

Larmoyer 눈물그렁그렁ᄒᆞ다. — en parlant 우는소리로 말ᄒᆞ다.

Larron V. voleur. Le bon — *우도.

Larve

Larynx 숨통.

Las, fatigué *곤ᄒᆞ다, 나른ᄒᆞ다; très — 퇴곤ᄒᆞ다. — d'avoir marché 다리앏흐다(앏하, 흔). Battre un enfant jusqu'à ce qu'il soit — de pleurer 울움 드러가도록 ᄯᆞ리다. Il est — de pleurer 슬컷울엇다. Etre — de vivre 살려니 업다. = Jusqu'à être — 슬컷 (à satiété), 슬흠나게,

슬즘나도록 (슬증, dégout).
Lascif obscène *사특하다, *음난하다.
Lasser fatiguer par le travail 곤케하다. —, excéder, dégoûter 슬즘나게하다; — ennuyer, taquiner 고롭게하다. Se — (de qqch. se dégoûter) 슬즘나다. à la longue on se — de tout 아모거시라도곤하면슬즘난다. Ne pas se — d'étudier 슬치지안케공부하다, 쉬지안케공부하다. — Être — 곤하다, 곤곤하다, 곤곤하다, 되곤하다, 곤됩하다. Ces mots indiquent une fatigue de plus en plus grande.
Lassitude 곤하기, 곤함이. — forte & persistante *독 (venin); — de voyage 노독, — de travail 일독. La dissiper 독을헤치다, 독을풀다, 독을새다 = 슈고 수고 sont le travail fatigant, & non la lassitude éprouvée.
Latent
Latéral
Latéralement 혓헤, 겻헤, 협에.
Latin 라딘, 라딘말.
Latitude 위. degré de — 위도; lignes de — 위션. = —, liberté v. ce mot.
Latrie culte de — 흠숭지례
Latrines 뒤간, 재간, 측간, 통슈간, 쇼마간. *변소; 대변소 (쇼변소, urinoir) Les deux cailloux pour poser les pieds 부출
Latte 외복 (외 est le lattis (le treillage) sous le crépi)
Lauréat

Laurier commun (laurier sauce) *월계, et prop.* *보통월계
— rose *죽도, *협죽도.
Lavabo *세면소.
Lavage 쌜니, 쌜니질, 셔답.
Lavasse
Lave *화용셕, *쇼셕.
Lavement (clystère) *관조, *관쟝.
Laver 씻다(씨셔,슨); — les mains 손씻다.
— mains & visage *셰슈하다, — le buste
목욕하다, — les pieds 발씻다 *탁족
하다 (innusité); — la bouche, les dents *양
치하다, 양치질하다. l'eau dont on se
sert 양치물, le sel 양치소금 = 씻다
signifie laver en frottant .. & même
frotter à sec, sans eau. — un autre
씻기다, 씻겨주다. — du linge 쌜다(아,
쌘), 쌜내하다, 쌜내질하다, 셔답하다, *마
젼하다; — la vaisselle 걸네질하다 (걸네
torchon), 셜즈다(즈저,즌), 가싀다(여,싄), 셜거지하다.
— un vase, un verre 부싀다 (여,싄); —
le riz (pour en rejeter les petites pierres) 일
다 (어,운); — l'or (de la mine de sable
aurifère) 금닐다 (어,닌). — — ses péchés
par le baptême *령세로 죄를씻다. Se
— d'un crime *발명하다, 죄를 버셔나다.
Lavette pour la vaisselle 걸네, 힝쥬, 힝즈.
Lavis
Lavoir 쌜내터.
Lavure eau de vaisselle 구정물, 가싀물;

le vase qui la contient 가슴통.

Laxatif

Laxisme 헐호조리, 헐호랍설, selon le sens.

Lazaret 출막 ; d'un port 검역소.

Lazulite 람석.

Lazzi

Le, La, Les art. se suppriment ordinairement. Pourtant on les exprime quand ils ont un peu le sens de ce, cet : Oh! le vilain, 헤 그놈, 헤 이놈.

— pronoms relatifs 뎌. On le remplace le plus souvent par 그사롬, 그말, 그것 etc : cet homme, ce mot, cette chose ... etc. Et on ne les exprime que lorsque c'est nécessaire pour la clarté du sens.

Lé d'étoffe 광, 폭. De combien de pouces est le lé? 광이 몃치냐. Robe de 6 lés de large 여숫폭치마.

할다, (터.튼)

Lécher 핥다 (핥하,흔), 샐다 (아,샌).

Leçon à apprendre 빅홀것. — qu'un écolier doit apprendre en un jour 하로글. —, enseignement, conseil 훈계. Sont-ce là les — que vous donnez à la jeunesse 소히들을 그러로 ㄱㄹ친다 말이냐. S'instruire sans — de personne 스승없시 빅호다.

Lecteur 칙보는사롬 — un des 4 ordres mineurs 독경, 강경.

Lecture

Légal 법답다 (다와,다온).

Légalement 법답게, 법대로.

Légat du Pape*교화황 파견대ᄉᆞ ; —à latere.*교화황특파대ᄉᆞ
Légation, mission*파견, 임ᄉᆞ ; =—, résidence des ministres étrangers 공ᄉᆞ관 (령ᄉᆞ관 si c'est un simple consulat), en agg. 관.
Légataire
Légende histoire fausse . —(v. g. du Bréviaire, vies des saints)*셩인젼 — d'un cachet, d'une médaille 졔목.
Léger peu lourd 가븐ᄒᆞ다, 가든ᄒᆞ다, 홀가분ᄒᆞ다, 가는가든ᄒᆞ다 & surtout 가뷔얍다 (아와, 온)*경ᄒᆞ다 qui tous deux se disent aussi au moral. — au moral seulement 엿다 (허, 흔)*경솔ᄒᆞ다, *경박ᄒᆞ다, *경홀ᄒᆞ다 — étourdi 방졍스럽다, 방ᄉᆡᆼ스럽다. = Troupes — 경병 Terre — (friable) 서박서박ᄒᆞᆫ ᄯᅡᆼ, (s'oppose à terre grasse 토박ᄒᆞᆫ ᄯᅡᆼ). Péché — *미죄 Nourriture — 잘 ᄂᆞ리는 음식, 소화 잘ᄒᆞ는 음식. =—, délicat (travail)*셰밀ᄒᆞ다, 요밀요밀ᄒᆞ다. 거ᄇᆞᆫᄒᆞ다, 거븐거븐ᄒᆞ다.
Légèrement 가븐야이, 가뷔얍게, —par manière d'acquit 경솔이, 경박히, 경홀히, 부실히. Toucher — un sujet, ne pas l'approfondir 잠간 ᄆᆞᆯᄒᆞ다, 대개 ᄆᆞᆯᄒᆞ다. =—, peu 조곰, 약간. Blesser — 조곰 샹ᄒᆞ다. avec agilité (날내게, 재빠르게)
Légèreté 가븨얍기, 경ᄒᆞ기 etc. Il est d'une — inconcevable 가뷔얍기 측량 없다. La—

& la gravité, c.à.d. le poids *경즁.
Legion (troupe) *군대. —, multitude
Législateur 법내는사룸.
Législatif en agg. *립법. Assemblée — *립법의회, Corps — en 7ㄹ 이ᄃᆞ 국회 (assemblée nationale). Pouvoir — *립법권.
Légiste *공법학ᄉᆞ.
Légitime 법답다 (다와, 온), 올타 (하, 흔), en agg. *의. Fils — *의ᄌᆞ. Epouse — 맏쳐, 본안히, *졍실, *뎍실.
Légitimer
Légitimité
Legs 시친것.
Léguer 시치다 = *유언ᄒᆞ다 (*유언 testament)
Légume 나물, 채쇼, en agg. 채
Lendemain le — 이튿날, 그훗날
Lent 더듸다 (여, 듼), *완완ᄒᆞ다, 쳔쳔ᄒᆞ다, —, lambin, lâche 굼쓰다 (써, 쓴), — paresseux, peu vif 깨듸다, 느리다, — nonchalant 더듸다, — d'une lenteur affectée, posément 머드럽스럽다 (거드럽, vanité). — (maladie) *즁슈 안색ᄒᆞ다. Pour les maladies lentes on emploie, appliqué au malade les verbes 시들다 (어, 든), se dessécher, 시드럭 부드럭 se consumer. Poison — 더듸번지는약. Faire un feu — 불붕그시대다. = — d'esprit 둔ᄒᆞ다. = N.B. En Corée, le symbole de la lenteur est non la tortue, mais le crapaud 둑겁이. Train — (chemin de fer) (brouette) 둑겁이차.

Lente oeuf de vermine 서리, 서캐, 석회

Lentement 오ᄂ오ᄂ이. 더듸; — tout doucement (au lenteur impatientante) 천천이, 춘춘이; —, par degrés 추츰추츰. Monter — 추츰추츰 올나가다.

Lenteur 느신 ᄒ 성질

Lentille, légume *편두; — d'eau *평최 = —, tache rousse sur la peau 죽은ᄭ]; = — de verre, — de lunette 알, *경.

개호쥬 Léopard 갈가지, = 바독범, qui se dit de tous les grands félins mouchetés. 불범

Lèpre 불둥병, *둉창, *둉병, *대둉창 = — de la livre chrétien *라창.

Lépreux 불둥이, *둉창이, = *라창이.

Lequel 누구. 뉘. 어나사ᄅᆞᆷ, = — (pour les choses 어나것). — est ce qui l'a fait? ᄒ이가누구냐. Je ne sais pas — est le meilleur 어나거시나흔지모ᄅ다 = Quand — n'est pas interrogatif, il se traduit comme "qui, que." V. ces mots.

Lèse-Majesté crime de — 나라죄, 계하죄. *황실범

Criminel de — 나라죄인, 계하죄인.

Léser *해ᄒ다, 상ᄒ다, 상ᄒ이오다 (와, 온). être — 상ᄒ다, 해보다 (아. 본)

Lésiner 앗기다 (ménager), 너무앗기다, 과히앗기다, *인석ᄒ다.

Lésion 상ᄒ기. 상ᄒ이오기. = —, dommage *해, *손해

Lessive action 쌀내. 쌀내질; — (choses

à lessive) 새발내가음. Eau de — 잿물.

Lessiver faire la lessive 새발내ㅎ다, 새발내질ㅎ다, 쇄탐ㅎ다 — on dit souvent 숣다 (삶, 은) faire bouillir — surtout pour distinguer la lessive propt dite d'un simple lavage.

Lest

Leste 날낸다, 새바르다 (새발나, 새바른), 약새ㅎ다, 엽싸다 (싸, 싼), 날싸다, 날쇄다; = 팔팔ㅎ다.

Lestement 새발니, 급히, 속히, 급급히, 얼넌, 얼핏, 섭분, 섭붓, 섭분섭분, 섭붓섭붓. (tous ces mots veulent dire vite plutôt que —).

Lester

Léthargie 혼슈병, 갊으러진병. Tomber en — 갊으러지다.

Lettre (caractère d'écriture) 조, 글, 글조. Il n'y a pas une — correcte 조조이 그릇셧다. = —, (texte) 문, 본변 ÷ 발; = —, (épistola) 편지, 셔간. Entretenir un commerce de lettres 편지왕복ㅎ다, 편지허왕ㅎ다. — de recommandation 부탁편지; — ~~de recommandation~~ consolation 위로편지. = — d'avis (privée) 통지셔, d° (publique) 광고셔; — de faire part d'un décès 부고, 통부, 고부셔; — de change 위톄슈형, 환젼표, 환젼셔 = — (au pluriel) littérature 글, 문학, 학문. Les — chinoises 진셔. Les étudier 글닑다 (어, 은). Y être fort 글읅ㅎ다. = À la lettre; (exactement) 사혹, 차착업시 (차착 lettres)

'유식ㅎ다

조곰도틀니지안케. Prendre la chose à la — jusqu'à l'absurde 고즙고슬고 = 하다.
Lettré (fort en chinois) 션비; —, (en général) 글학자. 학문하다.
Leucorrhée '빅디하
Leur (adj.) 뎌희, 저희; — (pronom) 뎌, 뎌, 그. Se sous-entend très souvent. Rendez ce qui leur appartient 뎌희것을도로주어라. C'est moi qui le leur ai dit 내가말하엿다, 내가고로하엿다. Je me soucie bien de — paroles 그말을알노래아니한다.
Leurre appât V. ce mot. —, espoir vain 헛바룸.
Leurrer 속이다; — par de vaines espérances 헛바룸으로 = 속이다, = 호리우다, = 호리다. Se — 속다 (아, 은). Se — mutuellement, — les autres et soi-même 제속에뎌도속고 남도속이다.
Levain 누룩; = — de farine pure 가로누룩; — inférieur, — (de son) 섬누룩. — de haricots (pour la saumure) 메주. = 밋, 밋치 se dit de tout ce que l'on met au fond d'un liquide pour le faire fermenter: v.g. le mélange de 누룩 et de riz qui donnera le vin coréen, — la mère du vinaigre etc.
Levant Est. '동, 동편, 동방.
Levée Digue 보. Faire une — de terre, 보를막다. = — de contributions '벌렴, = 하다, '슈렴 = 하다 ce dernier d'une — volontaire ou supposée telle. Faire une

levée de soldats 군ᄉᆞ ou 군졍 ᄲᅩᆸ다 (아, 은).
Lever (verbe actif). — v.g. la tête, la main, un sabre, un bâton etc 들다 (어, 든), 쳐들다; — soulever, hausser 치미다 & 치밀다 (미러, 민), 치받치다 (치 donnant le sens de "vers le haut"); — dans ses bras 들다; — à bout de bras, comme pour essayer sa force 소노다 & 소느다 (소너, 소눈). — les yeux 눈 들다, 눈 들어보다. = — les impôts 구실 식히다, 번결 ᄒᆞ다; = — les soldats 군ᄉᆞ를 ᄲᅩᆸ다 (아, 은). = — un siége (de forteresse) 위를 헤ᄒᆞ다. = Au pied —, à l'improviste 긴급ᄒᆞ게, 급작실이, 졸디에. = Faire — (une personne couchée & aussi une persécution, des troubles etc) 니르히다, 니르키다. Se — (personne couchée ou assise) 니러나다, 니러서다, 나서다. Se — (astres) 돗다 (아, 은), 쓰다 (ᄯᅥ, 쓴).
—, v.n. Les graines — bien 싹나다, 나다; — (La pâte) — 붓다 (불어, 불은), 쓰다 (ᄯᅥ, 쓴), 괴여오르다 (올나, 오른).
Lever subst. 니러나기, 니러서기, 돗기 etc. Avant le — (d'une personne) 니러나기젼에; — du (soleil) 해돗기젼에. Au — du soleil 해돗을ᄯᅢ에. — du jour, (aurore) 샐ᄯᅢ, 해벽.
Levier 지레. Se servir 지레질ᄒᆞ다. ☰ Pour soulever les maisons soit on veut remplacer ou redresser la colonne, on emploie

Lever l'ancre 닷감다 (아, 은)

un madrier qui fait office de levier & qui se dit 소 (boeuf). La force est représentée par les pierres dont on le charge à son extrémité. Pour pouvoir faire tenir une charge suffisante on y adapte 3 pièces de bois croisées en forme de A, & qu'on appelle 길마 (bât). =

Pour redresser une construction n'ayant que 2 colonnes v.g. une porte d'entrée, on la repousse dans le sens voulu à l'aide d'un madrier formant levier & qui prend appui sur le sol, tandis qu'on soulève l'autre extrémité à force de bras. Le levier se dit 말 (cheval). = Le 소 est un levier du 1er genre ayant son point d'appui entre la force & la résistance ; le 말 un levier du 2me genre : résistance au centre. (Terminologie de Phyeng yang).

Lévite (diacre) 부제 ; —, clerc ;
= — de l'ancienne loi

Levis pont — 앙교, 번교.

Levrault 톳기 삭기

Lèvre 입슈열, 입시울, 입셜, 입술, 입숡. La — supérieure 웃입슈열; la — inférieure 아래입슈열. Réciter du bout des — 입술아외오다, 입으로만외오다, 경선업시, ou 념念업시외오다.

Levure

Lexique 자의, 자뎐.

Lézard 도마뱀암.

Lézarde 틈.

Lézarder

Liaison 결합ᄒᆞ기, 사괴기. Avoir une — avec .. 사괴다 (여, 련); 친ᄒᆞ다, 친압ᄒᆞ다, = 친합ᄒᆞ다, ce dernier facilement en mauvais sens. = —, bonne intelligence, amitié 의. Il y a entre eux une grande — 졔길이 의가됴타.

Liane . La plus commune est le 츩

Liasse (de papier) (문서) 스럼이, 축, 뭉총이, 뭉치 etc.

Libation (superstitieuse) 고슈례. L'acte matériel de jeter une petite portion se dit 쎠드리다, 쎠치다. L'invocation qui accompagne la — 고슈례.

Libelle . —, circulaire lancée par qqun sans mission officielle 통문발용문. Les — (officiels ou non) répandus autrefois contre les chrétiens s'appelaient 벽사문, 쳑사문, 쳑사경: Écrits pour combattre les diables ou les superstitions.

844/

Libeller, rédiger 글짓다(지어,은), 글 볼노타(처를)

Libellule 잠자리, 잠자리, 자매리, 붉아송이

Libéral, généreux *후하다, *인후하다, 너그럽다 (러워,운) ; *호시하다 : = — (opposé à servile) . Arts — *선예 .

= — (en politique) *조유당

Libéralisme *조유주의.

Libéralité vertu *호시저덕 / —, cadeau *생급 ; *선물 . Un inférieur dira le plus souvent *은혜 pour — reçue de son supérieur.

Libéralement 후히, 후하게, avec indulgence너그럽게

Libérateur

Libérer *구하다, *구원하다, *구속하다.

Se — d'une dette 빚 벗어나다, *탈채하다. Se — de l'esclavage par le rachat *속신하다, *속량하다, *속 탈하다, *속하다.

Liberté opposé de servitude *조주자방, *임의, *주의 . Être en — 체벌으로 있다. Perdre sa — 남의 속하되다 . Recouvrer sa — 남의 속하에 벗어나다 , do par le rachat *속신하다 . = Mettre en —, relâcher 내여노타 (하.흔) = 놋치다 qui veut plutôt dire laisser échapper.

≡ —, pouvoir d'agir, libre arbitre *조주자방, 임의 ; 주의, *조유, *조유자권 , — d'action *조유 활동, — de pensée & de parole *언론 조유 , — de cultes *신교조유 , — de conscience *신앙조유 , — de la presse *출판 조유 . Laisser la — de parler 말금치

아니ᄒᆞ다, 말ᄒᆞᄂᆞᆫ대로두다. Avoir la — de
parler 막ᄂᆞᆫ이업서말ᄆᆞᄋᆞᆷ의대로ᄒᆞ다. La crainte
ôte la liberté de parler 무서워ᄒᆞ면 말ᄆᆞᄋᆞᆷ
의대로못ᄒᆞᆫ다. Laisser la — de faire ce
que l'on voudra ᄌᆞ쥬장대로두다, ᄆᆞᄋᆞᆷ
원대로허락ᄒᆞ다. Ôter cette — ᄆᆞᄋᆞᆷ의대
로못ᄒᆞ게ᄒᆞ다. Laisser la — de ... 터
노타 (하.혼) (de 트다 entrouvrir). Prendre trop de — 버릇업다, 어려워아니ᄒᆞ다.
Se donner trop 버릇아니ᄀᆞᄅᆞ치다. Je
prendrai la — de dire 감히말ᄒᆞ겟다.

Libertin *외입, *외입쟝이, *난봉, 잡놈.

Libertinage 방탕ᄒᆞ기. — Se livrer au —
*방탕ᄒᆞ다, 방탕에ᄲᅡ지다, *외입ᄒᆞ다.

Libraire 책ᄉᆞᄂᆞᆫ사ᄅᆞᆷ, 책파ᄂᆞᆫ사ᄅᆞᆷ.

Librairie *책ᄉᆞ, 책ᄉᆞ집.

오로지ᄒᆞ다. **Libre** *ᄌᆞ쥬장ᄒᆞ다. — Homme — (par opp.
[illegible] esclave). . [illegible] les désigne & [illegible]
désignent par le mot 낸 (백셩). État
—, indépendant 독립ᄒᆞᄂᆞᆫ나라, *독립국,
ᄌᆞ쥬독립ᄒᆞᄂᆞᆫ나라 On dit le plus souvent
*대국 ou *뎨국 (par opposition à *소국 &
*속국 qui se disent des royaumes tribu-
taires) = — indépendant, qui n'est gêné
par rien 걸닐것업다, 거틀것업다; —
d'occupation *한가ᄒᆞ다, = *수무한신. Avoir
l'esprit — (sans inquiétude) 심유대도젼
ᄒᆞ다, 걱졍업다, 홀가분ᄒᆞ다. Avoir l'esprit — (c.à.d. présent, v.g. malgré la

maladie 정신붉다(아.은), 정신붉다; = —. vide (chambre) 뷔다; — de non encombré; = —, obscène *샤특하다, *음난하다 = être trop — avec les supérieurs 나쥭바르다(발나, 바른), 버릇업다.

Librement 임의로, 임의대로. —, sans gêne, sans crainte 겁업시. Parler — 겁업시 말하다. Trop — 버릇업시, 당돌히, 교만히.

Libre pensée 조유소샹.

Lice pour la lutte 씨름터, 시름바당.

Licence, liberté, permission, libertinage v. ces mots. = —, autorisation officielle *인가, *면허, *허가; = — liberté excessive, effrontée 버릇, 사오나온버릇. = —, 1er degré des examens d'autrefois 쇼과, l'obtenir 쇼과하다, *진사하다. Aujourd'hui, on dirait plutôt *학위.

Licencié en littérature chinoise (autref.) *진사 . — (aujourd'hui) *학사. — en lettres *문학사; en Droit *법학사, 법률학사.

Licencier 집으로드러보내다. — les troupes *회병하다; — une école

Licencieux *샤특하다, *음란하다.

Lichen 익기; *태의; *태의초.

Licite *가하다; *무죄하다, 죄업다, 탈업다, *무탈하다 = 트다(터.튼), litt. déboucher, a parfois ce sens.

Licitement 가히, 죄업시, 탈업시.

Licorne (unicorne) *독각슈.

Licou 굴레, 구레
Lie 숫그리, 스긔, 셧거기, 앙금; — de l'eau de vie 아랑금. — la — du peuple 쇼쳔혼사롬, 지비지쳔혼사룸. = 완민, 번화지민 = 화외지민.

조강이 — du vin 보즈

Liège 버곳, 굴픠. Arbre à — 굴픠나무: — d'un filet de pêche 돗(치). Le mettre 돗다다 (다라, 단).
Lien corde 줄. = — relation. Pour le — conjugal on dit 부부강긔. Pour les autres cas on emploie le mot 강, mais il n'ajoute pas au sens de relation le sens d'obligation que comporte le mot —. — du mariage 너외지강; — de l'amitié 붕우지강; — de la parenté 친족지강; — de la paternité & filiation 부즈지강; — de la paternité 형데지강
Lier 매다, 빗다 & 비다 (비혀, 즌) = 부다 (어, 은), 동히다, 동혀비다 qui se disent surtout pour — plusieurs choses ensemble. — (un paquet) 얽다 (어, 은), 얽어매다. — qqun 결박하다, — à un arbre 결박하야 남게매다. — une haie 울쇠비다 (lier la "ceinture" de la haie). 울타리바놀질하다 (litt. coudre) = —, joindre bout à bout 닛다 (니여, 니은), 니여매다. = — des relations, — amitié 사괴다 (여, 괸), & plus étroitement 친하다, 친압하다. — conversation 인슈하다, 인슈하고발하다, 슈인슈하고발하다. Se — 결합하다.

Lierre 장츈듬
또산초, 마래초

Lieu — Lieutenant

848/

Lieu 곳, 데, 고장; 디방 = en agg. 소, 쳐소. —(d'habitation) 거ᄃᆡ; 거쳐; 쳐소. Un — agréable 됴ᄒᆞᆫ 데. Dans ce — v. ici, là. Au même — ᄒᆞᆫ 데에, ᄒᆞᆫ 데. Venir d'un autre — 다ᄅᆞᆫ 데셔 오다. En quelque lieu qu'il aille 어ᄃᆡ로 가던지. En quelque — que ce soit 아모 데나, 아모 데라도, 어ᄃᆡ 되던지, 어ᄃᆡ 잇던지. Le — où l'on demeure 사ᄂᆞᆫ 데, 사ᄂᆞᆫ 곳, 사ᄂᆞᆫ 거ᄃᆡ, 사ᄂᆞᆫ 쳐소.

= —, lieux d'aisance 뒤ᄉᆞᆫ, 측간; 변소

= —, naissance; être de bon — 근본 잇다, 디톄 됴타, 가문 놉다. Homme de bon — 대가집 사ᄅᆞᆷ, 명문거족. Être de bas — 디톄 업다.

= —, occasion, sujet, cause 바탕, 근본, 쟝본, 것, 거ᄅᆡ = 거리 (matière). Cela nous donne — de douter 이거시 의심ᄒᆞᆯ 바탕 된다. La terminaison 스럽다 (러워, 온) jointe à un substantif & la forme ᄒᆞ얌즉ᄒᆞ다 des verbes actifs, & même la forme ᄒᆞᆯ만ᄒᆞ다 donnent le même sens. Donner — d'aimer (être aimable) ᄉᆞ랑스럽다, ᄉᆞ랑ᄒᆞ얌즉ᄒᆞ다, ᄉᆞ랑ᄒᆞᆯ만ᄒᆞ다. C'est ce qui donna — à la discorde 그것 **불목** 거리 되엿다. Il n'y a pas — de douter 의심ᄒᆞᆯ 것 업다. Il n'y a pas — de se plaindre 원망ᄒᆞᆯ 리가 업다. Il a donné — à ce qui lui est arrivé 제 손으로 일을 당ᄒᆞ엿다. Il y a t-il lieu d'être surpris? 이샹ᄒᆞᆯ것잇ᄂᆞ냐. = Tenir — de (remplacer) *ᄃᆡ신ᄒᆞ다. Tenir — de père 부모ᄃᆡ신ᄒᆞ다. Au — de (en guise de) (transitoirement) ᄃᆡ신으로 frapper d'un bâton au — d'épée 칼ᄃᆡ신으로 막ᄃᆡ이로 ~~[illegible]~~ 치다 — de (habituellement) se rend par l'instrumental se nourrir de pain au — de riz 떡으로 밥으로 먹다.

= Au — de (tant s'en faut que) — Au — d'honorer ses parents, il les méprise 부모를 공경 아니ᄒᆞᆯ뿐아니라 도로혀 불효ᄒᆞᆫ다. Si l'opposition n'est pas forte, on supprime 도로혀. Au — d'étudier il ne fait que jouer 글닑지안코 놀기만ᄒᆞᆫ다. La nuit, au lieu de dormir, il lit 밤에 잠아니자고 ᄎᆡᆨ본다. Si la phrase est prohibitive, on emploie 말고. Au — de jouer, travaillez 놀지말고 일ᄒᆞ여라. Au — que (opposition) se rend par l'oppositif. Vous jouez au lieu que votre frère travaille 너ᄂᆞᆫ 놀고 네동생은 일ᄒᆞᆫ다; 네동생일ᄒᆞᆯ새에 너ᄂᆞᆫ 논다.

cet oppositif est très fréquent dans le langage imagé coréen, mais ils abrègent les syllabes pour donner p. e. plus de force à l'expression v.g. 부모안테 효도 란ᄉᆞ외에 불효ᄌᆞ라. Il faudrait dire 부모안테 효도ᄒᆞ여란ᄉᆞ외에 ...

≡ — géométrique 긔쳑, 긔하ᄃᆡ

— (théologique ou philosophique) *원소, *원질.

Lieue mesure itinéraire — On dit ordinairement 십리: 10 lys quoique 10 lys normales valent environ 5 kilomètres.

Lieutenant l'idée propre exprimée par le mot français se rend par ᄃᆡ신ᄒᆞᄂᆞᆫ (rem.

plaçant), en agg. *복, v.g. *복준교, — de l'Evêque, évêque coadjuteur.
— du mandarin (vieux système). Il y en avait deux : le *좌슈 & le *별감.
= — de police, — général de police *도졍. Il y en avait deux *좌도졍 (gauche) *우도졍 (droite).
= — grade militaire : armée coréenne (avant 1907) *륙군부위 ; sous — *륙군참위. au dessous il y avait les "cadets" *견습사관. = — colonnel *륙군부령 ≡ d'armée japonaise : — (륙군) *중위, sous — *소위, le cadet étant *소위후보싱 = — colonnel (륙군) *중좌. S'il commande un régiment, on le désigne toujours par son office *련디쟝 ≡ marine japon. — de vaisseau *히군대위.
Lièvre 톳기, en agg. *토. Décoction de crottes de — (remède) *토분슈. Petit — *죨토 au fig. petit niais bon à rien. Chasser deux — 두길보다, 두길가보다. id. & les rater *상하슈불급하다 n'arriver à temps (pour dîner) ni à la bonzerie d'en haut ni à celle d'en bas. — 두졀개 노릇하다 Faire le chien entre deux bonzeries (chacune chargeant l'autre de le nourrir) = Bec de — 어쳥, *결슌.
Ligament 줄

<u>Ligature</u> enfilade 꿰엿이. — bande pour lier ou envelopper 오리. Mettre une — (à une plaie) 헌겁으로 싸 매다 (envelopper d'un chiffon).

— unité monétaire coréenne °쾌, 꿰엿이, avec cette différence que tant que la monnaie trouée a existé 꿰엿이 voulait dire une enfilade de 100 pièces — soit en °엽젼, soit en °당오. — °쾌 voulait dire une enfilade de 100 pièces en 엽 ou leur valeur en 당오, c.à.d. 20 pièces 당오 puisque chacune en valait 5, & dans les régions du 당오, on a continué à appeler 쾌 20 pièces de 당오 même quand elles sont tombées à la valeur du 엽 & même quand, les monnaies étant mélangées, elles ne comprenaient que les pièces de 엽젼.

Actuellement le 쾌 correspond à 3 valeurs
A = région du 당오 où le nickel coréen (국화) a été accepté partout (& a perdu petit à petit la moitié de sa valeur) :
1 쾌 = 2 sen, 1 꿰엿이 = 10 sen.
B = régions où le 당오 n'a pas eu cours mais où le nickel coréen a eu cours
1 쾌 tout comme 1 꿰엿이 = 10 sen
C = régions où ni le 당오 ni le nickel coréen n'ont eu cours 1 쾌 = 20 sen.
= Du temps de la monnaie trouée la marque entre chaque — 편쾌.

Lignage V. Lieu, Ligne.

Ligne 줄. Tracer une — 줄긋다(그어,그은) id. verticalement 나리긋다, 나려긋다, id. horizontalement 가로긋다 ; id. obliquement 엇긋다. = —, en géométrie *션. — droite *직션 ; — courbe *곡션, — brisée *졀션. = Être en ligne (choses, personnes) 버러서다, 버러잇다. = — des mains (chiromancie) 손금. = (milit). Troupes de — *산탄병, *젼렬병. — (opposé à colonne) *횡대. Formation en — *횡대대차, *횡대대형. — de bataille *젼투션, *젼렬, *젼렬션. — de communication *교통션.
≡ *션 (syn. *션렬) s'emploie pour les — de télégraphe, téléphone, chemin de fer, navigation etc.
= — (généalogie). La — directe *직파, *직손. Ces mots sont cependant ordinairement réservés à la — directe par les aînés, qui se dit aussi *쟝파, 맛파, *종손. — (directe) par les cadets *지손, *지파. — Pas de mot spécial pour la — collatérale: on dit 일가.
≡ — de pêche la corde 낙시줄, le bois de — 낙대, 낙시대 (낙시 est le hameçon). Pêcher à la — 낙시질하다. Prendre à la — 낫고다(아,곤), 낙다(가,근).

Lignée *조손.

Ligneux 절기다. Devenir — (jeunes pousses) 쇠다, 세어지다 ; id. (légumes),

최다. On dit aussi 설너다 pour les choux, 새녀들다 pour les raves.

Ligue de pays *동맹, *련합 ; — de personnes *단결 . = —, complot. *음모.

Liguer se — *동맹하다, *결합하다, *동력하다, *일심동력하다, *협력하다.

Lilas blanc *빅행화

Lilas *뎡행화, *쳥뎡행화 = 새발사행곳

Limace 달팡이, 집업는 달팡이.

Limaçon do

Limaille 줄밥.

Limande 배에여기.

Limbe (bord) *단 ; = — gradué *분도규

Limbes 림보 (mot chrétien).

Lime 줄. — à bois (ou à toute autre chose que le fer, râpe) 비탕

Limer 쓸다 (허,흘), 딸다 (하,흔), 줄질하다.

Limier

Limite *긔, *한, 그지 ; — d'un royaume 나라의 국변 ; = — des sciences 구역 ; — du ressort, de la juridiction 관할구역. = — d'âge 뎡년 밧긔.

Limiter *제한하다. Couramment on emploie le mot *뎡하다 (fixer). — le prix des céréales 곡가 뎡하다. Pour les autres marchandises on dit 금내다, 갑내다. — le temps, fixer un délai, une échéance *긔한하다, *한뎡하다.

Limitrophe 니웃. Pays — 니웃나라, 연국 Être — 99ƒ 닿다 (하,흔)

Limon de voiture 채 ; —, boue 흙 ; 니토 ; —,

végétation verdâtre de l'eau croupie 깁
Limonade gazeuse "사분지"
Limoneux eau — 흙탕물.
Limpide 맑다 (아, 은)
Lin 아마 . d'un ... disant 호삼 (chanvre de Chine)
Linceul "렴포 . Il y en a plusieurs. Celui de dessous, plus petit se dit 소렴니불, celui de dessus, plus grand 대렴니불. = Petit — pour envelopper les mains 악수.
Linge 보 se dit de tous les — un peu grands, 수건 de — plus petits. = — (chiffons) 헌겁 . = — le corps: pas de mot général : on nomme chaque espèce. = — sale, — à laver 빨내가음.
Lingot 덩이 . Pour les — d'argent qui servent plus ou moins de monnaie, on dit 마뎨, 은마뎨.
Linguistique "어학.
Liniment "활제.
Linotte
Linteau de porte 웃설주.
Lion 사자.
Lippe
Lippu Bouche — 축쳐진 입슈얼 (축쳐지다 retomber par devant).
Liquéfier v. act. 녹이다. Se — 녹다 (아, 은)
Liqueur non alcoolique 물 . en agg. 슈 ; — alcoolique 술, en agg. 쥬 . = —, suc (v. g. des plantes) 즙
Liquidation de comptes "결산 , — de société "청산.

Liquide (subst.) V. Liqueur. — de l'économie animale 액, *액류 . = — corps — (physique) *액톄 .. ≡ —, (adj.) opposé à épais
묽다, (어.은), 절다 (어, 전) (épais se disant 되다.)

Liquider un compte 분셔닥다 (아.은), 혁닥다.

Liqueur 걸다 (어, 전) = 순순ᄒ다 se dit de qqch. de poisseux.

Lire 보다 (아.본) qui ne s'emploie jamais sans complément direct : 칙 보다, 편지 보다 exprimé ou indiqué par le contexte. = — les traits du visage (physiognomie) 상 보다, *관상ᄒ다 ; — les lignes de la main (chiromancie) 손금보다 . = la colère se lit sur son visage 분ᄒᆫ 긔운이 얼골에 드러난다, ... 긔쉭에 들어난다.

Lis 옥줌화 ; — rouge ordinaire 날히. — jaune 개날이 (lilium auratum). Grand — 양어 (lilium giganteum).

Liseré

Liseron — tricolore 메

Lisible 볼 만ᄒ다.

Lisiblement 볼 만큼, 볼 만치, 볼 만ᄒ게.

Lisière 가.

Lisse 새반새반ᄒ다, 반반ᄒ다, 반드럽다 (러워, 온), 반들 반들ᄒ다 ; — au toucher 반질 반질ᄒ다 ; — & glissant 밋그럽다 (러워, 온), 밋근 밋근ᄒ다 ; — & brillant 윤나다, 윤광나다.

Lisser 반드럽게ᄒ다, 다듬다 (어.은). =

— en frottant (v.g. avec un rabot) 밀다 (어, 민) ; — (le linge) en battant 다듬다, 다듬이질하다. Pour le papier *도침하다. La pierre sur laquelle on bat le linge se dit 다듬이돌, les battoirs 방망이.

Liste 발기. — d'hommes *인명기, *월명기.

Lit 자리. Bois de — 자리상, *도상. Faire le — 자리펴다 (étendre), 자리보다 (nouvellement). Le mettre au — (V. se coucher). Fils d'un premier — (d'une première femme) 전실아들. = — d'un fleuve *천상, 괴고랑.

Litanies *도문. — de la Ste Vierge *성모덕서도문, — des saints *열품도문.

Litharge

Lithographie *석판 = *석판화

Litière paille pour les bestiaux 그릇집. = —, chaise. V. ce mot.

Litige 싸홈, 시비. Chose en — 시비거리, 싸홈거리 = 송사거리 (en justice).

Littéraire

Littéral Sens — 본뜻, = *본조상지의미.

Littéralement Traduire — 조조이번역하다.

Littérature science *문학, ou science acquise *학문. N'avoir pas de — 학문업다, *학문부족하다, 무식하다 ; — chinoise *한문, *전서. = — (production) 글, 글시.

Littoral *회변, 해변.

Livraison (d'objets) *벼달, *벼부.
Livreur *벼달인.

Liturgie (cérémonie) *례, *례절; — (écrits) *례셩셔; — (science) *례학.

Livre (liber). 책; — sacré (pour toute la religion) *경, *경셔. de catholiques; Bible *셩경, *셩셔. = — de compte 낭셔 책, *출납부. — tenue des — *부긔. de (science) *부긔 법, *부긔학; teneur de — *부긔방.

Livre (poids) *근. Une — pesant; — du poids de 1 — 한근중, 한근 남게. = les Divisions décimale de la livre coréenne *étaient successivement *량, *돈, *분, *리. Pour la livre japonnaise maintenant en cours ce sont: *홀久, *돈, *리, *모, *사.

* le 량 = 1/16 livre 근 les autres 1/10 de l'unité supérieure.

Livrée

Livrer donner, remettre 내여주다, 주다 (어, 준), de au supérieur 받치다. = le — à la joie, douleur, colère etc. V. ces mots.

Livret

Lobe — de l'oreille 귀밥희. La partie inférieure de ce — 귀샛러, 귀불.

Local (subst.) en agg. *소. *실 (sicut une chambre) — (adj.) (en agg.) *디방. Autorités — *디방관.

Locataire

Location *차용계약; — de terrain *차디계약

Loche *츄어.

Locomobile *운반즁긔계관차

Locomotive *화륜거, *긔관차, *긔관거 (voiture où est la chaudière "steam car", ou bien voiture où sont les machines "engine car" suivant qu'on écrit 긔관 avec tels caractères chinois, ou avec tels autres); *긔관차, *긔차 qui est le plus employé ... mais se dit aussi des trains entiers.

Locution 말, 말법.

Logarithme *딕슈. Table de — *딕슈표, le mode de — *딕슈률. Fonction logarithmique *딕슈함슈.

Loge 집, —, chambre *실 (en agg.); —, hutte 막; — à moitié sous terre 움, 움막.

Logeable 사룸살만ᄒᆞ다.

Logement 집.

Loger v. neutre. demeurer 거ᄒᆞ다. Se dit plus souvent 살다 (아, 산) vivre. = — à l'auberge 쥬막에자다, — à la belle étoile 한ᄃᆡ에자다. = —, v. act. — qqun chez soi *ᄃᆡ졉ᄒᆞ다; *영졉ᄒᆞ다. — tenir auberge 행인치다

— pour qq. jours. — transitoirement *슉슉ᄒᆞ다. = *슉식ᄒᆞ다 (gîte & couvert).

(*행인, voyageurs). S'il ne s'agit pas de voyageurs, on dira par ex. 보굴치다, 방군치다 etc.)

Logique (subst.); science *론리, *론리학 = —, adjectif.

Logis 집.

Loi *법, *법률, *률. Loi de Dieu 텬쥬의법ᄆᆡᆼ, 텬쥬의계ᄆᆡᆼ. Loi du royaume *국법, *왕법, 나라의법, *법률; — prohibitive *금법, — rigoureuse 엄법, — sous peine de mort 일률. Établir une — 법세우다. Observer une — 법을직희다, 법시행ᄒᆞ다. Violer une — 법거ᄉᆞ리다, 법범ᄒᆞ다. Abolir une —

Loi — *원측

loi 법 업시호다, 법을거亽리다. — —, de lecture de religion* 교. La loi ancienne* 고교; la — nouvelle* 신교; — de nature* 셩교, — écrite* 셔교, — de grâce* 총교. = — dans les sciences* 원측.

Loin 멀니, 먼ᄃᆡ. Aller — 멀니가다, 먼ᄃᆡ로가다. Être — (de le temps ou de l'espace) 멀다 & 머다 (머러, 먼). D'aussi — qu'il l'aperçut, il alla à sa rencontre 먼ᄃᆡ셔보ᄂᆞᆫ곳밧초갓다. De — en — 틈으틈으. S'étendre trop — (en parlant) 넘우길게 말ᄒᆞ다. Pousser les choses trop — 넘우과히ᄒᆞ다. Il ne le portera pas — 오래지아냐벌당ᄒᆞ겟다. Homme fait pour aller — (en bien) 귀연, 귀인셩스럽다, 대귀인될사ᄅᆞᆷ; de (en mal) 쌕아조그롭다 (쌕그롭다 légèrement mauvais). = — de, — que 오히려, 도로혀. — d'être mon ami, il est mon ennemi 의가아니로ᄂᆞᆫ섇아니라오히려원슈스럽다.

큰굿ᄒᆞᄂᆞᆫ (굿. sabbat des sorciers).
Loin de — (dans ce même sens opposif — 고사ᄒᆞ고 싀에, et on dit plutôt 혹ᄂᆞᆼ 싀에

Lointain subst. 먼ᄃᆡ. Dans le — 멀니, 먼ᄃᆡ에. = — (adj.) 멀다 (멀어, 먼)

Loisible 폐단업다, 탈업다, *가ᄒᆞ다, 무방ᄒᆞ다.

Loir
쥐 3종 ᄃᆞᆷ싱

여가 Loisir 소이, 틈, 겨를. N'avoir pas un moment de — 소이업다, 놀틈업다. Être de — *한가ᄒᆞ다, 놀다 (어, & 아, 논). A — 춘춘히, 한가롭게. Par forme de — 소일노,

860/

놀앵으로. Considérer à —ˇ궁구ᄒᆞ다,ˇ궁리ᄒᆞ다, 궁구이ᄉᆡᆼ각ᄒᆞ다, ᄎᆞᆫᄎᆞᆫ이ᄉᆡᆼ각ᄒᆞ다, ᄎᆞᆫᄎᆞᆫ헤아리다.

Lombric ver de terreˇ지룡, 디렁이.

Long (objet) 길다(어, 긴). Un peu — 기름ᄒᆞ다, 길직ᄒᆞ다; = —, (distance) ᄝᆞᆯ다 & ᄝᅥᆯ다(ᄝᅥ러, ᄝᅥᆫ); = — (temps) 오래다(여, 랜); = —, tar- dif, lent 더듸다, 느리다. Être — en par- lant ᄆᆞᆯ길게ᄒᆞ다. Raconter tout au — 조세히ᄆᆞᆯᄒᆞ다, 낫낫치다ᄆᆞᆯᄒᆞ다. Il serait trop — d'en faire le détail, aussi j'abrège 쟁황이홀슈업셔셔 대강ᄆᆞᆯᄒᆞᆫ다. Pronon- cer — (une syllabe) 길게부르다(불너, 부른). = —, longueur 기리, 길기. Une brasse de — ᄒᆞᆫ ᄇᆞᆯ기리. En —, c.a.d. perpen- diculairement au sol 나리, 누리; d°, per- pendiculairement au sol ou au specta- teur 세로. Fendre en — ᄶᅵ다, ᄶᅩᆨ이다. S'étendre de son — 눕다(누어, 누은), 드러눕다. Le — de la mer 바다가. Aller le — de la mer 바다가로ᄃᆞᆫ니다. Je vous ai attendu tout le — du jour 죵일 기ᄃᆞ렷다. = Se promener de — en large 건이다(이러, 인). Se préparer de — main 미리예비ᄒᆞ다. A la —, l'ennui vient ᄎᆞᆫᄎᆞᆫ슬ᄒᆞᆷ난다.

오래다 a parte ~~poste~~ = a parte post. ᄝᆞᆯ다

ˇ쟁황ᄒᆞ다 être très long (discours).

Longanimité ˇ인덕, ˇ함인 = ᄒᆞ다

Longe 곳비, 줄, 바

Longer

Longitudeˇ경, ˇ경도. Degré de —ˇ경도,

Ligne de — *경선

Longtemps 오래, 오래게, 거러. Pendant — 오래동안에, 오래ㅅ반에. Durer — 오래다. Passé depuis — 오랜. Cela durera — (sera long à faire) 오래겟다; do (subsistera —) 오래견듸겟다. Le travail durera — 오래공부하겟다. J'ai commencé depuis — 시작한지오래다. Il y a — que cela aurait dû être fait 발셔할거슬. (발셔 "déjà" a souvent le sens de depuis —). Il n'y a pas — que c'est fait 한지 오래지안다. — auparavant 그젼에, 젼젼에, 왕젼에; — après 오랜후에, 그후에, 얼마잇다가. Nous ne nous verrons pas de — 오래도록 생기면 못하겟다. Aussi longtemps qu'on fera (tant qu'on fera) 할동안에 —, 하기면 ... Souvent aussi on se sert du négatif conditionnel du verbe exprimant l'idée contraire: "Vilon ne cesse pas..."

Longuement 길게, 거러.

Longue vue lunette *망원경 = en conversation courante 만리경, 쳔리경.

길억이, 길억지 Longueur 길이, 길기, 너븨이, en agg. 쟝. Traîner en — (homme) 빌븨다, 지완이하다, 더듸게하다; do (chose) 더듸다, 지완하다.

Lopin

Loquace 말만타 (하, 흔).

Loque, chiffon 헌겁. Etre en loques (mal habillé) 헐벗다 (버서, 버슨). = (habit) 나불나불하다 (나부랑이, chiffon)
Loquet . Les portes coréennes se ferment avec un anneau dit 걸새 ou 걸쇠 qui s'accroche à un clou dit 비복 enfoncé dans la chambranle. Les grandes portes extérieures avec un verrou en bois dit 빗장. Mettre le — (빗) 걸다 (어, 건).
Lorgner 엿보다 (아, 본).
Lorgnon
Loriot 리오리, 외꼬리, *창경 (des livres)
Lors de .. (할) 새에; pour — 그러면, 이제, 이에. Dès —, dès ce temps-là 그새브텀. Dès —, désormais 이제브텀, 이후로브텀. = — même que se rend par les formes 하여도, 할지라도, etc.
Lorsque (할) 새에. — je reviendrai 오라 올새에, 도라오기면; — tout sera fait 다한후에.
Losange géométrie* 릉형.
Lot portion attribuée ou à attribuer 복, 복시; autrement 법 = 복아치 qui se dit d'un — comprenant plusieurs objets. Faire des — *분깃하다, 논호다 (논화, 논) 번짓다 (지어, 지은); = de, pour partager son bien entre ses héritiers *분재하다. Vendre par — 번지어드팔다 (아, 판).
Lotion
Lotus (nénuphar) 련. Etang à — 련못, 련지
Lotus Diospyros "néflier du Japon": le fruit

감, en agg. *시 ; l'arbre 감나무.

Louable 기릴만하다, 찬미하염즉하다. C'est la traduction littérale ; mais ces mots sont peu employés. On dit 됴타, (bon), 올타 (juste) 가즉하다 (vrai, juste), & surtout 고맙다, (마와, 마온) (signe de remerciement).

Louage pour les choses 세 ; pour les hommes & les bêtes 삭 : ces deux mots veulent dire — & prix du —. On emploie aussi 세 pour les boeufs prêtés pour longtemps moyennant certaines redevances. Ces boeufs sont dits 도지소. = Homme de — 삭군, 품군. Boeuf de — (pour une journée ou plusieurs) 삭소 ; Cheval de — 삭마. Prix du — 삭, 삭전 qui se dit pour les hommes & les bêtes, 품삭 qui ne se dit que pour les hommes. Prendre à — une chose 세로 엇다 (어,은), des (homme ou bête) 삭엇다. Donner à — (chose) 세로주다, des (homme ou bête) 삭노타 (하,흔). Donner un cheval à — 말삭노타, 마삭노타.

Louange 기림.

Louche (subst.) — à potage 국조

Louche (adj.) — yeux — 흘게눈, 흣보기눈, — (homme) 흘게눈이, 흣보기, 괴삭덕이, = 뎐다보기 ; = —, suspect *슈샹하다. 소릭눈.

Louche, suspect 슈샹그로다 (글너, 그른), 슈샹스럽다 ; & plutôt mauvais 신풍스럽다.

Loucher 흘긔다, 눈흘긔다, 눈엇써다 (서,쓴)

Louer, donner les louanges 기리다, 촌다 (어, 촌), *찬양하다, *찬미하다, *찬숑하다 ; —, par

moquerie *조롱하다.
— donner ou prendre à louage 세로주다, — obtenir en location *차용하다
세로엇다. V. Louage, ferme. Se — pour le travail 품드다 (아, 든).

Loup 일희, 시랑이, 늑대 = 발천쉬, 발천영 (les deux derniers mots patois)

Loupe tumeur 혹. Celui qui l'a 혹부리. — sous l'aisselle 멱하줄.
= — lentille de verre, verre grossissant *화경.

Lourd pesant 무겁다 (거워, 거온), *중하다. en agg. *중. Avoir la démarche — 드레지다, 둔하다. Avoir l'esprit — 둔하다, 정신둔하다, 정신탁하다, 정신흐리다. = — (en parlant du temps —, chaud et humide, signe de pluie) 무덥다 (더워, 운), 후덕지근하다.

Lourdaud 둔하다, 질둔하다, 흐리다, 굼뜨다 (뜨어, 뜬).

Lourdement 무겁게, 둔하게

Loustic

Loutre *수달. La peau *수달피 (mot qui, comme pour tous les animaux à fourrures se dit même de l'animal vivant). On distingue la — de rivière *하달 & celle de mer *해달

Louvoyer

Loyal 바르다 (발나, 바른), 밋브다 (밋버, 븐), *실하다, *진실하다, *성실하다.

Loyauté

Loyer d'un travail 삯, 삯전; d'une chose

*가옥세 D'une maison 세 ; — d'un champ 도지.

Lubie

Lubrifier

Lubrique *사특하다.

Lucarne 창

Lucide 밝다(아,은), 붉다(아,은), *명백하다.

Luciole 반듸. — mouche luisante 개똥 파리, 개똥벌레. La lumière 반듸불.

Lucratif 리롭다(로와,온), *유익하다, 리많다 (아,은), 리있다.

Luette 목젖.

Lueur 빛 & souvent 불. Une — d'espérance 부람리미, 부람리슘.

Lugubre 슬프다(퍼,픈), *비챵하다.

Lui 져, 그, plus souvent 이사람, 그사람.

Luire 빛나다, 빗최다 ; — (corps poli) 윤나다. — (feu, éclair) 번쩍이다, 번쩍번쩍하다.

Luisant v. luire. Ver — 반듸. Mouche — 개똥파리

Lumbayo

Lumière 빛, — du soleil 볏, 해볏 qui ne se dit que pour le soleil brillant. Pour la — diffuse (en temps couvert) on dit 날빗. = — prise pour ce qui la donne 불. Apportez de la — 불가져오너라. Faites de la — 불혀라. La lune emprunte sa — au soleil 달이 해볏 밧고 붉다, 달이 해볏 빗최여 붉다.

= Lumières, connaissances. Avoir des

Lumignon — Luxation

866

— 붉다(아.은), *명백하다. Rien par — 둔하다. 어둡다, 흐리다. Donner les — (sur une affaire) 붉히다, 붉혀주다, 돌어주다 =

= — de fusil (etc.) *화문; 귀약문 (귀약 étant l'amorce (cordeme); 귀약통 le bassinet).

Lumignon

Luminaire

Lumineux 붉다(아.은), 빛나다, 빛최다.

Lunatique *월간질하다, 바람먹다, = *풍락.

Lundi *월요일 = 초환회날

Lune 달, en agg. *월 — autrefois *음

La lune est levée 달뜨다 (뜨다, 떠, 뜬)

La — est couchée 달졌다. Clair de — 달빛. Il fait clair de — 달붉다. — Eclipse de — *월식. = Calendrier réglé d'après la —, calendrier lunaire *음력. — *월광

= —, lunaison, (espace de 29 ou 30 jours) 달, *월 La première *정월, puis on compte *이월, *삼월 etc. La onzième *십일월 ou 동지달 (parceque le solstice d'hiver *동지 s'y trouve toujours). La 12ème et dernière *십이월, 섯달. — longue (de 30 jours) *대월, 큰달) — courte (29 jours) *소월, 작은달. — intercalaire *윤월, 윤달. Le commencement de la — *초승; le premier quartier 초조금; la pleine lune 보름, 보름날, *망월. Le dernier quartier 대조금. Le dernier jour de la lune 그믐, 그믐날, +망

회일. La — prochaine 내월, 새달
Lunette *안경; — conserves *양목경.
Les — de presbyte 돗보기; — de myope 딱
보기. = — de longue vue *망원경.
On dit ordinairement *쳔리경, *만리경.
— astronomique *텬문경
Lupin
Lupus
Luron
Lustre éclat 빗. Avoir du — 윤나다, 빗나다.
Lustrer (une étoffe) 다듬다 (어, 은); — (du pa
pier *도침ᄒᆞ다. V. Lisser.
Lustrine
Luth 양금. En jouer 양금 치다
Lutin 독갑이, *잡귀, *잡신, 젹귀, 젹희
Lutiner
Lutte (réelle) 싸홈. = — par jeu. par pari
씨름. = — à coups de pierres aux envi
rons du jour de l'an 편싸홈.

— corps à corps (lutte à main plates) 안고지기. Pour le corps à corps (hand to hand) de une bataille, on dirait 얼너붓다 (허, 흔)

Lutter (se battre) 싸호다 (화, 혼), 싸홈ᄒᆞ
다; — (par jeu, pari) 씨름ᄒᆞ다; —, (v. op
poser) 겻다 (겨러, 른), 맛겻다; —, riva
liser 겨룸ᄒᆞ다. — fig. contre le courant,
contre une opinion) 맛서다, 맛서다; =
— contre les difficultés 힘쓰다, 외쓰다.
La — est encore incertaine 겻거나 들거
나ᄒᆞ다, 주거나 밧거나ᄒᆞ다.
Lutteur 씨름군.
Luxation V. Entorse.

Luxe *치레, — excessif *사치. Vivre dans le — 앨복리다.
Luxer le — (se déboîter, o. articulation) 어긔다(어, 긘), 어긔여지다.
Luxueux 호화롭다 (로와, 온).
Luxure *미석, *음죄. = *색경, *색욕
Luxuriant
Luxurieux *사특하다, *음난하다.
Luzerne
Lycée *공립중학교, — supérieur *고등학교, — de fille *고등녀학교.
Lymphatique mou 헤식다(어, 은).
Lymphe 진물. 진붉
Lynx
Lyre 비파, 앙금.

Ma V. mon
Macabre
Macadam 돌허악*.
Macao *오문.
Macaron

Macaroni *양국슈

Macédoine pot pourri 부빔, 부빔이, 부븨엽.

Macérer dans l'eau 우러나다; — jusqu'à décomposition 삭다 (어, 으아, 은), 술허지다. Faire — 우리다, 우러나게ᄒᆞ다. ≡ Se —, macérer son corps *극긔ᄒᆞ다, 몸을 이긔다.

Macheler 쇠부스럭이, 쇠솔.

Mâcher 씹다 (어, 은), 널다 (어, 넌), 너으다 (러, 너은). — et avaler 씹어삼키다.

Machicoulis

Machinal

Machinalement 무심이, 무심히, 무유업시 — Réciter — 입쌀아 외오다.

Machination 꾀, *계교.

Machine *긔계. — 틀, qui désigne à propr^t parler le bâti de la machine, s'emploie pour la — elle même : — à tisser 베[illegible]틀, 무명틀. — à vapeur *화륜긔계, et mieux *증긔긔계; — à air comprimé *긔압긔관; ≡ — d'un train, locomotive *긔관차, *긔차; — à écrire *사즈긔계; *션샤긔 — à coudre *긔봉침, 재봉틀, 조침틀.

Machiner ᄭᅮᆷ이다, (일)ᄭᅮᆷ이다, 계교ᄭᅮᆷ이다, 계교ᄅᆞᆯ내다, 꾀내다. = *조작ᄒᆞ다.

*악골 **Mâchoire** 니틀, 니몸, 니보음 qui désignent autant les gencives que la mâchoire. La — inférieure (complète) 턱. Son extrémité sous l'oreille se dit 턱주가.

Maçon *토역군, 미쟝이, 흙쟝이. Franc-.

*셕공, *셕슈 qui se disent aussi des tailleurs de pierre

maçon *비밀교사원.

Maçonnage

Maçonner 쌓다(싸하,흔).

Maçonnerie

Macre châtaigne d'eau 마름.

Maculer 더러히다.

Madame *부인, 마누라, =*택; 댁. — Kim 김참원댁. = —, pour désigner la femme de son interlocuteur *실인.

Mademoiselle *처녀, 새악시.

Madré 꾀있다, 꾀빤하다, 꾀스럽다.

Madrépore *석충종. Île madréporique *석충도.

Madrier 판목, 널판.

Magasin de vente 전; — de remise 고, 광, *창, *창고.

Mage Les rois — *삼왕.

Magicien *요술쟁이, *요술객, 잡술객 = 박수 = —, homme, sorcier ou non supposé doué de pouvoirs spéciaux plus ou moins extraordinaires, v.g. de prévoir le temps *이인.

Magicienne *무당.

Magie *요술, *마술, *잡술; *환술

Magistral. Prendre un air — (en paroles) 선창노릇하다; — (autrement) 높은체하다, 뛰어나는체하다. D'un sot qui prend cet air on dit 쉰놈, 쉰방[illegible]귀는놈 : imbécile aux pets aigres.

Magistrat *법관, *관원, *원, *관장.

Magistrature 벼슬
Magnanerie
Magnanime 걸걸ᄒᆞ다. =*관후ᄒᆞ다 (miséricordieux), *활달ᄒᆞ다, (large d'esprit), 너그럽다 (indulgent).
Magnanimité *대도, *대량, *대우.
Magnétisme (aimantation) *지석성, *지긔 =. Aiguille magnétique *지침. = — (au sens plus large) *지긔; — animal *동물지긔. = — artificiel 최면; — comme art *최면술. Magnétiseur *최면술자. Les fluides subtils magnétiques 흙홀 태긔.
Magnésie sulfate de — 흙산 마그네시엄, *흙산고토 硫酸苦土
Magnificence
올난스럽다 **Magnifique** 훌늉ᄒᆞ다, 굉즉ᄒᆞ다, 굉즉히되다, 장ᄒᆞ다. = *성둘.
Magnolia parviflora 함박꼿나무.
Magot statue difforme *괴건, 괴불. Si elle a l'air méchant *괴독건, 괴독불. = —, homme mal bâti 흉불.
Mahométisme *회회교.
Maigre, Décharné 여외다 (여, 윈), 파리ᄒᆞ다, 파리ᄒᆞ다; *수척ᄒᆞ다 = 마르다 (말나, 마른) (sec). Très — 빳삭마르다, 강파른ᄒᆞ다. = — sans viande. Chair — 소찬, soupe — 소국, jour — 소지날. Faire — 소지직히다, de vivre, dans le sens de vivre chichement, faire — chère 박히먹다, 박식ᄒᆞ다.
Maigrir 마르다 (말나, 마른), 말나가다.

872/

Maille de filet *고, 그믈구녕.

Maillechort

Mailler faire du filet, tricot, etc 뜨다 (떠, 뜬)

Maillet 방맹이.

Maillot 강보, 기져귀, (c'est le maillot d'enfant)

Main 손, en agg. *슈. — Droite 올흔손,
*우슈, — gauche 왼손, *좌슈. Le dedans de
la —, la paume 손바닥, 손바당; le
dos de la — 손등. Les lignes de la — 손금
(celui qui les interprète 손금쟁이). Ouvrir
la — 손펴다, la fermer 손쥐다, 쥐여
쥐다; la fermer à demi 손옥으리다. =
Tendre ou lever la main 손들다 (어, 든). —
Joindre les — 손결합ᄒᆞ다 ≡ *합장ᄒᆞ다
*합슈ᄒᆞ다 marquent une idée de respect.
Prendre la — d'un autre, prendre par la
— 손잡다, 손붓잡다, 손부들다, 손쥐다.
Le tenir par la — (solidement) 사록지
시다. De sa propre — 친히, 친슈, 손조,
*친작. Objet fait de sa propre — 친작습인것.
= K en agg. 친 v.g. Écrire de sa propre
— *친필ᄒᆞ다 = *친작친필ᄒᆞ다 si on a
composé soi-même. Le tuer de sa propre *친살ᄒᆞ다
(*친수ᄒᆞ다?), *친결ᄒᆞ다. = Frapper de
la — 손지검ᄒᆞ다. Battre les mains
손벽치다, 손벽ᄒᆞ다 de pour applaudir
*박슈ᄒᆞ다 (L'applaudissement se dit
*박슈례). Toucher de la — 손대다.
≡ Mettre la main à l'œuvre 일시작ᄒᆞ다,

Poignée de — *악슈례

일에손붓치다, 일에손대다. Y mettre la dernière — ᄭᅳᆺ치다, *필역ᄒᆞ다. Mettre l'épée à la — 칼내다, 칼가지고싸호다. Avoir la — large (être généreux) 손크다 (커,큰) le contraire est 손가늘다 (가느러,는). Avoir la — crochue (être enclin au vol) 손것츨다 (어,츤), 손버릇사오납다 (나와,온), 손버릇괴악ᄒᆞ다. Tomber entre les — les ennemis 원슈의손에ᄲᅡ지다, 원슈의게잡히다. Donner les — à (consentir) *허락ᄒᆞ다. Prendre en — la cause de 도아주다, 붓드러주다, 돕다 (도아,도온), 도라보다, 보다. Tenir la — à ce que 엄졀이ᄒᆞ다 (엄졀ᄒᆞ다 être sévère). La vie est entre mes — 그놈병이내게달녓다.

Donner la main à (aider) 거들다 (어,든) (le dit même au moral, v.g. soutenir la conversation.

La —, le tour de —, l'adresse spéciale 손ᄌᆡ조, = *슈품 qui se dit surtout 1° pour les couturiers, 2° pour les prestidigitateurs. Avoir le tour de — 손닉다 (어,은). = — d'écriture *필젹. Belle — *명필. C'est de la — de Pierre 베드로의글시라. = — de papier 권, 조희권 : (권 sert de numéral pour les — de papier … & pour les tomes des ouvrages) = — d'oeuvre (travail *공부, *역ᄉᆞ ; de louée 품. Le prix de la — d'oeuvre *공젼 pour les oeuvres libérales, 품갑, 품삭, 품 pour les autres. = Cheval de — (haut le pied) 좌마

Main-mise

874/

Maint (adj.), plusieurs 여러.
Maintenant 지금, 즉금, 시방, 이제; – ou l. au plus tard 곧, 장초
Maintenir conserver *보존하다, *보전하다. = –, laisser tel qu'il est 두다, 그저두다 (어, 둔)
Se – 견되다, 그저 있다.
Maintien, conservation 보존하기. etc
–, contenance, tenue *보양, *거동 = *언보동정 (parole, apparence, mouvement, repos).
Maire de grande ville *시장, – de canton *면장, de village *동장, *리장.
Mairie *면장소.
Mais marquant une simple opposition se rend par l'oppositif – une opposition plus forte se rend par 마는 accolé au verbe terminant le membre de phrase qui en français précède "mais".
Maïs *옥수수 = 강랑이, 강냉이 (popul.)
Maison (bâtiment) 집, exagg *가, parfois *호. Numéro de la – *호수. Maître de la – *호주. Recensement des maisons (ancien système) *호적 = –, (demeure) 집, (honorif. 댁, 덕). agg. 가사, en agg *가. = – royale, palais *대궐, en agg. *궁; – royale, appartements privés du roi *대내, 궐내; – royale, entourage du roi *왕실, d°, pour un empereur *황실, *황대실, 대실 – militaire (d'un chef d'État) *시고실 = – du mandarin

'공가; — de particulier '사가, 사삿집; — des gens du peuple '민가; — des champs, villa '농막. = — couverte en tuile 기와집; — en ardoise 노와집 (en agg. '와 sert pour les deux: '와가); — couverte en chaume '초가, 초가집. = — illustre '명가, '명문, '대가; — de la branche aînée de la famille 큰집, '종가. = Faire une bonne — (s'enrichir) 세간을모호다. On en voit dans toutes les — 집집에다잇다. = —, gens de la maison par rapport au chef de famille 식구, 가솔, 가속 v. Maisonnée.

Maisonnette 막.

Maisonnée 집안사ᄅᆞᆷ, '식구, '가솔, '가속. Toute la — '호가, '혼솔.

Maître '쥬인, 님ᄌᆞ. — d'un esclave 상뎐. Être — absolu 쥬쟝ᄒᆞ다, 쥬쳐ᄒᆞ다, 쥬관ᄒᆞ다, 보조지ᄒᆞ다. Se rendre — de qq ch. 가지다, = 잡다 (아, 은), '탈취ᄒᆞ다 (par violence). Faire le — 쥬인인톄ᄒᆞ다, 쥬관인톄ᄒᆞ다. Être son —, ne dépendre de personne '혼쥬쟝ᄒᆞ다. Être — de soi 참다 (아, 은). Il n'a pas été — de sa colère 분노ᄒᆞᆫ것참지못ᄒᆞ엿다, 분을이긔지못ᄒᆞ엿다. Il a agi ainsi n'étant pas — de sa colère 분결에그리ᄒᆞ엿다 (결 "vague", agitation violente). = —, habile [illegible]ᄒᆞ다, 능ᄒᆞ다. — dans une science quelconque 박ᄉᆞ précédé du nom de la science.

876/

— en littérature chinoise *문장, *박학ㅎ,
글 용ㅎ나 = 선비. Pour certaines choses,
en agg. on emploiera le mot *명, e.g.
— en calligraphie *명필; — en musique
*명창; — pour les arts mécaniques
손놀ㄴ, 슈슈잇ㄴ, 슈슈ㄴ잇ㄴ (슈슈 & 슈
슈ㄴ habileté des mains). = —, Docteur,
professeur 스승, 선생, 경쟝, 훈쟝 = 교ㅅ.
= —, celui qui dirige une entreprise, —
d'une équipe d'ouvriers ... en agg. 슈
— charpentier, — constructeur *편슈, *도편슈.
Maîtresse *안쥬인, *안쥬쟝, *가모. = — (concubine) *외첩, *첩
Maîtriser 잡ㄴ (아, 은), 다잡ㄴ, *억제
ㅎ나, 붓잡ㄴ — 억ㅎ 잡죄ㄴ (여, 쵠)
Majesté *위엄, *위풍 —, titre donné au
roi *계하, *뎐하; — à l'empereur *폐하.
Majestueux *엄졍ㅎㄴ, *엄위ㅎ나.
Majeur
Major V. Médecin.
Majordome
Majorité *다슈 — absolue *과반슈, = — âge *뎡년,
*반슈이상; — relative *최다슈 *셩년
Majuscule grande lettre *대ㅈ.
Mal — moral *악, *흉악. Être —,
mauvais 언잖ㄴ (하, 혼), 궂ㄴ (구져, 즌)
= — physique, calamité, fléau *환, *환
란, *리앙; = —, perte, dommage *해,
*손해; = —, Douleur 고로움. Avoir —
앓흐ㄴ & 앓ㄴ (앓하, 혼) précédé, s'il

Ça te ferait mal d'être ... 말숨히드러면 비압ᄒᆞ겟ᄂᆞᆫ ....가슴압ᄒᆞ겟ᄂᆞ

y a lieu de l'indication de la partie où l'on a —. Avoir — à la tête 머리 압ᄒᆞᆫ다, — aux dents 니 압ᄒᆞᆫ다. Le soleil vous fera — à la tête 해볏쐬면 머리 압ᄒᆞ겟다. = — maladie 병, — contagion 뎐염병, 뎐염ᄒᆞᄂᆞᆫ병, 오르ᄂᆞᆫ병, 옮ᄂᆞᆫ병.. Pour les maladies proprement dites, on dit 질 en agg. ≡ ᄋᆞ통 (vulg. 퉁) pour les — localisées: — de tête 두통, 두퉁, 편두통; — de dents 치통; — du nez 비통; — de jambe 각통; — des reins 요통. ≡ — de coeur, nausée 멀미 d'où mal

— de mer 선훈

de mer 빈멀미 슈질 (N.B. de même qu'en français, on dit parfois 빈멀미 même pour un mal de coeur où la mer n'est pour rien) — de coeur en voiture, en wagon 챠멀미 = être sensible au — de mer 빈멀미 ᄒᆞᆫ다 = — caduc, épilepsie 간질, 질알 ≡ —, adv. 됴치안케, 언잔케 = vulg. 붑시. Le plus souvent on tourne par "pas bien" 잘 못.... Si on fait ainsi, ce sera — 그리ᄒᆞ면 됴치안케다. Tourner — (affaire), ne pas réussir 굿기다; — (personne), se pervertir 변ᄒᆞᆫ다, 그릇되다. L'affaire va — 일이 잘 못 된다, 일이 굿게간다. Aller de — en pis 갈ᄉᆞ록 아니되다. On parle — de vous 너의 언잔ᄒᆞᆫ 말 들닌다. Vous avez — compris 잘 못 알아드럿다. Traiter — (froide-

878/

ment) 빈되ᄒᆞ다, *결되ᄒᆞ다; — d. (chichement) *박되ᄒᆞ다, 박히대졉ᄒᆞ다; — d. (durement) *악되ᄒᆞ다, 봅시대졉ᄒᆞ다, 봅시ᄒᆞ다, 봅시구다 (러,군). Ils sont — entre eux 셔로 의가 틀녓다, 셔로 의가 상ᄒᆞ엿다, 셔로 불복ᄒᆞᆫ다. Mettre qqun — avec un autre 니간을 붓치다. (A cause de cela on dit les 'mouchards' 니간질ᄒᆞ다.) ≡ Parler — une langue 말잘못ᄒᆞ다. Se trouver — (économie) 궁으러지다, 빅노다. Se porter — 알다 (하,흔). (honorif. 병환잇다, 병환나다). d. habituellement 병잣다 (자자,자진 fréquent). Se porter plus — qu'autrefois 전만못ᄒᆞ다 qui se dit de tout changement en —.

≡ (subst.). Vouloir du — à qqun 해코져ᄒᆞ다, 미워ᄒᆞ다. Le faire 해ᄒᆞ다, 해롭게ᄒᆞ다. Le réparer 해를갑다 (하,흔), 해를깁다 (기워,운), *보해ᄒᆞ다. Dire du — de 훼방ᄒᆞ다, 헐븨다, 흉보다. — le leur, le maudire *악담ᄒᆞ다. Se donner du — *슈고ᄒᆞ다, 애쓰다 (써,쓴). Quel — ai-je fait 내가무ᄉᆞᆫ죄잇ᄂᆞ냐, 내잘못ᄒᆞᆫ일이무엇잇ᄂᆞ냐. Cela te ferait — d'être poli (ironiq.) 말슌히ᄒᆞ면가ᄉᆞᆷ압흐겟ᄂᆞ냐 ... 배압흐겟ᄂᆞ냐.

Malachite *공작셕.

Malade *병자, *병인. tomber — 병들다 (드러, 든). être — 앓다 (하, 흔) — (honorif. 병환잇다). être un peu — 성치못하다; — gravement 병이중하다. Faire le — 앓는테하다. être souvent — 병잣다 (자자, 진) n'être jamais — *무병하다.

Maladie *병, honorifique *병환; — épidémique *전염병, *유행병. — (dans la nomenclature les —, 질 se dit les — internes, 종 les — externes" plus ou moins localisées). Faire une rechute dans une — 다시앓다, *리종하다. La — est plus forte que le remède 병에약쓸데없다. La — augmente 병이더하다, la — diminue 병이덜하다, 병이설치하다.

Maladif 성치안타, 잔성치안타, 병잣다 (자자, 진). Le contraire est *성하다 *잔성하다, 잔병없다 (잔병 maladie longue), *무병하다.

Maladrerie *라병원.

Maladresse *실슈.

Maladroit 재조없다, 설다 (어, 선), 서투르다.

Malaise maladie plus grave 몸살; — en général 불편하기. — souci, peine 걱정. Sentir un — 불편하다.; de (physique) *신긔불편하다; — moral *심긔불편하다.

몸살나다

Malaisé 어렵다 (려워, 온), 쉽지안타. Très — *극란하다, *지란하다.

Mal appris *무례ᄒᆞ다.

Mal à propos

Malaria

Mal avisé

Malaxer

Mal bâti 드복이 = 못되다, 못싱기다, 못싱기다 ,= 못나다.

Malchance . Avoir la — 굿기다, 슈사오납다 (나와,온) 됴라지다 (저, 진). Par — 불힝히.

Mâle pour les animaux 슈, 슈놈, 슈컷. Chien — 슈개. — pour les hommes 사나희, 남자, 남인, en agg. 남. Une voix — (forte) 우렁ᄎᆞᆫ 목소리. Un courage — 굿센 ᄆᆞᄋᆞᆷ, = — & femelle (couple d'animaux) ᄌᆞ웅. Les apparier ᄌᆞ웅 ᄆᆡ다.

Malédiction *악담, 악언, *저쥬=ᄒᆞ다.

Maléfice 쓴것 .= 방자 esp. d'envoûtement

Malencontreux 사낙ᄒᆞ다, 싱가시다, = *불힝ᄒᆞ다.

Malentendu en paroles 실언, 실말, 실소리 qui veulent dire aussi paroles fausses, *동문서답, quiproquo .= —, dispute *불목 la cause 불목거리. Avoir une querelle par suite d'un — 서로 잘못 알아듯기에 틀니다.

Malfaiteur *악인 inusité. On dira, selon le sens 도적놈, 불한당, etc.

Malfaisant 해롭다 (로와, 온).

Malfamé

Malgré 억지로, 위력으로 c.à.d. de force.

Faire agir qqun — lui 강박하다. Agir — soi 강잉하다, 마지못하야하다. v. Gré. Vous le ferez bongré — 아모리 슬타고 하여도 아니홀슈업다, 슬희여하여도 아니홀 슈업다.

Malheur accident fâcheux 환란, 앙화, 화, 불힝혼일, 변. Éprouver un — 환란을 당하다, 변맛나다, —, adversité, fortune contraire 역경. Par — 불힝히. Avoir du —, de la malchance 굿기다, 즛굿기다 (즛 continuellement), 복업다, 불힝하다. Depuis un mois, je joue de — 혼달 즛굿겨 왓다. Si par — (quod Deus avertat) 아니홀 말노....

Malheureusement 불힝히

Malheureux (personne) 복업다, 불샹하다; —(évènement) 불힝하다, 흉하다; —, funeste, méchant 참혹하다, 악착하다. C'est — 섭섭하다 (fâcheux); 분하다 (qui met en colère); 앗갑다 (가와,온) (regrettable comme une chose perdue); 어처롭다 (로와,온) (qui inspire la pitié). Pauvre petit —! 잔잉혼놈. Faire une fin — 험소하다, 목소하다 qui se disent surtout des morts violentes. — de la main du bourreau 오소하다.

Malhonnête incivil 무례하다, 톄례업다. —, improbe 불의하다, 비리하다 qui se disent surtout des choses ou des actions. Pour les personnes, on dira plutôt qu'elles ne méritent plus confiance *실신하다. — Les actions — (surtout des gens en place) 협잡. Ceux qui les font 협잡군.

Malice espièglerie 작난, *희롱. Faire des —, des niches à qqun 지근되다. des avec l'intention de nuire 심술내다, 심술부리다. Celui qui le fait *심술군. = — disposition, intention mauvaise 악혼보움, *악의, *악심.

Malicieux espiègle 약다 (아, 은). 짓궂다 (궂어, 즌). — envieux *심술군; — rusé, fin 소리 잇다.

Malignité de caractère *악졍; — influence malfaisante, v.g. de l'air *독긔, 독흔긔운.

Malin V. Malicieux. —, nuisible *독하다, 해롭다 (로와, 온). Le — esprit *마귀. Faire le — 겁져거리다. Celui qui le fait 겁쟁이.

Malingre

Malintentionné 속그르다 (글너, 그른).

Malle 궤, 농.

Malléabilité *가젼셩.

Malléable 부드럽다 (러워, 온).

Malmener V. Maltraiter

Malotru 무례흔놈.

Malpropre 더럽다 (러워, 온), *츄하다, *츄루하다, *부졍하다, 깨끗지 안타. = 츄접드다 (러, 든) qui se dit des personnes —. 지저분하다, 츄저분하다, 귀저분하다.

Malsain (homme) 병잇다; — (chose) 몸에 해롭다 (로와, 온); — (pays) 병만타, spécialement 토질잇다 (토질 influence malsaine du terrain).

Malséant 당치안타, 맛당치안타.

Malt

Maltôte *잡세.

Maltraiter 봅시하다, 봅시구다 (리.큰), 심히구다; — traiter indignement & même — positivement *악대하다 (le contraire est *선대하다). être — 악대밧다, 욕보다. & (surtout par plusieurs) 납식보다, 납식맛나다.

Malveillance *심슐. Le avoir pour qqun 미워하다, 해코져하다; la montrer 심슐내다, 심슐부리다.

Malversation *협잡.

Mamelle 젓, 젓통, 젓가슴. Enfant à la — *유동. Avoir un enfant encore à la — 달닌식히 잇다 (un enfant suspendu). Extrémité de la —, tétin 젓꼭지.

Mammifère *보유동물.

Manant 놈, 백셩놈.

Manche d'outil 자로; — d'habit 소매

Manchette 토시, 토슈.

Manchot 조막 병신.

Mandarin 관장. Autrefois les divers grades étaient (de haut en bas) *부윤, 대부스, 목스, 부스, 군슈, 현령, 현감. Aujourd'hui tous sont 군슈... & comme ils n'ont plus aucune autorité (ils sont coréens), le peuple les appelle 섭질군슈.

884

Mandat délégation *위임. ; — écrit *위임장 ; — d'argent 위톄, *환젼표, *환됴. — poste *우뎐위톄 (C'est le nom technique, le bon de poste étant *소위톄). On dit plus souvent *우뎐환젼, *우뎐환됴. Les Sp. disent *통샹환젼표. — télégraphique *뎐신위톄, *뎐보환젼. — Imprimé pour — *환젼용지. Récépissé de — 환젼령슈표. = — (ordre d'un tribunal) — de comparution *호출 ; — d'arrestation 배쟝. (배쟝 est vieux).

Mandataire *위임자

Mandchourie *만쥬.

Mandement

Mander appeler qqun 부르다 (불너, 부른) ; *쳥하다 — à ; commander v. ce mot. —, faire savoir 알니다, *긔별하다, *통지하다.

Mandibule

Mandrin

Manège

— de chevaux *조마장 ; les chevaux de bois *목마뎐

Mânes *혼, *신. Inviter les — au festin *강신하다

Manette (de robinet, etc.) 츄슈

Manganèse "만샨"

Mangeable 먹을만하다, 먹음즉하다.

Mangeaille pour volaille 뫼

Mangeoire 구유, 통.

Manger 먹다 (어, 은). honorif 자시다, 잡숩다 & 자숩다 (숴, 순) & surtout

= Toute petite chose qu'on mange sans trop y penser, entre les repas 군입질하다 (군, inutile, non nécessaire).

잡수시다. Avoir envie de —, avoir faim 배곱흐다 (곱하, 흔), honorif. 시장하다. — avec appétit 달게먹다; — trop 과식하다. S'abstenir de — (volontairement ou non) 굶다 (어, 은); id (involontairement et longtemps) 주리다. Faire —, Donner à — 먹이다. — tant que l'on peut 배부르게먹다, 배터지게먹다. — son bien 세간을헤티쓰다. Celui qui — son bien 헤들사롬 (헤특다, 티어, 틀) ne pas durer longtemps). — tout et faire banqueroute *파산하다; — les mots en parlant 얼놓다 & de les pièces, la récitation des pièces officielles 낙송착송하다. La rouille — le fer 쇠동록에슬허간다. = —, "manger" filouter 먹다, 갈겨먹다, 쌔여먹다.

Mangeur grand — *식충이 (ver du riz), 량큰사롬, 거량 (grand boyau). = 식충이 est une injure; 거량 un compliment: il veut dire grand — & aussi grand caractère, grand génie: les Coréens plaçant tout cela dans le ventre. = Petit — 고삭부리 (popul), 입져르다, 입졀다 (져러, 져른).

Maniable 부드럽다 (러워, 온).

Maniaque *풍각, 바롬질. Être — 반하다, 바롬먹엇다, 간경에바롬드럿다.

Manie 밋친병 *광긔.

Manier qqch. 부리다. x très souvent 쓰다. — les affaires 일다ᄉᆞ리다, 일보다. =. —, toucher 만치다, 만지다.

Manière 가지, 모양, 법, 양. On peut le faire de deux — différentes 두가지법으로 ᄒᆞᆯ만ᄒᆞ다. Donner une affaire de trois manières 셋가지로 시험ᄒᆞ다. D'une autre — 달니, 다르게. De cette — 이러케, 이대로, 이모양으로. De quelque manière que ce soit 엇더케되던지, 엇더케ᄒᆞ던지. De — que, de — à ce que se rend ordinairement par la forme en ᄒᆞ게. Faites de — à ne pas mécontenter votre père 네부모의 맘 상ᄒᆞ지 안케ᄒᆞ여라. De — que, dans telle mesure que 만치, 만콤... De — à ce qu'on fasse ᄒᆞ리만치. De — que, c'est pourquoi se rend par les différentes formes "causatives" ᄒᆞ니, ᄒᆞ매, ᄒᆞᄂᆞᆫ고로; etc. J'ai perdu mon bréviaire, de — que je ne puis plus le lire 경본을 일허ᄇᆞ렷시니 볼슈업다. Par — d'acquit 무심히, 백홀히, 되는대로. À la — de 처럼, 처름, ᄀᆞᆺ치. À la — des bêtes 즘승처럼. A ma — 나 ᄒᆞᄂᆞᆫ 법으로. = —, façon d'agir (d'une personne) ᄒᆞᄂᆞᆫ 모양, 거동, ᄒᆡᆼ실, qq. f. 인ᄉᆞ; de (d'un groupe ou d'une nation) 법, 풍속. Ami des — grandes

Avoir de bonnes —, (être bien élevé) 의젓ᄒᆞ다. nobles *젼즁ᄒᆞ다, *톄즁ᄒᆞ다. Les affecter 큰톄ᄒᆞ다.

Manière cérémonieux *과겸ᄒᆞ다 (trop humble); — passer 거드러거리다, 거드럭되다, = 어순놈. 전방지다

Manifeste (subst.) *견련, 방. *션언셔, *격문

Manifeste adj. évident 붉다(아,은), *득쳘ᄒᆞ다.

Manifestement 붉히, 명백히, 득쳘히.

Manifester, montrer 드러내다, 나타내다.

Manigancer

Manipuler

Manipule *슈건.

Manivelle — de cordier 자새

Manne (des Hébreux) 만나 = — panier plat à deux anses 설겅이; — pour porter le fumier (ch) 바소거리.

Mannequin panier d'osier 채롱, 채농, 채독 ≡ — en forme humaine 허슈아비, 허아븨, *졔웅.

Manoeuvre homme de peine 품군, 삭군, 일군, 모군. — avoir de manoeuvres

— d'un navire 뵈질 (& le jeu d'agrès, le — sont dites *션즙불). ≡ — militaires *긔동련습. Grandes — *대긔동련습. —, petite guerre *실디러련습. — marche — *횡군련습. = — (surtout pour nuire à qqun) 계교, 가만훈계교.

Manoeuvrer au sens neutre

— qq. ch. (sens actif) 부리다.

Manomètre *긔됴, *긔톄쟝력졔, *압력계. — à air comprimé *압축쟝력긔

Manoir 턱, 틱.

Manque 업기, 업ᄉᆞᆷ이. On ne peut faire de rizière manque d'eau 물이 업기에 논을 ᄂᆞᆯ슈가 업다. Je ne puis y aller — d'argent 돈이 업셔셔 못 가겟다. Mourir par — de soins 병보ᄂᆞᆫ이 업ᄂᆞᆫ 곳ᄉᆞ로 죽다, 돌볼새 업셔셔 죽다. = Sans —, sans faute 렴녀 업시.

Manquer, faire défaut, (— de, être privé de) 아쉽다 (쉬워, 온) plus souvent 업다 ou *부족ᄒᆞ다, insuffisant. (N.B. Coréennement c'est toujours la chose qui — qui se met comme sujet). Avez-vous — de qq ch. 너희가 아쉬온 거시 잇더냐. = 아쉽다 (쉬워, 온) ou 아숩다 (수워, 순) a comme diminutifs 아슈ᄒᆞ다, 아쇽ᄒᆞ다. — — de courage 용긔 부족ᄒᆞ다, 심긔 부족ᄒᆞ다. Je — de tout 아모것도 업다. Homme qui — de tout (on devrait dire 아모것도 업ᄂᆞᆫ 사ᄅᆞᆷ; on dit) 업ᄂᆞᆫ 사ᄅᆞᆷ. Ce n'est pas que l'argent — 돈 업ᄂᆞᆫ 거시 아니라. Si cet homme venait à — 그 사ᄅᆞᆷ이 업ᄉᆞ면. — on dit plus souvent 그 사ᄅᆞᆷ 아니면… = —, faire une faute, 잘못ᄒᆞ다, *실슈ᄒᆞ다, — à la loi 범ᄒᆞ다, 법을 거ᄉᆞ리다. = — à qqun, par inadvertance, *실례ᄒᆞ다.

(si c'est en paroles, on dit souvent 망령
되다) — le respect à ... 불순히하다, 불
쾌히하다, 불공히하다. — (aux parents)
불효하다. = — à sa parole 언약비반
하다, 약조비반하다, 비약하다, 식언하다,
발뒤로아니하다 = —, ne pas réussir (act.)
실슈하다; v. neutre 실수되다, 랑패하
다, 랑패되다, 틀니다, 탈나다 (탈 re-
vers, accident fâcheux), 봉나다 (봉, fiasco) = La — belle, risquer de, être sur
le point de ... se rend par la forme 홀
번하다, ou par le mot 하마터면 qui
rend l'idée de "un peu plus et ..." =
— son coup 실슈하다. On dit souvent
목만보다, 헤만보다: perdre sa peine.
Manquer son coup (en tirant) 헛쏘
다 (아, 쏜), 못맛다 (마져, 준) = —,
laisser échapper 일타 (허, 흔), 놋치다.
= —, faillir, crouler, perdre ses forces;
la maison a — par les colonnes 집
에기동석거셔 문허졋다. Le coeur me
— (évanouissement) 아모빅업다; les
jambes me — 다리셜네못가겟다.
Le pied lui a — 빗듸다야넘어졋다 (v.
Broncher). = —, ne pas arriver à temps
(v.g. — un train) 불급하다.
Mansuétude ... avoir 슌량하다, 슌화
하다, 슌화롭다 (로와, 온), 량슌하다, 유슌
하다, 너그럽다 (러워, 운).

996 선불질하다
qui le dit à propos parler
d'un tireur qui manque son but.

Manquer, ne pas arriver à l'heure. 불급하다.

— D'où: manquer un train (le chemin de fer) 차 놋치다.

890/

Mante insecte, – Bricé 범당자비.

Manteau 망도 . – huilé, imperméable 유삼 ; – en herbe (contre la pluie) 도롱이, 빵냑역

Manuel (subst.) Livre.

Manuel (adj.)

Manufacture V. Fabrique

Manuscrit original *초본, 슈긔, 슈셔.

–, opposé à imprimé 벗긴 칙.

Mappemonde *디구젼도.

Maquereau 빵어 (scomber vernalis) *고동어, 삼치.

Maquette

Maquignon courtier de chevaux *마도의, – conducteur de chevaux *마부.

Marais *소, 진펄이, 리펄, = – salant, 염밧. = Le hangar où l'on fait bouillir les eaux salées se dit 염벗.

Marasme *감증, 마르는 병, 시드는 병. Être dans le – 시들다 (어, 는), se faner, maigrir.

Marâtre 2e épouse du père devenu veuf : *계모 si elle était fille, *체모, *후모 si elle était veuve. = –, concubine du père *서모.

Maraud 놈.

Marauder (soldats) *노략하다, *노략질하다. (– enfants, écoliers) 훔치다, 움치다, 움켜가다.

Maraudeur *노략군.

Marbre *화반셕, *대리셕, 옥돌. ([illegible] disent 슈셕 水石, au moins pour le marbre blanc)

Marbré 어룽어룽하다, 어르룽어르룽하다.

Marc 앙금, 속기 ; – de vin 술찌강, 술

직역이 ; — d'huile 치름.
Marchand 쟝ᄉᆞ, en agr. *샹. — colporteur 등짐쟝ᄉᆞ. = Bateau — *샹션.
Marchander demander le prix 값 무러보다 ; — discuter sur le prix 값 의논ᄒᆞ다. = 에누리 ou 에ᄂᆞ리 indique la diminution que peut consentir le marchand, & aussi la quantité dont, pour cela, il a surfait les prix. 에누리ᄒᆞ다 Faire cette diminution, & par conséquent laisser marchander. 에누리 업다 "les prix ne sont pas surfaits", ou bien: "il n'y a rien à rabattre", par conséquent: on ne marchande pas.
Marchandise ᄆᆡᄆᆡᄒᆞᆯ 물건, ᄆᆡᄆᆡ거리, 팔것.
Marche degré d'escalier 층 ; —, action de marcher, démarche 거름 ; —, chemin fait 길. Une journée de — ᄒᆞ로길. Une — de 10 lys 십리길. = — militaire *ᄒᆡᆼ군 ; — forcée *강ᄒᆡᆼ군 ; — manœuvre *ᄒᆡᆼ군련습. = — (vg. des astres) *운동.
Marché, vente ou achat ᄆᆡᄆᆡ, — (contrat) *언약, *약됴 = —, foire 쟝. Place du — 쟝터. Jour du — 쟝날 ; hommes qui vont au — 쟝군. = — prix. Bon — *헐가. Être bon — 헐ᄒᆞ다, 싸다, 눅다 (어,은). Être à mauvais —, cher 비싸다. = Faire bon — de 도라보지아니ᄒᆞ다, Faire bon — de sa vie 신명을 [illegible] 쓰다.
Marcher 가다 (가,간) qui s'emploie dans

Marché de nuit *야시

tous les sens du français; — de son pied 것다 (거러, 른) (qui se dit des hommes & des animaux), 거러가다. Pour les insectes, les animaux qui rampent — & par analogie les enfants qui se traînent 긔다, 긔여가다. = (Le mot s'étend même à tous les animaux terrestres, qu'on appelle 길즘승 pour les distinguer des animaux aquatiques). = — cérémonieusement (dignitaires & nobles coréens) 팔즈거름하다. = — sur une chose (pour indiquer ce qu'on a sous les pieds) 붋다, (아, 은); — de côté (comme le crabe) 녑거름하다. = Bien —, être bon marcheur 거름잘것다. = — sur les mains (les pieds en haut) 물구나무셔가다 (물구나무셔다 faire le chêne planté). = — dans le chemin de la vertu 션에나아가다. = Le —, la démarche 거름, 것기, 거름것기. = —, (horloge, instrument) 가다.

Marcheur *보힝군. Être bon — 거름잘것다 (거러, 른), 길잘가다, 잘것다.

Mardi *화요일. Les chrétiens disent 첫통고날.

Mare 못, 방축.

Marécage 진펄이, 쉬프럴, 진흙.

Marécageux 질다 (어, 진).

Maréchal forgeron 대장, 대쟝. — ferrant 발섯기는사름, 발편조섯기는사름.

= —, grand général — (vieux système, 어영 대장 — son hôtel 어영청, ses soldats 어영군 = —. maintenant) 원슈, 대원슈 = — des logis 군조 (sergent) — auquel on ajoute 긔병 (cavalerie) ou 포병 (artillerie): 긔병군조, 포병군조.

Marée, flux & reflux 거리, 물거리, 물번, 조석슈; = — montante 조슈, 밀물. La — monte 물미다, 물밀다 (미러, 민). La — descend 물혀다 (혀, 현), 물써다 = — basse 감, 그슈, 물감. Grande — 사리. — le morte-eau 조금.

Marelle 곤 = 놀다, 고누 = 두다.

Marge — en haut du livre 서두; — en bas 서하.

Margelle 우물돌.

Marguerite 국화 On donne ce nom à toutes les radiées, spécialement aux chrysanthème

"황국화, 추국화, 전츄화

Mari 장부, 남편. Le premier — (sponsus virginitatis) 슌유지부. Le — & la femme 부부, 내외.

Mariage 혼비, 혼인 (Le — d'un fils est dit 대수 (grande affaire). Faire le — de son fils 대수지내다). Fixer un —, en tomber d'accord 뎡혼ᄒᆞ다; en fixer le jour 택일ᄒᆞ다; le reculer (ou même le rompre) 퇴혼ᄒᆞ다; le rompre 파혼ᄒᆞ다 = Cérémonie civile du — 혼례, 대례 Le faire 셩례ᄒᆞ다. Cérémonies

대수 se dit aussi de l'enterrement des parents.

La cérémonie essentielle est la salutation mutuelle 교배 = ᄒᆞ다

Le mariage chrétien *혼례. Les suppléer 혼배보례 하다. = Faire un bon — (hom-me) 장가잘가다; de (fille) 싀집잘가다.

Marié personne — 어룬 qui veut dire adulte; = non — 오희 (enfant). Nou-veau — *신랑, 새셔방. Nouvelle — *신부, *규슈, 새[illegible]. Femme — (en pré-sence de mari) 유부녀.

Marier v. act. 혼배식히다. Le prêtre on dit 혼배주다, 혼배하야주다. = — son fils 대소지내다, 즈식을장가보내다; — (sa fille) 싀집보내다 = — procurer un mariage 혼배식이다, 중매하다. = Se — *혼배하다, *혼인하다 qqf. *성례하다 (faire les cérémonies); plus souvent 장가가다 ou 장가들다 (garçon), & 싀집가다 (fille). = Se re — (homme) *취쳐하다, 후취하다. Se dit épouse une veuve 사롬엇다, 가직이롤엇다 (가직 est injure: veuf épousant une veuve). Dans les deux cas *변환하다 (éviter le veuvage). Se re — (femme) 후셔리가다, *리가하다, 후셔방엇다. Bon à —, en âge de se — (garçon) 총각 총각 오희, 신랑그읏. De (fille) *규슈, 새악시. Avoir passé l'âge où on se — ordinaire-ment *과년하다 (se dit surtout des filles).

souvent 살니다

Marin (subst) matelot *사공, 뱃사롬 = — soldat *히병, *슈병. = — (adj) se rend par 바다, en agg par *海 ou *히. Les animaux — 바다고기, 슈족. Toutes les productions — (poissons, algues, etc.) *해물

Marine milit. *해군; — marchande *상선, *상환

Marinade 젓. — d'huitres 굴젓; — de crevettes 새오젓; — d'oeufs de poisson 알젓. L'eau de ces — 젓국.

Marionnette 방석중, 헤꼴이, 헤꽈리

방석중, propre bouge apostat

Maritime. V. Marin. Pays — *해변, 바다가 = — qui s'exerce sur mer, en agg *해상 ou *해. Commerce maritime *해상. Assurance — *해상보험, ; législation — *해상법. Force — (militaire) *해군력, la puissance — (en général) *해상권력.

Marjolaine. *우슬초

Marmaille 어린놈, 어린것.

Marmelade 정과.

Marmite 솥, 가마.

Marmot 어린놈, 어린것, 어린아희, 애기.

Marmotter 석슈어리다 qui est plutôt bavarder. 속살속살하다, 속살속살거리다, 소곤소곤하다.

Marne *니회석

Marotte . Je emploie souvent le mot 테남 (Défaut) ou 흠. Chacun a sa — 각사룸이각테남, 각사룸이한흠잇다

Maronner

Marque 보룸, 표. — d'un livre, signet 서지. = — que l'on apporte en naissant 점. — de petite vérole 얽은근목. Servir de — 보룸되다, = *유표하다. = — au fer rouge.

(supplice) *곤곤 형벌.

Marquer faire une marque 보룸 두다, *표 하다, 표두다. ; —, fixer *뎡하다 : — un jour 날뎡하다, 긔한 뎡하다 ; — faire connaître 알게하다, 알니다. *통리하다 ; — montrer, manifester 드러내다, 나타내다 ; — sur son visage 얼골에 오긔 ᄉᆡᆨ에 드러내다 ; = —, incrire ; — sur un compte *치부하다. — d'un trait de pinceau *나뎜하다, 젹다 (어, 은) ; — dans un livre par un pli *표하다, d° avec un signet 쇠 넛다 (너허, 흔). 쇠붓치다. = être — *유표하다, 보룸 잇다. = être — (de naissance) 젹 잇다. être — de petite vérole 얽다 (어, 은).

Marqueter faire une marque au fer rouge 단근질하다.

Marqueté être — v. Marbré, tacheté. Pour les petites taches, on emploie souvent les formes suivantes : — de noir 걱은걱은하다 ; — de blanc 희읏희읏하다 ; — de rouge 붉읏붉읏하다, etc.

Marqueterie

Marquis *후작. Marquise *후작부인.

Marraine *대모.

Marri *원통하다, 섧다 (허, 흔).

Marron . Celui qui croque les — tirés par un autre 줍것ᄉᆞ기

Mars planète *화셩, *형혹셩

Marsoin poisson 쉬기, 슈욱긔, 시욱긔, 물돗, *히돈.

Marsupiaux *유대류.
Marteau 마치, 장도리, 망치.
Marteler
Martial Cour — *군법회의. Loi
— *군법 = 시행하다, *계엄령 (état de siège)
Martin pêcheur 랑새, 칼새
Martinet
Martre 담비(?).
Martyr *치명자. — de son devoir *절사하다
Martyre *치명 = 하다, *위주치명하다.
Martyriser 치명식히다.
Martyrologe *치명일긔
Mascarade 탈노롬, 산두노롬.
Mascaret *방도, *봉파.
Masculin v. Mâle. Genre — *양류.
*가면 Masque *탈, 산두탈, 산두 = —, hom-
me masqué 산두도감, 초란이
Masquer, cacher 가리다, 가리우다. La
vue est — par la montagne 산이막혀벌
내못보다. Le — 탈쓰다, 산두쓰다.
Massacre 살륙.
Massacrer 죽이다, *살륙하다, *도륙하다,
= *멸하다 (détruire)
Masse Las 덩이, 덩불, *노적. En — (nuage,
fumée) 짙게, 붉게. La —, la plus grande
partie. La — du peuple.
— en physique (produit du poids par la
vitesse) *질량 ; — (totalité) *전체.
—, (somme) *도합, *의 ; —, gros mas-

teau ᄴᅵ. — le fer pour briser les pierres
졍동이.
Masser. réunir 모호다 (화,혼). se — 모히
다. = — (le corps) 웅으리다 (울녀,으론).
웅지리다. (질녀,지른).
Massif subst. — d'arbres 숩, 수플; — de
montagnes 산덤이; — montagneux (plu-
sieurs montagnes) *군산.
Massif (adj.) gros 굵다 (어,은). —, entier,
entièrement *젼통. or — 젼통금.
Massue 몽둥이, 몽치, 홍둥이, 딱딱이.
Mastic *유회.
Mastiquer mettre du mastic 유회르다,
— mâcher 씹다 (어,은)
Masure 빡, 윽빡.
Mât (subst.) — de navire 돗대; — le pavillon 기치
Mat (adj.) 륜 업다.
Matelas *. 요, *욕
Matelot *사공, 빗사공.
Mâter un autre *압복 호다, 지리르다
(질녀,지른); — son corps 몸을 이긔다.
Matérialisme *유물론, 유형론
Matériaux 가음, 재료, 쳐목, 거리
Matériel (subst.) — (d'un service) *용구
— (machine) *긔구, en agg. *구
Matériel *유형 호다, *유샹 호다.
Mathématiques *슈학; — pures *슌졍
슈학; — appliquées *응용슈학.
Matière (philos.) —, opposé à forme *실질;

— en langage ordinaire 가음, *회몸 ..
거리. Matière à discorde 불목거리; — à
procès 송ᄉ거리. — qui sort d'une plaie
고롬; — fécale 똥, en agg. *분. = Entrer
en — 일시작ᄒ다, *시작ᄒ다, 일ᄅ창ᄒ다.
Matin 아츰, en agg. *조; —, de bonne heure
일즉; le très grand —, à la pointe du jour
새벽에; — avant le premier repas *식젼
— jusqu'à midi *오젼, 낫젼. = Prière du
— *조과. — & soir 아츰저녁. Prière du
— & du soir *조만과. Repas du —
*조반, 아츰밥. Le manger = 먹다,
아츰먹다.
Matinal
Matinée 아츰, *오젼.
Matois 꾀잇다, 꾀 만타 (하, 흔).
Matrice (anatomie) *모복, *포태, *즈궁. =
— de caractères d'imprimerie *ᄌ형.
Matricule
Matrone *부인, 마누라. Vieille — *노고, 노파
Maturité — de l'homme, l'âge viril, parfait
(vers 30 à 35 ans) 사롬의ᄀ븨 (peu usité).
Se dit *장셩ᄒ다. C'est la — (relative) d'un
homme de 20 à 25 ans. = Pour les fruits,
V. Mûrir.
Maudire imprécier *원망ᄒ다, lancer des
imprécations *악담ᄒ다, — les malédictions
*져주ᄒ다.
Maudit, mauvais 몹슬. — qui a reçu

900/

une malédiction 저즘을받다(아,은).

Maugréer *악담ᄒᆞ다, *원망ᄒᆞ다.

Mausolée 무덤. = pour un prince 능.

Maussade 쌀쌀ᄒᆞ다.

Mauvais 됴치안타(하,ᄂᆞᆫ), 언잔타(하,ᄂᆞᆫ), 괴악ᄒᆞ다, *악ᄒᆞ다; *흉악ᄒᆞ다, 궂다(구저,즌) ... 아니되다, ...몹쓸. Mauvaise action 악ᄒᆞᆫ노릇, 몹쓸것; – femme 몹쓸년. Il fait – temps 날됴치못ᄒᆞ다, 날궂다(구저,즌), 날궂치다. Le temps sont – (durs, pénibles) 시절어렵다, 시절불평ᄒᆞ다. Ce n'est pas –, c'est passable 쓸만ᄒᆞ다, 어지간ᄒᆞ다. C'est ce qu'il y a de plus – 아조바닥일다. Trouver – (se froisser) 언잔케넉이다, 언잔히넉이다. User de – foi (mentir) 섯녀쓴다(써,쓴), 협녀쓰다, 사ᄀᆡᆨ 섯녀쓴다; de (tricher) 속이다; *암수ᄒᆞ다 (*암수, *암수거리, tricherie).

mauvais caractère, mauvaise tête 악바리, *악보(ᄯᅩ는 surtout des enfants ou jeunes gens)

Mauve (subst.), plante 아욱 malva verticillata

Mauve (adj.) couleur.

Méandre

Maxime 말; – proverbe *속담 *격언

Maximum *다불과. *최고뎜

Méat

Mécanicien ingénieur – *긔계긔슈 = – qui dirige une machine *긔관ᄉᆞ, *긔관슈.

Mécanique (subst.) machine *긔계, en agr. 긔. – science *긔계학; – spéculative *긔계설, *력학, *긔계학

Mécanique *긔계공학 = –, (adj.) Arts –

900/

*공예, *슈예.

Méchant *악호다, *흉악호다. v. Mauvais. — & dur *악독호다, *암특호다, *악착호다, *독호다, *괴독호다, ... 사오납다 (나와, 온). Avoir l'air — 흉호야 뵈다, 악상스럽다. Être —, faire les méchancetés, 악심내다, 심술내다, 악쓰다 (써, 쓴).

Méchanceté *악심. Agir par —, avec — 악쓰다 (써, 쓴), 악지쓰다.

Méchamment 악호게, 괴악호게, 몹시.

Mèche de lampe, de chandelle *심지; — de fusil *화승 (le porte mèche 방아쇠); — de mine *심화; — de faux cheveux 달이 = —, secret *긔미, *긔슈 (intention) s'éventer 긔슈룰드러내다, de la deviner 긔슈룰알다, 긔슈룰치다.

Être de — *동심호다, *합력호다.

Mécompte — faux espoir *허망, 헛바룸. Avoir du — *낙망호다.

Méconnaissable

Méconnaître 모로다 (몰나, 모룬).

Mécontent d'une chose qui mécontente, on dit 노엽다 (여워, 온), 시훤치안타, v. Être — de 노여워호다, 시훤치안케넉이다, 언잔케넉이다, 깁온생호다. Je suis — de lui 그사룸이내모음에시훤치안타, ... 내모음에부족호다. Il y a dans le pays beaucoup de — contre le roi 나라룰원망호는이만타.

Être —, mis de mauvaise humeur par qqun ou par qqch. 심술룰니다.

Mécontenter 모음을내안케호다, 모음을불편케호다, 모음을상호다, 모음을씨르다 (찔너, 씨룬), *촉범호다, *촉노호다.

Mécréant

Médaille 패; — de dévotion 셩패; — (décoration) 훈패, 훈장.

Médecin 의원, en agg. 의; femme — 녀의; — militaire (ou marine), major 군의 군의졍. Le — en chef est dit 군의춍감; au dessous il y a 군의대감, 군의쇼감 (précédé s'il y a lieu de 륙군 armée de terre, ou de 히군, armée de mer)

au point de vue du grade universitaire, 의학박사 pourrait se traduire docteur médecin. — 의학士 est inférieur.

Médecine (art) 의술, 의학; — (médicament) 약. Prendre — 약먹다 (interne). Pour les — externes, 약쓰다, 약붓치다. — Ecole de — 의학교.

Médiane (géomét) 즁션.

Médiat 간졉.

Médiateur 거간 = 하다; 즁미 = 하다 ce dernier pour les mariages.

Médicament 약.

Médicamenter 약먹이다. Se — 약먹다. — 치료하다.

Médication 치료, 치료법.

Médicinal 약되다, Herbe — 약초, 약풀

Médiocre, plutôt mauvais 낫부다 (낫바 ㅇ버, 분), 변변치안타 (하.훈) (négatif de 변변하다, bon); —, à peine passable 얼지근하다; — passable 얼읍줄하다; — moyen 즁간되다. ≡ —, peu important 대소롭다 (로와. 온), 긴즁치안타, 대소롭지 안타.

어즁간하다, à peu près suffisant — 어지간하다 passable et même bon, 검소하다, 검박하다

Médiocrement 변변치 안케.
Médiocrité *중도, *겸소.
Médire 헐 부리다, 남을 헐 부리다, 흉보다, 변보다, *훼방하다, *비방하다 = 남을 씹다 (어,은), (déchirer), 남을 씹어 먹다. = *중참하다 (parler de ... 었던 en mal.)
왜쟁 부리다, 왜쟁 먹다.
Médisance *훼방 = *방증, 방명된 증참, employés, ordinairement, surt, en loi, des calomnies ou des faux témoignage.
Méditation (réflexion) *궁구, *궁리, — (oraison) *묵상, *묵상 공부.
Méditer (réfléchir) *궁구하다, *궁리하다, 마련하다, 헤아리다, = (spécialement un projet) *경영하다, 벼르다 (별너, 벼른). = — (faire oraison) *묵상하다.
Médius, doigt — 장가락.
Méduse de mer 해파리, *해월.
Méfait *죄.
Méfiance *의심, *의혹 v. Défiance)
Méfiant 의심 만타 (하, 흔), 의혹 만타.
Méfier se — *의심하다, *의혹하다. Se — de 숨생이 넉이다.
Mégarde v. Inadvertance
Mégissier 가족쟁이, *피쟁이, *피쇡쟁이.
Meilleur 낫다 (나하, 흔) (Remarque que 낫다, 나쳐, 흔 veut dire inférieur), *승하다. Ceci est — que cela 이거시 뎌 것보덤 낫다 ou 승하다. Devenir — 나하가다. C'est le — homme du monde
Le meilleur, ce qu'il y a de mieux 우두머리

착호사큼, 흉에 데일이라 ~ 웃음일다. Se — serait de faire ainsi; 그리하면 낫겟다.

Méjuger

Mélancolie, tristesse 슯흔모음, etc. = —, maladie ⁺리울, ⁺리울증.

Mélancolique 슯흔모음나다, ⁺강개하다, 구슬푸다 (퍼, 픈), 서극득다 (득어, 둔), ⁺비창하다. Air — 슯흔긔섹.

Mélange choses de différentes espèces: ⁺잡낄. Pour les marchandises ⁺잡화 / —, pour les aliments 버무레, 부븨. = —, chose mêlée 섞근것 = ⁻혼합 ⁻조합

Mélanger 섞다 (거, 근), 섞기우다 (워, 운) (passif 섞기다); 버무리다, = 부븨다 & 부븨다 qui se dit surtout pour les aliments; — de certain cas 투다 v.g. 물투다 mélanger de l'eau (à son vin). ⁺혼합하다 qui indique un désordre.

Mélasse

Mêlée

Mêler, mélanger 섞다 (거, 근), 섞기우다 (워, 운), 섞리다 (여, 린), 버무리다, 엉클다 (크러, 큰) (passif 엉긔다, 엉클니다), 뒤섞다 (거, 근) & ⁺혼합하다; — plus ou moins en désordre. Se —, s'unir 섞기다. Pour les hommes qui se — entre eux 사괴다 (여, 괸), en agg. ⁺통. Se — pour la route ⁺통힝하다, — pour le commerce ⁺통상하다. — Se — de, s'occuper de ... se — d'une profession... 노릇ᄒᆞ다. Se mêler un peu de médecine 의술 약간 ᄒᆞ다. Se — (d'une affaire), y être —*간셥ᄒᆞ다. Se — (d'une affaire, d'une cérémonie) *참셥ᄒᆞ다. Se — (d'une chose, s'y ingérer 소리노다 (놀어, 놀), 알은톄 ᄒᆞ다. Ne vous — pas de ce qui ne vous regarde pas 네게 샹관 업ᄂᆞᆫ 일 알은톄 ᄒᆞ지 마라. Se — à la conversation 말 *참견ᄒᆞ다. D'un homme qui se — de ce qui ne le regarde pas, on dit 언거번거ᄒᆞ다, = 부졀업다, 부질업다 (inutile & par suite intrus), = 남의 다리 긁다 (gratter la jambe d'autrui)... et, en conversation 너ᄒᆞᄂᆞᆫ 말에 아가사창 일다 (mon beau frère chante ma chanson).

≡ Être mêlé 셕기다, 버믈다 & mieux 범으다 (으러, 은) (souvent dans le sens de "être — à un délit", être complice). = *혼잡ᄒᆞ다, être —, pêle mêle, (mêlé en mauvais sens). — Être —, embrouillé : cheveux, fil (etc) 얽히다. Les cheveux sont si — qu'on ne peut les peigner 머리 얽히여셔 가리 볼 슈 업다.

≡ Le mot *잡 indique les choses (ou des personnes) —, & souvent en mauvais sens : 잡놈. — 잡화샹, Bazar.

*번잡ᄒᆞ다

Mélèze 낙갈나무 (Larix cuspidata)

+락엽송

Mélisse

906/

Mélodie 풍류.

Mélodieux

Melon 촘외, 촘의 Petit – doux 사과. – Beaucoup appellent les pommes 사과.

– d'eau 날외 = – Pastèque 슈박

Membrane (anatom.) 막.

Membre *슈족 (mains et pieds); – *족 (pattes ou ailes pour les animaux); *스지 (les quatre membres), usité surtout dans *스지 빅톄 : 4 membres et 100 substances : tout le corps. ≡ – d'une société, d'une assemblée *원 qui ne sert guère qu'en agg. = – de la famille (parents) *일가, *%. – de la maison 가솔, *가속. ≡ – (des sciences) : – (d'un rapport, d'une équation) 항, 절. = – de phrase 귀절.

– d'autrefois *우 : 교우 – d'une religion ; *회우 – d'une assemblée.

Membrure

Même (adj.), semblable 곳다 (하, 흔); C'est presque la – chose 거의곳다. C'est la – chose 새치일브듼일다. Être toujours le –, (ne pas varier) 훈갈곳다, 훈결곳다, *여일흐다. Il est toujours le même capricieux 훈갈곳치 변덕스럽다. Être du même âge (nés la – année) 나히 곳다, 동갑일다, 동갑되다, 훈동갑되다, de (exactement) 뎡동갑일다. Aller au – lieu 훈뒤로가다. ≡ – ajouté aux pronoms démonstratifs se sous-entend, à moins qu'il ne veuille dire précisément, auquel cas il se rend par 똑. Ce — jour, ce jour — 그날. Ce jour-là — 똑 그날. Soi —, de soi —, par soi — 친히, 몸소 (ipse met), *손슈 ou 손소 (propriâ manu), 스스로, ᄌᆞ하로 (sponte suâ). *ᄌᆞ젼 en agg. *ᄌᆞ (propriâ manu & libenter) (Ces nuances sont souvent négligées). Ne se fier qu'à soi — ᄌᆞ긔만 밋다. Ne croire que soi — (n'en faire qu'à sa tête) ᄌᆞ하로 ᄒᆞ다. Se tuer soi — *ᄌᆞ결ᄒᆞ다, *ᄌᆞ살ᄒᆞ다, *ᄌᆞ퇴ᄒᆞ다, *ᄌᆞ처ᄒᆞ다. Se livrer de soi —, se constituer prisonnier *ᄌᆞ현ᄒᆞ다. S'offrir soi — *ᄌᆞ헌ᄒᆞ다. S'attirer un malheur à soi — 해를 ᄌᆞ하내다. Il s'est attrapé lui — 속앗다, 뎨가 스스로 속앗다. Considérer une chose en elle — 원 대톄만 헝복ᄒᆞ다 (chose matérielle), 본 의리만 의론ᄒᆞ다 (raisonnement).

& le formel ᄌᆞ원ᄒᆞ야 (ᄌᆞ원ᄒᆞ다) par désir, volonté propre.

— ajouté à un pronom personnel ne se rend pas à moins qu'il n'exprime une certaine surprise alors on peut mettre l'oppositif ; — après un pronom personnel, si — veut dire "aussi", on le rend par 도 : Ne le savez-vous pas vous même 너 모로ᄂᆞ냐, 너ᄂᆞᆫ 모로ᄂᆞ냐, 너도 모로ᄂᆞ냐

—, conjonction "etiam", "etiamsi" se rend par les terminaisons 나 ou 도.

Même – Menace

908/

Quand – vous prendriez des remèdes, vous ne guéririez pas 약을 먹어도 낫지 못ᄒᆞ겟다. Lors – que (le sens de – lorsque) ᄒᆡ면서도. Vous vous plaignez lors – que vous vous servez de ce qui est à moi 내 거슬 쓰면서도 원망ᄒᆞᆫ다. – Il ne faut pas excéder, – de bien 됴흔 일이라도 과히 ᄒᆞ지 마라.

≡ de –, semblablement, – que. ᄀᆞᆺ치, 쳐쳐, 쳐렴. Quoi, vous aussi, vous avez fait de – 너도 그와 ᄀᆞᆺ치 ᄒᆞ엿고나.

≡ être à – de se rend par la forme ᄒᆞᆯ 번ᄒᆞ다. Il y a aussi d'autres formes. Il était à – de s'enrichir, il a refusé 부자될 거슬 ᄉᆞ퇴ᄒᆞ엿다. Il était à – de sauver son âme, il a perdu l'occasion 구령ᄒᆞ기 쉬온 거슬 실시ᄒᆞ엿다.

≡ à – (en entamant)

Je lui avais confié de l'argent, il a mangé à – 돈을 맛겻더니 얼만지 먹엇다. On a mangé à – l'écuelle de riz qui était ici 여긔 밥 ᄒᆞᆫ 사발 잇더니 누가 얼마 먹엇다.

Mémoire (faculté) *긔억, *긔억력, *긔함 = Dans le langage courant 졍신, 총, 총명, qui veulent dire intelligence .. seulement les Coréens n'estiment, ou, du moins, ne cultivent que la mémoire. 99/, cependant, on précise, de, pour la — on dit 진일홉 (진이다, conserver), 닮은홉 (닮다 mettre dans). Avoir une bonne — 졍신됴타, 홉됴타. Avoir mauvaise — 졍신둔하다, 졍신사오납다, 홉어둡다, 홉이업다, 닮을홉업다. — qui retient tout au passage 일남혈리. = Graver dans sa — 맘속에 삭이다 Avoir — de, se souvenir *긔억하다. 닛지아니하다, de le leur de les souvenir actuellement 생각하다. Cela me revient à la — 이제 생각난다. = De — d'homme on n'avait vu pareille famine 텰십 노인도 못 볼 흉년이라.

Mémorable 닛지못홀 = 긔록홀 (à inscrire dans les annales). — A jamais — *영세불망.

Memorial 긔렴, suivi d'un mot approprié au sens: *긔렴됴 (signe); *긔렴물 (chose); *긔렴비 (stèle), *긔렴일 (jour); 긔렴장 (décoration), 긔렴우됴 (timbre poste).

*긔렴엽서 (carte postale) — se dit, par extension, de toutes les cartes postales illustrées.

Menaçant 두렵다 (져워,은). (Air, ton) — *엄하다, *엄토하다; —, (rocher qui peut tomber etc) 위험하다.

Menace 져히기, 져힘이 = 져히는말. Tu as beau dire: je ne crains pas tes — 아모리 져혀도 네말 무섭지 안타. Craindre les — de Dieu 텬쥬의져힘을두려워하다. = 텬쥬를져허하다 a presque le même sens.

Menacer 저히다; —, effrayer par des menaces 을우다 (을너, 을운). Ces deux verbes ne se disent pas des choses inanimées : il faut tourner autrement. Cette maison — ruine 이집이 넘어지려ᄒᆞᆫ다 (veut tomber). Le rocher — de tomber 바회 위태ᄒᆞ다. Le rocher — (de sa chute) la maison 바회ᄂᆡ 집이 위티ᄒᆞ다 (la maison est en danger à cause du rocher).

Ménage, famille, 가구 (口). Il n'y a dans le village que 3 — 동내에 세가구ᄲᅮᆫ 잇다. Deux — dans une maison ᄒᆞᆫ집에 두가구. = —, administration intérieure de la maison 세간사리 (on dit parfois 살님 ou 살님사리 ; mais ces deux expressions indiquent non seulement le ménage, mais encore — et surtout — les ressources du —). Vivre à son — 세간사리ᄒᆞ다. Conduire bien son — 세간사리 잘ᄒᆞ다. Ne faire qu'un seul — (2 ou plusieurs familles) ᄒᆞᆫ세간사리ᄒᆞ다. On dit ordinairement ᄒᆞᆫ집안에 살다. Deux — distincts dans une maison ᄒᆞᆫ집에 두세간사리. Mettre ses enfants à leur — 자식을 살님식히다, 자식 세간내다, 자식 세간ᄲᅵ로 ᄒᆞ야주다. Faire mauvais — (dépenser trop) 과용ᄒᆞ다, 헤피쓰다 (써, 쓴).

(헤륵다, 퍼.플 ne pas durer longtemps). ≡ —, meubles, ustensiles de la maison, 세간, *가구 (具) Monter un ménage 세간 벌도하다, 세간장만하다. Faire le —, (mettre en ordre) 세간을 거두치다, 세간을 치우다. → Jouer au — (enfants) 소꿉질하다. ≡ —, économie V. ce mot. Vivre de — 앗기다, 앗겨쓰다. ≡ —, concorde. Faire bon — *화목하다, 화목호다; Faire mauvais — *불목하다.

동독식비모흠

Ménagement

Ménager (adj.)

Ménager (verbe) qq. chose 앗기다, 앗겨쓰다 (쇄, 쓴) *검소하다; — de le ... se faire attention *조심하야 쓰다; — (qqn) = 달내다, *안유하다 (flatter, calmer). Chose ou personne qui mérite d'être — 앗갑다 (가와, 온), *귀하다. Ne — personne 사름도라 보지아니하다; — la faiblesse des néophytes 녈약호신 분조우를 접어 싱각하다 (접다 se mettre à la place). ≡ —, arranger. Bien — une affaire 일을 잘규천하다. — une entrevue (entre d'autres) 부쳐주다, 뒤면식히다, 샹면식히다. S'en — une *뒤면하다, *샹면하다. ≡ Se —, se — trop 몸을 앗기다.

Menagerie *동물원, *동물집

Mendiant 걸방이, 걸인, 걸릭, 비렁이, 비렁방이, 동랑앗치, 걸영방이.

Mendier 빌어먹다 (어.은), 동냥ᄒᆞ다, 동냥 ᄃᆞ니다. — une dignité *걸군ᄒᆞ다, *걸관ᄒᆞ다.

Menée *간교, 스괴, *간악ᄒᆞ기 .. ᄒᆞᆫ이) — des rebelles *역, *역모의. Faire des — contre le gouvernement *역모ᄒᆞ다, *모반ᄒᆞ다.

Mener 다려가다, 다리고가다, 더블고가다, 더브러가다, 거ᄂᆞ리다, 거ᄂᆞ려가다, 몰다 (아.몬), 몰아가다 = 거ᄂᆞ리다 se dit spécialement de soldats, d'une troupe; 몰다 de ce qu'on chasse devant soi: animaux ou même soldats, prisonniers, etc. — en traînant après soi 잇그다 (러.은) × 잇글다, 잇그러가다, 끌고가다. V. Conduire. = Où — ce chemin? 이길어ᄃᆡ로가ᄂᆞᆫ길이냐. = des objets (chargés sur un animal de bât ou une voiture, un bateau) 싯고가다, 시러가다 (싯다, 시러, 른). = — qqun, lui faire faire ce qu'on veut *롱락ᄒᆞ다. Se laisser — ᄂᆞᆷ의 말 듯다 (드러.른). Homme qui se laisse — par sa femme *ᄏᆡᆫ관ᄉᆞ령. (valet de mandarin)... ou même *ᄏᆡᆫ관 (mandarin ... qui se laisse mener par ses sous ordres). Se laisser — par le bout du nez 불넘, 벙슐넘, 벙ᄒᆞ다. = Son intérêt seul le — 리만 본다. = — une affaire, la diriger 일ᄌᆞᆷ쳔ᄒᆞ다, 일ᄌᆞᆷ쟝ᄒᆞ다. = Mal — (qqun en paroles) 낙안개ᄒᆞ다,

뭇사ᄅᆞᆷ이다, *극박ᄒᆞ다. = *en actes *악디ᄒᆞ다
Meneur *괴슈.
Méninge
Méningite
Menottes *슈갑 = 지ᄅᆞ다 (질너, 지ᄅᆞᆫ) = Le 자ᄆᆞᆨ쇠 est le crochet qui termine les cordes dont on lie ceux qu'on arrête.

franc —, pur —, — indécent 발칙ᄒᆞᆫ 거즛말

Mensonge 거즛말, 거즛ᄉᆡᆨ랑이, 헛말, ᄉᆡᆫ소ᄅᆡ, *환설, *허환지셜.
Mensonger 거즛 = 헛 (voir); souvent même ᄉᆡᆼ (litt. autre).

*Mensualité (prêt, lettres, etc.) *월슈*

Menstruaire (torchon) 가짐, 개짐, 견짐
Menstruation *경슈, *월경슈, *월경 = ᄒᆞ다; = 몸ᄒᆞ다, 몸나다, 몸ᄯᅢᄒᆞ다.
Mensuration
Mental . Calcul — *암산, *심산; prière — 믁렴, Oraison — 믁샹공부.
Mentalement 속으로, 믁념으로. = 믁믁히, 좀좀히 (en silence).
Menteur 거즛말쟝이, 실업쟝이, *롱직.
Menthe 박하, 박하풀. Essence de — 박하유
Mention Faire — de *긔록ᄒᆞ다
Mentir 거즛말ᄒᆞ다, *허환ᄒᆞ다. Sans — 참, 참말노, *과연.
Menton 턱, 턱어리, 턱살.
Mentor
Menu 잘다 (아, 잔), 자질구러ᄒᆞ다, 자잘ᄒᆞ다, — (fil, corde) 호리다, 가느다(러, 는). Couper — 잘게 써다; — bois 돔나무,

plus souvent 첩. Raconter par le — 졀졀히.
셰셰히, 낫낫치 = 말ᄒᆞ다.
Menuiserie *소목, 소목질.
Menuisier *소목, 소목쟝이, *목슈.
Méphitique
Méprendre Se — 잘못알다 (아, 은)
On emploie aussi 빗 - (de travers), 그룻 (à faux) avec un verbe approprié : 빗알다, 그룻듯다 (드러, 른) (entendre), 그룻보다 (아, 본) (voir ou lire).
Mépris avec — 업수히.
Méprisable *쳔ᄒᆞ다, *비쳔ᄒᆞ다
Méprise *실슈 v. Méprendre.
Mépriser 업수히넉이다, ᄂᆞ지리넉이다, 첩어보다. 시과리보다, 허예보다, 가바야ᄫᅦ넉이다, 시살보다, 경만ᄒᆞ다, *야시ᄒᆞ다, *압시ᄒᆞ다 *경멸ᄒᆞ다 *압모ᄒᆞ다
= (un adversaire) *경뎍ᄒᆞ다. — —, traiter avec — *쳔ᄃᆡᄒᆞ다. Être — 쳔ᄃᆡ밧다.
Mer 바다, en agg. *히 et *양 pour le g^d —, les océans. Voici le nom des plus connus *대서양, océan atlantique; *태평양 océan pacifique; *디즁히, — méditerranée; *흑히 — noire; *리히 — caspienne; *ᄉᆞ히, — morte; *홍히 — rouge; *황히 — jaune; *일본히 — du Japon; *북빙히 — glaciale arctique; *남빙히 — glaciale antarctique. = Route par — *슈노. — Mal de mer *셩훈 *슈질, 뵈멀미. Y être sensible = 흐다

Mercenaire 품군, 삯군.

Mercerie *방물, *박물.

Merci (s. fém.) Se rendre à — *항복하다. Etre à la — de 달니다 (être suspendu). Etre à la — des vents *표류하다. = — (subst. masc.) — pour remercier. On dit 고맙다 (아와, 온) (litt. l'action etc. est digne de louanges, de remerciements). Dans les lettres *감사하다. = Dieu — 쥬보우심에로. = Id. en conversation 다행히 (heureusement).

Mercier *방물장스, *박물장스

Mercredi *슈요일. Les chrétiens disent 첫영복날

Mercure métal *슈은, *은슈, 시울. Perchlorure de — *승홍 (昇汞). Sulfate de — *령사 (靈砂). = — planète *슈셩

Merde 똥. en agg. *분.

Mère 엄이, 엄어니; *모, *모친, *즈당, *즈친. (ces deux derniers honorif.) Le père & la — *부모 qui se dit aussi pour un seul des deux. Le père est 밧부모, 밧겻부모, la mère *안부모. Grand — *조모, 할머니, 할미. grand, grand — *증조모. au dessus *고조모. (Du côté maternel mettre *외 avant tous ces mots). Belle — : (1°) mère du mari *시모, 싀엄어니. Belle — & bru *고부. Entre belle — & bru il y a souvent désaccord 고부간에 불목만 하다. Belle — (2°) mère de la femme *장모, 빙모, 악모. Belle —

916/

(3°) femme avec laquelle le père veuf s'est remarié *계모 si elle était fille ; — si elle était veuve *셰모, 후모. = La concubine du père serait 서모.

— (pour les animaux) 엄이. = —, au figuré : source *근원 (racine, origine) : L'oisiveté est la — de tous les vices, 한가홈이 모든 악의 근원일다.

Méridien *즈오션. — initial 본초즈오션 *본시즈오션.

Méridienne, sieste 낫잠.

Méridional en agg. *남, 남방, 남편.

Merise 벗, 보치; Merisier 벗나무.

Mérite *공, 공로, 공효, 공덕. Grand — 대공, 큰공. Avoir du — *유공ᄒᆞ다. Par le — (d'un tel) ... 공덕으로.

— propre mérite *본공
— impétratoire *구득지공
— propitiatoire *하홀지공
— satisfactoire *기면벌지공

Mériter amasser du mérite 공일우다 (우어, 운), 공을엇다 (어, 은); —, être digne de ... (par d'équivalent adéquat) se tourne par 홀밧ᄒᆞ다, 죡히홀밧ᄒᆞ다. V. Digne. Il a été puni comme il le — 벌훈것싸다 ou simplement 싸다 : c'est bon marché ! (sa punition).

Méritoire *유공ᄒᆞ다, 공되다.

Merlon

Merle

Merluche *명치.

Merveille 오묘훈일, 긔묘훈일 - souvent 별 (별일, 별것) (extraordinaire).

Merveilleux *오묘하다, *기묘하다, *신통하다, *신긔하다, 신긔롭다 (로와, 온), *신묘하다, *신령하다, *긔이하다, *황홀하다. Effet — (prodige) *령험.

Mésallier (se —) *강혼하다, *락혼하다. Un noble qui épouse une plébéienne, on dit 변혼하다.

Mésange

Mésaventure

Mésestimer

Mésintelligence *불목. Être en — *불목하다, 의가 틀니다, *니간하다.

Mesquin (Esprit) —, étroit (쇼견)줍다 (아, 온) — (procédé) . = — peu important 블경스럽다, (— misérable) 다랍다 (라와, 온) ; = —, chiche 숌바랏하다, 숌바르다 (발나, 바른) *숌쉬스럽다.

Message *긔별. Envoyer un — *긔별하다, 긔별보내다, *통긔하다, (de en secret) *밀통하다. = — pour annoncer une mort *부고, 통부

Messager *긔별군, *젼인, *젼인보행, 또젼지보행군. Envoyer un — 보행 쓰이다 ou 쓰이우다. (Un — on dit 쓰다, 써, 쓴)

Messagerie (transport) 운송. — Compagnie de — *운송회사.

Messe *미사. Dire la — 미사지내다. Une — 미사한테. Grand — *대미사, *창미사; — des morts *련미사, — pour les vivants *생미사. Assister à la — 미사참례하다. Servir la — *복미사하다. Servant de — 복ᄉᆞ, 보미사고. Prières pour servir la — 보미사경.

Messéant 당치안타 (하, 흔). 맛당치안타.

Messie 구셰쥬.

Mesurage * 측량

Mesure d'un sens tout à fait général Poids & — 도량형 도량 = — prises, mesures 견양. Prendre les — 견양ᄒᆞ다. J'ai apporté les — 견양ᄒᆞ고 왓다, 견양ᄒᆞ여 왓다. = 가늠보다 (visée) se dit aussi pour prendre les mesures, mais est approximatif. Pour les — des habits, on dit 옷견양 ou 의양 Prendre — 의양보다. Donner les — 의양내다. Habit fait sur — 의양보고 마른옷 (마르다, 말나, 마른 coupe les habits).

= — d'un homme, sa capacité intellectuelle ou morale 도량, 의견.

= Prendre ses —, ses dispositions 예비ᄒᆞ다, 준비ᄒᆞ다, 마련ᄒᆞ다, 쥬션ᄒᆞ다. Sans avoir pris ses — (ou les ayant mal pris) 마련업시, 요량업시, 마고.

Prendre des mesures, aviser 변통ᄒᆞ다. Avoir pris ses mesures, être en — de, être prêt 벼르다 (별너, 벼른).

= —, modération

Avec — 알맛게 (On écrit 알맛다, 마져, 마즌). Outre — 과히, 넘우과히, en agg. 과 = 난잡ᄒᆞ다, (inusité) On dit souvent 분수에넘다 (어, 은) "dépasser la condition". = Garder les — avec qqun, ne pas le traiter légèrement 됴심ᄒᆞ다,

— Sans — (illimité) 측량업다

결뎍치아니ᄒᆞ다. Ne garder aucune — dans la colère 과불ᄒᆞ다.

A — de se rend par la forme ᄒᆞᆯ만콤, ᄒᆞᆯ만치. A — du besoin 요긴ᄒᆞᆯ만콤, 쓸만콤. A — que, au fur & à — se rend par les formes ᄒᆞᆫ대로, ᄒᆞᄂᆞᆫ대로, ᄒᆞᆯ대로. A — qu'il en sera besoin 요긴ᄒᆞᆫ대로. On pourrait dire aussi: 요긴ᄒᆞᆫ ᄯᅢ로? au temps où il sera nécessaire.

Mesure (musique) Battre la — *격졀ᄒᆞ다

= — (effective) *도량. Poids & — *도량형.

Ancien système. — itinéraires. Le 리 valant environ ½ kilom. Le 마쟝 était sensiblement égal, mais plus approximatif. On l'emploie ordinairement quand il y a moins de cinq 리.

— de longueur. Le 자 (pied) dit aussi 쳑. Se subdivise successivement (et décimalement) en 치, pouces & 분 lignes. Variable selon la région, & dans une même région selon l'objet qu'il doit mesurer, le 자 va de 30 à 60 centim. = Comme mesures plus approximatives: la brasse ᄇᆞᆯ, & pour la hauteur la "hauteur d'homme" 길.

— de surface: 셤직이, 마직이, 되직이, 홉직이 suivant qu'on y peut semer un 셤, un 말, un 되 ou un 홉 de graines (v. ci-dessous). Ailleurs on compte par journaux de labour ᄒᆞᄅᆞ갈이, 이틀

*경: 일경, 이경 etc.

Mesure - Mesurer

920/

갈이; ailleurs encore par sillons 이랑.
— De capacité (matières sèches): 홉, poignée; 10 홉 font un 되, 10 되, un 말 ou boisseau. Le 섬 (sac) contient, suivant les provinces tantôt 15, tantôt 20 말; &, pour le sel 12 ou 14. C'est dans les mesures de capacité qu'il y a le plus de différence d'un mandarinat à l'autre.
= — de capacité (liquides). Pas d'autres que le 잔 (petite tasse) & le 주발, (bol) très variables du reste comme grandeur.
= — de poids. 근 (livre valant un peu plus de 600 gr.) se subdivisant en 16 량 (valant environ 38 gr.) puis chaque 량 en 10 돈, chaque 돈 en 10 푼, chaque 푼 en 10 리.

Comme — effective monétaire, il n'y avait que la sapèque 푼. 10 푼 formaient 1 돈, 10 돈 1 량, 10 량 ou 1000 sapèques 1 관.
≡ <u>Système actuel</u>, mesures japonaises
Mesures itinéraires: le 리 ou mille qui vaut 3 Kilom. 927.
— de longueur 척도: le 뎡, valant 60 간, = un peu plus de 100 m. (108m08); le 간 (6 자 ou 척) = 1 mètre 818; le pied 자 ou 척 qui est le pied anglais & vaut 0m 303. — Le pied se subdivise <u>décimalement</u> en

치 ou *촌 (pouce), 푼 (ligne), 리 et 모. Il a aussi un multiple décimal : le *장 qui vaut 10 pieds ou 3 m. 03 (peu employé)

≡ — de ~~capacité~~ surface *면적. La plus employée est le 평 (tsubo). C'est un carré de 1 간 ou 6 pieds (1m 818) de côté, et vaut par conséquent 3 mq 305. Les subdivisions, ou sous multiples, sont décimaux, et sont successivement 합, 작, 재, respectivement 33 dcmq., 3 dcmq 30, 33 cmq.

Les multiples du 평, moins employés sont le 무 (30 tsubo : 99 mq 1730), le 단 (10 무, ou 300 tsubo : 9 ares 9173), le 정 (10 단, ou 3000 tsubo), 99 ares 173.

Enfin il y a le mille carré 방리 qui vaut 15 Kilom. carrés 423.

≡ — de capacité *용량 le 석 ou 석 : 180 litres 30 ; le 말 ou 두 = 18 litres 03 ; le 되 ou 승 = 1 litre 803 ; le 합 (go) = 0 litre 18 ; le 작 = 0 litre 018.

≡ — de poids *형량 le 관 = 3 kilos 750 (c'est un multiple du "momme") ; la livre 근 = 600 gr. Le 돈 匁 ("momme" 1/160 de livre 근) = 3 grammes 75. Les autres sous-multiples sont décimaux : le 푼 = 0gr. 375 ; le 리 = 0g. 0375 ; le 모 = 0gr. 00375, le 사 = 0gr. 000375.

*측량하다

<u>Mesurer</u> *도량하다, *견양하다, 겨누다 (누어, 눈) ; — avec le boisseau 되다 (어, 된) 되질하다.

922/

*늑량하다 ; — de longueurs (au pied) 자이다, 재다 (여, 잰) 재히다. 재우다 (워, 운), *척량질하다 ; — *척량하다. à la brasse 밞다 & 밟다 (발버서다, 발븐) ; — au poids V. peser. — une superficie *측량하다 On dit aussi 자이다, 재 재다 히다. (autrefois pour — les champs, on disait *량뎐하다). = — des yeux, — par à peu près 가늠보다, 어림잡다 (아, 은), 눈짐작하다. = —, mettre en comparaison : se — avec qqun (mesurer ses forces) 겯우다 (어, 운), 겯우어보다, 겯어보다, 겯유하다 Dans ce sens, on emploie souvent la forme 하여보다 : essayer ; 견듸여보다 (voir si on résistera).

Mesureur public du riz au marché 되쟁이, 말쟁이, 말강구, 말감고, 쟝감고, 쟝강구.

Métairie 농막, 가대.

Métal 쇠.

Métallique en agg. *텰 Plume —텰필

Métallurgique science *야금학. Procédé *야금법

Métamorphose *환성 =하다 qui se dit surtout de la métempsychose = *변하다. Les vers à soie se métamorphosent en chrysalides & celles-ci en papillons 누에 변하야 번데 되고 번데 변하야 나뷔 된다. La — du poisson en dragon *어변성룡 C'est une locution proverbiale pour désigner une élévation subite.

Métaphore *유비법, = *비유, *비유말.
Métaphysique *성리; — comme science: *성리학, *순전철학 (philosophie pure), *형변상학 (science au dessus des apparences) (opposé et *형변하). — Certitude — *형변상지확실; nécessité — *형변상지필연.
Métayer *작인 v. Fermier, intendant.
*환도지설 Métempsycose *환생, *륜회, *륜회환생, —, doctrine de la — *환생지도.
Météore *긔상; *긔형
Météorologie *긔상학. Observatoire de — *긔상대
Météorologique. Bureau *긔상대, Station — *측후소; observation — *긔상관측; Bulletin — *텬긔예보.
Méthode *법, *규식, *방법.
Méthodique 츠례 잇다, 츠례조하다, 츠례분명하다.
Méthodiste *미이미교 = 인 = aujourd'hui ils s'appellent *감리교
Méticuleux soigneux des petits détails *세밀하다. qui se dit aussi d'un ouvrage —; — (opposé de large): esprit — 소견 좁다 (아, 은). — difficile à satisfaire 신다롭다 (로와, 온).
버리 *생애 Métier état *술, *술업, 노릇; — comme gagne pain ~~벌이~~, *생업, *형경. Métier vil 천한 노릇, 생벌이, ~~[illegible]~~ = —, châssis pour travailler 틀. — à tisser 베틀; — à faire les nattes 자리틀.
버리 se dit de celui qui n'a pas de — déterminé, et qui gagne sa vie en faisant n'importe quel travail
Métis 튀기 (Ce serait le — d'un cheval et d'une vache. Dit pour les — métis extra-ordinaires). — d'Européen, Eurasien *앵종. *잡종

Métropole ville capitale de province *감영. — (mère patrie, par rapport aux colonies) 본국.

Mets *반찬, *식찬, = *찬물.

Mettre 두다 (어, 둔), 노타 (하, 흔) qui sont à peu près toujours. = — (sur un autre objet) 언사다 (저, 즌); — dans 넛타 (너허, 흔) — (dans un vase) (plus ou moins en serrant) 담다 (아, 은); — (dans la marmite pour cuire) 안치다 (처, 친), 안치우다; — (dans un endroit plus ou moins étroit, fourrer) 기다; — dans un fourreau 꼿다 (꼬저 노흐, 진 노흔); — (un liquide dans un vase) 붓다 (부어, 부은, verser); — sur le feu 불에 노타; — dans le feu 불에 넛타; — le feu 불붓치다, 불지르다 (질너, 지른). = — au soleil 볏에 두다, 볏에 버리다; — pour blanchir (cire, toile) 바래다. = — à part 싸로 두다; — chacun à part 각기두다, 각각 두다; — à l'envers (la tête en bas) 것구로 두다; — (opposé de « à l'endroit ») 뒤집다 (어, 은), 뒤집어두다. Mettre son habit à l'envers 뒤집어닙다. = — pied à terre 나리다. — les habits 닙다 (어, 은), le — bas 벗다 (버서, 버슨) *탈의 탈고하다. = — bas (petits) 삭기낫타 (나하, 흔). — qqun hors de souci 근심들어주다. = — qqun au nombre de ses amis 사괴다, 벗사괴다 (여, 핀),

Mètre (le, système métrique est adopté en principe) 미돌, en abrég. 미 : 米

벗삼다 (아.은) = (삼다 "choisir pour" répond au français à "— au nombre de"). Dieu nous a — au nombre de ses enfants 텬쥬 우리를 조식으로 삼으셧다. = — qqun bien avec un autre 친ㅎ게ㅎ다; — qqun en rapport avec un autre 인ㅅ붓치다. = — en pièces 뜻다 (어.은), 쐿다 (쐬쳐, 준). de (dévorer) 뜻어먹다, 쐬쳐먹다; de (détruire) 뜻어부리다, 쐬쳐부리다. = — tout nu 벗기다. (se dit aussi pour — bas un fardeau). — en avant 앏세우다; de (prétexte) 핑계ㅎ다; de (accusation) *리복ㅎ다. ≡ Se — au soleil, au feu 히볏에 ou 블에 쏘이다 ou 쐬다. Se — à une chose (la commencer) *시작ㅎ다. de (s'y appliquer) 부음드러ㅎ다. (Dans les expressions : se — à rire, se — à pleurer, etc., se — est explétif et ne se traduit pas). Se — en tête 버르다 (벌너, 버른), 버브르다 (불너, 른), 버ㅂ다 (러.분). Il se l'est mis fortement en tête 잔득벌넛다. = Se — à la raison (se corriger) *리괴ㅎ다. Se — en quatre pour 힘을다ㅎ다, 익쓰다. Se — bien avec les autres 인심을엇다, *득인심ㅎ다. Se — en vue, se rendre illustre *득명ㅎ다. = Se bien —, bien s'habiller 옷잘닙다 (어.은) — et avec excès *호사ㅎ다. = Se —, se placer (le mot général 서다 (서, 선) se — debout; 안다.

Meuble — Mignon

926

(앉쳐,즌), assis ; 눕다(누어,은) couché). = trouvée simplement 잇다.

Meuble . Tout l'ensemble des — de la maison 세간, *가구, *집물, *잡집물. — bien — *동산.

Meubler 세간잘 만ᄒᆞ다, 세간 뵈도ᄒᆞ다, 세간 베지ᄒᆞ다.

Meule de moulin 매, 매돌. — dormante 맷판 ; — de bois pour écorcer le riz 나무매, 목매 qui désigne l'instrument complet. = — tas, — de paille 집가리, 집덤이.

Meulière pierre — *구석.

Meunier

Meurtre *살인. Un — a eu lieu 살인낫다.

Meurtri 으처지다, 멋치다, = 퇴빗치다 est 'être contusionné').

Meurtrier (subst) *살인강도.

Meurtrière (subst) *포눈, *포창, 철구녕.

Meurtrir 살으처지게ᄒᆞ다, = 으처지도록치다. = — par pression (siège trop dur, chose rugueuse) 박히다.

Meurtrissure *샹쳐.

Mexique 묵서가국.

Miasme *장긔, *습긔, *악긔, *독긔.

Miauler 냐옹ᄒᆞ다, 냉냉ᄒᆞ다.

Mica *운모, 새비놀, 돌비놀. Microcosme *소텬디

Microbe *세균, *세ᄉᆡᆼ물

Microphone *현미음긔.

Microscope *현미경.

Midi 낫, *오졍, *오 = *오시 est le nom

De la 7e heure coréenne qui va de 11h du matin à 1h après midi. — Avant — *오전, 낫전. Après — *오후, 낫후에. A —, sur le — 낫에, 낫계. Il est près de — 흔나졀되여간다. Il est — 낫되엿다, 오졍되엿다. Le repas du — 뎜심. L'après — 져녁나졀 = —, sud *남, 남방, 남편. Vent du — *남풍; terrain exposé au — *양달 (c. à. d. exposé au soleil).

Miel 꿀, *슉쳥; — blanc *빅쳥; — sauvage *셕쳥. Rayon de — 꿀리. Eau de — *미슈. Mouches à — 벌, 츙벌.

Mielleux . Paroles — 입의 에 꿀을 듯고 입에 꿀 녹고 말하다.

Mien 내, 나의.

Miette 고부락이, 바스락이, 부스럭이.

Mieux 낫게 (de 낫다 (나하, 흔)). V. Meilleur. Ce sera beaucoup — 얼마 낫겟다. Le malade va un peu — 병자 좀 나핫다. (On dit souvent 병 돌니다 : la maladie est tournée pour indiquer que le danger est passé.). A qui mieux — 결너 (결으다, 결너, 읜). Boire à qui — — 술 겨룸하다 (rivaliser). Faire le son — 힘을 다하다, 힘것하다 = *진심, 갈력하다, *진력하다.

Mièvre

Mignard faire le — (enfant) 응응하다.

Mignon adj. 곱다 (고아, 고온), 어엿부다 (엿버, 분). ordinairement contracté en

엣부다, 앙즁ᄒᆞ다 = 귀인셩스럽다 (enfant).
= —, (subst) — sodomite *계인, *계동 (les femmes disent *계동 ds le sens de galant).
Migraine *두통, *두동; *변두, *변두동, 두동머리. Avoir la — 두통낫다, 머리압흐다.
Mijoter
Mil, Millet 조, *쳑속.
Milan 뫼
Milice armée *군대, *병대; = —(temporaire, par opposition à armée permanente) *민병. — nationale *국민병.
Milieu 가온대, en agg. *즁. Rompre par le — 가온대 쎅다 (거,근). Garder un juste — *즁도ᄒᆞ다. 어간, 복판
Militaire (subst). *군ᄉᆞ V. soldat. = —, (adj.) en agg. *군, *무, *병. Art — *병술, *젼술; affaires — *군ᄉᆞ, *무ᄉᆞ, école — *병학교; musique — (bande) *군악대 = autrefois, —, mandarinat — *호반벼슬, *무관, *무변, *무반.
Militant Église — *신젼지회, *슈련지회.
Mille *쳔. Dix — *만, cent — *십만
millenium *쳔년ᄋᆞᄉᆡ *일년지복년
Millénarisme *일쳔지복년설.
Mille pieds — à longues pattes 그림아; — à longs poils 그리마; — puant 노래이.
Millésime
Milliard (mille million) *십억. Dans le sens de très nombreux *억만, *만억.
Millième (ordre) 쳔ᄧᅢ. — partie *쳔분지일

Millier *천 v. Mille.
Million *백만. Dix — *천만; Cent — *억.
Mime
Mimer
Minauder 어엿븐 톄ᄒᆞ다, 앙즁ᄒᆞᆫ톄ᄒᆞ다.
야리다 Mince 가늘다 (어,는) (ex. ficelle). = — peu
épais 얇다 (어,은), 얇팍ᄒᆞ다, = 넓다 (어,은).
— & long, svelte 갈경갈경ᄒᆞ다; —,
petit 잘다 (아, 잔); — peu important 대
수롭지 안타 (하,흔).
Mine apparence extérieure *모양, *외양,
것모양, 꼴; = — du visage *긔ᄉᆡᆨ, *안ᄉᆡᆨ,
낯꼴, 얼골, *신수. Homme de bonne
— 얼골됴타, 얼골둥우ᄒᆞ다, 신슈됴타:
= 모양됴타 voudrait dire la bonne apparence. Avoir mauvaise — (air malade)
희ᄭᅳᆺᄭᅳᆺᄒᆞ다, 얼골파리ᄒᆞ다, 얼골상ᄒᆞ다.
Faire triste —, faire piteuse — 상지되다.
Cela n'a aucune — 꼴이 아니되엿다. =
Quelle — cela a-t-il 무ᄉᆞᆫ꼴이냐. 모양
엇더냐. Faire bonne — à qqun 흔연
이대졉ᄒᆞ다. Lui faire mauvaise — 냉대ᄒᆞ
다 (on dira aussi de ce sens 쌀쌀ᄒᆞᆫ낯
visage renfrogné). Faire — de, faire
semblant de.. se rend par la forme ᄒᆞᄂᆞᆫ톄
ᄒᆞ다. Avoir la mine de .. 모양드러나다,
모양잇다, 모양현연ᄒᆞ다, 모양현영
ᄒᆞ다, 모양현형ᄒᆞ다. A sa —, on le
croirait homme d'importance 보기큰톄

상서리 - tournure 인
꼴 quoique ce dernier se dise
proprement de toute la personne.

Mine, en comp. *ᄉᆡᆨ,
v.g. *병ᄉᆡᆨ, — maladive

930/

한다, 가죡만 보면 큰사룸으로 알겟다. Faire bonne — à mauvais jeu 걱졍업는테 한다, 속은셕것마는것으로 됴흔톄한다.

≡ Faire les —, les gestes 눈짓한다, 눈즛다.

≡ — (minerai, charbon etc) *광.
(Les Coréens disent *금뎜, pour le — d'or par les sables aurifères) =*광산.

≡ — (explosif) *신화토 —(신화 se. rait la mèche); — de guerre *디뢰화, *디뢰토.

Miner, creuser 파다 (파, 판); —, disposer une mine

Le rocher est — par l'eau 바회가 물에 닛치어 달핫다 (닛치이다 & 달다, être usé par le frottement). Ses forces sont — par un travail excessif 일만흔 도소로 긔운이 지쳣다, (지치다 être fatigué, flétri). Être — par une maladie lente 병에 졸々지쳐 가다. (On emploie aussi le mot 잦(?) 쇼(?) 삭하다, diminuer, s'éteindre insensiblement). Avoir l'esprit — par la tristesse *노심 초々한다.

Minerai *광물, *광. Les Coréens disent 돌 avec le nom du métal; 금돌, 쇠돌.

Minéral opposé à animal & végétal *금셕; — de mine, de minerai *광물 en agg *광 (qui se dit aussi dans le premier sens). Source — *광쳔 (les Coréens disent 약물, & pour les sources chaudes

온천 = 온천하다, y prendre les bains).
Minéralogie *금석학, *광물학.
Mineur ouvrier *광부 ; — (non majeur) 미성년자 ; *미성년
Mineure de syllogisme *소전제
Minime

minimum 쇼불하

Ministère occupation charge 구실, *직분. = office des ministres d'Etat. = Vieux système : il y en avait six dits *륙부 & plus souvent *륙조. C'étaient : 내조 (intérieur), *호조 (finances), *례조 (rites), *병조 (guerre), *형조 (supplices — justice), *공조 (travaux). = Maintenant, les — sont dits *부. Avant l'annexion au japon, on distinguait : *내부 (intérieur), *외부 (affaires étrangères), *법부 (justice), *군부 (guerre), *학부 (instruction publique), *농상공부 (agriculture, commerce & travaux publics), *탁지부 (finances). = puis *궁부, *궁내부 : — du palais impérial. (Les mots ci-dessus sont employés pour les — étrangers genre européen.) ; mais le — de la guerre se dit souvent *륙군부, pour le distinguer du — de la Marine 해군부.
≡ — le corps, le groupe des ministres *내각 ; = *정부 le gouvernement.
≡ — public (tribunaux) *검찰관, *검사관.
Ministre d'Etat *대신. Pour spécifier, ajouter ce mot *대신 au nom du ministère. (Pour les Républiques, les jap. disent *국무경 au

932

lieu de *대신). Le premier — *총리대신. (en Réf. *내각의장).

≡ — ancien système. En tête il y avait 9 — ou plutôt conseillers du roi. Le premier groupe comprenait 3 *정승: le 1er *령의정, *령상, *령합, le 2me *좌의정, *좌상, *좌합; & le 3me *우의정, *우상, *우합. Le second groupe comprenait 6 *판서. C'étaient les — proprement dits, titulaires chacun d'un ministère: *내조판서, *호조판서, etc. etc. Au dessous il y avait les *참판, puis les *참의, puis les *승지, espèce de chef de bureau, qu'on admettait qqf. au conseil.

Le lieu de réunion des 3 정승 se disait *비변사. La réunion plénière des 9 ministres — devant le roi se disait *묘당공론; & si le roi ne présidait pas *묘당됼쳐.

≡ —(Diplomatique) *공사; — plénipotentiaire *전권공사; — résident *변리공사.

≡ —, pasteur protestant *목사.

Minium

Minois 긔쇡, 얼골, 쌀서리.

Minorité *쇼슈. = —, age *미셩년

Minuit 밤중.

Minuscule 쟉다(아, 은), 잘다(아, 잔). —

Lettre — 잘츄, *쇼츄.
Minute (division du temps, de la circonférence) *분, 푼. Attendez une — 조금 잇다가, 잠간 기드려라. = — d'un acte (opposé à copie) *원본; *정본.
Minutie, chose peu importante 대ㅅ롭지 안흔 일, 시톳흔 일 (langueux) .. —, soin trop minutieux 부졀업ㄴ 걱정.

Minutieux, très soigneux 알살흐다. Minutieusement 알살히, 살살히.

Mi partie 반 . — en couleur *량 석 : — blanc, — rouge *빅 홍 량 석.
Miracle *령젹, *셩젹, *긔ㅅ이젹.
Miraculeusement 령젹으로.
Miraculeux 령젹되다.
Mirage *공긔경 영, *신루
Mire de fusil (guidon) 다림, 가늠쇠, 가늠쇠, 겨눈쇠. = — (nivellement, arpentage) 표간.
Mirer viser 다림 보다, 가늠 보다. Se — 석경 보다, 面경 보다.
Miroir 거울, *석경. Petit — *面경 (où l'on voit la figure); grand — *톄경 (où l'on voit le corps entier). Le visage est le — de l'âme 얼골에 속이 나타난다.
Miroiter
Misanthrope
Mise : usage. Etre de — 쓰다. Cela n'est pas de — 아니 쓴다. = —, — de fonds 밋젼, 본젼; = —, enjeu *장젼, 내기젼.
Misérable *참혹하다, de mauvais *참 악하다

— digne de pitié 불상하다. Secourir le
— 불상한이를돌보다. C'est un — méchant
흉한놈이라, 흉악한놈이라, 참악한놈이라.
Etat — 참혹한디경.

Misère . Tomber dans la
— 못살게되다, *파산하다, *파산하다.

Miséricorde . — de Dieu (et
aussi d'un supérieur) *자비. Oeuvre de
— *애긍. Les 7 oeuvre de — corporelle
*형애긍칠단; de spirituelle *신애긍
칠단. User de — 불상이녁이다, 궁련이
녁이다. N'avoir pas de — 인정없다,
*박정하다, *무인정하다.

Miséricordieusement 불상이, 궁련이

Miséricordieux 인애롭다 (로와, 온),
*인자하다, *자비하다, *인애하다.

Missel 미사경본.

Mission (dont on est chargé) 임무, —
(où on est envoyé) *파견 = — (apostolique) *전교. Aller en — *전교하다,
전교가다, *선교하다

Missionnaire *전교ᄉᆞ, *전교신부; *선교ᄉᆞ.

Missive 편지.

Mitaine 장갑.

Mites 좀 — du fromage *건락충

Mitiger *감하다, *덜하다, 덜다 (어, 던)

Mitonner cuire à petit feu 불궁그시데혀그리다.

Mitoyen *중간 . Mur — 어우러담.

Mitraille 쇠부스럭이 . — (artillerie) *산탄.

Mitrailleuse 륙혈포 = 긔관포 ou le canon automatique, 속사포 le canon à tir rapide.

Mitre *쥬교관, *총협관.

Mixte mélangé 잡. Couleur – *잡색, = – 반색 (moitié chaux) *반숙 반숙 (mi-cru, mi-cuit).

Mnémotechnie 긔억술

Mobile (subst), intention, motif. V. ce mot. Le premier – *근원. Cette idée est souvent exprimée par 본대, 본시. = – (milieu) chose se déplaçant *활동물.

Mobile, (adj.) *활동하다, 흔들다 (드러.든) & mieux le passif 흔들니다, 움족이다. = (Esprit) –, capricieux 변덕만타 (하.한), 변덕스럽다 (러워.온). 달낭발낭하다. = Fêtes – *활동혈례 (le contraire est *영뎡혈례). Photographies – (cinématographe) *활동사진. Caractères (d'imprimerie) – *쥬즈, *활즈.

Mobilier 세간, *가구. Biens – *동산.

– meubles & ustensiles *가쟝즙물

Mobilisation *동원. Mobiliser 군긔소집하다.

Mode *법, *풍속; – pour les habits 톄도. La couleur rouge est à la – 붉은빗흘 히쓴다. Chacun fait à sa – 각사름 톄하고시분대로한다, ..톄한대로한다.

– De mode, très de mode. De haut genre 하이카라. Se dit des choses, et aussi des personnes qui "font du genre". C'est une corruption de l'anglais "high collar" (p.-ê. plutôt "high class")

Modèle (subst) *모범, *본, 본보기, *표양. – de dessin *화본; – d'écriture *습즈 *슈본. (슈본 peut servir pour tous – d'arts manuels v.g. – de broderie). = –, patron *형.

Modèle (adj.) 본밧을만하다, 표양되다.

936/

Modeler se — sur

본 밧다 (아, 은), 스승삼다 (아, 은), 본보다, 됴양보다. = *효법ᄒᆞ다 de les lignes.

Modérateur

Modération *즁도. La garder 즁도로ᄒᆞ다 (dans les dépenses *검소ᄒᆞ다). Ne pas la garder 즁도에 지나다, 즁도에 넘다.

Modérément 즁도로, 과ᄒᆞ지안게, 불치불검ᄒᆞ게.

Modérer (réprimer) 붓잡다 (아, 은), 것잡다; — ses désirs 욕심을 붓잡다, 욕심을 누르다 (눌너, 누른, écraser). Se —, garder de la modération 나 ᄆᆞᆷ을 붓잡다, 춤다 (아, 은); — la colère (deux autres) 안츄르다 (츌너, 츄룬). Le froid se — 날 풀닌다, 츕기 덜ᄒᆞ다. La chaleur de l'été se — *퇴셔ᄒᆞ다, 셔퇴ᄒᆞ야간다, 츤츤 셔늘ᄒᆞ야간다.

Moderne *근간, 이마적 = 이즘간 (récent). Les temps — *금시, *금세상, *근세, *근딕. Les temps anciens et — *고금

Modeste humble *겸손ᄒᆞ다; — retenu, réservé *단졍ᄒᆞ다, *단슉ᄒᆞ다.

Modestement avec humilité 겸손ᄒᆞ게, avec décence 단졍이; avec retenue 렴치잇게

Modestie humilité *겸손; — des habits, les manières *졀ᄃᆡᆨ, *렴치, 얌통, 얌통머리. Sans — 렴치 업시.

Modification *변경; en agg. *변, *리

Modifier 곳치다, *변ᄒᆞ다, 변화ᄒᆞ다, 변리ᄒᆞ다.
Modique *미쇼ᄒᆞ다. Plus souvent on emploie le verbe négatif 크지안타, 만치안타, etc.
Modulation dans le chant *곡졀, *평시조
Module
Moduler
Moëlle de végétaux 고리앙. Souvent on dit simplement 속. On dit aussi 골 (qui veut dire aussi cerveau) & qui donne les locution suivante. Sécher (douleur, dépit, etc) 골속ᄲᅡ르다 (ᄲᅡᆯ나, ᄲᅡ른); Sécher sur le travail 골ᄲᅡ지도록 일ᄒᆞ다. Homme sec jusqu'à la — (très affaibli) 골빈사ᄅᆞᆷ.
Moëlleux rempli de moëlle
—, doux, souple 부드럽다 (러워, 온), *유ᄒᆞ다, 무르다 (물너, 무른), 누실누실ᄒᆞ다, 물넝물넝ᄒᆞ다, ᄆᆞᆯ신ᄆᆞᆯ신ᄒᆞ다.
Moëllon
Moeurs *풍쇽, *풍도, 법. Les bonnes — 아름다온풍쇽. Les — vont en se corrompant 풍쇽이다변ᄒᆞ야간다. Homme de — mauvaises v. Libertin.
Moi 나, 내, 내가
Moignon
Moindre comparatif 젹다 (어, 은) (petit). Le — de deux 둘즁에젹은것. — Ne — .... 만못ᄒᆞ다 (ne pas égaler). Le second est — que le premier 둘ᄶᅢ거시첫것만못ᄒᆞ다.

Moine "슈승. On dira aussi" 고승 pour les – vivant en communauté ; 은슈 pour le ermite.

Moineau 참새.

Moins 덜. (Si "en comparaison de" 보덤, 보다 est exprimé, on traduira souvent – par plus ou un verbe adjectif signifiant petit). Travailler – qu'auparavant 젼보다 일 젹게 ᄒᆞ다 ; 젼보다 일 덜 ᄒᆞ다. Il a – de science que d'orgueil 아ᄂᆞᆫ 것 젹고 오심은 만타. Cela coûte moitié – 반갑 일다. A – de frais, 부비 덜 들게. A moins de peine 욕 덜 되게. C'est – que rien 업ᄂᆞᆫ 것 만 못 ᄒᆞ다. Il y va – de mon intérêt que du vôtre 너보덤 내게 관계 덜 된다. Beaucoup – 얼마 덜, 얼마 더 젹게. = – vous avez d'argent, – vous aurez d'amis 돈 닐 업슬ᄉᆞ록 친구 업겟다. Faire une lieue en – d'une heure 혼시 못 되여 ou 혼시 안헤 십리 가다. = Être de –, manquer à une somme 모자라다, "부죡 ᄒᆞ다. (Les sapèques qui manquent à une ligature qu'on croyait complète se disent 축, 축젼). Il y a 3 sapèques en – 세 푼 축 낫다, 축젼 세 푼 된다. = – souvent qu'auparavant 젼보덤 드믈게. = En – de rien 혼 슌식 간에 (슌식 clin d'œil). Il n'en sera ni plus ni – 마치 일반. Au –, pour le –, 젹게 ᄒᆞ여도, 젹어도.

A tout le — une fois l'an 지극히쳑계ᄒᆞ여도 ᄒᆞᆫ번. Cela ne se peut à — d'un grand péché 큰죄에 아니걸니게ᄒᆞᆯ슈업다. = Au —, (cependant) 그러나, 그러도.

Moire

Moiré

Mois 달, *월 V. Lune, Lunaison

곰팡이쓸다 Moisir 곰팡슬다 (어,슨), 곰팡쓰다(써,쓴), 곰팡나다, 곰퓌다(여,퓐), 탈매쓰다.

Moisissure 곰팡, 곰팡.

Moisson action de moissonner *츄슈 : = — (céréales récoltées) *곡식, 나달.

Moissonner *츄슈ᄒᆞ다, 거두다(어,둔)

Moissonneur *츄슈군.

Moite 눅다(어,운).

Moiteur *습긔 V. Humidité.

가웃, 아웃 Moitié *반, *절반 être moitié plus grand 반더ᄒᆞ다. Partager par la — 반식눈호다 (화,호).

Molaire 아금니, 어금니.

Molécule *분조.

Moléculaire en agg. *분조 Force — 분조력, attraction — *분조인력. La cohésion — est dite *결합력.

Molette

Mollasse 무르다 (물너, 무른) = 물넝물넝ᄒᆞ다

Mollement 무르게.

Mollesse

Mollet (subst.) : gras de la jambe 종아리, 장

샅귀, 장샅귀, *어복.

Mollet (adj.). tendre 말강말강하다, 말낭말낭하다. Oeuf — *슉란.

Molletière *힝뎐.

Mollir (v.n.) fléchir, se détendre 느러지다; — Devenir mou 눌너지다.

Moment 때, *시 (temps. — En ce sens là on dit souvent 날. le — n'est pas encore venu 아직 날 때 젓다). —, temps très court *경각, *삽시, 잠시, *삽시간 = *슌식간 (슌식 clin d'oeil) = 잠간 — = saisir le moment 때를잡다, 시잡다. Laisser passer le — *실시하다. attendez un — 조곰잇거라, 잠간기드려라. à tout — 시시로, 때때로.

Momentané 잠간, 잠간되다.

Momerie

Momie

Mon 내, 나의.

Monade *단원.

Monadisme *단원론.

Monarchie, constitution monarchique *군쥬졍치; — absolue *군쥬젼뎨졍치, *젼졔군쥬졍치; — constitutionnelle *립헌군쥬졍치. — état gouverné par un monarque *군쥬지국. On dit le plus souvent 나라 tout court.

Monarque *님군, en agg. *왕, = *뎨왕, *왕뎨 fig. souvent 나라.

Monastère *슈ᄉᆞ원, 고슈원, — de religieuses *슈녀원.

Monceau 덤이, *노젹. = — de bois ou de paille 자리. Mettre en — 쌋타(싸하, 싸흔), 덤이 쌋타, *노젹ᄒᆞ다.

Mondain homme — 세쇽사ᄅᆞᆷ, *쇽인.

Mondanité 헛톄면. — usage mondain 세쇽풍쇽

*우쥬 Monde (la terre, l'univers) *세샹, *세계, *보세, *보텬하. Faire le tour du — 왼샹텅이ᄅᆞᆯ도라가다. Parcourir tout le — 보텬하에두루ᄃᆞᆫ니다. Venir au — 나다, 세샹에나다. Mettre au — 낫타(나하, 흔) Le commencement du — *텬디리벽. La fin du — *세계종궁, 종궁, 세샹마ᄎᆞᆯᄯᅢ. Depuis le commencement jusqu'à la fin du — 텬디리벽브터 세샹죵궁ᄭᆞ지

= —, hommes, société humaine *인간, *세샹, *세쇽. Le monde d'à présent *금세샹. C'est le plus méchant homme du — 세샹에 뎨일흉ᄒᆞᆫ놈이라. Tout le — est de cet avis 사ᄅᆞᆷ마다 다그러ᄒᆞᆫ다, 사ᄅᆞᆷ사ᄅᆞᆷ이다그러ᄒᆞᆫ다. Il s'est réuni beaucoup de — 사ᄅᆞᆷ만히모혓다. A la vue de tout le — 뭇사ᄅᆞᆷ압희, *즁인소시에. Craindre le — (le qu'en dira-t-on) 이목무셔워ᄒᆞ다. Avoir ou savoir l'usage du — 톄례알다, 톄

통알다, 톄모알다, 인ᄉᆞ를알다. Être embarrassé ou retenu par les affaires du — 세쇽에 걸니다, id. par ses occupations 세쇽에골몰ᄒᆞ다. Renoncer au — *탈세ᄒᆞ다, *탈쇽ᄒᆞ다 (livres). Vulg. on dit *도뎨출입ᄒᆞ다 : ne plus sortir. — Le grand — *부인, *부귀인.

Le —, ds le sens chrétien *세쇽. Les hommes du — *쇽인, 세쇽사ᄅᆞᆷ, pris souvent dans le sens de païen. Les vanités du — 세쇽의헛것, 세쇽의헛톄면. Se défaire de l'esprit & les manières du — 쇽티벗다 (벗셔, 슨)

Monder les grains 방아질ᄒᆞ다 (avec le pilon à pied); 절구질ᄒᆞ다 (avec le pilon à main); 갈다 (à la meule en bois).

Monétaire

Mongolie *몽고

Monition *훈계, *경계

Monnaie d'une façon générale *화, ordinairement 돈, *젼. Une pièce de — 돈ᄒᆞᆫ닙, 돈ᄒᆞᆫ들. Monnaie ancienne *구젼, id. d'un système monétaire périmé *구화. Fausse — *ᄉᆞ젼, ᄉᆞ쥬젼, *가쥬젼. Battre — 돈짓다 (지어, 은), *쥬젼ᄒᆞ다. = —, lieu où on fabrique la — *쥬젼쇼, *조폐국 = Papier — 지젼, *지화 = — (en petites pièces) 잔돈, 푼돈.

화 est surtout monnaie au sens de système monétaire

Les — effectives sont dites *화톄.
Monogamie *일부일처, *일부일부.
Monogénie *인죵일원론.
Monogramme
Monologue *조안조담
Monomanie *일슈광, *독편광, *독편벽.
Monôme (Algèbre) *일항, *단항.
*독졈 = 하다 Monopole *득판, *외복, *도고 = 하다.
— (de vente) *젼매 = 하다. La patente *젼매특허
Monosyllabe *단음. 외마듸말.
Monosyllabique langue — *단음어.
Monothéisme *일신교, *유일신교.
Monotone
Monseigneur *대감, *당신, *존도, *령감, sont les appellation honorifique plus ou moins équivalentes à —; *각하 employé par l'église.
Monsieur *셔방 terme peu honorifique (on se l'applique à soi même pour se nommer par son *셩). — Au dessus *셕스 qui convient pour égaux, *원 pour supérieurs. Pour plus de politesse on ajoute 님. Alors 셔방님 peut se dire aux nobles encore jeunes 쳠원님 (souvent abrégé en 쳠님) est très honorifique.
Monstre 흉혼것, 흉물, 괴물, *괴
Monstrueux *흉하다, *흉악하다. — (de grandeur) 흉악이 크다 (커, 큰).
Mont, montagne, *산, 뫼. La cime d'un — 산마루, 산말낭이, 산마루턱이,

솟박이. — S'élève en pointe 봉, 봉오리, 봉오라지. Le piton le plus élevé d'un — 산상봉. Le pied d'un — 산밋 산부리 ; pente du — 산빗탈. Les replis, sinuosités d'un — 산협, 산두메. Chemin passant par dessus un — 고리, 고리길.

Montagnard 산사ᄅᆞᆷ, 산골사ᄅᆞᆷ, 두메사ᄅᆞᆷ, 협중사ᄅᆞᆷ.

Montagne '산 = Mont. Chaîne de — '산맥. Massif de — '군산.

Montagneux 산만ᄒᆞ다, 산협 협ᄒᆞ다.

Montant d'une porte 설주, 문설, — (somme) d'un compte '합, '도합. Souvent il se sous entend : Combien est le — 얼마냐. — '금익

Mont de piété '뎐당국 ('뎐당 est le gage)

Monter (neutre) 오ᄅᆞ다 (올나, 오론), 올나가다, 올나오다. — à cheval ᄆᆞᆯ게 오ᄅᆞ다, de (être à cheval) ᄆᆞᆯᄐᆞ다 (les mêmes mots servent pour les voitures, barques, etc). — (rivière) 물붓다 (부러, 분, enfler), 물만ᄒᆞ다 ; — (prix des céréales) (곡) 오ᄅᆞ다. — au ciel 하ᄂᆞᆯ에 오ᄅᆞ다, '승텬ᄒᆞ다. Le vin — à la tête 술긔 오ᄅᆞ다. —, — en graines 꽃대 나오다. ≡ — (à tel chiffre) 되다. Le — qui a 50 ligatures 오십 량 밧긔 아니 되다. — à des sommes immenses 큰 물ᄆᆞᆫ히 되다, 큰 물 뎍으나되다, ᄆᆞᆫ흔돈 되다. = — (marée) 밀다 (어, 민) ; 물밀다 ; = — (soleil, lune)

놉하지다. = — sur le trône 등극하다, 즉위하다. ≡ — (actif) — à faire — 올니다. — qq ch., la placer sur un lieu élevé 올니다 올녀놋다; — qqch. (boutique, maison), la garnir 장만하다 avec comme régime direct les choses qu'on y met; — (un instrument, réunir les pièces) 맛초다 (아.촌). de une chaîne de tirage 뵈니다. = Se — de, se fournir de 비로하다, 장만하다. Se —, se fâcher 불나다, 불코하다 & s'exciter. Se — la tête, le job (s'enorgueillir) 볼수에지니다.

Monticule 야산, 언덕.

Montoir pierre pour aider à monter à cheval 하마석. = Ne pas confondre avec 하마비 stèle indiquant que, par respect, on doit descendre de cheval en passant à tel ou tel endroit.

Montre action de montrer

Faire — de 쟈랑하다, 근곰하다, = —, (vitrine) 견본상. ≡ — (qui marque les heures) 시표, 시계 (en agg. 표); — à remontoir 속지표; à clef 열쇠표. Remonter une — 시표 틀다 (어, 튼), 시표 밥주다.

Le boîtier se dit 각거, (litt. coquille).

Montrer faire voir 보게하다, 보게하야주다 = 뵈다, 보이다 qui veulent dire aussi être vu, être montré = 구경식히다 —, faire —, exhiber. = —, laisser voir

나타내다, 드러내다, 뵈다. Laisser voir, — sa sottise 제 련 날 말을 뵈다 ou 드러내다. —, indiquer, enseigner 그르치다 (설너르다 — en paroles). — le chemin 길 그르치다. Id. en marchant devant 인도하다, 길 인도하다. = — au doigt 손가락질하다. = Se — (paraître) 뵈다, 현형하다, id. (v.g. les pousses d'arbres, etc.) 나다. . Se — sortir (homme) 출입하다 Être réduit à ne pouvoir se — 낫들슈업시되다, (à ne plus pouvoir lever la tête) 낫설슈업다. = Se — tel ou tel, — telle ou telle qualité (surtout tel ou tel défaut) 부리다 avec le nom de la qualité. Se — jaloux, envieux 심술 부리다, se — cruel 포악을부리다, se — courageux 용심을부리다. = 쓰다 s'emploie aussi dans le même sens.

Montrer (au sens de l'anglais "point out"), désigner spécialement 지목하다.

Montreux 산만하다.

Monture (animal sur lequel on est monté) . 발 peut servir ordinairement, puisqu'il se dit des chevaux, ânes, mulets. = — sur laquelle qqch. est montée, disposée 틀.

Monument (édifice) , — (souvenir) 긔렴날, 긔렴표, 표, 세친표. —, tombeau 뫼, 무덤. = 능 p. les princes.

Monumental 표되다 v. monument. Borne ou stèle — 비 : id. en pierre 석비, id. en fer 텰비; id. en bois 목비.

Porte-rouge *홍분 (en l'honneur d'un fils pieux ou d'une veuve fidèle). = —, très grand 크다 (커, 큰), 큼직하다.

Moquer se —, (ne pas agir ou parler sérieusement) 웃다 (우서, 슨), *긔롱하다, *희소하다. se —, (tourner en dérision) *비쇼하다, *죠쇼하다, *긔쇼하다, *됴롱하다, 비웃다 (우서, 슨); se — de (ne faire aucun cas) 알은톄아니하다; se (mépriser) 업수히넉히다. = se faire —, faire rire de soi 우슘거리, 조롱거리, 죠쇼거리 = 되다.

se moquer de qqun, s'en faire un jouet, le tourner en bourrique 놀니다 놀녀먹다.

Moquerie *조롱, *비쇼, *죠쇼.

Moqueur

Moral (subst. m.) force morale *심력, *긔운.

Moral (adj.)

Morale (science) *륜리, *륜리학. Théologie — *륜리신학 (*슈신학). = —, règle de — (ensemble) *도덕

*슈신학 est la morale (science) théologique ou non.

Moralement

Moraliser

Morbide

Morceau 도막, 조각, = 덩이, 덩어리 (— plus ou moins ronds), = 졈 (qui ne se dit guère que pour la viande). ≡ très petit 부스럭이

Morceler 논호다 (화, 혼), 쓷다 (어, 은)

Mordant *독하다.

Mordicus 한솟하고.

Mordoré

Mordre 물다 (어, 문), 쇠물다, 쇠믈다 (어, 믄)

— en enlevant le morceau 뜯다 (어, 은) = Être mordu 물니다. Homme capable de se laisser — par un boeuf (imbécile) 소물닐놈, 쇼의게물닐놈.
Morelle 가마중이 ; — noire 감도리.
Morfondre
Morgue 거드럼, 거드름. Avoir de la — 거드럼부리다, 거드럼스럽다. *교만하다.
Moribond être — 죽어가다, 곳 죽을것갑다 (가와, 가온), 숨넘어가다.
Morigéner *경계하다, 나무라다.
Morille champignon 숑이, 소홈버셧
Mormonisme *다처교
Morne
Morose
Morphine
Morpion 소년브들이
Mors de bride 자갈.
Morse (amphibie) *해마, *해우.
Morsure 물닌흔옥, 입흔옥, [illegible]
Mort (subst. fem.) 죽음, en agg. *亽, *죵.
L'heure de la —, l'article de la — 곳죽을시.
Donner la — 죽이다. Avancer sa — *감슈하다, *촉슈하다. Mourir d'une — prématurée 지레죽다 (어, 은). = — tranquille *안亽 = 하다 ; mâle — *악亽 = 하다 ; — (de la main du bourreau) *오亽 = 하다 ; — subite *즉亽 = 하다 ; — sainte *션죵 = 하다 ; — mauvaise *흉亽 = 하다. = Condamner à — 죽이기를결단하다. A — (jusqu'à non-

riz qu'il le faut) *한ㅅ호다 (à la forme 한ㅅ호고), 죽게, 죽도록. Etre triste jusqu'à la — 죽을듯호게 근심호다.
= —, (subst. masc.) Un —, un défunt *망자, *망인, 죽은사롬. La commémoration des —*츄ㅅ이망; prière pour les — *련도, Messes des —*련미사. = —, corps — V. corps; cadavre. = Il est plus pâle qu'un — 혈긔호나 업다, 혈쇡호나업다. Il a la figure d'un — 긔쇡이 송장곳다.
= (adj. & partic.) 죽은, 죽긴 V. Mourir. Langue — *ㅅ어, Mer — *ㅅ해.
Mortaise 구녕.
Mortalité
Morte eau époque des faibles marées 조금. — bas de la marée 감.
Mortel (sujet à la mort) 죽는, 죽을. (qui donnera la mort) de Maladie — 죽는병, 죽을병. Poison — 죽는약, *ㅅ약 Ennemi — *쟝극. Péché — *ㅅ죄, 대죄.
Mortellement 죽게. Blesser — 죽게상호다. Etre brouillé — (avec qqun) 죽도록 원슈되다, 상극되다; 칼낸 원슈되다 (à couteau tiré)
Mortier pour piler le riz 절구, 절구통, Le pilon 절구대, 절구공이. Piler le riz 절구질호다. = — de, à bascule 방아; 확 = — de pharmacien pour les médecines 연, 약박. = — (ciment) en terre 진흙, — à la chaux 회삼불.

Se – prendre *회셕젹ᄒᆞ다 (devenir pierre).

Mortifiant (mortification) *고신ᄒᆞ다. Paroles – 독ᄒᆞᆫ말, 지ᄅᆞᄂᆞᆫ말. Pour les autres choses, on dit 고ᄃᆞᆸ다 (ᄃᆞ와, ᄃᆞᆫ).

Mortification (vertu) *극긔, 고공. –, exercice de – *고신공부. – des passions, (en général : voie purgative) *졍심공부. = –, déplaisir 고ᄅᆞᆫ일.

Mortifier (qqun) ᄂᆞᆺ을 ᄉᆡᆼ히오다, ᄂᆞᆺ을 ᄉᆡᆼᄒᆞ다, ᄂᆞᆺ을 지ᄅᆞ다 (질너, 지ᄅᆞᆫ), id. (humilier) 누ᄅᆞ다 (눌너, 누ᄅᆞᆫ). Se –, – son corps *고신ᄒᆞ다. 몸을 이긔다, / De plus général *극긔ᄒᆞ다.

Mortuaire. Maison – *상가. 초상집. Drap – *관포. Registre – *사망록.

Morue *대구.

Morve Du nez 코ᄭᅮᆯ, 코ᄯᅡᆨ지. = –, maladie des chevaux ᄆᆞᆯ병 = 나다.

Morveux 코ᄭᅮᆯ 흘니다.

Mosaïque

Mosquée *회회ᄑᆞ당.

Mot 말. Un – 말ᄒᆞᆫ마ᄃᆡ, (마데 ou 마듸), 말ᄒᆞᆫ귀졀. – à double sens 두동ᄀᆞ튼말, 겹말 두동ᄯᆞᆫ말 ; – grossier 샹말, 샹소릐. – de province, incorrect 사토리. Dire qques mots 말몃마ᄃᆡᄒᆞ다. Dire en qques – 얼넌말ᄒᆞ다, 얼픗말ᄒᆞ다, J'aurai dit en qques mots 말몃마ᄃᆡ 아니되겟다. En un – (bref !) 도모지. Entendre à En un mot / inutile de discuter !) *일언이폐지ᄒᆞ다

dessi — 넘거질작하다. traduire — fort — 세세히 번역하다, 준준이번역하다. = — pour rire* 희담; — piquant 독한말 지르는말. — de passe, — d'ordre, — de guet* 군호 pour les soldats; autrement* 암호. Se donner le — (comploter)* 상의하다.

Moteur - appareil* 발동긔. *원동긔

Moteur, Motrice (adj). Force motrice* 활동력, *발동력, *동력, *원동력.

Motif, intention* 의사, *의향, 뜻; —, cause *연고, *연유, *곡절, *소이연, 가닭. *위절

Motion — parlementaire) 동의=하다.

Motiver

Motocyclette* 자동자전거

Motte de terre 흙덩이, 귀에 연.

Mou *유하다, 닉르다 (닐너. 닉른). — & humide 눅다 (어, 은); —, flexible 부들부들하다, 부드럽다 (러워, 운); — tendre 말문하다, 말낭말낭하다, 말랑말랑하다; — (au toucher) 물컹물컹하다, 물넝물넝하다, 물신물신하다;

—(opprimé & raide) 뿐분하다

식다 (어, 은) — sans force 닉르다; —, indolent 게읍스다 (서, 쓴), 게어르다 (얼너. 어른), 게졀그르다 (글너, 그른); —, lymphatique 헤식다 (어, 은); — efféminé* 나약하다.

Mouchard *고자 Entre écoliers, on dit 쇼리노다 (노라. 논), 쇼리질하다. = 리간질하다 (amener la division). & aussi 고자.

Mouche 파리; leurs vers 귀덕이. — luisante 개똥파리; — à miel 출벌 (les autres — du même genre: frelon, guêpe, 산벌)

— De la saumure 쉬파리; — des bestiaux: on dit, selon l'espèce, 쇠파리, 개파리 etc. = taon 쇠파리 = Faire la — du coche 언거번거ᄒᆞ다.

Moucher (qqun) 코씻기다, 코씌셔주다.
— (une chandelle) 불ᄯᅩᆼ ᄭᅳ다 (ᄭᅥ, ᄭᅳᆫ) = le — 코풀다 (어, 푼).

Moucheron, petite mouche
—, moustique 모긔, 갈ᄯᅡ귀, 갈ᄯᅢ기.

Moucheté 어룽어룽ᄒᆞ다. Tigre — 바둑범. On distingue: 일ᄯᅩᆼ (chaque mouchetures formant un cercle noir), — 이ᄯᅩᆼ (... une circonférence noire avec centre blanc); — 삼ᄯᅩᆼ (... & avec un point noir au milieu du centre blanc).

Mouchettes (de chandelle) 초집게. = 촉작각이
— (pour les boeufs) 굽두레, 굿두레.

Moucheture 졈.

Mouchoir pour le nez 코슈건 (Les Coréens disent volontiers 손슈건). — autrement 슈건.

Mouchure (de chandelle etc.) 불ᄯᅩᆼ.

Moudre (avec une meule) 갈다 (어, 간).
—, piler 바ᄉᆞ다 (바하, ᄒᆞᆫ), 웃긔다, 웃리다.

Moue. Faire la — 부루퉁ᄒᆞ다, 샐거리다, 얼골흥거리다, 흥거려워ᄒᆞ다.

Mouette 백구, 갈ᄆᆡ기, 스ᄅᆡ광이새

Moufle

Mouillage (pour bateaux) 비쳐, 닷잡ᄒᆞᆫ데

Mouiller v. act. 젹시다. Se —, être — 젖다 (져져, 젼), 져지다. C'est — 져졋다. — (du vin etc, y mettre de l'eau) 날ᄒᆞ다(ᄒᆞ,ᄒᆞᆫ).

Moule (pour fondre) 거푸집, 겁흐집 ; — creux (v.g. pour les briques) 틀 ; —, forme (soulier, chapeaux etc) 골. Jeter au — (fondre) 붓다 (부어, 분), 부어 본놋다. = —, coquillage 갈조리.

Mouler 틀노 본놋다.

Moulin 매. moulin à meules. — Pour le — à pilon 방아 = 물방아 — à eau. ≡ — à vent (jouet) 도로락이, 바람갑이 돌방갑이

Moulin (pilon) à roue actionnée par un courant d'eau 물레방아

Moulinet

Moulure

Mourant Être — 죽어가다, 림죵갓갑다.

Mourir 죽다 (어, 은) ; 림죵ᄒᆞ다, 숨지다. = 별세ᄒᆞ다 quitter le monde. — 상ᄉᆞᄒᆞ다 peu usité sinon sous la forme 상ᄉᆞ낫다 : (dans cette maison) il y a un décès, quelqu'un vient de mourir. = en agg. ᄉᆞ. = Pour le roi — 승하ᄒᆞ다 ; pour l'empereur 붕ᄒᆞ다. = — jeune 조ᄉᆞᄒᆞ다. — subitement 졸ᄉᆞᄒᆞ다, 직ᄉᆞᄒᆞ다 ; — hors de chez soi 객ᄉᆞᄒᆞ다 ; — paisiblement dans son lit 와석죵신ᄒᆞ다 ; — à la bataille, — à l'ennemi 젼망ᄒᆞ다 ; — pour son devoir 졀ᄉᆞᄒᆞ다 ; — de mâle mort 악ᄉᆞᄒᆞ다 ; — de la main du bourreau 오ᄉᆞᄒᆞ다. = — par le poison 약먹어죽다 ; — de faim

굿기다 (honorif.)

지레죽다

곪어죽다, en faire mourir 곪기다, 곪겨죽이다; — sous les coups *장폐하다, 박살노죽다 (*박살하다, battre jusqu'à la mort). Être encore loin de — 죽기가 아직 멀엇다, 죽을날 아직 멀엇다. — Il se meurt 죽어간다, 림종된다. Que je meure si ... 내가 죽으리라. = — de rire 허리앏흐게 웃다, 허리굽히게 웃다, — de peur (effectivement) 겁에 싀여죽다. de (par métaphore) 죽을다시 겁내다; — d'envie, de désir 조히다, 하고시버 못견듸다, 하고시버 셩화하다.. = — (par plaisanterie se dit) 밥슈가락 노타 (déposer la cuillère à riz), 잔듸찰방하다 (devenir gouverneur du gazon).

Mouron (plante) 좁쌀나무.

Mousse (plante) 익기, 잇기; — des rochers 바외옷, 바희옷 = — les liquides, écume 거픔.

Mousseline *앵사.

Mousser 거픔나다, 거픔내다. Faire — exagérer 서버리다

Mousseur

Mousson *긔후풍, *무역풍, *반년풍.

Moustache 웃슈염.

Moustiquaire 모긔장; *문쟝

Moustique 모긔, 갈따귀, 각다귀, 갈대기.

Moutarde *계조, *계도; — blanche *빅계조. La préparer 계조개다.

Mouton *양. — pour enfoncer les pilotis, *젼시

Moutonner

Mouture

Mouvant . Du sable — (dans lequel on enfonce), on dit 탁빡탁빡ᄒᆞ다, 쳐벅쳐벅ᄒᆞ다. S'y enfoncer (légèrement) 빠지다. Gouffre de sable — (ou de vase) 수렁, 쉽. La manière dont on y enfonce se rend par 숙죽죽. De l'endroit où l'on enfonce (vase qui ne porte pas) on dit 싀다 (여, 싄).

Mouvement *운동. Il y a du — dans le peuple 빅셩 요란ᄒᆞ다, 빅셩 요동ᄒᆞ다. Se donner beaucoup de — pour 이쓰다, *진심, 진력ᄒᆞ다, *슈고ᄒᆞ다. 슈고만히ᄒᆞ다. De son propre — ᄉᆞᄉᆞ로. = de "motu proprio" *존신저ᄅᆞ지뵉.

Mouvoir 움죽이다. Se — 움죽이다, *운동ᄒᆞ다, *요동ᄒᆞ다.

Moyen (subst). *수, *법. Y a-t-il — 무슨 수가 잇ᄂᆞ냐, 엇지 ᄒᆞᆯ수 잇ᄂᆞ냐. Il n'y a pas — 엇지 ᄒᆞᆯ수 업다, ᄒᆞᆯ수 업다, *무가내하, *막가내하.

Moyen (adj) *즁. De qualité — 즁듣되다. = *어즁간ᄒᆞ다 (noter que *어지간ᄒᆞ다 veut dire passable & même bon). —, (dans la moyenne) *보통. = — (en math), — terme (v.g. d'une proportion) *내항, *즁항.

Moyenne *평균, *보통. En — 보통으로.

Moyen de roue *곡, *차곡, — en bois *곡목.

Moyennant se rend par l'instrumental : — la grâce de Dieu 쥬의 은혜로 ... ou par le conditionnel : — que Dieu nous aide 텬쥬 도아주시면 ...

Mucilagineux

Mucosité, Mucus *녁, 외

Mue, cage à poule 닭의둥우리, 닭의장.

Muer, changer 갈다 (아,간); —(de poil) 털갈다; —, changer de peau (serpents, écrevisses, etc) 허물벗다 (버셔, 슨). La vieille carapace est dite 허물 (celle du serpent, usitée comme drogue est dite aussi *사퇴). — de corne (cerf) 쇌갈다. Les cornes naissantes *녹용; les cornes vieil. les 녹각. Une fois tombée, on les appelle *낙각. — La voix mue à 14 ans 열네 쌀되면 목소리갈나진다, … 목소리변혼다.

Muet 벙어리, 벙슉. = 벙버리, 버버리 (pop.) Rester — (se taire) 북북하다.

Mufle 주둥이.

Mugir 울다 (어, 운).

Mugissement d'animaux 우는소리; — du vent 바람 부는소리, — des flots 불결치는소리.

Muguet (fleur) 돌구레꼿; —(maladie) *아구창

Mulâtre

Mule 암노식, 되노식.

Mulet 노식. = —, poisson *슝어, 갸울치.

Muletier *마부.

Mulot

Multiple *배슈. — commun 공배슈. Le plus petit commun —최대공배슈, *최소공배슈.

Multiplicande *피승슈.

Multiplicateur 승수.

Multiplication 승, 승법; — abrégée 간승법, 단승법. Signe de la — (×) 승표. Table de — 구구법, de, tableau 구구도표.

Multiplier (arith) 승하다 (les anciens Coréens disaient 곱치다 ou même 구구하다: — par 4 네곱치다, — par 10 열곱치다). = Se —, augmenter 번성하다, 만하지다, 붓다 (부러. 흔, enfler), 번지다 (se répandre).

Multitude 떼, 무리. La —, le peuple 백성

Municipal. Conseil — 시회, Conseiller — 시회의원 (si la ville n'était pas un 시 (市), il faudrait changer le 1er mot, qui descendrait ainsi jusqu'à 촌회).

Munificence 후하기, 후함이다. Avec — 후하게, 후히, 풍성하게, 풍성히.

Munir 작반하다. Se — 작반하다, 가지다

Munition de bouche 량식, de pour la soldats 군량; — armes 군긔, 군물; — pour armes à feu 탄알, 탄약. — de guerre, en général 전쟁쇼용, 군용품, 군용물.

Muqueuse

Mur, muraille d'une ville 성 qui veut dire aussi ville entourée de —. = — de cour, de jardin 담; — de maison 벽; — de refend 바람벽 (en général on dit 담 pour les murs faits par entassement : maçonnerie, pierres sèches, terre battue. Faiseur de ce — 담 쌓다 (싸 하, 흔). On dit 벽 pour les murs en crépi. Faire un de ces — 벽 치다.).

Mûr (adj.) arrivé à maturité 닉다 (어, 은); de pour les grains (& les choses qui durcissent en mûrissant) 엽울다 (으러, 은), 엽그다 & 엽, 글다 (글어, 근); —, (abcès) 곪다 (곪게 ㄴ 바, 븐). L'abcès est — 곪기 골 맛다. = —, âge — 중년. Dans âge — 중년 간에 되다. Avoir l'esprit — 쳘을 알다, 혯 셀 만 하다. N'avoir pas encore l'esprit — 비거하다, 쳘 모로다. — non — 설다 (어, 선)

Muraille v. Mur.

Mûre fruit du mûrier 오듸. — sauvages, — des haies 곰의 달긔

Mûrement . Réfléchir — 조셰히 성각하다, 궁구하다, 깁히 성각하다.

Murer entourer de murs 에둘너 쌓다 (싸 하, 흔), en mettant devant 담 pour une enceinte privée, 셩 pour une ville, un fort. = —, v.g. une porte 막다.

Mûrier (morus alba) 뽕나무. La feuille 뽕, son fruit 오데, 오듸. = — à papier 닥, 닥, 닥나무.

Mûrir (v. neutre) 닉다 (어, 은) = pour les choses qui durcissent en mûrissant 엽글다 (글너 으러, 근), 엽울다 (으러, 은), 엽그다 (그러, 근). Faire —, laisser — 닉히다.

Murmure plainte, reproche *원망.
Murmurer se plaindre, — contre *원망하다, *비방하다. De celui contre lequel on —, on dit 원망듣다 (드러.든). On — 원망들닌다. — —, grogner tout bas 엉엉거리다. 엉얼거리다, 중중거리다, 수근거리다 ; —, parler tout bas 속살속살하다. — (ruisseau) 살살살하다, —(vent) 설넝설넝 부다. V. Harmonie).

응얼거리다

Musc *샤향.
Muscade noix — *육두구, *두구 — la fleur *목과화
Muscadin,
Muscat
Muscle 힘줄.
Musculaire force —, effort *근력. Fibre — *근섬유
Musculeux
Museau 쥬둥이, 쥬둥이.
Musée *박물관, *박물원.
Museler
Muselière (pour chevaux, boeufs) 구럭치
Musette petit sac militaire *면포입낭
Muséum *박물원, — zoologique *동물원, — botanique *식물원

*박물관

Musicien qui joue d'un instrument *악슈, *악공, *세악슈. — ambulant *풍각장이. Bon — *명창.
Musique, art *음학, *음악. oeuvre de — ; — (exécutée)

= — bande de musiciens *악대, *유악대. Id. (militaire) *군악대. Boîte à — *금별악, *조탄금.

Musqué . Boeuf — *샤우, = Daim — 샤향노루, Rat — 샤향쥐.

Musser

Musulman *회회교인.

Mutation

Mutiler 병신민돌다. Id. (un homme) 고폐인민돌다. Homme — 병신, 병신되다. = —, abîmer *샹ᄒᆞ다.

Mutin *불슌ᄒᆞ다.

Mutiner le — (enfant, etc) 앙살ᄒᆞ다, 앙탈ᄒᆞ다, 앙쳘ᄒᆞ다. Id. (peuple) *민란ᄒᆞ다, 민요ᄒᆞ다, *요동ᄒᆞ다. Le peuple s'est — 민란낫다.

Mutuel

Mutuellement 서로, 피ᄎᆞ, 서로피ᄎᆞ. — en agg. *샹. Se voir — (se rencontrer) *샹면ᄒᆞ다.

Myope *근시=ᄒᆞ다, 도시=ᄒᆞ다. Verres de lunettes pour — *근시경, 먼보기

Myopie *근안, *근시안.

Myrobolant

Myrrhe *몰화, 몰약.

Mystère (doctrine incompréhensible) 오묘ᄒᆞᆫ도리; — (doctrine tenue secrète) *신비. = — (pièce de théâtre religieuse) *셩ᄉᆞ연극. —, chose mystérieuse *현묘, *비결

Mystérieux (doctrine) *오묘ᄒᆞ다. = —, se-

cret* 비밀하다.
Mystifier 속이다, 앗글벅이다.
Mysticisme* 신비론
Mystique
Mythe (fable/mythologique)*신뢰 — (figuratif).
Mythologie *귀신론, 신뢰학, *신화.

Nabot (nain) 난쟁이, 작달이.
Nacelle petit bateau 거로, 거룩.
Nacre
Nadir *텬뎌뎜, *뒤젹뎜.
Nage 헤엄. Passer à la — 헤엄건너다. Être en — (suer beaucoup) 땀, 죽죽흘니다.
Nageoire 지너미, 지느러미
헤다 Nager 헤엄하다, 헤엄치다. —, être porté par l'eau (v.g. le bois) 쓰다 (써, 쓴); — de objets ayant un mouvement propre (barques, canards, etc) 써다니다. Pour les poissons 놀에놀다 (jouer).
Nageur 헤엄군.
Naguère, récemment 요서, 접때, 저거

Naïf—National

962

번에 ; — il y a déjà qque temps 큰간에, 큰일에.
Naïf, franc, sincère 바르다 (발나, 바른), *고지식하다. = —, un peu sot, crédule 눈치업다.
Nain 난장이, = 작달이 (popul).
Naissance 나기, 낫이 .... en agg. *생., Franç. 탄생.
Jour de — (son anniversaire) *생일. Lieu de — *태생. Estropié de — 뱃안에 병신.
Avoir (telle qualité, tel défaut, etc) de naissance 토고나다 (naître avec). = —, extraction *지체 ; 근본. De haute — 지체놉다 ; De basse — 지체 업다. = —, origine *근본, *근원. Donner — à 내다 (qqf. 니르키다, faire s'élever) *쳬리하다 (cause) — d'enfants, petits 낫다 (나하, 흔).
Naître 나다 (나, 난). Qui vient de — 갓나다. = —, être produit 나다, 삼기다, 생기다. Les vers — de la viande gâtée 썩은 고기에 구덕이 생기다, ... 구더기 나다. = Faire —, produire 내다. Il y a aussi d'autre expressions : Faire — l'occasion 긔회 를 만들다 ; Faire — le désir 욕심을 도도다 (아, 돈). Faire — une persécution 군란을 니르키다. C'est ce qui a fait — leur haine 그거스로 원슈되엿다.
Naïvement franchement 바로, 고지식 하게 ; —, avec crédulité 눈치 업시.
Naïveté franchise *직심.
Nantir

Nantissement

Naphte *석뇌유, *석탄유. *휘발유

Nappe 보 qui s'applique indifféremment à toute étoffe; *포 qui se dit spécialement de — de chanvre ou de lin. = — de table *상보, 상보; — d'autel 제대포; — de communion *벽포 .= — d'eau

Narcisse fleur *슈션화.

Narcotique (subst) *혼면약, *혼면제, 마취제

Narguer se moquer de *비쇼하다, 조롱하다; —, mépriser 우숩게 알다.

Narine 코구녕.

Narquois

Narrateur 니야기쟝이.

Narrer 니야기하다, 발설하다, 볼녀주다. = — à un supérieur 엿줍다.(줍워 ※어, 줍온).

Naseau 코구녕.

Nasiller 흥궁하다. Homme qui — 흥궁이

Nasse pour pêcher 통발이, 갈이.

Natal en agg. *싱, honorif. *탄, 탄싱. Jour — *싱일, *탄일. Pays — *고향, 본향, 본고향 = Village — *퇴싱

Natif originaire de 나다(나,난) en agg. *퇴싱 (lieu de naissance). — de Seoul 셔울퇴싱; 셔울에나다. = — qui a de naissance 타고나다. ≡ — (métal) opposé à "industriel" à "préparé" *굴연. Or — *조연금

Nation 나라. *국.

National en agg. *국. Drapeau — *국긔;

964/

Chant — *국가. Esprit —, caractère — *국성, *국풍. Propriété — *국유지, *관유지 (pour les terres) *국유물 (pour le reste). = Les nationaux *국민.

—, établi par la nation, en agg. *국립, v.g. Banque — *국립은행

Nativité *생, honorif. *탄, *탄생. La — de N. S. 예수성탄; — de la S. Vierge *성모성탄.

Natte (tresse) 다흔것 (땋다, 따아). = — de cheveux 다흔머리. de — des enfants (non mariés) *편발. ≡ —, tapis 자리, en agg. 석; — ronde *방석; — à fleurs 화문석. — de paille 집자리 = 거적, 공석, 것치 se disent de — grossières en paille qui servent à envelopper. = — très épaisse pour l'extérieur (v.g. pour faire sécher les grains) 멍석, 멍석. ≡ — (ou plutôt store) pour fenêtre 발, 바울. Faire de — 자리치다, 자리매다. Étendre une — 자리깔다 (어, 아, 깐).

(En Hpyeng an to. 자리 est inusité; on dit 삿 pour les nattes communes, et 풍석 pour une autre espèce plus épaisse et plus chère)

Natter, tresser, (v.g. — des cheveux) 땋다, (따아, 땋은). = —, faire des nattes 자리매다, 자리치다.

Naturaliser qqun 입적시키다, 귀화시키다. Être — *입적하다, *귀화하다. Être — français 법국나라로 입적하다. Les papiers de naturalisation *귀화장.

Naturalisme *유성론.

Naturaliste 박물학자, *박물학사

Nature d'un être *셩. La — humaine *인셩. = —, essence, — propre *본톄 ; —, inclinations, qualités naturelles *본셩, *텬셩 ; — de caractère, propriétés (choses) 나름. (Pour les drogues on dit *셩미 nature & goût ... qui se dit aussi pour —, caractère d'un homme). — sorte, espèce *양, *류, *종. ≡ —, réunion des êtres créés *만물. l'auteur de la — *조물쥬.

*셩질

*ᄌᆞ연, *텬연, *ᄌᆞ연계 ᄒᆞᆫ다. En ajoutant naturel, naturellement

Naturel opposé à artificiel *ᄌᆞ연 (les païens diraient volontiers *텬연). Appétit — *ᄌᆞ연욕. Religion — *ᄌᆞ연교, *ᄌᆞ연종교; Droit — *ᄌᆞ연법, *셩법 ; ≡ enfant — (d'une concubine reconnue) *셔ᄌᆞ, (de parlement) 사생ᄋᆞᄒᆡ (d'injure) 호로ᄋᆞᆷ 의ᄌᆞ식 (filius fornicariae). ≡ — qui se produit naturellement. Se tourne par une périphrase : 절노, ᄉᆞᄉᆞ로 et ᄌᆞ연으로. ≡ — (substantif) (nature) *본셩, *텬셩, — caractère *셩픔, *셩미. = —, indigène d'un pays *원거인, *니디인, *토인.

Loi — *원측

Philosophie — *ᄌᆞ연쳘학

actuellement *셔ᄌᆞ si le père est reconnu ; autrement *ᄉᆞ셩ᄌᆞ.

Naturellement 본ᄃᆡ, 절노, ᄉᆞᄉᆞ로.

Naufrage Faire — *파션ᄒᆞ다.

Naulage *션가.

Nauséabond 아니곱다 (고아, 고온), 메ᄉᆡᆨ겁다.

Nausée 구역 = 나다. Avoir des — violentes & envie de vomir 구역증나다, 누엿누엿ᄒᆞ다, 느긋느긋ᄒᆞ다.

Naval en agg. *ᄒᆡ (mer), *슈 (eau). *션 (bateau). Combat — *슈젼, *ᄒᆡ젼.

Armée — *육군. Ecole — (militaire) *육군 병학교.

Navet 무, 무우, province. 무수

Navette de tisserand 북 = — par l'encan 한함

Navigable 배질할만하다, 배단닐만하다.

Navigateur

Navigation 배질.

Naviguer 배질하다, 배타고단니다, 통히하다, 항선하다

Navire 배, en agg. *선. — à voiles *풍선, 풍범선, — à vapeur *화륜선, *륜선, — de l'hélice *암륜선, — à aubes *명륜선; = — de guerre *병선, — de commerce *상선, *상고선; — de pêche 어방선. de petit sur les fleuves *리어선 (on prononce 방선) = le maître du — *선주, 배임인. le passager *선객

Navrant 아쳐롭다 (코와, 코온).

Navré 섧다 (설위, 운), 셜워하다, 보시애알하다.

Ne particule négative 아니 contracté parfois en 안 (marque le refus de la volonté), 못 (marque l'impuissance). (La négation est ordinairement rendue par les formes négatives 하지아니하다 (contracté en 하지안타 ou même 하잔타), 하지못하다.

Parfois, comme en français la négation se rend par un verbe de sens négatif: ne pas savoir 모르다 (몰나, 모론), ignorer; — ne pas vouloir (refuser) 슬타! = Je ne peux pas 못하겟다, 늙어

못ᄒᆞ겟다. J'ai dit moins que je ne voulais 내 낫은 것 못ᄒᆞ엿다, Ne songer qu'à son salut 구령밧게 다ᄅᆞᆫ일 ᄉᆡᆼ각ᄒᆞ지 아니ᄒᆞᆫ다; 구령밧게 아모것도 모ᄅᆞᆫ다. Personne n'a pitié de moi 나ᄅᆞᆯ 불샹이 녁일 이 업다. Ne rien savoir 아모것도 모ᄅᆞᆫ다. Il n'est pas encore parti 아직 아니 갓다. = — avec un impératif se rend par 마라 ou ses formes honorifiques 마오, 마옵시오, 마ᄋᆞ시오. — Faites pas cela 그리ᄒᆞ지 마라.

Né 나다 (나.난). Nouveau — 갓나다, Premier — 맛 : — 맛ᄌᆞ식, 맛아ᄃᆞᆯ pour le premier — les garçons, 맛ᄯᆞᆯ première — les filles. Dernier — 막나이, ᄆᆞᆯ리, 막내 (막내ᄌᆞ식, 막내ᄯᆞᆯ) en K. S. T. 막낭이. — après la mort du père, fortune 유복ᄌᆞ. = — de (pour indiquer le père ou la mère) ᄂᆞᆷ에 나다, …ᄂᆞᆷ에셔 나다. = Bien —, — avec un bon naturel 잘나다. Mal — 못나다. = On dira 잘난 놈, d'un drôle ayant les avantages extérieurs.

Le premier né d'une portée (animaux) 첫 열이

Néanmoins 그러나, 그래도.

Néant 업기, 업ᄉᆞ이. Dieu a tiré le monde du — 텬쥬 텬디ᄅᆞᆯ 업ᄂᆞᆫ 가온ᄃᆡ로 내셧다. Retomber dans le — 소멸ᄒᆞ다 (act. et passif). 업서지다.

Nébuleuse 셩운. 셩부

Nébuleux 흐리다 = 안개 시다 (brouillard).

Nécessaire adj. 요긴ᄒᆞ다, 긴ᄒᆞ다, 긴요ᄒᆞ다.

Nécessaire—Neiger

968/

— (en philosophie) 필연, 필요. l'être — 필연자. le — (pour vivre) 일용, 일용에 요긴ᄒᆞᆫ것 = D'un importun qui fait le nécessaire, on dit 부졀업다, 부졀업다.

Nécessairement 요긴히, 긴히 = 부득히.

Nécessité 요긴ᄒᆞ기 s. — en Philosophie 필연, 필요. Quelle — y a-t-il 요긴 ᄒᆞᆫ거시 무어시냐. Mettre dans la — de 움ᄌᆞᆨ 못ᄒᆞ게 ᄒᆞ다 (réduire à ne pas bouger i.e. excepté pour...). Faire par — bon gré mal gré qu'on soit ᄒᆞᆯ슈 업시 ᄒᆞ다, ᄆᆞ지못ᄒᆞ야 ᄒᆞ다, 억지로 ᄒᆞ다, 부득히 ᄒᆞ다 = —, pauvreté. Être réduit à la dernière — : selon le sens 굶게 되다, 못살게 되다, 죽게 되다, 죽을 디경 되다. = — besoin naturel 변 대소변. Le ressentir (똥 ou 오좀) ᄆᆞ렵다 (려워, 온). Le satisfaire 뒤보다, = 소ᄆᆞ보다, 오좀 누다.

Nécessiter v. Demander.

Nécessiteux 가난ᄒᆞ다, 불샹ᄒᆞ다.

Nécrologe 소망자 셩명록.

Nécrologie

Nécromancie 요술

Nécropole

Nectar

Nef

Néfaste 흉ᄒᆞ다, en agg. 흉. Jour — 흉일 Maison — 흉가 (qui se dit des maisons hantées) — Le contraire est 길ᄒᆞ다, 길.

Nèfle.

Négatif opposé à affirmatif *비뎡. Proposition — *비뎡명뎨. = — (sciences) opposé à positif = (en math.) *부. Quantité — 부량; de (en électricité, magnétisme etc.) *음 qq.f. *소극 — Électricité — *음뎐긔, *소극뎐긔 = —, en photog. Image — *영, *상분 qq.f. *음판.

Négation *비뎡ᄉᆞ. — action de nier: *불승인, *부인, *불긍, 이뇌불연

Négativement Répondre — 아니라ᄒᆞ다 (négation), 슬타ᄒᆞ다 (refus).

Négligemment 마고, 범홀이, 경홀이, 범연이.

Négligence 범홀ᄒᆞ기.

Négligent *범홀ᄒᆞ다, *범연ᄒᆞ다, *경홀ᄒᆞ다.

Négliger 부려두다, 도라보지아니ᄒᆞ다. — une occasion *실시ᄒᆞ다, 긔회ᄅᆞᆯ놋치다.

Négoce 장ᄉᆞ, 매매., en agg. *상

Négociant 장ᄉᆞ, *상인.

Négociateur — de lettres d'entremetteur *거간, *거간군, 어셜군; *, pour les mariages *중매.

Négociation *교셥

Négocier — pour un autre *거간ᄒᆞ다.

Nègre *흑인, *흑색인. Race — *흑인종.

Neige 눈, en agg. *설. Flocon de — 눈발, 눈방울, 눈송이. — très peu abondante 자최눈 (qui imprime sa trace). — éternelle *쳔년설.

Neiger 눈오다 (와, 온).

Nénuphar * 련. La fleur * 련화, la racine 련근 ; son fruit (graines) * 련밥, * 련실.
Étang de – 련못, 련지.

Néophyte 신봉교.

Neptune planète 해왕성.

Nerf * 신경, 힘줄. Avoir les – agacés 몸 솟다 (어, 손).

Nerveux. Système nerveux * 신경계. Maladie – * 신경병.

Nervure de bois, etc. 결

Net propre 찍굿ᄒᆞ다, 맛득ᄒᆞ다, 붉다 (아, 은); 고정ᄒᆞ다, 정결ᄒᆞ다, 조촐ᄒᆞ다; – non encombré, dégagé 훤츨ᄒᆞ다. = Voix – 붉은목소리. = –, sans tache, sans défaut 탈업다, 험업다, 시업다. de (homme) 하ᄌᆞ업다. Avoir la conscience nette 량심에걸니ᄂᆞᆫ것업다. Il n'a pas les mains – 걸님이잇다. = –, sans détour 바로, 바르다 (발나, 바른), * 고지식ᄒᆞ다. Refuser – 아조슬타ᄒᆞ다, 아조승ᄒᆞ다, 굿승ᄒᆞ다. = Mettre une copie au – * 정서ᄒᆞ다. Mettre des comptes au – 분셔닥다 (아, 은) = Prix – * 정가. = –, opposé à brut. Poids – 정미즁량; Bénéfice – * 순익.

Nettement clairement 붉히, 삭삭히; – franchement 바로.

Nettoyage 가시기.

Nettoyer 닥다 (아, 은), avec de l'eau 씻다 (씨셔, 슨); – (un vase) 부시다, 가싀다.

— (des grains pour en séparer les petites pierres) 살다 (어, 살). — des dents 앙치질하다, 앙치하다.

Neuf (nombre) 아홉. avec les mots chinois *구. le — du mois 초아흐레. le 19 열아호레 Preuve par 9 (arith). *구거법.

Neuf (adj.) nouveau 새, en agg. *신. —, qui n'a pas servi 숫. — sans expérience 서투르다 (투러, 툴). C'est pour moi un visage — (inconnu) 낫설다 (어, 설).

—, tout —, qui vaut un neuf 갓작굿다 (하, 흔)

Neurasthénie ~~신~~ 신경이약

Neutraliser

Neutralité *중립. — de guerre *국외중립. Garder la — 아모편 아니 들다 (드러, 들)

Neutre (en gramm.) 무?, 중성 (genre) Verbe — *낙동사, 근동사; = —, (en chimie) 중성; 비회비산 (ni alcal ni acide); —, sans parti 중립; — entre États *국외중립

D. ou: État neutre *국외중립국; vaisseau — *국외중립선; port — *국외중립항 = Neutraliser *국외중립하다.

Neuvaine *구일긔도, *구련긔도.

Neuvième 아홉재, *데구.

Neveu fils du frère 족하 — (sa femme 족하며느리, 질부); — fils de la soeur *싱질 (sa femme 싱질부); —, fils d'un cousin a degré égal* 당질 On dira aussi v.g. 오촌족하, 칠촌족하; —, fils d'un — *종손. Nos — (les hommes d'après nous) 후사름.

Névralgie *신경통.

Névrose

Nez 코. — épaté 납작코, 납작한코; — crochu 매부리코. Parler du nez 흥흥하다. 방울방울하다 (cri des grenouilles)

972/ Rencontrer — à — 마조치다. Essayer de tirer le ver du — 걷어채다 (여. 챈); le tirer 속샐다 (어 ㄴ아, 은). Le laisser conduire par le bout du nez 눌덤벙술덤벙ᄒᆞ다.

Ni 도 (aussi) combiné avec une négation. Ce n'est ni Pierre ni Paul 베드로도 아니오 ᄇᆞ로-도 아니라. — ceci — cela 이것도 말고 뎌것도 말고. Je ne veux — l'un ni l'autre 이것도 슬코 뎌것도 슬타. = Il n'en sera ni plus ni moins 마치 일반. — trop, ni trop peu 어중간ᄒᆞ다.

Niais 둔ᄒᆞ다, 둑게ᄒᆞ다, 우게ᄒᆞ다, 고루ᄒᆞ다, 미거ᄒᆞ다, 미련ᄒᆞ다. = 출입업다 (ne pas sortir), 우물안고기, 우물개고리 (poisson ou grenouille de puits... qui n'ont jamais rien vu); 쇼에 물닌 놈 (capable de se faire mordre par un boeuf).

Niaisement 미련ᄒᆞ게.

Niaiserie 미련ᄒᆞ기 .... = — (paroles inutiles) 긔쇠스럽다 (러워. 운). Perdre son temps à des — 뷘 일에 세월을 보내다, 공연ᄒᆞᆫ 일에 세월을 보내다.

Niche (de statue . — (de chien) 개우리, 개집 / = —, malice

Faire des — 지근대다 (여. 댄).

Nicher faire son nid 집짓다 (지어. 은)

Nickel 빅동.

Nicotine 담ㅅ 비진, 대진.

Nid d'oiseau 새집, 깃, 복음자리.

Faire son — 집짓다 (지어, 은), 깃드리다, 복윽자리치다. = — au figuré 굴혈 (caverne) — de rebelles 역적의굴혈

Nièce 족하딸, 질녀. (son mari 질서) (Ce la fille du frère. = —, fille de la sœur 생질녀. (son mari 생질서). V. Neveu. — on ajoute 녀 aux divers noms.

Nielle

갑봇이

Nieller 까가다 (가, 간)

Nier 아니라고하다. — avec effronterie 시데쓰다 (써, 쓴), 싱데쓰다 (ces mots indiquent l'effronterie plutôt que la négation). D'un enfant qui nie sa faute on dit 앙살하다, 앙탈하다.

nihilisme 허무주의
nihiliste 허무당

Nigaud 미련하다. 천치

Nimbe

Nippe

Nique Faire la —

Nitrate de… 초산… (硝酸). — d'argent 초산은.

Nitre 염초, 초 (硝). — blanc 은초.

초강수 (硝强水)

Nitrique acide — 초산 (硝酸), 청강수 (青剛水)

Nitroglycérine 초산감유 (硝酸甘油)

niveau de la mer
해면, 수평

Niveau (horizontalité) 수평, 수준. = — instrument pour prendre le — 수준기 (qui se dit spécialement du niveau pour faire les nivellements). — de maçon ; — à bulle d'air 수청 — = être de — 평균하다. Voir si une chose est de — 다림보다 (le 다림 est plutôt le fil à plomb;

mais c'est avec le fil à plomb & l'équerre que le Coréen prend le niveau. = Mettre de — 평균이 하다.

Être à — 가직하다. (semble se dire surtout pour "rempli à niveau")

Niveler un terrain 평토치다. Se dit plus souvent 닥다(아.은), 다듬다(어.은).

Nivellement *슈준측량 = 하다. (c'est l'opération géodésique—)

Noble *량반 (—, nouveau système, — de noblesse japonaise *화족).. Bon —, — de bonne race *순부, 순족 (peu usités). Être — 반명하다, 량반힐셰하다, 힐셰하다. Faire le — 량반톄하다, 량반노릇하다, ou même, en plaisantant 량반질하다. Faux — 거즛량반, 가량반. — gueux 달각발이, 청골이, 힝둥이. Petit —, hobereau 토반.. Dégrader un — 폐족 노놓다. ≡. — adj. Sentiments — 경대한 남음.

Noblesse 량반, 반명; 반벌 (—, nouveau *귀족 système 화족). La perdre par dégradation 폐족되다. Origine de la — 량반의 샐의.

Noce Cérémonie du mariage *혼례. —, festin du mariage 혼인잔치, 잔치.

Nocturne 밤 ou *야 en composition. Oiseau — 밤새. Ecole —, (école du soir) *야학교

Noël 예수셩탄.

Noeud 매듭; — double 노래매듭; — coulant 얼금이; — tournement (fig. au 올갑이 y être pris 올키다.

bout du cordon de bourse) 벌낸돔 (noeud en forme d'abeille). = — dans le bois 옹, 옹도리, 옹도라지, 1껏이. = — des tiges (blé, bambou, roseau, etc.) 매듸, 마듸. = — d'une affaire 일고동. C'est là le — de l'affaire 일이여긔 달녓다.

Noir 검다 (어, 은), 감다 (아, 은), 새카다 (새카, 새칸), 새깜아타. Tirant sur le — 검으스럼하다, le plus foncé 검으죽죽하다. Tacheté de — 검은검은하다. —, en agr. 흑. Images — (non coloriées) 묵본, 묵화. = — de fumée 그름, 검의장, 구의, 철미. = Crime — 흉한죄, 흉악한죄. = —, sombre Faire — 어둡다 (두워 & 두어, 두운). Nuit — 어두온밤, 새캄캄한밤.

Noirâtre 검으스럼하다, 거뭇하다, 거물거물하다.

Noircir 검기다. — Se teindre en noir (habits) 검은물드리다; — se peindre en noir 검은칠하다 = 먹칠하다 (avec de l'encre). = — la réputation 남의 명성을 문희지다. = —, (v. neutre), devenir noir 검어지다; se (nuit) 새캄캄하야지다.

Noise 야단 ≠치다, 요란 =하다

Noisetier 개암나무, 개음나무.

Noisette 개암, 개음, 개음.

*胡桃 Noix, fruit du noyer *호도. = — de galle *오배자; — muscade 육두구. = —, viande de la cuisse du boeuf 심살, 홍박살.

Nom (de chose ou d'homme) 일홈; *명, 호,

Nom — Nombreux

176/

'명호. Pour les noms de personne, il faut distinguer : — de famille '셩 ; on y ajoute : — d'enfant 'ᄋᆞ명 ; — d'adulte (pris ordinairement au moment du mariage) '자 (Pour les personnes, 일홈 correspond à 자, jamais à 셩) ; — civil '관명 (ne sert guère dans la vie courante). = — surnom '별명, 별호. = Au Kyeng Syang 택호 est le nom du village où on a pris femme ... & c'est le plus employé, presque le seul.

Nom commercial (d'une Cie, d'un magasin) '상호

Quel est votre nom (de famille) 셩이 무어시냐, poliment 뉘댁이시오. Mon nom est Kim 셩이 김가라 ; 김해 본이라. Quel est votre nom (prénom) 일홈이 무어시냐, 자 무어시냐 ; plus poli 일홈은 무어시오 ; très poli 함자 무어시오니가 ('함자 ou 함ᄌᆞ honorif. pour 자). Quel est votre — (nom de famille & prénom, nom complet) 셩명이 무어시냐.

Pour les chrétiens, — de baptême '본명.

Qui a le même — de famille '동셩. Donner ou prendre le — d'adulte 자 짓다 (지어, 은). Appeler les supérieurs par leur petit — (injure) 어른의 자 부르다. J'ai entendu citer son —, mais je ne le connais pas 셩명을 ou 일홈을 드럿서도 낫 모른다. On dit que le sonnet (볼리) tire son — de caluigni l'a inventé (lequel était un 불). 실짓는 돌은 불가가 번거신즉 불희라 혼다. = Avoir un — célèbre 일흠나다, qqf. 일흠놉다(하,훈). 유명ᄒᆞ다. Agir au — d'un autre (남)대신ᄒᆞ다. (Celui qui agit au — d'un autre se dit 대리, 대리인). Abuser du — d'un autre (on dit vendre. celui qui porte ce nom) (남) 팔다 (아,판), 팔아먹다. On pourrait dire 남의 일흠가지고 솟이다.

Changer de nom de famille (ne doit jamais se faire) 변성ᄒᆞ다; — de nom (d'adulte) 변명ᄒᆞ다, 일흠을 밧고다(아,곤). 일흠곳치다. = = —, réputation 명성.

Nomade 유목민.

Nombre 수, 수효. = — entier 정수; — fractionnaire (ordinaire) 분수, —(décimal) 소수; — composé 복수. Sans —, (sans compter) 수업시, De (très nombreux) 무수히, 허다히, = 무수ᄒᆞ다, 허다ᄒᆞ다. = Quel est le — de personnes 인명수가 얼마냐, 인명수가 몃치냐. J'ignore le — 얼만지(을)몃친지 모르다. = Ne servir qu'à faire — 수만느다 (느러,는 s'élargir). Mettre au — des dieux 붕신ᄒᆞ다. Mettre au — des grands hommes 큰사름으로치다.

Nombreux 만타(하,흔). Très — 수다ᄒᆞ다, 숫ᄒᆞ다, 수ᄒᆞ다(ᄒᆞ,훈), 만ᄒᆞ다, 흔ᄒᆞ다, 번거ᄒᆞ다, 퍽ᄒᆞ다 (beaucoup) 번다ᄒᆞ다, 수북ᄒᆞ다, 호번ᄒᆞ다, 비비ᄒᆞ다, = 무수ᄒᆞ다, 허다ᄒᆞ다.

Nombril 빅숍.

Nomenclature *용어집.

Nominal. listes — 호명긔. Appel — 지명뎐고. Le faire 호명ᄒᆞ다.

Nominatif (cas) 명격, 쥬격.

Nommément 특별히. = 지목ᄒᆞ야 ...

Nommer donner un nom 일흠짓다 (지어, 지은); = — appeler par son nom 일흠부르다 (불너, 부른). Comment vous nommez-vous? V. Nom. = — à une place 식히다. = être — (appelé tel ou tel) 닐ᄏᆞ르다 (ᄏᆞ러, 른), 닐ᄏᆞᆺ다 (ᄏᆞ러, 른). On dit plus souvent ... 이라ᄒᆞ다.

Non, particule négative 아니, 못. (avec un verbe actif, 아니 marque le refus, 못 l'impuissance). En répondant, on dit rarement non tout court: on y ajoute un verbe approprié. Est-ce toi qui l'as fait? — Non. ᄒᆞᆫ이가 너냐 — 아니올시다. Avez-vous vu? — Non. 보앗느냐 — 못보앗다. = Oui ou — *여부. : Est-ce vous, oui ou non? 너냐 아니냐. Dites oui ou non (selon le sens) 올타ᄒᆞ던지 아니라ᄒᆞ던지 말ᄒᆞ여라; ᄒᆞ엿다ᄒᆞ던지 아니ᄒᆞ엿다ᄒᆞ던지 말ᄒᆞ여라; ᄒᆞ겟다ᄒᆞ던지 못ᄒᆞ겟다ᄒᆞ던지 말ᄒᆞ여라. = — seulement (mais) ... ᄲᅮᆫ 아니라.

Savoir si oui ou non ... 여부를 알아

Nonagénaire 구십노인, 구십된 노인.

Nonce du Pape 교화황 변리공ᄉᆞ.

Nonchalamment 한가히, 더듸, 더듸이.
Nonchalant 한가하다, 한유하다, 더듸다, 게을되다.
Non-lieu
Nonobstant 그럴도, 그러나 … 이셔도 …하여도, etc.
Non-sens
Nord 북, 북편. Terrain exposé au — (à l'ombre) 음디, 음달. — Est 동북간, — ouest 셔북간. Vent du — 북풍.
Noria 슈애릐계.
Normal 법답다 (다와, 다온). = École — 사범학교. Ligne —, normale 법선.
Norwège 노위국.
Notable (important) 현저하다 (하, 혼), 대단 큽다 (크와, 온), 크다 (커, 큰). —, personne — 어룬, 량반. Les — d'un village 동니어룬.
Notablement 현저하게.
Notaire 공증인.
Notamment 특별히
Note marque 표, 보콤; — (explicatives d'un texte) 주, 들보; — (pour se souvenir) Prendre les — 긔록하다, 긔록하야두다 (se dit même des — mentales); 적다 (어, 은) (écrire). — d' pour un travail à faire 초하야두다 (초하다 faire un sommaire). — — d'élèves 졈수; — — les mandarins (données par le gouvernement - vieux système) 포폄하다; — de musique 부, 음부, 음보. — au bas des pages 각주
Noter inscrire 적다 (어, 은), 적어두다, 긔록하다, marquer 표하다, 보콤두다. = 쓰다 (어, 은)

(faire un point, marquer d'un coup de pinceau).
— d'infamie 망신식히다, 거독븟ᄒᆞ게ᄒᆞ다
(거독ᄒᆞ다. lever la tête). En être — 누명둧
다 (드러, 드론) 누명 mauvaise réputation).

Notice

Notifier 알니다, 알게ᄒᆞ다, — à un infér. 알외
다 (여, 왼), 통긔ᄒᆞ다, 통지ᄒᆞ다.

Notion

Notoire 파다ᄒᆞ다, 랑자ᄒᆞ다. C'est — 나인부리라

Rendre — 발각ᄒᆞ다
Devenir — 발각나다

Notoirement 파다히, 파다ᄒᆞ게.

Notre 우리, 우리의.

Nouer, lier par un nœud ᄆᆡ다 ou 믜다
(여, 넨), 잡아ᄆᆡ다. —, faire un nœud
ᄆᆡᆺ다 (ᄆᆡ져, 즌), ᄆᆡ듭ᄆᆡᆺ다. (passif ᄆᆡᆺ치
다). — le toupet (sang htou) 샹투
ᄶᆞ다 (ᄶᆞ, ᄶᆞᆫ); — le chignon (femmes)
낭근ᄒᆞ다. — ses cheveux sur la tête
(enfants) 불샹투ᄶᆞ다. = —, (les fruits)
결실ᄒᆞ다, 실과ᄆᆡᆺ다 (ᄆᆡ져, 즌), 실과ᄆᆡᆺ
치다, 열ᄆᆡᄆᆡᆺ다, 열ᄆᆡᄆᆡᆺ치다.

Noueux bois 옹이ᄇᆡᆫ다 (ᄇᆡ, ᄇᆡᆫ), 옹이
잣다 (자자, 즌).

Nourrice 유모.

Nourricier mari de la nourrice 유모부. Père
— (adoptif) 양부, 슈양부. = Mère — 양모.

Nourrir 기르다 (길너, 기론), 양휵ᄒᆞ다,
양육ᄒᆞ다. — (ses vieux parents) 봉양
ᄒᆞ다. — donner à manger 먹이다,
양육ᄒᆞ다 = 기르다 veut dire —, entrete-

rir, fomenter ; il se dit de homme, des animaux, & aussi du feu, des passions, etc. — (élever les animaux) 기르다, 치다. = Se — 벅다(어.은). Se bien — 잘 벅다. Se — chichement 박식하다. = Se — (graines) 실엿하다. Les grains sont bien — 곡식 실엿, 잘 되엿다.

Nourrissant 진긔잇다

Nourrisson (nourri par sa mère) 졋벅이, 유치, 유동, & dit ordinairement 달넌 우희(a fort pendu i.e. au sein). — (pour sa nourrice) 졋아들.

Nourriture 음식 (qui comprend tout) - 양식 (qui se dit surtout des céréales). — en agg. 식 ou 양. — exquise & fortifiante 고량진미. Prendre trop de — 과식하다. - Manquer de — 주리다. = — des poules, oiseaux 뫼 ; — des bœufs 멕이. Pour les autres on dira généralement 밥. = La maladie sert de — (comme on dirait en français la fièvre nourrit) 병이 양식이라.

Nous 우리, 우리들이, 우리닉리. — deux 우리둘이. Entre — 우리사이. Avec — 우리와 한가지로.

Nouveau 새롭다 (로와.온), 새, en agg. 신. Habit — (neuf, ou sortant de lessive) 새옷 ; — marié 신랑 ; nouvelle mariée 신부. Nouvelle invention 새법. = —, de l'année (fruits, grains) 새, plus souvent 햇. Riz —

Nouveau—Nudité

982

해미. = —. (nouvelle, événement) 소식. 별것, 별일. Rien de — 별것없다 (litt. rien d'extraordinaire). On voit bien les jours du — 날마다 별일이 만타. = De — (iterum) 다시, 또, 거듭, 거듭히, 새로, 새로히, 다시새로히.

Nouveau-né 갓나다 (나,난). 갓난 ᄋᆞ히

Nouveauté 새것. Sentir la — 새롭다 (로와,온). Rechercher la — 새거술 ᄎᆞᆺ다 (ᄎᆞ자, 잔) = —, chose extraordinaire 별것, 별일.

Nouvelle (subst). 쇼식, 쇼문. Brit le —, bonne — 부쇼식 희쇼식. Transmettre une — 쇼식전ᄒᆞ다, 긔별ᄒᆞ다, 통긔ᄒᆞ다, 통지ᄒᆞ다. Demander les — de la santé (malade) 문병ᄒᆞ다, de (n'importe qui) 안부ᄒᆞ다, 안부낫다 (니러, 른). — de par lettre ou exprès 문안ᄒᆞ다. De la lettre on dit aussi 존문ᄒᆞ다. — Fausse = 방설. —, nouvelle-roman, roman + 쇼설

Nouvellement 새로히.

Novateur

Novice peu exercé 서투르다 (룰너, 룬), 설다 (어,선). = — (dans une communauté) 슈련자., 슈련녀 (femme); 신입회. j신입회자 Soldat—recrue 신입병

Noviciat : état 슈련; — maison 슈련원

Noyau (l'amande) 알맹이; — (complet) 씨, en agg. 인. — de pêche 도인; — d'abricot 항인.

Noyer arbre. — cultivé 호도나무 (Juglans regia, var. sinensis); — sauvage 츄ᄌᆞ, 가래나무 (juglans mandchurica).

Noyer v. act. Se — (involontairement) 물에ᄲᅡ져죽다; Se (volontairement) 물에ᄂᆞ려죽다. Être —, être sous l'eau ᄌᆞᆷ기다, 물에ᄌᆞᆷ기다. La plante — par l'eau, on dira 물에녹다 (어,은) être fondu) 물에솔아죽다 (솔다 (아,손) indiquant l'action de l'eau).

Nu adj. 옷벗다 (벗셔,슨). 벗 qui veut dire simple "sine addito". — en agg. 젹. Corps — 젹신. Montagne — (sans arbres) 젹산. Main — 빈손. Pied — 빈발. Sortir tête — 생ᄃᆞᆨ바람으로츌입ᄒᆞ다. Aller tête et pied — 빈발빈머리로ᄃᆞᆫ니다. Être tout — 벌거벗다 (벗셔,슨). Un homme tout — (ou demi —) 벌거숭이, Se (mal vêtu) 헐벗다 (벗셔,슨). Mettre — 벗기다. ≡ A —, sans fard 분명히, 분명이.

Nuage 구름, 구롬. Se couvrir de — 구름끼다. La poussière s'élève en — 몬지보야케니러난다 (보야타 blanchâtre). Avoir un — sur le visage 불쾌ᄒᆞᆫ긔ᄉᆡᆨ드러내다, 거북ᄒᆞᆫ모양일다.

Nuageux (temps, ciel) 흐리다.

Nuance

Nuancer 식식으로섞이다.

Nubile

Nudité 젹신.

Nue f nuage. Donner de la tête à la — 하놀박다 (아,은) (frapper de la corne).
Nuée f Nuage. —, grande foule 떼
Nuire (volontairement, & par conséquent avec un être intelligent comme sujet) 해ᄒᆞ다, 해롭게ᄒᆞ다. — de en secret 암해ᄒᆞ다. = — involontairement, être nuisible 해되다, 해롭다 (로와,온). = Chercher à — par envie 식술부리다.
Nuisible 해롭다 (로와,온); — & mauvais 악독ᄒᆞ다.
Nuit 밤, en aggr. 야. Jour & — 밤낫, 주야. La — approchant 어스럼에, 어두어질ᄯᅢ에. La — venue 어두온밤에, 신ᄭᅥᆷ질ᄯᅢ에. Veiller toute la — 밤시다, 밤새오다 (와,온). Passer la — à jouer 밤새도록노롬ᄒᆞ다. = Garde ou service de — 숙직 (par oppos. à 당직). Une — ᄒᆞ로밤, 일야. Deux — 이틀밤. Dans l'espace d'une — 일야간.
Nul 아모, 아모도 suivi d'une négation. N'avoir — affaire 아모일도업다. = — sans utilité, sans valeur. 헛, 변. 부용지물 (부용지인 personne).
Nullement 조곰도, 아조, 소동 suivi d'une négation ou d'un verbe négatif.
Nullité 무용. — (personne) 무용지인
Numéraire 돈, 전.
Numéral. adjectif — 수형용ᄉᆞ
≡ —, nom que l'on joint au nombre pour

compter les objets, (comme on dit en Français une tête de bétail, une pièce de monnaie) "톄병". C'est le nom grammatical. On désigne souvent 종 ou 가지 espèces. D'autant qu'après une énumération d'objets ayant un numéral (톄병) différent, si on fait la somme totale, on l'énoncera en disant "tant de 종 ou tant de 가지.

Voici les "numéraux" les plus usités:

위 personne (très honorifique);
오리 bandes d'étoffe, fils, ligne. — planches;
환 pilules — objets ronds (peu usité);
개 objets ronds surtout. — Peut servir à peu près toujours. — Aussi philosophiquement est-ce mot qui traduit "individu"; d'où les composés 개인, 개물, 개톄;
갈래 tout ce qui se divise, se bifurque;
감, 거리 matière (ex. étoffe pour habit);
거리 grosses cordes.
켜레 paire (souliers, bas, etc.);
겨리 paire d'animaux (ex. boeufs attelés)
겹 épaisseur (habit doublé ou non) — feuilles de papier l'une sur l'autre, etc).
꿰미 enfilades, brochettes.
마리 têtes d'animaux;
매 lots de marchandises;
뭇 gerbes = dizaines (d'animaux à vendre)
뿌리 racines (choux, navets, etc).
낫 graines — petits objets.

Numéral — Objecter

586/

닙 (feuille) : Nattes, chapeaux, papiers, table;

벌 habits. exemplaires d'un livre.

바리, boeufs, chevaux ... charges de animaux.

분 personne (honorifique, mais moins que 위)

명 personnes (non honorifique);

판 parties de jeu (surtout cartes, échecs).

폭이 (pied) plantes, légumes, tabac etc.

필 (匹) boeufs. chevaux. etc.

필 (疋) pièce d'étoffe.

상 (table) Repas servis.

쌍 (paire) Choses qui vont par paires.

쌈 Paquets de choses enveloppées.

단 gerbes, fagots. = Articles ou paragraphes : 십이단. 진복팔단 etc.

대 Repas, sacrifices, — Messes.

두름이, 두룸이 Paquets de comestibles, de poissons (20 harengs) etc.

통 gros paquets d'aiguilles, d'allumettes.

접 Centaine de fruits;

자루 (pinceaux, objets longs — surtout ce qu'on doit tenir à la main);

줄 Liasse de tabac;

주 Pieds d'arbres.

죽 Dizaine (habits, souliers, pipes etc)

짝 Objets dépareillés.

Numération +독법, +독수법. — écrite +긔수법; — parlée +명수법.

Numéro 수, +호, +호수.

Numéroter 수 맷기다, 호수 맷기다.

Numismatique + 화폐학

Id. (vieilles monnaies) +고전학

Nuptial en agg *혼비. *혼.
속뒤 Nuque 목덜미, 덜미. Improprement par la
— 덜미 집다 (어,은), 속뒤 치다 (질너,치른)
Nutrition *군양 Nutritif 진리잇다 ; Chose — *군양물, *군양들
Nymphe (myth.) *녀신. — Demoiselle
Nymphomanie *화풍병, *실정광.

O se rend par le vocatif.
Oasis
Obédience
Obéir *순명하다. Kordinairement 말 듣다 (드러,른), litt. écouter. = — à un ordre, Obéir 시힝하다.
Obéissant *순명하다, 말잘듯다(드러,른).
Obérer A. — de dettes 빗지다, 빗만히 지다. Homme — de dettes 빗구럭이.
Obier
Obésité
Objecter *이의하다, *이론하다, *열론하다. (Tout cela est du langage philosophique). En conversation on dira 뭇다 (무러,른) demander.

d'où la formule si fréquente dans les livres pour prévenir & refuter une objection : 혹이부르되.

Objectif but 의향, — (en optique : — photographique)

Objectivement 직관으로 ; 직관뎍 Objectivité 직관

Objection 이의, 이론, 역론, 고쟝.

Objet chose quelconque 것. ??? 일. = en philos., — (opposé à sujet) 직관. = —, fin que l'on se propose 의향.

Objurgation

Oblation

Obligation, devoir 본분 ; — (d'une charge) 직분. C'est une — de communier une fois l'an 본분이 맛당히 년년에 ᄒᆞᆫ번식 셩톄를령ᄒᆞᆯ거시라. Rendre un soi l'— de .. 본분을삼다 (아.은), 본분으로삼다. On dit plus souvent 담당ᄒᆞ다, 담당을삼다 : prendre la responsabilité, & souvent aussi simplement 작뎡ᄒᆞ다 : déterminer. = — (de reconnaissance). Avoir des — à qqun. On tourne "avoir reçu des bienfaits" 신세지다, 은혜지다, 덕보다, 은혜닙다. Je vous ai — de la vie 네은혜로살앗다. = —, engagement par écrit 분쳐 & mieux 최권.

Obligatoire. Ce n'est pas absolument — 굿ᄒᆞ야ᄒᆞᆯ거시아니라, 굿히ᄒᆞᆯ거시아니라.

Obligeamment 혼연이, 혹히게.
Obligeant 션셥다 (거워,온), 혼연하다, 혹하다, 슙슙하다.
Obliger (imposer comme devoir) 식이다, 식히다; —(contraindre, forcer) 강박하다, 역지로식히다; (souvent quand — a moins de force, on tourne par la formule 하게하다). —(rendre service). 신세를기치다, 은혜를주다, 은혜베프다 (러,픈) = 도라보다, 도아주다. Être — se traduit suivant les différents sens ci dessus. Ex. Vous êtes — à cela: (devoir) 네본분일다, 네맛당이홀본분일다, 네맛당이홀거시라. Faire ce qu'on est — de faire 제본분을히오다 (와,온). = J'ai été — de faire (nécessité, contrainte) 마지못하야하엿다, 강박하야하엿다, 역지로하엿다, 홀슈업셔셔하엿다. Quelle nécessité vous obligeait à cela 부슨요긴한일이잇셔셔그리하엿나냐. Je suis — de sortir 요긴히나갈거시라. = Être — en guerre (pour service rendu) 신세지다, 은혜지다, 은혜닙다 (어,은), 덕보다, 덕닙다. (신세; service. disant beaucoup moins que 은혜 grâce, bienfait, c'est toujours ce dernier mot que l'obligé emploie envers celui qui lui a rendu service). — ceux qui vous ont — 신세갑다 (하,흔), 은혜갑다.
Oblique 비슥하다, 빗그다 (러,근), 빗그러지다,

'빗곳빗곳ᄒᆞ다, 어스러지다, 실그러지다, 가로닷다(다라, 다론), 귀나다 := —, en géométrie '사. ligne — '사션, angle — (non droit) '사각. = — au moral 엇다(어서, 슨), 빗그다(러, 른). Il y a une nuance: 엇슨 놈 est un vantard, 빗근사ᄅᆞᆷ, un homme peu franc, & aussi un dévoyé. = —, artificieux '간사ᄒᆞ다.

Obliquement 엇, 빗, 빗그로, 비슥이.

Obliquer

Oblitérer

Oblong 길읏ᄒᆞ다, 길쭉ᄒᆞ다, 길직ᄒᆞ다.

Obole

Obscène '샤특ᄒᆞ다, '음란ᄒᆞ다, = 더럽다.

Obscur 어둡다 (둡어, 둡온 & souvent 둔). '암암ᄒᆞ다, 희미ᄒᆞ다, 아늘아늘ᄒᆞ다, '침침ᄒᆞ다. Très — 캄캄ᄒᆞ다, 컴컴ᄒᆞ다. Légèrement — 아득ᄒᆞ다, 어득어득ᄒᆞ다. = 충충ᄒᆞ다, 우충충ᄒᆞ다 se dit d'une 우충싱ᄒᆞ다 maison, d'un endroit peu éclairé; &, le dernier, de souvenirs —, confus, peu distincts. — Temps — 흐린날. Parole — 모호ᄒᆞᆫ말. Raisonnement — 분명치, 자세 업다.

Obscurcir 어둡게ᄒᆞ다. S'— 어둑어지다, 흐려지다. Se (intelligence) (정신) 흐려가다, ... 아득ᄒᆞ다 ce dernier indiquant un obscurcissement momentané.

Obscurité Dans l'—

어두운속, 어두운가온대.

Obséder importuner 지근되다, 조롭게하다, 못견듸게하다, 희노하다 = 조르다 (졸나, 조른) litt. becqueter, passif 졸니다. Le dernier s'emploient parfois pour — du démon.

Obsèques 장소.

Obséquieux 과겸하다 (trop humble)

Observance usages 풍속; — cérémonies, 례절; — manière de faire 규구.

Observateur espion 탐지군; — (qui observe) ; — (qui sait observer) 눈군, 눈치잇다, 눈치잇다.

Observation réprimande 훈계, 경계; — (de phénomènes physiques) 관측 = — (militaire) 감시 — Corps de — 감시대.

측후소
긔상대

Observatoire (en général) 관측소; — (astronomique) 텬문대 (vieux système 감생관). — (météorologique) 긔샹대.

Observer garder, se conformer à 직희다 (여, 흰), 시힝하다. — la loi 법을직희다, 법을시힝하다; = —, examiner 슯희다, 슯혀보다, — par méchanceté 응심하야 보다; = — (scientifiquement) 관측하다. ≡ —, faire remarquer, faire connaître (verbalement) 날너주다, (par écrit) 젹다 (어, 은), 젹어두다, 긔록하다. — s'—, prendre garde à soi 됴심하다, 삼가다.

Obsession

Obstacle 조당. Faire — à, empêcher

젹질ᄂᆡ다, 젹줄ᄂᆡ다.

Obstination 고집, *억견, *벽, 의벽.

Obstiné 고집ᄒᆞ다, 고집ᄲᆞ다, 억척스럽다. Homme — 각지손.

Obstinément 고집ᄒᆞ게. 혼ᄌᆞᄒᆞ고; = 줄고지;

Obstiner s' — 고집ᄒᆞ다, 억척스럽다. = 혼ᄌᆞᄒᆞ다.

Obstruer ᄆᆞᆨ다 (아, 은). être — ᄆᆞᆨ히다, 쇠이다 (여, 인), 쇠오다 (와, 온), = ᄲᆞᆨᄲᆞᆨᄒᆞ다.

Obtempérer

Obtenir 엇다 (어, 은). — (Pour une récompense, un salaire) 타다 (타, 탄) qui veut dire plutôt toucher, recevoir.

Obtus 무듸다 (여, 된). — en géom. *둔 Angle — *둔각. = — au moral 둔ᄒᆞ다, 흐리다. Avoir l'esprit — 둔ᄒᆞ다, 정신둔ᄒᆞ다.

Obus *류탄; *도탄.

Obusier *류탄포.

Obvier ᄆᆞᆨ다 (아, 은), 미리ᄆᆞᆨ다.

Occasion rencontre *긔회, 시긔. — favorable *슌편. Chercher l. — 시긔 보다. Faire naître l. — 긔회를 ᄂᆡ놋다. Je verrai ce que j'aurai à faire dans l. — 긔회나는ᄃᆡ로 무엇ᄒᆞᆯ지 보겟다. Profiter d'une — 긔회를 ᄐᆞ다, 긔회를 엇다(어, 은), 틈ᄐᆞ다. La laisser échapper 긔회를 놋치다, *실시ᄒᆞ다, 긔회를 일타 (허, 흔). — (d'envoyer, de faire faire un achat, de faire un voyage, etc.) 편. En avoir *인편 (nouvelle d'un homme qu'on peut profiter), ᄆᆞᆯ편 ou 마편 (cheval).

*천편 (bateau) de ... = —, sujet, cause 연고, 가돔, *거리, *장본. — de dispute *불복거리, *불복장본.

Occasionner 긔회되다, 가돔되다.

Occident *서, *서편.

Occidental en agg. *서. Océan — (atlantique) *서양. Pays — (Europe) *서양나라, *양국, souvent *서양. Les occidentaux (Européens) *양인, 서양사롬.

Occiput 뒤속지, 더슈굴이.

Occultisme *신비학

Occulte *은밀하다, *비밀하다. Secte — *비밀결사. Sciences — (magie) *잡술, 마술.

Occupation travail à faire 일. Avoir beaucoup d'— 일만타, 일에 반하다, *분주하다. N'en pas avoir 일업다, 놀다 (노라, 논); —, métier *생업, *생애. — (militaire) *점령. Armée d'— *점령군.

Occuper une place 자리를잡다 (아, 은), 자리엇다 (어, 은); — un immeuble (terme de droit) *점유하다; — un pays (armée) *점령하다. = —, donner de l'ouvrage 일식히다. (pour les animaux, et aussi pour les hommes 부리다). S'— 일하다; S'— à 일삼다; S'— de 넘느다 et 넙느다 (러, 는) et très souvent 보다 ou 하다. S'— toujours, ne pas rester oisif 곰바지런하다, 곰바지런하다. Être — (place) 잡히다. Être — (avoir une occupation) 일하다 = 일에걸니다, 일에얼기다 Voir.

vaient dire qu'on ne peut quitter son travail. Être très — 분주하다, 일에골몰하다. N'être point — 놀다 (노라, 논), 한가하다.

Occurrence

Océan 큰바다, 대해, 대양, 양.

Océanie 대양쥬, 남양쥬.

Ocre 쥬토, 셕황.

Octave en musique 팔음
— (d'une fête) 팔일간

Octogénaire 팔십노인, 팔십된노인.

Octogonal 팔모지다. Table — 팔모소반

Octogone 팔각형, 팔변형.

Octroi de ville 입시세

Octroyer 허락하다.

Oculaire (verre) (optique)

Oculaire (adj.) . Être témoin — 친히보다, 목격하다, 목견하다, 목도하다, 제눈으로보다.

Oculiste 안과의

Odeur 내, 내암새. Avoir de l'— 내나다, Bonne — 됴흔내, 향내, 향긔. Avoir bonne — 향긔좋다 (조와, 흔). Les mauvaises — ont presque toutes leur nom. En voici qq. uns : — aigre 싄내, — de fiente, forte 구린내, de faible 쇠쇠흔내; — de saumure gâtée, d'urine de chat, de pieds puants 노린내; — les aisselles 암내; — de crudité, de viande, de poisson, 비린내, — de moisi 곰팡내; — le vieux 묵은내; — d'éventé 쉰내 (pour le vin 굿내); — de pourriture 알사혼내; — de fumée 냇내; — de brûlé 불내, 혼내; — de graisse, de viande 누린내; — de cuir humide ... de cadavre 백리혼내; — fétide (faille) 노리혼내, — de vieille huile 겨론내; — de bonne huile 구슌내; — d'huile à brûler 눌내, — d'urine 즈린내; — de la cale des barques 빈장내.

빅리혼내

Odieusement 밉게.

Odieux 밉다 (뮈워, 온 ᄋᆞ은).

Odorant 내나다 (나, 난), 내잇다.

Odorat

Odoriférant 향내나다, 향긔잇다, 향긔롭다.

Oecuménique 공번되다; en agg. 만국 [?]. Concile — 즁교의공회의, 만국공회의.

Oeil 눈, en agg. 안, 목. Le globe de l'— 망울이, 눈망울, 눈방울; le blanc de l'— 눈ᄌᆞ의, 눈흰ᄌᆞ의; la pupille 눈동ᄌᆞ, 눈부쳐. Grands — 큰눈. Yeux sans vivacité 영ᄒᆞ업ᄂᆞᆫ눈; — bridés, étirés 거젹눈; — enfoncés 깁흔눈; — proéminents ; avoir de bons yeux 안력됴타. En avoir de mauvais 안력부족ᄒᆞ다, 눈어둡다 (두어, 온) = Ouvrir les — 눈ᄯᅳ다 (ᄯᅥ, ᄯᅳᆫ); les fermer 눈감다 (아, 믄). Lever les — 눈들다 (어, 든). Crever ou arracher les — 눈ᄲᅢ다. = D'un coup

Oeil – Office

446/ d'– 흔눈결에. Embrasser d'un coup d'– 흔눈에 보다. En un clin d'– 슌식간에, 삽시간에. A vue d'– . Mesure prise à vue d'– 눈어림, 눈대즁, 눈짐작; Ne pas détourner le – 똑바로보다. V. Regarder. Avoir l'oeil sur 살피다, 살펴보다. Voiler les – 눈가리우다. Devant les – 목젼에, 눈압희. Se remettre devant les – (mentalement) 형용하다, 눈으에 형용하다. Avoir l'oeil à tout 쥬밀하다 (prévoyant, précautionneux), 쥬밀히 살다, 쥬밀히보다. Faire signe de l'oeil 눈짓하다. Frapper les –, sauter aux – 눈에 걸니다. Cela saute aux – 못볼이업다, 눈감아도 아니볼슈가업다. Plaire aux – 눈에 들다 (에, 를). Regarder de biais – 됴하하다, 됴하보다, 됴케보다. Regarder de mauvais oeil 언잔케보다, 언잔케녁이다. Regarder d'un – de convoitise 탐내여보다. Mal d'– 안질 = – (du le pain, le fromage) 구녕. Plein d'– 구녕 데슝데슝하다, 구녕 슝슝하다. = – de plante (bourgeon) 눈, = – de bouillon 기름방울.

n'avoir pas froid aux yeux (être intrépide) 간크다 (grand foie)

Oeil de boeuf

Oeil de perdrix 색눈.

Oeillet (fleur) 되랑이꽃, 당되랑이; = 셕쥭, 셕쥭화. = d'Inde 금ㅅ화

Oesophage 밥통.

Œuf 알. en agg. 란. — de poule 닭의알, 계란. — à la coque, — cuit mou 슈란. le blanc de l'. — 흰ᄌᆞ의; le jaune 누른ᄌᆞ의; le germe 배ᄌᆞ.

Œuvre action bonne ou mauvaise 일, 힝실, 노ᄅᆞᆺ; — bonne, bonne — 션힝, 션공. Dieu rendra à chacun selon ses — 텬쥬 각인의 션 악을 갑흐시겟다. =, travail 일, 공부. A l'. — on connaît l'artisan 일ᄒᆞᆫ 것 보면 공인의 ᄌᆡ조ᄅᆞᆯ 안다. Mettre en —, travailler 쓰다, 일ᄒᆞ다, 다ᄅᆞ다 (ᄃᆞᆯ나, 다ᄅᆞᆫ). Le bois du pin, très tendre, est facile à mettre en — 소나무 불너 일ᄒᆡ기 쉽다, ... 다ᄅᆞ기 쉽다, ... 깍기 쉽다. ≡ Mettre tout en — pour 애쓰다 (써, 쓴), 진력ᄒᆞ다. = —, livre 칙. La — de Confucius 공ᄌᆞ의 칙.

Offensant 욕되다.

Offense 죄, 욕, 착.

Offenser 득죄ᄒᆞ다, 죄ᄅᆞᆯ 엇다 (어, 은), 죄ᄅᆞᆯ 짓다 (지어, 지은) (avec la personne offensée au datif). S'— de, être offensé de, se tenir — de 착잡다, 허물잡다, 언잔케 녁이다, 됴치 안케 녁이다. — qq ch. (une loi, un usage, une vertu) 거ᄉᆞ리다, 범ᄒᆞ다.

Offensif (adj.) Arme —

Offensive (subst.). 공젼. Prendre l'— (à la guerre) 공젼ᄒᆞ다, 공격ᄒᆞ다.

Offertoire

Office fonction 본업; de publique 구실

998/

s'il elle est roturière =; 벼슬 si elle est noble. = *소임, écrit de deux; = —, devoir, surtout devoir d'état *본분, *직분. — Faire — de, agir comme 구실하다, =(대신하다 si c'est provisoire). = —, bon — (service rendu *신세, *은혜. Rendre un bon — 신세끼치다, le recevoir 신세지다. Rendre un mauvais —. 해롭게하다. ≡ —, (bréviaire) *경본; —, cérémonie publique (ecclésiastique) *(교회) 찰식. Y assister ....참례하다.

Officiel Journal — *관보, Habit — *관복. = Document — *공문, Nouvelle — *공보.

Officier en général ; — civil *관리, *관원; — public *공리. ≡ — militaire (vieux système) *무변, *무반; — (maintenant) *무수, *장교, *수관; — généraux *장관; — supérieurs *좌관; — proprement dits, — subalternes *수관. Sous — 하수관. Dans l'armée (et la marine) jap., les officiers subalternes sont dits 위, les — supérieurs *좌, les — généraux 장 et en diversifiant les grades de chaque ordre avec *소, *중, *대, on a toute l'échelle des grades du sous-lieutenant au général de corps d'armée. = Dans l'armée coréenne (avant 1907), les officiers subalternes étaient dits *위, les officiers supérieur *령 ; les — généraux *장. — Dans chaque ordre, l'échelle des grades était marquée par *참, *부, *령, sauf pour le général de corps d'armée que l'on dénommait *대장 au lieu de *령장.

Officieux

Offrande action d'offrir . —, chose offerte *례물, 봉물 ; —, argent donné pour une oeuvre *헌금 . = *슈렴전.

Offrir 드리다, 밧치다 ; de très respectueusement 밧드러드리다. = 1. —, offrir ses services *조헌하다. — sa vie 싱명을밧치다. = 1. — (occasion) (긔회) 나다.

Offusquer, masquer 막다 (아, 은), 가리우다. (워, 운) ; t. comme la poussière 흐리우다. = —, choquer *샹하다, 감오샹하다.

Ogre 야차.

Oh interjection — de douleur, parfois d'étonnement 외고 ; de surprise 엇다, 앏다. de surprise fâcheuse 아차, 아불사

Oie sauvage 기럭이 ; — domestique 게우, 게오, 게산이 = en bois pour le mariage 학건치.

Oignon 파. — gros, — de Chine 당파, — petit 좀파 . = — sauvage 달내, 달뢰.

Oindre 바르다 (발나, 바른), 겨루다 (러, 룬), 칠하다. — d'huile 기름칠하다. = — de sacrements 셩유붓치다, 셩유바르다.

Oiseau 새. *비금 날즘승

Oiseux—Onctueux

1000/

Oiseux 뷔다(여,뷘), 부익하다, 쓸디 업다, 등한하다.
Oisif 놀다(어아,논). 한가하다, 한유하다,
한가롭다(로와,론). — sans profession 유식지민
Oisillon 새삿기.
Oisiveté 한가하기 etc. Vivre dans l'. — 한가
하다, 한가히 살다, 한가히 세월 보니다.
Oléagineux 유긔잇다. Toutes les graines —
기룸 쌰는 둥속.
Oligarchie 과두졍치.
Olive 오리와 (mot chrétien). 감람
Olivier 감람슈.
Ombilic 비꼽.
Ombilical Cordon — 삼줄 le couper 삼갈으다(갈아,은)
Ombrage ombre 그늘. —, défiance. Prendre — 불쾌이 넉이다.
Ombrager 그늘치다. Etre — 그늘지다
Ombrageux
Ombre 그늘. — silhouette d. — projetée
par un corps 그림즈. Projeter de l. — 그
늘치다. Arbre qui [illegible] del. — 졍즈
나무. A l. — 읏달에 (읏달 opposé à 양
달 endroit au soleil). Suivre qqun comme son — 볏의것에 비달니다. Il n'
a pas l. — de sens commun 지각하나
업다. La gloire de ce monde passe comme l. — (comme la fumée) 세상
영광이 내와고치 헤여진다. = —, pré-
texte 핑계. Sous — de charité 인덕
으로 핑계하야. = — (des morts) 혼, 넉.

Ombrelle '일산, '양산. = s'en servir 양산 받다.

Ombrer

Omelette 닭의알 붓기.

Omettre *궐하다, *결실하다; = 색바치다, 색지우다 se dit des mots, des choses que l'on omet involontairement. = — une chose qu'on devrait dire, tromper par omission 긔이다, 긔우다 (여, 운); — en lisant, en écrivant 색여먹다,

Omettre une chose qu'on devrait dire, tromper par omission 긔이다, 긔우다.

Omission 궐함이

Omnipotence *무소불능

Omnibus

Omniscience *무소부지

Omoplate *갑골, *견골, *견박

On n'a pas d'équivalent. On le rend par fois par 사름; d'autres fois il se sous-entend, d'autres fois par un changement de tournure. Voici qq[ues] exemples. — se bat 싸호다, 싸홈이 낫다. Peut-on s'en servir 쓸만하냐, 쓰겟나냐. Que dit-on? 무슴 말들니나냐. — espère 바람잇다. — l'a dit... 드르즉. Est ainsi que l'on agit! 그리하다 말이냐.

Once 냥. Une — pesant 흔냥쭝. Le 냥 (1/16 du 근) vaut environ 30gr 70.

Oncle frère du père *삼촌, 진삼촌; frère de la mère 외삼촌; —, mari de la sœur du père *고모부; — mari de la — de la mère *이모부; Grand — 종조부

Le frère aîné du père *백부. 숙부

Onction Extrême — *종부.

Onctueux au physique 끼긴끼긴하다, 끼그럽다.

Onde 결, 물결.
Ondée 소낙이.
Ondoyant (foule) 우불우불하다; —, (étoffe) 어룽어룽하다.
Ondoyer Remuer comme la mer
—, baptiser sans solennité 대세붓치다, 대세주다. Être —ˣ대세하다, 대세받다(아,은).
Ondulation 결.
Onduler
Onéreux 부겁다 (거워,온). Devenir — 부거워지다. Être —, pénible 짐되다, 어렵다. = Souvent 되다(여,된), dur, serré.
Ongle 톱 s'emploie très rarement seul. On dit 손톱 (main), 발톱 (pieds).
Onglée Avoir l'— aux mains 손곱다(아,은), 손솔다(어,손), 손스리다; de aux pieds 발솔다, 발스리다. D'une façon générale 결히도록 솔다.
Onguent ˣ고약 = ˣ유고 précédé de l'agent pharmaceutique employé.
Onyx
Onze 열하나, 십일. Le — du mois 열하로
Onzième 열한재; 데십일. La — lune 십일월, 동지달.
Opale
Opaque
Opération 일. — militaire ˣ작전; — chirurgicale ˣ수술; = — en sciences math. ˣ운산; 연산=하다. Les 4 opérations (primaires)

Ontologie ˣ본유학 ˣ본체학

Opéra (pièce) ˣ악극; ˣ가극

소측, 가감, 슈혜 소측.

Opérer 하다, 일하다; — faire des manipulations 슈공하다; — (militairement) 칙령하다; — (chirurgie) ; — (calcul) 운산하다. = — avoir de l'effet (drogue, etc.) 효험 잇다.

Ophtalmie 안질.

Opiner . J'opine que ... 내소견에, 내소견대로, 내 생각에.

Opiniâtre 고집하다, 억척하다, 억척스럽다, 고집세다 (여,센), 견집하다, 고벽하다, 벽지다.

Opiniâtrement 억척하게. Nier (ou affirmer) — & effrontément 시세쓰다, 생떼쓰다, 생시세 바쓰다.

Opiniâtrer s'—, s'entêter 고집하다, 억척하다, 벽지다. — se (continuer malgré la peine ou la fatigue) 잡고하다, 곳하다.

Opiniâtreté 고집, 억견, 괴벽, 벽.

Opinion 남의, 뜻, 소견, 생각, 의견, 소원. Dans mon — 내소견에. Je suis aussi de cette — 나도그러타, 나도그리생각하다. C'est l'— de tout le monde 모든사람의공론이그러타; (론 & ses composés 공론, 의론 etc. se distinguent — manifestée). Chacun a son opinion (tot capita tot sensus) 각사람각 남의, 각인각식, 십인십식. Avoir bonne opinion de — 됴케녁이다. Avoir mauvaise — de 언잔케녁이다, 슈상이녁이다. Avoir bonne — de soi même 조긔를

빗다. Donner bonne — de soi 눈에들다 (entrer dans l'oeil). 됴케뵈다, 보기에닉넉호다. Il a surpassé l'— qu'on avait de lui 칭찬혼것보담, 오히려낫게호엿다.

Opium *아편연, 아연 Fumer l'— 아편먹다.

Opportun *당호다, 맛당호다.

Opportunité 당혼긔회, 됴흔긔회

Opposer — mettre un obstacle 막다 (아, 은), *방비호다; — objecter V. ce mot; —, mettre en parallèle 비기다, 비겨호다, 4 허다, 되다, 대허보다. s'— à *대적호다, 밧나다, 막으려호다, 당호려호다. — être —, en face, à l'opposite 마즌쪽, 마즌편; —, contraire *상반되다, 틀니다, 서로틀니다. être — à, s'opposer à 거스리다, *대적호다. s'— à qqun 우이다, 우으리다 (Au sens passif 우리어, 은), 우으러지다

Opposite 마즌쪽, 마즌편.

Opposition *반대 être en — 거스리다, = 어긔지다, 어긋지다 결우다 (워, 운) = — politique *반대, *반대당 = droit *반대투표 vote négatif.

Oppresser act. 답답히호다, 답답히구다 (러, 군). être — 갑갑호다, 답답호다, 울증나다 qui se disent au physique et au moral; — 헐덕이다, 숨차다, 갑부다 (갑바, 븐) qui ne se disent qu'au physique. — être — pour avoir trop mangé 트럿호다. 업누르다 (눌너, 누른) 누르다 = *압제호다.

Oppresseur . Gouvernement — 압제정치

Oppression physique. — de poitrine 울긔, 울증. — (par un oppresseur) *압제

Opprimer *압졔ᄒᆞ다, 보치다, 조르다(졸나,조른), = 못살게ᄒᆞ다, 부지못ᄒᆞ게ᄒᆞ다. Être — 압졔밧다(아,은), 졸니다, 부지못ᄒᆞ게되다.

Opprobre 망신. En être couvert = ᄒᆞ다, = 되다, = 보다. Devenir l'— de la famille 본호의 망신되다.

Optatif (gram) *원망법.

Optique, (science) *광학

Opter *소원ᄒᆞ다

Opticien

Optimisme *락텬쥬의

Option *소원. Donner l'— 소원밧다, 소원좃다(차.촌), 소원대로허급ᄒᆞ다. Je vous donne l'— 네 소원대로ᄒᆞ여라.

Optique 광학.

Opulence

Opulent *대부, 거부, 쟝자, 부가옹 = 가음여다(여러, 연).

Opuscule

Or (subst) métal *금, *황금 — en feuille 금박. Revêtir d'—, Dorer 금박올니다, 금올니다, 도금ᄒᆞ다. C'est une affaire d'— 큰 리ᄒᆞ 허불을거시라. = Monnaie d'— *금전, *금화

Or conjonction — se rend par l'apposit.

Oracle Consultation du démon par le sorcier 넉수리, 복수리. Consulter l'— 복수리ᄒᆞ다. Consulter l'— par un aveugle 판슈의게 복수리ᄒᆞ다. Les aveugles rendent les — au moyen du sort 판슈

Rendre un — (esprit) par la bouche du sorcier 공슈주다(어.준)

Orage — Ordonnée

1006/

들이 첩치고 대답 혼다.

Orage, de pluie seule, 소낙이; de pluie avec tonnerre *뢰우; — en mer, tempête *풍파.

Orageux (mer) 험ᄒᆞ다; — (temps, jour) 궂다 (구져, 진).

Oraison formule de prière, (v.g. collecte) *축문. (Pour les autres formules *경문). — mentale 묵상, *묵상공부.

Oral

Orange 귤, 귤즈; — douce (mandarine) *감즈; — sauvage *탱즈.

Oranger 귤나무, 탱즈나무.

Orateur beau parleur, v. Parleur. —, celui qui fait un discours *연스, 연설쟈, 변스.

Oratoire (subst.) 경당, 텬쥬당, 미사방. = — (lieu de réunion des chrétiens éloignés du Père) *강당, 공소, 공소방.

Oratoire (adj.)

Orbite (des astres) *궤도; — de la terre *황도

Orchestre 악긔, 음악긔. — militaire 군악긔

Ordinaire accoutumé *보통, 샹; *범샹 ᄒᆞ다, en agg. 범. = — vulgaire, commun 녜스, 녜스롭다 (로와, 온); = —, sans exagération, plutôt peu 여간 (usité surtout à la forme négative 여간아니라 pour signifier qqch. qui sort de l'—); = — qui n'a rien de spécial, d'extraordin- *심샹ᄒᆞ다

naire 가차ᄒᆞᆫ, = —, commun, moyen 보통. = — habituel 법졀, 법벽, 법ᄉᆞ, 법규. Les exercices — de piété 슈계법졀, 신공법졀. Les occupation — 법ᄉᆞ, ᄃᆞᆼ샹ᄉᆡᆼ활위. Les choses — de la vie, le train — 일용, ᄒᆞᆼ용, 생활일 = l' —, la dépense — de la maison 가용, 일용 = — l' —, ce qu'on a coutume de faire 법, 풍속. C'était l' — des anciens 녜법에 ... = Il n'est pas patient d' — 본ᄃᆡ춤을 셩 업다. Contre l' — 법 밧긔. A l' — 항샹ᄒᆞ는ᄃᆡ로. = l' —, l'Évêque diocésain 본쥬교, 본당쥬교.

*ᄎᆞ부, *본ᄎᆞ부

Ordinairement toujours ou à peu près ᄒᆞᆼ용, ᄃᆞᆼ샹이, ᄃᆞᆼ샹 ; — en moyenne 보통으로. = — indiquant une habitude ou un côté de caractère 본ᄃᆡ, 본래.

Ordinal nombre —

Ordination (cérémonie) 서품식. — (reçue ou conférée) 승품

Ordonnance d'une autorité 명, 령, 명령 (Autrefois pour le roi on disait 전교, et, pour une — rendue sur une proposition des grands 비답). — de médecin 방문, 약방문. Rendre une — ... 내다. = — disposition 졀례. = — bosseur d'un officier 장교졸졸, 졸졸 = officier d' — 전령ᄉᆞ관.

Ordonnateur

Ordonnée (correspondant à abcisse) 종선.

1008

Ordonner prescrire 식히다, *명하다, *분부하다. = —, fixer *명하다. — les peines 벌명하다. ≡ — les remèdes 약 명을내여주다, 약방문 내다. = —, mettre en ordre 추리다, *차례로 두다, *준비하다. = —, conférer les 1ers Ordres 신품에 올니다. Être — prêtre *정신부하다

Ordre commandement *명, *명령, *분부, en agg. *명 & surtout *령. Donner les — *명하다. Recevoir des — 명 받다, 명듣다; les exécuter ... *시행하다, 명대로하다. = Donner les — à des ouvriers 식히다, *지휘하다. Attendre les — de, se tenir aux — de *대령하다, *등대하다. ≡ —, arrangement *차례, *순서, *대차. Par —, en — 차례로, 출노출노. Mettre en — 추리다, 차리다, 차례로두다. Être en — 녹으러지다, de 가지런하다 (objets nombreux) 간잔조론하다, 간잔지런하다. Sans — *난잡하다, 뒤섞다 (거, 근), & les adverbes 난잡히, 뒤섞고, 뒤숭숭, 아모라게 ≡ — (militaire). formation 렬차 en agg. *렬, qqf. 차. — Mot d'— 암호, *군호. ≡ — du jour (militaire) 일일명령 de (assemblée) *외수일령. ≡ —, distribution des corps dans un état *품 ≡ — (de chevalerie, de décoration) *훈장. ≡ — sacrement *신품, *신품성사; — des clercs *성품, — sacrés *상급성품, — mineurs *하급성품 ≡ —, congrégation religieuse *회.

Ordure 츄훈것, 츄쵸훈것 / —, balayure 쓰레 —, excréments 똥, 두엄.

Ordurier 더럽다 (러워, 온).

Oreille 귀, en agg. 이 le trou de l. — 귀구녕. le lobe ou pavillon 귀박휘, 귀박회, le cerumen 귀에지. Boucle d' — 귀엿골, 귀에고리. Tirer l. — 귀룰잡다 (아, 은), 귀룰뜯다 (어, 은); Pincer l. — 귀룰쇠집다 (어, 은). avoir l. oreille fine 귀붉다 (아, 은). Avoir l. — dure 귀어둡다, (둡어, 온), 가는귀먹다, le plus dure 귀먹다, 귀막히다, d. absolument sourd 귀쳘벽얼다 (* le sourd se dira 쳘벽강산 : caillou, qui veut dire aussi bête). Les — cornent (ou tintent) 귀가 잉잉다. Avoir les — fatiguées ou rebattues 귀솔다 (어, 순). Parler à l. — 귀에대고말훈다. Arriver aux — (bruits, propos) 들니다, 귀에들니다. Prêter l. — 듯다 (드러, 은), 귀기우리다 (incliner l. oreille). Prêter l. — aux portes 엿듯다. Faire la sourde — 아니듯다, 아니듯눈테훈다. Ce qui lui entre par une — sort par l'autre 훈귀에듯고 훈귀로흘닌다. Se faire tirer l. — (faire à regret) 각가스로 후다. = Avoir l. — de qqun 소매에 넛다 (너허, 흔) (le fourrer dans sa manche). ≡ — d'un vase 귀, 족주리, 조자리.

귀속후다. —

귀쓰다 (써, 슨) dresser, ouvrir l. oreille

Oreiller 벼리. en agg. 침. — de bois 목침, — pneumatique 동침. Employer qq ch. com-

me oreiller, mettre sous sa tête 베다 (여, 벤)
Oreillon (maladie) 볼거리. Les païens disent 불거리 par superstition 항아리 손님.
Orfèvre 은장이 (pour l'argent), 금장이 (pour l'or), 금은장이 (pour les deux). Leur boutique 은방, 금방, 금은방.
Orfèvrerie selon la matière 은긔, 은붙이, 금긔, 금붙이.
Orfraie
Organe
Organique Substance — 유긔톄; matière — 유긔질, 유긔붙이; action — 유긔작용.
Organiser 준비하다, 출리다, 넙느다 & 넙느다 (느러, 는)
Orge 보리, en agg. 맥 = le blé & l'—보맥, 쾡맥. L'— est dit qqf. 대맥. Bonbon d'— (espèce de sucre d'—) 엿.
Orgelet, mal d'yeux 다락셰. 안흠.
Orgie
Orgue 풍금.
Orgueil 교, 교오, 오심, 교긔, 교샤.
Orgueilleusement 교만히.
Orgueilleux 교만하다, 오하다, 교샤하다. 교오만하다 (하, 한) = 오심부리다.
Orient (est) 동, 동편. Les pays d'— 동국. L'Extrême — 극동.
Orientation 향방 = 방각 —, méthode pour s'orienter 방위술, 방위.

Orienter S'— (techn.) *방각을지ᄒᆞ다. — Plus souvent *향방ᄒᆞ다, *향방찻다 (자져, 즌) (향방 ou 방향 étant la direction de marche). Vulgo on dit 남편쪽찻다 : chercher le Sud.

Orifice 구녕, 아가리, 닙.

Oriflamme *긔, 쇼긔.

Originaire . Pour les objets, le mot se sous entend souvent : *양물 chose — d'Europe. = On emploiera qqf le mot *산 : *서산나귀 âne — de Chine (ouest), *토산나귀 âne — de Corée. — Pour les hommes : *태싱 . = —, qui on a de naissance *태즁 ; *투고나다 (naître avec). Infirmité — *태즁병신. Chrétien — (dont les parents étaient chrétiens) *태즁교우.

Lieu d'où on est — *고향, *본향, *본고향, = *태싱

Originairement *원간. = 본ᄃᆡ, 본ᄅᆡ = 원ᄐᆞᆫ.

Original, premier en date, en agg. *근본, *근원 ; — (opposé à copie) *본ᄂᆡ, *본서, *원ᄂᆡ, *원본, *졍본 ; —, singulier *별, *ᄋᆡ샹ᄒᆞ다, 앰ᄒᆞ다. = (personne) 앰궂다 (구져, 진)

Origine *근본, *근원, = *발ᄒᆡ ; = 비로솜, 비로소. Il tire son — des Empereurs 황뎨의ᄌᆞ손일다. — de la noblesse 냥반의발ᄒᆡ.

Originel *원. Péché — *원죄.

Originellement 본ᄃᆡ, 본ᄅᆡ. = 원ᄐᆞᆫ.

Oripeau

Orme 느릅나무 (orme champêtre à petite feuille, ulmus campestris), 늘릅나무, (ulmus montana, var. jap.), 스므나무. = Le

1012/

느릅나무 est de la même famille (Ulmacées), mais c'est un planère (Planère du Japon).

Ormeau arbre V. Orme. — coquillage 전복 (On y trouve des perles).

Ornement — de toilette 치장거리 (치장하다 faire toilette). = — sacerdotaux *제복 = *제의 qui désigne surtout la chasuble.

Orner 꾸미다.

Ornithologie *금조학

Ornière

Orphelin 부모없다, *무부모하다. = 외롭다 (로와, 론) se dit de quiconque (adulte ou enfant) n'a plus de parents proches. = — abandonné *고아.

Orphelinat *고아원.

Orphéon

Orteil 발가락. Le gros — 엄지발가락.

Orthodoxe Eglise — 정교회.

Orthodoxie 정교, 정도, 진도.

Orthographe *철자법. Faute d' — 그릇 쓴 글; *오자.

Ortie proprement dite 억새, 왁새. = — cultivée pour faire de la toile 모시 (Urtica nivea).

Os 뼈, vulg. 뼉다기, en agg. 골. Chair et — 골육 (친골육되다 se dit de parents très proches). N'avoir que la peau et les — 바싹 마르다 (말나. 마른).

Osciller

Oseille 싀엉, 싀엉나물 = 시근치 et 시근초

sont plutôt l'épinard.

Oser Pas de verbe équivalent ; mais l'adverbe 감히 donne ce sens. — faire 감히 하다. Comment osez-vous faire cela 엇지 감히 그리 하나냐. Je n'— pas 감히 못하겟다, 무서워 못하겟다 (crainte d'un danger), 어려워 못하겟다 (timidité devant un supérieur).

Osier 긔흑 (salix argophylla). (Est peu commun. Pour les travaux de vannerie, on se sert du saule 버들나무 & du 싸리나무).

Osselet

Ossement 새, 골.

Ossuaire

Ostéologie 골학 Ostensiblement 드러나게.

Ostensoir *성광.

Ostentation 자랑.

Ostracisme

Otage 인질, 볼모. Être pris comme — 볼모하다.

Otarie 회리.

Oter détruire 업시하다; —, éloigner 물니다, 치우다 (워, 운), 치앗다 (아셔, 아슨) = 앗다. — de force, enlever 쌔앗다. = — (ses chapeau, ses habits, etc) 벗다 (벗셔, 슨). Se — à qqun 벗기다. — cela 집어아셔라, 물녀가거라, 치워아셔라. S'— d'une place 물너가다. Je ne saurais m'— cette pensée 그 생각 물닐 슈 업다.

Ou conjonction marquant l'alternative 혹 qu'on supprime le plus souvent. L'idée de —

Ou — Outil

1014

se rend par 나 ou 이나 ajouté aux substantif & les formes verbales en 나 ou en지. = Voici qques exemples. Jean ou Pierre 요왕이나 베드록나. Plus — moins 더홀던 저덜홀던지. de cette façon ou d'une autre 이리나 져리나, 이리하나 져리하나, 이리하던지 져리하던지. Je ne sais s'il est allé ou non 갓지 아니갓지 보롤다. = Est-ce lui ou un autre 그사룸이나 다룬사룸이나.

Où adv. le lieu 어듸 qui se décline. — allez vous 어듸로 가나냐. D'où venez vous? 어듸셔 오나냐. D. — êtes vous 어듸사룸이냐 = —, relatif n'a pas d'équivalent. Comme les autres relatifs il se traduit surtout par les participes. L'endroit où j'habite 나사는 디방. Le village où je vais 가는 동니. Voyez l'état — je suis réduit 내된디경을보아라.

Ouate 솜, 소음.

Ouaté 솜, suivi du nom de la chose — Couverture — 솜니불. Gilet — 솜져구리. Pour les habits — très légèrement, au lieu de 솜, on dira 차렵.

Ouater 솜넛타 (너허, 흔).

Oubli 닛기.

Oublier 닛다 (니져, 즌). 니져부리다, 망각 닛치다 홀다. S. — soi même 제몸도라보지안다.

Oublieux 닛을줄 업다.

Ouest 셔, 셔편. Vent d'. — 셔풍.

Oui le supérieur dit 오냐; l'inférieur 예; mais le plus souvent on répond par un verbe. Est-il ici? — Oui 여긔잇나냐 — 잇다. Souvent on se sert du verbe 그러타 (cela est ainsi), ou du verbe 올타 (c'est juste). Il dit tantôt —, tantôt — 엇던때 그러타 ᄒᆞ고 엇던 때 아니라 ᄒᆞᆫ다. Répondez oui ou
V. non
non 그러타 ᄒᆞ던지 아니라 ᄒᆞ던지 ᄃᆡ답ᄒᆞ여라.

Oui dire . Je ne le sais que par — 듯기만 ᄒᆞ엿다.

Ouïe

Ouïes des poissons 아감, 조름. La lame osseuse qui les protége 귀ᄯᅢᆨ이 (joue).

Ouïr 듯다 (드러, 드ᄅᆞᆫ). Je l'ai ouï dire à Pierre 베드로 안테 드럿다.

Ouragan* 대풍, 풍파.

Ourdir 날다 (아, 난), 벱ᄯᆞ다 (ᄯᅡ, ᄯᆞᆫ). — une pièce de toile 뵈 날다. = — une trahison 간사ᄒᆞᆫ 계교를 ᄭᅮᆷ이다.

Ourler 감치다, 단 본돌다 (드러, 드ᄅᆞᆫ), 도련ᄒᆞ다, 선두르다 (둘너, 두ᄅᆞᆫ).

Ourlet large 단, — étroit 도련.

Ours 곰, — en agg. *웅

Ourse constellation. La grande — 북신, 북셩, 북두, 북두칠셩. La petite est peu connue. Maintenant, les intellectuels disent: grande — 대웅셩, petite — 쇼웅셩

Outarde 너새 (Otis tarda).

Outil 연장 = 긔계 qui se dit des — et des

machines.

Outrage 욕.

Outrageant 욕되다. = 불공ᄒᆞ다.

Outrager 욕ᄒᆞ다, 욕질ᄒᆞ다. Être — 욕먹다, 욕보다, 욕듯다.

Outrageusement 욕되게.

Outrance à — 억척ᄒᆞ게, 잡고.

Outré (irrité). — (à bien, etc) 가죽부대

Outre (prép.), en dehors de 밧게, — au delà de 넘어 (mont). 건너 (rivière). — —, dans une énumération, se traduit souvent par 고ᄉᆞᄒᆞ고 (고ᄉᆞᄒᆞ다 ne pas parler ou ne plus parler de). En — 그 밧긔, 그 외에, ᄯᅩ. Passer — 지나가다, 그저지나가다. Percer d'— en — 쎄뚤다.

Outré excessif 과ᄒᆞ다, 넘우과ᄒᆞ다. Il est — dans tout ce qu'il fait 무ᄉᆞᆫ일ᄒᆞ던지 ᄒᆞᆼ샹과ᄒᆞ다 ... ᄒᆞᆼ샹과히ᄒᆞ다. = —, — de colère 대로ᄒᆞ다, 분에못견듸다, 분을이긔지못ᄒᆞ다. = — de douleur 낙심에 원통하못견듸다, 죽게슬퍼ᄒᆞ다.

Outre-cuidance

Outre-mesure 넘우, 과히, 넘우과히.

Outrepasser 넘다 (어,은), 넘치다, 지나다, 지나가다.

Outrer, pousser trop loin 과히ᄒᆞ다, en agi: 과.

Ouvert Être — 열니다. = parfois 터지다 (c'est 터지다 qu'on emploie pour les habits non fermés). = —, au moral, franc, sincère *고지식하다, *진실하다, 바르다 (발나, 바른). Parler à cœur — 흉을 플다 (어, 풀). Un visage — 화평한 긔색. Avoir l'esprit — 명오붉다, *명백하다, 쇽쇽하다. Recevoir à bras — 반갑게 되졉하다, 반가히 되졉하다. A force — 억지로, 강박하야

서그러지다, 서그럽다 qui veulent dire aussi avoir des idées larges.

Ouvertement 붉히, 명백이, 바로

Ouverture porte ou fenêtre 넌, —, entrée 넌 On dira aussi *구. 아가리 (gueule). — petite, fente 틈, — — moyen *슈, 법, 길, 틈. Donner les — pour une entreprise 길 열어주다, 틈내다. — —, action d'ouvrir 열기. — d'une assemblée (cérémonie) *리회식 = — en agg. *리.

Ouvrable jour — 일하는 날.

Ouvrage 일, *역스, *공부, en agg. *공.

Ouvré

Ouvrer

Ouvrier artisan *공인, *장인; plus souvent 일군, *역스군, —, manœuvre 보군.

*역부, *로동쟈

Ouvrir 열다 (어, 은), — & laisser ouvert 열어두다, 열어노타. = — les yeux 눈쓰다 (써, 쓴) se au moral, 긔닷다 (다라, 다른); — la bouche 입 버리다; — la main 손펴다 (펴, 편), 손 버리다; — (un sac, etc) 버리다; — (un parapluie) 도다; — une lettre 도편지 서다 (어, 서인); — son cœur 흉을 플다 (어, 풀); — (un passage, une porte dans un mur) 트다 (러, 튼), 구녕트다,

S'ouvrir (se confier. être franc...) 속주다

벌리다, 일내다; = Commencer 시작하다. — 개시하다, en agr.* 개. — une séance (assemblée)* 개회하다; — une école* 개교하다, etc.
≡ S'. — 열니다; De (fleur) 퓌다. S'—, se fendre 터지다, 튼나다. 벌다 (어, 번), 벌어지다
= S'— un chemin (à la foule) 길 틀다 (어, 튼), ... 헤치고나가다.

Ouvroir

Ovaire (anatomie)* 조실*, 란소 (Botan)* 자방.

Ovale

Ovation

Ovipare Génération —* 란생.

Oxyde de ... ...*산화 ...

Oxyder S'— 녹나다

Oxygène 산소.

Pacage

Pachyderme * 후피슈.

Pacifier 안연케하다.

Pacifique 순하다, 안존하다. en agr.* 안, 평.
— L'Océan — 태평양.

Pacifiquement 순하게, 안연이.

Pacotille

Pacte 언약, 상약, 약됴, 그약.

Paganisme *외교.

Page (subst. masc.) — domestique. Ceux des mandarins se disaient *통인, 방ㅈ ; ceux du roi *대뎐별감; *홍의 별감. == —, (subst. fém.) — d'un livre *쟝. — *쟝 veut dire aussi le feuillet entier : recto & verso. Quand il faut distinguer on dira 쪽 — des journaux *면.

—(maison princière) *가동

Pagode le nom général est *당 qu'on spécifiera selon sa destination. — bonzerie 졀, en agg. *ㅅ ; = — tour bouddhique *탑.

Païen *외인, *외교인.

Paillasse 요, 집요.

Paillasson 방셕, 멍셕, 거젹.

Paille 집 ; — (défaut d'un métal) 티.

Paillette *사금. On voit, dans le ruisseau, briller des paillettes d'or 시쳔 물에 사금 번작번작 ᄒᆞ다 … 번젹 번젹 ᄒᆞ다.

Pain de blé *밀떡, 빌떡. Un — (une masse) 덩이. Un — de cire 밀 ᄒᆞᆫ 덩이

Pair (subst.) — du royaume *귀족. Sa femme *귀족부인. Chambre des — *귀족의원. Les membres 귀족의원.

Pair (adj.) — divisible par deux. Nombre — *우수, *쌍수 = vulg. 쌱 마전 수, 쌱 맞는 수. Jouer à — ou non 썩국ᄒᆞ다 (ce n'est pas ici le même jeu, puisque pour gagner, il

1020/

faut deviner le nombre exact. = Être de —, marcher de — 서로벗다(어,은). On dit plus souvent 아시지다 : ne pas être inférieur. Vouloir aller de pair avec... ...
아시지라고하다. Traiter de — à égal 동등으로 대접하다.

Paire 쌍, 거리, 켜레 .. V. numéral. Les mots ci-dessus ne se disent que des choses séparées ou, au moins, séparables. Pour une — de pantalons, on dira 바지한벌.

Pairie *귀족작위.

Paisible *안연하다, *안춘하다 ; = *평안하다 (sentiments, contenance), —*고요하다 (lieu). = —, sans souci *안평하다.

Paisiblement 안연이. 안평이.

Paître (l'herbe) (풀) 뜯어먹다 (어,은).

Paix *평화, *화평 = 평안하기 ....
— profonde *대평. Être en — *평안하다, (p: entre pays) *화평하다 ; — de (entre particuliers) *화평하다, *화목하다, *화합하다. Faire la — (nations) *화친하다, *강화하다 (D'où les négociations pour la paix *강화담판 ; les conditions de — *강화조건 ; le traité de — *강화도약).
Avoir l'esprit en — *안심하다, 마음이 태평하다. N'être pas en — avec soi-même 마음이복이다, 마음이늘복이다. = —, (interjection), silence! 가만있거라, 요란하지마라 On dit très souvent *요란

쥐다 : "on fait du bruit" ; — sans rien ajouter

Pal

Palais du roi *대궐 ; — ordinaire, — des princes *궁. = — de la bouche 입천장, 입하날

Palanquin v. Chaise.

Pale (rame) 삽분 ; — d'aviron

Pâle (de visage) On dit jaune : 누르다 (르러, 누른). Être — (par suite de maladie) 희열식하다. Être — comme la mort 혈기하나 업다. = —, peu foncé (couleur)

Palefrenier *마부.

Palet 복치, 복치하. Jeu du — 복치. Jouer au — 횡개치다. On dit souvent 돈치다, parce qu'on se sert de sapèques.

Pâleur 누른빗.

Palier

Palinodie

Pâlir *질식하다, *실색하다, 누르러지다. — et rougir tour à tour 누르락 블그락하다. = — (chose dont la couleur disparait petit à petit) *변색하다.

Palissade 난간. Faire une — 난간치다. — (fortific.) *채책.

Palle ou calice *성포. 성작개.

Palladium

Palliatif

Pallier (cacher) 감초다 (아, 촌) ; — (une faute, chercher à excuser) 둘업다 (허, 흔), —, déguiser 횡게하다.

Palme Donner la — (à qqun) 한주다 (어,준).
Palmier
Palmipède
Palourde coquillage 죠리.
Palpable qu'on peut toucher 모질만ᄒᆞ다
— clair, évident *명빅ᄒᆞ다, 붉다(아,은).
Palper 만지다 & 문지다, 만질만질ᄒᆞ다.
= —, masser, frictionner 줌으르다(울너, 으른), 줌으록줌으록ᄒᆞ다.
Palpitation (du coeur maladie) *정층증.
Palpiter 벌벌ᄯᅱ다, 벌벌ᄯᅥ다 (ᄯᅥ,ᄯᅥᆫ) 두근거리다, 두근두근ᄒᆞ다, 도근도근ᄒᆞ다.
Pâmer se — 긔막히다, 긔노다, 정신일다 = 까므러지다
Pamoison tomber en — v. Pâmer
Revenir de — 정신ᄎᆞ리다, ᄭᆡ여나다.
Pampa 초원.
Pamphlet qu'on fait circuler *소발통문.
Pamplemousse
Pampre 포도슌.
Pan de muraille 벽보롬이; — d'habit 옷자락
Panacée *만병약, *만병통치. = — qui empêche de vieillir *불노약; — qui empêche de mourir *불ᄉᆞ약.
Panache , — de plume 상모; — de plumes de paon 공작미, 공작우 (litt. queue de paon).
Panaché
Panade 떡국죽.
Panais
Panari

Pancarte 방.
Panégyrique 찬, 찬송.
Panier 광주리, 바구니, 고리석, 구럭, 망태.
Panique terreur — 헛겁. En être frappé
헛겁내다, 공겁내다; 공공놀나다.
Panne graisse du ventre des animaux 발기름.
— accident de moteur
Panneau de menuiserie
=—, piége. donner dans le — 속다(아,은).
Panoplie
Panorama '물경, '물광. —(dessin) '회대화
Panse 배, popul. 배때기
Panser une plaie 약붙치다, — des bestiaux 보다 (아,본). (s'occuper de).
Pantalon 바지. = — simple (dit) 고의, 홑의. = — double 겹바지, — ouaté 솜바지.
= — de femme 고쟁이.
Pantelant
Panthéisme '만유신교, '우유즉신론; '범신교
Panthère '표, '표범. On dit aussi 바둑범
qui se dit de tous les grands félins mouchetés.
Pantin 망석중.
Pantomètre de proportion
— d'arpentage (équerre —) 측각기.
Pantomime
Pantoufle
Paon 공작이. Les plumes de la queue 공작미.
Papa 아버지. appeler son — 아비를 부르다.
Pape '교화황; '교종 = '법황(Jap.), '교황(id.).

<u>Paperasse</u> —, papier mis au rebut 슈지

<u>Papeterie</u> fabrique de papier 지소, 지통 / —, magasin de vente 지뎐

<u>Papier</u> 조희, 됴희, en agg. *지 = — (à écrire) coréen ordinaire 백지. De qualité supérieure *명지; — réglé *인찰지; — européen *양지, = — pour portes & fenêtres *창지; = — à tapisser *도벽지 (s'il est à fleurs, ou en couleurs, on dira parfois *릉화지); — grossier qu'on colle en première couche *바분지; — huilé pour imperméable *유지; — huilé pour parquet *장판 — de rebut, vieux — *슈지. ≡ — en rouleau 두루마리, *듀지; — hygiénique — pour la garde robe 뒤지. = — épinceau *지필; —, pinceau & encre *지필묵. Corde en — 됴희노. Fabriquer le papier 됴희 쓰다 (써, 쓴); le lustrer en le battant *도침하다. Le murier à — 닥나무. Son écorce 닥, 닥겁질. ≡ —, titre, contrat *문서. ≡ — monnaie, billet de banque *지전, *지화.

<u>Papille</u> (de la langue) 혀바늘

<u>Papillon</u> 나뷔.

<u>Paquebot</u> *화륜션, *륜션; — (poste) *우션.

<u>Paquerette</u>

<u>Pâques</u> La fête de — 부활쳠례.

<u>Paquet</u> 뭉텅이, 수렁이 / — enveloppe de papier *봉지 (qui se dit aussi de l'enveloppe,

& notamment les enveloppes de lettres; —de médecine 첩 … — à porter 짐, — enveloppe porté sur le dos 보짐. Mettre en — 싸다. Faire ses — 짐거두다. Hasarder le — 되는대로하여보다.

Par (prép.) se rend le plus souvent par l'instrumental. — où? 어듸로, 어나편으로. Par ici (mouvement) 이리로; de (sans mouvement) 이편에. Par ci par là (espace) 이리저리; de (temps) 잇다감, 혹, 혹시, 엇던때. Par tout l'univers 보편히. Passer — la ville 읍으로지나가다.

— indiquant la cause se rend ordinairement par l'instrumental, qqf. par 인하야 or 빌미암아 qqf. par le participe. — envie 질투로, 질투하기로, 질투하야; — imprudence 됴심치아니한닭으로, 됴심아니하기에 … 아니하기로 = —, pendant. Il est difficile de marcher — un grand vent 큰바람불때면단니기어렵다. = —, au travers de … se rend par le locatif ou l'instrumental. Traîner par les rues 길거리에 or 길거리로잇글다. ≡ —, après un verbe passif se rend par le Datif. Être pris par les policemen 순금의게잡히다. Être interrogé — le mandarin 관장의게문복하다. Pourtant, avec une chose inanimée on mettra le locatif. Être blessé par un couteau 칼에상하다.

—, par égard pour : Per Omnium N. J. C. 오즉그리스도를 위하야 …
Parabole allégorie 비유. — (en géométrie) 포물션.
Parachute *락하산.
Parachever 다하다, 맛치다, 치룩다 *조룩다 (워, 운).
Parade . Faire — le *조관하다, *곤금하다.
Paradis céleste *텬당, — terrestre *디당
Parage *디방, *근쳐.
Paragraphe 귀졀.
Paraître 뵈다, 보이다. = —, se montrer 드러나다, 나타나다, *발현하다. Faire — 드러내다, 나타내다, *발현하다. Ne pas laisser — 감초다 (아, 촌). Ne vouloir point — 숨으려하다.
Parallèle (géométr) *평힝. Ligne — *평힝션; plan — *평힝면. = — (géographie) ligne de latitude *위션. — — (littérature) *류수지분. Mettre en — 비기다. ≡ Ds la langue vulgaire, pour deux lignes plus ou moins —, on dira 엉긋하다. — (gymnastique) *평힝봉
Parallélipipède *평힝륙면톄, — droit *직평힝륙면톄; — oblique *사평힝륙면톄; — rectangle *직각평힝륙면톄.
Parallélogramme *평힝스변형, *평힝스각형; — rectangle *직각평힝스변형.

— des forces (mécan) *사력방형.

Paralyser être — 중풍맛다, *반신불슈ᄒᆞ다, *젼신불슈ᄒᆞ다.

*중풍 Paralysie *위병. — (hémiplégie) *반신불슈 | — complète *젼신불슈.

Parapet (de pont, de belvedère, etc.) en bois 난간 | — en pierres 담. = — de fortification *벽.

Paraphe *슈결, *표.

Paraphrase 돌님, *쥬.

Paraphraser 돌다 (어, 돈), 쥬내다.

Se servir d'un —, s'abriter sous un — 양산받다 (아, 은) (on devrait dire 비받다, on ne le dit jamais = pour l'ombrelle on dit assez souvent 볏받다.) Parapluie *우산 (on dit plus souvent *양산 (poisard). Ouvrir 펴다. Refermer 거두다.

Parasite (insecte) *긔싱츙 ; — (plante) *긔싱식물 ; = — (personnes) 걸릭, *탐식직, *취식직.

Parasol *일산, *양산.

Paratonnerre *뢰데, *뢰뢰긔 ; *뢰뢰침, *뢰뎐철

Paravent *병풍.

Parbleu! 아므렴, 그렴. Parc *동산, *원.

Parcelle 부스럭이, 바스락이, *조각.

Parce que se rend par les formes dites causatives : ᄒᆞ닛가, ᄒᆞ니가니, ᄒᆞ니간도로, ᄒᆞ기로, ᄒᆞ기에, ᄒᆞ길니, ᄒᆞᆫ고로, ᄒᆞᆫ고로, etc.

Parchemin *역지, *뢰지.

Parcimonie

*쥬힝ᄒᆞ다, *슌힝ᄒᆞ다 Parcourir un pays 도라단니다. — (du regard : livre etc) 열너보다, 열퇴보다, 잠간보다.

Pardon *용서, 관서. Demander – 빌다 (어, 빈). 용서하기를 구하다. Avouer sa faute & demander – *사과하다. Obtenir le – 죄를 벗하다, 벌을 면하다, 죄를 아니 넘다, ... 죄사함을 얻다.

Pardonnable 용서할만하다.

Pardonner *용서하다, *관서하다, 죄를 면하야주다, 죄를 사하다. – (oublier, négliger une offense) 접다 (어, 은). Pardonnez moi (Before ....) 노여워하지 마옵시오, 언잖게 녁이지 맙시오, 노하지 마오, etc. Ne se rien – 저의 비죄라도 대죄로 알다, 즉죄를 엄칙하다. Se – tout & rien aux autres 남의 한 거술 대수로 알고 져하는 거술 우습게 알다.

Pareil égal, semblable 곧다, (하, 흔), –, de même genre 그런. A-t-on jamais vu pareille chose 그런 것 누가 보앗나냐. Rendre la – 갑다 (하, 흔), 보복하다. (Le – Dit alors 되거리). Rendre la – en bien 은혜를 갑다, *보은하다, Id. en mal *분늑의하다, *설분하다, *설한하다, 설치하다 (V. se venger).

Pareillement 곳치, 그러게, 처럼.

Parement

Parent *일가, *일족, 겨레, *친족; – proches *지친; proches (jusqu'au le 8e ou 9e degré) on les appelle *당내. = – très proches *골육 (chair & os). Être – – né d'une concubine *서족

일가되다. Être proche — 일가갓갑다(가와, 가온). Être parent éloigné 일가멀다(어,먼). Le traiter comme — (étranger) 졀의ᄒᆞ다. = — le père & la mère 부모.

Parenté *일가, 겨레, *일가붙츅. — du côté paternel 친가, du côté maternel 외가, 외족; — du côté de la femme *쳐가, *쳐족; — du côté du mari *싀일가.

Parenthèse *경계. Le signe de la — 괄호. En arithm. alg. etc. pour distinguer les diverses — qui en renferment d'autres, on dit s'il y a lieu *대괄호, 즁괄호, 소괄호; & on appelle *괄션 le trait qui parfois en tient lieu, comme, par exemple, quand on écrit $\overline{12-9}\times 4$ au lieu de $(12-9)\times 4$.

Parer orner 쑤미다, *치장ᄒᆞ다. Le — 몸을쑤미다, 몸치장ᄒᆞ다, *치장ᄒᆞ다. = — (un coup) 막다(아,은); — avec le bouclier 방패로막다.

Paresse 게어롬기, 희티, 나태. La — alourdit l'esprit 희티로ᄆᆞᄋᆞᆷ느러진다.

Paresseux 게어롭다(워,어온), *희티ᄒᆞ다, *나ᄐᆡᄒᆞ다, 느르혈은ᄒᆞ다. Un — 나뢰, 늘보, 노리광이, 게어론쟝이.

Parfaire

Parfait *극진ᄒᆞ다, 미호ᄒᆞ다, *구비ᄒᆞ다, = 더할슈엄다. = —, temps de verbe *과시, 과거. Plus que — 대과시, 대과거. = —, en term. mathématique *오완젼. Carré —

*보ᄒᆞ다
De Dieu*, on dira qu'il a *박젼박덕, *박젼미호 & autres expressions semblables
*지션지셩ᄒᆞ다
Homme — *지덕지인

(nombre) *완전방수 ; Cube—*완전립방수, Egalité —*완전동등.
Parfaitement très bien 깨끗하게 ; —, complètement 온전히 ; — minutieusement 알뜰히 ; — clairement 조세히, 명백이. 밝히. = — suivi d'un adjectif 지극히, en agg. *지 . — bon 지극히선하다, *지선하다.
Parfois 엇던때, 엇다감, 혹간.
Parfum *향, *향내, *향취, *향긔. Brûler des parfums 향을픠다 (x 픠우다) ; *분향하다. Pierre à — (devant les tombeaux) 상돌. Sachet à — 향주머니 향돌
Parfumer répandre une bonne odeur 향긔롭다 (로와, 온), 쏫답다 (다와, 온), 향내나다, 향취잇다, 향긔잇다. = —, mettre des parfums.
Se — . (Les vieux coréens disaient 향내차다 : avoir un sachet de parfums à la ceinture).
Pari 나기, 내기. Enjeu du — 내기전
Paria
Parier 내기하다,
Pariétaire 쇼텰.
Parité 조기, en agg. 동.
Parjure *위증.
Parjurer se — 맹세를비반하다
Parlement *국회. Membre du — *국회의원
Parlementaire (en guerre) *군사 (軍使)
Parlementer *강화하다. Demander à —

강화를 쳥ᄒᆞ다.

Parler 말ᄒᆞ다 ; — du prochain 남 흉보다, 남 니아기ᄒᆞ다 — à tort & à travers 남의 시비 쟝난ᄒᆞ다. Chose dont on — beaucoup 파다ᄒᆞ다. Ne pas savoir — 말ᄒᆞᆯ줄 모르다. Enseigner à — 말 ᄀᆞᄅᆞ치다. — difficilement, avec la langue embarrassée 혀 곳다 (어, 된). 혀가 벗벗ᄒᆞ다 — haut 말 크게 ᄒᆞ다 ; — bas 가만히 말ᄒᆞ다, 수군수군 말ᄒᆞ다 (말 ᄂᆞᆺ게 ᄒᆞ다 voudrait dire employer les formules peu polies). — peu 말 조곰ᄒᆞ다. D'un homme qui parle peu, on dit 입 무겁다, 입 ᄯᅳ다 (ᄯᅥ, ᄯᅳᆫ). = — trop vite (sans attendre le bon moment) 입 바르다 (발나, 바른). = 입 가바얍다 (야와, 온), 입 쉬다, ces deux derniers voulant dire aussi parler trop 말 만타. = Ne pouvoir s'empêcher de — 말 ᄎᆞᆷ지 못ᄒᆞ다. Ne me parlez pas de cela 그 말 마라. = — mal à propos 말 실슈ᄒᆞ다 ; — incorrectement 말 서투루다 (투러 & 투루니, 투룬). — coréen 죠션말 ᄒᆞ다. Parlons d'autre chose 다ᄅᆞᆫ 말ᄒᆞ자. On parle beaucoup de ... 말 만히 듯ᄂᆞᆫ다, 파다ᄒᆞ다, 사ᄅᆞᆷ의 공론이 만타, 시비 만타. = Faire parler de soi 말 식히다 inusité : on dit : entendre. v.g. Faire — de soi en bien 됴흔 말 듯다 ; — en mal 언잔흔 말 듯다.

Parler trop vite (précipiter sa diction) 말 모라ᄒᆞ다 (몰다 (모라, 몬) chasser devant soi)

Parleur qui parle beaucoup 말군, 말쟁이,

1032

=말말하다, 입저다 : = — qui parle bien, beau — 호변객, 변ᄉ, 첩첩리구 ; = 호변하다, 구변잇다.

Parloir 사랑, 응접실.

Parmi 가온데, 줄에, — 사이.

Parodier .(pgues) 흉내다) — de (imiter ses paroles) 입내내다.

Paroi 벽 .

Paroisse

Parole 말, honorif. 말솜, en agg. 언, 어, 화 = —, le son de la voix 목소리. Donner sa — 허락하다, 언급하다, 언구하다, 령하다, 작령하다, 뇌령하다. N'avoir qu'une parole 쏙하다. Manquer à sa — 식언하다, 변역하다. Homme sans — 밋을수업다, 말밋을수업다. Cajoler par de belles — 도흔말노흑리다.

Paroxysme 재, 겁려 —(d'une crise d'une maladie) 고븨, 고ᄉ락.

Parquer

Parquet plancher 마로.

Parrain 대부.

Parricide 강상죄, en agg. 시. le dit du meurtre non seulement des parents, mais des oncles, beaux parents, — du maître (pour un esclave), du roi, du propre Mandarin. — (du père) 살부, 시부 (父), —(de la mère) 살모, 시모, — du mari 살부, 시부 (夫) = serpent — 살모사

serpent venimeux qui, dit-on, tue sa mère en naissant.

Passemer 새리다.

Faire des — 북짓다 (지어, 온)

Part portion 북, 북시, 깃, 분깃. Donner à chacun sa — 각각뎌의북시를논화주다. Avoir — à 동ᄒᆞ다. Prendre part — (matériellement ou moralement) 참례ᄒᆞ다. 참섭ᄒᆞ다— Avoir — aux profits & pertes 동ᄉᆞᄒᆞ다. Prendre — à un crime 죄를참례ᄒᆞ다, 죄에걸니다, 죄에얽히다. Faire — d'une nouvelle 통ᄒᆞ다, 알니다, 알게ᄒᆞ다, 통긔ᄒᆞ다, 통지ᄒᆞ다. Lettre de faire — d'un décès 부고. = Prendre — à la joie ᄀᆞ치즐기다, — à la douleur ᄀᆞ치셟다, 동ᄉᆞ졍ᄒᆞ다, 동인졍ᄒᆞ다. Faire part de ce qu'on possède 통ᄒᆞ야주다 — La plupart se rend par 흔ᄒᆞ다 (nombreux). La plupart du temps 흔히. = De la — de . Appelez de ma — 내가부르다ᄒᆞ여라. Saluez de ma — 내가문안ᄒᆞ다ᄒᆞ여라. Je vous salue de la — de Jean 요안이문안ᄒᆞᆸᄂᆡ다. = Je le sais de bonne — 밋을만ᄒᆞᆫ듸셔알앗다. Prendre en bonne — 됴화ᄒᆞ다; — & reconnaître sa faute 갊복ᄒᆞ다. Prendre en mauvaise — 됴하아니ᄒᆞ다, 언잔케녁이다, 비안케녁이다. = Mettre autre — ᄯᆞᆫ듸에두다, 다른듸에두다. Je ne l'ai vu nulle — 아모듸셔도볼일업다, 아모듸나볼일업다. = D'autre —, en outre 그외에, 그밧긔, 쏘. De — & d'autre (mutuellement) 서로, 피초. De toutes — 사면에, 사면으로, 사방에. De — en — Percer de — en — 스뭇츠다 ~~우게쏠다~~ (쳐, 촌). 스뭇쏠다 (어, 쏜). = A — 새로. Mettre à — 새로 두다. Appeler qqun à — 새로 부르다. Vivre à' —, être à — (seule) 외사다 (사러, 산).

Partage action de partager 난호기. — lot obtenu 복, 복시 = En arith. — proportionnel, répartition proportionnelle 안분비례 — Géog. Ligne de — des eaux 분슈선.

Partager 난호다 × 논호다 (화, 혼), 논호다 (논하, 논흔); 분리호다; 분하호다; 분파호다, *분벽호다 *분깃호다; 깃분호다; 가분호다. — ses biens (entre ses héritiers) *분리호다. = — en deux 반식 난호다; — en trois, en quatre *솟분파호다, 소분파호다. Se —, être — 난호이다, = 갈니다 qui se dit surtout de choses longues — Dans le sens de la longueur. La rivière se — en 2 branches 강 닐이 네 갈닉로 갈닌다. (Un chemin) se — ent 네 거리로 ∧ 네 갈닉로 갈니다. La noble Corée se — en 4 partis 됴션 량반들이 소 쇡갈 넛다.

Faire des parts 복 짓다

Partance

Partant adv. — par conséquent 이러므로, 일노써, 일노인호야, 일노말미암아.

Partenaire

Parterre De fleurs 꽃동산, 화원

Parti faction 당, 당파, 편 = Vieux synt.: Autrefois on comptait en Corée les — héréditaires dits ᄉᆡᆨ, ᄉᆞᄉᆡᆨ. C'était plutôt des clans, car aucun des partis n'avait de programme distinct. Ces ᄉᆞᄉᆡᆨ étaient 노론, 쇼론, 남인, 쇼북. Deux nobles du même — étaient dits 동ᄉᆡᆨ. Se mettre du — de qqun 편들다. Être du — des Nam-in 남인편되다. ≡ —, manière de faire. Prendre le — de la douceur 슌ᄒᆞ게ᄒᆞ다, 슌히ᄒᆞ다. Quel est le meilleur —? la douceur ou la sévérité? 슌히ᄒᆞᄂᆞᆫ거시 올흐냐 엄히ᄒᆞᄂᆞᆫ거시 올흐냐. ≡ —, résolution. Je ne sais quel — prendre 엇더케ᄒᆞᆯ지모로다. Quel — prendre? 엇지ᄒᆞᆯ가, 엇지ᄒᆞ면 됴흘가, 엇지ᄒᆞ랴. Prendre son — 결단ᄒᆞ다 (결심ᄒᆞ다). C'est un — pris 결단ᄒᆞᆫ거시로다. Je le ferai, c'est un parti pris 결단코ᄒᆞ겟다. C'est à vous de voir quel — prendre 네ᄒᆞᆯ거ᄉᆞᆯ네가결단ᄒᆞᆯ거시라. Vous n'avez qu'un — à prendre 일ᄒᆞᆫ가지밧게ᄒᆞᆯ것업다. Nous n'avons d'autre — à prendre que de nous en aller 나갈밧긔수업다. ≡ —, traitement. Faire un mauvais parti (à qqun) 해ᄒᆞ다, 해롭게ᄒᆞ다. ≡ —, utilité. Tirer — de 쓰다 (써, 쓴). On n'en peut tirer aucun — 아모것도쓸ᄃᆡ업다, 쓸ᄃᆡ를 나업다. Homme dont on ne peut tirer — *무용지인 chose d. *무용지물. Tirer — d'une occasion 틈타다, 긔회를타다. = — mariage. Trouver un bon — (homme) 장가잘들다; d. (femme) 싀집잘가다. = —, bande ᄯᅦ. Un — de voleurs 도적ᄒᆞᆫᄯᅦ.

le contraire est *가용지인, *가용지물.

Partial *편벽되다. — (relativement à la partie favorisée) 편들다(어,든), 편역들다, *편거(기)ᄒᆞ다.

*불공평

Partialement 편벽되히.

Partialité *편셩, *ᄉᆞ졍, *편역, *편격, *편벽.

Participation *참례 = 통ᄒᆞ기. Sans ma — 나몰ᄂᆡ, 나모르게.

Participe 분ᄉᆞ.

Participer avoir part — *통ᄒᆞ다. Faire — 통ᄒᆞ야주다. = —, prendre part à *참례ᄒᆞ다, *참셥ᄒᆞ다, *간셥ᄒᆞ다. = —, tenir de. Le mulet — à la nature de l'âne et du cheval 노ᄉᆡ가ᄆᆞᆯ도굿고나귀도굿다. Le sel — à la nature du feu et de l'eau (est desséchant et humide) 소곰의셩미조ᄒᆞ고또습ᄒᆞ다.

Particulariser

Particularité circonstance 연유.

Particulier — opposé à universel 일ᄉᆞ. Conclure du — à l'universel 일ᄉᆞ를보고

ᄲᆞ로 결졍ᄒᆞ다 ; —, opposé à commun, —, propre. ᄉᆞᄉᆞ롭다 (로와, 온), en ag.^t, et ᄉᆞᄉᆞ avec les noms non chinois; = —, spécial ᄐᆞᆨ별ᄒᆞ다. ≡ Passion — (égoïsme) ᄉᆞ욕. En —, à part 따로; de (opposé à officiellement) ᄉᆞᄉᆞ로히. Parler à chacun en — 각각 말ᄒᆞ다, 각각 따로 말ᄒᆞ다. Vivre en son —, vivre seul 혼ᄌᆞ살다. Avertir en — 각ᄲᆞ히 말ᄒᆞ다, 은근히 경계ᄒᆞ다, 따로 불너 훈계ᄒᆞ다. Désigner, viser en — 지목ᄒᆞ다. Mes paroles ne visent personne en — 누구를 지목ᄒᆞ야 말ᄒᆞᆫ거시 아니라. ≡ —, subst. Un —, homme de condition privée ᄉᆞᄉᆞ사ᄅᆞᆷ. Maison d'un — ᄉᆞᄉᆞ집, ᄉᆞ가. Drole de — 별놈, 별사ᄅᆞᆷ.

ᄉᆞᄉᆞ롭다

Particulièrement — spécialement, nommément ᄐᆞᆨ별히, ᄐᆞᆨ히.

Partie d'un tout 부분, 분; = 복, 복시, — morceau 조각, 도막; — en longueur 갈네. Une grande — des hommes pensent ainsi 사ᄅᆞᆷ ᄲᆞᆫ히 그리ᄒᆞ다, ᄒᆞᆫ히 그리ᄒᆞᆫ다. = — du corps 부. Les six parties nobles 륙부 (염통 coeur; 콩ᄑᆞᆺ, reins; 비위, estomac, 허파 ou 부화, poumons; 쓸ᄀᆡ, fiel). Les — naturelles. Le mot 보 suffit très souvent, et est compris pour peu qu'il y ait l'ombre d'un contexte. 아래, 아래돌이, plus précis 부ᄉᆞ; = de (homme) 신, 불, de (femme) 씹, 보지.

= — du discours (espèce de mots) 품수. = — du monde 즁, 대즁. Le J — du monde 모대즁. = — dans un procès 량쳑 (pour le demandeur 원고인, pour le défendeur 피고인). Avoir affaire à forte — 당ᄒᆞ기 어렵다. La — n'est pas égale 겻지못ᄒᆞ겟다 (il n'y a pas à lutter, à contester 겻다, 겨러, 겨룬). Prendre à — 걸다 (어, 건). = — de jeu 노롬, 혼뢰, 노롬혼판. = — de pêche 쳔렵; — de plaisir (surtout pique nique) 노리=ᄒᆞ다. Endroit où on la fait 노리쳐 qui est devenu synonyme de beau paysage

Partir sortir, aller ᄯᅥ나다, 나가다. — (fusil, canon) ᄯᅥ지다. A — de (temps ou espace) 브터, 브텀; de (nombres, prix etc) 이상 ou 이하 suivant que le nombre croît ou décroît.

Partisan 편당. Être — (de qqun) 편되다. —, franc-tireur 의병.

Partout 곳곳이, 소방, ᄉᆞ면 (Le sentiment) Dieu est présent — 텬쥬곳곳이 다계시다. = —, dans la terre entière 편하, 보텬하. 각쇼부뢰

Parure 치장, 치장거리.

Parvenir 밋다 (쳐, 친), 밋쳐가다, 밋쳐오다. = — à une dignité 벼술을엇다, 벼술에 오ᄅᆞ다 (올나, 오론); — au salut 구령ᄒᆞ다. — (obtenir & conserver) 누

리다. — au bonheur 복을누리다, — au
ciel 텬당복을누리다. — à un âge avancé
슈를누리다; 오래살다. = — à la fortune
부즈되다, 부귀되다 — rapidement 급시
발복하다, — lentement 쳔쳔, 부귀되다.

Parvenu (subst.) 어졍방이.

Parvis 마당, 뜰.

Pas subst. mesure de la marche 보, 거
름; —, manière de marcher 거름, —
accéléré 동동거름, 다름박질, — proces-
sionnel (des nobles coréens) 팔즈거름.
Il y a cent — d'ici 여긔셔 빅보되다.
Faire un — en arrière 뒤ㅅ새ㅣ치다, 뒤거름
치다, 물너가셔다. Revenir sur ses —
되오다 (되, de nouveau), 도라오다. Marcher sur les — de 발즈최를ᄯᅡ라가다,
자최밟다 (아, 은), 자욱밟다 (아, 은).
Faire un faux — 빗쭉하다, — et tomber
빗쑥하야넘어지다. — (On dit souvent 헛
밟다: pour le pied dfaux).
≡ —, marque du pied 인젹, 발자욱,
발자최, 자최; = —, préséance Céder
le — 뷔 물너셔다. Se disputer le — 결
우다. ≡ — d'une porte 문턱. ≡ —,
démarche. Faire le premier — 본저
찾다 (차저, 즌 chercher). Ne pas faire
un — pour 조곰도 알온톄 아니하다,
호발도 알온톄 아니하다. Perdre ses —
헛애쓰다, 욕만보다 ≡ De ce — (tout

de suite 지금.

Pas adv. négatif. 아니, 못. Se rend souvent par le verbe 말다 (아, 만).

Pascal temps — 부활첨례 전후, 부활첨례 때. Devoir — 부활성공 (inusité)

Passable 쓸만하다, 어줍잖다, 엔간하다, 어슴렇하다; — même bien 어지간하다; — mais médiocre 얼지근하다.

Passablement 어지간히, 쓸만콤.

Passage action de passer 지나가기, de — (fleuve) 건너가기. = —, lieu où l'on passe 길, 지나가는길; de par dessus une montagne 고리; de bac, passage sur une rivière 나루, 노루. Le bateau qui sert 나루배. Garder le — 길직히다. Fermer le — 길막다; l'ouvrir, l'accorder 길열어주다. S'ouvrir un — dans une foule 길뚤다, 헤치고나가다. = — d'un auteur 귀 Citer un — de l'Evangile 성경을인증하다.

Passager (subst.) — de bateau 선객. = — (adj.) 잠간, 잠간지나가다. — (pour la beauté, la force) 헤식다 (어,운).

Passant (voyageur) 행인; — (hôte) 나그네. = — (qui passe) (길) 지나가는 사롬.

Passe de montagne 고리, — (maritime) . = Être en bonne — 성하야가다. 흥하야 가다. Être en mauvaise — 어려운디경에잇다. = Mot de — 암호.

Passé (subst.), prétérit (gramm.) *과거, 과시 *과거사.; = — temps — 네적. 젼. le —, les choses — 젼일, 젼것.

Passe-partout

Passe passe

*려힝면장 Passeport pour voyager *려힝권. — Autrefois les *호픠, *각픠 étaient les petites tablettes servant tout à la fois de — et de pièce d'identité.

Passer 지나다, 지나가다 (s'emploient pour — de le temps ou l'espace). — par dessus 넘다 (어, 은), 넘어가다, 넘어오다; —, traverser (rivière, vallée, route) 건너다 (건너, 건넌), 건너가다, 건너오다. Pour une rivière on dit parfois *도강하다. —, dépasser, passer devant 지나가다, 앏셔가다; —, dépasser (en nombre ou quantité) 넘다 (어, 은) 99 지나다, 지나가다. [—] cent ans 백년넘다. = — par devant, aller en tête 앏셔가다, 몬져가다. — en tel ou tel endroit (fleuve) Le fleuve restant toujours à la même place, malgré le mouvement de l'eau, il faut éviter les mots exprimant un mouvement. La rivière — devant la maison 강불집 앏희잇다. Le fleuve — au milieu de la ville 강이 읍가온디 쒸려잇다. = — d'un parti à l'autre *반졀하다; — à l'ennemi — à une autre opinion *신복하다. = — (temps)

Passer – Passer

1042/

(ᄯᅢ가) 지나가다; — le temps 세월보내다. le monde — en un instant 세상이잠깐 지나간다. La fleur — 꼿지다, 꼿치ᄯᅥ러지다. Le temps de la floraison est — 과화되엿다. La chaleur — *퇴서ᄒᆞ다, 더위물너가다. La fièvre — 학질이ᄯᅥ러지다. ≡ — sa vie à la campagne 싀골살다, *거ᄒᆡᆼᄒᆞ다. — la nuit sans dormir 밤새오다. On dit souvent 밤새다 mais cela veut dire : la nuit passe, se termine. D'où, par ex. — la nuit à lire 밤새도록책보다. ≡ — en coutume 법되다, 풍속되다. (factitif 법세우다) ≡ —, omettre *궐ᄒᆞ다, ᄲᅡ지다, ᄲᅡ지우다, ᄲᅵ다, ᄲᅵ고가다, 건너가다. = — pour 녁이이다, passif de 녁이다. Le passif est inusité : il faut tourner autrement : — pour un honnête homme 도흔일홈엇다, 사ᄅᆞᆷ이도흔사ᄅᆞᆷ으로친다. = On peut aussi employer 뵈다 : paraître : 도흔사ᄅᆞᆷ으로뵈다. — Faire — qqun pour... 놀니다 (avec l'instrumental). Se faire — pour noble 냥반톄ᄒᆞ다, 냥반노ᄅᆞᆺᄒᆞ다. = Faire — une rivière (à qqun) 건네다, 건너주다, de sur son dos *월쳔ᄒᆞ다. ≡ — (un anneau à son doigt) ᄭᅵ다, de (au doigt d'un autre) ᄭᅵ여주다. = ᄭᅵ다 sert pour les choses qui n'existent, v.g. la marchette. = — un habit 옷벗다 (어, 은). = — une épée au travers du corps 칼노리르다 (질너, 지른). = — la borne, excéder* 과ᄒᆞ다. On se sert aussi de 넘다 avec un régime direct. = —, tamiser 밧다 (하, 흔), avec à l'instrumental la chose au travers de laquelle on —. Il y a aussi d'autres expressions: — le riz au tamis 술거르다 (걸너, 거른). — le riz au travers d'un linge qu'on tord 술ᄶᆞ다. — (la farine) au tamis 체로치다. = — sous silence 덥허두다, 그저두다. = — par bas (nourriture, surtout après une indigestion) 흘어ᄒᆞ다. Si c'est après une constipation, on dira souvent (비)터지다. = — un contrat *언약ᄒᆞ다, 약도ᄒᆞ다, *시ᄉᆡᆼ약ᄒᆞ다.

= Se —, avoir lieu 되다. Ce qui s'est — 된것, 된일. = Se —, disparaître 업서지다. La couleur se — 빗바라ᄒᆞ다, *변석ᄒᆞ다. La beauté se — 화긔업서지다, 화석업서지다. = Se — de, se priver de . Se — de manger 굶다 & 굼다 (굴머, 문). Le chameau peut se passer longtemps de boire 약대가오래도록아니먹어도관계치안다. Avoir de la peine à se passer de … … 업스면어렵다, … 업스면어려워ᄒᆞ다. S'il n'y en a pas, nous nous en passerons

얼ᄒᆞ면 그러ᄒᆞ겟다, 얼ᄒᆞ면 그ᄂᆞᆯ...
= être — 지나다, 지나가다 Dans le temps
— 녯적에, 이젼에. Après que la colère fut — 분로 갈아 안진 후에. La fougue
de l'âge est — 나이 갈아 안젓다. =
—, trop vieux, sans force
Le vin est — 술김 낫다. La couleur est
— 빗 ᄉᆡ러졋다, 빗 변ᄒᆞ엿다, *변ᄉᆡᆨᄒᆞ다,
*박ᄉᆡᆨᄒᆞ다. La beauté est — 여우러 간다
(여울다 (우러, 운): se dessécher, se flétrir.

Passereau 촘ᄉᆡ.

Passerelle

Passetemps — distraction *소일,
— chose qui sert de — 소일거리, 소일가음

Passeur batelier 사공, — qui fait passer une rivière en portant sur son dos 월천군.

Passible

Passif dette, *부리 = — (grammaire) Voix — *슈동톄, *슈신어톄, *슈
신동톄. Verbe — *슈동ᄉᆞ.

Passiflore *목예화.

Passion de N. S. 예슈슈난, 예슈고난.
Dimanche de la — *고난쥬일; = —,
sentiment *졍; — sentiment déréglé
*사욕, *편졍, *사졍; —, amour *ᄋᆡ졍
& amour naturel *육졍, de — sexuel
*ᄉᆡᆨ졍. Les 4 — (chagrin, haine, colère,
peur) *ᄉᆞ소분구. Se livrer à ses —
*방탕ᄒᆞ다. = —, désir excessif *욕심.

*ᄉᆡᆨ졍 se dit aussi pour la passion de la luxure, la propension à la luxure.

Suivre sa — 욕심대로하다. Etre dominé par sa — 욕심에 계웁다 (계워, 운 être trop faible pour...). Dans l'ardeur de la — 욕심결에. Dompter ses — 욕심을 이긔다, 욕심을 누르다 (눌너, 른). Aimer avec passion 과히 하다, 과히 사랑하다. Désirer avec — 죽다. Homme sans — 편정 업는 사롬.

Passionnément

Passoire = 국자 (métal), 조리 (bambou) sont de cuillères qui en tiennent lieu.

Pastèque 슈박.

Pasteur 목자, 목동, 칙목 = — protest. 목ᄉ.

Pastille 당. = — bonbon coloré 오화당, — de noyau d'abricot 힝인당, — au gingembre 편강.

Patate douce 고그마.

Patatras

Patauger

Pâte 반죽.

Pâté

Pâtée — pour volaille 뫼, 모이

Patelin 아쳠하다.

Patène 셩반.

Patenôtre 경문.

Patent 뫼연하다, 분명하다.

Patente de commerce (taxe) 영업세.

Paternel en agg. 부모.

Paternellement 부모처럼.

1046/

Pâteux 색색ᄒᆞ다. Avoir la bouche — 입 쌕쌕ᄒᆞ다.

Pathologie 병리학

Pathologique État — 병증.

Patibulaire

Patiemment 순히.

Patience 인내, 참을성, 견딜성. Souffrir avec — 감수ᄒᆞ다, 인내ᄒᆞ다, 감수인내ᄒᆞ다. Manquer de — 참을성 없다. Perdre — 참지못ᄒᆞ다. Attendre avec — 참아기다리다; Exercer la — (de qqun) 지근되다, 지근지근ᄒᆞ다.

Patient qui a de la patience 잘참다 (아, 은), 인내있다, 견딜성도다, 참을성도다. = — opposé à agent (phil.) 수동자, 수혜자.

Patienter 참다 (아, 은), 견디다 (여, 딘).

Patin 설매 (c'est plutôt un ski)

Patiner 설매ᄒᆞ다. = 어름지치다.

Pâtir 해보다 (아, 본), 욕보다.

Pâtisserie 셕.

Pâtissier 셕쟁이.

Patois 사토리, 방언.

Patraque.

Pâtre 목동, 목자.

Patriarche Ancien 대조. — (de l'ancien testament) 성조, = —, dignitaire ecclésiastique 총주교.

Patrie 본나라, 본국. — Au sens restreint: province 본도, district 본군. —, lieu de naissance 고향, 본향 = 뒤싱.

Patrimoine 유업, 본뎨물. = — (au sens éthymologique) 부모의유톄

Patriote 위국당, 위국ᄒᆞ다. (Les vieux Coréens disent volontiers 츙신, 츙신ᄒᆞ다 : sujet fidèle au roi.)

Patriotique en agg. 위국. Chant — 위국가.

Patriotisme 위국셩, 위국심, 위국지심.

Patron d'une maison 쥬인, — d'un groupe d'ouvriers 도편슈, — d'une barque 션쥬; = — protecteur 쥬보. S' — 쥬보셩인. = — (d'habits etc), modèle 본.

Patronner

Patrouille (milit) — de reconnaissance 쳑후. — qui circule. — de surveillance 슌경. Faire — 슌경ᄒᆞ다, 슌힝ᄒᆞ다, 슌쵸ᄒᆞ다, = 슌경도다 (라.도). Soldat qui fait — 슌쵸군, 슌졸. = Autrefois, à Seoul, — de nuit 슌라. Ceux qui la faisaient 슌라군. Être pris par la — 슌라게잡이다. 쳑후병

Patte 발족. Aller à 4 — 네발거름ᄒᆞ다 =긔다.

Pâturage 목쟝.

Pâture 먹이.

Pâturer 풀뜻어먹다.

Paulownia tomentosa 오동나무, — Fortunei 머귀나무

Paume de la main 손바닥, 손바당, 손장심.

Paupière 눈두덩, 눈겁질, 눈셥홀, 눈가죽.

Pause 쉼. Faire une petite — 잠깐쉬다.

Pauvre 가난ᄒᆞ다, 빈궁ᄒᆞ다, 빈핍ᄒᆞ다, 빈한ᄒᆞ다; 궁촌ᄒᆞ다; —, malheureux, à plaindre 불샹ᄒᆞ다. Un — vieux 불샹ᄒᆞᆫ 노인. = — petit (terme de compassion & de tendresse) 불샹ᄒᆞ다, 잔잉ᄒᆞ다. = —, méprisable 못생기다, 못되다, 너ᄒᆡ되다. Vous avez fait là une — besogne ᄒᆞ거시 모흔일 아닐다. Quel — homme! 그런 못생긴 놈 누가 보앗ᄂᆞᆫ냐. —, mendiant. V. ce mot.

Pauvrement 가난ᄒᆞ게. —, chichement 박히. Vivre — 박히 살다, 박의박식ᄒᆞ다.

Pauvreté 가난이, 가난ᄒᆞ기; 빈궁ᄒᆞ기, &. Être réduit à une extrême — 가난이 심ᄒᆞ다. — d'esprit (détachement des richesses) 신빈. Simuler la — 그ᄉᆞ럼 부리다.

Pavage

Pavaner se — 거드럭스럽다 (러워.운), 젠톄ᄒᆞ다, 놉흔톄ᄒᆞ다.

Pavé

Paver 돌ᄭᆞᆯ다 (아, 은). Être sur le — 의지ᄒᆞᆯᄃᆡ 업다. Battre le pavé 길거리에 ᄃᆞ둔니다

Pavillon Drapeau 긔. Vaisseau — (sur lequel un chef a son drapeau) 긔함. = Baisser — (figuré) 지다, 항복ᄒᆞ다. Faire baisser — 넉 안주다, 항복밧다, 치다. = —, tente 장. = —, petite construction 정실. — sur l'eau 슈각, — de verdure, tonnelle

*졍주, 졍주나무.

Pavois

Pavot *행금화, 아부용, 양귀비쏫, 왕속쏫 = *왕속각 est le réceptacle des graines.

Paye Payement, salaire 삭, 삭전, 품갑, 품삭 *공전. — des employés 녹, 료; — mensuel *월급.

Payer un achat 갑주다; — argent comptant 맛돈으로사다; — ses dettes 갑다(하, 혼). *보채ᄒᆞ다, *갈채ᄒᆞ다. les — jusqu'au dernier sou ᄲᆞᆨ아게 갑다. = — les ouvriers 삭전주다, 품갑주다, 공전주다; = — les impôts 구실물다, 세물다 ≡ 물다 (어, 문) s'emploie pour les impôts, les amendes, ... le prix de passage sur un bac etc... En général ce qu'on est forcé de —. Il s'emploie soit seul, soit avec un régime: 돈물다, 갑물다, 쳔가물다 ≡ — les dégats qu'on a causés 기워주다, 솔회금물다 ≡ — d'ingratitude *배은ᄒᆞ다, *배은망덕ᄒᆞ다. — de paroles 빈말만ᄒᆞ다, 말노만갑다. Se laisser — 빈소리를밋다, 빈말밋다.

Payeur

Pays lieu 디방, 곳, 되; —, royaume 나라, *국. Notre — 우리나라. Votre — *귀국. Du même — *동향, 일방사ᄅᆞᆷ, 혼나라사ᄅᆞᆷ. — étranger *타국.

Paysage *강산 (fleuves & monts) Beau — *경쳐.

Paysan 싀골사ᄅᆞᆷ, 촌사ᄅᆞᆷ, *촌인.

Péage *셰. — d'eau *슈셰; — de terre

1050/

Peau 가족, 가죽. En agg. 피 — le tigre 호피. Poix — on dit souvent 겁질, 껍벅이 : écorce, couverture. Changer de — (serpent, etc) 허물벗다 (벗서, 슨). La peau abandonnée se dit, pour le serpent *사피, pour la cigale 선퇴. N'avoir que la — et les os 바싹 마르다 (말나, 마른), *피골상연하다 ;= Tanner les — 가죽 다르다 (다라, 다른).

— pour les autres 허물

Ne vendez pas la — de l'ours avant..... 오희나기젼에 가쳐리 긴불지마라.

Peau-Rouges *홍석인.

Peccadille *비죄, 소죄.

Péché *죄 ; — originel *원죄, — actuel *본죄) — grave, — mortel *대죄, *사죄 ; — véniel *소죄, *비죄. Commettre un — 죄를범하다, 죄를짓다 (지어, 지은), *범죄하다. S'effacer 죄를씻다 (씻서, 슨). Effacer le péché d'un autre 죄 사하다.

*죄과 qui se dit pour le fameux "malum culpae)

Pêche (fruit) 복숭아, 복수아, 복소아 ; en agg. 도. Noyau de — *도인.

Pêche (du poisson) 고기잡기. — à la ligne 낙시질 ; — au filet 그물질. Partie de — (par plaisir) *천렵.

Pêcher (subst). arbre 복숭아나무. Fleur de — *도화. Vin aux fleurs de — *도화주.

Pécher faire un péché 죄짓다 (지어, 지은), 죄를범하다, *범죄하다, = *득죄하다. ce dernier, surtout — envers qqun. = — contre qque tort 잘못하다. = —, clocher, être insuffisant, mauvais 틀니다, 거북하다, *부족하다.

Pêcher du poisson 고기 잡다(아,은). — à la ligne 낙시질 하다 = 낙다(낙가,근), 낙가내다, 낫고다(와,곤) veulent dire prendre à la ligne, ou plutôt au hameçon. — au filet 그물질 하다. ≡ — (les huîtres, etc.) 따다 (cueillir).

Pêcherie

Pécheur *죄인.

Pêcheur *어부. — à la ligne 낙시군, — au filet 그물군, 그물쟁이. Barque de — *어망션, *빙어션 (on prononce 빙션).

Péculat Détournement des deniers publics, *포흠. Se rendre coupable 포흠지다.

Pécule

Pédagogie *교육론, *교슈학, *교슈법 = *슈법.

Pédale se dit 발판 pour les plus ou moins larges, plates: (bicyclette, machine à coudre) & 발뎌 pour les — en longueur (métier à tisser). Pour le métier à tisser, — se dit aussi 쇠소리 (ancien système).

Pédant 아는톄 하다. — 어슨놈.

Pédiculaire. Maladie — *싱슬병, *슬양병. Avoir 니 쇠다 (여, 된).

Pédoncule

Peigne 빗. Gros —, Démêloir 어레빗, 얼에빗. — fin 춤빗; — petit, — de poche 면빗.

Peigner 빗다 (빗서, 슨), 가리다. Se — 빗다, 머리빗다. — un autre 빗기다, 빗겨주다. Mal — 헙수룩 하다. ≡ 헛헌 머리.

Peigner un diable qui n'a pas de cheveux (impossibilité) *구비괄모 (raser une carapace de tortue)

Peindre Enduire de couleur 칠 하다, 채식칠하다.

— faire un tableau 그리다, 오색으로 그리다.
— Décrire 형용하다, 말노 형용하다

Peine douleur, affliction 고로움; en agg. 고, 란. Chose qui cause de la — 고롭다 (로와, 온). Causer de la — à qqun 고롭게 하다, 못견듸게 하다. Faire de la — à qqun 뇌옴을 생하다, 뇌옴을 지르다 (질너, 지른), 애부이다, 애배우다. ≡ —, punition 벌; — châtiment corporel, supplice 형벌. Recevoir la — de 벌을 당하다, 벌을 밧다 (바쳐, 바ㄷ). C'est défendu sous — de mort 죽이면 죽인다; 죽일죄라. — de l'enfer 디옥벌; 영고. La peine du dam 실고; la — du sens 각고. ≡ —, travail, soin 외, 슈고. Chose qui demande de la — 로고 슈고롭다 (로와, 온). V. pénible. Se donner de la — 외쓰다 (써, 쓴), 슈고하다. Craindre sa — 몸앗기다, 몸사리다 (사려다, recoqueviller). Perdre sa — 외만쓰다, 욕만보다. ≡ — inquiétude, dépit 걱정, 근심. Être en — 걱정하다, 근심하다, 민망하다, 답답하다. Ne vous mettez pas en — 걱정말라. Ne pas se mettre en — de, ne pas s'occuper de 걱정아니하다, 도라보지아니하다, 알온톄아니하다. Tirer qqun de — 뇌옴을 플니다, 근심 플어주다. Être en — de ce que l'on doit faire 엇더케홀지모로다. Je suis bien en — comment faire 어더케홀지 보롤너 밞밞ᄒᆞ다, 엇더케홀지 보롤너 걱졍된다. ≡ ne pas valoir la — (qu'on s'en inquiète) ᄒ경ᄒᆞ다, ᄒ경 쳔ᄒᆞ다, 신룸스럽다. ≡ —, sujet de — 걱졍가음, 걱졍거리. ≡ donnez vous la — se rend par les formes polies de l'impératif; mais comme en français, la politesse veut qu'on exagère la — que causera ce que l'on demande: 어려올지라도 ᄒᆞ십시오, 과히 어렵다 마는 나를 위ᄒᆞ야 ᄒᆞ기를 바란다, etc... ≡ à —, avec — (vix) 겨유, 겨오; à grande — 간신히, 근근이, 갓가스로. sans — 쉽게. = à — (aussitôt que) 겨유, 셧, ᄒᆞ던결에. Il est mort à — arrivé 겨유 와셔 죽엇다, 온즉 셧 죽엇다, 오고즉시 죽엇다. à — la maison était-elle finie qu'elle a brûlé 집이 겨유 마준결에 화재보앗다. à — levé il court au cabaret 니러나면 셧 술막에 간다, 겨유 니러나면 셧 술막에 간다.

Peiné, contrarié 야속스럽다 (러워, 운), 답답ᄒᆞ다; — de 셜워ᄒᆞ다 = 셟다 (셜워, 운) qui se dit aussi de la chose qui peine.

Peiner (neutre), souffrir, fatiguer ᄒ슈고ᄒᆞ다, 의보다, 의쓰다, 욕보다; —, (act.) affliger 애낙이다, 답답생ᄒᆞ다; — donner de l'inquiétude 걱졍되다, 걱졍식히다.

Peint de différentes couleurs 오색으로 ᄌ이다. —, enduit de peinture 칠ᄒᆞᆫ. — en rouge

붉은빗쳘호. Avoir — sur le visage 얼골에드러나다 ou 드러내다 (: le premier a la qualité — comme sujet, le second la comme complément direct). Avoir l'inquiétude — sur le visage 얼골에근심ᄒᆞᄂᆞᆫ빗드러나다. Avoir la honte — sur le visage 얼골에사오나와뵈다.

Peintre en tableaux 그림쟝이, *화공, *화근, *화원, *화쟝이 ; — en bâtiment *칠쟝이.

Peinture : couleur *칠 ; —, action de peindre *칠질 ; —, art de la peinture *화법 ; — tableau, ouvrage de — 그림, *회화 ; —, description *형용ᄒᆞ다.

Pelage.

Pêle mêle 초례업다, 허산바산ᄒᆞ다, = 뒤숭숭, 따고. Une fête — 예념느러ᄒᆞ다.

Peler 가죽벗기다, 사다 (사, 산).

Pèlerin.

Pèlerinage.

Pèlerine.

Pelle 가래. Grande — à trois mains 큰가래. Pelle moindre 즁가래. Petite — de fer *삽, 삽가래. — à feu *화삽, 불삽, 불손, 부손.

Pelleterie 피물. Marchand de — 피쳔쟝이.

Pellicule.

Pelote 덩이, 뭉텅이, 봉텅이, 뭉텅이.

Peloton (de fil etc) 꼬리. 실뭉텅이, 뭉텅이. — de fil dans la navette du tisserand

소대. = — (milit), unité, division de la compagnie 소대. Chef de — 소대장.

Pelotonner 감다 (아.은), 보리다, 말다 (어 & 아.만), 사리다, — du fil en croisant chaque tour 겻다 (겨러.론). Se — 꿈기다. Se — sur soi même 몸 사리다.

Pelouse 봄올.

Pelure 껍질, 껍서벅이.

Pénalité 벌.

Penaud

Penchant d'une montagne 빗탈. Se sur le — de la ruine 망하야 가다. = —, inclination naturelle 본성, 텬성. Par — naturel 본성으로, 본뢰, 본대. Avoir du — pour le vin 본대 술 즐기다.

— (à tel ou tel vice... ou vertu... ou action) 경향

Pencher (v. act.) 숙이다, 숙히다, 숙으리다, 기우리다, 기우러러리다. = — (verb. neutre) 숙다 (어.은), 숙으러지다, 기우다 (러.운) × 기울다, 거우다 (러.운), 거우듬하다, 거우르다 (울너.른), 기우러지다, 으그러지다, 빗구다 (러.군), 왱도라지다. = — un peu 숙깃하다 = — vers la ruine 기울다, 솔니다, = 망하러 하다, 망하야 가다.

Pendable Cas — 죽흔죽, 죽일죽.

Pendaison 교형, 교죄

Pendant (subst.) — d'oreille 귀엿꼴, 귀에고리. = Le — (la moitié d'une paire) 겪, 썩, 맛잡 짝.

Pendant (adj.) ; — suspendu 달니다. Chien aux oreilles — 귀느러진 개.

Pendant (prépos.) 호이에, 동안에. — se rend ordinairement par le locatif. — ce temps 그때에; — la nuit 밤에; — le sommeil 잘때에, 자는때에.

Pendard 잡놈, 낙쾌비 = 죽일놈, 박살할 놈 (박살하다 battre à mort)

Pendre v. act. 달다 (아, 단), 빗달다, 달아빗다, 걸다 (어, 건). — un criminel 목빗달아 죽이다. = —, (verb. neutre) 달니다, 걸니다, 빗달니다. La roupie lui — au nez 코흘닌다. Se — 목달아죽다, 목빗여죽다. Va te faire — 죽어지라, 뒤여저거라, 뒤여지거라 (crève!)

la pendaison est *교형

Pendule en physique *때초, *진조 — d'horloge 때 ... = —, horloge à — *때시표.

en fait, les Coréens disent 츄 qui est très impropre.... K, généralement 불알

Pêne de serrure 고등, 자빗둑이, 빗장, 쇠빗장

Pénétrable 통할만하다, 통달할만하다.

Pénétrant esprit — *령리하다, *영오하다, *총명하다, *민첩하다, 통달하다.

Pénétration 통달하기, 통하기, etc. — (de l'intelligence) *지각, 총명, 영오.

Pénétrer percer, passer au travers *통하다, 스믓다 (차, 찬). *통달하다 qui se dit au physique & au figuré: deviner, comprendre. La lumière — le verre 유리에 빗최다. — le fond des coeurs [illegible]을 스믓차 알다, vulg. [illegible]을 쑬어지게알다. — les pensées, les projets [illegible]을넘겨집다 (어, 은)

— sous terre 땅속에 들어가다. Cela n'a pas — jusqu'ici 여긔까지 아니왓다. — (bruit, nouvelle, doctrine) 번지다, 번치다, 퍼지다. — (liquide qui suinte) 스다 qui se dit & du liquide & de la chose qui le laisse passer: 불스다, 그릇스다. = — l'avenir 압일을 예탁하다, 압일을 짐작하다. Avoir assez de pénétration pour — l'avenir 선견지명 잇다. = Être — 속다, 속임을 당하다. Être —, dessein 들키다 (être pris sur le fait.)

Pénible difficile 어렵다 (려워, 온), — fatigant 슈고롭다 (로와, 온), 둑바르다 (발나, 바른), — douloureux 고롭다 (로와, 온). Mener une vie — 살기가고롭다, — (laborieuse) 센일하다, 고역당하다. (Procédé) — 야속하다, 야슉하다. (Événement) — (ennuyeux) 성가시ᄂᆞᆫ일, 걱정되다, 탁하다; — douloureux 의통하다, 참혹하다, 악착하다.

— ennuyeux 번거하다, 번거롭다

Péniblement 고로히, 고롭게, 슈고롭게

Péninsule 반도.

Pénitence repentir 통회, 후회 = 하다. —, oeuvre satisfactoire 보쇽; —, sacrement 고해, 고해성ᄉᆞ. Faire — de ses péchés 죄보쇽하다, 속죄하다, 죄를쇽하다.

Pénis 자지, 좃, 양경.

Pénitencerie (sacrée) 내사원.

Pénitent (qui se confesse) 고해자.

Pénitentiaire en agg. 죄인교계. = Établis.

-lement — *감옥셔; de maison de correction *증치감.

Pénombre *반음영.

Pensée, conception *싱각, — desolir 스듬, lecture (Méditation) des pensées *독싱효
— avis, jugement *소견. = — fleur 오랑캐꼿

Penser *싱각ᄒᆞ다, — à loisir, mûrement, *궁구ᄒᆞ다, 궁구히 싱각ᄒᆞ다, 깁히 싱각ᄒᆞ다, ᄌᆞ세히 싱각ᄒᆞ다. Sans y — 무심히. Chose qui arrive sans qu'on y — 싱각밧근일, 스듬밧근일, 불리불각ᄒᆞᆫ일. N'y pensez plus 그싱각 다시 두지 마라. = — faire, vouloir faire se rend par la forme ᄒᆞ려ᄒᆞ다, ᄒᆞᆯᄭᅥᄒᆞ다. Avoir —, avoir été sur le point de se rend par la forme ᄒᆞᆯ번ᄒᆞ다. J'ai — mourir 죽을번ᄒᆞ엿다. Homme qui ne dit pas tout ce qu'il — 속깁흔사ᄅᆞᆷ. Qu'en — vous! 네 ᄂᆡ 못에 엇더ᄒᆞ냐. Je ne savais qu'en — 싱각ᄒᆞᆯ슈업다, 엇더ᄒᆞᆯ지 모르다.

Pensif *슈심ᄒᆞ다.

Pension donnée par le roi *록. = — faite à un ancien employé, etc. *은급. = — payée pour être nourri *식록; de = un pensionnat *긔숙효; — (lieu où sont réunis les pensionnaires, v.) les écoliers *긔숙소; 긔숙ᄉᆞ실.

Pensionnaire *긔숙인. Elève — *긔숙학. Être — *긔숙ᄒᆞ다.

Pensionnat école 긔숙학교, — distinct de l'école 긔숙쇼

Pentagone 오각형, 오변형. = 다ᄉᆞᆺ모귀다.

Pente v. penchant. Être en — 기울다 (어. 기운), 기웃슴ᄒᆞ다. (v. Pencher).

Pentecôte fête chrétienne 성신강림

Pénultième 끗으로 둘지 Anté — 끗으로 셋지

Pénurie

Pépie forte soif 조갈증.

Pépin 씨.

Pépinière 모, 모자리.

Pépite

Per ... en notation chimique 과

Perçant 도록난. Outil — (pointu) 뾰죽하다, or — (aiguisé) 날나다. Jeter un cri — 소리지르다 (질너, 지른). Avoir la vue — 안력도타 (하, 흔).

Perce-oreille insecte 집게벌네, 집게버러지 (se dit aussi du cerf-coléoptère)

뚤타, (허, 흔) Percer v. act. 뚤다, 뚜르다 & 뚜룩다 (뚤너 & 뚜러, 뚜른 & 룬), 뚧다, (어, 온), — de part en part 소맛 뚤다, 쇄 뚤다. — d'un coup d'épée 칼노지르다 (& 지르다) (질너, 지른) — passif 질니다. = — un abcès 파종하다, ... 돌리다, 쌔다, 고름 ᄲᆡ다. — la foule 사람을 헤치다. — le coeur (douleur) ᄆᆞ음 지르다 (질너, 지른). — un mur 벽 트다 (트러, 튼), 구녕 트다. Si c'est pour faire une porte on dira 뇐 내다. = —, verbe neutre. Les dents — (d'un enfant) 니 싹 뵈다 (se montrer). — le furoncle (abcès) 터지다, 절노 터지다. = Être — 뚤니다, 구녕 뚤니다, 굼녕 나다.

Percevoir recueillir 드다, 받다(아,은) qui se disent surtout de ce qu'on — pour soi; — (impôt, cotisation, etc) *슈봉하다. = — par les sens, l'intelligence, etc: le mot général est *감각하다, en agg. *각. On dit aussi 지취하다. — par l'intelligence *성각하다, 지각하다. = 알다, 알아듣다.

Perche, longue gaule 장대. — pour abattre les fruits 발기, 쳑대. — de batelier 사앗대; — suspendue par les deux bouts pour mettre les habits 홰ㅅ대, 홰. — (double) engagée dans la muraille aux deux bouts pour supporter des caisses, etc. 실엉. = — poisson. Le *벤어 en est une espèce: Cenolabrus coeruleus; le *로어 ou *롤어 une autre: Labrax lugii, le 도미 une autre encore: Serranus marginatus.

Percher ou se — (oiseaux) 안ㅅ다 (저,준)

Perchoir 홰, 홰대. Du coq, qui, la nuit, avant de chanter, bat des ailes, on dit 홰치다 frapper le perchoir. — de faucon 가리, 매가리.

Perchlorure de fer *강과염화텰, — en solution concentrée *강과염화텰익 強過鹽化鐵液.

Perclus 병신 précédé s'il y a lieu de l'indication du membre —.

Perçoir 송곳, — pour les tuyaux de pipe 텰통, 통텰; — mû par la corde d'un arc: vrille à arc 활부비.

Perdre égarer 잃다 (허,흔), 잃어버리다, 허실하다, en agg. 실; — (une vente, etc.) 빗지다. qqf. 해보다: souffrir du dommage. — une bataille, un procès, un pari etc. 지다. — un procès 락송하다, 락과하다. — le temps 세월헛되이보내다, 세월버리다; — ses parents 낙부모하다; — ses enfants 낙공하다. = — la vue 눈멀다 (어,먼); — l'ouie 귀먹다 (어,은); — son chemin 길잃다; — une occasion 실세하다, 긔회를잃다; — l'espérance 실망하다; — courage 락심하다. = On n'y — rien 해볼것없다, 앗가올것없다. = — la tête 혼나다, 넉잃다, 정신잃다. = —, endommager 상하다. = Se —, s'égarer 길잃다; Se se ruiner 망하다; se corrompre 변하다.

Perdrix 자고, 자고새.

Perdu être —, égaré 잃어버리다. Tout est — 할수없이되엿다, 결단낫다. Aux heures — 볼때에. A corps — 무릅써. Tirer à coups — 공총노타. Être —, absorbé dans une occupation 혹하다. Homme — d'honneur 난봉, 방탕한놈, 방창한놈. Femme — 음녀, 창녀, 화냥년.

Père 부친, 아비, 아버니, 아바니, 아버지, 아바지, 아바님, 아범, en agg. 부. — adoptif (de même nom 姓 que l'adopté) 양부, 양아비 etc.; — (de nom différent) 슈양부. — spirituel (prêtre) 신부.

1064

Regarder comme son — 부모로알다, 부모처럼알다. Ressembler à son — 부친닮다 (아.은). Nos —, nos ancêtres 선조. Grand —, Beau — v. ces mots. = — De l'église 교부.

Peremptoire 디척홀슈업다.

Perfection achèvement 다하기, 다흠이 = qualité remarquable 미호, 미호호기 = 지덕, 지극혼덕.

Perfectionner compléter 온젼케호다; — rendre plus parfait Se — 도하가다, 졈졈도하가다. Se — ds la vertu 션에나아가다.

Perfide 간사호다, 간악호다, 간특호다, 교사호다. Se disent de personne et de actions.

Perfidement 간사히 etc.

Perfidie ruse (etc.) perfide 흉모, 궤휼, 궤술; — ~~manque~~ (dans l'agent) 간사, 간사호기 = 홈이 v. Perfide.

Perforer 쑯다 (어, 은).

Péril 위험, 위티호다. Je le ferai, même au — de ma vie 죽어도호겟다.

Périlleux 위험호다, 위티호다.

Périmer

Périmètre 주의.

Période Intervalle de temps 년대, 시대. — de entre deux événements 수이 = Le mal est à sa plus haute — 병이 호고빅 되다, 병이 호고빅 되다 (고빅. crise.)

Périodique 뎡흔시대잇다. — Fraction de —

cimale — (math). 슌환소슈
Périodiquement 뎡훈시대에, 뎡훈시대로.
Péripétie
Périphérie de surface 쥬위; — de solide 외면.
Périphrase
Périr, mourir 죽다(어,은) / — Se détruire ou être détruit 망ᄒᆞ다, 업서지다.
Périscope 쥬망경
Périssable 죽ᄂᆞᆫ, 죽을, 업서지ᄂᆞᆫ, 업서질.
Péristyle 복도.
Péritoine
Perle 구슬, 진쥬. Huître à — 할미조리, 전복 (C'est l'ormeau huître aux piquants de la Manche). Pêcher les — 전복ᄯᆞ다.
Perler
Perlier Huître — 할미조리, 전복.
Permanent 덧덧ᄒᆞ다, 벅벅ᄒᆞ다, 쟝구ᄒᆞ다. Armée — 샹비군; Cadre — 샹비환뎨.
Perméable ; — à l'eau 물ᄉᆡᄂᆞᆫ, 물ᄉᆡᆯ.
Permettre 허락ᄒᆞ다, 허급ᄒᆞ다, 윤허ᄒᆞ다, 허ᄒᆞ다. Se — de 어려워아니ᄒᆞ다, 어려온줄모로다. Se — ce qu'on ne devrait pas 아니홀거ᄉᆞᆯᄒᆞ다.
Permis (subst) autorisation officielle 인가, 허가, 인허. Le prix du — 인가세 = — (adj.) licite 가ᄒᆞ다, 무죄ᄒᆞ다.
Le titre (papier) est 감 인허장, 허가장; — de circuler 통ᄒᆡᆼ권
Permission 허락, 허락ᄒᆞ기 = 허가.
Permuter 체뎔ᄒᆞ다.
Pernicieux 해롭다 (로와, 온).

Perpendiculaire 꼿꼿하다, 곧독(서다) — géométrie 슈직 . Ligne — 슈직선 . Le pied de la perpendiculaire est dit 슈족.

Perpendiculairement 꼿꼿히.

Perpétrer

Perpétuel 덧덧하다, 벅벅하다, 쟝구하다

Perpétuellement 쟝, 덧덧이, 벅벅이, 쟝구히

Perpétuer rendre perpétuel 후세에 끼치다, 후세에 전하다, — la mémoire 1° d'une bonne action 유광백세하다 (광, gloire); 2° d'un crime 유취만년하다 (취 puanteur). Se — 긋치지 안타.

Perpétuité . à — 영구히, 영원히 et jusqu'à la mort 종신 . Travaux forcés à — 종신 즁역, Prison à — 종신 금옥.

Perquisition (légale) 슈색 . — domiciliaire 가택슈색.

Perquisitionner dans une maison 집을 뒤여보다, 집을 뒤져보다.

Perron 층대, 사다리.

Perroquet 잉무새, 잉무.

Perruque 머리 — fausse 쳠머리

Perruquier qui coupe les cheveux 단발쟝이, — qui fait aussi la barbe 리발관, — coiffeur 면발관. Leur boutique est dite respectivement 단발소, 리발소, 면발소.

Persiffler. 비소하다, 비웃다 (우셔, 슨), 약다구니하다, 악다리하다.

Persécuter taquiner 못견듸게ᄒᆞ다, 지근대다. — (vg. les chrétiens) *군란ᄒᆞ다, 군란내다, 군란내롤하다. être — 군란당ᄒᆞ다.

Persécuteur 군란ᄒᆞᄂᆞᆫ사ᄅᆞᆷ, 군란낸사ᄅᆞᆷ.

Persécution *군란. — locale ou particulière *소군란.

Persévérance *ᄒᆞᆼ덕, ᄒᆞᆼ심, ᄒᆞᆼ구ᄒᆞᄂᆞᆫᄆᆞᄋᆞᆷ.

Persévérant *ᄒᆞᆼ구ᄒᆞ다, *여일ᄒᆞ다, ᄒᆞᆫ갈ᄀᆞᆺ다 (하.흔), ᄒᆞᆫ결ᄀᆞᆺ다.

Persévérer *ᄒᆞᆼ구ᄒᆞ다, ᄒᆞᆼ구히ᄒᆞ다, 곳ᄒᆞ다, 변치아니ᄒᆞ다, ᄒᆞᆫ갈ᄀᆞᆺ다 = *ᄒᆞᆼ심ᄒᆞ다.

Persienne 살창.

Persifler 비쇼ᄒᆞ다.

Persil ... à dit 미나리 faute de mieux.

Persister 곳ᄒᆞ다, 잡고ᄒᆞ다, *ᄒᆞᆼ구ᄒᆞ다, *한ᄉᆞᄒᆞ다.

Personnage Grand — *대인. Plaisant — 별사ᄅᆞᆷ, 별ᄂᆞᆷ = —, rôle dans une pièce 노ᄅᆞᆺ.

Personnalité . — civile *법인

Personne 사ᄅᆞᆷ, *인. = —, numéral pour compter les hommes : *위 très honorifique, *분, poli ; — puis *명. = — se rend souvent par le participe pris substantivement, qqf. par 것. Il n'y a — 아모사ᄅᆞᆷ업다, 아모것업다. — ne l'ignore 모ᄅᆞᄂᆞᆫ이업다, 모ᄅᆞᄂᆞᆫ사ᄅᆞᆷ업다. Quelle que — que ce soit 아모나, 아모사ᄅᆞᆷ이라도, 누구던지, 뉘ᄭᅦ던지. ≡ —, en philosophie : hypostase *위. les 3 — divines *텬쥬삼위. =

*인칭

En personne 친히. Soi-même, en — 몸소.
Personnel (subst) 자릿, 인원. Généralement on emploie un nom spécial pour chaque cas.
= , (Part) 본.
Personnellement 친히, 몸소.
Personnifier
Perspective point de vue 경. Belle — 경치.
경치. —, tablr. en dessin
= —, événement à venir 압일. Avoir devant soi une belle — 압일도타.
Perspicace 슬리롭다 (로와, 온). 눈치잇다.
Perspicacité 슬리, 눈치.
Persuader. Amener à croire 밋게하다; amener à faire 하게하다. Être — 밋다 (어, 은) Je suis — que 내쇼견에, 내 날 , 에...
Persuasion 밋기. A votre — 너를 밋고.
Perte Dommage 해, 손해. 해본것.
= — (chose égarée) 일키 etc. V. Perdre.
Pertinace (homme) 황구하다, 고집하다; — (chose)
Pertinemment 명백히.
Pertuis
Perturbateur 요란하게하는. = 계정군 (querelleur)
Pervenche 우렁이.
Pervers V. Méchant, mauvais.
Pervertir 그릇되게하다, 그릇치다, 그릇가르다.
Se — 그릇되다, 변하다, 굴너지다, 글노지다.
Pesamment 무겁게, 즁히.
Pesant 무겁다 (거워, 온), 즁하다, en agg.

중. —, peu dégourdi 둔하다 (Mot du corps et de l'esprit. — dormir d'un sommeil — 곤히 자다 (곤하다, fatigué).

Pesanteur (indeterminée) 경중 (léger, lourd) s'informer de la — 경중을 부러보다; selon la — 경중대로. = —, poids 중량, 중, 무게, 무겁기. = La loi de la — 중력법

Peser v. n. etre lourd 무겁다 (거워, 운). 중하다; se avoir tel ou tel poids 되다 précédé de l'indication du poids: — une livre 혼근되다 il tira mieux 혼근중되다, 혼근무게되다. = —, v. act. évaluer le poids 무게보다, 근중보다, 경중보다; de avec une balance 달다 (아, 단), 달아보다. = — les raisons 혜아리다, 마련하다, 궁구하다, 성각하다.

Pessimisme 염세주의.

Pesse, faux sapin 가문비 (Picea obovata Ledeb. — Picea ajanensis Fisch.)

Peste vraie, — bubonique 흑사병; —, mauvaise maladie 악역; — typhus 염병, 염긔. = C'est une vraie — 망칙혼일일다

Pester contre 원망하다.

Pestilentiel exhalaison — 독긔, 악긔.

Pet 방긔, 방귀 (뀌다)

Pétale de fleurs 화판, 화편.

Pétard pièce d'artifice 지총 = 사약총 répond à la "camnepetoire" de Normandie.

Péter 방귀뀌다 (여, 뀐); — gros 봉뀌다.

Pétiller (feu) 뛰다, 뚝뚝뛰다, 호도독

호도독호다. —, (regard) 엉쳐나다, 눈엉쳐도다.

Petit 젹다 (어, 은), 작다 (아, 은), *세쇼호다. —, en agg. *쇼 surtout court 잘다 (아, 잔), 자르다 (잘너, 자른). Très —, *세쇼호다, 조고마호다, 자디자다 (자, 잔). Plus — encore *은세호다. = —, étroit 좁다 (아, 은). = Le — doigt 삿기손가락. De — taille 킈젹다, 킈작다. Un —, un chétif, un rebut 잔챵이. = Poliment devant un supérieur officiel, un homme non noble s'appelle — homme *쇼인. = — à — 조곰식, 조곰아큼, 야금야금, 춘춘, 젹젹. = — des animaux 삿기, 삭기. = 고기삭기 se dit des poissons. Le — bille qu'on appelle aussi 송亽리. = — fils. — enfants (par rapport aux grands parents) *손주, 손녀, et, par la femme, *외손주, 외손녀.

조고마하다 (고마, 만)
잣사다 (자, 산)
자절구러하다, la petite taille, le —ssa.

Petitement 젹게, 작게.

Petitesse 젹기, 세쇼하기, etc.

Petite vérole 역질, *두역.

Pétition (écrite) *진정서

On dit ordinairement *고장 qui se dit de toute à un supérieur.

Pétrir 굽으르다 (울너, 으른). Pour la pâte on dira plus souvent (반쥭) 짓다 (지어, 은). — de la terre, du mortier etc.) 니기다; — entre ses doigts 분지르다 (질너, 지른).

Pétrifier *성석호다

Pétulant

Pétrole *석유.

Peu 조곰, 젹게, 작게, 만치안케, 략간, 여간. Il y a peu d'argent 돈이 만치안타.

dans (ou depuis) — de temps 오래지아니ᄒᆞ야 habituellement contracté en 오래잔하. Vivre — de temps 오래못살다 = Un — de mots 잠간, 대강. (Si on veut dire "abréger" 간략ᄒᆞ다). Se trop inquiéter pour — de chose 대소롭지아닌일에 걱정과히ᄒᆞ다. Parler — 말드물다 (어, 분). Dormir — 잠간자다, 오래아니자다. — Il en fallut que … se rend par la forme 뻔ᄒᆞ다: — Il en fallait qu'il ne mourût 죽을뻔ᄒᆞ엿다. = Il y a — de temps 근래. — auparavant 바로전에; — après 바로뒤에, 바로후에. — avant la persécution 군란나기조ᄒᆞᆯ 새에. Si — que ce soit 조곰만이라도. Un — 조곰, 자칫, 좀. Rien qu'un petit — 략간, 조곰만. Un — plus 좀더, Un — moins 좀덜. Un — plus grand 자칫크다, 좀더크다. Un — d'argent 돈조곰. Aller un — en avant 좀앏서가다. — à — 좀, 좀, 조곰식, 추추, (se) (en revenant souvent à la charge) 시좀시좀. A — près 대강, 대략, 대개, 대총. = Ce n'est pas — (pour dire: c'est beaucoup) 여간아니라. = Trop — 부족ᄒᆞ다. ≡ Un —, devant les adjectifs se rend souvent par les formes diminutives dont voici qques exemples. Un — rouge (rougeâtre) 붉그스름ᄒᆞ다, Un — doux 새즉ᄒᆞ다, Un — aigre 시큼ᄒᆞ다; Un — doux 달큼ᄒᆞ다,

하마터면…

— amer 슴슴ᄒᆞ다, 슴슴ᄒᆞ다
Peuple 빅셩, 민. Le — de la ville 읍녜사ᄅᆞᆷ. Homme du — (non noble) 도셩민. Bas — 샹사ᄅᆞᆷ, 샹인, 샹놈.
Peupler v. act. — d'hommes 식민ᄒᆞ다. Se —, se multiplier 만하지다. Pays bien — 사ᄅᆞᆷ만ᄒᆞᆫ곳.
Peuplier arbre 바ᄅᆞᆷ나무, 파드득나무. — européen 양버들, 미양; — coréen 박양 (populus alba). = — tremble 사시나무 (populus tremula). = 황철나무 (populus maxcolem, — balsamifera).
Peur 겁. Avoir peur 겁나다, 겁내다, 무셔워ᄒᆞ다, 놀나다. (De la chose qui fait peur on dit 무셥다 (셔워, 운), 놀납다 (나와, 온). Eprouver une — subite 깜작놀나다, de mani vive 소스라지다, 소스라치다. Avoir les sens troublés par la — 혼나다 (나, 난), 혼스다 (서, 쓴). Faire — 놀내다 (여, 낸), 무셥게ᄒᆞ다. — N'ayez pas — 무셔워ᄒᆞ지말아. On dit plus souvent 무셥지안타, 안무셥다: "Ce n'est pas effrayant". J'ai peur qu'il ne soit pris 잡힐가무셥다. J'ai — pour vous 너무셥다: Vous êtes en danger. — De peur de — avec un verbe se rend par la forme en 혼다; avec un nom par 무셔워ᄒᆞ다. De — de tomber 넘어질나ᄒᆞ고. De — des voleurs 도적놈

까질나. 도적부쳐위호야.

Peureux 겁만타(하, 혼), 겁쟁이.

Peut-être 아마 toujours accompagné d'une forme probable 하나보다, etc.. = 아마 peut se supprimer. = —, (réponse) 그런가보다. = — que, si par hasard 혹시.

Phalange

Phare 화탑, 등대, 등탑

Pharmacie boutique 약방, 약국. — Droguerie 약

Pharmacien *약쟁이, 약국하는사룸.

Pharmacologie 약물학, 제약학.

Pharmacopée

Pharynx

Phase *외상, 형상.

Phénique *석탄산 石炭酸 ; — Eau en solution *석탄슈 .. " " 水

Phénix *봉황.

Phénomène 별일, 별것 = (phil.) *현상

Philanthropie 겸의 ; *박애

Philologie *어학 ; *언어학

Philologue *어학박사, *박언학자, 어학사, 언어학

Philosophe *철학박사 — Les anciens chinois sont dits *성현, le titre de 성인 étant réservé à Confucius.

Philosophie *철학, 격물학 = *리학 qui se dit aussi de la physique. = — pure 순정철학. Raison philosophique 철리

Philtre

Phlegme, sang froid 넉살. avoir du — 넉

(넉살 a ordinairement un sens péjoratif: insolence, impudence)

Phonographe — Pièce
1072

숭보다. = — (humeurs) 맛 . Phonétique (science) *발음학
Phonographe *전어통, *유성긔, 축음긔.
Phoque 바다개, *해구.
Phosphate *린산염, — de : 린산....
Phosphore 린, 린소.
Phosphore en agg. 린 v.g. huile — *린유
Phosphorescence *린광.
Phosphorescent lueur — *린화, *쳐긔,
Phosphorique acide — *린산 燐酸 [燐]
Photographe
Photographie *샤진, *화상 — instantanée *속츼샤진 = appareil de — *샤진경, 샤진틀 — le négatif se dit *영, *생본, le positif 화본.
Photographier 샤진박다(아.은), 화상내다.
Photogravure *샤진판.
Photomètre *광도계, 쳑광긔.
Photosphère *광구.
Phrase 귀졀, 마듸, 마듸. — *어구 語句
Phrénologie 골상학.
Phtisie *폐병 (maladie de poumons).
Physiognomie *상법.
Physiognomiste 상쟈, 상쟁이.
Physiologie *싱리학.
Physionomie 얼골, *상판. v. p. 996
*인물 mais c'est tout l'ensemble du visage & pour 생긴거리 du corps. — en agg. 상, 내면. Prédire l'avenir par l'inspection de la — 관상하다, 상보다. Celui qui le fait 상쟈, 관상쟁이.

Physique science 물리학, 리학. — et chimie, les sciences — 리화학. = —, extérieur 형모. — et moral 신심.

Piaffer

Piailler (oiseaux ou enfants bavards) 짓거리다, 종종거리다, 종종하다.

Piano

Piastre 원, 환, 은원.

Pic (pour piocher) 광이, 쇄광이; —, (billon) 탁괵도, 사다작고리; — (de montagne). 봉, 산봉, 봉오리, 각. Le mont aux 3 — 삼각산. A — 삿삿이. Être à — 가타롭다 (롭나, 롭은).

Pic-vert 산탁복

Picaillon

Picotement sentir des — 절니다, 지릿는듯하다.

Picoter (oiseaux) 쫍다 (쪼아, 은), 쏘이다.

Pie oiseau 가치. — grièche 티갑이

Pièce, partie d'un tout 조각. V. morceau, partie. Mettre en — 쓪다 (어, 은) — (d'une armée ennemie) 치다. S'en aller en — 헐어가다, 헤쳐가다, 으스르지다. V. pulvériser. ≡, —, comme numéral — Pour la monnaie 닙; — pour les étoffes 필; — pour les liquides 통; — pour les rizières 밤이; — pour les champs 자리. — Pour les objets 리 (V. numéral). Une sapèque — 혼나헤 혼푼식, 네리 혼돈식, 혼돈다리식. ≡ — de théatre 연극; de tragédie 비극; de comédie 희극 = —, appartement 방, 실. = — d'artillerie 포 (le numé.

쓪다 se dit des choses qu'on déchire, qu'on met en pièces en "arrachant". Mettre en pièces, écraser, briser 읏그러사러치다 = au neutre ou passif 읏그러지다. = 으쳐지다

ral est "빌)

Pied partie du corps 발, en agg. 족. = — fourchu de certains animaux 쪽, 쪽발. Le dessus du pied 발등; la plante du — 발바닥, 발바닥. Le cou du — (tous au dessous de cheville) 발목. Les pieds & les mains 손발, 수족. De la tête aux — 머리브터 발아래 inusité. On dit 왼몸 tout le corps. = Qui a le — bot (en dedans) 안쨍다리, d° (en dehors) 밧쨍다리 = Aller à — 것다 (거러, 른) d'où 거러가다, 거러오다; 도보하다. Voyageur à — 보행군. Aller à cloche — 욍금조다 (아, 존), 욍금조아 단니다; 욍금질하다. Aller les — en haut & la tête en bas 것구러단니다, 불구나 놉혀단니다. Ne pas toucher la terre des — 공중에서 단니다 (쓰다, 써, 쓴, flotter) (se dit pour se démener beaucoup). Se hausser sur la pointe des — 발도도다 (아, 돈), 발도돔하다, 발도듬이서다. Marcher sur la pointe des — 져겨드되다, 지콕드되다. Frapper du — (qqun ou qq ch) 발노차다, d° (la terre), remuer les pieds 굴으다 (굴너, 구른). Fouler aux — 붋다 (아, 은) — d° au figuré 쳔답하다. Mettre le — sur 붋다, 드듸다. Mettre le — à faux 헛붋다. Perdre — (dans l'eau) 들어설수업다, 빠지다, 쏙빠지다. Mettre — à terre 나리다, d° de cheval 하마하다, 밧드듸다

de de bateau ᄒᆞ죡ᄒᆞ다. avoir bon — (bien marcher) 잘걷다, 길잘걷다. id. (avoir le pied ferme dans le mauvais chemin) 발받다 (하.흔) = se laver les — 발씻다 (씨셔,슨), 족족ᄒᆞ다. Les gens de — (infanterie) 보병, 보군. attendre de — ferme 박혀다. ≡ Être sur un bon — 경ᄒᆞ다, 도흔대경잇다, 잘지내다, 견디다. = — d'une montagne 산밋, 산둑리. —, numéral — pour les arbres 긔 & mieux 주; — pour le tabac, les choux etc 포긔, 폭의; — les oignons 동. ≡ —, mesure de longueur 자, 척. Il se divise en 10 치, chaque 치 en 10 분.

Faire des — & des mains (tous ses efforts) 변즈제ᄒᆞ다

Pied à terre

Piedestal 바탕.

Piége, fosse 함정, 함뎡; — nœud coulant 얼기; —, assommoir 덧. (Prendre à ce — 틔우다). Tendre un — 함정파다, 얼기노타(하,흔), 덧노타. Id. au moral, essayer de tromper 속이려ᄒᆞ다, 후리려ᄒᆞ다. Y réussir 속이다, 후리다. Donner dans le — 속다(아,흔), 홀니다, 후림에들다(어,들). S'en dégager 후림을버셔나다.

올갓이

Pierre 돌, en agg. 석. — précieuse 보석; — ponce 부석; — de touche 슈석, 극석, 시금석, 숫석돌, 갈마돌; — en décomposition, en grumeaux s'écrasant facilement 석비레; — petites & nombreuses (ng. pour empierrer) 작알; — plates (pour

Age de la — 석긔시대

Base d'une colonne 주춧돌

Dallez les chambres chauffées) 구돌장, 구
돌비 ; — pour lisser le linge 다듬이돌,
— à aiguiser 숫돌 ; — à feu 부쇠돌 ; —
pour monter à cheval* 하마석 ; — dans
l'eau servant de pont 징검돌, 징검다리.
— incommode* 악석. Une — 돌덩이,
돌멩이. Frapper à coup de — 돌노치다
Lancer une — 돌던지다, 팔매치다. Tailler une — 돌다듬다 (어,은). Tirer les —
de la carrière 돌캐내다. Tas de —
돌무덕이 de superstitieux, gén. au pied
d'un arbre 서낭당. = Coeur de — (insensible* 무정하다, 인정업다, 목석
곳다 (하,흔). — des fruits 봇. = —,
maladie *석림. — les calculs sont dits
*석불 = Pose d'une première — (céré-
monie) *석거식.

Pierrerie *보석, 구슬, *쥬옥.

Pierreux 돌만타 (하,흔), 악석만타.
(Fruit) — 봇잇다.

Piété envers Dieu (amour)* 애쥬, de
(ferveur)* 열심. = — filiale 효도, 효성.
La pratiquer 효도하다, *효하다, 효성잇다.

Piétiner 드듸다, 밟다 (아,은).

Piétisme *지긔쥬의.

Piéton *보행군.

Piètre 변변치안타 (하,흔).

Pieu pour attacher les bestiaux, — fiché
en terre - 말쑥, 말뚝. — pour soutenir

la haie 울쟝 ; — pour accoter, soutenir fig. ch. 벗침, 벗침나무 (벗치다, étayer).

Pieuvre 낙지, 낙졔, 문어.

Pieux envers Dieu 열심하다. — envers ses parents 효하다, 효도하다. Fils — 효子, Fille — 효녀. Bru — 효부.

Pigeon voyageur 전셔구.

Pigeon 비둘기. — Domestique 집비둘기; — sauvage 산비둘기. Le 쟝비둘기 est le pigeon, le 뉵덕비둘기 la tourterelle. = — Jeune homme facile à duper 부텩.

Pigeonneau 비둘기 삿기.

Pignon

Pile, tas 덤이, 그릐; —, pilier 기동; — ou bouteille électrique 뎐병. — électrique 뎐긔, 뎐쥬; — sèche 건조뎐쥬.

Piler réduire en poudre 쟉말하다, 말다, 마다 (마라, 만). 으긔다; — avec une meule 갈다 (아, 간). — (les céréales) dans le mortier 졀구질하다.

Pilier 기동, en agg. 쥬. — de pierre 셕쥬, 돌기동

Pillard

Piller 탈취하다, 색앗다 (앗서, 순) avec l'indication de ce qu'on emporte; — (une maison) 논쟝하다, 논쟝하다. — (v.g. les soldats) 노략하다, 노략질하다.

Pilon 공이, 졀구공이, 졀구대 = 내. = — à bascule pour écosser le riz 방아. — actionné par le pied 방아, 발방아; — actionné par l'eau 물방아; actionné par une

1078)

roue hydraulique 물너방아.

Pilote 선장 ; 치잡이

Pilotis

Pilule 환, 환약.

Piment 고초, 당초.

Pimpant

Pimprenelle

Pin 소나무, 솔, en agg. *송 (pinus densiflora). — maritime *해송, *해안송; — de Bunge 백송; — nain (pinus pumila) 누은잣나무; — coréen (pinus coreensis) 잣나무 (les amandes 잣 sont comestibles.) — de Thunberg 곰솔. Bois (forêt) de — 솔밧. Bonne de — 솔방울. Vin aux feuilles de — 송엽주. Vin aux pousses de — *송순주. Gateau aux feuilles de — *송편. Pollen du pin *송화. Gateaux à cet pollen 송화떡.

Pinacle

Pince 집게.

Pinceau pour écrire 붓, en agg. *필, papier, — à encre *지필묵; — pour peindre *화필. — en cuir 혁필 (C'est une bande de cuir dentelée, qui sert pour dessiner les grandes lettres ornées). — très large pour la colle 귀얄.

Pincée 자밤.

Pincer 석게집다 (어, 은). 잡아뜻다 (어, 은), 집다, 뜻다, 집어뜻다. — les cordes d'un instrument de musique 타다, 쏫다. = — les arbres fruitiers 순집다.

Pincette 집게, 족지리. Batonnets qui servent de — à feu 화져, 화져가락.

Pingre 다랍다(라와, 온), 근천스럽다, 단그럽다(러워, 온), 좁바르다(발나, 태올).

Pinnule 견투.

Pinson

Pintade

Pioche 광이.

Piocher 파다, 광이질하다.

Pion aux échecs 졸, 재리졸.

Pionnier

Pipe pour fumer 담배대, 대, cuy. 죽

Pipeau 피리. En jouer ... 불다.

Pipée . Chasser à la — 우레하다 (우레 est l'appeau).

Piper tromper 속이다.

Piquant (subst.). épine ou chose semblable 가싀. = (adj.). qui pique 지르다(질너, 진), 쏘다(와, 쏜). — au goût 맵다(매와, 운). Parole — 지르는말, 독한말.

Pique arme 창

Pique assiette 걸릭, 취식리, 탐식리

노름노리 = 하다 Pique-nique 노리 = 하다. l'endroit 노리쳐 qui est devenu synonyme de beau paysage.

Piquer avec un instrument 지르다(질너, 지른). — avec un aiguillon, comme la abeille 쏘다(와, 쏜). = — une pierre pour la

1080/

tailler 좁다(조아, 조은); —(une pierre) la taille (en général) 다듬다(어.은); — à grands points (couture) 생칩질ᄒᆞ다, habit ainsi — 생칩옷; — à petits points 누비ᄒᆞ다, 늬비ᄒᆞ다; habit ainsi piqué 늬비옷, 잔늬비. = —(au goût) ᄆᆡᆸ다 (ᄆᆡ와.온); —, offenser ᄇᆡ알 상ᄒᆞ다, ᄇᆡ알 지르다 (질너.지른). Se —, s'offenser ᄇᆡ알상ᄒᆞ다, 언잔케넉이다, 노ᄒᆞ다, 분ᄒᆞ다. Se — d'honneur, d'émulation 격동ᄒᆞ다, 버르다 (별너. 버른), 새버르다(블너.른). Se — de science 아는테ᄒᆞ다, 츄혜넙다 (어.운). ≡ Se — 질니다, 쏘이다.

Piquet 못챙이, 꼬창이, 말뚝.

Piqûre 질닌되, 질닌눈목,= 쏘인되.

Pirate 슈적, 회적, 히랑적.

Pire v. pis. Le — de tout 데일됴치안타.

Pirouetter

Pis (subst.) 젓, 젓통.

Pis (adv.) —(ᄆᆡ. 악) — au sens comparatif se rend par 더; au sens superlatif par 데일 avec l'adjectif ou l'adverbe convenable. — que cela 그보다 더흉ᄒᆞ다. C'est le — 데일흉ᄒᆞ다. Que peut-il arriver de — 더언잔흔거시부어시냐. Aller de mal en — (malade) 병이 점점 더ᄒᆞ다.

Piscine

Pisé

Pissenlit (plante) ᄆᆡᆫ들네, 볼돌네 ≡ 부슴

쫄니, 쓴나ᄀᆞᆯ, 삼바귀, 사리귀 sont des noms plus ou moins locaux = — (qui pisse au lit) 오좀싸리.

Pisser 오좀누다 (어, 눈). Faire — (v.g. un enfant) 오좀누이다; — involontairement 오좀싸다. Maladie qui fait — le sang 뇨질.

Pistache *락화ᄉᆡᆼ.

Piste trace d'un animal ᄌᆞ욱, 발ᄌᆞ욱, *ᄌᆞ최, 발ᄌᆞ최. Suivre à la — ᄌᆞ욱 밟다 (아, 은).

Pistil (des fleurs) *ᄌᆞ예.

Pistolet *죠총, *권총, *마총; *단총

Piston de machine *긔병.

Pitance

Piteux qui fait pitié *참혹ᄒᆞ다; —, digne de pitié *불샹ᄒᆞ다. = —, pas fameux 변변치안타 (하. 흔). Faire — mine 불셩업다 (rien qui mérite d'être vu). On dira qqf. 셩치되다 "être en ruines".

Pitié compassion 인졍. Avoir — 불샹이 넉이다, 가련이 넉이다, 긍련이 넉이다, 긍측이 넉이다. Digne de —, qui fait — 불샹ᄒᆞ다, *가련ᄒᆞ다, *긍련ᄒᆞ다, *긍측ᄒᆞ다, = *참혹ᄒᆞ다. Être sans — 인졍업다 (litt. sans sentiment humain).

Piton 쇠못. — ouvert (pour y introduire un anneau une cheville) 고달.

Pitoyable qui fait pitié. V. pitié.

Pittoresque

Pituite 담; — que l'on crache 가래, 가래춤, 가래침.

1082/

Pivert 딱졔구리, *산탁목.

Pivoine fleur 함박꽃, *목단화, 모란; — blanche 젹쟈약.

Pivot 곤드람, 곤드람이, 고두쇠. — (oppo. de crapaudine) 수쇠, 수돌쩌귀 (la crapaudine étant 암쇠, 암돌쩌귀). = — d'un mouvement (pour une troupe) *축의.

Pivoter

Placage

Placard armoire dans le mur 벽장. = — pièce satyrique *괘쳐 = 하다.

Place lieu 데, 곳, 자리, 터, *방소, *방위. en agg. *소. — dans un village 마당, = 현장 — du marché 장터. Changer de — (neutre) 옮다 (올마, 올믄), 옮겨가다; — (act) 옮기다. — de — en — 드문드문, 듬셩듬셩, 간간이. à la — de 대신, 대신으로 = 대신하다. = — (dans une réunion, théâtre etc.) *셕, *좌, *좌셕. = —, — forte *셩.

Placenta *조하거

Placer 두다 (어, 둔), 노타 (하, 혼); — dans 넛타 (너허, 혼); — sur 언다 (져, 즌) (peu 언치이다 peu usité)

Placet

Placide

Plafond *텬장, 지벙.

Plafonner

Plage 바다가. — de sable 모래톱.

Plagiat *표절

Plaider être en procès *송스하다. — faire une plaidoierie *변론하다
Plaideur *송스군, *송쳑, *송민.
Plaidoyer *변론 = 하다.
Plaie 샹혼곳, 샹혼자리, 샹혼뒤, *샹쳐. Faire une — *샹하다. La renouveler 거듭샹하다. Les 5 — de N.S. 예수의 오샹
Plaignant dans procès *고소인, *원고인 = *원고인, *요구자.
Plain 반듯하다. De — pied 일자로.
Plaindre qqun 불샹히너기다. être à — *불샹하다, *가련하다. Se — (vg. un malade) 앏흔소리하다, *뇌통하다, 앏흔소리하다. Se — de ses peines 셜은소졍하다. = Se — de qq ch. , de aux autorités
*호소하다, *졍하다, *송스하다. = — sa peine 졔붓업시다.
Plaine 들, 벌.
Plainte V. plaindre. — aux autorités *원졍, *쇼지. La rédiger ...짓다 (지어, 은); la présenter ...드리다. Porter — *원졍하다, *졍하다, 쇼지하다.
Plaire *합의하다, *여의하다. — aux yeux 눈에들다 (어, 든 (exten. lieux)), 보기됴타, — à l'oreille 듯기됴타. La chose qui — on dit 반갑다 (가와, 온), 즐겁다 (거워, 온). Se — à 됴화하다, 즐기다, 즐거워하다, 반가와하다. Choses qui se — ensemble, inséparable 안쏙 (혼한쏙일다). = — à qqun

Plaire — Plastron

1084/

깃븜엇다 (어.은), 인심을엇다, 눈에들다. (les 2 premiers des homme, le dernier des homme & les choses). Comme il vous plaira 네맘ㅅ대로, 네쇼견대로, 네하고시븐대로.

Plaisant, agréable 반갑다 (가와.온), 즐겁다 (거워.온). Mot — *희담. Un — *호변객. Mauvais — 실업손놈.

Plaisanter *희담하다, *롱하다, *희롱하다, *긔롱하다, *조롱하다.

Plaisanterie 희담, 희롱, 작난.

Plaisir (in re) *락, *일락, — que l'on trouve à qq ch. 맛, 지미. Le — du monde 쾌락 셰락. Bonheur & — *복락. Prendre — a 즐기다, 즐거워하다, 됴화하다, 맛드리다. Qui cause du — 즐겁다 (거워.운), 반갑다 (가와.온). Faire — a qqun 됴케하다, 보옵됴케하다, 뜻밧다 (아.은). Vous me feriez — de 하면 내속됴켓다. Qui aime à faire — 삽삽하다. Conte fait à — 공연한말, 빈말.

Plan (subst). — (d'un édifice, de travaux à exécuter) *본, *화본, *도형, 그림; (tech) *설계; — but 뜻; — (de vie), règles 규모, 규구. = —, en géométrie *평면 en agg. *면: — horizontal *슈평면, — vertical *슈직면, — incliné *사면. = — en arpentage *측도, *디도

Plan (adj.) 고르다 (골나.고른), 반듯하다, 평평하다, 넙작하다.

널빤지 Planche de bois 널, 널쪽, 널판, 판 = — d'imprimerie 판, 책판.

Planchéier 마루노타(하,흔), 마루깔다(아,깐).

Plancher 마루.

Planchette d'arpenteur 평판측기.

Plane outil 석류황칼.

Planer (act) — (v.g. du bois) 다듬다(어,은), 대패질하다, 판판케하다. = — (neutre) se soutenir de l'air 뜨다(떠, 뜬), 서다(서, 선) — immobile (oiseau) 가만이서다.

*위성 Planète 항성, 혹성, 유성. Les principales sont: Mars, 화; Mercure, 슈; Jupiter, 목; Vénus, 금; Saturne, 토; Uranus, 텬왕; Neptune, 해왕 (ajouter 성).

Plant à repiquer 모.

Plantain 길경이, 차전초.

Plante en général 식물, 초목 = — (plus ou moins opposée à arbre): — comestible 나물, non comestible 풀 = — en agg. 초. = — du pied 발바당, 발바닥.

Planter pour faire croître 심으다(심어, 은), — enfoncer (clou, pieu etc) 쏫다(져 & 즈, 진 & 즌), 박다(아, 은) = — une croix 십ᄌᆞ가를 세우다. Se — [illegible] 박히다.

Planton (milit.) 전병졸, 통보소에[illegible]

Plaque 패.

Plaqué

Plastique

Plastron

Les menuiseries en "plaqué" sont dites "북판". Le contraire est 겹판, 외통이

1086/

Plat (subst.) vaisselle 졉시, 대졉.

Plat (adj.) 넙작ᄒᆞ다, 넙젹ᄒᆞ다, 판판ᄒᆞ다; 편편ᄒᆞ다. — & large 넙젹넙젹ᄒᆞ다.

Platane 시닥이, 신들나무.

Plateau 됴정반; — de balance 저울판; — (en géographie) 고원.

Plate-bande.

Plate-forme

Platine métal 빅금

Plâtre 셕고, 면회.

Plâtrier 미장이

Plausible 끳을만ᄒᆞ다.

Plèbe 샹민, 평민.

Plébiscite

Plein 가득ᄒᆞ다, 차다 (차, 찬). 츤다. Se dit 만. Avoir le ventre — 빅부르다 (불너, 부른). = — jusqu'au bord 잔득 가득ᄒᆞ다. D'une chose non — on dit souvent 골다 (아, 곤). = à demi — 반밧긔 아니되다. Être encore — de vie 아직 셩ᄒᆞ다, 아직 다 살아잇다. = Être — de soi-même 교만ᄒᆞ다, 즈긔만 밋다, 저만 밋다. Un visage — 얼골 통통ᄒᆞ다. (통통ᄒᆞ다, plein & rebondi). La — mer 큰 바다. La — lune 보롬. En — jour 빅쥬에, 낫졔, 낫에. ×방 De son plein gré 스ᄉᆞ로, 식히는이 업시, 즈원으로, en ouvrage 즈. En — (vg. d'une cible) 마ᄌᆞ. = Être — (femelle) 삿기 비다, 비다. = —, (entier) 젼. — pouvoir 젼권.

Pleinement 가득히, 잔뜩, 아조.

Plénier '전. Indulgence — '전대샤

Plénipotentiaire '전권공ㅅ, '전권대ㅅ.

Pléonasme 겹말.

Pleur 눈물; — officiel 곡, '발곡.

Pleurer répandre des larmes 눈물흐르다 (흘너, 흐른), — se plaindre, '체읍하다, — crier 울다 (어, 운). Ne pleure pas 울지마라. La fumée fait — 내쏘이면 눈물난다. Faire — (un enfant) 울니다.

Pleurer à chaudes larmes, sangloter, pleurer son saoul 목을노코울다

Pleurésie '즉막병.

Pleurnicher 응응울다 (어,운).

Pleutre 겁쟁이.

Pleuvoir 비오다 (와,온). — à verse 비붓드시 (or 붓ㄴ드시) 오다, 비솟하게오다, 비솟아지다. — dans (rg. de la maison) (집) 새다.

Plèvre '흉막, '늑막

Pli 쥬름. Faire des — exprès (plisser) 쥬름잡다, 쥬름살잡다. Avoir des — (être plissé) 쥬름잡히다. Avoir des —, (être chiffonné) 오골오골하다, 구긔다, 구긔살잡히다. Le — du jarret 오금. Les — les replis du coeur 긔속. Faire prendre un bon — à un enfant 아희를 철에 희우다 (희우다, 위,운, courber). Prendre un mauvais — 그릇되다, 변하다. Avoir pris des — 쇄하다, 굿다 (어,은), 굿어지다. = —, lettre 편지; —, enveloppe 봉지, 봉투지. Sous ce — 봉투지안희.

Pliable '유하다, 부드럽다 (러워,운).

Pliant pour s'asseoir
Plie poisson 가재미.
Plier Mettre en plusieurs, Doubler 개다(여 & 여, 갠), 졉다(어.은); — un feuillet (pour faire une marque) 졉어두다 (qui signifie aussi passer sous silence);— les voiles 돗노타(하.흰), 돗거두다. = —, fléchir, courber 굽으리다, 휘우다. — les genoux 무릅숙다(어.순). — son caractère à la volonté d'autrui 남의 뜻되로ᄒᆞ다. . = —, (verbe neutre) Devenir courbé 휘여지다, 굽으러지다 ; —, faiblir, céder 휘다, 숙다, 굴복ᄒᆞ다, & (troupes) 쳐가다. — sous un fardeau 짐에눌니다, —sous une calamité 난을복지못ᄒᆞ다. (복지ᄒᆞ다, supporter, tenir)
Plisser une étoffe 쥬름잡다(아.읜), 쥬름졉다(어.은). Être — 쥬름잡히다, 쥬름졉이다. = — son front 즁거리다, 즑의다.
Plomb métal 연. On dit plus souvent 납 qui se dit aussi de l'étain ; alors, au besoin on distingue 생납, étain, & 하납 plomb. = Être à — 숫굿ᄒᆞ다. Fil à — 측량연. = — d'une ligne de pêche 봉.
Plongeon, dans l'eau 잠슈질 = ᄒᆞ다
Plonger v. act. — (qq ch. dans l'eau) 물에잠그다(거.근), 물속에들어보니다. être — 잠기다, 잠으다(잠아.은). = —, v. neutre, aller sous l'eau 물속에들어가다, 잠기다, 잠슈질ᄒᆞ다, 잠슈ᄒᆞ다, 칩슈ᄒᆞ다, 칩슈질ᄒᆞ다, Dans jeu 잠의악질ᄒᆞ다, 숨박굼,

질ᄒᆞ다, 부작, 악질ᄒᆞ다. Se — de vice 악에잠기다, 악에침혹ᄒᆞ다. 악에ᄲᆞ지다.

Plongeur 잠슈군. — scaphandrier 잠슈군, 보작이, 보작이, = Plongeuse. pêcheuse de perle, de varech etc 해고. =○

Cloche à plongeur 영리종 "잠슈긔

Ploutocratie 부유졍치, 금력졍치.

Ployer 휘우다 (휘워, 운).

Pluie 비. Grande — (petite) 장마 =귀다.
— d'orage, averse 소나기; — fine 이슬비; — un peu plus forte 는긔, 는ᄯᅡ기, 가랑비. La — cesser 비긋다, 비긔이다, 비ᄭᅥᇹ다(어,ᄒᆞᆫ).

Plumage 새털, 털.

Plumeau 븨, 털븨.

깃 Plume d'oiseau 새털, 털; — pour écrire 붓; — d'oie 깃붓; — métallique 쇠붓, 텰필.

Plumer 털 ᄲᆞᆸ다 (아, 은).

Plumet

Plupart la tourne de façon à employer le verbe 흔ᄒᆞ다, ᄲᅮᆫ다(하, 흔) soit à la forme verbale, soit à la forme adverbiale. La — agissent ainsi 그리ᄒᆞᄂᆞᆫ이ᄲᅮᆫ다, 사ᄅᆞᆷ, 흔히 그리ᄒᆞᆫ다.

Pluriel

Plus, davantage 더; — avec les nom de nombre 넘, 너, — 여. Plus de cent 빅넘어; 빅여; — avec une négation, signifiant de nouveau 다시. Je ne le ferai — 다시 그리 못ᄒᆞ겟다. ≡ avec les noms de durée 쯤 signifie un peu plus: 하

Plus — Poème

1090/

도 signifie un an environ, mais plutôt plus que moins, et pour le mois 달도. = 날도 (jour) est peu usité. = — qu'il ne faut 과히, 넘, 과히. = —, comparatif 더 précédé de 보다 ou 보덤; Il est plus grand que Paul 발로보다더크다. On pourrait dire 발로보다크다. = le —, superlatif 뎨일. le — grand de tous 뎨일크다. le — souvent que je pourrai 할슈잇는대로, 할만혼대로. = — aimer que craindre 무서워ㅎ는것보다더스랑ㅎ다. C'est la traduction littérale; mais cette forme est inusitée. On dira, suivant la nuance 무서워ㅎ나스랑ㅎ다, 무서워ㅎ는싱각업고스랑ㅎ다. — Un peu — 조곰더. Beaucoup — 훨석더. ≡ Il ne reste — d'argent 돈남은것업다, et — du tout 하나도업다 (même pour les choses qui ne se comptent pas). = De — en — 졈졈더 Il s'affaiblit de — en — 긔운이졈졈업서진다. = — ou moins 더ㅎ던지덜ㅎ던지. Ni —, ni moins 꼭 이일반, 샹곳다 (하훈). = — répété dans une phrase se rend par 수록, 더옥. — il mange, — il a faim 먹을스록더옥비곱흐다. (On peut sous entendre 더옥). D'autant — que 더옥. Il est d'autant — aimable que sa science ne l'empêche pas d'être modeste 학문이만흔중에겸손ㅎ니더

Plus ou moins: le plus ou moins 대소간

녹긔하다. = Un peu —, et (s'arrivait telle chose (heur ou malheur) 하마터면. Il y a — de fruits que de feuilles 닙슈보다실과더만타. Il fait — qu'il ne dit 말보다 한것만타. De —, en outre 이외에, 그외에, 그뿐아니라.

Plusieurs 여러, 여럿이, 여러히; — l'un; en troupe (plus ou moins) 닉리 pris souvent en mauvais sens: 몹슬무리, les méchants. = — se rend souvent par "être nombreux" 흔하다, 만타. — hommes 만흔사름이.

Plutot suivi d'un verbe à l'infinitif se rend par la forme 홀지언뎡. — mourir que faillir 죽을지언뎡죄를아니범하리라. = — Pierre que Paul 베드로보다 바오로가낫다. Il est — grand 크다더라.

Pluvial eau — 비물. Eau — (qui tombe du toit) 락슈물.

Pluvieux Le jour est — 날궂다 (궂어, 즌): il fait mauvais temps.

Pluviomètre 우량계.

Pneumatique Machine — 공긔측통.

Pneumonie 폐렴

Pochard 술구럭이.

Poche d'habit 쥬머니. —, sac 자로, 자루.

Porte-monnaie *지보긔, —, estomac de boeuf 양.

*보슈로 Pocher

Poële (fém) — à frire 볶비; —(masc) — à feu 화덕, *난로.

*시슈 Poème 귀글, 가; — léger 률어.

Poesie — Point

1042

Poësie art ; —, pièce de — 시글 ; *시집

Poëte *시인, *시긱

Poids — en général, pesanteur *경중 (léger & lourd). Voir le — 경중을 보다 ; —, (mesure) 무게, *중, *중수, *중량 ; = — pour peser *분동 ; — & mesures *도량형. — net *정미중량 ; — brut *합계중량 = — d'une horloge d'une balance romaine *추 ; — d'une ligne de pêche 봉. = Juger du — à la main, soupeser 드러보다, 손에 드러보다. Homme de —, sérieux *진중하다. ; — (mesure) — spécifique *비중

Poignard 칼. —, morceau rapporté entre deux coutures (pour élargir) 낙. *단검, *단도

Poignarder 칼노 지르다 (질너, 지른).

Poigne avoir bonne — 아귀 세다, 손아귀 세다.

Poignée Ce que contient la main 줌, de (pour les objets longs, feuilles, branchages) 모숨. = —, ancienne mesure de capacité 홉 = 1/10 되. = —, manche 자로, 자루 ; — pour saisir (v.g. un vase) 손잡이, 드잡이, = 들쇠 (en fer). (들다 tenir à la main). Poignée de main *악수례

Poignet 손목.

Poil 털. — du pubis 불거웃, 불것.

Poinçon pour percer 송곳, 비곳 ; — pour marquer

Poinçonner

Poindre (le jour) 밝시다 (n.B. 밝시다 veut dire la nuit disparait — 시다 voulant dire, en soi, passer au travers). = — (les herbes au printemps, etc) 싹나다.

Poing 쥬먹, 쥬머귀. Fermer le — 쥬먹쥐다. Frapper du — 쥬먹으로치다, 쥐여박다(아,은), 쥐여지르다(질너,지론). Gros comme le — 쥬먹만ᄒᆞ다, 쥬먹만콤ᄒᆞ다.

Point petite marque 졈, 뎜. Marquer d'un — 뎜치다. = Le — du jour 새벽 v. poindre. = Le — d'honneur 톄면. Disputer du — d'honneur 겻다(겨러,룬). 결우다(워,운). 결음ᄒᆞ다. = — d'un discours, etc. 귀졀, 대뎜. = Le — essentiel 일기동, 일마루. = —, état actuel, position 디경. On en est réduit à ce point 일이 이디경되엿다. = — de couture 뜸, 뜸수. = —, en géométrie 뎜. = — degré; au dernier — 더홀슈업다. Le plus haut — 고븨, 챵. Être au plus haut — 한고븨되다, 한챵되다. = —, instant 새 Arriver à — nommé 요긴홀새에오다, 요긴ᄒᆞ게오다, 맛당ᄒᆞ게오다. Être sur le — de se rend par la forme verbale ᄒᆞ려ᄒᆞ다, ᄒᆞ랴ᄒᆞ다. Lorsqu'on était sur le — de faire ᄒᆞ려고홀제, ᄒᆞ려고홀즈음에, 막홀즈음에. Les 4 — cardinaux 네방위, 스방, 스면 = 동셔남북스면. (En ajoutant "dessus et dessous" on a les 6 points (?) "륙합). = —, lieu 더, 곳 v. lieu. = Avoir le — de côté 담결니다, 견인즘ᄒᆞ다, 견연ᄒᆞ다. = —, au jeu. Rendre des — (au jeu) 졉나기ᄒᆞ다. = —, négation 아니, 못 v. pas.

Les points intermédiaires (N.E., N.O., etc.) se disent 간방

Le point de côté est 견연, 견인즘 = 산다

Pointe long clou 못, 못아리, 쇠못; —, aiguillon 쏠. —, extrémité plus ou moins pointue 끗 (치). — d'une flèche (le fer entier) 살촉; — d'une montagne *각, *봉, 봉오리. Se dresser sur la — des pieds 발도도다 (아, 돈), 발도듬하다. Marcher sur la — des pieds 져겨드듸다, 지쿰드듸다. Se terminer en — 샢죡하다. = Poursuivre sa — (insister) 잡고하다, 곳하다. La — du jour 새벽.

Pointer marquer d'un point 졈치다. = — (une arme), la diriger vers le but 다렴보다.

Pointiller se quereller pour des riens 대단치안흔일노다토다 (토아, 톤), 대수롭지안흔일에시비하다, 발근발근하다.

Pointilleux 발근발근하다.

Pointu 샢죡하다.

Poire 배; — sauvage très petite 아가위

Poireau

Poirier 배나무.

Pois 콩. Une autre espèce est dite 녹두

Poison *독약. On dit souvent *독약, 독 *극약 흔약 ou 약 tout court quand le contexte suffit. Mourir du — 약먹어 죽다.

Poisson 물고기 (souvent simplement 고기). en agg. *션, *어. — frais *생션; — sec *건어. — comme aliment *어찬. — mâle (à laitance) 이리배기; — femelle à oeufs 알넥기. les — en général 슈족 = les — autre production de la mer 히물 = — rouge 붕어.

Poitrail 흉당, 흉복, 가슴.

Poitrine 가슴; 흉복

Poitrinaire

Poivre 호초.

Poivré 맵다 (미와, 온), 얼얼하다.

Poivrer 호초가로느타, 호초넛타.

Poix

Polaire Etoile — 북성, 북극성, 추성; Cercle — 극원 les deux 남북극원. Mer — (nord) 북빙히.

Polarisation (lumière) 분극; — (élect.) 성극

Pôle (terrestre) 극; — nord 북극; — sud 남극. = — (élect.) 극; — négatif 쇼극; — positif 적극.

Polémique 론전; — écrite 필전; — religieuse 종교상지필전.

Poli lisse 썍썍하다, 반드럽다 (러워, 온), 반질반질하다; — et brillant 반들반들하다, 윤나다. = —, honnête, bien élevé 례바르다 (발나, 바른), 례보잘알다 (아, 안), 례롭엇다, 례면넛다. Trop — pour être honnête 흔감스럽다 (러워, 온); = —, conforme à la politesse 례답다 (다와, 다온); 례보롭다 (로와, 온).

Police 경식, 경찰. Commissaire de — 경식소. Au tribunal 경식텽. Bureau de — 경찰쇼 = — (personnel) 경관.

각듯하다.

*과공비례 ↔ Trop —, obséquieux (faiseur de cérémonies) 과겸하다

Poste (guérite) de — *교번쇼

Policeman – Ponctuer

1046

Policeman *순검, *순라, *순포.
Policer 법을 ᄀᆞᄅᆞ치다, 법을 챙겨 ᄒᆞ야 주다, 법을 벼포ᄒᆞ야 주다. = 리화 시키다.
Polichinelle
Poliment 례답게, 례 보이게, 도게. Trai-ter – 례로로 대접ᄒᆞ다, 각듯시 대접ᄒᆞ다.
Polir 닥다 (아.은), 갈다 (어.간).
Polissoir 갈.
Polisson 못된 ᄋᆞᄒᆡ, 몹쓸 ᄋᆞᄒᆡ, 법칙 ᄒᆞᆫ 놈.
Politesse *례모, *톄례, *톄통.
Politicien *정치가.
Politique (subst) *정치; la science – *정치학. = (adj.) Institutions – *정치 샹리 셜립.
Pollen Des fleurs *예분, *화분, *화예.
Polluer profaner *천답ᄒᆞ다.
Pollution volontaire *독심, *슈심 = ᄒᆞ다 용도질, 용도질 = ᄒᆞ다 ou 치다; – noc-turne (involontaire) *몽셜 = ᄒᆞ다 = *셜정ᄒᆞ다 se dit pour les deux cas. = – habituel-le (maladie) *뮈질.

Le côté matériel, l'émission du sperme se dit *루정 = *루정ᄒᆞ다 équivalent au latin "seminare" – et par conséquent ne s'emploie pas seulement pour la pollution.

Poltron 겁쟁이, 겁구럭.
Poltronnerie 겁.
Polyandrie *일쳐다부.
Polyèdre (en agg.) *다면. – (corps) *다면톄; angle – *다면각.
Polygamie *일부다쳐.
Polygone (géom) *다변형, *다각형, vulg. 여러모지다. = – milit. *발포터.

Polype (marin) 병복

Polythéisme 다신교. — Théorie 다신설, 다신론.

Pomme 능금, — de pin 솔방울; — de chou 배추속대. = — d'Adam 결후.

L'orthographe écrit 닝금 à Séoul, on dit souvent 사과

Pommeau

Pommelé 어룽어룽하다, 어르룽어르룽하다

Pommette des joues 광대뼈, 관골.

Pommier 능금나무.

Pompe magnificence 영광; — funèbre 행상 = — (à eau, etc) 무자위 (est plutôt en soi un syphon) — Pas d'autre mot coréen. Les étudiants disent "뽐부". = — à air (machine pneumatique) 공긔즉통; = — à incendie 소방긔, 소방긔계, 소화긔관 mais tout cela comprend & le cylindre & tout le matériel d'incendie. Si on veut préciser il faut se résigner à dire 소방 "뽐부".

분슈통; 슈, 통; 즉통; 슈엉긔계

Pomper

Pompeusement 영광잇게.

Pompeux 영광잇다, 위의장하다.

Pompier 소방부, 소방원.

Pompon 술 du chapeau des soldats 석고매.

Ponce pierre — 부석.

Ponctuation 구절 Marque de — 구뎜.

Ponctuel 넝낙업다 (넝낙 manquement)

Ponctuellement 넝낙업시 = 낫낫치 (un à un, tous). Exécuter — les ordres 명한거술 낫낫치 시행하다.

Ponctuer

1048/

Pondéré

Pondre 알낫타 (나하, 흔). Pour les papillons, mouches, etc & poissons 알쓸다 (어, 쓴).

Pont 다리, en agg. 교. — de pierre 돌다리, 셕교, — au dessus d'une route 구름다리. — de bateaux 쥬교, 션창. Jeter un — 다리노타. = —, pierres espacées servant de — 셕염다리 — 징검다리. = — d'un navire 빈ㅅ면 = 갑판

Ponts & chaussées 토목.

Pontet d'un fusil

Pontife sacrificateur (païen) 졔亽졔쟝, = — (chrétien) 옷유 탁덕; —, évêque 쥬교.
Le souverain — 교화황. Les papes disent 교황, les protestants 법황.

Pontifical 교화황의, 교화황듦; = 쥬교의, 쥬교듦.

Populace 쳔인, 상놈, 쳔흔사룸

Populaire (du peuple) en agg. 빅셩, 민. = —, aimé du peuple 민심 엇다 (어, 은).

Population peuple 인민, 민; — nombre 인구.

Populeux 사룸만타 (하, 훈).

Porc 되아지, 돗, en agg. 졔. Viande de — 졔육. Graisse de — 졔유, 되아지기름. =

Porcelaine 사긔. Manufacture de — 사긔뎜.

Porc-épic 고슴돗

Porche 쳠하안, 廳, 쳠아안 (쳠하 & 헌과 쳠아 sont la saillie du toit, l'auvent du toit). 문간

Pore 긔공, 땀구녕, 털구녕: 모공

Porosité 숨셩.

Poreux

Porphyre. 벽반홍석.

*항구 Port pour navires 변석, 석, *포, *항. — De guerre *군항 = — De bagages (prix) *운젼비
*운송비 — De lettres (prix) *톄송비. = — maintien du corps 거동, *모양, 외모.

Portail. 대문.

Portatif =경댱하다, 가든하다, 가든가든하다 veulent dire peu lourd.

Porte 문, — en bois 널문 (porte pleine); — à barreaux 살문. — en branchages 사리문, 사리쟝문. Grande —, porte d'entrée *대문. — cochère (sans seuil) *평대문 — à coulisse *영창, 빌쟝지, 베닷이, 베닷치, 빌창 (la tirer 빌다, 여, 빈). Ouvrir la — 문 열다 (어, 연). La fermer 문 닷다 (아, 은). Mettre à la — 내치다, 내여 좃다 (초차, 찬). = — rouge à barreaux devant un tribunal ou un édifice public *홍살문. = — rouge commémorative 홍문.

Portée d'animaux 빅. Une portée 흔빅. — d'armes de jet 바탕. — d'arc 살바탕, — de fusil 총바탕. Être à — 흔바탕안에 잇다, hors de — 바탕밧긔. = Être à — de la main 손갓갑다 (가와, 온), 손닷다 (다하, 흔). Hors de portée de la main 손빌다 (어, 빈), 손닷치안타, 손댈수업다. = (손밧게 veut dire hors de la portée, hors de l'autorité, de la juridiction; 손안희 le contraire).

Portefaix — Porter

1100/

= — de l'intelligence* 도량, 력량. Avoir une grande — d'esprit 도량크다. Cela passe la — de l'intelligence* 측량할수업다.

Portefaix 짐군.

Portefeuille 지갑, 필갑, 간첩이. = — collé à la muraille 고비

Portemanteau 옷걸이, 홰.

Porte missel* 경판.

Porte plume — à reservoir 만년필

Porter 지다, — un fardeau 짐지다, — souvent 가지나 ... 가져오다 apporter 가져가다, emporter. = — sur le dos 지다, 짊다 (어,은), 질머지다, 걸머지다, 걸메다 (여,멘). — sur l'épaule, — en bandoulière 메다 (여,멘), — sur la tête 니다, — à la main 들다 (어,든), — sous le bras 시다, — pendu à la ceinture 차다. = — Dans les mains (respectueusement) 밧들다 (어,든). = — sur le dos (qqun) 업 (어,은), passif 업히다, — Dans ses bras 안다 (아,은), passif 안기다. = — en voiture, en barque, sur une bête de somme 싯다 & 싣다 (시러,른), pas. 실니다. = — la Ste Eucharistie* 봉성톄하다. = — du riz au marché 장에 쌀져와가다. — hors de la maison 집에셔내여가다. — un mort en terre* 힝상하다, 넛흐러가다. = la main à 손 ~~대다~~ (여, 댄, 손 ~~대히다~~. Porte cela ~~au P.~~

질머다 (질며, 믄) (peu employé seul 질머지다)

Pour certaines choses: (sitaurement - voiture, - personne en chaise) on dit respectueusement: 모시다

qui ne se disent que des choses.

나신부게가다두어라, 나신부게가다드려라. = — un habit 옷닙다 (어, 은). Il porte un habit neuf 새옷닙엇다. = — secours 붓들다 (어든), 도아주다, 돕다 (도아, 도은) = 건져주다 (litt. tirer de l'eau). Chose qui — bonheur 복의장본, qui — malheur 화의장본. = — envie, — plainte, etc. V. ces mots. = — la peine de sa faute 벌을맛다 (마져, 즌), 벌을밧다. = — (qqun) à (inducere) *인연ᄒᆞ다, 식히다, *권ᄒᆞ다, — au mal *유인ᄒᆞ다 — au bien *권면ᄒᆞ다. C'est vous qui m'avez — à faire cela 너일네, 널노인ᄒᆞ야, 네말듯고 etc etc. 그리ᄒᆞ엿다. = — les choses trop loin 과히ᄒᆞ다. = — (femelles) 배다. Les femmes — neuf mois 녀인들이 열달만에 ᄌᆞ식낫는다; 열달동안에 ᄌᆞ식밴다. = — du fruit (arbre) 열매맷다 (매져, 즌), 실과를열다 (어, 연), *결실ᄒᆞ다; 열다 (어, 연). Cet arbre ne — de fruit que tous les deux ans 이나무해건너연다. ≡ —, neutre. — sur être soutenu par 밧치이다. V. supporter, soutenir. —, (arme de jet) 가다. Le fusil — à 200 pas 이총이이백보나간다. (나 veut dire environ) ... 이백보간다. La balle a — 철알맛쳣다. Vous avez — juste 잘맛쳣다. ≡ Se — (santé) 잇다 (être), 지내다. Se bien — 잘잇다, *평안ᄒᆞ다, et les mots suivants qui veulent

Porter – Positivisme

1102

Dire "sans maladie, sans accident, sans ennui" *무병하다, *무탈하다, *무사하다, 무고하다. Se mal – 잘못잇다, 병잇다, 병듦에 잇다, 병나다 (on parle au passé 병낫다), *유병하다. Comment vous portez-vous? (à un inférieur) 잘잇나냐, 엇더하냐, 엇더케지내냐, 평안하냐. – Id (à un égal) 평안하오, 엇더하시오, 평안하시오, Id (à un supérieur) 안령하옵시오, 문안엇더하오니가, 긔톄후엇더시니가. – Se – souvent mal 병잣다 (자자, 자조 = 잣다, fréquent). = Se – à – se donner à. Se – au bien 선에들어가다. Id (progrès) 선에나아가다. Se – au mal 악에빠지다, 그릇되다. Se – à l'étude avec ardeur 글에부즈런하다. Ne se – que lâchement à ... 느릐다. ≡ Être – 지이다, 질니다, 질벼지이다, etc.: Avoir un naturel – au bien 볼성도타. V. Enclin, naturel.

Porterie *문간.

Porteur de fardeau 짐군, – de chaise *교군, *교군군, – de cercueil 상두군, – d'eau 물장수, 물아비; – qui distribue (lettres, journaux, lait, etc) *배달인. ≡ – (d'un effet de commerce) *소지인. Les effets au – sont dits "sans désignation de nom" 무긔명 ....

Portevoix

Portier 문직이. Sa loge 문간. = –,

au palais, *슈문군, *슈문장, mais c'est plutôt le porte militaire de la porte. =—, ordre mineur *슈문.

Portière porte *문; —, rideau

Portion 분, 분석; — obtenue ou donnée 분깃 — de la chair, le morceau, fragment 조각.

Portique

Portrait *샹, *보샹. Faire le — 샹을 그리다. =—, photographie *사진. La faire .... 박다(박은)

Pose attitude 모양, 거동.

Posé, sérieux 무겁다(거워, 운), 경치안타, 진중하다, *안연하다, 오라다(저, 진)

Posément 가만히, 안연이, = 찬찬히

Poser placer 놓다, 노타 & 놋타(노하, 흔), — sur 언다, (저, 즌); — dans 넛다(너허, 흔). =— faire le fameux 거드럭되다, 거드러거리다, 어슨테하다, 거드름부리다, 거드름퓌우다.

Poseur 어슨놈

Positif réel, certain *진실하다, 의심없다; — d'expérience *실험. Sciences — *실험학. — opposé à naturel *인위. Droit — 인위법. = — en math. *정. Quantité — *정량 Signe — *정호; — en électricité *양, 양 *정; = — en grammaire *무표급

Position 터, 자리, *방위, — du corps *거동; — dans le monde *직업, *직분, *형세, *디위, *디경, *처디.

Positivement *일뎡, 일뎡이 = 특별이.

Positivisme *실험론, *실험철학. — en théologie *실험신학 (théologie positive).

1104

Posséder 가지다, 차지하다. — jouir (d'un bonheur déterminé) 누리다, — les bonnes grâces de qqun 인심을 얻다 (어, 은). Bien posséder (une science) 통달하다 = 붉다 (아, 은). l'ambition le — 욕심 잔뜩 들었다. = se —, être maître de soi 참인하다, 춥다 (아, 은) 사곡 춥다, 안연하다, 다 몸을 걷잡다 (아, 은). Ne pas se — de joie 즐겨하는 것을 걷잡을 수 없다, 용맥하다. Le bien — (habituellement) 속깊다 (허, 흔), 심지깊다. Etre — du diable 들니다. Etre — du démon 마귀 들니다, 복마하다, 귀신접하다, 접귀하다, 접마하다. 사접하다 = 신접하다 qui pourra se dire (au temps païen) pour possédé de la divinité, ou l'influence d'un Dien.

— la puissance 접접

Possesseur 소유자, 가진자, 주인, 임자

Possession 차지. Etre en — de 차지하다 차지다. Rentrer en — 찾다 (차자, 준), 도로찾다

Possible 할만하다, 능히할만하다, 할 수 있다. Faire son — 힘써보다, Faire tout son — 힘을 다하다, 진력하다, 빠빠히유하다. = —, vraisemblable se rend par la forme 할 성 시부다. C'est — 그런가 보다, 그러될 성 시부다.

Possiblement 능히

Poste lieu où l'on doit être placé 자리, 디경, 터 ; — fonction, charge 본업, 본직, 직업 = — aux chevaux (ancien système) 역. Cheval de — 역마, 파발마. Esclaves attachés à la — 역인, 역노. Leur village 역마을. = — aux lettre *우톄 . Bureau de — *우톄국 , Bureau secondaire *우톄쇼 , *우편소 . Maître de —, buraliste *우톄규ㅅ . Timbre — *우톄표 , *우표 , *우편연지 . Boîte —, boîte aux lettres *우톄통 , *우편샹 . Facteur des — *우톄쇼령 , *우편각부 , *우편비달인 , *톄젼부 . = — (milit.) *쵸병 ; — avancé *젼쵸 . = —, (corps de garde) *둘리위병 .

<u>Poster</u> placer 두다 (어, 둔) , 노타 (하, 흔) . Se — qq part … se dira souvent 안다 (자, 저, 즌) s'asseoir, si on se — pour qque temps ; sinon 서다 (서, 선) se tenir debout.

<u>Postérieur</u> (lieu) 뒤 , — (temps) 뒤, 후 .

<u>Postérieurement</u> 뒤에 , 후에 .

<u>Posteriori</u> à — *후텬 , *후텬뎍 . Raisonnement à — 후텬의론 . Argument à — 후텬론변

<u>Postérité</u> les descendants *즈손 , *후손 , *후디 , *후예 . Être sans — *무즈후다 . = —, temps à venir 훗시대 , 후에 시대 , = 훗사룸

<u>Posthume</u> . Fils posthume *유복즈 . Dignité — *증의 , honneurs — *휴층 ; nom — 시호 (réservé aux rois).

<u>Postiche</u> 헛, 거즛, 시 Cheveux — 시ㄴ머리

<u>Postillon</u> de l'ancienne poste aux chevaux 파발, 파발군 . Son cheval 파발마 .

<u>Post-scriptum</u> *후록

<u>Postulant</u> .

<u>Postulat</u> , <u>Postulatum</u> *공쥬 .

<u>Posture</u> *모양 , *거동 .

1106/

Pot 항, 그륵 — en agg. 瓮 ˊ분 , 缸 긔
— à fleur ˊ화분 ; — en terre ˊ옹긔, 질그릇
de verni 오지그륵 = Chaque forme a chaque
grandeur a son nom 독, 중도리, 항아리, etc.
= — de chambre 요강.
Pot de vin (d. un marché ˊ구분 ; — (aux
autorités) ˊ뇌물.
Potable 마실만하다, 먹을만하다 = 먹는, 먹을
Potage 국, ˊ탕, ˊ링 — de viande 고기국, — maigre 소국
곰, 곰국 — avec très peu de viande 살이국.
— au vermicelle ˊ면탕.
Potager jardin — 나물밧, ˊ취마뎐,
ˊ취뎐. Herbe — 나물, ˊ취.
Potasse Sulfate de — ˊ류산
가리 硫酸加里, ˊ류산교달.
Nitrate de — ˊ초석 硝石
Poteau colonne 기동, — pilier 말뚝.
Potelé 통통하다, 통통하다, 퉁퉁하다.
Potence ˊ교살뒤.
Potentat souverain ˊ군쥬 ; — despote 악왕
Poterie vaisselle en terre 옹긔, 질그륵. ˊ토긔
— fabrique de pots ˊ옹긔졈.
Potier ˊ옹긔쟝이, ˊ옹긔졈쟝이, ˊ졈쟝이
Potin faire du — 야단하다, 야단치다, ˊ요란하다.
Potion ˊ약, 물약.
Potiron 호박.
Pot pourri (de mets) 북빔, 부빔.
Pou 니 — de tête 머리니, — de corps 봄
니 ; — du pubis, morpion ~~부돌니, 가부랑이~~ 소매발이

Pouah 퇴
Pouce doigt 엄지가락 ; — mesure de longueur 치.
Poudre 가로 . = — à canon *화약 . on dit souvent simplement *약 . = Réduire en — 부리다, *작 말하다 ; V. Broyer, piler.
Poudrière poire à poudre *화약통 ; —, magasin à — *화약고 .
Poudreux
Pouilleux
Poulailler 닭의집, 닭의장, 닭의둥우리
Poulain 망아지, 매아지 .
Poule 닭, (femelle 암닭) . — d'eau
= avoir la chair de — 소름 끼치다 . = Quand les — auront des dents (jamais) 저녁놀에 쇠닭이나면
Poulet jaune 병아리 ; plus grand *연계
*활거
Poulie folle *유활거
Poulie *륜두 techn. *활차 / popul. 도래, 곱패 . la corde 곱패줄 .
Poulpe gros polype 낙계, 낙지 .
Pouls *맥, *리맥 tâter le — 맥보다(아, 본) ; *진맥하다 . le — battre 맥쉬다
Poumon 허파, 부화, *폐장, *폐경
Poupe de navire *선미 (la proue : 니물)
Poupée 각시 jeu de la — 각시질, 각시노름 .
Pour, — au lieu de, en place de 되신하다, 되신으로 Recevoir un châtiment — un autre 남의되신으로 벌당하다 . Si la chose est habituelle, on tourne par l'instrumental. L'instrumental sert encore à

Pour — Pour

1108/

traduire — quand celui-ci équivaut à "comme". — qui me prenez vous 나를누구로 아나냐. Recevoir — récompense 상으로 받다. Rendre 10 piastres pour viatique 노잣로 십원 가져다. = — indiquant la destination se rend par le participe futur du verbe approprié. C'est — Pierre 베드로줄거시라, 베드로게 줄거시라. Apporte une serviette pour le P. Yi 전지 슈건 지신부쓸 것 가져오너라. Dans bien les cas on pourrait se servir du datif simplement. 전지 슈건 지신부게 가져오너라. = — marquant l'intention se rend par la forme verbale 하노라고 ou l'instrumental de l'infinitif en 함이. C'est — rire que j'ai dit cela 우슴으로 or 웃노라고 그리하였다. — indiquant le but se rend par les formes 하려, 하랴고, 하라, 하라. Envoyer — tuer un homme 사람죽이라 보내다. — indiquant la cause se rend par les diverses formes "causatives". Il est mort — avoir trop bu 술과히 먹은 탓으로, 술과히 먹은 고로, 술과히 먹어서 = 죽엇다. Ou l'instrumentale suffit: 술노 죽엇다. Est-ce pour cela que tu pleures? 그일노 우나냐. Qu'ai-je fait — que vous me frappiez 무슨 죄로 (무슨 죄 잇서서) 나를 치나냐. — Il est trop lâche — se battre 겁만하못

— 흠으로 (흠, intention) 유람흠으로 출타한다 sortir pour voir, sortir par 구경.

싸호겟다. Il est trop sage — ainsi dit cela
흘긔만하고 말못하엿겟다, 흘긔만하고 말홀
사롬아니라. = — en considération de 위ㅎ
야. Pour l'amour de Dieu 텬쥬롤위ㅎ야.
= —, en égard à . 의론ㅎ면, surtout dans
les livres. — le temps où nous sommes
이시대롤의론ㅎ면. Il est bien ignorant —
le temps qu'il a étudié 공부혼시대롤싱각
ㅎ면 과히 무식ㅎ다. = — un moment 잠
간; — le moins 젹게ㅎ여도, 젹어도; —
peu que vous fassiez mal 조곰이라도 잘못
ㅎ면. 잘못혼거시 조곰만 잇스면, 싱각
ㅎ면 = — toujours 영원이, 항상, 덧덧
이; — tout dire, en un mot 도모지.
— lors (en ce temps) 그때에, — lors
(s'il en est ainsi) 그러면, 그런즉. = le —
& le contre 여부 가부, qqf 시비. Il y a le
— & le contre 분변ㅎ기어렵다, 판단
ㅎ기어렵다. = être — qqun (de son parti)
도인되다, 돕다 (도아, 도온). — C'est tout
profit — nous 우리게됴타, 우리게리
실다. = —, si le sens de quoique se
rend par les formes verbales en 도. qqf par
celles en (이)언마는. — un coquin, il a
de la chance 쇠악혼놈이언마는 복잇다.
≡ — indiquant le prix se rend par l'instrumental quand la chose achetée est déterminée d'avance: je l'ai acheté 10
ligatures 돈열냥으로삿다, ou 열냥주고삿다.

1110/

Mais lorsque c'est la quantité de l'argent qui détermine la quantité de la chose achetée, — se rend par 에치 (presque partout on prononce 아치). Achetez en — 100 ligatures 빅 냥 에치 사 오너라.

Pourboire 상급.

Pourceau 되아지. 돗.

Pourchasser 몰다 (아, 몬), 몰아좃다 (차, 찬).

Pourparler Steen — 상의하다.

Pourpier à salade 쇠비름, — à fleurs 일화 (ailleurs on l'appelle 바위, 왜바위).

Pourpre (couleur) 홍색.

Pourquoi 웨, 엇지하야. C'est — 이러므로, 일노인하야, 일노써, 일노말미암아.

Pourrir 썩다 (어, 은), 삭다 (어, 아, 은). — à l'intérieur sans que cela paraisse rg. œuf, fruit etc 골다 (어 아, 곤); —, prononcé 곰다 (골머, 골는) = 병드다 (드러, 든 sens du prononcé qui commence à —.

Pourriture 썩은것. —, pus 고름.

Poursuivre 좃다 (차, 찬), 좃차가다. = —, continuer 더하다, 곳하다, 곳치지안코곳하다.

Pourtant 그러나, 그라도 & les formes verbales en 나 et en 도: 하나, 하여도 etc. = — Dans un sens moins accentué, se rend par les formes 이언마는, 하련마는. Je travaillerais — bien, mais je n'ai pas d'ouvrage 일잘하련마는 일할것업다. Il a de la chance, c'est — un coquin

Pourcentage 빅분법 = 빅분산. - Le signe du — % 빅분됴

- Gale orthographie 앗치

못된 놈이언마는 복잇다.

Pourvoir 즉위.

Pourvoir (à ce qu'une chose ait lieu) se rend par la forme 호게호다; —, fournir 방비호다, 마련호다, 예비호다. = Se — de 장만호다. Se — d'un jugement (appeler) 상고호다, 고소호다.

Pourvu que tourner: si seulement. — vous le permettiez 허락바드면, 허락호여바드면

Pousse des arbres 순. — de l'année 햇순. La 2e —, la 2e coupe 이순.

Poussée

Pousse pousse 인력거, 인력차, 구루마.

Pousser v. act. 밀다 (어, 민), 밀치다, 내밀다 (passif 밀니다); — peu à peu, par petits coups 미적미적호다; — en haut 치밀다; — exciter 건되리다 (려, 린). — (qqun) à bout 건더리다, 격즙호다, 지근되다, 못견되게호다, 분도도다 (아, 돈) être — à bout 춤지못호다. — (une chose) jusqu'au bout 슷내다. — trop loin 과히호다, en agg. 과. = — (qqun) à faire v. porter. ≡ —, (verb. neutre) commencer à paraître 나다, qqf. 돗다 (아, 은) - 움나다 ↔ pour les branches (순) 나다; pour les herbe, les dents, etc. (싹) 나다. —, grandir 자라다. Bien — (légumes) 엄발리다. - Pousser vite 숙성호다

La barbe commence à — 슈염, 털갑힌다.

Poussière 몬지, 몬닥이, — débris 고물. S'en aller en — (être brisé) 부셔지다, 산

1112/

(de vetusté, pourriture) 썩어지다. Le soulier sous la — 몬지에 들다(어,든), 몬지에 구믈다 (구으러, 구은) ≡ Dans nombre de cas où, en français on dit — (ou poussier), en coréen on dit "farine" 가로. Il ne reste que de la — le tabac 담배 가로 밧끔 잇다.
Poussif 헐덕이다.
Poussin 병아리.
Poutre 들보.
Pouvoir subst. 힘, 능; — légal, etc 권, — (autorité influence) 세, 권세; — force 능력, en agg. 력. C'est au dessus du — humain 인력으로 홀 슈 업다. = Le — de vie et de mort 싱살지권, 살활지권. — législatif 립법권; — judiciaire 〃 법권, 적판권; — exécutif 역제권, 강제권. = — 〃 〃 권: = — spirituel 교권; — temporel 정권. ≡ Abuser de son — 횡악질하다. La chose est en votre — 일이 네게 달녓다 (달니다 être pendu, dépendre). De tout son — 힘되로, 전력하다, 진력하다, 힘다하다. Être sous le pouvoir de — 손아귀 잇다. Avoir le — 권 잡다 (아, 은). Id. (ministre favori) 세도하다. 횡정권
Pouvoir (verbe act.) N'a pas d'équivalent en coréen. On y supplée par l'adverbe 능히 (possiblement). La négation 못, même sans 능히 donne le sens de "ne

pas pouvoir". Je ne puis pas 능히 못 흐겟다,
못 흐겟다. = 홀 수 업다, 홀 법 업다, 홀 힘
업다 donnent le même sens avec qq. unes
petites nuances. Vouloir faire plus qu'on
ne peut 힘에 넘는 일 .... 힘에 지는 일 ...
힘에 겹ㅅ쇠는 일 = 흐려 흐다. J'ai fait de
mieux que j'ai pu 힘 디로 흐엿다. =
— faire ou non, à sa volonté 흐려면 흐고
말면 말고. On peut le faire 홀만 흐다,
홀만 홀 일 일다. Je ne voudrais pas, quand
même je pourrais le faire 홀 힘이 잇슬지
라도 홀 인 9, 업다. On n'y peut rien 무엇
홀 슈 업다. Cela ira comme cela pourra
되는 디로 되겟다. Ne — faire autre chose
(il n'y a plus rien à faire) 여복 흐다. Ne
pouvoir plus 힘 흐나도 업다, *긔진 흐다. ≡
Se — que, expression de doute 아마 avec
les formes "probables" en 듯 흐다, ... 법 흐다,
... 나 보다 .. (qui suffisent seules sans 아마).
Il se — qu'il vienne 아마 올 듯 흐다, 오
겟나 보다. ≡ Se — être possible 홀 슈 잇
다, 홀만 흐다, négatif 홀 슈 업다. Autant qu'il se pourra 홀만 훈 디로.

Prairie 풀밧, 새밧, *초장.

Praticable que l'on peut faire 홀만 흐다, =
쓸만 흐다; — par où on peut passer 갈만 흐다.

Pratique (subst.) usage, manière de
faire *법, 흐는 법. Avoir de la — (v. Exercé)
Manquer de — 설다 (어, 선), 서투루다 (룰너, 룬)

Pratique — Précurseur

1114/

= —, opposé à théorie 실힝, 실다, 실체; = — la vertu 현공; — la piété 신공. = —, menée secrète 가만한계교, 계교. = — (d'un marchand) 단골 (le mot est réciproque & se dit du marchand habituel & de sa pratique).

Etude —, science appliquée 응용. Etudier ainsi 응용하다.

Pratique (adj.) 힝홀만하다, 홀만하다.

Pratiquement

Pratiquer mettre en — 하다, 힝하다. = 시힝하다. — la vertu 덕을힝하다. = — (une ouverture) 흐다, 내다, 뚧다 (사은). = —, observer les préceptes religieux 슈계하다.

Pré V. prairie.

Préalable Au — 몬져, 먼져

Préambule 시작; — d'un livre 셔, 쇼인

Préau 간. — à sécher le tabac 담비간

Précaire incertain 밋을슈업다. = — temporaire; —, insuffisant V. ces mots.

Précaution 조심 = 하다. Sans — 조심업시, 마고. Avec — 삼가 (part. passé de 삼가다 prendre soin). = — Concernant 슬근이, 슬며시, 슬젹 = 곱게.

Précautionner se — 예비하다, 미리조심하다, 쥰비하다.

Précédemment 몬져, 먼져, 젼에.

Précédent 젼 le magistrat — 구관.

Précéder exister auparavant 젼에잇다, 먼져잇다; — aller devant 먼져가다, 압셔가다, 젼버리셔가다.

Précepte ordre 법, 계명, 법령; —,

— règle 규구, 규식, 법.

Précepteur *선싱, *스승.

Prêcher *강론하다.

Précieux *귀하다, 귀이하다, 보배롭다 (로와, 온) en agg. *보 pour les choses, *귀 pour les hommes & ce qui leur appartient. — sang *보혈, 보배로온 피. Pierre — *보셕. = — fils (fils de l'interlocuteur) *귀조, — royaume (votre royaume) *귀국.

Précipice trou 구렁, 굴헝, 굴헝텅, 낭, 낭ㅅ써러지; — pente abrupte 뫼부리, 벼랑; — dans l'eau, endroit profond 소.

랑ㅅ더러지.

Précipitamment 왈칵, 왈학, 급작실어, 갑작이, 불이나게, 쑥쑥, 펄펄, 팔팔. Faire — 해치다. Manger — 음식해치다.

Précipiter (v. act) jeter de haut en bas 누리치다; —, hâter *독촉하다. Se — (de haut en bas) 누리쌔다; se — sur 달녀들다 (어, 든). Se —, se hâter 급히하다.

Précis (subst) sommaire 대개. = —, adjectif *경하다. v. le suivant.

— minutieux, délicat *정밀하다; d'où: instrument de précision *정밀긔계

Précisément 쑥, 딱. A midi — 쑥낫제, 정오에. C'est — comme cela 쑥그러타. — comme j'allais sortir 딱나갈새에.

Préciser

Précoce (choses) 일다 (일너, 은); — (enfant) *숙성하다, 조달하다 (au physique & au moral).

Préconiser louer 기리다, *층찬하다.

Précurseur au sens littéral 압잡이. =

signe — 증표, 쟝볼.

Prédécesseur 먼저 잇다: en ag. 전, 션, 왕국. le — du roi actuel 션왕; le — du mandarin actuel 구관. Ses — 이젼사름.

Prédestiner

Prédicateur

Prédiction 미리혼말. = 비리 et 비셔 sont les recueils de —, espèces de livres sibyllins.

Prédire 미리말ᄒᆞ다, 미리ᄀᆞᄅᆞ치다.

Prédominer 웃듬되다, 졔일되다, 샢여나다.

Prééminence

Préface d'un livre 셔, 쇼인

Préfecture (territoire) 도, (ville préfecturale) 부. — sous — (territoire) 골, 고을; de (ville) 邑 읍 = — hôtel du mandarin 아즁, 관가, 아문 on dit maintenant 군텽.

Préférable 낫다 (나하, 나흔), 더됴타 (하, 흔).

Préférer 더됴하ᄒᆞ다. Je — celui-ci 이거시 내 보기에 낫다 (나하, 나흔). = Le — à 나흔톄ᄒᆞ다.

Préfet (gouverneur de province) — autrefois 감ᄉᆞ, puis 관찰ᄉᆞ, maintenant 도쟝, 도쟝관. sous — (mandarin) 원, 관쟝. Autrefois il y en avait de dignités diverses: 목ᄉᆞ, 부ᄉᆞ, 군슈, 현감, 현령. Maintenant ils sont tous 군슈.
= — de police 경찰부쟝 (de la province) 경부쟝, au dessous 경무관.

Préjudice 해. En causer 해ᄒᆞ다. En subir 해보다.

Préjudiciable 해롭다 (로와, 온).

Préjugé
Prélasser se —
~~뭐 당에 뭐 ~~ 쇽 Prêle des champs
Prêle 속새. — des tourneurs 북뎍
~~Prélat~~
Prélever
Préliminaire 압. — Avis — (d'un livre) *셔.
Notions — *권치초보.
Prélude 시작, 첫머리.
Prématuré. Mourir d'une mort — 지레죽다 (어.은=지레, d'avance), *조소하다, *단슈하다. Nouvelle — 지레난소식, 헛쇼문.
Prématurément 지레.
Préméditer 미리싱각하다, 벼르다 (별너, 벼른), 혜아리다, 뇨량하다, *경영하다.
Prémices
Premier nombre ordinal 첫, 첫재, *뎨일 (첫재 peut s'employer substantivement). Le — vaut mieux 첫것, .. 첫재것 ... ou 첫재낫다. Le — né (garçon) 맛조식, 맛아들. La — née (fille) 맛쌀. Le — né d'une portée d'animaux 날엘이. = Le — venu (n'importe qui) 뉘던지맛나는대로. La — chose à faire 먼져홀거시. Sitôt levé, la — pensée est pour la pipe 니러날결에 먼져 싱각하는거시 담배다. Le —, le meilleur, le plus considérable 뎨일, 읏듬. Le — (reçu à un concours), celui qui prime les autres *고등하다.

Le —, le chef, ou simplement celui qui va en avant 션머리.

1118/ Le — dl. ordre les temps 첫, 번져잇다. La — femme d'un homme remarié 전실, 전연뫼, 첫안해, 슈앙리쳐, 슈앙리쳐.

Premièrement dans une énumération 일은, 대일, 첫재; —, d'abord 몬져, 번져, 번졉.

Prémisses 전항.

Prémunir v.act. avertir 미리고ᄒᆞ다; — munir contre 방비ᄒᆞ야주다. Se — 방비ᄒᆞ다.

Prenable 잡을만ᄒᆞ다, 엇을만ᄒᆞ다.

Prendre, saisir, tenir avec la main 쥐다. — arrêter, attraper (& même tuer) 잡다 (아, 은); — & surtout retenir 븟잡다, 븟들다 (어, 든); — par le toupet 샹토ᄅᆞᆯ븟잡다, 샹투ᄅᆞᆯ븟들다; —, posséder 가지다; — avec soi pour compagnon 다리다, 더블다 (브러, 븐); = — avec les doigts (petits objets) 집다 (어, 은) = (- sg. eau bénite) — de l'encre avec sa plume, etc.) 찍다, (어, 은); — dérober 훔치다. —(une ville) 치다, 탈취ᄒᆞ다, 취ᄒᆞ다. —, obtenir 취ᄒᆞ다; = —, manger 먹다; — un habit 닙다 (어, 은); — de la peine 익쓰다 (써, 쓴), 힘드리다; — une chose à cœur 걱졍ᄒᆞ다, 익쓰다; — bien son temps 새맛게ᄒᆞ다, 새ᄅᆞᆯ잡다; le prendre mal 맛당치안흔새에ᄒᆞ다. — sur soi (se faire violence) 제ᄆᆞᄋᆞᆷ을 억제ᄒᆞ다, 강잉ᄒᆞ다, 면강ᄒᆞ다. — à sa source 츄다, supporter.

— sur soi (à sa charge, sous sa responsabilité)
채잡다 ; — sur soi, se faire garant *담당하다.
— sur soi (une faute d'autrui) 넘겨 씌우다
(워, 운). — tel ou tel air 얼골 ou 긔쉭 내다
(ou mieux au neutre 나다); avec l'adjectif convenable. = — l'air 바람 쐬다, 바람쐬다.
— pour 알다 (아, 안), 넉이다 avec l'instrumental: Pour qui me prenez vous 나를 누구
로 아나냐. = — part à ce qui touche un autre
*동소졍하다. V. part. = — à droite 올
흔편으로 가다. — racine 뿔희나다;
—, se coaguler 엉긔다; —, géler 얼다
(어, 언); — (mortier) *셩젹하다 (Devenir
pierre). = — (feu) 나다. ≡ Se — d'une
chose, s'y attacher avec violence 붓들다
(어, 든); — y adhérer (v.g. huître au rocher)
붓다 (허, 흔). Se —, (v.g. d'un filet) 걸니
다 qui se dit aussi au figuré: se laisser
— par l'intérêt 니에 걸니다. S'en —
à *톳하다 = — à partie 걸다 (어, 건).
S'en — à plus forte que soi 제 보다 힘 잇
는 이를 걸다 = — jour 날 *뎡하다; *뎡일하
다 = pour certaines choses: mariage, enterrements *퇴일하다 (c'est choisir ... un
jour faste). S'y — adroitement 쥐조 잇게
하다. Ne pas savoir s'y — 서투르다 (투너, 투
룬). ≡ Être pris. 잡히다; — à la guerre
comme captif 사로잡히다. — sur le fait
들키다, 들셔로 챡하다. — Dans un filet,

un noeud coulant etc. 얽어다, 걸니다. = Être bien —, bien conformé 잘삼기다, 잘 싱기다.

Prénom, nom de baptême 본명; —, nom civil 일홈, 조, 명. (dans les 2 cas c'est un postnom)

Préoccuper le — d'une chose, y attacher de l'importance 쓸온데ᄒ다. Se —, s'inquiéter 걱졍ᄒ다. Être — 걱졍ᄒ다.

Préparatif 예비, 쥰비, 판비, 재쟝.

Préparation d°

Préparer 예비ᄒ다, 쥰비ᄒ다, 판비ᄒ다, 쥬션ᄒ다; = —, se procurer 쟝만ᄒ다. = — mettre en ordre 차리다, 추리다. Préparer la table, mettre le couvert 상차리다. 상보다 (아, 본, = 보다, s'occuper de). = — (ce que l'on va dire) 미리 마련ᄒ다, 미리 ᄉᆡᆼ각ᄒ다. = Être —, se tenir prêt 벼르다 (별너, 벼른).

Prépondérant 웃듬, 낫다 (나하, 흔). = 힘 더 만타, 권세 잇다 etc selon le sens.

Préposer (qqun à) 쥬쟝식히다, 쥬쟝 삼다 (마, 은). Être — 쥬쟝ᄒ다, 쥬관ᄒ다.

Préposition 젼치ᄉ.

Prépuce le nom technique est 포피. On dit plus souvent 불겁질, 불겁흘, ou même simplement 겁질, 겁흘.

Prérogative — pouvoir spécial 특권; — qualité spéciale 특셩.

Près 갓갑다 (가와, 가온), forme adverbiale 갓가히 = 엽희, 겻희. À peu — 대개,

대강, 대객, 대총, 대총. — avec le nom de nombre 이나, 아치 De — 갓가히, 갓가히호야. Regarder de — 조세히보다, 조세히 솔피다. Etre trop — à près 빅빅호다. A cela — 그것 아니면, 그밧긔, 그외에.

Présage 보롬, *증됴 *징조, 증험. Les bons sont dits 길호다, ex. 길; les mauvais *흉호다, *흉.

Présager pressentir *짐작호다. —, servir de pronostic 증됴되다, 보롬되다.

Presbyte *원시안, *원안 lunette pour 돗보기.

Presbytérien église — *쟝노교

Prescription ordre *명령. — médicale *약방문; = — (donnant droit de propriété) 시효, 취득시효.

Prescrire ordonner *명호다, 분부호다; — un remède *약방문내다; —, fixer 뎡호다. Se — une règle 규모를 삼다 (아, 은), 규모를 뎡호다.

Préséance *샹좌

Présence 잇기, 잇슴이 hon. 계시기. = En — 압희, hon. 안전에, plus haut. 면젼에 = — d'esprit 담, 담긔

Se mettre en la présence de Dieu *대월호다 (méditation)

Présent (subst.), cadeau *선물. = officiel *례물 *례물 = — temps 이새. — le gramm. 현재시. A — 이제, 즉금. Jusqu'à — 이제ᄭᆞ지, 아직, 엇대, 너희, 아직것, 입새, 입새것.

Présent être — 잇다. — être — (à une cérémonie etc.) comme spectateur 구경호다. = 9e y participer 참례하다, 참섭하다. Être = à la pensée, à l'imagination 눈앞에 바로잇다 (Force des paroles, etc. ou Voix 귀에 쟁쟁하다, retentir aux oreilles). = —, actuel 즉금. L'année —금년. La vie — 즉금세상

Présentation de la Ste Vierge 셩모조헌.

Présentement 이제, 즉금.

Présenter offrir 드리다, 바치다. — à un supérieur 올니다 (élever). = — un homme à un autre 인사식히다, 면식히다 = Se — devant qqn 앏희뵈다. Se — au roi 폐현하다. Se —, se livrer (aux magistrats, etc.) 조현하다. = Si l'occasion se — 긔회를 만나면, 긔회를 엇으면. Se — à l'esprit (pensée, souvenir) 생각나다, Se — de soi même 부지중간 생각나다.

Préservatif

Préserver qqch. 보존하다; = — de qqch. 면하다(무 ?)

Présidence d'une réunion 의장직.

Président 도슈장, 웃듬슈장; — les examens (vieux système) 샹시관. = — De République 대통령; — du conseil des ministres 총리대신 — en Répub. 내각의장 — d'une société 회장; — d'une Cie 사장; d'une réunion 의장

Présider

Présomptif Héritier — du roi 태조, 세조.

Présomption conjecture ; —, confiance en soi-même 존시, 존시자벽.
Présomptueux 존시하다, 존리를 빗다 (어,읜). Trop — 존시가 과하다. = —, téméraire 우직하다, 우쟈스럽다 (러우니,온).
Presque 거의, 거반, 거진, 거직, 하마. C'est — fini 거의 되엿다, 거반 다 되엿다. = — se rend souvent par la forme verbale 하다십히하다. Il était — mort, il en est revenu 죽다십히하고 살아낫다.
Presqu'île 반도
Pressant qu'il faut faire vite 급하다, 밧부다 (밧바,분). Très — 긴급하다. = —, instant. (Prière, etc) 간절하다.
Presse foule 사룸무리, 새. Fendre la — 새를 헤치다, 헤여치다. = — d'imprimerie 칙판들, 인쇄긔계; — hydraulique 슈압긔. = Liberté de la — 인쇄출판자조유

— pour comprimer 압자긔

Pressentiment
Pressentir
Presser serrer V. ce mot; — comprimer 누르다 (눌너, 누른), — dans la main 쥐다 (여,쥔); se fortement 꽉쥐다; = — pour en exprimer le jus 쇠다. = —, faire hâter 재촉하다, 독촉하다, 최근하다, 휘몰다 (又휘모다), 것몰다 (又것모다, 몰다 (모라,몬). 모라 식히다. — le repas (le préparer vite) 밥재촉하다. = —, (v. neutre)

(le temps) 밧브다. Le temps — 시대가 밧브다 (밧바, 븐) Cette affaire — 이일 밧브다.
= le —, se hâter 밧비ᄒᆞ다. v. Hâter.
= être —, serré v. ce mot ; — comprimé 눌니다 ; — (v.g. par la foule) 쎄이다. 부ᄃᆡ다 = 싸히다 (enveloppé). = —, taquiné, harcelé 졸니다. Être — par ses créanciers 빗준사ᄅᆞᆷ 안테졸니다. Être — (affaire) 밧브다 (밧바, 븐). Être —, avoir hâte 밧브다. 일욕에 밧브다 ; — Être — d'occupation, très occupé *분주ᄒᆞ다, 용 밧다 (아, 븐). Être — de faim 비곱흐다 (곱하, 흔), 새장 ᄒᆞ다.

Pression (d'un gaz) *압력 ; — athmosphérique *공긔압, *긔압, *분위긔압. *중긔력

Pressoir — d'huile 기ᄅᆞᆷ틀 = tech. *압자리

Pressurer 쌔다. = — le peuple 빅셩 보치다, 빅셩을 쌔다, 빅셩의기ᄅᆞᆷ 먹다, 빅셩 ᄯᅳᆺ어 먹다.

Prestance *외모 = *풍신. Homme d'une belle — *호풍신 = *둥당ᄒᆞ다.

Preste ᄲᆞᆯ바르다 (ᄲᆞᆯ나, 른), ᄲᆞᆯ ᄂᆡ다, 열쌔다 (쌔, ᄊᆞᆫ).

Prestidigitateur 속임슈.

Prestige De ce qui est grand, honorable *위엄, *위풍, *영광, éblouir le — (de qqun) 어려워ᄒᆞ다, *황송ᄒᆞ다, 우러러 보다. Être ébloui par le — De la gloire 11 g. 이 영광에 쏠니다 (être ébranlé). = — le charlatan, de sorcier 눈어림. tromper par des — 눈어리오다, 눈얼니다, simplement 어리오다 (리워,운), 얼니다.

Présumer conjecturer 짐작호다, 어림잡다 (아,은) = — de soi même 조시호다 V. présomptueux

Présupposer

Prêt subst. 빗, 빗준것. ' = 빗노이

Prêt (adj.) 예비호다, 다되다. Homme — à tout 아모일이라도 홀만훈 사롬. Le riz est — 밥다되엿다. C'est — pour l'usage 쓰게되엿다. = se tenir —, être en mesure de, sur le point de 벼르고 (벼러,벼른).

Prétendre affirmer qq. ch. 칭탁호다.
Il — que oui, je — que non 저눈 그러타호고 나눈 그러치안타 훈다. = —, aspirer à se rend par les formes 호려호다, 호랴고호다, 호고자호다.

'조칭호다, en usg
'조칭 = Roi — '조칭왕

Prétendu le — hommeta homme 그 칭훈사롬이라고 훈놈. La religion — reformée 그 고쳣다고 호눈교, 고쳣다고 칭탁호눈교.

Préte- ...

건방지다, 시큰둥호다 Prétentieux 식다, 식뚱스럽다, 식뚱식뚱호다, 옹졸호다 = 신방귀귀다 (péter aigre)

Prétention volonté 뜻, 심, l'objet de — 호고자고훈일.

Prêter qq. ch. (instrument, etc) qui ne périt pas par l'usage) 빌니다. = — (argent, vivres, etc) sans intérêt 식이다, 취이다. — à intérêt 빗주다 (어,준), 빗노이호다.

— sur gage 뎐당잡다 (아.은). = — son nom (faire passer qqun pour membre de sa famille) 족보팔다 (아.판). v. Généalogie. = — l'oreille 듯다,(드러.든), 귀기우리다 (pencher l'oreille). — l'oreille aux portes 엿듯다. = Se — (aux désirs) *허락ᄒᆞ다, *허급ᄒᆞ다, *윤허ᄒᆞ다. = Se — (être flexible : cuir, etc) 느러나다, 느러지다 (s'agrandir), 부드럽다 (러워.온) être flexible. 귀트다 (터.튼) presser l'oreille

Prêteur 돈놋ᄂᆞᆫ, 빗주ᄂᆞᆫ사ᄅᆞᆷ. — (de profession) 빗노이ᄒᆞᄂᆞᆫ사ᄅᆞᆷ.

Prétexte 핑계. Si vous fournissez le moindre — 샛닥ᄒᆞ면 … (샛닥 petit accroc, accident quelconque).

Prétexter *핑계ᄒᆞ다, *빙자ᄒᆞ다, *칭탁ᄒᆞ다, *칭탈ᄒᆞ다.

Prétoire tribunal *아문.

Prétorien employé de tribunal, ou plutôt de mandarinat. (vieux système). Le nom générique était *아전. On distinguait les *나방 espèces d'intendants chargés des affaires courantes; *호방 chargés des impôts; *례방, rites & sacrifices; *병방, soldats; *형방, supplices; *공방 travaux publics & commissions.

Prêtre catholique *신부, *탁덕. = Grand — *쟝교, 쟝로쟈 (qui peuvent sacrer du grand-prêtre, de même que pour les prêtres de l'ancienne loi (sanificateurs) on peut se servir des mots *제ᄉᆞ장, *제ᄉᆞ제쟝.) = —(prière) *제관.

Prêtrise *탁덕위

Preuve *빙고; *빙거; *증험; *증거. = —, démonstration (v.g. d'un théorème) *증명; — d'une opération (math) *험ᄉᆡ; — par neuf *구거법. = Faire — de (telle ou telle qualité) 드러내다.

*실증, 확증

Preux

Prévaloir 어긔다 (여, 긘), 낫다 (나하, 흔) Se — de 밋다 (어, 은). Un domestique d'un grand qui se — de cela pour extorquer de l'argent (etc) on dit *혐졔ᄒᆞ다

En agg. 혐 a ce sens 혐부ᄒᆞ다 se — de sa richesse (pour faire telle ou telle chose), 혐졔ᄒᆞ다 se prévaloir de son autorité (ou de l'autorité d'un autre).

Prévaricateur

Prévariquer *빙반ᄒᆞ다, 어긔다 (여, 긘)

Prévenance

Prévenir avertir de 밋ᄒᆞ다, 알니다, *긔별ᄒᆞ다, *통지ᄒᆞ다; *통긔ᄒᆞ다 en mettant devant 미리 (d'avance) si le sens le demande. —, empêcher 막다, 미리막다 (아, 은), *예방ᄒᆞ다, —, devancer 먼져...ᄒᆞ다 (ou tel autre verbe convenable). = — l'esprit (contre qqun) 졍막다 (아, 은, empêcher la bonne volonté), de (pour qqun) 졍드리다, 졍을붓치다. L'air de cet homme — en sa faveur 그사ᄅᆞᆷ이다졍스럽다 (다, tout entier).

Prévenir — Prince
1128

Être prévenu — savoir 알다 (아 · 은). 빨 듣다 (드러 · 른); — (contre qqun ou qqch.) 밧보로고 슬희여ᄒᆞ다, 조체히 아리말ᄒᆞ여 도로치 아닌줄도 알다. — (en faveur de..) se rendrait par les tournures equivalentes.
— être — d'un crime.

Préventif — Prison —
Prévention le crime = —
préjugé
Prévenu accusé *형ᄉᆞ죄고인; *죄고인.
Prévision = 뒤싱, prévoyance
Prévoir ce qui doit arriver 미리알다 (아 · 은); —, se douter d'avance 여라ᄒᆞ다; — (probablement) *예탁ᄒᆞ다, 짐작ᄒᆞ다, 넘겨집다 (허 · 흔); — prendre d'avance de précautions *원려ᄒᆞ다, 건곤미리ᄒᆞ다.
Prévoyance *원려, *후려, 후려, , 혹각 정, = 뒤싱.
Prévoyant 뒤싱잇다, 원려 잇다, etc...
Prier 빌다 (어 · 빈), *청ᄒᆞ다, *구ᄒᆞ다 = *긔구ᄒᆞ다, *긔도ᄒᆞ다 qui ne se disent que pour — Dieu. = — instamment 간절이 빌다; *간구ᄒᆞ다, *간청ᄒᆞ다. = — pour qqun, intercéder *전청ᄒᆞ다, *전달ᄒᆞ다. = Je vous prie ... 청컨대, 빌컨대 ne sont guère usités que dans les livres. En conversation, on se sert d'un impératif honorifique sans que l'idée de "je vous prie" soit exprimée = —, inviter *청ᄒᆞ다.

Prière, action de prier 빌미, 빌기; 긔도, 긔구. = —, formule de — 경, 경문; 축문 = 도문 (litanie). — du matin 조과, — du soir 만과; les deux 조만과. — du dimanche 쥬일경. livre de — 공과, 일과 = 신공책.

Prieur 슈원쟝.

Primaire en agg. 초등 = école — 소학교; de supérieure 고등소학교.

Primauté 쥬권. — du Pape 교화황쥬권. — d'honneur 존경지쥬권; — de juridiction 권병지쥬권.

Prime

Prime abord

Primer l'emporter sur 낫다 (나하, 흔), 뒤여나다 (나, 난), 거슈되다, 웃듬되다. 고등하다.

Prime-sautier

Primeur 올 qui veut plutôt dire hâtif: v.g. 올감조, pommes de terre précoces.

Primevère 련형화

Primitif

Primitivement

Primordial en agg. 근원

Prince — membre de la famille royale ou régnante 군; — héritier 태조, 세조, — impérial 황태조. = les anciens — féodaux du japon 대명. = — (nouvelle hollande) — ou Duc 공쟉. = 왕.

Princesse fille du roi *공쥬, id. par une concubine *옹쥬 ; — impériale *황녀. = —, femme d'un prince ou duc *공작부인.
Princier
Principal (subst.) —, capital (opposé à intérêt) 본전. Le — d'une affaire, le point important 일고동, 일바족. = — de collège *교장.
Principal (adj.) *데일, 웃듬, 데일요긴 하다 ou autre verbe adéquat. supérieur aux autres *출중하다, *초등하다, *월등하다, *출등하다
Principalement 데일 = syn. 더욱, 더고나
Principautés = un des choeurs des anges *쥬.
Principe origine *근본, *근원, *원, *근리, 발회, 비르솜, 비르소. — d'une science (notions élémentaires) *초학 ; id. (bases de cette science) *원측 ; — de raison *원리 ; — chimique *원소 ; — physique *원질 ; = —, source *근본, *근원, *원인 ; — vital *싱명지원인. = Donner de bons — aux enfants 으히를 잘 고르치다 = C'est un — incontestable 거역홀수업는 도리라. d'après le — de telle science 상 — d'après le — philosophique (philosophiquement) *철학상.
Printemps 봄, en agg. *츈. Le commencement du — *입츈, le milieu (l'équinoxe) *츈분, la fin 만츈. Vent du — *츈풍.
Priori à — *션텬. Argument a — *션텬론법.
Prise . Lâcher — 놋타 (노하, 혼), 놋치다, 붓잡다가놋타,

donner — à . donner — à la médisance 흑잡힐 만흔 일 ᄒᆞ다 (흑, répri-mande). —, pincée 자밤

<u>Priser</u> évaluer 돈 으로 ᄎᆡᆼ ᄒᆞ다, 값 으로 ᄎᆡᆼ ᄒᆞ다. — estimer 즁히 녁이다, 대단이 녁이다. Se — beaucoup soi même, s'en faire accroire 즈긔를 귀히 녁이다, 귀흔 톄 ᄒᆞ다.

<u>Priseur</u> commissaire — 쇼ᄅᆡᆼ가인

<u>Prisme</u> en géométrie *주. On les distingue par le nombre des angles dièdres: le — triangulaire *삼각주 (on dit aussi *삼릉주) = — en optique 삼릉경.

<u>Prison</u> *옥. Mettre en — 옥에 가도다 (아, 돈), 옥에 가두다 (어, 둔). Mettre hors de — 놋타 (노하, 흔), 내여 놋타, = 방숑ᄒᆞ다, qui veut dire mettre hors de — ou hors de cause.

*감옥 ; 감옥서 en agg. *감옥, v.g. *감옥의 médecin de prison = prison préventive 미결셔 (미결슈 prisonnier non jugé - prévenu ou accusé)

<u>Prisonnier</u> *옥슈, *죄슈 ; — à perpétuité *종신금옥슈 ; — de guerre 포로, 군의 포로 = 사로잡히다 = 침금ᄒᆞ다

*쉬포, 포로, *부로

<u>Privé</u> particulier, individuel ᄉᆞᄉᆞ롭다 (로와, 온), ᄉᆞᄉᆞ, en ag. ᄉᆞ. Personne — ᄉᆞ사ᄅᆞᆷ, de non fonctionnaire 무명흔 백성, 무명인, maison — ᄉᆞ수집. = —, établi par des particuliers ᄉᆞ립. École — *ᄉᆞ립 학교. = —, apprivoisé (animal), 길들다 (드러, 든), (factitif 길드리다).

사ᄉᆞ롭다

<u>Priver</u> de. On traduit, suivant le cas "enlever" ou "détruire": 쎄앗다 (아서, 슨)

1132/

업시하다. Se —de, se passer de, se rend ordinairement par 아니하다. Se — d'une chose
à laquelle on est habitué, y renoncer
끈다 (허, 흔). Se —, vivre de privations
(par vertu ou avarice) *박의박실하다,
*준절하다. Se — de tout plaisir *숙즐하
다, *검소하다. = Être —de se rend
ordinairement par 업다, en agg. *무.

Privilège droit spécial *특권; —,
faveur —*특은, 특별호은혜. = Par —
특히, 특별히.

Prix valeur des choses 갑, 갑시, en agg. *가,   (99f *표: 입장표, Prix d'entrée (théâtre etc.))
99f *비: —de passage sur un bateau
*선가; de par chemin de fer *차비.
= —d'un repas à l'auberge *연가; =
—de louage (choses) *세; de (hommes
ou animaux) *삭; —, salaire *삭, *공,   (*공전)
삭, 삭전. = Quel est le — 갑시얼
마냐. Le prix monte 갑시더하다;
갑올나간다; il baisse 갑시덜하다.
Baisser le prix 갑슬덜하다, 갑나리우
다. Être à vil — 싸다, *헐하다.
Prix vil *헐가. Être à haut prix
비싸다. — fixe *정가. A — d'argent 돈으로, = 돈밧고 (vendeur), 돈
주고 (acheteur). A quel prix que ce
soit (sens propre) 갑시얼마되던지; de
(sens figuré) 아모조록, 엇더케되던지,
무슨일될넌지 ..... Le — du marché,

"시직," 시가, ~~[illegible]~~ (시, marché). Acheter au — courant 시셰되로 갑주어 사다 (시셰, circonstances). Prix fait 뎡흔갑, 뎡가. à forfait 아주먹이. = —, "récompense" 샹. La donner 샹주다. = —, gagner un concours "현샹. = Au — de, en comparaison de 보다, 보뎍. Vous êtes heureux au — de nous 우리보뎍, 복잇다.

Prix courant, catalogue "샹재표. V. Prix.

Probabilité ... l'idée de probabilité se traduit souvent pour ne pas dire toujours par les formes verbales 흘듯흐다, 흘듯시브다. 흐나보다, 흘가보다, 흘법흐다, etc... précédés qqf. de 아마. (peut-être).

Probable 에갈흐다 (negatif 에갈업다); 흘성시브다, 흘만흐다. = — qu'on peut croire 밋을만흐다.

Probablement 아마 qui ne s'emploie pas seul, mais est toujours joint à une forme verbale "probable".

Probant

Probation

Probe "진실흐다.

Probité 진실히.

Problématique incertain 의심스럽다 (러워, 온), difficile à savoir 알기어렵다 (러워, 온).

Problème en science "난뎨. = —, chose sur laquelle il est difficile de se prononcer 크

+난문

발ᄒᆞ기 어려운 일.

Procédé manière d'agir 횡실. = 꾀(en mauvais sens). —, méthode 법, 방법

Procéder commencer 시작ᄒᆞ다; —, agir ᄒᆞ다. = — de, venir de 으로나다, 발ᄒᆞ야나다.

Procédure 슈쇽: — judiciaire 죄ᄌᆞᆫ슈쇽

Procès 송ᄉᆞ. Faire un — 송ᄉᆞᄒᆞ다, 졍ᄒᆞ다, 관가에 졍ᄒᆞ다. Faire un — à Pierre 베드로 걸어 쳐졍ᄒᆞ다 (걸다, 여기선 traîner) Soutenir un — 대송ᄒᆞ다. Juger un — 판단ᄒᆞ다. Gagner un — 이긔다, 득송ᄒᆞ다. Le perdre 지다, 낙송ᄒᆞ다, 낙과ᄒᆞ다. = Aujourd'hui on distingue: 민ᄉᆞ, — au civil, 형ᄉᆞ — au criminel.

Procession cortège 거둥. = — aux flambeaux 불노리 = Pas de —, allure des dignitaires corcéens 팔ᄌᆞ거름 (pas en forme de 8 八).

Procès-verbal

Prochain subst. autrui 남. Parler du — à tort & à travers 남의 시비 쟝단ᄒᆞ다.

Prochain adj. (lieu) 니웃, 갓갑다(가뫼, 뵈); de (temps) 갓갑다 reste indéterminé: Cela aura lieu un jour — 그리될 날 갓갑다; de (suivant immédiatement) 릭 . L'année — 릭년.

Prochainement bientôt 오래지아녀, 오라지아녀
Proche adj. voisin 니웃, 갓갑다 (가와, 온), *압근하다. La mort est — 죽을 갓갑다. Être très —, sur le point d'arriver *긴박하다.
Proches les parents — 당내 = 지친, 골육, 골육지친.
Proche (adv.) 갓가히. — (telle chose) 녑헤.
Proclamation *방. — du roi au peuple *훈유; — d'un gouvernem 판고; — d'un mandarin *전령. Faire une — 방을전하다. L'afficher 방붓치다.
Proclamer annoncer 알게하다; —, manifester 드러내다; —, faire une proclamation 방내다.
Procréer 낫타 (나하, 나흔).
Procuration (droit) *대리권. Par — 대리로; = —, lettre de — *위임장.
Procurer (faire obtenir) se rend par le verbe 주다 (donner ... faire pour) joint au participe verbal passé d'un verbe convenable: Ex. — de l'argent 엇어주다. —, (faire en sorte que) se rend par la forme 호게하다; ou par 식히다. = Se — *작만하다.
Procureur qui a une procuration *대리인, *관리인; — d'une maison, d'un établissement, — de la dépense *장가, 거축하는사롬; = — (au tribunal), accusateur public *검사, — substitut au — *검사지방, *지방원

*겸ᄉᆞ동쟁.
Prodige 별일, 별것, 이샹ᄒᆞᆫ일. —, miracle *령젹
Prodigieusement 이샹히, 놀납게.
Prodigieux *이샹ᄒᆞ다, 놀납다 (나와.온). =
—, très grand *대단ᄒᆞ다, 큰즉ᄒᆞ다.
Prodigue 헐보, 헐긱 = 헤프다 (퍼.픈)
l'enfant — *탕ᄌᆞ
Prodiguer Donner beaucoup 후히게주다
(ou tel autre verbe convenable). —, dépenser
follement 헤프게쓰다 (헤프다 dépenser
rapidement). *낭비ᄒᆞ다, *남용ᄒᆞ다. =
— sa vie 싱명을도라보지아니ᄒᆞ다, 싱명
을앗기지아니ᄒᆞ다 ; = 무릅쓰다.
Productif
Production d'un pays *토산, *산물.
Produire *발ᄒᆞ다, 내다 ; — par génération
낫타 (나하, 나흔) ; — manifester, mettre
au jour 드러내다, 나타내다. = —, en
parlant des terres, V. Rapporter. = Se —
생기다, 생겨나다 — (événement) 되다.
Produit D'un pays *산물. — d'une opération de commerce 돈남은것, 생긴돈
= —, résultat de la multiplication *젹.
Proéminent remarquable
—, en relief (au sens propre) 두드러지다,
톡비어지다 ; 쑥비여지다.
Profane opposé à sacré *셰속 en opp. *속.
affaires — 셰속일, *속ᄉᆞ.
Profaner *셜만ᄒᆞ다, 쳔히굴다. =

— les sacrements 성ᄉᆞ를보령ᄒᆞ다.
Proférer *발ᄒᆞ다. — un mot 말ᄒᆞ다, *발셜ᄒᆞ다.
Profès
Professer enseigner ᄀᆞᄅᆞ치다. — faire profession de ᄒᆞ다, 힝ᄒᆞ다, = 빗들다(어.든), en ag. 봉. — la religion *봉교ᄒᆞ다.
Professeur *션싱, 교ᄉᆞ; *교관,
*힝에 *영업 Profession, métier 노릇, 싱업, *직업, *Ⅹ업. = — de foi *신앙공언, *신앙션언 (siècle et écrite, remplacer *언 par *셔)
Profil 반면. de — 넙흐로, 협으로.
Profit *리, *리익, *유익, 퇴 tirer du — de 리보다, 퇴내다. Il y a — 리남다(아.은). C'est du — pour nous 우리게퇴다.
Profitable *유익ᄒᆞ다. bon — *복익ᄒᆞ다.
Profiter gagner V. gagner, profit. = — (à l'étude, la vertu) 나아가다. — de l'occasion 긔회를ᄒᆞ다, 긔회를 잡다(아.은).
Profond 깁다(허,흔). Pas — 엿다(허,흔)
Pas — 녓다(허,흔) Peu — 깁숙ᄒᆞ다. — obscur 그윽ᄒᆞ다. = Ignorance — *준준무식ᄒᆞ다.
Profondément 깁히, 깁게 Réfléchir — 깁히 싱각ᄒᆞ다, 넉히싱각ᄒᆞ다. Dormir — 깁히자다, 잠깁히들다 (어.든), = 곤히자다 (곤ᄒᆞ다, fatigué).
Profondeur 깁기, 깁흐이.
Profusion à — 흑히, 흑ᄒᆞ게, 넉니.
Progéniture *소싱.
Programme

1138/

Progrès 진보 Faire des progrès 진보ᄒᆞ다 avancer 나아가다 ; 승ᄒᆞ다, 9ff. 나아가다 ; Faire des progrès de la route 천에나아가다 (p. avancer). — dans les études 독실이 벼ᄒᆞ다 (rel. ment), 실다히벼ᄒᆞ다 (réellement). = Faire des —, augmenter 더ᄒᆞ다, 만하지다, 커지다 etc.

Progresser v. Progrès.

Progressif 나아가다, 나아가다.

Progression (en math) *급수 ; — arithmétique *등차급수, de descendante *등차체강급수 ; de ascendante *등차체승급수 ; — géométrique *등비급수 de ascendante *등비체승급수 ; de descendante *등비체강급수. = — à l'infini *무한급수.

Progessiste en politique *진고당.

Progressivement

Prohiber 말니다, *방해ᄒᆞ다, *금ᄒᆞ다, 금칙ᄒᆞ다, en agg. *금 — le vin *주금ᄒᆞ다. = Chose — *금물. *금지ᄒᆞ다

Prohibitif 금ᄒᆞᄂᆞᆫ.

Prohibition *금령, *금법, *금칙, *방금.

Proie à dévorer 차반.

Projecteur

Projectile

Projection géométrique *사형 ; — optique

Projet *의ᄉᆞ, 뜻, 의ᄉᆞ, 의견

Projeter (v.g. des rayons) 내다, *발ᄒᆞ다.

— sur un écran

— nourrir un dessein *경영ᄒᆞ다 (peu usité) 사회ᄒᆞ다. 이는 en mauvaise part. — On dira plus souvent ᄆᆞᄋᆞᆷ먹다 (어,은), 경영ᄒᆞ다, 의ᄉᆞᆯ먹다, & souvent aussi on emploiera les formes verbales ᄒᆞ려ᄒᆞ다, ᄒᆞᆯ나ᄒᆞ다, ᄒᆞ고쟈ᄒᆞ다 (vouloir faire).

Prolétaire (opposé à propriétaire) *각산 당

Prolifique *번성ᄒᆞ다.

Prolixe *쟝황ᄒᆞ다 se dit des paroles, du texte.

Prolixement 쟝황히, 길게.

Prologue *서, *소인.

Prolongation — d'une échéance 퇴한.

늘이다 Prolonger (de la lien) 늘우다, (어,운) / = — (de le temps) 시대ᄅᆞᆯ 밀위다, 시대ᄅᆞᆯ 늘우다 (워,운) (passif 늘히다). — la vie 힌명을 늘이다: = — une échéance, la reculer *퇴한ᄒᆞ다.

*산보ᄒᆞ다 se promener... pour se promener, sans but déterminé 散步

Promener (se —) 구경ᄉᆡᆨ히다. Se — *유람ᄒᆞ다 = 구경가다, *출입ᄒᆞ다 (sortir) 단니다 (aller). Se — de long en large 거닐다 & 거니다 (니러,닌), *횡리ᄒᆞ다. Se — de tous côtés, errer librement *횡횡ᄒᆞ다.

Promenade 원족 유람, 산보 lieu de — 경쳐.

Promeneur *유람ᄀᆡᆨ, 구경군.

Promenoir *유랑, *유과.

Promesse

Promettre ᄒᆞ마고ᄒᆞ다, *허락ᄒᆞ다, en agg. 허 (c'est plutôt accorder). = — un mariage, en tomber d'accord 허혼ᄒᆞ다. = —, avoir bonne apparence, — pour l'avenir 될셩부르다 (불너, 부른. = Se —,

1140/

espérer 바라다 (라, 란).

Promouvoir à une fonction 올니다 (élever) pour les fonctions honorables – (on dira aussi 내다), 식히다 pour les fonctions qqques

Promontoire *츌단, *희각.

Prompt 날내다, 섀르다 (섈니, 바른) *급하다; – vif, qui se met facilement en colère *급하다, 셩듕 급하다, 노엽갈하다. Avoir l'esprit –, être intelligent *춍명하다, *난렵하다, *민쳡하다.

Promptement 섈니, 급히, 밧비, 얼넌, 어셔, 셕셕히, 넘큼, – 펄펄, 올뎟.

Promptitude 급하기.

Promulguer *반포하다.

Prôner " 기리다.

Pronom *대명사.

Prononcer *발음하다. On dit plus souvent 하다. Je n'ai pas – ce mot 그말 아니하엿다. = – distinctement 말쏙쏙이하다, – trop vite 말볼아하다 (볼다 change devant 아). = –, décider *판단하다, – en faveur de 이긔여주다; – contre 지이다.

Prononciation *음, = 말소래.

Pronostic *증됴, *묘, = 보름.

Propagande La – (congrégation romaine) *포교셩셩

Propagation 젼하기, 번치기. La confrérie de la – de la Foi *젼교회

Propager v. act. *젼하다. Se – (par génération) *번셩하다, Se (autrement)

번지다, 번치다, 퍼지다 V. multiplier. — (maladie contagieuse) 번치다, 퍼지다, *전염하다.

Propension inclination naturelle *본성, *편성) — affection pour *정.

Prophète *선지자, *선지, *현인 = —, au sens moins strict *이인 Faux — *가선지

Prophétie 예언 On désigne sous le nom de *비긔 ou *비셔 des recueils se disant —, espèces de livres sibyllins.

Prophétiser *선지하다, 미리말하다.

Propice bienveillant *하휼하다, *하렴하다. = —, favorable 도타(하, 운) *순하다, surtout en agg. *순. Circonstances — *순경, Vent — *순풍. ; —, heureux (jour, présage, augure) *길하다, en agg. *길. Le contraire est *흉.

Propitiation

Propitiatoire (mérite) *하휼지공

Proportion 분, *분수. — Ds un composé *가감 (plus ou moins) Garder les — *가감하다. A — de se rend par la terminaison 되로. A — de mes forces 내힘되로. A — de cela 그분수되로. Être hors de —, disproportionné 분에넘다, 분수에넘다. = —, en arithm. *비례; — simple *단비례; — composée *복비례; — continue *련비례; — inverse *반비례.

Proportionner 쌍칭하다 맛게하다, 어울니다 (factif de 어울다). Être — 맛다 (저, 즌), 분수에맛다, 알맛다, 맛당하다; Le Dieu

choses mutuellement) 상합ᄒᆞ다, 걸맛다 (마자, 즌) = Corps bien — 잘삼긴몸, 잘싱긴몸
Propos Discours 말; —, Dessein 뜻. Prendre un ferme — 뜻을세우다; Bon — 뎡리. De — délibéré 부러, 짐즛, en agg. 고. Commettre de — délibéré 고범ᄒᆞ다. (Le contraire est 부실히) = A —, selon les convenances l'utilité, etc. 맛당ᄒᆞᆫ대로. = 요긴히. Fort à' — 대긴히. Arriver à — (chose) 대득ᄒᆞ다, 대긴ᄒᆞ다. Vous ne répondez pas à — à ma question 내뭇ᄂᆞᆫ대로 ᄃᆡ답아니ᄒᆞᆫ다. Il est à — de 맛당ᄒᆞ다 (livres). = —, cause, motif 연고. A quel — faites vous cela 웨… 무ᄉᆞᆷ연고로, …. 무ᄉᆞᆷ뜻으로 = 그리ᄒᆞᄂᆞ냐 = A tout — 뜻치지안케, ᄯᅢᄯᅢ로, 시시로, 일싱, 늘, 장.
Proposer offrir 드리다; — faire connaître 통긔ᄒᆞ다; —(v. un expédient) 헌계ᄒᆞ다, 헌칙ᄒᆞ다, 셜계ᄒᆞ다; — des récompenses 권샹ᄒᆞ다. = Se —, s'offrir 조헌ᄒᆞ다. Se —, vouloir ᄒᆞ려ᄒᆞ다. Se — pour 삼다 (아, 든) v. Se — pour modèle (vouloir imiter) 본삼다, 본밧다.
Proposition énoncé 명뎨.
Propre personnel 본. spécial 본. Le mot — 본말. Mon — corps 내본몸. De sa — main 손수, 몸소, 즈작, en agg. 즈. De son — mouvement 스스로 (v. même). l'amour — 오심. Le sentiment 즈원으로

Propre, qualité d'un être *특유성. La raison est le propre de l'homme 오논거슨 사룸의특유셩이냐

— (avis personnel) *즈의셔 ≡ — à, capable de 홀만하다 — à rien 아모것도 쓸디업다, 쓸디하나도업다 = —, net, sans souillure *조촐하다, *졍하다, 고졍하다 = 섹긋하다, 맛득하다.

Proprement 조촐히, 조촐게, 졍하게 … 섹긋하게. A — parler 본말로, 본디, 본리.

Propreté

Propriétaire *쥬인; 님즈; *소유자

Propriété Droit *소유, *소유권; — collective *공용 소유권; — personnelle *즈긔소유권; —, choses possédées 산업; — foncière 전답, 가디 = — de telle ou telle chose, de tel remède (nature, qualités) 본셩, *셩미 = — (à la riène,) *셩질, en agr. *셩.

— mobilière *동산
— immobilière *부동산

Proroger 퇴한하다, 물니다. — une assemblée *됴해회하다, *됴해원하다

Proscrire Défendre 금하다, *금지하다.

Proscrit

Prosodie *운학

Prose *산문, *줄글.

Prosélyte 신보교; 신입교

Prosodie *운학

Prospectus *광고칙.

Prospère 호화롭다 (로와, 온).

Prospérer 잘되다, 잘되여가다, 호화롭다, = 드셰다 (여, 센), *번셩하다, *왕셩하다; = 비럭하다 (grand & nombreux — récolte, fruit).

Prospérité = — (contraire d'adversité) *슌경 (adversité est *역경)

Prosterner 엎드리다. Se — 엎디다. 절하다. = *굴복하다.

Prostituée *네음녀, *음녀 = 갈보, *창녀. = 기생

Prostituer 네음식히다. Se — *네음하다.

Prostitution *네음; — patentée *공창; — clandestine *밀네음. - Maison de — *챵루, *청루

Prostration

Protecteur *쥬보. = 보호하는사름.

Protection.

Protéger 돌보다 (아.본), 도라보다, 그느리다 (려.린). = *보호하다, *보우하다; = *호위하다 (faire escorte, garder).

— en diplomatie *보호하다. Royaume — *보호국. Traité de protection *보호됴약

Protester Déclarer ouvertement *셜명하다; — promettre *일뎡하다. = — (contre qq ch.)

Prototype *본.

Proue De navire *션두, 배날.

Promesse

Prouver *빙고하다, *빙쥰하다. — *빙거하다. — Démontrer (v.g. un théorème) *증명하다.

Provenir 나다, 조차나다, 발하야나다. = La provenance s'indique souvent par le mot 지 (qui évite la répétition du mot). Ce tuyan de pipe — de Ouen San 이쳘 히가 원산 질다.

Proverbe *속담, *언어, 말. *격언

Providence *조판. Dieu gouverne tout par sa — 텬쥬 만물을조판하신다. On emploie aussi souvent le mot *안비하다

Provicaire apostolique *부감목 = *부쥬교. (Ce dernier mot impropre, se dit mieux de l'évêque coadjuteur)

(Disposer): Par la — Divine 텬쥬안배호심으로.
Province, Division du royaume 도. =—; opposé à capitale 싀골, 향. La capitale et la — 경향.
Provincial 싀골사롬. Lourdaud — 싀골둑이, Petit noble — *토반.
Provision. Faire — 쟝만하다, 둑다 (여.둔). — de bouche 량식; — en général 일용; — pour la maison 가용.
Provisoire
Provisoirement 아직, 아직아직.
Provoquer ... au mal 유인하다
—, agacer 건더리다, 지근대다, 지근지근하다
—, causer sereno par la forme 호재하다.

Ds le sens de — à une dispute, commencer une dispute 부집하다.

Proxénète 쇽장. Faire ce métier 계음녀하다.
Proximité
Prudemment 됴심하게, 됴심잇게
Prudence 지혜, (c'est la vertu) — *슬긔 (mot employé pour intelligence, don du l'Esprit), = *노침 (plus ou moins rusé) = 의량 — (bon jugement). Agir avec — *됴심하다, 삼가다 (가,간).

—*의견 c'est le mot employé pour "prudence" don du S.t Esprit.

Prudent avisé 슬긔롭다 (로와, 온), 슬겁다 (거워, 온); —, circonspect 스스럽다 (러워, 온).
Prune 외얏, 오얏, *곤도.
Prunelle de l'oeil 눈동자 = *안청, 눈청 qui veulent dire aussi expression du regard.
Prunier 곤도나무, 오얏나무.
Psaume *셩영.
Pseudonyme *외가명.

Psychologie *혼리학, *심리학

Puanteur 괴악혼내 V. odeur.

Puberté *고령, *정년.

Pubis 두덩. Pour les femmes, on dit 두덩 seul ordinairement (Qqf. on précise 씹두덩, 보지두덩). Pour les hommes, on dit à peu près toujours 불두덩, 불시름, 불부덩. Poil du — 불것, 불거웃.

Public commun. Le droit commun 공 공동 번되다, en agg. *공. Jardin — *공원, = —, appartenant à l'état en agg. *국, *관; — institué & maintenu par l'état: (école, hopital) *공립 (opposé à *사립, privé). —, connu de tout le monde *파다하다, *자자하다, *광자하다 *낙인부지. = Femme — V. prostituée) Maison — *창루 = Le — *빅성, 사롬. En — 사롬 압희. Etre réduit à ne pouvoir se montrer en — 낫 못들게되다, 고리들고 날 슈 업다, 츌입 못하게되다.

Publier rendre publique une chose secrète 드러내다. = —, promulguer *반포하다, *공진하다, — par affiche 방내다. = — (un livre) *츌판하다.

Publiquement

Puce 벼룩

Puceron — les récoltes 진두불, 전두벌

Pudeur *렴치, *렴의, *긔탄. Sans — 렴치업시. Avoir beaucoup de — 수줍다 (수어, 수온) (C'est plutôt la honte, la timidité).

Pudique chaste *조촐ᄒᆞ다, *결졍ᄒᆞ다, *졍결ᄒᆞ다. —, réservé 여렵다 (려워, 운).

Puer 츄ᄒᆞᆫ내나다, 취취ᄒᆞ다, 쾨쾨ᄒᆞ다.

Puéril

Puérilement 어리게, 어린ᄋᆞᄒᆡ처럼.

Puérilité enfantillage 어린즛.

Pugilat

Puîné frère — 아ᄋᆞ, *대.

Puis 또, 그외에; — ensuite 그후에, 그뒤에.

Puiser 깃다 (기러, 긴) qui se dit d'une certaine quantité. — Pour une quantité minime, on dira 뜨다 (떠, 뜬), 떠내다. = — le verser 득다, (드러, 든).

Puisque 읽의, soit seul soit mieux joint à une forme "causative". — vous agissez ainsi 읽의그리ᄒᆞᆫ것가, 읽의그리ᄒᆞᆫ즉. Les formes "causatives" suffisent d'ailleurs sans 읽의: 그리ᄒᆞᆫ즉.

Puissamment

Puissance pouvoir 힘, 권, 능, *세, 권세, 권능. La toute — 젼능. Être sous la — de 손아래되다. = — (en Dieu, choeurs des anges) 능. ≡ — (en mathém.) *방승, *조승, 조승슈 = *방승 est le plus employé pour une — déterminée. L'exposant se met devant: — carrée *이방승, *드링방승, — cubique, — 3ième *삼방승, *립방승. = Élever à une — *조승ᄒᆞ다.

Toute — *무소불능

Puissant 힘잇다, 권세잇다, 세잇다, *유세ᄒᆞ다. Tout — 젼능ᄒᆞ다, *무소불능ᄒᆞ다

세직ᄒᆞ다

1148

Puits 우물 = 새암 est plutôt fontaine.
Pulluler 만하지다, +번성하다. =쉬다 (mouches, insectes), 더럭더럭 생기다.
Pulmonie
Pulpe 살
Pulsation
Pulvériser +작말하다, +말하다, 마다 x 빨다 (마라, 만), 께다 (러, 번), 복수다 (어, 순) 복시다 으스러치다 — être — 복서지다, 으스러지다.
Punaise insecte 빈대. —, clou à papier +압정 = 화벤 (épingle "벤" à dessin)
Punir +벌하다, 벌을주다, 벌을식히다. = — une faute +치죄하다. être — 벌을받다 (아, 은), 벌을당하다, 벌을닙다 (어, 은).
Punition +벌.
Pupille fille tuteur
— (de l'œil) 눈동자, 안동자, 동자
Pupitre pour écrire +탁자. —, porte livre +칙드랑 Pour le porte pinceau +경드랑.
Pur propre +조촐하다, 맛득하다. — chaste +조촐하다, +결정하다; —, limpide 맑다 (아, 은); —, entier, non falsifié 순접다 (저워, 저운); — sans mélange d'autre chose +순전하다. = +순정 (하다). ex. Mathématiques pures +순정수학.
en agg. 순 avec les mots chinois, 빈 avec les autres. Or — +순금, vin — 빈술; eau — 빈물. = 맑다 a parfois ce sens 맑은물 veut dire eau

pure, i.e. limpide, & aussi eau pure (sans additif). Un — mensonge 붉은거즛말. =
—, purifié (droguerie) 졍졔 mis du nom.
Purée 죽.
Purement 조촐ᄒᆞ게. 조촐히. 슌젼이. etc. =
— & simplement 만, 다만.
Purgatif subst. V. Purgation. = — adj. 소쳬ᄒᆞ다. — Voie — *련로.
Purgation 소쳬ᄒᆞᄂᆞᆫ약, 소담ᄒᆞᄂᆞᆫ약.
Purgatoire *련옥.
Purger & se — 소쳬ᄒᆞ다, 소담ᄒᆞ다. Se — d'une accusation *발명ᄒᆞ다.
Purification de la St. Vierge *셩모취결례.
Purificatoire 셩작슈건.
Purifier nettoyer 닥다 (아.은), — les métaux (쇠) 풀니다, *단련ᄒᆞ다; — l'eau 물을붉이다; — l'air 악긔 ou 독긔 업시ᄒᆞ다. = — ses intentions *졍심공부ᄒᆞ다.

— en laissant déposer le sédiments & en décantant v.g. pour la cire *거러ᄒᆞ다

Puritain *졍교회(인), *졍교도.
Purulent 고롬나다.
Pus 고롬.
Pusillanime 겁내다(하.흔) *연약ᄒᆞ다.
Pusillanimité 겁.
Pustule — de la petite vérole 역질ᄉᆡᆨ. — d'ivrogne 쥬독; — causée par la sueur (bouton de chaleur) ᄯᆞᆷ띄, ᄯᆞᆷ듸.
Putois
Putréfier (se) — 썩다 (어.은), 썩어가다.
Pygmée . les vieux Coréens

1150/

sont persuadés de l'existence d'un royaume de — dit *쇼인국.

Pyramide en géom. *각츄. — régulière *정각츄, — à 3, 4, 5 côtés, *삼, ᄉᆞ, 오 … 각츄.

Pyrite

Pyromètre *고온계.

Pythonisse

Quadragénaire ᄉᆞ십되다.

Quadragésime (Carême) *ᄉᆞ십일 대재.

Quadrant ¼ de cercle *ᄉᆞ분원.

Quadrilatère *ᄉᆞ각형, *ᄉᆞ변형.

Quadriller

Quadrumane 네 손 가진 즘승.

Quadrupède 네 발 가진 즘승, 네족 가진 즘승, *ᄉᆞ족동물.

Quadruple (subst.) 넷 배, 넷 동갑, 넷 갑절.

— (adj.) …. 되다, …. 더하다.

Quai *선창 *부두.

Quaker *공도교회, *우회신자

Qualifier. On tourne par la forme

qualification "조격 "relatante" 이라 ᄒᆞ다. Cet homme le — le médecin 그사ᄅᆞᆷ이 의원이라 ᄒᆞᆫ다. — indica 99/. 돌니다, faire passer pour (gouv. l'intermédiaire) quand la qualification est fausse.

Qualité bonne ou mauvaise "품, 품, 등 degré — par rapport aux autres/ "품질 / —, nature "품성, en agg. "성, 바ᄅᆞᆷ; — primaire "본성, — secondaires 속성. La — du tabac dépend du terrain 담ᄇᆡ됴코됴치안ᄒᆞᆫ거시 토력에 ᄃᆞᆯ녓다. De même — que ceci 이바ᄅᆞᆷ. De 1re — "상품, "상등. De — inférieure "하품, "하등. De — tout à fait inférieure 아조바닥. — Le prix du riz dépend de sa qualité 쌀갑시 쌀바ᄅᆞᆷ에 ᄃᆞᆯ녓다. = De même sens, pour un homme on dit "성품. J'ignore la — de cet homme (sa valeur, son caractère) 그사ᄅᆞᆷ의 성품 모ᄅᆞᆫ다, 엇더ᄒᆞᆫ사ᄅᆞᆷ인지 모ᄅᆞᆫ다. = —, propriété naturelle "본성, "성미. ≡ —, bonne qualité, morale 덕 (vertu) — physique ou intellectuelle. Avoir toutes sortes de bonnes — "출뉴ᄒᆞ다, 범ᄇᆡᆨ이출뉴ᄒᆞ다. N'avoir qu'une — 됴ᄒᆞᆫ것ᄒᆞᆫ가지밧긔 업다.

Quand en quel temps (interrogatif) 어나ᄯᆡ에, 언제 = —, pendant que se rend par ᄯᆡ에, 제 ou 적에 ajoutés aux participes présents, passés ou futurs (suivant le sens). — le participe futur pouvant, du reste,

ses ou – & servent mais de préférence – pour tous les temps). ~~Lorsque~~ Quand on finira (on fait, ou on fera) 홀재에, 홀계, 홀적에. Si – exprime moins une relation de temps qu'une condition, on le rend par la forme conditionnelle. Je vous prévien- drai – je le saurai 알면 통긔흐겟다.
= –, après que 흔후에, 휘에, joints au part. passé. – on aura fini 흔후에.
= –, étant donné que, se rend par les formes verbales 흐는되, 흔즉. – on fait ce que vous avez commandé, pour- quoi vous fâchez vous? 식히는 대로 흐는 되 웨 분로 흐느냐. = –, – même au sens de quoique – se rend par les formes verbales en 나 ou en 도, précé- dées ou non de 비록. – on ne réus- sirait pas 비록 일이 아니되여도 ... 일이 아니될지라도 ..
Quant à se rend par l'oppositif.
Quantième (du mois) 날수. Quel est le – aujourd'hui? 오늘 몃칠이냐.
Quantité *대쇼 (grand ou petit) = – *분량 pour les choses qui se comptent *다쇼 & ordint *수 (nombre). = être en grande – 만타 (하. 흔), = *흔흐다, 흔벽지다.
= –, en sciences *량.
Quarantaine 마흔이냐. 흔스십, 스십여.
= – sanitaire *검역.

Quarante 마흔, 〃스십.
Quarantième 마흔재, 뎨스십.
Quart 〃스분지일, 스분에일, 스분에하나.
— d'heure 〃각, 각 (c'est en soi le 1/8 de l'heure coréenne ; mais il vaut 15 minutes).
Quarte fièvre — 사흘거리학질
Quartier morceau 조각. = — d'une ville : division principale 〃부. Au dessous les coréens divisent la ville en 〃동 (villages) les jap. (nouveau système) en 〃정 plus ou moins compris entre 4 rues. = —, caserne 〃병영. — général 〃대본영. = — (lune).
Quartz 〃석영.
Quasi, Quasiment 거반 v. Presque.
Quatorze 열넷, 〃십스.
Quatorzième 열넷재, 〃뎨십스.
Quatre 넷 (souvent contracté en 네 ou même 너), 〃스 : — jours 나흘. = — à quatre (rapidement) 왈각, = 날이나게.
Se mettre en — 힘다하다, 〃진력하다. =
긔엄긔엄… Marcher à — pattes (enfant) 긔다, 긔여단니다.
Quatre-temps 〃스계쇼지.
Quatre vingts 여든, 〃팔십.
Quatre vingt dix 아흔, 〃구십.
Quatrième 넷재 〃뎨스.
Quatriennement 녜흘, 스논.
Que pronom relatif. (acc. de qui) se rend par le participe au temps voulu. Le livre

que j'ai lu 볼칙 (ou 보던칙), ... que je lis 보는칙, ... — je lirai 볼칙. ≡ —, interrogatif 무슨 suivi d'un subst., = 무엇. — Dit-on : 무슨 말 들니냐. ≡ —, excepté, si ce n'est — 밧긔. Il n'y a que moi 나하나 밧긔 업다. ≡ = Après un comparatif — se rend par 보다, 보덤, ou par l'ablatif. Il est meilleur que vous 너보다 착하다. Dans ce cas, si — se trouve entre deux adjectifs, il faut tourner la phrase de manière à remplacer ou à faire suivre ces adjectifs par deux substantifs: Il est plus présomptueux — savant 아는것보다 조시가 만다, 조시가 만하되 학문이 적다. ≡ 고, après un verbe exprimant l'idée de savoir, penser, etc. ou leurs négatifs et devant une proposition (que retranché les grammaires latines), se rend par 줄 ajouté au participe convenable. La forme en 줄 ou l'accusatif 줄을 s'employant pour une chose connue certainement, une chose réelle, la forme 줄노 (instrumental) pour une opinion (ou une erreur): Je crois qu'il vit encore 아직 사는줄노 밋는다. Je croyais qu'il était mort 죽은줄노 알앗더니... Je savais qu'il était mort 죽은줄 (ou 줄을) 알앗더니. = Pour le futur, en cas d'espérance, de désir,

줄 est parfois remplacé par 것.

etc., on emploie souvent la forme infinitive en 홀기, 여기 ou l'accusatif. J'espère que vous viendrez 오시기를바란다.

Avec ces mêmes verbes : savoir, croire, penser... que, ayant le sens de comment et suivi d'un infinitif équivalent à un futur se rend par les formes 홀지, 홀넌지. avec cette nuance : Je ne sais — faire 엇더케홀지모른다 (ce qu'il faudrait faire); 엇더케홀넌지모른다 (ce que je ferai).
≡ Voici encore quelques ex. ... Il craint que vous ne l'abandonniez 저를부릴가넉녀워혼다. J'attendrai qu'il vienne 오기수지 (ou 오도록) 기드리겟다. ≡ —, exclamatif — c'est beau! 됴타, 뫼고됴타.

어느 Quel interrogatif 엇던, 웬, 무슴 = 엇더혼 (엇더호다) = 얼마 pour les choses qui se mesurent. — homme est-ce 엇던사룸이냐, 누구냐, de (quel genre d'homme est-ce) 엇더혼사룸이냐. — âge a-t-il 나히얼마냐. — est votre sentiment 남으이엇더냐, 남으에엇더호냐. = —, exclamation : — homme! 놀납다그사룸.
≡ — que ; — qu'il soit 누구던지; quelle que chose qui arrive 무슴일되던지.

Quelconque 아모. Les terminaisons verbales en 던지, 넌지 rendent ce sens. Une personne — 뉠넌지, 누구던지. de une personne sans mandat 무명혼사룸,

1156/

D'une manière —(à la diable) 되는대로.

Quelque adj. indéf. 누구. 무숨 — 엇던

S'il y a — dommage 무숨 해 잇ᄉᆞ면; Y a-t-il — chose de nouveau 별것잇나냐, 별일잇나냐. 별거시 무엇잇나냐. = Par — moyen que ce soit 아모리나. En — lieu que ce soit 어ᄃᆡ던지, 어ᄃᆡ던지.

≡, petite quantité. — argent, — peu d'argent 돈 조곰; — années 몃ᄒᆡ; dans — jours 몃칠 후.

≡ — adverbe (However) 암만, 아모리. — riche qu'il soit 암만 ᄌᆡ물잇셔도, 아모리 부쟈라도, 아모리 큰부쟈라도.

= — environ, à peu près. — dix jours 혼 열흘, 한 열흘 즈음.

Quelquefois. De fois à autre 엇던ᄯᆡ, 잇다감, 혹시; — un certain nombre de fois 몃번.

Quelqu'un 누구, 뉘, 뉘가. Que — vienne 누구ᄒᆞ나 보내라. Il y a — qui attend à la porte 누구 왓셔 문 밧긔 기ᄃᆞ린다. = Y a-t-il — au monde pour le croire 그런 것 밋을 사ᄅᆞᆷ 누구 잇나냐.

Quémander

Qu'en dira-t-on. Craindre le — 남의 이목 너셔워ᄒᆞ다 (이목 oreilles & yeux) ... 톄면 보다. (톄면 face).

Quenouille

Querelle 시비, 싸홈: — de langue 입

시름 = 트집 qui est peut être plutôt l'occasion de la —. Avoir une — 트집호다; Chercher — 트집잡다.

Quereller gronder 숙짓다 (지져, 지즌), 숙지름호다, 나무라다. Se — 싸호다 (화, 혼), 다토다 (아, 톤), 시비호다, 입시름호다.

Querelleur 시비 만타 (하, 흔), 싸호기도하 호다. = 계졍군.

Quérir 춫다 (차자, 즌). Aller — 차자라가다.

×의문 Question interrogation 뭇는 말, en ag. 문. = — interrogation en tribunal 문복, de avec torture 츄열 (la torture est dite 형벌). La subir 밧다; la donner 호다.

Questionnaire

Questionner 뭇다 (무러, 무론), 문외호다. — minutieusement 히여 뭇다; = (tribunal) 문복호다.

Quêter demander par aumône 빌다 (어, 빈). — vivre d'aumônes 비러먹다, 동량호다.

Quêteur 동량군; — mendiant 동량아치.

Queue d'animal 소리, 삼당이, 공지. en agg. 미 = Trainer qqun à la — d'un cheval 발굴님식히다. = — chevelure tressée en — (enfants) 뎌발. = — de rat (mèche) 홈심지. = — d'une troupe 후미. A la queue leu leu

Qui pronom relatif se rend par le participes verbaux suivis de 이 ou 이가. Celui — fait 호는이, 호는이가; — a fait 호이가

1158/

— qui fera 홀이가. = —, interrogatif 뉘, 뉘가 누구. — êtes-vous 누구냐. — a fait cela 뉘가 그리 ᄒᆞ엿ᄂᆞ냐. Je ne sais pas — est.ce 누군지 모로다. A — est ce champ 뉘 밧치냐. De — parlez vous 뉘의 말ᄒᆞᄂᆞ냐. = On peut dire aussi 엇던 사ᄅᆞᆷ, 어ᄂᆞ 사ᄅᆞᆷ, 엇더ᄒᆞᆫ 사ᄅᆞᆷ suivant le sens. V. quel.

Quia être réduit à — 말ᄒᆞᆯ 수 업시되다, 막되다, 막히다, 곡 막히다. 욱질니다 (act. 욱지르다, 질너지르) *유구무언 Avoir une bouche, mais pas de parole (à dire)

Quiconque 뉘 넌지, 누구 되던지, = 아모나. =" (" libéres) 아모ᄅᆞ 의 ᄅᆞᆯ 치 말고, 날ᄅᆞᆯ 누구 ᄒᆞ고.

Quiétisme* 적정교

Quille

Quincaillerie *텰물 .. Boutique 텰물젼.

Quinconce

Quinine sulfate de — 금계랍. = le 염산금계랍, (litt. chlorate de —) doit être le chlorhydrate de —

Quinquagénaire 오십 되다.

Quinquina 규나, 긔나, (規那, 幾那) l'arbre est 긔나슈) l'écorce 긔나피.

Vin de — 긔나쥬.

Quintal

Quinte Avoir une — de toux 콜녹콜녹ᄒᆞ다, 콜녹콜녹거리다.

Quintescence 정긔, 진익, 익리.

Quinzaine Une — ᄒᆞᆫ 열다ᄉᆞᆺ. Une — de jours ᄒᆞᆫ 보ᄅᆞᆷ, ᄒᆞᆫ 열닷 쇠. Revien. Dra dans une — ᄒᆞᆫ 보ᄅᆞᆷ 이 면 오겟다.

Quinze 열다섯, *십오. Le — du mois 보롬날.
Quinzième 열다섯재, *뎨십오.
Qui pro quo *동분서답=하다, *남흉북쳐ㅎ다, 불살의쇠살=하다.
Quittance *령슈증, *령슈표. = 밧은표.
Quitte de, débarassé de 벗다 (버서, 순), 버서나다; — de dettes 빗버서나다. — (d'un office, d'une corvée) se rend par le passé des verbes 다하다 (achever), 치루다 & 츠루다 (어, 룬) (s'acquitter de). — être — à — 빅다 (어, 은), 서로빅다, 빅판되다. tenir — de (faire grâce de) *탕감하다, *탕쳑하다. = En être — pour une réprimande 속죵드를놈이라, 수죵드를번이라, 속죵드르면 그만.
Quitter 써나다 (나, 난); — sa place 옴다 & 옮다 (옮아, 믄); —, abandonner, rejeter 색리다, 져바리다 슨다 (허, 흔), 슨허바리다. — les superstition 이단을슨허바리다. — le monde (vivre dans la retraite) 세상을슨다, 세상을하직하다, *탈세하다, 탈속하다. = —, se dépouiller, se débarasser de (fardeau, habits etc) 벗다 (버서, 순), 버서나다. Se — mutuellement, se séparer *리별하다. = Id., vg. époux 갈니다

—, interrompre (— un travail) *폐하다

Qui vive Être sur le — 소스럽다.
Quoi interrogatif 무엇, 무슨일, 무슨것. À — pensez vous? 무슨싱각하느냐. À — bon 무엇싀쓰겟느냐. = —, sans

interrogation (on remplace — par un substantif conforme au sens). Il n'y a pas de — douter 의심홀것 업다, 의심홀리가 업다 (raison); 의심홀가닭 업다 (motif), 의심홀걸이 업다 (matière). Voilà bien de — faire tant de tapage 그걸노 야단칠리가 잇다고. Si j'ai fait une faute, dites moi en — j'ai manqué 잘못홀일이 잇스면 무슨일인지 닐너라. Avoir de —, avoir de — vivre 견되다, 넉넉호다, 살다 (아, 산).

Quoique 비록 avec une forme verbale en 도 ou en 나, (비록 peut se sous entendre). — il soit innocent 죄업서도, 비록 죄업서나 — V. Pourtant.

Quolibet 치담; — plaisanteries 희롱

Quote part 복, 복시.

Quotidien 날마다 suivi d'un verbe. 매일… 일일… Le pain — 일용혼 량식. = — journal — 일일신문, 매일신문. = Semi — 간일하다.

Quotité

Quotient d'une division 득수.

R

N. B. Le préfixe français Re (contracté en R devant une voyelle) se rend par 다시, qqf. 거듭 quand il indique une simple répétition ; — par 도로 ou 되 quand il indique une direction inverse (revenir, retourner). = En agg. par 재, qqf. par 리. = Pour les mots qui ne figurent pas ci dessous, se rapporter au mot simple, et le faire précéder des mots indiqués ci dessus selon le sens.

Rabâcher

Rabais

Rabaisser 낫치우다 (워. 운), 낫초다 (아. 촌).

Rabat

Rabat-joie 파응하다.

Rabatteur de gibier 볼이군. La chasse avec — se dit 볼이.

Rabattre 누리우다 (워. 운), 누리다, 노초다 (아. 촌). — le caquet 긔룰셕다 (어. 근), 긔룰지르다 (질너, 지룬), 예긔룰지르다. — Diminuer 감하다; — un animal en poussant des cris 혹이다. En —

1162/

Donner à — de l'opinion, ne pas répondre à l'opinion 싱각에 부족ᄒᆞ다.

Rabot 대패 ; — à moulures 골미리, 변탕.

Raboter 대패질ᄒᆞ다, 대패로 밀다 (어,민) 씰다, 다듬다 (어,은).

Raboteux 거츨다 & 거츠다 (츠러,츤), 셜셜ᄒᆞ다, 살살ᄒᆞ다, 악박 악박ᄒᆞ다, 험ᄉᆡᆼ스럽다.

Rabougri 조롭들다 (어, 든). = 못되다, 못싱기다. — Pin — 악솔 ; Arbre — 악목, Homme — 졸졸이, 잔착이, 바삭이.

Rabrouer 나무라다, 노ᄅᆞ다 (아, 은).

Racaille 부뢰지빈, 잡놈.

Raccommoder 깁다 (기워, 운), 곳치다 = — (étoffe) 쎄여ᄆᆡ다, 깁다 ; — (objet en métal) 선다 = — (personnes brouillées) 화목붓치다, 화목식히다. = Se — 화목ᄒᆞ다.

Raccomodeur 선ᄂᆞᆫ장이.

Raccorder 맛초다 (아,촌).

Raccourci (route) 즈럼길, 지레길, 지럼길

Raccourcir 자르다 (잘나,자른, actif & neutre); (passif 잘니다), 넉지르다 (질너, 진), 넘지르다. — En — 자르게. A bras — 잡고, 한손ᄒᆞ고.

Race, extraction 디레, 디벌 (qui indiquent plutôt le rang, le degré de noblesse). —, lignée descendante 골손, 후손 ; — famille 집, 일가 = — en histoire naturelle 종. — Race blanche 빅종.

Racheter acheter de nouveau 다시 사다; — une chose vendue 도로 사다; de en bi-tant le premier marché *퇴환하다, *환퇴하다; —, réparer *속하다, *보속하다, 갑다(가워, 운) = Se — (esclave) *속방하다, *속신하다, *속량하다, *속탈하다. = — (un autre) ... 호야주다. N. S. nous a rachetés 오쥬 예수 우리를 구속하셧다 (rachetés et sauvés).

Rachitique

Racine 섈희, 샐리, — Appl. 섈헝이, en agg. *근 (Pour les navets, etc. 밋동) = — pivotante 곳은 샐리, *직근. Prendre — 섈희나다. = —, en math. *근. Racine carrée *방근, *평방근 on dit aussi *리평방, — l'extraire *리평하다. = — cubique *립근, *립방근 = *리립방. l'extraire *리립하다. Extraire une — 리방하다.

Râclée

Racler 긁다(어, 은), 글다(어, 근).

Racloir 고미리, 고밀리, 밀리.

Racoler

Racontar 헛말, 빈소리. Faire des — 언거번거하다.

Raconter 말하다, 니르다(닐너, 니른). = 술다. — une histoire 니야기하다. — longuement 느르지게하다, 장황히말하다.

Racornir 오그리다. Se — 옥으러지다.

Rade

Radeau

Radical en politique *급격당; — progressiste *리진당 = —, en sciences math.

*급진당

1164

(√‾) 근됴 *근호 · l'indice est dit *근지수 · = —, en gramm. *어근 ·

Radicalement 온젼이, 끏아히게 ·

Radieux 빗나다. avoir le visage — 얼골에 희색이 만안 ᄒᆞ다.

Radiographie

Radis

Radotage sottise *망녕 ; — pensée sans fondement *망녕ᄒᆞ다 ; = —, en paroles 망녕의 말, 군소릐 ·

Radoter 망녕들다 (어, 든) ; — parcialleau 노망ᄒᆞ다 ·

Radoteur 망녕스럽다 (러워, 온) ·

Radouber un bateau

Radoucir un homme en colère 달늬다. se — 불으긋치다 · l'hiver se — 치워 볼너 가다. la chaleur se — *퇴셔ᄒᆞ다 ·

Rafale

Raffermir 굿게ᄒᆞ다, 든든케ᄒᆞ다 ·

Raffiner (un métal) 단련ᄒᆞ다 ; — (le sucre)

Raffoler

Rafler

Râfle au jeu 판드림.

Rafraîchir 서늘케ᄒᆞ다. se —, se reposer 쉬다 (여, 쉰) ; se — à l'air 바람쐬다. se — (l'air) *퇴셔ᄒᆞ다, 더움기덜ᄒᆞ다, = 서늘ᄒᆞ다, 션션ᄒᆞ다 ·

Rafraîchissant 쇄흰ᄒᆞ다, 서느럽다 (러워, 온), 서늘ᄒᆞ다, 션션ᄒᆞ다, = *생연ᄒᆞ다 ·

Ragaillardir et être — *생쾌ᄒᆞ다 ·

Rage maladie 밋친병 (techn. 공슈병), 광견병
— fureur 대로 = 하다. Etre transporté de
— 밋칠듯하게 분로하다.

Rager 분하다

Rageur

Ragoût

Ragoûter exciter l'appétit 비위당긔다

L'opposé est 만불하다 → Raide 새빗새빗하다, 새빗새빗하다, 샐다 (아.샐).
bras — (qui ne plie pas au coude) 새빗팔이,
jambe — 새빗다리 (le boiteux qui a la jambe
— est dit 새빗 쟁다리. = —, inflexible 새빡새빡하다.
—, à pic (montée) 가파로다 (파을나, 파론)

Raidir

Raie poisson 홍어. = ligne 줄.

Railler 웃다 (우서, 슨), 희담하다. — se
moquer 비웃다, 조롱하다, 비쇼하다.

Raillerie plaisanterie 희담, 우슈, 롱.
Par — 우슈으로, 웃노라고; — à part 웃지
말고. = —, moquerie 조롱. Objet de —
조롱걸이, 우슈걸이.

Railleur 조롱군

Rainette 청개고리

Rainure

Raisin 포도. — sauvage 보록, 머로, 머
레. ailleurs on dit 멀구.

Raison faculté de l'âme 지각, 혜,
슬긔, 명오. = —, usage de la — 철,
철사구니, 철사천이. N'avoir pas encore
l'usage de la — 철 업다, 철을 모로다
(몰나, 모론). 미거하다. La — s'éveille

쳘나다, 쳘들다 (어, 든). Perdre momentanément la — (frayeur) 혼나다, 넉잃다 (다), par maladie : V. Délire. Perdre la — (définitivement) 미치다, 광증나다. = —, équité, bon sens 리, 의리. Il n'y a point de — d'agir ainsi 홀리가 업다. A ne consulter que la — 의리밧의로 하면. Avoir — 올타 (하, 혼). Ne pas avoir — 그르다 (글너, 그론). Entendre — 올흔말 듯다 (드러, 든). = — sujet, cause, motif 연고, 연유, 가돍, 소연. Pour de bonnes — 연고잇셔셔, 연고잇기로; Sans — 연고업시, 무고히, = 그저, 공연이 (공연하다). A plus forte — 더고나, 오히려. = —, preuve 빙거, 빙고. = Les — pour ou contre 가부, 여부. = —, satisfaction, punition ... Tirer — d'un affront 원수를갑다 (하, 혼), 분푸리하다. = A — d'une sapèque pièce 하나헤돈한들식, 하룬아치식. = — en mathém. — d'un rapport 비. — simple 단비; — composée 복비; — directe 졍비; — inverse 반비. = — d'une progression a) arithmétique 등차, b) géométrique 등비. On dit aussi 공차, 공비. = Moyenne — 중비. Extrême — 외비

Raisonnable doué de la raison 신령하다, 지각잇다. Être — 리셩닐 (理性). Animal — 리셩동닐. = —, qui a l'usage de la raison 철을알다 (아.안), 철있다, 철나다 (au pass.). —, juste, équitable 옳다(하.흔).

Raisonnablement 옳게, 맛당하게. = —, passablement 어지간이 = 알맛게.

Raisonnement faculté *지각, *명오; = — action de raisonner *바련, *행, *변론, *쥼협, —, argument *츄론; *츄리.

Raisonner 혜아리다, *바련하다, *쥼협하다, 빌위여보다 (아.본). 빌위다, = *변론하다, *의론하다, *츄론하다.

Rajeunir v. neutre 다시졂어지다, *리쇼년하다. Homme tout — *링쇼년. Drogue pour — *불로약 (comme c'est une herbe, on dit plus souvent *불로초).

Râle d'eau (oiseau) *슈계.

Râle de la mort 닭글는소릐.

Râler 닭글는소릐하다

Mouvement ralenti (Physique) *감속운동 (감속 ralentissement)

Ralentir (v. act.) 지체식히다. —, neutre & se — 지체하다; — diminuer 덜하다.

*보집하다

Rallier réunir 모호다 (화.혼), 모도다 (아.톤). 모히다. se — 모히다.

Rallonge

Rallonger

Rallumer v. allumer, exciter.

Ramage des oiseaux 새소릐

Ramas

Ramasser relever de terre 줍다 (주어.운), —, recueillir 것다 (어.은), 거두다 (어.둔), — avec soin *간직하다. = —, mettre en tas 모호다 (화.혼).

1168)

= — du bout des doigts (petit objet) 집다(어, 은). ≡ —, renfermer, mettre en ordre 거두다, 거두치다 ; —, mettre à l'abri 걷다, 거치다. = Se —, se replier sur soi-même 옹처러지다. 옹송그리다. Être — (réuni) 모히다, (id. recueilli) 걷지다. Être de taille — 몽통통하다.

Ramassis = (d'hommes) 각리.

Rame de barque 노, grande — d'arrière 쟁깃. = — de papier 축 (v. Rummesal). = — (v.g. pour les plantes grimpantes) 각닥이.

Rameau 가지, 나무가지, en agg. 지. Le Dimanche des —* 성지주일.

Ramée 나무가지.

Ramener v. amener. — au devoir 귀화식히다.

Ramer 쟁깃질하다, 노젓다 (저허 ᄯᅥ저어, 저은 ᄯᅥ저은) (C'est plutôt godiller).

Rameur

Ramier pigeon — 산비둘기.

Ramification 줄기, 갈내, 갈븨.

Ramollir 눅니다, 부쿠게하다. Se — 눅어가다. Être — par l'âge, radoter 조매하다. Intelligence ainsi —* 조춍.

Ramoner 그름을 글어내다 (ôter la suie), 구둑질하다 (구둑, tête de chien) : longue perche munie d'un balai).

Ramper 긔다 (여, 긘), 긔여 단니다. = (긔다 se dit qq. f. des quadrupèdes, puisqu'ils sont dits — avec les serpents — 길즘승 ... par ex.

aux oiseaux & aux poissons). — comme un serpent 수룩룩긔여가다. = — comme un enfant — sur le ventre 비ᄭᅢ리ᄒᆞ다, 븐치다. (S'il va à quatre pattes, on dit 긔다). = — devant qqun, faire des bassesses 아첨ᄒᆞ다, 아당ᄒᆞ다.

Rancart

Rance — Odeur de — 닉은내.

Rancir

Rançon 쇽젼.

Rançonner

Rancune 혐의. Garder de la — 혐의ᄒᆞ다, 혐의를둘다 (어, 온), 앙분ᄒᆞ다, 쇽둘다 (어.둔)

Rancunier

Rang, ordre 츠례. Mettre en — 츠리다, 츠례로두다. Mettre au — des dieux 봉신ᄒᆞ다. Mettre au — de ses amis 사괴다, 친ᄒᆞ다. de ses ennemis 원슈로알다 (아, 안). ≡ —, rangée 줄; (milit.) 렬; —, place (suivant la dignité) 츠례; —, position dans le monde 직업, 직분 = 텨슈 쳐디. = Ne pas savoir garder son — 쳬신일타 (허.흔), 쳬신불고ᄒᆞ다. = Tenir le premier — 웃유되다, 거갑되다, 뎨일되다, = 뛰여나다, = 고둥ᄒᆞ다. Tenir le 2e — 둘ᄌᆡ되다, 둘ᄌᆡ로나가다. Tenir le dernier — 밴아릭되다.

Dignité 등급, 품직

Mettre au rang de … 알다 (intelligence surtout) 삼다 (아믄 volonté) tous deux avec l'instrumental

Rangée 줄 = 렬.

Ranger Mettre en ordre 츠리다, 치우다. (V. Ordre). —, mettre en rang 츠례로두다.

가지런히두다

물너듯다. = Se —, faire place 비키다, 비켜서다, *피하다, = 치워가다, 치워쳐가다. — Se — au sentiment d'un autre 남의뜰듯다 (드러,를), 남의말아부다. Se — à son devoir *회심하다, (après l'avoir abandonné) *리과하다. = Être — 츤례로잇다, 츤례로노하다 = 가지런하다

Ranimer (v.g. un homme evanoui) 소리 여나게하다; — (un mort) 도로살니다, 복 활식히다. = — (un sentiment, l'exciter, le réveiller) 도도다 (아,돈). = Se — (reprendre ses sens) 정신출히다; Se (reprendre les forces) 긔운출히다.

Rapace

Râpe 비탕, 활, 한. = — à légumes 최칼. = 강활 (râpe à gingembre).

Râper 갈다 (어 ㄴ아,갈). — des légumes 최칼질하다, 최치다.

Rapetisser 줄게하다, 주리다, 자르게하다, 덜다 (어,던), v. Diminuer, raccourcir. — Se — 주러지다 Se replier sur soi même 움치러지다.

Rapide (subst.) — d'un fleuve 급류. — (train) 급행차.

Rapide (adj.) *급하다 = 치다 surtout pour les êtres animés. (On dit pourtant 친비 navire —, 친솟, chaudière — où l'eau bout rapidement). Pour un courant, on ne dira pas qu'il est —, on dira qu'il est fort 세다. = Écriture — *비필.

Rapidement 급히, 급하게, 속속히.

Rapidité

Rapiécer 깁다 (기워,운). = 헌겁으로깁다. = 게여매다

être tout — 노닥노닥하다. = — un objet en métal 쇠다, 쇠입 질하다.

Rapine 도적질. 횡악질.

Rappeler, appeler de nouveau 다시부르다(불너, 부른), 도로부르다. = — Dieu il 귀양돌다; = le satellite (envoyé en campagne) 도로클것다, 철도하다: — à la mémoire, faire souvenir 긔억케하다, —불셔오다(와,온), 셰우치다. = — les esprits 정신차리다. = Se —, se souvenir 긔억하다, Se — ce qu'on avait oublié 셔도다(도라,돈), 싱각나다, Se avec un certain effort 셰치다.

Rapport, revenu d'une propriété 소출. — —, récit verbal 말. Je le sais par le — de Pierre 베드로의 말듣고 알앗다, 베드로 알녀드렷다. Je ne le sais que par le — d'autrui 듣기만 하엿다; = Se en mauvais sens médisances dénonciations.... 말질 (Les écoliers, pour les —, dénonciation au maître — disent 니간질 = 하다). Faire des — 말질하다, 남의시비하다, = 쏠쇼하다; Se faux 누함하다.

통지서 ≡ — écrit 보고, 쟝보 (le 보고 est plus bref, le 쟝보 plus circonstancié). Faire un — 보고하다, 쟝보하다, = 통지하다.

≡ — de convenance 격. Avoir du — avec 상적하다, 맛다(마져,즌), 합당하다, 당연하다, 맛당하다; —, ressemblance V. Ressembler. ≡ — d'estomac, 롯트림, 게트림, (Si ils ne vont pas jusqu'au rot, on dit

께식께식하다.). Par —à (au sujet de) se
rend ordinairement par l'appositif ; (Dans les
livres 의론하면.) Par en considération de
생각하면 ; Par en comparaison de 보다,
보면. ≡ — (en silence) — de deux quantités 비 ; — direct 정비 ; — inverse 반비,
— simple 단비, — composé 복비.

Rapporter 도로가져오다 ; — annoncer,
dire, faire connaître 하다, 보하다, 알
니다, 통기하다, 통지하다. — au supérieur
알소하다. Par pour faire punir (moucharder)
소박이다 (les écoliers disent 발칠하다,
니간질하다, 쇼리질하다, 쇼리노다 (라,놀)).
C'est Pierre qui l'a — 베드루가그리하다.
≡ — tout : (terres etc) 소출열바누다,
le plus souvent 열나먹다 : on mange
tout. ≡ — tout à son intérêt 리만
생각하다, 리만도라보다, 리만찻다 (차
자,찬) ═ se —, s'adapter 맛다 (마져,
즌), 생적하다, 합당하다. S'en — à
밋다 (어,은). ≡ —, annuler (loi,
ordonnance) 도페하다, 거두다 (어,둔).

Rapporteur (susurro) 발칠군, 출니 고자
빙이, 놀뷔빙이 ; = — (de dessin) 분도규.

Rapprocher 갓갑게하다 ; —, comparer
비기다 . Se — 갓가히오다 (와,온), 갓가
히하다, 갓가와하다, 압근하다, = de très
près 핍박하다 . Se —, se réconcilier
화복하다.

*강간 Rapt v. Ravir —, viol d'une femme 겁탈. Le connettre —하다; le subir = 납다.

Raquette (v.g. de tennis) 공채, 채.

Rare 드믈다 & 드므다 (므러, 믄). 희한하다. = 귀하다, 귀이하다.

Rarefier Se — 드므러지다.

Rarement 드믈게, 듬은듬은, 듬셩듬셩, 싀엄싀엄. = 혹시.

Rareté — Chose rare & curieuse 귀물, 귀한물건.

Ras. Couper les cheveux — 머리깍다 (가, 근), 머리빌어깍다. Homme qui a les cheveux coupés — 즁대가리 (tête de bonze — Ça ne se dit plus).

Raser avec un rasoir 빌다 (어, 빈). — le sommet de la tête, (sous le 샹투) 빅호치다. =, effleurer 싯치다, 슷치다; —, abattre 헐다 (어, 헌).

Rasoir *삭도, *면도.

Rassasier (aliment) 빈불니다, — (amphytrion) 빈부르게먹이다, 슬컷먹이다. Se — 빈부르게먹다, 슬컷먹다. = (슬컷 voulant dire à satiété peut servir pour les cas où — se dit d'autre chose que d'aliments) — Être — de mangeaille 게걸시다.

Rassemblement milit. *진합 — se dit aussi de — au sens d'attroupement.

*모집하다 Rassembler 모호다 (화, 혼), 모도다 (아, 돈).

1174/

—, réunir 마오르다 (몰너, 오른). Être — 모히다.

Rasseoir se — 도로 안시다 (안자, 안져, 존)

Se (esprit ému, liqueur troublée) 가라안다.

Rasséréner

Rassurer Être — 안심하다.

Rat 쥐, en agg. 셔. — d'eau 날쥐

Ratatiner se — 옥으러지다, 억으러지다, Être — de x 억의여지다, 주름잡히다, = 시들다 (어, 든). = se — (par peur, froid, etc) 웅고리다.

Ratatouille

Rate 길혀, 비.

Râteau 갈킈, 갈키, 갈수리.

Râteler 갈킈질하다, etc — 긁다 (어, 은).

Râtelier

Rater v. act. 실슈하다, 랑패하다; —, v. n. (sens passif) 랑패되다, 실슈되다, 틀니다, 생걱나다. = Sans jamais — 렁낙업시.

Ratification 비쥰. Echange les — (d'un traité) 비쥰교환하다.

Ratifier 허락하다 = 비쥰하다 (se dit du souverain).

Ration quantité d'aliments pour un soldat (일) 인분량식; de pour un jour (일) 일분량식. (la nourriture des soldats est dite 군량). = part, 복, 복시.

Rationalisme 쥬리쥬의, 유리론

Rationner

Ratisser 긁다 (어.은)

Rattraper 도로붓잡다 (아.은), 다시붓잡다, 도로붓들다. —, rejoindre qqun qui a pris les devants 뒤밋처가다.

Se — (regagner ce qu'on avait perdu — même le temps — corriger ce qu'on avait mal fait) *해독ᄒᆞ다 (supprimer le poison).

Raturer 흐리우다

Rauque Voix — 목쉬다 (여,쉰).

Ravager 망치다, 개개다 = *노략ᄒᆞ다, 노략질ᄒᆞ다 se dit surtout des ravages causés par les pillards. = *상ᄒᆞ다 des ravages causés par des agents naturels. Être — 되ᄒᆞ다, *잔ᄒᆞ다, 해보다.

Ravaler abaisser, avilir 나리우다, 낫초다 (아,촌); se —, s'avilir 천히ᄒᆞ다, 천흔노롯ᄒᆞ다.

Ravauder 세여깁다 (여,긴).

Rave 무우.

Ravin 구렁, — gorge, défilé étroit 산구렁, —, lit d'un torrent 물구렁.

Raviner

Ravir qqch. 쌔앗다 (서,순), 빗다 (서,슨) 쌔앗다 (앗서,슨), 앗다, *탈취ᄒᆞ다. = — (une femme) 업다 (어.은), 업어가다. = (la violer) *겁탈ᄒᆞ다. = —, charmer *요혹ᄒᆞ다, = 감동케ᄒᆞ다. Être — de joie *용약ᄒᆞ다, *희희낙낙ᄒᆞ다, 됴하못견되다. Être — d'admiration *탈긔ᄒᆞ다.

Raviser se — 다시싱각ᄒᆞ다, 곳쳐싱각ᄒᆞ다.

Ravissant 세우됴타, 훌늉ᄒᆞ다.

Ravisseur voleur *도적, *강도, — de femme

Ravitaillement *보급, — en vivres *량식

Ravitailler — Rebut

1176/

보급, — en munitions *탄약보급.

Ravitailler

Raviver (r.g. le feu) 니르키다, 니루키다.

Rayer 줄치다, 줄긋다 (그어, 그은). être — 줄지다. = —, effacer 흐리우다. = — (une arme à feu) *시조=하다. Canon —*시조포. ≡ Tigre — 갈범, 칡범, 칡호.

Rayon 살, 살; — de soleil 히살. 히빛, 히볏. Exposer aux — du soleil 볏에두다, 볏쏘이다; s'y exposer 볏쐬다, 볏쏘이다. = — de soleil entre deux averses 여호볏 (rayon de renard, trompeur). = — de lumière 빗살, tech. *광션. = — d'espérance 바라리슈, 바라리; = — de miel 살개. = — d'une armoire 탁즈, 층. Armoire à — 탁즈장. = — (en géom), — de cercle *반경; — vecteur d'ellipse 동경, *동경반경. = — de Roengten, — x "엑기수" 션, "엑기수" 광션.

Rayonner 빗나다, 빗최다, = 광나다, = 윤나다.

Rayure — de canon *시조.

Raz de marée *히일.

Razzia

Réactif chimique *화학시약.

Réaction chimique *화학뎍반응 = 반동=하다 se dit pour réactions physiques, chimiques .... & politiques. force de — 반동력

Réactionnaire parti *보슈당, *완고당.

Réagir *반응하다. *반동하다

Realiser *실현하다 =실힝하다
Réalité - En philos. : existence réelle d'une chose 실지 ; — chose existant réellement 실톄, 실낳.
Rebarbatif *엄하다, 사모랍다 (나와,온).
Rebattre - les oreilles 조르다(졸나,조른), passif 졸니다.
Rebelle 역적. Infame — *대역부도 = Fils — (à son père) 역조. = Maladie — aux remèdes, — inguérissable 난질.
*반역자
Rebellion *역적질 ; 역적난리, 너란.
Rebondir 싀뒤다, 조오치다.
Rebord 가, 전.
Rebours à — 뒤집어 (P. 뒤집다, 어.은). C'est tout au — (tout le contraire) 상반일다. Prendre à — 뒤집어하다, 졸나잡다, = 거슬리다, 거슬니다. Tourner au — (à l'envers) 뒤집다 ; de (sens dessus dessous) 엎다(허.현), 엎허노타.
Rebrousser chemin 도라오다, 도라가다, 도로가다 ; —(d'une pointe) 접다 (어.은) passif 접히다. A rebrousse poil (au propre) 털거스려 ; (au fig.) 거슬려, 거슬너.
Rebuffer *괄시하다, 퇸잔하다. Etre — 괄시쿨당하다, 퇸잔밧다 (아.은).
Rébus
Rebut ce qui a rejetté 씻긔, 씻거기. Mettre au — 내여부리다, 내부리다. — chose de nulle valeur 바딱, 파치.

1178/

Rebutant 귀치안다 (하.흔), = 즐즐ㅎ다, 질질ㅎ다. — (travail. – long & difficile) 지란ㅎ다; — sans goût 죄미 업다, 맛업다.

Rebuter 물니치다, ˚괄시ㅎ다, ˚퇴찬ㅎ다, 퇴찬주다. – se —, se décourager. Ne se — de rien 아모리 어려워도 소양치아니ㅎ다. Se – dégoût. 죄나다, 슬흠나다, 슬흔증나다, 염증나다.

Récalcitrant

Récapituler 간단케ㅎ다.

Recéler des objets volés ˚접쥬인ㅎ다, 접쥬인노룻ㅎ다, On dit parfois 가리ㅎ다 (ㅎ.ㄴ), 가리틀다 (어.ㄴ) qui voudrait peut être plutôt dire: avoir sa part des objets volés.

Receleur 접쥬인, 접쥬인 씨장이 être pincé comme tel 씨장이 맛나다

Récemment 새로이, 새롭게, 이마즉, 이즘간, 근ㅎ이에, = 오래지 아냐. = 근간. 멋칠전 요시 (aujourd.)

Recensement des maisons 호젹, 가좌 — de la population 민젹.

Récent 새, 새롭다 (로와, 온), 갓ㅎ다, 갓되다. v. Récemment.

Récépissé ˚령슈증, ˚령슈표 = 밧은표.

Réceptacle . — (en mauvaise part) 구렁이 (trou), 굴혈 (caverne) — de voleurs 도적의구렁이, 도적굴혈.

Réception accueil 되접. Salle de — (salon, parloir) ˚응접소, ˚응접실

Accusé de — ˚령슈증, ˚령슈표 – de (de la poste) 밧은증명서, 분전ㅎ증명서, mais en fait on dit ˚빅달표: notification de distribution (acknowledge of delivery)

*슈입금 Recette argent reçu 돈 받은것 —, procédé 방법. — culinaire ou pharmaceutique 방문.

Recevable 받을만 하다. — (excuse) 드를만 하다, 쓸만 하다.

Recevoir 받다 (아,은), 받줍다 (즈와,온), en agg. *슈, *봉; — en dépôt 맛다 (허,하,흔); = — des appointements 타다 (투,톤) (on dit souvent 밧다, 타넉다); — des coups 맛다 (마져,즌), 배맛다; — un châtiment 벌을당 하다, 벌을 밧다; — du dommage 해보다, 해를당하다; — un affront 욕 보다, 욕당하다, 욕먹다 = 망신되다.

— du plaisir 즐기다, 즐거워하다, = 락보다.

— du chagrin 섭다 (허,흔), 슬픔을보다.

— le baptême 령세하다, = 슈세하다 (inus.)

— les sacrements 성스밧다, 성스보다.

— la Ste Communion 령성톄하다. = — les sacrements (confession & communion) 판공하다. = —, accueillir qqun 뒤접하다 — un supérieur 령접하다. — au nombre 얼다 avec l'instrumental, v.g. — au nombre de ses amis 친구로 얼다. = — à une confrérie 들이다 (forme 들다). = être reçu... c'est une chose — de tout le monde 불가하하는이 업다. = être reçu à un examen (de fin d'étude) 졸업 맛다 (하,흔).

Le ... de la communion, d'où l'expression '죄판공': communion répétée.

Rechange objet de — 갈아쓸것.

Habit de — 갈아닙을옷.

1180/

Réchapper — d'une maladie *변소하다.
Réchaud 화로, 화리.
Réchauffer 더히다; — un peu 거렁하다. Se — 몸을더히다. Se — au feu 불쐬다.
Rechausser une plante 복주다
Rechercher 찾다 (차자, 존); — faire une enquête *사실하다, *사획하다, *생고하다; — s'efforcer d'obtenir *탐하다, 욕심내다. (v. Désirer). — l'amitié de... 사괴려하다. = —, affecter 하는톄하다. = être —, rare *귀하다, 귀이하다, *희한하다.
Rechigner montrer de la répugnance 거리다, 거리시다, 싯득싯득하다. N'accorder qu'en rechignant 마지못하야허락하다. = être — 쌀쌀하다, 쓸쓸하다.
Récidiver *재범하다.
Récif 여.
Récipient
Réciproque (subst) — d'une proposition 역.
Réciproque
Réciproquement 서로, *되츠, en agg. 상.
Récit 니야기.
Réciter 외오다 (와, 온) (impérat. irrégul. 외오너라) en agg. 념. — des prières 념경하다. = 송 est la formule à —, mais en agg. il a qqf. le sens de —: v.g. *낙송작송하다, réciter avec de fautes & des omissions. = — alternativement 응을밧다 (아, 은), 응을밧고외오다.

외이다 (외야, 외인)
외다 (외야, 왼)
— de mémoire 외야내다

Réclamer qq.ch. 달나ᄒᆞ다, 찾다 (차자,즌). = *청ᄒᆞ다. = —, se plaindre *호소ᄒᆞ다.

Reclus

Recoin 구역, 구석.

Recollection

Récolte *츄슈.

Récolter *츄슈ᄒᆞ다, 거두다 (어,둔)

Recommandation conseil *훈계 — Regqm. de qq.ch.) *부탁. lettre de — *부탁편지. = on disait *청편지 pour les lettres de — adressées au mandarin à l'occasion d'un procès.

Recommander enjoindre expressément *당부ᄒᆞ다; —, confier aux soins *부탁ᄒᆞ다, 맛기다. = — qqun (v.g. pour un emploi) *천거ᄒᆞ다. = — une lettre (à la poste) 등긔ᄒᆞ다, 등긔ᄒᆞ야붓치다, 등긔붓치다. (Le reçu se dit 등긔표).

Le mot usité actuellement à la poste est 서류 書留: 등긔 se dit de l'enregistrement des pièces aux tribunaux.

Recommencer 다시ᄒᆞ다, 겹드ᄒᆞ다, =곳쳐ᄒᆞ다.

Récompense *샹 —, (merces) *보샹

Récompenser 샹주다, 샹급ᄒᆞ다, 샹급주다. = — un service par un autre 은혜ᄅᆞ갑다, 보은ᄒᆞ다. = être — 샹밧다 (아,은).

Réconciliation *화목, 화친, *소화.

Réconcilier 화목붓치다, 소화식히다. se — *화목ᄒᆞ다, *화친ᄒᆞ다, *소화ᄒᆞ다. = 싀윤을돌다.

Reconduire v. conduire. — par honneur *전송ᄒᆞ다.

Réconforter v. fortifier. —, consoler *위로ᄒᆞ다.

Reconnaissable 알기쉽다 (쉬워,운). La figure n'est pas — 변형ᄒᆞ야능군지모로겟다.

Reconnaissance de dette 채무문서, 빗문서; — en général 표. — militaire 정찰. — Mot ou signal de — 신호 = —, gratitude 보은지심, 은정, 은혜갑흘ᄆᆞ음. Conserver de la — 은혜긔억ᄒᆞ다. = 지은보은ᄒᆞ다.

Reconnaître 알다 (아,안). — qqun à la voix 목소리로알다; — la vérité, comprendre 리닷다 (다러,른); = —, chercher à connaître, observer 솔피다, 알아보다. = 탐지ᄒᆞ다. = — sa faute, l'avouer 잘못ᄒᆞᆫ줄노알다, = 사과ᄒᆞ다, = 자복ᄒᆞ다. = — pour : 알다 ou 넉이다 avec l'instrumental. — qqun pour roi 님군으로섬기다, 님군으로삼다 (아,은 choisir). = — un bienfait 은혜를갑다 (하,흔), 보은ᄒᆞ다. = Se — se retrouver, — son chemin 알다 (아,안). Se —, rentrer en soi même, se corriger 리닷다 (다러,른), 긔과ᄒᆞ다, 회두ᄒᆞ다.

Recopier 벗기다.

Recoquiller 오그리다, 오그러더리다, 서리다, 사리다, 소리다. Se — 오그러지다, 사려지다, 사리사리ᄒᆞ다, 오곳오곳ᄒᆞ다. = D'un homme on dira 몸사리다.

Record

Recourber 굽히다, 굽어드리다. Se — 굽어지다. être — 굽다 (어,은), 굽으러지다,

굽흐리다, 고븍랑ᄒᆞ다. V. Courber

Recourir avoir recours à *의지ᄒᆞ다, *의탁ᄒᆞ다, *탁뢰ᄒᆞ다. = — à de nouveaux moyens 다른법을시험ᄒᆞ다. V. employer.

Recours *의탁, 의지ᄒᆞᄂᆞᆫ듸.

Recouvrer retrouver 찾다 (자쳐 ᄌᆞ자, 즌), 도로찾다, = *회복ᄒᆞ다, *복고ᄒᆞ다; — sa santé, ses forces *회복ᄒᆞ다, *쾌차ᄒᆞ다. = —, recueillir (impôts, cotisations) 거두다 (어, 둔), 받다 (아, 은), *슈봉ᄒᆞ다.

Recouvrir 덥다 (허, 흔), 그리우다 (리워, 운) = — une maison 집닛다 (니어, 니은), 니영닛다.

Recracher 비앗다 (하, 흔 & 아, 은), 배앗다, 톡비앗다.

Récréation temps 쉴새, de (écoles) *휴식. = —, occupation récréative *쇼일 = ᄒᆞ다. Prendre sa — 쉬다 (어, 쉰), 놀다 (아, 논). Faire en guise de — 쇼일노ᄒᆞ다.

Récréer (gym) . Se — 쉬다 (어, 쉰), 놀다 (아, 논), 작난ᄒᆞ다, *쇼일ᄒᆞ다.

Récrier Se —, réclamer contre

Récriminer *원망ᄒᆞ다.

Recrudescence

Recrue 신병, 새군ᄉᆞ; *신입병

Recrutement milit. *징병, 징병. Voir: Région de — 징병구, Bureau de — 징병서, Loi de — 징병령. Conseil de recrutement & de révision *징병회의

Recruter les soldats *징병ᄒᆞ다, 징병ᄒᆞ다. Les vieux Coréens diront plus volontiers 군ᄉᆞ를 뽑다 (아, 은).

뽑다 s'emploie aussi pour — les policemen, les fonctionnaires, etc. etc.

1184

Rectangle subst. *직각ᄉ각형, *직각ᄉ변형 n.f. *장방형 ; = (adj.) en agg. *직각. Triangle — *직각삼변형 ; Parallélipipède — *직각 트럽 횡륙변톄.

Rectifier 곳치다. = 바로잡다

Rectitude 바른모음, — 고지식ᄒᆞ기 — 진실ᄒᆞ기

Rectum Chute du — 미경블

Recto *정면.

Reçu (subst.) accusé de réception 밧은 표, *령슈증, *령슈표.

Recueil

Recueillement *슈렴. = ᄒᆞ다 (de fond.)

Recueillir ramasser 거두다 (어, 둔) = *슈봉ᄒᆞ다. = — un héritage 외친쳐블을엇다. — qqn. — (un abandonné) 거두다, 집에거두다, 집에두다. = Se —, réfléchir ~~슈렴ᄒᆞ다~~ *륵식ᄒᆞ다, = *궁구ᄒᆞ다.

Reculer (act.) 뒤로믈니다, 빌다 (어, 빈), 빌치다. — (neutre) 뒤로믈너가다, 뒤거름치다 = 부흐다 (믈너, 부흔) employé surtout dans les composés 믈너오다, 믈너가다 = 부흐창ᄒᆞ다, 부흔칭ᄒᆞ다. = — devant, éviter *피ᄒᆞ다, Il n'y a pas moyen de — 피할 슈업다, = 아니홀슈업다. Trop avancé pour — *주퇴지세 (pente rapide). = —, différer 빌우다, 미루다. = Être — (lieu) — loin 빌다 (어, 빈) — secret *은빌ᄒᆞ다, *은근ᄒᆞ다, écarté 외ᄯᅡᆯ다 (ᄯᅡ라, ᄯᅡᆫ).

Reculer (arme à feu) 뒤굴으다 (굴어, 굴은)

Reculons Aller à — 뒤거름치다, 뒤로

걷다 (거러, 거른), 뒷거름하다, 뒷거름질하다.

Recupérer v. Recouvrer.

Récuser un juge, un témoin

— (un emploi) *소임하다.

Rédaction — d'un journal *신문편집, le (le rédacteur) 신문긔자; le (le bureau) 신문사 = Bureau de — (pour rédiger les pièces à présenter aux autorités) 대서소.

Redemander

Rédempteur le — (N.) *구세쥬, = 구세자

Rédemption le bienfait de la — 구세은, l'Incarnation & la — 강생구속. = L'ordre de la — les captifs 속노회.

Redevable pour une somme 빗지다 = 빗낫다 (아, 은); — pour un service 은혜closed지다.

Rédiger 글짓다 (지어, 지은), = 칙짓다, 칙쓰다, = *저술하다.

Redire répéter 다시하다, 거듭하다. — (à un autre) 닐다 (닐너, 닐른), 닐너주다. = Trouver à —, critiquer 시비하다.

Redorer *리금하다.

Redoubler 비로더하다; — faire à nouveau 거듭하다. = — ses prières 더욱간구하다. = à coups — 잡고, 누수히. Battre à coups — *란타하다, 누수란타하다.

Redoutable 무섭다 (서워, 운).

Redoute milit. *방혈보.

Redouter 무서워하다, v. Craindre.

Redresser 바로잡다 (아, 은).

Réduction v. Réduire = —, en math. *화법, *변화법, qui s'emploient pour des fractions; — (de fraction) à une plus simple expression *약분ᄒᆞ다. = — (ex. de francs en piastres) *환산.

Réduire, dompter 항복받다 (아,은); — contraindre *강박ᄒᆞ다; — diminuer *감ᄒᆞ다, 주리다, 조리다 = — au désespoir 실망케ᄒᆞ다, 낙망케ᄒᆞ다; — en poussière 작말ᄒᆞ다, = 가루ᄂᆡ다, = 부셔치다, 부셔ᄯᅳ리다 (passif 가루되다, 부셔지다). = être —, diminué 덜ᄒᆞ다, 감ᄒᆞ다, 주러지다. être — à... se rend ordinairement par 되다. être — au désespoir 실망ᄒᆞ게되다. Comment en êtes vous — à cela? 엇더케 이디경 되엿나냐. être — à l'extrémité (malade) 못살게되다. être — au silence 말못되다. Toute la difficulté se — à cela 어려온거시 그 ᄒᆞᆫ가지밧긔업다.

Réduit (subst)

Réel 실답다 (다와,온), 참되다. en agg. *실

Réellement 참, 참으로, 과연, 과연이,

Refaire recommencer 다시ᄒᆞ다; —, réparer 곳치다. se —, réparer ses forces *보려ᄒᆞ다 & par une bonne nourriture *식보ᄒᆞ다.

Réfectoire *식방, *식쳐, *식당.

Refend mur de — 바람벽.

Référer au supérieur 품ᄒᆞ다, 알외다,

*고복ᄒᆞ다

엿줍다 (즈워 K주어, 운) = de officiellement *보고ᄒᆞ다, = *원정ᄒᆞ다, *호소ᄒᆞ다. = — au gouvernement *보장ᄒᆞ다; — au roi *장계ᄒᆞ다, 초긔ᄒᆞ다. = — tout à la gloire de Dieu 영광을 텬주께 돌녀 보내다.

Refermer se — (plaie) 아물다 (므러, 믄).

Réfléchi sérieux *진즁ᄒᆞ다, 무겁다 (거워, 운).

Réfléchir *ᄉᆡᆼ각ᄒᆞ다, *류심ᄒᆞ다; — profondément *궁구ᄒᆞ다; —, examiner *통촉ᄒᆞ다, = 마련ᄒᆞ다, 혜아리다; — faire attention à ᄉᆡᆼ각ᄒᆞ다.

Reflecteur *반사경
— de navire (search light) *탐해등

Reflet *반사.

Refléter (optique) *반도ᄒᆞ다, *반사ᄒᆞ다.

Réflexe *반사. en adj. 반. Action — 반사작용. Effet — 반셩.

Réflexion *ᄉᆡᆼ각, 혬. Faire — sur ᄉᆡᆼ각ᄒᆞ야 보다. Je ne l'ai pas fait sans — 모로고 ᄒᆞᆫ거시 아니라, 류심히 ᄒᆞᆫ거시라. Sans — *무심히, 마련업시, *경솔이, 범홀이. = — (de lumière, etc.) *반도 = ᄒᆞ다, *반사 = ᄒᆞ다. Angle de — *반사각.

Miroir de — *반사경

Refluer (la mer) (물) 혀다, 써다.

Reflux de la mer *간조.

Reforme *리혁 = ᄒᆞ다
*혁신ᄒᆞ다

Reformer 곳치다. Se — 힝실을 곳치다.

Reforger (un outil) 벼리다.

Reformiste *리화당.

Refractaire

Réfraction *굴절. Indice de — *굴절률.

Refractomètre *굴절계.

1188/

Refrain 후렴. Chanter le — 소리를 받다. (on dit 소리를 주다 du soliste qui chante le couplet).

Reprendre le — en chœur 소리를 병창으로 받다.

Refrener 붓잡다 (아.은) V. Réprimer.

Refrigerant

Refrogner se — 얼골을 증거리다, 부루퉁하다, 즐그러워하다. Avoir l'air — 쌀쌀하다, 쓸쓸하다.

Refroidir (act.) = & faire — 식히다. = — (neutre) & se — 식다 (어.은), 식어가다 = 식다 se dit même d'un sentiment. v.g. de la colère qui se —.

Refuge 의탁, 의지할되. Lieu de — pendant la guerre 피란곳, 피란할곳: = —, coin pour se réfugier 접. S'assurer d'un — 접잡다. Trouver — auprès de qqun 붓좇치이다, 붓치다. Donner — 붓쳐주다, 붓좇다 (쳐.촌).

Refugier se — 피하다 (éviter). se — en temps de guerre 피란하다; — en temps d'épidémie 피접하다. — près de qqun V. Refuge.

Refuser 마다하다, 마다고하다, 슬타 (허.흔), 슬타하다, 슬희여하다, 소양하다. — d'obéir 말아니듯다; — une demande 허락치아니하다; — (des marchandises, un ouvrage mal fait) 퇴하다, 퇴맛다 (맛자.진), 퇴물니다. — la porte à.. 집에 못오게하다 = se — le nécessaire 넘우과히 박의박식하다. = Être — aux examens 락과하다, 락방하다. — Candidat refusé 락방거조

벗되다 (여.된) & 쌩되다 marquent un refus, une contradiction.

Refutation *론박.

*론박ᄒᆞ다 Refuter 변파ᄒᆞ다, en agg. 변. = (말) 대덕ᄒᆞ다, 치다.

Regagner ce qu'on avait perdu 도로 ᄎᆞᆺ다 (자, 즌), 도로 엇다 (어, 은) – le (au sens large: temps, argent, réputation) 회복ᄒᆞ다 (enlever le pouvoir). – le lieu d'où on est parti 밋쳐 도로 가다.

Régal 잔치.

Régaler 잘 먹이다 – le – 잘 먹다 (어, 은). – de – de vin mutuellement 순배술 먹다 (순배 "tournée").

Regard 눈, 눈치. Embrasser d'un seul – ᄒᆞᆫ 눈에 보다.

Regarder 보다 (아, 본), 도라보다, 드려다보다, en agg. 관. – en haut 쳐다보다, 쳐아보다, 치밀어 보다, = 우러러보다 (regarder avec respect). = – en bas 나려보다, = 굽어보다 (se dit du supérieur); = – devant soi 압흐로보다, – en arrière 뒤로보다, 도라보다; – de côté 엽흐로보다, 볍흐로보다; – du coin de l'œil 곁눈질ᄒᆞ다. – de travers 빕서보다; – de tous côtés, ᄉᆞ면으로 보다, 두루보다. = – fixement 이윽히보다, 뷔그럽이보다, 뷔그럽이드려보다. = – de dehors en dedans 드려다보다; – de dedans en dehors 내여다보다; – de loin 멀니보다, 번ᄒᆡ쳐보다. = – d'un air colère 노려보다, – d'un œil de convoitise 눈에 드리다 (faire entrer dans l'œil); = – de bon œil 됴하보다, 됴케보다; – de mauvais œil 언잔케보다;

Regent – Règne

1190/

— avec mépris 섈보다 . ≡ —, être tou. = en haut 쳐아보고 id
ne' vers, tendre à *향하다. Maison qui se =
— le midi 남향집. Terrain qui — le
midi 양지 / qui regarde le nord 음달, 음지.
≡ —, concerner, toucher 관계되다.
Cela ne me — pas 내게 샹관업다, 내게
관계업다, 나 알온톄홀것업다. Ce soin
me — 내 볼거실다. ≡ —, avoir égard à
*싱각하다, 보다; qqf 알다. Ne — qu'au
profit 리만 알다, 리만 싱각하다 ≡
— comme, — pour 넉이다, 알다, avec
l'instrumental (qqf avec la forme adverbiale en 이 ou en 게). — comme vrai
올흔줄노 알다, 올케알다. — comme
un [illegible] 이샹히넉이다, 벌거스로알다.
≡ se — au miroir 거울보다.

Régent qui gouverne pendant la minorité d'un — *섭정왕. Être — *섭정하다.

Régicide *시군 = 하다.

Régimber 뭇이다, 뭇으러지다

Régime

Régiment *련대.

Région *디방.

Régir 다스리다, 보솔피다.

Régisseur de biens
*지계우원

Registre 칙. Inscrire sur un —
칙에 올니다, 칙에적다(어.은) — de compte *치부하다.

Règle pour tirer les lignes *뎡, — de dessin *곡쳑; — pour régler *뎡긔 / les
— rondes ou carrées sont dites vulg. *부긔뒤,

부리방방이, batonnets des teneurs de livres).

*규뎡 = —, principe, maxime, loi *법, *규식, *규구; = (bonne) *경위, *정규. Prendre la raison pour — de ses actions 경위■로호다, 의리 되로호다. Être contre la — 경위에틀니다. 규구에틀니다. = — d'un ordre religieux *법측, *원측. = — de calcul *산식. Les 4 — *산측 : *가법 addition; *감법, soustraction, *승법 multiplication; *제법 division.

En avoir 꼿호다, 꼿나다, 꼿새호다; 월후호다, = —, menstrues *월경, 월슈; 꼿; *월후, *월경슈

Régler tirer des lignes 줄그다, et 긋다(그어, 근), 줄 쏘으다 (러, 은); — (du papier) *인찰 호다. Papier — 인찰지. = —, établir, imposer *뎡호다, 법뎡호다, 법세우다. = —, décider une question, un différend *결단호다,

—, déterminer *뎡호다

*도단호다. = — sa vie, sa conduite 힝실을닥다, *슈신호다. Travailler à — son intérieur *경식공부호다. = — un compte 분쳐를닥다. ≡ se — sur l'exemple 본밧다 (아, 은). = Être —, régulier *일뎡호다, 혼갈곳다. Être —, décidé *결단호다.

Réglisse *감초.

Régner être roi *왕호다; 나라흘다스리다, 님군노릇호다, 님군되다. = —, être en vigueur (v.g. coutume) *성호다. =

Règne sous le — de Kang Hi 강희시대에. ≡ — en classification scientifique *계. Le règne animal *동물계, le — végétal *식물계, le — minéral *광물계

1192/

Regorger 가득ᄒᆞ다, 잔뜩가득ᄒᆞ다, = 넘치다.

Regret *앙심, *원 = 원통ᄒᆞᆫ님오. à — 마지못ᄒᆞ야.

Regrettable *원통ᄒᆞ다, *아연ᄒᆞ다, *애ᄎᆡᄒᆞ다, 애처롭다, 섭섭ᄒᆞ다, *절통ᄒᆞ다. — (chose perdue) 앗갑다 (가와, 가온).

Regretter *원통ᄒᆞ다, *원ᄒᆞ다, — une chose perdue 앗가이녁이다; = — des êtres chers dont on est séparé 그립다, 그럽다 (리워, 운). 아그리다,(려,련) — se repentir *원통ᄒᆞ다, *절통ᄒᆞ다, *후회ᄒᆞ다, 애다ᄅᆞ다 (달나, 다른). 애닯다 (어, 은), 애달나ᄒᆞ다, 뉘웃다 (웃쳐, 츤).

Régularité

Régulateur (horloge) *지속침,

Régulier conforme à la règle 법답다 (다와, 온); — symétrique 짝맛다 (마져, 즌), 짝잇다. — de la science *뎡. Polygone — *뎡다각형.

Régulièrement, selon la règle 법답게. —, constamment *흔샹, *흔용; —, en moyenne *보통, 보통으로; — parlant, pour l'ordinaire 본ᄃᆡ, 본ᄅᆡ = —, sans manque 녕낙업시.

Réhabilitation *복권

Réhabiliter un noble dégradé *복권식히다. être — *복권ᄒᆞ다.

Rehausser

Reins 허리, 허구레. Avoir un tour de — 허리셔다 (셔다 luxé, foulé). — les —, les rognons 콩풋, *신경.

Reine *왕후, *왕비, *보후, *중뎐, *국후, *녀왕..
— mère *대비. = — (Ds les litanies de la Ste Vierge *보후, reine & mère). = — (des abeilles) 쟝슈.

Reine marguerite *국화.

Reinette, petite grenouille 청개고리.

Reitérer 다시하다, 거듭하다.

Rejaillir 싀다. Faire — de l'eau 불쏨치다. La honte — sur les parents 밧신이 일가의게도 차가다.

내치다

Rejeter au sens propre 더지다, 던지다, 내여던지다, 더져브리다, = 날니치다; — abandonner 브려두다, 브리다, 쳐브리다, 내여브리다. = 슬다 (허.흔). = —, vomir 게우다 (워.운), *토하다. = — la faute sur un autre 남을 도하다, 죄다위하다, 안밧이하다, 안밧이식이다

쳐브리다

Rejeton d'arbre 슌. = —, Descendants 존손

Rejoindre V. réunir. — qqun qui a pris les devants 밋다 (처,친), 밋처가다, 뒤밋처가다. = — les bords d'une plaie (etc.) 아믈니다. Se — (même cas) 아믈다 (므러, 믄).

Réjouir vact. 즐겁게하다. Chose qui — 즐겁다 (거워,온), 반갑다 (가와,온) = Se —, se divertir 놀다 (아,논), 작난하다, — Se donner des signes de joie *희희하다, 희희낙낙하다. Se — de qqch. 즐거워하다, 깃버하다, 반가와하다.

Réjouissance

Réjouissant 즐겁다 (거워,온), 깃부다 (깃버,븐)

1194

반갑다 (가와,온).

Relâche — Sans – 쉿치지안케, 장, = 근히 (근하다, laborieux). Être occuper sans – 불구하야 쉴수업다, 일만하쉴 수이업다. Rendre un peu de – 좀쉿쉬다, La maladie donne un peu de – 병이좀덜 하다. Presser (ennuyer) qqun sans – 조르다 (졸나,조른), passif 졸니다.

Relâcher une chose tendue 느리다, 느려주다, 늣추다 (어,춘) Se – 느러치다, 느다 (러,는). = – un prisonnier 방송하다, 놋타 (하,흔), 내여놋타. = – (bateau) 비다혀다, 빅대다. = Se – (ferveur) 느러지다, 식어가다, 횡하야가다.

Relai la lanceme poste aux chevaux 역말을 : 역

Relaps

Relater v. Rapporter, rapport.

Relatif qui concerne 샹관잇다, 샹관되다 – opposé à absolu (phil.) 샹터, v.g. accent relatif 샹터우셩.

Relation rapport 보고, de en forme de journal 일긔. = – rapport mutuel 샹관. Les cinq – 오륜 : de père à fils : affection 부조유친, – de roi à sujet, justice 군신유의, – de mari à femme : différence 부부유별, – de vieux à jeune : degré 장유유서, – d'ami à ami : confiance 붕우유신. = N'avoir pas de – avec 샹관업다. = –, rapports d'amitié, visites

= –, rapports sexuels 샹관하다, 식스다 (써,선) 비 (어,온) 맛초다 (아,촌)

*고의, *고령 réciproque *상련 = 하다, 상통하다. = 아름아리 se dit de la simple connaissance.

Relativement opposé à absolument *상대뎍 = —, au sujet de … se rend en conversation par l'appositif, — dans les livres 의론하면, = —, en comparaison de 보다, 보녀.

Relayer changer de chevaux 참갈다 (아, 갈) (참 se dit du relai que les 역마 font d'une traite : 25 lys). = se — (pour un travail) 드나들녀 하다 (드나들다 (어, 든) aller et venir), 겻금나기하다, 겨금나기로 하다 (겨금나기, succession alternative), 번갈다 (아, 갈) = (번 est le "tour" 번들다 prendre son tour, 번나다 en sortir, être remplacé.)

Reléguer exiler 귀향보내다, 뎡배하다. — avec emprisonnement perpétuel 안치하다, 안치보내다. = — un objet dans un coin 부려두다 (어, 둔). = être —, exilé 귀향가다, *배소하다.

Relent odeur de vieux 묵은내

Relevée l'après midi *오후, 저녁나절.

Relever ramasser 거두다 (어, 둔), 줍다 (주어, 운) V. ramasser. —, retrousser 거더지르다 (질너, 지른) passif 거더질니다. = — ce qui est tombé, remettre sur pied 니르키다, 니르다 (어, 른). = —, dispenser d'une obligation *관면하다, — d'un serment 맹세를 풀어주다. = — de — de maladie 낫다 (나하, 는), 병낫다. Il ne fait que se

1196/

relever 범겨유나 ᄒᆞᆺ다. — le — (se lever) 나려ᄒᆞ다.
Relief Être en —, en saillie 두드러지다.
Sculpture en — 양각 (l'opposé est 음각).
= — (concavités & convexités) 요철 —
— d'un terrain 요철, 긔복. = —, éclat
빗. En donner 빗나게 ᄒᆞ다.
Relier Rattacher . — (un
livre) (칙)ᄆᆡ다; 의ᄒᆞ야ᄆᆡ다 (의 couverture).
Relieur de livres 장칙ᄌᆞ. Sa boutique 장칙실.
Religieuse 슈녀.
Religieusement avec respect 공슌히, 공경히,
공경ᄒᆞ야 —
Religieux (subst.) 슈ᄉᆞ, — ermite 은슈,
독슈, — vivant en communauté 고슈
Religieux (adj.)
Religion comme doctrine 도; comme en- = — vertu 경쥬덕.
seignement 교, — comme société 교회. (Le [illegible] 경신덕, mot à éviter en Corée, où 신 ne signifie pas Dieu).
— naturelle 자연종교; surnaturelle
초셩교. — catholique 텬쥬교, 셩교
= Fausse — 이교, 이단, 사교.
Reliquaire 셩묵, 셩두합, 셩히갑, 합ᄌᆞ.
Relique 셩두, 셩히, 셩골.
Reluire 빗나다, 빗최다 = 번쩍번쩍
ᄒᆞ다 = 환ᄒᆞ다, = 윤나다, 윤ᄐᆡᆨᄒᆞ다, 관치다.
Reluquer
Remanier 곳치다.
Remarier se — (homme) 후취ᄒᆞ다, 직
취ᄒᆞ다, 지현 환ᄒᆞ다. — se (femme) 후부
ᄒᆞ다, 리가ᄒᆞ다, 후사리ᄒᆞ다. = Femme — 우살이.

Remarquable 비범ᄒᆞ다.

Remarque conseil 훈계, — réprimande 수지름. = —, nota 주의.

Remarquer observer 살피다, 살펴보다; — une chose pour la reconnaître plus tard 속타 ᄀᆞᆷ다 (faire mentalement une marque), 측레볼치다. — une chose, la noter, y faire attention ... on dira selon le cas 보다, 듯다, ᄉᆡᆼ각ᄒᆞ다. = Se faire — 드러나다.

Remblai

Rembourrer

Remboursement Envoi contre — 대가상환. Colis postal contre — 대금리환소포.

Rembourser 갑다 (하,흔). 도로갑다.

Rembrunir Se — (ciel) 흐려지다, 어두어지다; (visage) 흥거리다.

Remède 약. Maladie sans — 난질. Le mal est sans — ᄒᆞᆯ슈업다, 어찌ᄒᆞᆯ슈업다.

Remédier à un mal déjà fait 곳치다; — à un mal qui menace 막다 (아,은), 방비ᄒᆞ다.

Remercier 사례ᄒᆞ다, 치사ᄒᆞ다 = 고맙다ᄒᆞ다. v. Merci. = —, refuser ᄉᆞ양ᄒᆞ다.

Remettre 도로노타 v. Mettre. = — l'épée au fourreau 칼을 칼집에 도로ᄭᅩᆺ다 (저,자, 진,즌); — un membre cassé 새ᄲᅧ를 니다 (니어,니은), 새ᄲᅧ 맛초다; — en son chemin un homme égaré 길 ᄀᆞᄅᆞ치다, 지로ᄒᆞ다; — un pécheur dans la bonne voie 회두케ᄒᆞ다, 대셩ᄒᆞ다; — bien ensemble des personnes brouil.

1198/

lées 회복식히다, 회복보치다; —, restituer
도로주다; — donner, mettre en main 주
다. —, confier 맛기다. Se — à qqun
맛다 (어, 는). — devant les yeux (par
l'imagination) 형용ᄒᆞ다. = —, différer
밀위다, 밀위여ᄒᆞ다. = *지체ᄒᆞ다, *지완
ᄒᆞ다, *완완ᄒᆞ다, 미루거리다, 미루다 (러,
룬). 느틔다. = —, relâcher, diminuer
감ᄒᆞ야주다, *감ᄒᆞ다; — une dette *탕감
ᄒᆞ다, *탕쳑ᄒᆞ다, *탕감ᄒᆞ다. = Se —
à, recommencer 다시ᄒᆞ다, 도로ᄒᆞ다.
(au lieu de ᄒᆞ다 on emploie tel ou tel
autre verbe suivant le sens) Se — à
cheval 다시 발ᄒᆞ다. Se —, se rappeler
*싱각ᄒᆞ다, 싱두다 (도러, 룬). 싱치다. Ne
pas se — 싱각나지 안다. Se — d'une
maladie 낫다 (나하, 흔), 나하가다 = 쾌
차ᄒᆞ다, 회복ᄒᆞ다; — se réparer les forces perdues 이긔ᄒᆞ다. Se — de la fatigue
d'un voyage 노독플다. Se — d'une
émotion 졍신ᄎᆞ리다. = Se — bien a-
vec qqun 플다 (어, 플), *화목ᄒᆞ다. = Se
— entièrement entre les mains de
Dieu 심ᄉᆞ를 텬쥬께 맛기다, ...텬쥬씌부탁ᄒᆞ다.

Remise v. Remettre. —, délai.
Sans — 즉시, 곳, 입즈에. = —, magasin
광, 복파ᇰ, — 고.

Remissible 용셔ᄒᆞᆯ만ᄒᆞ다.

Remission *용셔.

Remonter V monter. — une montre, une machine (le ressort) 틀다 (어, 튼). On dit souvent 밥주다; — une machine (démontée) 맛초다 (아, 촌). — une horloge à poids 주골올니다 (주 est le poids). = — le courant 역슈호야가다, 불거스러가다.

Remontrance *훈계, *교훈, *경계 = 호다; *수지종 = 호다.

Remontrer v. Remontrance. = — à un supérieur 알외다 (여, 왼).

Remords Avoir les — 량심에 걸니다, 량심에 쓰리다. = *회유에원통호다.

Remorquer un navire 끌다 (어, 끈), 끌어가다, *결선호다 (act. & pass.) 결선호야가다.

Remorqueur *예션.

Rempart *셩.

Remplacer *디신호다. — une chose par une autre 디신으로 쓰다. Se —, se succéder, se rélayer 것긊나기호다, 번호다, 번갈다 (아, 간) (번들다 entrer en fonction, 번나다 en sortir)

갈다 (아, 간) peu employé seul — 갈아드다, 갈아쓰다 etc.

Remplir 치오다 (와, 온), 가득케호다; en agg. *충; —, combler un trou, un fossé 메우다 (워, 운); — un nombre, le compléter 충슈호다, 슈를치오다; — ses devoirs 본분을치오다; — une charge 벼슬호다, = *국실호다; — une fonction même matérielle: (servir de) 국실호다. = — la place d'un autre 디신호다. = Se —, se gorger de nourriture

— ses (devoirs religieux) *슈계호다

1200/

*흉복ᄒᆞ다, *도식ᄒᆞ다, 배부르게 먹다, = 술취케 먹다, = *과식ᄒᆞ다. = Rempli v. Plein.

Remporter 도로가져가다. —, obtenir 엇다 (어,은). — le prix 상을 엇다. — la victoire 이긔다, *승젼ᄒᆞ다.

Remuant vif, agissant 약부르다 (불너, 부른). — brouillon v. ce mot.

Remuer v. act. 움ᄌᆞᆨ이다, —, agiter 흔들니다; — (v.g. les grains mis en tas, — pour les aérer, 헷치다. — (v. neut.), se —, 움ᄌᆞᆨ이다. 움ᄌᆞᆨ이다, = *운동ᄒᆞ다. = Ne remuez pas! 움ᄌᆞᆨ 마라. ≡ — au moral, émouvoir 감동케ᄒᆞ다. Être — *감동ᄒᆞ다.

Rémunérateur *유익ᄒᆞ다.

Renaître 다시나다, 도로나다. .. 다시생기다. — (métempsychose) *환싱ᄒᆞ다; — homme (id) *환퇴인싱ᄒᆞ다.

Renard 여호, 여이.

Renchérir augmenter le prix 값올나가다, 값더ᄒᆞ다. = Faire le — 츠레ᄒᆞ다.

Rencontre aller à la — 맛다 (마져, 존) (peu usité seul. Ex. 가 마져가다, aller au devant, 마져드리다 aller à la — & introduire). Éviter la — *회ᄒᆞ다. = —, hasard, occasion *긔회, *긔약. Par une heureuse — 다ᄒᆡᆼ이, 요ᄒᆡᆼ이. Par une fâcheuse — 불ᄒᆡᆼ이. Selon les — 맛ᄂᆞᆫ대로, 맛나ᄂᆞᆫ대로.

Rencontrer 맛다 (마져, 존), 맛나다 (나, 난),

맛나보다 se — (deux personnes) 서로맛나다, 서로맛나다, =*상봉ᄒᆞ다,*뎌면ᄒᆞ다. Ne pas se — parce qu'on a pris deux routes différentes 어긋나다, 어긔여지다, 어그러지다. = — bien, deviner juste 잘 알아내다. Il se — parfois, il arrive que 혹시, 엇던ᄯᅢ.

Rendez-vous se donner mutuellement —*약회ᄒᆞ다 (peu usité).

Rendre restituer 도로주다 (어, 준) = 갑다 (하, 흔), =*보환ᄒᆞ다. — une chose achetée & en redemander le prix 닉르다 (닐너, 닉른); — le prix & redemander la chose 닐니다, 닐너주다. = — la santé à qqun 살니다, 병을곳치다; — réponse*ᄃᆡ답ᄒᆞ다, id. par lettre*답장ᄒᆞ다,*답셔ᄒᆞ다. = — la justice *결송ᄒᆞ다; — justice 공졍이ᄒᆞ다 (*공졍, impartialité), 공도로판단ᄒᆞ다; — un arrêt*결단ᄒᆞ다,*판단ᄒᆞ다, =뎨ᄉᆞ내다. id. en affaire criminelle*결안ᄒᆞ다. = — suivi d'un adjectif se rend ordinairement par la forme factitive ᄒᆞ이다, qqf par la forme ᄒᆞ게ᄒᆞ다. — clair ᄇᆞᆰ히다 (de ᄇᆞᆰ다); — droit 바르게ᄒᆞ다 (de 바르다). = — raison de (expliquer) 연유ᄅᆞᆯᄂᆡᄒᆞ다, ᄉᆞ졍ᄃᆡ로ᄒᆞ다. = — par bas (excréments) (ᄯᅩᆼ) ᄂᆞ다 (어, ᄂᆞᆫ), 뒤보다. — du sang par bas*하혈ᄒᆞ다, id. par haut, par la bouche *상혈ᄒᆞ다, 되ᄅᆞᆯ토ᄒᆞ다. —, vomir*토ᄒᆞ다, 구역ᄒᆞ다,*구역질ᄒᆞ다, 게다, 게우다 =

Rendre — Rentrée

1202/

— grâces *감샤ᄒᆞ다, *샤례ᄒᆞ다; — honneur *공경ᄒᆞ다; — les honneurs *경례ᄒᆞ다; — service 신세를 샤ᄒᆞ다; — les armes *항복ᄒᆞ다. = Se —, aller 가다. Se —, se soumettre, — les armes *항복ᄒᆞ다, *승복ᄒᆞ다. Se — au sentiment d'un autre 남의ᄯᅳᆺ 대로ᄒᆞ다, 남의 말 듯다 (드러, 른). Se — à la raison 올흔 말 듯다. Se — aux prières 듯다, 굽어듯다, *허락ᄒᆞ다, 드러허락ᄒᆞ다. Se —, devenir 되다; mais il y a nombre de verbes spéciaux qu'on trouvera en général au mot qui suit —, v.g. Se — coupable *범죄ᄒᆞ다, 죄짓다 (지어, 은). Se — qqu. favorable 님의 올 엇다, 인심을 엇다. = Être —, arrivé 다 왓다, 왓다, etc. — — exténué, — de fatigue 긔운 될 진ᄒᆞ다, *긔진ᄒᆞ다.

Se — (se livrer prisonnier) *주슈ᄒᆞ다

Rêne 자갈 손, 굴네 손.

Renégat *빈교자.

Renfermer enfermer 가도다 (아, 둔), 가도아 두다 (어, 둔); —, mettre dedans (dans une caisse, un meuble, etc) 넛다 (너허, 흔); — comprendre, contenir *포함ᄒᆞ다 peu usité. On tourne par être uni avec, être contenu, etc. = — dans son coeur (un sentiment) 품다 (어, 은). — de la haine dans son coeur 혐의 를 품다, 미워ᄒᆞᄂᆞᆫ 므음을 품다. = Se —, vivre isolé, vivre sans sortir *두문불출ᄒᆞ다, *출입 드ᄆᆞᆯ ᄒᆞ다, 출입을 근다 (허, 은).

Renforcer qq ch. 더ᄒᆞ다. = —, aider 돕다(도아,도은), 도아주다.

Renfort Cheval de — 거들마. Troupes de — *원병, *구원병.

Renfrogner v. Refrogner.

Rengager n. sil. *항ᄎᆞᆼ인.

Rengaine

Rengainer (칼을 칼집에) 도로 ᄭᅩᆺ다(ᄭᅩ자,ᄭᅩᄌᆞᆫ).

Rengorger

Renier *빈반ᄒᆞ다.

Renifler 코드리마시다. = — fréquemment comme un enfant morveux 코훌작이다, 코훌작훌작ᄒᆞ다.

Renommé célèbre *유명ᄒᆞ다.

Renommée, réputation *명성, 일홈. Avoir bonne — 명성 됴타, 일홈 됴타. Mauvaise — 명성 그르다. ≡ *유명ᄒᆞ다 se dit dans les deux cas : célèbre en bien & en mal. = La —, le bruit courant 들니ᄂᆞᆫ말.

Renoncer abandonner 버리다, ᄯᅥᆫ다(ᄯᅥᆫ), ᄯᅥᆫ혀버리다, *도레ᄒᆞ다, — au monde 세속을 버리다, *탈세ᄒᆞ다, *탈속ᄒᆞ다. = — qqun, le renier *빈반ᄒᆞ다. = 보로눈ᄎᆡᆨᄒᆞ다, 보로노라ᄒᆞ다. = — à un droit, à un travail commencé *도레ᄒᆞ다, 그쳐두다, 말다.

— (à des droits, des biens) *방기ᄒᆞ다

Renoncule 자라풀, 자라초, *차거초, *금황화.

Renover *일신ᄒᆞ다

Renouveler 다시ᄒᆞ다, 새로히ᄒᆞ다

Rente

— (argent) *슈입금

Rentrée des écoles *리학 =ᄒᆞ다.

1204

Rentrant angle — 요각
Rentrer 들어오다, 들어가다. Rentrer. Sortir & — (s'absenter) 출입하다. = — dans
son pays 귀국하다. = — en soi, bon sens
정신을찾다 (차저, 즌), 정신을차리다; —
à le bon chemin (moral) 귀화하다, 회
독하다. = — en soi-même, se recueillir
(슈렴하다?) 생각하다.
Renverse à la — 잣바, 잣칫, 잣빠게 = 것우 서구로
로. Être couché à la — 잣바게눕다, 반드
시눕다 (누워, 누은). dormir couché à la —
잣바자다. Tomber à la — 잣바 빠지다.
— la tête en bas 것우로, 서구로
Renverser qqun ou qqch. qui est debout
넘어트리다, 넘어치다 = 엎드러티리다.
= 쓰러치다 (se dira des maisons — par
la pluie); —, abattre (construction, etc)
넘허치다, 넘희치다 = 헐다 (어, 헌, de-
molir); — sens dessus dessous 것우러
드리다, 엎다 (허, 흔), 엎허놋다 (노하, 흔), 잣바 바처리다
잣차다; — (vg un vase plein) 엎드러
다, 엎지르다 (질너, 지른); = — les dessus
빡다 (아, 온) = être —, abattu (selon
les divers sens ci-dessus) 넘어지다, 넘어져
다, 엎드러지다, 쓰러지다, 넘어지다, =
엎치다 = 쇠그러지다, 쓸니다, 엎질니다, 서구러지다, 잣바지다
= être —, ruiné (figuré) 망하다.
Renvoyer à l'envoyeur 돌녀보내다, 도 — 닐너보내다
로보내다. = — (vg un domestique) 내여

내보내다
Renvoyer (etc. renvoyé) v.g. d'une école 쫓내다.
=쫓녀보내다.

보내다; —, d'office 벗쉬다, 비롯다.

Repaire 구렁이, 굴혈. — de voleurs 도적구렁이.

Repaître se — 먹다 (어,은). se — de vaines espérance 헛바람을기다리다. en — un autre 헛바람으로속이다.

Répandre étaler, — (du grain etc.) 버리다, 펴다, 펴서부리다. Le soleil — sa lumière partout 히가스방에빗췬다. = — (un vase plein, etc.) 엎지로다 (질너, 지른), 엎드리다, 쏫다 (아,은), 쏫아치다; — son sang, 피를흘니다, 피흐르다 (흘너, 흐른); — des larmes 눈물을흐르다. se —, se répandre, se ronder 헤여지다. se — par dessus bords 넘치다, 쏫아치다. se — en s'étendant 번지다, 퍼지다. (huile.... épidémie ... scandale... doctrine). ≡ se — en injures 욕지거리하다. se — en actions de grâces 감사만히하다, 감사닉수히하다. = Être répandu (v.g. l'eau) 쏫지다, 쏫아지다, 흘니다,... être —, jeté çà & là 헤여지다. être — (épidémie, doctrine, usage, etc.) 번지다, 퍼지다. Cet usage est très — 그리하는사름만하, 사름흔히그리한다. Cette opinion s'est — par tout l'univers 그빨이보련하에통호엿다.

-, disséminer
*산란하다

Réparable 곳칠만하다, 기울만하다.

Réparateur

Réparation — de maison 집슈보, 집즁창, 집슈리.

Réparer 곳치다, 깁다 (기워,본), 기우다, 깃

다(허,혼); — le chemin(길을) 닥다(가,근). = sa faute 죄쇽ᄒᆞ다, 죄를깁다 = — (le dommage causé) 깁다, 기워주다. = — ses forces *요긔ᄒᆞ다, *보긔ᄒᆞ다 id. par la nourriture *보식ᄒᆞ다, id. par remèdes 보려ᄒᆞ다.

Repartie réplique *ᄃᆡ답

Repartir v. partir. = —, répondre *ᄃᆡ답ᄒᆞ다. = —, distribuer 논호다(화,혼)

Repas 시, 떼 qui servent uniquement comme numéraux. En agg. 식, 반. avant le — *식젼, *반젼. Après le — *식후, *반후. Prendre son — 밥먹다, honorif. 진지잡ᄉᆞ시다. = — du matin *조반, 아ᄎᆞᆷ밥, 아ᄎᆞᆷ (les gens à l'aise le font précéder d'un repas pris au lit k'dil 자리조반); — du midi 졈심, 뎜심; — du soir 져녁, 져녁밥. = Petit — dans l'intervalle, collation 겻두리, 겻누리. = —, festin 잔치.

Repasser — dans son esprit *ᄉᆡᆼ각ᄒᆞ다, 혜아리다, ᄇᆞ련ᄒᆞ다; — un texte pour l'apprendre 닑다(어,은). = — du linge au fer chaud 다리다, 다리미질ᄒᆞ다, id. les coutures pour les rabattre 인도질ᄒᆞ다, 야슈질ᄒᆞ다. Fer à — 다리미, 다리미. Petit fer à — (pour les coutures) 인도, 야슈, 야쇠, 인두. = — le linge par le battage 다듬다(어,은) 다듬이질ᄒᆞ다. Bâtons dont on se sert 다듬이, 방ᄆᆡᆼ이; pierre sur laquelle on bat

나늠이돌. = — (un outil, couteau) 줄다(아,간)
Repêcher 건지다.
Repentir subst. *통회, = 원통ᄒᆞᆫ긔운, etc.
Repentir (se —) 뉘웃다(쳐,춘), *원통ᄒᆞ다, *절통ᄒᆞ다, 뇌우ᄅᆞ다(ᄅᆞ나,른), 뇌웃ᄇᆞ다(어,은), 뇌돌니ᄒᆞ다.
Répercuter
Repère
Répété fréquent 종종ᄒᆞ다.
Répéter 다시ᄒᆞ다, 되ᄒᆞ다. 거듭ᄒᆞ다(?)
Repiquer replanter 보내다(보, pépinière), plus souvent *보츔ᄒᆞ다. *이츔ᄒᆞ다.
Répit
Replet *비둔ᄒᆞ다, 둥둥ᄒᆞ다.
Repli 겹, 협, 사리. Faire des plis & —, être sinueux 사리사리ᄒᆞ다, 서리서리ᄒᆞ다. — de montagne 산협. — du cœur 닉은속
Replier V. plier. — (bras, jambes, ailes) 오그리다. Se —, se rebrousser (v.g. pointe) 접히다. Se — (v.g. un serpent, une corde) 꿈지다. Se — sur soi même 옥으러지다, 억으러지다.
Répliquer *되답ᄒᆞ다 V. le suivant
Répondre *되답ᄒᆞ다; — article par article 낫낫치되답ᄒᆞ다; — de travers (quiproquo) *동문셔답ᄒᆞ다. = — à une lettre par une autre *답셔ᄒᆞ다, *답장ᄒᆞ다. = — malhonnêtement 불순히되답ᄒᆞ다, 불공이되답ᄒᆞ다, 앙살ᄒᆞ다, 앙탈ᄒᆞ다, 앙절ᄒᆞ다, 앙알거리다, 아늘거리다, 아늘아늘ᄒᆞ다, 툴툴ᄒᆞ다, 툴툴거리다. = S'appeler & se répondre

1208

mutuellement *샹응ᄒᆞ다 (se dit aussi de l'écho). = —, correspondre
— à l'amitié d'un autre 의리졍을 의리졍으로 갑다 (하,흔). = — à l'attente (affaires) 바람과 ᄀᆞᆺ치되다. les forces ne — pas au courage 힘이 ᄆᆞᄋᆞᆷ과 ᄀᆞᆺ지 안타, ᄆᆞᄋᆞᆷ이 됴흐나 힘이 부족ᄒᆞ다. ne pas — à l'opinion ᄉᆡᆼ각에 부족ᄒᆞ다. = — à, être vis à vis ᄆᆞᆺ셔다, ᄆᆞᆺ조잇다 = — pour qqun, être caution *보슈ᄒᆞ다, 보증ᄒᆞ다. = — de qqch., la prendre sous sa responsabilité *담당ᄒᆞ다.
Reponse *슈답, —, lettre *답장, *답셔.
Réporter (subs) de journal *탐보원.
Reporter 도로가져가다
Repos 쉬기, 쉴ᄯᆡ. = — du Dimanche *쥬일 (— (samedi) *휴일) *파공 (— du sabbat *안식 — le sabbat s'appelle dit *안식일). Prendre du — 쉬다(여,쉰). Avoir l'esprit en — *안심ᄒᆞ다, ᄆᆞᄋᆞᆷ 드려안ᄒᆞ다, ᄆᆞᄋᆞᆷ 대답ᄒᆞᆫ 잇다. = Je suis en — de ce côté-là 그 거ᄉᆡ로 걱졍ᄒᆞᆯ 것 업다. = de tenir en — (moral) ᄆᆞᄋᆞᆷ 놋다 (노하,흔) (physique) 가만이 잇다. =, —, sommeil 잠.
Reposer. prendre du repos 쉬다 (여,쉰). —, ne rien faire 놀다 x노다 (러 x라,논), — dormir 자다 (자,잔), 잠자다. laisser — les terres, les mettre en jachère ᄇᆞᆺ 묵이다. = — ou déposer (liquides) ᄀᆞ라안

싸다 (쳐,쓴). Le faire — 갈아 앉히다. (Ces deux mots se disent aussi pour les passions qu'il calment). = — sa tête sur .. 베다, avec comme régime direct ce qui sert d'oreiller. v.g. — sa tête sur son bras 팔 베다, se sur un oreiller 벼개 베다. = Se — sur, avoir confiance en 밋다 (어,은). Ne se — que sur soi-même 즈긔만 밋다.

Repoussant être affreux 흉하다.

Repousser 밀치다, 물니치다; — un ennemi *퇴뎍하다; — une accusation *발명하다, *애매하다 = 사태다 détacher violemment. — une injure par une autre 맛욕하다. — une tentation 유감을 물니치다; = —, résister 맛서다. ≡ —, être repoussant, affreux 흉하다, 밉다 (미워,운). = —, renaître, — (arbres) 새순나다, — cheveux 머리다시나다; —, poils ou plume 새털나다. ≡ être — 밀치다, 물니치다; — r (v.g. un clou qui ne pénètre pas 맛질니다.

—, rejeter 배치다

être — (assaillants) 퇴치다, 퇴치이다.

Répréhensible 책망홀만하다, 책잡을만하다

Reprendre 도로찻다 (차자,즌) v. prendre. — des marchandises vendues 무르다 (물너,무른); — ses études 공부다시하다, [illegible] les vacances *리학하다. — force, haleine, courage, etc. V. ces mots. ≡ —, réprimander 꾸짓다 (지져,즌), 나무라다 (라,란), *책망하다. = —, revivre (arbre transplanté) 뿔회나다, 살다 (아,산) = Il —, en parlant

1210/

례빨꼿치다.

Représaille En user 보슈하다, 원슈를갑다.

Représentant 대신하다. = —, chargé d'affaires d'un autre 대리인, 관리인.

Représentation, réprimande, remontrance, v. ces mots. — figure 모샹, 모양.

Représenter figurer 모양되다, d. au sens actif, faire l'image de 모양민들다. — en peinture 그리다. Ce tableau — Pierre (이그림 베드로의 모샹일다), —, dépeindre en paroles 형용하다, — de une chose, selon figurer 빗유에 형용하다. (Pour une chose qui se — vivement à l'esprit, on dira 눈압희버려잇다 (être étendue), 눈압희 넉넉하다 (être claire)). = —, tenir la place de 대신하다. = —, à un supérieur, dire 알외다 (여, 왼), 엿줍다 (즈워 ㄴ주어, 온).

Réprimande 슈지름, 벗당.

Réprimander 슈짓다 (지져, 즌), 슈지름하다, 슈죵하다, 나무라다, 벗당하다, 칙망하다, 착잡다 (아, 은). — sévèrement 엄칙하다.

Réprimer 누르다 (눌너, 누른), 억누르다, 붓잡다 (아, 은), 것잡다 (아, 은).

Reprise à plusieurs — (action complète chaque fois) 여러번, 거듧. Regarder à plusieurs — 거듧보다. En plusieurs —, 여러번에.

Reproche 슈지름 하다. Sans — (a dit

sans défaut) 탈업다, 하즈업다. = *의매ᄒᆞ다.

Reprocher 석짓다 (지져,즌) 나ᄆᆞ라다. V. réprimander. — qqch. prendre un prétexte fondé ou non pour blâmer 흠잡다 (아.은), 작잡다. Il n'y a rien à — 나ᄆᆞ랄것업다. La conscience ne me — rien 량심에걸닌것업다.

Reproduire v. produire. —, engendrer 낫타 (나하.흔); — par copie

— imiter 보앙내다 = 흉내다, 입내내다 (singe).

Reprouver blâmer v. ce mot. —, rejeter ᄇᆞ리다, 쳐ᄇᆞ리다.

Reptile On dit ordᵗ 긜즘승, mais cela comprend aussi les lézards .... & même les quadrupèdes.

République *민쥬국 = *공화국, plus usité, mais d'où viennent *공화졍치, régime de —, *공화당 parti républicain, etc.

Répudier ᄇᆞ리다, 내여ᄇᆞ리다.

Répugnance 슬즘, 슬흔즘 avoir de la — 슬희여ᄒᆞ다. Faire avec — 억지로, ...마지못ᄒᆞ야 = ᄒᆞ다.

실음ᄒᆞ다, 실큼ᄒᆞ다, 실쉭ᄒᆞ다 = 슬즘나다

Répugner 싀리다, 비위에싀리다, 내내다, 넌덜나다, = 슬희다, 슬희여ᄒᆞ다. = — être mutuellement opposé *위격ᄒᆞ다, 격에틀니다, = *샹반ᄒᆞ다. = (le contraire est 격을찻다 (차저,즌)).

Réputation *명셩, 일흠. Avoir beaucoup de — *유명ᄒᆞ다, 일흠나다, *명고ᄒᆞ다 = Perdre sa — *락명ᄒᆞ다. Avoir mauvaise — 됴치못ᄒᆞᆫ일흠엇다 (어.은). Faire tort à la

1212./

— du prochain 남의 빙청을 분히치다.

Réputer pour, regarder comme 녁이다, 알다 avec l'instrumental. être —, célèbre 유명하다.

Requérir 청하다, 달나하다 (avec sujets intelligents) La chose le requiert 그리하기 요긴하다.

Requête

Requin 상어.

Réquisitionner

Réquisitoire 청구, 검사 청구.

Rescinder un contrat 회하다.

Rescousse

Rescrit (vg. du Pape) 측서.

Réseau 그물, 그믈.

Resemeler de, bas 보션 볼 밧다 (아, 은), — de souliers 창 밧다, 신창 밧다.

Réserve circonspection 도심, — retenue, pudeur 그칠, 념치. avoir de la — 진중하다. Parler avec — 말 진중하다, 입 니겁다 (거워, 온). = —, exception. à la — de 밧긔, 외에, 말고. Sans aucune — 온전이, 남아게. ≡ — chose mise en — 보존한것, 둔것 : v. Réserver. = Dans ce sens, en agg. 생비 pour les — toujours & déjà prêtes. D'où — argent 생비금, — d'aliments 생비량, = flotte de — 생비함대. Corps de —, armée de —, soldats de — 생비대, 생비군, 생비병. ≡ La — de l'armée active est dite 여비 d'où 여비병, etc l'armée territoriale, considérée comme seconde — est dite *후비 .... *후비병, *후비군.

- modeste *단속하다, *단정하다

- , discret 맵시쓰다 (써, 쓴) 얌시쓰다

Réservé, timide, pudique 여럽다 (러워, 운) — sérieux, circonspect *진중하다, 속깊다(어, 은)

Réserver garder, conserver *보존하다, 두다 (어, 둔), 빌너두다 = 낡이다 surtout pour les aliments = être — (passif) 보존하다, = 남다 (어, 은). se — (q.) ch. en donnant ou abandonnant le reste) 가지다, 취다. On dira souvent 허락치아니하다.

Réservoir . — d'eau, étang 못, 방축, 방축, — de à poisson 양어못, 못, citerne 웅덩이

=*저슈지

Résidence *거쥬, *거류

Résident Ministre — *변리공사

*거쥬하다

*쥬차하다

Résider habiter *거하다 (On dit le plus souvent 살다 (아, 산) = 버브다 (러, 븐), 버부르다 (불너, 른) se disent d'une résidence temporaire, d'un "arrêt" plus ou moins prolongé. = —, être dans 잇다. La souveraine puissance — dans le roi 권병이님군의게 온젼이 잇다.

Résidu lie 즛긔, 섯긔, 섯거기, 앙금, 죄강이 — du vin 죄강, 지거비, — de l'huile 낡. = —, reste v. ce mot.

Résigner un titre, un emploi

se — à 좃다 (아, 은), 슌히호다, 슌히밧다 (아, 은) se — à la volonté de Dieu 텬쥬의명을 슌히밧다, 텬쥬의명을 복종하다.

1214/

Résilier un contrat *회ᄒᆞ다, *환회ᄒᆞ다.
Résine *숑진, *숑거.
Résipiscence (venir à — (se soumettre) *항복ᄒᆞ다. (se corriger) *ᄀᆡ과ᄒᆞ다, *회두ᄒᆞ다, *뎡과ᄒᆞ다.
Résister de défense 대항ᄒᆞ다 맛셔다, 맛셔싸호다 (화.홀), — à un ordre 슌명 아니ᄒᆞ다, 말이니듯다 (드러,둔), — à la fatigue, aux supplices (etc) 휘지아니ᄒᆞ다 (휘다, se courber), 굴치아니ᄒᆞ다 (굴ᄒᆞ다 céder).

당ᄒᆞ다 — à qqun (& même agir contre lui) 욱이다, 욱으리다 (pas.) 욱으러지다, 욱다 (어.은).

Résolu (personne) courageux, déterminé *담대ᄒᆞ다, 앙차다 (차.찬), 다부지다, = 겁업다. = (chose), décidé, reglé *결단ᄒᆞ다.
Résolument hardiment 담대이, 넉즘써.
Résolution dessein 결심, 의결, 뜻, ᄆᆞ음. Prendre une — 결심ᄒᆞ다, ᄆᆞ음둑다, ᄆᆞ음먹다, =*결단ᄒᆞ다. = Persister dans sa — malgré... *불굴ᄒᆞ다, *불복ᄒᆞ다, 굴치아니ᄒᆞ다. Je ne sais quelle — prendre 엇더케 ᄒᆞᆯ지 모ᄅᆞ다. = —, constance, décision *변혁, *결단심) = —, courage *담대.
Résolutoire
Résonner 울다 (어.운), 울니다.
Résoudre & se — 결심ᄒᆞ다. v. Résolution. Faire — qqun 결단식히다. = — (une difficulté, un doute) 풀다 (어.푼), (pour un autre) 풀어주다. = — un problème *운산ᄒᆞ다.
Respect *공경, 공경ᄒᆞᄂᆞᆫᄆᆞ음. v. Respecter

Manquer de — *불공하다, *불경하다, 불순히 하다. — de à un vieillard (jeune homme) *이쇼능쟁하다. — humain *톄면. Se avoir 남보그럽다, 남의이목보다 (사.본) *이목 yeux & oreilles), 남의이목부석워하다 / 톄면에걸니다.

Respectable 공경홀만하다, 공경하염즉하다, = 맛당이공경홀 = Homme — (on dira) 점잔 안타 (하,흔), 으젓하다, 진중하다 grave, civil, serieux etc.

Respecter* 공경하다, 위하다, 놉히다, = 어려이녁이다, 우러러보다. = — & servir 셤기다, 밧들다 (어,든), 밧들어셤기다. = — (qqun) comme son père 부모처럼, 셤기다.

Respectivement chacun à part 각각. = — mutuellement 셔로, 피ᄎ, 피ᄎ셔로.

Respectueusement 공순히.

Respectueux *공순하다. Peu ou pas — *불순하다, *불경하다, 불공하다. = *방ᄌ하다 veut dire insolent.

Respiration 숨, 복숨, 숨결, 한숨. Avoir la — embarassée 속답답하다, 속갑갑하다.

Respirer 숨쉬다, *호흡하다. = —, aspirer l'air 숨드리쉬다; — l'expirer 숨내쉬다, 한숨쉬다. = — se reposer un peu 쉬다. = — être sans inquiétude *안심하다. = Ne — que le meurtre 사룸죽이려고 헐덕헐덕하다. Ne — que la chasse 탐탐이 소랑하다 (탐탐하다, extrême), 젼혀젼혀소랑하다 (젼혀 entièrement).

Respirer difficilement (avec effort ou avec bruit) 씨근씨근하다, 씨근거리다 — avec force, avec bruit 씩씩하다.

1216/

Resplendir V. Briller.

Responsable °담당ᄒᆞ다. Se faire — 담당이되다. Vous en serez — 담당이되겟다, 담당ᄒᆞ겟다. Rendre — 담당이세우다. Se d'une faute faite par d'autres 넘기다, 담이씌우다 (워,운).

Ressaut

Ressembler ᄀᆞᆺ다 (하,흔); — absolument 똑ᄀᆞᆺ다; — plus ou moins 비슷ᄒᆞ다, 비슷비슷ᄒᆞ다. = — (à ses ascendants, tenir de) 닮다(아,은), — à son père 부친을닮다. Se — mutuellement 서로ᄀᆞᆺ다. Se beaucoup °대동소이ᄒᆞ다 = N.B. La terminaison 스럽다 ajoutée à un substantif donne un peu le sens de —: 병신스럽다 — à un imbécile, en avoir l'air.

비스름ᄒᆞ다, 비슷ᄒᆞ다.
비슷비슷ᄒᆞ다, °비방ᄒᆞ다

Ressemeler De bas 볼박다(아,은); — des soulier 창박다, 창갈다 (아,간). Soulier — 창바지.

Ressentiment °분, 분ᄒᆞᆫ원. Avoir du — 분을먹음다 (어,은), 분ᄒᆞᆫ원을먹다(어,은), 혐의를듯다 (어,은). Le quitter ᄆᆞᆯ다(어,ᄆᆞᆫ) 원을ᄆᆞᆯ다.

Ressentir être sensible à 타다, ᄐᆞ다 (ᄐᆞ, ᄐᆞᆫ), — une injure 욕타다; — la honte 붓그러움을타다; — l'influence du printemps (indisposition) 봄타다. = — la peine d'autrui °동ᄉᆞ경ᄒᆞ다, °동인정ᄒᆞ다, = tout le monde — la famine 흉년되면 면ᄒᆞᄂᆞ니업다.

Resserrer rétrécir 주리다 = 좁히다 (factitif de 좁다 (아.은) = (D'un remède qui — le ventre trop libre, on dit qu'il réchauffe 속더히다). Être — 좁다 (아.은) ; =, — (étroit ou trop étroit dans son milieu) 잘쑥하다, 잘녹하다, 잘숙하다, 질쑥하다, 잘쑥잘쑥하다. Être —, avare 인하다, 연희하다. Avoir le ventre — 되되게보다.

Ressort mécanique) 츄계 = 룡슈텰 (fer en barbe de dragon) se dit des — à boutons. = —, attribution compétence 범위, —, juridiction 관할, 촌지 Avoir sous son — 출지하다. Cette affaire n'est pas de mon — 나볼일아니다, 나촌지할것아니다. = —, instance 심. Premier — 데일심. Dernier — 즁심.

Ressortir être de la juridiction 번이다. = —, être proéminent, en relief (au sens propre) 두드러지다, 내밀다 (어,민), 통비아지다. = —, briller plus que le reste 빗더나다.

두러러지다 se dit aussi au figuré.

Ressource moyen 슈. = 슈단 qui veut dire surtout habileté de main. Homme de — 슈잇는사룸, 슈단잇는사룸. Être perdu sans — 할슈업시되다. = — pécuniaire 돈. = 쇠돈 a le sens de quelque peu d'argent: Tous ceux qui ont quelque — (qui ont le sou) se paient une montre 쇠돈이나잇는사룸다시됴사두느니라.

1218/

Ressouvenir se — '긔억ᄒᆞ다, '생각ᄒᆞ다. — se (après un oubli) ᄭᅢ듯다 (ᄃᆞ러, ᄃᆞᆫ). ᄭᅢ치다.

Ressusciter v. act. 다시살니다, 부활식히다. = — (v. neutre) '부활ᄒᆞ다, 다시살다 (아, 산)

Restaurant '료리뎜, '료리가, 료리집. '음식뎜

Restaurer réparer 곳치다, 깁다 (기워, 운) = — les forces 긔운을 돕다 (도아, 도운). '보긔ᄒᆞ다.

Reste ce qui reste 남은것, 남저지, 남아지; 남아 être de — 남다 (아, 은) = 남즉ᄒᆞ다 qui a aussi le sens de un peu plus 일년남즉ᄒᆞ게: un peu plus d'un an. = — d'un repas 대반. = —, ce qui a laissé ᄭᅥᆺ두러이, ᄭᅥᆺ두러. — d'un tigre (ce qui — de sa proie) 범의ᄭᅥᆺ두러. = — d'une soustraction ou d'une division 차. — d'une extraction de racine '부진수.

Pour la division, on dit mieux '부진수 comme pour la racine

Rester être de reste 남다 (아, 은), 남기다, ᄭᅵᆺ다 (허, 흔) = — demeurer 머므다, 머믈다 & 머물다 (녀러, 믄), 머므르다 (믈너, 므른), 머추다 (어, 춘). = '유ᄒᆞ다, '두류ᄒᆞ다. Faire —, retenir 머믈니다, 멈추다 (어, 춘).

Restituer 갑다 (하, 흔), '보환ᄒᆞ다.

Restreindre '감ᄒᆞ다.

Résultat '즁험. — bon — '효험, en ag. '효.

Résulter 조차나다. Il résulte de là 일노조차. 일노발미암아…

Résumer '대략ᄒᆞ다. = 대강말ᄒᆞ다.

Résurrection '부활.

Rétablir 다시세우다. = — sa réputation ᄯᅵ벗다 (벗셔, 순 laver une tache). — sa for-

tune 집다시 내릇게다 = 집다시흠하다 (neutre).
= — la santé 병곳치다. de — 회복하다
(se dit de la santé, des dignités, des droits, etc).
de — (santé) 병낫다 (나하.흔). être complètement — 쾌차하다.

Rétameur 댐쟁이

Retamer

Retard 지체.

Retarder (act.) arrêter retenir 머물니다,
지체케하다, 멈츄다 (어.츈). = — (neutre) sursoir, être long 더되다 (여.된), 지체하다,
머추다 (어.춘), 머무르다 (물너.무론), 머뭇머
뭇하다, — à faire, remettre à plus tard 미루다(뤄.룬)

Retenir, tenir, arrêter 붓들다 (어.든). 붓들
어주다, 붓잡다 (아.은) = — en sa possession
가지다. — le bien d'autrui 남의지물을
가지다. = — qqun, le retarder, l'arrêter
qque temps 머물니다, 멈츄다 (어.츈), 붓
들다, 붓잡다. On emploie même le verbe
neutre 머므르다, 머물다. = — son haleine
숨츄다 (어.은); — sa colère 분을츄다 =

—, modérer 것잡다

—(mémoire) — aisément 쉽게빅호다,
ne pouvoir rien — 남을출 업다, 진일출업
다, = 정신둔하다. — fruit au passage
얼남첩리. = se —, s'accrocher pour ne
pas tomber 붓잡다 (아.은). se —, se modérer 츄다 (아.은 se dit des passions, besoin naturel).

Rétention d'urine 오쥼쇼티 = 하다.

Retentir résonner 울니다; — comme l'écho 상응하다, 상응하야 울니다, 마조쳐울니다

(마조치다 se heurter mutuellement). — (coup de tonnerre) 진동하다. = — aux oreilles (même par imagination) 귀에 징징하다.

Retenu circonspect 조심하다, — grave 진중하다.

Retenue circonspection 조심, — prudence, tact, reserve 렴치, 렴의.

Réticence

Rétif 거소리다, 거슬니다.

Rétine

Retiré —(lieu) solitaire 외사다 & 외시달다 (시다라, 시단). De secret 은밀하다, De tranquille 자반하다, 아늑하다. 조용하다. Mener une vie — 출입폐하다, 두문불출하다

Retirer qq ch. d'un lieu 스내다, 글어내다, 집어내다, De de l'eau 건지다, 건져주다 (qui se dit pour — d'un danger, d'un mauvais pas). — en arrachant 새빼다 (여, 새빈). 새배여내다, = — du vice 방탕한 모님을 새배여주다, 귀화식하다. — De la bonne voie qqun qu'on y avait mis 남게올니고흔들다 (proverbe: faire monter a l'arbre & secouer). = — tirer en arrière 새비치다, D'où 손새비치다, retirer sa main, 꼿새비치다, se —, s'esquiver. = —, Déposer chez qqun 맛기다, 맛겨두다, De reprendre 찻다 (차저, 즌). = — qqun chez soi 집에두다. = — Du profit 리보다, 리내다, — de la gloire 영광을내다, — sa parole 파의하다, (en agg. 타 ou 퇴 v.g. pour un mariage 퇴혼하다). = — un obstacle, déboucher 트다 (터.튼). C'est ce mot qu'on emploie pour — une défense. v.g. — la défense de boire du vin 금주트다, ... detuer les boeufs 소금트다. = Se —, s'en aller 나가다, 물녀가다; se fondre 헤지다, 헤져가다. Faire — (la foule) 헤치다, 헤쳐보내다. Se — (choses), se retrécir 써으러지다.

Retomber malade (V. Rechute). — dans une faute 죄를다시범하다. Le deshonneur — sur toute la famille 망신 온 집에도라가다. = — (rideau, saule pleureur, etc) 느러지다, 드리우다 (워.운). Faire — 느러드리다.

Retordre (une ficelle) 소다 (아.순), 트다 (터.튼).

Retorquer 돌나씌우다, 뒤집어씌우다.

Retors 괴망하다 (하.혼).

Retoucher 곳치다.

Retour . Le temps du — 도라올새. A mon — 도라오면, 도로오면, 도로온후. = Faire — sur soi même 즈긔를헤아리다.

Retourner et s'en retourner 도로가다, 도로오다, 도라가다, 도라오다. = 복다 (복아, 복은) inusité seul mais d'où viennent 물녀가다, 물녀오다. = — (actif), renvoyer 돌나보내다, 도로보내다. — d'un autre coté 돌나노다; — à l'envers 뒤집다 (어, 은), 뒤집어노다, 뒤집히다; — sens dessus

*죄범하다 뒤치다, 번드치다.

dessous 엎다(허, 흔), 엎허노다, 번듯치다.
— en arrière 도로혀다. = Se — 도리키다, 몸도리키다.
= 도라보다, 도라다보다.

Retracer représenter vivement *현형하다, *현영하다 = 본다시… 본듯하게 말하다.

Retracter expliquer (justifier) *설명하다, — (avouer sa faute) *사과하다. Se —, retirer sa parole *파의하다

Retraite refuge *피란처 ; = — pension *년금 ; *식로 = — (troupes) *퇴각. Battre en — *퇴각하다 = Vivre dans la — 출입도폐하다. = — spirituelle *피정=하다.

Retranchement militaire *방어=하다. Travaux de — *방어공사. Secteur de *— 방어지구.

Retrancher d'une masse 새다 & 새이다(아, 새인), — en coupant 삭아버리다. — le superflu 요긴치안흔거술덜어버리다 (덜다 diminuer). — une partie *감하다. 주리다, 감하야주다, 주려주다. Se — le vin 술슨다(허, 흔), 술슨허버리다. Se — d'un autre 술아니주다, & par une défense 술금하다, *금금하다. = Se — (troupes) *방어하다.

Rétrécir 좁히다, 주리다, 조리다, 조르다(졸나, 조른). Se — 주러지다, 줄다(어, 준), 졸다(아, 졸), 좁아지다.

Rétribuer 갚다(아, 흔).

Rétrocéder

Rétrograder 도라가다, 뒤로도라가다, 물너가다.

Retrousser 걷다 (여,은), 걷으치다, 거듬다, 거더
치르다 (걸너,치른). 치다. Être — 걷으치다, 것
치다, 것어절니다. Nez retroussé 것어질번코.

Retrouver 찾다 (차제, 즌).

Rets 그물.

Réunion   Lieu de —

Réunir amasser, assembler 모호다 (화,홀),
모히다, = ˈ회집호다 ; ˈ모집호다 ; ˈ운집호다.
= — des parties en un tout 붓치다, 결합호
게호다 & même ˈ결합호다. = Se — l'un
à l'autre ˈ결합호다. Se —, se rassembler
모히다, ˈ운집호다, ˈ모집호다, ˈ회집호다.
Se — (lèvres d'une plaie) 아물다 (므러,믄).
Être — 모히다. Toute l'autorité est — en
ses mains 온전호 권이 그손에 잇다, 권을
다 혼자 가졋다.

Réussir (act.) 잘호다, (neutre) 잘되다. Pour
les choses on dit, par métaphore ˈ결실호다, 열
음니다 porter des fruits. = —, arriver à son
but 갈방호다. L'affaire a magnifiquement
— 일이 상쾌호게 되엿다.

—, être heureux, avoir de la chance 경수좋다(조와,흔)

Revanche au jeu ˈ설치=호다. —, vengeance
ˈ설치 Prendre sa — ˈ설치=호다, 분두리호다,
원수를 갚다 (하,흔). — d'un bienfait 은
혜를 갚다.

Avoir sa — 독두리호다

Rêve 꿈.

Revêche 거세다 (여,센), 쌀쌀호다.

Reveil   Le temps du — 잠셀 때

Réveille-matin 주명종, 경시종.

Réveiller 씨우다 & 긔오다 (씨와, 운). = 씨여주다.
Se — 씨다 (여×어, 씬), 잠씨다.
Réveillon (repas de nuit) 밤참.
Révélation — divine *텬계
Révéler 드러내다, 나타내다 = 그르치다.
La doctrine — 텬쥬친히그르치신도리.
Revenant 죽은사람의혼. = *빅혼, *혼빅.
Revendeur
Revendiquer 찻다, (차져, 준) — en justice
*정한다, *정소한다.
Revendre 다시팔다 (아, 판), 되팔다, 회팔다.
Revenir venir de nouveau 다시오다; — au
lieu d'où on est parti 도로오다 = Il n'y a pas
à y — 다시볼것업다; 다시발홀것업다. = = 일언이폐지한다.
— à son sujet 한던말다시한다 Il en —
toujours là 홍샹그말훈다. = Tout l'honneur vous en — 공이네게도라간다. =
— (nourriture qu'on vomit) 도릭다 (돌녀
& 돌나, 도롤) = —, pousser de nouveau
다시나다. = — d'un évanouissement 정
신차리다. = — des portes de la mort 죽을번
한다가다시살다, 죽다십히한다가살다. On
dit même couramment 죽엇다가살다, 다
죽엇다가살다. = — peu à peu d'une maladie 초초나하가다. — de sa frayeur 노음
노다 (하, 놀) = — de ses égarements 리도
다 (도러, 론); 리과한다; — d'une erreur
리도다. = — sur sa parole 발뢰한다,
*따의한다; — sur une décision 근즉한다

=, —, servir 쓰다. Qu'en reviendra-t-il 닉에 쉬 쓰겟나냐. = — au même 곳다 (하,흔) 마지 일반. = —, coûter 되다, 벅다.

—*소득 **Revenu** d'une propriété foncière *소출, — d'argent placé *변, *변리. Impôt sur le — *소득세.

Rêver en dormant 쑴, 쑤다 (어,쑨), 쑤다.

Reverbération

Révérence

Révérer *위호다.

Rêverie — imagination folle 빈 싱각, 헛 싱각, 쓸 업슨 싱각 — parole dite en délire 글소리

Revers de qq ch. 뒤, 속면, *뒤면 (l'opposé *전면) le — de la main 손등. = — de fortune *역경. se laisser abattre par les — 역경에 당치 아니 호다. La face & le — (figuré) *득실 (gain & perte).

Revêtir qqun 닙히다, 닙혀주다. — un habit 닙다 (어,은). Se — 닙다.

Rêveur pensif, préoccupé, inquiet *슈심 호다. Avoir l'air — 슈심 호야 뵈다, 슈심스러워뵈다 = —, visionnaire 요망혼 싱각호다, 허망혼 싱각호다. 망년된 싱각호다.

Revirement

Révision d'un procès *심스 — d'un traité *약도리청. = —, examen *검스. — des conscrits *증병검사. Conseil de — *증병회의

Révocable

Revoir 다시보다. = — un livre pour le corriger *준하다. Le — & l'approuver *감준하다, *고뎡하다.

Révolte — guerre civile *역적.
*변란 = — contre le mandarin *민요.

Révolter (v.act.) porter à la révolte 역적 니르키다, 변란 니르키다 — choquer vivement 분을도도다 (아돈). Se — (contre qqun) 박ㅎ다, — contre le gouvernement 역적질 하다, 나라 배반하다, *빈역하다 ; 반역하다 — 거역하다 = 회반하다

Révolu 지나다, 지나가다, 다되다.

Révolution les astres *운힝, *츄쳔. Les vieux coréens disent *슌환지리 pour indiquer la loi de —, & aussi la roue de la fortune. = —, en géométrie *션젼. Surface de — *션젼면. Solide de — *션젼톄 = — politique *번복하다. Être en — 나라번복하다 = *텬디번복하다 ce dernier d'une — grave amenant changement de dynastie. — (se terminant par un changement de roi) *혁셰하다 ; — (changement de dynastie) *혁직하다 ; — (changement de régime) *혁명하다. *리혁, *변혁 — Être en —, en désordre 엎지락 뒤지락하다

Révolutionnaire Parti — *혁명당, *리혁당. Un — *혁명자. = Gouvernement — *혁명졍부.

Révolutionner

Révolver *륙혈포.

Révoquer un mandarin 파직식히다. Être — 파직하다 ; = *면본관 = 하다 est une forme plus douce, à laquelle s'attache moins le blâme. = — une loi, un ordre 법을것다 (어,은), = — en doute 의심하다.

Revue militaire; — d'appel 점고 =하다, 군소점고 = 하다; — d'examen 열병; — de parade 관병식; de (navale) 관함식. = —, publication journal 잡지.

Rez Voyez niveau, affleurer. Mesurer — 평미레질하다 (평미레 est le morceau de bois dont on se sert).

Rez de chaussée 하층, 하층방.

Rhéteur 슈스가.

Rhétorique 슈스학 · 미스학.

Rhinocéros 서소.

Rhizome 근경.

Rhododendron 영산홍, 척촉화.

Rhombe 릉형.

Rhubarbe 대황.

옻나무 (Rhus vernicifera) sumac — Rhus 북나무 (Rhus semialata), 리옷나무 (Rhus tricarpa)

Rhumatisme 골절통, 골습; 풍질

Rhume 감긔, 운감, 곳불. attrapper un — 감긔 들다 (어, 든), 곳불나다.

Riant 화하다. avoir l'air riant (personne) 화색이 만연하다, 화긔 만연하다 = 화하다, 반가와뵈다, ces deux dernier se disant aussi de chose.

Ribambelle

Ribote

Ricaner 홍소하다. = 코우슴하다 litt. rire du nez.

Ric à ric trop rigoureusement 악착스럽게

Richard *거부, *대부.

Riche *부자. = 재물많다 (하.흔), 돈많다, 가 다가유열다
유여다 (러,연). Homme très — *거부, *대
부. — en meubles 세간많다. = Pays — 재
물많흔디방. Maisons — 등성ᄒᆞᆫ곳식.
Devenir — 부자되다, *치부ᄒᆞ다.

Richement 부자처럼. Marier ses enfants
— 부자의게혼인ᄒᆞ다. Être vêtu — *호사ᄒᆞ다.

Richesse *재물 Les — mal acquises ne durent
pas 비리엣재물쉬망ᄒᆞᆫ다. — et honneur *부귀

Ricin 아쥬가리. La graine 되마ᄌᆞ. Huile
de — 아쥬가리기름, 되마ᄌᆞ기름.

Ricocher

Ricochet

Ride 구긔살, 주름. En avoir 구긔살잡
히다, 주름잡히다.

Rideau 장

Rider (se) 주름잡히다. — le —, se renfro- — 살잡히다 (Factif sont 살잡다, 주름잡다)
gner 눈살찡긔다, 찡긔다.

Ridicule 우습다 (수워,운), 우섭다 (서워,
운), 우숩다 (수와,운). = — parce que vilain
ou en désordre 귀저분ᄒᆞ다, 귀살스럽다.
= —, bon à rien 더럽다. Tourner en
— 비쇼ᄒᆞ다, 비웃다 (우서,슨). Tourner
les choses sérieuses en — 중대ᄒᆞᆫ일을실업시ᄒᆞ다.

Ridiculement 우숩게.

Ridiculiser

Rien 아모일도 … 아모것도 … avec une né-

gation ou un verbe exprimant une idée négative. Il n'y a — 아모것도업다. Je ne sais
— 아모것도모른다. — Ne savoir — (d'une
chose donnée), ignorer absolument 소용모른다.
N'avoir — à faire 할것업다, 무엇할것업다.
Ne — faire 놀다(어노아,논); 한가호다, 한가
히지내다. Il n'y a rien à gagner 리볼것업다;
— à perdre 해볼것업다. — Bon à rien 못
쓸, 쓸데업다. Propre à — (homme) 무용
지인, = 왕싱이, = 흰생불니다. Homme
de — (sans naissance) 지테업다. Ne manquer de — 부족홀것업다, 아쉬온것업다. =
Dieu a créé le monde de — 텬쥬세샹을
업논가온디로내셧다. = Il n'y a plus — à faire
홀슈업다, 무엇홀슈업다 = 속절업다 (même
à espérer). ≡ — que se rend souvent
par 빈 qui veut dire simple, "sine additio".
— que du riz (sans assaisonnement) 빈밥;
— qu'avec les mains (sans outil) 빈손으로.
≡ —, un —, peu de chose *호발, *호발,
*호리, *츄호. Un — le fâche 셩잘낸다,
쌋닥호면셩낸다 = (쌋닥 veut dire moindre
petit accroc, de la moindre faute). Ce n'est —
고는계치안타. = —, qq ch. Y a-t-il — de
si mauvais 그리흉혼것어디잇나냐. = —,
bagatelles. Se donner de la peine pour —,
pour des — 공연호애쓰다. Discours de — 잔발로,
잔발쟝이. — Pour —, sans raison ni motif
= et aussi gratis — 그저.

Rieur 우숨군, 우숨쟁이.
Riflard 펑메리.
Rigide au physique 뻣뻣ᄒᆞ다, 빳빳ᄒᆞ다. = au moral, sévère *엄ᄒᆞ다, en adj. *엄. Règle — *엄법, *엄규. Trop — 악착ᄒᆞ다, 악착스럽다.
Rigole 보, 고랑. Creuser une — 보내다, & pour amener l'eau 보되다 (되다 faire communiquer)
Rigorisme 과엄ᄒᆞᆫ도리, 과엄ᄒᆞᆫ탕심, selon le cas.
Rigoureusement 엄히.
Rigoureux *엄ᄒᆞ다, en adj. *엄. Hiver — 엄동
Rigueur 엄ᄒᆞ기, 엄홈이. À la — 굿ᄒᆞ야, 굿히, = 엉녁엄시, = 엄ᄒᆞ게 = 악착ᄒᆞ게. Prendre les choses trop à la — (jusqu'à l'absurde) 고쥬고슬노ᄒᆞ다. Traiter avec une — excessive 야속히ᄒᆞ다, 야숙히ᄒᆞ다.
Rime *생음, *운.
Rimer (v. neut.) *생음ᄒᆞ다.
Rincer un vase 부싀다, 부싀다, 가싀다, 가싀우다. Se — la bouche 양치질ᄒᆞ다, et plutôt se laver les dents, avec une gorgée d'eau après le repas 입가싀다, 입가싊ᄒᆞ다, 입가싀윰ᄒᆞ다.
Ripaille Faire — (habituellement) 잘먹다 (어, 은), 음식치레ᄒᆞ다. = le (une fois en passant) 차반으로먹다, 범의차반으로먹다 (차반 proie d'un animal).
Riposte repartie vive & forte *립시쳐변.
Riposter répondre *되답ᄒᆞ다, = 돌녀되다, 되씌우다 (씌워, 운).
Rire subst. 우숨, 우슴. = sardonique 코우숨 (웃움).

Rire (verbe) 웃다 (셔, 슨). — aux éclats *대소하다, 깔깔 대소하다, = 하하웃다. Se tordre de — 허리굽으러지게웃다, 허리부러지게웃다, 허리앏흐게웃다. — — en dessous 속으로웃다; — du bout des dents, rire jaune 것으로웃다 (se dit qqn qui — jaune, qui feint d'être content, on dit 언구럭스럽다). Ne pouvoir s'empêcher de — 우숨을봇흠다. — sans sujet 공연이웃다, 그저웃다. Faire — 웃게하다. — d., à ses dépens 우숨거리되다, 우숨바지되다. Rire (qqch) pour — 웃노라고하다, 우숨으로하다. Se — de qqn *비소하다, *조롱하다, d. (de qqch., menaces, conseils, etc) 우숩게알다. — au nez des gens 사롬보고웃다.

Risée 우숨, *조롱, *조소. Objet de — 우숨거리, 조소거리. Faire des — 비웃다, *조롱하다, *비소하다.

Risible 우숩다 (수워, 온), 가쇼롭다 (로와, 온).

Risque 위험 (danger) = 위틱한디경 (lieu, situation dangereuse). Courir le — de essayer se rend par la forme 하여보다. Courir le — de la vie 죽기쉽다. A mes — et périls 내담당이되겟다, 내가 담당하겟다.

Risquer — exposer 위틱한디경에두다. = —, essayer 하여보다.

걱졍쓰다 a souvent ce sens: 실기뎡을걱졍쓰다. risquer sa vie

risquer de ..., manquer de ... faillir... se rend par la forme 할번하다.

Risquer, essayer 냅쓰다 (써, 쓴)

Rissoler des viandes 누릇하게굽다 (구어, 구은 [illegible]).

Rit, **Rite** cérémonie *례, *례졀, *례식. Congrégation des — *례부성성.

Ritualisme (théorie) *의식고수주의, — d. (secte)

1232/

*의식고슈교회. =*감독교회.

Ritualiste *의식고슈당.

Rituel *례규, *례절칙.

Rivage *가.

Rival *젹슈. être sans —*무젹ᄒᆞ다

Rivaliser 겨루다, 것다 (겨러,룬), 겨룸ᄒᆞ다, 앏다토다 (아,톤).

Rive *가.

River (un clou) 감치다, 살니다, 사리다, 서리다, 조리다. = Du clou on dit 살다. le clou est bien — 못잘살앗다. = — le clou à queue 귀를색다 (거,근), 귀를저르다 (질너,저론).

Riverain

Rivière *강, 강물. Lit de la — 물고랑, 강고랑. Endroit profond d'une — 물골; = 여을 × 여흘 désignant les parties peu profondes où le courant est plus rapide. = Poisson de — 강고기, 강물고기.

Riz sur pied 벼, 나락. — de champ (venant sans eau) 밧벼. = en agg. *조.

Riz en grains non écossés 벼 = 나락. = *조 — écossé 쌀, *백미 — en agg. *미. Vieux *구미; — de l'année *신미. — mal écossé *반조 반미. = — cuit 밥, 쌀밥, 니밥, en agg. 반. — cuit en bouillie 흰죽, × en bouillie très claire 미음

= — non complètement décortiqué, (gardant la dernière pellicule), 현미; — complètement décortiqué, *백미

Rizière 논, en agg. *답. — alimentée d'eau *슈답, — non alimentée *건답, 놉드러. On le dit aussi 텬둥직이, 텬슈밧이.

— & champs (terrains cultivables) *전답.

Robe de femme 치마.

Robinet

Robuste 세다 (어,센), 굳다(어,은), 굳세다, 단단하다, *강하다. — 체하다.

Roc, Roche 바회, 바희. Eau de — 산물. Cœur de — (sans entrailles) 목석 굳다 (하,흔) — de (très ferme —, en bon sens) 금석 굳다.

Rocher 바회, 바희.

Rochet *쇼빅의.

Rôder 두루 단니다, — tout autour 도라 단니다. = — (en mauvaise part : coureur, joueur, gigolette) 난질하다. Celui qui — ainsi 난질

Rodomont 우쟈하다, 우쟈스럽다.

Rogations *삼 텬긔도.

Rogner 싹다 (가,근), 닉지르다 (질너,지른), 도스리다. = — les tranches d'un livre *도련하다, *도술하다, *도쳔하다.

Rognon 콩팟.

Rognure 부스럭이. — de papier 도련지.

Roi 님군, *왕, *국왕. La fête des — *삼왕래조.

Roide pas flexible 쌧쌧하다, 세다, 굳다(어,은). Habit — (trop empesé) 풀세다. = — (caractère) 억세다, 거세다 = 깐깐치 안타 (깐깐하다 doux, souple). = —, escarpé 엄하다, 가파르다 (파러,른). = tomber — mort 급살노죽다 *(급살, mort subite).

Roidir les membres 버치다. Se — de toutes ses forces 힘쎗 버치다. Se —, devenir roide 굳어지다,

Roidir — Ronger
1234

뻣뻣ᄒᆞ여지다 Se — contre (les difficultés) 거역ᄒᆞ다 qui se dit aussi pour "résister à un supérieur". Se — de mal (contre la grâce de Dieu... les conseils... les bons traitements) 악에고집ᄒᆞ다.
Roitelet oiseau 굴뚝새, 쌕새, 멱새.
Rôle liste, catalogue *발긔, — fonction, emploi 구실 = 소용, — d'une comédie노릇.
Roman *소설, *소셜칙 = 니야기칙, *고담칙
Romanesque
Rompre 부럿치다, 부러치리다, 부러지르다 부러치다 (절너, 지른), 꺽다 (거, 근) se disent de chose rigides. = — (ficelle, etc) 쓴다 (어, 은), 쓴다 (허, 혼) = — en pièces 서흣다 (흐져, 흔). = — les vagues (rocher, jetée) 부딧쳐 깨다. = — avec qqun (ou qq ch.) 쓴다 (허, 혼), 쓴허ᄇᆞ리다, *결교ᄒᆞ다. = — un contrat, revenir sur sa parole *퇴ᄒᆞ다, *파ᄒᆞ다, en agj *퇴, *파. — des fiançailles *퇴혼ᄒᆞ다, *파혼ᄒᆞ다. L'affaire est rompue 퇴낫다. = — un échange (vente ou achat) 무르다 & 무르다. (물너, 무른). = — un entretien 말쓴치다. — la tête, les oreilles (importuner) 조르다 (졸나, 조른) passif 졸니다. = Se — (à une chose, s'y habituer 닉다 (어, 은). Se —, se briser de soi même 색지다. être rompu 색지이다. = Se — & être rompu 부러지다, 쓴어지다, 쓴허지다. Se — une jambe 다리부러지다. Parler à bâtons rompus 말선후업시ᄒᆞ다,

*빨두ㅣ 얿시ᄒᆞ다. Être rompu de fatigue. *피곤ᄒᆞ다.

Ronce 곰의딸긔나무, 곰의딸긔덤불.

Rond (adj.) 동골다 (골어, 곤 & 고골), 동구스름ᄒᆞ다. = — au figuré, franc 바르다 (발나, 바른), *고지식ᄒᆞ다, *진실ᄒᆞ다. = Faire un compte — (négliger les fractions) 쇼쇼ᄒᆞᆫ거ᄉᆞᆯ 그만두다.

동글다 ; 동그라다

Rond (subst.) 동고람이.

Ronde, Danse en rond 비암돌다 (아, 돈) qui se dit aussi pour tourner (longtemps) sur soi-même. — (milit. ou polic.) *슌횡 = ᄒᆞ다, *슌경 = 돌다 (아, 돈), en agg. *슌. — De nuit *순경 = 돌다. Ceux qui la font *순경군. = autrefois, — de nuit à Séoul *슌라. Ceux qui la faisaient *슌라군. = Faire la — 도라ᄃᆞᆫ니다. À la — 도라가며, 도라가면셔. Faire passer à la — 돌녀보내다. Être connu aux lieux à la — 스면에 일흠나다, 스방에 일흠나다.

Rondelle

Rondement franchement 바로, 고지식ᄒᆞ게

Rondeur 동골기, 동고람이.

Rondin

Rond point

Ronfler en dormant 고고다, 고골다 (아, 곤), 고고르다 (러, 른). — chose en mouvement, (v. g. toupie) 울다. Faire — 울니다.

Ronger (vers) 쥡다 (어, 은), 먹다 (어, 은), — de (rats etc.) 쏠다 (어, 은), 쏠어먹다, 갉아먹다. = — son frein 분을 아직ᄎᆞᆷ다, 분을ᄎᆞᆷ다 (아, 은).

Être — d'inquiétude 번요애결박ᄒᆞ다, =번방ᄒᆞ다, =*슈심ᄒᆞ다.

Rosace

Rosaire *ᄆᆡ괴. Confrérie du — ᄆᆡ괴회.

Rose (subst.) — fleur *히당화, 가시당ᄭᅩᆺ, *월계 = ᄆᆡ괴ᄭᅩᆺ peu employé. — trémière, passe — *덕두화, 흑규화, 졉시ᄭᅩᆺ.

Rose (adj.) couleur 붉읏ᄒᆞ다, 붉으스럼ᄒᆞ다.

Roseau 갈, 갈대.

Rosée 이슬, en agg. *로. La rosée tombe 이슬 나린다. (이슬비 est la bruine se résolvant en pluie fine). — blanche *백로, — froide *한로.

Rosier 히당화나무 v. Rose.

Rosse (cheval) 따련말, 생치빤ᄂᆞᆫ말, 생치된말

Rosser 치다, 짓치다.

Rossignol 꾀새, 귀쵹새.

Rot 트림, 게트림.

Rotation — des planètes *운전, *회전

Rote romaine *교화황고등리판.

Roter 트림ᄒᆞ다.

Rôti 구은고기.

Rôtir & faire — 굽다 (구어, 구은). Être — par le soleil 히볏헤 더히다.

Rotonde

Rotule — du genou 무릅ᄲᅧ, 종쥬ᄲᅧ, 종조ᄲᅧ, 무릅도관이.

Roturier 상사ᄅᆞᆷ, = 지톄업다.

Rouage

Roue 박회, 박휘, 수레, en agg. *륜. — du potier 분럐.

Rouer de coups 북수히치다, *북수난타ᄒᆞ다.

Rouet pour filer 분럐, 분레.

Rouge (adj.) 븕다(어, 은), en agg. *홍, *쥬. Couleur — 븕은빗, *홍석. Devenir — 븕어지다.

븕어ᄒᆞ다 (븕애, 은) rouge clair 새븕아ᄒᆞ다 (븕애, 안)

Rouge (subst.) fard *연지. Mettre du — 연지바르다 (발나, 바른) —, couleur fraîche de la peau *화식, *화긔. —, vermillon en poudre *쥬사.

Rougeâtre 븕으스럼ᄒᆞ다.

Rouge gorge oiseau

Rougeole *홍역. Boutons de — *홍진.

Rougeur 븕은빗. = —, boutons de chaleur 감석; — inflammation qui précède un furoncle 피ᄉᆡ발. Il y a une — 피ᄉᆡ발셧다.

Rougir (actif) teindre en rouge 븕은빌드리다, — 홍식칠ᄒᆞ다. = — (neutre) devenir rouge 븕어지다, 븕은빗나다. — et pâlir tour à tour 븕으락누르락ᄒᆞ다. — Faire — au feu (fer) ᄌᆞᆯ우다 (어, 운), 븕우다 (워, 운), 다르다.

Rouille *록

Rouiller 록나다, 록ᄡᅳ다 (써, 쓴). L'esprit se — à ne rien faire 놀기만ᄒᆞ면 졍신흐려진다.

Rouir

Roulade

Rouleau — de bois (pour étoffes) 빌ᄉᆡᆨ; — pour le vermicelle 밀ᄉᆡᆨ, 국슈방ᄆᆡᆼ이

—de tisserand 말코. = —de papier 두루마리, *축자; —pour niveler les routes *견압기.

Rouler v. act., enrouler 말다 (어, 마, 만). (Pour les nattes on dit souvent 것다 (어, 은) ramasser) = (act) faire rouler 굴니다, 구을니다, 둥굴니다; —des pierres sur une pente 돌을 느려굴니다; —(qqun) dans la boue 진흙에굴니다; —les yeux 눈을굴니다; —un projet dans sa tête 굴녀 생각ᄒᆞ다. = —(neutre) & se —굴다 (굴러, 굴), 구으다 (러, 은). Se —par terre 뒤굴다, 뒤구으다. Se —dans la poussière 몬지에 뒤굴다. Se —cul par dessus tête 것구로 둥굴다. Se —à terre (cheval qui gagne son avoine) 소용질ᄒᆞ다. Aller roulant (ivrogne, pierre qui roule) 뎅굴뎅굴 구으러가다. = = —sur, reposer sur 달니다. L'affaire —sur vous 일이 네게 달녓다. Point sur lequel —une difficulté 일슷, 일마루.

Roulette

Roulis d'un bateau 넙질 (le tangage étant 뒤질). Avoir du —, rouler 기웃둥거리다, 기웃거리다, 기웃기웃ᄒᆞ다, 흐늬ᄒᆞ다, 넙질ᄒᆞ다.

Roupie 코물 = 흐르다 (흘너, 흐른).

Roussâtre 누른것은ᄒᆞ다.

Rousseur . tache de —sur le visage, 죽은ᄭᆡ

Roussir devenir roux 누르러지다. = Faire —sur le feu 그슬다 (너, 그슨) - passif 그슬니다.

être — (aliments pris au fond de la casserole) 눋다 (누러, 른). Sentir le — 눋치하다.

Route 길, en agg. *로, nf. *도. Faire — 길 가다. Faire — ensemble 동힝하다. Faire (ou réparer) une route 길닥다, (가, 근), *치도하다.

Route nouvelle (nouvellement faite) *신작로.

Routier fin matois 넘거치봇훌놈. V. Rusé

Routine *젼례, *젼례되 . S'en tenir à la — 젼례로하다.

*슈속, *습속

Rouvrir (porte) 다시 열다 (어. 연). Se — (plaie, etc) 다시 버러지다.

Roux 누르스럼하다

Royal en agg. *어, *왕, *국. Trésor — *어고. Choses appartenant au roi *어불; Cheval — *어마. Sceau — *어인, *곤보. Route — (par où voyage le roi) *어로. Habits royaux *왕의, *왕복, id. de cérémonie *곤복, *곤룡포. La famille — *국족, *종친. La dignité — *왕위. Femmes — (de 2e rang) *빈.

Royaume 나라, en agg. *국. — en tant que gouverné par un roi — opp. à empire, république) *왕국. = — des cieux *텬국.

Ruade 발셜 Lancer une — 발노차다. \ 발셜질하다 La recevoir ... 차이다.

Ruban 슨. — de soie 비단슨; — pour lier les cheveux (enfants) 댕긔.

Rubicond 붉다. = — (ivrogne) 즐족 오루다 (올나, 오른)

Rubis *홍보셕. *홍보오

Rubrique *규식, *례졀.

Ruche 벌통.

Rude au toucher 셜셜ᄒᆞ다, ᄉᆞᆯ쌀ᄒᆞ다, 셜쥭셜쥭ᄒᆞ다, 억ᄉᆡᆼ스럽다 = *엄ᄒᆞ다. = —, fort, ferme 거셰다 (여, 셴). Habit — 셜셜ᄒᆞᆫ옷, Parole —, dure (ᄆᆞᆯ) 독ᄒᆞ다. — à l'oreille 귀에거슬니다. Voix — 목소리셜셜ᄒᆞ다. = —, pénible *엄ᄒᆞ다, 어렵다 (려워, 운). Mener une vie — 어렵게살다. Hiver — *엄동, Froid — 독ᄒᆞᆫ치위. Chemin — *엄로, 거친길. Travail — 센일.

거슬거슬ᄒᆞ다, 것칠것칠ᄒᆞ다 거칠다 (어, 친), 것치럽다

—, son de voix, ton d'une réponse 두덜거리다.

Rudement 셜셜ᄒᆞ게, 독히, 독ᄒᆞ게, 엄ᄒᆞ게. Pousser — 탁탁헤치다, 탁탁밀다.

Rudiment

Rudoyer (en paroles) 독히ᄭᅮ짓다 (지져, 즌), 두덜거리다. — (en actes) *압졔ᄒᆞ다. Être — 압졔밧다

Rue 길, 골목.

Ruelle 좁은길, *협로, *쇼로.

Ruer 차다, ᄇᆞᆯ노차다. Se — sur qqun ou qqch. 달녀들다 (어, 든). 발셜칠ᄒᆞ다

Rugir 울다 (어, 운), 응거리다.

Rugueux 것칠것칠ᄒᆞ다, 것치롭다 (로와, 온), 것칠다 (어, 친)

Ruine, Décombres 구벽토, 구벽돌 (terre, pierre de vieux murs). Menacer — *엄박ᄒᆞ다. Tomber en — *퇴락ᄒᆞ다, 쓰러지다, *망ᄒᆞ다. Être écrasé sous la — d'une maison 집에눌녀죽다, 집에치여죽다.

— *고적
— (ce qui reste) *유적

Ruiner (se, Démolir) 헐다 (어, 헌), 문허치다, 슐허치다, 슐허ᄯᅳ리다. — qqun 망ᄒᆞ게ᄒᆞ다. Vaurien capable de — une maison 집망ᄒᆞᆯ놈. Se —, être ruiné (com-

Fruction *망하다, 술허지다, *퇴락하다 =
—, usé 샹치되다, Corps —, usé 몸 망하다.
Être — avoir perdu ou mangé son bien 패
거덜나다 나다, *파산하다 (ruine complète, faillite),
세간을 엄지하다, 세간 망하다. Être en train
de se — 망하야 가다. Être — complètement *패군지쟝 = 되다 (général qui a
perdu son armée — proverbe).

Ruineux qui menace ruine 술허져가다,
망하야가다. — Dommageable 해롭다 (로와,
온) — qui ruine 세간 망할.

Ruisseau 개울, 개천, 내. Petit — 시내.
= — de rue *슈도, (est le caniveau).

Ruisseler 흐르다 (흘너, 흐른).

Rumeur bruit qui court 들니는 말, 들니는소
*전문, *전설, *빅언. 문 (들니다 être entendu). = — incertaine
(dont on ne sait pas l'origine) 난곳 모로는소
문, 난줄 모로는 소문. Faux — 낭셜,
등셜. = —, tumulte *소동 = 하다. Être
en — 와자하다.

Ruminer (boeuf, etc) 삭임질하다. = —,
penser *궁구하다, 궁구이하다, 골너 생각하다.

Rural

Ruse 꾀, *계교, *모칙, 흉계, 흉계시, 흉측시
User de ruse 꾀쓰다, 꾀를내다. Avec —
꾀잇게.

Rusé plus ou moins en mauvais sens 꾀만하
(하, 흔), 간사하다. = 꾀쟝이, 꾀구럭이, 흉계
군, 흉계쟝이. = —, en bon sens 넘겨지볼할,

(qu'on ne roulera pas), 능간ᄒᆞ다, 약바르다(발너, 바른), 약ᄉᆞᆯ바르다, 약삭바르다.

Ruser 꾀를쓰다(써, 쓴), 꾀내다, 계교를내다. 홈츄리바르다 (발너, 바른).

Russie *아국, *로국, 아라사, 아소라.

Rustique grossier *질박ᄒᆞ다.

Rustre 시골뚝이, 질박ᄒᆞᆫ놈 : = De impol. grossier *무례ᄒᆞ다, 례모업다.

Rut 암내 내는것

Rythme

Sabbat jour de repos *안식일. = — des sorciers 굿

Sabbatique Eglise — (dite aussi adventiste) *안식교회.

Sable 모래, en agg. *사. Gros — 왕모래. Sable fin (pour mortier) *세사 (on prononce 시사). = — de rivière, — fin 갱리, 모갱리. Plaine, ou plage de — 모래밧, 모래톱, *사장. = — aurifère *금사.

Sablier *사시계.

Sablonneux 모래만타 (만하, 만흔), 모래잇다.

Sablonnière 모래구덩이.

Sabot chaussure de bois 나막신, 나목신, 나박신 = 굽. = — du cheval 발굽, *마제, — d'animaux 굽, 발굽. = —, espèce de toupie 팽. Y jouer 팽치다.

Sabotier 나막신쟁이, 굽쟁이 (굽 sont les patins du sabot coréen).

Sabre 칼. *환도, *검.

부대 Sac 자루 — ouvert par les deux bouts (et servant de bissac) 전대. = — en natte grossière pour le riz 멱, 멱사리, 멱서리, 멱대기. — en paille non tressée 섬, 멍석. — (섬 est le numéral qui sert à compter le nombre de sacs d'une récolte). Petit —, bourse 주머니. — en papier 토리주머니. — en filet 구럭, 멍구럭, = 망태, 망탁이. — à vin 술주치, 술구럭 (se dit d'un gros buveur), — à fiente 생주치, 생항아리 (se dit d'un mandarin gourmand).

Saccade

Saccager briser 부수다 (어.순). 북지이다. — piller (surtout en troupes) *노략하다.

Sacerdoce *신품, *탁덕위, *신부품

Sachet 주머니. — à parfums 향주머니 (se dit du cent-pieds puant — par ironie).

Sacoche 가방.

Sacramentel Paroles — 성사를

Sacrement *성사. 일우는 경문.

Sacramentaux *소성사 Sacre d'évêque, de roi *성성식.

존중성사

1244/

Sacrer *셩셩식거힝ᄒᆞ다. Pour un évêque, on dira plus souvent 쥬교품에올니다.

Sacrificateur *졔ᄉᆞᄌᆡᆼ, *졔관.

Sacrifice *졔, *졔ᄉᆞ, *졔례. Offrir un — 졔지내다, 졔ᄉᆞ지내다; *졔례ᄒᆞ다. = *졔헌ᄒᆞ다 (chr.) Faire le — de sa vie 싱명을밧치다.

Sacrifier immoler une victime en sacrifice 죽이고졔ᄉᆞ지내다. — un boeuf 소를잡아졔ᄉᆞ지내다. = — détruire 업시ᄒᆞ다; — abandonner, rejeter ᄇᆞ리다, 내여ᄇᆞ리다; — renoncer à ᄉᆞ른다 (허, 흔), ᄉᆞ른허ᄇᆞ리다. = Se — 졔몸을ᄇᆞ리다. — sa vie (l'exposer) 싱명을도라보지아니ᄒᆞ다, 싱명을무릅쓰다.

Sacrilège (s.m.) 셜만ᄒᆞᆫ죄 avec l'indication *독셩 de la chose profanée (셜만ᄒᆞ다, traiter avec mépris). =, adj. Confession — *모고해; — communion — *모령셩톄. Profaner un sacrement par un — *모령셩ᄉᆞᄒᆞ다, 셩ᄉᆞ를모령ᄒᆞ다.

Sacristain

Sacristie 졔의방.

Safran *번홍화, = *번홍화쥬 vin de safran

Sagacité 눈치.

Sage (subst.) Les — de l'antiquité *셩현, *현인 Les païens disent volontiers *셩인. Un —, un homme *군ᄌᆞ

Sage (adj.) prudent, avisé 슬긔롭다 (로와, 온), 슬겁다 (거워, 온), 지혜롭다 (로와, 온); *총명ᄒᆞ다. — & ferme 걱지다. = —, (enfant)

*순ᄒᆞ다 (obéissant).
Sagement 슬긔롭게, 슬긔잇게. /산파의
Sage-femme *히산구원쟈, *산파, *산과
Sagesse *ᄌᆡ지, 지혜, 슬긔, 의ᄉᆞ, *의량, *총명.
= *ᄌᆡ지 qui le fit pour la — incréée, le Verbe.
Don le — 슬긔.
Saigner (v. act.) = — (v. neut.)
répandre du sang 피나다, 피흐르다 (흘너, 흐른)
— du nez 코피나다. le coeur — de voir 보면
ᄆᆞ음에 앏흐다 (앏하, 흔), 보면 가슴이 터질듯ᄒᆞ다,
보면 ᄌᆡᆼ즈가 ᄭᅳᆫ허질듯ᄒᆞ다.
Saillant angle — *텰각
Saillie (éminence) 두드러진것, 나온것,
내민것. Être plein de — (de surface inégale)
울통불통ᄒᆞ다. = — (en conversation)
삐ᄭᅳ러지다, 빗으러지다 **Saillir** avancer en dehors 내밀다, (어, 민),
불통내밀다, 두드러지다, 비야지다, 불쑥ᄒᆞ다.
Sain en bonne santé 병업다, *무병ᄒᆞ다.
Être sain & sauf *무ᄉᆞᄒᆞ다. = —, bon pour la
santé, non nuisible 병업다, 몸에유익ᄒᆞ다,
몸에됴타, 몸에나ᄒᆞ다. L'eau est — 물병업
다, 물됴타. Mal — 몸에해롭다 (로와, 온).
= —, non gâté *셩ᄒᆞ다, pas — *샹ᄒᆞ다.
= — doctrine *졍도. = (Homme) d'un jugement — 총명ᄒᆞ다.
Saindoux *졔유, 돼아지기름
Sainement juger — 명ᄇᆡᆨ이알다.
Saint (subst.) un — *셩인. Une sainte 셩녀.
La fête de tous les — *제셩쳠례. = le — (du

1246/

temple juif) *성소. Le — des —*지성소. =
— (adjectif) 거룩하다, en agg. *성.

Saintement 거룩히, 거룩하게.

Saint Esprit *성신.

Sainteté

Saisir empoigner 잡다 (아.은), 붓잡다, 붓들다 (어, 는) = 집다 (어.은) — du bout des doigts, — avec une pince; = 읏그다, 웅키다 — les deux mains, — avec des griffes (animal). = — & tirer 쓰내다. = — (v.g. froid vif, subit) 선득하다, 선득선득 하다. = — (des marchandises, confisquer v.g. en douane) *속공하다, *건볼하다, & vendre *건볼작전하다. = — (les biens, hypothéqués ou non, d'un débiteur) 집황하다. (actif & passif — du débiteur saisi on dit cependt plus souvent 집황당하다.) Autrefois on disait *뎐당탈취하다 (prise de gage), & pour les maisons *슈가하다. = être saisi 붓잡히다, 붓들니다, etc... être — subitement d'une maladie 홀연히병들다, 홀연히병엇다. être — de crainte 질식하다 = 긔벽하다, 놀나다, 놀나다 ces 3 derniers veulent dire aussi — d'étonnement. être — d'étonnement 대경 슈괴하다.

웅치다

—, comprendre, deviner, 섯도다, (도라.)
*각각하다.

Saisissement éprouver un — (froid, crainte etc.) 섯득하다 qui se dit surtout au physique mais aussi au moral; 긔벽하다, 놀나다, =

혼나다, 넉잃다 (perdre le sens) qui se disent surtout au moral.

Saison 시절. Les 4 — 사철.

Salade 생치 (herbes crues) — Faire la — (생치) 뭇치다

Salaire 삯, 삯전, 품삯, 공전, 봉급

Salaison — de légumes 김치, 침치; — plus forte en sel 산치; — de poissons séchés 자반 (on dit même 콩자반 pour les — de haricots). — de poissons avec une saumure liquide 젓 v.g. — de crevettes 새우젓.

Salamandre

Salant. Marais — 염밧, 염터

On dit plus souvent 염벗 qui serait plutôt le hangar où l'on fait bouillir l'eau pour épurer le sel.

Sale malpropre 더럽다 (러워, 운), 부정하다 (qui s'emploient aussi au sens d'obscène). 지저분하다, 추하다, 비루하다. en agg 루. — (habit) 서드다 (러, 든) = Eaux —, eaux de cuisine 구정물.

Saler (pour assaisonner) 소곰넛타 (너허, 흰), 간넛타. = — pour conserver 소곰에저리다. Être — (avoir goût de sel) 쌍다 (짜, 짠) — légèrement 얼간하다. Être — (conservé dans le sel) 소곰에저리다. Choses — 염물 V. Salaison. Goût — 간.

Saleté 더럽기 &c. — Chose sale 더러운것, — tache 서 ; —, obscénité 음난한것.

Salière 소곰그릇, 염합.

Saline hangar où l'on cuit le — 염벗; — marais salant 염밧. 염터

Salir 더러이다. 더럽게하다. Être — 넘들다

(어,든), 더러이다. On se sert le plus souvent de 뭇다 (어,은) qui en soi veut dire "adhérer", et qui par conséquent doit être précédé de ce qui salit 흙뭇다 être — de boue; 피뭇다 — de sang. On emploie aussi le passif 뭇히다.

Salive 춤, 가래, 가래춤.

Salle *방. — à manger *식방. — de spectacle *연극장; — de bains *욕실 — d'attente *대합소; — de réception (parloir, salon) *응접소, *응접실

Saloir

Salon 사랑, 사랑방 = *응접실

Salpêtre *염초, *초석.

Salsifis 쇠채 = 그라리.

Saltimbanque 광대 — enfant *나동.

Salubre 몸에 유익하다.

Saluer *인사하다 (on dit très souvent 보다 voir). — en se prosternant *절하다. = — par lettre, par intermédiaire *문안하다, 문안드리다, 문안 알외다.

Salut, salutation *인사, 절 = *문안 V. Saluer. — officiel *경례 — militaire *군인경례 = — au canon *례포. ≡ — du drapeau *경례장복식. ≡ —, sortie de danger, conservation de la vie. Je lui dois mon — 그은혜로 살앗다. Trouver le — 살니다 = — éternel *구령. Faire son — *구령하다. Donner le — (éternel) 구령식히다. = armée du — *구세군, *구세군영 = Salutiste 구세군, 구세군인.

Salutaire 유익하다, 니하다.

Salutation V. Salut. La – angélique *경보경

Salve

Salycilique *슈양산 水楊酸

Samedi *토요일 = *반공일 (demi congé). Les chrétiens disent 즘열천날, 지영복날 = 첨례칠.

Sanatorium *양성원, *양병원.

Sanctifiant Grâce – *평생성총 (habituelle) – *성성성총 成聖聖寵 (sanctifiante)

Sanctifier

– le dimanche 즘열직히다

Sanction approbation *인가; – (peine ou récompense)

Sanctuaire temple *당, *성당; – (choeur) *성소; *제대방.

Sandale de paille 집신; – de chanvre 메투리, 메토리.

Sandwitch (iles) *단향산.

Sang 피, en agg. *혈 Le précieux – *보혈, 보비로온피 Couleur du – (couleur du visage en bonne santé) *혈긔, 혈석 Doit par ex. 혈긔 하나 업다 être très pâle, n'avoir pas une goutte de sang. Rendre du – (par la bouche) 샹혈 하다, id. (par les voies basses) *하혈하다. Avoir le – tourné (par frayeur) 어혈질나다, 어혈즘나다. Se faire du mauvais – 속썩다 (거즌) 오장썩다, 보은썩다. = –, race du même – (très proche parent) 혼골육. Princes du – *종친, 종실.

Sang-froid présence d'esprit 담, 넉살 Avoir

Sa — 넉살도다. Regarder de — 예수로히보다, 예수로히넉이다, 심상히보다. (c.a.d) regarder comme chose courante, usuelle. Garder son — 넉지근하다. 넉살 — devant un supérieur ordinairement avec un sens péjoratif: insolence, impudence.

Sanglant 피낫다 (어.은). Guerre — 사홈ᄣ 피흘ᄂ난리. affront — *능욕.

Sangle (de cheval) 북두.

Sangler (un cheval) 북두 ᄆ다.

Sanglier 산ᄃ아지, 뫼되아지, 뫼돗.

Sangloter 늣기다, 훌적훌적울다 (어.은). 꺽노코울다, 복을노코울다, (dire de sanglotter sans se contraindre, pleurer son saoul)

Sangsue 거머리, 검쳐리.

Sanguin 혈긔ᄡ다 (하.흔).

Sanguinaire 피흘즐기다, = *독하다, 모질다.

Sanhédrin

Sanitaire profitable à la santé *유익하다, 몸에유익하다. = — pour la santé publique en agg. *위싱 Bureau — *위싱국 = Faire une inspection, une visite — *검역하다. le fonctionnaire *검역관

Sans (prép). avec un substantif 업시. avec un verbe ᄯ고 — crainte 겁업시, — retenue 거탄업시, — exception 의론치ᄯ고 = — s'exprime souvent par la simple negation — ex: 무 ou par un verbe négatif. — savoir 모로고. Être — feu ni lieu 의지홀디업다 = — se tourne qqf par quoique. Être puni — l'avoir mérité 죄업서도벌을당하다. Je vous ai écrit plusieurs fois — obtenir de réponse 여러번편지보내엿서도 답장못ᄇ앗다. 박가박처하다 (sans mari, ni femme) = 박가박처하다 (..... ni fils).

Sanscrit *범서, 범즈, 범어.

Sans-gêne

Sansonnet

Sans-souci

Santal bois de - *단향, *단향목.

Santé 긔운, 몸긔운, *근력(force)=긔톄, 긔톄후 très honorif. être en bonne - 잘잇다. Avoir une bonne - 무병하다, 병업다 Avoir une mauvaise - 굿거리부다 (굿다 souffrir), 병잣다 (잣다, 자자, 자존 fréquent). Ménager sa - 보효신하다 = S'informer de la - (de personne) 문안하다. De d'un malade 문병하다. = -, coréen de - & un port *검역쇼, *검역국.

A votre santé! (??? Pas d'expression coréenne correspondante. La "Jeune Corée" dit bravement : 당신건강에)

Saoul V. ivre. = -, rassasié 슬컷 (à satiété) avec un verbe approprié. Je suis - de le voir 슬컷보앗다.

Sapèque ancienne unité monétaire coréenne (environ ½ centime) 돈, 닙

Saper creuser 파다.

Sapeur du génie *공병. = - (d'infanterie) *대대병, *쵸병. - pompier *쇼방부, *쇼방원.

Saphir *람보셕.

Sapin 젓나무 (abies holophylla max.) = 분비나무 (abies Veitchii) + -쑹사 (abies Sieboldi)

Sarbacane

Sarcasme *조롱 V. Raillerie.

Sarcelle 뢰우새, 뢰강오리

Sarcler (~~뢰우새, 뢰강오리~~) 김매다, 기음매다, - ou simplt 매다 : - un champ 밧매다. = - pour la 1re fois 해김매다; - p la 2ème 이듬하다.

1292

Sarcleur 김군, 김ᄆᆡᄂᆞᆫ사ᄅᆞᆷ.
Sarcloir 허믜, 호믜.
Sarcophage
Sardine
Sarment 순.
Sarrasin 모밀 ; — mondé 밉쌀
Sas tamis 체.
Satan "사탄", 마귀, *악마.
Satellite du mandarin (vieux sypt) 도포, 나졸, 포졸. Une escouade de — 포교ᄒᆞᆫᄯᅦ. = — d'une planète *위셩, 빈셩.
Satiété à — 슬컷, 슬토록, 슬즁나게, 잘ᄆᆞᆫ. Manger à — 슬컷먹다, ᄇᆡ부르게먹다, = ᄇᆡ터지게먹다.
Satin 공단.
Satire
Satisfaction contentement 즐겁기, 반갑기. Éprouver de la — 반가와ᄒᆞ다, ᄌᆡᆼ그러워ᄒᆞ다, = 됴화ᄒᆞ다. = 쾌ᄒᆞ다, ᄉᆡᆼ쾌ᄒᆞ다. = Causer de la — ᄌᆡᆼ그럽게ᄒᆞ다, 반갑게ᄒᆞ다, 됴케ᄒᆞ다. Chose qui donne de la — 반갑다 (가와, 온), ᄌᆡᆼ그럽다 (러워, 온), 즐겁다 (거워, 온) = — réparation *보쇽 (terme employé pour — sacramentelle).
Satisfactoire (mérite) *긔벌지공, *보쇽지공
Satisfaire contenter v. Satisfaction. — — à, accomplir 치오다 (와, 온). — à ses devoirs 본분을치오다, 본분을다ᄒᆞ다; — à sa promesse 발뫼로ᄒᆞ다; — à un précepte 계명을치오다 = — sa passion 욕심것

ᄒᆞ다. 욕심 ᄯᅢ로 ᄒᆞ다. = — ggun. lui plaire 비위에 맛다 (마저,즌). Chercher à le — 비위 맛초다(아춘)
être — v. satisfaction. Je suis — de ma devant 복ᄉᆞ가 내 ᄆᆞ음에 맛ᄂᆞ다.

Satrape chef provincial *방ᄇᆡᆨ.

Saturer

Saturne planète *토셩

Sauce 국, 장국.

Saucisse 순ᄃᆡ.

Sauf (adj.) être sain & — *무ᄉᆞ ᄒᆞ다, *ᄇᆡᆨ슈ᄒᆞ다, *ᄇᆡᆨ ᄒᆞ다. Échapper sain & — 무ᄉᆞ히 나오다.

Sauf (prép.) — excepté 밧긔 외에. = — (s'il n'y a pas) — permission 그러면 업스면, 그러면 아니면. = — le respect que je vous dois ... ᄒᆞ기 어렵다마ᄂᆞᆫ, 황송ᄒᆞ다마ᄂᆞᆫ. — le respect dû au roi 님군의 말ᄉᆞᆷ일다마ᄂᆞᆫ...

Sauf-conduit *통힝권.

Sauge *형개

Saugrenu 당치못ᄒᆞ다, 당치안타.

Saule 버들나무, — pleureur *슈양, 슈양버들 (salyx babylonica) = 능슈버들 est un saule pleureur d'une autre espèce (un peu rouge). — blanc *ᄇᆡᆨ양, ᄉᆞ시나무; — rouge 고리버들 (salyx purpurea).

ᄇᆡᆨ양 plutôt peuplier

Saumâtre 건건ᄒᆞ다, 간간ᄒᆞ다.

Saumon

Saumure 장, 간장, *지령; — en pâte 고초장. Résidu de — 토장, 된장. Légumes confits dans la — 장앗지

Saupoudrer 색지다, 셔얼다 (져, 진).

Saut 쒸염, 쒸엄, 쒸염. — périlleux 살판, 살판쒸염 qui se disent aussi. De — sur la corde.

Sauter 쒸다, 쒸엄질하다. — à bas 누리쒸다, — sur (de bas en haut) 쒸여오르다 (올나.오른). — sur, se précipiter sur 달녀들다 (어,든). — de joie 쒸놀다 & 쒸노다 (노러,논) = 됴하 셔펄펄쒸다, = 용약하다. = — aux yeux 션뜻뵈다, 션뜻알기쉽다. = 눈감고도 아니볼수 업다. = —, faire explosion 터지다, 홰재 지다. Faire — 화약으로터지우다. = —, franchir. — un fossé 쩐나쒸다, — un mur 쒸여넘다 (어,은). = —, omettre 쌔지우다. (neutre 쌔지다). — en récitant 락송하다.

Sauterelle 메둑이, 메쑥이, 뫼둑이, 황충

Sautiller 깡동깡동쒸다

Santoir En —

Sauvage opposé à domestique 산 suivi du nom. Bête sauvages 산즘승, Herbe — 산나물. Fruits — 산과, 산실과. Pour les fruits on dit parfois 돌, v.g. 돌빅 poire —. = —, peu sociable. Homme — 돌복, 돌놈. = — non civilisé. Peuples — 야인, 야만 = 오랑캐 & 되놈, ces deux derniers, injures adressées à tout étranger. = —, cruel 보질다 (어,진). 사오납다 · 빙추

Sauvageon en agg. 돌. — de poirier 돌빅나무.

Sauve-garde 의탁, 의지. Se mettre sous

la — 의지ᄒᆞ다, 의탁ᄒᆞ다. Prendre sous sa —
*보호ᄒᆞ다, *수호ᄒᆞ다, = 돌보다. Se donner asile
부치다 (처,친). pass. 부쳐지다.

Sauver *구ᄒᆞ다, *구원ᄒᆞ다. = — la vie 살니다,
살녀주다. — d'un danger 구ᄒᆞ야내다. On dit
souvent 건지다 (tirer de l'eau). Il a eu grand
peine à — sa vie par la fuite 간신이 다라나
고 살앗다. Se —, fuir 다라나다, 내ᄲᆡ다.
Se —, faire son salut *구령ᄒᆞ다, 령혼을 구ᄒᆞ다.
— l'âme d'un autre 구령식히다. N. S. a
souffert pour — nos âmes 오쥬 예수 우리 령
혼을 구속ᄒᆞ시랴고 슈난ᄒᆞ셧다.

Sauvetage bateau de — *고조션.

Sauveur du monde *구세쟈, *구세쥬. = —
—, bienfaiteur 은인. — de l'état *쥬셕지신
(colonne & base), *도량지신 (colonne & poutre).

Savane *초원.

Savant (adj.) 학문 ᄇᆞᆫ다 (하, 혼), *박학ᄒᆞ다,
*박식ᄒᆞ다. = — (subst) *박ᄉᆞ, *학쟈 prétendu,
s'il y a lieu du nom de la science.

Savate

Savetier 갓바치

Saveur 맛, en agg. *미.

Savoir 알다 (아, 안). — à fond 통달ᄒᆞ다.
Ne pas —, ignorer 모르다 (몰나, 모른). Faire
— 알게ᄒᆞ다, 알니다, *긔별ᄒᆞ다, *통긔ᄒᆞ다,
*통지ᄒᆞ다. = — par ouï dire 듯고 알다. —
de visu 보고 알다. — de science certaine
분명이 알다, ᄌᆞ세히 알다. Tout le monde
le — 모로니 이업다. Je ne sais que faire
무엇ᄒᆞᆯ지 모른다. Ne pas — la venue (de qqun)

온줄보르다. Sans que je le — 나몰니, 나모르게.
Savoir (subst.) *박학, *학문 qui se sert de la science acquise, — 지식, 아는것.
Savoir faire 지조, 지간.
Savoir-vivre *례모, *례통, *례도, *례면.
Savon 비누.
Savonner 비누칠ᄒᆞ다.
Savourer *완미ᄒᆞ다.
Savoureux 맛있다.
Scabreux 어렵다 (길이어, 일) ; 위퇴ᄒᆞ다.
Scalène triangle — *불등각삼각형, *불등변삼각형.
Scalpel
Scandale *악됴, 악ᄒᆞᆫ됴양.
Scandaleux 됴양뵈ᄒᆞ지는.
Scandaliser 됴양을뵈ᄒᆞ지다, 악ᄒᆞᆫ됴양내다, 악됴내다. Être — (scandale passif) 남의 됴양보다. de — de 언잔케넉이다.
Scaphandre *침슈긔, *침슈의.
Scaphandrier *침슈군 = 보지기, 보즈기
Scapulaire de dévotion 성의 — Scarabée *갑충
Scarlatine *앵독, *앵독발반, *셩홍열
Sceau du roi *어인, *곤보 = *옥새 (de l'Empereur). — d'un magistrat *인. — d'un particulier *도쟝, *도셔, *투셔. Imprimer un — (인, 도쟝. etc) 치다.
Scélérat (subst.) 흉ᄒᆞᆫ쟈, *대역부도.
Sceller 인치다, être — 인맛다 (쳐, 친).
Scène (où jouent les acteurs) *희디. *극디 — Division d'une pièce de théâtre 회 (Suite et 장)

Scepticisme *회의즘의
Sceptre *권병, *권장, *듀최.
Schismatique *이교인.
Schisme *이교; 이도.
Sciatique
Scie 톱 La lame 톱날, la monture 톱살.
*리과, *학술 Science *학문, *박학, en agg 학. Sciences 과학 = — appliquée *응용학, = — concrète *형[illegible]학, — abstraite *형[illegible]학. Sciences & arts *학예
Scier 혀다 (혀, 현), 커다 (켜, 켠), 톱질하다. *학술
Scieur de long 인거장이.
Scintiller 번쩍번쩍하다, 반작반작하다.
Scion 휘추리.
Sciure de bois 톱밥
Scolie *주석, *평주, 주의, 뱀의.
Scolopendre 그리마.
Scorbut
Scorie de métal 쇠똥.
Scorpion *전갈.
Scribe *서사, 서역군, *서역장이.
Scrofule *담종, *라력, *련주창.
Scrotum 불알주머니, *신낭.
Scrupule 랭심에걸니는것. Sans — 헛겁, 헛걱정, *호의. Se faire — de 랭심에 걸니다, 랭심에 거리끼다 ou simplement 걸니다, 거리끼다. Se tourmenter de vains — 공연한근심하다. = Ê — (ou plutôt la disposition au —) serait, techniquement *례심. = —, délicatesse *긔탄. Sans — 긔탄업시.

1258/

Scrupuleusement 정성으로 (avec zèle); —넝낙 없시 (sans manque) = 알뜰히 (minutieusement)

Scrupuleux 호의ᄒᆞ다, 헌법ᄒᆞ다.

Scruter fouiller (au physique) 뒤젹이다, 뒤젹여보다. — faire un enquête, examiner *조회ᄒᆞ다. *샹고ᄒᆞ다.

Scrutin

Sculpter 색이다, 아로색이다, *각ᄒᆞ다.

Sculpteur 색임쟁이, *도각수 Se fait ce sont les graveurs plutôt que des —.

Sculpture *도각

Se 저리, 제, en agg. *즈 (Voir Même, soi-même). Se louer soi-même 제가제를 칭찬ᄒᆞ다. — ménager 제몸앗기다; s'oublier 제몸도라보지아니ᄒᆞ다. Devant les verbes à forme réfléchie, mais au sens neutre, "se" ne se traduit pas: Se promener 구경가다, *출입ᄒᆞ다. Se [illegible] 통회ᄒᆞ다. Se gâter 샹ᄒᆞ다. Se battre 싸호다. Il — dit bien des choses 여러가지 말들닌다.

Séance

Séant (subst) Se mettre sur son — 니러나안다.

Séant (adj) convenable 당ᄒᆞ다, 마당ᄒᆞ다. Mal — 당치안타.

Seau 그릇, 통 — pour puiser l'eau 드레 (ne s'emploie guère seul) 드레박. La corde 드레줄.

Sec 마르다 (말나, 마론), *건ᄒᆞ다. — trop —, facile à briser 괄다 (아, 간). Le ruisseau et à — 개울 빨낫다. Passer à pied — 발 엽서서 그려거너가다. Faire — (temps) 갓으다(러,은) Boire — (beaucoup) 술 빨히먹다, de (boire du vin pur) 빈술먹다. Homme qui boit — 큰술. Manger son pain — 빈밴 독먹다. Etre —, répondre ou traiter sèchement 독내다, 독살 내다, 독살스럽다 = 퇸잔주다, 퇸잔하다, de à tort 생퇸잔주다. Etre jeté à — sur le rivage 가에빨니다. Tirer les barques à — 배를걸다 (어,건). = Frapper un coup — 독 치다. Répondre un mot — 발독치다. = Avoir le coeur — *냉정하다.

Sécante (géom) *할선. — (trigon.) *정할.

Sécateur

Sèchement 바르게. Parler — v. sec. Traiter — *흴티하다.

Sécher (v. act) faire — 빨니다, 빨니우다, 빨 리다. = — (v. neut) 바르다 (발나. 마른). — sur pied (plante) 서눌다 (느러, 는). = — d'inquiétude 걱정에바르다, *로심쵸스하다. — d'impatience *셩화하다.

Sécheresse 바루기 p. — de la terre faute de pluie 갈음. La — règne 갈읏다 & 갈으다 (으러, 은).

Second V. deuxième. — d'un commandant etc. se rend souvent par *부 mis devant le nom de l'office.

Secondaire . Ecole — *중학교.

Seconde (subst) 1/60me de minute *묘

1260/

Seconder aider 돕다 (도아, 도은), 도아주다.

Secondines *후산, 태.

Secouer 흔들다 (어, 든). — de haut en bas 너펄거리다. = — pour faire tomber la poussière (ou autre chose) 떨다 (어, 떤), 떨치다, 떨더리다, 털다 (어, 턴). (On dira aussi bien 몬지 떨다, 옷 떨다: secouer la poussière, secouer l'habit). 근들거리다, 근덕이다, 근덩거리다.

Secourable *활협하다

Secourir *구제하다, 구원하다, 구완하다, = 거들다 × 기드다 (드러, 드) (거들다 en sens passif) 돕다, 도아주다, 되오다, 되와주다 = — tirer d'un danger 건지다, 건져주다 (litt. tirer de l'eau). — dans un besoin extrême *활인하다.

Secours 바라지 = 구제하기 etc. V. Secourir. Au —! 사름살녀라. Il n'y a pas de — à attendre 바랄것 업다. Armée (ou colonne) de — ou de renfort *구원병, 구완병

Secousse 흔들니기, 흔들님이. — en agg. *동. — de tremblement de terre *디동.

Secret (subst.) 비밀혼말, 비밀혼것, 은밀혼말, 은밀혼것. Garder un — 말 드러내지아니하다, 누설아니하다, 누설치아니하다. Le laisser échapper *누설하다. Le publier *젼파하다. = Au fig. on dit 불구녕지르다 comme on dirait en français "laisser échapper le chat". = Homme incapable de garder un — 말 참지못하다, 말 참을줄모르다, 입가바얍다 (야와, 야온) — Le contraire est 입무겁다 (거워, 온). Arracher adroitement un — 속쌥다 (아, 은). de à force d'interrogations 긔여보다 (보려, 른). Chercher à tirer un — par ruse 홈츠러 바르다 (발너, 바른). = —, moyen, procédé *법, *슈. — En — 가만히, 비밀히, 은근이, 슬긔히.

Secret (adj.) 비밀ᄒᆞ다, *은밀ᄒᆞ다, *은근ᄒᆞ다, 가만ᄒᆞ다, en agg. *밀. Dieu connait nos plus — pensées 은밀ᄒᆞᆫ ᄉᆡᆼ각이라도 ᄌᆞ셰히 알으신다. = Toilette, — *비밀결사.

Secrétaire *서ᄉᆞ, *서리 & surtout *서리. — officiel *서리관, — particulier *비서관. = (Autrefois le mandarin avait 2 sortes de secrétaires: le 칙방 & le 본서잡이). = Faire fonction de — 서ᄉᆞᄒᆞ다. Employer un — 서ᄉᆞ를 식히다.

Secrétairie d'Etat (St Siège) *외부.

Secrétariat *서리과, *서리국. = — les Brefs (St Siège) *교화 ᄒᆞᆫ 신ᄒᆞᆫ.

Secrètement 비밀히, 은근이, 가만히, = 남모로게.

Sécréter

Sectaire

Sectateur *ᄃᆡ도.

Secte *파, *분파 (branche), — religieuse 교파.

Secteur de cercle *선형, — de retranchement *방어디구

Section Division, partie *분ᄃᆡ, *부분; — d'une administration, etc *부, *과 = d'un livre *편. = — géométrie *교. Point de — *교뎜; Ligne de — *교션. = — militaire (Division de la compagnie) *소ᄃᆡ.

Séculariser Se — (religieux, bon-

ze bouddhique 회속하다.
Séculier *세속, *속. Affaires — 세속일, 속사
Un — (par opposition à bonze) *속인. =(chrét.)
Un —, un laïque *벽교우.
Sécurité 태평안. Être (ou se croire) en —
*태평안하다, 태평안이지내다, 대태평이지내다.
Sédentaire Mener une vie
— 가만히드러안사다 (안저, 준), 출입아니하다.
= 안진방노롯하다 (vivre en paralytique).
Sédiment 침전물. = —, lie 앙금
Séditieux 역적스럽다 (러워, 운).
Sédition *변란 = — contre un mandarin *민요.
Exciter une — 변란니루키다. L'étouffer 변란막다.
Séducteur 후리군, 후리쟁이.
Séduire tromper 후리다, 쇠오다 (쇠와, 온). Se laisser —, être — 후리이다, 후림을 닙다 (어, 은), = 속다 (아, 은). = —, porter au mal *유인하다. (employé rg. pour — une femme) Chercher à — 요긔부리다
Séduisant beau, agréable 아릿답다 (다와, 운), *아담하다; — (en mauvaise part) 요샤하다, 요샤스럽다
요긔롭다 (로와, 온), 샤긔롭다. = —, rusé, 요긔스럽다
adroit 후리다, 능갈치다, 능활하다.
Segment, partie *부분, en agg. *분. =
— (en géométrie) — de ligne *선분, *분선.
— de cercle *궁형; — de sphère *구디, *구분.
Seiche poisson 오적어.
Seigle Les Coréens l'appellent 호밀 (Il a été introduit par les Japs).
Seigneur maître *쥬, *쥬직, — 님. Notre
Jésus Christ *오쥬예수. = Un —, un grand

de la cour *대신. —, titre honorifique *당신, *대인, *대감. = 싀셔 joint à une autre appellation. = 각하.

Sein poitrine 가ᄉᆞᆷ, *흉; — mamelles 졋, 졋가ᄉᆞᆷ. Donner le — 졋먹이다. Porter sur son — 품다 (어, 은), 안다 (아, 은). Y être porté 품기다, 안기다. Porter dans son — ᄇᆡ다, *잉ᄐᆡᄒᆞ다. Garder dans son — (sentiment) 품다 (어, 은). = —, milieu 가온ᄃᆡ, *즁. Vivre au — des honneurs & des richesses 부귀가온ᄃᆡ 살다.

Seing signature *슈결.

Seize 열여ᄉᆞᆺ, *십뉵. Le — du mois 열엿ᄉᆡ.

Seizième 열여ᄉᆞᆺ재, *뎨십뉵.

Séjour

Séjourner qque temps 묵다 (어, 은), 머므ᄅᆞ다 (믈너, 므론), 머므다 (러, 믄), 머물다 (어, 문). = —, habiter (plus ou moins définitivement) 살다 (아, 산), *거ᄒᆞ다, *거쥬ᄒᆞ다.

Sel 소곰, 소금, en agg. *염. — gemme *산염; — marin *ᄒᆡ염. = Eau de — (qui découle des sacs de —) 간슈, *염슈. ≡ —, en chimie *염 (on les dénomme par le nom de l'acide suivi du nom de la base).

Cheval de — *긔마

Selle de cheval, harnais 안쟝. = —, chaise percée . Aller à la — ᄯᅩᆼ누다, 뒤보다, 쇼마보다.

Seller (un animal) 안쟝지우다 (워, 운)

Sellier 안쟝쟝이. La boutique *마샹뎐.

Sellette

1264

Selon se rend par la terminaison 대로. = Ou par le locatif. — Ses forces 힘대로; — moi 내 소견대로, 내 소견에. Agir — les circonstances 일 되여 가는 대로 ᄒᆞ다.

Semailles

Semaine *쥬일 (週日). = (칠일 est une vieille expression qui semble un reste de la semaine. On dit ᄒᆞᆫ 칠일, 두 칠일 comme on disait une semaine, 2 semaines; sauf qu'il n'y a pas de jour déterminé pour commencer = expression assez rare). = Avec le calendrier solaire on a adopté la semaine. Pour dénommer les "jours", on a pris le nom des planètes de même nom que les divinités qui ont nommé les jours de la semaine française: 일요일 Dimanche (日); 월요일 Lundi (月); 화요일 Mardi (火); 슈요일 Mercredi (水); 목요일 Jeudi (木); 금요일 Vendredi (金) 토요일 Samedi (土). Pour le Dimanche, les chrétiens disent 쥬일 (主日); et les païens 공일 (jour de congé)

*일쥬간

aussi ᄒᆞᆫ칠에ᄂᆞᆫ

Sémaphore *신호긔.

Semblable (similis) ᄀᆞᆺ다 (ᄒᆞ. ᄒᆞᆫ). — (ejusdem generis) 그러ᄒᆞ다 (그러, 그런). On les joint parfois: A-t-on jamais vu chose — 그런 ᄀᆞᆺᄒᆞᆫ 것 누가 보앗ᄂᆞ냐. — Absolument — ᄯᅩᆨ ᄀᆞᆺ다. Presque — 비슷ᄒᆞ다, 비방ᄒᆞ다, 비스름ᄒᆞ다, 비슷비슷ᄒᆞ다. =

Etre toujours semblable à soi même, ne pas varier 혼결곳다, 혼갈곳다. = Vous ne verrez jamais chose — 그런것 다시못보겟다. Il n'y a pas à s'inquiéter d'une petite faute — 그런끼죄로걱졍홀것업다. ≡ —, en géom. *상ᄉᆞ. Figures — *상ᄉᆞ형

Semblablement ᄀᆞ치, = 그러, 그러게.

Semblant. Un semblant de ... ᄀᆞᄐᆞᆫ것. — Faire — de, se rend par la forme ᄒᆞᄂᆞᆫ톄ᄒᆞ다. Faire — de dormir 자ᄂᆞᆫ톄ᄒᆞ다. Je ne sais s'il le fait pour de bon ou s'il ne fait que — 춤으로ᄒᆞ던지거줏슈,이던지 모로다. — Ne faire — de rien 아니ᄒᆞᄂᆞᆫ톄ᄒᆞ다 (action; — ᄒᆞ다 se remplaçant par tel ou tel autre verbe), 모로ᄂᆞᆫ톄ᄒᆞ다 (ne pas laisser voir qu'on sait). — Sans faire — de rien (tout doucement) 슬며시, 슬금히, 슬쩍, 슬근슬근, 슬쩍슬쩍.

Sembler 뵈다 (여, 뵌) (être vu, regardé comme —, avec l'instrumental). — riche 부자로뵈다, 부쟈모양으로뵈다. — Quand — marque la probabilité, il se rend par les diverses formes dites "probables": 듯ᄒᆞ다, 듯시브다, 가보다, 나보다: au présent ᄒᆞᄂᆞᆫ듯ᄒᆞ다, ᄒᆞᄂᆞᆫ가보다, ᄒᆞᄂᆞᆫ듯시브다, ᄒᆞ나보다. au passé ᄒᆞᆫ듯ᄒᆞ다, ᄒᆞᆫ듯시브다, ᄒᆞᆫ가보다, ᄒᆞ엿나보다. — futur ᄒᆞᆯ듯ᄒᆞ다, ᄒᆞᆯ듯시브다, ᄒᆞᆯ가보다, ᄒᆞ겟나보다. Pour le futur il y a encore une autre forme: ᄒᆞᆯ셩브르다, ou mieux

홀졍바쿠다 (빨나, 바흔). On renforce qqf. avec une autre expression dubitative : Il me — qu'il se trompe 내소견에속는듯시부다. Vous êtes, ce me —, un peu trop hardi 아바조곰넘우과히놉놉홀듯호다. ≡ Voici qques autres formes : — malade 병된모양일다, 병쉭잇다, 앓흔모양잇다, 병된사룸굿다. — heureux 보기에복되다, 보기에복된사룸굿다. Ce me —, comme il me — 내보기에, 내소견에. Que vous en — 네보기에엇더호냐. Il leur — que je suis le chef 나를괴슈로안다. Comparé au bonheur du ciel, celui de la terre ne — rien 텬당에비기면세복이업는것굿다. Allez où bon me semble 가고시분데로가다.

<u>Semelle</u> 신바닥, 볼, = 창. Les changer, ressemeler 창갈다 (아,간) 창받다 (아,은), 볼받다 (볼se dit surtout des bas)

<u>Semence</u> 씨

<u>Semer</u> 십으다 (십어, 은), 슈으다. = —, Répandre de côté & d'autre 색리다. — la discorde 니간호다, 니간붓치다, 불목식히다. Le ciel est — d'étoiles 하놀에별이총총호다.

<u>Semestre</u> *반년, 엿숫달간.

<u>Semi</u> en agg. *반.

<u>Sémillant</u>

<u>Séminaire</u> *신학교, *신품학교, *학당.

<u>Séminariste</u> *신학교싱, *신품학교싱, *학동

<u>Semis</u> en pépinière 모.

<u>Semonce</u> 쑤지롬, 척망.

<u>Sempiternel</u> *영원호다.

Sénat *원로원.

Sénateur *원로원의관, *원로원의원.

Séneçon *니호쵸, *황화지초.

Senevé 겨조, 졔조.

Sens du corps 관, 관능. Les cinq — *오관, *육신오관. Ordinairement on n'en compte que 4: *이목구비 (oreilles, yeux, bouche, nez). Pour le toucher, on dit 몸, = chose qui tombe sous les — *유형ᄒᆞ다, *유샹ᄒᆞ다, *유형유샹ᄒᆞ다, = 형샹잇다. Ne pas y tomber *무형ᄒᆞ다 (En un sens plus absolu, on dirait 심목으로 알수업다: impossible à connaître ni par les yeux, ni par l'esprit). Flatter les — 몸을 앗기다, 몸을 즐기게ᄒᆞ다. = — jugement, intelligence, raison *지각, 슬긔, *의견 & même 소견. (Homme) de bon —, de bon jugement *규뫼ᄒᆞ다, 듀뫼ᄒᆞ다, 진즁ᄒᆞ다 = 의량넓다 (어.은). N'avoir pas le — commun (personne) 지각ᄒᆞ나업다, *미련ᄒᆞ다, de (chose) 미련ᄒᆞ다. Si vous aviez le — commun 사룸곳ᄒᆞ면. Avoir perdu le — 간경에 병드럿다, 간경에샹ᄒᆞ엿다, 간경에 바람드럿다 (avoir mal au foie, avoir du vent dans le foie); 바람먹엇다, 바람마쳣다 (avoir mangé du vent). = —, opinion, avis 뜻, 의ᄉᆞ, *소견 & pour le supérieur 쳐분. A mon — 내소견에. Être attaché à son — 고집ᄒᆞ다. Donner à le sens d'un autre 뜻을달니ᄒᆞ다.

Homme de — étroit, de peu de jugement 소견좁다.

Sens commun *샹식

Sens — Sentiment

1268/

= —, signification 뜻. — propre (d'un texte) *본의, *본의미. Avoir un double —, être à double — 두동지다, 두동싸다, 두동그르다 (글너, 그른). = 두가지로도라가다. = —, situation 모양. Mettre dans un autre — 달니두다, — Sens dessous (à l'envers) 뒤집어, de (la tête en bas) 것구로. Mettre sens dessus dessous 뒤집다 (act. & neutre), 뒤집어노타. Rouler — dessus dessous 곤두박질ᄒᆞ다. — Dessus dessous (en désordre) 뒤숭숭, de (lieu, v.g. chambre) 뒤함박시다, de (foule) *요란ᄒᆞ다. ≡ —, direction *방. En tous — ᄉᆞ변에, ᄉᆞ방에. La ville a 10 lys en tous — 읍니ᄉᆞ면에십리된다.

Parole à double — 겹말

곤두박이다. Tomber — dessus dessous 곤두박질ᄒᆞ다

업다 (허,흔), 업치다, 업허노타 (la tête, la face, l'ouverture d'un vase) en bas)

Sensation — en philo. *감각

Sensationnel

Sensé qui a du bon sens 지각잇다, *진중ᄒᆞ다, *의견도타, *의량넓다 (어,은).

Sensibilité

Sensible qui tombe sous les sens *유형ᄒᆞ다; — (qui sent) . On se sert ordinairement de ᄒᆞ다. Voici qq. expressions 슈질ᄒᆞ다, — au mal de mer; 간지럼ᄒᆞ다, chatouilleux; 붓그러움ᄒᆞ다, timide, honteux; 노염ᄒᆞ다, irascible = 옷ᄒᆞ다 — au vernis, attrappe facilement la maladie du "vernis". = 봇

ᄐᆞ다 — au printemps, indisposé par le printemps. = Trop —, qui ne peut rien supporter 촌을 청업다. = —, qui sert les sens. Affection —, amour — *육졍.

Sensibilité — connaissance (hommes et animaux par opp. aux plantes et minéraux) *감각, *감각셩.

Sensiblement De manière qu'on s'en aperçoive 알만큼 (pour la vue 볼만큼; pour l'ouïe 드롤만큼). La mer monte — 바다 닐ᄎᆞᄎᆞᆫ히 올나간다. = —, manifestement 드러나게; —, vivement, grandement ᄆᆡ우. très — 활셕. Cela m'afflige — 그것에 ᄆᆡ우 앏ᄒᆞ다.

Sensitif âme — *각혼.

Appétit sensitif *각욕. nerf — *감각신경.

Sensitive plante 자괴나무.

Sensualisme *유각 (système) *유각쥬의, *유각쥬의.

Sensualité *ᄉᆞ욕, *ᄉᆞ졍, = *육졍 = obscénité 사특ᄒᆞᆫ졍.

Sensuel obscène *사특ᄒᆞ다

Sentence jugement d'un procès — *션고 =ᄒᆞ다. = autrefois — au civil 제ᄉᆞ, au criminel *결안. Prononcer la — 판단ᄒᆞ다, *결단ᄒᆞ다 = 제ᄉᆞ내다, 결안ᄒᆞ다. = —, proverbe 속담, 언어.

Sentencieux D'un homme —, affecté on dira 낙게오ᄅᆞ게ᄒᆞ다, 놉흔톄ᄒᆞ다.

Senteur odeur 내; — parfum 향내.

Sentier 길, *쇼로.

Sentiment faculté de sentir, de percevoir. Avoir le sentiment de (telle ou telle chose) ᄂᆞ다 (V. sensible). Le corps

Sentinelle — Septante

1270/

n'a aucun — après la mort 죽은후 육신이아모것도모ᄅᆞᆫ다. = — passion *졍 ; — affection *애졍 ; — d'humanité *인졍 ; — d'égoïsme *ᄉᆞ졍 ; — de reconnaissance *은졍 ; — charnel (affection sensible) 육졍 ; id., (impur) *음졍. Avoir perdu tout — d'humanité *박졍ᄒᆞ다, 인졍업다. = —, opinion, avis *쇼견, *ᄉᆡᆼ각, 뜻.

Sentinelle *번병, *보초 = *슈직군, *ᄉᆡᆼ직군. —, guetteur *파슈군. Faire — *슈직ᄒᆞ다, *파슈ᄒᆞ다. = 번ᄒᆞ다. Les Coréens disent qqf. 슌쵸ᄒᆞ다 (슌쵸, 슌쵸군), mais c'est proprement "faire patrouille".

Sentir percevoir, connaître, deviner *감각ᄒᆞ다 = 알다 (아, 안) ; = —, éprouver une sensation. = — être sensible à ᄂᆞ다 (ᄂᆞ, ᄂᆞᆫ). — les coups de bâton 매를ᄂᆞ다 (매 아니ᄂᆞ다 ne pas les — se dit d'un incorrigible). Ne pas — l'amertume (de qque chose) 쓴줄모르다. Ne pas — la beauté 됴흔줄모르다. = —, (par l'odorat), (act.) 내맛다 (하, 흔), 내맛하보다, 맛다. —, (neutre) avoir de l'odeur 내나다, 내내다. = —, s'apercevoir, reconnaître, 알다 (아, 안), ᄭᆡ닷다 (ᄭᆡ다라, ᄭᆡ다른). — la faute 졔죄를ᄭᆡ닷다. Sentir qu'on fait mal 잘못ᄒᆞᆫ줄알다. Ne faites point connaître ce que vous sentez 네ᄆᆞᄋᆞᆷ을드러내지마라. = — ses forces 졔힘을

낏다 (어.은) (C'est: se — fort, avoir conscience de sa force). Se —, avoir la connaissance, le sentiment 졔몸을알다. Le malade ne se sent plus 병쟈가 아모졍신업다, 병쟈가아모것도모른다. Ne pas se — de joie 됴하못견되다; 용약하다. Se —, souffrir de 두다. Tout le monde se — de la famine 흉년을면한놈이업다. Ne pas se — de la chaleur 더운줄모르다.

Séparable 논홀만하다, 갈날만하다.

Séparation 논호기, 논홈이, 갈니기 갈님이. = —, cloison 벽. Faire une — 간막다 (아.은), 벽막다, 벽치다.

Séparément 싸로, 각각.

Séparer, disperser 헤칩다 (어.운). 헤치다. — mettre à part 싸로두다, 각각두다; — par un triage 고르다 (골나 ㅅ나, 고른), 골나내다, 갈희다, 갈희여내다, 가리다, 가려내다 *택출하다. = —, diviser 논호다 (화.혼). = — de force 새다 (어, 샌). — un enfant (de ses parents) 오희를새다. — des gens qui se battent 싸홈을뜻어노타, 싸홈을말니다. = Se —, se disperser 헤어지다, 헤여지다. Se — mutuellement 갈니다. Se —, bifurquer (routes) 갈니다. Être — 싸로잇다. = 쇠스다 (서, 슨), isolé 외쌀다 (쌀라, 쌀)). Être —, divisé 갈니다, 논호이다.

parfois 싸러지다 (v.g. amis qui se — à regret, — coutume à laquelle on renonce).

Sept 닐곱, 닐곱, *칠.

Septante 닐흔, *칠십.

Septentrion *븍, *북, *북편.
Septième 닐곱재, *뎨칠.
Septièmement 칠은, 닐곱흔.
Septuagénaire 칠십된 노인, *칠십노인.
Septuagésime Dimanche de la — 봉지전 셋재주일 (3e Dim. avant le Carême)
Sépulcre 뫼, 닉덤, *산, *산소. — De famille (ancien) *국산. Les nouveaux sont dits 신산)
Sépulture Sépulcre v. ci dessus. — funérailles *장스 V. Funérailles. Enterrer.
Séquelle nouvrice cligne *당, *악당, 무리
Séquestrer enfermer 가두다 (어, 둔), 가도다 (아, 돈). Se — 출입 뎨 ᄒᆞ다.
Sérail
Séraphin *치, *치텬신.
Serein (subst.), rosée 이슬. en agg *로
Serein adj. sans nuage (en parlant du ciel) 붉다 (아, 은). Un temps — 붉은날, 붉은일긔, 텬긔 됴흔날 Le temps devient — 하ᄂᆞᆯ이 붉아진다, 날이 붉아진다. = Avoir un visage — 얼골이 화평ᄒᆞ다.
Sergent vieux système *십쟝 = — nouveau système — armée coréenne avant 1907 *참교, — major *졍교. = armée jap. sergent *군조, — major *조쟝. = — de ville *슌ᄉᆞ.
Série 츠례. Être en — 츠례 조외다. = 년ᄒᆞ다, 년ᄒᆞ야 잇다.
Sérieux (personne) 무겁다 (거워, 온), *진즁

Sériculture *양잠

ᄒᆞ다. —(chose) *즁ᄒᆞ다, *즁대ᄒᆞ다, 관계되다.

Serin oiseau *백연, *금사작.

Seringue 날총, 날사락총, *주사리. — hypodermique *주사침.

Serment 빙셰, *빙셔 =ᄒᆞ다. Promettre avec — 빙셰ᄒᆞ야 허락ᄒᆞ다. Violer un — 빙셰를 비반ᄒᆞ다. Faux — 헛빙셰. *셔약

Sermon 도리강론, *강도.

Serosité 진물.

Serpe 낫, 곰장칼.

Serpent 빈얌, en agg. le — (couleuvre) protecteur d'une maison 업구렁. — venimeux *독ᄉᆞ. Dépouille de — 허물 (en médecine on la dit *ᄉᆞ퇴).

Serpentine (pierre ollaire) *사문셕

Serpenter 셔릐셔릐ᄒᆞ다.

Serpette 곱장칼.

Serre d'oiseau de proie 발톱. Emporter dans ses — 차가다, 움킈여가다. = — (pour plantes)

Serrement de coeur *울긔, *울증, *울화. Des *울화병 fièvre d'inquiétude; 울화증 mélancolie.

Serrer avec la main 쥐다. — bien *꼭쥐다. — en liant ᄶᆞᆨ ᄆᆡ다, ᄶᆞᆨ동히다. — une ceinture, un paquet (tout ce qui baille) 입을 아물다 (어, 믄). — contre la poitrine 단단이 안다, ᄶᆞᆨ 안다 (아, 은). — le pied (soulier trop étroit) (신발에) 발 ᄭᅵ이다. — (soulier trop court) 발이 ᄭᅪᆺ길니다. = — qqun de près en le poursuivant 것, 치ᄶᅩᆺ다 (차, 친),

껏 빗어 좃다 (Poursuivre le cran par levé. — la main prête à saisir). — qqun de près, lui couper toute issue 굼ᄉᆡᆨ 빗ᄒᆞ게 ᄒᆞ다. (au passif 굼ᄉᆡᆨ 빗ᄒᆞ게 되다). ≡ —, ramasser, enfermer, mettre en lieu sûr 거두다 (어,둔), *슈습ᄒᆞ다, *간직ᄒᆞ다, *간슈ᄒᆞ다. ≡ Se —

Se — avec une ceinture 허리ᄯᅴ ᄌᆞᆨ ᄆᆡ다.

Se — l'un contre l'autre (petit nombre) 서로 븟놀다 (어,는); de (foule) 모히다, ᄯᅦ짓다 (지어,지은). = Être — . Être — avec la main 쥐이다; — avec un lien ᄌᆞᆨ ᄆᆡ이다, ᄌᆞᆨ 졸히다. = —, liens 죄다 (여, 죈) le contraire est 늣다 (저,즌). Être — entre deux choses, être — de une foule ᄭᅵ이다, ᄡᅡ히다, ᄌᆞᆨ ᄭᅵ이다, ᄌᆞᆨ ᄡᅡ히다. Être —, touffu (arbres, semence, etc) ᄲᅬ다, 되다, 빅빅ᄒᆞ다. Serrer — ᄲᅬ게 심으다, 되게 심으다. S'avancer en rangs — ᄯᅦ지어 가다. ≡ Être —, avare *닌식ᄒᆞ다, *닌ᄒᆞ다. ≡ Avoir le cœur — 울긔나다, 울ᄒᆞ나다.

Peu serré (lien, ceinture) 살 죄다, 살 죗ᄒᆞ다

Serre tête coréen en crin *망건; — en toile (deuil) *호망.

Serrure 잠을쇠.

Serrurier 대쟝.

Sertir

Servant V. Serviteur. = — du missionnaire *복ᄉᆞ. — de messe *복미사군. = — d'artillerie *포슈.

Servante *안복ᄉᆞ, *녀복ᄉᆞ. = 더부살이.

Jeune —, enfant 경지오최 (Kyeng hyangto).
= — esclave 종녀. = — du palais 나인 궁녀.
Votre humble — 쇼녀.

Serviable

Service usage, utilité 쓸데 Qui n'est d'aucun — 쓸데업다. Être hors de — 못쓰게 되다, 방장나다. Mettre hors de — 바장식히다. Tout ce que j'ai est à votre — 내거시게 거실다. = — bon office 신세 Rendre un — 신세시치다. Le recevoir 신세지다. = — fonction 소북 Être de — 소북보다 (아,본). De (par roulement) 번호다. Le commencer 번들다, 번드다 (드러,든), le finir 번나다 = — (militaire) 역, 병역. Pour les officiers on dit 군북.

Serviette 슈건, — de table 밥슈건, — de toilette 세슈슈건.

Servile bas, abject 천호다. Homme — 곱쇠 (peu recommandé).

Servilement 종처럼.

Servir comme domestique, employé 복역호다, 슈죵호다 (peu employés, sauf 복역호다: — comme soldat, — comme fonctionnaire). Ordinairement on se sert du mot del. emploi suivi de 호다. = — à table 상보다 (아,본), 상을보솔뢰다, 상식부럭호다.

Servir — préparer & apporter les mets 공궤호다 (très honorif.)

Esclave qui — à table 상노. = — à boire 술붓다 (부어,은) = — la messe 보미사 호다. = —, faire son service militaire 복역

1276/

하다, = 군ᄉᆞ노ᄅᆞᆺᄒᆞ다. ≡ —, honorer (Dieu, le roi, son mari etc.) 셤기다, 밧들다 (어,든), 밧들어셤기다. — chez le roi, — au palais 궐내 잇다. ≡ —, être utile 쓰다 (써,쓴). A quoi cela sert-il 무ᄉᆞᆷ 쓸ᄃᆡ잇ᄂᆞ냐. A quoi cela servira-t-il 무엇ᄒᆡ쓰겟ᄂᆞ냐. Cela ne sert pas 쓰는ᄃᆡ업다. Cela ne sert à rien 쓸ᄃᆡ업다. ≡ — de, remplacer *ᄃᆡ신ᄒᆞ다. — de père (à un orphelin) *부모ᄃᆡ신ᄒᆞ다. — (souvent, soit pour les hommes, soit pour les choses, on dira 구실ᄒᆞ다 : tenir l'emploi de). ≡ Se — de 쓰다, 부리다, *ᄉᆞ용ᄒᆞ다.

*: 용ᄒᆞ다.

무ᄉᆞᆷ소용잇ᄂᆞ냐

Serviteur esclave 종, non esclave, domestique 더부살이; — de femme ᄆᆡ음, ᄆᆡ엄 (on prononce ord^t ᄆᆡ슴 d'où le mot ᄆᆡ슴ᄋᆞᄒᆡ enfant mâle, garçon). Les deux classes de — sont comprises sous le mot *하인. = — d'un magasin ou chose équivalente, — non personnel *ᄉᆞ환 commis; *차인, employé *거휴, *거휴군 même sens (moins usité). = *청직이 garçon de bureau, de salle.

— (de table *급ᄉᆞ

Servitude *복역 Vivre en — 종노릇ᄒᆞ다. Réduire en — 종으로부리다.

Sésame ᄭᆡ, 참ᄭᆡ. Huile de — 참기름.

Session

Séton

Seuil De la porte 문턱, 문아리턱, 문디방.

Seul 혼ᄌᆞ, = en agg. *독 = 외롭다 (로와,온)

—, opposé à plusieurs 단 maison d'un — kan, 단간집

qui veut surtout dire — sans proches parents. Le sentir — 외로온 싱각나다 (se dit pour "regretter d'être loin de sa famille"). Être —, sans soutien, sans famille ᐩ고독ᄒᆞ다. Nous sommes tous deux — 우리 둘이 ᄲᅮᆫ잇다. N'avoir pas une — sapèque 돈 ᄒᆞᆫ닙도 업다. N'avoir pas un seul brin (de telle ou telle chose) ᄒᆞᆫ낫도 업다. N'avoir qu'un — fils 독ᄌᆞ두다. — Agir — 혼ᄌᆞᄒᆞ다, 홀노ᄒᆞ다. Vivre — 혼ᄌᆞ살다, 혼ᄌᆞ몸으로 살다. 홋몸으로 살다.

Seulement 오직, 다ᄆᆞᆫ suivi toujours de ᄲᅮᆫ; ᄲᅮᆫ (employé seul). Si j'avais — 10 ligatures 다ᄆᆞᆫ 십냥ᄲᅮᆫ 잇ᄉᆞ면, 십량ᄲᅮᆫ 잇ᄉᆞ면. Si je le voyais — 보기ᄲᅮᆫᄒᆞ면. Non — cela mais … 그ᄲᅮᆫ아니라 … 도, 그리될ᄲᅮᆫ더러…

Sève 믈, 진, 진믈. = — (fig.) vigueur ᐩ싱긔

Sévère ᐩ엄ᄒᆞ다, en agg. ᐩ엄. Le père — fait le bon fils 엄부의 효ᄌᆞ. = —, raide 융착이다. — avec qqun 노리다; de trop, trop dur, injuste 야속ᄒᆞ다, 야쇽ᄒᆞ다. Commandement — 엄명.

Sévèrement 엄히. 엄ᄒᆞ게. Regarder qqun — 노려보다 (아. 본)

Sévices d'un fort contre un faible ᐩ압계. Les faire — ᄒᆞ다. Les subir — 받다.

Sévir contre ᐩ칙학ᄒᆞ다.

Sévrer un enfant 졋ᄯᅦ다 (여. ᄯᅦᆫ), 졋ᄲᆞᆯ다 (하, 흔). Se — de plaisir 일락을ᄲᆞᆯ다.

Sexagenaire ᐩ륙십로인, 륙십된사ᄅᆞᆷ.

Sexagésime — Sien

1278

Sexagesime 봉지젼둘재주일

Sexe *셩; — masculin *남셩, — féminin *녀셩. Les deux — *남녀량셩. Sans distinction de — *남녀물론ᄒᆞ고. Sans distinction d'âge ni de — *남녀로쇼물론ᄒᆞ고 = Séparation des — (moeurs coréennes) *내외 = ᄒᆞ다. Ne pas l'observer 내외업시 … ᄒᆞ다, … 단니다, etc.

Sextant ~~…~~ *륙분의, *륙분권의.

Sexuel . Parties — V. Partie. organes — (médic.) *셩긔

Shintoïsme *신도

Si conj. 만일 suivi d'une forme conditionnelle (만일 se sous-entend très souvent). — Les formes conditionnelles affirmatives (ou négatives) sont: présent ᄒᆞ면, ᄒᆞ거든; passé ᄒᆞ엿시면, ᄒᆞ엿거든, futur ᄒᆞ겟시면, ᄒᆞ겟거든. = — Dubitatif avec un verbe (ignorer, savoir, demander, etc) exprimé ou sous-entendu ᄒᆞᄂᆞᆫ지, ᄒᆞᆫ지 ᄒᆞ엿ᄂᆞᆫ지, ᄒᆞᆯ지, ᄒᆞᆯ넌지 — et en se parlant à soi même ᄒᆞᄂᆞᆫ가, ᄒᆞ혓ᄂᆞᆫ가, ᄒᆞᆯ가. Ignorer s'il est venu ou non 온지아니온지 모로다. Demander s'il ira 갈넌지아니갈넌지 무러보다. Si j'allais? 갈가. (Je ne sais) — je dois faire ᄒᆞᆯ가 말가. ᄒᆞᆯ동 말동. ≡ —, tellement 그리, 그ᄀᆞᆺ치. Une si petite chose 그ᄀᆞᆺ치것, 그리젹은것, 그런ᄀᆞᆺᄒᆞᆫ것. Il est — savant qu'il n'ignore rien 모ᄅᆞᄂᆞᆫ것업시다 안다. Je ne suis pas — fou que de vous croire 내흉볭이 네게 속지 나블만ᄒᆞ다. = —, Dans ce sens de "tellement" se rend souvent en conversation par 그다지, 그처럼, 그리게. Est-il — bête? 그다지 미련ᄒᆞᆫ가. ≡ —, autant 만치. Vous ne faites pas si bien que moi 나만치 아니ᄒᆞᆫ다. Il ne fait pas — chaud qu'hier 어제만치 덥지안다. ≡ Comme — 마치. ≡ Si, au sens de quelque, se rend par les formes en 도 avec 아모리: — petit qu'il soit 아모리 적어도 (아모리 quelque (However).

Siècle de 100 ans *세긔, 빅년. —, indéterminé *세 Les — futurs 후세. = —, époque *시디. = —, monde *세속, en agg 속 Les gens du — 속인. Renoncer au — *탈세ᄒᆞ다, *탈속ᄒᆞ다. Retourner au — (religieux, bonze) 퇴속ᄒᆞ다.

Sied (seoir) Il —, est convenable *맛당ᄒᆞ다, *당ᄒᆞ다. Il ne — pas 당치안타.

Siége pour s'asseoir *좌석, 걸상. Le saint — *셩좌. ≡ —, lieu où se trouve qqch. 소 — social (d'une Cie) *수ᄀᆞ소, *본뎐. ≡ —, fondement 밋자리, & (le derrière) 뒤, 뒤구녕. ≡ —, militaire, blocus *공위 ᄒᆞ다. Armée de — 공위군. Canon de — 공셩포. = Etat de — 계엄령. (loi martiale)

Siéger

Sien (pronom poss.) 제 제의, = 그, ce dernier ne s'employant que lorsque "le possesseur" n'est pas sujet de la phrase. J'ai

1280/

mon livre & c'a le sien 내게내칙이고제게제칙이다. Il a emporté mon livre & mis le sien 제가내칙을가지고나는그칙을가졋다. = le —, son bien 제것. Rendez à chacun le — 각사ᄅᆞᆷ에제것주어라. Les —, (parents) *일가. Les — (gens de la maison) 집안사ᄅᆞᆷ, 집안식구, *가속.

Sieste 낫잠.

Sifflement 쉬바ᄅᆞᆷ.

Siffler avec les lèvres 쉬바ᄅᆞᆷ불다(어,분), — avec un sifflet . —, (son- fixation sifflante) 식식ᄒᆞ다. — (vent dans les arbres 우우우불다. = —, (balle, flèche, pierre, etc) — le Sist. on fi-est 쉬ᄌᆞᆯ

Sifflet (instrument) *호각, 쉬바ᄅᆞᆷ통, — en écorce d'arbre 회득이; — d'une machine à vapeur *긔통.

Signal *표, 보ᄅᆞᆷ. Donner un — *표ᄒᆞ다. = — de feu sur les montagnes (ancien système) 봉화 (c'était un vrai télégraphe). Allumer le — 봉화들다(어,든).

Signalé remarquable 크다(커,큰), *즁대ᄒᆞ다 = *비범ᄒᆞ다, 예ᄉᆞ롭지안타. Bienfait — 즁대ᄒᆞᆫ은혜.

Signalement (par écrit) *파긔, *용모파긔, *인상서.

Signaler faire connaître — (par signaux ou autrement) 알니다, *통긔ᄒᆞ다, *통지ᄒᆞ다. = se — 드러나다.

Signature 슈표, 슈결.
Signe 표, 보ᄅᆞᆷ. —, tache naturelle sur la peau 혹. — geste, signal par geste 싯. Faire — des yeux 눈싯ᄒᆞ다, — de la main 손싯ᄒᆞ다. — —, présage 증됴. ≡ — de la croix 성호 = 노타(하.흔), = 그리다.
Signer 셔명ᄒᆞ다, 슈결두다.
Signet 지. = 표, 보ᄅᆞᆷ, = 셔산, 셔수.
Signification ᄯᅳᆺ V. sens.
Signifier avoir tel ou tel sens. Qu'est-ce que cela — 무ᄉᆞᆫᄯᅳᆺ이냐 (la même phrase, au sens de reproche, se traduirait 무ᄉᆞᆫᄯᅳᆺ이냐) le mot — que 이말ᄯᅳᆺ은 .... Ce qui — (livre) 들어내려면, ᄯᅳᆺ으로내려면. = — faire connaître 알니다, 통긔ᄒᆞ다, 통지ᄒᆞ다. — être signe de.. 표되다.
Silence 죵죵ᄒᆞ기 — ᄒᆞᆷ이. Garder le — 죵죵이 잇다, 묵묵이 잇다, 가만히잇다, 묵묵ᄒᆞ다, 죵죵ᄒᆞ다, 죵죵다, 죵죵ᄒᆞ다, 덤덤ᄒᆞ다. Se — devant une interrogation ou une accusation 묵묵부답ᄒᆞ다. Silence! (interj.) 말마라, 죵죵고잇거라. Imposer le — 말막다(아.은). Le — règne 아모소리업다. = Passer sous — 덥허두다(허.둔), 접어두다, = 고ᄉᆞᆯᄒᆞ다, 차쳐노타(하.흔); = 최지도외ᄒᆞ다.
Silencieux 죵죵ᄒᆞ다. Se lieu 고요ᄒᆞ다.
Silencieusement 아모말 업시, 아모소리업시, 가만히.
Silex Silice 화셕.

1282/

Silhouette

Sillage

Sillon 이랑, 두둑. La terre élevée entre deux sillons se dit proprement 두둑, 밧두둑. Le creux se dit 보라랑 (C'est la même pour les plaies).

Simagrée 짓, 즛.

Similaire semblable 곳다 (-하, 흔). à peu près — 비슷하다.

Simili choses naturelles imitées par l'homme *인조, suivi du nom de la chose

Similitude Rapport de — (géométrie) *상소비.

Simonie *고성죄

Simoun *열풍.

Simple, non composé *단; 단일. Mot — 단어. Corps — (chimie) 단톄, 원소. Le contraire est 복

= — pur, sans alliage *순결하다, en agg. 순. = —, "sine addito" 빈, v.g. de l'eau — (pure) 빈물. Du riz — (sans assaisonnements) 빈밥. = —, non doublé (habit, etc) 홋 suivi du nom de l'habit. Le contraire est 겹

Habit — 홋옷, caleçon — 홋것. Couverture — (drap de lit) 홋니불. = —, non compliqué

— sans luxe *검소하다; —, sans rien d'extraordinaire *백하다, 예소롭다 (로와, 온). Un — citoyen *백인, 예소사룸. = 무명인 (sans titre)

= —, sans ruse, sans malice *순박하다.

Un homme — (même un peu trop) *순인, 순민.

= —, sincère, véridique 고지식하다, *곤실하다.
Simples herbes médicinales *약풀.
Simplifier
Simulacre *허상.
Simulé 헛, 거짓, 거좃, en agg. *가.
Simuler 하는톄하다, 거좃뭇이다.
Simultané
Sinapisme *겨즈니, *개즈니.
Sincère 바르다 (발나, 바론), 고지식하다, *진실하다, 실답다 (다와, 다온).
Sincèrement 바로, en agg. *직. Avouer — *직고하다, *직초하다. Parler — 정말하다.
Sinécure
Singe 잣납이, 원숭이, 원슝이, 후손이.
Singer 흉내다, = 입내내다.
Singerie 짓.
Singulariser se — 별짓하다, 다른사룸과굿치아니하다, 남보덤다르게하다.
Singularité manière d'être 이상하기..ㅎ, 이, 고이하다 souv. en mauvais sens. = —, manière d'agir, action singulière 별짓.
Singulier (subst.) — en grammaire *단슈.
Singulier adj. rare, extraordinaire 별, 이상하다 = 고이하다 ord. en mauvaise part. Une beauté — *일식. C'est —! 고이하다, 이상하다, 별하다, 야릇하다, & désagréable 뒤려하다, 뒤려한일잇다. Homme —, à manières — 별난호사룸, 뒤려한놈, 별각장이, 별갈쟁이, 별츄, 별골. =

1284

Combat — *결젼 = *duel *결투.

Singulièrement spécialement 특별히; — bizarrement 별ᄒᆞ게.

Sinistre (subst.) en agg. *죄. — incendie *화죄, — inondation *슈죄.

Sinistre (adj.) (présage etc.) *흉ᄒᆞ다, en agg. *흉. Avoir un air — *위름ᄒᆞ다, *름름ᄒᆞ다, 위엄, 차다.

Sinon excepté 외에, 밧긔, 빼고. = —, faute de quoi 아니ᄒᆞ면, 그러치 아니면.

Sinueux 서리서리ᄒᆞ다, 사리사리ᄒᆞ다, 고불ᄒᆞ다, 고부랑ᄒᆞ다, 고불고불ᄒᆞ다.

Sinuosité 고븨 (v. Détour).

Sinus (trigonométrie) 정현

Siphon *급슈긔:

Sire *군 —, majesté 계하. *뎨하.

Sirène poisson fabuleux *인어. — 교어; 교인 de machine *긔통

Sirop *당슈, *당쟝.

Sismographe *격진긔, *디진계. *험진긔

Site *경쳐.

Sitôt déjà 발셔 — sitôt que (한)후 즉시; ᄒᆞ면 ... Cette dernière forme s'emploiera chaque fois que "—que" indique plutôt une condition qu'une relation de temps. Je vous le ferai savoir — que je le saurai. 알기만ᄒᆞ면 통지ᄒᆞ겟다. V. Aussitôt.

Situation d'un lieu 터, 디방, 자리 =

— condition sociale *처디. — d'une affaire *소체; — disposition, ordre 초례.

Situer placer 두다 (어,둔). Être — 잇다. (On dit souvent, en conversation 붓다 (허,흔), 붓허잇다, litt. être collé). La ville est — au milieu d'une plaine 읍니벌가운되잇다. Elle est — au pied d'une montagne ... 산지고잇다 (elle a la montagne sur le dos).

Six 여숫, 륙 Le — du mois 여쇄.

Sixième 여숫지, 데륙.

Sixièmement 여숫은, 륙은.

Sobre *검박ᄒᆞ다. Être —, vivre sobrement 박식ᄒᆞ다, 박의박식ᄒᆞ다, *존절ᄒᆞ다, *검박ᄒᆞ다, *검소ᄒᆞ다.

Sobrement 존절이, 검박이. — modérément 과ᄒᆞ지안케, 알맛게.

Sobriété *존절, 절죠.

Sobriquet 별명, 별호 Ce dernier est parfois honorifique.

Soc de charrue 보습. — triangulaire 부리. Embranchement (de trois routes) en forme de charrue 보습길, 보습곳.

Sociable 친홈반ᄒᆞ다, 사괼반ᄒᆞ다. Non — 패불ᄒᆞ다, 가다롭다 (로와,온).

Social — Relations — *사교; Sciences — *사회학. Vertus — *공덕. = Raison — (d'une Cie) *사명.

Socialisme *사회쥬의.

Socialiste *사회당.

1286/

Sociétaire *샤원, *회원.
Société compagnie, association 회. 회샤. en agg. 샤. Réunion d'une — 협회. = —, relations *샤회 (inusité). Avoir de relations de — *상통하다, *생통하다, des plus intimes 사괴다. *친하다, *친압하다. = — secrète *비밀결샤.
Sociologie 샤회학. *세리학.
Socle 바탕, *대, 굽두리 = *규초. 규휴, 주츄돌.
Sodomie *남식, *계역 L'"agens" reçoit 밧다 (아. 은) ou fait 하다. Le "patiens" donne 주다. = Enfants dont on abuse par la — *미동 (joli garçon. Nota Entre elles, les femmes emploient ce mot au sens de "galant").
Soeur 녀동싱. — par rapport à un frère 누의 (누님, si elle est ainée). en agg. *미 — par rapport à une soeur : — ainée *형, 언니 — cadette *동싱 (V. Frère). Frères & *남미. Relations entre frère & — *남, 미간 (se dit aussi entre beau frère & belle —).
Soi 조긔, 졔, 졔가. en agg. *조 (Voir de) N'avoir pas l'esprit bien à — 정신 갈박 갈박하다, 정신 아득아득하다. Prendre garde à — 삼가다 (가, 간), *조심하다. Prendre sur — la responsabilité 담당하다. Prendre sur —, se retenir, se vaincre 춥다 (아. 은). Être maître de — 춥을 청호다, 춥을 청잇다. Ne s'en rapporter qu'à — 조긔만 밋다. = De —, naturel.

de —, en — '원ᄅᆞᆫ, '원간, 원악, 원ᄅᆡ (originairement)

lement ᄌᆞ연, ᄌᆞᆯ노, 스ᄉᆞ로. = 볼ᄯᅴ, 볼ᄯᅵ. De même (proprio motu) 스ᄉᆞ로, ᄒᆞᆫᄌᆞ. Soi même, De sa propre main 'ᄉᆞᆫ슈, 몸소; — plus souvent ᄌᆞ긔, en agg. ᄌᆞ. Se tuer — même ᄌᆞ살ᄒᆞ다.

Soie 면쥬. Fil de soie 면쥬실. Ver à — 누에 son cocon 누에곳치. Stoffe de — 비단 (Chaque espèce a son nom). = — de porc 되아지털, '뎨모. ≡ — d'un couteau, d'un outil 심비.

Soierie 면쥬, 비단. Fabricant de — 능나쟝이.

Soif 목마ᄅᆞ기 = 갈증 — 나다, 구갈 — ᄒᆞ다, en agg. 갈. Avoir soif 목마ᄅᆞ다, de le faire à souffrir 갈증나다. Avoir une — insatiable 허다 (허, 헌). Je meurs de — 목ᄆᆞᆯ나 주겟다, 목ᄆᆞᆯ나 못살겟다. Haleter de — 씰씰ᄒᆞ다. Étancher sa — 히갈ᄒᆞ다. La faim et la soif 긔갈. ≡ —, Désir ardent, passion 욕심.

*착실ᄒᆞ다, mettre tout son coeur.

Soigner s'occuper de 보다 (아, 본), 도라보다, 돌보다 = 다ᄉᆞ리다. = — un malade 병을 보다, 병을 치료ᄒᆞ다. = —, faire avec soin 잘ᄒᆞ다, 됴심ᄒᆞ다, 됴심잇게ᄒᆞ다 = — les affaires, y veiller 일을 간검ᄒᆞ다

찬찬ᄒᆞ다, 간간ᄒᆞ다

Soigneux *듀밀ᄒᆞ다, 념념ᄒᆞ다. — chaste 부경ᄒᆞ다

Soigneusement 렴렴히, 됴심잇게, 간간히, 알ᄯᆞᆯ히.

Soin, attention 됴심, — application 착념. Avec — 렴렴히, 됴심잇게. Sans — 마고, 함부로 = 되ᄂᆞᆫ대로. Faire sans —, sans assez de — 범연ᄒᆞ다, 범연히ᄒᆞ다, 범홀히ᄒᆞ다. Prendre — de (garder, surveil-

voire avec minutie 알ᄯᆞᆯ히, 살ᄯᆞᆯ히

1288

ler 간슈ᄒᆞ다. Avoir soin de : V. soigner. Avoir — de sa santé 몸도심ᄒᆞ다. Se charger du — d'une affaire 일맛다 (맛.흘). En charger un autre 일맛기다. C'est mon —, mon affaire 내 불거실다. Ayez — que vos inférieurs apprennent la doctrine 손아래 사ᄅᆞᆷ 도리ᄇᆡ호게 ᄒᆞ여라, ... ᄇᆡ호게 실칙ᄒᆞ여라. =, —, inquiétude, peine d'esprit 걱정.

Soir 저녁. — (un peu avant le coucher du soleil) 승석ᄯᆡ (temps du souper des bonzes). — puis 저녁ᄯᆡ (temps du souper). = Au —, à la brune, entre chien et loup 어스름에.

Soit (au sens du latin "esto, age") se rend par la forme ᄒᆞ거니와. Vous le faites, soit, mais vous le regretterez 즉금 ᄒᆞ거니와 후회ᄒᆞ겟다. Qu'il l'ait fait, soit; mais que vous importe 그러ᄒᆞ엿거니와 너ᄂᆞᆫ 알ᄂᆞᆫ데 ᄒᆞᆯ것 잇ᄂᆞ냐. = —, (faites comme vous voudrez) ᄒᆞ려무나. = —, conjonction se rend par les formes 나, 이나, 던지. — que je lise, — que je fasse autre chose 칙보나 다ᄅᆞᆫ일을ᄒᆞ나, ou mieux 칙보던지 다ᄅᆞᆫ일을ᄒᆞ던지. — que vous l'ayez bien fait, — que vous l'ayez mal fait 잘ᄒᆞ엿던지 잘못ᄒᆞ엿던지. = Il est admirable soit par sa science, — par sa modestie 아ᄂᆞᆫ거시어니 겸손ᄒᆞᆫ거시어니 다 이상ᄒᆞ다.

Soixantaine ᄒᆞᆫ륙십.

Soixante 예슌, *륙십.
Soixante-Dix 닐흔, *칠십.
Soixante-Dixième 닐흔재, *뎨칠십.
Soixantième 예슌재, *뎨륙십.
Sol. d'une bâtisse 터; — terrain 디반. Relief du — 디반요텰, 디반긔복. = —, terroir *농토, 사흥. — convenable (pour telle ou telle culture) *의토. Ce — est bon pour les melons 이밧 참외의토이라.
Solaire Système — *태양계. = Cadran — *일영, *일영표. Calendrier — *양력.
Soldat *군ᄉᆞ, *군병, *병뎡, *병뎡, *병졸, en agg. *군, *병, *ᄉᆞ. Un brave — 용밍ᄒᆞᆫ군ᄉᆞ, *용병, *용ᄉᆞ. Faire le métier de — 군ᄉᆞ노롯ᄒᆞ다. = C'est un vrai — (au fig. — homme alerte & vigoureux) 용ᄉᆞ로다.
Solde 료, *봉급, *급료. — de soldats *병ᄉᆞ의급료.
Solder 갑다 (하.흔), 갑주다.
Sole poisson *광어, 넙치.
Soleil *일, 희, *태양, en agg. *일, *양. Lieu exposé au — *양디, *양달. Rayon du — (ou plutôt — brillant, non caché par un nuage) 볏, 희볏. Exposer au — 볏에ᄶᅬ다, 볏에버려두다, 희볏에버리다, 희볏에두다. Id. (pour blanchir: cire, toile, etc) 바래다. S'exposer au — 희볏에쏘이다. Il fait du — 볏나다. Il n'en fait point 희볏업다. Se lever (soleil) (희) 쓰다 (시.쓴); = Décliner 희가넘어가다, 져가다. Se coucher 지다,

넘어가다. Le — & la lune 일월 … & les étoiles 일월성신. Eclipse de — 일식. attraper un coup de — 더위먹다 (c'est plutôt un coup de chaleur).

Soleil, fleur. 해바라기. 해바라기꽃, 향일화, 해가오리

Solennel 위의장하다. Fête — 큰첨례, 대첨례

Solennellement 위의있게.

Solenniser 지내다.

Solennité

Solidaire

Solide 굳다 (어, 은), 강하다, 견고하다, 거세다, 단단하다, 튼튼하다, 탐탁하다 = 질기다 & 질기다 (qui se disent surtout des étoffes & choses semblables). = 확실하다 (au moral) = 완구하다 (susceptible de durer longtemps). devenir — 단단하여지다, 굳어지다; d° par congélation 엉긔다. = —, sur qui on peut compter (homme) 진실하다, 진쥬하다. = —, (en Géométrie) 립톄. = —, corps — (en physique) 고톄. souvent 실톄 = popul. solide (subst.) opposé à liquide 건지, 건덕이 — rigoureux 장하다 D'où homme — 장골 (l'opposé est 약골).

Solidement 단단이, 굳게, 튼튼하게.

Solidifier (se) — par congélation 엉긔다, = autrement 굳어지다.

Solidité 굳기, 단단하기 etc.

Solitaire qui est seul 외롭다 & 외사다 (사러, 산) 고요하다, 회적하다, 그윽하다, 적적하다 tous ces derniers se disant surtout des = 외롭다 (로와, 온) surtout privé (ou loin de) ses parents.

lieu —, — tranquille (lieu) *종용ᄒᆞ다 ; = —, secret (lieu) *은근ᄒᆞ다. Mener une vie — 혼ᄌᆞ살다, 홀노 살다, 고요히 살다. Fleurs se plait ds les endroits — 곰이 은근ᄒᆞᆫ데를 됴하ᄒᆞᆫ다. = Ver — *촌벅훈, *벅둥. = —, ermite *독슈, *은슈.

Solitairement 혼ᄌᆞ, 홀노, 고요히, 은근히.

Solitude, désert 은근ᄒᆞᆫ데, 고요ᄒᆞᆫ데, *무인디방, = 빈들. = —, isolement sentir péniblement la — (surtout l'absence de parents) 외로온 싱각나다.

Solive, Soliveau 들보.

Solliciter exhorter 권ᄒᆞ다 v. exhorter. — au mal 소이오다 (와, 온), *엿유ᄒᆞ다 (유인ᄒᆞ다) = —, prier 빌다 (어, 빈), *구ᄒᆞ다, *긔구ᄒᆞ다 / —, demander 날나다, 날나ᄒᆞ다.

Sollicitude 걱정, *혁념, *넘녀

Solstice d'été *하지 ; — d'hiver *동지

Soluble

Solution liquéfaction . — obtenue, de en pharmacie, teinture *익 . = — d'un problème *히명, *각결 . de, manière de résoudre *히법.

— d'une difficulté, surtout dans un texte 풀님. La donner 풀다, 풀어주다.

Solvable 빗갑기넉넉ᄒᆞ다. 족히빗갑흘만ᄒᆞ다.

Sombre 어둡다 (두워 & 두어, 두온), *암암ᄒᆞ다. Très — 새캄새캄ᄒᆞ다 캄캄ᄒᆞ다. = en agg. *유. — & triste 충충ᄒᆞ다, 우충충ᄒᆞ다. — & froid (jour) *음산ᄒᆞ다, *음침ᄒᆞ다, 음칙ᄒᆞ다. = Visage — 근심ᄒᆞᄂᆞᆫ긔ᄉᆡᆨ.

1292/

Sombrer chavirer (navire) *복션ᄒᆞ다; — se briser *파션ᄒᆞ다.

Sommaire *져셔, *요ᄅᆞᆷ. = 대개, 대강.

Sommairement en abrégé 대개, 대강.

Somme total *도합, — d'une addition *회; — souvent 도합. Faire la — 합산ᄒᆞ다.
= —, charge d'un homme 짐 (ᄒᆞᆫ짐, 두짐).
— charge d'une bête (numéral) 바리 =
la — 모도, 모도다, 도모지, *도합. = —, sommeil 졸. Faire un — 잠자다

Sommeil (besoin de dormir) 조름, —,
(action de dormir) 잠. Dormir d'un bon
— 잠 잘자다, d'un — profond 잠 깁히
자다, 곤히자다 (곤ᄒᆞ다, fatigué). D'un
— léger (ne dormir que d'un oeil), — d'un
— inquiet 사로자다. 잠 사로자다. Avoir
le — léger 귀 붉다 (아, 은) (avoir l'oreille fine).
Troubler le — 놀내다. Être troublé dans son
— 놀나다. Être pressé de —, Avoir —
졸다 (어, 아, 졸), 조으다 (러, 은), 조을니
다 = en Kyeng Tyang 자불다. Être fatigué
& pressé de — 곤ᄒᆞ다. Être accablé de
— 조을너 못견듸다. = Dans le —, dans
un demi — 잠결에 = *슈몽비몽(간), *비몽슈몽.

Sommeiller dormir 자다, —, dormir
à demi parce qu'on a sommeil 졸다 (아, 졸),
조으다 (러, 은) = 자불다 (어, 분).

Sommer presser de *지촉ᄒᆞ다, *독촉ᄒᆞ다.

Sommet 석닥이, 마루, 뿔이, 뿔니. — de
montagne 산석닥이, 산마루, 산 마로ᄇᆡ기
— en pointe *봉, 봉오리. = Être au —

des dignités *고관대작하다 . = — dun angle (géométrie) *경뎍.

Sommier

Sommité

Somnambule *몽즁보힝군, *슈휴쟈, *슈휴병쟈

Somnambulisme *슈휴, *슈보, *면슈보, *최면, *최면보힝, *몽즁보힝. Etat de — *슈휴상태. En état de — (les Coréens disent 잠결에. = Parler en dormant (— assez fréquent) 잠소대하다.

Somnifère

Somnoler 졸다(아.존) v. Sommeiller.

Somptueux *샤치하다, 샤치잇다, *치례하다, 치례잇다.

Somptuosité *샤치, *치례.

Son (subst.), bruit 소릐, 소리.

Son (subst.) écorce de blé 밀기울, 기울) — (de riz, millet, orge) 겨.

Son (pron. posses.) 졔; 그 ce dernier ne pouvant s'employer que lorsque le "possesseur" n'est pas le sujet de la proposition. Il a vu — père 졔아비를보앗다. J'ai vu — père 그아비를보앗다, 졔아비를보앗다.

Sonde . — (médicale) *소식조; *루보고관.

Sonder . = — les pensées, 속붓다 (아.은). — sa conscience 조리를소힉하다.

Songe rêve 꿈, en agg. 몽. — diabolique *마몽. Impureté en — *몽셜. Faire un — 꿈 꾸다 (어.꾼). Expliquer les — 해몽하다.

Ce n'est qu'un — 혼숨일다, 헛숨일다.

Songer rêver 숨수다 (어,순). Voir en — 숨에 보다. = — penser *싱각하다. Ne — qu'à s'enfuir 다라날 싱각 밧긔 업다.

Sonner (neut.) rendre un son 소릐나다. — (act.) faire sonner. — la cloche 종치다, — la trompette 나발불다 (어,분). La Messe est — 미사종쳣다. Faire —, se vanter de *졍랑하다, *조금하다.

Sonnette 방울. L'agiter 방울흔들다 (어,든). La faire sonner 방울치다. = — ou grelot (ou anneau de fer) suspendu au cou des bêtes de somme 워낭. (Le bruit de la — se dit 쩔넝쩔넝).

Sonore

*궤변 **Sophisme** *위변, = 후리는말.

Sophiste *위변자, *위변가.

Sophistique *위변론.

Sorcellerie *잡술, *샤술, *마술.

Sorcier 박슈, 화랑이, *술객, *술업자, *샤술자. Sorcière 무당, 대주년.

Sordide 나랍다 (라와,온).

Sorgho 슈슈.

Sornette *허방지셜.

Sort destinée *텬명, *텬리. Tirer les —, jeter le — 쳑치다. Tirer au — 제비쏩다 (아,온), 제비잡다 (아,은). Id. (les candidats à un poste) *락뎜하다. = —, condition, état *소세, *쳐디. = —, sortilège 방자.

Soporifique (drogue) *최면약, *최면제

Sorbier 마가목나무 Sorbus aucuparia.

Jeter un — 방자ᄒᆞ다.

Sortable 맛당ᄒᆞ다, 쓸ᄆᆞᆫᄒᆞ다.

Sorte espèce, genre 가지, 류. de même — 동류. = 사ᄉᆡ, 그사ᄉᆡ =, —, façon 모양. De cette — 이모양, 이러케, 그러케 (Être de cette — 이러타, 이러ᄒᆞ다, 그러타, 그러ᄒᆞ다). — 그러. de — que 그런즉, 그러니ᄭᆞ. etc. Faire en — que ᄒᆞ게ᄒᆞ다. Faire en — que cela réussisse 어더케ᄒᆞ던지 일잘되게ᄒᆞ다, 일되도록ᄒᆞ다.

나드리 (surtout p. les femmes) Orné 나드리옷 habits de —

Sortie promenade 출입. = —, issue 통ᄒᆞᆫ되 = 문 si c'est une porte, = 출구 (v. les gares) Rue sans —, impasse 막힌길, 통ᄒᆞᆫ데업ᄂᆞᆫ길.

나들다, 나드다 (드러, 든)

Sortir 나다, 나오다, 나가다. — de chez soi, faire une promenade 출입ᄒᆞ다, 외왕ᄒᆞ다. = — de son lit (fleuve), déborder 넘치다. = — de terre (graines) 나다, 싹나다. = — en courant 내ᄃᆞᆺ다 (다러, 른). Faire — de 내다, 내어노타, de chasser 쫏다 (차, 친). Au — de (sitôt après) ᄒᆞᆫ슷ᄒᆡ. = — contre l'ennemi (assiégés) 출격ᄒᆞ다.

Sot 미련ᄒᆞ다, 독ᄒᆡᄒᆞ다, 우몽ᄒᆞ다, 우ᄆᆡᄒᆞ다; Un — 우부, 용천.

Sottement 미련ᄒᆞ게.

Sottise bêtise, inintelligence 미련ᄒᆞᆷ etc. V. sot. = —, chose sotte 미련ᄒᆞᆫ것, etc. Dire des — (des choses sottes) 망발ᄒᆞ다, 빈말ᄒᆞ다, 빈소리ᄒᆞ다. Faire une — 미련ᄒᆞᆫ슷ᄒᆞ다. 미련ᄒᆞ게ᄒᆞ다. Montrer toute sa — 미

1296/

편혼을 붓리다. Dire des — (des injures) 욕 ᄒᆞ다, 욕지거리ᄒᆞ다.

Sou 1/100 de la piastre japon. 전. N'avoir pas le — 돈 ᄒᆞᆫ닙 업다.

Soubassement 바탕, 굽도리. — des colonnes, (pierres) 주츄돌.

Soubresaut. Par —, par à-coups 젼근젼근, 젼득젼득. Avoir un — (surprise, émotion) 깜작놀나다.

Souche d'une famille 두집조상, 도조상. — d'arbre 쁘ᄅᆞᆫ. C'est une vraie — (un imbécile) 나무토막굿다.

Souchet jonc triangulaire 왕골

Souci inquiétude 걱정, 넘녀. Concevoir du — 걱정되다, 걱정식히다, = 빅낭ᄒᆞ다, 빙낭ᄒᆞ다. Être sans — 걱정업다, 태연ᄒᆞ다. = —, fleur 금잔화, 노ᄅᆞᆫ국화, 반쳬국. — chagrin 시름, 스럼, 근심

Soucier (se — de qqch), s'inquiéter 걱정ᄒᆞ다, de (y attacher qque importance) 알은톄ᄒᆞ다. Je ne m'en — pas 내게알은것업다, 내게관계업다. = le — de (vouloir) Je ne me — pas d'y aller 가기슬타.

Soucieux 근심ᄒᆞ다. — (de caractère) 걱정만타 (하.흔), 걱정구럭.

Soucoupe petite assiette 졉시.

Soudain, adj. 깜작스럽다. Pluie — 소나기. = — (adverbe) V. le suivant.

Soudainement 삽시, 삽작이, 갑작이, 갑작스레, 졸디에, 졸연이, 븐듯, 별안간에, 되작이.
Soude "청염. - Sulfate de -" 박초. Cristaux de - (pour laver) "소다"
Souder 쌔임, 질하다, 불수련하다. - (ou braser) (les m. étang) 바드랍하다.
Soudoyer 삭주다. Être - 삭받다.
Soudure endroit soudé . -, composition, alliage pour souder "불사청염.
Souffle respiration 숨. ; - chaud, haleine 김, 입김, 코김. - froid de la bouche 입바람. - du vent 바람. Il ne fait pas un - de vent 바람하나 없다.
— se reposer 쉬다 (어, 쉰) Souffler 불다 (어, 불) ; - violemment 들부다 (어, 분) ; - avec la bouche 훅불다, 훅불다, 휘불다. = - le froid & le chaud (dire tantôt oui, tantôt non, dire le pour & le contre) 엄치락뒤치락하다. = - la discorde 리간붙치다, 반간놓다 (노하, 흔), 불복식히다. = pour aider la mémoire 고르치다, = 도아주다, = 솟싸다 (faire une ouverture).
Soufflet pour le feu 풀무, 풀구, 허풍선. - sur la joue . Donner un - 새뺨치다 (새뺨, joue). Le recevoir 새뺨맞다.
Souffleter 새뺨치다.
Souffrance 고로움, 고난, 곤난. en agir 난 - volonté 악화 - & travail 슈고.
Souffrir supporter, tolérer plus ou moins patiemment 참다 (아, 은), 견디다, 용납하다.

1298/

— de bon cœur 감슈ᄒᆞ다, 달게ᄎᆞᆷ다, 달게녀기다. — à contre cœur 강심이ᄎᆞᆷ다, 마지못ᄒᆞ야ᄎᆞᆷ다. = —, supporter 당ᄒᆞ다; — une peine, une punition 벌당ᄒᆞ다. Quand c'est un autre qui a mal fait, est-ce à moi de — la peine 남이잘못ᄒᆞ엿ᄂᆞᆫᄃᆡ내가당ᄒᆞᆯ리가잇ᄂᆞ냐; = —, tolérer, permettre ᄎᆞᆷ다 (아, 은). Souffrez que je vous dise 내말ᄒᆞᄂᆞᆫ거슬언잔케녀기지마옵시오. = — de la douleur 앏흐다. (앏하, 흔), 압흐다 (압하, 흔). — de (telle ou telle chose, en éprouver de la douleur) 고로와ᄒᆞ다. D'une chose qui fait souffrir on dit 고롭다 (로와, 온). = —, éprouver du dommage 해보다 (아, 본). Faire —, être nuisible 해롭다 (로와, 온). Qu'il vienne trop ou trop peu de pluie, la moisson — 장마나가믈이나곡식에해롭다. = —, tolérer, permettre sans dommage. L'affaire ne — pas de retard 일이밧바더듸면못쓰겟다.

— On dit souvent 밧다 souffrir, excuser, laisser faire.

Soufre 황, 류황. — sublimé 류황화.

Soufrer enduire de soufre 황칠ᄒᆞ다; — exposer aux vapeurs sulfureuses 황김쏘히다.

Souhait 원, 원의. à — 원의대로.

Souhaitable 원ᄒᆞᆯ, 원ᄒᆞᆯ만ᄒᆞ다.

Souhaiter 원ᄒᆞ다. — ardemment 간절이원ᄒᆞ다. Il serait à — que ... ᄒᆞ면ᄆᆡ우됴켓다. Obtenir ce que l'on — 원을

치오다. = —, en parole 고달하다. — la bonne nuit 안령이주으십을 고달하다. — la bonne année 세배하다, 세배드리다.

Souiller 더러히다. Se — de crime, 죄악에 뭇치이다. Être — 뭇치이다; mais on tourne toujours par la forme neutre 뭇다 (어, 은) Être — de boue 흙뭇엇다 (la boue adhère). Habit — de sang 피뭇은옷.

Souillure 새

Soûl Ivre 취하다, 술취하다. — repu. Manger tout son — 술컷먹다, 비부르게 먹다. Ne pas manger son — 비곱흐게먹다.

Soulager aider 돕다 (~~ ~~ 도아, 도온), 도아주다; 붓들다 (어, 든), 붓들어주다. = —, donner du soulagement 쉬훤케하다. Être — 쉬훤하다 qui se dit surtout de ce qui — .

Soulèvement de coeur 구역. V. Nausée. — sédition 변요, 변란,

Soulever avec les mains 들다 (어, 든); — le peuple 변란 니르키다. — le coeur 구역나게하다. Chose qui — le coeur 애상다 (사오와, 사온). Se — 니러나다, Se —, se gonfler (pâte) 니러나다, 붓다. Se — (coeur) 구역나다.

Soulier coréen — de paille 집신; de chanvre 메토리, 메토리; de cuir 가죽신, 갓신 De non huilé 마른신, d'huilé 진신 = — européen 양신 (on dit maintenant "구두" du jap. "gutsu") Mettre se — (신)

1300/

신다(어,은). Les tirer (신) 벗다 (저,슨).

Soumettre assujettir 항복받다. Se — 항복하다, 굴복하다 = *순명하다. Se — de bon coeur 감복하다. Se — à la volonté de Dieu 텬쥬의뜻을날오다, 텬쥬의명을순히밧다. Être — à, (sujet de tel ou tel supérieur) 매이다. *압복하다

Soumis obéissant *순명하다, *순하다, *순화하다

Soumission *항복.

Soupape — De soufflet 가밤살이

Soupçon *의심. Éclaircir les — 의심풀다.

Soupçonner 의심하다. Être — 의심을밧다(아,은), 의심을당하다. = — le contraire de 알하하다, 집작하다

Soupçonneux 의심만다(하,흔), 의혹만타.

Soupe 국 v. Bouillon. — On donne le nom de 국가음 ou 국거리 à ce qui sert à faire la —.

Souper (subst). repas du soir 저녁밥, 저녁, *석반. en agg. *석. Déjeuner et *조석

Souper (verb. n.) 저녁먹다. Se coucher sans — 저녁굶다. = 저녁두번먹다 souper deux fois (pour s'enfuir la nuit) a le sens du français "mettre la clef sous la porte".

Soupeser 들다(어,든), 들어보다(아,본), 소노다 & 소느다(너,는), 들먹이다, 들밧치다, 들밧초다.

Soupière

Soupir 한숨, 탄식. Profond — 숨허져가는한숨. Étouffer un — 한숨을주리져다. Rendre le dernier — 마즈막그쓰다(써,쓴).

Recevoir le dernier — 뉘죵보다(아.본), 뉘죵식히다.

Soupirail

Soupirer *탄식하다. 한슘쉬다(어,쉰). — après, désirer vivement *탐하다, *경화하다 = 시결시결하다, haleter (de désir).

Souple, mou, maniable (opposé à raide) 부드럽다 (러워.운), *유하다, 날놈날놈하다, 부들부들하다, 앨긋앨긋하다, —, leste 빠르다 (빨너,빠린).

빤빤하다

Souplesse Tour de — 쌍희조.

Source d'eau, fontaine 새암, — d'une rivière 강의근원. = Eau de — 새암의물. = —, origine *근원, *근본, 샐히, 첫머리. Les passions sont la — de tous les maux 소욕이 모든악의근원이라. Remonter à la — 근원을찻다(차.친). Couler comme de — 죽죽죽흐르다. ≡ — de renseignements, de preuves (rig. livres théologiques) 원셔, 원문.

Sourcil 눈셥 en agg. 미, d'où *미모 poils de —, *미간 espace entre les deux —. = Froncer le — 즁그리다, 즁그려뵈다.

*미우

Sourciller Sans — 털솟만치도 긆직아니하다.

Sourd 귀먹다 (어.은), 귀먹다(아.은), 귀먹히다, = Un — 귀먹어리, 벅보, 귀먹쟁이. Un peu — 가는귀먹다. Faire le —, se montrer — (aux prières, aux demandes) 아니듯다(드러.론), 아니듯는톄하다. — Voix — *탁셩, 꿉지꿋하다 (소리). de — menée

Une personne sourde comme un pot se dit *결벽; et si par dessus le marché elle est bête *결벽강산 (결벽 qui arrête le vent) est propt. un rocher.

1302/

가만흔계교.

Sourdement secrètement 은근히, 가만히.

Sourdine a la — 가만히, 은근히

Sourd-muet 벙어리.

Sourdre 솟다 (소서, 슨).

Souricière 쥐덧.

Sourire 빙그러웃다 (우서, 슨), 빙그시웃다, 빙긋빙긋웃다. Cet homme a toujours le — sur les lèvres 그 사롬이 흥샹 웃는 얼골이다.

Souris 새앵쥐.

Sournois 음특하다, 음특스럽다.

Sous, dessous 아래, 밋헤 v. Dessous. —, dedans, dans 속에 syn. 안헤. —enveloppe 봉투지안헤, 봉투지속에. —peau 살속에. —l'écorce 껍덕이속에. = —prétexte de 핑계하야. —prétexte d'un festin 잔치핑계하야. = —peine de mort 일률로. = —Kang Hi 강희시대. = — (joint à un nom de dignité ou d'emploi dans le sens de "second") 부. v.g. 부주교. —évêque, évêque coadjuteur. syn. 하 ou 추 = —, hypo, de la notation chimique 추.

Souscrire, signer 슈결두다, 일홈적다 (어, 은), 일홈쓰다. = —, accorder, consentir 허락하다. = —, prendre part à une cotisation 슈렴주다, 보조하다, 보조금붓다, 슈렴하다.

Sousdiaconat 부조제픔, 부조제생급성품.

Sous Diacre 부조제, 하부제; 초부제.

Sous-entendre

Sous-lieutenant armée coréenne avant 1907. *참위 . — armée jap. *소위.

Sous marin adj. Bateau

*흉힐됨 — *잠슈졍 On dit souvent *거북션 qui se dit aussi des torpilleurs .... & qui permet aux Coréens de dire qu'ils avaient des sous-marins en 1592 lors de la guerre *임진 avec les Japon; car ils avaient des *거북션, i.e. des bateaux couverts d'un toit bombé — en carapace de tortue — pour abriter l'équipage contre les projectiles.

Sous officier *하ㅅ관, 하ㅅ.

Soustraction *감 = ᄒᆞ다. *감법. Signe de la soustraction (—) *감됴. Le premier membre de la — 피감슈; le second 감슈. le reste 차.

— dérober 훔치다. Soustraire enlever, ôter 색다 (여. 쌘), 색여내다, 색여오다. —, faire une soustraction *감ᄒᆞ다. Se — par la fuite *피ᄒᆞ다. = 내라나다. Se — à l'obéissance 명을 어긔다, 명을 빅반ᄒᆞ다, 명을아니 듯다.

Sous-ventrière 복두.

Soutane 신부의두루막이.

Soutènement Mur de —

Soutenir qqun 붓들다 & 붓드다 (드러, 든), 붓드러주다; de sous les aisselles 것드다 (러, 든) — qqch. 붓들다, 붓잡다 (아, 은); —, appuyer, servir d'appui 밧치다, 벗치다; — un fardeau pour aider un autre, v.g. à s'en charger, 맛들다 (어, 든). 맛들어주다. = — qqun, l'entretenir, le faire vivre 살니다, 살녀주다, 살

부식하다. Se ses vieux parents 부모봉양하다. = — le poids d'une affaire 일을 감당하다, 일을 당하다. Ne pouvoir — 놀니다 (sked. crasé), 제웁다 (제워, 운 n'être pas assez fort) en mettant au "locatif" ce qu'on ne peut soutenir (fardeau matériel ou moral). = — son rang 직업대로 살다, 직분대로 살다, 처디대로 살다. = Ne pas — les espérances qu'on avait données 바람에 틀니다, 바라는것과 굿치 아니하다; = —, aider 도아주다, 돕다 (도아, 운), 붓들다 (어, 든), 보호하다, 거들다 & 거드다 (드러, 든), 것드다 (러, 든) — la conversation (en y prenant part), — celui qui parle (en étant de ses avis) 말거들다, 말거드러주다; = —, maintenir, défendre 세우다 (워, 운). — son droit 제의리를 세우다. — le parti (de qqun) 편을 세우다, 편되다, 돕다 (도아, 운). = —, résister avec succès 당하다. Il a pu — l'attaque 당할슈업섯다. = —, affirmer, prétendre 하다. L'un — ceci, l'autre cela 하나흔 이러타하고 하나흔 그러타 한다 = Se soutenir s'appuyer 의지하다 (surtout au moral). Se — sur un baton 집팡이로 집다 (허, 흔) (pour d'autre chose on dira 붓잡다). = Être soutenu 밧치이다. N'être — que par le vin 술만 먹고 살다.

Souterrain (subst.) 굴, 구덩이 = —, (adj.)

당속에. 99f 대하. Eglise — (anglo)
'대하성당.
Soutien . — pilier pour soutenir
벗침기둥, 벗침나모, 동발이, 벗발이; 벗텀이
Soutirer (un liquide) 쓰다(써, 쓴), 써내다.
Souvenir (subst) °생각. En — °긔렴...
Souvenir (verbe). Se — °긔억하다, °생각하다,
생각나다.
홍줌 Souvent fréquemment 흔히, 슨히; — plusieurs fois 여러번, °누츠; — sans cesse
강금, 자조.
Souverain (subst). monarque °님군, 국왕, 군왕
Souverain (adj.) — supreme °상, °상등.
Le — bien °진복 (vrai bonheur). La puissance
— de Dieu 텬쥬의 권능. — Pouvoir — °천권,
(on dit souvent °쥬권 : droit du maître, du roi).
Remède — (très bon) °신약, 신통한 약.
Souverainement 지극히, en agg. 지.
Soyeux au toucher 부드럽다 (러워, 운).
Spacieux 넓다 (어, 은), 너르다 (널너, 너른), 훤출하다.
Spasme °경련
Spatule
Spécial °특별하다, en agg. °특.
Spécialement 특별이; = extraordinairement 별노
Spécialité 쇼장 Chacun a sa
— 각사름이 각쇼장.
Spécieux
Spécifier 특별이내르다 (널너, 내른) ... 발니르다,
독독히내르다, 조세히내르다.

Spécifique *특별ᄒᆞ다, en agg.* 특 .. Caractère (ou propriété) — *특질, *특유성. = Remède — *특효약. On dit plus souvent *보약 — ou même 신통ᄒᆞᆫ약 (remède très bon). ≡ — (Physique) *비 .. Chaleur — *비열, Poids — *비중, Volume — *비량.

Spécimen, (échantillon) *견본 ; = *표본, *시료

Spectacle 구경. Donner un — 구경식히다. de de telle ou telle chose 놀니다 (pourvu qu'il y ait qq. mouvements) v.g. — de cinématographe 활동사진놀니다. = Salle de — *연극장 (pour pièces ; sinon *관람장) = — "Spectaculum fieri Deo, angelis & hominibus" 텬쥬와 텬신과 사ᄅᆞᆷ의게 보암즉ᄒᆞᆫ거시되다.
C'est un beau — 보기됴타, — un triste — 보기츄혹ᄒᆞ다, 보기에 츄혹ᄒᆞ다.

Spectateur 구경군.

Spectre apparition *허상, 흉상. = — de la lumière (physique) *분광경, *광도, *광지형

Spectroscope *분광긔.

Spéculatif. en agg. *ᄉᆞ변, 순리. Sciences — *ᄉᆞ변학, 순리학. *리론.

Spéculer 헤아리다.

Sperme *정슈, 신뇽, 신슈, *유슈 = l'éjaculation *토정 = ᄒᆞ다. Spermatozoaire *정츙

Sphère en géom. *구, *구톄. = — terrestre *디구, de (représentation) *디구축 / — céleste *텬구, de (repres.) *텬구축 := — de qqun, sa portée intellectuelle *도랑. Dépasser la — 도랑에지내다, 도랑에넘치다.

Sphérique 둥고러다 (러,런), 둥굴다 (어,른).
Sphincter *괄약근.
Spirale, Spire (en géom.) *라선. Être en — 소고히다, 비비틀니다. Mettre en — 틀다(어, 튼), 소다 (아,순).
Spiritisme art *강신술.
Spiritualisme *령성설, *유신론, *유심론
Spirituel incorporel *무형ᄒᆞ다, *무형무색ᄒᆞ다, = *무성무취ᄒᆞ다 (ni bruit ni odeur). = — qui regarde l'âme *신령ᄒᆞ다, exagg. *신. Père — *신부, fils — *신조, Parenté — *신친. Aumône — 신익공. = —, ingénieux *민첩ᄒᆞ다, 죄치잇다, 죄조잇다.

Substance — *령톄

Spirituellement avec esprit 죄치잇게, 죄조잇게, 민첩ᄒᆞ게.
Splendeur *영광, *광영, 빗.
Splendide 빗나다, 잿ᄒᆞ다, 굉즉히 됴타.
Spoliation 도적질.
Spolier 새앗다 (세,순), *탈취ᄒᆞ다. V. Dépouiller.
Spongieux 퇴셕퇴셕ᄒᆞ다, 테석테석ᄒᆞ다.
Spontanément 스스로, 졀노, 감심으로, 주원으로
Squale
Square
Squelette (système osseux) *골격, — de décharné, — d'un mort) 해골. C'est un vrai — 썽치되엿다, 썽치만 남엇다.
Stable *실ᄒᆞ다, *확실ᄒᆞ다, *견고ᄒᆞ다. = Équilibre — (phys.) *안뎡평균.
Stage

1308/

Stagnant Eau — 죽은물, *소슈.
Stalactite *빙쥬, *석종유, 종유석. — De glace au bord d'un toit (ak) 고드름
Stalagmite *종유석샹, *석순.
Stalle
Stance
Station lieu *쳐, en agg. *소. La 14 — du Chemin de croix 셩노십ᄉ쳐. = — de chemin de fer, — de voitures *뎡거장 (lieu où elles s'arrêtent.) La station près et dite 역 pour le poste & chemin de fer.
Stationnaire Stat — comme auparavant *여일ᄒ다, *여젼ᄒ다, = 여젼히
Stationner
Statistique *통계 ; 총계
Statue *샹, — de bronze *동샹, de pierre *셕샹 = — de pierre colossale 미력 = de pierre auprès des tombeaux *셕인, 망부셕
Statuer 세우다, 법세우다.
Stature taille 킈.
Statut *규구, *법.
Sténographie *속긔. L'art *속긔법, *속긔술. *측긔법
Steppe *원야, *황원.
Stéréoscope *실톄경.
Stérile femme ou femelle ... on emploie le mot 돌 pierre (ou son équivalent chinois *셕) ... & parfois on prononce 돌 Chienne — 돌개, 돌개. = Femme — *셕녀, *셕녀ᄌ, 돌계집, = 슈ᄐ못ᄒ는녀인. = —, (terre) *토박ᄒ다. Montagne — *악산. = — sans résultat *공연ᄒ다, 쓸ᄃ업다. Efforts — 공연훈 공부 = 공연훈 싀쓰다.
Stérilité (de femme) 셕ᄐ.

Sternum *극미골, *흉골.
Sternutatoire 재채기 나게 하다.
Stéthoscope *텽흉긔
Stigmate *표. — d'une maladie 알흔자리.
— (de St François, etc) *오샹 (les 5 plaies).
Stipuler *작뎡하다.
Stock
Stoïcisme *견인쥬의.
Store 발, 바울.
Stratégie *전략; *군략, *병략
Stratagème 계교, *모칙, 꾀. = — habile *교칙, 묘한 계교.
*교책
Strict sévère 엄하다.
Strictement 엄하게, 엄이, = 긋하야, = 알뜰히 qui marque surtout le soin pris.
Strident
Structure
Studieux 칙공부에 부즈런하다.
Stupéfait 놀나다, *악연하다.
Stupide 어리석다 (어.은), 미련하다, 미욱하다, 둔하다, 둔박하다, 질박하다. 우몽하다, 독미하다. devenir — 흐려지다.
Style littéraire *글법; *문리, *필
Styler 고르치다
Styrax arbre
졍나무 styrax obassia
도각나무 — japonica
Suaire *념포. — pour couvrir le visage 미면 포. le saint — *셩시포.
Suave 아람답다 (다와, 온). (Odeur) — 향긔롭다, 향긔 잇다 = 향내
Subalterne (par rapport à qqun) 손아래,

1310/

슈하, 아래. — De grade inférieur 하. Mar. Darin — *하관.

Subir 당하다, — une peine 벌을당하다, 벌을받다 (아,은). ≡ 보다 (아,본) a souvent ce sens! — un incendie 화지보다

Subit *우연하다 (arriver subitement & par hasard) 갑작하다, 갑작스럽다. = Mort — *급살. Pluie — 소나기

Subitement 우연히, 졸연히, 문득, 갑작이, 급작이, 급작스레; — & vivement 쏙쏙, 오날학, 별안간에. Mourir — 갑작이 죽다, 졸사하다, 급살맞다 (마져,자즌), 살맞다.

Subjectif en agg. *쥬관뎍, qqf. 주. Sensation — *주관.

Subjectivisme *쥬관쥬의.

Subjonctif *접속법.

Subjuguer 항복받다. Être — 항복하다.

Sublime *지존하다, 지극히높다 (하.흔).

Sublimé (Chimie) obtenu par sublimation 승화물, en comp. *화 ajouté au nom. Soufre — *류황화

Subordonné à qqun 손아래, *슈하, 아래. Être — à qqun, être sous son autorité 민이다, qqf. 달니다. = Être — à un événement 달니다.

Submerger 잠그다 (잠거,근), pass. 잠기다.

Submersible. Bateau — *잠슈졍

Suborner (un juge, etc) 뇌물주다 (Donner un pot de vin) — passif 뇌물받다 (아,은). = —. Séduire 고이다, 유인하다. — v. Corrompre, Séduire.

Subroger 대신식히다.

Subséquemment ensuite 다음에, 뒤에. — conséquemment 그런고로, 그러니까.

Subside

Subsistance — vivres 량식.

Subsister — exister 잇다, — continuer d'exister 그저 잇다. =, vivre 살다 (아, 산). — faire —, entretenir 살니다, 살니 식히다.

Substance 톄. — en tant que matière 질

Substantiel aliment — 진긔 잇ᄂ 음식. = —, (en philos.) en agg. 본톄. Intégrité — (v.g. d'un texte) 본톄지 젼부; corruption — (id.) 본톄지 변경.

Substantif 명ᄉ

Substituer 대신식히다. être — 대신ᄒ다

Substitut d'un fonctionnaire 부 (mis in nom de la fonction). = — du procureur général (accusateur public) 검ᄉ동쟝.

Subterfuge 핑계. 둔ᄉ

Subtil délié, fin, menu 가늘다 (어, 는), 세밀ᄒ다. Poison — 급히 번지ᄂ 약. Ouïe — 귀밝다 (아, 은). =, fin, adroit 능ᄒ다.

Subtilement

Subtiliser

Subtilité — des corps glorieux 투쳘

Subvenir aider 돕다 (도아, 도온). — pourvoir à qq ch. 당ᄒ다. — à la dépense 출비당ᄒ다, 출비쓰다.

Subvention 보조금.

Suc 즙. — de fruit 물, — de viande 진긔

Succéder venir après, sans interruption

1312

닛다 (니어. 니은) = 년ᄒᆞ다 qui a aussi le sens fac-titif) = 엇굳나기ᄒᆞ다 (surtout — à tour de rôle, se — mutuellement). Le roi — à son père 님군이그부친을니어셔다 (셔, 션); — à qqun 좃차다 (차, 찬). — les jours se — rapidement 날이니어급히지나가다. Une affaire — à un autre 일이니어생기다. = —, recueillir une succession 시친 재간을가지다.

Succès Avoir du — (affaire) 잘되다; de (homme) 잘ᄒᆞ다. Mauvais —, in — 실패, 실슈. Supporter également les bons & les mauvais — 슌경이나역경이나ᄀᆞᆺ치밧다.

Successeur Héritier — qui vient après 다음 qui se dit du — immédiat. après on dit 후, 훗. v.g. générations successives 후대, 훗대. David était un saint roi, mais ses — ne l'imitèrent pas 다위가셩왕일너니그훗님군들이 (ou 그훗대님군들이) 그와ᄀᆞᆺ지안타. qui succède 계승자 후임자 후계자 상속자

Successif 닛다 (니어. 은), 년ᄒᆞ야가다.

Successivement 니어, 년ᄒᆞ야, 츠례로. Travailler & se reposer — 년ᄒᆞ야쉬며일ᄒᆞ다, 츰츰이쉬며일ᄒᆞ다.

Succinct 자르다 (잘나 & 잘너, 자른) — Dit en peu de mots 간단ᄒᆞ다. = — & clair 경단ᄒᆞ다.

Succomber 지다. = — sous le faix 짐

에눌니다, 집,에눌녀술허지다 — à la tentation 유감에 ᄲᅡ지다, 유감에계읍다 (계워,운), = 유감을넘다 (어,은); —, perdre courage (devant les tourments, les oppositions), céder 굴ᄒᆞ다, 굴복ᄒᆞ다. = —, mourir 죽다, 위중ᄒᆞ다. Le malade a — 위중되엿다.

Succulent 진리ᄲᅡ다 (하,흔), 맛됴다.

Succursale (de commerce) 지뎜. — d'école 분교.

Sucer ᄲᆞᆯ다 (아,ᄲᆞᆫ), ᄲᅡ다 (ᄲᅡ,ᄲᆞᆫ), 감ᄲᆞᆯ다. = — Avaler ᄲᆞᆯ아먹다.

Sucre 사탕, en agg. 탕 *설 — candi 빙탕, — blanc 설탕; — gris. cassonade 흑탕.

Glucomètre formant la ri... lose en sucre * 탕빅계, 당빅계

Sucré au goût 달다 (아,단). Un peu — 달금ᄒᆞ다, 달곰ᄒᆞ다.

Sucrer 사탕넛타 (너허,흔), 사탕놋타 (노하,흔). Être — 사탕들다 (어,든).

Sucreries 탕속.

Sucrier 사탕합, 탕합.

Sud 남, 남편. — est 동남, — ouest 서남. terrain exposé au — 양디, 양달

Suer ᄯᆞᆷ나다. — à grosses gouttes ᄯᆞᆷ흐르다 (흘너,흐른). — sang & eau 진ᄯᆞᆷ나다.

Sueur ᄯᆞᆷ, ᄯᆞᆫ. — de sang 혈ᄯᆞᆷ. = Gagner sa vie à la — de son front ᄯᆞᆷ을나고 신애ᄒᆞ다, 슈고ᄒᆞ야살다, 슈고흡게벌어먹다.

Sueur froide 식은ᄯᆞᆷ

Suffire 넉넉ᄒᆞ다, 족ᄒᆞ다, 자라다 (라,란). Ne pas — 부족ᄒᆞ다, 모자라다. = Suffire et

—, — seul, sans aide sans autre chose *연족ᄒᆞ다

1314

au delà *만족ᄒᆞ다, 풍족ᄒᆞ다. Suffit! c'est assez 그만, 그만두어라. Il n'y eût il que cela, cela — 그만이라도 넉넉ᄒᆞ다. Il me suffit de vous voir... 너를보기만ᄒᆞ여도. = — (à telle ou telle tâche) 당ᄒᆞ다. — (être passable). 어지간ᄒᆞ다

Suffisamment 족히, 넉넉히. = 풍족히. — "quantum sufficit" 알맞게.

Suffisance orgueil *오심, *교오. Sotte — 거드름 (부리다, 피우다)

Suffisant v. Suffire. = —, orgueilleux 오심만ᄒᆞ다 (ᄒᆞ, ᄒᆞᆫ). Faire le — 쳰톄ᄒᆞ다, 그드럼스럽다, *거만ᄒᆞ다.

Suffoquer (v. act). 숨을막다 (아, 은), 숨막아죽이다. = —, (v. n.) 숨막히다, 긔막히다 = 복자ᄒᆞ다 (잘너, 자ᄅᆞᆫ) est actif & neutre. = — par suite d'un embarras gastrique 벙줄ᄒᆞ다. = — (étonnement) 긔막히다.

Suffrage pour une élection *투표. *추천. — universel *보통선거 —, — restreint *제한선거. = —, approbation *찬성, *단뎡.

Suggérer une pensée 생각나게ᄒᆞ다; — apprendre ᄀᆞᄅᆞ치다; —, conseiller 권ᄒᆞ다. — le mal ᄭᅩ이다, *유인ᄒᆞ다.

Suggestionner

Suicide *자결ᄒᆞ다, *자살ᄒᆞ다.

그름 Suie 거흠, 검댕, 것의앵, 검뎡. Être noirci par la — 글다 (어, 근).

Suif 기름. — de boeuf 쇠기름. Chandelle de — *육초.

Suint de animaux 털씨.
Suinter 새다 (여, 샌) se dit du liquide & du vase qui laisse —.
Suite escorte 졍위군; — du roi 시위군, 시위. = 거동군. = — (gens au service)
= —, ordre, enchaînement 추례. —, continuation . à la — de cela 그다음에, 그뒤에, 그후에, 나중에. Plusieurs jours de — 년일, 슈일년하야. (Parole, discours) sans — 션후 업다, 추례 업다, 션후도착하다. = 황셜슈셜. La —, le résultat, l'issue 숫, 홋일, 쟝릭, 후릭, 죵말, 시말. = de —, sans interruption 년하야, 긋치지안케. Tout de — 곳, 갓, 즉금, 션늣, = 대세, 얼넌, 얼핏. Tout de — (avant) 앗가.
Suivant (adj.) 홋. = 다음, 버금. Le jour — 이튼날, 그이튼날, 홋일, 그홋일. L'année — 그이듬히.
Suivant (prép). 대로 v. selon.
Suivre 따로다 & 따르다 (라, 론), 따라오다, 따라가다, 좃다 (차, 찬). = 뫼시다 (— un supérieur). = imiter: — l'exemple 본밧다 (바, 은)! = — les conseils 말듯다 (드러, 론), 말좃다; — ses passions 스욕을좃다, 스욕을 따라가다. En cela je n'ai pas — mon sentiment 내모음대로훈것아닐다. = —, venir après 따로다, 년하야가다, 년하다. Le châtiment suit la faute 벌이죄를따로다. = — (un parti) 편되다. = — une doctrine

— qqun, lui obéir, être sous sa gouverne 복종다 (차, 찬), 붓따르다 (라, 론) qui veulent dire aussi suivre de près.

une religion *봉힝ᄒᆞ다 = 밋다(어,은), croire). = — une école 단니다. = —, être —, se faire — (aller ensemble) 더블다(어,블), 더블고가다, 다리다, 다리고오다, 다리고가다. = ce faire — (conduire une bande) 거느리다. Se —, se succéder *년속ᄒᆞ다, 년속ᄒᆞ야가다.

Sujet (subst.). — d'un souverain, d'un royaume *빅셩, 민. = —, matière 거리. Le — de la conversation 말거리. — d'un livre 칙거리, 칙의ᄉᆞ, 칙의리, 칙본ᄯᅳᆺ. = —, thème, en agg. *뎨. — d'une composition *문뎨, 글뎨; — d'un discours *언뎨, 눈뎨. = —, occasion, cause *연고, ᄭᆞᄃᆞᆰ, ᄭᆡ둘 = souvent aussi 거리. C'est un — de discorde 그ᄭᆡ둘에불목되기쉽다, 불목거리되다. Donner — de parler de soi 말거리만들다. Avoir — d'être fâché 분낼연고잇다. = —, personne 으ᄒᆡ ou 사ᄅᆞᆷ suivant le cas, = 쥬 ou 죵식 souvent en mauvaise part. Bon — (enfant) ᄊᆞᆨ됴흔ᄋᆞᄒᆡ. Mauvais — (enfant) ᄊᆞᆨ그른ᄋᆞᄒᆡ, id. (adultes) 무뢰빈, 불슐뉴, 난봉 etc. Troupe de mauvais — *악당, *악도. = — (en grammaire & logique), — du verbe; 쥬격 = —, (en métaph.), — opposé à objet 쥬관 d'où : subjectivement 쥬관으로.

Sujet, (adj.) subordonné 벡이다, qq. 딸니다. Être — à qqun 남의손아래되다,

밝의게 뵈이다. Être — aux lois du pays 국법에 뵈이다. = —, en butte à, exposé à — à beaucoup d'inconvénients 폐단 만타. — à la maladie 병 만타 (하,흔), 병잣다, (자자,즌, fréquent). — à s'enivrer 잡긔술취ᄒᆞ다. — à la colère 초을셩 업다, 노엽,ᄒᆞ다.

Sujétion dépendance , — de l'esclavage *1병복 = être d'une grande — (très tenu ou très occupé) 속,작봇ᄒᆞ다, 윤작곳ᄒᆞ다. Tenir de une grande — 속,작봇ᄒᆞ게ᄒᆞ다. Se débarasser d'une — 벗다 (벗서,순), 버서나다, 버서나다.

Sulfate 류산염. — de … 류산 硫酸 suivi du nom de la base.

Sulfureux . Eaux — *류황천
Acide — 아류산 亞硫酸

Sulfurique Acide — *류산 硫酸. vulgo *황강슈 磺礦水

Sumac arbre à vernis 옷나무 (Rhus vernicifera)

Superbe magnifique 장ᄒᆞ다, 금직ᄒᆞ다,
굴드러지다, 훌늉ᄒᆞ다. —, fier 오싹 만다 (하,흔). Affecter des airs — 놉흔테ᄒᆞ다.

Superficie, face, extérieur des choses 것, 거죽, *1면, 외1면 = —, surface évaluée (ou à évaluer) *1면적, — extérieure (d'un solide) *외1면적.

Superficiel 얇다 (어,은) (mince), 얏다 & 엿다 (허,흔) (peu profond). Avoir qques connaissances — *1면 부식ᄒᆞ다.

Superficiellement 얇게, 엿게 = 것흐로, 외면에
Superflu 보갈치안타 (하, 흔), = 남다 (아, 은).
Supérieur (mbt)*장 précédé de la chose dont il est —, v.g. *가장 — de la maison, *원장 — d'un monastère, *회장 — d'une réunion. Les — (parents ou autres) 어룬, 웃어룬.
Supérieur (adj.) placé plus haut 웃, *상 — en qualité (comparatif) 낫다 (나하, 흔), 뒤여나다; De — en nombre 슈더만타. = —, De qualité — (absolu) *샹, 샹듕, 샹등.
Supériorité autorité *권, *권병, *권셰
Superlatif *최고급; — absolu *졀티최고급; — relatif *비교최고급.
Superstitieux (personne) 사망에굿다 (어은); —, chose 사망호다, 사망에쓰다.
Superstition *이단, *사망.
Supin *도극.
Supplanter
Suppléer ce qui manque 깁다 (기워, 운), 취오다, en agg. *보. = —, remplacer *대신호다.
Supplément *보부족. — de cérémonies (des sacrements) *보례. = — d'un journal *호외. = — chose supplémentaire, & plus ou moins inutile 덧깁이. — chapitre supplémentaire (à la fin d'un livre) *부록
Supplice châtiment 벌, — torture *형벌, en agg. *형. Punir du dernier — 일룰그다스리다. Dernier — (décapitation) *참슈 = *효슈, *군문효슈 sont deux

formes plus solennelles; = de (strangulation) 교ᄒᆞ다, 교ᄒᆞ야죽다. Mourir du dernier — 오ᄉᆞᄒᆞ다.

Supplicier mettre à la torture 형벌ᄒᆞ다, 형벌주다, 형벌식히다. = — mettre à mort 죽이다.

Supplier 간절이빌다, 간절이구ᄒᆞ다, 간구ᄒᆞ다, 외걸ᄒᆞ다.

Supplique 고목, 샹셔

Support

Supportable 견ᄃᆡᆯ만ᄒᆞ다, 복지홀만ᄒᆞ다.

Supporter endurer 당ᄒᆞ다, de plus ou moins patiemment 견ᄃᆡ다, 복지ᄒᆞ다, 춤다(아.은). — être indulgent pour 밧다(아.은). Se — mutuellement 서로춤다.

Supposé, faux (titre, acte) 위조. — que exprimant réellement une condition se rend par les formes ᄒᆞ면, ᄒᆞ거든. = de sens sens trop précis: par exemple 비컨ᄃᆡ, 셜령, 셜혹 = 셜ᄉᆞ. = Même — qu'il en fut ainsi 그럴지라도, 그러ᄒᆞᆯ지라도.

Supposer 아라치다, 짐작ᄒᆞ다

Suppositoire (remède) 좌제

Supprimer 업시ᄒᆞ다, 혁파ᄒᆞ다. = —, passer sous silence 가리우다, 덥허두다. Les mandarins — les ordres supérieurs (ne les publiant ni ne les exécutant), on disait qu'ils s'asseyaient dessus 깔아안ᄭᅳ다 (qu'ils les mettaient sous leur natte). 치우다(워.운)

Suppurer rendre du pus 고름나다. —, venir

a —, venir à suppuration (être mûr - abcès) 곪다 K곪다 (곪어, 곪은). Plaie suppurante 유죵낢.

Supputation 혜ᆡᆨ ; 료량.

Supputer 혜ᆡᆨ하다, 혜ᆡᆨ노타 (하.흔), 혜아리다, 마련하다, *료량하다, *궁리하다.

Suprématie 쥬권, 대권, 최샹권. — d. honneur* 존경지쥬권 — de juridiction* 권병지쥬권

Suprême 뎨일, 더홀수업다 ; 지극하다. = *샹, *샹등, —*극샹, *최샹. = 우업다(어순).

Sur (prép.) 우, 우헤, 우희. — se rend souvent par le locatif (par le datif s'il y a mouvement). Percher sur un arbre 남게안다 ; — le bord de la rivière 강*에. Se jeter — un homme 사룸의게달녀들다. = — marquant le sujet dont on parle se rend par le locatif, par 가온, 셔ᄂᆞᆫ. On ne s'accorde pas — sa mort 그죽은가온대 말 여러가지 들닌다. — ce sujet 그일셔하야. = —, environ 즈음에 (temps). — le midi 낫될즈음에, — le soir 저녁새에 (au temps du souper), 어스름에 (à la brune). = —, d'après ; — mes conseils 내말듯고 .... = —: faites le — ma parole 내말ᄭᅵ고그리하여라 = — parmi 중에 : — toutes ces paroles il n'y en a pas une de vraie 그고든말중에 실다온것하나업다. = —, marquant la succession : Envoyer lettres — lettres 거듭거듭편지보내다. Faire question — question 잡고 묻다, 쉬여묻다. — le champ. 즉시, 일각에; — ces entrefaites 그때에. — cette nouvelle 그말듯고.., 그말드르니..., 그말드른후에.

Sûr certain "뎡하다, "일뎡하다, 의심업다. Ne rien savoir de — 즈세히 아지못하다. A coup — 의심업시. Prédire à coup — 틀니지안케미리말하다. = —, où l'on est en assurance "태평하다, "평안하다. Qui n'est pas — "위태하다, "위험하다. = —, à qui on peut se fier "진실하다, "실하다, "진즁하다, 밋블만하다. = —, ferme, assuré "실하다, "확실하다. Avoir pas la main — (trembler) 손떨니다. = Pour — 과연.

Surabondamment 풍풍히, 넘치게.

Surabonder "과하다, "과분하다, "풍풍하다, 넘치다, = 분수에넘다.

Suranné 늙다(어,은). Fille — qui reste longtemps sans trouver à se marier "과년하다.

Surcharger (V. act) — (fardeau) 과히실니다, — (travail) 일넘우과히식히다. Etre — (fardeau) 짐에 계웁다 (계워,운) = 과히실다. Id. (travail) 일과하다.

Surcroît

Surdent 덧니.

Surdité "이롱즁: ("이롱하다, sourd)

Sureau

Sûrement 일뎡, 일뎡이. — de plus ou moins affirmatif 필경, 필시. Cela tournera comme cela —, 필경그리되겟다. Je ne le suis pas assez — pour le certifier 존셰히아지못호고 일뎡그러타못호겟다. Au point 99/. 일뎡 a 존셰히 : 일뎡존셰히알다 savoir sûrement & distinctement, savoir très — . = —, sans manque 녕낙업시

Surenchérir

Surérogation Prière de — 소신공.

Suret aigrelet 싀큰호다, 싀큰싀큰호다, 시큰호다. — d'une acidité désagréable 싀쳑지큰호다.

Sûreté Être en — 평안호뎌잇다, 걱정업노뎌잇다. Être en — ou s'y croire 평안호다. Il n'y a pas de — ici 요긔위태호다, 요긔밋을것업다. = Prendre les sûretés 됴심호다, 삼가다. = En — de conscience 안심호고, 량심에걸니지안케. ≡ —, caution 보. Recevoir des — (cautions) 보밧다 (하.흘). En donner 보를주다.

Surexciter

Surface 면. — plane 평면, — convexe 곡면 ; 방면. = — évaluée 면젹. = —, extérieur 것, 거죽 ; 외면. — de l'eau 슈면 (livre) (on dit 물우 dessus de l'eau). Rester à la — de l'eau sans enfoncer 물우헤셔잇다. Rester à la — les choses (ne pas approfondir) 일

것 만 보다, 일것 만 보다(봐, 본).
Surfaire 에누리하다, 외누리하다. = 에누리없다
On n'a pas surfait: donc on ne peut baisser le prix.
Surgir 나타나다 — de terre 솟나다. —, se produire (évènement) 되다, 나다.
Sur le champ 즉시, 됩각에, 즉각에.
Surlendemain 세리날, 이틀날.
Surmener éreinter défatigué 진력하게하다.
Surmonter vaincre 이기다 (여, 긴). — le courant 물 억지로 거슬녀 가다. = — (être placé au dessus) 우헤 있다.
Surnager 쓰다 (써, 쓴), 써다 (써, 쓴), 물우희 써다.
Surnaturel *초성하다, 인성에 뛰여나다, 본성에 뛰여나다, 인성에 초월하다. rendre — (miracle) *령적.
Surnom *별명, *별호.
Surnommer 별명을 짓다 (지어, 은).
Surnuméraire 슈외에. = 덧감이. = —, employé — *촉탁원
Surpasser 지나다, 뛰여나다, *초월하다. en agg. *초. = 넘기다 qui s'emploie surtout pour — en ruse ... rouler. = —, être supérieur 낫다(나하. 흔) & aussi (나아. 은) se — soi-même 더낫게하다, 승하게하다.

우월하다(여, 은) — être plus important, meilleur etc *출중하다, *초등하다, *월등하다 *월등하다

Surplis *소백의.
Surplomber
Surplus 남은것, 남져지 = 그밖에.
Surprenant 이상하다, 별. — & désagréable 망낭하다, 빅낭하다.

Surprendre — Suspendre
1324

Surprendre sur le fait. V. Fait, prendre. = —, prendre au dépourvu 뜻밧게; 부지즁 = 홀연히, 갈니 ... avec le verbe propre à l'action: ex. — (par une arrivée imprévue) 뜻밧게오다; — un oiseau (le saisir par surprise) 새를놀니우려다, 새를 부지즁잡다. La nuit nous a — 뜻밧긔 밖에 어두어졋다. = —, effrayer 놀내다. Chose qui — 놀납다 (나와, 온). = —, tromper 속이다; = — (un secret, le deviner) 짐작ᄒᆞ다, 눈치보고알다; — de (l'arracher) 남의속뽑다 (아, 은) = —, étonner. Cette parole vous surprend-elle 그말이상이아니냐. = être surpris. — étonné 이상이넉이다, 이상이ᄒᆞ다, 괴히넉이다; — effrayé 놀나다. Être — par la mort 뜻밧긔죽다, 부지즁죽다, 갑작이죽다.

Surprise à laquelle on ne s'attend pas 뜻밧긔일, 뜻밧근일; — chose qui étonne 이상ᄒᆞᆫ일, 별일, 별것; — qui effraie 놀나온일. = étonnement 이상ᄒᆞᆫ모음; — et peur 놀난마음. = — (milit.) attaque par — 습격.

알다, ou mieux 아ᄉᆞ다 (interj.) marque la surprise, l'étonnement

Sursaut s'éveiller en — 깜작놀나다.

Surseoir 멀위다, = 퇴한ᄒᆞ다. V. différer.

Sursis = 말미, 말믜 et plus un congé. — donner un — 퇴한ᄒᆞ다,

Surtaxe *부가세

*완독ᄒᆞ다. = *회한ᄒᆞ다, 회한ᄒᆞ야주다.

Surtout adv. 복되, 아모조록.

Surveillant *감검관, *감검인, *신칙관. = — de travaux *감역, *감역관.

Surveiller *감검ᄒᆞ다, *신칙ᄒᆞ다, *감슈ᄒᆞ다, = 보솔피다, 솔펴보다, = 직희다. = — des travaux *감역ᄒᆞ다.

Survenir (personne) 오다 (와, 온), 밋다 (쳐, 촌), 밋쳐오다, 중간에 오다. = — (événement) 되다, 밋쳐되다. La nuit est — 밤이밋쳐되엿다.

Survivre . — à ses enfants 참척보다 (아, 본). Si je vous survis 너죽고내가살면.

Susceptible facile à froisser 쇼견좁다 (아, 븐), *톡ᄒᆞ다, 혐의즙다 (즈와, 운), 노엽ᄒᆞ다, 노엽잘ᄒᆞ다. = — de, facilement impressionné par ᄒᆞ다, 잘ᄒᆞ다. — de jalousie 투긔ᄒᆞ기쉽다. = — de se rendre par la forme 흘반ᄒᆞ다 (capable de).

ᄉᆞ자개 바르다 (발나, 바른) 속살다 (아, 산)

Susciter 니르키다, 니르켜다, 니르혀다.

Suspect *의혹ᄒᆞ다, 의심스럽다 (러워, 운), 슈샹ᄒᆞ다, 괴이쩍다 (어, 은 쩌워, 운).

Suspendre accrocher 달다 (아, 단), ᄃᆞ다 (라, 단), 매달다, 걸다 (어, 건). = — arrêter, retenir (marche — mettre les rigueurs d'une loi, etc) *뎡지ᄒᆞ다. — son jugement 결단치아니ᄒᆞ다, 아직결단치아니ᄒᆞ다. = — de ses fonctions *뎡즉=ᄒᆞ다. ═══ Être suspendu 달니다, 걸니다, 달녀뵈이다. La terre est — ds l'espace 따히공즁에달녓다.

Suspens être en — (non décidé — personne) 아직결단치아니호다, 밍쉬러다. — de (office) *게결호다, 결단아직아니나다. — être en — (dans l'attente — esprit)
Suspense de fonction *뎡즉.
Suspicion *의심, v. soupçon.
Sustenter 기르다 (길너,기른), 먹이다, 살니다. — (ses parents) 봉양호다.
Suture
Suzerain
Svelte 갈졍갈졍호다.
Syllabaire coréen 언문, *반절
Syllabe *ᄌᆞ, 마듸
Syllogisme *삼단론, *삼단론법. *츄측식. = — discursif 츄론삼단론
Symbole signe *표, 보람, = —, de la foi. Faire un — *츄측호다.
ces *긔호 = — de foi *신경. — des apôtres *종도신경. 모상 (figure)
Symboliser 표되다, 보람되다.
Symétrie 격. Manquer de — 격에틀니다. Mettre avec — 쌍짓다 . = (en géom.) *대층
Symétrique 쌍잇다, 쌍맛다.
Sympathie *의정, *합의, *통정.
Sympathiser *합의호다, *통정호다, *동심정호다.
Symphonie
Symptome *긔미, *긔슈, *긔틀 = *표, 보람.
Synagogue *유태교회; — temple *유태교회당.
Syncope *긔절, *졸도. tomber en — 빅노타 (하,흔), 긔막히다, 까므러지다. = — (gramm.) retranchement d'une lettre ou

d'une syllabe 발조륵 =하다.

Syndic 총대. — de faillite 파산관리인.

Syndicat (corporatif) 조합.

회의 Synode 회. 공회. Se réunir en — 일회하다. = — des presbytériens 대회; — des protestants 총회. St — russe 성부원.

Synonyme 뜻곳다 (하.흔).

Synoptique . Table — 일람표.

Evangiles — 공관복음.

Syntaxe 말법, 말규구, 장구법.

Synthèse 조합법, 종합, 통합.

Syphilis 단독병, 양매창, 당창, 창병, 창질, 하감창 sont autant de formes de la —, autant de maladies syphilitiques.

Système 법, 리, 도, 법식, 조직, 법칙. = —, moyen 방법. = —, ensemble 계. — nerveux 신경계; — solaire 태양계

Tabac 담배. en agg 초. — européen 양초. — roulé (cigare) 마는담배. — à priser 비연. Le cultivateur de tabac 초농군. = — coupé 가슴이.

Dans les vieux livres on trouve aussi: 담파고 qui semble européen d'origine. On l'écrit 淡破姑: "Herbe qui détruit la bile.

Tabatière *비연통, *비연합.
Tabernacle *성체성뎨, *봉성톄궤. Beaucoup disent, fort improprement *감실.
Tablature 걱정 En donner 걱정식히다, 걱정되다.
Table 상, 쇼반. de K.S.T. 반. — carrée 네모반: — d'écrire 칙상. Avoir une — frugale *박식호다. = — De matières (d'un livre) *목록, *대목. = — De damier 바둑판; — d'échecs 쟝긔판. =, —, tableau *표: — de multiplication *구구표.

Dresser la — (mettre le couvert) 상보다, 상비보다, qui veulent dire aussi servir à table.

Tableau peinture 그림, *상, *화상, 샹본. = — (table, liste...) *표. — synoptique *일남표. = — noir 흑반.
Tablette (superstitieuse, — les morts) *신쥬 (les chrétiens disent souvent *녹패). Boîte à mettre les — 감실. = — noire comme signe d'identité *호패, 각패. *의패
Tablier 앞치마. = — de cuisine 힝즈치마, 힝쥬치마. = — de porte.
Tabouret 교의.
Tache 때, 티, = *하즈, 흠 surtout au sens de défaut: = — de graisse 기름때. La — du péché 죄때, 죄무늬. Vivre sans — 하즈없시살다. = — (originelle) sur le corps 념. = — du soleil *흑뎜, *태양흑뎜.
Tâche . — commandée 식힌일; — déterminée 작뎡호일. Imposer une — 일식히다. = Prendre à — de,

s'efforcer 애쓰다 (써, 쓴), 한소하다, 잡고하다.
De choisir 일삼다 (아, 은).

Tacher salir 더러이다. — au contraire 낫다 (아, 은) qui veut dire pt adhérer et a pour sujet la chose qui tache. — 무돌다 (어, 돈). être — 낫치다.

Tâcher s'efforcer 애쓰다 (써, 쓴), 힘쓰다.

Tacheté 어룽어룽하다, 얼눅얼눅하다. — de rouge 붉읏붉읏하다. (Tous les verbes qualificatifs "de couleur" ont cette forme).

Tacite '북북하다, '북북하다. Consentement — '북락 = 하다, '누허하다.

Tacitement 북북히, = 말 업시.

Taciturne 말쓰다 (써, 쓴); 입쓰다

Tact sens du toucher . Connaître par le — 다듬어 알다 (다듬다 (어, 은), tâter), 어로만져 알다. = —, délicatesse Agir avec — 곱게 하다 (bellement).

Tactique '전술

Taffetas

Taie sur l'oeil 박티.

Taillader 버히다, 각다 (까, 끈).

Taillandier 대장, 대장장이, 야장이

Taille stature 킈. — petite 킈젹다 (어, 은), — grande 킈크다 (커, 큰), — gigantesque 킈크다랏타 (다라, 다란). = de petite — (objets, animaux, etc) 자잘굴어하다. = — de arbre 가지치는 모리.

Tailler couper 각다 (까, 끈), — pour faire

Tailleur — Tandisque

1380/

entrer ds un trou — v.g. un manche d'outil 롭다(하,온). — un crayon 붓갂다 = — un arbre 가지치다, 가지를 버혀브리다 id. — (vigne, tabac etc) 순치다, 순싸다, 우듬지르다 (질너, 지른). = — un habit 옷가음마르다 (× 마르다) (말나, 마른), 옷마르다. = — pierre 돌다듬다(어, 은); ds. pignon 곱다 (고아, 고은). = — en pièces (une armée) 치다. = Être — coupé 깍기다, 버히다; =, sculpté 색이다. Pierre — 다듬은돌. Homme bien —, bien fait 잘 싱긴사람.

순지르다 (질너, 지른) (순집다 (어, 은) voudrait dire "pincer")

Tailleur d. habits *침봉수. = — de pierres *석공, 석슈.

Taillis

Tain d'une glace *슈은 (mercure)

Taire v.a. passer sous silence 넘허두다, 졉어두다, = 고사하다. Faire — 말막다. = 말막음하다 (ce dernier ayant tout le sens du français "Fermer la bouche" en imposant silence... par une vive repartie ... etc). Faire —, traiter rudement, imposer sa volonté 읏박다 (아, 은), 읏박지르다 (질너, 지른), 욱지르다, 욱닥이다 — (passif 욱질니다). Se — 말흐다, 묵묵하다, 쇽낌하다, 흠흠하다. Taisez vous! 말마라, 말흐지마라, 잠잠코 잇거라. Se — (garder un secret) 누셜아니하다.

Gale 활션.

Talent aptitude 직조, 직간, 직능. — de la parole 말직조, 입직조, 구변.

Talion 되거리. Loi du — 보복지니, 보응지리. Le subir 보복받다 (아, 은), le faire subir 보복하다 (se dit en bien & en mal).

Talisman 부작

Taloche . Donner une — 치다, 1거워치다.

Talon 발굽치, 발뒤축, 뒤축 = 뒤굽치다 흑뒤 désignant plus spécialement l'arrière du talon. = — d'un chèque, d'une pièce quelc 양쪽 (l'opposé est 슈쪽).

Talus 언덕.

Tambour 북, en agg. 고. Battre du — 북치다. Joueur de — 고슈. de tendre (en le serrant) 1세우다.

Tamis 체.

Tamiser 체질하다, 걸으다 (걸너, 걸은). Pour les liquides on dit souvent 밧다 (아, 은) en mettant à l'instrumental ce qui sert de tamis: 체로 밧다, 슈건으로 밧다. — les matières solides 체로 치다; — le riz pour en ôter les pierres 사래질하다.

Tampon (bouchon) 마기.

Tamponner (v.g. chemin de fer) 부듸치다; 붓딋다 (되쳐, 친)

Tam tam 징마기, 쾡과리, = 쇠북.

Tancer 꾸짓다 (지쳐, 지즌), 숙죡하다, 슈지름하다

Tanche poisson

Tandis que (simultanéité) se rend par la forme 홀새에, — de (opposition) se rend par l'appositif, ou par la forme 호는데, (assez souvent par les deux réunis). Je travaille — tu te reposes 나는 일호고 너는 논다, 나는 일호는데 너는 논다.

Tangage 뒤질 (le roulis est 녑질).

Tangente (géomét.) *절션. Point tangent *절뎜.

Tanguer 뒤질호다.

Tangible

Tanière *굴, *굴혈. — de tigre *호굴, *호혈.

Tanner le cuir *거유호다 (essai. dégraisser), (가족) 다르다 (룸. 론) (assouplir).

Tanneur *되쟝이, *되쇡쟝이, 가족쟝이.

Tannin — Tannique acide — *단녕산

Tant autant 그리 suivi d'un verbe ~~qualificatif~~. Y en a-t-il — que cela 그리 만호냐. L'aimez vous — que cela 그리 사랑호나냐. De dans le sens de beaucoup, de trop; tant que cela se traduit par 그되지, 그되도록. = —, autant, (comparatif) Je ne fis pas — que je voudrais 호고시분되로 못호다. Cet arbre n'a pas — de feuilles que de fruits 그나무실과 닙보다, 더 만타. Il n'a pas — d'esprit que son frère 지각이 제형 만 못호다. — que vous pourrez 네홀만큼, 네힘되로, 네힘것. = — que aussi longtemps que. se rend par les formes 홀동안에, 홀사에 ..

— que je vivrai 내 살 동안에, 살아 잇슬 대에. = — que, "adeo ut" se rend par les formes causatives ᄒᆞ니, ᄒᆞ니가, ᄒᆞᄂᆞᆫ고로, qu'on peut renforcer par les exclamation 하, 뎍. Il y en a — qu'on ne peut les compter 수가 만ᄒᆞ니 혤 수 업다. 슈가 하 만ᄒᆞ니 혤 슈 업다. Je l'aime — que je ne puis rester sans le voir 하 사랑ᄒᆞ니가 못 보면 못견듸겟다. = — ... que, dans le sens de soit ... soit ... Appelez les, — grands que petits 어룬이나 오히나 다 불너라, 어룬이어나 오히이어나 다 불너라. Il est admirable — par sa science que par sa modestie 아논지식이어나 겸손ᄒᆞᆫ지식이어나 다 이샹ᄒᆞ다. = — Il s'en faut que se rend par la formes 아니 ᄒᆞᆯ색 아니라, 아니ᄒᆞᆯ색 더러. — s'en faut qu'il soit bon qu'au contraire il est méchant 착ᄒᆞ지 아니ᄒᆞᆯ색 아니라 오히려 [illegible]비우 됴치 안타. = — soit peu 조곰만, 조곰만이라도. Vous l'avez fait — de fois que je ne puis le souffrir 그리 여러 번 ᄒᆞ엿시니가 못견듸겟다. = Cent et — 백여. — mieux! 더욱 됴타. — pis! 더욱 됴찬타.

Tante soeur du père 고모; — soeur de la mère 이모; —, femme de l'oncle paternel 숙모; — femme de l'oncle maternel 외숙모; —, cousine germaine du père 당고모; —, femme du cousin germain du père 당숙모. Grande —

+왕고보, =+오늉이보.

Tantôt à peu de temps 잇다, 잇다가; —, il y a peu de temps 앗가, d-(un peu plus) 오래지아녀. = Il dit — ceci, — cela 엇던새 이러ᄒᆞ고 엇던새져러ᄒᆞᆫ다. — l'un, — l'autre 밧고아가면셔, 밧고면셔, 밧고아, 밧고다가, = 졋긂낙이ᄒᆞ다.

Taon 둥에.

Tapage 야단. Faire du — 야단ᄒᆞ다, 야단치다, 야리부리다, °요란ᄒᆞ다, 왁자ᄒᆞ다. = de q.q. enfants qui courent bruyamment 짓거리다, 짓걸거리다, 짓걸짓걸ᄒᆞ다. = qui s'agitent bruyamment et en désordre 덤벙거리다.

Tapageur 왁쟈. — homme de désordre 계청군.

Taper 치다, 사라리다.

Tapinois en — 가만히, 은근히.

Tapir se — 숨다 (어.은). se — contre terre 사당에 업되여숨다.

Tapis 요. — de pied 보료, = 방석 est plutôt un coussin. = —, couverture de la selle du cheval 안갑. — Tapis européen 화방셕 (à fleurs)

Tapisser Mettre le tapis 요ᄭᆞᆯ다 (아,ᄭᆞᆫ). — (les murs avec du papier) °도벽ᄒᆞ다. Papier à — °도벽지, de plinthe °듬화지. = — de gazon 셕붓히다.

Taquin (subst.) 악보, 악바리 (adj.) 혱가스럽다.

Taquiner 지근되다, 지근지근ᄒᆞ다, 제앗치다, 혱가시다, 집젹집젹ᄒᆞ다. = 싊술내다.

Taquinerie 싊술, = 격졍거리.

Tard (adv.) 늣게, 이윽이. Il est — (le soir)

Il est —, trop tard, (pour telle ou telle chose, sans égard à l'heure de la journée): 늦다, que l'on met aussi au passé: 느졋다; 시간이 늦졋다.

늦다 (느제, 느즌 or 느진), 쳐붓다 (부러, 분), 이윽하다, 이슥하다. de faire — 느져가다, 쳐부러가다. = C'est trop — 느졋다.

Tarder à 더듸다 (여, 딘), 지체하다, 지완하다, 완완하다. = 버불다 & 내브다 (브러, 븐), 머무르다 (물너, 무른). = Il me — de 미오, 에 밧부다, 밧바하다.

Tardif 늦다 (느저, 느진).

Tare, défaut 허물, 험, 흠, 하조.

Taré 험 잇다, 하조잇다. Homme — 흔 험 잇는 사룸

Targette

Tarière 송곳, 틀송곳.

Tarif 세측

Taro 도랑이 gouet comestible à larges feuilles vert foncé – ARUM ESCULENTUM, CALADIUM ESCULENTUM syn. caladion

Tarir (v. act.) — un puits 우물치다, 우물쳐내다. = —, au figuré (v.g. — la source de grâces, etc) 깍다 (아, 깐), 쓴다 (허, 흔). = — (v. neut), se dessécher 마르다 (말나, 마른); — peu à peu 줄다 (어, 준, Diminuer). — Source qui ne — pas 줄지 안흔 쉬암.

Tartares de Mongolie 가달.

Tartre du vin 쥬셕, 치염. émétique 토쥬셕.

Tartre sur les dents 치석

Tartrique acide — 쥬셕산 酒石酸

Tas 식덕이, 조격, 덕이, 조격덕이, 조격갈이. = 그리 surtout pour le bois. = — de pierres (superposées aux passages de montagne) 션앙당. A —, en grande abondance 수북하게, 수북이.

Tasse à boire 잔, 종발. — petite 종조.

Tasser mettre en tas 가리다, 싸다 (싸, 싼)

싸다 (싸하, 흔). —, comprimer 누르다 (눌너, 누른).
Se — (vg. terre meuble qui s'affaisse) 시지다.

<u>Tâter</u> 만져보다 (아, 본) = 어름쓰다 (써, 쓴) qui 더듬다 (어, 은) indique l'hésitation. — le pouls 맥보다, 맥짚다 (어, 은), *진맥하다. = —, essayer *시험하다, 시험하야보다 a simplement la forme 하여보다. Se —, se sonder soi-même sur une chose 중리를 헤아리다.

<u>Tâtonner</u> 더듬다 (어, 은), 더듬더듬하다, 어름쓰다 (써, 쓴). Marcher en tâtonnant 더듬어 단니다.

<u>Tâtons</u> à — 더듬어 = 어두온가온대

<u>Tatouer</u>

<u>Taudis</u> = 막, 움, 움막

<u>Taupe</u> 두더쥐, 뒤쳑이

<u>Taupinière</u>

<u>Taureau</u> 황소

<u>Tautologie</u> *중복, *조언.

<u>Taux</u> 갑, 갑시, 금. — des céréales (prix courant du marché) *시직. Fixer le —, le prix des denrées 갑내다, 금내다. — Pour le — de l'intérêt, on l'exprime ordinairement en disant 한돈, 두돈, 삼돈 et .. 변리. soit 1 sapèque, 2 sapèques, 3 sapèques, i.e. par ligature (냥) & par mois, c'est à dire 1, 2, 3 ... pour cent par mois.

<u>Taverne</u> 술집.

<u>Taxe</u> imposition sur des objets (ou des personnes) *세 précédé du nom de l'objet taxé. — sur les maisons *가옥세; — sur

le tabac 담배세.

Taxer Déterminer la taxe 세를 뎡ᄒᆞ다. = — de, accuser de. *지목ᄒᆞ다. être — de 지목을 ᄇᆞᆮ다 (아, 은).

Te v. Tu.

Technique *기술. Langage — *술어

Teigne ver qui ronge les habits 좀. —, maladie du cuir chevelu

Teindre 믈드리다, *염식ᄒᆞ다.

action de teindre *염직, *염직공: l'on *염직공장 lieu où l'on teint. = *염직회사 société de teinturerie

Teinte

Teinture 믈, 염색. (en pharmacie) *익, *뎡긔

Teinturier *염식쟁이. La boutique 염식집

염믈ᄉᆞ *염공

Tel pareil 굿다 (하, 흔); — de même genre 그러다 (그러, 그런) v. semblable. être — qu'on paraît 안팟굿다, 속과것치굿다. Le fait est — 일이그러다. — est ma manière de voir 내 ᄂᆡ 요에그러다. — vie — mort (bonne vie, bonne mort) 션싱복죵; v. (mauvaise vie, mauvaise mort) 오싱오ᄉᆞ. de — et — façon (en conversation, par ex. l'affaire est — et —) 억시 억시, 억ᄎᆞ 억ᄎᆞ, 엳ᄎᆞ 엳ᄎᆞ. Il n'est rien de — que l'argent pour gagner des amis 친구 엇기에 ᄂᆡ믈만ᄒᆞᆫ것 업다, … 지믈 데일이라. Je suis une — fois que je ne puis me contenir 됴하 못견듸겟다. Un — 아모. C'est un — qui l'a fait 아모가 그리ᄒᆞ엿다.

일이 이러ᄒᆞ다. il y a beaucoup de détails 이러 이러ᄒᆞ다

Tel quel (au sens adverbial) 그냥, 그저, 거저

Télégramme *뎐보, *뎐신, (le texte est dit *뎐문). = Formule de — (papier sur lequel on

1388/

[illegible] l'écrire *뎐보용지. Envoyer un — *뎐보ᄒᆞ다, 뎐보보내다.

Télégraphe *뎐신 ; — sans fil *무션뎐신. = —, instrument *뎐신긔, *뎐보긔계, *뎐보틀 ; = —, bureau *뎐보국. ← Ligne du → *뎐신국. — *뎐션, 뎐션줄. Poteau du — *뎐션목 *뎐션대.

Télégraphier *뎐보ᄒᆞ다.

Télégraphique v. Télégraphe. Mandat — *뎐신위톄.

Télépathie *이심젼심.

Téléphone *뎐어긔, *뎐화긔, = *류어통. — automatique *ᄌᆞ동뎐화긔

Téléphoner *뎐어ᄒᆞ다, 뎐화ᄒᆞ다.

Téléphonique Bureau — *뎐화교환국. Cabine — *뎐화실.

Télescope *망원경.

Tellement 그리, 그도지 = — dans une phrase négative, signifiant : pas —, pas tant que cela, pas trop 갈데로, 그도지. = — que se rend par les formes verbales ᄒᆞ도록, ᄒᆞ기ᄭᅡ지 (qui affectent le verbe qui, en français, suit le "que"). Il fut tellement battu qu'il en mourut 죽도록 마졋다.

Téméraire trop hardi 셩욕긔 잇다. = Jugement — *망즁ᄒᆞ다 ; *망단

Témérairement 마고, 됴심업시.

Témérité *욕긔, *셩욕긔.

Témoignage d'un témoin 증거, 증참 = 참4. Faux — 방증, 방념된 증참 (Ces mots signifient aussi accusation. jugement téméraire. Le sens précis dépend du contexte). = —, marque, preuve 빙거.

Témoigner, rendre témoignage 증거 하다, 증참 하다. = —, montrer, manifester 드러내다, 나타내다.

Témoin 증인, 증거인, 보증인. Faux — 위증인, 가증인. Prendre à — 증거를 삼다 (아.은). = Être — d'une chose, y assister 참견하다, 참관하다

Tempe 관존노리, 관줌노리, 관지노리 — — en acupuncture 태양혈.

Tempérament complexion 긔운, 몸긔운, 근력. De bon — 긔운 됴타, De — faible 긔운 약하다. = —, caractère 본성, 성미 = —, expédient 법, 수, 방법.

Tempérance vertu 절덕, 존절, 절당, 절효, 절도, 절제

Tempérant 존절하다, 절당하다;

Température degré de chaleur 온도. — état de l'athmosphère 일긔, 텬긔. = 날.

— de l'athmosphère 긔운
— aux 긔온도, cartes isothermales

Tempéré V. modéré. Zône — 온디. Pays à climat — 불한불열 디방.

Tempérer, modérer, diminuer 줄리다. (On emploie de préférence la forme neutre 줄다 (어.준). L'âge — l'ardeur du sang 나히 만흐면 혈긔 줄어간다.

Tempête 풍파. = Vent de — 광풍.

Tempêter 야단치다, 야단ᄒᆞ다, 야리ᄒᆞ다 = de avec les mouvements désordonnés 날뛰뤼ᄒᆞ다.

Temple *당; — catholique *성당; — protestant 회당, 례빈당.

Temporaire 아직것, 아직쓸것, 잠시것.

Temporairement 잠간, 잠시, 아직.

Temporel de peu de durée — le monde — 잠간지나가는 세상. = — opposé à spirituel — en agg. *세, 속, 세속. Biens — 세물. Affaires — *속ᄉᆞ, 세속일.

Temporiser 더되다, 밀우다, 밀위다, 지완ᄒᆞ다, 완완ᄒᆞ다, 께끄리다 (물너, 끄른), 께끗거리다, 께끗께끗ᄒᆞ다.

Temps exprimant la durée ᄯᅢ, 시절, en agg. *시 — vrai 진시, — moyen 평균시. = — se succédant 세월. — 일월 (rare). le — de notre vie 우리사ᄂᆞᆫᄯᅢ. le — vient à bout de tout 척, 척다 업서진다. Employer le — ᄯᅢ쓰다 (ᄶᅥ, 쓴), ménager son — ᄯᅢ 앗기다. Passer le — 세월보내다 de au sens de distraction, passe-temps *소일ᄒᆞ다. se donner du bon — 세월잘보내다, 잘놀다. Tuer le — 식, 식 듯러ᄒᆞ다. Perdre son — 세월헛되히보내다, 세월공즁헛되히보내다. = — déterminé *뎡시; = —, terme fixé *긔한, 한, 긔약, 긔한ᄒᆞᆫᄯᅢ. Fixer le — 긔한뎡ᄒᆞ다, ᄯᅢ를뎡ᄒᆞ다, 뎡한ᄒᆞ다. = —, délai ᄯᅢ, ᄌᆞ이. = *한, 긔한, Donner du — (v.g. à un débiteur) ᄯᅢ를

= — (philosophie) *시간; terme qui s'emploie aussi dans le langage courant. *시ᄒᆞ. = Voici une série d'expressions "consacrées" employées dans le même sens: *주야; *ᄎᆞᆫ하츄동ᄉᆞ시; *시되; *년되; *년월일시.

눗초다 (추어 ㅆ추워, 춘), 한을 닐니다, *퇴한하다. Demander du — 한을 닐너 달나하다. = dans perdre de — 어서, 불이나게 Il n'y a pas de — à perdre 더 되면 못 쓰겠다. = —, loisir 새, 소이, 틈. N'avoir pas le — de jouer 놀 새 업다, 놀 틈 업다, 놀 소이 업다. Quand on aura le — 새를 엇으면, 틈 나면. = —, occasion 새, *긔회. Prendre bien son — 새를 잘 잡다 (아, 은), 긔회를 잘 잡다. Avoir le — et l'occasion 한가한 긔회를 맛나다. Il n'est plus — 느젓다 = —, époque 새, 적, syn. 시절. Du — de Confucius 공자 새에, 공자 적에. Au — de la jeunesse 어려실 적에. Du — de la monnaie percée 엽전 시절에. Dans les anciens — 녯적에. Les hommes de ce — là 그 새 사롬. — Les — malheureux 곤익한 새, 고로온 새. = Le — viendra que... *장래, 후에, *훗날에. Il y a eu un — où 전에, 녜 왼에, 어전에, 녯적에 = (de plus reculé 즁고에, de, encore plus reculé 상고에). = —, saison 시절. Par le — qui court 즉금 시절에. = —, état de l'atmosphère 날, 일긔, *텬긔. Le — est beau 날 됴타, 일긔 됴타. Le — est couvert 날 흐린다, — se couvre 날 흐려간다. Le — est mauvais 날 궂다 (궂어, 준), 날 궂치다. Par un mauvais — 날 궂흔 새에. Le — est lourd et chaud 날 부덥다 (더워, 더온 ㅆ더운), 날 쭉하다, 날 후덕후덕하다, 날 후덕지근하다. Le — de

Temps—Tendre

1342

découvre 날린다, d° (après une pluie) 비린다.
= A —, A — voulu 맛당혼새에. A contre—
맛당치안혼새에. Arriver à — (n'être pas en
retard) 밋다 (처,촌) (D'où l'expression 밋처:
à temps). Avant le — (trop tôt) 넘,우일즉,
de (avant le temps ordinaire) 미리,지레.
Avec le — 졈졈, 졈졈 (petit à petit). De —
en — 드믄드믄, 잇다감, 혹간, 혹시. Au
même —, en ce — là 그새에, 당시에
(en lettres 유시에, 셕시에). A quelque — de
là 조곰후에, 조곰잇다가. Quelque — auparavant 그젼에, 근릭, 밋칠젼에. En quelque
— que ce soit 아모재나. Pendant ce —
그동안에, 그ᄉᆞ이에. Pendant combien de
— 얼마동안에, 얼마ᄉᆞ이에. Pour un peu
de — 잠간, 잠시. La plupart du — 흔이,
흔히 (흔ᄒᆞ다 fréquent). Long — 오래, 오래
게, 오래도록 V. Longtemps.

Tenable. Pas — 견될슈업다.....
살슈업다; ..... 부지홀슈업다.

Tenace opiniâtre 악쥐르다; — (colle, etc)
끈끈ᄒᆞ다 (D'où 끈끈이, glu).

Tenaille 집게.

Tenailler 집다 (어,은), 집어ᄯᅳᆺ다 (어,은)

Tenancier (fermier) 작인.

Tenant. Dieu tient —

Les — et les aboutissants 눌게, 눌리 (D'où
눌게보다, épier, observer)

Tendance propension, inclination naturelle

*경행 — (d'un corps en mouvement) 방향.

Tendon 힘줄.

Tendre (adj.) mou, non dur 연하다, 닉르다 (닐너, 닉른), 말놀하다, 말신말신하다, 말캉말캉하다. = —, délicat 연약하다. = Dès la plus — enfance 어려서브터. 어려실적브터.

말놀하다

Tendre (v. act.) : bander avec effort 당긔다, 다굿다 (그어, 그은). = — un arc (y mettre la corde) 활짓다 (지어, 은), de (pour tirer) 활당긔다. = — une corde (d'un lieu à un autre — sans effort) 줄건너밋다, de pour aligner 줄씌다. — des filets 그물치다; — les voiles 돗달다 (아, 단) = — la main appui pour l'aider, le retenir 붓들다, 붓드러주다; — la main (pour indiquer ... ou frapper) 손들다 (어, 든); — la main (l'avancer pour recevoir ou donner) 손내밀다; tendre la main (l'ouvrir) 손버리다, 손펴다. — le cou 목느리다, 목내밀다. — le au bourreau 목느려칼밧다. = — l'oreille 귀기우리다 (c.-à-d. incliner l'oreille). = — (probablement) — à, se diriger vers *향하다, 향하야가다, 가다. Où tend ce chemin 어듸로가는길이냐. A quoi tendez vous 무엇하려하나냐. A quoi — ce discours (reproche) 웬소리냐. = — à sa fin (chose) 업쳐져가다, 업쳐지다., de (travail) 일다되여가다, de (malade) 귀종갓갑다 (가와, 가온), 귀종되여가다. = être — 당긔이다. Avoir l'esprit tendu 노심하다, *심녀하다. Avoir l'esprit — et tourmenté à l'excès

활당긔다, 활굿다 (그어, 은)

노심초ᄉᆞᄒᆞ다. Être – (relation) 결벽ᄒᆞ다.

Tendrement aimer – 익지즁지ᄒᆞ다, 익즁이넉이다, 귀즁이넉이다.

Tendresse affection 익졍.

Ténèbres 어두움이. Dans la – 어두운가온데, 캄캄ᄒᆞᆫ가온데. La foi dissipe les – de notre âme 신덕이우리령혼의어두움을빗쵠다.

Ténébreux 어둡다 (둡어, 두온), 캄캄ᄒᆞ다.

Teneur d'un écrit 본ᄯᅳᆺ, = 속.

Ténia ver solitaire 촌ᄇᆡᆨ츙, 촌츙

Tenir avoir avec soi 가지다; – entre les main, – à la main 들다 (어, 든), 손에들다, 쥐다; = – par la main (en marchant) 닛그다 (러, 근); = –, saisir, retenir 붓들다 (어, 든), 붓잡다 (아, 은); = –, obtenir 엇다 (어, 은) = Je croyais déjà le –, il s'est échappé 붓든줄노알엇더니 다라낫다. – qq ch. par un bout ᄒᆞᆫ긋슬붓들다. Vous ne – encore rien (vous n'avez que des apparences) 아직아모것도붓엇엇다. = –, prendre, recevoir 밧다 (아, 은). Tiens! 밧아라, 자, 자밧아라, 녓다. = Faire – de l'argent (par chèque) 환젼보내다. = – qq ch. de qqun (chose matérielle) 밧다 (아, 은), 엇다 (어, 은). Pour les autres choses on emploie le verbe rendant l'idée. De qui tenez vous cette nouvelle 그ᄆᆞᆯ뉘게드럿ᄂᆞ냐. = –, retenir. – en prison 옥에가도다 (어 & 아, 돈), 가도아두다. Le – en haleine

s'exercer toujours un peu (corps) ᄂᆞᆫ ᄯᅢ 버ᄅᆞᆺᄒᆞ다,
날마다 시렴시렴 일ᄒᆞ다, se (marche) 힝긔ᄒᆞ다.
se (études) 외야 버ᄅᆞᆺᄒᆞ다, 시렴시렴 닑다 (어,은).
— tenir en haleine, le harceler 지근되다,
지근지근ᄒᆞ다. = Cela nous tient en peine
걱졍된다. = —, contenir 되다. — 10 boisseaux 열말되다. = —, observer; — sa parole 말되로ᄒᆞ다, 말과ᄀᆞᆺ치ᄒᆞ다. ne pas la
— 말되로아니ᄒᆞ다, 두의ᄒᆞ다, = 일구이언
ᄒᆞ다 (une bouche, deux paroles). = — secret
드러내지아니ᄒᆞ다. = — son rang 톄례ᄎᆞ리다,
톄통ᄎᆞ리다. ne pas le tenir 톄면일타.
— le premier rang 웃뜸되다, 머리되다. =
— une route 길가다; — conseil (délibérer) 공론ᄒᆞ다. = — une bonne conduite
힝셰를잘ᄒᆞ다, 힝셰를ᄎᆞ리다; le bien —,
(éviter les excès corporels) 슈신ᄒᆞ다. — une
mauvaise conduite 방탕ᄒᆞ다. = — école
훈장질ᄒᆞ다, 훈장노릇ᄒᆞ다. = — bien son ménage 셰간사리잘ᄒᆞ다, Bien — ses enfants
(les bien élever) 자식을잘ᄀᆞᄅᆞ치다; se
(les tenir propres etc) 잘거두어기르다 (길너,기른).
= —, estimer 알다, 녁이다. — pour un
coquin 흉ᄒᆞᆫ놈으로알다. = — à honneur
영광으로알다. Tenez le pour fait ᄒᆞᆫ줄노
알아라. = — un discours 말ᄒᆞ다, ᄒᆞ다.
le vin lui fait — ce discours 술김에그런
말ᄒᆞᆫ다. = — de, ressembler à 비슷ᄒᆞ다,
비슷비슷ᄒᆞ다. — (de ses ascendants) 닮다(아,은)

Tenir — Tenue

1346/

Le sel tient de la nature du feu & de l'eau (est échauffant & humide) 소금 성미 조습하다. — La terminaison 스럽다 (러워, 운) jointe à un substantif donne le sens de — de. v.g. 병신스럽다, tenir de l'imbécilité, être bête. = — l'un à l'autre (v.g. anneaux d'une chaîne) 서로 닛다 (니어, 은) = — bon, (personne) — ferme 복당이다, 굴치아니하다, 불굴하다, 항복치아니하다, 승복아니하다, 견듸다. Tenir tête 맛서다 (서, 선), 당하다, 견듸다. Le vaisseau peut — contre la tempête 배가 풍파에 능히 당하겟다. = — pour qqun, être de son parti 편되다. Les uns — pour les Noron, les autres pour les Nam in 엇던이는 노론올타하고 엇던이는 남인올타한다. = —, verbe impersonnel : être cause. Je ne sais pas à quoi cela tient 뭇손연고인지모론다, 뭇손가돌인지모론다. = Se — 잇다. Se — à cheval 말타다 ; Se — assis 안서 (서, 즌), 안저잇다. Se — debout 서다, 서잇다. Se — à la maison (ne pas sortir) 출입아니하다. Se — près de 갓가이잇다, 갓가이서다, Se — près d'un supérieur 뫼시다. Se — prêt à 예비하고잇다, 예비하야잇다. Se — sur ses gardes 스스러워하다 (스스럽다, 러워, 운 a à peu près le même sens). Se — pour repousser un danger possible 불의지변 방비하다. Se — caché 숨어잇다.

— , être solide (chose) 견듸다

Se — sûr du succès, 일잘될줄을속깃다. Ne pouvoir se — de rire 우숨을ᄎᆞᆷ지못ᄒᆞ다. S'en — à ce qu'on est convenu 긔졍ᄒᆞᆫ대로ᄒᆞ다. Ne pas s'y — 언약대로아니ᄒᆞ다, 언약ᄇᆡ반ᄒᆞ다. Savoir à quoi s'en — ᄌᆞ셰히알다, 분명이알다. = Être tenu — se traduit par le passif des verbes ci-dessus, suivant les acceptions. Bien — (en ordre) ᄎᆞ리다, 잘ᄎᆞ리다, ᄎᆞ례로두다; Mal — (en désordre) 어즈럽다(러워,운), 귀쳐분ᄒᆞ다, 귀살스럽다, = *혼잡ᄒᆞ다. Être —, obligé de On est — de réparer le dommage 맛당이해 물기울거시라.

Tennis *뎡구

Tenue de livres (science) 부긔학 (comptabilité)

Tenon

Tentacule

Tentant 탐스럽다(러워,운), 욕심스럽다.

Tentateur

Tentation *유감. Résister à la — 유감을물니치다. Y succomber 유감을넘다(어,은), 유감에ᄲᅡ지다.

Tentative *시험.

Tente *쟝막; *군막. La dresser = 짓다.

Tenter essayer 시험ᄒᆞ다. — (se rend souvent par la forme ᄒᆞ여보다). = —, solliciter au mal *유감ᄒᆞ다; *유인ᄒᆞ다. = 잇글다(어,은), 달내다, ces deux derniers pouvant s'employer en bon sens. Être — de ᄒᆞᆯᄆᆞ음만다.

Tenture

Ténu mince 가늘다(어,ᄂᆞᆫ), *셰밀ᄒᆞ다.

Tenue maintien *거동 / — costume 의복, en

1348/

aggr. *복. Terme civile *로령복; — militaire *군복. = — de lire *리복. Méthode de — de lire *리복법 — (On dit plus souvent *복리, *복리법).

Térébenthine *송유 (松油), *송정유 (松精油) = *뎍뎍별유 (的列並油) (ce dernier adaptation phonétique japon.).

Tergiverser hésiter 망서리다, — reculer 꺠브르다. 끼루다 (뤄, 룬) — ne pas aller franchement 써붓써붓ᄒᆞ다. = — en paroles 에둘너 말ᄒᆞ다.

Terme fin, but, borne 긋. 마즈막, 마춤 = *한. Se tenir à la — des bienséances 톄면을 보존ᄒᆞ다. = —, temps fixé *한, *긔한. Fixer un — 긔한뎡ᄒᆞ다, 뎡한ᄒᆞ다. Reculer un — *퇴한ᄒᆞ다. = —, (pour une femme enceinte) 삶산. Terme du — *산월, 산삭. Être sur son — *당산ᄒᆞ다. Accoucher avant — (avorter) 락티ᄒᆞ다, *소티ᄒᆞ다. Venir avant — 지낫타 (나하, 흔, surtout animaux). Né avant —, avorton (injure) 바삭이. = —, état des affaires 디경, *소체. Être en bons — avec qqun, bien s'entendre 잘지내다. = 의가됴타, 친ᄒᆞ다. —, mot, parole 말; — grossier 상말. = — (proportion, équation = syllogisme, proposition) *항 ... x si c'est un chiffre *항수. Termes extrêmes *외항, — moyens *중항, dernier — *말항.

Mettre un — à 그만두다, 긋치다; se faire cesser 쯧내다.

Terminaison en gramm. 끗호.

완성ᄒᆞ다 Terminer finir (act) 긋내다, 다ᄒᆞ다, 맛치다, 마르다 (물녀, 므른); 필ᄒᆞ다, en agi. 필 — un travail 필역ᄒᆞ다. se —, être — 긋나다, 다되다, 맛다 (맛차, 찬), 맛지다. = —, cesser 그만두다, 긋치다.

Terminologie *술어

Terne, sans lustre *부석ᄒᆞ다.

Ternir 흐리우다 (factitif de 흐리다), —, salir 더러이다. = — sa réputation *욕명ᄒᆞ다; — celle des autres 남의 명성을 눌여치다; = se — 흐려지다, 부석ᄒᆞ야가다, = 변ᄉᆡᆨᄒᆞ다. Être terni *부석ᄒᆞ다. La glace est — 면경 흐렷다.

Terrain sol, emplacement 터. — d'une maison 집터. = —, avec ses qualités *쳥, 토, = 흙. V. Sol. = Disputer le — 맛셔다, 맛셔다, 맛셔 싸호다.

Petite — devant une maison (ou une chambre) 토마루, 토방. Terrasse esplanade *돈ᄃᆡ; —, ouvrage de terre 둑. La faire = 싸다.

Terrasser qqun, le jeter à terre 넘어터리다, 넘어트리다, 술히 터리다. = —, vaincre 치다. = —, faire un terrassement 흙싸다. = —, préparer un emplacement (de maison) 터닥다 (아, 은).

Terre par opposition à cailloux 흙. —, en général (la globe terrestre) *디, 싸, 싸덩이,

Terre – Tertre

1350

*뭍. La – ferme 뭍, *륙지. au agg. *륙. Aborder à – (vaisseau) 빈다히다, 빈대다. Mettre à – (marchandises), descendre – (passagers) *하륙하다. Chemin de – 뭍길 *륙로. Aller par – 뭍으로 가다 (qui se dit aussi par opp. à aller par chemin de fer), 륙로로 가다. Par – & par mer 슈륙으로. = –, domaine à la campagne 쌍, 뎐답, & s'il y a aussi une maison 가뎌 = La –, le terrain 흙, 토, 쌍. Qualité ou nature de la – 토리. = – grasse 건쌍 (걸다, 어, 건), 진쌍 (질다, 어, 진), 건흙, 진흙. – maigre *박토 (박하다), 토박흔쌍. = – à potier 흙, 진흙. Vaisselle de – 질그릇, 오지그릇, *옹긔. = Demeurer sous – 쌍속에 살다. Étendre à – 쌍에 잘다 (아, 잘), 쌍에 널다 (어, 널), 드러널다. Être couché par – 쌍에 눕다 (누어, 은). Mettre pied à – (cavalier) *하마 흐다, 빨느리다, 빨게느리다. Jeter par – (abattre qq. ch.) 헐다 (어, 헌); de, (rejeter) 쌍에브리다, 쌍에내브리다, 더져브리다; de (qqun, le terrasser) 넘어터리다. = Mettre en – (enfouir) 뭇다 (어, 은), 파뭇다. = –, le monde, les hommes 세상. Sur cette – 이세상에. = la –, toute la – *텬하, *보텬하. Parcourir toute la – 보텬하드록단니다. Son nom remplit toute la – 온세상에일홈낫다.

La —, les chose de la — 셰속, 셰생. Un vrai chrétien compte la — pour peu de chose 춘
교우는 셰속을가바 야히넉인다.
Terreau 썩은거름.
Terrer se — (animal) 굴 속에 들어가다.
Terrestre qui appartient à la terre (globe)
— en agg. 디, 디구. = — opposé à maritime
— en agg. 륙 = — opposé à spirituel, en
agg. 셰, 셰속, 셰생. Homme — (anima-
lis homo de S. Paul) 셰속에 붓흔 사룸 (븟다,
허, 흔). Inclinations — 육정. = 소욕.
Terreur 겁. — vaine 헛겁. Être saisi de
— 겁나다, de (terreur folle) 혼나다.
Terrible 놀납다 (나와, 온), 무섭다 (서워, 운)
— (avec une idée de petitesse ou de ridicule)
매섭다 (사와, 온).
Terriblement 놀납게.
Terrier 굴, 굴혈.
Terrifier 놀내다. = 혼나게 하다.
Terrine 항아리.
Territoire 디방
Territorial Armée — 후비군.
Soldat — 후비병.
Terroir Terre considérée par rapport à l'
agriculture 흙, 토, 생. Force ou qualité
du — 토리, 토력. La qualité du tabac
dépend du — 담배 됴코 됴치안흔거시 토력에
달녓다.
Tertre 산, 언덕.

Tesson, test, têt morceau de pot cassé 부스럭이. – de porcelaine 사긔부스럭이; – de terre cuite 옹긔부스럭이.

Testament verbal 유언 (qui se dit même du – écrit); – écrit 유분, 유셔, 유언셔. = – loi 약. l'ancien – 구약, le nouveau – 신약. – de aux sens d'Ecriture l'ancien – 구경; le nouveau – 신경.

Testicule 불알.

Têtard 올창이 = 올창이적 싱각ㅎ여라 Souviens-toi du temps où tu n'étais qu'un têtard. (proverbe. = s'applique à un parvenu orgueilleux).

Tête 머리, 머리통, en agg. 두. – pour les animaux 대가리, 대강이. – d'un clou 못대가리; – (d'une poutre, d'un arbre, d'un pont) 머리, 머리박이; – d'un objet long terminé par une grosseur) 범그머리; – d'un livre, (commencement) 첫머리, 첫뒤분, 웃머리. = Mal de – 두통, 두풍 v. Migraine. Raser le sommet de la – (tonsure dans le 상투) 빅호클빌다, 빅호클치다. – Sommet de la – 정슈리. = 빅호. = La – et le cou 고리. = Aller nue – 상투바람으로 단니다 (vieux style); 머리바람으로 단니다. = Le vin porte à la – 술긔오르다 (올나.오른). = Incliner la –

머리숙으리다, 고리숙이다. Avoir la — inclinée (en avant) 고리숙다 (어,은). Cogner de la —, se cogner la — 머리부딋다 (되져, 되진). Couper la — 머리버히다. Avoir la — coupée 참슈하다, Id. solennellement 효슈하다; Id. plus solennellement encore 군분효슈하다. = Rompre la — 조르다 (졸너, 조른). Avoir la — rompue 졸니다 = 머리 압흐다 (압하, 흔). = Être enfoncé par dessus la — 잠기다. S'enfoncer la — sous les convertures 니불 뉘름쓰다. Donner — baissée ds le danger 위티흔되 닉름써들어가다. = Calculer de — 암산하다, 심산하다. = —, pris pour l'homme tout entier 사룸. "Tot capita tot sensus" 각사룸 각쇼견; 십인십석. = —, servant de numéral : (homme) 인구; 인명. Combien de — ? 인명슈 몃치냐. cent — 빅 명; Id. (animaux) 마리, 필: V. Numéral. = —, fantaisie 니욕, 쇼견. N'en faire qu'à sa —, 제쇼견 디로 만하다. = —, entêtement 고집. Avoir une chose en —, enfoncée ds la — 고집이 니욕, 에 쏙 박히다. Je ne sais qui lui a mis cela en — 그 고집훈거시 뉘 듯 인지 모롤다. = Homme de —, (ferme) 쎡진 사룸 (쎡지다); Id. (avisé) 의량넓다 (어,은), 지혜롭다 (로와, 온), 슬긔롭다. = Tenir — à 맛셔다, 맛서다, 두당하다. Il est capable de tenir — 당홀 만하다. = Avoir

머리살 압흐다

toute sa — 정신도다, 정신없다. = — sans cervelle 허풍션 (souffle), 쌔련하다, 허역허역하다, 쥬쟝없다. Perdre la — (s'égarer) 혼나다, 정신잃다. Ne savoir où donner de la — 엇더케할지모로다. Avoir la — chaude, la — près du bonnet 급하다, 성미급하다, 성깨르다 (깨르나, 까른), 참을성없다, 노염잘타다. Avoir la — dure, apprendre difficilement 둔하다, 꾀을줄없다, 깐일줄없다. = — d'une armée, d'une colonne 선머리, *선두. Marcher à la — des troupes (commander) 군사를거느리다. = — d'un parti. chef 읏듬, *쥬쟝, *쟝슈, 머리, = *괴슈 (en mauvaise part). = — à tête 은근히, *밀히. Être en — à — (deux) 둘밧잇다.

웃듬머리 plus employé au sens de "ce qu'il y a de meilleur parmi…".

Téter 젓먹다 (어.은), 젓빨다 (아.샌). = Donner à — 젓먹이다. Enfant qui — encore *유동, 젓먹이, = 달넌으희.

Tétin, Téton 젓쪽지.

Tétras, coq de bruyère, 들수컹

Têtu 고집하다, 견집하다, 왜긋다 (그러.근)

On dit aussi: 복굿다 (아.은) = 복고지 homme têtu.

Texte *본, Se par opp. à commentaire *원류, *원본, *본날, *원대본, *대류. = —, sujet (— d'une composition à faire) 본데.

Textile

Thé 차. Maison de — 차다락.

Théâtre *연극장. Pièce de — *연극.

Théière 차관, *쥬젼주.

Thème (d'une composition) 글데, *날데.

Théocratie *신정, *신권, *신권정톄, 텬제정치.

Théodicée *유신론, *신리학.
Théodolite *경위의.
Théogonie *신뢰리, *신뢰학
Théologie *신리학; *신학 — dogmatique *뎡리신학; — morale *륜리신학; — positive *시험, 신학. = les vieux chrétiens disent *텬쥬학.

*신리학 est plutôt "théodicée" soit naturelle, soit d'après les données d'une religion positive. — (surnaturelle) 초셩학

Théorème *뎡리.
Théorie *묘리, *학리. = *학셜, *리론 ces deux derniers ayant souvent le sens de "système".
Thérapeutique *치료술, *료법.
Thermal Eaux — *온텬. En user *온텽하다.
Thermomètre *한셔표, *검온긔, *한난계 — à maxima *최고한란계; — à minima *최뎌한난계.
Thésauriser 직물모호다 (화.호).
Thèse *론뎨, *쥴뎨.
Thibet *셔장국.
Thon poisson 방어 (thynnus secundo dorsalis)
Thorax 등가슴.
Thuriféraire
Thuya du Jap. 누운측빅; — de Chine 측빅나무.
Thym
Tiare *삼층관.
Tibia *경골, 뇌쥴.
Tic
Tiède 뜻뜻하다, 다스하다, 다스하다, 미지근하다. = — (sans ferveur) *링하다.
Tiédeur *링담, *라티, *히티.
Tiédir devenir tiède *링하야가다, 식어지다.

Tien (adj. poss.) 네, 너의.
Tiens! (exclam.) — surprise 앗다, 앗차. = —, voilà!, prends 자. = 넛다.
Tiers (subst.) 삼분지일. Mettre du — du quart 봄의 쌀 한 부족하다. = — (personne autre que les intéressés) 타인.
Tiers (adj.) . Fièvre — 이학, 여틀거리.
Tige de plante 줄기, 줄거리. = de plantes à — creuse.
Tigre 호랑이, 범, en agg. 호. Grand — 대호. — rayé 갈범, 칡범; — moucheté 바둑범 (qui veut dire souvent panthère — 범 s'applique du reste à tous les grands félins). — blanc 백호.
Tilleul 피나무, 피목 (Tilia amurensis).
Timbre (que l'on frappe) 징, 쇠북. = — (d'un son, — acoustique) 음식 = —, cachet 인. = — mobile 인지; — droit (de revenu) remplaçant le papier timbré 슈입인지; — d'enregistrement 등긔인지; — quittance 령슈인지 = — poste 우톄표, 우표 (le terme technique est 우톄인지).
Timbrer
Timide peureux 겁만타 (하.흔). 낫적다 (어.은), 낫업다. = —, honteux, ny. enfant 수줍다 (줍어.줍은), 져줍다, 수접온하다, 수려부러하다. Le contraire est 숫작바르다 (발나.바른).

Timidité 겁.
Timon de voiture 채. — de charrue 성에
Timoré
Tintamarre 야단 = 치다.
Tinter (v. act.) — une cloche 종을 가만히 치다.
— (v. n.) — (oreille, clochette etc.) 잉잉하다, 쟁쟁하다, 우우하다. La cloche — 종을 낸다.
Tintoin 걱정.
Tique 악귀, 불악귀 (Autre espèce, spéciale à l'homme, — blanc qui s'enfonce de la chair autour de l'anus 소경발. = Le Coréen l'appellent ainsi parce qu'il marche indifféremment de la 4 direction). = — des animaux, spéc. du chien 진뒤, 진득이.
Tir au fusil (exercice milit.) 사격. *aussi 사격 Champ de — 사격장. '사격장 — à l'arc (concours) *편사 = 하다.
Exercice de — '사격운동
Tirade
Tirailler 바고 당기다, 이리저리 당기다.
Tirailleur (soldat dans l'ordre dispersé) 산병. *산병.
Tire bouchon 빡외라사.
Tire d'ailes à — 활활.
Tire ligne
Tirelire 벙어리, 돈벙어리.
Tirer pour tendre 당기다, 다그다 (그어, 그은), 케다 (여, 켠). = — à soi, après soi 끌다 (어, 끈), 끄으다 & 끄을다 (끄으러, 끄은), 잇글다 (어, 끈). = — les cheveux 머리를 잡아

1358

낭리다, 께리를글다. — un criminel à 4 boeufs 룸시하다, 능지처참ㅎ야죽이다 (pouf 능지처참하다). = — en arrachant 뽑다(아,은). = — à conséquence 고는제되다, — en longueur 더듸다, 더듸여가다, 지빈하다, 지리하다. ≡ — (de qque lieu) 내다, 쓰내다, 쳐내다; 집어내다 (chose légère), 글어내다 (ch. lourde). = — de l'eau d'un puits 물깃다, (기러,긴) 물기다 (러,긴), 물기러내다; — de terre (en creusant) 파내다. — (la cendre du foyer, la vie d'un conduit, etc) 긁다 (어,은. racler), 글다 (어,근), 글어내다, 긁어내다. = — du vin (d'un tonneau) 술내다. — qqun d'un danger 구하다, 구하야주다. = 건지다, 건쳐주다 (veut dire en soi — de l'eau, = et se dit comme tel vg. des légumes qu'on tire de la marmite = mais se dit de tout danger). = — qqun de l'esclavage (rachat) 속신하야주다 (de — soi-même 속신하다). = — de l'argent (violence ou artifice) 돈쌔아먹다, = — des larmes (récit) 남으슬프게니아기하다. = — la vérité de ... 츰말엇다 (어,은), de par la compa. 츰말나도록두쇠리다. = — parti, — avantage 쓰다 (써,쓴), 잘쓰다. = — du revenu (de ses terres) 먹다 (어,은) (manger). Combien en tirez vous 얼마나먹나냐, 쇼츌얼마냐. = — gloire de 주랑

호다, 영광으로 알다. = — l'épée (du fourreau) 칼쌔다, 칼내다 (Voir : Tuneri i coutean — 칼낸원슈). — des flèches 활쏘다 (아, 쏜). — le canon 대완고노타 (노하, 흰), 대완구질 호다; — un coup de fusil 총노타; — au vol 날치하다; — sur un chevreuil 노루데 고홍노타. = — un métal en fil 텰ㅅ쌔다, = — une ligne 줄긋다 (그어, 그은), 줄그어 노타. — en travers 가로긋다; — de haut en bas 나리긋다; — de bas en haut 바로치 긋다 (치 en haut). = — un portrait 상을그리다, de (photographie) 사진박다 (아, 은). — des exemplaires d'un livre 칙박다, 칙 박아내다, 칙 인출호다. = — à sa fin (malade) 죽어가다, 위중깃갑다, 위중되다; — de (travail) 다되여가다, 깃차가다; — de (provisions) 업서져가다, 업서지다. = — sur une couleur, en approcher se rend par la terminaison 으스럼 호다 ajoutée au radical, et qui correspond au français "âtre". — sur le rouge (rougeâtre) 붉으스럼호다. = Se — Se — d'une affaire, d'un mauvais pas 빗다 (빗서, 슨), 나오다, 빼셔나오다, 빼셔나가다. Se — (d'un endroit, s'éloigner) 빗너가다. Se — les mains de (voleurs, satellites) 빠져 나오다, 'ᄐᆞᆯ신호다. Se —, s'évader, décliner qq ch. de désagréable 'ᄑᆡ호다, 몸빼치다. = Être — 당긔이다, 굴니다, et former

Tirer à la cible 'ᄉᆞ격호다, 'ᄉᆞ뎍호다

passives des différents verbes ci-dessus. Être —, sortis de 나다 (나.난). Le fer est — de terre 쇠가 ᄯᅡᆼ 속에셔 파낸거시다. Eau — du puits 우믈에셔 길어온믈.

Tiret

Tireur d'arc 활량; — (de fusil) 포슈, (le pop. dirent 사슈). Bon — 총잘놋ᄂᆞᆫ 사ᄅᆞᆷ. = — d'horoscope 이인; 명인, de par l'inspection du visage 상쟈; 상쟁이, 관상쟁이.

Tiroir de meuble 셜합, 혈합. — de machine à vapeur ailleurs on dit 층

Tisane par infusion 차; — par ébullition prolongée 탕 = On dit très souvent 믈 ou 슈. Vg. Tisane d'orge grillé 보리 복은믈.

Tison — qui fume 넝괄이

Tisonner

Tisonnier 부집강, 부집강이, 불것, 불쏘시리.

Tissage action de tisser 질ᄊᆡᆨ, 길ᄊᆡᆨ. Gagner sa vie par le — 질ᄊᆡᆨ으로 싱외ᄒᆞ다.

Tisser ᄶᆞ다, ᄶᅡ내다 qui demandent ord. un régime direct; 질ᄊᆡᆨᄒᆞ다, 길ᄊᆡᆨᄒᆞ다. 빕ᄶᆞ다 qui s'emploient au neutre. — Métier à — 뵈틀, 무명틀 etc.

Tisserand 내이, 경위슈.

Tissu ᄶᆞᆫ것.

Titre d'un livre 칙명, 칙뎨목, 칙일홈.

= — de rang, dignité 칭호. — officiel
*관명; — de noblesse *작위. Employé en —
*분관. — Prendre (sans droit ou sans preuves)
le — de *즈칭하다, vg. Prendre le — de roi 즈
칭왕이라하다. — Vain — 헛일홈, 빈일홈.
= —, droit 의리. A juste — 맛당하게.
C'est à juste — qu'il a été puni: 벌흘거
시 맛당하다, 벌싸다 (bon marché, il est
mérité), 벌오히려싸다. = —, papier décisif *문서, *증서, *증명서, *증명.
Tituber
Titulaire
Tocsin 불난종.
Toi v. Tu.
Toile de chanvre ou de lin 뵈, en agg. 포;
— de chanvre 삼포, — grossière pour deuil
*생포; — écrue 싱포, 싱뵈. = — de
coton 무명, *필목, *백목, en agg. 목. —
de coton européenne 당목, 양목, 양필
영 etc suivant l'espèce. = — d'ortie 모시,
모이, écrue 싱모시. ≡ — d'araignée 거믜줄.
Toilette habits de fête. Pour les hommes
on dit simplement 의관 (habit & chapeau);
pour les femmes 나드리옷 (habit de sortie —
드리). Faire — 의관을가초다, 나드리옷
닙다 = 비음하다 (prendre ses habits du
dimanche). Faire sa —
Nécessaire de — 각계슈리
Toise On peut traduire 발 (brasse)

pour la longueur, & 길 (taille d'homme) pour les hauteurs

Toiser mesurer (à la brasse) 밝다 (아,은). —, regarder avec insistance 빌그럿이 보다, — avec mépris 갈보다.

Toison

Toit Toiture 집웅. = —, maison 집. Demeurer sous le même toit 한집에살다.

Tôle de fer 텰판. — galvanisée 함셕.

Toléra le 견될만하다.

Tolérer 당하다; supporter 견듸다; — laisser faire 그러두다, 벋려두다 = 용납하다

Tomate 일년감.

Tombe, Tombeau 뫼, 무덤, 묘. = — royal (ou des princes du sang) 능. = Dans un tombeau — de personnes privées — complet, on trouve: le tumulus proprement dit 분묘, le petit remblai qui l'entoure en demi-cercle 활리, et est joint, à son centre, au 분묘, par un petit remblai rectiligne dit 룡미. = l'espace compris entre le devant du 분묘 & une ligne qui serait tracée entre les deux extrémités du 활리 (cette ligne existe généralement en pierres) se dit 계졀압. = Devant le tombeau, en dehors du 계졀압, mais y touchant est la pierre qui sert d'autel 상돌, 상셕 = la pierre ou lanterne à encens 향셕. les deux (ou plus nombreuses) colonne en pierre placées de chaque côté sur le devant du tombeau se disent *망두석. On les dénomme souvent *석인, parce qu'à l'origine elles étaient sculptées en forme humaine. (Elles le sont encore pour les 능 & qqf. même pour les tombeaux privés). — Emplacement de — *산, *산소. Emplacement favorable (sup.) *명당. — Le mercial des — est *장

Sculptées en forme humaine, leur vrai nom est *길덕석 (pierres représentant) des mandarins civils (문) & militaires (무).

Tomber 써러지다, en ag. *낙, *락. = — de tout son long 너머지다, de tout d'une pièce 벌셕너머지다; de en avant 엎허지다, 엎드러지다, de en arrière 잣바지다. — les uns sur les autres 혼겁에 너머져셔 굴니다. — en se détachant 써러지다, 싸지다; — (cheveux, etc.) 싸지다 = 빅다. = — en ruines (matériellement) 술허지다, 문허지다, de (moralement, fortune, etc.) *망하다. = — du ciel 하늘에셔 나리다, 하늘에셔 나려오다. — (pluie) (비) 오다. — (larmes — des yeux) (눈물) 흐르다. = Laisser — ce qu'on tient à la main 놋치다, de rejeter 나려치다, 나려써러지다, 나라써러지다. = — la tête la première 것구로 써러지다; — sur le dos 잣빠지다, 뒤로 잣싸지다; — (ou retomber) droit sur les pieds (par hasard) 써러지며 엇지엇지 서다, de (par adresse) 써러지며 섭분 서다, 써러지며 섭붓 서다 (섭분, 섭붓, lestement). — la face contre terre 엎드러지다. Faire tomber ainsi 엎드리다, 엎드려드리다. — le cheval 말셰 써러지다, *락마하다.

tomber aux pieds de qqun 발아래 엎되다

Tomber mort sur le champ 급ᄉᆞᄒᆞ다, 일각에 죽다, 즉각에 죽다. , — dès sous le coup ᄲᅡ져죽다, ᄲᅡ지며 못죽다. = — Dans la misère 빈궁ᄒᆞ다, 가난ᄒᆞ야지다; — dans un danger 위ᄐᆡᄒᆞᆫ 일을 맛나다; — entre les mains des ennemis 원슈에손에ᄲᅡ지다. = — de son haut, — des nues (être surpris) 대경ᄒᆞ다, 놀나다, 깜작놀나다. = La conversation est — sur Pierre 베드로의 말이낫다. Le mot ne — pas sur vous 그말이 네게도라가ᄂᆞᆫ 말아닐다. = Ce livre m'est — sous la main 그ᄎᆡᆨ 우연이 맛낫다, 그ᄎᆡᆨ 뜻밧긔 얻엇다. = Laisser — la conversation 말ᄒᆞ다가 줏줏ᄒᆞ다. = —, échoir. Pâques — le 3e mois 부활쳠례 삼월에 들엇다, ... 삼월에 된다. Cette fête tombe le 6 그쳠례 엿새날이라 = —, retomber (v. g. branches du saule pleureur) 드리우다. = — malade 병엇다 (어, 은), 병들다 (어, 든); = — en enfance (vieillard) 로망ᄒᆞ다. = — en faute — dans le péché 죄엇다 (어, 은), 범죄ᄒᆞ다. = —, cesser: — (fièvre) 떠러지다; — (vent) 자다; — jour 어두어지다. A la — de la nuit 어스럼에 = —, rencontrer: — bien 잘맛나다. Cela — bien 다ᄒᆡᆼᄒᆞ다.

Tombereau

Tome Volume d'un ouvrage 권.

Ton (subst.) — de la voix 목소리. Baisser le — 목소리 나초다 (아,촌) (빌 나초다 voudrait dire employer des formules moins honorifiques). Parler d'un — de maître 호령하다. = — (en musique) 음 ; de degré, 음도.

— (intonation) 토음, 음도

Ton (adj. possessif) — ta - tes 네, 너의.

Tondeuse de perruquier 태발리게, 삭발리

Tondre 털깍다 (까,근). — les cheveux 머리 싹다, 삭발하다.

Tonnage (d'un bateau) 빅슈량.

Tonne

Tonneau 장군, 통.

Tonnelier 통쟁이.

Tonnelle — de verdure 청려무.

Tonner 뇌성하다.

Tonnerre 텬동, 뇌성. Eclat de — 벽력. — tombant 벼락. le — éclate 벽력뇌성하다. Etre frappé du — 벼락 맛다 (마자,진). Rocher frappé du — 벼락바회

Tonsure endroit rasé sous le 상투 : 빅호 La faire = 치다. ≡ —, cérémonie de la — 삭발례

Tonsuré

Toton espèce de toupie 핑그람이

Touton servant de dé a jouer 뎍 (les caractères gravés sur les 6 faces sont 뎍德 (2 fois). 저 才, 공功 (2 fois) & 정 座 =

Topaze 황옥석.

Topique

Topographie (description) 동토리. — (science) 디도학. = —, (conformation) 디형.

Toquer

Torche en paille ou en brindille 홰, 홰불

1366/

(celui qui la porte 홰군); — très grosse 홍화. = — en sapin résineux 관솔. La préparer (fendre) 관솔패다.

Torche cul 뒤지, 밋씻기 — De, batonnets 뒤복, 뒷나무, 칠복.

Torcher 닥다 (가.근), 문지르다 (질너.지른), 걸네질ᄒᆞ다.

Torchis 흙.

Torchon 휭츠, 휭즈, — plus grossier 걸네.

Tordre 트다 (러.튼), 색ᄭᅩ거리다; — De la ficelle, corder 꼬다 (아, 꼰). = — pour exprimer un liquide 짜다, 짜내다, 쌀어 짜다.

Se — (convulsions, serpent blessé) 뒤틀다, 뒤틀니다

Tordu 틀니다, 소히다, 빗고다 (아.곤).

Toron

Torpille 슈뢰, 슈뢰포, 슈뢰화. = — (projectile) 어헝 슈뢰; — dormante 부됴 슈뢰.

Torpilleur, bateau 슈뢰졍. On les appelle souvent 거북션 à cause de leur pont bombé (en écaille de tortue), 비션 à cause de leur rapidité.

Torréfier 복다 (가.근).

Torrent 불고랑, 불골. Verser un — de larmes 눈물 주룩주룩 흘니다. Lancer un — d'injures 욕지거리ᄒᆞ다.

Torride Zone — 열되.

Tors 빗고다 (아.곤), 빗구다 (러.군). Avoir la bouche — 입 빗구다.

Torse buste 오동.

Tort Dommage causé 해, 손해. Faire — 해ᄒᆞ다. = 해롭게ᄒᆞ다. Chose qui fait — 해롭다 (로와, 온). Faire — à la réputation d'autrui 남의 명셩 볼히치다; — à sa réputation propre 낙명ᄒᆞ다. ≡ —, contraire de raison. Avoir — 그르다 (글너, 그른). Il a tort & vous avez — 져ᄂᆞᆫ올코 너ᄂᆞᆫ그르다. = Quand même on n'aurait pas eu — 잘못ᄒᆞᆫ일 업셔도, 그릇ᄒᆞᆫ일 업ᄉᆞᆯ지라도. = À — 그릇 (faussement, à —). C'est à — qu'on dit que les chrétiens sont ennemis de l'État 교우들이나라의 해롭단말이 공연ᄒᆞᆫ말이라; .... 생소리라. Accuser à — 무함ᄒᆞ다. Donner — à qqun (arbitrage, discussion, procès) 지우다, = 송ᄉᆞ를지우다. = À — & à travers 함부로, 되ᄂᆞᆫᄃᆡ로, 마오, 어ᄌᆞ로이, 마구발방. Dépenser à — & à travers 허산바산ᄒᆞ다, 쥐불허산바산ᄒᆞ야 업시ᄒᆞ다.

Torticolis 목 담지ᄂᆞᆫ것?

Tortiller 비비다

Tortu 빗구다 (러, 군), 빗구러지다, 실그러지다.

Tortue de rivière (comestible) 자라; de (non mangeable) 남싱이, 남셩이. = — de mer 거북. Son écaille 대모.

Tortueux 쳐리쳐리ᄒᆞ다, 거불거불ᄒᆞ다.

Torture 형벌. = Avoir l'esprit à la — 노심초ᄉᆞᄒᆞ다.

Torturer 형벌식히다 °형벌ᄒᆞ다.

Tôt 일즉, 일즉, 일즉이. Être —, de bonne heure 일으다 (일너, 일은). Il est encore trop — 아직 일으다, 넘우 일으다. = — ou tard 일으나 늦으나, °조만간에. = 아모때나, 아모때라도. Vous serez puni — ou tard 벌받을 날이 잇스리라. — Bien —, aussi —, si —, v. ces mots. Il est arrivé aussi — que moi 날과 ᄀᆞᆺ치 왓다, ᄯᅡᆨ 날과 ᄀᆞᆺ치 왓다.

Total (subst.) °도합 qui ne se dit que des nombres. = —, totalité 온통, 왼통, °일통, °도통. = —, résultat de l'addition °화. Faire le — °합산ᄒᆞ다.

Total (adj.) 온젼ᄒᆞ다, 왼, 온, en agg. °젼.

Totalement 온젼이, 왼통, 젼통, 젼슈이, 꽉아게, 꽉은.

Totalité 온통, 왼통, 도통.

Touchant (adj.) qui remue le cœur ᄆᆞᄋᆞᆷ을 감동케ᄒᆞ다; — qui excite la compassion 그슬되다 (되, 된). D'une manière — 슬픠, 그슬되.

Touchant (prépos.) 가ᄃᆞᆨ에, 되ᄂᆞᆫ에, 되호야. — cette affaire, il n'y a rien à dire 그일되븐에ᄂᆞᆫ 말ᄒᆞᆯ것 업다.

Toucher avec la main ᄆᆞᆫ지다, ᄆᆡᆫ지다. = 손되다, 손다히다 mettre la main (sur) (pour toucher avec une autre partie du corps, éviter de dire ᄆᆞᆫ지다, employer 대다 avec le nom de cette partie du corps).

Touche Pierre de touche °시금셕, 승석돌, 갈마돌.

— Doucement, caresser 어루만지다. — (un but, une cible) 맛다 (자기진 qui est plutôt rentre : être —). = —, émouvoir 감동케하다. Vos larmes ne me — point 아모리울어도알볼데아니하겟다. = — les animaux, les flatter 쓰다듬다. = — un instrument de musique (à cordes) 타다. = — recevoir (argent, récompense) 밧다 (아,은), 타다; = et souvent, surtout en mauvais sens 먹다 (어,은).

= —, concerner 도라가다. Cette parole ne le — pas 그사룸의게도라가는말아니라. = —, (verbe neutre), — être contigu 대다, 닿다; — à qqch. la déranger 건더리다. Id. & le sens de faire tort 개개다. N'y point toucher, laisser tel quel 그저두다. On n'y a point — 그저잇다 = —, être proche 갓갑다 (가와,온). — au printemps 봄이갓갑다. — à sa fin (malade) 죽게갓갑다.

↳ 관계되다

Touffe 뭉의, 떨기. 모숨 qui ne se dit que des herbes & des légumes. Une — 떨기지다. = Une — d'arbres 나무한덤불.

Touffu 되다. Pour les plantes à tiges basses (salade, tabac, etc) 떨기지다; — pour les arbres 더북록하다.

Toujours 종생, 노생, 필경, 쟁, 각금, 늘. = sans limite de temps 덧덧이, 한업시, 영원이. = —, sans discontinuer 곳, 쟁, 늘, 굿치지안케. Faire — ainsi 곳그리하다. Ne vous inquiétez pas : faites — ce que vous avez à faire 녁졍 말고 내 홀거슬 못ㅎ여라. Cette pluie ne sera rien : allons —! 그비가 오는 졔치 안ㅎ는 빌나 못가자.

Toupet de cheveux noués sur le sommet de la tête (hommes) 샹토, 샹두. = — audace 벅살.

Toupie jeu d'enfant : — à fouet 핑이, — à main, toton 핑그몸

Tour (subst. fém.), édifice. — bouddhique (ordinairement pleine, espèce de colonne monumentale) 탑 ; = 각, 디. — d'église (clocher) 죵각 ; — à feu, phare 등디. = —, (en fortifications)

Tour (subst. masc.), mouvement en rond 돌기, 돌이. En un — de main 잠, 간손이에, 순식간에, 별안간에. aller faire un tour (promenade) 출입ㅎ다, 단녀가다. Faire deux ou trois — de promenade 두서너번 단니다. Je viens de faire un — 단녀왓다. = —, circuit, périmètre 쥬회, 쥬위. Le — de la ville (circonférence des murs) 셩쥬회. = —, bord extérieur 시울. Le —, le rebord de la table 상시울. Faire le — de 돌다 (아,돈), 돌아단니다 (qui veut dire aussi circuler de ci de là). = — d'adresse 쥐조, 손쥐조. — de bateleurs 샹쥐조. = —, farce. Jouer un — à qqun 속이다. C'est un vilain

— d'inspection 슌회

— 붑쓸 즛 일다. = — que prend une affaire. Donner un bon — à une affaire 일잘숩이다, 일잘즙션ᄒᆞ다, (d'après qu'elle menaçait de mal finir) 일바로잡다 (q. v.) Donner un mauvais — 일뒤집다. L'affaire prend un bon — 일잘되여간다. = —, rang, ordre 추례. Aller chacun à son — 각각추례로가다. Faire à tour de rôle 젼즙니기ᄒᆞ다. Tour à — 밧고츠기, 밧고아가며, 갈아가며, 밧고아가면서. Il aura son — (homme dont la récompense ou la punition se fait attendre) 슌환지리잇스리라, 슌환지리잇ᄂᆞ니라 (슌환지리, roue de la Fortune). = — de tourneur 가리틀 (가리 ou plus souvent 가리박 : vases en bois faits au tour). = — de phrase 말법, 말노리.

*번ᄒᆞ다, voir les expressions 입번ᄒᆞ다, prendre son tour, remplacer le précédent, 츌번ᄒᆞ다 sortir de tour, être remplacé. En coréen 번들다 번나다.

Tourbe (combustible) *니탄 = *토탄.

Tourbillon de vent, trombe, cyclone 회회바람, 회호리바람. — de poussière 비사츄셕. Il y a des tourbillons de poussière 비사츄셕ᄒᆞ다. Le vent soulève des — de poussière 바람비사츄셕ᄒᆞ게분다. La fumée monte en — 연긔빙게빙게올나간다, 연긔ᄲᅵᆼᄲᅵᆼᄲᅵᆼ돌아올나간다. = —, gouffre de la mer *화권. *화방슈

Tourbillonner ᄲᅵᆼᄲᅵᆼ돌다 (아. 돈), 핑핑돌다, 회회돌다.

Tourelle 탑. — militaire, coupole blindée

pour l'artillerie '포탑.

Touriste '유람객, '유람군

Tourillon 쌀리.

Tourmaline '뎐긔셕, '홍뎐긔셕.

Tourment supplice, torture '형벌, — souffrance 고로옴, —, souci (donné ou pris) 걱졍, '근심, '노심. Mourir de — 형벌에 죽다. Résister à tous les — 형벌에 불굴하다, 형벌에 불복하다 .. de donner du — (s'efforcer) 애쓰다.

Tourmente tempête '풍파.

Tourmenter Mettre à la torture 형벌식히다, '형벌하다 침노하다 = — taquiner, faire de la peine, chagriner 고롭게하다, 지근되다, 지근지근하다, = 못견듸게하다. = 볶다 (가근) (litt. griller, torréfier — popul. très employé) = —, causer du souci 걱졍식히다. Ces choses me — beaucoup 그거스로 마음에 근심 만타, … 마음 써리긴다. = Se —, se chagriner & surtout s'inquiéter 걱졍하다, '근심하다, '심녀하다, '번뇌하다, '노심초사하다 = Être —, mis au supplice 형벌밧다 (아, 은), 형벌당하다. = Être — (par la souffrance) 고롭다. (로와, 온), 고로와하다, 앏흐다 (앏하, 흔), — Être — (peine d'esprit) '번뇌하다, '근심하다 v. se tourmenter.

Tournant d'un chemin 구뷔 v. detour. Chemin qui fait un — 휘움흔길.

Tournée de fonctionnaire — le mot jp.

néral est *슌, auquel on ajoute un autre mot propre pour chaque fonction. ex. *슌쳥ᄒᆞ다 (police), *슌력ᄒᆞ다 (gouvernement de province). *슌힝ᄒᆞ다 peut se dire pour tous les cas. = — du missionnaire *젼교 = ᄒᆞ다. = — de boissons 슌비술.

— épiscopale *순시, 쥬교순시

Tourner (v. act.) mouvoir en rond 두르다 (둘너, 두론) (passif & factitif 돌니다). — sens dessus dessous 뒤집다 (어, 은); — la face en dessous 엎드리다, 엎허노타 (하, 흔). = — la tête, les yeux 돌아보다, 돌너보다 — le corps 몸도리키다; — le dos 등도리키다; — le dos à qqun (ne pas le regarder) *외면ᄒᆞ다, 뒤면아니ᄒᆞ다 = de par désaccord 등지다. = — toutes ses pensées vers une seule chose ᄒᆞᆫ가지일만 싱각ᄒᆞ다, ᄒᆞᆫ우믈만 파다 (ne creuser qu'un puits). — l'esprit d'un autre comme on veut 남을 입의되로부리다, 남을 놀게부리다. — l'esprit d'un enfant au bien 쇼하를 션으로 인도ᄒᆞ다. = — en mal, interpréter en — 그ᄅᆞᆯ 알다, 그릇게 알다, 글니 알다. = — les choses sérieuses en railleries 대ᄉᆞᄅᆞᆯ 우숩게 알다. = — en ridicule 비웃다 (웃서, 슨); 비쇼ᄒᆞ다; — les choses à son avantage 일을 제몸에 유익ᄒᆞ게 ᄉᆞᆷ이다. — une chose en cent façons différentes (présenter) 빅가지로 ᄉᆞᆷ이다; de (en réfléchissant) 빅가지로 싱각ᄒᆞ다. = — un homme en cent manières pour lui faire dire la vérité 빅

Tourner une phrase (chercher une "tournure" qui rende correctement la pensée) 말 ᄭᅮ미다.

1374/

가지초속색다 (아,은). ≡ —, fabriquer au tour 가리질ᄒᆞ다. ≡ —, (verbe neutre) se mouvoir circulairement 도다 & 돌다 (도라,돈), 도라가다. 회회돌다 = 구을다, rouler, 구으다 (러, 은), factitif 구을니다, 굴니다. = — sur soi même (v.g. toupie) 빙앙돌다 (아,돈). La tête tourne (vertige) 어지럽다 (러워,운). Les choses tournent bien, 일이잘된다, 일이잘되여가다. De qque manière que les choses tournent 일이엇더케되던지. Le vent — 바람돌닌다. Le temps — au beau 날조하진다. ≡ —, se gâter (v.g. vin) *변ᄒᆞ다, *변개ᄒᆞ다. ≡ Se — 돌다 (아,돈), 몸돌니다, 몸도리키다. Se — vers *향ᄒᆞ다. Se — dans son lit 돌아눕다. Je ne sais où me — 엇더케홀넌지모로다. Se — au bien 션에돌아가다; — au mal 악에돌아가다, *변ᄒᆞ다, 그릇되다. La maladie s'est — en fièvre tierce 병이변ᄒᆞ야이학되엿다. ≡ Être — 돌니다. Être — vers *향ᄒᆞ다. Être — au midi *남향ᄒᆞ다. Être bien —, bien fait 잘삼기다, mal — 못삼기다. = Avoir l'esprit mal — (esprit étroit, irascible) 발근발근ᄒᆞ다, 쇼견좁다 (아,은).

— autour de qqch. — tournoyer 도닐다 (어,닌)

Tourner mal (choses) 틀니다, 탈나다; = se (hommes) 그릇되다, 변ᄒᆞ다.

돌니다 se dit des maladies dont la crise est (ou semble) passée: 병돌닛다 la crise est passée, "tournée".

Tournesol 희바락이, *향일화, *규화.

Tourneur ouvrier — 가리쟝이, 가리박쟝이. Son tour 가리틀; son couteau 갈기, 가리칼. Le vase en bois qu'il fabrique 가리박, 가리.

Tournevis
Tourniquet
Tournoi *츄격.
Tournoyer 쌩쌩돌다 (아.돈), 팅팅돌다, 회회돌다.
Tournure
Tourterelle 비둘이 (La tourterelle serait peut-être le 눅덕비둘이 — le 광비둘이 étant le pigeon).
Toussaint fête de la — *져셩쳠례.
Tousser 깃침하다, 깃츰하다, 깃참하다; — par accès 콜녹콜녹하다, 콜넉콜넉하다, 콜녹거리다 = — fréquemment, par maladie *히소하다 (*히소병, maladie de consomption)
Tout (subst.) opposé à partie *젼톄, *젼부, *통톄.
Tout (adj) — entier (choses ne se comptant pas) 왼, 온, *온젼하다, en agg. 젼. — l'univers 왼셰샹, *보텬하; — la ville 왼읍내 souffrir dans tout le corps 온몸이앏흐다. Réparer toute la maison 왼집을곳치다, 왼집을다곳치다. = — la journée 왼날에, *통일. = —, chaque espèce 온갓 — espèces de choses 온갓거시. = —, entièrement *볼, 모라, 볼속, 모조리, 모자리, 볼수이, en agg. 볼 *볼슈하다 Mourir tous, être — exterminés; = *볼식하다, Manger tout. = — (choses qui se comptent) 모든, 모다, 마다, 다, 뭇 (마다 se met après le nom) — les hommes 뭇사름이, 사름마다, 모든사름이; = 보텬하사름. — le monde dit cela

1376

사ᄅᆞᆷ마다 다그러ᄒᆞ다. Venez — 다오너라, 다들오너
라. — les animaux 모든즘승, 즘승마다. (Très
souvent — est traduit conventionnellement
par un nombre déterminé, = ordinairement par *만 : — les royaumes *만국; —
les peuples *만민; — les êtres *만물; = —
les fruits *백과; — les couleurs *오색;
— les goûts *오미). = S'y mettre de —
ses forces 힘을다ᄒᆞ다, *진력ᄒᆞ다. De
— son coeur 진심으로. = Tous les deux
둘다, 둘이다. Sont-ils — venus 다왓
ᄂᆞ냐, 다들왓ᄂᆞ냐. De — façon 엇더케
ᄒᆞ던지, 아모모양이라도 = — les ans ᄒᆡ마
다, ᄆᆡ년에, ᄆᆡᄒᆡ; tous les mois ᄆᆡ월에,
달마다, ᄆᆡ삭; — les jours 날마다,
ᄆᆡ일에, 일일에. — les heures ᄆᆡ시에,
시마다, 시시로. A — instant *시시각각,
ᄯᆡᄯᆡ, ᄯᆡᄯᆡ로 = 항상 =, 늘 = 장. = —
les hommes n'ont pas le même sentiment
*각인각성, *십인십색. = — terre ne
porte pas toute sorte de grains 온갓
곡식이 ᄯᅡᆼ마다 아니된다. Avez-vous —
fait 다ᄒᆞ엿ᄂᆞ냐. On tua — 다죽엿다.
≡ — pris au sens adverbial, — à fait
온젼이, ᄭᆞᆯ아게, 말쟉, 아조, 아주, =
죄, = 밧삭, = Ms. 젼. Tout d'abord ᄆᆡᆫ
몬져; — à la fin ᄆᆡᆫᄆᆞᄌᆞᆷ에. La maison
a — brûlé 집죄탓다. Être — seul ᄒᆞ
ᄌᆞ잇다. Être — autre 아조다르다. En-

porter — sans rien laisser 남아셰다가져가다; 죄다가져가다. Ne faire rien du — 아모것도아니ᄒᆞ다. = Parler — haut 소릭놉히다; Parler — bas 수군수군말ᄒᆞ다, 가만히말ᄒᆞ다. = — de même se rend par les formes verbales en 나 & 든도. On ne sait — de même pas ce qui en est 그러나일이엇더케되엿는지모론다. = — à l'heure (immédiatement) 즉시, 즉금; Id. (il y a un moment) 악가, 앗가; Id. (dans un instant) 잇다, 잇다가, 좀잇다. — à coup (subitement) 우연이, 홀연이, 갑작이, 갑작스레, 믄득. Tout à un coup. — à la fois ᄒᆞᆫ게, ᄒᆞᆫ십에 ᄒᆞᆫ거번에. = Être couché tout de son long 아조눕다. = — les fois que … ᄯᅢ마다. = — au plus 불과, 불과이. Point du — 아조, 소롱 (avec un négatif). Je n'en sais rien du — 소롱모론다. Je n'en veux point du — 아조슬타. = — riche qu'il soit, il n'est pas heureux 아모리큰부쟈ㅣ라도복업다. = C'est — un 마치일반일다. En — et partout 도모지, 일롱, 왼통. Ils sont 200 en — 도합이백명된다, 모도이백명된다. = Par — 사방에, 사방으로, 사면에, 사면으로. Courir de — côtés 두루ᄃᆞᆫ니다. C'est — 그ᄲᅮᆫ이라. C'est — ce que je puis faire 그밧긔ᄒᆞᆯ슈업다

Toutefois 그러나, 그라도, 그러도.

Tout puissant 젼능ᄒᆞ다. Dieu — 젼능ᄒᆞ신텬쥬.

Toux 깃침. Petite — 잔깃침. Être tourmenté de la — 회소ᄒᆞ다. Faire passer la — 깃침 긋치다.

Toxique 독ᄒᆞ다.

Tracas trouble, souci 걱정. Avoir des — (pour préparer qq ch. v.g. une noce) 격다(거,근), 격기ᄒᆞ다. = — les tiens, —, contestation, dispute 힐란. Se prend se v. en forme 힐란ᄒᆞ다.

Tracasser (qqu. avec un personne comme sujet) 지근되다, 걱정식히다, 심슐내다, 힐란ᄒᆞ다. = (avec une chose comme sujet) 걱정되다. Se — 걱정ᄒᆞ다. — ennuyer, troubler, molester 걸더리다.

Tracasserie sujet de souci 걱정거리. = —, chicane, mauvais procédé 심슐.

Tracassier 발근발근ᄒᆞ다. = 거식ᄒᆞ다, 거식악ᄒᆞ다, 거식스럽다(러워,온). = 악착ᄒᆞ다, 악착스럽다, 악독ᄒᆞ다. ces 3 dernier impliquent la méchanceté. — Homme — 독살구러이, 심슐구러이, 심슐쟁이, 토악군.

Trace empreinte 자최, 자옥. Suivre à la — 자최ᄅᆞᆯ ᄇᆞᆲ아가다. Marcher sur les — de (imiter) 자최ᄅᆞᆯ ᄇᆞᆲ다, 본ᄇᆞᆮ다.

Tracer (les lignes) 그으다 & 긋다(그어,그은); — (un dessin) 그리다; — un plan 본내다, 본그리다.

Trachée artère 긔관, 산ᄀᆡ역통

Tradition en agg. 전. = —

orale *구젼, *구비 ; — écrite *긔젼 ; — catholique *공교젼 ; — apostolique *종도젼. = — de famille *가젼. = —, doctrine reçue par — 젼ᄒᆞ야 ᄂᆞ려오ᄂᆞᆫ 도리, 대대로 젼ᄒᆞ야 나오ᄂᆞᆫ 도리, 셰셰에 ᄂᆞ려오ᄂᆞᆫ 도리.

Traditionalisme vieux usages *구습 고습. — système philosophique *슈젼론.

Traditionnel en adj. *젼래.

Traducteur 번역ᄒᆞᄂᆞᆫ V. Interprète.

Traduction 번역ᄒᆞ기 = 번역ᄒᆞᆫ것.

Traduire d'une langue dans une autre *번역ᄒᆞ다, 번소ᄒᆞ다. — mot à mot 마듸마듸 번역ᄒᆞ다, 말마다 번역ᄒᆞ다. = —, exprimer 말노 니ᄅᆞ다, 말ᄒᆞ다. = — en justice *호소ᄒᆞ다, *원졍ᄒᆞ다, 졍ᄒᆞ다 souvent employés seuls; mais, si l'on veut marquer la personne qu'on — en justice on dira 글고 호소ᄒᆞ다, 글어 졍ᄒᆞ다 (글다 entraîner).

Trafic commerce *쟝ᄉᆞ, 빈매. = — (v.g. de chemin de fer, choses à transporter) 운수.

Trafiquant 쟝ᄉᆞ, 샹고.

Trafiquer 쟝ᄉᆞᄒᆞ다, *빈매ᄒᆞ다, ᄑᆞᆯ다 (아, ᄑᆞᆫ). = — des places & dignités *매관매직ᄒᆞ다. — Au lieu de ᄑᆞᆯ다 on dit souvent (popul.) ᄑᆞᆯ아먹다.

Tragédie 비극.

Trahir *배반ᄒᆞ다, en adj. 반. — son pays *반국ᄒᆞ다. = — (un secret) 드러내다,

나타내다. Se —, se laisser deviner 들니다, 들키다, 넘거집히다.

Trahison 배반하기. = 배역하기. Crime de haute — 국은법. — de contre l'empereur 황실법. (crime de lèse-majesté).

Train allure 거름. De — pour un cheval 거름, 거름거리 (ce dernier se disant surtout de l'amble). Aller bon — (bonne) 잘가다, 거름 잘것다 (거러,른), De (cheval) 거름거리 잘하다. = —, partie du corps (d'un animal) — de devant 앞족, 앞; — de derrière 뒤족, 뒤. ≡ —, genre de vie Mener grand — 호번이 살다, 호화롭게 살다. Mener un — modeste 박의 박식하다; Mener un — ordinaire 예스로이 살다. Reprendre son ancien — de vie 전과곳치하다, 전모양으로하다. = — Disposition. Je ne suis pas en — de rire 즐거운 긔운이 업다. Je ne suis pas en — de faire cela 그리할 긔운이 업다. = —, commencement d'action. Se mettre en — 시작하다; 하려하다. Lorsqu'on allait se mettre en — de.. 할즈음에, 하려할즈음에. Etre en — se rend par le verbe simple. Pendant que j'étais en train d'écrire une lettre 편지 쓸 때에. (N.B. Les formes 하여가다, 하여지다 donnent le sens de être en — de, pour les actions (ou passions) qui se

— bonne disposition être en — 호긔롭다

font progressivement). = — de bois flottant 사데, 사데복. = — de chemin de fer 긔차, en agg. 렬차 et plus souvent 차. — de voyageurs 긱차; — de marchandises 화물차; — de ballast 역차. = — direct 직차; express 급행차; — rapide 최급행차. Rendre le — 차ᄒᆞ다. Manquer le — 차 불급ᄒᆞ다 = — (militaire) — des équipages 치즁; de corps 치즁대. Soldat du — 치즁병.

Train lent 괸헝차 (contraire de 급행차)

차 놋치다

Trainard

Traineau pr. dit, allant exclusivement sur la glace 빙차. = Le 셜매 ou 셜매 (en fait on devrait dire 셜마 雪馬) est une espèce de traineau qui glisse sur ses seules extrémités postérieures, l'avant étant porté sur le cou d'un boeuf. — On donne aussi le nom de 셜매 à des espèces de patins ou plutot de ski.

Trainée

Trainer v. act. 스을다 (스러, 스은), 잇글다 & 잇그다 (그러, 근). — avec soi 그러가다. — une vie languissante 간신이 살다, 겨우 년명ᄒᆞ다. = — (v. neutre) —, rester en arrière 쳐지다, 셰여라지라; — à terre (v.g. habit trop long) 슬니다, 스을니다; = — en longueur 더듸다, 지리ᄒᆞ다, 희지부지ᄒᆞ다 (sans se déterminer) — 지리ᄒᆞ다 (jusqu'à etre fastidieux). V. tirer. = —,

1382/

être en désordre 뒤숭숭ᄒᆞ다, 에넘느러ᄒᆞ다, laisser — 헝부록부려두다 (V. désordre). ≡ Se — en marchant, marcher en rampant 긔다, 긔여가다. Se — sur le ventre (enfant) 벡끼리ᄒᆞ다. Se — dans la boue 진흙에 둥굴다, 진흙에 뒤굴다 V. Vautrer ≡ être traîné ᄭᅳᆯ니다.

Traire 싸다, 싸내다, = 젓싸다.

Trait dard, flèche 살 ;= — parole maligne 독ᄒᆞᆫ 말, 지르는 말, 쏘는 말. = — de pinceau, de plume 획 = — d'union, signe d'écriture 괄선 = — du visage 인물, 살ᄉᆡ리 모습, 얼굴, 얼굴모양, 면상. = —, action 행실, 노릇 = 즛 (en mauvaise part). C'est un — de jeunesse 소년의즛일다. = — d'histoire cité en preuve 인증ᄒᆞ다. = — d'esprit 지ᄭᅬ = — rapport, 관계. Avoir — à 관계되다, 되ᄒᆞ다. = Boire à longs — 혀다, 혀다. Boire tout d'un — ᄒᆞᆫ번에 마시다, ᄒᆞᆫ숨에 마시다. = — (harnachement attachant le cheval à la voiture)

Traitable 슌ᄒᆞ다, 부드럽다 (러워, 운).

Traite distance d'un lieu à un autre 길. Il y a une bonne — 길멀다. = —, d'une étape à un autre 참 (qui se dit surtout du lieu d'étape). Tout d'une — ᄒᆞᆫ참에, 쉬지안코. Une —, un temps de galop ᄒᆞᆫ치, ᄒᆞᆫ바탕. =

—, lettre de change 위톄슈헝.
Traité didactique 셔, 글, 칙. = —, alliance,
convention 언약, 결약, 약조. Violer
un — 약조위반ᄒᆞ다, 위약ᄒᆞ다.
Traitement accueil ᄃᆡ졉. Mauvais —
d'un fort contre un faible 압졔. Le faire
= ᄒᆞ다, le subir 박다 (아, 은). V. Traiter.
= — d'une maladie 치병 = ᄒᆞ다, 병
다ᄉᆞ리기, 병다ᄉᆞ리ᄂᆞᆫ 공부. = 치료 = ᄒᆞ다.

le contraire est 존ᄃᆡ

Traiter discourir sur un sujet 변론ᄒᆞ다,
의론ᄒᆞ다. = — de, qualifier de ... 이라
ᄒᆞ다; souvent 돌니다 avec l'instrumental.
— de voleur 도적놈으로 돌니다. ≡ accueillir, recevoir plus ou moins bien ᄃᆡ졉ᄒᆞ
다, en ag. ᄃᆡ; 굴다 X 굴다 (굴러, 군) (N.
ᄃᆡ졉ᄒᆞ다 seul veut dire traiter bien; 굴다
seul veut plutôt dire — mal) — froidement 독ᄃᆡ졉ᄒᆞ다, 횡ᄃᆡᄒᆞ다, 쳔ᄃᆡᄒᆞ다,
— avec mépris ou sans gêne 괄시ᄒᆞ다,
괄ᄃᆡᄒᆞ다, 홀ᄃᆡᄒᆞ다; — rudement
박ᄃᆡᄒᆞ다; — mal, maltraiter positivement 악ᄃᆡᄒᆞ다, 몹시굴다, 심ᄒᆞ
게굴다, 심히굴다; — bien 잘ᄃᆡ졉ᄒᆞ
다, 후히ᄃᆡ졉ᄒᆞ다, 후ᄃᆡᄒᆞ다, 션ᄃᆡᄒᆞ다, =
착히굴다. — doucement (ses inférieurs)
(아ᄅᆡ사ᄅᆞᆷ의게) = 너그러이 ᄒᆞ다, = 후히
ᄒᆞ다, = 후히굴다. = — favorablement
(un solliciteur) 후ᄃᆡᄒᆞ다, 가련이넉이다.
= — en (se rend par l'instrumental) — en

→ 굴다 X 굴다 veulent, en soi, dire "se comporter, agir. — X non traiter ennemi 원슈로대졉호다. = — un malade *치료호다, 병보다(아.본), *치병호다, *간병호다. = le — . Le bien — , bien vivre 잘먹다(어.은), 잘먹고잘닙다(어.은), *호의호식호다. Le — mal, vivre chichement 박히살다, *박의박식호다. = Être — 대졉밧다(아.은).

—, s'occuper de (affaire etc.) 보다(아.본)

Traître adj. *간사호다, *간교호다, *교사호다, *간악호다, *간특호다. —, trompeur 빗그럽다(러워.본). = — subst. 간사호놈 etc. (Les chrétiens disent volontiers 유다스).

Traîtreusement 간사히, 간사호게

Trajectoire de projectile *탄도.

Trajet 길.

Trame d'un tissu 날. = —, intrigue *간교, *계교, *교사.

Tramer ourdir un complot, une ruse 교사를부리다, 간교를부리다, 계교를내다, 교사를쑤미다. = — la perte (de qqn.) 간사히해호려호다.

Tramontane Perdre la — 혼나다, 정신노타, 넉잃다(허.은). 르찟치다.

Tramway à traction chevaline — ligne *마차텰도, voiture *텰도마차; — à traction électrique, ligne *뎐긔텰도, — voiture *뎐차, *뎐긔차.

Tranchant subst., fil d'un instrument tranchant 날, 서슬 (Ce dernier se dit aussi du bord coupant d'un tesson de verre ou porcelaine)

Tranche morceau 조각, 쳑. = — d'un livre 칙술, 술 (Voir l'expression 술놉다, 술만타 pour dire qu'un livre est gros, a beaucoup de pages). Rogner la — d'un livre 도술ᄒᆞ다, *도련ᄒᆞ다, 도련치다. Doré sur — *술도금ᄒᆞ다.

Tranchée fossé . = — (milit.) *참호; — abri *복ᄉᆞ호 . ≡ — oblique *복통 .

Tranchez couper 버히다. = —, décider une question *판단ᄒᆞ다, *결단ᄒᆞ다, *판결ᄒᆞ다. ≡ — du grand 놉흔톄ᄒᆞ다; — du savant 아ᄂᆞᆫ톄ᄒᆞ다, 제가젠톄ᄒᆞ다. = être —, coupé 버히다. avoir la tête — *참슈ᄒᆞ다. être —, décidé 결단나다.

Tranquille *안연ᄒᆞ다, *태연ᄒᆞ다, *평안ᄒᆞ다, *안행ᄒᆞ다, 잔잔ᄒᆞ다. Soyez — (sans inquiétude) 걱졍마오. Restez — (sans remuer) 가만이잇거라. Ne pas rester (et ne pas laisser) tranquille *헐난ᄒᆞ다.

— silencieux 조용ᄒᆞ다 *종용ᄒᆞ다

Tranquillement 안연이, 평안이, 잔잔이 = —, doucement 가만이. dormir — ᄌᆞ다(아,온), 안연이ᄌᆞ다. = 가만이 잇다.

Tranquilliser *안위ᄒᆞ다, 안연케ᄒᆞ다. Se — ᄆᆞᄋᆞᆷ노타(하,흔), *방심ᄒᆞ다

Transcendant *지극ᄒᆞ다, *굉즁ᄒᆞ다, *극진ᄒᆞ다, *신통ᄒᆞ다.

Tr[illegible]nsaire 벗기다.

Transe angoisse *근심. = 걱졍.

1386

Transférer 옮기다 ; — son domicile *이사ᄒᆞ다, 집을 옮기다 ; = — un mort (d'une sépulture à une autre) *이장ᄒᆞ다, *면례ᄒᆞ다, 면례 치다 ; = — un fonctionnaire 이직식히다, 이빅식히다 ; — une dette, une créance 빗 밧을것 넘기다. = Se — 옮다 (올마. 믄) = être — 옮기이다, être — (fonctionnaire) *이직ᄒᆞ다, *이빅ᄒᆞ다.

Transfiguration fête de la — 예수현성용

Transfigurer se — *변얭ᄒᆞ다, *환얭ᄒᆞ다, *환형ᄒᆞ다.

Transformer *변ᄒᆞ다, 곳치다 ; = Se — *변ᄒᆞ다, *변화ᄒᆞ다, *변얭ᄒᆞ다. La chenille se — en papillon 좀이 변ᄒᆞ야 나뷔되다. Se — (métempsychose) *환도ᄒᆞ다, *환싱ᄒᆞ다. — (transformisme) *진화ᄒᆞ다. Transformisme *유질진화론

Transfuge *반적.

Transgresser 거ᄉᆞ리다, 어긔다 (어. 긘), *위반ᄒᆞ다 *범ᄒᆞ다, *촉범ᄒᆞ다, *거역ᄒᆞ다, *범반ᄒᆞ다. — un ordre 명을 어긔다, 명을 거ᄉᆞ리다, etc *역명ᄒᆞ다.

Transi de froid 얼다 (어. 언).

Transiger

Transition

Transitoire se rend par 잠간 ou 아직 avec un verbe convenable : 잠간 지나가다 . 아직 쓸것.

Transmettre *젼ᄒᆞ다 ; — envoyer 보내다. — un avis *통긔ᄒᆞ다, *통지ᄒᆞ다 = — à se — Du ordre 식인ᄒᆞ다

héritier (biens, dignités, etc) 세치다.
Transmigration des âmes *환도, *환싱
Translucide
laisser — pour le homme, l'eau, pour les poisson le papier, disent les Coréens) pour le tigre 사룸이 바람,빗 보고 불고기 빌 붓 보ᄂᆞᆫ 범이 죠희를 못 본다.
Transparent subst. — porcelaine 영즈,
*청간지, *청간 = — adj. 맑다(아.은) *환ᄒᆞ다.
Transpercer 쎄ᄯᅮᆯ다(어.ᄯᅮᆫ), ᄉᆞ뭇ᄯᅮᆯ다.
Transpiration 짐, — abondante trem 땀
Transpirer 땀 나다, — légèrement 땀 긔운 잇다.
Transplanter *이죵ᄒᆞ다, 옮겨 심으다(심어, 은). — le riz 모 내다, 벼 심으다.
Transport 옮기기 = *운슈ᄒᆞ다. Agence de — *운슈회샤. Prix du — 운비, 운슈비. ≡ — de passion 결. — de colère 분결. dans le — de la joie 됴화ᄒᆞᄂᆞᆫ 결에. avoir des — de joie *용약ᄒᆞ다. ≡ — au cerveau

*운송ᄒᆞ다, *운젼ᄒᆞ다
Prix du — *운송비, *운젼비

Transporter d'un lieu d'un autre 옮기다. — de place en place 돌니다 (se dit spécialement des choses volées). — sur son dos 지고 가다; — (sur voiture, bateau, bête de somme) 싯고 가다 V. porter. = — une créance 빗 밧을 것 넘기다 = se — 91 part 가다. se — personnellement 친히 가다, 몸소 가다. être — 옮기이다. = être — de joie *용약ᄒᆞ다, 그 ᄯᅢᆨ히게 즐거워ᄒᆞ다. être — de fureur *대분ᄒᆞ다, *대로ᄒᆞ다.
Transposer 추례 밧고다(아.곤).

1388

Transsubstantiation *화톄.
Transvaser 되붓다 (붓어 & 부어, 부은 a 부슨) 그릇 밧고아 붓다.
Transversalement 가로.
Trapèze (géom.) *톄형; — (gymn.)
Trappe qui se lève — piège 덫
Trapu 옹골지다; *결곡ᄒᆞ다.
Traquenard
Traquer
Travail 일; *공부 se disant surtout du — intellectuel — (& aussi d'un travail même physique mais soigné); *역ᄉᆞ qui ne se dit que du travail physique — surtout fait en commun. = —, occupation habituelle *ᄉᆞ업 Vivre de son — 벌어먹다 (어, 은) Imposer un — 일시히다. Demander beaucoup de — (oeuvre) *슈고, *공부 ou *역ᄉᆞ 만히 들다 (어, 든), ou 만히 되다. Avoir beaucoup de — à faire *분주ᄒᆞ다. = Prix du — 삭전, 품삭, *공전. V. salaire = Travaux forcés *즁역. — à perpétuité *죵신즁역.
Travailler faire un travail 일ᄒᆞ다; — pour gagner sa vie 싱애ᄒᆞ다; — intellectuellement (ou moralement) 공부ᄒᆞ다; — à un ouvrage physique (ordt à plusieurs) 역ᄉᆞᄒᆞ다 (c'est le mot employé v.g. pour les abeilles). = — à la journée 품팔다 (아, 판). = — en vain 공연이 ᄒᆡ쓰다, 헛공부ᄒᆞ다. = — qqch., le mettre en oeuvre 다ᄉᆞ다 (ᄉᆞ, ᄉᆞᆫ)

Faire — 실식하다, 역ㅅ식하다, Se employer (hommes ou bêtes) 부리다. Se — l'esprit 걱정하다, 노심하다. V. se tourmenter.

Travailleur subst., ouvrier 일군, 역군. = —, adj. actif, diligent 부즈런하다.

Travée

Travers subst. Le —, la largeur 광, 넓기, 너르기, 너롭이. En — 가로. De — 빗, 빗긋게, 빗드로, 빗그로, 엇게. Être de — 빗그다 (러, 근), 엇다 (어서, 슨), 빗두루다, 빗두러지다, 갓틀지다, 빗틀지다. Marcher de — 빗드되다, 빗그로가다. Avoir les yeux de — 눈빗드로박히다. Regarder de — 눈흘기다, 눈ㅅ가로보다. Comprendre de — 잘못알다, 빗그로알다. Avoir l'esprit de — 편협잇다, 쇼견좁다 (아, 은). = A —, au — de 가온되로 (ou le simple instrumental). Marcher à — champs 빗가온되로 둔니다. Voir à — le verre 유리로환이보다. Voir par une fente à — la porte 문틈으로보다. La rivière passe à travers la ville 강물읍니가온되로 새셜너잇다. Passer une épée au — du corps 칼노 새셜우다. = A tort & à — 마고, 함부로.

실그러지다

Se (ivrogne qui zigzague) 색틀거름하다.

Travers de une charpente 인방, 중방 (V. charpente). — qui maintient une haie en branchages 울ㅅ듸. = —, chemin de —, raccourci 지레길, 지럼길. = —, obstacle 조당. Avoir bien des — 어려온

1390/

일반히 밧나다 Venir à la — (homme)
박으려ᄒᆞ다 ; Se (chose) 조당되다.

Traversée

Traverser passer en travers en perçant
ᄯᅦ ᄯᅮᆯ우다 (ᄯᅮᆯ너 ᄯᅮᆯ러, ᄯᅮᆯ은), ᄯᅦᄯᅮᆯ다 (허, 흔), 스ᄆᆞᆺ치다 ; — pluie (ou liquide) à travers un toit, un habit, un vase 시다.
= — passer (fleuve, vallée) 건너다 (너, 넌), 건너가다 ; — un royaume tout entier 왼나라를 지나가다 ; — (un village, un endroit) (동네) 지나가다 ; — une montagne 넘어가다. = —, faire obstacle 막다 (아, 은), 막으려ᄒᆞ다, 조당되다.

Traversin 벼개.

Travestir Se — 옷밧고아닙다, 옷밧고다, *변복ᄒᆞ다. Se — en homme *남복ᄒᆞ다. Se — en femme *녀복ᄒᆞ다. = Comédien — en femme 목ᄃᆞ각시.

Trébucher 빗독ᄒᆞ다.

Trèfle *곽쥭.

Treillage

Treille

Treize 열셋, *십삼.

Treizième 열셋ᄌᆡ, *뎨십삼

Tremble arbre *국기, 파드득나무

Tremblement 썰니기, 썰님이, — des mains (maladie) *슈젼증. = — de terre *디진, *디동.

Trembler 썰다 & 썰다 (썰러, 썬), 썰

니다. — de tout le corps 몸서리니다, 벌벌 썰다. = — D'impatience 들먹들먹호다.
= La terre — 디진나다, 디동나다, = (on dit souvent 사롱을니다 à cause du bruit).
Trembleur poltron 겁쟁이.
Trémière Rose — 덕두화, 촉규화, 접시꽃
Trémousser se — 덥버이다, 너털거리다. = 공중에서 ㄷ니다 (ne pas toucher terre).
Tremper v. act. — Dans un liquide 잠그다 (잠거, 근), 잠으다 (잠아, 은), 잠다 (아, 은) (avec le locatif). = —, humecter 적시다. = — Dans la saumure (ou le sel) 저리다. = — Dans l'eau pour faire perdre l'âcreté 울이다. = — le fer 싀우다 (워, 운), 당그다 (가, 근). ≡ —, v. neut. — Dans l'eau 물에잠아잇다, Dans la saumure 절다 (아, 전). = — Dans un crime 죄에걸니다. = Être — 젓다 (저저, 즌) Habits — 저즌옷. Être — De sueur 담빅다, 담배다.

실우다 (워어, 운)

Trentaine 호설흔, 호삼십.
Trente *삼십, 설흔.
Trentième 설흔쳐 *뎨삼십.
Trépaner
Trépas, Trépasser V. Mort, Mourir.
Trépassés les — *망자.
Trépied D'instrument *삼각뎌. = — De cuisine 아리쇠.
Trépigner 덥버이다, 너털거리다. = — De rage 몸부림호다, *발광호다.

Très 귀우, 극즉이, 잘이, 후절적, 썩.
Trésor chose précieuse 보비. — (qu'on trouve) 뫼장널.
Trésorier
Tressaillir 소스라치다, 소스라지다, 소스러 서러다, = 깜짝놀나다. = — de joie 용약하다, 거든거든하다.
Tresse 사한것. — de cheveux 사한머리. Cheveux en — (enfants) 편발. = — de tabac 담비줄. Mettre le tabac en — 담비를 엮다 (거,근).
Tresser une corde 줄드리다. = — en trois 사한다 (사하,흔); = — (nattes, paniers, etc) 겻다 (거러,흔), 겨륵다 (륵어,흔). 비다. Le — en corde 비비꼬이다.
Tréteau 마복.
Treuil
Trève intervalle 소이, 틈 sans — 틈업시, 늘, 잼. = —, armistice 휴전.
Triangle 삼각형, 삼변형.
Triangulation 삼각측량, 삼각측량법
Triangulaire 세모지다.
Tribu branche d'une race 지파. Une — sauvage 야인사ㅐ.
Tribulation 고로움, 슈고, 역경 Être dans la — 슈고를당하다, 역경에잇다. tomber dans les — 역경을맛나다.
Tribun
Tribunal autrefois 아널. — maintenant

*재판소. — civil *민ᄉ재판소; — criminel *형ᄉ재판소; — de commerce *상ᄉ재판소. = — suprême *최고재판소, *대심원.

Tribune pour assister = — (d'orateur) *연단, *연단, *강ᄃ.

Tribut de vassal à souverain *진공, *조공. = —, impôt *세, 구실. = — en nature 진ᄉ. Payer le — …ᄒ다, …ᄇ다, …밧치다.

Tributaire 속ᄒ다. Royaume — *속국

Tricher 속임질ᄒ다, *외슈ᄒ다; — au jeu 가쟁질ᄒ다

Tricherie 속임질, *외슈, *외기 au jeu 넉쟁거리

Tricot

Tricoter

Trident 삼지창, 쇠소시랑.

Trier 고르다 (골나 or 너, 고른), 가리다, 갈희다, 츄리다, 츄다 (어, 츈), *간션ᄒ다, *간퇴ᄒ다, *퇴츌ᄒ다 = 뽑다 (아, 은), 뽑아내다.

Trigonométrie *령슈, *령산, *령산법 = (mieux) *삼각술, *삼각법. — rectiligne *평면삼각법; — sphérique *구면삼각법.

Trimer 애쓰다 (써, 쓴), *슈고ᄒ다.

Tringle

Trinité La Ste — *텬쥬셩삼, = *텬쥬삼위일톄.

Triomphe

Triompher *승ᄒ다. — à la guerre *승젼ᄒ다

Tripe

1394

Triple 셋동갑, 셋갑졀, 삼비, 삼곱.

Triplement 셋동갑으로 etc.

Tripler 셋동갑 더ᄒᆞ다.

Tripoli

Tripot de jeu 노롬방, 노롬집, 노롬판.

Tripoter

Trique 막대, 막닥이.

Trisaïeul 고조부. Trisaïeule 고조모.

Triste affligé, mélancolique 슯ᄒᆞ다 (슯허, ᄒᆞᆫ), 구슯ᄒᆞ다, 셟다 (허, 흔), 셜다 (셔러, 론), 셜워ᄒᆞ다; — ennuyé 쳡쳡ᄒᆞ다, 쳡살ᄒᆞ다. Un — état 불샹ᄒᆞᆫ 디경. = —, affligeant (évènement, état,) 민망ᄒᆞ다, 흉측ᄒᆞ다; de répugnant 귀찬다 (하, 흔), 셩가시다. Il est — de voir ... 보기귀찬다. Air —, figure — 슯ᄒᆞᆫ 긔ᄉᆡᆨ. = —, sombre, obscur (lieu,) 어둡다 (두어, 운), 우흉흉ᄒᆞ다, 흉흉ᄒᆞ다. = Un — individu 낫분놈.

Tristement 슯히, 슯흐게.

Tristesse de l'âme 슯ᄒᆞᆫ ᄆᆞᄋᆞᆷ, 외 —, extérieure 슯흔 모양, 슯ᄒᆞᆫ 긔ᄉᆡᆨ. Avoir de la — v. triste. En causer 슯흐게ᄒᆞ다, 셟게ᄒᆞ다. Dissiper la — 슯흔ᄆᆞᄋᆞᆷ 풀다.

Triturer

Trivial 상스럽다. Parole — 상말

Troc Changer troc pour — 맛밧고다. Troëne arbre 쥐똥나무

Trognon de chou 빅초꼿, 빅초통.

Trois 셰 (devant les substantifs) — 셋 (pris substantivement) — 석 (avec les noms de me-

Règle de — *삼수법 ou dit plus souvent 비례법, règle de proportion. Règle de — simple 단비례법) — composée *복비례법.

nire). *삼 devant les noms chinois). — mois 석달 : — jours 세날, 사흘, *삼일. l'espace de — jours 사흘만, *삼일만. — à — 셋식. Fendre en — 세갈니로 쪼기다. Se diviser en — 세갈니로가다.

Troisième 세재, *뎨삼. La — lune *삼월. Le — jour de la lune 초사흘, 초사흘날, *초삼일. — classe *삼등.

Troisièmement 세흔, 삼흔

Trombe vent circulaire 회오리바람, 회리바람.

Trompe d'éléphant 코, 코끼리코 ; — d'insecte 부리, 뾰족ᄒᆞᆫ부리

Tromper induire en erreur 속이다, 긔우다(긔여, 윈), — 긔이다 & 눈긔이다 ces deux derniers se disant pour les petits larcins, les choses prises ou employées par les inférieurs à l'insu du maître de la maison. — — un supérieur *긔망ᄒᆞ다 ; — par artifice,

rouler, en faire accroire 넘기다, 속이다, 후리다. = — par fourberie *의슈ᄒᆞ다. *의슈쓰다. Être — & se — 속다 (아, 은). On dit souvent aussi 잘못알다 (아, 안). qui seul peut servir dans le cas de — de : v.g. se — de route 길잘못알다, 길잘못들다. Dans ce cas on emploiera aussi souvent l'adverbe 그릇 : 길그릇알다, 길그릇들다 (그릇 à faux, de travers).

Tromperie 속임질.

1396/

Trompette 나발. —, soldat qui enfonce *나발슈. Jouer de la — 나발불다.
Trompeur (subst.) 속임쟁이, 휼뎡쟁이, 거즛말쟁이. = — (adj.) 빗그럽다 (러워, 온), *간샤ᄒᆞ다, 간사스럽다.
Tronc d'arbre 줄기; — dépouillé 등걸. — du corps 몸, 몸집, 가온대통. = — à offrandes 벙어리, 돈벙어리 (c'est plutôt tirelire). = — (en géométrie) 절두. — de prisme 절두각쥬; — de cône 절두원쥬; — de pyramide 절두각츄.
Tronçon 도막, 토막, 동강.
Trône en général *보좌 *고좌. = —, siège du roi (ou de l'empereur) *옥좌. Monter sur le — *등극ᄒᆞ다, *즉위ᄒᆞ다, *즉위ᄒᆞ다. Renverser le — *반정ᄒᆞ다, 님군을 폐ᄒᆞ다. = —, un des choeurs des anges *좌.
Trôner
Tronquer 자르다 (잘너, 자른 — actif & neutre). — une citation de façon à fausser le sens) 그릇인증ᄒᆞ다. = Être — 잘니다. = Tronqué, à qui il manque qqch. 부족ᄒᆞ다, = 병신.
Trop 넘어, 넘우, 과히, 넘어과히. Se rend souvent par le verbe 과ᄒᆞ다, 과도ᄒᆞ다, en agg. *과. = — nombreux 넘우만타. Boire — de vin 과쥬ᄒᆞ다. Être de — 요긴치안타. Il est de — ici 여긔잇기가 요긴치안타; être de —, gênant

부즈럽다. Être de —, de reste 넘다(어,은), 남다(아,은). = Parfois — ne se rend pas: Il est trop bon pour se venger 착ᄒᆞᆫ사ᄅᆞᆷ이 원슈를 갚아 못 갚겟다. Il est — bon pour avoir des ennemis 원슈를 갑아 못 ᄒᆞᆯ 사ᄅᆞᆷ이라. = — De certaines phrases négatives (— ayant le sens de beaucoup) se rend par 간ᄃᆡ로. Ce n'est pas — loin 간ᄃᆡ로 멀지 아니하다. = 그다지 멀지 아니하다.

Trophée

Tropique ligne du — *회귀선. — du cancer (Nord) *북회귀선, *하지선; = — du Capricorne (Sud) *남회귀선, *동지선 les deux à la fois *이지선.

Tropologie *형용, *형용ᄉᆞ용

Troquer 밧고다(아,온), *상환ᄒᆞ다.

Trot 갓탈거름, 갓탈 = ~~ᄒᆞ다~~ = 지다

Trotter (cheval) 갓탈~~ᄒᆞ~~지다. = —, trotter, courir çà et là 헤지ᄅᆞ다 (질너,지른).

Trottoir *보도, *연도.

Trou 구녕, 구멍, 구렁 ~~구~~ 굴헝, 굴항. — de rat 쥐구녕. Il y a un — à mon habit 내 옷세 구녕낫다, 내 옷세 구녕 뚤어젓다. Grand —, fosse 구렁이 = 굴헝, 굴항, se disent d'un trou très grand. = — dans l'eau, endroit profond, (fosse) 웅덩이, 소.

Trouble subst. tumulte *요란, 야단. — sédition *변요 (qui répond au français manifestation), *변란 (sédition proprement dite). = 민심이 소동하다 voudrait dire simplement que le peuple murmure. = —, souci 걱정; —, frayeur 겁. = —, mésintelligence *불목. Mettre le — 불목식히다.

Trouble adj. 흐리다, *탁하다, en agr. *탁. Vin —, épais 막걸니, *탁주. Avoir la vue — 눈흐리다, 눈어둡다 (두어,둔).

Troubler rendre trouble 흐리우다; —, causer du trouble, du tumulte 어즈러이다, 요란케하다 어즈럽게하다, se causer une sédition 변란내다. — qqun, le déranger 건드리다, 지근되다, 지근지근하다, de l'effrayer 놀내다. — qqun dans ses projets ou ses droits 희젓다 (저어, 저은) = Se — (devenir trouble) 흐려지다. Se — (homme, perdre le sang froid) *긔막히다, 혼나다, 정신일타 (허,흔), 정신들낙들낙하다 qui veulent dire aussi être —. Être —, ne savoir où donner de la tête 정신갈니다. - Être — (devenu trouble) 흐리다, *탁하다.

Trouer 뚤다 (어,뚠), 뚧다 (어,은), 구녕뚤다, 구녕내다. —, faire une trouée 트다 (터,튼), 구녕트다. Se — 뚤어지다.

Troupe 세; = 당, 무리 en mauvaise part. — de voyageurs *일행. = *행차 est un cortège. = — de soldats *대. Trois *련대, régiment; *대대 bataillon; *중대 compagnie, *소대, peloton. = Les — *병대.

Troupeau 석이.
Trousse étui 통.
Trousses Hautes chausses 바지. Avoir l'ennemi à ses — 쫓겨 가다. Être aux — de 쫓다 (차, 찬), 쫓차 가다.
Trousseau
Trousser 걷다 (어, 은), 거두다 (어, 둔)
Trouvaille 공득지물 (richesse obtenue sans travail); 의외지물, (richesse inespérée).
Trouver par hasard 얻다 (어, 은), 만나다; —, rencontrer 만나다. = —, en cherchant 찾다 (차저 & 자, 촌), 차자 얻다, 차자만나다. Aller — qqun 차즈라가다, 차저보라가다. = —, inventer 얻다 v. inventer. —, deviner 알아내다. = — bon ce qu'on mange 맛잇게 먹다, 달게먹다 (le contraire est 맛업시먹다). — bon, approuver 됴하하다; — mauvais, blâmer 언잔케넉이다, 됴하아니하다, 시러하다, 슬희여하다, 실쇽하다. = — à redire 허물잡다 (아, 은), 착잡다, 허물하다, 시비하다. = Se — (être dans tel ou tel lieu) 잇다. Se — (être, devenir de telle ou telle façon) 되다. Je n'aime pas à me — avec lui 보면됴하아니한다. Se — bien, avoir fait... 한거시다행하다. (le contraire est 한거시불행하다) Se — mal (indisposé) 불편하다, 편치안타; De,

—qqun 만나다

1400

Revenons 벽노다 (하, 흔), 가으러지다. = Le — de l'embarras 어려운디경에 잇다. on simple : 어렵다. = —, penser 생각호다. Je — que 내 생각에, 내쇼견에…

Truc

Truelle 흙손, 햑손, 쇠손.

Truie 암되아지, 암돗.

Truite . — mouchetée 천즈어; — saumonée 소가리

Trust

Tu te toi 너, 네, — entre amis 즈네 = 그ᄃᆡ, etc. v. Vous.

Tube 되. — plus gros 통. 관. 바이브 (en anglais)

Tubercule

Tuberculose *결희병. — pulmonaire *폐결희, *결핵, *폐결핵

Tubulure

Tuer 죽이다, en sg. *살. — (les animaux — boucherie, chasse) 잡다 (아, 은). — un homme *살인호다. — celui qui a vie (qui pèche les bonzes) *살성호다. = — le temps 세월보내다, 세월부리다, 한가히세월보내다, *한가호다, 그저놀기만호다. = Se — soi même (exprès) 즈살호다, 즈결호다. = Se, par accident 죽다. Se — en tombant 넘어져죽다. Se — de travail 일에 뭇쳐죽다, 일에 놀녀죽다. (D'un travail tuant, très fatiguant, on dit 죽을공부, 죽을노릇) = Être — 죽다 (어, 은). Il y eut beaucoup d'hommes de — 사룸만히죽엇다.

— Se le disait avec que occupation : 쇼일호다.

Tuerie

Tue-tête à – Crier à – 고함 지르다.

Tuile 기와, 기화. Le "mâle" celle qui se mettent la convexité en haut 숫기와. La "femelle" 암기와 (on dit qqf. improprement 노와). Maison couverte en – 와가, 기와집.

Tuilerie 기와막, 기와가마, 와소.

Tuilier 기와장이 = 와장이 qui se dit aussi du couvreur en tuiles.

Tulipe

Tumeur 엉어리, 개울

분뇌질 Tumulte 야단, 요란. Faire du – 야단하다, 야단치다, 요란하다, 소동하다. Apaiser le – 야단말니다. En – 야단잇게, 요란하게, 어즈러이. Être en – 분잡하다, 분란하다.

Tumultueux 요란스럽다 (러워, 온), 야단스럽다.

Tumulus D'un tombeau 분묘.

Tunique 두루마기, 두루지.

Tunnel 슈도 (les Coréens disent tout bonnement 굴)

Turbine

Turbot poisson

Turbulent 어즈럽다 (러워, 온). Homme – 작난군. D'un enfant –, on dira 작난꾸러기하다, 들석들석하다.

Turpitude 더러온것, 부정한것.

Tutélaire 주보, 호슈. Ces deux mots sont chrétiens. Les païens mettent 업 ou 복 devant le nom des animaux qu'ils regardent comme – (업구렁이, 복죡쳐비). Il y a aussi le *터쥬, espèce de dieu pénate, génie – de l'emplacement de la maison.

Tuteur (d'un enfant mineur) *후견인; –, protecteur *지작자; = – pour plante)

Tutoyer supérieur à inférieur 호여라호다, 히라호다; – entre égaux (enfants) 서로 내냐 니냐 호다. (Pour désigner la manière plus ou moins respectueuse dont on parle à qqun, on indique soit la forme impérative dont on se sert, soit le mot qu'on emploie pour dire "vous").

Tuyau 대; – plus gros 통; – plus gros encore 관. = – de pipe 설대, 혈대; – de cheminée 굴둑, 굴독, 굴통; – de poêle *연통. = – de paille 대, 집대. – de paille de blé 밀대. = – de plume 깃대

Tympan de l'oreille *고막

Type modèle 본. – d'imprimerie *활조.

Typhon *대풍.

Typhus *열병.

Typhoïde fièvre – *열병.

Typographie V. Imprimerie.

Tyran 악왕, 포악흔님군.

Tyranniquement 포악호게.

Tyranniser le peuple (gouvernement) 학민호다, *학정호다. – se noble ou fonctionnaire 횡악질호다.

Ulcère *종, *습종 ; — plus mauvais *창, *독창 = — au nez (syphilis) *창질, *당창.

Ulcéré être — (blessure) 고롬나다, avoir le coeur — 속이 불이 대즁ᄒᆞ다 (lourd de colère). 분을잔득먹다.

Ultérieurement 나죵에, 후에, 그후에.

Ultimatum *최후요구. *최후통텹.

Un ᄒᆞ나, *일. Tous sans en excepter — ᄒᆞ나도ᄲᅡ지지말고, 깃아게, = 다들의 홀치말고, 누구를의홀치말고. C'est tout — (semblable) 마치 일반이라. Tout se réduit à — seul point 모든거시ᄒᆞᆫ솟회도라간다. — des deux 둘즁에ᄒᆞ나 (Pour désigner — seul de deux objets qui vont par paires, on dit ᄒᆞᆫ ᄶᅡᆨ). Ni l'— ni l'autre 둘다말고 (둘다슬타). = — sur deux se traduit souvent par 격 : — jour sur deux 격일. Prendre — (chose) sur deux 격거르다 (걸너, 거른). — ou deux ᄒᆞᆫ둘, ᄒᆞ나나둘이나. Pas un seul ᄒᆞ나도 avec une négation. Prendre l'— pour l'autre (prendre pour l'autre) 다른이로

1404

알다. l.– l'autre (mutuellement) 서로, *피추, 피추서로, en agg. *샹. Faire diverses question l.– sur l'autre 잡고묻다. l.– après l'autre 호나식, 밧고아가며, 촌례로, 촌례촌례, 다음다음. = b–, (chacun) 식. Une piastre l.– 일원식. = Les deux jones l.– 호로건너, 간일호야 ...

Unanime *합의호다, *여일호다.

Unanimement *여일, *여출일구 = 호다. 호결굿치 = 홀고지.

Uni égal, bien plan 반듯호다, 고르다(골나. 고른); –, lisse 새반새반호다, 판판호다. = –, sans ornement 민 (qui veut dire "sine addito"). Robe – 민치마. = –, d'une seule couleur *순식. Toile – *순식포. = –, joint, lié 닛다 (허, 흔)

Uniforme (subst.) *표의 (assez peu employé). *졍복. On dit plus souvent *군복 pour l.– militaire, *관복 pour celui des fonctionnaires. Grand –, uniforme de cérémonie *례복, *대례복 (Par opposition à –, les habits civils sont dits *평복, *상복).

Uniforme (adjectif) 굿다 (하, 흔 k흔), 호결굿다, 호갈굿다. 호모양일다. tech. *균등호다, *균평호다. V. mouvement – *균등운동

Uniformément 굿치, 호갈굿치.

Uniment simplement 바로, 곳게, – et franchement 고지식호게

Union assemblage 결합호기. = –, amitié, bonne entente 의, 소이, *교분.. Vive d'une grande — 의가됴타 qui peut se dire toujours; 화목됴타, *화목ᄒᆞ다 qui se dit de gens unis par ailleurs (: époux, parents, habitants d'un même village); = 금슬됴타 (les guitares sont bonnes) se dira seulement des époux; = *절친ᄒᆞ다 se dira seulement d'amis.

Unique 외 avec les mots coréens, *독 avec les mots chinois. = 오직ᄒᆞ나 : un seulement. Cet homme est — 그런사ᄅᆞᆷ오직ᄒᆞ나잇다, 그런사ᄅᆞᆷᄒᆞ나ᄲᅮᆫ잇다, 굿ᄒᆞᆫ사ᄅᆞᆷᄒᆞ나도업다. Fils — 외아ᄃᆞᆯ, *독ᄌᆞ. Le salut doit être notre — affaire 힘ᄡᅳᆯ거시구령ᄒᆞ나ᄲᅮᆫ일다. 힘ᄡᅳᆯ거시구령ᄲᅮᆫ일다. C'est mon — soin 다ᄅᆞᆫᄉᆡᆼ각아니ᄒᆞᆫ다.

Uniquement 다만, 만, ᄲᅮᆫ, 오직. S'occuper — d'une chose 오직ᄒᆞᆫ가지만ᄉᆡᆼ각ᄒᆞ다.

Unir aplanir 다듬다(어,은) = 닥다(가,근 qui se dit surtout du terrain), 반듯ᄒᆞ게ᄒᆞ다. = —, polir, lisser ᄲᆡᆫᄲᆡᆫ케ᄒᆞ다, 곱게 다듬다. = —, joindre ensemble *결합ᄒᆞ게ᄒᆞ다, 맛게ᄒᆞ다, 붓치다, 맛초다(아,촌). S'— ensemble *결합ᄒᆞ다, *합ᄒᆞ다, 붓다(허,흔), en agr. *동, *합. S'— & même s'embrouiller, s'entremêler 얽히다. — S'— d'un but, — ses volontés *합심ᄒᆞ다, *합의ᄒᆞ다, — de ses forces *합심동력ᄒᆞ다. S'— d'amitié 사괴다, *친ᄒᆞ다. — plus étroitement *친합ᄒᆞ다. Être — l'union.

1406

Unité 호나. — en math. 리, 단, 단위. —, dizaines centaines, milliers 리십빅쳔, 단십빅쳔

v Unisson à l. — 아울노 (adv.). 아울너 (part. de 아오르다). Chanter à l. — 소리 아오르다 (올너, 오른), 병챵ᄒᆞ다.

Unitive voie — 합로 (mot chrét.)

Univers 셰샹, 셰계, 셰간. —, toutes les choses créées 만물. 우쥬. Dans tout l. — 텬하, 보텬하, 샹텬하디.

Universel 공번되다 (qui signifie aussi juste, équitable) — en agg. 공. L'Eglise — ou catholique 공교회, 공번된셩교회. Le jugement —, général 공심판. Esprit — (qui embrasse tout) 모롤것 업는사름, 모로는일업는사름. Coutume ou loi — 의례. C'est la loi — des chrétiens de faire leurs Pâques 교우들이 의례로 ᄒᆡ년에 ᄒᆞᆫ번식 셩ᄉᆞ를 밧ᄂᆞᆫ다. = —, en philosophie, — (au sens concret) 만ᄉᆞ. Conclure du particulier à l. — 일ᄉᆞ를보고만ᄉᆞ를결론ᄒᆞ다.

Universellement 공번되게, 공번되히 = 의례로, 의례히. —, sans exception 뵈아게. C'est un homme — estimé 즁ᄎᆞᆫ아니ᄒᆞᄂᆞᆫ이 업다.

Uranus (planète) 텬왕셩.

Université 대학교.

Urbanité 톄례, 례모.

Urètre 자지, 좃.

Urgent °급하다, 박부하다 (박바, 분). Très — °급박하다..

Urine 오좀 Retention d'— 오좀소희

Uriner 오좀누다 (어, 눈), 쇼변보다. Je in-volontairement 오좀싸다. Celui qui le fait 오좀싸리

Usage emploi 쓰기, 쓸긔, °쇼용. — manière d'employer 쓰는법. Faire — de 쓰다 (써, 쓴). N'avoir pas l'— de la raison 철업다. N'avoir plus l'— de ses jambes 다리못쓰다. Être hors d'— 못쓰게되다. On a tout mis en — 아니혼것업다, 아니호여본것업다. = —, coutume, pratique reçue °풍속, °법. Aller contre l'— 풍속에버서나다. = —, habitude de qqun 습관, 버릇.

User employer qqch., s'en servir 쓰다 (써, 쓴). = de (hommes ou bêtes) 부리다. = — de (avec qqun) bien ou le traiter °대접하다. V. traiter. En user bien 잘대접하다. J'en userai avec vous comme vous l'avez voulu 내게대접밧은봇밧기가 네게달넛다. — De sévérité 엄히 ou 엄하게 = 굴다 (굴러, 군). = 대접하다. = 다스리다. — D'indulgence 너그러이하다, 후히하다. = — qqch. (à force de s'en servir) 닯도록쓰다. — les habits 옷 닯도록닙다. — et l'— par frottement 닯다 (하, 흔). = S'— (à force de servir) 닯다 (아, 은), 삭다 (어&아, 은). S'— vite, ne pas durer 헤프다 (헤퍼, 픈). S'— (perdre ses forces) 지치다, °긔허하다, °쇠진하다. La terre s'use — 토력 업셔지다, ᄯᅡᆼ이 토박ᄒᆞ야지다. = Être —, par un frottement long 닛치다 (pour les pinceaux, on dit 모즈라지다), 닳는, par un frottement plus rude ᄯᅡᆯ타 (하, 흔). Être — (habits) ᄂᆞᆯㄱ다 (어 × 아, 은), 삭다 (어 × 아, 은). Chose complètement — 바장나다, 결단나다. Homme — par ivrognerie 술에 폰사ᄅᆞᆷ, (폴다, 아, 폰 pour. si à l'intérieur). (Homme) —, dont les forces sont complètement — 셩치되다.

Usine

Usité 쓰다 (써, 쓴). Cette expression n'est pas — 그 말 쓰는 법 업다.

Ustensile outil *연장, *긔계 (셰간). = — de ménage 그릇, *긔명, *긔구 *즙물

Usuel "d'un usage habituel" *항용ᄒᆞ다, 흔상 쓰다 = 예ᄉᆞ, 예ᄉᆞ롭다 (로와, 온). Les choses — *일용, *일용물.

Usuellement *항용; — communément 보통으로

Usufruit

Usure au sens latin: intérêt de l'argent *변, *변리; — légère *경변; — excessive *즁변. — à la petite semaine (de marché à marché — 5 jours) *쟝변, *쟝변리. = — au sens français; — excessive *고리대금. = Rendre avec — 즁이 갑다 (하, 흔)

Usurier prêteur d'argent 돈쟝ᄉᆞᄒᆞᄂᆞᆫ사ᄅᆞᆷ, 빗노이ᄒᆞᄂᆞᆫ사ᄅᆞᆷ. — à un taux usuraire 고리대금 영업ᄒᆞᄂᆞᆫ 사ᄅᆞᆷ; 고리대금ᄒᆞᄂᆞᆫ사ᄅᆞᆷ.

Usurpateur du trône *찬역
Usurper de force 쌔앗다 (앗서, 슨). = *찬탈하다 qui se dit pour — le pouvoir, le trône. = — le trône 왕위를 쌔앗다, *찬위하다, *찬역하다, 왕위를 찬탈하다.
Utérin frère — *동복동친, *동모형데.
Utérus *즈궁. Chute de l. — *즈궁탈출, *탈음하다.
Utile 쓸되잇다, 긔좋다 (조와, 조); *유익하다, *유조하다. On dit le plus souvent *긴하다, *요긴하다 (nécessaire).
Utilement 유익하게.
Utiliser 쓰다 (써, 쓴) = 부리다.
Utilitarisme *실리주의, *공리패.
Utilité 쓸되, 소용. = *유익, *니익. Nètre d'aucune — 쓸되없다, 소용없다. Besoin ger qu'à son — particulière 제 몸만 생각하다. *무용하다
Utopie

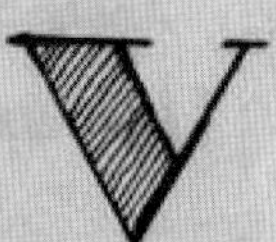

Va! interject. 올타. Va! tu en as fait de belles! 올타 고마온 일을 하엿고나.
Vacance d'école *방학. = —, repos (en agg) *휴, Jour de — *휴일. — des tribunaux 휴뎡.

1410

Vacant 비다. le trône est – 나라 비엿다. Mandarinat – 공관. Pendant que le mandarinat est – 공관시대에.

Vaccin en général . = – (contre la petite vérole) – vieux système 종두 (par le nez). nouveau système 우두. – Vacciner 우두넣다 (너어,은)

Vacarme 야단. En faire = 치다

Vache 암쇼. Lait de – 쇼졋, 쇠졋, 우유

Vaciller (lumière) 너럭너럭하다. – (ombre, image dans une glace) 어른어른하다. – (objet mal fixé) 흔들니다, 근들되다, 근들근들하다.

× 부랑자 Vagabond (injure) 사곡잽이. = – (en très mauvais sens) 난졀=하다.

Vagabonder 사더도니다, 사더도다 (라, 돈) 굴너도니다, 이리뎌리사더도라도니다.

Vagin 여,블. 혼알 = 씹, 보지. employés ... improprement au lieu de vulve.

Vague (subst. fem.), – flot 물결. – très forte 놀 Dion 놀하다 être agité (mer) – les – se brisent contre le rocher 물결이 바회에 부듸친다. Flotter au gré des – 물결되로 사더도니다.

Vague (adj) –, non précis 쏙쏙치안타. 희미하다. = – (souvenir, idée, etc) 우줌줌하다.

Vaillamment 용밍이, 용밍잇게.

Vaillance 용밍.

Vaillant 용밍하다, 강하다, = en agg 용, 강. Un – 대장부. Soldat – 용밍훈군사, 용병, 용군, 강병

Vaille que vaille 되는대로.

Vain inutile – frivole 헛, 헛되다, *허황하다, *허황하다, *허탄하다, *공연하다. = 븨다, 실업다 (쳐,ㄴ). La – gloire 헛된영광. En – 공연이, 공즁. Travailler en – 공연한공부하다. = –, orgueilleux 우쟈스럽다, 우쟈를뫼다.

Vaincre 이긔다, 이기다, 치다, *승하다. – à la guerre *승젼하다; –, Dominer, réprimer 항복밧다, *압복하다; – surpasser 낫다 (하, 혼 rentre). = Se – soi-même, – les passions 졔몸을 이긔다, 소욕을압복하다. Faire des efforts pour se – *강잉하다, *면강하다. = Se laisser – (fortune, ennemi, importunités) *굴하다, *항복하다. Se laisser – par la pitié 불상이넉이다. = Être vaincu 지다. Armée vaincue *패군. S'avouer vaincu *항복하다.

= *패하다; vaincu et mis en fuite *패주하다

Vainement 공연이, 공즁.

Vainqueur *젼승쟈.

Vaisseau navire 배, en agg. *션 = *함, (not. des vaisseaux de guerre). – à voiles *풍션, *풍범션; – à vapeur *화륜션, *륜션. = Vaisseau de commerce *상고션, *상션. – de guerre *병션. Voici les différentes espèces: – de ligne *군함, – cuirassé *젼투함, *갑텰함; croiseur *순양함; croiseur protégé *갑텰순양함. Bateau protégé *장갑함; – garde-

1412

côtes 해방함. — avisо 보지함; canonnière 포함; de torpilles 슈뢰포함; torpilleur 슈뢰뎡. Contre torpilleur 구츅함, 구츅뎡, 수뢰구츅함. de (Destroyer) 슈뢰파괴함. = Vaisseau école (guerre) 련습함, de (commerce) 련습션. ≡ —, (anatomie) 뎨, 관.

Vaisselle 그릇, 긔명, 긔구, en agg. 긔. — de terre 옹긔, 질그릇; — de porcelaine 亽긔; de cuivre 놋그릇, 유긔. = Eau de — 구졍물.

Valable 쓸만ᄒᆞ다. non — 못쓰다 (써,쓴)

Valériane

Valet 하인

Valétudinaire 병만타 (하.흔), 병긱, 병잣다 (자자.즌), 잔병잣다.

Valeur bravoure 용밍, 용밍ᄒᆞᆫ마ᄋᆞᆷ. = —, prix des choses 갑, en agg. 가. Chose de — 갑만ᄒᆞᆫ것 (on dit souvent 앗가온것, chose qu'il serait regrettable ... de perdre 앗갑다. 가와, 가온). Chose sans — 쳔ᄒᆞ다. Une chose de si peu de —! 그ᄶᅡᆨ지것. ≡ Valeurs 보화. = —, quantité: La — d'une charge ᄒᆞᆫ짐, 되게. Il n'a pas bu la — d'une écuellée ᄒᆞᆫ사발 못되게 먹엇다. (Expédier) en valeur déclarée '가격표긔(ᄒᆞ다)

Valeureux 용밍ᄒᆞ다.

Valide recevable 쓸만ᄒᆞ다; — non malade 셩ᄒᆞ다, 무병ᄒᆞ다. = —, efficace

Validement efficacement — con-

Valise 가방 — formément à la loi 법답게.

Vallée . 산골, 골, 골작, 곡니. — plus étroit
Vallon { 골동, 골룽, 좁은골동.

Valoir être de tel prix 되다, 갑되다. Combien cela vaut-il? 갑시얼마냐, 갑시얼마나되느냐. — 10 yen 십원되다, 갑시십원되다, 십원갑실다 = —, avoir tel mérite, telle importance, telle valeur ... tim — lanthe 굿다(하, 호). 바치일반이라, 이놈이그놈이오그놈이이놈이라. Valoir seul un bataillon 혼즈라도여러사롬당ᄒᆞ겟다. — son pesant d'or 일등여류. (d'un homme) 갑흐굿다. = Ne faire rien qui vaille 쓸만ᄒᆞᆫ것ᄒᆞ나도아니ᄒᆞ다 = Vaille que — 되는되로. = — mieux que 낫다(나하, 훈), 나다(아, 윈) ; — autant que 당ᄒᆞ다; — moins que 못ᄒᆞ다(나쳐, 준). Mieux — mourir que pécher 범죄ᄒᆞ기보다죽는거시낫다. = — mieux que son apparence 속있다(아와, 운). = —, être utile 유익ᄒᆞ다. Ne rien valoir (être mauvais) 됴치아니ᄒᆞ다, (être inutile) 쓸데업다; (être inutile) 해롭다. ≡ Faire — son argent (le prêter à intérêt) 빗노이ᄒᆞ다. Faire — son bien (le cultiver soi-même) 제사랑을ᄒᆞ다. Faire — (vanter qqn. ou qqch.) 기리다, 추다(어, 춘), 과쟁ᄒᆞ다. Se faire — soi-même 조랑ᄒᆞ다, 즈긍ᄒᆞ다.

Valoir, avoir de la valeur, valoir un bon prix 갑지다, 갑가다.

Valve

Van 치, 킈, 키.

1414/

Vanille

Vanité vaine gloire 우자, 거드럼, — ostentation *조긍, 조랑 (Le résultat visé est dit 공명 vaine renommée. Voir: par — 공명 얻을나고). = —, inutilité futilité 헛되기. Les — du monde 세상의헛된것, 세상에헛되영광, 세상의헛된공명. *조괴ㄴ신,

Vaniteux 우자스럽다 (러워,운), 거드럼부리다.

Vanne 슈구녕, 슈날. Le conduit qui y aboutit 슈눈통.

Vanneau

Vanner 삷을다 & 삷으다 (으러,은); —, 삷읏질ᄒᆞ다 (pour nettoyer) 살다, 사래질ᄒᆞ다. Vanner au vent (en se servant d'un van comme d'un éventail) 나뷔질ᄒᆞ다; de (en se servant d'une natte qu'on fait agir comme un soufflet) 부두질ᄒᆞ다. = —, ou plutôt agiter de façon à amener les choses légères (ou plus grosses) à la surface (v.g. du tabac coupé pour faire tomber au fond la poussière) 숑구리다.

Vannier 고리장이 :

Vantard 거드럼스럽다, 거드름부리다. = Sot & — 저레나긴개살구 (abricot sauvage mûri trop tôt) *

Vanter 기리다, 좋다 (어,촌), *칭찬ᄒᆞ다. Se — *조랑ᄒᆞ다, *자랑ᄒᆞ다, *조긍ᄒᆞ다, *과장ᄒᆞ다, 덕석질ᄒᆞ다. — 간들거리다, 밥신거리다.

Vanterie 조랑, 헛조랑, 덕석.

Vapeur 김, léger brouillard 안리. Les — du

* 방안오활자 (grand causeur — dans chambre) se dit de celui qui fait le brave — loin du danger.

vin 증긔 = —(en physique) 증긔, en agg. 긔 Force de la — 긔력. Machine à — 증긔긔계 (on dit plus souvent 화륜긔계, machine à feu & à roues). =, bateau à — 륜션. = à toute — 긔력으로.

Vaporisateur

Vaquer être vacant 뷔다, en agg. 공. Le mandarinat — 관가 뷔엿다, 공관되엿다. = à, s'occuper de 일ㅎ다, 일삼다 (아.은); — on dit presque toujours 보다 (아.본).

Varande 누마루.

Varech 바다재, 바다잡이 Chaque espèce a son nom. Voici quelques-uns des comestibles: 메억, 우무가시, 우무가ᄉᆡ, 다ᄉᆞ마, 김 etc.

Variable 변ㅎ다. 변ㅎ기쉽다 (쉬워.운) = 부뎡 (non déterminé). Bij — 부뎡가.

Variante d'un texte 변본

Varice Avoir une — 피되나러섯다.

Varier changer 변ㅎ다, 변화ㅎ다; —, différer 다르다 (달나.다른). = 틀니다. = être — (couleurs) 얼룩얼룩ㅎ다. Couleurs — 각ᄉᆡᆨ, ᄉᆡᆨᄉᆡᆨ, 오ᄉᆡᆨ. Espèces — 여러가지, 각ᄉᆡᆨ. = parfois 잡: 잡물 choses variées, 잡물뎜 bazar (ou mieux 잡화뎜).

Variété

Variole 역질 v. Vérole.

Varlope 대패.

Vase récipient 그릇, en agg. 긔. 분. — sacrés 셩긔. 졔긔; — à fleurs 화분,

1416

— de nuit 오강. ≡ —, (fém.), limons 진흙, = 개흙, 뻘래, 보새개, 개펄. Vaseux. Eau – 흙탕물.

Vassal 속하다. Royaume – 속국.

Vaste 너르다 (널너, 너른)

Vau l'eau à – 물노리가는대로. & au figu-ré', raté' 랑퇴되다. L'affaire est à — 랑패되엿다, 실슈되엿다, 일이틀녓다.

Vaurien 잡놈, 난봉. = 부랑지벽.

Vautour

Vautrer (se — (dans) 뒤굴다 (어, 군), 구으다 & 구을다 (으러, 구은). Se – dans le vice 각가지악에 새바지다.

Veau 송아지.

Vedette 파슈군.

Végétal 초목, 식물.

Végétatif Force – 생리, âme – 생혼.

Végétation v. végéter. = – ensemble des végétaux 초목. La – est admirable 초목이 무성하다.

Végéter croître (végétaux) 생장하다, 자라다 (자, 란) = – vivre difficilement 간신히 살다.

Véhément 급하다, 조급하다, = 세다.

Véhicule (charette) 차, 수레, 달구지.

Veille Division de la nuit 경 (Une nuit comprend 5 경). = –, absence de sommeil v. veiller. L'état de — (par opp. à sommeil, rêve, demi-sommeil) 생시. ≡ –, jour précédent 전날, en ag. 방. =

Être à la — de, sur le point de 잣갑다 (자와. 온); 림박하다; mais on emploie plus souvent les formes verbales 하여가다, 하여지다, 하려하다 = 하고쥬에 qui marquent commencement d'action. Être à la — de son départ 쉬써나려하다. Être à la — de la ruine 망하게되다. Être à la — de grands événements 큰일림박하다, 큰일되게되엿다, 큰일제국에되겟다.

Veiller passer la nuit sans dormir 밤새오다 (와.온), = 밤새다 (qui veut dire en soi: la nuit passe, finit). = (les lettrés disent 경야하다, 잼등하다). — toute la nuit pour travailler 밤새도록일하다. = — le soir, se coucher tard 늦게자다, 늦게하야자다; — tard pour travailler 늦도록일하다. = — à, — sur 됴심하다, 솔피다; — sur soi 됴심하다, 삼가다; = — sur, protéger 돌보다 (아.본), 그느르다 (러.른). — sur un malade 병자를돌보다, 조병하다.

Veilleur de nuit 순경군.

Veilleuse, lampe de nuit 잼등.

Veine (anatom.) 피뒤, 피줄 (comprenant artères & —); — 청맥 (par opposition à 동맥 artère) = (du bois, du marbre etc.) 결. = —, bonne disposition 활발, 호긔 Être en — 활발하다, 호긔롭다. = —, chance 수, 복수, 복

1418/

Velin

Velléité avoir des — ᄒᆞ고시브다, ᄒᆞ고시븐듯ᄒᆞ다, 홀듯 홀듯ᄒᆞ다, 홀듯 말듯ᄒᆞ다. N'avoir que des — & ne rien faire 홀듯 홀듯ᄒᆞ다가 아니ᄒᆞ다.

Vélocipède 'ᄌᆞ힝거, 'ᄌᆞ뎐거.

Velours 우단.

Velouté 봉실 봉실ᄒᆞ다.

Velu 털만타 (하. 흔). = 털북숭이 (subst.).

Venal Âme — 리만아는사ᄅᆞᆷ. Tribunal — '탐관오리. Vendre les charges — 벼ᄉᆞᆯ팔아먹다, '매관매직ᄒᆞ다.

Vendre 팔다 (아, 판) (se dit très souvent 팔아먹다). Être vendu 팔니다.

Vendredi '금요일 (Les chrétiens disent '졔ᄉᆞ고날, — & le livre '쳠례룩). — Saint 예수수난날, 예수수난본날.

Vénéneux '독ᄒᆞ다.

Vénérable 공경홀만ᄒᆞ다, 공경ᄒᆞᆯ, 공경스럽다. Vieillard — 유덕스러온노인. = — (Dont la cause de Béatification est introduite) '가경자, '가공경자.

Vénération '공경. Avoir de la — pour '공경ᄒᆞ다, 어려워ᄒᆞ다, 어려이녁이다. Sa mémoire est en — 칭찬아니ᄒᆞ는이업다.

Vénérer '공경ᄒᆞ다, 어려이녁이다, '칭숑ᄒᆞ다. = '흠모ᄒᆞ다, = '흠숭ᄒᆞ다 (ce terme employé pour dire "adorer").

Vengeance '보슈, '복슈, = '셜치, '셜원 '복수

ces deux derniers plutôt revanche (par vengeance ou autrement). Crime qui crie — 부러드지못홀죄 Demander — 벌을부ᄅᆞ다 (불너,부ᄅᆞᆫ), 벌을쳥ᄒᆞ다. Laisser à Dieu le soin de sa — 원슈ᄅᆞᆯ텬쥬게ᄆᆞᆺ기다. Par — 원슈갑노라고.

Se venger, ou plutôt passer sa colère, son dépit sur une autre personne (ou chose), v.g. bru qui casse la vaisselle ou bat ses enfants pour se venger de sa belle mère 빗치다.

Venger 원슈ᄅᆞᆯ갑다 (하,ᄒᆞᆫ). — la mort de son père 부모죽인원슈ᄅᆞᆯ갑다. = Se — 원슈ᄅᆞᆯ갑다, 복수ᄒᆞ다, 보슈ᄒᆞ다; = 셜치ᄒᆞ다 셜한ᄒᆞ다, 앙분ᄒᆞ다, 앙쓰다.

Vengeur 갑ᄂᆞᆫ. — d'un crime 악을갑ᄂᆞᆫ

Véniel Péché — 쇼죄, 미죄.

Vénimeux 독ᄒᆞ다, 유독ᄒᆞ다.

Venin 독, 독긔. —, haine cachée 혐의

Venir 오다 (와, 온, imp. 오너라), 릐ᄒᆞ다.. 릐ᄒᆞ야오다. Faire — (homme) 부ᄅᆞ다 (불너, 부ᄅᆞᆫ), 쳥ᄒᆞ다; de (choses) 쳥ᄒᆞ다, 구ᄒᆞ다, 쟉만ᄒᆞ다, 쟝만ᄒᆞ다. ≡ — (événements) 되다. La nuit — 밤이되여가다. Elle est venue 밤되엿다. Il m'est venu une maladie 병드럿다. Le bien ne — pas en dormant 자면셔돈못번다 (벌다, gagner). Dire ce qui — à l'esprit 나오ᄂᆞᆫ대로 말ᄒᆞ다, 나ᄂᆞᆫ대로말ᄒᆞ다. Faire — à la pensée 싱각나게ᄒᆞ다, 싱각ᄒᆞ게ᄒᆞ다, 시낫게ᄒᆞ다, 시치다. ≡ — à, s'adapter 맛다 (마저,즌): — à, parvenir 밋다 (처,촌). Si notre père vient à le savoir 우리부친의게밋츠면. Si ce bruit vient à

1420/

se répandre 말이나면, 말이번지면, 누설ᄒᆞ면, 말이퍼져나면. = En — à (but) Je ne sais où vous voulez en venir (paroles) 어ᄃᆡ로도라가ᄂᆞᆫ말인지모ᄅᆞᆫ다, De (actions) 엇지ᄒᆞ려ᄒᆞᆯᄂᆞᆫ지모ᄅᆞᆫ다. En — à (état) 되다. La chose en est venue à un état désespéré 일이말못되게되엿다, 일이ᄒᆞᆯ슈업시되엿다. Sa colère l'en vient à vouloir tout tuer 홧증잔득ᄒᆞ야 다죽이려ᄒᆞᆫ다. = — de. Je viens de le faire 앗가ᄒᆞ엿다, 즉금ᄒᆞ엿다. = —, sortir 나다 (나, 난). Il vient du pus 고롬난다. L'eau — goutte à goutte 물방울방울나다. = —, atteindre L'eau — aux genoux 물무릅에치인다, = 무릅물이라. = — au monde 나다. —, croître 자라다 (라, 란). Bien — (plante) 잘되다, 잘자라다, *번셩ᄒᆞ다, *셩번ᄒᆞ다, *무셩ᄒᆞ다. De — (enfant) 충실이자라다, *충실ᄒᆞ다, 앙그러지다. = — après. Ceux qui viendront 후에사ᄅᆞᆷ. = — de, provenir 나다, 삼기다, 싱기다. D'où vient cette nouvelle 어ᄃᆡ셔나ᄂᆞᆫ쇼문이냐. = De là vient que 일노조차, 일노말미암아. Le temps à — 후, 후일, 훗날.

Vent 바람, en agg. *풍. Grand — 큰바람, *대풍. — du nord *북풍, 한의바람 (vent froid); — du sud *남풍, = 마바람, *마풍 (vent de la pluie); — de l'Est *동풍, 놉ᄉᆡ; — de l'ouest *셔풍, 늣바람.

Machine à — (moulin ou autre) *풍거

— du Sud Ouest *서남풍, 갈바람; — du Nord Ouest *서북풍, 된바람. ...
Le — souffle 바람불다 (러,분). De avec force 바람들부다. Le — diminuer 덜하다, 식어가다; le — cesser 바람자다 (dormir). — favorable *순풍; — contraire *역풍; — arrière 뭉지바람, 뒤바람, 꽁무니바람; — debout 맛바람. = — réguliers *홍신풍, — périodiques *정기풍. = — coulis *외풍, 밧것바람. = Froid à — 꽁리도, 꽁리춥. = Être poussé par le — 바람에 밀니다. Flotter au — (drapeau, etc) 날니다, 도랄낭 도랄낭 날니다, 둘둘 날니다. = Le vent souffle : 설넝설넝 doucement & par petites rafales, 슬슬 paresseusement; 쌀쌀 doucement & régulièrement; = 우수수 avec force; 쇄쇄, 쐐쐐 avec violence. = Faire du — avec un éventail 부체질하다. Tourner à tout — 바람부는대로 하다. — au figuré se dit d'un homme qui tourne à tout — 두루춘이, *종피에 글 왈 주 (caractère 日 sur une peau de cerf ... en tirant il devient 曰). Homme qui a du vent à la tête (menteur, vain et léger) *풍객, 바람둥이, 실업쟁이, 허황한사람, de (maniaque ... ou même un peu fou) 바람군. Les Coréens disent qu'il a mangé du — 바람먹다 ou que le — est entré à son foie (comme une

1422/

"araignée au plafond") 간경에 바람드럿다 (들다, 드러, 든). = Avoir — de qqchose, d'un projet 긔슈를알다 (아,은). = —, pets, rot, V. ces mots. Aliment qui donne des — 덧부르게ᄒᆞᄂᆞᆫ음식, 덧부룩ᄒᆞ게ᄒᆞᄂᆞᆫ음식. Maladie causée (soit-disant) par le — *둥병 (se dit de plusieurs maladies nerveuses.)

Vente ᄑᆞᆯ기, ᄑᆞᆯ이 en agg. 매. — au détail *분매; — en gros *도매; — aux enchères *경매 (l'endroit où elle se fait *경매장) Mettre en — ᄑᆞᆯ니다 = 내다 v.g. pour la maison, etc. (immeubles)

— 발재, *ᄑᆞᆫ매 ; *발매ᄒᆞ다 ; — ᄑᆞᆫ매ᄒᆞ다 (objets mobiliers), voir *ᄑᆞᆫ매처 ᄑᆞᆫ매쇼, endroit où l'on vend telle ou telle chose

Venter v.n. 바람불다 (어,분).

Ventilateur *풍동기계, *풍동기

Ventouse *흡관

Ventre 배, en agg. 복. Mal de — 복통, *복, Diarrhée 설사 = ᄒᆞ다, — de forte *활변 = 보다, — dysenterie 리질 = — d'un vase, etc. 배.

Bas-ventre 부동 Les hommes disent 아래 불부동 ; les femmes 씹부동

Ventrée — portée d'une femelle 배.

Ventricule — du cœur *심실 — droit *우실, — gauche *좌실.

Ventriloquie *복화

Ventru 배부른이, 배뚱뚱이

Venu V. venir. Être bien — (auprès de qqun 인심을엇다 (어,은); *득인심ᄒᆞ다. Être mal — *실인심ᄒᆞ다. Soyez le bien — 보기반갑다 (가와,운)

Venue action de venir 오기, 옴이, 오는것. V. Venir. = —, développement. Être de belle — 잘되여가다, 톡실이자라다, 충실이자라다. 충실ᄒᆞ다.

Vénus planète 금성, *쟝경셩. —, (comme étoile du matin) 새별, *효도셩, *계명셩. — (comme étoile du soir) 태빅셩, vulg. 개밥부라기.

Vêpres *신시경.

Ver en général 버레, 버러지, *충, — de mouches, — de pourriture 구덕이. Fourmiller de — 구덕이욱실욱실ᄒᆞ다, 구덕이버럭버럭ᄒᆞ다. = — blanc (du hanneton) 굼벙. — (du bois, des livres) 좀. Être rongé des — 셰우먹다 (셰우 désignant non seulement les — mais les insectes rongeurs). = — à soie 누에. En faire l'élevage 누에치다. = — de l'intestin 회, *회충, 거시, 거위. — solitaire *촌충, *촌빅충. Colique causée par les — *회복통. = Essayer de tirer les — du nez 거니채다 (어 ᄋ여, 챈).

Les vers s'y mettent (viande, etc.) 쉬쓸다 (어, 쓴)

Ver de terre 지렁이

Véracité

Véranda 퇴마루, 누마루.

Verbalement 말노, 구젼으로. Informer — *구젼ᄒᆞ다.

Verbe 2e personne de la Ste Trinité. En Chine on a traduit 도 (道). En Corée l'Évangile traduit donne *셩지; l'Évangile (4 Év.) donne 말숨. Les protestants disent 말숨 ou 도.

1424

= —, partie du discours *동ᄉᆞ. — actif *타동ᄉᆞ. — neutre *ᄌᆞ동ᄉᆞ, — passif *슈동ᄉᆞ — réfléchi *ᄌᆞ긔동ᄉᆞ, — déponent *능동ᄉᆞ. — impersonnel *비인동ᄉᆞ, — factitif , — réduplicatif ou fréquentatif *반복동ᄉᆞ, — composé *련합동ᄉᆞ, — régulier *규측동ᄉᆞ ; — irrégulier *불규측동ᄉᆞ.

Verdâtre 푸르스럼ᄒᆞ다.

Verbiage 잔소리, 빈소리, 빈말.

Verdict

Verdir 푸른빗나다. Commencer à verdir çà & là (prairies au printemps) 푸릇푸릇ᄒᆞ다. = —, (cuivre) se couvrir de vert de gris 샹녹슬다, 샹녹 쓰다.

Verdoyer 푸르다 (르러, 른) 푸른빗나다.

Verdure 푸른빗. — du printemps *춘광, *춘석 = 록엽 (par opp. à 홍유 qui serait la — del. été). Salle de — (tonnelle) 정ᄌᆞ나무.

Véreux 버레들다 (어, 든).

Verge pour frapper 매, 채, 채ᄶᅵᆨ, 회초리, 회추리 ; = 작대이, 막대이 qui s'emploient rarement seuls ; = *모뎐터 mot chrétien). = — de fer *철장. Battre de — 매질ᄒᆞ다, 채질ᄒᆞ다. En être battu 매맛다 (맛자, 즌). = —, (anatom.), urêthre 좃지, 좃.

Verger 과목밧, 과목동산, *과원.

Verglas 너테, 넌테 = 지다. 진 강배(?)

Vergogne '렴치 n'avoir pas le — 치쓰다 (써,쓴), 칫들다 (어,든), 렴치업다.

Vergue

Véridique 실답다 (다와,다운), 확실하다, 진실하다 V. vérité, vrai.

Vérifier 실험하다, '확실하다 — une copie sur l'original 준하다, '빙준하다 l'événement a — la prophétie 일이 말과곳치되엿다.

Vérin '권앵긔계

Véritable 춤, 춤되다, 실답다 (다와,운) 진실하다, 확실하다.

Véritablement 춤, 춤으로, 실노, 일뎡, = 과연, 필경, 필치

Vérité 춤것, 춤되기, etc, en agg. 직, 실, 뎡, 진. Dire la — 직언하다, 직고하다, = 직초하다 avouer la — .. 즉 — 춤, 일뎡, 과연. A la — ... mais se rend par la forme 하련마는 ou par 마는 seul. A la — ce serait bon; mais c'est impossible 됴흐련마는 할슈 업다.

Verjus

Vermeil (adj.) 불광하다. Teint — 혈색, 화색, 불광흔빗.

Vermicelle 국슈.

Vermifuge 회약, '회충약, '살충지제 la prendre '살충하다

Vermillon couleur 주색, — couleur naturelle des joues 혈색, 화색, — fard 연지, — cinabre (pour les cachets) 주ᄉᆞ.

Vermine 닐것.

Vermisseau 버레.

1426

Vermoulu 좀 먹은 (먹다, 어, 은), 좀집은 (집다, 어, 은).
Vernier 유척.
Vernir 칠하다, 옷칠하다, 옷올니다
Vernis 칠, 옷, 옷칠 — le 옷 ou 옷칠 est proprement le vernis — le plus usité en Corée — provenant de la sève du 옷나무 (espèce de sumac). (Rhus vernicifera).
Vérole syphillitique 당창 (ulcère chinois). — Petite — 역질, 역환, 누역 peu usité. Les païens la supposent donnée par un diablotin 호구별성 qu'ils appellent honorifiquement 마마, 손님마마, noms qui passent à la maladie. — Être marqué de petite — 얽다 (어, 은). Visage très marqué de petite — 얽박, 얽박과석.
Verrat 슈퇴아지.
Verre (matière) 류리. —, tasse 잔 de en verre 류리잔. Un — de vin 술한잔. — de lampe 등피 — de montre . — à vitres 류리쟝. = —, en optique, lentille 경. Papier de — 스리지

Verre de lunettes 안경알 (알, oeuf)

Verrerie 류리뎜.
Verroterie
Verrou 빗쟝.
Verrouiller 빗쟝지르다 (질너, 지른) = 빗쟝 씃다 (져, 즌) veut dire mettre une barre appuyant d'un côté au sol, de l'autre à la porte. Pour les portes ... partement, on dira (문) 걸다 (거러, 건),

accrocher l'anneau 기다 걸쇠.

Verrue 사마귀.

Vers (subst.) – poésie 글귀, 귀글.

Vers (prépo.) – espace. – se rend par le locatif (sans mouvement) ou l'instrumental (avec mouvement) en ajoutant, s'il faut préciser le mot 편 (côté). = – (temps) se rend par la forme 홀즈음에 ou autres équivalentes. – le soir 해질즈음에, 느진석양에. = –, environ 대개.

Versant de montagne 빗누리, 빗탈. – (techn.) 분슈계.

Versatile 쥬쟝업다. Homme – 득죽승이.

Verse à –. Pleuvoir à – 비붓듯시오다. 비쥭쥭오다.

Versé habile dans 닉다 (어, 은) = 슈단닉다 qui se dit surtout de choses manuelles. 닉어 알다, = 붉다 (아, 은).

Verser dans un vase 붓다 (부어, 부은), 듸다 (듸여, 듼), 쏙트다 (쏙타, 튼); – de haut, d'un jet continu 드리우다. = – par terre, répandre 쏫다 (쏘어, 슨), 엎지르다 (질너, 지른). – (larmes, sang, etc.) 흐르다 (흘너, 흐른), 쏫다. = – (de l'argent) 붙다 (어, 븐) – 즉다 (어, 은) (volontairement), – 갑다 (하, 흔) (dettes). = –, v. n. 것구러지다. Les blés ont – 곡식이 슬허졋다, 곡식이 것구러졋다. La voiture a – 달구지것구러졋다.

Verset 귀결, 대분, 토목. — & répons *계응 (계 verset. 응 répons), dire 계응 ᄒᆞ다, réciter alternativement.

Versification 귀글.

Versifier 귀글짓다 (지어, 지은).

Version 번역ᄒᆞᆫ것.

Verso *이면.

Vert (couleur) 드르다 (르러, 른), 시퍼럿다 (퍼래, 런), 샛파랏다 (파래, 란) 퍼럿다 파랏다 = tirant sur le — 드르스럼ᄒᆞ다. Tacheté de — 드른드른ᄒᆞ다. Couleur — 드른빗, 초록, 초록빗. = —, pas sec, pas cuit *싱, 날. Bois — 싱나무, 날나무. —, pas mûr (fruit) 설다 (어, 선), 덜닉다 (어, 은) pour le Kaki on dit 날: 날감. = —, vigoureux. Vieillard encore — 싱ᄒᆞᆫ노인, 소정소정ᄒᆞ다, 소장소장ᄒᆞ다, 근력도타, = 싱싱ᄒᆞᆫ노인. Faire une — réprimande 엄히ᄭᅮ짓다 (지저, 지즌).

Vert de gris *삼록, *동록. Se couvrir de — 삼록 (동록) 쓰다 (써, 쓴), 동록슬다.

Vertèbre *척골 — cervicale *경척골 — dorsale 비척골 — lombaire 요척골

Vertical 곳곳ᄒᆞ다. — en adj. *슈직, au sens de perpendiculaire.

Verticale perpendiculaire *슈직션. = — d'un lieu *연슈션.

Verticalement 곳곳이 = 세로 (par opp. à 가로 horizontalement)

Vertige *현긔, *현긔증. Avoir le — 현긔나다. = 어지럽다 & 어즈럽다 (러워,

운), 앗질ᄒᆞ다. 앗득ᄒᆞ다, 앗득앗득ᄒᆞ다.

Vertu *덕, *션덕, *덕힝 = 션 (bonté) bonté, les — 반션반덕. les trois vertus théologales *신망ᄋᆡ삼덕, *향쥬삼덕. les 4 — cardinales *ᄉᆞ츄덕, 지의용졀ᄉᆞ츄덕. avancer en — 션에나아가다. abandonner la — 션을ᄇᆞ리다, = 그ᄅᆞ되다, = 변ᄒᆞ다. ≡ —, propriété de choses 셩질, en agg. *셩. (pour les drogues on dit 셩미). = —, efficacité 효험. éprouver la — 효험보다.

En — de 인ᄒᆞ야, avec l'instrumental. en — de cela 일노인ᄒᆞ야.

Vertueusement 션히, 착히, 착ᄒᆞ게.

Vertueux *션ᄒᆞ다, 착ᄒᆞ다, *유덕ᄒᆞ다, 덕힝잇다. en agg. *션. les gens — *션인. action — *션힝.

Verve 흥. 호긔, *호흥. 또 활발ᄒᆞ다.

être en — 호긔롭다 (로와, 온).

Verveine *마편초.

Vesce

Vésicatoire 발포. liquide vésicant *발포ᄋᆡᆨ, drogue vésicante *발포졔.

Vessie 오좀통, 오좀개, *방광.

Veste 져구리.

Vestiaire 리복실, 리복쳥, 리복소, 갱의소

Vestibule *쳔쳥, *현관, ᄉᆞ *빗셕.

Vestige 자복, 자욱, 자최. — du passé 유젹

Vêtement 옷, 의복, 법셩. mettre son — 옷닙다. changer de — 옷갈아닙다 (갈다).

1430/ Le —, le costume "의복, 닙셩. — & coiffure 의관. (se dit pour le vêtement "habillé").
Vétéran "년구ᄒᆞ다. Soldat — "쳬퇴병
Vétérinaire "마의, 쇠마, 쇠마장이. "슈의
Vétillard 좀쟝부. = 좀상스럽다.
Vétille 좀것, 좀일, 미흔일.
Vêtir (v. act.) 닙히다, 닙혀주다. Se — 닙다 (어, 은), 옷닙다. Se bien — 잘닙다, Veto "부인권
닙셩잘ᄒᆞ다. être — 닙다.
Vêture (cérémonie)
Veuf 홀아비, "환부, 환.
Veuve "과부, "과수, 과턱, 홀어미, 소사, 과녀 = v. le mari est encore (femme abandonnée) "생과부, = 소박덕이
Vexant "어굴ᄒᆞ다.
Vexation "횡역질, "압졔.
Vexer par des vexations pr. dite "횡역질 ᄒᆞ다, "압졔ᄒᆞ다. = —, ennuyer, taquiner 셩가시다, 지근되다, 못견되게ᄒᆞ다. être — de, fâché de "분ᄒᆞ다, 분히ᄒᆞ다, 분히넉이다; — de subir des vexations 압졔밧다.
Viaduc
Viager
Viande 고기, en agg. "육. = à manger "육찬.
Viatique argent de route "로자, "로셰, "로비.
— communion des mourants
Vibrer (son) 울니다; — (corde, tige, etc.) 셜니다, 셜다 (어, 션). Faire — une corde (en la pinçant) 퇴기다.
Vicaire en agg. "부, qq. f. 되리.
— d'une paroisse "보조신부. — général

(d'un diocèse) *부쥬교. Évêque —apostolique 교화황대리쥬교

Vice mauvaise habitude 모볍, 몹쓸버릇. —, défaut, imperfection 험, 허물. Se livrer à toutes sortes de — 각가지 악에 빠지다. — de forme (d. un acte)

Vice préfixe — tenant la place de ... en agg. 부 —président (assemblée) 부회장, — consul 부령ᄉᆞ. =

Vice amiral 해군중장.

Vice versà

Vicieux adonné à un vice 모볍잇다. 몹쓸, 악에빠진. — ayant qque défaut 험잇다. ≡ — (titre, etc) 험. 가 titre — 험분서, 가분서.

Vicier suivant le sens 변신ᄒᆞ다, 험되게ᄒᆞ다, 그릇되게ᄒᆞ다.

Vicissitude 변ᄒᆞ기, 변ᄒᆞᆷ이. La — des saisons, des jours ... des événements 순환지리 La vie est une — de joies & de peines 세상에 살기가 고락이 상반ᄒᆞ다. = —, au sens d'infortune *역경, 곤경.

Vicomte *ᄌᆞ작. Vicomtesse *ᄌᆞ작부인.

Victime d'un sacrifice 희생. = — (d'un malheur quelconque)

Faut-il que j'en sois la — 내가 당ᄒᆞᆯ리가 잇ᄂᆞ냐.

Victoire *전첩. Remporter la — (à la guerre) *승전ᄒᆞ다. Id (n'importe où) *승ᄒᆞ다

1432/

이긔다 (여,긘).

Victuaille 먹을것, *량식.

Vidange

Vide 뷔다 (여,뷘), en agg. *공. = 고프다 (곱하,흔) qui ne se dit que du ventre. Main — 빈손, *공슈, *젹슈, *공권 (poignet), *젹슈공권 toutes ces expressions veulent dire surtout main nue — sans outils. =

—, creux 속뷔다, 궁굴다 (너,근), 궁글니다.

Vide, subst. Espace *공간. = — (en physique) *진공.

Vider v.act. 뷔우다 (워,운). l'expression — les lieux, ser alla existe en Corée

— une maison, la quitter 집을뷔우다.

= 방뷔우다 "débarasser le plancher". =

— une maison, tout emporter (v.g. des voleurs) 집블탕ᄒᆞ다, 세간을들장ᄒᆞ다, 들장ᄒᆞ다. = — (un poisson, etc) 오장을내다. — (une question, un différend) *결단ᄒᆞ다, *판단ᄒᆞ다; — (une difficulté) 플다 (어,플)

Vie *싱명, = 목숨 (respiration), en agg. *싱. Etre en — 살다 (어,ㅅ아, 산). Exposer la — 살기를바리다, 싱명을바리다; Craindre pour sa — 죽을가무셔워ᄒᆞ다, 죽기무셥다. Il y va de la — 죽을노롯일다. Demander la — 살니기를빌다, 살기를빌다. Ma — est entre vos main 내싱명 (ou 내목숨이) 네게달녓다. Devoir la vie à qqun 남의은혜로살다. Sauver la — 살니다, 살

녀주다. Rappeler à la — 다시살니다, de l'homme évanoui) 싀여주다, 싀여나게ᄒᆞ다. Ne donner aucun signe de — 산모양업다 = 등신만븟다 (il ne reste que le cadavre, métaphore qui se dit même de ceux qui a perdu la tête de frayeur). — Droit de — et de mort 싱살지권.

= —, espace de temps entre la naissance & la mort 살ᄉᆡ, 사ᄂᆞᆫᄉᆡ, 싱후. Telle —, telle mort 소싱ᄉᆡᆼ될다, 살기가죽는거시ᄡᅡᆼ 존ᄉᆡᆨ일다. Souvenez-vous que la — est courte 오래못살줄을닛지마라. Les douceurs, les joies de cette — 세락, 세상을즐거움이. Passer sa — à … 세월을보내다. Passer sa — à l'étude 글공부로세월을보내다. L'étude est sa — 글아니면못살겟다, 글아니면살지비업다. Mener une — misérable 참혹이살다; … une — oisive 한가히살다; — une — licencieuse 방탕ᄒᆞ다, 방탕이살다. Femme de mauvaise — 유녀. = A la —, pour la — 싱젼, 싱젼에 (litt. avant la vie c'est une vraie antiphrase). Je n'ai vu pareille chose de ma — 싱젼에그런것못보앗다. On dira aussi, mais moins souvent 싱후에못보앗다. Je ne l'oublierai de ma — 싱젼에닛쳐바리지못ᄒᆞ겟다. Prisonnier à — 구슈, 구슈죄인 (l'expression 한긔신 s'emploie aussi dans le sens "jusqu'à la mort", surtout pour les châtiments). Forçat à — (à perpète) *죵신즁력. = —, subsistance, moyens de vivre *싱애. Gagner sa — 벌다 (어, 번), 벌어 먹다 (어, 은).

(죵신, fin de la vie. D'où l'expression 죵신토록 à vie, jusqu'à la mort)

Vieil adj. V. Vieux.

Vieillard *노인, 늙은사롬, 나히만흔사롬 — (honorif.) 령감.

Vieille (subst.) *노인, *노친, 할멈, etc.

Vieillesse 늙기, 늙음이, 나히만흠이 — pour les choses 오래기, 낡기 V. Vieux.

Vieillir 늙다 (어, 은), 늙어가다, 늙어지다, 나히만하지다. = — (objets) 낡다 (아, 은) = — relativement, passer l'âge convenable 묵다 (어, 은) Faire — ainsi 묵이다.

Vierge 우희몸 = *동신, *동졍 ou simpl. *동 (auxquels on ajoute, s'il le faut, *남 ou 녀, selon le cas). Toutes ces expressions sont très précises, mais sont exclusivement chrétiennes. Les païens disent 우희, *동, & pour les jeunes filles *쳐녀, mais uniquement au sens d'enfant non marié. L'expression usitée pour les jeunes filles *숙색시, malgré sa brutalité (숙, qui n'a pas servi) veut 4 fois sur 5 dire fille non mariée. De même les expressions *슌양 (homme), *슌음 (femme), expressions des livres, très précises en soi, ne le sont plus dans la pratique 슌양지쳐 (ou

dit plus souvent *슈얘지쳐), *슈유지부 (main
vierge) désignent la première femme…
le premier mari… sans plus. Un païen
qui voudra préciser emploiera pour désigner la virginité le négatif du verbe
*유통ᄒᆞ다 : (connaître les plaisirs charnels).
= La Ste — pratiquement on dit toujours *셩모 : la Sainte Mère. On dira
aussi *동졍이신 셩마리아 — l'expression
*셩동졍녀 est complètement inusitée et
ne serait pas comprise mais on dirait 동졍셩녀

Vieux adj. — (homme) 늙다 (어,은), 나히
많다 (하,흔). Se disent aussi des animaux
desquels on dira aussi 부다 (어,은); — (chose)
오래다 (여,랜), de usé 낡다 (아,은).

Vif vivant 사는, 산, 살아 잇는 (살다,아,산)
en comp. *싱. Plus mort que — 반싱
반ᄉᆞᄒᆞ다 = —, qui a de l'ardeur 호리
롭다 (로와,온) *초급ᄒᆞ다; —, agile 약바
르다 (발너,바론), 선재다, 날내다, 거는
거는ᄒᆞ다; —, prompt à s'emporter *급ᄒᆞ다,
*조급ᄒᆞ다, *조급ᄒᆞ다 Caractère — 조급,셩.
= — (vg. l'eau) 씩씩ᄒᆞ다 qui se dit aussi
d'un homme agile & dispos — et même de l'esprit : 씩씩ᄒᆞᆫ셩품. = Yeux
— 영취잇는눈. Avoir les yeux — 눈에
영광잇다, 눈에셔 영나다. Briller
d'un — éclat 영취나다 = —, fon-
froid — 독ᄒᆞᆫ치위 (독ᄒᆞ다). Feu —,

관블 (괄다, 아, 괄). = De vive force 억지로. = Chair – 싱살. Couper au – (au propre) 싱살슷쳐 버히다. & – (au figuré) 악의블희붉아게샙다 (아, 은). Piquer une personne au – 깁옷을지ᄅᆞ다. Eprouver une – douleur 시우압ᄒᆞ다 (하, ᄒᆞᆫ).

Vif-argent *슈은.

Vigie *방군, *파슈군.

Vigilant *쥬밀ᄒᆞ다, *명찰ᄒᆞ다 (ne se disent que des hommes). Chien – 귀밝은개 (à l'oreille fine), 귀바른개 (귀바ᄅᆞ다, 발나, 바ᄅᆞᆫ, alerte), 령니ᄒᆞ고귀바른개 (령니ᄒᆞ다 intelligent).

Vigile *방일, *젼일, *젼날.

Vigne arbre 포도, 포도나무. – sauvage 머루. Pied de – 포도덩불, 머루덩불. –, champ planté de – 포도밧.

Vignette

Vignoble 포도밧.

Vigoureusement 힘써.

Vigoureux *셩ᄒᆞ다, 걸싸다 (싸, 싼), 세차다, 세직ᄒᆞ다, 셕셕ᄒᆞ다, 세다 (여, 셴), 싱싱ᄒᆞ다, 든든ᄒᆞ다, 쏜쏜ᄒᆞ다. *확실ᄒᆞ다 긔운됴타.

Vigueur 힘, 긔운, 근력. Etre dans la – de l'âge 셩ᄒᆞ다, 왕셩ᄒᆞ다. Etre en –, mettre en – (loi) 시힝ᄒᆞ다.

Vil *쳔ᄒᆞ다, 비쳔ᄒᆞ다. = – prix 헐가.

Vilain laid 치쓰다 (치써, 쓴), 귀살스럽다

(러워, 러온), 귀체불ᄒᆞ다. = 귀치안타 (하, 훈), 보기됴치안타. — figure 얀뵐됴치안타. — homme (mal bâti) 병츈맛즌놈 (병츈맛다). —, indigne 몹쓸, *쳔ᄒᆞ다, *흉ᄒᆞ다. — action 몹쓸노ᄅᆞᆺ. — homme 몹쓸놈. —, dégoûtant, crasseux, avare 다랍다 (라와, 온).

Vilainement 몹시. = 쳔히.

Vilebrequin Outil ord.^re 활부븨 mais c'est propt.^t la drille à arc.

Vilenie ordure, saleté 츄ᄒᆞᆫ것, — bassesse 쳔ᄒᆞᆫ노ᄅᆞᆺ. — avarice 인석, 간인 = 다랍기.

Vilipender 명셩을헐ᄒᆞ치다, 명셩을헐다 (어, 헌), 헐복리다.

Village 동네, 마을, *촌.

Villageois 촌사ᄅᆞᆷ, *토민 V. paysan.

Ville 읍, 읍내 qui ne se dit que des — mandarinales. — fortifiée *셩. — capitale *경.

Les villes les plus importantes administrativement sont, actuellement, dites *부

Villégiature

Vin 술 en agg. *쥬. = 술 sine addito désigne toujours le vin de riz. — de raisin 포도쥬, 포도술. — d'orge (bière) *맥쥬 보리술. — (de riz) trouble 막걸니, *탁쥬, — clair *쳥쥬, *약쥬 (약쥬 est honorifique & se dit par politesse de tout vin bu par le supérieur). Pour les vins deliqueurs, on met, devant *쥬, les ingrédients qui y entrent, v.g. *송엽쥬. —

vin aux pousses de pin. de même pour les — médicamenteux depuis le *ᄇᆡᆨᄉᆞ쥬 vin aux serpents, jusqu'au *셤ᄉᆞ쥬 (dit aussi ᄉᆞ즙), vin au serpent & au crapaud. = Noter encore le *과하쥬 vin susceptible de passer l'été. — le *소쥬 (eau de vie). = — rituel bu par les fiancés à la même coupe *합환쥬. = — qu'on boit le lendemain d'ivresse — pour se remettre *ᄒᆡ졍쥬. ≡ La force du — *쥬긔. le — monter à la tête 쥬긔 오르다. Avoir une pointe de — 쥬긔 잇다, 쥬흥 잇다. Homme qui peut boire (et qui boit) beaucoup de — sans s'enivrer 큰술. Boire trop de — (être ivre) *과쥬ᄒᆞ다. = Maison où l'on vend du — 술집, 술막, 쥬막. Id. pour le — à emporter 내외술집. Marchande de — *쥬모. = Faire du — 술 만ᄃᆞ다, 술 빗다 (비저,즌, brasser) = le — est tiré, il faut le boire *쥬 드린지 세 (러) (lancé sur une pente raide).

Vinaigre 초

Vindicatif

Vingt 스믈, 스무, *이십.

Vingtaine ᄒᆞᆫ스믈, ᄒᆞᆫ이십.

Vingtième 스무재, 뎨이십. le — de la lune, du mois 스므날, 스무날.

Viol *겁탈. le commettre = ᄒᆞ다. le subir = 닙다.(어,은)

Violemment par force 억지로, 억륵으로.

arracher — 세다 (여, 센), 세이다. = —, avec impétuosité 급히, 급호게. S'emporter — 결내다, 대로호다.

Violence 억탈, 억지. User de — 세쓰다 (써, 쓴), 억지쓰다, = 억탈호다, 강박호다. Subir —, être contraint par — 억지로호다, 마지못호야 호다, 부득히호야호다. Se faire — à soi-même 즈리롤것잡다 (아, 온), 즈리롤붓잡다, 강인호다. Le vent souffle avec — 바람대단이분다.

Violent impétueux 급호다, 포독호다, 포되다 (여, 된). Vent — et subit 급작혼바람. Tempête — 광풍 (vent fou). = —, emporté, irascible 급호다, 걸사오납다 (나와, 나온). —, fort (poison, froid) 독호다. — (incendie) 맹녈호다. Souffrir le — douleur 독이 앏흐다 (하, 흔). Exercice — 헙생스러온운동. Se livrer à un exercice — 헙생스럽게굴니다, 몸을휘날니다. Mourir de mort — 흉사호다, 비명에 죽다, 비명횡사호다.

Violenter 강박호다, 핍박호다.

위반호다 Violer (une loi) 어긔다 (여, 긘). = — (un serment, un contrat) 배반호다, en agg. 배. — un traité 배약호다; — la justice 배의호다. = (배은호다, violer un bienfait, être ingrat). = — (une femme) 겁탈호다, 강간호다. Être — (femme) 겁탈닙다 (어, 은).

Violet 즈즙빗, 즈지빗, 보라빗, 보래빗.

Violette, fleur 장수꽃 ; 오랑캐꽃.
Violon *해금.
Vipère *복사 독사. Langue de — 혀구
Virago *녀장부. = *왜골, 왜장녀 (Mt. japonaise)
Virer (mouvement) — (chimie, (— de photographie) *도색하다.
Virginité *동정. 오히본 V. Vierge.
Virgule *뎜.
Viril en ag. 남. âge — 장셩홀시대.
Avoir cet âge 쟝셩ᄒᆞ다.
Virole 고리. — autour du manche de certains outils 당기
Virus *병독, *병균 en agg *독.
Vis *라사, 라사못.
Visa
Visage 얼골, 낫, *인물, 긔식, en agg *안 & surtout 기면. Air du — *안색, 긔식. Un beau — 도흔인물, 도흔긔식.
Avoir le — fatigué 얼골지쳣다, 얼골샹ᄒᆞ다.
Changer de — 변색ᄒᆞ다. Se cacher le — 얼골가리우다 = *차면ᄒᆞ다 qui se dit surtout de l'homme en deuil. Laisser voir sur son — 얼골에드러내다. Le — est le miroir de l'âme 것볼안일다 (것볼안 expression proverbiale : l'extérieur montre l'intérieur). Faire bon — 도흔낫차로ᄃᆡ졉ᄒᆞ다, 반갑게ᄃᆡ졉ᄒᆞ다. Faire mauvais — *빙ᄃᆡᄒᆞ다, 낫비ᄃᆡ졉ᄒᆞ다, 벅연이ᄃᆡ졉ᄒᆞ다.

Vis à vis 마조, 마즌편으로, 마즌편쪽으로 Ce qui est — 마즌쪽. être — (hommes) *되ᄒᆞ다, 서로되ᄒᆞ다, *되면ᄒᆞ다, *면되ᄒᆞ다. Se mettre — 맛드다(러,든). S'asseoir — 마조 안ᄯᅡ.

Viscère *내장, *내복, 창조, 장부. (Les coréens comptent 5 장 & 6 부 : 오장, 륙부)

Visée

Viser ajuster 견양보다, 다림보다, 가늠보다, 가늠쇠보다. = — à qqch., y prétendre *의향ᄒᆞ다, *향의ᄒᆞ다, *소고ᄒᆞ다, 도모ᄒᆞ다. — trop haut 분수에지나다, = 눈놉다(하,흔).

Visible 볼만ᄒᆞ다. = —, matériel 유형ᄒᆞ다, 형상잇다. C'est un mensonge — 멀쩡ᄒᆞᆫ거즛말이라. Pas — 보지못ᄒᆞᆯ다, 볼슈업다.

Visiblement De manière à pouvoir être vu 볼만치, 볼만큼. —, clairement 분명이, 명백히, 밝히.

Visière *치양.

Vision action de voir 보기, — chose vue 본것. = —, imagination fausse 헛생. avoir de — (fantôme) 헛생을보다, 헛것보다.

Visitation de la St. Vierge 성모왕ᄂᆞᆫ셩부에ᄃᆡ사ᄇᆡ

Visite *심방 =ᄒᆞ다. Carte de — *명함, *명함지.

*방문 —ᄒᆞ다

1442/

Visiter qqun. lui rendre visite *심방하다, *방문하다 차져보다. Aller — 보라가다, 차즈러가다. = — son district (évêque, gouverneur) *순력돌다(아,돈) (pour le missionnaire *전교하다). — son royaume (roi) *순행하다. = —, se rendre sur les lieux (à l'occasion de désordre) *순찰하다. ≡ —, examiner (navire, malade) *검사하다. — des fouilles 뒤다, 뒤여보다 ≡ — le S. Sacrement .. On dit *조배하다 (saluer, se prosterner).

Visiteur qui fait une visite de politesse 손, 손님. —, inspecteur *검사원, de qui fait une tournée (autrefois) *순찰어사. — d'école .= — (v.g. d'exposition, etc) 견물인.

Visqueux 끈끈하다, 끄근끄근하다, 끈긴끈긴하다.

Visser

Vital. en agg. *생활, *생, *활. Vitalité *생긔 Esprits — *생긔. Fonctions — *생활긔능, Forces — *활력. Mouvements — *활동. Principe — *생활원리, 생리. Phénomènes — *생활현상. Parties — *치명쳐.

Vite (adj.) 날내다, 날새다 (새, 샌), 빠르다 (빨니, 빠른), 약빠르다.

Vite (adv.) 밧비, 빨니, 어서, 썩썩이, 쑥쑥이, 얼핏, 얼넌, 냉큼, 냉큼냉큼, 급히. Aller — 밧비가다. Parler —, Agir — 빨불아하다 (불다 chasser devant soi).

Vitesse d'un mobile — d'un train, etc. *속도, *속력. = syn. *완급 (완 lent; 급 rapide)

Vitrail

Vitre 유리창.

Vitrine — à échantillon *견본생

Vitriol *유산염. (硫 酸 鹽).

Vivace Plante — *다년초.

Vivacité de caractère 욱긔 (스럽다), 급혼셩품, 급혼빙오. —, mouvement de colère 분결. = — de l'esprit, intelligence 재조. = —, éclat (yeux, fleurs, couleurs) *영채.

Vivant 사는, 산, 살아잇는 (살다), en agr. *싱. Du — de Pierre 베드로살아잇슬때에. Rendre — 사로잡다 (아.은). Les êtres — *싱물. Langue — *활어. Être — (portrait, etc) 산모양곳다, *싱리유동ᄒᆞ다.

*싱금ᄒᆞ다

Vivement vite 얼는, 얼핏, 급히 / — avec ardeur 열심으로; — avec force 심히 / — brusquement 쑥. frapper — 쑥치다.

Viveur *협긱, *오입, 작난군; = *풍류랑, 풍류낭즈, litt. musicien; = *설축 qui se dit d'une compagnie de —; = —, débauché 외입쟁이.

Vivier *양어지, 양어못.

Vivifier

Vivipare 티싱ᄒᆞ다. Les animaux — *티싱동물. Génération — *싱출

Vivisection

Vivoter — vivre difficilement

~~1444~~

간신히살다, 간신히싱명을보존하다. = *삼슌
구식하다 (manger 9 fois en 30 jours)
Vivre être en vie 살다 (아, 산), 살아잇다.
— longtemps 오래살다, *슈하다. Sépa
— vieux *장슈하다. = — se nourrir 살다.
— dans l'aisance 잘살다. — chichement
박이살다, *박의박식하다; — largement
(même prodigument) *호의호식하다.
야리부리다, 살부리다. Avoir assez pour
— 죡이살다, 견듸다 (Ds tous les cas, au
lieu de 살다, on peut dire 지내다: passer (s.e. le temps). — de, se nourrir de
먹고살다, 먹다 (어, 은). — de riz 쌀먹고
살다. = — de son travail 벌어먹다,
*칙의하다 = *식업하다 qui se dit des travaux
manuels = 생벌이하다, 방벌이하다 le
travaux plus ou moins vils (: portefaix,
etc). — Vivre sans aucun moyen d'existence 강조살다. = —, se comporter
dans le monde. Savoir — 태갈알
다, 태보알다; Apprendre à qqun à
— 버릇그르치다, 형세를그르치다.
Vivres *량식, en agg.: 량. — pour l'armée *군량. Le — et le vêtement *의식.
= —, aliments, choses à manger *식물.
Vocabulaire *어휘, *조던.
Vocal Prière — 념경,
송경. Vocatif *호격
Vocation (spirituelle) *성소, 텬쥬의성소.

Voeu promesse 허원. Faire — 허원하다. —, souhait 원. Faire des — pour... ...원하다.
원의 Obtenir l'accomplissement de ses — 원을 치오다 (와,온).

Vogue 세. Etre en — 세나다.

Voguer 물에쓰다(써,쓴). 물에써단니다.

Voici 여긔잇다. souvent contracté en 엿다. —, tiens! 자; — que (voici ne se traduit pas) — qu'il vient 온다, 이제온다 (이제 maintenant).

Voie chemin 길, en ag. 로, 도. Par — de terre 륙로로, 길으로. — de mer 슈로. = — lactée 은하, 은하슈; 은한, 텬하. =, —, conduite 힝실. Suivre une mauvaise — 악에샤바지다. Rentrer dans la bonne — 션에도라오다, 회두하다; 기과하다 = 기과쳔션하다. = — d'eau (à un navire, etc) 물구녕. Le navire a une — d'eau 빗출터졋다 (la couture est déchirée). = —, moyen 슈, 법, 길. Par toutes sortes de — moyens 불고렴치하고 (indifférent à la honte); 렴치브고 (reconnoir) etc.

Voilà 져긔잇다. —! tiens! prends! 녓다.

Voile en général 슈건. — de tête 머리슈건 (qui se dit aussi des espèces de turbans, des capuchons de femmes, etc). Le mettre = 쓰다. = — vert de femmes de le cil 장옷, — blanc (id.) 쳐마,

1446/

떼리치마 (Ailleurs le grand voile blanc a une autre forme & porte d'autres noms. A Syong to on l'appelle 쓸스마) = — d'homme en deuil *보션, *포션, — en soie *소션. = — de calice *셩보, *셩잭보. = —, prétexte *뎡계.

= — (subs. fem.) — de navire 돗. La border 돗 달다 (아, 단); la amener 돗노타 (하, 홀) - Navire à — *돗션, *풍범션.

Voiler 가리우다. Se — la face 얼골가리우다, (d')homme en deuil *차면 ᄒᆞ다.

Voilier *돗션, *풍범션.

Voir 보다 (아, 본), en agg. *시, *면, *관. — de ses propres yeux *목도ᄒᆞ다. Voir sans se déranger 안져보다 (voir d'assis). D'ici on — la mer 여긔셔 바다 뵌다 (뵈다 être vu). —, visiter, aller voir 보라가다, (—une personne) 보라가다, 차져보다, 차ᄌᆞ라가다, *심방ᄒᆞ다. Ne — personne, ne pas sortir 출입 업다, *두문불출ᄒᆞ다. = —, examiner, essayer *시험ᄒᆞ다 (Cette idée se rend le plus souvent par la forme ᄒᆞ여보다). = —, connaître 알다. Je — ce que vous pensez 네 속을 안다. Je ne — pas comment faire 엇디케 ᄒᆞ지 모ᄅᆞ다. = (보다 se dit aussi pour d'autres sens que la vue, surtout pour le goût: goûter 맛보다) = —, concerner. N'avoir rien à y — 샹관 업다. = Faire

= —, en curieux 구경ᄒᆞ다

—, montrer 뵈다, 보이다, 드러내다, se exposer, laisser voir, examiner 구경식히다. Je te ferai — qui je suis 내 쇼견을 알게다 (tu auras de mes nouvelles); 견듸여보아라, 당ᄒᆞ여보아라 (essaie de resister), 하ᄂᆞᆯ놉흔줄을 알니라 (tu sauras que le ciel est haut), etc. etc. = se — dans une glace 면경보다, 쇼경보다, 겨울보다. se — mutuellement, se rencontrer *상면ᄒᆞ다, *ᄃᆡ면ᄒᆞ다, *상ᄃᆡᄒᆞ다. = id. (se fréquenter) 친ᄒᆞ다, 친ᄒᆞ야 ᄃᆞᆫ니다, 서로 ᄂᆡ왕ᄒᆞ다.

Voirie

Voisin 니웃, 갓갑다 (가와, 온). les — 니웃사ᄅᆞᆷ

Voisinage 니웃, 갓가온ᄃᆡ.

Voiture 수레, 발구지, en agr. 차, 거. — à bras, traînée par un homme 인력거, *인력차; — à cheval 마차. Charger une — 수레에싯다 (시러, 시ᄅᆞᆫ). aller en — 수레타다, 수레타고가다. ≡ Lettre de — (bill of lading) *운송장, *운송표.

Voiturer 싯고가다, 수레싯고가다.

Voiturier *차부.

Voix 소ᄅᆡ. Pour les hommes on dit 목소ᄅᆡ; —, son de la —, (— particulière à chacun) 목성, 목청, 음성. — des animaux 소ᄅᆡ, 우ᄂᆞᆫ소ᄅᆡ. n'avoir qu'un filet de — 목소ᄅᆡ가늘다 (느러, ᄂᆞᆫ). Avoir la — forte 목세다, 목소ᄅᆡ크다 = 목소ᄅᆡ대단ᄒᆞ다; — rauque, enrouée 목쉬다

Voix — Volée

1448

(여,쇤). Avoir la — embarassée (un chat dans la gorge, — entrecoupée par les sanglots) 목ㅅ치다. Elever la — 소리놉히다, de grondin 호령ᄒᆞ다. Baisser la — 소ᄅᆡ나초다, 소ᄅᆡ나리다 (N.B. 말나초다 voudrait dire : employer des formes moins honorifiques). Lire à haute — 칙크게보다, 놉혀보다. Parler à — basse 가만히말ᄒᆞ다 = 숙군숙군말ᄒᆞ다, 소곤소곤말ᄒᆞ다. Babiller à — basse 속살거리다, 속살속살ᄒᆞ다. Avoir une belle — 목소ᄅᆡ됴타, 청됴타, 목청됴타 = *명창 (se dirait pour le chant). Donner de la — (animal) 울다 (어,울). Dire de vive — *구젼ᄒᆞ다 (entre autres pour les ordres — et aussi pour l'enseignement : 구젼으로배호다 apprendre (livre, catéchisme) de la bouche d'un autre) Usuellement : dire de vive — 말ᄒᆞ다, 불너주다, 맛ᄂᆞ말ᄒᆞ다. Je compléterai ma lettre de vive — 편지부족ᄒᆞᆫ거슬후에서로맛나말ᄒᆞ겟다. ≡ La — publique, la renommée 소문, 소방소문, 각쳐소문, 공론, 사름의공론. = Tout d'une — *여츌일구 = ᄒᆞ다. ≡ —, suffrage *투표 (bulletin *투표지). C'est le mot technique. Les lettrés disent & comprendront mieux *츄텨 (推點) Recueillir les — 츄텨밧다 (아,은). Mettre aux — 츄텨식히다. Donner sa — *츄텨ᄒᆞ다. Obtenir des — 츄텨을엇다. Avoir la majorité des — 츄텨만타. Les 구젼으로

Voix (des verbes) *어톄 語音 体

— pour Pierre 베드로의츄뎜. Être au —
츄뎜으로내다, 츄뎜으로쇽히다. Être élu au
— 츄뎜으로나다. Être tout d'une — 혼갈
곳치츄뎜후다, 츄뎜을여열후다.

Vol en l'air 날나 날니기 etc. Tirer au — 날
치후다. = —, larcin *투도, *도적, 도적질.
—, chose volée 도적혼것, 도적후야온것. —
chose volée trouvée chez qqun. & servant de
pièce à conviction 장걸. Cacher le — chez
un recéleur 접쥬인의게도적혼거슬맛기다.

Volage léger, inconstant 변덕스럽다 (러
워, 온), 방졍스럽다, 방샹스럽다, 사둘맛다
(마자, 진), 사둘스럽다, *반복후다, 엄치락
잣치락후다, 들락날락후다. = 홍심 업다.

Volaille

Volatile (subst.) 날즘승, *비금. = —,
adj. / tech. *휘발후다. = *휘발, mis devant le nom.

Huile —, essence — 휘발유. Corps — *휘발질

Volatiliser

Volcan *화산, *불화산. — éteint *소화산.
Le — faire éruption 화산터지다.

— en activité *활화산
— actif (non éteint) *불화산

Volée troupe (d'oiseaux) *데, 닉걸기.
= — de coups de bâton (régulière, légale
30 coups) 훈치, 매훈치 (un coup de
bâton 훈도, 훈리). Autrement: Donner une — de coups … 뭇리치다 (qques
coups), 수업시치다, 어즈러이치다 (sans
compter) = à la —, vite 얼넌, é-
tourdiement 경망이, 가바얍게, 경망히.

1450

Jeter à la — 색키다.

Voler (oiseau) 나다 & surtout 날다 (나 ㄴ날아, 난), 날아 단니다, 날나 단니다; 공즁에 셔 단니다 (Pour un aéroplane, 날다 ne s'emploirait pas: on dira 셔 단니다). = — à tire d'ailes, 훨훨 날나가다, 훨훨 날나가다. = —, (feuille, poussière) 뜨다 (셔 뜬), 홀홀 셔다 (러, 셔던). ≡ —, dérober 도적 하다, 도적질 하다. — de force 탈취 하다, 쌔앗다 (앗셔, 슨); — en cachette 훔치다. 훔쳐 가다. être —, (victime des voleurs) 도적 맛다.

Volerie 도적 질.

Volet de fenêtre 분창, — extérieur 바라지.

Voleter 섀엿, 섀엿, 날다 (날나, 난).

Voleur 도적 놈 (C'est une grosse injure, en fait l'équivalent de "bandit", et un —, même pris en flagrant délit, même avouant qu'il a volé (훔치다) n'admettra pas qu'on l'appelle ainsi). Petit —, — de petites choses 좀도적. — en bande 불한당. On les appelle poliment & ils s'appellent eux-mêmes 작반군: leurs exactions ne sont qu'un jeu 작난 = 하다. Souvent ils prennent le nom d'un parti politique (celui de 의병 depuis la révolte contre les Japs). Autrefois ils s'intitulaient volontiers 활빈당: voleurs charitables, dépouillant les riches pour enrichir les

pauvre. = tu —! 도적이야
Volontaire subst. soldat —*지원병.
Volontaire adj. — fait librement *자원하다.
억지쓰다, 복책내다 = — qui ne fait que sa volonté 고집하다.
Volontairement 스스로, 자원으로, 감심하야, 감심으로 = 즐겨.
Volonté faculté *의력, 의스; — libre personnelle *쥬쟝, *임의; — (par rapport à une action à faire ou à ne pas faire) 뜻, 마음, *닉원, *소원, *원의. A votre — (au supérieur) 처분대로, (à l'inférieur) 쇼견대로 (les deux voulant dire: comme vous le jugerez bon.) Voici selon votre désir 원의대로. Être toujours de la même — 마음이 혼갈ᄀ다. Faire la — d'un autre 놈의 뜻대로ᄒ다. J'ai agi ainsi parce que c'était sa — 그리ᄒ라고ᄒ엿기에 그리ᄒ엿다. Être maître de faire sa —, être libre 주쥬쟝ᄒ다 (주쥬쟝, libre arbitre). Les dernières — d'un mourant 유언, 유탁.
의향 La — de Dieu 쥬명. S'y soumettre 쥬명을 받들다 (드러, 든). Puisque telle est la — de Dieu, il faut bien nous y résigner 쥬명인즉 받들밧긔수업다. Bonne — 됴흔마음 = 두다. D- à l'égard de qqun *인정, *의정, *동ᄉ정, *동인정. Mauvaise — 악흔마음, *악정 (haine)
Volontiers 감심으로. = 즐겨, 달게, 됴하ᄒ야
Volt

1452

Voltage

Volte face

Voltige

Voltiger comme les oiseaux 날아단니다, 날나단니다. = – au vent 나붓기다, 나븨치다, 바람에나븨치다.

Voltigeur soldat 션발병, *경병.

Voltmètre *뎐류계.

Volubilité . Parler avec – 빨리게하다 (on dit plus souvent 빨리다: la parole est rapide), 빨불아하다 (불다, prendre, chasser devant soi). Il parle avec tant de – qu'il est incompréhensible 빨리야 알아드를수엽다.

Volume d'un corps 굵기. = – en géom.; – mesuré *톄젹. = –, livre, tome *권. = – livre *칙.

Volumineux 굵다 (어,은), 크다, (커,큰).

Volupté *락, *일락.

Voluptueusement 일락으로 = 즐겨.

Voluptueux adonné aux plaisirs v. Vicieux. – libertin v. ce mot.

Volute

Vomir *토하다, *구토하다, 게우다 (워,운), 게다 (여,겐); = – par haut & par bas *구토셜사하다. Envie de – 구역. Faire des efforts pour – 구역하다, 구역질하다. Etre sur le point de – 구역나다. Empêcher de – 구역막다 (아,은). – le sang *토혈

토르다 & 도록다 (돌나, 도른 & 도록) demandent un régime direct.

호다, 샹혈호다 ; — une parole (laisser échapper un secret) *토셜호다. = — des injures 욕지거리호다. — feu & flammes contre qqun (en parole) 악담호다.

Pop. 아가리질호다.

Vomissement 구역, 구역질, 토약질.

Vomitif *토졔.

Vorace *탐식호다. V. Glouton.

Voracité 탐식 V. Gloutonnerie.

Vote *투표, —, bulletin de — *투표지. Une aux — 투표함. Droit de — *투표권. — nominatif *긔명투표; — secret 무명투표. (les Coréens disent mieux 츄텬, V. Voix).

Voter *투표호다. = 츄텬호다.

Votif

Votre 네, 너희. Honorifiquement on dit souvent *귀 (précieux). — patrie 귀국. = V. Vous.

Vouer Consacrer à, Destiner à
= —, faire un voeu 허원호다. Se —, se consacrer à Dieu 조긔를 텬쥬끠 밧치다, 텬쥬씌 고헌호다. Se — à une oeuvre, en faire sa principale occupation 본업삼다(아, 은), 일삼다, 본직삼다.

Vouloir n'a pas en Coréen d'équivalent adéquat. = —, avoir l'intention 원잇다, 원의잇다, 마음잇다, 마음두다; = — (se déterminer) 마음뎡호다, 마음두다. = — se rend par les formes verbales 호고시브다 (시버. 시븐), 호고프다, 호고십다 (십허. 흔);

*원호다 Désirer

Voulloir – Vous

1454

= ᄒᆞ고져ᄒᆞ다, ᄒᆞ고쟈ᄒᆞ다, = ᄒᆞ려ᄒᆞ다, ᄒᆞ랴ᄒᆞ다. ᄒᆞᆯ나ᄒᆞ다. = Ne point — 슬타 (혀,흔), 슬희여ᄒᆞ다. Qu'on le veuille ou non 원이잇ᄉᆞ나 업ᄉᆞ나. Ce qu'il veut, il le veut bien 무엇ᄒᆞ고시부거면 곳ᄒᆞᆫ다, 무엇ᄒᆞ고시부면 고집 ᄭᅥᆨ을수업다. L'un — aller à Rome, l'autre à Lia ᄒᆞ나흔 좌ᄒᆞ쟈ᄒᆞ고 ᄒᆞ나흔 우ᄒᆞ쟈ᄒᆞᆫ다. Ce n'est pas difficile à qui veut bien ᄎᆞᆷ원이잇ᄉᆞ면 어렵지아나타, 진실ᄒᆞᆫ번작뎡ᄒᆞ면 어렵지안타. Ce que je veux par dessus tout 내 큰 원이 — Du bien appr. 볼드려주고시부다. — Du mal 해워ᄒᆞ다; 해ᄒᆞ려ᄒᆞ다.

Vous pronom personnel 너희, 너희들이. — Deux 너희둘이. Entre — 너희들ᄉᆞ이. Entre — & moi (entre nous) 우리ᄉᆞ이. = En dehors des enfants proprement dits, qui se disent mutuellement 너, 너희 & à qui tout le monde peut le dire, il faut éviter l'emploi de ces pronoms personnels (& aussi des pronoms possessifs correspondants : votre, vos), & employer le terme honorifique convenable. Ceci est moins une question de vocabulaire qu'une question de politesse ou d'usage ; mais comme il est utile de connaître ces usages, voici qques unes des formules les plus employées.

D'abord une chose à noter : en parlant à un supérieur, il faut toujours le dési-

Voc.

que par le nom de sa dignité — si l'on a une = & par le nom de sa parenté, si l'on est parent, en appelant père, mère, grand-père, grand-mère non seulement les ascendants, mais les oncle, tante, g^d oncle, etc. même à la mode de Bretagne. De même pour la parenté spirituelle. On dira toujours 신부 à un prêtre, 대부 à un parrain, 대모 à une marraine.

= En famille. Les parents disent toujours 너, 너희; les grands parents aussi, mais disent volontiers 악이 (vocatif 악아, bébé) à leur petite fille, leur petite bru. Les enfants répondront 아버님, 엄어니, 엄어님; les petits enfants 할아버님, 할머니 —

= Entre frère & soeur. Entre frères l'aîné dira 너, qqf. 자네, le cadet répondra 형님. Entre soeurs, l'aînée dira 너, qqf. 동생 qui est un peu cérémonieux; la cadette répondra 형님, 형. Un frère dira 누의 ou même 너 à sa soeur cadette et celle-ci répondra 오라버니, 오라버님; un frère dira 누님 à sa soeur aînée, & celle-ci répondra 오라범, 이 — ou même 너 si la différence d'âge est forte.

Un mari dira 부인 ou 실인 à sa femme (au commencement); plus tard 님즈, qqf. 자네. Avec l'âge il l'appellera 마누라. La femme répondra 님즈, puis quand le

Vous – Voyage

1456

mari sera vieux 영감. = Un beau frère dira à la belle sœur 아주머님. (아제 dit-on la femme de son cadet). Elle répondra 아주버니, 아주버님. = Une sœur dira 누의 ou 누님, à la femme de son aîné, et facilement 자네 à la femme de son cadet. Une femme dira 큰아기 ou 아기씨 à la sœur aînée de son mari, × 누의 à la cadette. × souvent 형, 형님. – 형, 형님.

Hors de la famille. Avec notable différence d'âge (hommes) le plus jeune dira 당신, 춘부장 – et s'il y a familiarité 아버님. On lui répondra 자네 ou 너. (A une femme il dirait 어머님, 노친 = 아주머니 qui se dit même à une femme assez jeune). Avec une différence d'âge moins grande, mais encore sensible le plus jeune dira 당신, 형장, 노형, 공, entre amis 형, 형님. On lui répondra 노형, 존신 ou 자네. Entre égaux ne se fréquentant guère 노형 est le plus employé; — 자네 entre amis; mais ce mot est rarement réciproque: 2 amis même égaux se disent plus facilement mutuellement 형.

D'homme à femme, à égalité d'âge approximative, on se dit mutuellement 당신. C'est la vieille mode. Autrefois il fallait être presque de la famille, ou au moins s'être connu dès l'enfance, pour que l'homme se permit de dire 누님, 누이님 ou 누의, et que la femme répondit 오라버님, 오라버니 ou 옵바. Maintenant c'est de mode ... protestante surtout.

Entre femmes et filles: 당신 quand on ne se connaît pas et qu'on est à égalité d'âge et de condition; 시악시 entre amies jeunes; — entre vieilles 노인, 마님, 마누라, 마누라님. Une jeune fille dira à une personne âgée 어머님, celle-ci répondra 시악시, 즈네, et s'il y a familiarité 악이. Avec une différence d'âge moins accentuée la jeune dira 당신 ou 형님, l'autre répondra 시악시. Une femme mariée (avec une différence suffisante d'âge) dira 처녀 à une jeune fille, celle-ci répondra 형님, 노인, 어머님, 할머니 selon la différence d'âge. Si la jeune mariée est sensiblement du même âge que la jeune fille, elle lui dira 시악시, celle-ci répondra 형님.

Voûte la voûte du ciel
텬장 (C'est s'emploie pour les plafonds d'appartement, etc). — du palais 입텬장

Voûter construire une voûte
Se — se courber (homme) 허리굽으러지다.

Voyage 길, honorif. 행차, en agg. 행. Équi-

-page de — *힝장. Faire un — 가다. 길가다.
Long — 먼길, 원길.

Voyager 길가다. en agg. *힝. — par mer 슈로로가다; — par terre 뭇으로가다, 륙로로 가다. = — ensemble *동힝하다. = — par curiosité, pour voir du pays *유람하다.

Voyageur *힝인; — à pied 보힝군. = — (globe-trotter) *유람직. = — (d'un hotel) 손님, *힝직; — (d'un bateau) *션직, — (d'un chemin de fer) *차직.

Voyelle 모음, 모즈.

Voyante (subst.) — (Bonne mère, etc.) = — (prophète) *여인. ≡ —, adj. (couleur) — *환하다.

Voyou 잡놈, 몹쓸놈.

Vrai 춤, 바르다 (발나. 바른), = *진실하다 (surtout au sens de sincère). En agg. *직, *진, *실, *뎡. Ex. 본. Le nord — (par oppos. au nord magnétique) 뎡북. L'heure — (par opp. à l'heure moyenne) 진시, 뎡시. Objet — (non contrefait) 본물, 뎡물. Le sens d'un mot 본뜻. Dire le — 춤말하다, 바른말하다; 직언하다. Chose — (non falsifiée) 춤, 진. = Le — & le faux 시졍, 실비, 허실. = La vraie femme 뎍실.

실답다 (다와. 온)

le vrai au sens anglais de "genuine" 뎍실하다.

Vraiment 과연, 춤, 진실노, 실노.

Vraisemblable = 바를 듯하다, 옳은듯하다 (parole); — 될슈잇다 (faits); — 빗을만하다 (parole ou faits).

Vraisemblablement — (en conversation, sans signification bien précise) 될걸, 될시

Donner au mensonge une apparence — 거즛말 눈 깃기에 잘 ᄭᅮᆷ이다.

Vrille 송곳, 톱송곳.

Vue être — 뵈다, 보이다, 뵈이다. Valoir la peine d'être — 볼만ᄒᆞ다, 구경ᄒᆞᆯ만ᄒᆞ다, 구경스럽다 (러워, 온). = Au — & au su de tous 사ᄅᆞᆷ마다 다 알게, 보ᄂᆞᆫ이 업시, 닉인부지. = —, en égard à 생각ᄒᆞ면, 의론ᄒᆞ면. — le temps 시대를 의론ᄒᆞ면. = — que v. parceque, puisque.

Vue sens de la — = —, puissance de la — 안력 (force des yeux). Avoir la — bonne 안력 됴타. L'avoir faible 안력 부죡ᄒᆞ다. Avoir la — courte (myopie) 근시 = ᄒᆞ다. Avoir la — presbyte 원시 = ᄒᆞ다. Blesser la —, la fatiguer 안력 상ᄒᆞ다. (Comme une lumière trop vive, on dira 눈부시다). Jeter la — sur 바라보다 (아, 본) v. Regarder. Chose qui échappent à la — par leur petitesse 은미ᄒᆞ야 볼슈 업ᄂᆞᆫ것. Garder à — 심ᄒᆞ게 직희다, ᄉᆞ곽 직희다, 빈틈 업시 직희다. Je ne l'ai jamais perdu de — (je l'ai toujours connu) 일동일뎡 다 안다 (je connais tous ses mouvements et tous ses repos). Perdre un homme de — (ne pas savoir ce qu'il est devenu) 어ᄃᆡ게 되엿ᄂᆞᆫ지 모ᄅᆞ다, 소식 모ᄅᆞ다 (몰나, 모ᄅᆞᆫ) = Perdre de

1460)

— (un objet qui s'éloigne) 가려져서 못
보다, ou mieux 가려져서 못뵈다 (l'objet
n'est plus vu). Perdre de — (un objet qui
disparaît tout à coup — une apparition)
난듯간듸업다. = A première — 보게,
보면, 보기만ᄒᆞ면; (autrefois) 얼넌보면.
Je le reconnaîtrai à première — 보기만
ᄒᆞ면 알겟다. A première — on dirait
l'écriture de Pierre 얼넌보면 베드로
의 글시ᄀᆞᆺ다. Se dérober à la —, fuir les
regards 눈을 피ᄒᆞ다. Hors de la — 못볼듸,
못보는듸, 못뵈게. Détourner la — 눈을
세워쓰다 (세우다 tourner). Exposer à
la — (en étalant) 헤쳐뵈다, 버려뵈다,
= (en découvrant) 드러내다. = Le
plus souvent simplement 뵈다 (factitif
de 보다). Être en —, exposé à la —
뵈다 (passif de 보다), 보이다, 뵈이다. Qui
choque la — 보기됴찬타, 보기에 언잔
타. Réjouir la — (paysage, fleurs, etc.)
찬란ᄒᆞ야 뵈다 (찬란ᄒᆞ다 beau, joli),
번화ᄒᆞ야 뵈다 (번화ᄒᆞ다, de couleurs
variées). Plaire à la — 보기됴타 =
눈에 ᄯᅱ다 (sauter dans les yeux), 눈에
들다 (어, 든), (y entrer). Connaître (qqn)
de — 안면닉다 (어, 은), 낫닉다, 낫알다,
낫닉어알다 (le contraire est 안면설
다 (어, 선), 낫설다). ≡ A vue d'œil.
Croître à — d'œil (nuage, na-

vue qui approche) 초초커지다, 점점커지다, 점점커뵈다. Croître à — d'œil (plante etc) 부럭부럭자라다. A — d'œil, à — de nez (par approximation) 어림으로, 어림잡고. A — de nez, (sans examen) 마고, 함부루, 겸양업시. ≡ —, aspect que l'on découvre d'un lieu 보기, 경, 구경, 경식, 경처, 경치, 풍경, 풍광, 까진분라기. La — est belle 경 묘타, 경처 묘타. D'ici on a — sur la rivière 여긔서 강물 뵌다. Empêcher la —, borner la — 막히다. La — est bornée par la montagne 산이 막혀 멀니 못뵌다. ≡ —, dessein, projet 뜻, 긔운, 의소, 심각. En — de 위호야. Avoir en —, projeter 까려호다, 경영호다, 도모호다. Avoir la — élevée (trop élevée) 눈놉다 (하, 흔), 큰일바라다.

눈어림, 눈짐작, 눈대중

Vulgaire commun, ordinaire 예스롭다 (로와, 온), 예스. —, bas, trivial 상스럽다, 상, =하, 하품 =하천호다

Vulgairement ordinairement 평상이, 보통으로, 통용.

Vulnérable

Vulnéraire 금창약.

Vulve 소길, 산길, = 음문, 음호, 음부

Wagon — Zèle

1462/

Wagon 차. — de voyageurs 긱차; — à bagage 하물차; — à marchandise 화물차. — de ballast 역차. = — restaurant 식당차; — lit 침대차. = — poste 우편차.

Water-closet 뒤간.

Watt

Wattman 뎐긔슈.

Wharf 션창.

Wladivostok 하슈하, 해숨위.

xenophobe 빅외ᄉᆞ상

Y là où je suis 여긔; là, plus loin 뎌긔; plus loin encore 그긔 (à la question "quo", mettre l'instrumental : 여긔로 etc).